METZLER AUTORINNEN LEXIKON

METZLER AUTORINNEN LEXIKON

Herausgegeben von
Ute Hechtfischer, Renate Hof,
Inge Stephan und Flora Veit-Wild

Mit 319 Abbildungen

Verlag J. B. Metzler
Stuttgart · Weimar

Inhaltsverzeichnis

Die Deutsche Bibliothek – CIP-Einheitsaufnahme

Metzler-Autorinnen-Lexikon.
– Stuttgart ; Weimar : Metzler, 1998
ISBN 3-476-01550-5

Einbandgestaltung: Willy Löffelhardt
Satz: Typomedia Satztechnik GmbH, Ostfildern
Druck und Bindung: Franz Spiegel Buch GmbH, Ulm
Printed in Germany

Verlag J. B. Metzler Stuttgart · Weimar

Vorwort

Von der Mystik bis zum postmodernen Experiment, von Korea bis Kanada, von Skandinavien bis Peru, von der Staatsdichterin bis zur inhaftierten Regimegegnerin – das *Metzler Autorinnen Lexikon* zeigt die Vielfalt weiblichen Schreibens von den Anfängen bis zur unmittelbaren Gegenwart.

Ein internationales Autorinnen-Lexikon in deutscher Sprache ist seit langem ein Desiderat. Im *Metzler Autoren Lexikon*, dem sich die Form unserer Texte anschließt, befindet sich unter den ca. 330 Einträgen nur eine verschwindend kleine Anzahl von Autorinnen. Das gleiche gilt für die anderen auf dem Markt befindlichen Nachschlagewerke. Während im englischsprachigen Raum schon seit Jahren mehrere Autorinnen-Lexika zu finden sind, existieren in Deutschland bislang nur Speziallexika. Die wenigen deutschsprachigen Nachschlagewerke, die sich ausschließlich Frauen widmen, konzentrieren sich jeweils auf einen bestimmten Zeitraum oder auf ein spezifisches Spektrum von Schriftstellerinnen.

Dagegen ist es das Anliegen dieses Lexikons, einen umfassenderen Überblick zu ermöglichen, sowohl im Hinblick auf die Anzahl der Schriftstellerinnen, als auch in bezug auf den zeitlichen Rahmen. Hierbei werden – aufgrund des internationalen Charakters dieses Nachschlagewerks – interessante Ungleichzeitigkeiten in der Entstehung und Entwicklung weiblichen Schreibens sichtbar. Für die Antike wurde die am besten überlieferte Autorin, Sappho, ausgewählt. In dieser Zeit traten auch in Asien bereits erste Schriftstellerinnen hervor. Während die Literatur von Frauen in China z. B. bis ins 1. Jahrhundert. n. Chr. zurückreicht, sind in Afrika belletristische Schriftstellerinnen erst in den sechziger Jahren unseres Jahrhunderts in Erscheinung getreten. In Westeuropa dagegen gibt es eine über Jahrhunderte reichende Schreibtradition von Frauen, die von Land zu Land jedoch differierte. Es treten ähnliche Ungleichzeitigkeiten, Verschiebungen, Überschneidungen und Beeinflussungen auf, wie sie sich auch international beobachten lassen.

Das Entstehen von schriftlichen Literaturen (im Gegensatz zur mündlichen Überlieferung) war im allgemeinen mit der Entwicklung der jeweiligen Bildungssysteme verbunden. Diese Entwicklung wiederum ist nicht unabhängig von geschlechts- und klassenspezifischen Faktoren zu betrachten, die den Zugang zu den Bildungssystemen regeln. Sie ist darüber hinaus abhängig von Ausgrenzungsmechanismen aufgrund der Zugehörigkeit zu einer bestimmten Rasse, die es zum Beispiel in den USA auch nach der Sklavenbefreiung schwarzen Frauen nahezu unmöglich machte, als Autorin anerkannt zu werden. Zudem stellt sich in den ehemaligen Kolonien überall in der Welt die Frage nach der Sprachzugehörigkeit. Vor allem die Autorinnen, die die Kolonialsprachen Englisch, Französisch, Spanisch oder Portugiesisch für ihre eigene literarische Arbeit übernommen haben, sind international bekannt geworden. Wenn wir uns in unserer Auswahl auf diese Autorinnen beschränkt haben, so sollte doch nicht übersehen werden, daß es außerdem eine Vielzahl von Schriftstellerinnen gibt, die in ihren einheimischen Sprachen schreiben; in einigen Einträgen wird auf diese Autorinnen hingewiesen. Mit anderen Worten: Die Schriftstellerinnen, die mit einem eigenen Eintrag in dieses Lexikon aufgenommen wurden, stehen stellvertretend für viele – für andere in einem Land, in einer Epoche, in einer literarischen Gruppierung oder in einer bestimmten Stilrichtung.

Autorinnen von belletristischen Werken bilden das Zentrum unseres Lexikons. Wir haben die Zahl auf 400 begrenzt, um ihr Leben, Werk und ihre Lebensumstände auf ein bis zwei Buchseiten möglichst anschaulich machen zu können und die Einträge nicht auf ein Gerüst von biographischen Daten reduzieren zu müssen. Aus Platzgründen konnten Autorinnen, die ausschließlich Sachbücher, Kinderbücher oder Kriminalromane geschrieben haben, nur in Ausnahmefällen aufgenommen werden. Wir haben vor allem diejenigen ausgewählt, die für die Literaturwissenschaft relevant sind, aber auch solche, auf die Leser/innen im derzeitigen Literaturangebot häufig stoßen. Das erklärt die starke Repräsentanz von Autorinnen der Gegenwart und das Übergewicht von Schriftstellerinnen aus deutschsprachigen Ländern bzw. aus Europa. Insgesamt aber enthält das Lexikon auch eine große Anzahl von Autorinnen aus afrikanischen, asiatischen und lateinamerikanischen Ländern sowie aus Neuseeland und Australien; unter ihnen viele, die in Deutschland bislang kaum bekannt geworden sind.

Die Einträge des Lexikons erheben nicht den Anspruch, bibliographisch vollständig zu sein und könnten diesen Anspruch bei über 400 aufgenommenen Autorinnen auch nicht einlösen. In die Literaturangaben unter den Beiträgen wurden nur Werkausgaben bzw. Teilsammlungen aufgenommen. Die zentralen Werke der Autorinnen sind dem Text zu entnehmen. Interessierte Leserinnen und Leser können den Literaturangaben unter den Einträgen weitere Informationen entnehmen: Dort werden – so vorhanden – auch Bibliographien genannt, vor allem aber jeweils neuere Sekundärliteratur. Um Doppelungen zu vermeiden, wurden zentrale Werke in eine allgemeine, nach Ländern bzw. Sprachräumen angeordnete Bibliographie im Anhang aufgenommen. Für den Fall, daß die Einträge keine weiterführenden Literaturangaben enthalten, sei ebenfalls auf die im Anhang genannten Standardwerke verwiesen.

Neben den namentlich verzeichneten Mitarbeiter/innen gibt es noch viele weitere, die als Spezialistinnen für die einzelnen Bereiche bei den verschiedensten Stadien der Produktion mit wertvollen Hinweisen zur Stelle waren. Unser Dank geht an Irmela Hijiya-Kirschnereit und Margarete Zimmermann, aber auch an viele andere. Besonderer Dank gebührt Carola Opitz-Wiemers, die die Auswahl und Bearbeitung der skandinavischen Autorinnen übernommen hat, Karolin Marhencke, Sabine Reihle und Jessica Hecht, die als Volontärinnen das Unternehmen im Verlag unterstützt haben und an Andrea Rupp, die die Bildbeschaffung besorgt hat.

Zum Abschluß noch einige technische Hinweise: Die Lebensdaten der vor 1917 geborenen russischen Autorinnen werden nach dem julianischen Kalender angegeben, die entsprechenden Daten des gregorianischen Kalenders stehen in Klammern. Bei der Schreibweise von Autorinnen und Werken slawischer Sprachen wurde die wissenschaftliche Transliteration gewählt. Die Lemmata, bei denen sich unterschiedliche Schreibungen ergeben, sind auch in transkribierter Form mit einem Verweis aufgenommen.

Im Mai 1998 Die Herausgeberinnen

Achmadulina, Bella Achatova

Geb. 10.4. 1937 in Moskau

Sie galt bereits bei ihrem Eintritt in das Moskauer Gorki-Literaturinstitut als große Begabung und war zweifellos das schönste Gesicht unter ihren jungen Poetenkollegen der *Ėstradnaja lirika* (Estradenlyrik) wie Evgenij Evtušenko, Andrej Vosnessenskij, Robert Roždestvenskij und Novella Matveeva. Ihr leidenschaftlicher Drang nach Erneuerung der Gesellschaft und der Kunst machte die Estradenlyriker im Moskau der nachstalinschen Tauwetterjahre zu Kultfiguren ihrer Generation. Gleichzeitig entzog sich A.s lyrisches Talent dem lautstarken Auftritt, ihre künstlerische und menschliche Kompromißlosigkeit machte sie in der offiziellen Literaturpolitik zeitweise zur Unperson. 1957 wird sie wegen ihres Einsatzes für Boris Pasternak aus dem Schriftstellerverband ausgeschlossen und durch Fürsprache wenig später als Übersetzerin wieder aufgenommen. Nach der Veröffentlichung ihres Gedichtbands *Oznob* (Schüttelfrost) im Exilverlag Posev 1968 sowie der Erzählung »Mnogo sobak i sobaka« (Viele Hunde und ein Hund) in dem im Samisdat (Selbstverlag) herausgegebenen Literaturalmanach *Metropol* im Jahr 1978 folgen jeweils mehrjährige unfreiwillige Publikationspausen.

Die Intimität der Bekenntnislyrik blieb ihr Markenzeichen; Liebe, Freundschaft, Risikobereitschaft werden als wesentliche Lebenswerte poetisiert. Im Gedicht »Ėto ja«, 1977 (Das bin ich) besingt sie ihre Zugehörigkeit zum Volk, im Poem »Moja rodoslovnaja«, 1963–1964 (Mein Stammbaum) die zu ihren familiären Wurzeln. Genuß am Verweilen und Erhebung des Augenblicks kennzeichnen ihren »ungewohnten Griff nach der Welt« (Fritz Mierau). Die Lebenslust und -neugier ihres in seiner Grazie sehr femininen wie auch intellektuellen lyrischen Subjekts verbindet sich mit einer intimen Beziehung zu den Dingen und Erscheinungen des Lebens, einschließlich der Abstrakta. Das Fenster, der Fluß Oka und immer wieder der Mond werden zu Freunden im Sinnen und Fühlen, die Naturphänomene zum körperlich-erotischen Bezugsobjekt: So verbündet sich das lyrische Subjekt im Erzählpoem »Skazka o dožde«, 1963 (Märchen vom Regen) gegen die Seelenlosigkeit etablierter Bekannter mit dem zum Kind personifizierten wilden Regen oder gewährt dem göttlichen Tag in »Vosled 27 dnju fevralja«, 1983 (Auf den Spuren des 27. Februartages) körperliche Vereinigung, wenn es heißt: »Geh in mich ein,/ denn ich bin deine nächtliche Zuflucht.« Ungezähmte Göttlichkeit gegenüber geordneter Sattheit kann als grundlegende Gegensatzkonstellation ihres Wertekanons begriffen werden. Geheimnis, wilde Natur, verbotene Liebe und schöpferischer Rausch in Jubel und Qual behaupten sich gegenüber Treibhauspflanzen und befriedeten Sinnen – so in den Lyrikbänden *Cvety,* 1956 (Blumen); *»Uroki muzyki«,* 1969 (Musikstunden); *Metel',* 1977 (Schneesturm); *Tajna,* 1983 (Geheimnis) und *Sad,* 1987 (Der Garten).

A.s Gedichte sind wegen ihres liedhaften Versmaßes mehrfach vertont worden. Jedes Poem kombiniert verschiedene Stile und lexikalische Ebenen, mitunter führt das »Auftürmen undeutlicher Selbstwiederholungen« (Viktor Kullė) jedoch zu intonatorischer Monotonie. A. schreibt gleichfalls eine wunderbare lyrische Prosa und ausgezeichnete Übersetzungen vor allem aus dem Georgischen, zu dem sie eine starke Affinität besitzt. In der Ausrichtung ihres Lebens auf die Umsetzung in das Wort und ihrem Verbundensein mit den führenden Persönlichkeiten ihrer Literaturepoche wie Andrej Bitov, Bulat Okudžava, Vladimir Vysockij, Iosif Brodskij u. a. kann A. als würdige Nachfolgerin Anna ↗ Achmatovas und Marina ↗ Cvetaevas begriffen werden.

Fever and Other New Poems. New York 1969; *Musikstunden* (Gedichte). Berlin 1974; *Izbrannoe*. Moskva 1988; *Samye moi stichi* (Gedichte). Moskva 1995; *Odnaždy v dekabre*. (Prosa). St. Petersburg 1996; *Mig bytija. Literaturnye Ėsse i vospominanija*. Moskva 1997. – Lit.: Rydel, Ch.: »The Metapoetical World of B. A.«. In: *Russian Literature Triquarterly* 1 (1971), S. 326–341; Condee, N. P.: *The Metapoetry of Evtušenko, Akhmadulina, and Voznesenskij, Analyzed in the Context of Soviet Aesthetik Theory*. Diss. (mit umfangreicher Bibl.). Yale University 1978; Solov'ev, V.: »Avtoportret tela Belly Achmadulinoj«. In: Ders.: *Prizrak, kusajuščij sebe lokti*. Moskva 1992; Brodskij, I./Bitov, A. u. a.: »B. A.« In: *Literaturnoe obozrenie* 3 (1997).

Christina Parnell

Achmatova, Anna Andreevna (eigtl. Gorenko)

Geb. 11. (23.) 6. 1889 bei Odessa; gest. 5. 3. 1966 bei Moskau

Seit 1988 trägt ein kleiner Planet auf den Vorschlag zweier russischer Astronautinnen, die ihn entdeckten, A.s Namen: A. hatte ihn als Pseudonym angenommen, weil der Vater ihr nicht gestatten wollte, unter dem Familiennamen zu publizieren. Sie wählte den Namen der tartarischen Großmutter, eine Wahl, die Josif Brodskij, der sie über ihren Tod hinaus verehrte und dessen exzeptionelle Begabung sie früh erkannte, folgendermaßen kommentierte: »Die fünf offenen ›A‹ in Anna Achmatowa hatten eine hypnotische Wirkung und verankerten die Trägerin dieses Namens im Alphabet der russischen Lyrik ganz obenan: Es war gewissermaßen ihre erste gelungene Zeile; einprägsam, weil man sich ihrem Klang nicht entziehen konnte.«

A. wuchs in Carskoe Selo bei St. Petersburg auf, wo Puškin das berühmte Lyzeum besucht und aus dem (auch) er den Ursprungsort der klassischen und modernen russischen Literatur gemacht hatte: Ein Traditionsraum, dem A. lebenslang verpflichtet war. Hier lernte sie 1903 den Gymnasiasten Nikolaj Gumilev kennen, der jahrelang um sie warb, in dessen Dichtung sie für viele Jahre zum Vor-Bild der ambivalent gesehenen ›Eva‹ schlechthin wird. Sie heiraten 1910 und bereisen gemeinsam Westeuropa. A., die sehr früh Gedichte zu schreiben begann, gewann nicht leicht die Anerkennung ihres Dichter-Gatten. Doch als er 1911 mit einem Gefährten eine post-symbolistisch ausgerichtete Dichtergemeinschaft gründete, machte er sie zu deren Sekretär. Gedichte, die sie ihm bei der Rückkehr von einer seiner exotischen Expeditionen vorlas, überzeugten ihn so sehr, daß er deren

Publikation betrieb und sie rezensierte. Am Vorabend des Ersten Weltkriegs erschien nach *Večer*, 1912 (Der Abend) A.s zweiter Gedichtband *Četki* (Der Rosenkranz): in unterschiedlichen Variationen präsentiert sich das lyrische Ich als unglücklich Liebende, die alle Stadien des Schmerzes durchschreitet. Dieses literarische Porträt legte auch das biographische Bild A.s (zu ihrer Erbitterung) fest: Autobiographisches wurde aufgespürt, vor allem aber wurde sie auf die Dichterin der Liebe festgelegt. Dabei unterschied sich die frühe A. in ihrer Thematik keinesfalls von dem Schreiben anderer Dichterinnen wie etwa Kuzmina-Karavaeva (1891–1945), die später den Namen ›Mutter Marija‹ erhielt, Nadežda L'vova (1899–1913), Elena Guro (1877–1913) oder Marina ↗ Cvetaeva. A. arbeitete nicht gegen deren Œuvre, sie arbeitete mit ihnen intertextuell. Wesentlich an den frühen Gedichten A.s ist ihre einfache, umgangssprachliche Intonation des Liebes-Dialogs, das Erwähnen konkret materieller Alltags-Details und ihre Referentialität. Vorbildlich für sie (einer großen Kennerin der Weltliteratur) war die russische Folklore, aus deren Akustik, Gestik und Einstellung sie ihre Bildlichkeit speiste. Im Ersten Weltkrieg entstanden Gedichte, die eine signifikante Erweiterung des lyrischen Ichs auf eine Identifizierung mit dem Kollektiven, nicht Triumphierenden, sondern Leidenden andeuten. Die Emigration, die sie schmerzlich am Geschick nächster Freunde miterlebte, hat sie für sich rigoros abgelehnt.

Im nachrevolutionären Rußland geriet sie in die Position der kulturpolitischen Außenseiterin, die sie stoisch auf sich nahm. Im August 1921 wurde Gumilev, von dem sie bereits seit mehreren Jahren geschieden war, einer antirevolutionären Verschwörung angeklagt und erschossen. Sie begann, sich als Witwe zu stilisieren und damit eine ambivalente Rolle zu übernehmen, deren Herrschaftsanspruch man ironisierte, deren Verantwortlichkeit für die Bewahrung des kulturellen Erbes man freilich geschätzt und als das besondere Merkmal der Gedächtniskultur herausgestellt hat.

A. konnte nach dem Erscheinen ihrer Gedichtbände *Belaja Staja*, 1917 (Die Weiße Schar), *Anno Domini MCMXXI* (1922) und *Podorožnik*, 1921 (Der Wegerich) jahrzehntelang nicht publizieren. Erst 1940 erschien wiederum eine Auswahledition *Iz šesti knig* (Aus sechs Büchern). Sie beschäftigte sich mit architektonischen Studien zur Kultur Petersburgs, versuchte, Prätexte des Werkes Puškins zu rekonstruieren, übersetzte (u. a. koreanischer Lyrik) und entwarf autobiographische Skizzen. In den 30er Jahren gerieten sowohl ihr (inoffizieller dritter) Ehemann, der Kunsthistoriker N. Punin, wie auch ihr Sohn Lev Gumilev für viele Jahre ins Lager. Die Gedichte, die sie damals schuf und die sie nur engen Vertrauten wie Lidija ↗ Čukovskaja (1907–1996) vorzutragen, aber nicht aufzuschreiben wagte, bildeten später den Zyklus *Rekviem* (Requiem), der erst 1987 veröffentlicht wurde – nach den Worten Brodskijs geschrieben im Ton »beherrschten Entsetzens«. Fünfundzwanzig Jahre arbeitete A. an einer Textmontage *Poema bez geroja*, 1940 (Poem ohne Held) – ihr Abschied von jener Epoche des Jahres 1913, als ihrer Überzeugung nach das 20. Jahrhundert das 19. ablöste.

Sočinenija v dvuch tomach (Werke in zwei Bänden). Moskau 1966; *Poem ohne Held. Poeme und Gedichte in russisch und deutsch*. Leipzig 1988. – Lit.: Haight, A.: *Anna Akhmatova. A Poetic Pilgrimage*. Oxford 1976; Holthusen, J.: »A. A.s Umgang mit den Dichtern ihrer Epoche in der

›Poema bez Geroja‹«. In: Girke, W./Jachnow, H.: *Aspekte der Slavistik. Festschrift für Josef Schenk.* München 1984, S. 102–120; Grübel, J.: »Trauer über die Trennung: Anmerkungen zu einer jüngst veröffentlichten Elegie der A. A.«. In: *Gattungen der slavischen Literaturen. Beiträge zu ihren Formen und Geschichten.* Köln/Wien 1986, S. 443–492; Brodsky, J.: »Die klagende Muse«. In: Ders.: *Flucht aus Byzanz. Essays.* München/Wien 1988, S. 21–37; Zholkovsky, A.: »To Cross Or Not To Cross: Akhmatova's ›Sacred Boundary‹«. In: *Approaches to Poetry. Some Aspects of Textuality, Intertextuality and Intermediality.* Berlin/New York 1994, S. 248–264.

Johanna Renate Döring-Smirnov

Acker, Kathy

Geb. 18. 4. 1947 in New York City; gest. 30. 11. 1997 in Tijuana

In New York City aufgewachsen, interessierte Acker sich als Jugendliche zunächst für experimentelle Lyrik. Nach einem Studium der Literatur und Philosophie verfaßte sie zu Beginn der 70er Jahre ihre ersten Prosatexte, die, privat veröffentlicht, im New Yorker Underground zirkulierten. Entscheidend für ihre Arbeiten waren nicht nur der Kontakt zur avantgardistischen Künstler- und Dichterszene, sondern auch ihre Erfahrungen als Stripperin im Rotlichtbezirk New Yorks, die zu einer skeptischen Haltung gegenüber dem vermeintlich befreiten Lebensstil der Hippie-Generation führten. Als Vorbild galt ihr der *Beat*-Autor William Burroughs (1914–1997), dessen Thematisierungen des Zusammenhangs von Sexualität und Gewalt ihre Arbeiten ebenso beeinflußten wie seine literarische Montagetechnik. Seit den 80er Jahren wird A., die ihre Protagonist/innen in einem von Sex, Gewalt, Drogen, Wahnsinn und Terrorismus geprägten Szenario um ihr emotionales und intellektuelles Überleben kämpfen läßt, von der Literaturkritik als Punk-Schriftstellerin, postmoderne oder postfeministische Literatin charakterisiert.

A.s Romane präsentieren sich als Konglomerate aus literarischen Quellen, autobiographischen Passagen und Versatzstücken postmoderner Theorien, mit deren Hilfe Identität im Feld von Sprache, Körper und Politik konstruiert wird. Der programmatisch betitelte Roman *In Memoriam to Identity* (1990) bspw. vernetzt eine fiktionale Darstellung des skandalträchtigen Liebeslebens des französischen Lyrikers Arthur Rimbaud (1854–1891) mit den Berichten zweier Erzählerinnen über Versuche der Selbst-Befreiung aus patriarchalen Familienstrukturen sowie sexuellen und ökonomischen Ausbeutungsverhältnissen. In seiner thematischen und formalen Gestaltung ist er prototypisch für A.s vielfältige Explorationen der Beziehung zwischen Persönlichem und Politischem in einer patriarchalen symbolischen Ordnung: *Empire of the Senseless*, 1988 (*Im Reich ohne Sinne*, 1989), *My Mother: Demonology*, 1993 (*Meine Mutter: Dämonologie*, 1994), *Pussy, King of the Pirates*, 1997.

Durch die plagiaristische Revision kanonisierter Texte sucht A. kulturelle Mythen, insbesondere das Konzept der romantischen Liebe, zu dekonstruieren und im Kontext spätkapitalistischer Lebensbedingungen neu zu schreiben. So geht in *Don Quixote Which Was a Dream*, 1986 (*Die Geschichte der Don Quixote: Ein Traum*,

1988) eine moderne weibliche Protagonistin als »Ritter von der traurigen Gestalt« auf die Suche nach der Fiktion heterosexueller Liebe, die sie durch die abendländische Kulturgeschichte in die USA des späten 20. Jh.s führt. Die gezielte Verwendung literarischer Vorlagen, aus denen A. – wie in ihrem Roman *Great Expectations,* 1983 (*Große Erwartungen*, 1988) – z. T. ganze Passagen kopiert, um den Anspruch auf geistiges Eigentum und das Konzept der Originalität des Autors als Fiktionen eines ökonomisch ausgerichteten Literaturbetriebs zu entlarven, hat ihr ironischerweise immer wieder den Plagiatsvorwurf eingebracht. Der amerikanische Bestsellerautor Harold Robbins (1912–1997) drohte A. wegen der Übernahme einer aus seinem Werk stammenden Sex-Szene in ihren Roman *The Adult Life of Toulouse Lautrec by Toulouse Lautrec* (1975) gar eine Copyright-Klage an.

Aufgrund der Darstellung gewaltsamer sexueller Praktiken wurde A. auch oft als Pornographin (miß)verstanden. Vor allem feministische Leserinnen kritisierten ihre Versuche, die Ambivalenz des Begehrens anhand von Vergewaltigungsszenen und Beschreibungen sado-masochistischer und inzestuöser Beziehungen herauszuarbeiten, als frauenfeindliche Repräsentationen weiblicher Sexualität. Wegen angeblich jugendgefährdender, päderastischer Inhalte wurde der »Entwicklungsroman« *Bloods and Guts in Highschool,* 1984 (*Harte Mädchen weinen nicht*, 1985) von der deutschen Zensur 1986 indiziert. Da der Tabubruch jedoch nicht als Selbstzweck dient, sondern als ein literarisches Mittel, um gängige Formen der sozialen Kontrolle weiblicher Sexualität und Identität aufzubrechen, ist A., eine der radikalsten experimentellen Autorinnen der Gegenwartsliteratur, durchaus als feministische Schriftstellerin zu lesen.

Lit.: Friedman, E. G.: »›Now Eat Your Mind‹: An Introduction to the Works of K. A.«. In: *Review of Contemporary Fiction* 9,3 (1989), S. 37–49; Hulley, K.: »Transgressing Genre: K. A.'s Intertext«. In: O'Donnell, P./Con Davis, R.: *Intertextuality and Contemporary American Fiction.* Baltimore/London 1989, S. 171–190; Jacobs, N.: »K. A. and the Plagiarized Self«. In: *Review of Contemporary Fiction* 9,3 (1989), S. 50–55; Kennedy, C.: »Simulating Sex and Imagining Mothers«. In: *American Literary History* 4,1 (1992), S. 165–185.

Annette Schlichter

Adıvar, Halide Edib

Geb. 1882 in Istanbul/Türkei; gest. 9. 1. 1964 in Istanbul

Die Frage, welchen Weg die Türkei im 20. Jh. gehen und welche Rolle die türkische Frau dabei spielen solle, war das Hauptthema Halide Edib Adívars, der bedeutendsten Romanautorin der frühen türkischen Republikzeit. Die Diskussion um die Stellung der Frau, ein wichtiger Punkt im Europäisierungsdiskurs, hatte bald zur Entstehung einer Frauenbewegung geführt, in deren Tradition A. steht. Während ihre prominenteste Vorgängerin, die Romanautorin und Journalistin Fatma Aliye (1862–1936), in ihren Schriften noch die Polygamie als eine dem Islam eigene Tradition – wenn auch unter starken Einschränkungen – verteidigte, war A. der Überzeugung, daß gesellschaftlicher Fortschritt nur über die rechtliche und soziale Gleichstellung von Mann und Frau zu erreichen sei. Wie andere Autorinnen ihrer Zeit entstammte A. der osmanisch-türkischen Oberschicht in Istanbul.

Ihre literarische Berühmtheit begründete A. mit verschiedenen Zeitungsartikeln und ihren seit 1909 veröffentlichten Romanen, in denen sie den historischen Umbruch vom Osmanischen Reich zur Türkischen Republik anhand der Schicksale von Frauen reflektiert. Der Typus einer politisch aktiven Frau, die sich für nationale türkische Ziele einsetzt, taucht erstmals auf in ihrem utopischen Roman *Yeni Turan*, 1912 (*Das neue Turan*, 1916), der als eines der wichtigsten Werke der *Millî Edebiyat* (Nationalliteratur)-Strömung in der türkischen Literatur gilt. Er wird 1922 weitergeführt in *Ateşten Gömlek* (*Das Flammenhemd*, 1923) und 1923 in *Vurun Kahpeye* (Schlagt die Hure), zwei Romanen über den türkischen Unabhängigkeitskrieg, der zur Gründung der heutigen Republik führte und an dem A. selbst aktiv teilnahm.

In der Republikzeit wandte sich A. neuen Schauplätzen und Sujets zu: Ihr Interesse war nun vor allem auf das ›türkische Volk‹ in den Armenvierteln Istanbuls und in der dörflichen Atmosphäre Anatoliens gerichtet, dessen ›Einfachheit‹ und ›moralische Reinheit‹ sie in idealisierender Weise beschrieb. Ihr berühmtester Roman aus dieser Zeit ist *Sinekli Bakkal* (1936), der unter dem Titel *The Clown and His Daughter* (1935) zunächst auf Englisch erschien. Nach 13 Jahren im europäischen Exil wegen politischer Kontroversen mit dem türkischen Staatsgründer Kemal Atatürk wurde A. im Dezember 1939 zur Professorin an der Fakultät für Anglistik der neu gegründeten Istanbuler Universität berufen; 1950 wurde sie zum unabhängigen Parlamentsmitglied der Stadt Izmir gewählt. Nachdem sie sich 1954 aus der Politik zurückgezogen hatte, arbeitete sie weiter im universitären Bereich. A. hinterließ ein umfangreiches Werk von 21 Romanen, 2 autobiographischen Werken, 2 Dramen, zahlreichen Übersetzungen, Publikationen in Zeitungen und Zeitschriften, Kurzgeschichtsprosa und wissenschaftlichen Untersuchungen zur englischen Literaturgeschichte.

Lit.: Sönmez, E.: »The Novelist Halide Edib Adívar and Turkish Feminism«. In: *Die Welt des Islams*. Vol. XIV, Nr. 1–4 (1973), S. 81–115; Enginün, İ.: *Halide Edip Adívarın Eserlerinde Doğu ve Batí Meselesi* (Die Ost-West-Problematik in H. E. A.s Werken). Istanbul 1995 (Dissertation 1978); İz, Fahir: »Khālide Edīb«. In: *Encyclopaedia of Islam*. New edition. Vol. IV. Leiden 1990, S. 933–936.

Börte Sagaster

Ağaoğlu, Adalet
Geb. 1929 in Nallíhan bei Ankara/Türkei

Adalet Ağaoğlu gilt als eine der bedeutendsten türkischen Gegenwartsautorinnen. Wie Leyla Erbil, Sevgi Soysal, Nezihe Meriç, Selçuk ↗ Füruzan, Sevim Burak, Pınar Kür u.a. gehört A. zu einer Generation von Autorinnen, die seit den 70er Jahren einen bedeutenden Teil der Avantgarde der türkischen Gegenwartsliteratur bilden. Sie warfen infolge der liberaleren politischen Situation nach dem ersten Militärputsch 1960 in neuer, experimenteller Weise die Frage nach weiblicher Identität auf, und führten dabei in bisher ungekannt offener Weise einen Diskurs über ihre Sexualität. Der kulturelle Konflikt zwischen republikanischer Ideologie und der traditionellen Rolle der türkischen Frau ist bei allen individuellen Verschiedenheiten ein gemeinsames Thema ihrer Werke. A. begann ihre literarische Laufbahn in den späten 40er Jahren als Autorin von Theaterkritiken, Gedichten und Dramen; bis zu ihrer Kündigung aus Protest gegen Einschränkungen der Sendefreiheit des Radio- und Fernsehsenders TRT war sie Mitarbeiterin des Rundfunks Ankara (1951–1970).

Zu ihrem eigentlichen »literarischen Selbst« fand sie nach eigener Aussage in den 70er Jahren durch die Arbeit an ihrem ersten Roman *Ölmeye Yatmak*, 1973 (Sich Niederlegen zum Sterben). Unter Nutzung ihrer Erfahrungen als Dramenautorin entwickelte sie eine in der türkischen Romanliteratur bis dahin unbekannte, formal sehr anspruchsvolle, alineare Erzähltechnik aus inneren Monologen und zeitlichen Rückblenden, die sie in ihren folgenden Romanen noch weiter ausbaute und kunstvoll variierte. Der Roman ist der erste Band einer Trilogie, die mit *Bir Düğün Gecesi*, 1979 (Eine Hochzeitsnacht) und *Hayır*, 1987 (Nein) ihre Fortsetzung hat: Anhand des Schicksals ihrer Romanheldin, der Universitätsdozentin Aysel, reflektiert sie die wechselvolle soziale und politische Geschichte der Türkei seit den späten 30er Jahren. Die Auseinandersetzung zwischen Individuum und Gesellschaft, A.s Hauptthema, wird in *Ölmeye Yatmak* vor dem Hintergrund weiblicher Identitätssuche dargestellt. Doch distanziert sich A. vom Feminismus ebenso wie von anderen Versuchen, ihr Werk einer ideologischen Richtung zuzuordnen. Der zweite Band der Trilogie, *Bir Düğün Gecesi*, in dem sie mittels der Beschreibung einer luxuriösen Hochzeit in den 70er Jahren, die bürgerlichen und intellektuellen Kreise in der Türkei kritisiert, die sie für die Lage in den 60er Jahren und den zweiten Militärputsch 1971 verantwortlich macht, erhielt sie insgesamt drei wichtige Literaturpreise der Türkei. Neben ihrer Romantrilogie veröffentlichte A. bisher sieben weitere Romane. Ihr Roman *Fikrimin İnce Gülü* (1976), der sich mit dem Schicksal eines türkischen Gastarbeiters beschäftigt, wurde 1979 unter dem Titel *Die zarte Rose meiner Sehnsucht* ins Deutsche übersetzt.

Lit.: Gün, G.: »The Woman in the Darkroom: Contemporary Women Writers in Turkey«. In: *World Literature Today*. Vol.60 No.2 (1986), S. 275–279; Paker, S.: »Unmuffled voices in the shade and beyond: women's writing in Turkish«. In: Forsas-Scott, H. (Hg.): *Textual Liberation*.

European Feminist Writing in the Twentieth Century. London/New York 1991, S. 270–300; Erol, S.: »Sexual Discourse in Turkish Fiction: Return of the Repressed Female Identity«. In: *Edebiyat. The Journal of Middle Eastern Literatures.* Vol.6 No.2 (1995), S. 187–202.

Börte Sagaster

Agustini, Delmira

Geb. 24. 10. 1886 in Montevideo/Uruguay; gest. 6. 7. 1914 in Montevideo

In eine begüterte, wahrhaft internationale Familie mit französischem, deutschem, argentinischem und uruguayischem Zweig hineingeboren, war A. ein wohlbehütetes und privilegiertes Wunderkind. Mit zwei Jahren konnte sie lesen, mit fünf schreiben, mit zehn schrieb sie ihre ersten Gedichte (die später auch veröffentlicht wurden). Sie hatte nie formelle Schulbildung erhalten, sondern nur die übliche Mädchenbildung im Hause genossen, zunächst bei ihrer Mutter, dann bei einem privaten Französischlehrer. Bereits mit 17 Jahren schrieb sie Artikelserien in Zeitungen der uruguayischen Hauptstadt, in denen sie Porträts zeitgenössischer Frauen ihres Landes verfaßte. 1907 erregte sie in Montevideo großes Aufsehen mit ihrem ersten Gedichtband *El libro blanco* (Das weiße Buch), vor allem wegen dessen leidenschaftlicher Töne und gewagter Ausdrucksweise, die im Werk eines jungen, unverheirateten Mädchens Anlaß zu allerlei Vermutungen gaben und sie zur »erotischen Dichterin« stempelten. Andererseits sind auch manche Versuche unternommen worden, sie zum »Mythos« zu stilisieren und alles Erotische in ihrem Werk lediglich symbolisch-geistig zu deuten, wie etwa im Werk der spanischen Mystiker/innen. Weder das eine noch das andere kann jedoch ihrer widersprüchlichen Persönlichkeit gerecht werden, die sich in ihren Briefen – vielleicht auch nur für ihre unmittelbare Umgebung – als kindlich-naive »Puppenfrau« gab, in ihren Gedichten jedoch zu einer reifen Ausdrucksform findet.

Nach einer gescheiterten Verlobung im Alter von 20 Jahren machte sie, die von Jugend an unter Schlaflosigkeit und Traumzuständen gelitten hatte, eine Nervenkrise durch. Angeblich verliebte sie sich später in den Dichter Manuel Ugarte, der diese Neigung jedoch nicht erwiderte. Sie, die stets nach einer idealen Liebe gesucht hatte, heiratete schließlich am 14. August 1913 den Auktionator Enrique Job Reyes, einen gänzlich unpoetischen, bürgerlichen Typ, den sie nach 21 Tagen Ehe wieder verließ, um in ihr Elternhaus zurückzukehren. Sie reichte die Scheidung ein, traf sich aber nach wie vor heimlich mit ihrem Exmann, der sie schließlich bei einer dieser Zusammenkünfte am 6. Juli 1914 in einer obskuren Pension ermordete, woraufhin er Selbstmord beging. Bis heute steht nicht fest, ob A.s frühes und gewaltsames Ende auf ein Eifersuchtsdrama zurückgeht oder auf ein gemeinsames Selbstmordkomplott.

In der Literaturgeschichte gilt A. als bedeutendste weibliche Vertreterin des lateinamerikanischen Modernismo, eine Leistung, die auch von dessen Hauptvertreter Rubén Darío (1867–1916), mit dem A. intensiven Briefwechsel pflegte, ausdrücklich anerkannt wurde. Sie ist die erste lateinamerikanische Dichterin, die freizügig über erotische Themen spricht, und zwar aus weiblicher Perspektive. Ihr für die damalige Zeit ausgesprochen gewagter Erotismus macht sie so zur Vorläuferin einer sich auf den weiblichen Körper und dessen Begehren besinnenden modernen lateinamerikanischen Frauenliteratur. In ihrem Schaffen hat man versucht, drei Phasen zu unterscheiden: die »weiße Phase« (1904–1910) mit *El libro blanco*, die »rote« = erotische Phase (1910–1913) mit *Los cálices vacíos*, 1913 (Die leeren Kelche) und die »dunkle Phase« bis zu ihrem Tod.

Poesías completas. Buenos Aires 1944; *Poesías completas*. Barcelona 1971. – Lit.: Hinterhäuser, H.: »Leda aus Uruguay«. In: *Sprachen der Lyrik: Festschrift für Hugo Friedrich*. Frankfurt/M. 1975, S. 356–375; Stephens, D.T.: *D. A. and the Quest for Transcendence*. Montevideo 1975; Acker, B.: »Surrealism and the Poetry of D. A.«. In: *Letras Femeninas* 10,1 (1984), S. 39–47; García Pinto, M.: »Eros in Reflection: The Poetry of D. A.«. In: *Review: Latin American Literature and Arts* 48 (1994), S. 85–89. Simson, I.: »›Ofrendando el libro a Eros‹: D. A.s erotische Dichtung«. In: *Neue Romania* 16 (1996), S. 37–52.

Erna Pfeiffer

Aichinger, Ilse

Geb. 1. 11. 1921 in Wien

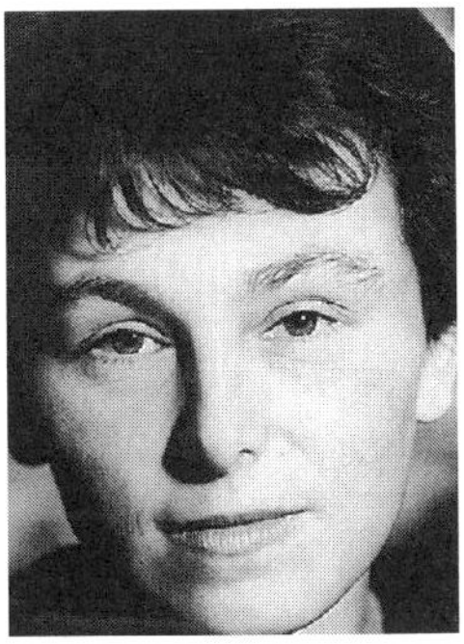

»Wir sind eine Generation ohne Abschied, aber wir wissen, daß alle Ankunft uns gehört.« Mit diesem Pathos der Heimatlosigkeit wird W. Borchert zur authentischen Stimme der Nachkriegsliteratur. »Den Ankünften nicht glauben wahr sind die Abschiede« ist A.s Haltung gegenüber einer Gesellschaft, die die Problematik der Kriegsheimkehrer und das Bedürfnis nach Verdrängung vornehmlich als männliche Erfahrungen thematisiert. Schon früh bekam die Tochter einer jüdischen Ärztin und eines ›arischen‹ Lehrers das antisemitische Klima in Wien zu spüren. Im Krieg wohnte sie mit der Mutter direkt neben dem Gestapo-Hauptquartier und mußte die Deportation der Großmutter und der jüngeren Geschwister der Mutter nach Minsk erleben. Ihr Mißtrauen gegen Ankünfte wirkt sich unmittelbar auf den literarischen Stil aus, der sich weder den Forderungen des Neorealismus noch den kanonisierten Kategorien des Kahlschlags fügt.

Der literarische Durchbruch gelang A. mit der zum Schulbuchklassiker avancierten *Spiegelgeschichte*, für die sie 1952 den Preis der Gruppe 47 bekam. Zahlreiche wichtige Literaturpreise folgten, beachtlich ist auch die Liste der abgelehnten Ehrenzeichen und Orden. In ihrer Rede anläßlich der Verleihung des »Großen Österreichischen Staatspreises« (1996), die sie den Opfern des Holocaust widmet, betont A. ausdrücklich, daß sie »kein dem Staat ergebener Dichter« sei. Bei der Gruppe 47 hatte sie den Hörspielautor Günter Eich kennengelernt, den sie 1953 heiratete. Auch A. verfaßte zahlreiche Hörspiele (*Auckland*, 1969) sowie für die Literatur der 50er Jahre ungewöhnliche Szenen und Dialoge (*Zu keiner Stunde*, 1957;

um vier Dialoge erweiterte Neuauflage 1980). Diese Textgattungen inszenieren besonders eindrucksvoll die für A.s Texte charakteristische Raum- und Zeitlosigkeit; die in absurde Bilder getauchte Welt des Irrealen wird zugleich zur Gegenwartsdiagnose eines entfremdeten Daseins.

In konzentrierter Form finden sich die Grundzüge von A.s Werk in ihrer Lyrik (*Verschenkter Rat*, 1978). Der Band versammelt Gedichte aus zwanzig Jahren, die sich in ihrer Anordnung gegenseitig kommentieren und ein Geflecht innerer Bildbezüge und Querverweise über das gesamte Werk spannen. Die Grundstimmung der Verzweiflung, des Mißtrauens gegenüber konventionellen Übereinkünften und vorschnellen Ankünften wird nachdrücklich spürbar, wenn z. B. dem Gedicht »Ortsanfang« unmittelbar das Gedicht »Ortsende« folgt. Zentrale Motive wie die Erinnerung an die Zeit des Nationalsozialismus (*Meiner Großmutter*), die für die Lyrik nach 1945 charakteristische Sprachsuche, die Poetik des Schweigens (*Versuche*), die Bedeutung der Träume (*Gebirgsrand*), der Namen (*In welchem Namen*) und der Orte (*Außer Landes*) werden hier zu Sprachbildern und unübersetzbaren absoluten Metaphern verdichtet. E. Fried betont die Widerständigkeit dieser Gedichte, gerade »weil hier Kritik an dieser Welt geübt wird, die darum, weil sie nicht tagespolitisch ist, um nichts weniger radikal ist«.

A.s Engagement (*Aufruf zum Mißtrauen*, 1946) versteht sich als Umsetzung der »Möglichkeiten des Widerstands« in Sprache. Davon zeugt bereits ihr Roman *Die größere Hoffnung*. Um diese autobiographische Kindheitsgeschichte zu schreiben, bricht A. das nach dem Krieg begonnene Medizinstudium ab. Der Roman erscheint 1948, im selben Jahr wie Celans erster Gedichtband *Der Sand aus den Urnen*. A. hatte den Vorsatz, einen Bericht darüber zu schreiben, »wie es war«. Entstanden ist ein anderer Begriff von Wirklichkeit, der nicht an einer realistischen Schreibweise haftet, sondern eine Traumsprache entwirft, die sich dem, wovon sie spricht, assimiliert hat. Sie trägt die Spuren der Zerstörung in sich, unfähig, das Erlebte einer integrierenden Sinnstiftung zuzuführen. In verdichtenden Allegorien – entnommen aus dem Bilderschatz antiker, poetischer und jüdisch-christlicher Mythen – umschreibt sie die alptraumhafte Bedrohung, der die Hauptfigur Ellen mit ihren »zwei richtigen und zwei falschen Großeltern« und ihre jüdischen Spielgefährten durch die nationalsozialistische Verfolgung ausgesetzt sind. Wegen seiner Darstellungsform oft mißverstanden, ist A.s Roman bis heute »ein Buch, das geduldig auf uns wartet« (P. Härtling). Daß das eingedenkende Erinnern an die Opfer des Holocaust eine maßgebliche Dimension von A.s Schreiben darstellt, zeigt bereits ihre erste Veröffentlichung vom 1. September 1945, die Erzählung »Das vierte Tor«, die als erster Text der österreichischen Literatur vom Konzentrationslager spricht, sowie neuere autobiographische Fragmente, die sich ebenfalls der Zeitzeugenschaft verpflichtet fühlen. A.s Prosa läßt in ihrer Entwicklung eine zunehmende Radikalisierung erkennen. Die frühen Erzählungen des Bandes *Der Gefesselte* (1948–1952) begründeten ihre Einschätzung als einflußreiche Autorin der modernen deutschen Kurzgeschichte bzw. – wegen der Geschichts- und Zeitlosigkeit ihrer Erzählungen – der Parabel im Zuge der Kafka-Nachfolge. Die avantgardistischen Texte aus *Eliza Eliza* (1958–1968) verabschieden mit ihren surrealistischen Traumvisionen (*Mein grüner Esel*) und Sprachexperimenten (*Das Bauen von Dörfern*) einen herkömmlichen Wirklichkeitsbegriff und treiben die Autonomisierung der Sprache voran. Letztlich kreist das Verweissystem der Bilder um die Sprache selbst: »Meine Sprache und ich, wir reden nicht miteinander, wir haben uns nichts zu sagen« (*Meine Sprache und ich*). Diese umfassende Fremdheitserfahrung markiert zugleich einen Wendepunkt hin zu einem neuen poetologischen Konzept im Erzählband *Schlechte Wörter* (1976): »Ich gebrauche jetzt die besseren Wörter nicht mehr« beginnt programmatisch die gleichnamige Titelerzählung, die dem dichterischen Pathos den Kampf ansagt. Die Texte werden knapper. Sie wollen der »Erzählwelt Schweigen abfordern«, wie es im Prosaband *Kleist, Moos, Fasane* (1987) heißt, der neben Texten zu anderen Autoren Aufzeichnungen aus den Jahren 1950–1980 sowie autobiographische Erinnerungsfragmente enthält.

Werke. 8 Bde. Hg. R. Reichensperger. Frankfurt/M. 1991. – Lit.: Lindemann, G.: *Ilse Aichinger*. München 1988; Moser, S. (Hg.): *I. A., Leben und Werk*. Frankfurt/M. 1995; Bartsch, K./Melzer, G. (Hgg.): *Ilse Aichinger*. Graz/Wien 1993.

Barbara Thums

Aidoo, Ama Ata

Geb. 1942 in Abeadzi Kyakyiakor/Zentralregion Ghanas

Neben Buchi ↗ Emecheta, Bessie ↗ Head, Rebeka ↗ Njau und Flora ↗ Nwapa gehört Aidoo zur ersten Generation moderner Schriftstellerinnen in Schwarzafrika. Bereits 1958 siegte sie bei der Daily Graphic Best Christmas Short Story Competition, Anfang der 60er Jahre gewann sie einen Preis bei einem Kurzgeschichtenwettbewerb des berühmten Mbari Club im nigerianischen Ibadan. Ihre literarische Laufbahn setzte sie fort mit dem Theaterstück *The Dilemma of a Ghost* (1965). In dieser Zeit arbeitete sie mit einer der besten afrikanischen Dramatikerinnen, Efua ↗ Sutherland, zusammen, die 1957 in Accra das ›Drama Studio‹ gegründet hatte. 1970 folgte das Theaterstück *Anowa*, das international erfolgreich aufgeführt wurde. Das Drama ist ihre bevorzugte literarische Gattung, ihr dramatischer Instinkt zeigt sich aber auch in ihren anderen Werken: Vielfach ausgezeichnet und in zahlreiche Sprachen übersetzt, komponiert sie ebenso erfolgreich Gedichte wie »Someone Talking Sometime« (1985) und »An Angry Letter in January« (1992), Kurzgeschichten wie »No Sweetness Here« (1970) und »The Girl Who Can« (1997) und die Romane *Our Sister Killjoy or Refelections of a Black-Eyed Squint* (1979) und *Changes*, 1991 (*Die Zweitfrau*, 1998). Zudem veröffentlicht sie Kinderbücher.

A. fühlt sich der Oralität verpflichtet: Direkt spricht sie ihr Publikum an, bezieht es ein, fesselt durch klare Aussagen, flechtet gekonnt Gleichnisse und Sprichwörter in die Handlung ein, formt Sätze zu Gedichten. In ihren Werken thematisiert sie insbesondere die Situation der afrikanischen Frau. Sie zeichnet starke, kämpferische Frauen, die privat und beruflich ihren eigenen Weg gehen wollen – wenn es sein muß auch allein. A. schreibt gegen die westliche Stereotypisierung, nach der

Afrikanerinnen schwach und passiv seien und betont, daß der Kampf der Afrikanerinnen für sich selbst und die Gemeinschaft ein Teil ihres kulturellen Erbes ist. Die Zukunft Afrikas kann nur mit den Frauen und ihrem Zugang zu Bildung gesichert werden: »It is not possible to advocate independence of our continent without also believing that African women must have the best that the environment can offer.« Neben der Beziehung der Geschlechter, die Aspekte wie Polygamie, Kinderlosigkeit, Geburtenkontrolle und Frauensolidarität einschließt, sind die Kolonisation, der Bruch zwischen Tradition und Moderne, die Schwierigkeit und gleichzeitige Notwendigkeit, nach einer Verbindung zwischen beiden zu suchen, ihre weiteren Themen. In Ghana hat sich A. als Erziehungsministerin zwischen 1982 und 1983 auch praktisch in die Politik einbinden lassen; sie wurde jedoch aus der Regierung entlassen, weil man ihre Reformvorschläge für zu radikal hielt. Nach einigen Jahren in Zimbabwe, wo sie in einem ›selbstauferlegten Exil‹ lebte, kehrte sie 1995 als freie Schriftstellerin nach Ghana zurück.

Lit.: Odamitten, V.: *The Art of A.A.A. Polylectics and Reading Against Neo-Colonialism.* Gainesville 1994; Azodor, A./Wilentz, G. (Hgg.): *Emerging Perspectives on A.A.A.* Trenton (im Druck).

Heike Brillmann-Ede

Aleramo, Sibilla (Rina Faccio)

Geb. 14. 8. 1876 in Alessandria; gest. 13. 1. 1960 in Rom

A. ist vor allem durch den autobiographischen Roman *Una donna,* 1906 (*Una donna: Geschichte einer Frau,* 1977), einen der ersten feministischen literarischen Texte in Italien, bekannt geworden. Sie beschreibt darin ihre Kindheit, Jugend und ihre unglückliche Ehe bis zu ihrem Entschluß, ihren Mann zu verlassen und sich eine eigene Existenz aufzubauen. Da sie die weitgehende Rechtlosigkeit der Ehefrauen anklagte und die Ehe als Gefängnis darstellte, wirkte ihr Roman auf die Zeitgenossen sehr provozierend und wurde gleichzeitig ihr größter Erfolg. Ihr Leben lang glaubte sie an eine grundlegende Autonomie weiblicher Spiritualität und kritisierte die kulturelle und materielle Unterdrückung der Frauen. Als weiblich empfand sie ihre eigene Weigerung, zwischen Kunst und Leben zu trennen.

Sie erhielt, wie sie in ihren Selbstportraits schreibt, eine eher männlich geprägte Erziehung. Ihr Vater, ein Naturwissenschaftler, vermittelte ihr Werte wie Energie und Disziplin und ließ sie früh in seiner Firma mitarbeiten. Überschattet wurde ihre Jugend von dem Wahnsinn und dem Selbstmordversuch ihrer Mutter. Mit 16 Jahren heiratete sie einen Angestellten ihres Vaters, der sie als 15jährige in dessen Firma vergewaltigt hatte. Die Erziehung ihres wenige Jahre später geborenen Sohns und der Aufenthalt in Mailand, wo sie 1899 die von Emilia Mariani gegründete feministische Zeitschrift *L'Italia femminile* leitete, konnten sie auf Dauer über das Scheitern ihrer Ehe nicht hinwegsehen lassen. Bei der Trennung von ihrem Mann mußte sie ihren Sohn zurücklassen, den sie erst 30 Jahre später wiedersah. Die Trauer über diesen Verlust begleitete sie sehr lange.

Ihr Leben war sehr bewegt, bis sie sich 1925 auf Dauer in Rom niederließ. Aus ihren zahlreichen Liebesbeziehungen zu Dichtern und Künstlern zog sie den Stoff für ihre Romane, Tagebuchaufzeichnungen und Gedichte. Der Philosoph Benedetto Croce (1866–1952) nannte sie einmal eine »Pilgerin der Liebe«. Sie ließ sich auf extreme Erfahrungen ein, z. B. auf eine Beziehung zu dem psychisch kranken Dichter Dino Campana (1885–1932). Tabus schreckten sie nicht. Über ihre kurze Liebesbeziehung zu einer Frau (1909) schrieb sie ebenso wie über ihre zehn Jahre dauernde Beziehung zu einem 40 Jahre (!) jüngeren Dichter, den sie 1936 im Alter von 60 Jahren kennenlernte. Nach Kriegsende schockierte sie ein weiteres Mal das gutbürgerliche Publikum, als sie 1946 Mitglied der Kommunistischen Partei Italiens wurde, der sie bis zu ihrem Tod 1960 eng verbunden blieb. Schon vor der Machtergreifung Mussolinis war A. in Alphabetisierungsprojekten und in der Sozialarbeit engagiert gewesen und hatte in den ersten Jahren des Faschismus gegen das Regime opponiert, sich später jedoch mit den Machthabern arrangiert.

In ihren Werken verband sie Erzählung und Reflexion, häufig in fragmentarischer Form als Notate von lyrischen Augenblicken oder als pointierte kritische Beobachtungen. Mit *Il passaggio*, 1919 (Der Übergang) griff sie in experimenteller Form die Themen von *Una Donna* auf und versuchte, die innere Erfahrung durch eine stark lyrische Sprache auszudrücken. In *Amo dunque sono*, 1927 (Ich liebe, also bin ich) verarbeitete sie eine Liebesbeziehung in der Form des Briefromans. 1932 erschien *Il frustino* (Die Reitgerte), ein ebenfalls autobiographisch fundierter Roman, in dem sie die Unfähigkeit des männlichen Protagonisten analysiert, die weibliche Hauptfigur gleichzeitig als Frau und als Künstlerin zu lieben.

A. publizierte auch mehrere Gedichtbände, die Momente der Liebe und Landschaftseindrücke in sehr unterschiedlichen Strophenlängen und Versmaßen festhalten. Für ihre 1947 publizierte Gedichtesammlung *Selva d'amore* (Liebeswald) wurde sie 1948 mit dem Lyrikpreis des Premio Viareggio ausgezeichnet. Neben mehreren Bänden von Tagebuchaufzeichnungen und Korrespondenz umfaßt ihr weiteres Werk journalistische Texte und literarische Portraits, die dramatische Dichtung *Endimione*, 1924 (Endymion), Reiseberichte und *La donna e il femminismo*, 1978 (Die Frau und der Feminismus).

Lit.: Buttafuoco, A./Zancan, M.: *Svelamento. S. A.: una biografia intellettuale*. Milano 1988; Federzoni, M./Pezzini, I./Pozzato, M. P.: *Sibilla Aleramo*. Firenze 1980.

Susanne Kleinert

Alkali, Zaynab

Geb. 3. 2. 1950 in Garkida, Bornu State/Nigeria

Zaynab Alkali ist die erste und neben Hauwa Ali eine der wenigen bekannten Autorinnen aus dem überwiegend muslimisch geprägten Norden Nigerias, wo es bislang noch kaum in der ›modernen‹, d.h. englischen Sprache geschriebene Literatur gibt. Wohl gibt es eine reiche mündliche und schriftliche Dichtkunst in der Sprache Hausa, die aus religiösen Gedichten und Preisgesängen besteht. Im Gegensatz zum südlichen Nigeria hat westliche Bildung jedoch keinen hohen Stellenwert und daher sind Schriftsteller/innen, die auf Englisch schreiben, sehr selten. Frauen haben es in dieser Hinsicht noch schwerer, da sie vom öffentlichen Leben und von Bildung weitgehend ausgeschlossen sind. A. stammt aus einer privilegierten Familie. Ihr Vater konvertierte im Alter von vierzig Jahren vom Islam zum Christentum. Sie selbst wandte sich später wieder dem Islam zu, möchte diese Tatsache jedoch nicht als erneute Konversion verstanden wissen. Im Gegensatz zu vielen ihrer Alters- und Geschlechtsgenossinnen besuchte sie weiterführende Schulen und studierte englische Literatur. Wichtig für ihre literarische Entwicklung war der Einfluß ihrer Großeltern, die beide traditionelle Künstler waren: ihre Großmutter war Sängerin und Komponistin, ihr Großvater ein Trommler. Heute arbeitet sie als Dozentin für englische und afrikanische Literatur an der Universität von Maiduguri. A. ist verheiratet und Mutter von sechs Kindern. 1984 erschien ihr erster Roman *The Stillborn* (*Still geboren und tot geträumt*, 1991), der 1985 mit dem Prosapreis des nigerianischen Schriftstellerverbandes (ANA) ausgezeichnet wurde. Er erzählt die Geschichte einer jungen Frau namens Li, die ihre Träume von einer glücklichen Ehe und einem besseren Leben in der Großstadt mehr und mehr der Wirklichkeit angleichen muß. Sie lernt, selbstbestimmt zu leben und kehrt schließlich zu ihrem seit einem Verkehrsunfall behinderten Ehemann zurück in der Hoffnung, mit ihm zusammen »das Gehen« zu lernen. Von weiblichen Tugenden und Selbstbestimmung erzählt auch A.s zweiter Roman *The Virtuous Woman* (1987).

A. geht in ihren Romanen und Kurzgeschichten auf grundlegende Konflikte und Enttäuschungen ein, mit denen gebildete Frauen in Nordnigeria sowohl im städtischen wie im ländlichen Milieu konfrontiert werden. Diese Frauen stehen im Schnittpunkt dreier Wertsysteme, die miteinander im Konflikt liegen: der ›traditionellen‹, der ›westlichen‹ und der muslimischen Kultur. A.s Ideal ist eine neue, gebildete Frau, die die verschiedenen Wertsysteme miteinander in Einklang bringen kann. Da ihre Heldinnen vor einem radikalen Bruch zurückschrecken und sich eher abwartend und versöhnlich verhalten, enden ihre Befreiungsversuche jedoch oft in einer ausweglosen Situation, wie in der Titelgeschichte des 1997 erschienenen Bandes *Cobwebs and Other Stories*. Es ist der Glaube an die Verbesserungsfähigkeit der Männer und an die Kraft und Geduld gefügiger Frauen, der A. von ihren literarischen Vorläuferinnen wie Flora ↗ Nwapa und Buchi ↗ Emecheta unterscheidet.

Lit.: Ogunyemi, C.O.: *Africa Wo/Man Palava. The Nigerian Novel by Women.* Chicago 1996, S. 284–331; Kassam, M.H.: »Behind the Veil in Northern Nigeria«. In: Newell, Stephanie (Hg.): *Writing African Women. Gender, Popular Culture and Literature in West Africa.* London 1997, S. 117–125.

Marion Pape

Allende, Isabel

Geb. 2. 8. 1942 in Lima

Mit der Chilenin A. stellt sich erstmals eine Frau in eine Reihe mit den bislang exklusiv männlichen Autoren der lateinamerikanischen *Boom*-Literatur. Auf ihren fulminanten Erstlingsroman *La casa de los espíritus,* 1982 (*Das Geisterhaus*, 1984) folgen Bestseller wie *De amor y de sombra*, 1984 (*Von Liebe und Schatten*, 1987) und *Eva Luna*, 1987 (*Eva Luna*, 1988), die ihren Ruf als internationale Erfolgsautorin endgültig bestätigen. Einen Teil ihrer Kindheit und Jugend verbringt die 1942 in Lima geborene Tochter einer chilenischen Diplomatenfamilie außerhalb ihrer Heimat. Neben Aufenthalten in Bolivien und im Libanon prägen A. jedoch v.a. die Lebensumstände im großelterlichen Haus in Santiago de Chile. Mit 16 Jahren beendet sie ihre Schulausbildung und beginnt als Journalistin zu arbeiten. Sie heiratet und bekommt zwei Kinder. Dem chilenischen Publikum wird sie durch ihre Arbeit für Fernsehen, Kinder- und Frauenzeitschriften bekannt. Nach dem Militärputsch 1973, bei dem Präsident Salvador Allende, Cousin ihres Vaters, ermordet wird, und der Installierung einer blutigen Gewaltherrschaft unter General Pinochet geht A. 1974 mit ihrer Familie ins venezolanische Exil. Hier entsteht ihr erster Roman.

»Du hast viel zu tun, also hör auf, dich zu bemitleiden, trink Wasser und fang an zu schreiben«, rät in *La casa de los espíritus* die Vision Claras der von Militärschergen gefolterten Enkelin Alba. Schreiben zur Bewältigung schmerzvoller Erinnerungen: das trifft ebenso für die Autorin zu, die den Verlust der Heimat und sozialer Bindungen ebenso verarbeiten will wie das Entsetzen über die in Terror eskalierende Geschichte ihres Landes. Die in Tagebuchform gehaltene Chronik, die am Schicksal einer Familie die gesellschaftliche Entwicklung Chiles im 20. Jh. nachvollzieht, macht A. schlagartig zur weltweit bekanntesten spanischsprachigen Autorin. Man wirft A. jedoch vor, aus ihrem politisch prominenten Namen Kapital zu schlagen und ansonsten die erprobten Rezepte des ›Magischen Realismus‹ – jenes Begriffs von der wunderbaren Wirklichkeit Lateinamerikas bzw. der fabulierenden Wirklichkeitsaneignung, charakteristisch für die Erzählwerke des *Booms* – wenig originell aufzubereiten.

Erweist sich die ›magisch-realistische‹ Etikettierung insgesamt als fragwürdig, die Erzählkunst A.s dagegen als unbestreitbar, so hebt die Dominanz weiblicher Erfahrung und Perspektive in ihren Werken sie deutlich von ihren literarischen Vorgängern ab. *La casa de los espíritus* hat zwar mit dem Familienpatriarchen Esteban Trueba einen männlichen Protagonisten, doch steht diesem typischen Vertreter der chilenischen Oligarchie eine Reihe von Frauen gegenüber, deren Namen – Nívea, Clara, Blanca, Alba – Reinheit und Vorurteilslosigkeit andeuten, und die einen utopischen Gegenentwurf und einen Widerspruch zur männlich-gewalttätigen Welt darstellen. So entzieht sich die hellsichtige Clara dem von kalter Rationalität beherrschten, repressiven System durch Spiritismus und gelegentliche Kommunikationsverweigerung, doch gerade ihre Tagebuchaufzeichnungen helfen ihrer Enkelin letztlich, die Familiengeschichte zu erzählen und so Gewalt und Machtmißbrauch zu überwinden.

Konstant zieht sich das Engagement gegen die Unterdrückung sozialer Randgruppen durch A.s Werke. In *De amor y de sombra* – wie *La casa de los espíritus* inzwischen verfilmt – klagt sie noch einmal eindringlich die Greueltaten im diktatorisch regierten Chile an und setzt ihnen als Kontrapunkt die Geschichte einer idealen Liebe entgegen. *Eva Luna*, nach dem Modell der Pikareske den Lebensweg eines Mädchens aus Armut und Analphabetismus hin zur Verfasserin gefeierter Telenovelas schildernd, verweist auf historische Ereignisse in Venezuela, läßt sich symbolisch aber auch als Geschichte des Kontinents lesen: in Eva, Tochter einer im Urwald angeschwemmten Europäerin und eines von einer Schlange gebissenen Indios, vermischen sich zwei der für Lateinamerika repräsentativen Kulturen, nur wird die Geschlechterkonstellation der geläufigen Verschmelzungsmetaphorik – weißer Vater, indianische Mutter – ironisch umgedreht. Selbst zwar mitunter von in populären Genres tradierten Klischees geprägt, relativiert die aus der Perspektive der marginalisierten Protagonistin erzählte Geschichte deutlich die offizielle Version der Machthaber.

Das Erscheinungsjahr *Eva Lunas* markiert auch wichtige Umbrüche im Leben A.s. Sie trennt sich von ihrem Ehemann, verläßt Venezuela und zieht nach Kalifornien, wo sie u.a. an der University of Berkeley einen Kurs über »Creative Writing Long Narrative« leitet. 1988 besucht sie nach 13 Jahren im Exil erstmals wieder Chile; engere Kontakte mit der alten Heimat folgen. In *El plan infinito*, 1991 (*Der unendliche Plan*, 1992) konfrontiert sie, vom Leben ihres zweiten, US-amerikanischen Ehemannes inspiriert, die dominante Kultur angelsächsischer Prägung mit der Subkultur der Latinos in Kalifornien und verhandelt darüber Themen wie Liebe, Haß, Gewalt, individuelle Willenskraft und kollektives Schicksal neu. An einem männlichen Protagonisten zeigt A. einmal mehr, daß Feminismus als ein auch für Männer befreiend wirkendes Anliegen zu sehen ist, macht der *machismo* doch auch diese zum Opfer.

Mutterschaft wird schließlich zum Movens für A.s autobiographischen Roman *Paula*, 1994, (*Paula*, 1995). A. beschreibt darin den Verlauf der Stoffwechselkrankheit, an der ihre nur 28jährige Tochter 1992 stirbt. Mit dieser Chronik eines sich ankündigenden Todes verknüpft A. ihre eigene Lebensgeschichte, die sie der monatelang im Koma liegenden Paula zu erzählen beginnt. Am Ende steht die schmerzvolle Einsicht, daß Paula nie wieder aufwachen wird. Ihrem Publikum aber liefert A. mit ihrem persönlichsten Werk ein berührendes Zeugnis über Verlust und Tod und – erneut – über die befreiende, heilsame Kraft des Schreibens.

Lit.: Álvarez-Rubio, P.: »Una conversación con I. A.«. In: *Revista iberoamericana* 60, 168–169 (1994), S. 1063–1071; Castillo de Berchenko, A.: *La narrativa de I. A. Claves de una marginalidad.* Perpignan 1990; García Pinto, M.: *Women Writers of Latin America. Intimate Histories.* Austin 1991; Hart, P.: *Narrative Magic in the Fiction of I. A.* London/Toronto 1989; Riquelme Rojas, S./Aguirre Rehbein, E. (Hgg.): *Critical Approaches to I. A.'s Novels.* New York 1991.

Claudia Leitner

al-Mala'ika, Nazik

Geb. 1923 in Bagdad/Irak

Nazik al-Mala'ika gehört zur Avantgarde der arabischen Dichtung und nimmt eine Schlüsselstellung in einer der bedeutendsten Bewegungen der arabischen Moderne, der Bewegung der ›freien Poesie‹ ein, die Ende der 40er Jahre in Irak ihren Anfang nahm und schließlich die gesamte arabische Welt erfaßte. Sie ist eine der Dichter/innen, die die »Versklavung des modernen Dichters durch alte, vorbestimmte Formen« ablehnten, und in einer Zeit, in der die arabische Poetik reif für eine grundlegende Veränderung war, diese mit Mut und Originalität einleiteten. Sie veröffentlichte mehrere Gedichtbände im freien Versmaß, die von der jungen arabischen Dichtergeneration mit Begeisterung aufgenommen wurden. Als bedeutende Literaturkritikerin veröffentlichte M. zahlreiche Artikel zu Dichtung, Literaturkritik und Gesellschaft. 1962 erschien *Qadaya al-Shi'r al-Mu'asir* (Fragen der modernen Dichtung), das zu einer grundlegenden Quelle für das Studium der modernen arabischen Poesie wurde.

Wie bei den meisten literarischen Persönlichkeiten in der arabischen Welt wurde auch M.s Werk stark von den tragischen Ereignissen und Niederlagen der arabischen Länder seit 1948, insbesondere vom leidvollen Schicksal des palästinensischen Volkes, beeinflußt. Sie beschäftigte sich mit grundlegenden gesellschaftlichen Problemen und trat leidenschaftlich für die Idee des Fortschritts und der Freiheit ein. Über ihre Bedeutung als Dichterin und Literaturkritikerin hinaus gehört sie zu jenen, die den Weg ebneten für die wachsende Teilnahme von Frauen späterer Generationen am gesellschaftlichen und literarischen Leben. Aufgewachsen in einer liberalen und fortschrittlichen Dichterfamilie, war sie eine der ersten Frauen in Irak, die ein Studium am Bagdader Lehrerinnenseminar und ein Universitätsstudium in den USA absolvierte. Sie beschäftigte sich mit der gesellschaftlichen Situation der Frau und gelangte zu dem Schluß, daß fehlende Freiheit und Würde sowie die Unterdrückung ihrer intellektuellen Fähigkeiten und Emotionen maßgebliche Gründe für die Stagnation der Frau in ihrer Entwicklung sind. In Vorträgen und Essays setzte sie sich für die Emanzipation der Frau ein und forderte sogar eine Veränderung der arabischen Sprache, die die Frauen durch Vokabular und Grammatik diskriminiere.

M.s literarisches Schaffen fand Anfang der 70er Jahre ein unerwartetes Ende. Ihre introvertierte, pessimistische Grundhaltung verstärkte sich. Die politische Situation in der arabischen Welt sowie die weitere Entwicklung der modernen arabischen Dichtung enttäuschten sie mehr und mehr. Schwer krank lebt M. heute, vom öffentlichen Leben zurückgezogen, in Bagdad.

Lit.: Mosbahi, H.: *Die rebellischen Töchter Scheherezades. Arabische Schriftstellerinnen der Gegenwart.* München 1997; Jayyusi, S.: *Trends and Movements in Modern Arabic Poetry.* Leiden 1977; Warnock Fernea E./Bezirgan B. (Hgg.): *Middle Eastern Muslim Women Speak.* Austin 1977.

Kerstin Wilsch

Almog, Ruth

Geb. 15. 5. 1936 in Petach Tikwa/Israel

Ruth Almog entstammt einer orthodoxen jüdischen Familie aus Deutschland. Ihre Eltern übersiedelten kurz nach der faschistischen Machtergreifung nach Palästina. Dort, in der damals noch kleinen landwirtschaftlichen Siedlung Petach Tikwa, wuchs A. auf. Sie wurde streng religiös erzogen, kehrte jedoch im Alter von 17 Jahren der Religion den Rücken. A. studierte zunächst Pädagogik, später nach ihrem Wehrdienst Literatur, Philosophie und Theaterwissenschaften. Sie war jahrelang als Hochschuldozentin tätig und ist heute Redakteurin der Literaturbeilage der großen Tageszeitung *Haarez*. Ihr Debüt als Schriftstellerin gab sie 1967 mit der Veröffentlichung ihrer Erzählung »Rachel Stern trifft Fellini« in *Haarez*. Seitdem hat sie fünf Romane, drei Erzählbände und sechs Kinderbücher publiziert. Für ihr literarisches Schaffen wurde sie mehrfach ausgezeichnet, u. a. mit dem Brenner-Literaturpreis.

A.s Romane und Erzählungen analysieren das Schicksal des Individuums in der Gegenwart, wobei sie häufig in den Abgründen des ›Ich‹ umherwandert, was nicht verwundert, wenn man weiß, daß Dostoevskij zu ihren Vorbildern zählt. Ihre Werke bieten außerdem einen interessanten Einblick in die kulturellen und historischen Probleme der israelischen Gesellschaft. Die Helden in A.s Schaffen sind ausschließlich Frauen, die für ihre Unabhängigkeit kämpfen. Ende der 60er Jahre waren es meistens entwurzelte Gestalten, die keine selbstverständliche Bindung zum Land, der Gesellschaft und den Mitmenschen hatten. Diese Darstellungsweise – die Enttäuschung über die Ideale der Pioniergeneration – lag damals im Trend und war auch bei Amalia Kahana-Carmon sowie zahlreichen männlichen Autoren anzutreffen.

Als sich in Israel in der Zeit nach dem Eichmann-Prozeß (1961) die Auseinandersetzung mit der Holocaust-Problematik verstärkte, leistete auch A. mit einem 1970 auf hebräisch erschienenen Roman einen Beitrag dazu (*The Exile,* 1970). Nach dem Sechs-Tage-Krieg von 1967 waren die Autoren lange mit der Aufarbeitung seiner Folgeerscheinungen beschäftigt, so auch A. in ihrem 1982 auf Hebräisch erschienenen Roman (*Death in the Rain*, engl. 1993). Wie zahlreiche Schriftstellerkollegen verleiht sie darin ihrer Erschütterung über die euphorische Stimmung Ausdruck, die sich nach dem ›leichten‹ Sieg im Lande breitgemacht hatte, und beschreibt Israel als ein Land von Bauunternehmern, Snobs und Neureichen, eine früher einmal ideale Gesellschaft, die nun verrottet. Im Laufe der 70er Jahre veränderte A. ihren

Stil, griff Techniken wie Symbolisierung und Allegorisierung auf und wird vom Kritiker G. Shaked als ›lyrische Impressionistin‹ bezeichnet. A., die neben Dostoevskij, Patrick White, Flannery O'Connor sowie Josef Chaim Brenner als literarische Vorbilder nennt, wurde bei der Darstellung ihrer Frauengestalten wohl auch von Devora Baron (1887–1956) und Lea Goldberg (1911–1970), zwei hebräischsprachigen Autorinnen der vorhergehenden Generation, beeinflußt. A.s Heldinnen sind meist Opfer eines komplexen Beziehungsgeflechts, rebellieren jedoch gegen ihr Schicksal, wie in dem Roman *Roots of Light* (1987), den A. selbst für ihr gelungenstes Buch hält. A.s Figuren leben in romantischen Phantasien und werden enttäuscht, weil ihre großen Liebesbeziehungen »auf kleinliche Bedürfnisse schrumpfen, Hunger, Einsamkeit, Selbstbestätigung, endlose Versuche, in der Nichtigkeit aufzugehen, um einen Moment Ewigkeit zu erlangen.« (*Death in the Rain*).

Lit.: Feinberg, A.: Einleitung zu *Rose unter Dornen. Frauenliteratur in Israel*. Gerlingen 1993.

Monika Zemke

al-Scheich, Hanan

Geb. 1945 in Beirut/Libanon

Hanan al-Scheich ist eine produktive libanesische Schriftstellerin, deren erster Roman, *Intihar rajul mayit* (Selbstmord eines toten Mannes) 1971 erschien. Sie arbeitete als Journalistin und veröffentlichte Romane, Kurzgeschichten und in letzter Zeit Theaterstücke. Obwohl S. sich selbst nicht als Feministin bezeichnet, sind Frauenthemen und der Einfluß männlicher Kontrolle auf das Leben von Frauen zentrale Themen in allen ihren Werken. In ihrem 1988 veröffentlichten Roman *Misk al-ghazal* (Der Moschus der Gazelle; engl.: *Women of Sand and Myrrh*, 1989) beschäftigt sie sich beispielsweise mit dem Leben von vier Frauen unterschiedlicher Herkunft in einem Land auf der Arabischen Halbinsel. S. ist bekannt für ihren experimentellen literarischen Stil und ihre Auseinandersetzung mit dem Chaos des Krieges und seinen Auswirkungen auf die libanesische Gesellschaft. Sie gehört zu den ›Beiruter Dezentristen‹ – einer Gruppe libanesischer Frauen, die während des Krieges schrieben, um seine Schrecken und seine Alltäglichkeit darzustellen; im Gegensatz zu Männern, die mehr über Gewalt und Ideologie schrieben.

Obwohl S. seit vielen Jahren in London lebt und während des Kriegs zumeist nicht in Beirut war, ist ihr literarischer Beitrag dennoch Teil der umfangreichen Literatur libanesischer Frauen über den Bürgerkrieg. S.s Roman *Hikayat Zahra*, 1980 (*Sahras Geschichte*, 1989) ist ihr bestes literarisches Werk und hat ihren Ruf als eine der bedeutendsten Schriftstellerinnen der arabischen Gegenwartsliteratur begründet. Der Roman wird von verschiedenen Perspektiven aus erzählt, verwendet die Technik des Bewußtseinsflusses und beschäftigt sich offen und unverblümt mit der Sexualität einer jungen Frau. Er schildert außerdem außerehelichen Geschlechtsverkehr, Vergewaltigung, Masturbation, Drogenmißbrauch und Abtreibung. Einer der Gründe für S.s Ruhm und Erfolg ist, daß viele ihrer Werke übersetzt und verbreitet wurden, insbesondere ins Englische übersetzt, *Hikayat Zahra* ins Deutsche und andere in weitere europäische Sprachen. Ihre Bekanntheit sowie die Tatsache, daß sie in England lebt, haben dazu geführt, daß sie oft als Sprecherin arabischer Frauen im Ausland betrachtet wird.

Lit.: Accad, É.: *Sexuality and War. Literary Masks of the Middle East.* New York 1990; Zeidan, J.: *Arab Women Novelists. The Formative Years and Beyond.* New York 1995.

Michelle Hartman

Andreas-Salomé, Lou

Geb. 13. 2. 1861 in St. Petersburg; gest. 5. 2. 1937 in Göttingen

Legenden haben sich bereits zu Lebzeiten um A.-S. gebildet. Ihre Schönheit und Klugheit, ihre unkonventionelle und selbstbewußte Lebensführung, ihre skandalträchtigen Beziehungen zu berühmten Männern (Nietzsche, Rilke) und ihre Grenzgängerei zwischen Literatur und Psychoanalyse ließen sie in den Phantasien der Zeitgenossen zur realen Schwester der literarischen Lulus und Salomés der Jahrhundertwende werden, mit denen sie ihr Name bereits verband. Der Ruf der femme fatale, der ihr bis heute vorauseilt, hat den Blick einseitig auf das Leben gelenkt und das Werk zu Unrecht in den Hintergrund treten lassen. Die 1861 in St. Petersburg in einer deutsch-baltischen Familie geborene S. (der Name Lou wurde ihr von ihrem Lehrer und ersten Anbeter gegeben) gehörte wie Ricarda ↗ Huch zu dem Kreis hochbegabter junger Frauen, die ihre zumeist wohlhabenden Elternhäuser verließen, um in Zürich, dem Mekka intellektueller Frauen, zu studieren. Auf der Suche nach einem freien Leben, nach geistigen Anregungen und einem Kreis Gleichgesinnter löst sich A.-S. bereits während der Studienzeit von ihrer Familie und reist allein, zum Teil in Begleitung ihrer Freundin Frieda von Bülow, durch Westeuropa. Die 1881 mit dem Orientalisten Andreas geschlossene Ehe, die kinderlos bleibt, bietet lebenslangen Schutz, ist zugleich aber auch Einengung für eine Frau, die Rilke als so übermächtig erlebte, daß er sich wie »der kleinste Bettler an der letzten Schwelle ihres Wesens« fühlte.

Das Schreiben wird für A.-S. schon früh zum Medium der Selbstreflexion. Neben das Tagebuch treten Romane und Erzählungen, in denen sie die Erfahrungen der Epoche reflektiert. Geht es in dem frühen Roman *Der Kampf mit Gott* (1885) um die Thematisierung der eigenen religiösen Zweifel, die bereits die Konfirmandin erfaßt und ihren Emanzipationsprozeß eingeleitet hatten, so behandeln *Fenitschka* (1898) und *Eine Ausschweifung* (1898) die Schwierigkeiten von Frauen, jenseits der gesellschaftlichen Normen und der vorgegebenen Geschlechterbilder ihren eigenen Weg zu gehen. Das Interesse an der Psychologie, das auch ihre literaturkritischen Arbeiten *Henrik Ibsens Frauengestalten* (1892), ihre Erinnerungsbücher *Friedrich Nietzsche in seinen Werken* (1894) und *Rainer Maria Rilke* (1928) und ihre anderen Romane (*Ruth*, 1895; *Ma*, 1901; *Das Haus*, 1919; *Rodinka*, 1923) auszeichnet, bringt sie in Kontakt mit der Psychoanalyse. Ihre Tagebuchaufzeichnungen *In der Schule bei Freud* (1912/13) sind ein noch heute lesenswerter Erfahrungsbericht einer Frau in einem wissenschaftlich und gesellschaftlich gleichermaßen umkämpften Feld. Von der Schülerin Freuds entwickelte sie sich in wenigen Jahren zur originellen Psychoanalytikerin, die sich mit produktiven Aufsätzen in den psychoanalytischen Diskurs einschaltet (»Anal« und »Sexual«, 1914; *Narzißmus als Doppelrichtung*, 1921) und bis zu ihrem Tod in Göttingen eine eigene Praxis betreibt. Auch wenn ihre literarische Produktion im engeren Sinne nach der Begegnung mit Freud, dem sie zeitlebens freundschaftlich verbunden blieb (*Mein Dank an Freud*, 1931), gegenüber dem psychoanalytischen Arbeiten zurücktrat, so blieben für sie die Literatur ebenso wie das Briefeschreiben lebenslang eine Möglichkeit der beglükkenden Selbstbegegnung.

Lit.: *L.A.-S.: Lebensrückblick. Grundriß einiger Lebenserinnerungen.* Aus dem Nachlaß hg. v. E. Pfeiffer. Zürich 1951; Welsch, U./Wiesner, M.: *L. A.-S. Vom »Lebensurgrund« zur Psychoanalyse.* Wien 1988.

Inge Stephan

Arnim, Bettina von

Geb. 4. 4. 1785 in Frankfurt/Main; gest. 20. 1. 1859 in Berlin

»Ich will nichts anders von Gott, als daß mein Herz nicht zu Stein werde in meiner Brust, wenn er mich zum Werkzeug ausersieht seiner unmittelbaren Barmherzigkeit! und daß die eigene Energie mir nicht fehle, selbständig zu wirken und zu handeln, wie es einem göttlichen Anregen entspricht. Ich will auch nicht feilschen und Bedingungen stellen; ich will mich ganz vergessen; wo Elend, Schmach und Verzweiflung sich mir entgegendrängen, da will ich's als höchste Gnade von Gott annehmen, diese lindern zu können! und will kein menschlich Urteil oder Gesetz mich darin beschränken lassen und immer weiter dringen in dieser göttlichen Eigenschaft der Barmherzigkeit, der Gnade, die unsterblich macht.« Mit diesem Brief vom 8.8. 1849 wendet sich A. an den König mit der Bitte um Begnadigung des zum Tode verurteilten Demokraten Gottfried Kinkel (1815–1882); kurze Zeit zuvor war A. im sogenannten ›Magistratsprozeß‹ zu zwei Monaten Gefängnis verurteilt worden. Ihre vielfältigen sozial-politischen Aktivitäten und ihr mutiges Eintreten für die Volksbewegungen im letzten Drittel ihres Lebens (*Dies Buch gehört dem König*, 1843; *Armenbuch*, 1844) waren auch deshalb so erfolgreich, weil sie längst über Deutschlands Grenzen hinaus als Schriftstellerin bekannt war.

Für ihre literarische Karriere gab es günstige Voraussetzungen. A. ist die Tochter von Maximiliane la Roche und dem Großkaufmann P.A. Brentano, Enkelin der Schriftstellerin Sophie la Roche und Schwester des Dichters Clemens Brentano, den sie allerdings erst 1798 kennenlernte und dem sie mit dem Briefwechsel *Clemens Brentanos Frühlingskranz* (1844) ein Denkmal setzte. Zu Hause bei der Großmutter la Roche lernte sie Gelehrte, Künstler, deutsche Jacobiner und französische Emigranten kennen.

Ab 1802 hielt sie sich vorwiegend in Frankfurt auf. Als sie ihre Schwester Gunda v. Savigny besuchte, befreundete sie sich mit K. von ↗ Günderrode. Der gemeinsame Briefwechsel wird Grundlage des Briefromans *Die Günderode* (1840). Seit dem Jahre 1806 verband sie eine Freundschaft mit Goethes Mutter; 1807 lernte sie Goethe kennen und besuchte ihn mehrmals. Ihr Buch *Goethes Briefwechsel mit einem Kinde* (1835), das ihren literarischen Ruhm begründet, geht auf Gespräche mit Goethes Mutter 1806–1808 zurück. In den Salons war sie ein gern gesehener, auch umstrittener Gast und konnte Kontakte zu bedeutenden Frauen und Männern knüpfen: zu den Geschwistern Tieck, zu Schleiermacher, Caroline ↗ Schlegel, Dorothea ↗ Schlegel, Jacobi, Grimm, Humboldt, Henriette Herz, Rahel ↗ Varnhagen, Pückler-Muskau (1781–1831), mit denen sie korrespondierte und die auch ihren späteren eigenen berühmten Salon besuchten.

1806 lernt sie Achim v. Arnim (1781–1831) kennen, der mit ihrem Bruder Clemens die Liedersammlung *Des Knaben Wunderhorn* (1806–1808) bearbeitet und herausgibt. Eine lange Trennung stellt die gegenseitige Zuneigung auf eine harte Probe, wie die Briefe zeigen, die die Liebenden zwischen 1806 und 1811, dem Jahr der heimlichen Trauung, wechselten. Die Ehe, in der sieben Kinder geboren werden, erweist sich als schwierig. A. empfindet sich als ›Marterbank‹. Abwechselnd lebt A. auf dem Gut Wiepersdorf und in Berlin. Die während der Ehe gewechselten Briefe geben Einblick in die Konflikte, die sich aus der Wahl des Wohnortes, der Kindererziehung, dem Geld und an unterschiedlichen Kunstvorstellungen entzündeten. Als A. v. Arnim 1831 stirbt, wählt A. Berlin als Hauptwohnsitz und konzentriert sich, nachdem sie längere Zeit auch komponiert und gemalt hat, ganz aufs Schreiben und legt schließlich nach den Goethe- und Günderrode-Büchern den Roman *Ilius Pamphilius und die Ambrosia* (1848) vor, in dem sie ausgewählte Textpassagen, Gedichte und Aufzeichnungen aus verschiedenen Briefwechseln mit Freunden zusammenstellt.

Das Urteil über Person und Werk ist kontrovers. Einerseits gilt A. als revolutionäre Kämpferin der Jungdeutschen, wird zum Mythos ›Bettine‹ verklärt, andererseits wird sie als das naive Kind, der listige Kobold, das androgyne Wesen gesehen, das nicht erwachsen werden wollte. Versuche, ihre literarische Form, die sich bewußt einer männlichen Kulturtradition entzieht, einzuordnen, suchen in jüngster Zeit einen Platz zwischen Goethes früher Erlebnislyrik und den Prosagedichten der ästhetischen Moderne.

A. selbst beruft sich auf Schellings Philosophie. Sie charakterisiert ihr Schreiben als ›Schwebephilosophie‹. Um ihr Ich fühlen und sprechen lassen zu können, brauchte sie den Dialog, ein Gegenüber. Das andere Ich erschuf sie sich im Schreibprozeß und gründete es auf Liebe. Diese Art Sympoesie der Romantik ist als Liebesexperiment in den Briefen und Briefromanen präsent. Die gewählten alter egos, – zuerst Günderrode, dann Goethe, dann Clemens Brentano – entzogen sich dem Liebesverlangen der Schreibenden. Da A. aber aus der Erinnerung schreibt, bleiben die wirklichen Entfremdungserfahrungen verborgen, sie zeigen sich in den utopischen Entwürfen alternativer Lebensweisen.

Werke. (bisher 2 Bde). Hg. H. Härtl. Berlin/Weimar 1986ff.; *Aus meinem Leben.* Zus.gest. und komm. von D. Kühn. Frankfurt/M. 1991; *Werke und Briefe in 4 Bde.* Frankfurt/M. 1995; *Internationales Jb. der B. v. A.-Gesellschaft.* Bd. 1, 1987ff. – Lit.: Liebertz-Grün, U.: *Ordnung im Chaos: Studien zur Poetik der Bettina Brentano-von Arnim.* Heidelberg 1989; B. v. A. *Ein Lesebuch.* Hg. C. Bürger/B. Diegenbach. Stuttgart 1994; K. Bäumer/H. Schultz: *Bettina von Arnim.* Stuttgart/Weimar 1995.

Hannelore Scholz

Arnim, Elizabeth von (geb. Mary Annette Beauchamp; Ps. Elizabeth, Anne Cholmondely)

Geb. 31. 8. 1866 in Sydney oder in Neuseeland; gest. 9. 2. 1941 in Charleston, South Carolina/USA

Elizabeth von Arnim ist eine jener Autorinnen, die in besonderer Weise von der ›archäologischen‹ Tätigkeit feministisch inspirierter Verlage wie Virago Press profitiert haben. In der langen Phase ihres literarischen Schaffens zwischen 1898 und 1940 produzierte sie 22 Romane sowie eine Autobiographie. Besonderer Beliebtheit erfreut sich von A. im deutschsprachigen Raum, was nicht zuletzt mit den oft deutlich autobiographisch geprägten Handlungslinien ihrer Romane und der damit verbundenen Präsenz (ehemals) deutscher Schauplätze zusammenhängen dürfte. Alle ihre Texte sind – zum Teil mehrfach – ins Deutsche übersetzt worden.

Als Ehefrau des Preußischen Grafen Henning August von Arnim-Schlagenthin lebte sie u. a. in Berlin und in Pommern. Zu den bekanntesten Texten gehört denn auch ihr Erstlingswerk *Elizabeth and her German Garden* (1898), das auf einem Pommerschen Landgut angesiedelt ist und mit ironischer Distanz das Familienleben einer preußisch-englischen Ehe beschreibt. Die sanfte Ironie der Erzählerin betrifft dabei in erster Linie ihren Mann, der nur als »the man of wrath« in Erscheinung tritt. Diese amüsierte Distanz kennzeichnet fast durchgehend die Darstellung nicht-englischer Figuren und Ambientes, etwa *Fräulein Schmidt and Mr. Anstruher* (1907) oder *The Caravaners* (1909), vor allem aber dominiert sie die Beschreibung der meisten männlichen Figuren, am deutlichsten in *Vera* (1921), der als einer ihrer besten Romane gilt und in dem sie in gewohnter Zurückhaltung die Tyrannei eines egomanischen Ehemannes beschreibt – angeblich eine Karrikatur ihres eigenen (zweiten) Ehemannes.

Intellektueller Witz und kritisch-ironische Distanz zu den Vertretern des männlichen Geschlechts, die jedoch stets im Rahmen des Verbindlichen und gesellschaftlich Akzeptablen bleiben, kennzeichnet auch den seit seiner Verfilmung wohl bekanntesten Roman *The Enchanted April* (1923), in dem vier Frauen für die kurze Zeit eines gemeinsamen Italien-Urlaubs erfolgreich die Utopie einer friedfertigen männerlosen Welt erproben. Die Figuren bewegen sich mit ihren formal wenig innovativ präsentierten Handlungen und Alltagskonflikten überwiegend in einem Milieu der gehobenen Mittel- und Oberschicht – einer Welt, in der A. sich selbst bewegte und die sie in Kontakt mit zahlreichen Berühmtheiten der kulturellen Szene ihrer Zeit brachte: E. M. Forster und Hugh Walpole, die nacheinander kurze Zeit als Tutoren für ihre Kinder in Pommern arbeiteten, Bertrand Russell, dessen Bruder sie in zweiter Ehe heiratete, ihre Cousine Katherine Mansfield und John Middleton Murray, die in ihrem Schweizer Domizil häufig zu ihren Gästen zählten, H. G. Wells, mit dem sie während ihrer Schweizer Zeit ein Verhältnis hatte. Doch ganz im Einklang mit dem ironischen Grundton der Romane sind es in ihrer Autobiographie *All the Dogs of my Life* (1936) nicht diese illustren Personen oder auch Schauplätze, die die Darstellung ihres Lebens strukturieren, sondern die diversen Hunde, die sie im Lauf ihres Lebens hatte. Diese werden ausgiebig beschrieben und mit Namen belegt, während die Personen eher beiläufig erscheinen und unbenannt unter allgemeinen Bezeichnungen wie »a friend« oder »a second husband« firmieren.

Lit.: Usborne, K.: *E.v.A. Eine Biographie.* Frankfurt/M. 1994.

Helga Quadflieg

Aspazija (eigtl. Elza Rozenberga)

Geb. 16. 3. 1865 in Zaļenieki bei Jelgava (Mitau)/Lettland; gest. 5. 11. 1943 in Riga

»Unablässig ermunterte sie die Frauen zu Selbstbewußtsein und Gleichberechtigung, rief das Volk zum Kampf für die Freiheit, in dem sie selber große Opfer auf sich nahm. Sie ist für uns das, was den Deutschen in der Sturm- und Drangzeit Friedrich Schiller war.« So Felikss Cielēns in seiner Grabrede für die Dichterin. Mit 19 Jahren veröffentlicht sie ihr erstes Gedicht. 1887 erhält sie für ihr erstes Theaterstück, *Atriebēja* (Die Rächerin), bei einer Ausschreibung des Lettischen Vereins in Riga den ersten Preis, das Stück wird aber von der russischen Zensur nicht zugelassen. 1894 wird ihr Drama *Vaidelote*, in dem Frauen gegen die sie unterdrückenden Traditionen aufbegehren, zum durchschlagenden Erfolg. Die Handlung spielt im heidnischen Litauen, im 14. Jh.; Vaideloten sind eine Art Priesterinnen. Noch im Herbst des gleichen Jahres wird *Zaudētas tiesības* (Verlorene Rechte) einstudiert. Hier wird die doppelte Moral gegenüber Frauen angeprangert. Die erniedrigte Frau erschießt den vornehmen Herren, der sie erpreßt und mißbraucht. Der konservativere Teil der lettischen Gesellschaft reagiert empört. 1895 verliert A. ihre Stelle am Lettischen Theater und schließt sich der sozialdemokratisch ausgerichteten »Neuen Strömung« an. Eine der führenden Persönlichkeiten war Jānis Pliekšāns, der unter dem Pseudonym J. Rainis (1865–1929) veröffentlichte. Als die kaiserlich russischen Behörden anfingen, die »Neue Strömung« zu verfolgen, kam Rainis ins Gefängnis. A. und Rainis heirateten in der Gefängniskapelle. Rainis wurde der bedeutendste klassische Dichter der lettischen Literatur. 1905, am Vorabend der Revolution, wird am Neuen Lettischen Theater A.s Stück *Sidraba šķidrauts* (Der silberne Schleier) uraufgeführt. Die Handlung spielt in sagenhafter

Vergangenheit, doch jeder versteht das Thema – nationale Freiheit und Gleichberechtigung der Frau. Der Erfolg ist überwältigend. Wie schon in *Vaidelote* hat sich A. in *Sidraba šķidrauts* von ihren Vorbildern aus der europäischen Klassik gelöst. Zwar ist das tragende Versmaß immer noch der fünffüßige Jambus, doch wird er, vor allem in lyrischen Szenen, immer wieder vom Metrum der Dainas, der Volkslieder, abgelöst.

Die Revolution wurde niedergeschlagen. A. und Rainis emigrierten in die Schweiz und lebten 11 Jahre in Castagnola bei Lugano. Während dieser Zeit veröffentlichte A. zwei Gedichtbände, eine Art lyrische Autobiographie. 1920 kehren A. und Rainis in das inzwischen unabhängige Lettland zurück. Ihnen wird ein triumphaler Empfang bereitet. Beide engagieren sich wieder in der Politik. A. wird Abgeordnete in der Verfassunggebenden Versammlung und vertritt dort mit einigem Erfolg frauenrechtliche Positionen. Auch beginnt sie wieder zu schreiben. Es entstehen sechs Theaterstücke, darunter: *Aspazija*, 1923, über die Athener Hetäre, die der Dichterin das Pseudonym gab; *Zalša līgava*, 1928 (Die Natternbraut), wieder ein Thema aus der lettischen Mythologie mit Zeitbezug; und 1933 *Velna nauda* (Teufelsgeld), eine gesellschaftskritische Komödie. Sie verfaßt autobiographische Schriften, zum Teil in Romanform. Eine besondere Bedeutung kommt der Übersetzerin A. zu, sie übertrug Werke der Weltliteratur ins Lettische. Zahlreiche Gedichte von A. wurden vertont, einige sogar mehrmals. Jāzeps Mediņš (1877–1947) komponierte 1927 die heute noch gespielte Oper *Vaidelote* nach dem gleichnamigen Drama von A.

Nach dem Tod von Rainis widmete sich A. der Verwaltung seines literarischen Nachlasses, der ihr allerdings zur Zeit der ersten Sowjetherrschaft genommen wird. Sie ist gezwungen, unter dürftigen Verhältnissen zu leben. Am 5. September 1943 stirbt die Dichterin. Eine große Menschenmenge gibt ihr das letzte Geleit. Inzwischen heißt die Straße am Stadtkanal im Zentrum von Riga wieder Aspazijas bulvars.

Kopoti raksti (Gesammelte Werke). 6 Bde. Riga 1985–88. – Lit.: Blesse, E.: »Dichterin der Tat, des freien menschlichen Geistes und der Vaterlandsliebe«. In: *Commentationes Balticae* X/XI (1964), S. 77–123; Stahnke, A. B.: *Aspazija, her life and her drama.* Lanham/New York/London 1984.

Alexander Schmidt

Atwood, Margaret Eleanor
Geb. 18. 11. 1939 in Ottawa/Kanada

»There was a great advantage to being a Canadian back in 1956, the year I started writing in a manner I then considered serious: there was no heritage of intimidating geniuses looming above you as you wrote [. . .]. There were a few Canadian writers then, but with their usual modesty the Canadians hid them from view, and you had to dig for them at the very backs of bookstores, among the maple syrup cookbooks and the autumn scenery. All that has now changed.« Was Atwood in dieser Rede 1997 in New York anläßlich einer der zahlreichen Preisverleihungen an sie verschweigt, ist, daß sie selber wie niemand sonst zu der bemerkenswerten »Canadian Renaissance« ab den 1960er Jahren, die Kanada auf die literarische Weltkarte setzte, beigetragen hat. Mit ihrem außergewöhnlich vielseitigen Talent, das sich in einem umfangreichen Gesamtwerk niederschlägt, ihrer intellektuellen und sprachlichen Brillanz, ihrem kanadischen (literarischen) Nationalismus, der Brennpunkt ihres gleichwohl globalen politischen Bewußtseins ist, ihrer Gabe zur humorvoll-ansprechenden, komplexen Tiefenschärfe und einer medienkompatiblen Persönlichkeit, die ihre zahlreichen öffentlichen Auftritte zu einem Ereignis werden läßt, ist A. die unbestritten bedeutendste und auch öffentlichkeitswirksamste Repräsentantin der kanadischen Literatur und eine der faszinierendsten zeitgenössischen Schriftstellerinnen überhaupt.

Einen Großteil ihrer Kindheit verbrachte A. in den nördlichen Buschregionen Quebecs, wo ihr Vater als Insektenforscher arbeitete; so in ihrem zweiten Roman, *Surfacing*, 1972 (*Der lange Traum*, 1979). Von ihrer Mutter erhielt A. Privatunterricht und wurde von ihren Eltern (»great readers«) zu extensivem Lesen angehalten. 1946 zog die Familie nach Toronto, wo die 12jährige A. das erste Mal regulär zur Schule ging (vgl. den Roman *Cat's Eye*, 1988/*Katzenauge*, 1989). 1957–61 studierte sie an der University of Toronto Englische Literatur, u. a. bei Jay Macpherson (geb. 1931) und Northrop Frye (1912–1991), deren ›mythopoetischer‹ Zugang zur Literatur sie nachhaltig prägte. *Survival. A Thematic Guide to Canadian Literature*, 1972, ist das meistverkaufte Werk kanadischer Literaturkritik, das A. auch verfaßte, um dem kanadabezogenen Verlag Anansi Press, den sie mitleitete, finanziell auf die Beine zu helfen.

1961–63 studierte A. an der Harvard University, u. a. bei dem Puritanismus-Experten Perry Miller, dem auch ihr späterer Roman *The Handmaid's Tale*, 1985 (*Der Report der Magd*, 1987) gewidmet ist. Für dieses Werk, das 1990 von Volker Schlöndorff mit dem Titel *Die Geschichte der Dienerin* verfilmt wurde (Filmskript Harold Pinter), erhielt sie den zweiten Governor General's Award. Sie bietet eine radikale Dystopie, in den heutigen Neuenglandstaaten lokalisiert, in der eine fundamentalistische Theokratie Frauen im wesentlichen auf ihre Gebärfunktion reduziert. Ein 1962 in Harvard begonnenes Promotionsprojekt zum englischen Schauerroman (*gothic romance* ist eine von A. bevorzugt verwendete Schreibweise, vgl. z. B. *Lady*

Oracle, 1976 (*Lady Orakel*, 1984) oder *Bodily Harm*, 1981 (*Verletzungen*, 1982)) wurde vorzeitig beendet aufgrund ihres rapide einsetzenden Erfolgs, zunächst als Lyrikerin: bereits für ihren zweiter Gedichtband *The Circle Game* (1966) erhielt A. den wichtigsten kanadischen Literaturpreis, den Governor General's Award. Sie lebt heute in zweiter Ehe mit dem kanadischen Schriftsteller Graeme Gibson in Toronto, 1976 kommt ihre gemeinsamen Tochter Jess zur Welt, vgl. »Giving Birth« in *Dancing Girls*, 1977 (*Unter Glas*, 1986) oder Gedichte aus *True Stories*, 1981 (*Wahre Geschichten*, 1984) oder *Two-Headed Poems*, 1978.

A. hat bisher über ein Dutzend Lyriksammlungen vorgelegt, neun Romane, fünf Kurzprosasammlungen sowie eine Auswahlsammlung ihrer zahlreichen literaturkritischen Werke (*Second Words. Selected Critical Prose*, 1982), in denen sie u.a. die Rolle der Schriftstellerin erörtert und speziell auf kanadische und amerikanische Schriftstellerinnen Bezug nimmt (z.B. Adrienne ↗ Rich, Gwendolyn McEwen, Audrey Thomas, Marie-Claire ↗ Blais, Anne ↗ Sexton, Jay Macpherson, Erica Jong, Marge Piercy, Margaret Avison, Margaret ↗ Laurence, Sylvia ↗ Plath). Obwohl A. wiederholt die Gattungsgrenzen weitet, etwa in *Murder in the Dark. Short Fictions and Prose Poems*, 1983 (*Die Giftmischer*, 1985) oder *Good Bones*, 1992 (*Gute Knochen*, 1995) und speziell in ihren Kurzgeschichten erzählerisch experimentiert, ist sie der Tradition des psychologischen Realismus zuzuordnen, die postmodernistischer Werteindifferenz ablehnend gegenüber steht: A. ist eine politisch und geschlechterpolitisch engagierte Schriftstellerin (vgl. ihre Mitarbeit bei Amnesty International oder beim PEN), die Literatur auch in einem didaktisch-moralischen Sinne als Sozialkritik versteht (»If we cease to judge this world, we may find ourselves, very quickly, in one which is infinitely worse«).

Ihr immer wieder auf die Geschlechterdifferenzen verweisendes Werk, das häufig die systembedingte, gleichwohl persönlich charakterisierte Situation weiblicher Figuren in den Mittelpunkt rückt (»to take the capital W off woman«), ist weniger als ›feministisch‹ zu etikettieren denn als Konsequenz des mit großer intellektueller Schärfe betriebenen radikalen Humanismus A.s aufzufassen: ein bis auf die Wurzeln zurück- und durchdenkender engagierter Humanismus, der zwangsläufig die hergebrachte Rolle der Frau als abgeleitet-zweitrangig konstatieren muß (radikalisiert in der patronymischen Namensgebung in *The Handmaid's Tale*, z.B. Offred). Allerdings werden die Auswüchse der Frauenbewegung ebenso kritisiert (vgl. die Bücherverbrennung in *The Handmaid's Tale*) wie, besonders in ihrem späteren Erzählwerk (*Cat's Eye, The Robber Bride*, 1993 (*Die Räuberbraut*, 1994), *Alias Grace*, 1996, *Wilderness Tips*, 1991 (*Tips für die Wildnis*, 1991), der Mythos der opferbereiten, friedfertigen Frau. A. zeigt die psychologischen (vgl. Alice Miller) und sozialen Gesetze und Ambivalenzen von Vereinnahmung, Diskriminierung, Opfermentalität, Machtausübung, Auflehnung und Neubestimmung auf, häufig von überlieferten, auch volksliterarischen Erzählungen ausgehend, die sie brillant-erhellend um- bzw. neuschreibt (vgl. exemplarisch Text und Analyse von »The Little Red Hen Tells All« in Nischik 1994). Das Gesamtwerk demonstriert, wie höchster ästhetischer Anspruch, eine außergewöhnliche sprachliche und imaginative Kraft und unmittelbar zeitbezogene sozialpolitische Relevanz aufrüttelnde Werke hervorbringen können, die national wie international große Breitenwirkung erzielt haben und gleichzeitig bereichernde ›Pflichtlektüre‹ für eine (akademische) Beschäftigung mit kanadischer Literatur und Kultur darstellen.

Lit.: Carrington, I.: »Margaret Atwood«. In: Lecker, R./David, J./Quigley, E. (Hgg.): *Canadian Writers and Their Works*. Toronto 1987, S. 25–116; Rigney, B. Hill: *Margaret Atwood*. Houndsmill 1987; McCombs, J. (Hg.): *Critical Essays on M. A.*. Boston 1988; Nischik, R. M.: »Untold Stories, Fresh Beginnings«. Nachwort zu A., *Polarities. Selected Stories*. Hg. R. M. Nischik. Stuttgart 1994, S. 151–170; Vespermann, S.: *M. A. Eine mythokritische Analyse ihrer Werke*. Augsburg 1995.

Reingard M. Nischik

Ausländer, Rose

Geb. 11. 5. 1901 in Czernowitz/Bukowina; gest. 3. 1. 1988 in Düsseldorf

Die Bukowina, mit ihrem geistigen Zentrum Czernowitz, im 20. Jahrhundert mehrfach durch militärische Mächte okkupiert, existiert als Raum ethnischer, geistiger und literarischer Vielheit längst nicht mehr. In diesem Vielsprachenland wurde A. im Jahre 1910 als Rosalie Beatrice Scherzer geboren. Ihre Muttersprache ist Deutsch, wenngleich sie später auch in englischer Sprache schreibt. In den Jahrzehnten ihrer unfreiwilligen ›Wanderschaft‹ wird die deutsche Sprache ihr zum Ort des Verweilens im dichterischen Wort der Landschaften und der Tradition.

In einer deutsch-jüdischen Familie geboren, wird sie 1916 gezwungen, nach Budapest und Wien zu emigrieren. Dort entstehen bereits ihre ersten literarischen Arbeiten – Ausdruck eines Überlebens im Schreiben. 1918 beendet sie die Schule und nimmt nach dem Tod des Vaters an der Czernowitzer Universität ein Studium der Literatur und Philosophie auf (1920/21). Bereits 1919 hatte sie am Ethischen Seminar teilgenommen, das sich vor allem mit der vom Monismus Spinozas inspirierten Philosophie Constantin Brunners (Ps. Leo Wertheimer, 1862–1937), aber auch mit den Schriften Platons und Freuds beschäftigte. Brunners Denken sowie seine Bewegungslehre prägen, neben den geistigen Vorbildern Hölderlin, Trakl, Kafka und Heine sowie den Dichtern der Bukowina, ihre lyrische Produktion und lassen sich besonders in ihrer Naturmystik wiederfinden. Die katastrophale ökonomische Lage zwingt A. 1921 ins amerikanische Exil. Zusammen mit ihrem späteren Mann Ignatz Ausländer (Scheidung 1930) arbeitet sie dort als Hilfsredakteurin. 1922 findet sie in New York Anbindung an das Bukowiner Sozial- und Kulturwerk. Während dieser Zeit festigt sich ihr Kontakt zu Brunner. Der Zustand ihrer kranken Mutter läßt sie trotz des anwachsenden Antisemitismus in ihre Heimat zurückkehren (1930), wo sie als Sekretärin, Übersetzerin und Englischlehrerin arbeitet. 1936 schließt sie sich dem Brunnerkreis in Bukarest an. *Der Regenbogen* lautet der Titel ihres ersten, verschollenen Lyrikbandes, der 1939 – mit Gedichten, die zwischen 1928 und 1933 entstanden – in Deutschland erscheint, doch keine Resonanz mehr erfährt. Am 6. 7. 1941 wird Czernowitz von deutschen Truppen besetzt; ein Leben im Ghetto beginnt. In dieser düsteren Zeit begegnet sie

Paul Celan, der ihre Metapher der »schwarzen Milch« – bereits 1925 geschrieben, doch erst 1939 im Gedicht *Ins Leben* veröffentlicht – in seiner »Todesfuge« zur, wie sie selbst wertet, »höchsten dichterischen Aussage« erhebt. Da ihre Heimat 1945 durch Rußland erneut annektiert wird, flieht sie nach Bukarest, später nach New York, wo sie als Fremdsprachenkorrespondentin arbeitet.

Nach Kriegsende gehört A. zu den wenigen jüdischen Überlebenden der Bukowina. Dem geliebten »Buchenland« setzt sie in der Metaphorik von Kindheit und Heimat ein Denkmal. Erst 1965 erscheint *Blinder Sommer*, die erste Buchpublikation seit 1939. Nahezu vier Jahrzehnte ist ihre Dichtung durch traditionelle Formen lyrischen Sprechens gekennzeichnet. Begegnungen mit dem in Paris lebenden Dichter Paul Celan sowie die Beschäftigung mit der deutschen Gegenwartslyrik bewirken in der zweiten Hälfte der 50er Jahre jedoch eine radikale Änderung in Stil und Form. Die Produktion dieser Periode zeichnet sich durch eine Vielfalt von Brüchen aus, denen die einstige gebundene Strenge und Disziplin gänzlich fehlt. Mit erstaunlicher sprachlicher Sensibilität schafft sie nunmehr eine geistige Landschaft im Wort, die fester Bestandteil der Moderne ist. Ähnlich dem Spätwerk N. ↗Sachs' zeichnet sich ihre Sprache in den letzten, produktiven Jahren (seit 1978 ist sie ans Bett gefesselt) durch scharfe sprachliche Konturen, enorme Reduktionsverfahren und thematische Vielfalt aus.

Hilde ↗Domin schrieb, A. gehöre neben E. ↗Lasker-Schüler, N. Sachs und G. ↗Kolmar der »endgültig letzten Generation deutsch-jüdischer Dichter« an. In der Tat bündeln sich im Werk A.s archaische Themen und Bildwelten. Im Kosmos der Urworte Erde, Wasser, Atem sowie im naturmagischen Wirbel, in dem die Bewegung ein pausenloses Gespräch der Elemente erzeugt, sind eine versunkene Landschaft und die Katastrophe des 20. Jahrhunderts gleichermaßen aufbewahrt. In seiner Rede auf die Dichterin nennt sie der aus ihrem »Buchenland« stammende A. Margul-Sperber die »schwarze Sappho unserer östlichen Landschaft« (1946).

Gesammelte Werke. 7 Bde. Hg. H. Braun. Frankfurt/M. 1984–1988. – Lit.: Braun, H.: *R. A. Materialien zu Leben u. Werk*. Frankfurt/M. 1991.

Carola Opitz-Wiemers

Austen, Jane

Geb. 16. 12. 1775 in Steventon, Hampshire; gest. 18. 7. 1817 in Winchester

Jane Austens Bedeutung für die Entwicklung des englischen Romans ist heute unbestritten. Sie greift u. a. auf die Tradition des Entwicklungsromans einer Fanny ↗Burney zurück, gelangt jedoch bei Figuren- und Handlungszeichnung zu sehr viel differenzierteren Darstellungen. Trotz der relativen Begrenztheit ihrer persönlichen Erfahrungswelt und der Erlebniswelt ihrer Figuren entfaltet sich in ihren Texten im Rahmen scheinbar konventioneller Liebes- und Heiratshandlungen ein breites Spektrum gesellschaftlicher Verhaltensweisen. Der Wertehorizont, vor dessen Hintergrund sich die Entwicklung der Figuren vollzieht, ist bestimmt vom Gedankengut der aufgeklärten und gebildeten Mittelschicht und betont vor allem die Ausgewogenheit zwischen rationalem und emotionalem Erleben, die Balance zwischen ererbter sozialer Stellung und individuellem Verdienst, zwischen individuellem Glücksstreben und sozialer Verantwortung. Das Leben der Protagonistinnen spielt sich zumeist in überschaubaren ländlichen Räumen mit der entsprechenden sozialen Stratifikation von Mittelschicht und niedrigem Landadel ab. A. selbst, von der nur wenige theoretische Aussagen überliefert sind, erklärte – in einem Brief an ihre Nichte Anna Austen – die scheinbare Begrenztheit der Topographie ihrer Texte zur programmatischen Maxime: »three or four families in a Country Village is the very thing to work on«.

Das Rollenangebot, das ihren Protagonistinnen zur Verfügung steht, scheint zunächst ebenso begrenzt zu sein: außerhalb der Rolle der Ehefrau und Mutter bieten sich lediglich die Alternativen der Gouvernante und/oder die Rolle der zwar respektierten, aber doch auch gelegentlich ridikülisierten »alten Jungfer«. Ziel aller Handlungen junger unverheirateter Mädchen ist, in der Tradition der *courtesy novels*, auch in A.s Romanen zunächst die Heirat. Die Heldinnen nehmen jedoch beim Zustandekommen dieser Heiraten meist eine ungewöhnlich aktive Rolle ein, wobei die Notwendigkeit einer (Weiter)entwicklung der Persönlichkeit nicht durchgehend auf die weiblichen Figuren beschränkt ist. Vielmehr bedürfen auch ihre männlichen Gegenstücke der persönlichen Entwicklung, um »reif« genug für die Verehelichung zu sein, etwa Darcy in *Pride and Prejudice*, 1813, (*Stolz und Vorurteil*, 1939), Edmund in *Mansfield Park* (1814) oder Wentworth in *Persuasion*, 1818 (*Überredungskunst*, 1822). Dagegen erscheint Knightley in *Emma* (1816) als von Anfang an gereifter Mann, und die Verbindung mit ihm wird zu einer intellektuellen Herausforderung für die Titelfigur. In der Betonung der potentiellen Gleichwertigkeit von Mann und Frau und der gesellschaftlichen »Gemachtheit« von gender-Differenzen – deren Notwendigkeit freilich unbestritten bleibt – erinnert A. an eine der zeitgenössischen englischen Feministinnen, an Mary Wollstonecraft, die in ihrer *Vindication for the Rights of Woman* (1792) ähnliche Werte vertrat (Recht auf Bildung, Notwendigkeit geistiger und körperlicher Aktivität, Vernunftbestimmtheit auch der Frau), dies freilich sehr viel vehementer und bewußt polemischer als A. mit politischen Forderungen verband.

A.s Aufgeschlossenheit für weibliche Intellektualität und Selbstverantwortung kann auch mit der von ihr bevorzugten Erzählperspektive in Verbindung gebracht werden. Zwar ist in den meisten Romanen eine amüsiert ironisierende Sprecherinstanz vorhanden, diese agiert jedoch sehr zurückhaltend, so daß die Charakterisierung der Figuren sich überwiegend aus Dialogen und Handlungen ergibt. Diese Zurücknahme einer scheinbar objektiven, männlich-autoritativen Sprecherinstanz geht einher mit der Weiterentwicklung bestehender Formen der subjektivierenden und psychologisierenden Bewußtseinsdarstellung wie des *free indirect discourse*, für die A.s Romane einen entscheidenden Impetus gaben. Deuten diese Innovationsleistungen literaturgeschichtlich eher auf zukünftige Entwicklungen voraus, so läßt sich ihr Insistieren auf Rationalität und emotionaler Kontrolliertheit umgekehrt auch als Wendung gegen bestimmte Formen der zeitgenössischen Literatur interpretieren – etwa gegen die Betonung des Sensationellen und des Spektakulären im modischen Schauerroman, dessen Konventionen in *Northanger Abbey*, 1818 (*Die Abtei von Northanger*, 1948) als komische Kontrastfolie für die Entwicklung der Protagonistin fungieren. Ambivalent ist A.s Verhältnis zur beginnenden Romantik, vor allem zu deren emotional besetzter Beziehung zur Natur: Ebenso wie Gefühle durch Ratio in Balance gehalten werden sollen, bevorzugen A.s Romane auch »kultivierte«, von menschlicher Hand gestaltete und kontrollierte Landschaften.

A. war beim zeitgenössischen Publikum von Anfang an erfolgreich, obwohl viktorianische Autorinnen wie George ↗ Eliot ihren Werken eher ablehnend gegenüberstanden. Ein wahrer Austen-Kult begann 1870 nach der Veröffentlichung von J.E. Austen Leighs *Memoirs*, der ersten Biographie, abgesehen von Henry Austens »Biographical Note« in der Erstausgabe von *Persuasion* und *Northanger Abbey*. Bis heute erfreuen sich A.s Romane einer anhaltenden Beliebtheit, wofür auch die Neuverfilmungen ihrer Romane als Beleg gelten können.

The Novels of Jane Austen. 6 Bde. Hg. R.W. Chapman. London 1923/54; *The Letters*. 2 Bde. Hg. R.W. Chapman. London 1952. – Lit.: Monaghan, D.: *J. A. in a Social Context*. Totowa/NJ 1981; Kirkham, M.: *J. A.: Feminism and Fiction*. Sussex 1983; Todd, J. (Hg.): *J. A. New Perspectives*. Sondernummer von *Women and Literature* 3 (1983); Tanner, T.: *Jane Austen*. London 1986; Würzbach, N.: »Zur Theorie und Praxis feministischer Lesarten am Beispiel von J. A.s Romanen«. In: *Englische und Amerikanische Studien* 91 (1987), S. 9–25.

Helga Quadflieg

Avellaneda ↗ Gómez de Avellaneda, Gertrudis

Axioti, Melpo

Geb. 15. 7. 1905 in Athen; gest. 22. 5. 1973 in Athen

Mit vielen Linken teilte die griechische Schriftstellerin Melpo Axioti das Schicksal einer langjährigen Emigration. Der Verlust der Heimat, des unmittelbaren Kontaktes mit der Muttersprache und dem nationalen Geschehen, dazu nie überwundene traumatische Erlebnisse der Kindheit bilden die Grundlage ihrer Werke, die zugleich das Drama vieler in die Fremde getriebener griechischer Schriftsteller bezeugen. Sie wächst auf Mykonos und in der Internatschule der Ursulinerinnen auf Tinos auf. Ab 1922 führt sie ein ruheloses Leben in Athen. Die politischen Entwicklungen lassen sie 1936 in die KP Griechenlands eintreten, der sie bis zum Tode treu bleibt. Ihr erster Roman *Dyskoles Nychtes*, 1938 (Schwere Nächte), mit der für die damalige Frauenliteratur unerhörten surrealistischen Schreibweise, verbunden mit einer unverfälschten Volkssprache, erregte Aufsehen; er bildete eine wichtige Etappe in der griechischen Prosa und zeigt A. zugleich als eigenständige emanzipierte Frau. Sie verarbeitet hier die Einsamkeit und Ängste ihrer Kindheit, das Leben auf der Insel, den Verlust lieber Menschen, immer eingebunden in die gesellschaftlichen Verhältnisse. Diese Motive wiederholen sich in dem ebenfalls dem Surrealismus zugehörigen Gedicht »Symptosi«, 1939 (Zufall). In die Gruppe der surrealistischen Werke gehört auch die Novelle *Thelete na chorepsume, Maria*, 1940 (Wollen wir tanzen, Maria?), in der sich auf verschiedenen Erzählebenen Beziehungen zwischen Studenten in Athen abspielen.

Während der Okkupation im Zweiten Weltkrieg arbeitete A. u.a. bei der illegalen Presse. 1946 erschien der in viele Sprachen übersetzte Roman *Ikostos Aionas* (*Tränen und Marmor*, 1949). 1947 ging sie ins Exil nach Frankreich, wo sie politisch wirkte und Kontakt zu Aragon, Eluard, Picasso, Neruda u.a. hatte. Mit vielen anderen Linken wurde sie auf Betreiben der griechischen Regierung 1950 ausgewiesen. Sie ging zunächst in die DDR, dann nach Warschau. Dort entstehen ihre Erzählungen *Syntrofi, kalimera*, 1953 (*Im Schatten der Akropolis*, 1955). Als A. 1957 als Gastlektorin an der Humboldt-Universität erneut in die DDR kommt, beginnt für sie eine literarisch fruchtbare Periode. Nach einer von den damaligen Theorien des sozialistischen Realismus beeinflußten Studie *Mia katagrafi stin periochi tis logotechnias*, 1955 (Eine Bestandsaufnahme auf dem Gebiet der Literatur) gibt sie zusammen mit dem griechischen Schriftsteller D. Hadzis die Anthologie *Antigone lebt: Neugriechische Erzählungen* (1960) heraus und verfaßt weitere Essays zu literarischen Fragen. Ihr erschütterndes Gedicht »Kontrabando«, 1959 (»Konterbande«, 1961), schildert einen fiktiven Besuch in Griechenland. Die große Erzählung »To Spiti mu« (Mein Zuhause), an der sie seit 1959 arbeitete, erschien 1965, im Jahr ihrer Rückkehr nach Griechenland. Hinter der fiktiven Erzählerin Kadmo verbirgt sich A. Über die Enttäuschungen – Zerstörungen durch Tourismus, Weggang geliebter Menschen – tröstet sie nur »daß sie während ihrer Abwesenheit alle Worte ihrer Sprache bewahrt hat«. Die Militärdiktatur vom April 1967 bringt neue Unsicherheit. Dies und ihre angegriffene Gesundheit machen ihr das Schreiben schwer. So ist ihre letzte Erzählung »Kadmo« (1972) ein verzweifelter Versuch, Erinnerungen durch Schreiben dem Leser weiterzugeben.

Apanta. 7 Bde. Hg. Duka, M./Lampropulos, V. Athen 1980–1986. – Lit.: »Aphieroma Melpo Axioti« (Widmung für M.A.). In: *DIABAZO* 315 (1993), S. 33–79.

Anneliese Malina

Bâ, Mariama

Geb. 1929 in Dakar/Senegal; gest. 18.8. 1981 Dakar/Senegal

»Die irreversiblen Tendenzen zur Befreiung der Frau, die die Welt bewegen, lassen mich nicht gleichgültig. [...] Die sozialen Zwänge werfen immer alles wieder durcheinander, und der männliche Egoismus leistet Widerstand.« So beschreibt Ramatoulaye, die Protagonistin in B.s Roman *Une si longue lettre*, 1979 (*Ein so langer Brief*, 1983) für den sie 1980 mit dem NOMA-Preis für afrikanische Literatur ausgezeichnet wurde, ihre Einstellung zu Fragen ihrer Gesellschaft. Als Tochter eines führenden senegalesischen Politikers besuchte B. französische Schulen. Lehrerin, Mutter von neun Kindern und Ehefrau eines Abgeordneten und Ministers, begann sie schon während ihrer Ausbildung, Aufsätze zu schreiben. Später, als sie aktiv in der senegalesischen Frauenbewegung mitwirkte, ermutigten Freunde sie, schriftstellerisch tätig zu werden. In ihren Romanen *Une si longue lettre* und *Le chant écarlate*, 1981 (*Der scharlachrote Gesang*, 1984) läßt B. den Leser das emotionale Leben ihrer Charaktere spüren und die Probleme nachvollziehen, auf die diese im Laufe ihres Lebens stoßen. So wurde ihr erstes Buch, ein Briefroman, als ›Schrei aus dem Herzen‹ einer Frau angesehen. Die verwitwete Protagonistin Ramatoulaye hält Rückblick auf 30 Jahre Ehe. In den letzten fünf Jahren war sie von ihrem Mann getrennt, da er eine zweite, wesentlich jüngere Frau geheiratet hatte. Die polygame Situation stellt für B. ein Problem dar, das Frau und Mann betrifft. So kann sich eine Frau wie Ramatoulaye eine Ehe ohne Liebe und Treue nicht vorstellen. In einer einfachen, bilderreichen und lebendigen Sprache zeigt B., wie Ramatoulaye neues Selbstbewußtsein gewinnt. Sie spricht von den Gefühlen und Gedanken einer Mutter, von Frauen, die sich anderen Frauen gegenüber öffnen, und von denen, die sich Gedanken über soziale und politische Aspekte ihrer Gesellschaft machen.

Auch im zweiten Roman von B. wird das Phänomen untersucht, daß Frauen wissentlich das Glück einer anderen in einer von Männern dominierten Welt sabotieren. In *Le chant écarlate* thematisiert B. die Problematik einer gemischtrassigen Ehe. Die Französin Mireille heiratet den Senegalesen Ousmane. Beide stoßen bei ihrer Rückkehr in den Senegal auf kulturelle Probleme, die ihre Beziehung in Frage stellen. Sie wollen ihrer eigenen Kultur treu bleiben, was bei Ousmane dazu führt, daß er als Mohammedaner eine zweite Frau, die Senegalesin Ouleymatou, heiratet; bei Mireille führt dies zur Selbstzerstörung. Als sie die Briefe liest, die Ousmane ihr während ihrer Verlobungszeit geschrieben hat, wird sie wahnsinnig und tötet den gemeinsamen Sohn. Das Konzept, die Schranken von Kultur und Rasse durch Liebe zu überwinden, erscheint als gescheitert.

Lit.: D'Almeida, I. A.: *Francophone African Women Writers. Destroying the Emptiness of Silence.* Gainesville 1994, S. 98–122; Makward, E.: »Marriage, Tradition, and Woman's Pursuit of Happiness in the Novels of M. B.« In: Boyce Davies C./Adams Graves, A. (Hgg.): *Ngambika. Studies of Women in African Literature.* Trenton 1986, S. 271–282.

Ulrike Schuerkens

Baalabakki, Laila

Geb. 1936 in Südlibanon

Laila Baalabakki ist eine der Pionierinnen in der libanesischen und arabischen Frauenliteratur. Ihr erster Roman *Ana Ahya* von 1958 (*Ich lebe!*, 1994) wird allgemein als der erste von einer arabischen Frau in arabischer Sprache geschriebene Roman betrachtet und ist ein früher literarischer Ausdruck der wachsenden Bedeutung der Frauenbefreiung in der arabischen Welt. B.s Werk gilt als eines der ersten, das gesellschaftliche Normen und Werte, die arabische Frauen unterdrücken, in Frage stellt. Dieser Roman begründete nicht nur B.s Stellung als Romanschriftstellerin, sondern auch als Advokatin für Frauenrechte und Unabhängigkeit in der libanesischen Gesellschaft. Als Tochter einer traditionellen schiitischen Familie in

Südlibanon mußte B. darum kämpfen, Bildung zu erhalten, die zudem mehrfach unterbrochen wurde.

Ihr literarisches Werk wurde beeinflußt durch die Kämpfe, die sie als junge Frau auszufechten hatte, so zum Beispiel in Zusammenhang mit der Bedeutung von Bildung für Frauen und finanzielle Unabhängigkeit vom Mann. Eine weitere bedeutende Schriftstellerin dieser Zeit, die oft mit B. verglichen wird, ist die Syrerin Colette al-Khoury. Al-Khourys Werk ähnelt dem von B. in vielerlei Hinsicht. Ihr erster Roman zum Beispiel, *Ayyam ma'ahu* von 1959 (Tage mit ihm) ähnelt *Ana ahya* in bezug auf Romantechniken und Thema – der sich entwickelnden Unabhängigkeit und Selbstbestimmung einer jungen Frau, die darum kämpft, ihre eigene Persönlichkeit und ihr eigenes Leben in einer von Männern dominierten Welt zu finden. Diese beiden Romane sind ein besonders wichtiger früher literarischer Ausdruck für den Befreiungskampf arabischer Frauen.

B.s Berühmtheit und ihre Stellung als eine um ihr Recht auf literarische Integrität kämpfende Schriftstellerin wurden von einem niederträchtigen Gerichtsprozeß begleitet, in dem sie sich gegen Anschuldigungen wegen ›Obszönität‹ and ›Gefährdung der öffentlichen Moral‹ in ihrer Kurzgeschichte »Safinat hanan ila al-qamar« von 1964 (Raumschiff der Zärtlichkeit zum Mond) zu verteidigen hatte. B. gewann den Prozeß mit dem Argument, daß sie lediglich mit literarischen Mitteln das Leben von Menschen in ihrer Gesellschaft dargestellt habe. Obwohl B. nur drei literarische Arbeiten verfaßt hat – die dritte ist *al-Aliha al-mamsukha* von 1960 (Die entstellten Götter) – ist sie eine bedeutende literarische Persönlichkeit und Bezugsperson für Generationen arabischer Schriftstellerinnen.

Lit.: Accad, É.: *The Veil of Shame. The Role of Women in the Contemporary Fiction in North Africa and the Arab World.* Québec 1978.

Michelle Hartman

Bachmann, Ingeborg

Geb. 25. 6. 1926 in Klagenfurt; gest. 17. 10. 1973 in Rom

Als die Österreicherin B. 1952 auf einer Tagung der Gruppe 47 liest, kann sie bereits auf ein abgeschlossenes Philosophiestudium mit den Nebenfächern Germanistik und Psychologie verweisen. 23jährig hatte sie außerdem bei Victor Kraft ihre Dissertation über *Die kritische Existentialphilosophie Martin Heideggers* verteidigt. Mit ihren auf der Tagung in Niendorf vorgetragenen Gedichten »Die große Fracht«, »Holz und Späne«, »Nachtflug« und »Große Landschaft bei Wien«, die 1953 in den ersten Gedichtband *Die gestundete Zeit* eingehen, wird sie neben Ilse ↗ Aichinger als großes Ereignis in der deutschsprachigen Nachkriegsliteratur gefeiert. Paul Celan, der auf Wunsch B.s ebenfalls eingeladen wird, liest sein Gedicht »Todesfuge«, wird aber vom Kreis der Kritiker abgelehnt. 1947 hatte B. den aus Czernowitz stammenden Dichter in Wien kennengelernt. Aus dieser Begegnung erwächst eine intellektuelle Korrespondenz, die »als ein Literatur-Liebes-Gespräch« (Caduff 1994, S. 77) in ihr Œuvre eingegangen ist.

Ihr zweiter Gedichtzyklus *Anrufung des Großen Bären* erscheint 1956 und erfährt ebenso eine positive Resonanz. 1957 wird B. korrespondierendes Mitglied der Deutschen Akademie für Sprache und Dichtung. Ihr Hörspiel *Der gute Gott von Manhattan* (1957) wird mit dem Hörspielpreis der Kriegsblinden geehrt, und sie erhält die erste Gastdozentur für den 1959 in Frankfurt auf Initiative des Suhrkamp-Verlags eingerichteten Lehrstuhl für Poetik. Ihre fünf Vorlesungen, die z. T. im Hause Th. W. Adornos verfaßt wurden, enthalten eine Vielzahl reflexiver Betrachtungen zum Denken und zur Entwicklung der Schrift in der abendländischen Kultur. Ihrer Forderung nach einer neuen Sprache wird darin vehement Ausdruck verliehen. Grundthese ist: daß sich diese radikal anders zeigen muß, nicht als »Schablone des Kunstabenteuers«, nicht im lustbetonten Spiel mit Formen und Klängen, sondern in einer »neuen Gangart«, die nur dann aufscheint, wenn »ein neuer Geist sie bewohnt«. B. begründet im Prozeß sprachkritischen Denkens damit jene ethische Komponente, die den Grundimpuls eigener Spracharbeit darstellt. Diese führt zum Werk des Philosophen Ludwig Wittgenstein, mit dessen Sprachtheorie sie sich noch in ihren späten Prosaarbeiten im Umkreis der *Todesarten*-Thematik auseinandersetzt.

Zwischen 1953 und 1957 lebt B. als freie Schriftstellerin und Korrespondentin für Radio Bremen (1954–1955 unter dem Pseudonym Ruth Keller) in Italien, ihrem »erstgeborenen Land«, wo selbst die Steine sprechen, wie es in ihrem Essay »Was ich in Rom sah und hörte« (1955) heißt. Der Komponist Hans Werner Henze wird während dieser Zeit zum wichtigsten Arbeitspartner und Vertrauten, mit dem die Dichterin auch nach den gemeinsamen Jahren an verschiedenen Projekten arbeitet: B.s Libretti »Der Prinz von Homburg« (1958) und »Der junge Lord« (1964); Henzes Vertonungen der Gedichte »Im Gewitter der Rosen« und »Freies Geleit«; zu B.s Hörspiel »Die Zikaden« (1955) liefert Henze die Musik. Nach Aufenthalten in Zürich, Berlin und München wählt sie 1965 Rom als Wohnsitz. Neben Neapel und Ischia ist es diese Stadt, die ihr ein Doppelleben erlaubt, denn »in dem Augenblick, in dem ich in mein Arbeitszimmer gehe, bin ich in Wien und nicht in Rom [. . .].«

Ihr erster Erzählband *Das dreißigste Jahr* – zeitgleich zu den *Frankfurter Vorlesungen* entstanden – markiert 1961 den angekündigten »Umzug im Kopf«, der von der Lyrik zur Prosa führt. Trotz kontroverser Resonanz mit dem Berliner Kritikerpreis geehrt, zeugen die Erzählungen vom radikalen Anspruch, im narrativen Spiel zwischen Tradition und Moderne ein Tableau geschichtlicher und philosophischer Fragen aufzuwerfen: so in »Unter Mördern und Irren« u. »Ein Wildermuth«. Besonders in »Alles« zentriert die Suche nach einer neuen Sprache die Handlungsstruktur. Diese vermag sich im Spannungsfeld scharfer Analyse sprachlicher Strukturen und dem Entwurf einer Utopie sprachlichen Neubeginns zu entfalten. Darin drückt sich eine produktive Hoffnung aus, die noch im Roman *Malina* das Schreiben regiert. Nach der Trennung von Max Frisch, mit dem sie von 1958 bis 1963 zusammengelebt hatte, kommt B. auf Einladung der Ford Foundation 1963 in die Kulturmetropole Berlin, wo sie mit Uwe Johnson und Alfred Andersch in freundschaftlicher Verbindung steht. In ihrer Büchner-Preisrede »Ein Ort für Zufälle«

(1964) wird ihr die von geschichtlichen Zäsuren gezeichnete, geteilte Stadt zum Ort der Krankheit und zum »Symptom der Geschichte« selbst. Dem Bild umfassender Zerstörung ist in ihrer Rede die Wüste als Ort der Heilung entgegengestellt. B. verarbeitet darin – wie später auch im *Fall Franza* – Erlebnisse eines mehrwöchigen Aufenthalts in Ägypten und dem Sudan (1964). In dieser Zeit entstehen die ersten Entwürfe für das spätere *Todesarten*-Projekt (Titel erstmals 1963 verbürgt). Von den Gedichtbänden über die Hörspiele, Essays und Erzählungen hin zu den *Todesarten*-Texten läßt sich ein ästhetisches Verfahren erkennen, das die sublimen Mechanismen alltäglichen Terrors freilegt. In einem Nachlaßentwurf heißt es: »Die extreme Zivilisation nimmt nur dem Verbrechen seine schreckliche Poesie und erlaubt dem Schriftsteller nicht, sie ihm zurückzugeben.« Dies führt zu einem Kernsatz in der Vorrede zum *Fall Franza* (1978), dem die Überzeugung eingeschrieben ist, daß die alltäglichen Verbrechen in ›Friedenszeiten‹ von ihrer Brutalität nichts eingebüßt haben, vielmehr einen »anderen Grad an Intelligenz« erfordern. Im Roman *Malina* (1971), der neben den Fragmenten *Der Fall Franza* u. *Requiem für Fanny Goldmann* (1979) zum *Todesarten*-Projekt gehört, begegnet man diesem ästhetischen Verfahren als intensive kulturelle und intellektuelle Arbeit, aufs engste verbunden mit einer Vielzahl experimenteller Schreibstrategien. B. liefert für diese Schreibweise den Begriff des »Zerschreibens« und meint damit, daß die vorgefundene Sprache, die sich als »Sprache aus Phrasen« und leeren Wortgefechten zeigt, zerstört werden muß. *Malina* bezeichnet B. als »geistige, imaginäre Autobiographie«, die aus der Perspektive eines weiblichen Ich im Präsens erzählt wird und mit ihrem alter ego *Malina* ihre Existenz als Schriftstellerin in fiktiven Dialogen problematisiert. Mit der Figur des Geliebten Ivan knüpft B. an frühere Entwürfe an, in denen sie die ekstatische Liebe als Kunstfigur absolut setzte.

Die thematisch und zeitlich im Umkreis der *Todesarten* entstandenen *Simultan*-Texte (1972) stellen das große Thema der »Wienerinnen« ins Zentrum: der Erzählband ist die zu Lebzeiten B.s letzte Publikation. Sie stirbt 47jährig an den Folgen eines ungeklärten Brandunfalls, den sie in ihrer Wohnung in Rom erlitt.

Werke. 4 Bde. Hg. Ch. Koschel/I. v. Weidenbaum/C. Münster. München/Zürich 1978; *Todesarten*-Projekt. Kritische Ausgabe. 4 Bde. München/Zürich 1995. – Lit.: Koschel, Ch./ Weidenbaum, I. v. (Hgg.): *Kein objektives Urteil - nur ein lebendiges*. München 1989; Höller, H. (Hg.): *Der dunkle Schatten, dem ich schon seit Anfang folge*. Wien/München 1982; *I. B. Das Werk*. Frankfurt/M. 1987; Caduff, C.: *Chronik von Leben und Werk*. In: *DU* 9 (1994), S. 76–79, 82–87; Stoll, A. (Hg.): *I. B.s Malina*. Frankfurt/M. 1992.

Carola Opitz-Wiemers

Bagrjana, Elisaveta (eigtl. Elisaveta Ljubomirova Belčewa)

Geb. 16. 4. 1893 in Sofia; gest. 23. 3. 1991 in Sofia

B. studierte an der Sofioter Universität slawische Philologie. Erste Gedichte erschienen bereits 1915. Seit den 20er Jahren arbeitete sie als freischaffende Schriftstellerin bei verschiedenen bulgarischen Zeitschriften. Ihr erster Gedichtband *Večnata i svjatata* (Die Ewige und die Heilige) erscheint 1927 und findet in Bulgarien sofort außerordentliche Resonanz. In ihren Gedichten ist die junge B. immer auf der

Suche nach Freiheit, nach Liebe, nach Wärme, wehrt sich aber gleichzeitig gegen jegliche Art der Eingrenzung, gegen Alltäglichkeit und Eintönigkeit. Zu Beginn des Jahrhunderts, als das Leben der bulgarischen Frauen noch stark an Traditionen gebunden ist, lehnt sich B. gegen dieses scheinbare und genormte Glück der Selbstaufopferung in der Familie auf.

Sie ist die erste bulgarische Schriftstellerin, die sich in ihr Inneres vertieft, die ihr weibliches »Ich« ausbreitet und dadurch sowohl zum Spiegel als auch zum Schlüssel der Seele der Frauen wird. Ihre Lyrik, bei der sie kaum ein Gefühl ausläßt – gleichzeitig Sehnsucht und Angst, Aufruf und Selbstzweifel –, ist der Lebenslauf ihrer eigenen inneren Entwicklung. Sie sehnt sich nach Liebe, sieht aber in der Ehe nur taube Leere und auswegloses Gefängnis (»Sind wir nicht in diesem Zimmer wie im Netz der Spinne ...«). Dabei sind ihre Gedichte stets ehrlich, es gibt keine Tabuthemen: für ihren Geliebten ist sie bereit, alles zu verlassen; bezeichnet sich selbst als »Herumtreiberin«, »Sünderin«, »Nichtverwurzelte«, schwankt immer zwischen Stolz und Zärtlichkeit, zwischen Rache und Vergebung, Haß und Liebe. Ihre Gedichte sind manchmal leicht episch, manchmal traditionell liedhaft, verarbeiten alte bulgarische Mythen oder erinnern an mittelalterliche Pastorale. Sie sind beeinflußt von der russischen Lyrik Puškins, Bloks und ↗ Achmatovas, deren Gedichte sie auch ins Bulgarische übersetzt.

Nach der Scheidung ihrer ersten Ehe (1926) und dem plötzlichen Tod ihres Freundes B. Penev versucht sie, ihrer persönlichen Krise durch Reisen ins Ausland (Paris, Venedig) zu entfliehen, sie besucht verschiedene Lesungen und Kongresse in Jugoslawien, der Türkei, Budapest und Prag. In dieser Zeit entstehen zwei neue Gedichtbände – *Zvezda na Morjaka*, 1931 (Stern des Matrosen) und *Sărce čoveschko*, 1936 (Herz, menschliches). Sie beschreibt die Länder und Städte, ist begeistert von der Ferne, fasziniert von den Möglichkeiten der neuen Technik, die ihr das schnelle Reisen ermöglichen. In ihren Gedichten trifft man jetzt auf einen völlig neuen Wortschatz (»Jahrhundert des Beton, der Maschinen und der Radios«, »Vogel mit Motorenherz«). Sie lernt die Kehrseite ihrer ersehnten Freiheit kennen, sieht die Gefahr der Entfremdung der Menschen untereinander und ist von tiefem Heimweh nach ihrem kleinen Land auf dem Balkan erfüllt. In dem Band *Herz, menschliches* scheint das von ihr gewohnte Gleichgewicht zerstört zu sein. Tragik, Enttäuschung und Pessimismus breitet sich in ihrer Lyrik aus. Es meldet sich die Stimme des Gewissens, ob diese wertvollen und unwiederbringlichen Jahre vergeudet wurden. Die Gründe für ihre Enttäuschung sucht sie in sich selbst, versucht sie selbst zu überwinden: »Fliegt dahin – ob frohe oder gehaßte – ob Arbeitstage oder Feiertage ...« (»Seismograph des Herzens«).

Die Kriegsjahre verbringt B. in Sofia. Im Jahr 1940 erscheint unerwartet ihr bis dahin einziger Zyklus mit politischen Gedichten *Golemijat cirk* (Der große Zirkus). Mit »Der Clown spricht« beschreibt sie den »großen Diktator« im Zentrum Europas, der die Massen hypnotisiert, bis sie sich mit offenen Augen dem Feuer ergeben. Nach dem Krieg wird sie, wie viele andere bulgarische Intellektuelle, von dem Enthusiasmus erfaßt, die Gesellschaft zu verändern. Sie ist von dem sozialistischen Neuanfang überzeugt, wovon der Gedichtband *Pet zvezdi*, 1953 (Fünf Sterne) mit ungewohnten, heute fast fremd wirkenden Gedichten zeugt.

In den 60er Jahren findet sie wieder zu ihrem alten Stil zurück. An die Stelle des jugendlichen Übermuts und Optimismus ist jedoch jetzt die Weisheit einer Frau getreten, die gelebt hat und in ihrem Leben versucht hat, nichts zu verschenken. Im Gedicht »Kladenecǎt« (»Der Brunnen«) verkörpert sie sich selbst, ihre Seele und ihr Leben, woraus man Kraft schöpfen und Ruhe finden kann.

Izbrani stichotvorenija (Ausgewählte Werke). Sofia 1957; *Izbrana lirika* (Ausgewählte Lyrik). 2 Bde. Sofia 1973. – Lit.: Dimitrova, B./Vasilev, V.: *Mladostta na Bagrjana i nejnite spǎtnici* (Die Jugend Bagrjanas und ihre Weggefährten). Plovdiv 1975; *Večnata i svjatata – Novi studii za Bagrjana.* Sofia 1994.

Katrin Zemmrich

Baillie, Joanna

Geb. 11. 9. 1762 in Bothwell/Schottland; gest. 23. 2. 1851 in Hampstead bei London

Ihre Tragödien wurden als »the best ever written by a woman« bezeichnet. Dennoch geriet die schottische Dichterin, die von ihren Zeitgenossen hoch geschätzt wurde, im 19. Jh. völlig in Vergessenheit und wurde erst in den letzten Jahren im Rahmen der Umwertung des literarischen Kanons wiederentdeckt. Baillies »Introductory Discourse«, die 72-seitige Einleitung zu ihren gesammelten Dramen von 1798, gilt heute als teilweise Vorwegnahme von Wordsworths »Preface« zu den *Lyrical Ballads*, weil B. hier Natürlichkeit der dichterischen Sprache fordert und alltägliche Ereignisse aus dem Leben der mittleren und unteren Klassen als geeignete Themen der Dichtung ausmacht.

B. wird als jüngste Tochter eines presbyterianischen Pfarrers und späteren Professors der Theologie geboren. Sechs Jahre nach dem Tod des Vaters 1778 zieht sie mit ihrer Familie nach London; ungefähr ab 1802 lebt sie mit ihrer älteren Schwester und ihrer Mutter in Hampstead und wird zum Mittelpunkt eines literarischen Kreises; u.a. ist sie mit den Dichterinnen Anna Laetitia Barbauld (1743–1825), ihrer Nichte Lucy Aikin (1781–1864) und mit Maria ↗ Edgeworth (1768–1849) befreundet. 1790 erscheint ihr erster Gedichtband *Poems, Wherein It Is Attempted to Describe Certain Views of Nature and of Rustic Manners*, von dem aber kein einziges Exemplar verkauft wird. Mehr Erfolg hat sie mit der Veröffentlichung ihrer Dramen *A Series of Plays; In Which it is Attempted to Ddelineate the Stronger Passions of the Mind* (ab 1812 unter dem Titel *Plays on the Passions*), deren erster Band 1798 anonym erscheint und als dessen Verfasser zunächst Walter Scott gilt; weitere Bände erscheinen 1802 und 1812. Außergewöhnlich ist B.s Dramenprojekt insofern, als sie jeweils eine Komödie und eine Tragödie über eine Leidenschaft zu schreiben beabsichtigt. Ihr Ziel ist es, die Entwicklung und die Verkettung bestimmter Gefühle wie Liebe, Haß und Furcht nachzuzeichnen, wobei sie, als Anhängerin des Egalitarismus, die Leidenschaften als eine alle Menschen gleichmachende Kraft darstellt. Um eine größere Wirkung zu erreichen, beschränkt sie die Handlung auf einen Strang und reduziert das psychische Geschehen auf ein zentrales Gefühl. Diese Veränderungen der Dramentechnik bewirken eine Erneuerung des Dramas und beeinflussen Zeitgenossen wie z.B. Byron. Durch die Einfachheit der Sprache, die teilweise verblüffend modern wirkenden Einsichten in seelische Verwicklungen und durch die Verlagerung des Dramatischen weg von der äußeren Handlung hin zu den psychischen Konflikten gelingen B. faszinierende Charakterdarstellungen, die teilweise auf Ibsen und Maeterlinck vorausweisen.

B.s »Introductory Discourse«, in dem sie ihre dramentechnischen Neuerungen und ihren pädagogischen Anspruch darlegt, beginnt mit einer Definition der nach ihrer Auffassung für den Menschen wesentlichen Eigenschaft der »sympathetic curiosity«, die sowohl das Bedürfnis, etwas von anderen zu erfahren, als auch die Identifikation mit anderen umfaßt. Die gesellschaftliche Autorität des Dramatikers gründet darauf, daß er diese Eigenschaft anspricht; er kann belehren und Einfluß nehmen, indem er eine abstrakte moralische Lehre in eine auf der Bühne vergegenwärtigte Aufforderung an das Publikum verwandelt. Ihre Tragödie über den Haß, *De Montfort*, wird am 29. April 1800 am Drury Lane Theater mit John Kemble und Mrs. Siddon in den Hauptrollen aufgeführt. Trotz des Erfolgs gilt sie mehr und mehr als eine zwar überzeugende Ästhetikerin des Dramas, deren Werke aber nicht bühnengerecht sind. So werden von ihren 26 Dramen nur fünf aufgeführt. Auf Anraten von Walter Scott, mit dem sie befreundet ist, schreibt sie vermehrt Balladen und Gedichte und verzichtet auf weitere Dramenprojekte. Als Herausgeberin tätig wird B. 1823 mit der Veröffentlichung von *A Collection of Poems, Chiefly Manuscript and from Living Authors*, an der u.a. Sir Walter Scott, Robert Southey, William Wordsworth, Felicia Hemans und Anna Laetitia Barbauld beteiligt sind. Weitere Gedichtbände erscheinen 1840, *Fugitive Verses*, und 1849, *Ahalya Baee: A Poem*. Auch zu religiösen Fragen nimmt B. Stellung und veröffentlicht in ihrem siebzigsten Lebensjahr die Schrift *A View of the General Tenour of the New Testament regarding the Nature and Dignity of Jesus Christ*.

A Series of Plays. New York/London 1977; *A Selection of Poems and Plays*. Hg. A. Gilroy/K. Hanley. London 1997.

Ulrike Stamm

Ban Zhao

Geb. ca. 48 n. Chr. in Fufeng, heutige Provinz Shaanxi/China; gest. ca. 117 n. Chr. in Luoyang, heutige Provinz Henan/China

Ban Zhao ist eine der herausragendsten Frauengestalten des chinesischen Altertums. Die in der Dynastiengeschichte der Späteren Han (25–220 n. Chr.) *Hou Hanshu* enthaltene offizielle Biographie B.s berichtet in knappen Sätzen von einer Frau, die als Historikerin ebenso brillierte wie als Literatin, Gelehrte und Staatsmännin und sich als öffentliche Person in der Gesellschaft der Späteren Han-Dynastie in einer für Frauen höchst ungewöhnlichen Weise behauptete. B.s Familie gehört der staatstragenden Schicht an, ist dem Kaiserhof in Luoyang eng verbunden und damit in vielerlei Hinsicht privilegiert. Unter anderem ist es in ihren

Kreisen üblich, den Mädchen die Grundlagen der klassischen Bildung zu vermitteln. Mit 14 Jahren wird B. verheiratet, bleibt nach dem frühen Tod des Gatten jedoch alleinstehend und widmet sich fortan ihrer Karriere. Im Jahre 92 beruft Kaiser He (reg. 89–105 n. Chr.) B., die von ihrem gelehrten Vater Ban Biao (3–54 n. Chr.) und Bruder Ban Gu (32–92 n. Chr.) begonnene Arbeit an einer Dynastiengeschichte der Früheren Han (206 v. Chr.–8 n. Chr.) zu vollenden. Als Direktorin der kaiserlichen Bibliothek verfügt B. über einen zehnköpfigen Mitarbeiterstab, der sich aus der gelehrten männlichen Elite rekrutiert. B.s originärer Anteil am *Hanshu* liegt nach Auskünften ihrer Biographie in der Abfassung der *Tianwen zhi* (Abhandlung über die Sternenkunde) sowie den acht *Biao* (Tabellen), die zusammen rund ein Siebtel des Gesamtwerks ausmachen. Es ist denkbar, daß B. auch Texte Ban Gus und Ban Biaos redaktionell überarbeitete und dem gesamten Werk seinen literarischen Schliff gab.

Spätestens seit 95 ist B. zudem Lehrerin der Palastdamen, ebenfalls ein sehr ehrenhaftes Amt; zu ihren Schülerinnen zählt die spätere Regentin Deng (reg. 105–121), deren politische Beraterin B. werden wird. Vermutlich in ihrer Eigenschaft als Lehrerin verfaßte B. ca. 106 die *Nüjie* (Gebote für Frauen), das älteste heute bekannte Beispiel aus der Gattung der Lehrschriften für Frauen. Von der Nachwelt als ein ihr untergeordnetes Dasein per Geburt definierender, restriktiver Verhaltenskodex für Frauen gelesen, der die idealen weiblichen Tugenden Bescheidenheit, Unterwürfigkeit, Sauberkeit, Fleiß und Zurückhaltung propagiert, wurde die Schrift zur Grundlage der Mädchenerziehung in einer patriarchalischen Gesellschaft. Jedoch fallen bei kritischer Lektüre die permanenten Hinweise B.s auf die gegenseitigen Pflichten der Ehepartner und ihr Pochen auf das Bildungsrecht der Mädchen auf. Als »überaus raffiniertes Werk«, das auf der Oberfläche die männliche Interpretation zwischengeschlechtlicher Beziehungen spiegelt, auf einer zweiten Textebene jedoch »Frauen im Leben zu einer Stellung [...] verhelfen [will], die ihre ganz persönliche Identität garantiert«, versteht Fricker (1988, S. 270) die *Nüjie*. B. charakterisiere die Frau als »dem Mann natürlicherweise überlegen, fleißig und zu leiblicher Mutterschaft nicht verpflichtet« (ebd., S. 263).

Die Spuren B.s umfangreichen literarischen und staatsmännischen Werkes verlieren sich bereits wenige Jahrhunderte nach ihrem Tod. Das *Hanshu* wird unter dem Namen Ban Gus geführt; mit den weitverbreiteten *Nüjie* geht B. als Moralistin und vorbildliche Witwe in die Geschichte ein. Erst Gelehrte der Qing-Dynastie (1644–1911) entdecken die Literatin und Staatsmännin B. neu, edieren die verbliebenen Schriften und erinnern an ihre historiographischen Leistungen. Erhalten sind heute neben den erwähnten Werken zwei politische Denkschriften und mehrere Gedichte.

Lit.: Fricker, U.: *Schein und Wirklichkeit. Zur altchinesischen Frauenideologie aus männlicher und weiblicher Sicht im geschichtlichen Wandel.* Diss. Hamburg 1988; Swann, N. L.: *Pan Chao. Foremost Woman Scholar of China.* New York/London 1932.

Judith Ammon

Barnes, Djuna

Geb. 12. 6. 1892 in Cornwall-on-Hudson, N.Y.; gest. 19. 6. 1982 in New York

Barnes gehört zu jenen Schriftstellerinnen, die wie Gertrude ↗Stein, Hilda Doolittle (H. D.), Janet Flanner oder Sylvia Beach das weibliche Andere der Moderne verkörpern und die künstlerische und intellektuelle Atmosphäre im Paris der 20er und 30er Jahre unseres Jh.s wesentlich geprägt haben. Dennoch mußte B. miterleben, wie sie literaturgeschichtlich nach und nach in Vergessenheit geriet.

Der Beginn ihrer literarischen Karriere ist eng mit der Erziehung durch ihre Großmutter Zadel Barnes Gustafson verknüpft, die sich einen Namen als Salondame, Frauenrechtlerin und polemische Journalistin gemacht hatte. Weil der exzentrische Vater – Gelegenheitskünstler und Lebemann, der sich nicht scheute, mit Gattin und Geliebter unter einem Dach zu wohnen – eine formale Bildung für seine Kinder ablehnte, erzog Zadel Barnes das Mädchen mit Stücken von Shakespeare und alttestamentarischen Geschichten. Zeitlebens blieb Richard Burtons *Anatomy of Melancholy* (1621) eines ihrer Lieblingsbücher. Der elisabethanische Philosoph beschreibt darin die Liebe als ein paradoxes Phänomen, das die Erfahrungen von ästhetischem Begehren, betörender Leidenschaft und leidvoller Seelenkrankheit in sich vereint, eine Beobachtung, die sich als thematischer Leitfaden durch das Werk der späteren Autorin ziehen sollte.

1912 geht B. aus der Provinz nach New York, wo sie sich ihre ersten schriftstellerischen Meriten als Journalistin verdient. Sie schreibt Reportagen über Cocktailparties und Suppenküchen, über Chinatown und Greenwich Village, über Frauenrechtlerinnen und Gewerkschafter und über die seelischen Folgen der Zwangsernährung. Darüber hinaus porträtiert sie berühmte und weniger berühmte Personen der Zeitgeschichte: den Entertainer Flo Ziegfield, die Modeschöpferin Coco Chanel, die Boxer Jess Willard und Jack Dimpsey, den Fotografen Alfred Stieglitz und Mary Jones, die ›Mutter‹ der amerikanischen Gewerkschaftsbewegung.

1921 wird B. von *McCall's* als Korrespondentin nach Paris geschickt, wo sie bis zu ihrer endgültigen Rückkehr nach Amerika im Jahre 1939 lebt. Hier verkehrt sie vor allem im Salon der amerikanischen Millionenerbin und Mäzenin Natalie Barney, deren sapphischen Freitagszirkel B. im zunächst anonym erscheinenden *Ladies Almanach* (1928, dt. 1985) persifliert. Im gleichen Jahr wird der Familienroman *Ryder* (dt. 1986) veröffentlicht. Fünf Jahre zuvor war mit *A Book* ihr erster Erzählband erschienen. In die Pariser Jahre fällt auch B.s Liebesbeziehung zur amerikanischen Bildhauerin Thelma Wood. Der Roman *Nightwood*, 1936 (*Nachtgewächs*, 1959, übers. von Wolfgang Hildesheimer), immer wieder als literarisches Protokoll dieser leidenschaftlichen aber auch zermürbenden Beziehung betrachtet, gilt als Klassiker der lesbischen Literatur. Das Buch, das B. selbst als den Monolog einer »Seele, die im Herzen der Nacht zu sich selbst spricht«, bezeichnet hat, ist jedoch mehr als ein autobiographisch angelegter Bekenntnisroman. B. montiert in dem auf alttestamentarischer Metaphorik beruhenden Roman Moritat, dramatischen Dialog, Aphorismus und philosophisches Traktat zu einer Erzählung über Liebe und Leidenschaft außerhalb der Normen binärer *gender*-Oppositionen. Lange bevor Michel Foucault und Judith Butler auf kulturelle, soziale und performative Aspekte von Sexualität aufmerksam gemacht haben, dekonstruiert B. in Opposition zu gängigen zeitgenössischen Diskursen den Mythos von der Natürlichkeit der Sexualität und das darin verwurzelte Konzept der Pathogenität der Homosexualität. Die tragischen Schicksale der Figuren lassen B.s Vertrautheit mit dem elisabethanischen Drama erkennen. Manche Kritiker werfen dem Sprachduktus des Romans Archaismus vor, andere bescheinigen ihm poetische Intensität und »Schönheit des Ausdrucks« (T. S. Eliot) und apostrophieren ihn als Klassiker der literarischen Moderne.

Seit ihrer Rückkehr nach New York ist B. kaum noch literarisch tätig. Es entstehen einige Gedichte und *The Antiphon*, 1958 (dt. 1972), eine Tragikomödie in jakobäischem Versmaß, in der wie bei Strindberg und Ibsen die Krise der bürgerlichen Familie als Modell für die kulturelle Krise der westlichen Zivilisation fungiert. Bis zu ihrem Tod lebt B. zurückgezogen in einer kleinen Wohnung in Greenwich Village. Doch seit den 80er Jahren finden ihre Werke wieder zunehmende Beachtung in der Kritik und eine immer breitere Leserschaft, der nun auch Neuauflagen der Romane und Dramen, sowie der unzähligen Gedichte, Kurzgeschichten und literarischen Porträts zur Verfügung stehen.

Selected Works. London/Boston 1962. – Lit.: Kaever, K.: *Die Nachtwachen der D. B.* Berlin 1985; Stromberg, K.: *D. B.: Leben und Werk einer Extravaganten*. Berlin 1989; O'Neal, H.: *»Life is painful, nasty and short, in my Case it has only been painful and nast«: D. B., 1978–1981*. New York 1990; Herring, P.: *Djuna: The Life and Work of D. B.* New York 1995; *The Review of Contemporary Fiction* 13,3 (1993) Sondernummer zu D. B.

Catrin Gersdorf

Baum, Vicki

Geb. 24. 1. 1888 in Wien; gest. 29. 8. 1960 in Hollywood

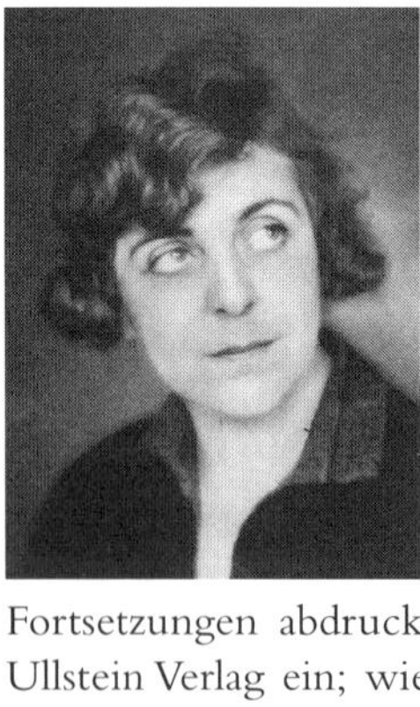

»Ich kann die Neigung zum Kitsch und zu kleineren moralischen Anfällen nicht so recht teilen, aber was sie in ihren gesamten Werken an erzählerischer Ökonomie, Augenmaß und Sinn für überraschende Wendungen zu bieten hatte, muß man erst einmal können. Langweilig war sie nie«, schrieb Sten Nadolny 1987 über die populäre Berliner Erfolgsautorin. Sie war einziges Kind gutsituierter jüdischer Eltern, studierte Musik, wurde 1916 als Harfinistin in Darmstadt engagiert und schrieb zunächst nur gelegentlich. Ihre Karriere begann in den 20er Jahren, als die *Berliner Illustrierte Zeitung* ihren Roman *Feme* (1926) in Fortsetzungen abdruckte. Zugleich trat B. als Redakteurin und Lektorin in den Ullstein Verlag ein; wie andere Fraeuen ihrer und der folgenden Generation, z. B. Gina Kaus (1893–1985), Joe Lederer (1907–1987), eroberte sie sich mit kritischen

Unterhaltungsromanen und humorvollen Feuilletons die schriftstellerische Bühne. Ihre in Fortsetzung erscheinenden Romane brachten der *Berliner Illustrierten Zeitung* regelmäßig kräftige Auflagensteigerungen; allein mit dem 1928 erschienenen Roman *stud.chem. Helene Willfüer* sollen es 100.000 neue Abonnenten gewesen sein. Von ihren ersten Romanen, z.B. *Frühe Schatten* (1920), *Die Tänze der Ina Raffay* (1921), *Die Welt ohne Sünde* (1923), *Ulle, der Zwerg* (1924) hat sie später gestanden, sie habe ihr »Können manchmal an Schmarren verwendet« (Nadolny 1987, S. 125), aber schließlich sei es darum gegangen, Routine zu entwickeln und Geld zu verdienen. Beides ist ihr gelungen, und daß es nicht bei schlichten Liebesgeschichten und trivialer Sozialkolportage blieb, bezeugen u.a. die Bestseller *stud. chem. Helene Willfüer* (1928) und *Menschen im Hotel* (1929). Mit beiden Werken zeigt sich B. als kluge Beobachterin ihrer Zeit, als literarische Anwältin des Frauenstudiums im ersten, als amüsante Kritikerin der Vereinsamung des einzelnen in der Massengesellschaft im zweiten Falle. Thema und Typus der »neuen Frau« der 20er Jahre waren für B., die als verheiratete Frau mit zwei Söhnen Haushalt, Beruf und Karriere zu organisieren hatte, ebenso relevant wie für ihre Protagonistinnen oder andere ihrer Schriftstellerkolleginnen, z.B. Gabriele Tergit (1894–1982). Wie diese in ihrem Erfolgsroman *Käsebier erobert den Kurfürstendamm* (1931) thematisiert B. in *Menschen im Hotel* den Verlust von Bindung und Verbindlichkeit, die alles beherrschende Macht des Geldes und die unaufhebbaren ökonomischen und sozialen Gegensätze.

Die Orientierung an tradierten Erzählmustern, die Wahl aktueller Themen und die Neigung zu einer versöhnlichen Deutung von Krisen und Katastrophen bestimmen die meisten der über vierzig Romane und Erzählungen und begründeten den Erfolg B.s auch im Exil. 1931 reiste sie aus Anlaß der Verfilmung von *Menschen im Hotel* nach Amerika; von einem kurzen Aufenthalt abgesehen, kehrte sie nicht mehr nach Deutschland zurück. Mit ungebrochenem Erfolg lebte, arbeitete und publizierte sie in den USA, seit 1937 schrieb sie auch in englischer Sprache. In der Liste der am häufigsten übersetzten Exilschriftsteller steht B. für das Jahr 1933 an erster Stelle. Der in der Literaturkritik des Exils gelegentlich unternommene Versuch, in den seit 1933 entstandenen Werken B.s, u.a. *Die Karriere der Doris Hart* (1936), *Der große Ausverkauf* (1937), *Liebe und Tod auf Bali* (1937), eine veränderte ästhetische Form und ein entschieden politisches Anliegen zu erkennen, muß indes als verfehlt angesehen werden. Ihr Interesse galt nach wie vor der unterhaltsam-moralischen Schilderung von Reiseabenteuern und Liebesgeschichten; wo von historischen, von wirtschaftlichen oder sozialen Problemen erzählt wird, z.B. *The Weeping Wood* (1943) oder *Kristall im Lehm* (1953), geschieht dies nach eigenen Worten stets aus einer Perspektive »scharfer unparteiischer Beobachtung«.

Lit.: Bell, R.F.: »*V.B.*« In: Spalek, J./Strelka, J. (Hgg.): *Deutsche Exilliteratur seit 1933*. Bd.1: Kalifornien, Teil 1. Bern 1976, S. 247–258; Teil 2, S. 6–13, (inkl. Bibl.); Holzner, J.: »Zur Ästhetik der Unterhaltungsliteratur im Exil am Beispiel V.B.« In: Stephan, A./Wegener, H. (Hgg.): *Schreiben im Exil*. Bonn 1985, S. 236–249; Nadolny, S.: »Über V.B.« In: Janetzki, U. (Hg.): *Begegnungen – Konfrontationen. Berliner Autoren über historische Schriftsteller ihrer Stadt.* Frankfurt/M./Berlin 1987, S. 123–136.

Irmela von der Lühe

Beauvoir, Simone de

Geb. 9. 1. 1908 in Paris; gest. 14. 4. 1986 in Paris

B. ist bis heute eine provokative Autorin, kontrovers diskutierte Feministin, umstrittene Philosophin. Ihr Werk ist vielfältig: Romane, Memoiren, philosophische Essays, Reiseberichte, Zeitungsartikel, Tagebücher, Briefe – insgesamt eine ›engagierte Literatur‹, in der sie Wissenschaft, Philosophie und Fiktion mit der eigenen Lebenserfahrung verbindet und auf Bewußtmachung und Veränderung der gesellschaftlichen Situation hinwirkt.

Bahnbrechend war vor allem *Le deuxième Sexe*, 1949 (*Das andere Geschlecht*, 1951), ein Essay, der früh zum Klassiker des Feminismus und zum Standardwerk in der Frauenliteratur wurde. In über 1200 Seiten hat B. eine universelle Standortbestimmung der Frauen unternommen und ihre jahrhundertelange Abhängigkeit von der männlichen Vorherrschaft analysiert. Detaillierte Untersuchungen biologischer, psychischer, anthroposophischer und sozio-ökonomischer Fakten, geschichtlicher Bilder und *Mythen* sowie der einzelnen Stadien des weiblichen Lebens (*Gelebte Erfahrung*) führten zu dem Begriff des »anderen Geschlechts«, zu der Einsicht in den geschichtlichen Status der Frau als zweiter, zweitrangiger, als Objekt, zu der wichtigen Erkenntnis auch, daß ihre Marginalisierung nicht natur-, sondern kulturbedingt sei (»man wird nicht als Frau geboren, man wird dazu gemacht«). B.s Leistung besteht darin, einerseits die historischen Prozesse so akribisch nachgezeichnet zu haben, daß das weibliche Geschlecht bzw. der Körper der Frau als eine vom jeweiligen geschichtlichen Kontext festgeschriebene »Situation« erkennbar wurde; konstruktivistische und gender-Theorien (Judith Butler) knüpfen an diese Erkenntnisse an. Andererseits versucht sie, indem sie den existentialistischen Begriff der (absoluten) Freiheit (des Menschen) auf die »Situation Frau« transformiert, ihr dennoch (Selbst-)Verantwortung und Selbstbestimmung zu übertragen.

Das umfangreiche Memoirenwerk B.s (*Mémoires d'une jeune fille rangée*, 1958/*Memoiren einer Tochter aus gutem Hause*, 1960; *La force de l'âge*, 1960/*In den besten Jahren*, 1961; *La force des choses*, 1963/*Der Lauf der Dinge*, 1966; *Tout compte fait*, 1972/*Alles in allem*, 1974) ist Ausdruck der Persönlichkeitssuche und -findung einer willensstarken, vitalen, scharfsinnigen und einfühlsamen Frau. Kennzeichnend sind unbedingte Aufrichtigkeit, beharrliches Streben nach Selbsterkenntnis und Erkenntnis, das Fehlen jeder Selbststilisierung und jedes Pathos. Voraussetzung für dieses Leben-Schreiben war die Befreiung aus allen Fesseln, die ein bürgerliches Elternhaus und eine strenge, katholische Erziehung der Musterschülerin auferlegt hatten. Mit dem Philosophie-Studium an der Sorbonne, der Begegnung mit Sartre, der ab 1929 unwiderruflich zu ihrem Leben gehörte, mit der Bekanntschaft zahlreicher Pariser Literaten (Lévi-Strauss, Merleau-Ponty, Lanzmann, Bost) schlägt die »Tochter aus gutem Hause« konsequent den Weg zur Intellektuellen und Schriftstellerin ein, um sich nach 1943 vollends dem Schreiben, einem aktiven gesellschaftlichen Leben und der Frauenbewegung zu widmen.

Im fiktionalen Text beschreibt B. die Welt in ihrer Komplexität, mit ihren Widersprüchen und (scheinbaren) Ausweglosigkeiten. Die Romane (z. B. *L'Invitée*, 1943/*Sie kam und blieb*, 1953; *Tous les hommes sont mortels*, 1946/*Alle Menschen sind sterblich*, 1949; *Le sang des autres*, 1945/*Das Blut der anderen*, 1963) und Erzählungen (z. B. *Une mort très douce*, 1964/*Ein sanfter Tod*, 1965; *Les belles images*, 1966/*Die Welt der schönen Bilder*, 1968; *La femme rompue*, 1967/*Eine gebrochene Frau*, 1969) befassen sich auf der Grundlage der existentialistischen Philosophie mit der Stellung der Frau in der Gesellschaft, den Beziehungen zwischen den Geschlechtern, existentiellen Ängsten, dem Altern, dem Tod: insgesamt mit den Möglichkeiten der »freien Wahl« und »freier Handlungen« innerhalb einer bestimmten »Situation«. *Les Mandarins*, 1954 (*Die Mandarins von Paris*, 1955), ihr bedeutendster Roman (Prix Goncourt), kann als Thesen- und Schlüsselroman einer für B. »fieberhaften und enttäuschenden Nachkriegsgeschichte« gelesen werden. – B.s Tagebuchaufzeichnungen, Reiseberichte sowie die nach ihrem Tode veröffentlichten *Briefe* (an Sartre und den »transatlantischen« Geliebten Nelson Algren) sind mit protokollierender Detailfreude geführt und erreichen – wie auch ihre wissenschaftlichen Essays – einen bisweilen erbarmungslos anmutenden Grad an Nüchternheit und Sachlichkeit.

B. war an bürgerlichen Maßstäben nicht zu messen. Mit ihrer nichts beschönigenden Wahrheitssuche hat sie eine schonungslos entlarvende Schreibweise entwickelt und mit gesellschaftlichen Tabus radikal gebrochen, sich damit aber auch manchem Skandal ausgesetzt. – An der Schwelle zum 21. Jh. ist ihr Rang als eine der größten feministischen Theoretikerinnen unbestritten. So hat sie mit ihrem Werk nicht nur (zusammen mit Sartre und Camus) die Hauptthemen des Existentialismus literarisch popularisiert, in den unterschiedlichsten Genres ein vielseitiges Talent bewiesen, als intellektuelle Leitfigur innerhalb des Feminismus hat sie auch eine umfangreiche Emanzipationsliteratur bis hin zur internationalen sex- und gender-Diskussion ausgelöst. Andererseits sehen GynozentristInnen sowie jüngere Differenz-Theoretikerinnen in ihr eine phallozentristische Denkerin mit einer starken Orientierung an männlichen Werten, an Sartres bzw. Merleau Pontys Existentialismus, westlichem Rationalismus und Eurozentrismus. Dagegen ist zu halten, daß sie den Existentialismus nicht einfach übernommen hat. Der »absolute Selbstentwurf« relativiert sich bei ihr an der »historischen Situation« der Frauen, denen sie (als »Zweite« bzw. »Andere«) nur begrenzte Spielräume autonomen Handelns und Denkens einräumt – ohne sie wiederum als reines Konstrukt (sozialer und kultureller Diskurse) zu begreifen. Vielleicht ist B.s Position am besten mit dem Begriff eines zwischen Existentialismus und Konstruktivismus vermittelnden Feminismus zu erfassen.

Lit.: Simons, M. A. (Hg.): *Feminist Interpretations of S. de B.* University Park 1995; Evans, M.: *S. de B.* London 1996; Moi, T.: *S. de B. Die Psychographie einer Intellektuellen.* Frankfurt/M. 1996; Bergoffen, D. B.: *The Philosophy of S. de B.* Albany 1997; Kroll, R.: S. de B. In: *Kritisches Lexikon zur fremdsprachigen Gegenwartsliteratur* (1998).

Renate Kroll

Behn, Aphra (auch Afra, Aphara; geb. A. Johnson; Ps. Astrea)

Getauft 10. 7. 1640 in Wye/Kent; gest. 16. 4. 1689 in London

Aphra Behn, von Virginia ↗ Woolf in *A Room of One's Own* gefeiert als erste englische Autorin, die mit dem Schreiben ihren Lebensunterhalt verdienen konnte, gehört zu jenen Autorinnen, die nach einer kurzen Phase zeitgenössischen Ruhms in Vergessenheit gerieten und erst durch die feministisch orientierte Literaturwissenschaft der letzten Jahren wieder entdeckt wurden. Inzwischen jedoch ist B. zu einer der Ikonen der weiblichen Literaturgeschichte aufgerückt. Ihr bisweilen etwas abenteuerlicher Lebenslauf (mit einem längeren Aufenthalt in Surinam und einer Tätigkeit als Spionin in Antwerpen) dürfte nur bedingt typisch für weibliche Existenzformen dieser Zeit sein; die Tatsache, daß B. zusammen mit Delarivier Manley (1663–1724) und Eliza Haywood (1693–1756) als ›Triumvirat des Wit‹ Anerkennung bei ihren Zeitgenossen fand, verweist aber darauf, daß sie mit ihrer Hinwendung zu einer größeren Öffentlichkeit weiblichen literarischen Schaffens in dieser Zeit kein Einzelfall war. Ungewöhnlich war freilich ihre Vielseitigkeit und ihre Produktivität, die sie als Dramatikerin, als Lyrikerin und als Romanautorin unter Beweis stellte.

B. war zu ihren Lebzeiten vor allem als Dramenautorin bekannt. Ihre insgesamt ca. 15 Stücke weisen in Sprache, Figurenkonzeption und Handlungskonstruktion die typischen Merkmale der englischen Restaurationskomödie auf (Feier des intellektuellen *wit* und der sexuellen Libertinage, Stadt/Land-Kontrast mit deutlicher Abwertung des Ländlichen, Ridikülisierung des Bürgertums zugunsten aristokratischer Lebensformen, komplexe Intrigen- und Verwechslungshandlungen, Sprach- und Situationskomik). Einen besonderen Schwerpunkt in B.s Dramen bietet jedoch ihre Ausgestaltung des weiblichen Libertin – etwa in ihrem bis heute erfolgreichsten und bekanntesten Stück *The Rover, or The Banish'd Cavaliers*, 1677–2. Teil 1681 sowie ihre kritische Darstellung arrangierter Heiraten und die Aufwertung der »wahren« Liebe.

Besonders bedeutsam ist B.s Rolle für die Entwicklung erzählender Texte. Noch vor Richardsons Roman *Pamela* (1740/42), der lange allgemein als Beginn des Briefromans und des empfindsamen Romans angesehen wurde, experimentierte B. in ihrem Briefroman *Loveletters Between a Nobleman and his Sister* (1684/87) mit erzählerischen Techniken wie etwa dem Aufbrechen syntaktischer Strukturen, um den für den Briefroman typischen Eindruck der Spontaneität der Textproduktion zu imitieren. Narrative Innovationen kennzeichnen auch ihren bis heute wohl bekanntesten Roman, *Oroonoko, or The Royal Slave. A True History*, 1688 (*Lebens- und Liebesgeschichte des königl. Sklaven Oroonoko in Westindien*, 1709/1966): Sie operiert mit dem *circumstantial detail*, der betont detaillierten Beschreibung einzelner Objekte oder Ereignisse, um die Illusion der Nicht-Fiktionalität der beschriebenen Handlung zu untermauern. Auch ihr sehr differenzierter Einsatz einer weiblicher Ich-Erzähler-Instanz nimmt zukünftige Entwicklungen des Romans als Gattung schon vorweg. *Oroonoko* erzählt aus der Perspektive einer weißen Engländerin die Geschichte eines aus Afrika verschleppten Prinzen, der sich jedoch seiner Versklavung in der britischen Kolonie Surinam zu entziehen versucht und dies mit dem Tode bezahlen muß. Der Kontrast zwischen dem ›edlen Wilden‹, der als geborener Aristokrat wie selbstverständlich Führungsfunktion für seine Mitsklaven übernimmt, und den barbarischen – bürgerlichen – Kolonialherren steht letztlich im Einklang mit B.s royalistischer und anti-bürgerlicher Grundposition, die – neben dem bewußt weiblichen Blick – auch ihre Dramen mitgeprägt hat.

The Works of A. B. 6 Bde. Hg. M. Summers. London 1915. – Lit.: Link, F. M.: *Aphra Behn.* New York 1968; Duffy, M.: *The Passionate Shepherdess: A. B. 1640–89.* London 1977; Goreau, A.: *Reconstructing Aphra: A Social Biograophy of A. B.* Oxford 1980; Bettinger, E.: »Women of Letters. Die politische Briefliteratur von A. B., Delarivier Manley und Eliza Heywood«. In: Runge, A./Steinbrügge, L. (Hgg.): *Die Frau im Dialog.* Stuttgart 1991, S. 53–76; Hutner, H. (Hg.): *Rereading A. B.: History, Theory and Criticism.* Charlottesville, Va. 1993; Gallagher, C.: *Nobody's Story. The Vanishing Acts of Women Writers in the Market Place, 1670–1820.* Oxford 1994.

Helga Quadflieg

Belli, Gioconda

Geb. 7. 12. 1948 in Managua/Nicaragua

»Oh, Nicaragua,/du bist mein Mann/mit dem Mädchennamen!« Mit diesen Gedichtzeilen aus dem Exil in Costa Rica, wohin die Dichterin 1975 nach der Teilnahme an einem Attentatsversuch der Sandinistischen Befreiungsfront gegen die Somoza-Diktatur floh, verknüpfte B. politisches Bekenntnis und weibliches Begehren. Sie setzte damit ungewohnte Akzente im literarischen Diskurs Mittelamerikas. Neben Vidaluz Meneses (1944), Michèle Najlis (1946), Daisy Zamora (1950) und Rosario Murillo (1951) griff sie in Nicaragua seit Mitte der 60er Jahre provokativ in die aufkommende Debatte um eine ›pluralistische Volkskultur‹ ein, in der sich die Beschreibung sozialer Verhältnisse und künstlerische Erneuerung ineinander verschränken sollten. Heute gilt sie vor allem in Europa als bekannteste Vertreterin einer hochpolitisierten und in Frauenfragen engagierten Literatur.

Nach einem Studium für Werbung und Design in Philadelphia kam die aus reichem Elternhaus stammende B. in Managua rasch in Kontakt mit den Sandinisten. Ende der 60er Jahre schrieb B. die ersten Gedichte, in denen sie einen Zusammenhang zwischen politischem Widerstand und Befreiung der Frau postulierte. Die (erotische) Beziehung zum geliebten Mann wurde dichterisch zum Modell für zwischenmenschliche Beziehungen überhaupt. Als Mitglied der Gruppe »Gradas« (Stufen) trug B. Anfang der 70er Jahre ihre Gedichte auf Kirchenstufen vor, um sich vor der Nationalgarde schnell ins Kircheninnere zurückziehen zu können. Die Universitätszeitschrift *Ventana* und die Literaturbeilage der Tageszeitung *La Prensa* wurden ebenfalls Foren, auf denen sie gegen bürgerliche Weiblichkeitsbeschränkungen rebellierte. 1974 erschien B.s erster Gedichtband *Sobre la grama* (Auf dem Rasen). Für ihren zweiten Gedichtband *Línea de fuego* (*Feuerlinie*, 1981) erhielt sie 1978 den Premio Casa de las Américas/Havanna. Nach dem Sieg der sandinistischen Revolution arbeitete B. im Planungsministerium der Regierung. Sie vertrat weiterhin einen ›literarischen Nationalismus‹, geriet aber mit der nun staatlich geförderten Volkskultur in Konflikt. Nach Auffassung der Generation um den Dichterminister Ernesto Cardenal sollte Literatur die Außenwelt beschreiben (›exteriorismo‹), B. dagegen wollte sie mit metaphern- und allegoriereicher Sprache interpretieren, sie so zur Veränderung freigeben.

Mit *Die bewohnte Frau* (*La mujer habitada*, 1989) legte B. 1988 ihren ersten Roman vor. Aufgrund des in Nicaragua schwach ausgebildeten Verlags- und Vertriebswesens zuerst in Deutschland erschienen, ist er in einem Land mit fehlender Romantradition der erste Roman über den sandinistischen Befreiungskampf, zudem aus kämpferischer weiblicher Perspektive. Am Beispiel der Hauptfigur Lavinia, einer auslandserfahrenen Architektin, verbindet B. mit erkennbar autobiographischem Rückgriff individuelle mit kollektiver Sinnsuche. Weibliche Emanzipation wird zusammen mit dem politischen Aufbruch möglich und bedingt diesen sogar. In die zeitgenössische Geschichte ist über die Figur der indianischen Itzá die 500 Jahre alte Geschichte des weiblichen Widerstands gegen die Kolonisatoren verflochten. Der Roman wurde vielfach als ins Weibliche gewendeter Heldenroman gelesen, stieg zum Lieblingsbuch der europäischen Solidaritätsbewegung auf und bescherte der Autorin in Deutschland rasch hohe Auflagen. In ihrem zweiten Roman *Tochter des Vulkans*, 1990 (*Sofía de los presagios*, 1990) verlegt die Autorin die Handlung in die Zeit nach der Revolution. Deren Errungenschaften sind jedoch nicht bis in die Köpfe der Menschen vorgedrungen. Sofía, Tochter von Zigeunern, vollzieht eine individuelle Emanzipation. Der Roman verweist ins Mythisch-Märchenhafte und markiert so zeitlich parallel zur Wahlniederlage der Sandinisten literarisch einen Rückzug ins Private.

Ihr ›idealistisches‹ Engagement gegen eine Literatur der Hoffnungslosigkeit versuchte B. mit ihrem dritten Roman, *Waslala* (1996), einzulösen, in dem sie globale Themen wie Müllverbringung und Nuklearverseuchung mit der individuellen Suche einer emanzipierten jungen Frau nach ihrer Mutter verbindet. Heute lebt B. in den USA.

Zauber gegen die Kälte. Erotische Gedichte (zweispr.). Wuppertal 1992; *Wenn du mich lieben willst. Gesammelte Gedichte.* Wuppertal 1993. – Lit.: Schwencke, O. (Hg.): *Tochter des Vulkans. Autorinnentagung mit G. B. aus Nicaragua.* Loccum 1992; Dröscher, B.: »Der Weg nach Waslala. G. B.s Romane«. In: *Tranvía* 34, Dez. 1996, S. 14–18.

Gabriele Küppers

Belševica, Vizma (verheiratete Elsberga)
Geb. 30. 5. 1931 in Riga/Lettland

»Ausgeblichen die Farben,/ Blattlos ich, ausgedorrt wann?/ Nur noch dürrer Gedanken/ Strich gegen weiße Einsamkeit -/ Nimmergrün, Strunk, den kein Schnee knickt./ Aufrecht dem Wind sich sperren, der Sucht/ Nach der Wolke, die dich/ Gedankenlos einstiemt für immer.« (1976) – Würde man in Lettland eine Umfrage machen und nach der bekanntesten Dichterin fragen, wäre B. wohl diejenige, die an erster Stelle genannt würde; für viele symbolisiert sie die Zeit, in der das Land unter dem Sowjetregime gelitten hat. »Aufrecht dem Wind sich sperren ...« Ein mutiges Bild, eine mutige Frau. Sicher würden auch die im schwedischen Exil gestorbene Lyrikerin Veronika Strēlerte (1912–1995) und die jüngere Amanda Aizpuriete (geb. 1956) genannt werden, von der bereits zwei Gedichtbände in deutscher Übersetzung vorliegen. Oder die kein Blatt vor den Mund nehmende Prosaistin Gundega Repše (geb. 1960), die drei Bände Erzählungen, zwei Romanessays und drei Romane veröffentlicht hat. B. aber ist die populärste.

B. ist gelernte Setzerin, war Redakteurin bei verschiedenen Zeitschriften, studierte 1961 am Maxim-Gorki-Institut für Literatur in Moskau, wo sie, wie sie erzählt, mehr von ihren Mitstudenten aus allen Sowjetrepubliken als von ihren Lehrern gelernt hat. Erste Gedichte seit 1947, der erste Gedichtband 1955. Es folgen fünf weitere bis 1987 und etliche Lyrik-Auswahlbände, zuletzt 1996 *Par saknēm būt* (Wurzeln sein – Ausgewählte Gedichte). Strenge, Knappheit, ja Widerborstigkeit charakterisieren diese zugleich von einer fast schüchtern zu nennenden Zartheit durchwebte Lyrik. Die im Ausdruck reiche Sprache, der starke, variierende Sprachrhythmus und eine intensive Bildhaftigkeit prägen auch ihre Prosa. Als Verfasserin skurriler, makaberer Geschichten stellte sich die Autorin 1965 mit *Ķikuraga stāsti* (Geschichten aus Ķikurags) und 1979 mit *Nelaime mājās* (Unglück im Haus) vor. Erzählungen, in denen das Komische und das Tragische sich mischen. Zum Teil wurden sie in den Auswahlband *Lauztā sirds uz goda dēļa,* 1997 (Tränendes Herz auf der Ehrentafel) aufgenommen. Mit ihrer autobiographischen Prosa *Bille,* 1995, und *Bille dzīvo tālāk,* 1996 (Bille lebt weiter) hält sich B. zwei Jahre auf den Bestsellerlisten. Das ist wohl ihrem Humor zuzuschreiben, verbunden mit dem ihr eigenen realistischen, auch kritisch-analytischen Blick auf das Leben, der im Überwältigenden, im Erdrückenden so oft das Lächerliche zu zeigen vermag. Das prägnant Beschriebene erweist sich anders als erwartet, es entblößt, es entsteht eine Brechung und durch die hindurch leuchtet die Wahrheit.

Es konnte nicht ausbleiben, daß B. zur Zeit des Sowjetregimes Schwierigkeiten mit der Zensur, mit den Parteisekretären bekam. So wurde dem Gedicht »Motiv der lettischen Geschichte: Das alte Riga« aus dem Band *Gadu gredzeni* (Jahresringe) von 1969 (dt. in *Trajekt* 6, S. 305) lettischer Nationalismus vorgeworfen. Ihrem Publikum galt sie als Dichterin des Gewissens, der Unerschrockenheit und des Patriotismus.

Sie konnte als Autorin sieben Jahre nicht veröffentlichen. Ihr Geld verdiente sie durch Mitarbeit an Filmdrehbüchern und mit Übersetzungen (Shakespeare, Poe, Kipling, Mark Twain, Hemingway, Puškin u.a.), die noch heute als vorbildlich gelten.

Geerbt haben dieses Talent ihre beiden Söhne, ebenfalls Dichter, ebenfalls Übersetzer, Klāvs Elsbergs (1959–1987) und Jānis Ramba (geb. 1969). Der bis heute ungeklärte Tod von Klāvs Elsbergs ist für alle, insbesondere für B. unverwunden. Und doch stand sie in der Zeit des politischen Umbruchs auf den Rednertribünen. 1991 wurde Lettland wieder unabhängige Republik. – Inzwischen ist B. Ehrenmitglied der Akademie der Wissenschaften Lettlands, erhielt zahlreiche in- und ausländische Ehrungen und 1997 Auszeichnungen für die beiden *Bille*-Bände. Ihre Lyrik und Prosa wurde vor allem in die skandinavischen Sprachen übersetzt.

Werkausgabe in vier Bänden in Vorbereitung; »Gedichte«. In *Trajekt* 6 (1986), S. 303–306 (dt. von M. Gutmane u. M.P. Hein); Schmidt, H.L. u.a. (Hgg.): *Sonnengeflecht – Literatur aus Lettland*. Riga 1997; Schmidt, H.L. (Hg.): *Der idiotische Mond – Lettische Prosa der Gegenwart*. Frankfurt/M. 1997. (Darin B.: »Mensch mit Stern« aus *Bille dzīvo tālāk*.)

Heide Lydia Schmidt

Benedictsson, Victoria (geb. Bruzelius, Ps. Ernst Ahlgren)

Geb. 6. 3. 1850 auf Hof Domme/Schweden; gest. 22. 7. 1888 in Kopenhagen

Als B. sich dafür entschied, unter einem männlichen Pseudonym zu publizieren, ging es ihr nicht darum, ihre Identität zu verbergen, sondern ein Rollenspiel zu markieren, zu dem die weibliche Existenz in ihrer Gesellschaft sie zwang. Die vielfältigen Frauenschilderungen in ihren Romanen, Erzählungen und Dramen stellen jeweils unterschiedliche Versuche dar, Daseinsformen des Weiblichen einzukreisen, ihre Schwierigkeiten durchzuspielen und alternative Positionen zum dichotomischen Verständnis der Geschlechter zu entwerfen.

Zunächst trat B. mit realistischen Schilderungen des schwedischen Landlebens hervor (*Från Skåne*, 1884), die ihren literarischen Ruhm begründeten und es ihr erlaubten, die schonische Provinz und ihr Leben als Ehefrau eines Postmeisters und Stiefmutter seiner fünf Kinder zu verlassen und sich den führenden literarischen Zirkeln um Georg Brandes in Kopenhagen anzuschließen. Sie ist die bekannteste einer großen Anzahl von erfolgreichen skandinavischen Autorinnen, die in der Zeit des »Modernen Durchbruchs« den Aufruf des dänischen Kritikers zu problemorientierter Gegenwarts- und Wirklichkeitsschilderung für eine literarische Auseinandersetzung mit der Stellung der Frau, ihren mangelnden Rechten und Ausbildungsmöglichkeiten, der Vernunftehe und der Doppelmoral nutzten (vgl. z.B. A. Agrell, A.-Ch. Edgren-Leffler, S. Kleve, A. Ravnkilde oder Amalie ↗ Skram). Ihr bekanntester Roman *Pengar* (1885) (*Geld*, 1890) klagt die Vernunftehe und die damit einhergehende sexuelle Unterdrückung der jungen Selma an und endet mit dem Ausbruch der Heldin aus der sie erniedrigenden Ehe. Doch alle fiktional entworfenen Lösungsversuche aus dem Dilemma der Geschlechter werden um den Preis eines Verlustes an ›Weiblichkeit‹ erkauft, der sie in ihren späteren Schriften, v. a. den beiden posthum herausgegebenen Erzählungen »Ur mörkret«, 1888 (Aus dem Dunkel) und »Den bergtagna«, 1890 (Vom Berggeist entführt), zu subtilen Erkundungen der bestehenden Geschlechterkonzeptionen veranlaßt und nach Formen alternativer Wertzuschreibungen fragen läßt.

Große Bedeutung hat in diesem Kontext die vollständige Veröffentlichung von B.s Tagebuchaufzeichnungen (*Stora boken*, 1978–85), die jetzt nicht mehr nur als biographische Dokumente gelesen werden, weil sie (auch intime) Details aus dem Verhältnis zu ihren literarischen wie menschlichen Gefährten Axel Lundegård und Georg Brandes verraten, sondern deren Wert in der minutiösen Analyse von Normierungen des Geschlechtscharakters und eines weiblichen Widerstandes gegen vorgeschriebene Normsetzungen liegt. Persönlich ist B. mit ihrem Widerstandsprojekt gescheitert; sie nahm sich mit 38 Jahren in einem Kopenhagener Hotel das Leben.

Ahlgren, E.: *Samlade skrifter.* 7 Bde. Hg. A. Lundegård. Stockholm 1918–20; *Stora boken.* 3 Bde. Hg. C. Sjöblad. Lund/Stockholm 1978–85. – Lit.: Key, E.: *Ernst Ahlgren.* Stockholm 1889; Lundbo-Levy, J.: *Dobbeltblikket.* Kopenhagen 1980; Sjöblad, C./Witt-Brattström, E. (Hgg.): »Jeg vil skrive om kvinder«. In: Møller Jensen, E. (Hg.): *Nordisk Kvindelitteraturhistorie.* Bd. 2: *Faderhuset.* Kopenhagen 1993, S. 528–540.

Annegret Heitmann

Bennett, Louise Simone (auch Miss Lou)

Geb. 7. 9. 1919 in Kingston/Jamaika

Als 1940 B.s erste Gedichtsammlung, *Dialect Verses*, erschien, war die in Kingston und London ausgebildete Schauspielerin und Dichterin bereits einem breiten einheimischen Publikum bekannt aufgrund gerade jener Charakeristika, die die internationale Leserschaft lange daran hinderte, B.s Werk als Kunst zu rezipieren: die vitalen poetischen Gestalten ihrer volkstümlichen Balladen, B.s Ironie und Situationskomik, der aktuelle Kommentar und die humorvolle Unterhaltung. Einzigartig sind bis heute B.s virtuos gehandhabtes Kreol, die der oral tradierten afro-karibischen Kultur entlehnten Sprachformen sowie die den Gedichten eingeschriebene pointierte Theatralik, die sich erst entfaltet, wenn B. ihre Texte selbst vorträgt (*perfomance poetry*). Inzwischen liegen von B., neben zahlreichen Plattenaufnahmen, zehn Bände vor mit eigenen Gedichten (*Jamaica Labrish*, 1968; *Selected Poems*, 1983), gesammelten Volksweisen und Geschichten von Anansi, dem westafrikanisch-karibischen Spinnenmenschen, der mit List und Schläue seinen Widersachern Paroli bietet. B. benutzt dieses Symbol des Widerstandes der Sklaven in der Karibik und den Südstaaten der USA, um die Überlebenskunst v. a. der sozial benachteiligten Schwarzen sinnfällig zu machen. So feiert sie in ihrem Gedicht »Jamaica Oman« die Kraft und den Einfallsreichtum jamaikanischer Frauen, die wie Anansi die offene Auseinandersetzung mit den Männern meiden und doch gewinnen. Neben der legendären Volksheldin Nanny bildet die in Sprichwörtern und Rätseln aufgehobene Volksweisheit die Grundlage für B.s einheimischen Feminismus, auf den sich fast alle jüngeren Autorinnen karibischer Herkunft berufen. Darüber hinaus beeinflußt B. bis heute die Sprache und das politische Engagement von Schriftstellerinnen wie Olive ↗ Senior und der *dub poets* wie Mutabaruka (geb. 1952 in Jamaika) sowie das Kingstoner Frauen-Theaterkollektiv *Sistren*, das die Lebenserfahrungen von Frauen aus der Arbeiterklasse, von Armen oder Obdachlosen in Kreol auf die Bühne bringt.

Nach einigen Jahren bei der Londoner BBC und in der New Yorker Musikszene der 50er Jahre gewann B. v. a. im Gefolge der Unabhängigkeitsbestrebungen Jamaikas an Bedeutung. Sie produzierte in ihrem Heimatland unzählige Fernseh- und Radiosendungen, z. T. für Kinder, in denen sie zum einen dazu beitrug, das sprachliche wie kulturelle Erbe der Afro-Karibier zu bewahren. Zum anderen etablierte sie es, auch gegen den Widerstand der herrschenden Mittelklasse, als Bestandteil eines neuen Nationalbewußtseins und -stolzes. B. bezieht ihre Themen aus dem Alltagsleben der Jamaikaner seit den 30er Jahren, mit deren gesundem Menschenverstand ihr lyrisches Ich die Ereignisse in Politik und Wirtschaft, Gesellschaft und Familie bewertet. Obwohl einige ihrer Texte heute etwas überholt wirken, bleibt als unbestreitbares Verdienst B.s ihr Beitrag zur Popularisierung bisher nicht als literaturfähig geltender Formen der Unterhaltungskunst sowie zur Befreiung des Kreolischen von seinem sozialen Stigma.

Lit.: Cooper, C.: *Noises in the Blood. Orality, Gender and the »Vulgar« Body of Jamaican Popular Culture.* London 1993; Morris, M.: »The Dialect Poetry of L. B.« In: Baugh, E. (Hg.): *Critics on Caribbean Literature. Readings in Literary Criticism.* London 1978, S. 137–148.

Jana Gohrisch

Berberova, Nina Nikolaevna

Geb. 8. 8. (26. 7.) 1901 in St. Petersburg/Rußland; gest. 26. 9. 1993 in Philadelphia

Sie nennt ihn »no man's land«, den Platz, an dem der Mensch mit sich allein sein kann in einer Art zweiten, heimlichen und freien Existenz. Wer aber von diesem Recht niemals Gebrauch mache, werde auch sich selbst nie begegnen. – 1922 verläßt B. Rußland zusammen mit ihrem Lebensgefährten, dem Dichter Vladimir Chodasevič, nachdem die mit der Erschießung des Dichters Nikolaj Gumilev und der Ausweisung des Philosophen Nikolaj Berdjaev gesetzten Zeichen zur Vernichtung der russischen Intelligenz ihre Hoffnung auf persönliche und künstlerische Freiheit zerstört hatten. Über Berlin und Italien kommt sie nach Paris, wo sie bis zu ihrer Übersiedlung in die USA (1950) lebt und nicht nur zur feinfühligen Chronistin russischen Emigrantenschicksals, sondern auch zur Meisterin russischer psychologischer Prosa avanciert. Ihrer tiefen Kenntnis der weiblichen Psyche verdanken wir Erzählungen wie »Akkompaniatorša«, 1934 (Die Begleiterin, 1991); »Plač«, 1942 (Die Klage) und »Mysljaščij trostnik«, 1958 (»Das rauschende Schilfrohr«, 1993), in denen die Motive der unerfüllten Liebe, der Schicksalsbestimmung und immer wieder der Trennung gestaltet werden. Dabei sind die persönlichen Dramen in gesellschaftshistorische Umbruchssituationen und soziale Not eingebunden: Hunger, Kälte und Hoffnungslosigkeit im Rußland der Revolutionsjahre, Armut und Verlorensein im Exil. Bekannt wird B. mit dem Roman *Čajkovskij*, 1936 (*Tschaikowski*, 1989), einem Porträt der tragisch zerissenen Persönlichkeit des Komponisten, deren *anderes* Begehren ersehnte Liebeserfüllung innerhalb der gesellschaftlichen Norm verweigert und unausgelebte Leidenschaft in große Kunst transponiert. Sie selbst sieht den Widerstreit innerer Polaritäten nicht als negative Quelle psychologischer Spaltung, sondern als Chance. Ihre russisch-armenische Herkunft bezeichnet sie als glücklichen Umstand für das Aufeinandertreffen von heftigen Begierden und dem Talent zur Anpassung, für deren Vereinigung sie den Begriff der ›Naht‹ prägt, aus der die innere Harmonie der Persönlichkeit erwachse.

Leben ist für B. Dichtung und Liebe. Sie kenne kein besseres Jahrhundert, um als Frau zu leben, als das ihre, schreibt sie in ihrer Autobiographie *Kursiv Moj*, 1966 (*Ich komme aus St. Petersburg*, 1990), die sie berühmt machte. Nur das 20. Jh. habe ihr gestattet, ihre Wahl zu treffen und verschiedene Lebensformen zu erproben. 1932 trennt sie sich von Chodasevič, neben dessen zunächst größerer Bekanntheit sie nie die zweite war, und heiratet 1938 Nikolaj Makaev, mit dem sie bis 1947 lebt.

Während ihre Autobiographie das Bild der optimistischen, geläuterten Persönlichkeit vermittelt, ist die Erzählweise ihrer Werke durch eine elegisch-melancholische Intonation geprägt, die – oft aus der Ich-Perspektive vermittelt – eine flimmernde Atmosphäre des Übergangs von der realen Zeit in eine entrückte, ewige erfaßt. In der Erzählung »Voskrešenie Mocarta«, 1940 (»Mozarts Auferstehung«, 1993), einem apokalyptischen Stimmungsbild des Vorabends der Besetzung Frankreichs durch die Hitlertruppen, bringt sie ihr künstlerisches und persönliches Credo auf den Punkt: »Ein jeder hat seine Leidenschaft,« heißt es, »und ein jeder verteidigt sie mit größtem Ernst.« Starke Leidenschaften verbinden sich mit dieser *grande dame* der russischen Literatur des 20. Jh.s, die nach einem arbeitserfüllten »zweiten Leben« als Hochschullehrerin an den Universitäten Yale und Princeton im Jahre 1993 in Philadelphia stirbt.

Stichi 1921–1983 (Gedichte). New York 1984; *Povesti* (Kurzromane). Moskva 1992; *Rasskazy v izgnanii* (Erzählungen). Moskva 1994. – Lit.: Struve, G. In: *Russkaja literatura v izgnanii*. New York 1956; Barker, M.: »The Short Prose of N. B.« In: *Russian Literature Triquarterly* (1988); »Ne prošlo i semidesjati let ...« (Interview). In: *Literaturnoe obozrenie* 1 (1990); Kostyrko, S.: »Vyžit', čtoby žit'«. In: *Novyj mir* 9 (1991), S. 216–221.

Christina Parnell

Bessa-Luís, Agustina

Geb. 15. 10. 1922 in Vila Meã, Amarante/Portugal

Maria Agustina Ferreira Teixeira Bessa-Luís stammt aus einer Familie von Landbesitzern aus Nordportugal, der Region, in der sie auch die Handlung vieler ihrer Romane ansiedelt. Seit der Veröffentlichung von *Mundo fechado*, 1948 (Geschlossene Welt) und *Os Super-Homens* (1950), vor allem aber seit *A Sibila*, 1953 (*Die Sibylle*, 1987), mit dem sie den literarischen Durchbruch erreichte, hat sich B.-L. in der portugiesischen Literatur des 20. Jh. einen Platz in der vordersten Reihe errungen. Sie ist eine der wortgewaltigsten und produktivsten Autorinnen Portugals und beglückt seit *A Sibila* ihr zahlreiches Publikum fast jedes Jahr mit einem Roman oder einer Sammlung von Erzählungen. Daneben verfaßte sie Theaterstücke und literaturkritische Arbeiten. Von ihren in Portugal überaus erfolgreichen, mehrfach preisgekrönten Romanen wurden viele in andere Sprachen, zwei auch ins Deutsche übersetzt. Neben ihrer schriftstellerischen Tätigkeit übernahm die in Porto lebende Autorin zeitweilig auch andere kulturelle Aufgaben: sie fungierte als Chefredakteurin der Zeitung *O Primeiro de Janeiro* und leitete das Nationaltheater *Dona Maria II.*

In B.-L.s umfangreichem Romanwerk lassen sich bei aller Vielfalt auch einige signifikative Konstanten bzw. Tendenzen ausmachen. *A Sibila* steht stellvertretend für einen von ihr intensiv kultivierten Romantyp und verdeutlicht in ihrem Werk häufig anzutreffende Charakteristika. Das Buch liefert, ausgehend von der Geschichte der Hauptfigur Quina, wegen ihrer magischen Kräfte auch »Sibila« genannt, eine detaillierte Analyse des nordportugiesischen Landlebens und der Strukturen einer bürgerlich-ländlichen Gesellschaft, deren bäuerliche Wurzeln noch immer Denken und Leben prägen. Damit schließt B.-L. an die schon im 19. Jh. durch Autoren wie ihr Vorbild Camilo Castelo Branco oder Júlio Dinis zu großer Blüte geführte Tradition des regionalistischen Romans in der Form der Familiensaga an, rückt aber klar ab von den neorealistischen Strömungen der 50er Jahre. Soziales und Politisches ist in *A Sibila* zwar präsent, wird jedoch zugunsten der symbolischen, poetischen Beschreibung einer geschlossenen Welt und der eher assoziativen als rationalistisch-analytischen Durchleuchtung der Figuren und ihrer psychischen Strukturen in den Hintergrund gerückt. Deutlich wird nicht nur B.-L.s Vorliebe für psychologisch komplexe weibliche Hauptfiguren, deren Verhalten und Empfinden in seiner ganzen Widersprüchlichkeit thematisiert wird, sondern auch der Stellenwert matriarchaler Strukturen in der ländlichen Gesellschaft, das Insistieren auf der Unvereinbarkeit von männlicher und weiblicher Mentalität.

Wie in *A Sibila* wird in mehreren weiteren Romanen der geschlossene, naturgeprägte und sinnlich erfahrbare Raum der Handlung in eine mythisch-zeitlose Dimension gerückt: dabei kann die geschriebene Welt metaphorisch für die Menschheit als Ganzes stehen. Dieser Tendenz zu einer symbolischen Kosmovision entspricht ein assoziativ-evokativer, oft dunkler Stil mit ausufernden Beschreibungen und komplexer Syntax. Auch Erzähltechnik und Romanstrukturen lassen sich als Konsequenz einer Weltsicht deuten, die jede Erfahrung gleichzeitig als relativ und unerschöpflich begreift. Es dominieren traditionelle Elemente; komplex strukturierte Handlungsgerüste werden aber öfters in Einzelepisoden zersplittert, mehrfach perspektiviert und durch Wiederholungen und Auslassungen dezentriert, was den Eindruck des Fragmentarischen, Inkohärenten und Unabgeschlossenen vermittelt.

Seit den 70er Jahren treten aktuelle soziale, historische, politische Themen in den Vordergrund. Während des *Estado Novo* (1933–74) noch auf klarer Distanz zur Politik, beschäftigt sich B.-L. seit der Nelkenrevolution (1974) vermehrt mit der Deutung politischer Prozesse, ohne jedoch selbst ins Geschehen einzugreifen. Im Gegensatz etwa zu ihrer Kollegin Natália ↗ Correia steht sie für einen christlich geprägten, aufgeklärt-kritischen Konservativismus, dem es eher ums Verstehen als ums Verändern zu tun ist. Dies zeigt sich etwa, wenn die Autorin in *As Pessoas Felizes* (1975) den historischen, politischen und sozialen Prozeß beschreibt, der zur Revolution führte, oder in *Crónica do Cruzado Osb.* (1976), *As Fúrias* (1977), *O Mosteiro* (1980) und *Os Meninos de Ouro* (1983) scharfsinnige Reflexionen zum postrevolutionären Portugal liefert.

Lit.: Machado, A.M.: *A.B.-L., o imaginário total.* Lissabon 1983; Bulger, L.F.: *A Sibila. Uma superação inconclusa.* Lissabon 1990; Lopes, S. Rodrigues: *A.B.-L. As hipóteses do romance.* Porto 1992.

Tobias Brandenberger

Beyala, Calixthe

Geb. 1961 in Douala/Kamerun

Beyala wurde in einem Arme-Leute-Viertel der Hauptstadt Kameruns geboren, ein Jahr nachdem das Land vom ›Mutterland‹ Frankreich in die Unabhängigkeit entlassen worden war. Sie besuchte die höhere Schule, heiratete mit siebzehn einen Franzosen, ging mit ihm nach Spanien, später nach Frankreich, bekam zwei Kinder, lebte in einem Armenviertel von Paris und ließ sich dann scheiden. Diese Einzelheiten ihres Lebens finden wir in immer neuer Darstellung und Brechung in ihren Romanen wieder. Sie spielt auf die Beziehung zwischen Kamerun und Frankreich und zwischen der Frankophonie und Frankreich an (»Le Français est francophone, mais la francophonie n'est pas française.«) sowie auf die Möglichkeiten und Unmöglichkeiten des Lebens in Afrika: politische Unterdrückung und die Solidarität der Unterdrückten, das Reisen und das Übersiedeln in die Fremde, zerbrochene Familien, junge alleinstehende Frauen mit kleinen Kindern. Am wichtigsten aber sind ihr die Beziehungen von Frauen zu Frauen und von Frauen zum Mann. Die Frauen in B.s Büchern sind immer gleichzeitig *eine* Frau und alle. Überhaupt fallen im Kontext der stark am Realismus orientierten, oft ›soziologisierenden‹ afrikanischen Frauenliteratur (z.B. Aminata ↗Sow Fall, Mariama ↗Bâ) ihre Figuren auf; ihre Handlungen wirken schemenhaft, traumhaft, eine Gestalt kann zu einer anderen werden (*Tu t'appelleras Tanga*, 1988/Du wirst Tanga heißen). Die unklaren Konturen sind auch Folge des häufigen Perspektivenwechsels, eine Erzählfigur kann sich in den Ich-Erzähler oder in den auktorialen Erzähler verwandeln. Da die Erzählgrenzen offen sind, gehen auch die Frauen verschiedener Generationen, Schwestern und Freundinnen gleichsam ineinander über. Der Mann kann Motor und Motiv der Handlung sein, er ist nie Hauptfigur. B.s Romane sind voll von ungeklärten Vaterschaften und polyandrischen Verhältnissen, so daß auch die Männerfiguren ineinanderfließen. Zwischen den Geschlechtern besteht eine Kluft, die nur für begrenzte Zeit überwunden wird, durch Leidenschaft seitens der Frauen (ein Novum in der afrikanischen Literatur) oder durch Gewalt seitens der Männer (kein Novum). Das Standard-Französisch, in dem B. schreibt, ist mit Wörtern aus afrikanischen Sprachen durchsetzt; so erzielt sie ein afrikanisches Flair, ohne je ethnographisch zu werden. Nach Werewere Liking (geb. 1950), einer engagierten und experimentierfreudigen Theater-Autorin, ist B. die bekannteste kamerunesische Schriftstellerin. Dies ist nicht nur die Folge ihrer Produktivität und ihrer bewußten Nutzung der Medien, sondern auch ihrer Experimente mit Intertextualität, die bereits diverse Prozesse wegen Plagiatsvorwürfen zur Folge hatten. Aktuellster Fall ist ihr letzter Roman, der großzügige, aber nicht gekennzeichnete Passagen aus einem Roman des nigerianischen Autors Ben Okri enthält (*The Famished Road*, 1991). Dennoch ist B. für ihre Romane bereits mehrfach ausgezeichnet worden (für *Les honneurs perdus* trotz der Plagiatsvorwürfe mit dem Grand prix du roman de l'Académie Française 1996). Sie ist eine interessante und originelle Autorin, die mit ihrem innovativen Erzählstil wegweisend für die neuere afrikanische Frauenliteratur ist. Zu ihren wichtigsten Werken zählen *C'est le soleil qui m'a brûlée* 1987; *Seul le diable le savait,* 1990 (Nur der Teufel wußte es); *Assèze l'Africaine*, 1994; *Les honneurs perdus,* 1996 *(Jenseits von Duala),* von denen mehrere in englischer und vier in deutscher Übersetzung (*Wen die Sonne liebt, den tötet sie*, 1989; *Der kleine Prinz aus der Vorstadt*, 1996; *Nahes, fernes Afrika*, 1996; *Jenseits von Duala*, 1998) erschienen sind.

Lit.: King, A.: »C. B. et le roman féministe africain.« In: Antoine, R. (Hg.): *Carrefour des cultures. Mélanges offertes à Jacqueline Leiner.* Tübingen 1993, S. 101–107; Nganang, A. P.: »Der ›Fall‹ C. B.« In: *Literatur Nachrichten* 52 (1997), S. 6–8.

Cornelia Panzacchi

Blais, Marie-Claire

Geb. 5. 10. 1939 in Québec/Kanada

»Die Poesie ist Teil des Romans«, erklärt B. und sieht sich darin Autorinnen wie Virginia ↗ Woolf, Anne ↗ Hébert und Monique Bosco besonders verbunden. Neben dem ›poetischen‹ Roman verfaßt sie Gedichtbände, Theaterstücke, Hör- und Fernsehspiele. – Der Weg zum literarischen Ruhm gestaltete sich freilich schwierig: Aus bescheidenen Verhältnissen stammend sieht sich B. gezwungen, mit 15 die Sekundarschule abzubrechen, um sich in einer Fabrik und später als Sekretärin ihren Lebensunterhalt zu verdienen. Daneben liest und schreibt sie unermüdlich und veröffentlicht mit 20, ermuntert von Georges-Henri Lévesque und Jeanne Lapointe (Université Laval), ihren ersten Roman. Es folgt ein steiler Aufstieg: Stipendiatin in Paris (1960/61), mehrere Jahre in den USA (Cape Cod, Guggenheim Stipendiatin), wo sie über Mary Meigs enge Beziehungen zu den amerikanischen Feministinnen knüpft, ab 1972 über Jahre in der Bretagne, Mitglied des Ordre du Canada, Doktor h. c. (University of York), Professor h. c. (University of Calgary), zahlreiche Preise. 1982 wird ihr für ihr Gesamtwerk der Prix David verliehen, 1990 der Nessim Habif Preis der Belgischen Akademie; deren Mitglied sie 1992 wird. Ihre Romane liegen nicht nur in englischer Übersetzung vor.

In B.' inzwischen mehr als 20 Titel umfassendem Œuvre sind Lebensangst und Revolte die zentralen Pole. In dem von der Kritik sehr beachteten ersten Roman *La belle bête* (1959) evoziert die Autorin ein Szenario der Gewalt, mit archetypischen Figuren und archetypischen Emotionen, mit der tödlichen Feindschaft von Mutter und Tochter, in der sich die Brüchigkeit alter Strukturen verrät und – aus politischer Sicht – der Umbruch der Stillen Revolution der 60er Jahre ankündigt. Der doppelt preisgekrönte Roman *Une saison dans la vie d'Emmanuel*, 1965 (*Schwarzer Winter*, 1970), der auch verfilmt wurde, zeichnet mit schwarzem Humor ein traditionelles, ländliches Québec, geprägt von materieller Not, Unwissenheit und Tod, von den sinnentleerten Institutionen Familie und Kirche, in deren Schatten Lüge, Perversion und Verbrechen gedeihen. Fragwürdig positiv sind nur die Großmutter Antoine und Jean-le-Maigre, der seine Autobiographie hinterläßt. Spielerisch destruiert B. die alten Muster des regionalistischen ›Bodenromans‹ durch Doppelung des Erzählers, Überlagerung mehrerer Diskurse; durch surrealistsiche Einsprengsel und poetische Sequenzen entsteht ein hybrides Ganzes, das an den nouveau roman erinnert. In der Folge weichen Geschichte, Chronologie, Spannung und das Konzept des Helden immer mehr einem nicht linearen, polyphonen Diskurs, der sich schlußendlich in einem interpunktionslosen, dem Sprechrhythmus nachempfundenen inneren Redefluß auflöst. Die Parallelen mit Natalie ↗ Sarraute und Julia Kristeva liegen auf der Hand.

Doch auch inhaltlich durchläuft B. eine Entwicklung: Die Unmöglichkeit menschlicher Kommunikation, die Einsamkeit des Ich selbst innerhalb des Paares tritt allmählich zurück vor der Problematik des Jugendlichen, der – zu früh mit einer desillusionierenden, häßlichen Wirklichkeit konfrontiert – vor dieser die Augen nicht mehr schließen kann (z. B. in *David Sterne*, 1967). Flucht, Aggression und Autodestruktion – das dichterische Universum B.' ist vom Selbstmord bedroht – sind die verzweifelte Verweigerung bestehender Verhältnisse und eines Lebens im Angesicht atomarer und ökologischer Bedrohung. Dabei gilt der »Durst«, das Interesse (*Soifs*, 1995) der Autorin neben den Jugendlichen selbst auch anderen Randgruppen der Gesellschaft wie Homosexuellen, Drogensüchtigen, kleinen Kriminellen, gesellschaftlich Diskriminierten, Menschen ›im Exil‹. Nur allmählich zeichnen sich mögliche Wege der Heilung ab: Pauline – wie andere Protagonisten auch – entdeckt das Schreiben in der autobiographischen Trilogie *Manuscrits de Pauline Archange* (1968–70), und von *Nuits de l'Underground* (1978) über *Le sourd dans la ville* (1979) bis hin zu den *Visions d'Anna* (1982) entsteht vorsichtig, doch unübersehbar im Schoß einer zum Teil lesbischen Gemeinschaft von Frauen ein neuer Wert: die ›mütterliche‹ Sorge um den anderen, auf der Basis freilich eines radikal veränderten, die Sexualität nunmehr bejahenden Mutterbegriffs. »Diesmal wird sie bleiben«, hofft Raymonde zu Recht, wenn sie von ihrer drogensüchtigen Tochter Anna spricht.

Lit.: »Dossier M.-C. B.« In: *Voix et images* 8,2 (1983), S. 189–295; Laurent, F.: *L'œuvre romanesque de M.-C. B.* Québec 1986; Green, M. J.: *M.-C. B.* New York 1995.

Ursula Mathis

Blandiana, Ana (eigtl. Otilia-Valeria Rusan, geb. Coman)

Geb. 25. 3. 1942 in Timişoara/Rumänien

Die Lyrikerin und Prosaschriftstellerin B. ist eine der herausragendsten Personen in der zeitgenössischen rumänischen Literatur. Ihr Schreiben richtet sich gegen politische Willkür und staatliche Gewalt, mit denen sie früh konfrontiert wird. Während der Säuberungsaktionen ab 1959 wird ihr Vater, ein orthodoxer Geistlicher, zu einer fünfjährigen Haft verurteilt. In den 70er Jahren erlebt B. den wachsenden Staatsterror und die Verschärfung der Zensur, die in den 80er Jahren ihren Höhepunkt erreichen. B. debütiert 1959, in der Zeitschrift *Tribuna* mit dem Gedicht »Originalitate« (Originalität). Als »Tochter eines Volksfeindes« ohne »gesunde soziale Abstammung« erhält sie daraufhin ein Publikationsverbot. Erst drei Jahre nach ihrer gegen den Widerstand der Partei geschlossenen Ehe mit Romulus Rusan (geb. 1935) und nach Interventionen auf höchster Regierungsebene darf sie studieren und ihre ersten Gedichtbände veröffentlichen: *Persoana întâia plural*, 1964 (Erste Person Mehrzahl) und *Călcâiul vulnerabil*, 1966 (Die Achillesferse).

Das kulturelle »Tauwetter« (1965–1970) nach der Machtübernahme Ceauşescus bietet den Kulturschaffenden Reiseerleichterungen (B. besucht 1968 Paris und Prag), läßt totgeschwiegene Autoren wieder zu, lockert das strikte Gebot, dem Modell des sozialistischen Realismus zu folgen. Aus der Verbindung rumänischer Literatur traditioneller Prägung der Zwischenkriegsjahre (u. a. Lucian Blaga, 1885–1961) und westlicher Literatur erhalten die Autoren der »Generaţia '60« (ein loser Zusammenschluß von Literaten) – wie Nichita Stănescu (1933–1985), Marin Sorescu (1936–1996) oder B. – neue Impulse. In den Gedichten spricht sich B. für eine Poesie aus, die frei von politisch aufoktroyierten rhetorischen Floskeln und akklamatorischen Inhalten ist. In direkter, fast metaphernfreier Sprache reflektiert sie das Individuelle im Kollektiven und den reinen, unschuldigen Zustand der Kindheit, die Geborgenheit des Schlafes, des Traums. Dessen Symbol, das Ei, ist in ihrer frühen Lyrik ein wiederkehrendes Motiv. Ihre Werke, von den Kritikern gefeiert, werden mit den wichtigsten rumänischen Literaturpreisen gewürdigt.

Die »Kleine Kulturrevolution« (1971–1974) löst das »Tauwetter« durch eine Re-Ideologisierungskampagne ab. Vor allem oppositionelle Intellektuelle, wie Mircea Dinescu (1950), Ileana Măolăoncioiu (1940), Ion Negoiţescu (1921–1993), sollen stärker in den Dienst der Partei eingebunden werden. Mit zunehmendem Staatsterror verschärfen sich auch die kritischen Töne in B.s Texten; ihre Publikation wird zunehmend schwieriger. So wird der Novellenband *Cele patru anotimpuri*, 1977 (Die vier Jahreszeiten) wegen »antisozialer Tendenzen« abgelehnt, die phantastischen Erzählungen *Proiecte de trecut*, 1982 (*Kopie eines Alptraums*, 1988) erscheinen nur dank des ausländischen Interesses an B. 1984 veröffentlicht B. in der Zeitschrift *Amfiteatru* vier Gedichte, die sich gegen die Mechanismen des Terrors wenden. Sie thematisieren die Instrumentalisierung des Menschen, die Ideologisierung der Kinder und die Reduzierung von Frauen auf Gebärmaschinen (»Cruciada copiilor«, *Der Kinderkreuzzug*). Mit einfachen Versen versucht B., die allzu geduldigen Rumänen wachzurütteln. B.s Botschaft heißt Widerspruch und Mut; sie erhält erneut Publikationsverbot. B., durch zeit- und gesellschaftskritische Glossen in verschiedenen Zeitschriften und durch Radio Free Europe/München auch in Europa bekannt, genießt aber ein so großes Ansehen, daß das Verbot aufgehoben wird.

Mitte 1988 wird sie zur »Unperson« erklärt. Ihre Werke stehen auf dem Index, sie wird observiert. Auslöser hierfür war der Straßenkater Arpagic (Steckzwiebel), Hauptfigur in einem Gedichtband für Kinder, der deutliche Züge des diktatorischen Staatsoberhauptes trägt. In dieser Zeit schreibt sie an dem Roman *Sertarul cu aplauze* (*Die Applausmaschine*, 1993), der 1992 erscheint. Es ist eine phantastisch anmutende Geschichte über die Mechanismen, die zur Gleichschaltung der Menschen führen sollen. Den einzigen Ausweg bietet die Flucht. Im Dezember 1989, nach dem Sturz Ceauşescus, wird B. in die Übergangsregierung gewählt. B. widmet sich heute der politischen Arbeit innerhalb der von ihr 1990 gegründeten außerparlamentarischen Oppositionsbewegung *Alianţa civică* (Bürgerallianz).

Lit.: *EngelErnte* (Gedichte). Rum.-dt. Übers. v. F. Hodjak. Nachw. v. P. Motzan. Zürich 1994; Behring, E.: *Rumänische Literaturgeschichte von den Anfängen bis zur Gegenwart*. Konstanz 1994.

Ilse Saynovits

Blažková, Jaroslava

Geb. 15. 11. 1933 in Veľké Meziříčí, Mähren/ehem. Tschechoslowakei

Im mährischen Teil der einstigen Tschechoslowakischen Republik geboren, kam B. während des Zweiten Weltkriegs aus dem »Protektorat Böhmen und Mähren« zu ihrem Vater in die slowakische Hauptstadt Bratislava, wo sie an der Philosophischen Fakultät der Komenský Universität studierte und in den Redaktionen verschiedener Zeitschriften und beim Rundfunk arbeitete. Nur einige Jahre später als Françoise ↗ Sagan debütierte B. 1961 mit einer Novellensammlung *Nylonový mesiac* (*Nylonmond*, 1962), der von den Leser/innen mit Begeisterung, von der Kritik jedoch ablehnend aufgenommen wurde. B.s Schaffen war Resultat des Drucks, der von dem damals herrschenden Einparteiensystem ausging, das vor Pseudomoral strotzte und mit seiner Kleinkariertheit alle Lebensbereiche bestimmte. Im sogenannten realen Sozialismus der 50er und 60er Jahre brachte B. Geschichten aus dem Leben kleiner Leute; sie schrieb über Spannungen zwischen Alten und Jungen, über alltägliche Probleme, über Enttäuschungen in der Liebe und über die Charakterlosigkeit mancher Mitmenschen.

In einem Gespräch sagte sie 1968: »Jeder Autor sehnt sich wahrscheinlich danach, die ganze Welt zu verschlingen und sie dann wieder komplett, wie ein Riesenfisch, in ein Werk auszuspeien, in dem alles drin wäre, alle Zwistigkeiten, Verbrechen, aller Ekel, alle Liebe und Schönheit, alle Wege, die in die Hölle führen und von dort zur Erlösung.« Ihre 1964 unter dem Titel *Jahniatka a grandi* (Die Lämmer und die Granden) erschienenen Erzählungen handeln laut B. von »verschiedenen Typen von Mißverständnissen, Unverständnis, Versagen, Angst davor, wie schwer auch Menschen, die einander nahestehen, eine gemeinsame Sprache finden. Die Grenze der Mißverständnisse verläuft nicht quer durch die Generationen, sondern durch die Protagonisten und die Anderen.«

Die Novelle *Nylonmond* wurde zum Kultbuch der damaligen Jugend, sie erzählt eine Geschichte von Freiheit, von freier Entscheidung in einer unfreien und heuchlerischen Welt. Der Text erhielt 1961 den Preis des Verlags des Schriftstellerverbands für die beste Prosaarbeit des Jahres und wurde 1965 von dem slowakischen Regisseur Eduard Grečner verfilmt und in Österreich, Ungarn, Jugoslawien, Polen, Estland und der Ukraine veröffentlicht. Die zeitgenössische Kritik konzentrierte sich auf psychologische und ästhetische Fragen und hatte kein Auge für die expressive Sprache der Schriftstellerin und ihren ausgeprägten Sinn für Ironie und Selbstironie, für die satirische Spitze gegen die vorherrschenden spießbürgerliche Pseudomoral. Noch heute ist spürbar, wie sehr sie die künstlerischen Konventionen verletzte, wie sehr sich ihre ethischen Normen von denen der gesellschaftlich (und auch politisch) etablierten Schriftsteller/innen ihrer Zeit unterscheiden. Die junge Generation der 60er Jahre (während des von Chruščov eingeleiteten »Tauwetters«) nahm B.s Novellen und Erzählungen (manche erschienen nur in Zeitschriften) begeistert auf, weil sie sich in ihnen selbst wiederfanden und Antworten auf ihre Fragen erhielten. Die Sprache B.s war die Sprache dieser jungen Menschen und drückte auch ihre Gefühle aus, beschrieb die Fragilität und Verletzbarkeit der ersten Liebe. B. war zudem auch eine sehr erfolgreiche, viel übersetzte und preisgekrönte Kinder- und Jugendbuchautorin.

Eine tiefe Zäsur im Leben der Schriftstellerin bedeutete der Einmarsch der Truppen von fünf Warschauer Pakt-Staaten in die Tschechoslowakei. Mit ihrer Familie, dem Mann und zwei Söhnen, emigrierte B. nach Kanada, wo sie bis heute lebt. Als Folge dieses ›Verrats‹ wurde sie aus der slowakischen Literaturgeschichte gestrichen und blieb bis zur Wende 1989 nicht existent. Doch die Emigration bedeutete nicht das Ende ihres literarischen Schaffens. Ihre Erzählungen erschienen in den 70er Jahren in zahlreichen Anthologien, u.a. in Übersetzung ins Englische und Dänische. In Toronto arbeitete sie mit der Theatergruppe »Black Box« und schrieb für sie das Stück *An innocent dream about sin*, das mehr als vier Monate auf dem Spielplan stand und von der Kritik begeistert empfangen wurde. Sie schreibt weiterhin für Kinder, für Rundfunk und Fernsehen. Nach 1989 besuchte sie Bratislava, wo 1990 in einer Wochenzeitschrift ihre Erzählung »Cesta do N.« (Die Reise nach N.) veröffentlicht wurde. Auch in den 90er Jahren ist sie in mehreren Anthologien vertreten, so etwa 1996 in *Ich trage das Land. Das Frauen-Buch der Ränder.*

Ako z gratulačnej karty . . . (Wie aus einer Gratulationskarte . . . – Novellen). Bratislava 1997.

Alma Münzová

Blixen-Fenicke, Karen (geb. Dinesen, Ps. Isak Dinesen)

Geb. 17. 4. 1885 in Rungsted/Dänemark; gest. 7. 9. 1962 in Rungstedlund/Dänemark

Karen Blixen wird oft im Zusammenhang mit den bekannten dänischen Autoren Andersen und Kierkegaard genannt. In der literarischen Tradition Dänemarks steht sie etwas isoliert, vielleicht, weil sie den größten Teil ihres Werks zuerst auf englisch schrieb und später ins Dänische übersetzte. Das übrige dänische Werk bekommt dadurch den Charakter einer erweiterten Lesung des englischen Originals. Die weibliche Thematik, welche die Möglichkeit einer Berührung mit der dänischen Frauenbewegung hätte bedeuten können, wird in den Erzählungen vielfach durch den Einsatz des »point of view« der männlichen Gestalten überdeckt. B. wurde in einen Konflikt zwischen Aristokratie und Bürgertum hineingeboren; der Vater Wilhelm Dinesen stammte aus dem Gutsherrenadel, die Mutter gehörte dem Kopenhagener Großhandelsstand an. Indem sie vorbehaltlos die Partei des Vaters ergriff, der nach seinem Freitod (1895) als Vaterfigur sämtliche Möglichkeiten eines freien Lebens verkörperte, lehnte sie die Welt der Mutter als moralische und religiöse Instanz ab. Als Offizier hatte der Vater mehrfach an Kriegen teilgenommen und u. a. in den Wäldern Wisconsins zwei Jahre unter Indianern gelebt. B. bekam die Gelegenheit, solch ein Pionierleben ebenso auszuprobieren, als sie 1914 den schwedischen Adligen Bror Blixen heiratete und mit Hilfe finanzieller Mittel der Verwandten eine Kaffeefarm in Kenya kaufte. Bis 1931 lebte B. in Afrika, unterbrochen durch mehrere Aufenthalte in Dänemark. Diese Zeit hat sie 1937 in *Out of Africa (Den afrikanske Farm; Afrika – dunkel lockende Welt*, 1938) geschildert. Dieser als Selbstbiographie erscheinende Text steht vielfach in Kontrast zu den Briefen jener Zeit (*Breve fra Afrika*, 1978), die nach ihrem Tod veröffentlicht wurden.

Ihre Begegnung mit Afrika und das Verhältnis zu den Eingeborenen, das sie ihre »beiden Liebesbeziehungen« nannte, brachten ihr eine historisch-mythologische Sicht; zugleich lebte sie als Europäerin ein modernes Leben. Um 1926 begann sie, jene Geschichten aufzuzeichnen, die sie dem englischen Adligen und Großwildjäger Denys Finch-Hatton, ihrer »zweiten großen Liebe«, widmete. Nach dem Konkurs der Kaffeeplantage und Finch-Hattons Tod (1931) wurden die Geschichten ihre Existenzgrundlage. 1934 wurden sie unter dem Titel *Seven Gothic Tales* in Amerika mit großem Erfolg aufgenommen. Die Rezeption der dänischen Übersetzung ein Jahr später verlief dagegen sehr kontrovers. Während *Seven Gothic Tales* phantastische Erzählungen sind, ist die Sammlung *Winter's Tales*, 1942 (*Wintererzählungen*, 1942) viel stärker sowohl in der dänischen Landschaft verwurzelt als auch der literarischen Tradition Dänemarks verpflichtet. Man kann durchaus von Anleihen sprechen, denn B. wählt u. a. die »patch-work«-Methode. B.s Erzählungen rücken wichtige Fragestellungen des 19. Jh.s ins Bewußtseins und verhalten sich zugleich kritisch dazu. So bezieht sich B. zum einen auf die klassische Gattung der Novelle, zum anderen versucht sie, diese von innen her zu sprengen.

Während der deutschen Besatzung Dänemarks schrieb sie unter dem Pseudonym Pierre Andrézel den Roman *Gengældelsens veje*, 1944 (Wege der Vergeltung), dessen Autorschaft sie nur zögernd zugab. Gern verbarg B. sich hinter Pseudonymen, so daß ihre Bücher unter Isak Dinesen oder Tania Blixen erschienen. Ähnlich ihrer Protagonistin in der Erzählung »Die Träume« versuchte sie, in verschiedenen Personen zu schreiben und zu leben.

Nachwirkungen einer Erkrankung an Syphilis, an der sie sich 1914 infiziert hatte, belasteten sie Zeit ihres Lebens, so daß B. mehrfach im Krankenhaus behandelt werden mußte. Es erschienen daher nur noch zwei Sammlungen von Erzählungen: *Last Tales*, 1957 (*Letzte Erzählungen*, 1985) und *Anecdotes of Destiny*, 1957 (*Schicksalsanekdoten*, 1960), gefolgt von einigen Essays, darunter die berühmte »Baaltale med fjorten Aars Forsinkelse«, die eine Bilanz der Frauenbewegung enthält.

Lit.: Langbaum, R.: *The gaity of vision. A study of I. D.s art.* New York 1964; Henriksen, A.: *Essays on I. D./K.B.* New York 1988; Aiken, S. H.: *I. D. and the engendering of narrative.* Chicago 1990; Thuman, J.: *T. B. Ihr Leben und Werk.* Reinbek 1993.

Bo Hakon Jørgensen

Bluwstein, Rachel ↗ Rachel

Blyton, Enid Mary

Geb. 11. 8. 1897 in London; gest. 28. 11. 1968 in London

Kaum eine Kinder- und Jugendbuchautorin ist so bekannt und gleichzeitig so umstritten wie Blyton, die mehr als 400 Bücher verfaßte. Das Ziel ihres Schreibens war es, Unterhaltung zu liefern, die den Lesegewohnheiten der Kinder entspricht. Nach einer Ausbildung als Kindergärtnerin und Grundschullehrerin unterrichtete sie zunächst und wandte sich dann der Schriftstellerei zu. Zunächst entstanden v. a. Gedichte, Erzählungen und Kolumnen für Kinderzeitschriften; daneben entwickelte sie Unterrichtsmaterial für Lehrer. Die auf dem Land lebende B. schrieb v. a. über die Natur und über ihre häusliche Umgebung und vermittelte so Stadtkindern die Vorstellung von einem ländlichen England, das von Ordnung und Harmonie geprägt war. In den 30er Jahren setzte ihre umfangreiche Romanproduktion ein. Besonders bekannt wurden ihre ab 1938 produzierten Serien: *The Famous Five* (ab 1942, *Die Fünf Freunde*, ab 1953), *The Adventure Series* (ab 1944, *Abenteuer*-Serie, ab 1950), *The Mystery Series* (ab 1944, *Geheimnis*-Serie, ab 1953), *The Secret Seven* (ab 1949, *Die Schwarze Sieben*, ab 1958). Etwas später begann sie mit den in der Tradition der Internatsgeschichten stehenden Reihen *The Twins at St. Clare's* (ab 1943) und *Malory Towers* (ab 1946), die in Deutschland unter den Titeln *Hanni und Nanni* sowie *Dolly* (ab 1965) zu enormer Popularität gelangten.

Während B. bei Kindern sehr beliebt war, wurde sie in den 50er Jahren zunehmend von Bibliothekaren und Lehrern angegriffen. Kritikpunkte waren und sind der simple Stil, die flachen Charaktere und v.a. die ideologische Dimension ihrer häufig als eskapistische Trivialliteratur betrachteten Texte. Die von Kindern so geschätzten rein kindlichen Gemeinschaften von Protagonisten erweisen sich bei genauerem Hinsehen als hierarchisch-autoritäre Gruppen, die keine Außenseiter zulassen. Die Charaktere sind wenig differenziert, so daß man Bösewichte häufig schon an Aussehen und Sprache erkennen kann. Die immer nach gleichen Handlungsmustern ablaufenden Abenteuer führen meist dazu, daß Verbrechen entdeckt und bestraft werden. Gesellschaftliche Hintergründe, die zu Normverletzungen führen, werden kaum thematisiert. Die Entdeckungen, die B.s wohlerzogene Mittelschichtskinder machen, führen nicht zu einer Erweiterung der Handlungsmöglichkeiten – so wie bei Edith Nesbit (1858–1924), deren kindliche Protagonisten Phantasiewelten und letztlich sich selbst entdecken. Als B.s Stärken wurde die Spannung ihrer Texte empfunden, die Elemente des Schauerromans (Schlösser, Höhlen, einsame Berge) in einen realistischen Rahmen einbetten. Auch vermitteln die Romane Kindern das Gefühl, daß sie selbst in ihrer Welt eine wichtige Rolle spielen. B.s Internatsgeschichten sind ähnlich aufgebaut wie die Abenteuerromane. Sie sind nicht um ein Verbrechen, sondern um Vorgänge in einer Gruppe von Mädchen strukturiert, die, trotz anwesender Autoritätspersonen, ihren Alltag und das soziale Gefüge innerhalb der Gruppe selbst bestimmen. Generell sind B.s Frauen sehr traditionell: häuslich und sanft – mit Ausnahme des *tomboys* George aus den *Famous Five*. Allerdings verläuft die Sympathielenkung nicht unbedingt zu Georges Gunsten. B. begegnete allen Vorwürfen mit dem Argument, sie gebe Kindern das, was diese wollten und nehme ansonsten von Kritikern, die älter als zwölf Jahre seien, keine Notiz.

Der bis heute anhaltende Erfolg der 1968 verstorbenen Autorin scheint ihr rechtzugeben. Ihre Romane sind Dauerbestseller, die in weit über 100 Sprachen übersetzt worden sind.

Lit.: Stoney, B.: *E. B. A Biography.* London 1974; Ray, S.: *The Blyton Phenomenon. The controversy surrounding the world's most successful children's writer.* London 1982; Druce, R.: *This Day Our Daily Fiction: An Enquiry into the Multi-Million Bestseller Status of E. B. and Ian Fleming.* Amsterdam 1992.

Susanne Schmid

Bombal, María Luisa

Geb. 8. 6. 1910 in Viña del Mar/Chile; gest. 6. 5. 1980 in Santiago

María Luisa Bombal wird 1910 als älteste Tochter in eine gutbürgerliche Familie hineingeboren. Der plötzliche Tod ihres Vaters ist für die Neunjährige ein traumatischer Verlust, der nicht nur ihre spätere Partnerwahl beeinflußt zu haben scheint (beide Ehemänner waren erheblich älter als sie), sondern auch in ihrem Werk spielt die vergebliche Suche nach einer idealen, liebend-beschützenden Männerfigur eine große Rolle. Die Mutter übersiedelt nach Paris, wo María Luisa eine französische Schulbildung genießt und an der Sorbonne Literatur studiert. Heimlich nimmt sie daneben Schauspielunterricht, wird aber von ihrem Vormund ›ertappt‹ und 1931 nach Chile zurückgeschickt. Doch der Aufenthalt in Paris hatte bereits nachhaltige Wirkung auf die zukünftige Schriftstellerin ausgeübt: Dort war sie in Berührung mit Surrealismus und Kubismus gekommen, und auch nach ihrer Rückkehr in die Heimat knüpft sie sofort Kontakte mit der dortigen Avantgardeszene. Mit Pablo Neruda und seiner Frau zieht Bombal 1933 nach Buenos Aires, wo sie ihren ersten Roman schreibt, *La última niebla*, 1935 (*Der letzte Nebel*, 1986), eine in poetisch-rhythmischer Prosa verfaßte Geschichte einer frustrierenden konventionellen Ehe, aus der die weibliche Hauptgestalt nur mittels der Phantasie für kurze Zeit zu entfliehen vermag. In Argentinien bewegt sich B. in den Kreisen der Zeitschrift *Sur*; dort erscheint 1938 auch ihr zweiter Roman, *La amortajada* (*Die Frau im Leichenhemd*, 1986), ebenfalls eine Beziehungsgeschichte, aus der recht ungewöhnlichen Perspektive einer toten Frau erzählt.

Unglückliche Liebesepisoden prägen auch ihr Privatleben: 1935 Heirat mit einem homosexuellen Maler, von dem sie sich bald wieder trennt, ein älterer Liebhaber, der sie sitzenläßt, und eine turbulente Affäre, die 1940 in Selbstmord- und Mordversuch endet. Da das Opfer überlebt, und aufgrund der Intervention namhafter Schriftsteller kommt B. aus dem Strafprozeß ungeschoren davon. Sie zieht in die USA, wo sie Synchronisationen nordamerikanischer Filme besorgt, literarisch aber außer einigen Erzählungen und Essays nichts mehr von sich hören läßt. Die ehemals aufmüpfige, nun aber gebrochene Frau hat zunehmend mit Alkoholismus und Depressionen zu kämpfen. 1944 heiratet sie erneut, und zwar den Wallstreet-Banker Saint-Phalle. Aus dieser Ehe entspringt die einzige Tochter Brigitte, deren Beziehung zur Mutter ebenfalls sehr problematisch verläuft. 1956 kehrt B. kurz nach Chile zurück, wo sie allerdings als Autorin fast in Vergessenheit geraten ist. Ihre Gesundheit ist schwer angegriffen: Mehrere Stürze führen zu einem Knöchelbruch, einer Gehirnerschütterung und Gedächtnisstörungen; teilweise kann sie sich nur noch im Rollstuhl fortbewegen. Immer wieder kündigt B. an, daß sie dabei sei, diverse Bücher fertigzuschreiben, doch diese bekommt keiner zu Gesicht; lediglich *La historia de María Griselda* (Maria Griseldas Geschichte), gewissermaßen eine Fortsetzung von *La amortajada*, erscheint 1977. Zwei Jahre nach dem Tod ihres zweiten Mannes fährt B. 1971 nach Buenos Aires zu ihrer Schwester Blanca. Doch keiner ihrer früheren Freunde kann in ihr die unbeschwerte junge Frau von damals wiedererkennen. Mit den 150 Dollar Witwenrente versucht sie, allein über die Runden zu kommen, aber der Wechselkurs wird immer ungünstiger für sie, und sie leidet materielle Not. 1973, kurz vor der Machtergreifung Pinochets, zieht sie wieder nach Chile, wohin sie wegen Salvador Allendes sozialistischer Politik (die ihr zutiefst zuwider ist) gezögert hat zurückzukehren. Aufgrund einer Petition argentinischer Autor/innen an die chilenische Regierung wird der verarmten, einst so gefeierten Schriftstellerin 1978 eine staatliche Pension gewährt. Nun wird sie quasi im letzten Moment von der literarischen Szene Chiles und auch dem aufkeimenden Feminismus wiederentdeckt. Doch B. ist am Ende, literarisch und physisch. Immer öfter ist sie in Sanatorien und liegt zuletzt in einem riesigen Saal des Hospital Salvador in Santiago de Chile. Am 10. Mai 1980 stirbt B. an einer massiven Magenblutung, verursacht durch Leberversagen.

Trotz diverser Kritik an ihrer bürgerlichen Einstellung gilt sie doch zu Recht als eine der bedeutendsten Vertreterinnen der chilenischen Avantgardeliteratur; ihr kommt das Verdienst zu, sich als erste von herkömmlichen Modellen realistischer Gesellschaftsbeschreibung abgewandt und sich auf die psychische Innenwelt ihrer – meist weiblichen – Figuren eingelassen zu haben, deren Beschränkung durch traditionell patriarchale Lebensmodelle in der beklemmenden, von phantastischen Elementen durchsetzten Atmosphäre ihrer Erzählungen und Romane ihren Ausdruck finden.

Obras completas. Hg. L. Guerra. Santiago de Chile 1996; *Die neuen Inseln. Erzählungen*. Frankfurt/M./Berlin 1986. – Lit.: Campbell, M.V.: »The Vaporous World of M. L. B.« In: *Hispania* 44, 3 (1961), S. 415–419; Bente, T. O.: »M. L. B.s Heroines: Poetic Neuroses and Artistic Symbolism«. In: *Hispanófila* 28,1, 82 (1984), S. 103–113; Trovato, B. L. G.: *The Circular Imagery of Alienation in the Novels of M. L. B. and Clara Silva*. (Diss. Temple University, 1991). Ann Arbor 1991; Tolliver, J.: »›Otro modo de ver‹: The Gaze in *La última niebla*«. In: *Revista Canadiense de Estudios Hispánicos* 17,1 (1992), S. 105–121; Spanos, A.: *Literary Spatialization in the Fiction of M. L. B.* (Diss. The University of Utah, 1988). Ann Arbor 1995.

Erna Pfeiffer

Boye, Karin

Geb. 26. 10. 1900 in Göteborg; gest. (Freitod) 24. 4. 1941 in Alingsås/Älvsborg

Die Hoffnung auf eine neue Welt, die sich der Protagonist im Schlußsatz des wohl bekanntesten Romans von B., der Dystopie *Kallocain*, 1940 (dt. 1947), trotz aller gegenteiligen Erfahrungen »nicht aus der Seele reißen kann«, kommt sowohl in ihren lyrischen als auch in ihren Prosatexten immer wieder zum Ausdruck. Die Suche nach Wegen in eine bessere Zukunft, die konsequente Bereitschaft, Positionen kritisch zu befragen und das große Engagement für soziale Gerechtigkeit markieren auch die Biographie der Autorin, die von Jugend an die Utopie einer gerechteren Welt verfolgte und diese in ihren Texten in der Hoffnung auf (Er-) Lösung formulierte. Dabei kollidieren notwendig, deutlich nicht nur in *Kallocain*, sondern auch im experimentellen – autobiographischen – Entwicklungsroman *Kris*, 1934 (Krisis) und in der Lyrik, die Außen- und die Innenwelt: hier die Macht der Konventionen und des Staates, dort die Seele, die Wünsche und Träume. Treten diese in der düsteren Zukunftsvision *Kallocain* mit Hilfe der vom Wissenschaftler Leo Kall erfundenen Wahrheitsdroge »*Kall-l(e)o*-cain«, die die innersten Gedanken der scheinbar gehorsamen Bürger eines diktatorischen Staatsapparates offenbart, ans Licht, so dringen im Leben und Schreiben der Autorin die verborgenen Wünsche mittels der Psychoanalyse, der sich B. im übrigen 1932 in Berlin unterzog, an die Oberfläche. Auf der anderen Seite bestimmen auch die politischen Ereignisse ihre Schriften und ihr Verständnis von der Aufgabe der Kunst: Hitlers Machtergreifung und die Gefahren des Nationalsozialismus sind in ihren Texten als Schreckensbilder der modernen Diktatur präsent. Neben der ausdrücklichen Hinwendung zum Innenleben und der Thematisierung der Zerrissenheit des einzelnen steht – ungeachtet aller Zweifel an den Möglichkeiten der Literatur, die Welt zu verändern – der aufklärerische Anspruch als Movens für das Schreiben.

Der Blick auf B.s Biographie zeigt die Entwicklung einer weiblichen Intellektuellen, die die geistigen und politischen Bewegungen insbesondere der 30er Jahre kritisch reflektiert und als Lyrikerin, Prosaistin und Journalistin thematisiert. Sie debütiert 1922 mit der Gedichtsammlung *Moln* (Wolke), in der 1979 aus dem Nachlaß veröffentlichten Anthologie *Månsång* (Mondlied) sind weitere Jugendgedichte enthalten, die auf einen sehr frühen Beginn der lyrischen Produktion hinweisen. Prinzipiell ist die literarische Entwicklung zunächst an der Lyrik festzumachen. Es erscheinen zwei weitere Gedichtbände: 1924 *Gömda land* (Verstecktes Land) und 1927 *Härdarna (Die heimischen Herde),* bis 1931 mit *Astarte* (dt. 1949) der erste Roman Boyes herauskommt, gefolgt in den kommenden Jahren von weiteren Romanen – *Merit vaknar*, 1933 (Merit erwacht); *Kris*; *För lite*, 1936 (Zu wenig) –, Skizzen und Novellen – *Uppgörelser*, 1934 (Auseinandersetzungen); *Ur funktion*, 1940 (Außer Funktion).

Schon zu Schulzeiten und während des Studiums in Uppsala (1921–26) durchlebt B. eine starke Glaubenskrise. Sie wendet sich vom Christentum und seinen etablierten Wert- und Moralvorstellungen ab und schließt sich 1927 der internationalen kulturkritischen und linksradikalen Gruppe *Clarté* an. Bei der gleichnamigen Zeitschrift arbeitet sie in den kommmenden vier Jahren als Redakteurin. Von 1929 bis 1931 ist sie mit dem *Clarté*-Mitglied Leif Björk verheiratet. Sie unternimmt mit der Gruppe eine Studienreise in die Sowjetunion, die als Zukunftsmodell gesehen wird. Für B. ist diese Reise jedoch eher ernüchternd. 1931 verläßt sie *Clarté*. In Stockholm gründet sie mit befreundeten Künstlern und Intellektuellen im selben Jahr die modernistische Zeitschrift *Spektrum* (1931–33). Hier trifft sie auf namhafte Vertreter der neuen schwedischen Literatur, u.a. Gunnar Ekelöf (1907–1968) und Harry Martinson (1904–1978). Sie führt selbst wichtige Texte und Ideen der Moderne ein: zusammen mit Erik Mesterton (geb. 1903) überträgt sie T. S. Eliots *The waste land* aus dem Jahr 1922 ins Schwedische. Daneben sind es vor allem Nietzsches kulturkritische Schriften, insbesondere die Vorstellung von der »Umwertung aller Werte«, mit denen sie sich auseinandersetzt.

In ihren Beiträgen in der Zeitschrift *Spektrum* greift B. die Forderungen des Modernismus auf und diskutiert das Spannungsverhältnis von vorgegebener – grammatikalischer – Ordnung und individuellem Wahrnehmen. In dem in *Spektrum* 1931 veröffentlichten Artikel »Språket bortom logiken« (Die Sprache jenseits der Logik) bekennt sie sich explizit zu den Möglichkeiten des Modernismus, die Wirklichkeiten jenseits der konventionellen Sprache zum Ausdruck zu bringen. Der Gedichtband *För trädets skull* (Der Bäume wegen), der 1935 nach einer langen Phase von Prosatexten als letzter zu ihren Lebzeiten erscheint, setzt diese modernistischen Postulate überzeugend um und führt die Diskrepanz zwischen der sachlichen Beschreibung einer vorgefundenen Welt und dem subjektiven Erleben der Natur – auch der menschlichen – eindringlich vor Augen. Einige ihrer berühmtesten Gedichte sind in dieser Anthologie zu finden: »Ja visst gör det ont« (Sicher tut es weh), »Bön till solen« (Gebet an die Sonne) und »Min hud är full av fjärilar« (Meine Haut ist voller Schmetterlinge). Erotisches Verlangen, Mystisches und Versatzstücke der als unzureichend empfundenen Weltdeutungsmuster treten hier nebeneinander. In die Zeit der Veröffentlichung von *För trädets skull* fällt auch die Bekanntschaft mit der Schriftstellerin und Frauenrechtlerin Elin Wägner (1882–1949), mit der sie der Einsatz für die Rechte und die Bildungsmöglichkeiten von Frauen und die Utopie einer neuen, ideologie- und autoritätsfreien Welt verbindet.

1941, kurz nach dem Tod ihrer Lebensgefährtin Anita Nathorst, setzt B. ihrem Leben selbst ein Ende. Die letzten Gedichte, zum Teil Liebesgedichte an die verstorbene Freundin, erscheinen posthum noch im selben Jahr unter dem Titel *De sju dödssynderna* (Die sieben Todsünden). Konstituierend auch für diese letzten Texte ist die Bewegung zwischen Modernismus und literarischer Tradition aus einer spezifisch weiblichen Perspektive, die Boye neben ihrem Vorbild Edith ↗ Södergran (1892–1923) als herausragende Vertreterin der Avantgarde in Schweden auszeichnet.

Samlade Skrifter. 11 Bde. Hg. u. komm. v. M. Abenius. Stockholm 1947–51; aus dem Nachlaß: *Månsång. Ungdomsdikter.* 1979; *Soldrottningens gudson. Berättelser och skådespel.* 1982. – Lit.: K.B. sällskapet: *skrift.* Stockholm 1985ff.; Domellöf, G.: *I oss är en mångfald levande. K.B.* som kritiker och prosamodernist. Diss. Stockholm 1986; Hammarström, C.: *Karin Boye.* Stockholm 1987.

Karin Hoff

Bradstreet, Anne

Geb. ca. 1612 in Northampton/England; gest. 16.9. 1672 in North Andover, Massachusetts/USA

Anne Bradstreet gehörte zu jener Gruppe von Puritanern, die 1630 unter Führung von John Winthrop nach Neuengland übersiedelten und die Massachusetts Bay Company gründeten. Sie gilt als die erste amerikanische Lyrikerin. Als Ehefrau des späteren Governeurs der Massachusetts Bay Colony, Mutter von acht Kindern und Vorstand eines geschäftigen Haushalts lebte B. jenen Zwiespalt, den die feministische Literaturkritik als ›double bind of the female poet‹ beschreibt. Die Autorin selbst bezeichnete ihre ersten Texte noch als ›Versuche‹ und gebrauchte im Prolog ihrer Gedichte häufig den Topos der Apologie. B.s frühe, weitgehend in der Form des heroischen Zweizeilers verfaßten Gedichte werden folglich auch ohne ihr Wissen unter dem Titel *The Tenth Muse, Lately Sprung Up in America* (1650) von ihrem Schwager in London veröffentlicht. Diese stark an den Genres der englischen Renaissance orientierten Texte konzentrieren sich auf historische und öffentlich-weltliche Belange. Die episch-allegorischen »Quaternions« beispielsweise spüren anhand der vier Elemente, Gemütsarten und Lebensalter des Menschen, der vier Jahreszeiten und der vier großen Reiche der Weltgeschichte dem elisabethanischen Thema der Veränderlichkeit nach. Die 1678 posthum in Boston erschienene zweite Ausgabe *Several Poems* ergänzt die frühen *long poems* und Elegien durch (Gelegenheits-)Gedichte, in denen die Liebe zum Ehemann und die Sorge um die Kinder, aber auch persönliche Erfahrungen wie Glaubenskonflikt und Selbstzweifel, Trauer und Resignation akzentuiert werden. In diesen späteren Gedichten scheint vermittelt, wie sehr B., die in England eine außergewöhnliche intellektuelle Ausbildung und einen aristokratischen Lebensstil genossen hatte, mit der »neuen Welt und den neuen Sitten« haderte.

Derartige Auseinandersetzungen mit extremen Lebensbedingungen und religiösem Zweifel, der stete Konflikt zwischen der diesseitigen Erfahrung und der auf das Jenseits gerichteten Hoffnung sind jedoch ein grundlegendes Moment puritanischen Glaubens. Dementsprechend stellen religiöse Selbsterfahrung und Heilssuche die zentrale Funktion der frühen amerikanischen Literatur dar. Gleichzeitig begründen B.s Meditationen über die Suche nach dem Glauben dort, wo sie sich – wie beispielsweise in den »Contemplations« – von der Naturbetrachtung zur Exploration des lyrischen Bewußtseins bewegen, eine Tradition amerikanischer Lyrik, die Selbstgewißheit nicht primär aus religiösem Dogma, sondern aus dem Alltag und dem »Werk« Gottes gewinnt. Dies manifestiert sich auch in der umgangssprachlichen Qualität ihrer Gedichte und den späten prosaisch-emblematischen *Meditations Divine and Moral* (1664). Es genügt zum Verständnis B.s somit nicht, die Autorin im Gegenzug zu den frühen Vergleichen mit Guillaume du Bartas, John Donne und Sir Philip Sidney als »feminist in the wilderness« an den Anfang einer spezifisch weiblichen amerikanischen Literaturgeschichte zu stellen. Ihre weiblich-periphere Position mag es B. erleichtert haben, neben den Einsichten auch die blinden Flecken des puritanischen Glaubens zu beleuchten. Als konfliktvolle Suche nach der eigenen Stimme innerhalb der religiös definierten kolonialen Gesellschaft sind B.s lyrische Selbstexplorationen und -prüfungen gleichzeitig aber auch paradigmatisch für jedwede frühe (literarische) Erfahrung Amerikas.

The complete Works of A. B. Hg. J. R. McElrath/A. P. Robb. Boston, Mass. 1981. – Lit.: Cowell, P./Stanford, A. (Hgg.): *Critical Essays on A. B.* Boston 1983; Martin, W.: »A. B. As Weary Pilgrim«. In: *An American Tryptich: A. B., Emily Dickinson, Adrienne Rich.* Chapel Hill 1984; Caldwell, P.: »Why Our First Poet Was a Woman: A. B. and the Birth of an American Poetic Voice«. *Prospects* 13 (1988), S. 1–35; Rosemeier, R.: *A. B. Revisited.* Boston 1991.

Sabine Sielke

Bremer, Fredrika

Geb. 17. 8. 1801 auf Tuorlagård bei Åbo/Finnland; gest. 31. 12. 1865 auf Årsta bei Stockholm/Schweden

B. war Mitte des 19. Jh. auch in Deutschland eine der meistgelesenen Autorinnen Schwedens. In ihrer Popularität stand sie weit über ihren Zeitgenossinnen Emilie Flygare-Carlén (1807–1892) und Sophie von Knorring (1797–1848). Gutzkow nannte sie »Beherrscherin der Leihbibliotheken«, und Selma ↗ Lagerlöf hat ihr mit ihrer Novelle »Mamsell Fredrika« ein literarisches Denkmal gesetzt. In Schweden gilt sie als Vorkämpferin der Frauenemanzipation; so heißt z. B. der erste 1848 gegründete, noch heute bestehende Frauenverband Fredrika Bremerförbund.

B. entstammt einer reichen großbürgerlichen Famile, die 1804 nach Stockholm übersiedelte. Sie hatte an ihre Kindheit und Jugend nur die bittersten Erinnerungen. Dem Schönheits- und Mädchenideal ihrer Zeit entsprach sie nicht, war zu lebhaft, wißbegierig und ungelenk. Auch die Bildungsreise, die die Familie 1821/22 nach Deutschland, in die Schweiz und nach Frankreich unternahm, brachte für B. nicht die ersehnte Erweiterung ihres Wissens, denn sie fand überwiegend »im verdeckten Wagen« statt. In den folgenden Jahren litt sie unter schweren Depressionen. Ihr Zustand besserte sich erst wieder, als sie sich karitativen Aufgaben widmete. Um für diese Zwecke Geld zu verdienen, veröffentlichte sie 1828 anonym den ersten Band der *Teckningar utur hvardagslifvet* (*Skizzen aus dem Alltagsleben*, ab 1838). Das Buch war sofort ein Erfolg. 1830–32 erschienen – wieder anonym – zwei weitere Teile der Alltagsskizzen, unter anderem der Roman *Familien H.* (*Die Familie H.*, 1841). Dieses Werk markiert den Beginn des bürgerlichen Romans in Schweden, denn zum ersten Mal wird der Alltag einer bürgerlichen Familie Inhalt eines Romans in realistischer Erzählweise. Für das Buch erhielt B. von der Schwedischen Akademie eine Goldmedaille, die sie als Autorin bekannt machte. In dieser Zeit begann die lebenslange Freundschaft mit dem Pfarrer Per Böklin, der sie mit den Inhalten der humanistischen Bildung vertraut machte, mit den deutschen Romantikern, besonders mit Schellings Naturphilosophie, und ihr half, ihren eigenen Glauben zu finden.

Von 1835 bis 1845 lebte B. mit Unterbrechungen auf dem Landgut ihrer Freundin Stina Sommerhieln in Tomb/Norwegen. Das gesellschaftlich freiere Klima in Norwegen war wohltuend für B. und ließ ihr Raum für ihre schriftstellerische Arbeit. Mit den Romanen *Presidentens döttrar*, 1835 (*Die Töchter des Präsidenten*, 1841) und *Nina*, 1836 (dt.1841) wurde sie auch in Deutschland mit einem Schlag bekannt. Sie thematisierte zum ersten Mal die Mängel der traditionellen Mädchenerziehung, die nur oberflächliches Wissen vermittelte und stereotyp angewandt wurde. Mit der Figur der Edla, die autobiographische Züge trägt, gestaltete sie eine Frauenfigur, die unter dieser Erziehung verkümmert und erst aufblüht, als sie eigenständig Wissen erwerben kann.

1842 erschien als Reaktion auf David Friedrich Strauß' *Das Leben Jesu* (1835) ihr religiöses Glaubensbekenntnis *Morgon-wäckter* (*Morgen-Wachen*, 1842). Mit den nächsten Romanen, z.B *En dagbok*, 1843 (*Ein Tagebuch*, 1844) schilderte sie anschaulich die Stadt Stockholm, schwedisches Volksleben und schwedische Landschaften.

Auf ihrer ersten großen Reise (1848–51) nach Dänemark, in die USA und nach England, suchte sie nach besseren Möglichkeiten der Frauenbildung und fand insbesondere bei den amerikanischen Quäkern gleichberechtigtere Formen des Frauenlebens. Ihre Briefe erschienen als Reisebericht 1853–54 unter dem Titel *Hemmen i den nya verlden* (*Die Heimat in der Neuen Welt*, 1854/55). Ihre Erfahrungen in den USA verarbeitete sie auch in dem Roman *Hertha*, 1856 (dt. 1856), in dem sie die gesetzlich verankerte Unmündigkeit der Frauen anprangert und die gleichberechtigte Ausbildung von Jungen und Mädchen fordert. Das Buch löste in Schweden eine heftige Diskussion aus, die sog. ›Hertha-Debatte‹, und es ergaben sich danach tatsächlich Verbesserungen: z.B. wurden ab 1863 Frauen mit 25 Jahren gesetzlich mündig.

Mit ihrer von Humor und tiefer Religiosität geprägten Schilderung des bürgerlichen Lebens ihrer Heimat gehört sie zum Biedermeier. B. hat stets das Leben der Frauen, die sie bestimmenden einschränkenden gesellschaftlichen Umstände thematisiert. Sie forderte von einem guten Roman, daß er die Leserinnen über die Unterhaltung hinaus zur geistigen und seelischen Bildung weiterführen sollte.

Samlede skrifter in urval. 6 Bde. Stockholm 1868–1872. – Lit.: Montén, K.C.: *F.B. in Deutschland: Aufnahme und Kritik.* Neumünster 1981; Rassow, M.: »F.B. zu ihrem 100. Geburtstag«. In: *Die Frau* 8 (1900/1901), S. 734–739.

Barbara Scholz

Brontë, Charlotte (Ps. Currer Bell)

Geb. 21. 4. 1816 in Thornton/Großbritannien; gest. 31. 3. 1855 in Haworth/Großbritannien

Neben den Spekulationen, die sich um Brontës Pseudonym »Currer Bell« und später um den Mythos der Brontë-Familie rankten, hat ihr Werk, bestehend aus vier Romanen und einigen Gedichten, kontinuierlich hohe kritische Aufmerksamkeit erfahren. Sie richtet sich zum einen auf die Frage, ob die Heldinnen der Romane Weiblichkeitsnormen repräsentieren, in unmoralischer Weise verletzen oder gar das Geschlechterverhältnis revolutionieren. Zum anderen gilt sie der formalen Heterogenität der Entwicklungs- und Heiratsromane, denn diese verbinden Aspekte des Schauerromans, des Reiseberichts oder des historischen Romans mit mythischen Entwürfen, romantischer Bildsprache, psychologischem Vokabular sowie theatralischen Maskeraden und erreichen damit komplexe Darstellungen von Subjektivität und Gesellschaft. In einer Umwertung von Matthew Arnolds (1822–1888) vernichtendem Urteil, die Autorin kenne nichts als »hunger, rebellion and rage«, hat die feministische Literaturkritik B.s Werk längst zu einem ihrer zentralen Texte erhoben.

B., drittes von sechs Kindern eines mittellosen irischen Pfarrers, wurde nach dem Tod der Mutter (1821) zusammen mit ihren Geschwistern von einer Tante aufgezogen. Nach einem Schulaufenthalt 1824 in Cowan Bridge, wo ihre älteren Schwestern tödlich erkrankten, besuchte sie 1831–32 die Roe Head School, an der sie später selbst unterrichtete. Dort schloß sie Freundschaft mit Ellen Nussey und Mary Taylor, den Hauptadressatinnen ihrer Briefe. Die übrige Erziehung, gestützt auf die Bibliothek des Vaters, führte zugleich in die fiktiven Welten ›Angria‹ und ›Gondal‹, die die Geschwister literarisch ausgestalteten. 1846 gelang ihr die Publikation eines allerdings kaum beachteten Gedichtbandes von Acton (Anne), Ellis (Emily) und Currer (Charlotte) Bell.

Ihr erster Roman, *The Professor* (*Der Professor*, 1858), wurde abgelehnt und erst nach ihrem Tod veröffentlicht (1857), doch ermutigt durch ihren Verleger legte sie kurz darauf mit *Jane Eyre*, 1847 (dt. 1850) einen Bestseller vor. Diese spektakuläre Geschichte einer willensstarken Gouvernante gehört jenseits des literarischen

Kanons bis heute zum Bestand englischer Alltagskultur. *Shirley*, 1849 (dt. 1850) thematisiert die Maschinenstürmerei zu Beginn des 19. Jh.s. Nach dem Tod der drei verbliebenen Geschwister (1948–49) reiste B. mehrfach nach London, wo sie den von ihr verehrten Thackeray (1811–63) traf, Freundschaft mit Harriet ↗ Martineau (1802–76) schloß und Elisabeth ↗ Gaskell (1810–65), ihre spätere Biographin, kennenlernte. Sie edierte und kommentierte die Werke ihrer Schwestern, und 1853 erschien *Villette* (dt. 1853) ihr vielschichtigster, doch von der Kritik lange zurückgestellter Roman über eine junge Engländerin, die auf den Kontinent reist. Nach ihrer Heirat 1854 konnte sie den Romanentwurf *Emma* nicht mehr ausführen, da sie wenig später starb.

Life and Works of the Sisters Brontë. London/New York 1973 [1899]; *The Letters of Charlotte Brontë. Vol. 1*. Hg. M. Smith, Oxford 1995. – Lit.: Gezari, J.: *C. B. and Defensive Conduct: The Author and the Body at Risk*. Philadelphia 1992.

Ute Berns

Brontë, Emily Jane (Ps. Ellis Bell)

Geb. 30. 7. 1818 in Thornton/Großbritannien; gest. 19. 12. 1848 in Haworth/Großbritannien

»Stärker als ein Mann, einfacher als ein Kind, stand ihre Natur allein [...]« charakterisierte Charlotte ↗ Brontë (1816–1855) ihre jüngere Schwester. Emily Brontë, das fünfte von sechs Kindern eines Landpfarrers, war in jeder Hinsicht eine Außenseiterin, die sich den viktorianischen Weiblichkeitsnormen entzog. Sie und ihre Geschwister zogen sich früh aus der nüchternen Alltagswelt in ihre Phantasie zurück und konstruierten Märchenwelten wie Angria und Gondal, die sie mit selbsterfundenen mythischen Figuren bevölkerten. In den erhaltenen Gondal-Chroniken und Gedichten, die z. T. im Stil des *Gothic* verfaßt sind und sich an Byron und Scott anlehnen, durchleben sie imaginäre Liebes-, Haß- und Eifersuchtsdramen in einer fantastischen Welt, die mit der einfachen bäuerlichen Umgebung Yorkshires nur wenig gemeinsam hat. Später wurden einige dieser Gedichte B.s zusammen mit Gedichten ihrer Schwestern Anne und Charlotte als *Poems, by Currer, Ellis and Acton Bell* (1846) veröffentlicht. Trotz wohlwollender Aufnahme durch die Rezensenten war das Projekt erfolglos; nur zwei Bände wurden verkauft.

Abgesehen von einigen Internatsaufenthalten sowie einer längeren Reise nach Brüssel lebte B. überwiegend in Haworth, einem kleinen Ort im Hochmoor von Yorkshire. Wegen der katastrophalen sanitären Anlagen hatte das Dorf eine auch für viktorianische Verhältnisse ungewöhnlich hohe Sterblichkeitsrate bei Kindern und jungen Erwachsenen. So ist in B.s Werk nicht nur der Tod allgegenwärtig, sondern auch das Leben nach dem Tod, das fester Bestandteil des Volksglaubens war. Auch die bizarr schöne und einsame Landschaft übte einen starken Einfluß auf sie aus. In ihrem einzigen Roman *Wuthering Heights*, 1847 (*Wutheringhöhe*, 1851; *Sturmhöhe*, 1958) wird das wilde Moor zum Schauplatz einer leidenschaftlichen Liebesgeschichte, deren Protagonisten Catherine und Heathcliff als autonome Individuen von gesellschaftlichen Zwängen zunächst weitgehend frei sind. Ihre Liebe ist weder rational noch kontrolliert und vollzieht in ihrem Streben nach Transzendenz eine Grundposition der ›männlichen‹ Romantik (Byron, Shelley) nach. Der tödliche Konflikt von Natur und Zivilisation wendet sich erst für die zweite Generation ins Positive. *Wuthering Heights*, unter dem geschlechtsneutralen Pseudonym »Ellis Bell« veröffentlicht, wurde zunächst für das Werk eines männlichen Autors gehalten und wegen seiner gesellschaftsfernen Wildheit sowie seiner Amoralität scharf kritisiert. Erst gegen Ende des Jh.s erfuhr ihr Roman Wertschätzung und fand schließlich Aufnahme in den Kanon der ›großen‹ literarischen Werke.

The Shakespeare Head Brontë. 19 Bde. Hgg. J. Wise/J. A. Symington. Oxford 1931–38. – Lit.: Allott, M. (Hg.): *E. B.*. Wuthering Heights. *A Casebook*. London 1970; Gérin, W.: *E. B. A Biography*. Oxford 1971; Mellor, A. K.: *Romanticism and Gender*. New York 1993, S. 186–208; Stoneman, P. (Hg.): *Wuthering Heights*. Houndsmill 1993; Barker, J.: *The Brontës*. London 1995.

Susanne Schmid

Brossard, Nicole

Geb. 27. 11. 1943 in Montréal/Kanada

»Zu schreiben: ›Ich bin eine Frau‹ ist voll von Konsequenzen.« So heißt es sehr pointiert in *L'amèr*, 1977 (*Von nun an nannten sie sich Mütter*, 1991), einem Textband, der einen Wendepunkt in B.s Karriere, aber auch in der neueren Quebecker Literatur darstellt: 1977 veröffentlicht France Théoret (geb. 1942) ihren Roman *Bloody Mary*, Madeleine Gagnon ihren poetischen Essay *Mon corps dans l'écriture*, im Jahr davor Louky Bersianik (geb. 1930) den feministischen Schlüsseltext *L'Euguélionne*; 1976 gründet B. mit anderen die radikalfeministische Zeitschrift *Têtes de pioche* (Dickköpfe), 1976 erscheint das »Drama« in acht Monologen *La nef des sorcières* (Das Närrinnenschiff), eine Gemeinschaftsproduktion von B., France Théoret, Marie-Claire ↗ Blais (geb. 1939), Luce Guilbeault, Marthe Blackburn, Odette Gagnon und Pol Pelletier.

B., Absolventin der Université de Montréal, ist seit den 60er Jahren in vorderster Front der literarischen Avantgarde zu finden: als Lyrikerin und Romancière, als Verfasserin theoretischer und gelegentlich dramatischer Texte, als Organisatorin kultureller und literarischer Ereignisse und als Herausgeberin. Überzeugte Verfechterin der Unabhängigkeit Québecs in den 60er Jahren, bricht sie in den 70er Jahren – mit der Gründung und Leitung (1965–75) der Zeitschrift *La Barre du Jour* (Tagesanbruch) – mit dem nationalistisch-realistischen Diskurs und wird zur Exponentin eines formalistischen Schreibens, das sich am französischen Strukturalismus und Poststrukturalismus orientiert. *Le centre blanc* (1970) und *Suite logique* (1970) sind geprägt von Grenzüberschreitungen in Syntax, Genre und Bedeuten; das Noch-nicht-Gesagte, auch graphisch mitgestaltet, ist Ziel des Experiments.

In der Mitte der 70er Jahre ändern sich Absicht und Stil von B.: Zur Hinterfragung der Sprache als soziales Konstrukt, zum Akt des Schreibens als Subversion und Transgression gesellt sich ein weibliches und lesbisches Ich (*Amantes*, 1980), das neue Metaphern und Erfahrungen einbringt. Es destruiert patriarchalische Strukturen und kulturelle Mythen und schreibt im übrigen ›plaisir‹, die Lust des Körpers und der Worte, das ↗ Cixoussche ›voler‹ (stehlen, fliegen) – den männlichen Diskurs stehlen und fliegend befreien, pervertieren – auf seine Fahnen.

Die neue weibliche Kreativität artikuliert sich über den Körper, den erotischen Fluß der Sprache, in Rhythmus und Bild. Die Texte nähern sich einer neuen Lesbarkeit, zur Lyrik treten Romane, die freilich den traditionellen Gattungsvorstellungen widersprechen, die imaginäre Welt wurzelt erstmals in einer Umgebung, die Stadt/Montréal, Wüste/Arizona, Nordamerika heißen kann. Neben *French kiss* (1974), *Picture Theory* (1982) und *Baroque d'aube* (1995) verdient vor allem *Le désert mauve*, 1987 (*Die malvenfarbene Wüste*, 1989) Erwähnung, ein postmoderner Text, in dem B. mit Lektüre und Übersetzung, Fiktion und Theorie, Schönheit und Zerstörung, Mutter und Tochter, Frau und Frau, aber auch Autor/in und Leser/in spielt. Das Gesamtwerk der Autorin umfaßt heute mehr als 30 Buchtitel und einen Film (*Some American Feminists*, gemeinsam mit Luce Guilbeault); B. war Vizepräsidentin der Vereinigung Quebecker Schriftsteller (1983–85) und erhielt zahlreiche Auszeichnungen (1997 Ehrendoktorat der Universität Sherbrooke) und Preise.

Lit: Drapeau, R.-B.: *Féminins singuliers. Pratiques d'écriture: B., Théoret.* Montréal 1986; Dupré, L.: *Stratégies du vertige: trois poètes. N. B., Madeleine Gagnon, France Théoret.* Montréal 1989; Gould, K.: *Writing in the Feminine.* Southern Illinois University 1990; Siemerling, W.: *Discoveries of the Other: Alterity in the Work of Leonard Cohen, Hubert Aquin, Michael Ondaatje and N. B.* Toronto 1994.

Ursula Mathis

Browning, Elisabeth Barrett (eigtl. Barrett)

Geb. 6. 3. 1806 in Coxhoe Hall, Kelloe/Durham; gest. 30. 6. 1861 in Florenz

Der Vorschlag, Browning 1850 als Nachfolgerin von Wordsworth (1770–1850) für das Amt des *Poet Laureate* zu benennen, zeugt von ihrem Ruhm zu Lebzeiten. Über die Jahrhundertwende hinaus bekannt blieb jedoch lediglich ihr Zyklus von Liebesgedichten, *Sonnets from the Portuguese* (1850). Seit den 70er Jahren wird die enorme Bedeutung ihrer Dichtung für nachfolgende englische und amerikanische Schriftstellerinnen, für die Repräsentation weiblicher Kreativität und für die Anfänge der organisierten feministischen Bewegung erforscht, wenngleich die Einschätzungen ihrer religiös überformten sozialkritischen und politischen Orientierung divergieren. Neuere Arbeiten belegen, daß ihr Werk zentrale Vorstellungen der Romantik tradiert und revidiert, das englische Italienbild im 19. Jh.

mitgestaltet hat und eine wichtige Rolle spielte für die Innovation literarischer Genres und dichterischer Formen.

B., ältestes von 12 Kindern in einer Familie mit Landbesitz in Jamaica, wurde in ihrer Erziehung durch Eltern und Gelehrte gefördert. Nach dem Tod der Mutter bedingten Krankheit und die Trauer über den Tod eines Bruders ihr zurückzogenes Leben im Haus ihres Vates in London. Dennoch zeigt ihr Briefwechsel u.a. mit der Dramatikerin Mary R. Mitford (1787–1855) ihre Anteilnahme an den zeitgenössischen Entwicklungen. Geprägt durch die Schriften Mary Wollstonecrafts (1759–97) korrespondierte sie mit den amerikanischen Feministinnen der Anti-Sklaverei-Bewegung und verfolgte die Publikationen feministischer Aktivistinnen und Sozialreformer in London. Ihre Übersetzungen und literaturkritischen Aufsätze sowie ihre Beiträge zu Hengist Hornes *A New Spirit of the Age* (1844) zeugen von ihren international orientierten Lektüren. Die 1838, 1844 und 1850 veröffentlichten Gedichtbände, die Romanzen- und Balladenformen umarbeiten, sozialkritische Themen aufgreifen und in »A Drama of Exile« in Auseinandersetzung mit Milton und Byron eine neue Eva-Figur entwerfen, etablierten ihren Ruhm. Nach ihrer legendären Heirat mit dem Dichter Robert Browning (1812–89) zog sie nach Italien, gebar einen Sohn und schrieb ihre besten Arbeiten: *Casa Guidi Windows* (1851) widmet sich den politischen Hoffnungen und Enttäuschungen um 1848 in Florenz und reflektiert kritisch über Heldengestalten in der Politik; letzteres ein Thema, das in der Lobpreisung Napoleons III in den *Poems Before Congress* (1860) anders akzentuiert wird. *Last Poems* (1862) versammelt wichtige Gedichte aus dem Nachlaß. Ihr Hauptwerk, *Aurora Leigh* (1856/57), in Versen, behandelt an Schauplätzen in England, Frankeich und Italien die Entwicklung des dichterischen Bewußtseins einer Frau in Auseinandersetzung mit zentralen Diskursen ihrer Zeit. In der Rolle des *Victorian sage* thematisiert die Sprecherin dialogisch, satirisch und in aufsehenerregenden Tropen der Weiblichkeit die Rückseite des ›Fortschritts‹, allem voran die sozialen Mißstände und die schichtenspezifisch differenzierte Geschlechterhierarchie. *Aurora Leigh* wurde zu einem wichtigen Bezugspunkt für Christina ↗Rossetti (1830–94) und Emily ↗Dickinson (1830–86) und erschien bis 1900 in mehr als 20 Auflagen.

The Complete Works of E.B.B. Hgg. Parker, C./H.A. Clarke. New York 1973 [1900]. – Lit.: Stone, M.: *Elisabeth Barrett Browning.* [Auswahlbibliographie S. 238–243] London 1995; Bristow, J.(Hg): *Victorian Women Poets.* London 1995.

Ute Berns

Bruggen, Carry van (eigtl. C. Pit-de Haan)

Geb. 1. 1. 1881 in Smilde/Niederlande; gest. 16. 11. 1932 in Laren/Niederlande

»Hinzu kommt, daß ich als Frau und als bekannte Romanautorin das doppelte Vorurteil zu überwinden habe, daß Frauen nicht denken können, und daß Künstler besser nicht denken sollten«. Die jüdische Lehrerin Carolina de Haan heiratete 1904 den Autor und Journalisten Kees van Bruggen und ging mit ihm für einige Jahre nach Niederländisch-Indien, wo sie zu schreiben anfing. ›Indische‹ Werke veröffentlichte sie 1909 und 1921. Zurück in den Niederlanden sorgte B. selbst für den Unterhalt ihrer zwei Kinder; sie hielt viele Lesungen, schrieb Beiträge für Zeitschriften und veröffentlichte literarische und beschauliche Prosa. Sie war eine inspirierende und aufsehenerregende Frau, die gerne mit ↗ Colette (1873–1954) verglichen werden wollte.

Ihr Debüt, der Geschichtenband *In de schaduw*, 1907 (Im Schatten), handelt von jüdischen Kindern, die darunter leiden, ›anders‹ zu sein. In vielen Werken beschäftigt B. sich mit ihrer Identität als Jüdin und dem Verfall des niederländischen Judentums, z. B. in *De verlatene*, 1910 (Der Verlassene) und *Het Joodje* (1914). Mit *Heleen* (1913) ist sie nach eigener Auskunft sie selbst geworden, eine Autorin mit großem Interesse für Gemütsbeschreibungen, eher eine Denkerin als eine Künstlerin, eine stark ethisch-philosophisch veranlagte, meditative Natur. Sie beginnt, philosophische Texte zu lesen und entwickelt unter Einfluß von Plato, Spinoza und Hegel in *Prometheus* (1919) eine eigene philosophische Deutung des Laufs der Geschichte als Streit zwischen Prometheus und Zeus. Für B. ist Prometheus der Vertreter des Individualismus der sich mit seinem immanenten Dogma den überlieferten Dogmen der Kollektivität, deren Vertreter Zeus ist, widersetzt. Anfangs wurde das Werk als Abhandlung über die Einheit gelesen; bei einer erneuten Auflage nach dem Zweiten Weltkrieg verstand man es wegen der Schilderung des modernen Prometheus als Abhandlung über die Verzweiflung; in den 80er Jahren galt es wegen der Verneinung der Existenz einer objektiven, für jeden zu jeder Zeit geltenden Wahrheit als Beispiel des Modernismus. In der Zeitschrift *De Amsterdamsche Dameskroniek* versuchte B., Prometheus anhand von Frauenfiguren zu beschreiben. Große Vorbilder sind Mme de ↗ Staël (1766–1817) und George ↗ Sand (1804–1876). B.s Frauenfiguren und sie selbst sind echte Promethea, insofern sie sich gegen die ihnen auferlegten, kollektiven Normen hinsichtlich ihres Jüdin-Seins und ihres Frau-Seins wehren.

Als intellektuelle Frau hat B. es schwer gehabt, wie sich u. a. in *Uit het leven van een denkende vrouw* (Ps. Justine Abbing, 1919) zeigt; als schreibende Frau hat sie ebenfalls unter den herrschenden Denkbildern zu leiden gehabt, was u. a. in *Een coquette vrouw* (1915) zum Ausdruck kommt. Sie hat ihre Probleme als Frau stets scharfsinnig und offenherzig analysiert, sich gleichzeitig aber von der Frauenbewegung und der niederländischen Frauenliteratur distanziert. Ebensowenig schloß sie sich jüdischen Gemeinschaften wie dem Zionismus an; politischen Strömungen wie dem Sozialismus und literarischen wie dem Naturalismus kehrte sie nach ersten Kontakten schnell wieder den Rücken. Auch die Position der Frau in der Liebesbeziehung zum Mann hat B. ausführlich thematisiert, z. B. in *Eva* (1927). Sie war ihr ganzes Leben lang auf der Suche nach dem Mann, dem sie dienen konnte, ohne sich dabei als Niedrigere zu fühlen: »Ich habe von jenem Mann geträumt, der mich an seinen Füßen sehen könnte, ohne mich als seine Sklavin zu behandeln. Würde er mein liebliches Spiel zerbrechen und täte es doch, ich würde mich aufrichten und ihn erwürgen.«

Vijf romans. Hg. J. Fontijn. Amsterdam ²1980. – Lit.: Fontijn, J./Schouten, D.: *C.v.B., een documentatie*. 's Gravenhage ²1985; Sicking, J.: *Overgave en verzet*. Groningen 1993.

Ineke Bulte (Übers. v. Thomas Quartier)

Bumi-Papa, Rita

Geb. 28. 12. 1905 in Hermupolis auf Syros; gest. 8. 7. 1984 in Athen

Das umfangreiche Œuvre der griechischen Lyrikerin und Erzählerin ist geprägt von der reichen geistig-kulturellen Tradition der heimatlichen Inselwelt, der Vertrautheit mit der Literatur Italiens, wo sie nach dem wirtschaftlichen Niedergang der Familie seit 1920 bei ihrem Bruder lebte und Pädagogik studierte, von der thessalischen Landschaft mit ihrer altväterlichen Agrarwirtschaft und der traditionellen Bauernkultur, als sie nach ihrer Heirat mit dem griechischen Dichter N. Pappas diesem 1936 nach Trikkala folgte. In diese Schaffensperiode gehören die noch ganz von persönlichem Erleben ausgehenden Gedichtsammlung *Tragoudia stin agapi,* 1930 (Lieder an die Liebe), in der in Sonettform Sehnsucht und Schmerz einer Liebe elegische Töne finden, aber die Erotik, für die griechische patriarchalische Gesellschaft noch unüblich, ohne Prüderie bedichtet wird. Von der Kritik wie von führenden griechischen Dichtern wird sie als neue Muse, als neue ↗Sappho begrüßt. Auch *I sphygmi tis sigis mu,* 1935 (Die Pulsschläge meines Schweigens) ist noch ganz der eigenen Befindlichkeit gewidmet.

Die italienisch-deutsche Invasion und Okkupation (1940–1944) im Zweiten Weltkrieg erlebte sie ebenso wie die folgenden politischen Erschütterungen, die in einem blutigen und mit der Niederlage der Linken endenden Bürgerkrieg 1946–1949 übergingen und jahrelange politische Verfolgungen nach sich zogen. Die Beteiligung an diesen Ereignissen führte zu einer Politisierung und Emanzipierung der griechischen Frau, vor allem in den Kreisen der Intelligenz und der Künstler. Wie viele Linke war auch B. politisch und sozial engagiert und zugleich bedroht. Diese Erlebnisse und die Erfahrungen während der Militärdiktatur 1967–1974 führten zwar zu keinem Bruch, wohl aber zu einer Neuorientierung und Aufnahme sozialkritisch-revolutionärer Thematik bei B. Die Gedichte in *O paranomos lychnos* von 1952 (Die illegale Leuchte) und der Erzählungsband *Otan pinusame ke polemusame* von 1975 (Als wir hungerten und kämpften) sind den Leiden und dem Widerstand während der Okkupation gewidmet und gehören zu den hervorragenden Werken des umfangreichen Corpus der griechischen Widerstandsliteratur. Das Credo der Dichterin: »[...] Ich schreibe nicht für die Literaturwissenschaftler, die Kritiker/die Preiskomissionen, die herrschende Klasse/ [...] Ich schreibe für die einfachen Menschen, und es ist Ruhm für mich, wenn sie mich lieben.« Die während der Militärdiktatur geschriebenen *Dodeka poiimata ja tin eleftheria,* 1981 (*Zwölf Gedichte an die Freiheit*) erinnern in der Anrufung der personifizierten Freiheit an die »Hymne an die Freiheit« des griechischen Nationaldichters D. Solomos, enthalten aber als neues Element die Frage nach der eigenen Mitschuld am Verlust der Freiheit – eine Fragestellung, die nach 1974 viele Künstler bewegte. Das letzte und reifste Werk der Dichterin, für das sie 1977 den 1. Staatspreis für Dichtung erhielt, *Morgan-Ioannis, o jalinos prinkipas ke i metamorphoseis tu* von 1976 (Morgan-Ioannis, der gläserne Prinz und seine Verwandlungen), läßt in moderner, für die neugriechische Literatur noch ungewöhnlicher Struktur und kraftvoller Sprache den imaginären Prinzen in vielerlei Gestalt auftreten gegen Krieg und Unterdrückung, Herrschaft des Geldes, Entfremdung des Menschen, Verrat und Mißbrauch humanistischer Werte. B. besorgte zudem mehrere Anthologien, zahlreiche Übersetzungen vor allem italienischer Autoren, gab eigene Zeitschriften heraus und arbeitete auf literaturkritischem Gebiet für Zeitschriften und Zeitungen. Ihre Dichtungen wurden in viele europäische Sprachen übersetzt.

Apanta. 6 Bde. Athen 1981–1983.

Anneliese Malina

Bunina, Anna Petrovna

Geb. 7. 1. 1774 in Urusovo/Rußland; gest. 4. 12. 1828 in der Provinz Rjazan/Rußland

»Die Leier rettete mich vor dem Ertrinken«. Anna Bunina stellte dieses Motto 1809 ihrem ersten Gedichtband, *Neopytnaja muza* (Die unerfahrene Muse), voran. Nicht nur in psychologischer Hinsicht ist dies von Bedeutung: B. gilt als die erste professionelle Dichterin Rußlands. Die literarische Berufung sicherte ihr den Lebensunterhalt. In der Radikalität und Zielstrebigkeit, mit dern sie ihren persönlichen Lebensweg und ihre literarische Karriere gestaltete, kann sie als Pionierin russischer Autorinnen gesehen werden.

B.s Lebensweg sprengte die Normen einer zeittypischen weiblichen Biographie, die üblicherweise in einen familiären Rahmen eingebettet war. Nach dem frühen Tod ihrer Mutter wurde B. von Verwandten in der Provinz erzogen. Das Gefühl, entwurzelt, benachteiligt, nicht ausreichend ausgebildet worden zu sein, sollte die Autorin ihr Leben lang begleiten. Die Heirat ihres älteren Bruders eröffnete ihr die Möglichkeit, in die Moskauer Gesellschaft zu gelangen, wo sie erste Kontakte zu Literatenkreisen knüpfte. Mit 32 Jahren nutzte sie eine kleine Erbschaft und vollzog – getrieben von dem Wunsch nach Autonomie und Bildung – mit der eigenmächtigen Übersiedlung nach St. Petersburg einen unerhört emanzipatorischen Schritt. Zum Teil autodidaktisch, zum Teil unter Anleitung beschäftigte sich B. u. a. mit der Antike, mit Sprachen und Naturwissenschaften. 1811 wurde sie Ehrenmitglied der berühmten »Gesellschaft der Freunde des russischen Wortes«, die vor allem Anhänger der klassizistischen Regelpoetik versammelte und sich als Bollwerk gegen neue Literaturströmungen, vor allem den Sentimentalismus und dessen Bemühungen um eine neue Literatursprache verstand. Nach dem großen Erfolg ihres ersten Gedichtbandes, *Die unerfahrene Muse* (1809), bedachte die Gattin des Zaren B.s Werk mit einer finanziellen Belohnung: eine jährliche Pension, die der verschuldeten Lyrikerin neben Unterstützungen von anderen Wohltätern, unter ihnen die Zaren Alexander I. und Nikolaus I., die Fortsetzung ihrer schöpferischen Arbeit ermöglichte. Auf dem Höhepunkt ihres literarischen Ruhms, zwischen 1812 bis 1814 erkrankte die Autorin an Brustkrebs. Ihr weiteres Leben wurde zur Krankheitsodyssee, die sie u. a. nach England führte, ehe sie sich zu Verwandten in die Provinz zurückzog.

Trotz ihrer Zugehörigkeit zur »Gesellschaft der Freunde des russischen Wortes« kann B. nicht als konservative Traditionalistin eingeordnet werden. Themen, Gattungen und auch ihre Sprache lassen zum Teil frühromantische Züge erkennen. Erstaunlich ist aus heutiger Sicht die analytische Klarheit, mit der sie Gender-Fragen thematisierte. Sie entlarvte die Relevanz von Geschlechterdifferenz in Urteilen der Literaturkritik und machte insbesondere die versteckte Misogynie bei der Beurteilung von Texten aus weiblicher Feder bewußt (z. B. in dem auch heute noch aktuell wirkenden Gedicht »Razgovor meždu mnoju i ženščinami«, 1812/ Gespräch zwischen mir und den Frauen). Zugleich aber problematisierte B. ihre schmerzvoll erfahrene Außenseiter-Position auch als schöpferisch tätige Frau unter anderen Frauen. Die Themen ihrer Texte sind damit jedoch nicht erschöpft. Neben zahlreichen Übersetzungen aus dem Englischen und Französischen finden sich poetologische Themen, Naturlyrik, existenzielle Themen wie Krankheit und Tod. Stilistisch und typologisch ist das Werk B.s noch stark der klassizistischen Regelpoetik verhaftet, umso erstaunlicher ist daher der auffallend persönlich gehaltene Ton der meisten ihrer Gedichte. Mit ihrer Lyrik, in ihren Schriften und ihrem Lebensstil demonstrierte die Autorin ein frühes feministisches Bewußtsein. Ihr Werk gewinnt dadurch nicht zuletzt in emanzipatorischer Hinsicht an Aktualität. Für die zeitgenössische Kritik wie auch für die Literaturwissenschaft stand B.s Name bis vor kurzem synonymisch für literarischen Dilettantismus. Zugleich galt sie als eine der bedeutendsten Dichterinnen Rußlands: Ein Paradoxon, das in der Konsequenz die prinzipielle Marginalisierung weiblichen Schöpfertums impliziert. Darin liegt die Erklärung dafür, daß B. – analog zu fast allen Autorinnen des 18. und 19. Jh.s – aus der russischen Literaturgeschichtsschreibung herausfiel.

Sobranie stichtvorenij (Gesammelte Gedichte). 3 Bde. St. Petersburg 1819–1821. – Lit.: Spendel' de Varda, G.: »A.B. – ›Rossijskaja Safo‹«. In: *Rußland aus der Feder seiner Frauen*. Hg. Frank Göpfert. München 1992, S. 197–205; Achinger, G.: »Das gespaltene Ich – Äußerungen zur Problematik des weiblichen Schreibens bei A.P.B. In: *Frauenbilder und Weiblichkeitsentwürfe in der russischen Gegenwartsprosa*. Hg. Ch. Parnell. Frankfurt/M. 1996, S. 43–62; Rosslyn, W.: *A. B. (1774–1829) and the Origins of Women's Poetry in Russia*. Lewiston 1997.

Elisabeth Cheauré/Trix Saurenhaus

Burney, Fanny (Frances)

Geb. 13. 6. 1752 in King's Lynn; gest. 6. 7. 1840 in London

Als Tochter eines bekannten Musikkritikers kam Fanny Burney früh in Kontakt mit bekannten Figuren der kulturellen Szene des zeitgenössischen London (etwa mit Dr. Johnson, Hester Thrale, Lady ↗ Montagu, David Garrick, Edmund Burke); sie gehörte zum Bluestocking Circle um Elizabeth Montagu und Elizabeth Vesey, zeitweise arbeitete sie als Hofdame für Queen Charlotte. Im für zeitgenössische Verhältnisse fortgeschrittenen Alter von 41 Jahren heiratete sie den französischen Katholiken F. d'Arblay, mit dem sie längere Zeit in Frankreich lebte.

Ihren ersten großen literarischen Erfolg feierte sie mit ihrem 1778 zunächst anonym veröffentlichten Roman *Evelina, or The History of a*

Young Lady's Entrance into the World. Wie im Untertitel angekündigt, beschreibt dieser in Briefform geschriebene Entwicklungsroman – wie auch B.s spätere Romane *Cecilia, or Memoirs of an Heiress* (1782), *Camilla or, a Picture of Youth*, 1796 (*Camilla oder Ein Gemälde der Jugend*, 1798) und *The Wanderer* (1814) – die Entwicklung eines schönen, jungen und unschuldigen Mädchens mit ländlichem Hintergrund, das im Kontakt mit städtischen Lebensformen und in Auseinandersetzung mit Vertretern der verschiedenen sozialen Schichten mit einem neuen, von Begriffen wie Schicklichkeit, Mäßigung, Diszipliniertheit und *good naturedness* bestimmten Wertesystem konfrontiert wird. Öffentliche Schauplätze wie Theater, Opernhäuser oder Vergnügungsparks ermöglichen hierbei nicht nur die Begegnung mit anderen sozialen Klassen, sie setzen die Protagonistin auch immer Gefahren aus, in deren Abwehr sich ihr Reifeprozess dokumentiert. Deutlicher als etwa in Richardsons vergleichbarem Roman *Clarissa* (1747/48) beinhalten diese Gefahren immer wieder auch körperliche Bedrohung.

Hinsichtlich des Figurenarsenals arbeiten B.s Romane zumeist mit Kontrastpaaren. So steht z.B. in *Evelina* der zwar unerfahrenen, aber natürlichen und bescheidenen Titelfigur die gezierte und verwöhnte Louisa gegenüber; der draufgängerische Willoughby kontrastiert mit dem emotional kontrollierten und seriösen Orville; beide Herren stehen in Kontrast zu den Dandyfiguren, die sich wiederum in einer eleganten und einer vulgären Spielart präsentieren; gegenüber den Angehörigen der unteren Mittelschicht heben sich die oberen Schichten stets vorteilhaft ab, ländlichen Lebensformen gebührt letztlich der Vorrang vor städtischen. Der gesellschaftliche Integrationsprozess ermöglicht dementsprechend der jeweiligen Protagonistin vermittels Einheirat den Eintritt in die *upper middle class* sowie den Rückzug aufs Land.

Im Kontrast zum Anpassungsprozess der Heldin an das Wertesystem einer aufgeklärten, aristokratisch-patriarchalisch bestimmten Gesellschaft räumt jeder Roman jedoch auch einer weiblichen Nebenfigur relativ große Redeanteile ein. Diese Figuren verstoßen zwar zunächst aus jeweils unterschiedlichen Gründen gegen das gesellschaftliche Dekorum, entwickeln jedoch aus dieser teilweisen Randposition heraus eine Eloquenz, eine Eigenständigkeit oder Kritikfähigkeit, die im Widerspruch zu den rollenspezifischen Verhaltensnormen steht (vgl. etwa Mrs. Selwyn in *Evelina,* Mrs. Arlbery in *Camilla* oder besonders Elinor in *The Wanderer*). Neben den Romanen, die mit Ausnahme des letzten allesamt große Erfolge beim zeitgenössischen Publikum waren, verfaßte B. auch eine Reihe von Dramen, die nie zur Aufführung gelangten. 1832 veröffentlichte sie eine Biographie ihres Vaters, in der auch zeitgenössische Figuren wie Dr. Johnson erstmals von einer anderen, ›weiblichen‹ Perspektive aus betrachtet werden.

Works. 10 Bde. Hg. J. Hemlow. Oxford 1972–1981; *Journals and Letters*, 2 Bde. Hg. A. Douglas. Oxford 1984. – Lit.: Hemlow, J.: »F.B. and the Courtesy Books«. In: *PMLA* 65 (1950), S. 732–761; Hemlow, J.: *The History of F.B.* Oxford 1958; Cutting R.M.: »Defiant Women. The Growth of Feminism in F.B.'s Novels«. In: *SEL* 17 (1977), S. 519–530; Stave, S.: »Evelina; or, Female Difficulties«. In: *Modern Philology* 73 (1976), S. 368–381; Rogers, K.M.: *F.B. The World of »Female Difficulties«*. London 1991.

Helga Quadflieg

Byatt, Antonia Susan

Geb. 24. 8. 1936 in Sheffield/Großbritannien

Im Gegensatz zu vielen anderen zeitgenössischen Autorinnen wehrt sich B. gegen das Etikett *woman writer* und damit gegen eine feministische Vereinnahmung, sieht sich aber durchaus in der Tradition von Autor*innen*, wie etwa Iris ↗ Murdoch (geb. 1919). In den Mittelpunkt ihrer Romane stellt sie Frauengestalten, die sich in ihrer Umgebung behaupten und die häufig B.s eigene Biographie nachvollziehen. Wie sie selbst geht Anna, die junge Schriftstellerin aus *The Shadow of a Sun* (1964), nach Cambridge, wo B. 1957 ihr Studium abschloß. Etliche ihrer Figuren sind Dozenten der englischen Literaturwissenschaft, oder sie produzieren selbst Literatur, ganz wie ihre Autorin. B., ab 1972 selbst Dozentin am University College, London, ist auch als Literaturwissenschaftlerin bekannt, die v.a. zur englischen Romantik und zu Iris Murdoch publiziert hat. Daneben aber widmete sie sich ihrer schriftstellerischen Tätigkeit. In *The Game* (1967) beschreibt sie unter Bezugnahme auf die Artussage den Kampf zweier Schwestern, der Autorin Julia und der Dozentin Cassandra, deren unterschiedliche Charaktere und Lebensstile zu einem ›Spiel‹ führen, das mit dem Tod einer der Spielerinnen endet. Wie Tennysons *Lady of Shalott* geht Cassandra am Kontakt mit der realen Welt zugrunde.

Im Literaturbetrieb und im Hochschulmilieu sind auch B.s andere Romane angesiedelt, so etwa die Trilogie *The Virgin in the Garden* (1978), *Still Life* (1985) und *Babel Tower* (1996). In deren Mittelpunkt steht Frederica, zunächst Schülerin, Darstellerin der jungen Elizabeth I, später Studentin in Cambridge und dann alleinerziehende Mutter im London der 60er Jahre. Die Romane zeigen B.s sich wandelnden Stil und ihre sich ändernden Anliegen. Das dichte symbolische, intertextuelle Netz in *The Virgin in the Garden* steht in Kontrast zum puren, scheinbar metaphernlosen Realismus von *Still Life.* In *Babel Tower* rückt die für sie immer schon wichtige Frage nach dem Verhältnis von Kunst und Gesellschaft ins Zentrum. In allen drei Romanen behauptet sich Frederica gegenüber den Machtansprüchen des Patriarchats und stellt so letztlich eine viel freiere Frau dar als man sie bei manchen explizit feministischen Autorinnen finden würde.

Anders als etwa Angela ↗ Carter (1940–1992) verzichtet B. auf fantastische Elemente. Ihre Romane und Erzählungen sind meist streng realistisch (mit Ausnahme von *The Djinn in the Nightingale's Eye*, 1994; *Der verliebte Djinn*, 1995) – *fantasy*-Elemente finden sich jedoch auf einer anderen Ebene: in den literarischen Texten, die ihre Figuren produzieren und analysieren. So kann die Figur der Wasserfrau und Fee Melusine zum zentralen Symbol ihres bekanntesten Romans, *Possession*, 1990 (*Besessen*, 1993), werden. Dort fokussieren sich die Literaturproduktion des 19. und die vor keinen Schandtaten mehr zurückschreckende Literaturwissenschaft des ausgehenden 20. Jh. im Bild der geheimnisvoll-verführerischen, frei-unfreien Wasserfrau. Seit *Possession* wendet sich B. verstärkt dem 19. Jh. und dem Viktorianismus zu, den sie trotz kritischer Untertöne sehr positiv bewertet, so auch in *Angels and Insects*, 1992 (*Morpho Eugenia*, 1994).

Vor allem in ihren zuletzt geschriebenen Romanen und Erzählungen verweist sie immer wieder auf die Notwendigkeit einer gesellschaftlichen Ordnung, die dem einzelnen auf einer überindividuellen Basis Halt gibt. Trotz einiger Anleihen aus dem Repertoire der Postmoderne erteilt B. gerade dieser Strömung letztlich eine Absage und bekennt sich zu einem traditionellen Subjektbegriff, der auf das 19. Jh. zurückverweist. Mit ihrem Einsatz von Mythen demontiert sie keineswegs übermächtige Hierarchien, sondern verweist auf existentielle menschliche Wahrheiten, deren Trägerin eine Kunst mit überzeitlichem Anspruch ist.

Lit.: Dusinberre, J.: »A. S. Byatt«. In: Todd, J. (Hg.): *Women Writers Talking*. New York 1983, S. 181–195; Kenyon, O.: *Women Novelists Today: A Survey of English Writing in the Seventies and Eighties*. Brighton 1988, S. 51–88; Schmid, S.: *Jungfrau und Monster. Frauenmythen im englischen Roman der Gegenwart*. Berlin 1996.

Susanne Schmid

Cade Bambara, Toni

Geb. 1931 in New York City; gest. 1996 in Philadelphia

Toni Cade Bambara arbeitete unter anderem als Sozialarbeiterin in New York City, als freie Autorin, als Dozentin am City College of New York, als Mitarbeiterin in mehreren universitären Black Studies und Women's Studies-Programmen, als »writer in residence« am Spelman College und schrieb Film Scripts, u. a. für Toni ↗ Morrisons *Tar Baby*. Unabhängig von ihren verschiedenen Tätigkeiten hat sie sich immer als Aktivistin des Wortes im Interesse ihrer »African-American community« gesehen und erfolgreich engagiert. So veröffentlichte sie 1971 den Band *Tales and Stories for Black Folk*, eine Sammlung afrikanisch-amerikanischer »folklore«. Enthusiastische Zustimmung fanden ihre Kurzgeschichten. *Gorilla, My Love* (1972), eine Kurzgeschichtensammlung, die sich mit Kindern und Jugendlichen in einer herausfordernden urbanen Umgebung beschäftigt, gewann 1981 den »American Book Award.« In ihrem zweiten Kurzgeschichtenband, *The Sea Birds Are Still Alive* (1977), verarbeitet sie Eindrücke ihrer Reisen nach Cuba und Vietnam. Ihr erster und bekanntester Roman *The Salt Eaters* erschien 1980. Strukturiert von Perspektivenwechseln einer Fülle verschiedener erzählender Stimmen, beschreibt er den Versuch einer schwarzen Aktivistin, nach einem Selbstmordversuch aus Verzweiflung über die Richtungslosigkeit ihrer Community mit Hilfe einer traditionellen Heilerin wieder zu einem Gleichgewicht für sich selbst und zu einer Hoffnung für ihr »community«-Engagement zu finden. Als weitere Romane erschienen 1987 *If Blessing Comes* und 1990 *Raymond's Run*.

Ihre einflußreichste Veröffentlichung war allerdings die 1970 von ihr herausgegebene Anthologie *The Black Woman* – ein radikaler Angriff auf die doppelte

Unterdrückung schwarzer Amerikanerinnen, die nicht nur als Frauen, sondern auch durch den Rassismus gesellschaftlich diskriminiert werden. Der Band hat eine entscheidende Rolle gespielt für die Entstehung des schwarzen amerikanischen Feminismus. 1996 starb C. an einer schweren Krankheit, bis zu ihrem Tod war sie eine charismatische öffentliche Persönlichkeit.

Lit.: Evans, M. (Hg.): *Black Women Writers (1950–1980): A Critical Evaluation.* New York 1984, S. 41–71; Butler-Evans, E.: *Race, Gender, and Desire: Narrative Strategies in the Fiction of T. C. B., Toni Morrison, and Alice Walker.* Philadelphia 1989.

Sabine Bröck

Canth, Minna Ulrika Wilhelmina (eigtl. M. Johnsson)

Geb. 19. 3. 1844 in Tampere/Finnland; gest. 12. 5. 1897 in Kuopio/Finnland

C. kommt innerhalb der finnischen Literatur die Funktion zu, die in den anderen skandinavischen Ländern Autoren wie Henrik Ibsen oder August Strindberg innehaben. Ihre Dramen, Romane und Erzählungen setzen den Anfangspunkt des modernen, gesellschaftskritischen Realismus, indem sie aktuelle Probleme, insbesondere die Frauenfrage und die soziale Frage, in den literarischen Horizont integrieren und sich dem affirmativ staatstragenden Anspruch, den das nationalistische Bürgertum im Sinne einer genuin finnischsprachigen Kultur erhob, verweigern. Da C. in allen Texten ihres umfangreichen Gesamtwerks weibliche Protagonisten als eigenständig denkende, empfindende und handelnde Individuen ins Zentrum rückt, leistet sie einen wesentlichen Beitrag für die Herausbildung eines differenzierten und egalitären Frauenbildes im Finnland des ausgehenden 19. Jh.s. Insbesondere ihre Theaterstücke bildeten einen öffentlich wirksamen Faktor innerhalb eines gesellschaftlichen Prozesses, der schließlich dazu führte, daß 1906 in Finnland das weltweit erste aktive und passive Wahlrecht für Frauen eingeführt wurde.

C.s Biographie ist bemerkenswert und in mancherlei Hinsicht charakteristisch für eine Frau ihrer Zeit. Sie erhielt die Gelegenheit, ein gerade erst gegründetes Lehrerinnenkolleg zu besuchen, brach die Ausbildung aber ab, um den Heiratsantrag eines ihrer Lehrer anzunehmen. Während einiger Jahre schrieb sie für Zeitungen, ohne daß es ihr erlaubt war, die Beiträge unter ihrem eigenen Namen zu publizieren. Nach dem Tod ihres Mannes im Jahr 1879 zog sie mit ihren sieben Kindern nach Kuopio und übernahm das Kurzwarengeschäft ihres Vaters. Zugleich begann sie ihre schriftstellerische Laufbahn. Noch im selben Jahr erschien ihr erstes Buch *Novelleija ja kertomuksia* (Novellen und Erzählungen). Ein Jahr später wurde ihr erstes Theaterstück *Murtovarkaus* (Der Einbruchdiebstahl) uraufgeführt. Es bildete den Anfang einer mehr als zehn Jahre andauernden Zusammenarbeit mit dem Intendanten des Finnischen Nationaltheaters, Kaarlo Bergbom. Mit ihren Dramen hatte C. maßgeblichen Anteil an der Etablierung dieser ersten rein finnischsprachigen Bühne.

Wie ihr erstes Stück war auch das zweite mit dem Titel *Roinilan talossa* , 1885 (Im Haus von Roinila) noch von unbeschwertem, volksstückhaftem Charakter. Doch bereits das im selben Jahr aufgeführte Drama *Työmiehen vaimo* (Die Frau des

Arbeiters) leitete die Wende zur naturalistisch geprägten Programmdichtung ein. Vorausgegangen war die intensive Auseinandersetzung der Autorin mit den Werken Ibsens, Strindbergs und Zolas sowie mit dem milieutheoretischen Denken Hyppolite Taines. C. zeigt in einer beklemmenden Konstellation die Rechtlosigkeit und finanzielle Abhängigkeit von Frauen innerhalb der Institution Ehe. Das Stück ergreift in plakativer Form Partei für unterdrückte Frauen und erregte in konservativen und kirchlichen Kreisen zornigen Protest. Bürgerlicher Widerstand war es auch, der dafür sorgte, daß ihr folgendes Drama *Kovan onnen lapsia*, 1888 (Kinder eines harten Schicksals), in dem sich Arbeiter mit ihren Frauen gegen die ungerechte Gesellschaftsordnung zur Wehr setzen, sofort nach der Premiere vom Spielplan genommen wurde.

Auch in den zeitgleich mit den frühen Dramen entstandenen Prosaarbeiten gibt C. ein ebenso transparentes wie trostloses Bild der Lebensumstände in den unteren Gesellschaftsschichten, insbesondere im Hinblick auf das Leben von Frauen, so in den Novellen *Köyhää kansaa*, 1886 (Armes Volk) und *Lain mukaan,* 1889 (Nach dem Gesetz). In den engagiert-programmatische Werken dominieren signifikante Konstellationen als Repräsentationen sozialer Mißstände über eine differenzierte Personengestaltung. Doch C. schreibt bereits während ihrer gemeinhin als ›kämpferisch‹ apostrophierten Schaffensphase Novellen, in denen sich eine Schwerpunktverlagerung abzeichnet. In Texten wie den Romanen *Hanna* (1886) und *Salakari*, 1887 (Die Untiefe) sowie in der Novelle *Agnes* (1892) legt die Autorin größeren Wert auf eine Personenschilderung, die der individuellen Qualität ihrer weiblichen Protagonisten Kontur verleiht. Zu ihrem zentralen Thema erhebt C. hier den Konflikt zwischen individuellem Wollen und gesellschaftlicher Anforderung. Mit dem komödienhaften Familienbild *Papin perhe*, 1891 (Die Familie des Pfarrers) tritt der programmatische Anspruch auch in den Bühnenstücken in den Hintergrund, ohne jedoch vollkommen zu verschwinden. Nach wie vor bleiben ihre Hauptpersonen Frauen, aber es geht nicht mehr um die Position der Frau schlechthin. In den Blick rückt nun vor allem die Psychologie der weiblichen Hauptfiguren, am markantesten in den Dramen *Sylvi* (1893) und *Anna-Liisa* (1895).

Wenn Frauen in C.s Texten die Gesetze der herrschenden Moral brechen, kann das über Ehebruch und Scheidungswunsch hinaus bis zum Gattenmord führen. Diese Frauen werden als Personen dargestellt, denen ihre nicht zu bändigende starke Natur zum Verhängnis wird. Auf die Solidarität anderer Frauen können sie nur selten zählen, und am Ende müssen sie stets für ihren Konventionsbruch büßen.

Zeitweise wurde C.s Haus in der ostfinnischen Kleinstadt Kuopio, wo sie einen Salon unterhielt, zum Zentrum des literarischen Geschehens in Finnland. Als finnischsprachige Autorin stand C. zu ihrer Zeit indes fast alleine da. Erst nach der Jahrhundertwende festigten Schriftstellerinnen wie L. Onerva (alias Onerva Lehtinen, 1882–1974) und Maria Jotuni (1880–1943) die Tradition weiblichen Schreibens in Finnland.

Kootut teokset. 5 Bde. Helsinki 1917–20; *Valitut teokset.* Helsinki 1953. – Lit.: Menger, C.: *Die literarische Aneignung der Welt in der finnischen Dramatik, dargestellt am Werk C.s und H. Wuolijokis.* Diss. Greifswald 1985; Nevala, M.-L.: »Julkinen kirjailijanrooli – M. C.« In: Nevala, M.-L. (Hg.): *›Sain roolin johon en mahdu‹. Suomalaisen naiskirjallisuuden linjoja.* Helsinki 1989,

S. 213–249; Nieminen, R.: *M. C., kirjailija ja kauppias*. Helsinki 1990; Lassila, P.: »The power of the powerless«. In: *Books from Finland*. Nr. 2 1994, S. 105–106.

Stefan Moster

Capriolo, Paola

Geb. 1. 1. 1962 in Mailand

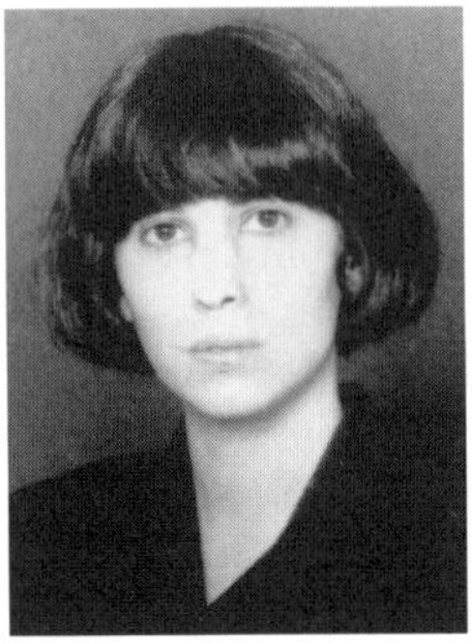

»Ich habe den Eindruck, daß die eigenen Unruhen vielleicht geringer werden, wenn man sie vergegenständlicht, indem man ihnen die Form eines Werkes verleiht«, äußert C. in einem Interview. Auf die darauf folgende Frage, ob das Schreiben in diesem Sinne als Medizin funktioniere, gibt sie zur Antwort: »Nur als ein leichtes Analgetikum.« Das Schreiben vermag also laut C. die Wunden, die das alltägliche Leben verursacht, nicht zu heilen, aber immerhin zu lindern.

Geboren als Tochter einer Malerin und eines Theaterwissenschaftlers, wächst C. in einem sehr intellektuellen Ambiente auf, was ihre Entwicklung und ihr Schreiben maßgeblich beeinflußt. Bereits in jungen Jahren begleitet sie ihren Vater ins Theater und ist fasziniert von dieser Welt des Sein und Scheins. Ihre Eindrücke verarbeitet sie schon sehr früh in Theaterstücken, sowie später in Erzählungen und in Romanen. Nach dem Abitur schreibt sie sich an der Universität für das Studium der Philosophie ein, was sie jedoch »aus Mangel an Zeit« – wie sie selbst sagt – nicht beendet, da sie sich lieber dem Schreiben widmet. 1988 debütiert sie mit ihrem Erzählband *La Grande Eulalia* (*Die Frau aus Stein*, 1991). Die in diesen Erzählungen angerissenen Themen des Dualismus zwischen Kunst und Leben, der menschlichen Existenz und der Frage nach dem Sinn des Lebens sowie der Fokussierung der Oppositionen Vernunft versus Gefühl und Natur versus Zivilisation kehren in ihren folgenden Romanen in ausgearbeiteter und auch variierter Form wieder. Die Protagonisten überschreiten nicht selten die Grenzen der Realität. Somit changieren die Werke C.s zwischen der alltäglichen Realität und dem Phantastischen und erreichen häufig metaphysische Dimensionen. C.s Stil zeichnet sich durch eine Reichhaltigkeit an Metaphern und Symbolen aus, die im wesentlichen dazu dienen, die Selbstentfremdung der Protagonisten zu veranschaulichen, die einhergeht mit der Entfremdung, die sie in der alltäglichen Welt erfahren. Insbesondere verwendet C. Metaphern, die die menschliche Existenz beleuchten, wie die Gefängnismetapher in der Erzählung »Lettera a Luisa« (Briefe an Luisa) aus *La Grande Eulalia*, die Schiffahrtsmetapher in *Il Nocchiero*, 1989 (Der Steuermann) und die Theatermetapher in *La Spettatrice*, 1995 (Die Zuschauerin). Das Symbol des Labyrinths zur Darstellung von Entfremdungszuständen kommt in ihrem zweiten Roman *Il Doppio Regno*, 1991 (Das doppelte Königreich) zum Tragen. Als Möglichkeit, diesem Gefühl der Fremdheit zu begegnen, wählen die Protagonisten häufig den Rückzug aus der Alltagswelt in die Sphären der Kunst, die nicht nur der Autorin, sondern auch ihren Figuren Trost spendet. Zusätzlich besteht ein Dualismus zwischen Kunst und Leben, der in C.s letztem Roman *Un Uomo di Carattere*, 1996 (Ein Mann mit Charakter) gestaltet wird: Zugang zur wahren, vollkommenen Kunst erreicht nur, wer sich vom alltäglichen Leben abkehrt.

Die ästhetische Reflexion, die C. in ihren Werken anbietet, ähnelt ihrer persönlichen Einstellung der Kunst und dem Leben gegenüber. Sie widmet sich in aller Ruhe und Abgeschiedenheit vorherrschend dem Schreiben und vermutlich gilt auch für sie selbst die in der Erzählung »Lettera a Luisa« formulierte Maxime: »Meine Töne brauchen die Stille.« Für nahezu jedes Werk hat C. einen italienischen Literaturpreis erhalten sowie 1991 den Förderpreis des Bertelsmann Buchklubs. Neben ihrer schriftstellerischen Tätigkeit hat sie u. a. Thomas Manns *Tod in Venedig* übersetzt und schreibt für das Feuilleton des *Corriere della Sera*. Sie lebt gegenwärtig in Mailand.

Lit.: Guardiani, F.: »Paola Capriolo«. In: *The Review of Contemporary Fiction* 12 (1992), S. 119–122.

Annette Riedel

Carter, Angela Olive (geb. Stalker)

Geb. 17. 5. 1940 in Eastburne/Sussex; gest. 16. 2. 1992 in London

Carter gehört zu den Autorinnen der Gegenwart, deren literarisches Schaffen sich schwer in Kategorien einordnen läßt. Ihre respektlose künstlerisch-experimentelle und kulturpolitische Artikulation stieß im literarischen Establishment auf Ablehnung. Andererseits erreichte sie innerhalb der jungen, alternativen Literatur Großbritanniens mit ihrer Infragestellung überlieferter Realitätsauffassungen und traditioneller Rezeptionsgewohnheiten fast Kultstatus. C., die nach ihrem philologischen Studium an verschiedenen Universitäten in Großbritannien, den USA und Australien lehrte und längere Zeit in Japan lebte, veröffentlichte ihren ersten Roman *Shadow Dance* 1965. Wie auch in den folgenden Romanen *The Magic Toyshop*, 1967 (*Das Haus des Puppenmachers*, 1988, verfilmt 1987), *Several Perceptions* (1968) und *Love* (1971) geht es um die literarische Repräsentation der von ihr unmittelbar erlebten Spannungsfelder der 60er Jahre. Dabei werden die Identitätssuche Jugendlicher, ihr unterschiedliches Definieren und Begreifen von Freiheit, ihr Gewalt- und Selbstvernichtungspotential und ihr Scheitern an der sozialen und politischen Realität in den Mittelpunkt gestellt.

Eine philosophische Aufarbeitung dieser Zeit, das Suchen nach den Gründen für das Versagen theoretischer Konzeptionen, erfolgt in ihrer postapokalyptischen Dystopie *Heroes and Villains*, 1969 (*Helden und Schurken*, 1989) sowie in *The Infernal Desire Machines of Doctor Hoffman*, 1972 (*Die infernalischen Traummaschinen des Doktor Hoffman*, 1984). Noch unter dem Einfluß von Herbert Marcuse und Theodor Adorno setzt sie sich in diesem Roman in komplizierten Bildern mit Lust- und Realitätsprinzip und den Konsequenzen beider philosophischer Konzeptionen für verschiedene Weltauffassungen auseinander. C.s Vertrautheit mit literarischen Erzähltraditionen vom pikaresken bis zum postmodernen Roman ermuntert sie zum provokativem Spiel mit bekannten Strukturen, um kritische Verunsicherung beim Rezipienten hervorzurufen. Eine entscheidende Rolle spielt dabei das Phantastische als ein Mittel, Zeit aufzulösen, das ›Andere‹ zu thematisieren, Geschichte in ihrer bisherigen Festschreibung und Wertung als Konstrukt zu betrachten und dabei Tabus zu brechen, so z. B. in *Nights at the Circus*, 1984 (*Nächte im Zirkus*, 1984) und *The Passion of New Eve*, 1977 (*In der Hitze der Stadt*, 1981).

Ihr letzter Roman *Wise Children* (1991) ist eine gelungene Fusion von Magischem und Realistischem und gleichzeitig ihr literarisches Vermächtnis bzgl. eines kritischen Geschichtsoptimismus. Dieser, ebenso wie ihr streitbares, undogmatisches feministisches Engagement (vgl. *Nothing Sacred. Selected Writings*, 1982 (*Nichts heilig. Feministische Ansichten*, 1990) äußert sich auch in den meisterhaften Neuschreibungen alter Märchen und Mythen, wie z. B. in der Sammlung *The Bloody Chamber*, 1979 (*Blaubarts Zimmer. Märchen aus der Zwischenwelt*, 1982), die die wohl gelungenste Rotkäppchenversion der Gegenwart, »*The Company of Wolves*«, enthält, die 1984 von Neil Jordan unter gleichem Titel verfilmt wurde (Zeit der Wölfe). In diesen Erzählungen ist besonders die Auseinandersetzung mit dem französischen Feminismus und der psychoanalytisch orientierten Sprachwissenschaft nachzuweisen. Tabubrechend war und ist ihre Analyse des Marquis de Sade im emanzipatorischen Kontext seiner Zeit und für die Gegenwart in *The Sadeian Woman. An Exercise in Cultural History*, 1979 (*Sexualität ist Macht. Die Frau bei de Sade*, 1981).

Ist es z. T. auch schwierig, zu ihren Fiktionen Zugang zu finden, so bietet ihr umfangreiches essayistisches und journalistisches Schaffen den Standpunkt einer Kunsttheoretikerin und Kulturpolitikerin, die ihre Kritik an den kulturellen Zeitzeichen klar und differenziert artikuliert. Wie sie in ihrem programmatischen Essay »Notes from the Frontline« (1983) und in *Shaking a Leg. Journalism and Writings* (1997) betont, sieht sie ihre Aufgabe v. a. in der Demythologisierung falscher, zu Unterdrückung führender Mythen: »I am all for putting new wine in old bottles, especially if the pressure of the new wine makes the old bottles explode«.

Lit.: Maak, A.: »Angela Carter«. In: Imhof, R./Maak. A. (Hgg.): *Der englische Roman der Gegenwart*. Tübingen 1987; Jordan, E.: »Enthralment: A. C.'s Speculative Fictions«. In: Anderson, L. (Hg.): *Plotting Change: Contemporary Women's Fiction*. London 1990; Sage, L.: *Angela Carter*. Plymouth 1994.

Isolde Neubert-Köpsel

Castellanos, Rosario

Geb. 25. 5. 1925 in Mexiko-Stadt; gest. 7. 8. 1974 in Jerusalem

Von Geburt an fühlt sich R. C. mit einem Stigma beladen: Nach mehreren Fehlgeburten der Mutter wird statt des ersehnten Stammhalters dem Großgrundbesitzerpaar César Castellanos und Adriana Figueroa aus Comitán (Chiapas) ein Mädchen geboren, in Mexiko-Stadt, wohin ihre Eltern auf der Suche nach medizinischer Betreuung gezogen sind. Wieder zurück auf dem Land und nach der Geburt ihres um ein Jahr jüngeren Bruders Mario Benjamín wächst sie unter der Obhut eines indianischen Kindermädchens auf, in einer Gesellschaft extremer Klassen- und Rassengegensätze, in der die Frau nichts gilt. Als ihrer Mutter geweissagt wird, eins ihrer Kinder würde früh sterben, entfährt es ihr instinktiv: »Aber doch nicht der Junge!« Mario stirbt aber im Alter von sieben Jahren an einer Blinddarmentzündung, was traumatische Prozesse in der gesamten Familie auslöst: Die Eltern versinken in unsäglicher Trauer und geradezu nekrophilen Praktiken (sie lassen die sterblichen Überreste des Sohnes in ihr Haus transferieren, wo ständig Kerzen davor brennen), die hintangesetzte Tochter leidet an furchtbaren Schuld- und Minderwertigkeitsgefühlen. Andererseits übernimmt sie die Rolle des männlichen Elements, identifiziert sich mit dem intellektuellen Vater und veranlaßt die Familie, die im Zuge der Landreform unter Cárdenas fast alle Ländereien verloren hat, wieder in die Hauptstadt zu ziehen, damit sie dort studieren kann. Rosario ist ein kränkliches Kind, das ein Jahr in einem Sanatorium für Tuberkulosekranke verbringt und von der Mutter extrem überbehütet wird, ohne sich geliebt zu fühlen. Sie ist eine brillante Studentin an der Philosophischen Fakultät der Universidad Autónoma UNAM, wo sie 1950 ihre Magisterarbeit »Sobre cultura femenina« (»Über weibliche Kultur«) abschließt. Bald nach dem Tod der Eltern 1948 hat sie es gewagt, ihre ersten Lyrikbände *Trayectoria del polvo* (Werdegang des Staubes) und *Apuntes para una declaración de fe* (Notizen zu einer Glaubenserklärung) zu veröffentlichen, in denen sich tiefe Gefühle der Einsamkeit, der Schuld und des Leidens an der *conditio feminina* spiegeln. Auch die philosophische Bewältigung des Todes spielt eine große Rolle in dieser ersten Phase ihres lyrischen Schaffens, die bis etwa 1959 reicht (weitere Titel, heute zusammengefaßt in *Poesía no eres tú*: *De la vigilia estéril, Dos poemas, El rescate del mundo, Poemas 1953–55, Al pie de la letra*).

Nach einer Europareise (u. a. Studien bei Dámaso Alonso in Madrid) geht C. nach Chiapas zurück und betreibt dort im Rahmen des Puppentheaters *Teatro Petul* Bewußtseinsarbeit unter den Chamula-Indianer/innen. Sie lebt asketisch wie eine Nonne, rasiert sich z. B. die Haare ab, um nicht der Versuchung der Rückkehr in die Großstadt zu erliegen, und verschenkt den Rest ihrer Besitztümer. In dieser Zeit entstehen ihre beiden indigenistischen Romane *Balún Canán*, 1957 (*Die neun Wächter*, 1987) und *Oficio de tinieblas*, 1962 (*Das dunkle Lächeln der Catalina Díaz*, 1993), in denen sie nicht nur die Ausbeutung der Indios, sondern auch speziell die entfremdete Situation der Frau reflektiert, was fortan zum vordringlichen Thema ihres literarischen Schaffens wird, weswegen man sie auch als »mexikanische Simone de ↗ Beauvoir» (José Joaquín Blanco) bezeichnet hat. 1958 heiratet C. und bringt 1961, nach zwei Totgeburten, ihren Sohn Gabriel zur Welt, dem sie auch einige ihrer Gedichte widmet. Die Ehe ist unglücklich und wird 1971 formell geschieden. Zu diesem Zeitpunkt hat C. bereits eine erfolgreiche Karriere als Literatin, Diplomatin und Wissenschaftlerin absolviert: Sie ist Professorin für Komparatistik und Lateinamerikanische Literatur an der UNAM gewesen, hat Saint-John Perse, Claudel und Emily ↗ Dickinson übersetzt, Gastvorlesungen in den USA gehalten, wird 1967 zur »Frau des Jahres« gewählt und 1971 zur Botschafterin Mexikos in Israel ernannt. Sie hat bedeutende Literaturpreise erhalten und veröffentlicht regelmäßig Artikel in der Zeitung *Excélsior*. Allgemein gilt sie als *die* Stimme des Feminismus in Mexiko; speziell in den Erzählungen von *Álbum de familia,* 1971 (Familienalbum), ihren Dramen *Judith, Salomé* (beide 1959) und *El eterno femenino,* 1975 (Das Ewig-Weibliche) sowie den Essays von *Mujer que sabe latín,* 1973 (Gelehrte Frauen) kehrt sie, in zunehmend ironisch-sarkastischen Tönen, die Ungleichheiten zwischen den Geschlechtern in der spezifisch mexikanischen Situation hervor: Machismo, Doppelmoral, Verachtung der ledigen Frau sowie Unglück in Ehe und Mutterschaft sind ihre vorherrschenden Themen. 1974 stirbt C., die angeblich mehrere Selbstmordversuche hinter sich hatte, bei einem absurden Haushaltsunfall, als sie sich an einer defekten Lampe elektrisiert.

Poesía no eres tú: Obra poética 1948–1971. México 1972. – Lit.: Nigro, K. F.: »R. C.s Debunking of the Eternal Feminine«. In: *Journal of Spanish Studies* 8 (1980), S. 89–102; Miller, M. L.: »Humor, Power and the Female Condition in the Poetry of R. C.« In: *Revista/Review Interamericana* 25 (1985), S. 61–72; Cypess, S. M.: »*Balún-Canán:* A Model Demonstration of Discourse as Power«. In: *Revista de Estudios Hispánicos* 19,3 (1985), S. 1–15; O'Connell, J.: *Prospero's Daughter: The Prose of R.C.* Austin 1995; Fishburn, E.: »›Dios anda en los pucheros‹: Feminist Openings in Some Late Stories by R. C.« In: *Bulletin of Hispanic Studies* 72,1 (1995), S. 97–110; Burdell, L.: »A Different Dialogue: Narratology Reads Cultural Difference in Castellanos's *Oficio de tinieblas*«. In: *Siglo XX 20th Century* 15, 1–2 (1997), S. 55–74.

Erna Pfeiffer

Castillo y Guevara, Francisca Josefa de

Geb. 6. 10. (?) 1671 in Tunja/Neu-Granada (Kolumbien); gest. 1742 in Tunja

Mit der ›Madre Castillo‹ als herausragender Autorin der Kolonialzeit verfügt die kolumbianische Nationalliteratur über ein Pendant zur brillanten mexikanischen Nonne Juana Inés de la ↗ Cruz. 1671 in der kleinen Kolonialstadt Tunja in einer vermögenden, kastilisch-aristokratischen Familie geboren, wächst C. in einem traditionellen, religiös geprägten Ambiente auf. Im Alter von acht Jahren lernt sie durch ihre Mutter lesen. Zu ihrer Jugend-Lektüre gehören neben geistlichen Werken Romane und *Comedias*, die sie später jedoch als schädlich verwirft. Früh zeigt sich ihre religiöse Berufung in einer ausgeprägten Gottesfürchtigkeit, der Suche nach Einsamkeit und Meditation, aber auch in dämonischen Visionen und Ängsten vor der Hölle, denen sie mit rigiden Selbstkasteiungen begegnet. 1689 tritt sie trotz des Widerstands ihrer Familie in das Kloster der Klarissinnen in Tunja ein.

Doch selbst hier findet sie nicht die erwünschte Ruhe. Als scheinheilig und besessen verschrieen, erscheint ihr das Noviziat, als wäre sie ›im Inferno, oder in einem Gefängnis der Inquisition‹, und auch nach der Profeß begleiten sie Ablehnung und Spott ihrer Umgebung. Sie nimmt Zuflucht in der einsamen Lektüre in ihrer Zelle, findet Bestätigung in Träumen und Visionen sowie im Gespräch und intellektuellen Austausch mit Jesuitenpatres. Um 1690 weist sie ihr Beichtvater an, ihre mystischen Erfahrungen und Reflexionen über die Bibel schriftlich festzuhalten. Ihr Leben lang arbeitet sie an diesen *Afectos* (bzw. *Sentimientos) espirituales* (1843). Gegen 1716 beginnt sie, erneut auf Befehl des Beichtvaters, mit der Verfassung ihrer *Vida* (1817), Lebenskonfession und Zeugnis ihrer unzähligen Leiden, aber auch Ermutigungen im Streben nach spirituellem Wachsen.

C.s literarische Bildung und Bibelkenntnis sind außerordentlich, denn schon Lesen und Schreiben an sich stellen gerade auch für eine religiöse Frau prekäre Fähigkeiten dar. So wird C. einmal vor dem versammelten Konvent angeklagt, Mitschwestern das Schreiben beigebracht zu haben. Mehrmals will sie selbst ihre eigenen Schriften verbrennen, weil sie weltlichen Hochmut oder das Diktat des Bösen dahinter vermutet. Sie wird abgehalten durch die Patres, die trotz eingehender Prüfung nichts Unorthodoxes darin finden, und wiederum durch Visionen, die ihr offenbaren, daß Gott durch ihre Schriften spricht. In diesem Sinn rechtfertigt C. auch ihre beachtlichen Latein-Kenntnisse: diese haben sich ihr durch göttliche Gnade plötzlich ›enthüllt‹.

Immerhin viermal wird C. zur Äbtissin gewählt – erstaunliche Würden und Anerkennung angesichts der kontinuierlichen Selbstpassivierung in ihren Schriften. Allerdings entspricht diese der bereits von C.s deklariertem Vorbild ↗ Teresa de Ávila eingesetzten Strategie der Umschreibung des Problems weiblicher Autorität in einer Gesellschaft, die für Frauen in der Regel Zurückgezogenheit und literarisches Schweigen vorsah. Auch das Leben und Werk Sor Juana Inés de la ↗ Cruz' ist C. offenbar bekannt: unter den Versen, die sie in einem Heft notiert hinterläßt, finden sich einige, die nicht, wie lange Zeit angenommen, von ihr stammen, sondern von der Mexikanerin.

Zeugen C.s Schilderungen wundersamer Visionen von großer bildlicher Vorstellungskraft, so wird sie schließlich selbst von der Legendenbildung erfaßt – noch ein Jahr nach ihrem Tod soll ihr Körper unversehrt gewesen sein. Sie gilt heute als die größte Mystikerin Amerikas.

Obras completas (Gesammelte Werke). 2 Bde. Hg. D. Achury Valenzuela. Bogotá 1968. – Lit.: Galaz-Vivar Welden, A.: »F. J. de C., una mística del Nuevo Mundo«. In: *Thesaurus* 45, 1 (1990), S. 149–161; Morales Borrero, M. T.: *La Madre Castillo: su espiritualidad y su estilo*. Bogotá 1968.

Claudia Leitner

Chacel, Rosa

Geb. 3. 6. 1898 in Valladolid/Spanien, gest. 27. 7. 1994 in Madrid

1898, das Geburtsjahr Rosa Chacels, markiert den intellektuellen Aufbruch in Spanien – nach dessen Niederlage im Spanisch-amerikanischen Krieg und dem Verlust der letzten bedeutenden Kolonie, Kuba. Aufbruch und Erneuerung sind denn auch die Stichworte für Ch.s literarisches Schaffen, das im Kontext der historischen Avantgarde beginnt und Gedichte, Essays, Erzählungen und Romane umfaßt. Ästhetisches Projekt der ›Schülerin‹ José Ortega y Gassets (1883–1955) war es, »Ideen als Romane zu erzählen« (»novelar ideas«); ihre Texte bezeichnet sie als »Skizzen von verlorenen Seelen im Labyrinth der Freiheit«.

Ch.s künstlerische Laufbahn beginnt 1915 mit dem Studium der Bildhauerei in Madrid; sie bricht das Studium vorzeitig ab und wendet sich der Literatur zu. Ihre ersten Texte publiziert sie in Zeitschriften der intellektuellen und literarischen Avantgarde Spaniens. 1921 heiratet sie den Maler Timoteo Pérez Rubio, mit dem sie die folgenden Jahre in Rom – und auf Reisen durch Europa – verbringt; dabei lernt sie die bedeutendsten zeitgenössischen Avantgardegruppierungen kennen. In Spanien gehört sie jener Gruppe junger Künstler an, die später als »Generation von ‘27« bekannt wird, und schreibt sich 1930 mit ihrem ersten Roman, *Estación. Ida y vuelta* (*In der Oase*, 1994), in den Kontext dieser literarischen Erneuerungsbewegung ein. Dieser experimentelle Bildungsroman, der die Entwicklung des Protagonisten in Form eines inneren Monologs darstellt, läßt die erzählte Wirklichkeit als – prinzipiell fragmentarisches – Derivat subjektiver Wahrnehmung erscheinen. Die zeitgenössische Kritik reagierte irritiert, die spätere weist auf Parallelen zur Erzählweise des *nouveau roman* (u. a. Nathalie ↗ Sarraute) hin.

1930, als ihr erster Roman publiziert wird, lebt Ch. wieder in Spanien und bringt im selben Jahr ihren Sohn Carlos zur Welt. Sie arbeitet an einem zweiten Roman, *Teresa*, 1941 (dt. 1996) – Romanbiographie über Teresa Mancha, die Geliebte des spanischen Romantikers José de Espronceda. Während des Bürgerkriegs engagiert sich Ch. auf seiten der Republikaner und geht 1938 wie viele andere spanische Intellektuelle mit Mann und Kind ins Exil nach Lateinamerika. In Argentinien veröffentlicht sie eigene literarischen Arbeiten sowie eine Reihe von Übersetzungen, darunter *Die Pest* von Albert Camus. Ch.s erster im Exil entstandener Roman ist *Memorias de Leticia Valle*, 1945 (*Memoiren einer Elfjährigen – Leticia Valle*, 1991): Aus der Sicht der frühreifen 11jährigen Leticia wird eine Dreieckskonstellation und der Selbstmord eines der Protagonisten dargestellt. Der Roman wird 1979 von Miguel Angel Rivas filmisch umgesetzt.

1961 erscheint Ch.s bedeutendster Roman, *La sinrazón* (Der Widersinn), an dem sie zehn Jahre gearbeitet hat. Die Handlung greift wiederum das Motiv der Dreiecksbeziehung auf, die aus der Sicht des Protagonisten geschildert wird und Angelpunkt seiner Selbstreflexionen – zwischen ›Sein und Zeit‹, Vernunft und Leidenschaft – ist. Hier wandelt sich der innere Monolog zum ›inneren Dialog‹, indem das erzählende Subjekt in die Fragmentierung und Diskontinuität des Textes einbezogen wird. Ebenfalls in den 50er Jahren entstehen zwei Erzählbände, die 1971 in der Sammlung *Icada, Nevda, Diada* (alle drei Worte bedeuten: »Nichts«) zusammengefaßt werden, sowie die beiden umfangreichen philosophischen Essays *Saturnal* (1972) und *La confesión* (1980).

Bis Ana María Moix (geb. 1947) und andere junge Schriftsteller sie für Spanien »wiederentdecken«, bleibt Ch. während ihres Exils dort relativ unbeachtet. Seit dem Tod ihres Mannes (1977) lebt sie ständig in Spanien, veröffentlicht hier weitere Romane, darunter die Trilogie *La escuela de Platón* (Platons Schule) und erhält, nach einer Reihe anderer Auszeichnungen, 1987 für ihr Gesamtwerk den Premio Nacional de las Letras Españolas. Mit dem Titel der zweibändigen Ausgabe ihrer Tagebücher (1940–66 und 1967–81) knüpft Ch. wieder an ihren ersten Roman an. Sie verdeutlicht damit den Zusammenhang von ausschnitthafter, an den individuellen Gegenwartshorizont gebundener Tagebuch-Reflexion mit jenen Prinzipien ihrer Romanpoetik, die in *Estación. Ida y vuelta* erstmalig Gestalt annahmen.

Obra completa. 4 Bde. Valladolid 1989–1993. – Lit.: Moix, A. M.: »R. Ch.« In: *24x24*. Barcelona 1972; Revenga, L. (Hg.): *R. Ch. Premio Nacional de las Letras Españolas (1987)*. Madrid 1988; Rodríguez Fischer, A.: »Estudio preliminar«. In: R. Ch., *Obra completa*. Bd. 1. Valladolid 1989, S. 11–39; *R. Ch.: Premio Nacional de las Letras Españolas 1987*. Barcelona: Anthropos 1990; »R. Ch. La obra literaria, expresión genealógica del Eros«. In: *Anthropos* 85 (1991).

Karin Hopfe

Chen Ruoxi (Chen Jo-hsi, eigtl. Chen Xiumei, amerik. Lucy H. Chen)

Geb. 15. 11. 1938 in der Nähe von Taipei/Taiwan

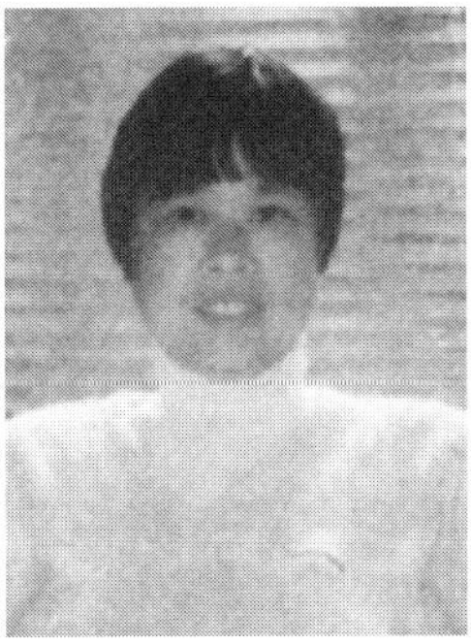

»Kulturwüste« hat Chen Ruoxi ihre Heimat Taiwan genannt und damit die intellektuelle und künstlerische Ausdörrung bezeichnet, die das vor den Kommunisten vom chinesischen Festland 1949 auf die Insel Taiwan geflohene Regime der Guomindang mit ihrer restriktiven Kulturpolitik lange Jahre betrieben hat. Die Tabuisierung politischer und sozialkritischer Themen mündete in den Rückzug ins Private oder, mit den Worten Hu Shis (1891–1962), in die »Freiheit des Schweigens« der künstlerisch Schaffenden. – Nach dem Studium der Englischen Literatur an der National Taiwan University (1957–1961) flieht Ch., wie viele taiwanesische Intellekturelle, die kulturelle und politische Enge Taiwans. Im amerikanischen Exil engagiert sich Ch. für die kulturelle und politische Zusammenführung Taiwans und der Volksrepublik China auf dem Wege unzensierten und vorurteilsfreien intellektuellen Austauschs. 1966 folgt sie enthusiastisch dem Aufruf der volksrepublikanischen Regierung, ausgebildete Überseechinesen mögen ›heimkehren‹ und am sozialistischen Aufbau Chinas mitwirken. Ihre ernüchternden Erfahrungen in der Volksrepublik während der als politische Kampagne beginnenden Kulturrevolution (1966–76), die sich vor allem gegen Intellektuelle und alte Kader richtet, verarbeitet Ch. seit 1974 in einer Reihe von Erzählungen, deren bekannteste »Yin xianzhang« von 1974 (*Die Exekution des Landrats Yin*, 1979) ist. Sie erzählt ohne Bitterkeit, in einem lapidaren, kommentarlosen Stil, der sehr trocken und witzig sein kann und ihr den Vergleich mit Lu Xun (1881–1936) eingetragen hat. Ch.s Erzählungen über die Kulturrevolution waren die ersten literarischen Verarbeitungen dieser Zeit; mit ihnen erwirbt sie sich internationale Anerkennung. »[...] a microcosmic and unforgettable comédie humaine of Mao-land« (Leys 1979, S. XIII). Den Prozeß der Zerstörung ihres politischen Idealismus, nicht aber ihrer tief empfundenen Sympathie und Solidarität für die kleinen Leute, die in gleicher Weise unter der politischen Willkür leiden, beschreibt Ch. auch in ihrem stark autobiographisch angelegten ersten Roman *Gui* von 1978 (*Heimkehr in die Fremde*, 1991). Anders als die Protagonistin Xin Mei verläßt Ch. mit ihrer Familie 1973 desillusioniert die chinesische ›Urheimat‹.

Nach Stationen in Hong Kong und Vancouver lebt sie seit 1979 in Berkeley, Kalifornien, und ist als Schriftstellerin, Essayistin und Mitherausgeberin verschiedener Zeitschriften sehr produktiv. Ch. engagiert sich nach wie vor für den kulturellen Austausch und die politische Entspannung zwischen Taiwan, dem Festland China und den USA. In weiteren, bislang unübersetzten Romanen, z. B. *Tuwei*, 1983 (Ausbruch), thematisiert sie die Eingliederungsschwierigkeiten und die auch selbst empfundene Heimatlosigkeit chinesischer Einwanderer in Amerika. Ch. gehört zu der Gruppe von Auslandschinesen, die vorrangig in ihrer Muttersprache schreiben und ihre literarischen Werke vor allem in Hong Kong, Taiwan, Singapur und der Volksrepublik China publizieren. Mit ihnen teilt sie den Mißmut darüber, daß ihre Werke an jedem Erscheinungsort nach den jeweiligen politischen Empfindlichkeiten zensiert werden.

Lit.: Leys, S.: »Introduction«. In: Ing, N./Goldblatt, H. (Hgg.): *The Execution of Mayor Yin and Other Stories from the Great Proletarian Cultural Revolution*. Bloomington/London 1978.

Judith Ammon

Chopin, Kate (eigtl. Katherine O'Flaherty Chopin)

Geb. 8. 2. 1850 in St. Louis, Missouri; gest. 22.8. 1904 in St. Louis, Missouri

Kate Chopin gehört mit Harriet Beecher ↗Stowe (1811–1896) und Emily ↗Dickinson (1830–1886) zu den bedeutendsten amerikanischen Schriftstellerinnen des 19. Jh.s. Sie gilt als eine der ersten amerikanischen Autorinnen eines literarisch anspruchsvollen Romans; ihr Werk markiert den Übergang vom Realismus zum Modernismus. Ch. war väterlicherseits irischer und mütterlicherseits kreolischer Abstammung; sie war katholisch, genoß in einer Klosterschule eine ungewöhnlich gute Erziehung und wuchs zweisprachig auf in einem Haushalt, der überwiegend aus tatkräftigen, lebenslustigen Witwen bestand. 1870 heiratete sie

Oscar Chopin, einen Kreolen aus Louisiana. Die Chopins wohnten zunächst in New Orleans, später in Cloutierville, einem kleinen, französischsprachigen Dorf im Nordwesten Louisianas. Als ihr Mann 1882 unerwartet starb, hinterließ er vor allem Schulden. Ch. war jetzt Inhaberin eines Ladens, Managerin einer Plantage, Mutter von sechs halbwüchsigen Kindern und bald schon die Geliebte eines Nachbarn. Zwei Jahre später, als sie Oscars Schulden abbezahlt hatte, verkaufte sie aus einem plötzlichen Impuls heraus ihren Besitz und zog mit den Kindern zurück nach St. Louis zu ihrer Mutter. Dort begann sie zu schreiben.

Sie veröffentlichte zwei Romane, *At Fault* (1890) und *The Awakening*, 1899 (*Das Erwachen*, 1980), Gedichte, Essays, Rezensionen, ein Theaterstück und vor allem etwa hundert Kurzgeschichten. Sie thematisieren den Konflikt zwischen Erotik, Sehnsucht, Verlangen auf der einen Seite und den Verpflichtungen, die Ehe, Familie und Gesellschaft mit sich bringen, auf der anderen. Die Anthologien *Bayou Folk* (1894) und *A Night in Acadie* (1897) wurden wegen ihres Lokalkolorits – Ch. beschreibt das Leben und Treiben der Leute von Cloutierville – von der Literaturkritik hoch gepriesen. Innerhalb von nur fünf Jahren hatte sich Ch. als eine anerkannte Autorin etabliert. Sie unterhielt jetzt in St. Louis einen Salon, der von Künstlern, Intellektuellen und Nonkonformisten frequentiert wurde. Ihr bekanntester Roman, *The Awakening*, erzählt die Geschichte von Edna Pontellier, einer Frau Ende zwanzig, die ein Leben in Luxus führt, das sie aber seltsam unbefriedigt läßt. Sie versucht, sich selbst und ihre Sexualität zu verstehen. Sie nimmt ihr Malen wieder auf. Sie vernachlässigt Mann und Söhne. Sie verweigert sich der gesellschaftlichen Norm, indem sie eine Affäre beginnt – obwohl sie glaubt, einen anderen Mann zu lieben. Die Rezensenten, fast ausschließlich Männer, empfanden *The Awakening* als skandalös, morbid, vulgär und sexuell viel zu explizit. Sie bildeten eine geschlossene Front von Ablehnung und Entrüstung. Die Stimmung, die sich gegen Ch. richtete, war so intensiv negativ, daß sie keine weiteren Texte mehr publizierten konnte. Sie war effektiv zum Schweigen gebracht worden. Sie starb, innerlich zerbrochen, fünf Jahre später.

The Complete Works of K. Ch. 2 Bde. Hg. P. Seyersted. Baton Rouge, La. 1969. – Lit.: Seyersted, P.: *Kate Chopin: A Critical Biography.* Baton Rouge 1969; Ewell, B. C.: *Kate Chopin.* New York 1986; Martin, W. (Hg.): *New Essays on the Awakening.* Cambridge 1988; Toth, E.: *Kate Chopin.* New York 1990.

Evelyne Keitel

Christensen, Inger

Geb. 16. 1. 1935 in Vejle/Dänemark

»Biologische Prinzipien auf Wörter angewandt. Ein Gewächs aus Wasser und Stein und Wörter« – so hat Ch. ihre Dichtung beschrieben. Das Verhältnis zwischen Mensch, Sprache und Natur, die Sehnsucht nach Kosmos und Liebe sind ihre wichtigsten Themen. Die sanftesten Klänge der Sprache werden in ihren Strophen hörbar, suggestive Rhythmen bilden hier ein Möbiusband zwischen Mensch und Universum, und Reflexionen über Modernität und Existenz wechseln mit Beschreibungen von Trauer und Liebesfreude. Ch. hat außer Gedichten bedeutende Romane, Essays und Dramen geschrieben.

Sie stammt aus einer Provinzstadt in Jütland, wurde 1958 als Volksschullehrerin ausgebildet und heiratete 1959 den später einflußreichen dänischen Kritiker und Dichter Poul Borum (1934–1996). Ihr Sohn wurde 1974 geboren, 1976 erfolgte die Scheidung. Ihre frühen Gedichte »Lys«, 1962 (Licht) und »Græs«, 1963 (Gras) sind von Rilke inspiriert, den sie während ihrer Studienzeit las. Als Lehrerstudentin spezialisierte sie sich auf die deutsche Literatur und Sprache.

C. war schon als junge Dichterin eine hervorragende Stilistin, in ihrer Poesie geht es aber nicht darum, die Sprache zu beherrschen, sondern von gesellschaftlicher Unterdrückung zu befreien. Sie betrachtet die Sprache als ein lebendiges Material, das den Menschen mit der Natur verbindet. Durch die dichterische Schöpferkraft realisiert sich die Sprache als eine Verlängerung der Natur. Das Gespräch, welches das Universum mit dem Menschen führt, um zum Bewußtsein seiner selbst zu gelangen, wird hörbar. Der Mensch konzentriert sich nicht länger auf sich, sondern befindet sich in dem unermeßlichen Labyrinth des Lebens, wo die Strukturen der Sprache und die Strukturen der Natur ein Netzwerk bilden. »Ich denke, also bin ich ein Teil des Labyrinths« – schreibt sie in einem ihrer Essays.

Sie rückt ihre Dichtung damit in die Nähe postmodernistischer Systemdichtung wie die von Per Høejholt (1928), Klaus Høeck (1938) und Peter Laugesen (1942), die seit den 60er Jahren in der dänischen Literatur bedeutend sind.

Hauptwerk der Verfasserschaft ist das Langgedicht »Det«, 1969 (Es), in dem Ch. die Verfremdung und Angst der modernen Gesellschaft beschreibt und die Hoffnung auf die Liebenden und die Unterdrückten setzt. »Det« wurde eifrig von den Studenten 1968 zitiert. Später begeisterten Gedichte wie »Brief im April«, 1979/1990 (Brev i April), »Alphabet«, 1981/1988 (*Alfabet*, 1988) und der Sonettenkranz *Sommerfugledalen*, 1992/1994 (Das Schmetterlingstal) Leser und Kritiker gleichsam. – Die Gedichte Ch.s sind eine wichtige Quelle der Inspiration für viele dänische Autoren und Autorinnen wie z.B. Pia Tafdrup (1952), Lene Henningsen (1967) und Annemette Kure Andersen (1966), die eine symbolische Strömung in der jungen Literatur repräsentieren.

Lit.: Holk, I. (Hg.): *Tegnverden* (Die Welt der Zeichen). Odense 1983; Pape, L.W. (Hg.): *Sprogskygger-læsninger i I. Ch.s forfatterskab* (Die Schatten der Sprache – Aufsätze zur Verfasserschaft I. Ch.s). Århus 1995; Larsen, S. E.: »Et jordisk gok« (Ein Schlag der Erde). In: *Læsninger i Dansk Litteratur* (Aufsätze zur dänischen Literatur). Hg. P. Schmidt, Bd. 4. Odense 1997.

Anne-Marie Mai

Christie, Agatha (eigtl. Dame Agatha Mary Clarissa Miller Christie Mallowan)

Geb. 15. 9. 1890 in Torquay, Devon; gest. 12. 1. 1976 in Wallingford, Oxfordshire

Christie ist die erfolgreichste Schriftstellerin aller Zeiten. Ihr Theaterstück *The Mousetrap* wird in London seit 1952 ununterbrochen aufgeführt. Ihre 79 Kriminalromane und Kurzgeschichtensammlungen wurden in 103 Sprachen übersetzt (natürlich auch ins Deutsche) und in mehr als einer Milliarde Exemplaren verkauft. Jedes Jahr werden weitere 18 Millionen abgesetzt – nur die Bibel und Shakespeare können damit noch konkurrieren. – Während des Ersten Weltkriegs arbeitete Ch. als Apothekenhelferin, wodurch sie Arsen, Curare und andere, teils ausgefallene Gifte kennenlernte. Das sollte sich als nützlich erweisen. 1920 veröffentlichte sie ihren ersten Roman, *The Mysterious Affair at Styles*, in dem sie den exzentrischen belgischen Detektiv Hercule Poirot einführt. Von da an schrieb sie pro Jahr einen Roman, den ihr Verlag mit dem Slogan »A Christie for Christmas« zu vermarkten pflegte. *The Murder of Roger Ackroyd* (1926) machte sie berühmt; der Roman ist so konstruiert, daß man das Rätsel keinesfalls lösen kann. 1926 kam es zu einem mysteriösen Ereignis: Ch. verschwand. Eine großangelegte Suchaktion wurde gestartet. Nach neun Tagen fand man sie schließlich in einem kleinen Hotel, in dem sie sich unter dem Namen der Geliebten ihres Mannes einquartiert hatte. Das Aufheben, das um ihre Person gemacht wurde, war ihr zutiefst zuwider. Von nun an scheute sie jede Form von Öffentlichkeit. Keine ihrer Reden dauerte länger als zwei Minuten. Die Christies ließen sich scheiden, und 1930 heiratete sie den Archäologen Max Mallowan, den sie bei seinen zahlreichen Ausgrabungen im Nahen Osten unterstützte. Zeit ihres Lebens ordnete sie ihr Schreiben fraglos der Arbeit ihres Mannes unter.

Aus Ch.s Texten spricht *common sense* und ein hintergründiger Humor. Ihre Stärke liegt in den Dialogen und im Konstruieren von spannenden Handlungen. Christies Romane enden immer mit einer Überraschung, mit etwas gänzlich Unerwartetem. *Murder on the Orient Express* (1934) und *Ten Little Niggers* (1939) sind ihre Meisterwerke. In *Murder at the Vicarage* (1930) gibt die Amateurdetektivin Miss Jane Marple ihr literarisches Debüt. Miss Marple ist eine tattrige alte Jungfer, die meist an einem Strickzeug aus flauschiger, rosa Wolle arbeitet. Der Schein trügt; hinter der Maske aus Fragilität, Selbstverleugnung und drahtigen weißen Löckchen verbirgt sich ein schneidend scharfer Intellekt, der unstillbare Drang, der Gerechtigkeit zum Sieg zu verhelfen und eine immense Tatkraft: In *Sleeping Murder* (1976) beispielsweise hält sie den Mörder mit einem Gartenschlauch in Schach. Hercule

Poirot und Miss Marple lösen ihre Fälle auf sehr unterschiedliche Art: Brüstet er sich seiner kognitiven Fähigkeiten, seiner »little grey cells«, so sieht sie in jedem Mord Parallelen zu Vorkommnissen in ihrem Heimatdorf, St. Mary Mead. Hercule Poirot stirbt in *Curtain* (1975); Miss Marple hingegen verabschiedet sich in *Sleeping Murder* als wohlhabende Frau, mit einer Menge Geld und dem festen Vorsatz, dieses zu verjubeln. Bisweilen allerdings droht sie zu einer Parodie ihrer selbst zu werden. Doch in der Gestalt der Miss Marple unterzieht Ch. das negative Image, das der Darstellung alter Frauen in der Literatur häufig anhaftet, einer massiven Umwertung. Miss Marple ist eine liebenswerte, eine kompetente Figur. Das spielerische Element, das Ironische, ja Parodistische, das auch mitschwingt, tut dem keinen Abbruch.

Lit.: Keating, H. R. F. (Hg.): *A. Ch.: First Lady of Crime.* New York 1977; Morgan, J.: *A. Ch.: A Biography.* London 1984; Sanders, D./Lovallo, L.: *The A. Ch. Companion: The Complete Guide to A. Ch.'s Life and Work.* New York 1989.

Evelyne Keitel

Christine de Pizan

Geb. um 1365 in Venedig; gest. um 1430

Christine de Pizan stammt aus einer norditalienischen Gelehrtenfamilie und wächst ab 1368 in Paris am Hofe des Königs Karl V. auf, in dessen Diensten ihr Vater steht. Ihre Kindheit und Jugend verbringt sie in einem privilegierten Milieu, beklagt jedoch später, von dem »väterlichen Schatz des Wissens« nicht genügend profitiert zu haben. Mit fünfzehn heiratet sie den königlichen Sekretär Etienne Du Castel und wird Mutter von drei Kindern. Doch kurze Zeit später vollzieht sich ein radikaler Wandel in ihrer Existenz, hervorgerufen durch den Tod Karls V. (1380), den ihres Vaters (um 1385) und ihres Mannes (um 1389). Ch. muß ihren Lebensunterhalt selbst verdienen und entwickelt sich, dank ihrer symbolischen Verwandlung von einer Frau in einen Mann, zu Frankreichs erster Berufsschriftstellerin. Sie arbeitet zunächst wahrscheinlich als Kopistin, bildet sich als Autodidaktin und überreicht 1399 der Königin Isabeau de Bavière ihre erste Gedichtsammlung, die *Cent Balades*. Ch. gelingt es, die mächtigsten Adligen im Europa jener Zeit als Mäzene zu gewinnen. In rascher Folge entsteht bis 1418 ein gewaltiges Werk von beeindruckender Vielfalt: Frauenverteidigungsschriften wie die *Epistre au Dieu d'Amours* von 1399 (*Der Sendbrief vom Liebesgott*, 1987); ihre Briefe gegen den *Rosenroman* (1401–1403) und *Le Livre de la Cité des Dames*, 1404/05 (*Das Buch von der Stadt der Frauen*, 1986); politische Texte wie die *Lamentacion sur les maux de la France*, 1410 (Klage über die unglückseligen Zustände in Frankreich) und *Le Livre de la paix*, 1412 (Das Buch vom Frieden); religiöse Dichtung; Erziehungsbücher für Männer und Frauen wie z. B. *L'Epistre Othea*, 1399 (Brief der Othea) und *Le Livre des Trois Vertus*, 1405 (*Der Schatz der Stadt der Frauen*, 1996) sowie ihr

Livre des Fais et bonnes meurs du sage Roy Charles V von 1405 (Das Buch von den Taten und dem vorbildlichen Verhalten des weisen Königs Karl V.), bis heute ein historiographisch-biographisches Standardwerk. Eine Sonderstellung nimmt *L'Avision Christine* (Ch.s Vision) von 1405 ein, dessen 3. Buch eine Fülle autobiographischer Aussagen enthält. Den Wirren des Hundertjährigen Kriegs und bürgerkriegsähnlichen Verhältnissen in Paris dürfte es anzulasten sein, wenn sich Ch.s Lebensspuren von 1418 bis 1429 verlieren. Im Juli 1429 beendet sie ihr letztes Werk, ein hymnisches Lobgedicht auf die Jungfrau von Orléans.

Ch. ist nicht nur Frankreichs erste professionelle Autorin, sondern zugleich die Ahnherrin aller »Bücherfrauen«. Viele ihrer Werke hat sie selbst abgeschrieben. Später beschäftigt sie wahrscheinlich eine Schreibwerkstatt, stets aber kümmert sie sich bis ins Detail um Herstellung und Verbreitung ihrer Bücher. Von keiner anderen Frau des Mittelalters besitzen wir so viele Abbildungen wie von ihr, die deshalb als Schöpferin des (weltlichen) Autorinnen-Bilds gelten kann. Immer wieder setzt sie sich als »Ich, Ch.« nicht nur in ihren Werken, sondern auch auf Miniaturen wirkungsvoll in Szene: als Intellektuelle in ihrer Studierstube, bei der Überreichung einer kostbaren Handschrift an ihre Mäzene oder als eine ihre männliche Zuhörerschaft belehrende Frau. In zwei opulent bebilderten Sammelhandschriften stellt sie um 1410 für Johann von Berry bzw. Isabeau de Bavière ihre wichtigsten Werke zusammen. Ch.s selbstbewußte Prophezeiung einer dauerhaften Wirkung ihrer Schriften erfüllt sich in mehrfacher Hinsicht. Bereits zu Lebzeiten gibt es Übersetzungen ins Englische, später ins Portugiesische und Niederländische; um 1450 entsteht die erste deutsche Übertragung eines Werks von Ch., das *Buoch von dem vechten und von der ritterschafft*. Zahlreiche Schriftsteller des 15./16. Jh.s stehen in ihrer Nachfolge: Charles d'Orléans, der große Melancholiker, und Alain Chartier; Martin Le Franc, der nach dem Vorbild der *Stadt der Frauen* um 1440 den *Champion des Dames* (Der Damen-Streiter) schreibt; im 16. Jh. gedenken Jean und Clément Marot der »dame Ch.«. Adlige Frauen wie Anna von Frankreich, ↗ Margarete von Navarra, Diana von Poitiers, Margarete von Österreich besaßen Abschriften von Ch.s Werken und vererbten sie an ihre Töchter weiter. Im 17./18. Jh. wird Ch. als historische Schriftstellerin wiederentdeckt und um 1900 im Kontext des ersten Feminismus neu gelesen. Ein geradezu stürmisches Comeback erlebt sie seit den 80er Jahren mit der Übersetzung ihrer als frühfeministische Streitschrift rezipierten *Cité des Dames* in die wichtigsten europäischen Sprachen. Dies geschieht nicht ohne Kontroversen: Ch. provoziert noch immer, und sei es zu Debatten um ihre *political/feminist correctness*.

Œuvres poétiques. 3 Bde. Hg. M. Roy. Paris 1886–1896. 1972; *Der Sendbrief vom Liebesgott*. Üb. von M. Stummer. Graz 1987; *Das Buch von der Stadt der Frauen*. Hg. u. üb. von M. Zimmermann. Berlin 1986; *Der Schatz der Stadt der Frauen*. Hg. v. C. Opitz; üb. von C. Probst. Freiburg 1996; *Wege in die Stadt der Frauen. Texte und Bilder der Ch. de P.* Hg. M. Zimmermann. Zürich 1996. – Lit.: Willard, C. C.: *Ch. de P. Her Life and Works*. New York 1984; Zühlke, B.: *Ch. de P. in Text und Bild. Zur Selbstdarstellung einer frühhumanistischen Intellektuellen*. Stuttgart/Weimar 1994.

Margarete Zimmermann

Churchill, Caryl
Geb. 3.9. 1938 in London

»In the theatre everything is possible«, behauptet Caryl Churchill, die bekannteste englische Dramatikerin der Gegenwart. Ihre Arbeiten erkunden das Verhältnis von Identität und den sie erzeugenden gesellschaftlichen Strukturen und entwerfen Vorstellungsräume für Veränderungen. Sie sind geprägt durch kollaborative Diskussions- und Produktionsprozesse, detaillierte historische oder ›Vor-Ort-Recherchen‹ und Bezüge auf theoretische Texte. Unter Einbeziehung von episierenden Mitteln, Performance-Elementen und der Differenz zwischen Schauspieler/in und Rolle überschreiten ihre besten Stücke Bühnen- und Wahrnehmungskonventionen zugleich. Dieses illusionsbrechende, innovative Potential unterscheidet ihre Dramen von den meisten anderen auf der englischen Bühne. Für die Entwicklung des feministischen Theaters sind ihre Werke von besonderer Bedeutung.

Ch. wuchs in London und Montreal auf und studierte von 1957–60 Englische Sprache und Literatur in Oxford, wo ihre ersten Bühnenstücke studentisch inszeniert wurden. Nach ihrer Heirat (1961) lebte sie mit drei Kindern zu Hause und schrieb in den folgenden zehn Jahren v.a. Hörspiele für den BBC, in denen bürgerliche Lebensumstände kritisch beleuchtet werden. Wohneigentum und Wohnungsmarkt sind Thema von *Owners* (*Besitzer*, 1975), ihrem ersten größeren Bühnenstück, das 1972 im Royal Court Theatre Upstairs uraufgeführt wurde. Ähnlich wie Pam Gems (geb. 1925) arbeitete Ch. in der politisierten Theater-Szene der 70er Jahre für verschiedene Bühnen. Sie schrieb für die Frauentheatergruppe Monstrous Regiment das Stück *Vinegar Tom* (1976), das Hintergründe des Hexenglaubens aufrollt und verfaßte das Drehbuch für einen BBC-Film über Gerichte in Nordirland, der einen Zensur-Skandal auslöste. Zudem begann mit *Light Shining in Buckinghamshire* (1976), einem Drama über den englischen Bürgerkrieg im 17. Jh., die fruchtbare Zusammenarbeit mit der Theatergruppe Joint Stock.

Ihren internationalen Durchbruch erzielte Ch. mit *Cloud Nine* (1979). Das Stück untersucht Geschlechter-, Rassen- und Klassenkonstruktionen in einer weißen Familie im englisch kolonisierten Afrika und beleuchtet Veränderungen und Kontinuitäten im London der 70er Jahre. Das hier voll ausgereizte Mittel der Mehrfachbesetzung ebenso wie die Durchbrechung temporaler Linearität, charakterisieren auch nachfolgende Dramen wie *Fen* (1983), das die Umbrüche im Leben heutiger Landarbeiter/innen erkundet, oder *Top Girls* (1982), das in einer Kollage mit historisch herausragenden Frauenfiguren die Ideologie der erfolgreichen Frau in der Thatcher Ära problematisiert. *A Mouthful of Birds* (1986), mit dem Choreographen David Lan als Koautor, führt ein starkes Performance-Element ein und verweist durch seine Mythosbezüge bereits auf *Skriker* (1994) im National Theatre uraufgeführt, in dem Figuren verschiedener Welten aufeinandertreffen. Konzentrieren sich diese beiden Stücke auf das Innenleben der Figuren, so bleiben in *Mad Forest*, einem Stück über die revolutionären und konterrevolutionären Ereignisse in Rumänien in Zusammenarbeit mit der Schauspielschule in Bukarest, gesellschaftliches Umfeld und subjektiver Blick weiterhin aufeinander bezogen. Ch. ist heute die weltweit meistgespielte englischsprachige Bühnenautorin, doch jüngere Dramatikerinnen wie Luise Page (geb. 1955), Sarah Daniels (geb. 1956) u. v. a. sind längst nachgerückt.

Plays One·Two. London 1985·1990. – Lit.: Kritzner, A. H.: *The Plays of C. Ch.* London 1991; Fitzsimmons, L.: *File on Churchill.* London 1989.

Ute Berns

Cixous, Hélène

Geb. 5. 6. 1937 in Oran/Algerien

»Mir scheint, daß die Geschichte einer Schrift immer mit der Hölle beginnt. Desgleichen die Geschichte eines Lebens. Zuerst mit der Hölle des ICH, mit unserem allerersten, primitiven Chaos, dieser Finsternis, in der wir uns abmühen, wenn wir jung sind und in der wir uns selbst entwerfen«, heißt es im Essay »Von der Szene des Unbewußten zur Szene der Geschichte: Weg einer Schrift« (1987).

Das Schreiben biete die Chance, dieser Hölle, die eine des Unbewußten, des Formlosen, des Unverständnisses oder eine »reale Hölle« sein könne, zu entkommen; gelinge dies, so schreibe man, um nicht zu vergessen, daß es diese Hölle gibt. Die Romane der frühen Schaffensphase z. B. *Le prénom de Dieu*, 1967 (Gottes Vorname), *Dedans*, 1969 (Innen), *Portrait du Soleil*, 1974 (Portrait der Sonne), *Angst* (1977) thematisieren die Qualen des weiblichen Ich und variieren die Erinnerung an die »Szene des Unbewußten«, die mit einer ursprünglichen Verletzung einhergeht: die frühkindliche Angst vor dem Verlassenwerden, dem Verlust. *Angst* nimmt in diesen Texten eine zentrale Position ein; das Wort ›Angst‹ gilt C. als unübersetzbar, da es das ›Unheimliche‹ im Sinne Freuds, das rätselhafte Ungewisse, vor dem wir Angst haben, das uns aber zugleich auf erschreckende Weise vertraut sei, evoziere.

C. wurde als Kind jüdischer Eltern in Oran geboren, die Sprache ihrer Mutter war das Deutsche, die des Vaters das Französische. Nach dem Studium in Algerien habilitierte sie sich in Paris mit einer Arbeit über die Bedeutung des Exils bei Joyce (1969) und lehrt seitdem an einer Pariser Universität, wo sie 1977 das Institut für feministische Literaturstudien gründete und sich als Schriftstellerin und Theoretikerin der *écriture féminine* nachhaltig für eine feministische Reflexion des Verhältnisses von Schrift, Weiblichkeit, Feminismus engagiert hat. Ausgangspunkt ist die Geschlechterdifferenz, eine psychoanalytische Konzeption des Weiblichen im Sinne einer »Ökonomie der Verausgabung und der Gabe«, verknüpft mit der Forderung, weibliches Schreiben als subversive Praxis einer anderen Zeichenproduktion jenseits des herrschenden Diskurses zu erproben. Daß es C. weder um eine Festschreibung des Weiblichen geht noch um die Fortschreibung der binären Opposition von

Männlichkeit und Weiblichkeit, sondern um deren Überschreitung, um die Vervielfachung der Differenzen, die Betonung der Ambivalenz, der Übergänge, des Austauschs, vermitteln sowohl ihre Essays und Romane als auch ihre Theaterstücke, die seit Mitte der 80er Jahre in Kooperation mit Ariane Mnouchkine im Pariser Théâtre du Soleil inszeniert werden.

Weibliches Schreiben, konzipiert als ein kulturelles und politisches Projekt, setze die »Kühnheit des Umherschweifens« voraus, »die Kühnheit des Risikos, das die Frau ertragen kann, wenn sie sich auf den Weg macht, um sich im Unbekannten zu suchen.« Die experimentelle Schreibweise C.' läßt sich als ein »Umherschweifen« in der Sprache begreifen: insbesondere ihre poetischen Prosatexte, offene Texte ohne Ende, erforschen die Sprache in all ihren Möglichkeiten, indem sie Faktoren wie Klang, Rhythmus, Emotion, Doppeldeutigkeit ins Spiel bringen, unterschiedliche Diskurstypen vermengen oder mit Mythen und Metaphern experimentieren. Diese Schreibweise vermittelt sich zugleich als eine Suche nach utopischen Entwürfen des Weiblichen – beispielweise in den Romanen *La*, 1976 (Die), *Vivre l'Orange*, 1979 (Die Orange leben), *Illa* (1980), *Le livre de Promethea*, 1985 (*Das Buch von Promethea*, 1990). Das von C. privilegierte Mittel gegen das Vergessen stellt die Schrift (écriture) dar: »Schreiben ist (oder sollte) sich erinnern (sein) an das, was in diesem Moment ist, an all das, was niemals war, an das, was verschwinden könnte, an das, was verboten, getötet, verachtet werden könnte.«

Lit.: Rossum-Guyon, F. v./Díaz-Diocaretz, M. (Hgg.): *H. C. Chemins d'une écriture.* Amsterdam/Paris 1990; Waniek, E.: *H. C.: Entlang einer Theorie der Schrift.* Wien 1993; Calle-Gruber, M./Cixous, H. (Hgg.): *H. C. Photos de Racines.* Paris 1994; Sellers, S.: *H. C. Authorship, Autobiography and Love.* Cambridge 1996.

Brunhilde Wehinger

Colette (eigtl. Colette, Sidonie Gabrielle)

Geb. 28. 1. 1873 in Saint-Saveur-en-Puisaye, Burgund; gest. 3. 8. 1954 in Paris

»In diesem Wort: das Unerbittliche fasse ich das Bündel der Kräfte zusammen, dem wir nur den Namen ›Sinne‹ zu geben wußten. Die Sinne? Warum nicht *der* Sinn? Es wäre sittsam und ausreichend.« In den Mittelpunkt ihres Schreibens hat die französische Schriftstellerin C. gleich zweifach die sinnliche Wahrnehmung gestellt: selbst feinsinnig beobachtend, erscheinen bei ihr die Sinne als dominant für das menschliche Lebensgefühl. Daß sie den einen Sinneseindruck bisweilen einfach durch einen anderen beschreibt – eine weibliche Singstimme ist »samtig, spröde und zart wie ein harter, dickpelziger Pfirsich« – zeigt, daß ihr Schreiben auch immer ein Spiel mit den Wörtern ist. – In einem kleinen Dorf im Burgund geboren und aufgewachsen, hat C. drei Ehen gelebt, aber genauso Beziehungen mit Frauen. Durch Nacktauftritte und Darstellung lesbischer Szenen auf Varietébühnen verursachte sie Skandale und wurde später doch in die Académie royale de Belgique, die Académie Goncourt und die französische Ehrenlegion aufgenommen. Sie gilt heute als eine der bekanntesten Schriftstellerinnen des 20. Jh.s und ist eine der wenigen französischen Autorinnen der Zwischenkriegszeit, die noch im Gedächtnis ist. Dabei war es ursprünglich gar nicht C.s Absicht, eine berühmte Schriftstellerin zu werden. Die Ambivalenz ihrer Persönlichkeit und ihres Verhältnisses zum Schreiben spiegelt sich auch in dem Namen, den sie als Künstlerin wählte: Colette, – ein gängiger weiblicher Vorname in Frankreich, aber auch der Nachname ihres Vaters, der selbst gerne Schriftsteller geworden wäre.

Mit 20 Jahren heiratet sie den viel älteren Pariser Kritiker Henry Gauthier-Villars (Willy) und geht mit ihm nach Paris. Willy, der unter seinem Namen Werke unbekannter Autoren veröffentlicht, entdeckt das Erzähltalent seiner Frau und bittet sie, Geschichten aus ihrer Schulzeit aufzuschreiben. So entsteht C.s erster, 1900 unter Willys Namen publizierter Roman *Claudine à l'école* (*Claudines Schuljahre*, 1902), dem wegen des großen Erfolgs beim Publikum drei weitere Claudine-Romane folgen. Als sich das Paar 1906 trennt, ist C. fest entschlossen, durch Theaterspielen und Schreiben ihren Lebensunterhalt selbst zu verdienen; sie thematisiert diesen Aspekt 1910 in ihrem Roman *La Vagabonde* (*Renée Néré*, 1927). Sie arbeitet als Journalistin, aber auch als Schauspielerin, Tänzerin und Akrobatin in Pariser Varietétheatern. In dieser Zeit geht C. in der Welt der Music-Hall, der sog. Demi-monde, ein und aus und frequentiert den Sapphischen Zirkel von Natalie Barney (1876–1972), dem auch die Schriftstellerinnen Renée ↗ Vivien (1877–1909) und Lucie Delarue-Mardrus (1874–1945) angehören. Während des Ersten Weltkriegs arbeitet C. weiter als Journalistin, besucht ihren zweiten Mann, Henry de Jouvenel, in Verdun und schreibt einige Berichte von der Front. 1920 publiziert sie den Roman *Cheri* (dt. 1927). In der Bühnenversion übernimmt C. später selbst die Rolle der alternden Lebedame Léa. 1923 folgt der Roman *Le blé en herbe* (*Phil und Vinca*, 1928), das erste Buch, das sie als ›Colette‹ publiziert. Beide Romane thematisieren ein Liebesverhältnis zwischen einer bereits reiferen, sehr selbstbewußten Frau und ihrem um viele Jahre jüngeren Liebhaber. Neben der Schilderung des sexuellen Erwachens und Erwachsenwerdens wie in dem Roman *La chatte* 1933 (*Die Katze*, 1936) und der Erzählung *Gigi*, 1944 (dt. 1953) ist diese Thematik für C.s Erzählen charakteristisch.

Das Verhältnis von Leben und Werk ist für das Bild der Schriftstellerin C. zentral. Lange Zeit ist ihr umfangreiches Werk, das mehr als 60 Titel umfaßt, vornehmlich als autobiographisch interpretiert und nicht entsprechend gewürdigt worden. Richtig ist, daß Colette für ihr Schreiben aus der gegenwärtigen Lebensrealität oder aus Erinnerungen schöpfte, doch ging es ihr nie darum, durch ihr Schreiben ihr Leben geordnet festzuhalten. So erzählt sie 1932 in *Ces plaisirs* (*Diese Freuden*, 1983), später in *Le Pur et l'Impur* umbenannt, ihre Zeit der Music-Hall, porträtiert Renée ↗ Vivien, reflektiert essayistisch Weiblichkeit und Männlichkeit, weibliche und männliche Lust, äußert sich über die Vorzüge der Frauenliebe. Während ihre Zeitgenoss/innen damals nur wenig mit dem Text anzufangen wußten, erscheint er im Rahmen der *Gender*-Diskussionen in einem neuen Blickwinkel.

Die letzten Jahre ihres Lebens verbringt C., durch eine Arthritis fast gelähmt, nur noch in ihrer Wohnung im Palais Royal. In dieser Zeit entstehen noch literarische

Reflexionen und Rückblicke auf ihre reifen Jahre wie 1946 *L'Etoile Vesper* (Der Abendstern) und 1949 *Le Fanal bleu* (*Blaue Flamme*, 1979). Als Colette 1954 stirbt, erhält sie als erste französische Schriftstellerin ein offizielles Staatsbegräbnis. Sie liegt auf dem Père Lachaise Friedhof begraben.

Œuvres complètes. 16 Bde. Paris 1973–76. – Lit.: Lottmann, H.: *Colette. Eine Biographie.* Wien 1991; Slama, B.: »Colette – une écriture subversive?« in: Heymann, B./Steinbrügge, L. (Hgg): *Genre-sexe-roman.* Frankfurt/M. 1995.

Alexandra König

Collett, Jacobine Camilla (geb. Wergeland)

Geb. 23. 1. 1813 in Christiansand/Norwegen; gest. 6.3. 1895 in Christiania/Norwegen

Camilla Collett ist eine kanonisierte Gestalt in der Literaturgeschichte Norwegens. Auch in den anderen nordischen Ländern ist C. als Pionierin des Tendenzromans des 19. Jh.s und als Vorkämpferin der Frauenemanzipation bekannt. Wie Bettina von ↗ Arnim ist C. die erste Frau, die mit ihrem Antlitz eine Banknote ihres ›Vaterlands‹ schmückt. Ihr Nachruf ähnelt auch der Bettinas: einerseits gibt es die junge Camilla Wergeland, eine Ikone aus der Romantik, schön, graziös, empfindsam, die Schwester eines Dichters (Henrik Wergeland) und in einen anderen (J.S. Welhaven) unglücklich verliebt; andererseits findet man die ältere Reformatorin, Schutzgeist der Frauenbewegung der 80er und 90er Jahre und Verfasserin vieler Artikel und Bücher zur Frauenfrage.

Bettina von Arnim war eine von mehreren deutschen Schriftstellerinnen, die C. gefesselt hat. Nach ihrer Schulzeit in der Herrnhutischen Anstalt in Christiandsfeld war C. mit der deutschen Sprache und Literatur vertraut geworden. Später wurde sie von Rahel ↗ Varnhagens *Ein Buch des Andenkens für ihre Freunde* (1834) und Theodor Mundts *Charlotte Stieglitz* (1835) inspiriert. Interessant ist auch C.s Bekanntschaft mit der Salonière und Autorin Therese von Bacheracht, deren Salon sie 1837 in Hamburg besuchte. Obwohl beide ihre Bücher später publizierten, spürt man doch Ähnlichkeiten: in der thematischen Fokussierung auf die Tristesse der Geschlechterrollen, in der autobiographischen Färbung ihrer Werke (Erinnerungen, Reisebeschreibungen) und in der darin enthaltenen Literaturkritik. Sie waren beide vom Werk der französischen Autorin George ↗ Sand fasziniert.

Sowohl C. als auch Bacheracht schrieben über die Differenz zwischen Frau und Mann, d.h. für das Prinzip von »l'égalité dans la différence«, wie man es 1848 in Frankreich nannte. »Wenn ich dem Manne unähnlich bin, bin ich ihm doch nicht untergeordnet«, denkt Constance in Therese von Bacherachts *Heinrich Burkart* (1846). Kluge Feministinnen fordern nicht, daß man die Geschlechter gleich erziehen soll, erklärt C. später. Sie verlangen aber dieselben Entwicklungsmöglichkeiten für die Fähigkeiten der Frau, wie der Mann sie besitzt.

Eine Grundthematik C.s ist die Sprachlosigkeit der Frau. Ihre Tagebuchaufzeichnungen (1833–1837) sind ein Experiment, um diese Sprachlosigkeit zu ergründen und zu überwinden. Die Kunst, ihre Lebensgeschichte anhand von Fragmenten, »Datas« und »Details« zu konstruieren, hat C. auch in ihren Erinnerungen benutzt (1862). In ihrem Hauptwerk, dem Roman *Amtmandens Døtre*, 1854–55 (*Die Amtmanns-Töchter*, 1864), ist diese Sprachlosigkeit der Frauen mit der Problematik der weiblichen Identität verknüpft: Sophie, die Heldin des Romans, versucht ihre eigene Individualität zu entwickeln, muß sich aber der Norm weiblicher Passivität ergeben. C. nennt es die »weibliche Selbst-Tötung«. Man kann auch die häufig apostrophierte Sprachlosigkeit in ihrer Essaysammlung *Fra de Stummes Leir* (*Aus dem Lager der Stummen*, 1877) spüren, insbesondere wenn sie die Darstellung der Frauen im modernen Roman analysiert. Das Buch ist eine von sechs Essaysammlungen, die C. von 1868 bis 1885 publizierte.

Dagbøker og breve (Tagebücher und Briefe). 4 Bde. Hg. L. Amundsen. Oslo 1926–33; *Samlede verker* (Gesammelte Werke). 3 Bde. Oslo 1912–13. – Lit.: Heitmann, A.: *Selbst Schreiben. Eine Untersuchung der dänischen Frauenautobiographik*. Frankfurt/M. 1994.

Torill Steinfeld

Comtessa de Dia (vielleicht Beatrix de Dia)

Geb. ca. 1150; gest. nach 1222

»Die Gräfin von Dia war die Ehefrau Guillems de Peitieus, eine schöne und gute Dame, und sie verliebte sich in Herrn Raimbaut d'Aurenga und machte viele gute Lieder über ihn, wie ihr hier sehen und hören könnt.« Mit dieser mittelalterlichen Lebensnachricht, der sog. *vida*, beginnt das Liederbuch der C. de D., der bekanntesten Dichterin des okzitanischen Mittelalters. Sie ist möglicherweise eine nach ihrer Großmutter Beatrix benannte Tochter des Grafen Isoard II. de Dia und könnte die zweite Ehefrau eines provenzalischen Adligen namens Guilhem de Peitieus gewesen sein. Ihre näheren Lebensumstände sind jedoch ebensowenig belegt wie ihre Liebesbeziehung zu dem Trobador Raimbaut d'Aurenga. Vier kunstvolle Liebeslieder in altokzitanischer Sprache sichern ihr einen herausragenden Platz unter jenen Dichterinnen, die zwischen 1135 und 1260 neben ihren männlichen Kollegen in der Kunst des Dichtens, des *trobar*, brillierten und mit der weiblichen Form von *trobador* als *trobairitz* bezeichnet werden. Wie die C. de D. waren diese ausnahmslos adligen Damen alle in der Lage, über ihre dreifache Rolle als Rezipientin, Förderin und Mäzenin hinaus auch selbst zu dichten. Die meisten begnügten sich dennoch damit, von den Trobadors besungen zu werden. Viele traten als Mäzeninnen hervor, standen im Zentrum regelrechter ›Salons‹, einige als eigenständige Dichterinnen, wie z. B. Azalais d'Altier, Azalais de Porcairagues, Bieiris de Romans, Castelloza, Clara d'Anduza, Garsenda de Forcalquier – die auch politisch als Regentin von 1213 bis 1220 aktive Gräfin der Provence –, Maria de Ventadorn und Tibors de Sarenom.

Erhalten ist – neben den Namen einer Gruppe von 17 *trobairitz* ohne Textüberlieferung – ein Korpus von insgesamt 46 Liedern (20 lyrische Monologe und 26 Dialoge). Dabei dominiert die Kanzone bzw. *canso.* Die okzitanische *domna* wandte sich aber auch anderen Gattungen zu, wie z. B. dem *salut* oder »Brief«, dem *planh* oder »Klagelied« oder dem *sirventes,* dem Protestlied ihrer Zeit. Und nicht zuletzt pflegte sie im Dialog, in tenso – Tenzone oder Streitgespräch – und *partimen* – ein Spiel mit verteilten Rollen –, das Gespräch von Frau zu Frau ebenso wie den Disput mit den Trobadors, darunter Raimbaut d'Aurenga, dessen anonyme Dialogpartnerin jedoch nicht zweifelsfrei als die C. de D. identifizierbar ist. Unter ihrem Namen überliefern die – meist erst im 13. bzw. 14. Jh. in Norditalien entstandenen – Handschriften lediglich die *vida,* bisweilen von einer die Dichterin beim Vortrag darstellenden Miniatur begleitet, und maximal vier ihrer Liebeslieder. Die C. de D. kannte die Liebeslyrik ihrer Zeitgenossen sehr genau und geht sehr bewußt darauf ein, wenn auch sozusagen ›mit vertauschten Rollen‹: Das von den Trobadors entwickelte Liebeskonzept, *la fin'amor* – im Gegensatz zum Französischen ist *amor* im Altokzitanischen weiblichen Geschlechts –, stellt nämlich die geliebte Herrin, die *domna,* in unerreichbare Ferne. Kehrt sich dieses Kräfteverhältnis um, wird die geliebte *domna* selbst zur flehenden Sängerin, so stellt sie das vor nicht unbeträchtliche Probleme: Soll sie denn den Geliebten nun in gleicher Weise besingen wie er sie? Die C. de D. tut das genausowenig wie ihre dichtenden Geschlechtsgenossinnen und behält ihre Unabhängigkeit, z. B. indem sie sich offen gegen bestehende Konventionen richtet. Das zweite und zugleich auch bekannteste ihrer Lieder, »A chantar m'er de so qu'ieu no volria«, ist die einzige *trobairitz*-Kanzone, zu der eine Melodie erhalten ist, aber auch zum dritten Lied, »Estat ai en greu cossirier«, dürfte die C. de D. eine Melodie komponiert haben. Die Melodien liefern den Beweis dafür, daß ihre Lieder – ob von ihr selbst oder einer *joglaressa,* einer Spielfrau, vorgetragen – für die Öffentlichkeit bestimmt waren. Moralische Bedenken wurden dagegen angeführt: Die für viele moderne Kritiker allzu eindeutig aus den Liedern der C. de D. sprechende Erotik führte bis ins 20. Jh. zur wertenden Verurteilung der *trobairitz* ob ihres »außergewöhnlichen Mangels an Tugendhaftigkeit«. Obwohl dieses Urteil inzwischen relativiert wurde, begegnet die Kritik dem Ausdruck weiblicher Erotik bei der C. de D. weiter mit Unbehagen und dem Versuch der völligen ›Deserotisierung‹. Doch bereits wenige Verse aus ihren Liedern zeigen, wie unverkrampft ihr Verhältnis zu dieser Seite der *fin'amor* war. Am deutlichsten wird sie in den Versen »Gerne hielte ich meinen Ritter/ eines Abends nackt in meinen Armen,/ denn er wäre überglücklich,/ hätte er mich nur als Kissen gehabt«. Die Erfüllung dieses Wunsches bejubelt schließlich das vierte Lied, »Fin ioi me don'alegransa«. Die facettenreichen Lieder der C. de D. mit ihrem geschliffenen Formenreichtum, ihren literarischen Anspielungen, ihrer noch immer provozierenden Erotik und ihrem differenzierten Umgang mit den Spielregeln der *fin'amor* heben sie zwar über die meisten überlieferten Werke der anderen *trobairitz* hinaus, sind aber zugleich auch symptomatisch für deren Lyrik. So verschieden die einzelnen Dichterpersönlichkeiten der trobairitz nämlich auch sein mögen, drei Wesenszüge haben sie alle gemein: die Freude am Spiel mit der Intertextualität, die Reserviertheit gegenüber der hochstilisierten Ideologie der *fin'amor* und ihres

Regelsystems und das geschärfte Bewußtsein der Diskrepanz zwischen Ideal und Wirklichkeit.

Chants d'amour des femmes–troubadours (altokzitanisch–frz.). Hg. P. Bec. Paris 1995; Rieger, A.: *Trobairitz* (altokzitanisch–dt.). Tübingen 1991. – Lit.: Bruckner, M.T.: »Trobairitz«. In: *A Handbook of the Troubadours*. Hgg. F.R.P. Akehurst/J.M. Davis. Berkeley 1995, S. 201–233; Städtler, K.: *Altprovenzalische Frauendichtung*. Heidelberg 1990; Paden, W.D. (Hg.): *The Voice of the Trobairitz*. Philadelphia 1989.

Angelica Rieger

Condé, Maryse

Geb. 1937 auf Guadeloupe

Maryse Condé, aufgewachsen im französischen Übersee-Departement Guadeloupe in der Karibik, hat in Paris Literaturwissenschaften studiert. Dort lernte sie ihren Mann kennen, mit dem sie in sein Heimatland Guinea ging. Zwölf Jahre lang lebte sie in verschiedenen afrikanischen Ländern. Ihre Begegnung mit Afrika, dem »Land der Geburt« (Aimé Césaire), das seit der *Négritude*-Bewegung der 30er Jahre zu einem antillanischen Mythos geworden ist, prägt ihre ersten Romane: *Heremakhonon* (1976), 1988 neu aufgelegt unter dem Titel *En attendant le bonheur*, beschreibt die Identitätssuche einer jungen Frau aus Guadeloupe in Afrika. Das ursprüngliche und von der Kolonialisierung unberührte Afrika meint sie in der Person des traditionalistischen Innenministers Sory zu finden. Die Wirklichkeit holt sie jedoch ein, als eine Verhaftungswelle durch das Land geht und Sory einen Freund ermorden läßt, der der Opposition angehört. Die Autorin spielt damit auf politische Ereignisse des Jahrs 1962 in Guinea an.

Auch der Schauplatz ihres zweiten Romans *Une saison à Rihata* (1981) ist ein afrikanisches Land, das, früher unter französischer Kolonialherrschaft, mit der Unabhängigkeit eine sozialistische Staatsform erhielt, die in die Diktatur mündete. Der Wechsel von der Ich-Perspektive in *Heremakhonon* zur auktorialen erlaubt hier eine differenziertere Beschreibung der politischen Verhältnisse, der Ethnien, Religionen und Traditionen. Die Protagonistin aus Guadeloupe erlebt das afrikanische Land, in das sie mit ihrem Mann gezogen ist, als selbstgewähltes Exil, das ihre Hoffnungen auf eine bessere Zukunft zerstört hat. In *Ségou*, 1984/85 (*Segu*, 1988/*Wie Spreu im Wind*, 1993), ihrem ersten Bestsellererfolg, wendet sich C. dem historischen Afrika zu. Anhand einer Vielzahl von Figuren entwickelt sie exemplarisch die geschichtlichen Ereignisse und geistigen Strömungen des 19. Jh.s: die Ausbreitung des Islam in Afrika, der Sklaven- bzw. Dreieckshandel und die Kolonisierung Afrikas. C. erzählt in der Form der Familiensaga, die zugleich in der europäischen Literaturtradition wie in der afrikanischen mündlichen Überlieferung verwurzelt ist, die Geschichte der Nachkommen eines adeligen Bambara aus dem im heutigen Mali gelegenen Stadtstaat Ségou. Sie begreift die afrikanische Geschichte als Aufeinanderfolge von Krisen und zerstört damit einen antillanischen

Traum: Schon vor der Kolonisierung gab es in Afrika Unterdrückung und Sklaverei.

Moi, Tituba, sorcière ... noire de Salem, 1986 (*Ich, Tituba, die schwarze Hexe von Salem*, 1988) markiert einen Übergang in C.s Werk von der Auseinandersetzung mit Afrika hin zu karibischer Geschichte und Gegenwart. Dieser historische Roman geht auf die Hexenprozesse von Salem 1692 zurück. Aus der Sicht der Sprachlosen, Marginalisierten erzählt die Autorin Titubas Leben einer Sklavin und Rebellin, der einzigen Schwarzen unter den ›Hexen von Salem‹. Zum ersten Mal wählt C. Guadeloupe als Handlungsort in *La vie scélérate*, 1987 (*Das verfluchte Leben*, 1995). Anhand einer Familiengeschichte, die zu Beginn des 20. Jh.s einsetzt, beschreibt sie die Lebensbedingungen der Schwarzen auf den französischen Antillen, in Lateinamerika, Panama, den USA, Frankreich und Haiti. Doch die Hauptfiguren des Romans bleiben orientierungslos, und ihre Identitätssuche erweist sich als gefährliches Unterfangen. *Les derniers rois mages*, 1992 (*Requiem für einen schwarzen König*, 1994) erzählt die Geschichte der fiktiven antillanischen Nachkommen des letzten Königs aus Dahome. In der Begegnung von Schwarzen aus den USA und von den französischen Antillen werden ihre gänzlich unterschiedlichen Vorstellungen von schwarzer Identität deutlich. Das Resümee, das einer der Protagonisten zieht, kann als Botschaft der Autorin gelesen werden: »Die Vergangenheit muß umgebracht werden. Ansonsten tötet sie dich.«

C. hat neben weiteren Romanen – *Traversée de la mangrove*, 1989 (*Unter den Mangroven*, 1991), *La colonie du nouveau monde* (1993) und *La migration des cœurs* (1995) – Theaterstücke und literaturwissenschaftliche Werke über den Roman der französischen Antillen und über die orale Tradition publiziert. Sie arbeitet derzeit als Universitätsdozentin und Schriftstellerin in den USA, in Frankreich und auf Guadeloupe.

Lit.: Bouraoui, H.: »M. C. Interview«. In: *Ecriture Française dans le Monde* 5 (1981,3), S. 67–71; Glinga, W.: »Von Ghana bis Segu: Die Epen der west-afrikanischen Großreiche in den historischen Romanen von Amadou N'diaye *Assoka* ou les derniers jours de Koumbi und von M. C. *Segou, les murailles de terre.*« In: Riesz, J. (Hg.): *Frankophone Literaturen außerhalb Europas*. Frankfurt/M. 1987, S. 105–128.

Astrid Rauße

Correia, Natália

Geb. 13. 9. 1923 in Fajã de Baixo, São Miguel/Azoren; gest. 16. 3. 1993 in Lissabon

Natália de Oliveira Correia, seit den 50er Jahren eine der schillerndsten Figuren im literarischen Leben Portugals, prägte die zeitgenössische Kultur ihres Landes nicht bloß durch ihr eigenes Werk, sondern ebensosehr durch ihre öffentliche Präsenz und ihr Engagement auf verschiedensten Gebieten. – Die gebürtige Azorianerin, die dem Archipel immer eng verbunden blieb, kam schon als Kind nach Lissabon, wo sie bald aktiv am literarischen Leben teilnahm und während über vierzig Jahren streitbar und unkonventionell für Bewegung in Kultur und Politik sorgte. Wegen ihrer Beteiligung am antifaschistischen Widerstand versuchte das Salazar-Regime immer wieder, die unliebsame Literatin mittels Zensur und Überwachung durch die

Geheimpolizei PIDE mundtot zu machen, was jedoch nie recht gelingen wollte. Kaum je um eine Provokation verlegen, wußte C. die Öffentlichkeit stets von neuem mit erbarmungslos satirischen oder spielerisch-humorvollen Interventionen aufzurütteln. Neben ihrer Tätigkeit als Schriftstellerin trat sie auch als Schauspielerin, Malerin, Regisseurin und Publizistin an die Öffentlichkeit und pflegte in einem eigenen Lokal die *tertúlia*, den literarischen Stammtisch. Als sie nach der Nelkenrevolution (1974) auch als Politikerin tätig wurde, blieb die selbstbewußt provokative, unabhängige Haltung ihre Devise: unvergessen sind ihre scharfzüngigen Voten in der portugiesischen Nationalversammlung.

C.s Werk beeindruckt einerseits durch seinen Umfang, andererseits durch die Vielfalt: es umfaßt neben Lyrik, Dramen, Erzählungen, Romanen und Essays auch Drehbücher für Kino und Fernsehen, wissenschaftliche Publikationen, politische Texte, Reiseliteratur und ein Tagebuch. Ihre sinnliche, bilderreiche, häufig barock anmutende Lyrik mit mystischen Anklängen, ist dezidiert autobiographisch, gleichzeitig aber ironisch distanziert. Stilistisch mehrheitlich in der Nähe zum Surrealismus anzusiedeln, fällt auf, daß C.s Gedichte (die oft vertont wurden) formal wenig innovativ sind. Eine Gesamtausgabe letzter Hand ihres umfangreichen lyrischen Werkes hat die Autorin selbst kurz vor ihrem Tod noch vorbereitet. Die außerordentlich belesene Literatin widmete sich seit den 60er Jahren auch der Herausgabe verschiedener Lyrikanthologien. Furore machte vor allem ihre *Antologia da Poesia Erótica e Satírica* (1966), mitten in der dumpfen Öde einer vom salazaristischen Regime streng überwachten Kulturlandschaft publiziert: ihretwegen wurde die Autorin vor Gericht gestellt. Die dramatischen Werke zeichnen sich durch eine stärker sozialkritische Linie aus und vereinen grotesk-satirische Züge des barocken Theaters und Elemente der antiken Tragödie. *O Encoberto*, 1969 (Der Verschollene), von der Zensur verboten, widmet sich dem portugiesischen Nationalmythos des verschollenen Königs Dom Sebastião, wobei durch die Überführung der Handlung in die Gegenwart Parallelen zur aktuellen politischen und sozialen Situation Portugals gezogen werden. *A Pécora*, 1967 (Die Gefallene), erst 1984 veröffentlicht, greift zurück auf Elemente des Mysterienspiels, um Kommerzialisierung und Banalisierung der Religion anzuprangern. Von ihren Romanen waren *A Madona*, 1968 (Die Madonna) und *A ilha de Circe*, 1983 (Kirkes Insel) am erfolgreichsten: hier erweist sich C. als Vertreterin feministischer Vorstellungen, die auf eine mythisch-matriarchale Gedankenwelt zurückgreift und etablierte historische Stereotype neu deutet. Ihre Essays zeigen die Autorin als polemische, häufig schockierende, prinzipiell gegen den Strom schwimmende Outsiderin, die stark verinnerlichte Denkmuster aufzubrechen sucht wie in *Todos somos hispanos*, 1988 (Wir alle sind Hispanier), einem Plädoyer zur Überwindung der stark im portugiesischen kollektiven Unterbewußtsein verankerten Spanienfeindlichkeit oder Spanienfurcht, oder radikal zynisch religiöse Inhalte umwertet wie in *Uma estátua para Herodes*, 1974 (Eine Statue für Herodes), wo sie sich dem Thema der Überbevölkerung widmet und zum Schluß gelangt: »ein Bad ist nichts weiter als die Gelegenheit, das Baby zu ertränken«.

O Sol nas Noites e o Luar nos Dias (Sonne nachts und Mondschein am Tag). 2 Bde. Lissabon 1992–93.

Tobias Brandenberger

Courths-Mahler, Hedwig (Ps. Gonda Haack, Relham)

Geb. 18. 2. 1867 in Nebra/Thüringen; gest. 26. 11. 1950 in Rottach-Egern

Was gerade Kafka bewogen haben mag, sich 1917 die Berliner Adresse der C.-M. zu notieren, bleibt rätselhaft. Über 200 Romane hat die ›Fourths-Malheur‹ oder die ›Kotz-Mahler‹, so ihre Spottnamen, geschrieben: Als sie gestorben war, fand man im Notizbuch der so ›furchtbar Fruchtbaren‹ 200 Stoffe für weitere Romane. Die erfolgreichste und reichste, meistübersetzte deutsche Autorin – Gesamtauflage weltweit wohl um die 100 Millionen –, hat sich »aus dem Dreck herausgeschrieben«, so Friede Birkner (1891–1985), die eine ihrer gleichfalls vielschreibenden Töchter; die andere ist Margarete Elzer (1889–1966). In Stichworten: von unehelicher Geburt, als Ziehkind aufgewachsen, keine vier Jahre Volksschule, Dienstmädchen, Verkäuferin in noblen Leipziger Textilgeschäften, der Juniorchef will ihr an die Wäsche, sie knallt ihm eine und wird gekündigt. Später beuten sie manche Verleger schamlos aus – heute verstümmeln sie ihre Romane, die sich nur mehr in den älteren Ausgaben authentisch lesen lassen. Zirkus, Kino, Theater, Oper und Lektüre bilden schon früh die Gegenwelt zum tristen Alltagseinerlei. Die glitzernd-tollkühnen Szenen um *Hedwig, die Zigeunerbraut* begeistern sie als Kind derart, daß sie mit dem Zirkus ausbüxt, doch bald eingefangen wird – was bleibt ist Hedwig, der Name. Das klassische Theater-Repertoire wird ihr so vertraut, daß sie Rollen auswendig, sächselnd obzwar, deklamieren kann – ihren kessen Erfolgstitel *Ich lasse Dich nicht!* hat sie dem Faust aus der Kerker-Szene des *Urfaust* geklaut. Schlüsselerlebnisse: *Alt-Heidelberg* mit der kleinen Kathi und dem Erbprinzen Karl Heinz – das *Aschenputtel*-Schema bleibt ihr zeitlebens das liebste –, Wagner-Opern zuhauf und die Musik von Robert Stolz – *Zwei Herzen im 3/4-Takt.* Lieblingslektüren: *Die Gartenlaube*, vor allem Romane der Marlitt, der sie nacheifern möchte.

Mit 17 Jahren debütiert sie als Schriftstellerin; ihre noch traurigen Geschichten mit schlimmem Ende werden in Zeitungen gedruckt, machen sie regional bekannt. Erfolgsautorin wird sie erst mit 38 Jahren, in Berlin. Ab 1905 erscheinen ihre Romane in Buchform; mehrfach übersetzt, werden sie multimedial durch Dramatisierung und Verfilmung ausgeschlachtet – *Der Scheingemahl*, *Die Bettelprinzeß*, *Eine ungeliebte Frau* u.a. werden zu TV-Nostalgie-Rennern in den 70er Jahren. 3–5 Wochen schreibt sie an einem 300-Seiten-Roman, gespeist aus ihrem »Stoffbuch«, gefüllt auf alljährlichen Reisen. Seitengenau und pünktlich wie abgesprochen liefert sie ihre Manuskripte ab, erst beidseitig handschriftlich, später mit der Schreibmaschine, Typ »Ideal«. Ihre Frauenromane drehen sich letztlich alle um den Mann: Zentrum und Ziel ist die Heirat, die das glückliche Finale bildet. Grundformel: »GELD+LIEBE = GLÜCK« (Liebs, S. 167). Die belohnte, leidgeprüfte Tugend ist die moralische Botschaft ihrer schematisierten, gesichts- und geschichtslosen Handlungen, die sie als »harmlose Märchen für große Kinder« begreift – populäre Märchentitel und -motive werden gezielt von ihr aufgegriffen. Stereotype Merkmale: überschau- wie vorhersehbare Handlungen, kleines Figurenarsenal (Waisen und Halbwaisen machen's möglich), Maskierungen, Lausch-Szenen, aus denen Irrtümer, Spannung und Lösung erwachsen; was die Körper einhüllt, die Mode, und umgibt – Rittergutshaus, Fabrikantenvilla, die kleinbürgerliche Stube – wird lustvoll ausgemalt, den Körpern selbst ist jede Sinnlichkeit abgetrieben – bloß Tränenfluten und Küsse nur im Singular; der Reiz von Muttermalen erschöpft sich im Nachweis der höheren Abstammung –: die Welt außerhalb, sie bleibt ebendort. C.-M.s Bedürfnis, Gegensätze final auszubügeln, stellt sie in die Tradition der Rührspieldramatik des 18. Jh.s: »mehr unglücklich als lasterhaft« – so die Schlußsentenz in Lessings *Miss Sara Sampson* – seien die Bösen als die verhinderten Guten. Selbst an ihren Sätzen ist bemerkt worden, wie sie die Worte zu harmonisch-synonymer Paarbildung treibt (Opitz, S. 548 f.). Ihre Heldinnen reagieren nur, kultivieren ihre Unterordnung masochistisch bis zur Selbstaufgabe mit stets überdimensioniertem Opfer. Sobald (nach oben) geheiratet wird, geben sie die bescheidene Erwerbstätigkeit auf, machen auf Gattin total. Ausgespart wird, was C.-M. selbst verkörpert: der Typus der unabhängigen, intellektuellen Frau und Mutter, die ihren antriebsarmen Mann Fritz C. managte, solange er die Familie ernährte, die im Inflationsjahr 1923 ihr Millionen-Vermögen verliert und sich ein neues erschreibt, wie immer 14–16 Stunden täglich am Schreibtisch sitzend. Willy Haas, Herausgeber der renommierten *Literarischen Welt*, lobt sie als seine »vielleicht liebenswerteste und bravste Mitarbeiterin«. An kritischer Selbsteinschätzung hat es C.-M. nie gefehlt: Sie liefere keine »wertvollen Werke«, nur »ganz leichte Unterhaltungslektüre für schlichte Menschen«, bekennt sie Asta Nielsen, ihrem Kino-Idol. 1935 zieht sie sich auf den »Mutterhof« bei Rottach-Egern am Tegernsee zurück. Auch wenn an ihren Figuren Merkmale einer autoritären Persönlichkeit mit deren Affinität zu Elementen einer faschistischen Ideologie entdeckt wurden (Willenborg, 1964), den Fragebogen der Reichsschrifttumskammer soll sie unausgefüllt zurückgeschickt haben. Das Ansinnen, ihre Figuren rassistisch zu profilieren – die guten als Nazis, die schlechten als Juden – hat sie abgelehnt. Gestorben ist C.-M. am Totensonntag, auf dem Schoß ein Buch der geliebten Marlitt, darin ein Lesezeichen mit der Aufschrift: »Hier schlief ich ein ...«

Lit.: Opitz, R.: »H. C.-M. in literaturwissenschaftlicher Sicht«. In: *Weimarer Beiträge* 39 (1993), Heft 4, S. 534–551; Liebs, E.: »Diktierte Träume«. In: Kraft, H./Liebs, E. (Hgg.): *Mütter – Töchter – Frauen*. Stuttgart 1993, S. 149–172; Pistorius, S. M.: *Hedwig Courths-Mahler*. Bergisch Gladbach 1992; Müller, I.: *Untersuchungen zum Bild der Frau in den Romanen von H. C.-M.* Bielefeld 1978; Willenborg, G.: »Adel und Autorität.« In: *Trivialliteratur*. Hg. G. Schmidt-Henkel u. a. Berlin 1964, S. 192–216.

Dirk Mende

Cruz, Sor Juana Inés de la (eigtl. Juana Ramírez de Asbaje)

Geb. 12. 11. 1648 in San Miguel de Nepantla/Mexiko; gest. 17. 4. 1695 in Mexiko-Stadt

Das Leben der wohl berühmtesten Dichterin Mexikos bleibt auch 300 Jahre nach ihrem Tod noch teilweise rätselhaft: Erst vor kurzem mußte man z. B. das bisher angenommene Geburtsdatum 1651 aufgrund neuer Dokumente um drei Jahre vordatieren. Als uneheliche Tochter von Isabel Ramírez de Santillana und Pedro Manuel de Asbaje geboren, lernte Juana mit zwei Jahren lesen und schreiben, indem sie sich zu ihren älteren Schwestern in den Unterricht schwindelte. Später ersann sie diverse Strategien, um den Lerneifer aufrecht zu erhalten: So schnitt sie sich die Haare ab, wenn sie eine Lektion nicht schnell genug lernte, oder sie aß keinen Käse, der damals als verdummend galt. Auf der Hacienda ihres Großvaters in Panoayán, wo sie lebte, seit ihre Mutter eine neue Beziehung eingegangen war, fand sie eine reiche Bibliothek vor; dort schrieb sie angeblich bereits mit 7 Jahren erste Theaterstücke. Nach dem Tod des Großvaters 1656 kam sie zu begüterten Verwandten nach Mexiko-Stadt, wo sie, der als Frau das Studium an der Universität verwehrt war, mit Hilfe eines Privatlehrers in 20 Lektionen Latein gelernt haben soll. Als 1664 ein neuer Vizekönig aus Spanien ankam, wurde man auf die hochbegabte und gutaussehende Sechzehnjährige aufmerksam, und Juana wurde Hofdame bei der Vizekönigin Leonor Carreto, der Laura ihrer frühen Gedichte. Eine Überlieferung besagt, der Vizekönig habe das Wunderkind von den vierzig besten Gelehrten des Landes prüfen lassen, und sie habe sich so souverän bewährt, »wie ein stolzes Kriegsschiff des Königs gegen ein paar elende Schaluppen«.

Bis heute kann niemand sagen, warum Juana trotz dieser Erfolge 1667 plötzlich den Entschluß faßte, der Welt zu entsagen: Sie trat in den Orden der barfüßigen Karmeliterinnen ein, hielt jedoch die strengen Regeln offenbar nicht aus und verließ das Kloster drei Monate später wieder, offiziell wegen einer mysteriösen Krankheit, die als Auflehnung ihres Körpers gegen die Kasteiungen zu deuten sein dürfte. 1669 trat sie dann den Schwestern vom Heiligen Hieronymus bei, einem bekannt weltoffenen Orden, in dem sie für den Rest ihres Lebens bleiben sollte. Nach eigenen Angaben in ihrer autobiographischen Skizze *Respuesta a Sor Filotea de la Cruz*, 1691 (*Die Antwort an Schwester Filotea*, 1990) lagen die Beweggründe für die junge Frau v. a. in ihrer »absoluten Abneigung gegen den Stand der Ehe« begründet, und weil sie sich vom Klosterleben erhoffte, dort am ehesten ungestört ihren wissenschaftlichen Studien nachgehen und sich der Dichtkunst widmen zu können. Sie schrieb eine Reihe von *villancicos*, religiösen Singspielen mit bemerkenswerten Anleihen an indianische Mythologie und Sprache, großteils Gelegenheitsdichtung und Auftragsarbeiten, wie auch der *Neptuno alegórico* (Allegorischer Neptun) 1680 zu Ehren des neu ankommenden Vizekönigs. Zu dessen Frau María Luisa (in den Gedichten als Lysi verewigt) entwickelte Sor Juana eine innige Freundschaft, die von manchen Kritikern als homoerotisch gedeutet wird. Sie war es auch, die 1689 in Spanien einen ersten Lyrikband der schreibenden Nonne veröffentlichen lassen sollte: *Inundación Castálida de la única poetisa, musa décima, ...* Neben den in der Tradition von Lope de Vega und Calderón gehaltenen Dramen *Los empeños de una casa,* 1683 (Ein Hauswesen in Bedrängnis) und *Amor es más laberinto,* 1689 (Liebe, das größte Labyrinth), dem *Auto del divino Narciso,* 1690 (Der göttliche Narziß), an dem besonders die synkretistischen Elemente interessant sind, und dem *Primero Sueño,* 1690 (*Erster Traum,* 1993), einem anspruchsvollen philosophischen Gedicht, erregte vor allem eine theologische Streitschrift die Gemüter, die *Carta athenagorica* (1690), in der sie es wagte, die Thesen eines berühmten portugiesischen Jesuiten anzufechten. Aufgrund heftiger Auseinandersetzungen mit ihrem Beichtvater und dem frauenhassenden Erzbischof von Mexiko schrieb ihr Gönner, der Erzbischof von Puebla, unter dem Pseudonym Sor Filotea eine als Warnung zu verstehende Entgegnung. Noch einmal bäumte sich Sor Juana mit ihrer *Respuesta* dagegen auf, an ihren ›angestammten Platz‹ als Frau verwiesen zu werden, die in theologischen Fragen keine Berechtigung habe, ihre Stimme zu erheben. Doch als 1692 eine Hungersnot in Mexiko ausbrach, die Seuchen, Volksaufstände und religiöse Hysterie zur Folge hatte, wird auch die »zehnte Muse Mexikos« gezwungen, ihrer Wissenschaft und Dichtung zu entsagen, ihre angeblich 4000 Bände umfassende Bibliothek sowie ihre optischen und mathematischen Geräte zu verschenken. Sie, die einige Jahre zuvor noch respektlose Spottgedichte auf die »törichten Männer« verfaßt hatte, denen sie Verlogenheit und Doppelmoral vorwarf (weswegen sie manchmal auch als »erste Feministin Lateinamerikas« bezeichnet wird), unterschreibt 1695, bei der feierlichen Erneuerung ihrer Ordensgelübde, mit »Ich, die Schlechteste von allen«. Am 17. 4. stirbt Sor J. I. de la Cruz, nachdem sie sich bei der aufopferungsvollen Pflege ihrer Mitschwestern an einer Epidemie angesteckt hatte; fünf Jahre nach ihrem Tod erscheinen noch unveröffentlichte Werke unter dem Titel *Fama y obras posthumas del Fénix de México ...* (Ruhm und posthume Werke des Phönix von Mexiko) in Madrid.

Obras completas I-IV. Hg. A. Méndez Plancarte. México 1951–57. *Obras selectas.* Hgg. G. Sabat de Rivers/E. Rivers. Barcelona 1976; *Inundación Castálida.* Madrid 1982. – Lit.: Vossler, K.: *Die »zehnte Muse von Mexico« Sor J. I. de la Cruz.* München 1934; Pfandl, L.: *Die zehnte Muse von Mexiko. J. I. de la Cruz.* München 1946; Flynn, G.: *Sor J. I. de la Cruz.* New York 1971; Merkl, H.: *Sor J. I. de la Cruz.* Heidelberg 1986; Paz, O.: *Sor J. I. de la Cruz oder Die Fallstricke des Glaubens.* Frankfurt/M. 1991; Benassy Berling, M. C.: »Sor Juana Inés de la Cruz: Une Expression des élites culturelles mexicaines du XVIIe siècle«. In: *Cahiers du Monde Hispanique et Luso-Brésilien Caravelle* 67 (1996), S. 23–36; Briesemeister, D.: »Zur Rolle des Neulateinischen in der Dichtung von Sor Juana Inés de la Cruz«. In: *Neue Romania* 16 (1996), S. 3–15.

Erna Pfeiffer

Čukovskaja, Lidija Korneevna

Geb. 24. (11.) 3. 1907 in Helsinki/Finnland; gest. 8. 2. 1996 in Moskau

Lidija Čukovskaja studierte Philologie und arbeitete als Literaturkritikerin sowie als Redakteurin für Kinderliteratur in verschiedenen Verlagen. Ihr Mann, der Physiker Matvej Bronštejn, wurde 1937 verhaftet und vermutlich 1938 erschossen. 1939/40 schrieb Č die Erzählung »Sof'ja Petrovna« über die Massenverhaftungen und -verurteilungen des Jahres 1937. Der Text erhält eine besondere Wirksamkeit auch deshalb, weil die Ereignisse konsequent aus der Perspektive der gutgläubigen und ahnungslosen Arztwitwe Sof'ja Petrovna geschildert werden, deren einziger Sohn verhaftet wird, monatelang unauffindbar bleibt und schließlich zu zehn Jahren Lagerhaft verurteilt ist. Das Manuskript, über Jahrzehnte sorgfältig verborgen, wäre 1963, während der Zeit des sogenannten ›Tauwetters‹, beinahe in einer regionalen Literaturzeitschrift erschienen, konnte dann nur im westlichen Ausland (unter dem Titel *Opustelyj dom* 1965 in Paris) publiziert sowie über den Samisdat (Selbstverlag, die hand- oder maschinenschriftliche Vervielfältigung nicht zum Druck zugelassener Texte) verbreitet werden. Ebenso erging es *Spusk pod vodu* (*Untertauchen,* 1975), geschrieben in den Jahren 1949–1957, in den 70er Jahren zunächst in englischer, dann in deutscher Übersetzung gedruckt. Geschildert wird in der Form fiktiver Tagebuchaufzeichnungen der Aufenthalt der Übersetzerin Nina Sergeevna in einem Erholungsheim für Angehörige des Schriftstellerverbands. Sie leidet unter dem Verlust ihres 1937 verhafteten Manns, von dem sie nicht weiß, wie er gestorben ist, und hat sich von allen zurückgezogen. Im Heim trifft sie auf verschiedene Menschen, Schriftsteller, Journalisten und Kritiker, die sich mit dem System arrangiert haben oder/und von ihm psychisch und physisch geschädigt wurden.

Diese beiden Texte sind die einzigen literarischen Werke der Č. (von einer frühen Erzählung aus dem 1928 abgesehen). Sie veröffentlichte literarkritische Arbeiten und Monographien sowie 1960 das Buch *V laboratorii redaktora* (Im Laboratorium des Redakteurs) über ihre Arbeit in literarischen Verlagen. Seit dem Ende der 80er Jahre erfahren ihre Aufzeichnungen über die Gespräche mit der Lyrikerin Anna ↗ Achmatova sowie Tagebucheintragungen über Marina ↗ Cvetaeva großes Interesse. In den 60er Jahren wandte sich Č. wiederholt gegen die Verfolgung und Verurteilung von Schriftstellern. Später setzte sie sich auch für Solženicyn und Sacharov ein. 1974 wurde sie daher aus dem Schriftstellerverband ausgeschlossen. Im Ausland erschien *Process isklučenija* (Der Prozeß des Ausschlusses). Das 1988 gemachte Angebot der Wiederaufnahme lehnte sie ab.

Lit.: Nerler, P.: »Fantastičeskaja jav'«. In: *Oktjabr'* 10 (1988), S. 202–204; Korallov, M.: »Nado žit' dolgo«. In: *Novyj mir* 11 (1988), S. 248–250; Ivanova, N.: »Vyjti i rjada. K poėtike ideoėlogičeskogo romana«. In: *Oktjabr'* 9 (1991), S. 179–191.

Beate Jonscher

Cvetaeva, Marina

Geb. 8. 10. (26. 9.) 1892 in Moskau; gest. 31. 8. 1941 in Elabuga

»Den Mund hab ich immer als Welt gefühlt: Himmelsgewölbe, Höhle, Schlucht, Untiefe. Ich habe den Körper immer in die Seele übersetzt (*ent*körpert!)«, schreibt C. 1926 an Rainer Maria Rilke. Seele versus Körper, Kunst versus Alltag: so resümiert sich C.s romantisch-idealistisches Lebensprogramm, der Dualismus ihres Wesens. Die Gegensätze sind bereits im Elternhaus angelegt: »Wichtigste Einflüsse: die Mutter (Musik, Natur, Gedichte, Deutschland. Passion fürs Judentum. Einer gegen alle. Eroica). Weniger bewußt, aber nicht weniger stark: Einfluß des Vaters (leidenschaftliche Arbeitsliebe, kein Karriere-Ehrgeiz, Schlichtheit, Weltfremdheit). Vaters und Mutters Einfluß zusammengenommen: Spartanertum.« C.s Mutter, die aus baltendeutscher Familie abstammende Pianistin Maria Meyn, stirbt 1906 an Tuberkulose, die Töchter Marina und Anastasija wachsen beim Vater, dem Kunsthistoriker und Museumsdirektor Ivan Cvetaev, in freizügiger Atmosphäre auf. C. schwärmt von Napoleon und gibt 1910 im Selbstverlag ihren ersten Gedichtband *Večernyj al'bom* (Abendalbum) heraus. Die Kritik ist beeindruckt, allen voran Maksimilian Vološin, der C. in seine Künstlerkolonie auf der Krim einlädt. Hier lernt C. Sergej Efron kennen, den sie 1912 heiratet. Im selben Jahr kommt die Tochter Ariadna zur Welt und erscheint der zweite Gedichtband, *Volšebnyj fonar'* (Laterna magica). Von jetzt an gönnt das Leben C. keine Ruhe, doch wird die Herausforderung poetisch fruchtbar. Es entstehen Gedichtzyklen an Sofija Parnok (mit der C. eine kurze, heftige Liaison eingeht), an Anna ↗ Achmatova und Aleksandr Blok, Verse, in denen hymnische Exaltation und elliptischer Staccato-Stil sich verbinden. Im Revolutionsjahr 1917 Geburt der Tochter Irina, die während des Bürgerkriegs verhungert; die Spuren Efrons verlieren sich in den politischen Wirren. Von der Armut, der Einsamkeit und dem Wahnsinn jener Tage berichten beredt C.s Moskauer Notizen 1917–1920 (dt. in *Auf eigenen Wegen,* 1987), während sich die gleichzeitig entstandenen Versdramen wie eine Flucht in eine artifizielle Welt ausnehmen. 1922 folgt C. ihrem Mann in die Emigration. In Berliner Exilverlagen erscheinen 1922 und 1923 ihre Gedichtbände *Razluka* (Trennung), *Stichi k Bloku* (Gedichte an Blok), *Psicheja* (Psyche), *Remeslo* (Handwerk), in der Tschechoslowakei entstehen einige ihrer besten Werke: die lyrische Satire *Krysolov* (*Der Rattenfänger,* 1982) die Verspoeme *Gedicht vom Berg* und *Gedicht vom Ende* (dt. in *Gruß vom Meer,* 1994). Nach der Geburt des Sohnes Georgij (Mur), 1925, Übersiedlung in die Nähe von Paris. Enge, finanzielle Schwierigkeiten und Isolation lasten schwer. C., die weder einer literarischen noch einer politischen Gruppierung angehört, wird von der Emigrantenszene geschnitten, zur Außenseiterin gestempelt. Fazit: »Hier bin ich überflüssig, dort [in Russland] unmöglich.« Als Efron in eine Affäre des sowjetischen Geheimdienstes verwickelt wird und Frankreich fluchtartig verlassen muß, sieht C. keinen Ausweg und entschließt sich 1937 zur Reemigration. Einen kurzen Sommer lang ist die Familie in einem Moskauer Vorort vereint, dann wird Ariadna verhaftet, kurz darauf Efron. (Ariadna überlebt die stalinistischen Lager, Efron wird 1941 erschossen.) C. kämpft mit Wohnungsnöten, Arbeitsproblemen, Angst. Nach dem Überfall der Deutschen läßt sie sich mit ihrem Sohn in die tatarische Kleinstadt Elabuga evakuieren. Dort nimmt sie sich am 31. August 1941 das Leben, 49 Jahre alt.

Resignation und Geduld waren C.s Sache nicht. Luzid und rebellisch, stolz und maßlos weigerte sie sich »zu leben im Tollhaus, unter Vieh« und entschied: »Auf diese Welt des Irrsinns/Gibt es nur eins: ich geh.« Der Protestsatz datiert vom Frühjahr 1939, als C. lyrisch-lautstark die Annexion Böhmens durch die Hitlertruppen verurteilte, in der Vorahnung weiterer Katastrophen. Unparteiisch und unideologisch, geradezu schicksalhaft einzelgängerisch, verfügte sie über ein geschärftes Krisenbewußtsein und über eine Sprache, die mit schneidender Lakonie und expressiver Dramatik festhielt, was der Fall ist – radikal subjektiv, emphatisch, leidenschaftlich. Mit welchem Impetus sie Emotionen artikulierte und einforderte, zeigt ihr riesiges Briefwerk, das mehrere »epistolarische Romane« (mit Boris Pasternak, Rainer Maria Rilke u. a.) umfaßt und ebensosehr mythomanische Züge trägt wie ihre autobiographische Erinnerungsprosa der dreißiger Jahre (dt. *Mutter und die Musik*, 1987). Formal steht C. den russischen Futuristen (z. B. Majakovskij) weit näher als etwa ihrer Dichterkollegin Anna ↗ Achmatova. Schon 1916 findet sie in ihrer Lyrik zu harten Rhythmen und »musikalischer Magie« (Pasternak) sowie zu einer »tragischen Note a priori« (Brodskij). Sie experimentiert mit Elementen der Volksdichtung und bevorzugt – vor allem in den 20er und 30er Jahren – kurze Verse mit einsilbigen (Reim-)Wörtern, ein hektisches Staccato bei einer maximal elliptischen Syntax. Äußerste Verdichtung auch in der Prosa: substantivischer, aphoristischer Stil voller Wortspiele, Assonanzen, Neologismen, dessen emotionale Geballtheit sich in einer exzessiven, expressiven Zeichensetzung manifestiert. C.s Texte sind Partituren, notiert für den mündlichen Vortrag, für die emphatische Deklamation.

Die Themen ihres Werks: Liebe, Tod, Einsamkeit, Kunst. C. besang die Weiße Armee und ihren Schreibtisch, die Stadt Moskau und einen Holunderstrauch, sie schrieb – 1919, völlig inopportun – über ihr geliebtes Deutschland und immer wieder über (verstorbene) Freunde, sie verfaßte brillante poetologische Essays (dt. *Ein gefangener Geist*, 1989) und – in französischer Sprache – eine poetische Abhandlung über die lesbische Liebe (*Mein weiblicher Bruder*, 1995). Kompromißlos, herausfordernd offen und paradox ist C. wohl die aktuellste russische Dichterin dieses Jahrhunderts. In Ost und West findet ihr – auch formal überragendes – Werk größten Widerhall.

Ausgewählte Werke in 3 Bänden. München 1989; *Im Feuer geschrieben. Ein Leben in Briefen*. Frankfurt/M. 1992; *Rainer Maria Rilke und M. C. Ein Gespräch in Briefen*. Frankfurt/M. 1992. – Lit.: Bott, M.-L.: *Studien zum Werk M. C.s*. Frankfurt/M. 1984; Karlinsky, S.: *Marina Tsvetaeva. The Woman, her World and her Poetry*. Cambridge 1985; Eberspächer, B.: *Realität und Transzendenz. M. C.s poetische Synthese*. München 1987; Razumovsky, M.: *M. C. Eine Biographie*. Frankfurt/M. 1989; Belkina, M.: *Die letzten Jahre der M. Z.* Frankfurt/M. 1991; Saakjanc, A.: *M. C. Žizn' i tvorčestvo*. Moskau 1997.

Ilma Rakusa

Czurda, Elfriede

Geb. 1946 in Wels/Oberösterreich; lebt in Berlin

»Elsespatzschönbistdu wie ein unschuldiges weißes Blatt Papier, auf dem ich das Wort bin. Du bist rund um mich herum in der ganzen Reinheit, wie das Nichts bist du, das ich erst tilge, weil ich Wörter habe zum Hineintun ins Leere.« – In C.s grausam-ironischem Roman *Die Giftmörderinnen* (1991) sind es erst Hans' männliche Worte, die Elses weibliches Nichts füllen; erst die Macht der Diskurse, v.a. des Liebesdiskurses, macht aus der tabula rasa eine weibliche Identität, »Elsespatzschönbistdu«. Unter der Last der damit einhergehenden Zwänge und Nöte zerbricht diese Identität allerdings wieder und führt in die Katastrophe: den Mord am Ehemann. *Die Giftmörderinnen* bezieht sich zunächst auf einen authentischen Fall aus den 20er Jahren, den A. Döblin 1924 als Prozeßbericht und psychologische Fallstudie schildert. C. hingegen konzentriert sich auf die sprachliche Reflexion der physischen und verbalen Gewalt, der die Frauenfiguren ausgesetzt sind und die in den stolpernden Parataxen und der zerbrechenden vorgestanzten Sprache zum Ausdruck kommt. *Die Giftmörderinnen* läßt sich zudem auf ↗Jelineks *Die Liebhaberinnen* und deren weibliche Unterwerfung unter kleinbürgerliche Liebesideologien beziehen: »Tutet, das steckengebliebene Grammofon, Liebe Liebe Liebe Liebe. Unentwegt Liebe, die Rille.« In ähnlicher Weise sind die Diskrepanz zwischen Liebesmythen und realer Gewalt und ihre mörderischen Folgen in C.s *Die Schläferin* (1997) gestaltet, dem zweiten Roman der geplanten Trilogie *Drei Doppelleben*.

C.s in den 80er Jahren erschienene Prosaarbeiten analysieren die Macht der Diskurse von einer anderen Seite her. In *Diotima oder Die Differenz des Glücks* (1982) und *Signora Julia* (1985) sind es die Literarizität und der Bildcharakter der Liebe, die C. – promovierte Kunsthistorikerin – konsequent inszeniert, in einer Sprache, deren Künstlichkeit hier nicht die radikalen Zerstörungen reflektiert, sondern spielerisch die »Verbindung (Fusion?) von Konstruktions- und Alltagswirklichkeit« (*Diotima*) betreibt. Schon die Namen Diotima, Abälard, Julia und Arkadius rufen literarische Mythen und Geschlechterkonstellationen auf und projizieren sie – mit ironischer Distanz – in die Gegenwart. Auch in *Kerner. Ein Abenteuerroman* (1987) tritt eine offensichtliche Kunstfigur auf, um ein Muster sichtbar zu machen, allerdings keines der literarischen Liebe, sondern des spießbürgerlichen, gemütvollen Faschismus. Die monströse Struktur unterwürfiger Gewaltbereitschaft einer männlichen Figur, die die Familie terrorisiert und die minderjährige Tochter schwängert und die zugleich in der Bergwelt nach reiner Höhe strebt, spiegelt sich auch in der aufbrechenden klischiert-pathetischen Sprache. *Kerner* reflektiert – wie auch die anderen Texte C.s – die Oberfläche und sondiert die Abgründe der Diskurse und ihrer Subjekte. Die Sprachströme des Alltags, seinen Lärm und seine Rhythmen notiert C. in den 1993 erschienenen – in der Tradition der sprachexperimentellen Avantgarde der Wiener Gruppe stehenden – Prosagedichten *Voik. Gehirn*

Stockung Notat Stürme 10.10. 1989–29.12. 1990, ausgehend von Daten, Filmen, Begegnungen, Lektüren, Ortsnamen.

Lit.: Kremer, D.: »Schnittstellen. Erhabene Medien und groteske Körper. Elfriede Jelineks und E.C.s feministische Kontrafakturen«. In: Drews, J. (Hg.): *Vergangene Gegenwart – gegenwärtige Vergangenheit. Studien, Polemiken und Laudationes zur deutschsprachigen Literatur 1960–1994*. Bielefeld 1994, S. 139–174; Thorpe, K.: »Selbstgespräche. *Häutungen* by Verena Stefan and *Die Giftmörderinnen* by E.C.« In: Henn, M./Hufeisen, B. (Hgg.): *Frauen: MitSprechen, MitSchreiben. Beiträge zur literatur- und sprachwissenschaftlichen Frauenforschung*. Stuttgart 1997, S. 490–499

Ulrike Vedder

Dąbrowska, Maria (geb. Szumska)

Geb. 6. 10. 1889 in Russow/Polen; gest. 19. 5. 1965 in Warschau

Als Tochter eines Gutspächters in der Nähe von Kalisz geboren, erhält D. eine fundierte Schulbildung, die es ihr ermöglicht, in Lausanne und Brüssel Naturwissenschaften, Soziologie und Nationalökonomie zu studieren. Sie interessiert sich schon früh für das Genossenschaftswesen und propagiert es in verschiedenen Schriften. 1911 heiratet sie in Brüssel den emigrierten Sozialisten Marian Dąbrowski (gest. 1925). Im selben Jahr schreibt sie erste novellistische Arbeiten. Von 1913 bis 1914 setzt sie ihre Studien als Stipendiatin in England fort und veröffentlicht 1913 und noch in späteren Jahren Abhandlungen zum Genossenschaftswesen in Finnland und in Belgien. Nach ihrer Rückkehr nach Polen engagiert sich D. in der Unabhängigkeitsbewegung und arbeitet bei zahlreichen Zeitschriften mit. Diese Tätigkeit setzt sie in der Zwischenkriegszeit fort, ebenso ihre literarische Arbeit, für die sie bereits 1925 die erste offizielle Auszeichnung erhält. Auf die Bände *Gałąźczereśni*, 1922 (Der Kirschzweig) und *Uśmiech dziechiństwa*, 1923 (Kindheitslächeln) folgt der aus acht Erzählungen bestehende Zyklus *Ludzie statâd*, 1926 (Die Landlosen), der die Dorfarmut thematisiert. Den Höhepunkt ihres Schaffens stellt die Romantetralogie *Noce i dnie*, 1932–1934 (*Nächte und Tage*, 3 Bde. 1955–1957) dar, die den Niedergang des polnischen Landadels zeigt. Schon für die ersten drei Bände erhält D. den polnischen Staatspreis. Ein 1938 erschienener Erzählungsband, *Znaki życia* (Zeichen des Lebens), nimmt teilweise den Werdegang einzelner Figuren aus *Nächte und Tage* wieder auf.

Zur Zeit der deutschen Besatzung emigriert D. nicht, sondern bleibt im Land und gewinnt an Ansehen. In der neuerstandenen Volksrepublik versuchen die Repräsentanten der offiziellen Kulturpolitik, D. für ihre Zwecke zu gewinnen: Man nimmt sie als Ordentliches Mitglied der Wissenschaftlichen Gesellschaft in Warschau auf und gibt ihre Werke in Massenauflagen heraus. Die von ihr erwartete Stellungnahme zur Notwendigkeit der neuen sozialistischen Gesellschaft bleibt aber aus. Auch in der Hochphase der stalinistischen Repression schweigt D. und schreibt nicht die erwünschten Produktionsromane des sozialistischen Realismus. 1955, als Adam Ważyk mit *Poemat dla dorosłych* (Poem für Erwachsene) das sogenannte

›Tauwetter‹ einleitet, meldet sich auch D. wieder zu Wort. Der Erzählungsband *Gwiazda zaranna*, 1955 (Der Morgenstern) widmet sich dem Leben auf dem Land, das sich trotz aller Widerstände seine Identität bewahrt hat. 1957 veröffentlicht sie zwei historische Dramen aus den Jahren 1939 und 1947. Im selben Jahr wird ihr die Ehrendoktorwürde der Universität Warschau verliehen. D. verfaßt Essays zu Autoren der polnischen und russischen Literatur. Besondere Bedeutung wird ihren Conrad-Skizzen (1959) beigemessen, die das Verhältnis des emigrierten Autors (eigtl. Józef Korzeniowski) zur polnischen Romantik näher beleuchten. Zudem übersetzte D. aus dem Russischen (Čechov), Dänischen (Jacobsen) und Englischen (Pepys).

Ihr literarisches Werk weist D. als Schriftstellerin aus, die feste humanitäre Vorstellungen hat. Sie glaubt an den Menschen und die Bedeutung der Arbeit, die er in seinem persönlichen Umfeld leistet. Mit seinem kontinuierlichen, selbstverständlichen Wirken ist er der Garant für den »Fortbestand des Menschengeschlechtes und seine ewige Erneuerung« (Miłosz). Von diesem Geist wird auch die Romantetralogie *Nächte und Tage* getragen, die das Leben der Familie Niechcic in der Zeit zwischen dem Aufstand von 1863 und dem Ausbruch des Ersten Weltkriegs widerspiegelt. In einer ruhigen, einfachen Diktion, die stilistisch als beispielhaft gilt, werden die Lebensläufe der einzelnen Familienmitglieder dargeboten. Nächte und Tage symbolisieren ein Dasein, das einem ewigen Rhythmus unterworfen ist, mit dem es zu leben gilt. Der Dichter Julian Przyboś würdigt D.s Poetik mit den Worten: »Will ich den Geist der polnischen Poesie atmen, beuge ich mich über den *Pan Tadeusz*; will ich aus dem Strom der polnischen Prosa trinken, vertiefe ich mich in *Nächte und Tage*.«

Pisma wybrane (Ausgewählte Werke). 3 Bde. Warschau 1956.

Birgit Harreß

Dangarembga, Tsitsi

Geb. 14. 2. 1959 in Mtoko/Zimbabwe; lebt seit 1989 in Berlin

Tsitsi Dangarembgas 1988 erschienener Roman *Nervous Conditions* (*Der Preis der Freiheit*, 1991) ist ein Phänomen. Ihr Erstlingswerk – und der erste englischsprachige Roman einer schwarzen Zimbabwerin – hat eine überaus große Verbreitung gefunden. 1989 erhielt D. für ihn den Commonwealth-Literatur-Preis der Region Africa. In ca. zehn Sprachen übersetzt, löste er eine Welle literaturwissenschaftlicher Analysen aus. »The condition of the native is a nervous condition« – dieses Zitat aus Sartres Vorwort zu Fanons *Die Verdammten dieser Erde* stellt D. ihrem Roman voran. Doch während Fanon bei seiner Analyse der kolonialen Neurose nur das männliche Subjekt in Auge hatte, macht D. deutlich, was der Prozeß der mentalen Kolonisation für die schwarze Frau bedeutet, wie koloniale und patriarchalische Gewalt sich miteinander verbinden. Dabei bleibt sie nicht bei der armen Landfrau stehen, sondern ihre Ich-Erzählerin setzt sich mit verschiedenen weiblichen Rollenmustern auseinander. Während sie selbst sich Emanzipation durch Schulbildung verspricht, durchschaut ihre Kusine Nyasha, die mit ihren Eltern in England war, die Mechanismen der doppelten Unterdrückung und zerbricht schließlich daran. Sie entwickelt Anorexia Nervosa – ihr Körper wird zum Schauplatz der Rebellion. Trotz ihrer Kritik am Patriarchat des angepaßten, »good African«, macht D. gleichzeitig deutlich, daß auch Männer als koloniale Subjekte Opfer von Entwürdigung sind, die sie in veränderter Form an die Frauen weitergeben. Mit diesem dem *womanism* nahestehenden Konzept sieht D. sich in der Nähe schwarzamerikanischer Autorinnen wie Alice ↗ Walker und Toni ↗ Morrison. Die Kritik befaßt sich hauptsächlich mit dem von D. in die afrikanische Literatur eingeführten Thema der Anorexie und diskutiert Hysterie als psychische Disposition des/der Kolonisierten.

Dabei trägt Nyasha viele autobiographische Züge. D.s Eltern gehörten zur frühen afrikanischen Bildungselite. Mit ihnen verbrachte sie ihre Kindheit in England und fühlte sich seitdem in Zimbabwe als Fremde. Doch nach drei Jahren Medizinstudium in Cambridge war ihr auch das britische akademische Leben zutiefst verhaßt. Sie entwickelte Depressionen und Magersucht und kehrte 1980, dem Jahr der Unabhängigkeit, nach Zimbabwe zurück. Dort studierte sie Psychologie, machte Theaterarbeit und schrieb selber Stücke, wovon eins veröffentlicht wurde (*She No Longer Weeps*, 1987). 1985 entstand *Nervous Conditions* – ein wichtiger Prozeß der Verarbeitung ihrer eigenen psychischen Entwicklung. Ironischerweise interessierte sich in Zimbabwe kein Verlag für diesen kritischen Frauenroman. Erst als die Londoner Women's Press ihn 1988 publizierte, zog ein zimbabwischer Verlag nach. Mittlerweile gibt es die über das ganze Land verbreitete Organisation der Zimbabwe Women Writers, die sich mit der Rolle der Frau in der afrikanischen Gesellschaft auseinandersetzen und in verschiedenen Sprachen darüber schreiben. D. selber wendete sich einem anderem Medium zu. Sie ging 1989 nach Berlin an die Film- und Fernsehakademie. Inzwischen hat sie einen Spielfilm (*Everyone's Child*, 1996) und einen Dokumentarfilm (*Der Schattentheaterspieler*, 1996) gemacht. Es ist ihr Wunsch, als Filmemacherin nach Zimbabwe zurückzukehren.

Lit.: Vizzard, M.: »›Of Mimicry and Woman‹. Hysteria and Anticolonial Feminism in T. D.'s *Nervous Conditions*«. In: *SPAN – Journal of the South Pacific Association for Commonwealth Literature and Language Studies* 36 (1993), S. 202–210; Sugnet, C.: »*Nervous Conditions*. Dangarembga's Feminist Reinvention of Fanon.« In: O. Nnaemeka (Hg.): *The Politics of (M)Othering. Womanhood, Identity and Resistance in African Literature*. London 1997, S. 33–49.

Flora Veit-Wild

Daškova, Fürstin, Ekaterina Romanovna (geb. Voroncova)

Geb. 17. (28.) 3. 1743 in St. Petersburg; gest. 4. (16.) 1. 1810 bei Moskau

»Die Politik ist ein Gegenstand, der mich von frühester Jugend an interessiert hat«, schreibt sie am Ende ihres Lebens, als sie bereits alle öffentlichen Ämter verloren hat. Doch sie bleibt als exzeptionelle kulturpolitische Akteurin – nicht nur in Rußland – präsent. Als wichtigstes Ereignis ihres Lebens erachtet D. den Staatsstreich des Jahres 1762, den sie gemeinsam mit der um achtzehn Jahre älteren, von ihr emphatisch geliebten Freundin, der Großfürstin ↗ Katharina, gegen deren Ehemann, den Patenonkel D.s, Zar Peter III., initiierte. Katharina wurde Zarin. Die Ermordung Peters verurteilte D. scharf, sie war verstört über die amourösen Gepflogenheiten Katharinas. Gegen deren Verhalten setzte sie die Authentizität ihres eigenen Verhaltens, die »Bescheidenheit und Aufrichtigkeit« ihres Wesens. Sie verstand sich als Mit- und Gegenspielerin Katharinas, spiegelte sich in ihr. Diese jedoch lehnte jede Vergleichbarkeit ab, begegnetet D. nach ihrer Inthronisation mit Mißtrauen. In den folgenden dreißig Jahren wird Annäherung und Entfernung die Beziehung zwischen beiden bestimmen.

D. wird, nur 21jährig, Witwe und bleibt mit zwei Kindern und einem kaum zu bewältigenden Schuldenberg zurück. Sie beweist ihre Fähigkeit zu Selbstverleugnung: Sie zieht sich vom Hof, aus Petersburg und schließlich, als es die Zarin gestattet, aus Rußland zurück. Mit ihren Kindern bereist sie Europa, diskutiert mit Diderot über die Leibeigenschaft, besucht Voltaire, nimmt in London an einer Versammlung der ›blue stockings‹ teil, übersetzt und schreibt Reiseskizzen. Mehrere Jahre lang lebt sie in Schottland, da der Sohn in Edinburgh erzogen wird. 1781 trifft sie Benjamin Franklin. Später wird sie als erste Frau Mitglied der American Philosophical Society, was sie verschweigt, da es der Zarin mißfällt.

Als sie 1782 nach Rußland zurückkehrt, wird sie von Katharina zur Direktorin der Akademie der Wissenschaften sowie zur Präsidentin der auf Vorschlag D.s gegründeten Russischen Akademie ernannt. Diese Doppelfunktion hat sie elf Jahre inne. D. verstand sich als Mittlerin der russischen Position im Westen, der westlichen Aufklärung in Rußland. Ihr ging es vor allem um die Emanzipierung der russischen Literatursprache, die sie selbst nur schwerfällig beherrschte. Sie begründete die Zeitschrift *Colloquium der Liebhaber der russischen Sprache* (1783–84), die Sammlung *Russisches Theater* (1786–94) und das nach Wortfamilien ausgerichtete *Russische Akademie-Wörterbuch* (1789–94), für das sie selbst drei Buchstaben betreute.

Sie schrieb Komödien, Opernlibretti und einen Roman. Doch ihr zweifellos wichtigster Text ist ihre französisch geschriebene Autobiographie *Mon histoire*, verfaßt auf Drängen ihrer anglo-irischen Pflegetochter, als sie, nach dem Tod Katharinas, von deren Sohn nicht nur aller ihrer Ämter enthoben, sondern auch noch verbannt worden war. Ihr Alter war schmerzlich und einsam – Elena ↗ Švarc hat ihm ein Gedicht gewidmet. In ihren Memoiren, die sie erst nach ihrem Tod zu publizieren erlaubte – tatsächlich kamen sie zuerst 1840 in englischer Übersetzung heraus – inszeniert sie ganz bewußt ihr Selbst-Bild und eröffnet damit diesem Genre seine literarische Dimension.

Erinnerungen. München 1970. – Lit.: Diderot, D.: »Sur la princesse Daschkoff«. In: *Œuvres complètes de Diderot*. Paris 1876, Bd. 17; Heldt, B.: *Terrible Perfection. Women and russian literature*. Bloomington/Indianapolis 1987, S. 69–76; Witte, G.: »Poröse Lebenstexte. Russische Schriftsteller-Autobiographie zwischen Klassizismus und Romantik«. In: *Poetica* 24 (1992), S. 32–61.

Johanna Renate Döring-Smirnov

Deledda, Grazia Cosima

Geb. 27. 9. 1871 in Nuoro/Sardinien; gest. 15. 8. 1936 in Rom

D.s umfangreiches Werk, ihre zahlreichen Romane, Erzählungen, Novellen und Gedichte spielen vorherrschend im Ambiente Sardiniens. 1926 erhält sie nach Selma ↗ Lagerlöf (1859–1940) als zweite Frau den Nobelpreis für Literatur, hauptsächlich für ihren 1920 erschienenen Roman *La Madre* (*Die Mutter*, 1922). – D. wächst zusammen mit fünf Geschwistern in einem wohlhabenden Elternhaus auf. Sie besucht die Schule bis zum 11. Lebensjahr und bildet sich danach autodidaktisch durch die Lektüre bedeutender Schriftsteller weiter, darunter D'Annunzio, Fogazzaro, Hugo, Flaubert, Dostoevskij, Gogol und Tolstoj. Um das literarische Geschehen auf dem Festland verfolgen zu können, liest sie sämtliche italienische Zeitungen und Zeitschriften. Schon in ihrer Jugend träumt D. von einer Karriere als Schriftstellerin in Rom, das für sie, im Gegensatz zu dem archaischen Sardinien, den Inbegriff der zivilisierten Welt darstellt. D.s schriftstellerische Ambitionen werden von ihrer Familie nicht gutgeheißen, da sich eine derartige Selbständigkeit für ein Mädchen aus gutem Hause nicht ziemte. Dennoch veröffentlicht sie im Alter von 17 Jahren 1888 ihre erste Erzählung »Sangue sardo« (Sardisches Blut) in der römischen Zeitschrift *L'ultima moda.* Zwei Jahre später erscheint 1890 ihr erster Roman *Stella d'Oriente* (Stern des Orients) als Feuilletonroman in der Zeitung *L'Avvenire di Sardegna* unter dem Pseudonym Ilia di Saint-Ismael. In den folgenden Jahren arbeitet D. bei zahlreichen sardischen und kontinentalen Zeitschriften mit, in denen neben Gedichten und Erzählungen viele ihrer bekannten Romane zunächst als Feuilletonromane erscheinen. Im Januar 1900 heiratet sie Palmiro Madesani, einen hohen Finanzbeamten, und zieht mit ihm nach Rom, in die Stadt ihrer Träume. Sie lebt dort sehr zurückgezogen mit ihrem Mann und den beiden Söhnen und widmet sich neben der Hausarbeit hauptsächlich dem Schreiben.

In den Jahren zwischen 1900 und 1920, der fruchtbarsten Periode ihres Schaffens, entstanden die folgenden Romane: *Elias Portolu*, 1900 (dt. 1927), *Canne al vento*, 1913 (*Schilfrohr im Winde*, 1930), *Marianna Sirca* , 1915 (dt. 1938) und *La Madre*, 1920 (*Die Mutter*, 1922). Sie erzählen vor dem Hintergrund ihrer sardischen Heimat von menschlichen Leidenschaften, die als Triebfedern des Handelns der Protagonisten (Frauen, Diener, Herren, Hirten, Bauern, Banditen) fungieren. Fast immer bringt eine unmögliche oder sündhafte Liebe die Figuren in Konflikt mit den Gesetzen der Gesellschaft oder der Kirche, was sie schließlich zu Außenseitern werden läßt. Ein weiteres, häufig wiederkehrendes Motiv ist das der Mutterliebe, das in *La Madre* explizit und sehr eindrucksvoll verarbeitet wird. Vor religiös-christlichem Hintergrund wirkt die Schilderung der Bindung zwischen dem Sohn und der sich aufopfernden Mutter, die von ihrem Sohn als Gegenleistung Dankbarkeit und ebenfalls Opfer erwartet, besonders dramatisch. D. wagt sich in ihren Werken an Tabu-Themen der Gesellschaft heran, betrachtet sie allerdings unter einem moralischen Gesichtspunkt. Die Protagonisten überschreiten zwar gesellschaftliche und religiöse Tabus, geraten dadurch aber in innere Konflikte und verspüren ein dem christlichen Wertesystem entsprechendes Verlangen nach Sühne. Die Stimmungen ihrer Figuren untermalt D. mit einer minutiösen und beeindruckenden Beschreibung der Natur, insbesondere der sardischen Landschaft. Die Insel mit ihren eher archaischen Sitten und Traditionen behindert nicht selten die persönliche Entfaltung der Figuren und bildet einen Gegensatz zum ›zivilisierten‹ Festland Italiens. D. bleibt ihrer Heimat auch im fernen Rom zeit ihres Lebens verbunden, denn »nur aus der Ferne können wir für Sardinien kämpfen und ihm von dieser Zivilisation geben, die auch wir leben«.

1927 unternimmt D. ihre einzige lange Reise, nach Stockholm, um dort den Nobelpreis für Literatur des Jahres 1926 entgegenzunehmen. Kurz vor ihrer Abreise erfährt sie von ihrem Krebsleiden. Die letzten Jahre ihres Lebens lebt sie völlig zurückgezogen und verarbeitet ihre Krankheit literarisch in dem 1936 veröffentlichten Roman *La chiesa della solitudine* (Die Kirche der Einsamkeit). Postum erscheint 1937 das einzige autobiographische Werk D.s, *Cosima* (dt. 1942). Darin erzählt sie in der dritten Person unter Verwendung ihres zweiten Namens Cosima von ihrer Kindheit und Jugend und dem archaischen Leben auf Sardinien. – In der Literaturkritik konnte D.s Werk bis heute nicht eindeutig einer literarischen Strömung zugeordnet werden, da es sowohl Anklänge an den Verismus als auch an den Dekadentismus und die Romantik enthält.

Romanzi e Novelle. Hg. N. Sapegno. Milano 1971; *Romanzi Sardi.* Hg. V. Spinazzola. Milano 1981. – Lit.: Lombardi, O.: *Invito alla lettura di G. D.*. Milano 1979; Tettamanzi, M.: *Grazia Deledda.* Brescia 1969.

Annette Riedel

Desai, Anita

Geb. 24. 6. 1937 in Mussoorie/Indien

Auf einem Autorentreffen in London äußerte Anita Desai : »Ich habe es immer abgelehnt, Schriftstellerinnen wie in einem Ghetto zusammenzutreiben, abseits, weil gemieden von der allgemeinen literarischen Szene. [...] Doch ich änderte meine Meinung, als ich sah, [...] wie sehr es nottut, den weiblichen Standpunkt in der Literatur zu vertreten.« Sie hat diesen als dringend notwendig erkannten weiblichen Standpunkt seit Mitte der 60er Jahre in Romanen in englischer Sprache artikuliert und zählte in kurzer Zeit zu den bekannten Vertretern der indoenglischen Literatur. Damit gehört sie zu einer Autorengruppe, die sich in ihrer Legitimation immer wieder heiß umstritten sieht. In Indiens breitem Sprachenspektrum – die Verfassung nennt allein 18 Hauptsprachen – verfügt das Englische im Gegensatz zu den Regionalsprachen kaum über Muttersprachler; es ist Zweitsprache für die relativ dünne Schicht der Inder mit höherer Bildung und überdies mit der kolonialen Vergangenheit des Landes verbunden. Als Sprache der Verwaltung, Wirtschaft und höheren Bildung sowie als gesamtindisches Kommunikationsmittel und als ›Fenster zur Welt‹ spielt es jedoch eine große Rolle. Im Ergebnis einer besonderen Sprachensituation ist in Indien eine originäre englischsprachige Literatur entstanden, der ein gleichberechtigter Platz im Ensemble indischer Literaturen zusteht. Problematisch sind Tendenzen, ihr als ›unindisch‹ jegliche Repräsentanz abzusprechen oder sie als wichtigsten Repräsentanten moderner indischer Literatur überhaupt anzusehen. Da ihre Werke leichter zu erschließen sind, werden gerade die englisch schreibenden Schriftsteller außerhalb Indiens besser bekannt. Dies gilt auch für die sich seit der Unabhängigkeit in großer Zahl zu Wort meldenden indischen Autorinnen. Nur vereinzelte Anthologien – wie *Allahs indischer Garten* (1989), *Muniyakka* (1990), *Erkundungen* (1990) – oder Romanübertragungen aus dem Hindi – *Die gefleckte Kobra* (1987) von Mridula Garg (geb. 1938), *Anaro* (1989) von Manjul Bhagat (1936–1998) und *Identität: gelöscht* (1993) von Meenakshi Puri (geb.1931) – stellen einige wenige in Regionalsprachen schreibende Autorinnen vor.

D.s Schaffen wird von einer besonderen persönlichen Situation geprägt: in Neu Delhi als Tochter eines Bengalen und einer Deutschen mehrsprachig - mit Englisch, Deutsch, Bengali und Hindi – aufgewachsen, schreibt sie ausschließlich in englischer Sprache und sagt von sich selbst: »I feel about India as an Indian, but I suppose I think about it as an outsider.« Diese Ambivalenz versteht sie, produktiv in ihrer Prosa umzusetzen. Einen zentralen Bezugspunkt ihrer Werke bildet die Lebenssituation von Außenseitern, die sich mit Isolation und Einsamkeit konfrontiert sehen. In ihren Beobachtungen indischen Alltags konzentriert sie sich bewußt auf die sensibel und in reicher poetischer Bildersprache gestaltete Gedanken- und Gefühlswelt ihrer Figuren. Das Thema der Begegnung westlicher und östlicher Kultur wird von ihr auf vielfältige Weise variiert.

1963 erschien D.s erster Roman *Cry the Peacock*. Es folgten *Voices in the City* (1965), *Bye-Bye Blackbird* (1971) und *Where Shall We Go this Summer* (1975). *Fire on the Mountain* von 1977 (*Berg im Feuer*, 1986) erhielt 1978 den Literaturpreis der Sahitya Akademi, der Allindischen Literaturakademie. Nach *Clear Light of the Day* von 1980 (*Im hellen Licht des Tages*, 1992) veröffentlichte sie 1984 den Roman *In Custody* (*Der Hüter der wahren Freundschaft*, 1987; 1993 von J. Ivory verfilmt), der eine qualitativ neue Phase ihres literarischen Schaffens markiert. Von Salman Rushdie (geb. 1947) wird dieses Buch als ein »enorm couragierter Roman« bezeichnet, in dem D. »die Welt der Männerfreundschaft so brillant schildert, um zu demonstrieren, daß auch dies Teil des Prozesses ist, durch den die Frauen von der Macht über ihr eigenes Leben ausgeschlossen werden [. . .].« Besondere internationale Beachtung fand *Baumgartner's Bombay* von 1988 (*Baumgartners Bombay*, 1989; Harold Rubalow Prize 1989), ein Roman, der das Außenseiterschicksal eines vor den Nazis geflüchteten deutschen Juden in Indien gestaltet. D.s bislang letzter Roman ist *Journey to Ithaca* von 1995 (*Reise ins Licht*, 1996). Mit *Games at Twilight* von 1978 (*Spiele im Zwielicht*, 1988) hat sie einen Kurzprosaband vorgelegt und daneben auch Kinderbücher wie *The Peacock Garden* (1974) und *The Village by the Sea*, 1982 (*Das Dorf am Meer*, 1987) publiziert. D. ist Mitglied des Advisory Board for English an der Sahitya Akademi in Neu Delhi und Fellow der Royal Society for Literature. 1992 erhielt sie als staatliche Auszeichnung für ihr literarisches Gesamtwerk den indischen Padma Shri-Orden.

Lit.: Rao, R. B.: *The Novels of Mrs. Anita Desai.* New Delhi 1979; Naik, M. K.: *A History of Indian English Literature.* New Delhi 1982; Stilz, G.: *Grundlagen zur Literatur in englischer Sprache: Indien.* München 1982; Lutze, L.: »Tendenzen der modernen indischen Literaturen«. In: Rothermund, D. (Hg.): *Indien. Ein Handbuch.* München 1995.

Hannelore Lötzke

Desbordes-Valmore, Marceline (geb. Marceline-Félicité-Josèphe Desbordes)

Geb. 20. 6. 1786 in Douai/Frankreich; gest. 23. 7. 1859 in Paris

»Frauen, ich weiß es wohl, sollen nicht schreiben, / Ich schreibe dennoch«, betonte D.-V., die sich der Schwierigkeiten ihrer Existenz als Schriftstellerin bewußt war, in »Une lettre de femme« kategorisch. Wegen finanzieller und ehelicher Probleme hatte die Mutter Catherine 1797 mit ihrer jüngsten Tochter die Familie verlassen. Nach langem Umherziehen in Frankreich schiffen sich die beiden Ende 1801 nach Guadeloupe ein, wo die Mutter stirbt. Die mittellose Waise Marceline kehrt 1802 nach Frankreich zurück, wo sie ihre während der ersten Wanderjahre begonnene Bühnenlaufbahn fortsetzt. Nach einer leidenschaftlichen Liebesaffäre mit dem Literaten Henri de Latouche und der Geburt von zwei unehelichen Kindern, heiratet sie 1817 den nur mittelmäßig begabten Schauspieler François-Prosper Lanchantin (genannt Valmore). Sie bekommt vier Kinder und führt ein entbehrungsreiches Künstlerleben mit wechselnden Wohnsitzen in Paris, Lyon, Bordeaux, Brüssel und Italien. Sie trägt zunächst als Schauspielerin, später als Schriftstellerin zum Lebensunterhalt bei. Von ihren sechs Kindern wird nur ein Sohn sie überleben. Ein Krebsleiden fesselt D.-V. die beiden letzten Jahre ihres Lebens ans Haus. Bis zu ihrem Tod arbeitet sie an ihrer letzten und schönsten Gedichtsammlung, die posthum unter dem Titel *Poésies inédites* (1860) erscheint.

Ihr erstes Gedicht veröffentlichte D.-V. schon 1807, den ersten Gedichtband *Élégies, Marie et Romances* 1819; 1820–1843 folgten weitere Bände. D.-V.s literarisches Werk, das außerdem drei Romane, mehr als fünfzig Novellen, Erzählungen und Märchen sowie eine umfangreiche Korrespondenz umfaßt, entzieht sich aufgrund ihrer einzigartigen Schreibweise und den behandelten Themen weitgehend der Einordnung in konventionelle literarhistorische Ordnungsschemata. Sie gilt als einer der frühesten romantischen Lyriker Frankreichs und als Wegbereiterin des französischen Symbolismus. Ihre Dichtung kreist um die Intersubjektivität: Hauptthemen sind Kindheit, Mutterschaft, Familie, Liebe, Freundschaft und ein sehr persönlicher Glauben. Die Kindheit gilt ihr als das Moment größter individueller Authentizität und menschlicher Universalität. Originell ist ihre Betrachtung der Schwangerschaft und der Beziehung der Mutter zum Ungeborenen. Ihre Liebeshymnen sind teils durch den Ehemann, teils durch den Geliebten inspiriert, in ihren Elegien findet der Schmerz über die Endlichkeit des Seins, über Abschied und Trennung Ausdruck. Sie feiert die Freundschaft und das Ideal ausgeglichener menschlicher Beziehungen in poetischen Bildern. Andere Gedichte zeugen von D.-V.s politischem Engagement: »Dans la rue« (Auf der Straße), das von der blutigen Unterdrückung des Lyoner Arbeiteraufstands im April 1834 berichtet, konnte nicht veröffentlicht werden. Die flämische Landschaft gibt in ihrem Werk voller Reminiszenzen der Kindheit oft den Hintergrund ab. Feministische Ansätze lesen die Naturbildlichkeit ihrer Dichtung als Ausdruck weiblicher Sexualität und Sinnlichkeit.

D.-V., deren Talent und Originalität früh Anerkennung fanden, stand in Kontakt zu den Literatinnen Sophie Gay und Amable Tastu und wurde von Madame Récamier unterstützt. Ihr größter Förderer war der einflußreiche Literaturkritiker Sainte-Beuve, der die Grundlagen für die lange Zeit vorherrschende rein autobiographische Lesweise ihres Werks legte. Baudelaire würdigte D.-V. als große Lyrikerin und Vertreterin des *Éternel féminin*, Verlaine wurde durch Rimbaud auf sie aufmerksam gemacht und bewunderte die Musikalität ihrer Sprache. Das poetische Werk D.-V.s, die anderen Dichterinnen des späten 19. Jh.s, wie Anna de Noailles, Renée ↗ Vivien und Marie Noël, zum Vorbild wurde, lohnt die Auseinandersetzung abseits der Kategorien des Femininen oder Feministischen und muß insbesondere in Deutschland noch entdeckt werden.

Œuvres poétiques. 2 Bde. Hg. M. Bertrand. Grenoble 1973; *Poésies*. Hg. Y. Bonnefoy. Paris 1983; *Contes*. Hg. M. Bertrand. Lyon 1989. – Lit.: Zweig, S.: *M. D.-V. Das Lebensbild einer Dichterin*. Leipzig 1920; Jasenas, É.: *D.-V. devant la critique*. Genf 1962; Ambrière, F.: *Le siècle des Valmore. M. D.-V. et les siens*. 2 Bde. Paris 1987.

Roswitha Böhm

Deshpande, Shashi

Geb. 1938 in Dharawad im Bundesstaat Karnataka/Indien

Deshpande, einer äußerst wißbegierigen und tatkräftigen Frau, gelang es bereits im Alter von fünfzehn Jahren, ein Diplom in Wirtschaftswissenschaft zu erwerben. Diesem Schritt folgte der Umzug von Bombay nach Bangalore, wo sie zuerst Jura und dann Anglistik studierte. Sie besitzt zudem ein Journalisten-Diplom und war eine Zeitlang als Redakteurin tätig. Von einer scheinbar unbändigen Energie getrieben, schrieb D. insgesamt sieben Romane, vier Kinderbücher sowie zahlreiche Kurzgeschichten. Im Gegensatz zu ihrem Vater, einem berühmten Schriftsteller und Gelehrten, schreibt D. auf Englisch. Erst nach der Geburt ihrer zwei Söhne beginnt sie zu schreiben. Ihre ersten Veröffentlichungen waren Kurzgeschichten, die später in der Anthologie *The Legacy* (1978) im Verlag des namhaften indischen Dichters P. Lal erschienen. Eine weitere Kurzgeschichtenanthologie ist *Intrusion and Other Stories* (1993). Es sind aber D.s Romane, auf denen sich ihr schriftstellerischer Ruhm begründet. Den entscheidenen Durchbruch in Indien verschaffte ihr *That Long Silence*, 1988 (*Die Last des Schweigens*, 1989), der mit dem indischen Staatspreis für Literatur, dem 1990 Sahitya Akademi Award, ausgezeichnet wurde. Sein zentrales Thema ist das Schweigen der indischen Frau, das in sich ambivalent ist: teils wird es ihr durch das hinduistische Patriarchat, teils von ihr selbst auferlegt, um die Wahrheit zu verschweigen. D.s erster Roman, *The Dark Holds No Terrors,* 1980 (*Das Dunkle birgt keine Schrecken,* 1989), wurde erst bei der Neuauflage 1990 mit dem indischen Nanjangud Tirumalamba Award ausgezeichnet. Ihr zweiter Roman, *Roots and Shadows* (1983), hingegen erhielt im selben Jahr den Preis für den besten indischen Roman des Jahres 1982/83. Zu dieser Schaffensperiode gehören auch ihre Detektivromane mit den reißerischen Titeln *If I Die Today* (1982) und *Come Up and Be Dead* (1983).

Ihr jüngster Roman, *A Matter of Time* (1996), zeigt keine Änderung in ihrer fiktionalen Welt. Geprägt von einem tiefen Verständnis der hinduistischen Weltanschauung zeichnet sie realistische Frauenschicksale innerhalb der mittelständischen Familie auf. Daher rebellieren ihre Protagonistinnen nicht gegen ihre geschlechtsspezifische Diskriminierung. D. interessiert vielmehr, wie die einzelne Frau ihr Leben innerhalb der Mauern des Patriarchats als weibliches Individuum zu meistern versucht. D. selbst sagt: »Ich weiß, daß ich nicht schreibe, um die Welt zu verändern; auch wenn ich es möchte [...] ich kann die Sache nur so schildern wie sie tatsächlich ist.« In *A Matter of Time* wird das Schicksal der Großmutter Kalyani geschildert: als eine der vielen ungeliebten Töchter, die D.s fiktionale als auch Indiens alltägliche Welt bevölkern, wird sie erst dadurch aufgewertet, daß sie einen Sohn gebiert. Der geistig behinderte Sohn geht aber seiner Mutter im Trubel des Victoria Bahnhofs in Bombay verloren. Hierfür wird sie ihr Leben lang von ihrem Mann, mit dem sie zwangsverheiratet wurde, mit Mißachtung und Schweigen gestraft. D. gehört zur Generation derer, die noch während der britischen Kolonialherrschaft geboren wurden und in Englisch schreiben. Kamala Das, die Dichterin aus Kerala, gehört genauso dazu wie die halb-deutsche Schriftstellerin Anita ↗ Desai.

Lit.: Deshpande, Shashi: »Gegenwärtige indo-englische Literatur von Frauen. Eine Perspektive.« In: Glage, L./Michel M. (Hgg.): *Gulliver 33: Postkoloniale Literaturen. Peripherien oder neue Zentren?* Hamburg 1993, S. 101–104.

Martina Ghosh-Schellhorn

Des Roches, Madeleine (eigtl. M. Neveu)

Geb. ca. 1520 bei Châtellerault, Poitou; gest. Herbst 1587 in Poitiers

Des Roches, Catherine (eigtl. C. Fradonnet)

Geb. Herbst 1542 in Poitiers; gest. Herbst 1587 in Poitiers

M. des Roches und ihre Tochter C. gehörten in der zweiten Hälfte des 16. Jh. zu den angesehensten Frauen in Frankreich. Die Zeitgenossen rühmten ihre außergewöhnliche Bildung und Redekunst, und der von ihnen geführte Salon in Poitiers war weit über die Grenzen der Stadt hinaus bekannt. In ihren Texten bemühen sie sich um eine Versöhnung zwischen den damals für Frauen geltenden gesellschaftlichen Normen und ihrem eigenen Wunsch, zu dichten und am Leben der humanistischen Kreise teilzuhaben. Dabei treten sie vehement für einen besseren Zugang von Frauen zur Bildung und für ihre Beteiligung an der Schriftkultur ein. Von den drei Kindern M.s aus erster Ehe überlebte nur C. das Säuglingsalter. Nach dem Tod ihres ersten Mannes heiratete M. 1550 erneut einen Rechtsanwalt und angesehenen Ratsbürger der Stadt, über den sie Zugang zu den humanistisch gebildeten Kreisen des Stadtbürgertums von Poitiers erhielt. C. unterstand ausschließlich der Obhut ihrer Mutter, die sich ganz der Erziehung der Tochter widmete. Da C. alle Heiratsansinnen zurückwies, lebten beide bis zu ihrem Tod zusammen.

Seit ca. 1570 waren sie Gastgeberinnen eines sich regelmäßig versammelnden Kreises von Schriftstellern und Humanisten, ein Vorläufer der berühmten französischen Salons des 17. Jh.s Sie übten sich mit ihren Gästen, zu denen zeitweilig auch Etienne Pasquier und Agrippa d'Aubigné gehörten, in gelehrt-gewitzter Kommunikation und im gemeinschaftlichen Verfassen von Gelegenheitsdichtung, die stark am Neu-Platonismus und Petrarkismus sowie den Ideen der *Pléiade* orientiert waren. Neben der Erledigung ihrer ›weiblichen‹ Pflichten im Haushalt widmeten sie sich vor allem den eigenen dichterischen Ambitionen.

Unter dem Namen ›Dames des Roches‹ veröffentlichten sie gemeinsam drei Werkausgaben, *Les Œuvres*, 1578 (Werke), *Les Secondes Œuvres*, 1583 (Zweite Werke) und *Les Missives*, 1586 (Briefe), eine der ersten publizierten französischen Briefsammlungen. Das Textkorpus der Tochter ist deutlich umfangreicher als das der Mutter, neben den üblichen Episteln, Oden und Sonetten verfaßt sie u. a. Dialoge, Hymnen, Blasons und narrative Gedichte. Während die Texte von M. häufig persönlich gefärbt sind und durch Rückblicke auf das eigene Leben einen stark melancholischen Ton erhalten, verbirgt C. ihr Autorinnen-Ich oft hinter fiktiven Figuren und biblischem oder mythischem Personal, womit sie der humanistischen Tradition und der klassischen Antike ihre Referenz erweist.

Ein thematischer Schwerpunkt im Werk der Dames des R. ist das Verhältnis von Frauen zur Bildung und zum eigenen Schreiben, der Sinn eines solchen Wissens und Könnens und die Reflexion über die eigene Identität als Gelehrte und Autorinnen. Dabei stellen sie sich nicht außerhalb der Norm, sondern mahnen eine Versöhnung ›männlicher‹ und ›weiblicher‹ Bereiche an. Zudem widmen sie sich einer engagierten Verteidigung der Würde des weiblichen Geschlechts, das sie zu einer Beteiligung am ›öffentlichen‹ Raum der Bildung ermutigen und vor dem in den Augen der Gesellschaft damit einhergehenden Ehrverlust schützen wollen. Ihnen selbst ist diese Gratwanderung offenbar gelungen. M. und C. des R. starben im Herbst 1587 vermutlich am gleichen Tag an der Pest.

Les Œuvres (1579). Hg. A.R. Larsen. Genf 1993. – Lit.: Larsen, A.R.: »The French Humanist Scholars: Les Dames des Roches«. In: Wilson, K.M. (Hg.): *Women Writers of the Renaissance and Reformation*. Athens/Georgia 1987, S. 232–259; Sankovitch, T.: »The Dames des Roches, the Female Muse«. In: dies. (Hg.): *French Women Writers and the Book: Myths of Access and Desire*. Syracuse 1988, S. 43–71; Pieper, J.: »*Désir et Vertu*. Bildung und weibliche Identität im Werk der Dames des Roches«. In: Bock, G./Zimmermann, M. (Hgg.): *Die europäische Querelle des Femmes: Geschlechterdebatten seit dem 15. Jahrhundert*. Stuttgart/Weimar 1997, S. 57–77.

Julia Pieper

Dickinson, Emily

Geb. 10. 12. 1830 in Amherst, Mass.; gest. 15. 5. 1886 in Amherst, Mass.

»Emily Dickinson und Gertrude ↗ Stein gehören zu den innovativsten Vorläuferinnen der Moderne. [...] In Lyrik und Prosa trieb D. den Konventionsbruch bis an den Rand des Abbruchs der Kommunikation mit den Lesern. Ihr radikaler Neuanfang sprengte übliche Formen der Konversation in Briefen und durchtrennte die chronologische Linearität in der Lyrik«. Diese Charakterisierung D.s hundert Jahre nach ihrem Tod durch die Dichterin Susan Howe faßt in wenigen Sätzen die Qualität von D.s Dichtung und ihre Bedeutung für die Moderne zusammen. Obwohl D. von ihren 1775 bekannten Gedichten zu Lebzeiten nur sechs veröffentlichte, gehört sie zu den bedeutendsten Lyrikern Amerikas und inspiriert die amerikanische Dichtung bis zur Gegenwart. Das Howe-Zitat spiegelt allerdings den Blick des späten 20. Jh.s auf eine Verfasserin, deren Texte durch Theorien der Moderne ebenso wie durch Ansätze der Geschlechterforschung radikale Neuinterpretationen erfuhren.

D.s Dichtung ist in einem hohen Maße durch Ambivalenzen geprägt: obwohl nicht religiös in einem traditionell theistischen Sinne, dienen ihr Rhetorik, Formen, Bilder und Sprache des religiösen Diskurses als eine wesentliche Folie. Ihre formale Innovation zeigt sich in ihrem Spiel mit und der Übertretung traditioneller Versformen, von denen sie sich allerdings nie so weit löst wie ihr Zeitgenosse Walt Whitman. Eine ähnliche Ambivalenz zeigt sich in D.s Verhältnis zu traditionellen Konzepten von ›Weiblichkeit‹. Die Freiheit zu schreiben, gewinnt sie nicht durch ein Heraustreten aus der ›domestic sphere‹, jenem Ort, der in der Ideologie des

19. Jh.s der Frau als natürlicher Wirkungsbereich zugeschrieben wird. Sie nimmt diese Rolle in der Familie partiell durchaus ein, ja übersteigert sie noch durch ihre wachsende Abneigung, das Haus zu verlassen und am öffentlichen und politischen Leben zu partizipieren. Doch in ihrem »room of one's own« im ersten Stock ihrer Residenz in Amherst findet sie in poetischen Texten und ihren unzähligen Briefen eine Sprache für die kühnsten Spekulationen über Gott und Natur, über Subjektivität und Macht, samt ihrer geschlechterspezifischen Einschreibungen. Ihr Werk ist kaum zu trennen vom Dickinson-Mythos, der Frau in Weiß, der leidenschaftlich aber unglücklich Liebenden. Dieser »Femininisierung« einer radikalen Künstler-Existenz tritt die neuere Forschung zumeist entgegen, ohne jedoch der Faszination ihrer Singularität zu entkommen.

D. wurde 1830 in Amherst, Massachusetts geboren, wo sie auch den größten Teil ihres Lebens verbrachte. In jungen Jahren konkurriert sie mit dem älteren Bruder Austin, der die volle Unterstützung des Vaters genoß, während sie sich Anerkennung erst erkämpfen mußte. Ihre Ausbildung am Mount Holyoke College, das sie zwischen 1847 und 1848 besuchte, wurde trotz außergewöhnlicher Leistungen auf Wunsch des Vaters abgebrochen. Ihr Verhältnis zu der männlichen Autorität des Vaters bleibt ambivalent. Um 1860 durchlebt D. eine Krise, die eine ihrer produktivsten dichterischen Phasen auslöst. In nur sechs Jahren verfaßt sie rund tausend Gedichte, mehr als die Hälfte ihrer gesamten Produktion. Ob es einen äußeren Anlaß gab, wie etwa eine unerfüllte Liebesbeziehung, oder ob D. in dieser Zeit einfach ihre »künstlerische Reife« erlangte, wird in der Kritik seit langem diskutiert. Zu dieser Spekulation beigetragen haben drei Briefe aus dieser Zeit, die an einen »Master« adressiert sind. Ob und an wen die Briefe jemals gesendet wurden, konnte nie endgültig geklärt werden. Reverend Charles Wadsworth aus Philadelphia, dem D. nur wenige Male begegnete, und Samuel Bowles, Herausgeber des *Springfield Republican* und ein Freund der Familie, gelten als die wahrscheinlichsten Kandidaten, sollte ein wirklicher Liebhaber angeschrieben worden sein. Auch ihre Schwägerin Susanne D. wird als potentielle Adressatin gehandelt. In den Briefen stilisiert sich D. in der Persona »Daisy« als ohnmächtig und klein, während das adressierte Liebesobjekt fern und übermächtig erscheint. Den traditionellen Elementen dieser Liebesrhethorik widerstrebt jedoch die Beschreibung der Gewalt ihrer Leidenschaft, die geschlechterspezifische Rollenerwartungen durchkreuzen.

In dieser Zeit wendet sich D. auch erstmals an den Kritiker Thomas Wentworth Higginson mit der Bitte um eine Evaluation einiger ihrer Gedichte. Obwohl Higginson D.s Intensität erkannte und aus dem ersten Kontakt eine lebenslange Korrespondenz resultierte, riet er ihr vorsichtig von der Publikation ab. Zu radikal erschienen ihm die Verletzungen von Grammatik, Reim und Versmaß. Nach D.s Tod fungierte Higginson als Ko-Editor einer ersten Werkausgabe, in der er entsprechend dem Zeitgeschmack zahlreiche Glättungen vornahm: an Stelle der so typischen Gedankenstriche, setzte er Kommas, an einigen Stellen werden Reime eingefügt und die zahlreichen Varianten, die besonders D.s spätere Texte kennzeichnen, unterdrückt diese Ausgabe fast vollständig. Erst 1955 gelang es Thomas H. Johnson in seiner Werkausgabe, die Zeichensetzung, Unreime und Varianten weitgehend getreu nachzubilden. Doch erst die 1981 erschienene Faksimile-Ausgabe von 1147

Gedichten durch R.W. Franklin in *The Manuscript Books of Emily Dickinson* erlaubt einen vollständigen Einblick in die Komposition, inklusive der graphischen Gestaltung auf zuweilen ungewöhnlichen Schreibunterlagen.

Am populärsten war zunächst D.s Naturlyrik, wegen der man sie in die Nähe der Romantik und der Transzendentalisten rückte. Zahlreiche Gedichte beschäftigen sich mit der Funktion der Poesie, andere mit der Existenz Gottes, mit ihren Zweifeln oder dem Hadern mit Gott. D. räumt allerdings dem Diesseits und der Poesie Priorität ein. Ein dominantes Thema ist daher auch der Tod. In mehreren Gedichten imaginiert die Sprecherin Tod oder Sterben, doch nur, um das Dasein zu zelebrieren und den Bereich des Sagbaren gegen das Erlöschen von Existenz und Sprache auszudehnen. Obwohl D.s Lyrik nicht in einem direkten Sinne politisch ist, schlagen sich politische Ereignisse – Bürgerkrieg, Anti-Sklaven-Bewegung, die Ermordung Lincolns und die Frauenemanzipation – indirekt in ihrem Schreiben nieder. Dies zeigt sich vor allem in Bildern von Gewalt, aber auch in Grammatik und Prosodie ihrer Dichtung, so auch in ihrem meist interpretierten Gedicht »My Life had Stood a Loaded Gun ...«. Am 15. Mai 1886 starb D. in Amherst im Alter von 56 Jahren an den Folgen einer Nierenerkrankung.

The Manuscript Books of E.D. Hg. R.W. Franklin. New York 1981. – Lit.: Richard, B.S.: *The Life of E.D.* 2 Bde. New York 1974; Farr, J. (Hg.): *E.D.: A Collection of Critical Essays.* Upper Saddle River, N.J. 1996; Paul, J.F.: *Critical Essays on E.D.* Boston 1984; Albert, J.G.: *E.D. The Mind of the Poet.* Cambridge, Mass. 1966; Howe, S.: *My Emily Dickinson.* Berkeley, Cal. 1985; Juhasz, S.: *Feminist Critics Read E.D.* Bloomington 1983.

Hannah Möckel-Rieke

Didion, Joan

Geb. 5. 12. 1934 in Sacramento, Kalifornien

Joan Didions Ansehen als Schriftstellerin, im besonderen als eine der besten Essayistinnen der Gegenwart, beruht auf einer verhältnismäßig kleinen Anzahl von Texten: fünf Romane, fünf Essaysammlungen sowie eine Reihe von Drehbüchern, die sie z.T. in Zusammenarbeit mit ihrem Mann verfaßt hat. Der erste Roman *Run, River* erschien 1963. Bekannt aber wurde sie v.a. durch ihren zweiten Roman *Play It As It Lays*, 1970 (*Spiel dein Spiel*, 1995). Das Buch wurde ein Bestseller und bewirkte gleichzeitig bei der Literaturkritik eine Reihe von kontroversen Reaktionen. Während einige den angeblichen ›Nihilismus‹ des Romans negativ beurteilten, wurde von anderen gerade die fragmentarische, sich jeder narrativen Sinngebung verweigernde Erzählweise lobend hervorgehoben. Mit seinen 84 kurzen, teilweise weniger als eine Seite umfassenden Kapiteln wird in einer Aneinanderreihung von bruchstückhaften Aussagen, Erinnerungen und Rückblenden das Leben der Protagonistin skizziert, das wie ein alptraumhaftes Spiel erscheint, dessen Spielregeln sie nicht kennt und nicht versteht. So ist sie entweder das Opfer einer brutalen Gesellschaft oder bewirkt durch ihre Passivität selbst ihre eigene Unterdrückung und Handlungsunfähigkeit.

»We tell ourselves stories in order to live« lautet der Anfangssatz der zweiten Essaysammlung *The White Album,* 1979 (*Das weiße Album*, 1997). Dieser Satz könnte allen Romanen und Essays von D. als Motto vorangestellt werden, denn wie in *Play It As It Lays* werden auch in den weiteren Romanen – etwa in *A Book of Common Prayer,* 1977 (*Wie die Vögel unter dem Himmel*, 1995) oder in *Democracy*, 1984 (*Demokratie*, 1986) – die Illusionen erkennbar, mit deren Hilfe die Charaktere versuchen, das Gefühl der sozialen Disintegration zu bewältigen. Der Titel – *The White Album* – ist eine Anspielung auf die Beatles, die für D. die verwirrende Ambivalenz der 60er Jahre verkörpern, der Titel der ersten Essaysammlung *Slouching Towards Bethelehem*, 1968 (*Stunde der Bestie*, 1996) evoziiert ein Gedicht von William Butler Yeats, »The Second Coming«: »Things fall apart; the center cannot hold; / Mere anarchy is loosed upon the world.« Der kulturkritische Standpunkt, der in diesen Worten deutlich wird, kennzeichnet D.s eigene skeptische Haltung, mit der sie die Illusionen und den naiven Optimismus der Hippie-Generation in ihren Essays analysiert.

Während der Roman *A Book of Common Prayer* einen fiktiven Ort in Zentralamerika zum Schauplatz hat, bietet *Salvador,* 1983 (dt. 1984), einen realen Schauplatz und zeigt gleichzeitig die Realität eines grausamen und sinnlosen Terrors. Auch die Essays in *Miami,* 1987, in denen die 30jährige Geschichte kubanischer Einwanderer, die heute über die Hälfte der Einwohner der Stadt ausmachen, dargestellt wird, sind ein Angriff auf die amerikanische Außenpolitik von John F. Kennedy bis zu Ronald Reagan, indem sie die kulturellen und sozialen Auswirkungen eines politischen Machtkampfes analysieren. In D.s bestechend präziser Prosa entsteht ein Bild der zeitgenössischen Wirklichkeit Amerikas, das, wie sie selbst schreibt, »Blitzlichtbildern in einer variablen Abfolge [entspricht], jenseits ihrer zeitlichen Anordnung ohne ›Bedeutung‹, keine Film-, sondern eine Schneideraumerfahrung.«

Ihre bisher letzte Essaysammlung *After Henry,* 1992 (*Nach Henry,* 1995) konzentriert sich auf drei Gebiete – Washington, DC, Kalifornien und New York City –, in denen das fatale Nebeneinander von Macht und Traum besonders augenfällig ist. Auch hier wird in Reportagen über Präsidentschaftswahlen, Morde, Vergewaltigung und Terrorismus nicht nur die Kompensationsfunktion kultureller Mythen deutlich, sondern – wie vor allem der letzte Essay »Sentimental Journeys« (»Überfall im Central Park«, 1991) erkennen läßt – auch die gefährliche Sentimentalität der Geschichten, die wir uns erzählen, um überleben zu können.

Lit.: Henderson, K.U.: *Joan Didion.* New York 1981; Friedman, E.G. (Hg.): *J. D.: Essays and Conversations.* Princeton, N.J. 1984; Winchell, M.R.: *Joan Didion.* Boston 1989; Felton, S. (Hg.): *Critical Response to Joan Didion.* Westport, Conn. 1994.

Renate Hof

Dimitrova, Blaga Nikolova
Geb. 2. 3. 1922 in Bjala Slatina/Bulgarien

»Mir geht es natürlich nicht um die bekannten Ausprägungen der Poetik der sogenannten engagierten Literatur. Was mir vorschwebt, ist das Neuland, das die zeitgenössische Dichterin sich selbst erschließen muß mit Hilfe der allmächtigen Tradition, nämlich immer wieder mit dem Traditionellen zu brechen.« – Dieses Bekenntnis aus ihrem Essay »Politik und Poesie« in ihrem Band *Predizivaketelstva*, 1991 (Herausforderungen) dokumentiert D.s Position als Autorin in bulgarischer Kulturtradition und als Politikerin. Die bereits international anerkannte Autorin wollte eingreifen in die Demokratisierungsprozesse. Ihre vielen politischen Essays der Wendezeit, vereint im Band *Ironie der Geschichte* (1996) geben Auskunft über ihr Ringen mit dieser neuen Aufgabe. D.s Essays sind vor allem Texte zu ihrem Selbstverständnis als Schriftstellerin – in künstlerischer wie in politischer Hinsicht. Mit Leidenschaft, Mut zu gedanklicher Schärfe, Vehemenz und Lust an der Provokation setzt sie sich mit Themen der Zeit auseinander: mit Ausländerfeindlichkeit, Politik und Kunst, überzogenem Nationalismus, Utopieverlust, Ideologiebrüchen.

D., Tochter eines Anwalts und einer Lehrerin, hatte schon in Schüler- und Studentenzeitungen erste poetische Versuche publiziert. 1941 absolvierte sie das humanistische Gymnasium in Sofia und studierte bis 1945 slawische Philologie. 1946 wurde sie Aspirantin am Gorki-Literatur-Institut in Moskau und promovierte zum Thema »Majakowski und die bulgarische Poesie«. Von 1950–1958 war sie in der Redaktion der Zeitschrift *Septemvri*, 1962 in einem Verlag tätig und von 1962 bis 1977 arbeitete sie als Redakteurin im Verlag »Narodna Kultura«. Ihre Gedichtbände *Do utre*, 1959 (Bis morgen) und *Impulsi* (1962) bezeugen einen weiblichen Traditionsbezug in der bulgarischen Literatur (Elisaveta ↗ Bagrjana und Dora Garbe). Sie publizierte ca. zehn Lyrikbände, einzelne Zyklen wurden in mehr als 25 Sprachen übersetzt. Sie hat darüber hinaus Romane, Dramen, Erzählungen, Übersetzungen, satirisch-ironische Abhandlungen geschrieben. In ihrer Lyrik ist eine poetische Methode dominant, die das lyrische Ich ins Spannungsfeld zur Wirklichkeit setzt. D. konnte neu gewonnene moralisch-ethische Aspekte an das Ich binden, so daß die Differenz zwischen Ideal und Realität als Konfliktstoff die Texte strukturiert.

Die Sichtweise nur an ein lyrisches Ich zu binden, schien ihr Ende der 60er Jahre als zu eng, um die neuartigen gesellschaftlichen Widersprüche ästhetisch zu reflektieren. Die Prosa eröffnete ihr ein breiteres Expermentierfeld. Schon der erste Roman *Patuvane kam sebe si*, 1965 (*Reise zu sich selbst*, 1982), der stark autobiographische Züge trägt, zeichnet sich durch eine neue Schreibweise aus. Es sind Aufzeichnungen in Tagebuchform, verknüpft mit Dokumentarischem. Ihr zweiter Roman *Otklonenie*, 1967 (*Liebe auf Umwegen*, 1969) hat eine epische Struktur, die von mehreren Erzählebenen bestimmt wird. Bemerkenswert ist, daß dies zeitgleich mit Christa ↗ Wolfs Entwicklung eines Schreibkonzepts ›subjektiver Authentizität‹

liegt, obwohl beide sich zu diesem Zeitpunkt nicht kannten. In ihren Folgeromanen *Lavina* (*Die Lawine*, 1981) und *Lice* (Das Gesicht) werden die Männer- und Frauenfiguren in ihrem widersprüchlichen Gesellschafts- und Geschlechtsbewußtsein aufgezeigt. *Das Gesicht* ist 1981 entstanden und konnte wegen der Zensur erst 1990 erscheinen. Es ist ein breit angelegter Gesellschaftsroman, in dem Ideologiekritik mit Sprachkritik verbunden wird. Das Figurenensemble ist unterschiedlichen sozialen, kulturellen, politischen Richtungen zuzuordnen und wird in einem Land (Bulgarien) angesiedelt, das nur Leben in einem ›geschlossenen Raum‹ zuläßt. In diesem Raum sind die Kommunikationsverhältnisse gestört.

Auf der ersten Demonstration des demokratischen Umbruchs im November 1989 in Sofia wurden zwei Bücher wie Plakate getragen: *Der Faschismus* von Schelo Schelev und *Lice* von D. Schelo Schelev wurde Präsident (bis 1994) und D. war bis zum Sommer 1993 Vizepräsidentin. D. erkannte die Schwierigkeiten, die sich für das kleine Volk auf dem Balkan ergeben. Sie setzt in ihren jüngsten Werken alle Hoffnung auf die Kulturträger der neuen Nationen. Die Selbstvergewisserung D.s als Selbstfindungsprozeß führt über die Ideologiekritik zu veränderten Positionen. Der Neugewinn an Realität ist wichtige Orientierung für D., die den engen Rahmen des Balkan sprengt und eine neue europäische Perspektive schriftstellerischer Arbeit gewinnt.

Ausgewählte Gedichte. Gelsenkirchen 1981; *Belezi* (Auswahllyrik 1937–1997). 2 Bde. Sofia 1997. – Lit.: Scholz, H.: »›Sie haben begonnen, den Gipfel Mensch zu besteigen‹. Weltanschaulich-moralische Umrisse von Frauengestalten bei B.D. und C. Wolf«. In: *Archiv für bulgarische Philosophie*, Bd. 1. Sofia 1988, S. 174–187.

Hannelore Scholz

Ding Ling (Ting Ling, eigtl. Jiang Bingzhi)

Geb. am 12. 10. 1904 im Kreis Linli, Provinz Hunan/China; gest. am 4. 3. 1986 in Beijing/VR China

Kaum eine chinesische Autorin hat im Ausland so viel Aufmerksamkeit erregt wie Ding Ling. Ihre literarischen Werke zählen zu den meistübersetzten der chinesischen Moderne. – Aufgewachsen in einer aufgeklärten Intellektuellenfamilie, erhielt D. eine westlich orientierte Schulbildung und wurde als junge Frau von ihrer Mutter in ihrem Streben nach Unabhängigkeit und persönlicher Verwirklichung unterstützt. Mit der Veröffentlichung des Kurzromans *Suofei nüshi de riji*, 1928 (*Das Tagebuch der Sophia*, 1980) erlangt D. als Schriftstellerin schlagartig Berühmtheit. In der hier thematisierten Identitätssuche einer kränklichen jungen Frau, die, hin- und hergerissen zwischen zwei Männern, in einen nervösen Zustand von Handlungslähmung verfällt, wird die Sehnsucht nach freier weiblicher Sexualität mit für damalige Verhältnisse skandalöser Offenheit angesprochen.

Nach der Hinrichtung ihres Lebensgefährten, des Kommunisten und Dichters Hu Yepin, in Shanghai 1931 durch die Guomindang, engagiert sich D. zunehmend politisch. Bereits 1930 tritt sie der Chinesischen Liga Linker Schriftsteller bei, 1932 wird sie Mitglied der Kommunistischen Partei. Den persönlichen Wendepunkt hin zu einem aktiven politischen Leben verarbeitet sie auch literarisch, etwa in *Muqin,* 1933 (*Jahreszeiten einer Frau,* 1991). 1933 von der Guomindang entführt und unter Hausarrest gestellt, gelingt es D. erst 1936 zu entkommen und sich in die von der Roten Armee besetzten Gebiete durchzuschlagen. Nun stellt sie sich ganz in den Dienst der kommunistischen Revolution, beteiligt sich aktiv an der Propagandaarbeit der Partei und wird mit mehreren relevanten Ämtern im Kultursektor betraut, u.a. mit der Redaktion der Literaturseite der *Jiefang ribao* (Tagesblatt der Befreiung). Währenddessen entstehen meisterhafte Erzählungen, in denen D. kein Blatt vor den Mund nimmt und sich mit der Parteiarbeit kritisch auseinandersetzt: »Wo zai Xiacun de shihou« von 1940 (»Aufenthalt im Dorf der Morgenröte«, 1987) und »Zai yiyuan zhong« von 1942 (»Im Krankenhaus«, 1980) sind nur zwei Beispiele. In ihrem im März 1942 formulierten feministischen Essay »Sanbajie yougan« (»Gedanken zum 8. März«) kreidet sie die auch im kommunistischen Yan'an, dem Hauptquartier der Roten Armee, fortbestehenden patriarchalischen Strukturen an. Die doppelte Moral der Männer verunmögliche den Frauen eine aufgeklärte und freie Lebensführung, die im übrigen auch von der Parteiführung nicht hinreichend unterstützt werde. Ihre vehemente Kritik bleibt nicht folgenlos. D. wird von der Parteiführung zurechtgewiesen und diszipliniert. Während der ›Ausrichtungskampagne‹ 1942 zementieren die Parteitheoretiker eine utilitaristische Literatur- und Kunstauffassung. D. schickt man zunächst zum ›Studium‹ zu den Bauern aufs Land. Ihre Literatur paßt sich immer mehr den geforderten propagandistischen Inhalten an. 1948 schließt sie den mit dem Stalin-Literaturpreis ausgezeichneten Roman *Taiyang zhao zai Sangganhe shang* (*Sonne über dem Sangganfluß*, 1954) ab. Nach der Gründung der Volksrepublik rückt D. zunächst in einflußreiche kulturpolitische Ämter auf. Jedoch steht sie im Jahre 1957, nach dem Ende der Hundert-Blumen-Kampagne, während der Mao Zedong zu offener Kritik an der Partei aufgefordert hatte, erneut im Zentrum der Kritik. Mit dem Vorwurf der Linienuntreue, des extremen Individualismus und einer zerstörerischen burgeoisen Einstellung wird »Fräulein Sophia« aller Ämter enthoben und aus der kommunistischen Partei ausgeschlossen. Bei dieser Gelegenheit setzt man auch gleich ihre wichtigen literarischen Werke auf den Index. Mit einem Schreibverbot belegt und zur ›Umerziehung durch Arbeit‹ in die Provinz Heilongjiang verschickt, muß D., zeitweise in Isolationshaft, bis 1979 auf ihre Rehabilitierung und eine Neuauflage ihrer Werke warten. Die Mundtotmachung D.s bedeutete für die moderne chinesische Literatur den Verlust ihrer vielleicht bedeutendsten Stimme.

Lit.: Feuerwerker, Y. M.: *Ding Ling's Fiction.* Cambridge, Mass. 1982.

Judith Ammon

Dini, Nh. (eigtl. Nurhayati Sri Hardini)
Geb. 29. 2. 1936 in Semarang, Java/Indonesien

Mit Ausnahme der raren Vorkriegsautorinnen wie Suwarsih Djojopuspito (1912–77) oder Selasih (1909–1982) erfolgte der Einstieg der Frauen in die literarische Öffentlichkeit fast ausnahmslos über das Medium der indonesischen Frauenjournale. Von der Literaturkritik gemeinhin als *Sastra Pop* (Populärliteratur) klassifiziert, erfuhren diese Texte eine generalisierende Abwertung. Nicht nur äußerst produktive und von einer breiten Anhängerschaft gelesene Romanautorinnen wie Marga T. (geb. 1943) unterliegen dieser Stigmatisierung, auch weniger populäre, doch ernsthafte Autorinnen bleiben auf diese Weise ausgegrenzt. D. ist neben der Lyrikerin Toeti Heraty (geb. 1933) eine der wenigen indonesischen Autorinnen der Gegenwart, deren Werk als anspruchsvolle Literatur anerkannt und auch international beachtet ist. 1955 erhielt D. ihre erste literarische Auszeichnung. Mit dem Erzählband *Dua Dunia* (Zwei Welten), mit dem ein Jahr später ihre Kurzprosa gesammelt auf dem Buchmarkt erschien, erlangte sie nachhaltige Anerkennung. Neben ihrer Berufstätigkeit als Stewardess verfaßte sie Ende der 50er Jahre ihren ersten Roman, *Hati Yang Damai* (Friedliches Herz), der 1961 erschien. 1960 heiratete sie den französischen Diplomaten Yves Coffin und ging mit ihm nach Japan, Frankreich, Kambodscha, in die Philippinen und USA. Ende der 70er Jahre tritt D. literarisch wieder stärker in Erscheinung. Sie produziert vier Romane und vier Bände mit Kurzprosa und wird zu einer der herausragenden Figuren im indonesischen Literaturbetrieb mit auch internationaler Anerkennung. Trotz ihrer langen Abwesenheit hat D. nie in einer anderen Sprache als der indonesischen geschrieben. Zugleich zeigen sich jedoch deutlich der westliche Einfluß und die konstruktive Distanz zur eigenen Kultur. D.s Hauptfiguren sind keineswegs immer von indonesischer Nationalität; auch Europäerinnen, Eurasierinnen und eine Japanerin sind Handlungsträgerinnen. Dabei wird D.s subtiler Stil, mit dem sie die Sehweise der Protagonistin zur überzeugenden Erzählperspektive macht, immer wieder betont.

Als ihr literarisches Vorbild nennt D. die Schriftstellerin S. Rukiah Kertapati, welche sich in den 30er und 40er Jahren im Umfeld des Literaturforums *Pudjangga Baru* mit ihrer sozialkritischen und politisch engagierten Literatur hervortat. Politische oder sozialkritische Fragen werfen D.s Texte allerdings kaum auf – eine Feststellung, welche heute für den Großteil der indonesischen Literatur gilt, die im Zuge des politischen Klimas im Lande deutliche Zurückhaltung übt. Was D. allerdings von ihren weiblichen wie männlichen Kollegen unterscheidet, ist der Mut, Moralvorstellungen und insbesondere die gesellschaftlich etablierte Lebensform der Ehe und Kleinfamilie in Frage zu stellen und stigmatisierte Verhaltensformen durch einfühlsame Innensicht neu zu bewerten. So gehen ihre Protagonistinnen durchaus bewußt und lustvoll außereheliche Beziehungen ein und werden hierbei weder von quälenden Gewissensbissen geplagt noch als moralisch verkommen dargestellt. Dies stellt in der vorwiegend islamischen Gesellschaft Indonesiens ohne Frage eine Provokation dar. Nach ihrer Scheidung im Jahr 1980 kehrte D. nach Indonesien zurück und lebt seither in Jakarta und Semarang. Ihre Romane sind u.a. auf japanisch, niederländisch, russisch und französisch erschienen. Literarisch noch immer aktiv, schreibt und übersetzt sie nun auch Kinderliteratur und leitet eine von ihr gegründete ›Kinder-Lesehalle‹.

Lit.: Van Klinken, H./Sri Murnining Tyas: »Indonesian Women today. The Struggle for Independence«. In: *Inside Indonesia* (März 1990), S. 16–17; Teeuw, A: *Modern Indonesian Literature*. 2 Bde. Den Haag 1979.

Doris Jedamski

Ditlevsen, Tove Irma Margit

Geb. 14. 12. 1917 in Kopenhagen; gest. 7. 3. 1976 in Kopenhagen

Neben der um eine Generation älteren, aber etwa gleichzeitig debütierenden Karen (»Tania«) ↗ Blixen (1885–1962) dominiert D. die dänische Frauenliteratur um die Jahrhundertmitte. Blixen, kosmopolitische Aristokratin, schrieb in der Tradition der klassischen Weltliteratur für ein internationales Publikum; D. dagegen als Kopenhagener Arbeiterkind und Hausfrau von eigenen lokal und sozial bedingten Erfahrungen her und auf spezifisch dänische literarische Traditionen bezogen (Kirchenlied, Märchen, dänische Romantik). Ihre mehr als 30 Bücher verschiedener Gattungen gewannen einen ungewöhnlich breiten Leserkreis. Die einfache Form ihrer Gedichte (oft Vierzeiler mit Endreim), die einleuchtende Bildersprache, die Verwurzelung in der lyrischen Tradition und die weibliche Thematik verschafften ihr eine Beliebtheit auch beim breiten Publikum, von der die sonst triumphierenden Modernisten der Epoche nur träumen konnten.

1937 erschien das erste Gedicht »Til mit døde barn« (An mein gestorbenes Kind) in der Zeitschrift *Vild Hvede*; es wurde in die Sammlung *Pigesind* (*Mädchen-Gemüter*, 1939) aufgenommen. Wie auch in den darauf folgenden Sammlungen *Lille verden*, 1942 (Kleine Welt) und *Blinkende lygter*, 1947 (Blinkende Lampen) geht es zunächst um die konkrete Lebenswelt der Kindheit im Kopenhagener Arbeiterviertel Vesterbro; hinzu kommt aber in zunehmendem Maße das Erinnerungs- und Depressionsthema, das in den Lyrikbänden *Kvindesind*, 1955 (Frauengemüt(er) und *Den hemmelige rude*, 1961 (Die geheime Fensterscheibe) vorherrscht. Der Erfolg der Dichterin und zwei Ehen mit Akademikern hatten etwas Abstand zur Straßen- und Hinterhof-Kultur geschaffen, aber sie blieb in der Erinnerung lebendig, zumal sie das Frauenleben zunehmend auf Konflikte und Enttäuschungen in Ehe und Mutterschaft stoßen ließ.

Die tabuisierte Sexualität des heranwachsenden Mädchens in einer harten Umwelt ist das Thema des Romans *Man gjorde et barn fortræd*, 1941 (Man tat einem Kinde weh), während *Barndommens gade*, 1943 (*Die Straße der Kindheit*, 1953) als weibliches Pendant der klassischen Proletarierromane von Martin Andersen Nexø (1869–1954) eine sozialrealistische Schilderung epischer Breite vom Werdegang eines Vorortmädchens bietet. Die späteren Romane *For barnets skyld*, 1946 (Um des Kindes willen), *Vi har kun hinanden*, 1954 (Wir haben nichts als einander) und *To som elsker hinanden*, 1960 (Zwei die sich lieben) sowie eine Reihe von Novellensammlungen gestalten vereinsamte und vergrämte Frauenschicksale in der bürgerlichen Familie (nicht unähnlich den Romanen von Sonja Hauberg, 1919–1947). Umfassende publizistische Arbeiten und die langjährige erfolgreiche Tätigkeit als Briefspaltenredakteurin der Illustrierten *Familie Journalen* bereiteten der großen Geschlechtsrollendebatte der 70er Jahre den Weg (an der auch Elsa Gress (1919–1988) maßgeblich teilnahm).

Als D. die Psychoseschilderung im Roman *Ansigterne*, 1968 (Die Gesichter) und die Erinnerungsbücher *Barndom* (Kindheit) und *Ungdom* (Jugend), beide 1967 erschienen, verfaßte, war sie psychisch schwer leidend. Die Scheidung 1971 vom Ehepartner führte zum Zusammenbruch und zu mehreren Selbstmordversuchen; dahinter wird, wie die Erinnerungen verraten, die traumatische Bindung an die Mutter sichtbar. Die Sammlungen moderner Prosagedichte *De voksne*, 1969 (Die Erwachsenen) und *Det runde værelse*, 1975 (Das runde Zimmer) bedeuten einen künstlerischen Aufbruch. Die Erinnerungsbände *Gift*, 1971 (Wortspiel: Verheiratet/Gift) und *Vilhelms værelse*, 1975 (*Wilhelms Zimmer. Erinnerungen*, 1981) erregten mit ihrer rücksichtslos ehrlichen Darstellung der Ehetragödien und der langjährigen Abhängigkeit von Alkohol und Drogen ungeheures Aufsehen. Ein nüchternes und skurril humoristisches Selbstbildnis *Tove Ditlevsen om sig selv* (1975) verbindet Dichtung und Wahrheit in ganz eigenartiger Weise.

Zur Zeit ihres selbstgewählten Todes gehörte sie zu den absolut bekanntesten und auch offiziell am meisten geehrten und preisgekrönten dänischen Autoren und Autorinnen. Viele ihrer Gedichte sind vertont und mehrere Romane verfilmt.

Samlede digte. Kopenhagen 1996. – Lit.: Andersen, J.: *Til døden os skiller. Et portræt af T. D.* Kopenhagen 1997; Møller Jensen, E. (Hg.): *Nordisk kvindelitteraturhistorie*, Bd. III. Kopenhagen 1996; Syberg, K.: *T. D. Myte og Liv*. Kopenhagen 1997.

Lise Busk-Jensen

Djebar, Assia (eigtl. Fatma-Zohra Imalayen)
Geb. 1936 in Cherchell/Algerien

Die in Paris lebende algerische Schriftstellerin, Historikerin und Filmemacherin, die 1996 mit dem renommierten Neustadt International Prize for Literature ausgezeichnet wurde, gilt als bedeutendste weibliche Stimme der frankophonen Literatur des modernen Maghreb. Ihr Frühwerk besteht aus einem Romanquartett klassischer Faktur: *La Soif*, 1957 (*Die Zweifelnden*, 1993); *Les Impatients*, 1958 (*Die Ungeduldigen*, 1959); *Les Enfants du Nouveau Monde* (1962); *Les Alouettes naïves* (1967). D. gibt hier die Aufbruchstimmung der algerischen Jugend der frühen Unabhängigkeit wieder und reiht sich neben Kateb und Dib, Memmi und Chraïbi in die ›Generation von 1952‹ ein. Schon in diesen Romanen klingt das für ihr Schreiben bestimmende Thema femininer Selbstfindung und Selbsterfahrung an: »Ich bin zwar eine Autorin französischer Sprache, zuallererst aber fühle ich mich als arabische Frau.« Als solche wird ihr in den 70ern das Französische zum Problem. Parallel zur ›Dekolonisierung des Bewußtseins‹, wie sie zeitgleich von der literarischen Avantgarde Marokkos postuliert wird, fängt sie mit Tonband und Kamera Stimme und Sprache, Leben und Lebensgefühl algerischer Frauen ein, wie es sich über Generationen hinweg im Verborgenen artikuliert, in der Mündlichkeit des Dialekts, in der abgeschlossenen Welt der Frauenhäuser, abseits einer durch Kolonialismus und Patriarchat doppelt fremdbestimmten Gesellschaft: *La Nouba des femmes du Mont Chenoua* (1979) und *La Zerda et les chants de l'oubli* (1982) sind zwei Dokumentarfilme, die die Brücke schlagen zu ihrem späteren Werk, das 1980 mit den *Femmes d'Alger dans leur appartement* (*Die Frauen von Algier*, 1994) beginnt und das sich versteht als Annäherung an den offenen Blick, den freien Gang, als minutiöses Protokoll vom Aufbruch der arabischen Frau. Es ist ein Werk, das um weibliche Solidarität und Selbstbestimmung kreist, um die Entdeckung des Körpers, die Neudefinition der Paarbeziehung (*Ombre Sultane*, 1987/*Die Schattenkönigin*, 1988). So führt der Film zurück zur Literatur, die fortan geprägt ist vom Moment der Mündlichkeit, der Mehrstimmigkeit, filmischer Montagetechnik; vor allem aber von der Reflexion über feminines Schreiben im postkolonialen Kontext, im Spannungsfeld zwischen Dialekt, klassischem Arabisch und modernem Französisch, das in D.s Wahrnehmung von der »Sprache der Macht« zur »Sprache der Marginalität«, »der Entschleierung«, der Kreativität und des freien Ausdrucks mutiert. In kunstvoller Verschränkung von Fakt und Fiktion, Indivual- und Sozialgeschichte, autobiographischem Fragment und historischem Dokument entsteht ein nuanciertes, vielschichtiges Tableau der komplexen kulturellen Identität Algeriens: des frühen Islam (*Loin de Médine*, 1991/*Fern von Medina*, 1994), der franko-algerischen Kolonialgeschichte (*L'Amour, la fantasia*, 1985/*Fantasia*, 1989), der berberischen Wurzeln des Maghreb (*Vaste est la prison*, 1995/*Weit ist mein Gefängnis*, 1997) oder des Zweiten Weltkriegs (*Les nuits de Strasbourg*, 1997). Die jüngsten, aus tragischem aktuellen Anlaß verfaßten Publikationen, 1996 der Erinnerungs-Essay *Le Blanc de l'Algérie* (*Weißes Algerien*, 1996) und der Erzählband *Oran, langue morte* (1997), setzen D.s Werk nachdenkliche, melancholische Akzente auf.

Lit.: Keil, R.: »Schreiben im Spagat: A. D.« In: Dies. (Hg.): *Der zerrissene Schleier. Das Bild der Frau in der algerischen Gegenwartsliteratur.* Iserlohn 1996, S. 174–190; »A. D.: 1996 Neustadt International Prize for Literature«. In: *World Literature Today*, 70/4 (1996), S. 777–904.

Regina Keil-Sagawe

Dohm, Hedwig

Geb. 20. 9. 1831 in Berlin; gest. 1. 6. 1919 in Berlin

Indem man ihr, so schreibt D. 1902 rückblickend, »den wirklich überschätzten Kochlöffel in die ungeschickte Hand drückte«, jagte man sie in ein »wüstes Phantasieland wilder und unfruchtbarer Träumereien, aus denen sie erst erwachte, als dieses Leben zur Neige ging«. Auch wenn sie etwas übertreibt, da sie nicht erst im hohen Alter das Koch- mit dem Schreibgerät vertauschen sollte, wurde ihr die Bestimmung zur Schriftstellerin doch gewiß nicht an der Wiege gesungen: Im Hause des Tabakfabrikanten Schlesinger (später: Schleh) unter 17 Geschwistern aufwachsend, bleibt ihr oft nur die heimliche Flucht ins Lesen. Während der Ehe mit Ernst Dohm (1853 bis zu dessen Tod 1883) ist sie zunächst mit ihren fünf Kindern beschäftigt, bis sie in den 60er Jahren endlich zur Feder greift und eine Literaturgeschichte Spaniens verfaßt. Danach entstehen jene vier Abhandlungen zur Frauenfrage, die sie mit einem Schlag berühmt machen, sowie ihr literarisches Werk, das neben vier Lustspielen etliche Romane und Novellen umfaßt. Nahezu bis zu ihrem Tod bleibt ihr Engagement für Fragen der Zeit ungebrochen, wie zahlreiche Aufsätze in *Die Zukunft, Die Aktion* und anderen Zeitschriften erkennen lassen.

Als Beitrag zur »Frauenfrage« nehmen D.s Polemiken eine Sonderstellung ein, nicht allein durch die Radikalität der Thesen, sondern auch durch den Witz, mit dem gängige Vorstellungen ad absurdum geführt werden. So entlarvt D. in *Was die Pastoren von den Frauen denken* (1872) das angebliche »Naturgesetz« der Geschlechterdifferenz als »Männergesetz« und prangert in *Der Jesuitismus im Hausstande* (1873) die herrschende Ehemoral an. Konsequent fordert sie das Recht auf höhere Bildung und Berufstätigkeit (*Die wissenschaftliche Emancipation der Frau*, 1874) und das Wahlrecht für Frauen (*Der Frauen Natur und Recht,* 1876). In ihren späteren Sammelbänden wendet sie sich gegen die aus allen Sparten vorgebrachten Vorurteile gegen das weibliche Geschlecht (*Die Antifeministen*, 1902) und kritisiert das traditionelle Mutterbild (*Die Mütter*, 1903).

Mit Witz arbeitet D. auch in ihrem literarischen Werk. Gilt dies bereits für ihre Komödien (z. B. *Vom Stamm der Sara*, 1876 und *Die Ritter vom goldenen Kalb*, 1879), so mehr noch für ihr erzählerisches Werk, dessen Kern die Novelle *Werde, die Du bist* (1894) und die Romantrilogie *Schicksale einer Seele*, *Sibilla Dalmar* und *Christa Ruland*

(1896–1902) bilden. Die Frauenfrage wird nun unter dem subtileren Gesichtspunkt einer nicht vorhandenen Frauensprache behandelt: So kämpfen die Protagonistinnen mit »Vor-Schriften« in doppelter Hinsicht, mit den Verordnungen, die über Frauen verhängt werden ebenso wie mit den zeitlich »vorher geschriebenen« religiösen, literarischen und philosophischen Entwürfen über Frauen. Zitative Anspielungen gelten u. a. der Bibel, Goethe und Nietzsche.

Dabei erweist sich die Identitätssuche der weiblichen Figuren D.s, die durch Halbbildung und Unmündigkeit zum Scheitern verurteilt ist, als eine spezifisch weibliche »moderne Krise«, die die Identitätskrisen männlicher Mittelpunktsfiguren um 1900 konterkariert. Als »Anti-Bildungsromane« stehen D.s Prosawerke in stilistischer und thematischer Verwandtschaft zu Romanen anderer Autorinnen, wie z. B. Helene Böhlaus *Halbtier* (1899) oder Ilse Frapans *Wir Frauen haben kein Vaterland* (1899).

Lit.: Reed, P.: *»Alles, was ich schreibe, steht im Dienst der Frauen.« Zum essayistischen und fiktionalen Werk H. D.s.* Frankfurt/M. u. a. 1987; Pailer, G.: *Schreibe, die du bist. Die Gestaltung weiblicher ›Autorschaft‹ im erzählerischen Werk H. D.s.* Pfaffenweiler 1994.

Gaby Pailer

Domin, Hilde

Geb. 27. 7. 1912 in Köln

Hilde Domin, Tochter eines Rechtsanwalts und einer Sängerin, studierte nach dem Abitur im Jahr 1929 in Heidelberg, Köln und Berlin zunächst Jura, dann Nationalökonomie, Soziologie und Philosophie. Ihre wichtigsten Lehrer waren Karl Jaspers und Karl Mannheim. 1932 emigrierte sie mit dem Kunsthistoriker Erwin Walter Palm nach Rom. Ein Jahr später setzte sie ihr Studium fort, das sie 1935 an der Universität Florenz mit einer Promotion über »Pontanus als Vorläufer von Macchiavelli« abschloß. Nach der Heirat im Jahr 1936 arbeitete D. an den wissenschaftlichen Projekten ihres Mannes mit. 1939 flüchtete sie nach Großbritannien, wohin auch ihre Eltern emigriert waren, und arbeitete hier als Lehrerin an einem College. Von 1940 bis 1954 lebte sie in ihrem dritten Exilland, der Dominikanischen Republik, in der ihr Mann, den sie weiter als Forschungsassistentin, Photographin und Sekretärin unterstützte, eine Professur erhalten hatte. Ab 1948 arbeitete sie als Dozentin für Deutsche Sprache an der Universität Santo Domingo. Nach 22 Jahren Exil kehrte D. 1954 nach Deutschland zurück, lebte danach jedoch noch mehrmals längere Zeit in Spanien. Als Erwin Walter Palm eine Lehrtätigkeit an der Universität Heidelberg aufnahm, zog sie 1961 mit ihm nach Heidelberg, in »die erste [Wohnung], die keine Fluchtwohnung war seit 1936.«

1951 schrieb D., die ihren Dichternamen von ihrem damaligen Exilland ableitet, ihre ersten Gedichte. 1959 erschien der erste Gedichtband *Nur eine Rose als Stütze*, der wie die späteren Gedichtbände Bilder von wunderbarer Leichtigkeit enthält und von der Suche nach einem bewohnbaren Ort, dem Wunsch nach ›Wolkenbürgschaft‹ geprägt ist. Ausgehend von ihren Erlebnissen will D. für das Schicksal von Verfolgten und Exilanten nach 1945 in der Bundesrepublik sensibilisieren. In ihren lyriktheoretischen Essays, in Vorträgen, Lesungen und Diskussionen beschreibt sie das Gedicht als ›Augenblick‹ und ›Manifestation von Freiheit‹, als einen ›Aufruf gegen Verfügbarkeit‹, das seine Leser gegen Automatisierung und Programmierbarkeit stärke. Mit ihrer Poetik, die sie 1968 in *Wozu Lyrik heute. Dichtung und Leser in der gesteuerten Gesellschaft* darlegte und in der sie der Literatur eine zwar leise, aber doch nachhaltige Wirkung zuschrieb, widerspricht sie der These vom ›Tod der Literatur‹, die Hans Magnus Enzensberger im gleichen Jahr aufstellte.

Neben Gedichten veröffentlichte sie Übertragungen, unter anderem von Giuseppe Ungaretti und Pierre Emmanuel, und 1968 den autobiographischen Roman *Das zweite Paradies*, in dem sie von einer Liebe erzählt, die nur im Bewußtsein ihres Verlustes gelebt werden kann. Ähnlich ungewöhnlich wie ihre lyriktheoretischen Überlegungen zu Funktion und Wirkung von Gedichten sind die Publikationen, die D. als Herausgeberin betreute. In *Nachkrieg und Unfrieden. Gedichte als Index 1945–1970* (1970) erzählen Autoren politische und gesellschaftliche Schreibanlässe für das Entstehen einzelner Gedichte. Für *Doppelinterpretationen. Das zeitgenössische Gedicht zwischen Autor und Leser* (1966) bat D. je einen Autor und einen Kritiker um die Interpretation eines Gedichts, das sie mit diesen nicht abgesprochenen Selbst- und Fremdinterpretationen veröffentlichte.

Gesammelte Gedichte. Frankfurt/M. 1987; *Gesammelte autobiographische Schriften. Fast ein Lebenslauf.* Frankfurt/M. 1993; *Gesammelte Essays. Heimat in der Sprache.* München 1992. – Lit.: Wangenheim, B. v. (Hg.): *Heimkehr ins Wort. Materialien zu H. D.* Frankfurt/M. ²1998.

Marion Brandt

Dove, Rita

Geb. 28. 8. 1952 in Akron, Ohio/USA

Rita Dove, die seit 1977 zahlreiche Gedichtbände veröffentlicht hat und 1993–95 als U. S. Poet Laureate fungierte, gehört zu einer jungen Generation afro-amerikanischer Autorinnen, innerhalb derer sie jedoch als neue Stimme gefeiert wird. Denn ihre kontrollierten, modernistisch anmutenden Texte entsprechen nicht dem landläufigen Begriff von *black poetry*, einer Lyrik, die – offen strukturiert und primär mit Rassenkonflikten und Problemen eines schwarzen Selbstverständnisses befaßt – ihre Effekte vornehmlich auf der politisch-inhaltlichen Textebene entfaltet. D.s Gedichte dagegen wirken über eine komplexe Bildlichkeit, die in eine stringente Syntax eingebettet ist. Die Autorin lehnt nicht nur die Politik eines schwarzen Nationalismus ab (vgl. »Upon Meeting Don L. Lee in a Dream« in *The Yellow House on the Corner*, 1980), sondern auch jede Kultivierung dessen, was von Schwarzen wie Weißen als vermeintlich authentische *black identity* projiziert wird. Ähnlich urteilt D. über ihr feministisches Bewußtsein: Sie sei Feministin, aber sie schreibe nicht als solche: »Als Autorin bin ich eben zufällig auch Schwarze und Frau«. Die damit verbundenen Wahrnehmungen, behauptet D., seien nicht Zeichen politischer Parteinahme, sondern schlicht »Perspektiven, mit denen ich innig vertraut bin«.

Was D.s Texte dennoch klar in die Tradition afro-amerikanischer Literatur stellt, ist die intensive Auseinandersetzung mit individueller und kollektiver historischer Erfahrung. In dem Band *Yellow House* beispielsweise setzt sie sich mit der Person des eigenen Vaters ebenso auseinander wie mit der Sklaverei, deren Schrecken oftmals jedoch nicht explizit gemacht, sondern durch das modernistische Verfahren der Integration von Originalzitaten suggeriert wird. Die Sammlung *Thomas and Beulah*, 1986 (dt. Auswahl: *Die morgenländische Tänzerin*, 1988), für die D. als erste Afroamerikanerin nach Gwendolyn Brooks (geb. 1917) mit dem Pulitzerpreis für Lyrik ausgezeichnet wurde, reinszeniert die Lebensgeschichte der eigenen Großeltern auf dem Hintergrund eines historischen Panoramas, das von der Migration der Schwarzen aus dem ländlichen Süden bis zur schwarzen Bürgerrechtsbewegung der 50er und 60er Jahre reicht. Dabei halten D.s präzise Ästhetik und Indirektheit eine prekäre Balance zwischen Individuell-Biographischem und Kollektiv-Historischem. D.s stilistische Kontrolle vermeidet bewußt, die historisch öffentliche Person (vgl. »Banneker« in *Museum*, 1983; dt. Auswahl aus *Yellow House* und *Museum*: *Die gläserne Stirn der Gegenwart*, 1989) zur Allegorie afro-amerikanischer Identität, die eigene Erfahrung (vgl. »Genetic Expedition« und andere Gedichte über Mutterschaft in *Grace Notes*, 1989, und *Mother Love*, 1995) zur Metapher schwarzer Weiblichkeit gerinnen zu lassen. Geschichte, so unterstreicht D. in *Museum*, ist immer auch ein Prozeß von Erinnerungsarbeit und Produkt individueller Vorstellungskraft: »Warum erinnere ich den Himmel / über dem verbotenen Strand«, beginnt das Gedicht »Crab Boil« (»Krabben-Kochen«, *Grace Notes*, 1989), ein Text über Rassentrennung, »warum nur das Blau und das Kratzen, / Schale auf Blech, ihrer Verzweiflung? / Der Rest // ist Imagination«. Entsprechend entstehen Historizität und die Erfahrung marginaler Existenz bei D. immer wieder neu, als Prozeß aus Vergangenem und Gegenwärtigem, als Dialog eigener und fremder Kulturen, wobei auch die ebenso zentrale wie kodifiziert-konventionelle Leidens- und Opfermetaphorik schwarzer Literatur transformiert wird. Und selbst dort, wo Erinnerungen die Gegenwart überschatten und wenig Zukunft bleibt, wie in »Old Folks Home, Jerusalem«, triumphiert das Verbindende über den Schmerz: »Alle, die hier warten«, so lautet die letzte Zeile der *Grace Notes*, »waren einmal verliebt«. Neben den lyrischen Texten erschienen Kurzgeschichten (u. a. *Fifth Sunday*, 1985), der Roman *Through the Ivory Gate* (1992), das Versdrama *The Darker Face of the Earth* (1994) sowie kritische Aufsätze.

Lit.: Steinman, L. M.: »Dialogues Between History and Dream«. In: *Michigan Quarterly Review* 26.2 (1987), S. 428–38; Georgoudaki, E.: »R. D.: Crossing Boundaries«. In: *Callaloo* 14.2 (1991), S. 419–33; Vendler, H.: »Identity Markers«. In: *The Given and the Made: Strategies of Poetic Redefinition*. Cambridge, Mass. 1995; Edmundson, M. (Hg.): »R. D.'s *Mother Love*: A Discussion«. In: *Callaloo* 19.1 (1996), S. 126–42.

Sabine Sielke

Drewitz, Ingeborg

Geb. 10. 1. 1923 in Berlin; gest. 26. 11. 1986 in Berlin

Das schriftstellerische und politische Wirken von Ingeborg Drewitz ist eng mit Berlin verknüpft. D. schuf einprägsame Bilder des Berlins der 30er Jahre, des zerstörten und des geteilten Berlins. Den Konflikten, die das Leben dieser Stadt und somit ihr eigenes Leben nach 1945 prägten, begegnete sie ungewöhnlich aktiv und solidarisch. – D. wurde als die ältere von zwei Schwestern geboren. Ihr Vater war Konstrukteur, ihre Mutter hatte ihren Beruf als Pianistin aufgegeben. Nach dem Abschluß des Abiturs begann sie 1942 ein Studium der Literaturwissenschaft, Geschichte und Philosophie, das sie selbst finanzierte. 1945 promovierte sie über »Ethische Probleme des Werkes von E. G. Kolbenheyer«. Ein Jahr später heiratete sie Eugen Drewitz und zog nach Berlin-Zehlendorf, wo sie bis zu ihrem Tod am 26. November 1986 lebte.

1951 schrieb sie das Stück *Alle Tore waren bewacht*, das erste deutsche Drama über die nationalsozialistischen Konzentrationslager. Danach entstanden weitere Dramen, Hörspiele und Erzählungen. 1958 erschien ihr erster Roman *Der Anstoß*, dem u. a. die Romane *Wer verteidigt Katrin Lambert* (1974) und *Das Hochhaus* (1975) sowie der in besonderem Maße autobiographisch geprägte Roman *Gestern war heute – Hundert Jahre Gegenwart* (1978) folgten. D. veröffentlichte zahlreiche Porträts, Essays und Kritiken über die Literatur des 19. und 20. Jahrhunderts, in denen sie gängige Deutungen und Bilder hinterfragt (*Unter meiner Zeitlupe – Porträts und Panoramen*, 1984) und ihr besonderes Augenmerk auf das Verhältnis von Literatur und Gesellschaft, auf Berliner Schriftstellerinnen und Schriftsteller (*Berliner Salons. Gesellschaft und Literatur zwischen Aufklärung und Industriezeitalter*, 1979) sowie auf Autoren im Exil und im Widerstand richtet (*Die zerstörte Kontinuität. Exilliteratur und Literatur des Widerstands*, 1981).

Auf große Resonanz stieß ihre Biographie *Bettine von Arnim. Romantik, Revolution, Utopie* (1969), in der sie das soziale und politische Wirken und den emanzipatorischen Anspruch Bettina von ↗ Arnims darstellte und somit Aspekte ihrer Persönlichkeit hervorhob, die in der literaturgeschichtlichen Forschung dieser Zeit noch wenig Beachtung fanden. Bereits vor Beginn der neuen Frauenbewegung und in kritischer Distanz zu ihr engagierte sich D. für die Emanzipation von Frauen. Sie beschreibt das Leben von Frauen als gespalten zwischen dem beruflichen und künstlerischen Anspruch der Frau an sich selbst und den Ansprüchen, die von ihrer Familie, ihrem Mann und ihren Kindern an sie gestellt werden. In dieser Spaltung sah sie jedoch auch die Chance einer erfüllten »Doppeltheit der Existenz«. Die Radikalität der neuen Frauenbewegung und der in ihrem Kontext entstehenden Literatur kritisierte sie als einen »politischen und menschlichen Irrweg [...], der von der gerechten Gesellschaft wegführt, statt auf sie zu«.

D. setzte sich in außergewöhnlicher Weise für die sozialen Belange der Schriftsteller in der Bundesrepublik ein und trat gegen politische Verfolgung von Schriftstellern vor allem in Osteuropa auf. Sie war Mitbegründerin der VG Wort sowie mehrerer Schriftstellerorganisationen, in deren Vorsitz sie viele Jahre ehrenamtlich tätig war (Schutzverband Deutscher Schriftsteller, Verband Deutscher Schriftsteller, Neue Gesellschaft für Literatur), und arbeitete an der Schaffung der Künstlersozialversicherung für Autoren in der Bundesrepublik mit. Auf ihre Einladung kam Nelly ↗ Sachs 1965 das einzige Mal seit ihrer Emigration nach Berlin. 1974 unterstützte sie die Gründung des portugiesischen PEN-Zentrums in Lissabon. Sie organisierte den Ersten Kongreß Europäischer Schriftsteller und die Biennale der Kulturen Europäischer Minoritäten in Berlin (West).

Vor allem in ihrer Essaysammlung *Kurz vor 1984. Literatur und Politik* (1981) warnte D. eindringlich vor einer bundesrepublikanischen ›Routine-Demokratie‹ und vor dem Abbau demokratischer Grundrechte. Sie betreute Strafgefangene im Gefängnis Berlin-Moabit und trat öffentlich gegen den Radikalenerlaß und die Zensur in der Bundesrepublik auf.

Lit.: Häussermann, T. (Hg.): *I. D. Materialien zu Werk und Wirken*. Stuttgart 1983.

Marion Brandt

Droste-Hülshoff, Annette von

Geb. 10. 1. 1797 auf Schloß Hülshoff bei Münster/Westf.; gest. 24. 5. 1848 in Meersburg/Bodensee

»Ein Ding – wie grau in grau, / Die Formen schwanken – sonderbar!« – Grau kann als ein Lieblingswort D.-H.s gelten und die Grauzone als gesuchter ästhetischer Ort. Konsequenterweise bleibt es auch in der mysteriösen Ballade *Der Graue* (1840) unklar, ob das unheimliche Ding in grau, das dem blonden Waller in der Nacht auf seiner Burg erscheint, einer übersteigerten Phantasie nach zu viel Romanlektüre entspringt oder aber schlichte Realität ist. »Ob Traum, ob Wirklichkeit, das fragt sich hier« – diese Ambivalenz ist Signatur ihrer Schrift. Damit eröffnen ihre Texte eine Dimension der Mehrdeutigkeit, und sie sind – wie im Fall der *Judenbuche* (1842), aber auch *Des Arztes Vermächtnis* (1833/34) – als Vorläufer der modernen Kriminalerzählung zu verstehen. Das, was ihr die Sekundärliteratur als unlogisch und nicht ausgeführt ankreidet, scheint gerade das entwickelte Moment ihrer Prosa und Balladenkunst zu sein – nämlich zu verrätseln und keine Trennlinie zwischen Halluzination und Wirklichkeit zuzulassen.

D.-H. entstammt einem alteingesessenen, nicht sehr einflußreichen westfälischen Adelsgeschlecht, das katholisch geprägt ist. Sie hat ihren Vater Clemens August von Droste-Hülshoff (1760 bis 1826) in ihrem Romanfragment *Bei uns zu Lande* (1839) portraitiert. Mütterlicherseits entstammt sie dem angesehenen Geschlecht von Haxthausen aus dem zum Hochstift Paderborn gehörenden Bökendorf. D.-H. erhielt eine vielseitige musische Erziehung, nahm am Literatur- und Sprachunterricht teil, schrieb 1804 die ersten Verse, spielte Theater, zeichnete und komponierte unter Anleitung ihres Onkels Maximilian von Droste-Hülshoff. Sie galt seit ihrer Geburt als kränklich. Sie war eine Frühgeburt, kaum lebensfähig und ist von der »Plettendorfin«, die Amme Maria Catharina Plettendorf, die ihr eigenes Kind zurückgesetzt haben soll, großgezogen worden. Sie hat das ihrer Amme gedankt, indem sie sie bei sich im Rüschhaus bis zu deren Tode 1845 aufnahm. Bekannt war sie mit den Brüdern Grimm, August Wilhelm Schlegel, Anton Mathias Sprickmann aus Münster, Sibylle Mertens-Schaaffhausen, Adele Schopenhauer und Levin Schücking.

Im gleichen Jahr wie Heinrich Heine geboren, ist sie – anders als er – eine Autorin, die Traditionen bewahrt hat. Sie blieb ihrer Familie, ihrem Stand und auch der »unblasierten Gemütlichkeit westfälischer Sinne« (Heselhaus 1971, S. 159) verhaftet. Darin liegt ein Problem: Weil sie für das natürliche Unblasierte und damit für das Provinzielle und Bornierte eintritt, wendet sie sich vom liberalen jüdischen Leben und den deutschen Demokraten Herwegh und Freiligrath ab.

Aufbruchstimmung wird vor allem spürbar in ihrem bisher unterschätzten Frühwerk, in dem sie u. a. in ihrem dramatischen Versuch *Bertha oder die Alpen* (1813/14), das sie mit 17 verfaßte, die Fesselung des weiblichen Geschlechts thematisierte. »Wie ist mir so weh, was durchbebt mir die Brust/Mit unbekanntem Verlangen/Es füllt mir die Seele mit inniger Lust/Und doch mit unendlichem Bangen.« Auch zeugt D.-H.s Zugriff auf die hohe Gattung Drama von ihrem Mut, sich einzuschreiben in die zu dieser Zeit als männlich definierte Literaturgattung. Aber selbst noch in späteren Werken – wie *Die Judenbuche* – zeichnet D.-H. geradezu naturalistisch das armselige Leben von Frauen nach, was ihren Texten eine sozialkritische Note gibt. »Das junge Blut weinte sehr, theils weil es die Sitte so wollte, theils aus wahrer Beklemmung. Sie sollte einem Verworrenen vorstehen, unter den Augen eines mürrischen alten Mannes, den sie noch obendrein lieben sollte.« D.-H. hat nicht nur Dramen geschrieben, sondern v. a. Gedichte, Balladen, Erzählungen (u. a. *Ledwina* 1825/26) und geistliche Dichtung. Sie kann als eine der bedeutendsten Lyrikerinnen ihrer Zeit gelten. Die Entdeckung von Heide und Moor als poetischer Landschaft (Zyklus *Heidebilder)* zeichnet dabei eine neuartige Naturdarstellung. Die 1819/20 entstandenen Gedichte des Zyklus *Das geistliche Jahr,* den sie erst 1839/40 vollendete, zeigen die Zerissenheit des Menschen zwischen aufgeklärtem Bewußtsein und religiöser Suche. Außerdem war sie Komponistin, eine ausgezeichnete Pianistin, die zu improvisieren verstand, und Zeichnerin.

In dem 17 Jahre jüngeren Schriftsteller Levin Schücking fand sie einen Partner, der später ihre Schriften an Verlage vermittelte. In dem gemeinsam verbrachten Meersburger Winter 1841/42 entstanden etwa 60 Gedichte, die zur zweiten bei Cotta erschienenen Lyrik-Ausgabe führten (*Gedichte,* 1844). Die Rolle von Schükking in D.-H.s Leben ist umstritten. 1842 kam es zur Entfremdung zwischen den beiden. Nach ihrem Tod hat er ihr 1862 eine von biedermeierlichem Ton geprägte erste Biographie gewidmet und 1878/79 drei Bände *Gesammelte Schriften* herausgegeben. In neuerer Zeit sind die Schriften von D.-H. im Sinne einer weiblichen Traditionsbildung rezipiert worden (z. B. Sarah Kirsch) und sind Gegenstand feministischer Forschung geworden (z. B. die Darstellung weiblicher Spiegelbilder und innovative poetische Techniken).

Historisch kritische Ausgabe. Hg. W. Woesler. Tübingen 1978 ff.; *Sämtliche Werke in zwei Bänden.* Hg. B. Plachta/W. Woesler, Frankfurt/M. 1994. – Lit.: Heselhaus, C.: *A. v. D.-H. Werk und Leben.* Düsseldorf 1971; Niethammer, O./Belemann, C. (Hgg.): *Ein Gitter aus Musik und Sprache. Feministische Analysen zu A. v. D.-H.* Paderborn/München/Wien/Zürich 1992; Gödden, W. (Hg): *Dichterschwestern. Prosa zeitgenössischer Autorinnen über A. v. D.-H.* Paderborn 1993; Gödden, W.: *Tag für Tag im Leben der A. v.D-H.* Paderborn u.a. 1996; Bauer Pickar, G.: *Ambivalence Transcended. A Study of the Writings of A. v.D-H.* Columbia 1997.

Dagmar von Hoff

Duden, Anne

Geb. am 11. 1. 1942 in Oldenburg

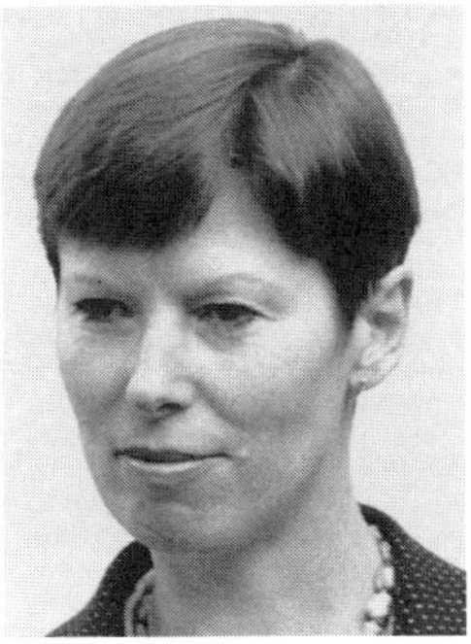

»Oft tut mir auch das Herz so weh, als sei es überbevölkert, als säßen meine weiblichen und männlichen Lieblingswesen, dazu meine Eltern, Brüder und viele andere, als Kinder zusammengekauert und weinend, ja ununterbrochen aufschluchzend in ihm und beutelten es aus, und ihre Tränenflüssigkeit ätzte die ohnehin schon abgewetzte Innenhaut weg und sinterte dann allmählich durch bis auf die Knochen. Dabei faßt schon ein normal ausgewachsenes, ungeschrumpftes Herz nur etwa so viel wie eine ausgewachsene Faust.« *(Wimpertier,* 1995). – Hier kommt zum Ausdruck, was so typisch für die Schreibweise D.s ist. Das, was außen erscheint, verweist auf das Innere, das Innere hingegen tritt an die Oberfläche. Ist etwas unter der Oberfläche, unter der Haut verborgen? Ist das Innere an der Oberfläche ablesbar? Oder gibt es nichts mehr zu verbergen und zu entdecken? Von diesen Fragen sind ihre Auseinandersetzungen mit Wirklichkeit gezeichnet. Die Struktur ihrer Texte ist geprägt von Gewalt, Krankheit, Krieg oder Tod, die traumatisierend wirken, in dem Sinne, daß ein Ich um Sprache ringt.

D. verbrachte ihre Kindheit in Berlin und Ilsenburg/DDR, ihre Schulzeit in Oldenburg, ging 1962 zurück nach Berlin, studierte nach einer Buchhändlerlehre einige Semester Literatur und Soziologie, war nach Nebentätigkeiten in Buchhandlungen und Büros Mitarbeiterin im Wagenbach- und später im Rotbuch-Verlag, den sie 1973 mitbegründet hatte. Seit 1978 lebt sie als freie Schriftstellerin in London.

In ihren Prosabänden *Übergang* (1982) und *Das Judasschaf* (1985), Kompositionen von mehreren Prosatexten, bemüht sie sich, der Angst, in der das Individuum gefangen ist, auf die Spur zu kommen und die spezifisch leibliche Komponente zu entschlüsseln. »Irgendwie bin ich vergessen worden bei einer schon gelaufenen Flucht – oder sonstwas Aktion.« *(Übergang,* 1982). In *Das Judasschaf* werden Erfahrungen des individuellen Leids und Gefühle des körperlichen Ausgeliefertseins mit historischen Fakten konfrontiert, wenn Textteile einer Himmler-Rede oder historische Dokumente aus Konzentrationslagern in den Text hineinmontiert werden. In D.s drittem Buch *Steinschlag* (1993) radikalisiert sich in ihren Prosagedichten die Arbeit gegen das Vergessen. »Die Worte krümmen sich nach innen / und stecken gebückt in den Verstorbenen / nach einer solchen Nacht.« Ihre konzentrierten poetischen Texte sind vielfältig und vielstimmig gehalten. Ihr Prosaband *Wimpertier* (1995) beschreibt in lyrischen Bildwelten den alptraumartigen Alltag und *Der wunde Punkt im Alphabet* (1995) enthält Reflexionen auf Musik (Carlo Gesualdo) und Gemälde (u.a. Carpaccio und Mantegna). Dabei schaut sie auf das, was in der westlichen Kultur verdrängt wird. »Vorzugsweise begegnet man den Opfern in Kirchen, Kapellen, Klöstern und Museen. Sie sind, wie schon gesagt, allein, jedoch in Begleitung ihrer Peiniger. Zusammen treten Täter und Opfer grundsätzlich nur im Verhältnis eins zu eins auf, nie kommen mehrere Täter auf ein Opfer. Das wahrt den Anschein der Fairness« (*Der wunde Punkt im Alphabet,* 1995). Ihr Werk orientiert sich sowohl am Leib ihrer Protagonisten als auch am Körper der Geschichte. Indem sie marginalisierte Erfahrungswelten thematisiert, werden die gesellschaftlichen Gesten des Ausschließens erst sichtbar. Die Leistung ihrer Dichtung besteht darin, die Dialektik von innen und außen, von Oberfläche und Tiefe, von Haut und Knochen, von Kultur und Verworfenem zu reflektieren.

Lit.: Weigel, S.: *Bilder des kulturellen Gedächtnisses. Beiträge zur Gegenwartsliteratur.* Dülmen/Hiddingsel 1994.

Dagmar von Hoff

Dương Thu Hương

Geb. 3. 1. 1947 in An Đồng (Nordvietnam)

Hương ist eine bemerkenswerte und zugleich umstrittene Autorin der vietnamesischen Gegenwartsliteratur. International erfolgreich, erhielt sie 1991 den französischen Literaturpreis Femina sowie den UNESCO-Literaturpreis. In Vietnam wurde sie ein Jahr zuvor sowohl aus der Kommunistischen Partei als auch aus dem Schriftstellerverband ausgeschlossen, im April 1991 verhaftet und nur auf internationalen Druck im November des gleichen Jahres wieder freigelassen. Aufgewachsen in einer kleinbürgerlichen Familie, betätigte sich H. nach dem Abschluß der Schule 1964 auf dem Gebiet der Agitation und Propaganda von Massenkultur. 1968 ging sie mit einer Kultureinheit der Vietnamesischen Volksarmee an die Front nach Quảng Bình. Nach dem Krieg leistete sie in Huế Kulturarbeit. Ab 1977 arbeitete sie im Spielfilmstudio Hanoi, später beim Vietnamesischen Filmverband wo sie heute noch tätig ist. Literarisch machte H. seit 1980 auf sich aufmerksam, als ihr erster Kurzgeschichtenband erschien, für den sie den ersten Preis einer vietnamesischen Literaturzeitschrift erhielt.

Ihre zunächst geduldete und gelobte Arbeit zeichnete sich von Anfang an durch eine kritische Sicht auf ihr gesellschaftliches Umfeld aus. Mit ihrer Hinwendung zum Roman ging sie zunehmend zur Systemkritik über. Überwiegend negative Kritik in den vietnamesischen Medien, aber nachhaltigen Eindruck bei ihren Lesern hinterließ ihr 1987 erschienener Roman *Những thiên đường mù* (*Bitterer Reis*, 1993), in dem sie nicht nur die bis dahin wenig bekannten Methoden bei der Durchsetzung der Bodenreform Mitte der 50er Jahre in Nordvietnam bekanntmachte und anklagte, sondern auch Verlogenheit und Feigheit innerhalb der Gesellschaft anprangerte. Ihr vorläufig letztes Buch aus dem Jahr 1990 *Tiểu thuyết vô đề (Roman ohne Titel*, 1995), ein Antikriegsroman, hat die beiden Vietnam-Kriege gegen die Franzosen und die Amerikaner zum Thema. Hier stehen keine siegreichen Kriegshelden im Mittelpunkt, sondern gebrochene Soldaten, die sich ihrer Illusionen und Werte beraubt sehen. Das Buch durfte bis heute in Vietnam nicht erscheinen und war auch der inoffizielle Grund für die 7monatige Untersuchungshaft der Autorin im Jahre 1991. H. ist eine politische Autorin, die in ihren Werken v. a. Kritik am vietnamesischen Bürokratismus, am Einparteiensystem und an der fehlenden Demokratie übt. In einem Interview von 1993 äußerte sie, daß sie »gezwungenermaßen Schriftstellerin sei, um die Menschen in ihrem Land wachzurütteln und zum eigenständigen Denken zu bewegen«. Ebenso wie ihre Kollegin Phạm Thị Hoài (geb. 1960), geht H. mit ihren Landsleuten streng ins Gericht und konfrontiert sie schonungslos mit der gesellschaftlichen Realität und mit der Frage nach dem Sinn des Lebens. Beide Autorinnen kritisieren das Streben v. a. der jungen Generation nach Geld und westlichen Werten.

Lit.: Weggel, O.: »Gesamtbericht Vietnam, Kambodscha, Laos – Der Fall Duong Thu Huong.« In: *Südostasien Aktuell*, 1(1992); Lies, U.: »Ich bin gezwungenermaßen Schriftstellerin – Ein Gespräch mit Duong Thu Huong«. In: *Südostasien Information* 9, 4 (1993), S. 44–45.

Ursula Lies

Duras, Marguerite (eigtl. Donnadieu)

Geb. 4. 4. 1914 in Gia Dinh/Indochina; gest. 3. 3. 1996 in Paris

Sie war die Pythia der französischen Literatur, »Marguerite«, »M. D.«, »die Duras«, Kultfigur und Legende schon zu Lebzeiten. Geboren wurde D. in Indochina als jüngstes Kind eines französischen Lehrerehepaares. Nach dem Tod des Vaters (1921) lebte sie mit ihren beiden Brüdern und der hartnäckig um ihre Parzelle Land kämpfenden Mutter in schwierigen wirtschaftlichen Verhältnissen. Zwar führte sie ihr Weg schon bald nach Paris, wo die Wohnung in der Rue Saint-Benoît Sammelpunkt für Schriftstellerfreunde (und in den 40er Jahren für die Résistance) wurde, doch die Küstenlandschaft, die Flüsse, die Menschen Indochinas blieben für sie die unerschöpfliche Quelle ihrer poetischen Inspiration. Für immer sang sie, um es mit Grillparzer zu sagen, »des Meeres und der Liebe Wellen«, anfangs eher realistisch, später suggestiv verknappt, im Bühnenstück *Savannah Bay*, 1982 (dt. 1985) exemplarisch verbunden mit der Not des Vergessens und der Qual der Erinnerung, herausgestoßen in suggestiven Ellipsen, die seit *Moderato cantabile*, 1958 (dt. 1959) ihr Markenzeichen wurden.

Obwohl es nicht ihr erster Roman war (vgl. *Les Impudents*, 1943/Die Schamlosen, und *La Vie tranquille*, 1944/*Ein ruhiges Leben*, 1962), begann ihr früher Ruhm mit dem Goncourt-verdächtigen *Un Barrage contre le Pacifique*, 1950 (*Heiße Küste*, 1962), dessen zunächst ganz konkret zu lesender Titel auch als Metapher für ihr gesamtes, dem Strömen des (weiblichen) Unterbewußten ausgesetztes Schaffen gelten kann. Den Prix Goncourt erhielt D. erst 30 Jahre später für *L'Amant*, 1984 (*Der Liebhaber*, 1985). Jetzt schließt sich der Kreis: Die dumpfe Schwüle Indochinas, der »Wahnsinn« der Mutter, die inzestuöse Nähe (à la Musil) zum »kleinen Bruder« (vgl. auch *Agatha*, 1981/dt. 1982), das Grauen vor dem gewalttätigen älteren Bruder (Thema schon in *Des journées entières dans les arbres*, 1954/*Ganze Tage in den Bäumen*, 1966) sind weiterhin gegenwärtig. Der spendable chinesische Liebhaber, Teil der ›autobiographischen‹ Legende, fasziniert und erregt die kindlich frühreife Geliebte ebenso wie eine breite, mit Sinnlichkeit, Gefühlen und neuartigem Pathos gleichermaßen bediente Leserschaft. Zuvor schon war aus dem Komplex Indochina der große Roman *Le Vice-Consul*, 1965 (*Der Vize-Konsul*, 1967) erwachsen, der das sprachlose Leiden, den herzzerreißenden Singsang der eingeborenen Bettlerin und das ganz andersartige Unglück der unangepaßten Europäerin Anne-Marie Stretter sowie des verstörten Vizekonsuls von Lahore meisterhaft ineinanderkomponiert. In Filmen wie *India Song* (1974) und *Son nom de Venise dans Calcutta désert* (1976) inszenierte D. selbst diese ihre archetypischen Ursprungswelten. Zur Indochina-Thematik trat, angeregt durch das Schicksal des damaligen Ehemannes Robert Antelme, der in deutschen Konzentrationslagern an den Rand des Todes geriet (daran erinnert *La Douleur*, 1985/*Der Schmerz*, 1986), die Erfahrung der absoluten Verfolgung, die Not der Opfer, das düstere Faszinosum der Täter, der Folter. D. nahm für sich die Metapher jüdischen Außenseitertums in Anspruch und gestaltete sie auf vielfache Weise: in *Détruire dit-elle*, 1969 (*Zerstören, sagt sie*, 1984) als Antwort auf die Studentenrevolte, in *Abahn Sabana David*, 1970 (*Abahn Sabana David*, 1986) unter Einbeziehung der Kommunismus-Kritik, schließlich tragisch-intim in den drei *Aurélia-Steiner*-Stücken, 1979 (*Aurelia Steiner*, 1992). Bei D., anders als bei Sartre, wird ein unmittelbares historisches Engagement stets gefiltert durch die grenzüberschreitende Sehnsuchts- und Schmerzerfahrung des Individuums (so schon im Drehbuch zum Resnais-Film *Hiroshima mon amour*, 1959/dt. 1961). Aus dem Postulat von fälligen Tabuverletzungen im zwischenmenschlichen Raum erwuchsen neuartige ›Dreiecksgeschichten‹ des Begehrens. *Le Ravissement de Lol V. Stein*, 1964 (*Die Verzückung der Lol V. Stein*, 1966, enthusiastisch begrüßt von Jacques Lacan) mit dem Leidensvoyeurismus der Verstoßenen liefert hierfür das deutlichste Beispiel.

In ihrer Mißachtung gesellschaftlicher Gebote und Verbote sind die fragilen Frauengestalten der D. von ungewohnter Kühnheit und Heftigkeit. Dennoch ist die Autorin keine kämpferische Feministin. Nicht nur in ihrer Literatur, auch in ihrem Leben gibt es neben den ergebenen ›Freundinnen‹ Männergestalten von entscheidender Bedeutung: Robert Antelme, den Ehemann der frühen Jahre, Verfasser der KZ-Erinnerungen *L'Espèce humaine*, Dionys Mascolo, den Vater ihres Sohnes Jean, Yann Andréa, den Gefährten der Depressionen, des Alkoholismus, des späten Ruhms (vgl. *Yann Andréa Steiner*, 1992). – Der Mythos um »die Duras« macht eine gerechte Beurteilung ihres Werks nicht leicht. Doch trotz ihres Hangs zur Selbstinszenierung, trotz der nicht selten zum Kitsch tendierenden bedeutungsschwangeren Ellipsen und Wiederholungen, die Patrick Rambaud 1988 zu respektlosen Parodien inspirierten, bleibt sie eine bedeutende und unabhängige Schriftstellerin (vergeblich umworben vom Nouveau Roman), deren unverwechselbare Leidensmelodie man nicht vergessen kann. Freilich: ihr Werk auf eine Stufe mit dem Marcel Prousts zu stellen, wie es Claude Roy tut, ist mit Sicherheit nicht angemessen.

Romans, cinéma, théâtre, un parcours 1943–1993. Paris 1997. – Lit.: Andréa, Y.: *M. D.* Paris 1983; *Gespräche. M. D. und Xavière Gauthier.* Basel 1986; Rakusa, I. (Hg.): *M. D.* Frankfurt/M. 1988; Rambaud, P.: *Marguerite Duraille: Virginie Q.* Paris 1988; Bajomée, D.: *Duras ou la Douleur.* Paris 1990; Vircondelet, A. *M. D. Biographie.* Freiburg 1992.

Brigitta Coenen-Mennemeier

Durova, Nadežda (Ps.: A. Aleksandrov; verh. Černova)

Geb. Sept. 1783 in der Ukraine; gest. 21. 3. 1866 in Elabuga/Rußland

Als 1836 das Erstlingswerk der Autorin erschien, war dies eine gesellschaftliche Sensation. *Kavalerist-devica. Proisšestvie v Rossii* (*Die Offizierin. Das ungewöhnliche Leben der Kavalleristin N. Durova, erzählt von ihr selbst*, 1994) gab nämlich die spektakulären, offenbar autobiographischen Aufzeichnungen einer jungen Frau wieder, die – als Mann verkleidet – jahrelang in der zaristischen Armee gedient und am Feldzug gegen Napoleon teilgenommen hatte. Nadežda Durova, die Autorin dieses sensationellen Textes, erlebte ihre Kindheit – ihr Vater war Offizier – in Militärkreisen. Sie wurde früh verheiratet. Nach der Geburt eines Sohnes verließ sie Mann und Kind und kehrte für kurze Zeit in ihr Elternhaus zurück. 1806 trat D. in männlicher Verkleidung in ein Kosakenregiment ein. Nach ihrer Entdeckung wurde ihr vom Zaren Alexander I. persönlich der weitere Dienst in einer anderen Kompanie gestattet. Aus Dankbarkeit trug D. von nun an den Namen Alexandrov, unter dem sie später auch publizieren sollte. Nach zehn Jahren in der Armee quittierte D. den Dienst und lebte zurückgezogen bei ihrem Bruder in der Provinz. 1836/37 tauchte sie in der Petersburger Gesellschaft auf, die sie nach der Publikation ihrer Memoiren als Sensationsfigur handelte. Enttäuscht und verbittert zog sie sich wieder in die Provinz zurück, wo sie nach ihrem Tod mit militärischen Ehren bestattet wurde – sie hatte ihre männliche Kleidung und ihre Orden aus dem Napoleonischen Krieg, der sie unter anderem nach Deutschland gebracht hatte, nie mehr abgelegt.

Die in den autobiographischen Texten (vor allem auch *Zapiski Aleksandrova. Dobavlenie k ›Device-Kavalerist‹*, 1839/Aufzeichnungen Alexandrovs. Ergänzung zu ›Das Fräulein Kavallerist‹; sowie *Nekotorye čerty iz detskich let*, 1838/Einige Besonderheiten aus den Kinderjahren) geschilderten Erlebnisse wurden bislang weitgehend als autobiographische Tatsachenberichte und als Zeugnis eines emanzipierten Frauenlebens gelesen. Erst in jüngster Zeit wurde D.s Rollentausch in einen breiteren kulturgeschichtlichen Zusammenhang gestellt und auch unter gender-spezifischen und psychologischen Gesichtspunkten analysiert (Goller 1996). An der Tatsache von D.s Eintritt in die Armee kann nicht gezweifelt werden. Um ein Einzelphänomen handelt es sich angesichts zahlreicher transvestierender Frauen seit dem Ende des 16. Jh.s jedoch nicht. Eine neue Lektüre der autobiographischen Texte macht deutlich, in welch hohem Maße die Autobiographie D.s als literarische Konstruktion zu begreifen ist, die Realitäten wie Ehe und Mutterschaft einfach verschweigt und eine 16jährige Jungfrau – entsprechend dem Jeanne d'Arc-Mythos – als Heldin konstruiert. Zum anderen aber sind diese Texte auf einer Metaebene als eine wirkliche Auto-Biographie zu begreifen, und zwar »funktional als Erklärungsmodell und Selbsterschaffung« (Goller 1996).

Das Leben D.s als Phänomen und ihre Autobiographie als Text werden bis heute sowohl in Rußland als auch im Ausland stark rezipiert. Im russischen Kulturraum wurde D. mehrfach nicht nur zum Objekt literarischer Darstellung (Gedichte, Erzählungen, Romane, Dramen, eine Oper), sondern zum eigenen Mythos, der in Rußland im Zuge des Patriotismus-Diskurses auch politisch instrumentalisiert wurde. Der Blick auf die Schriftstellerin D. wurde dadurch allerdings weitgehend verstellt. Ihre gesellschaftskritischen Erzählungen (erschienen zwischen 1838–1840), mit denen sie auf ihre Erfahrungen in der Petersburger Gesellschaft reagierte, wurden bislang kaum zur Kenntnis genommen.

Povesti i rasskazy v 4-ch čast'jach (Novellen und Erzählungen in vier Bänden). St. Petersburg 1839. – Lit.: Goller, M.: »N. A. D. in ihrer autobiographischen Prosa. Einordnung eines Phänomens«. In: *Frauenbilder und Weiblichkeitsentwürfe in der russischen Frauenprosa*. Hg. Ch. Parnell. Frankfurt/M. u.a. 1996, S. 75–92.

Elisabeth Cheauré

Ebner-Eschenbach, Marie von

Geb. 13. 9. 1830 auf Schloß Zdislavic bei Kremsier/Mähren; gest. 12. 3. 1916 in Wien

Als Siebzigjährige wurde sie von der Wiener Universität zum Ehrendoktor ernannt, eine erstmalig einer Frau erwiesene Ehre. Sie galt zu diesem Zeitpunkt, um 1900, als führende deutschsprachige Dichterin. Die Literaturkritik stellte sie oft mit der ↗ Droste (1797–1848) und Ricarda ↗ Huch (1864–1947) zu einer Trias zusammen. Strittig ist, ob man sie mit dem Österreicher Ferdinand von Saar (1833–1906), mit dem sie im Briefwechsel stand, dem ›poetischen Realismus‹ zurechnen darf. Jedenfalls ist ein wesentlicher Teil ihres Werks vom europäischen Realismus beeinflußt, z. B. von Turgenjew. Vom Naturalismus grenzte sie sich ab, verkannte auf der anderen Seite indes ihre Nähe zu ihm nicht, wofür sie die Formel fand: »Schwingungen desselben Pendels.« Sie entstammte der mährischen Adelsfamilie von Dubsky, die verwandtschaftlich mit den Kinskys verbunden war, daher auch mit Bertha von Suttner, einer geb. Gräfin Kinsky. Lange kämpfte E.-E. gegen die für Schriftstellerinnen ihrer Epoche typischen Schwierigkeiten, die begannen, sobald ihre ersten dichterischen Versuche die Angehörigen aufmerksam machten. In dem Roman *Bertram Vogelweid* (1896) stellte sie einen biographischen Vorfall nach: Ein Mann befindet darüber, ob eine junge Autorin dichten darf. Er urteilt: »Wenn sie nicht ein Riesentalent hat, nein! [...] Dichten ist heutzutage Männersache.« Die Familie übersandte 1847 die poetischen Versuche der Tochter dem Dichter Grillparzer (1791–1872) zur Begutachtung, der sich wohl wider Erwarten der Einsender positiv äußerte. Später nahm sie selber persönlichen Kontakt zu dem von ihr verehrten Autor auf, setzte ihm auch ein Denkmal in ihrer letzten Schrift *Meine Erinnerungen an Grillparzer* (1916). Ermutigung erfuhr sie weiter von dem zeitgenössischen Dichter Friedrich Halm (1806–1871), auch von ihrem Vetter und späteren Ehemann (Heirat: 1848), dem Reichsfreiherrn Moritz von Ebner-Eschenbach (1815–1898). Er war Offizier und militärischer Lehrer und debütierte im Alter selbst als Erzähler.

In einer ersten Schaffensperiode bis etwa 1870 zielte ihr Ehrgeiz aufs Theater, in der wenig bescheidenen Hoffnung, der »Shakespeare des 19. Jahrhunderts« zu werden. Von ihren Dramen brachte sie einige immerhin mit Erfolg auf die Bühne. Ihr Erstling *Maria Stuart von Schottland* (1860) zeigte sie als Schillerepigonin. Über die französische Politikerin der Revolutionszeit, Marie Roland, verfaßte sie eine gleichnamige Tragödie (1867), die ein Kritiker, M. Necker, seinerzeit als wichtigstes Drama der Frauenliteratur bezeichnete. Insgesamt genügten ihr diese Erfolge aber nicht, so daß sie sich vom Theater ab- und dem erzählerischen Genre zuwandte. Romane und Erzählungen, wie *Lotti, die Uhrmacherin* (1880), *Zwei Komtessen* (1885), die bereits im Titel auf Frauen und Frauenleben hindeuteten, machten sie schließlich berühmt. Überwiegend Frauenthematik behandelte sie auch in *Božena* (1876) und *Margarete* (1889). Frauenthematik zieht sich durch fast das gesamte Œuvre. Es geht um die Autonomie der Frau, die Forderung nach Bildung, die Ablehnung der Konvenienzehe und den Wunsch nach der partnerschaftlichen Ehe. Als Konsequenz der Veränderungen im Verhältnis von Frau und Mann erscheint – mit dem Wort einer Frau -: »[...] die Eintracht zwischen Unterwürfigkeit und Gewalthaberei wird wohl hinweggetilgt sein.« Als Zentralfiguren wählte E.-E. Frauen aller Klassen und Schichten, von der harten, Menschenleben zerstörenden Gutsherrin in der Novelle *Er laßt die Hand küssen* (1886) bis zur kraß naturalistisch gezeichneten alten Städterin: *Die Großmutter* (1875). Feinfühlig reagierte sie zudem auf die gesellschaftlichen und politischen Fragen im alten Europa vor 1914: den überbordenden Nationalismus, den stetig brisanter werdenden Antisemitismus, die Hochrüstung und Kriegsvorbereitung. Sie plädierte für Reformen und Besserung der gesellschaftlichen Zustände (*Das Gemeindekind*, 1887). Sie schloß Freundschaft und korrespondierte mit einer Reihe hervorragender Zeitgenossinnen, u. a. Betty Paoli (1815–1894), aus deren Nachlaß sie Gedichte herausgab, Louise von François (1817–1893) und Malwida von Meysenbug (1816–1903). Durch die Freundin Lou ↗ Andreas-Salomé (1861–1937) ließ sie sich gründlich über die Entdeckungen ihres Landsmanns S. Freud unterrichten. Ihr Hausarzt und einer ihrer Korrespondenten war Josef Breuer (1842–1925), der mit Freud zusammen 1895 die *Studien über Hysterie* veröffentlichte.

Sämtliche Werke. 6 Bde. Berlin o.J. (i.e. 1920); *Tagebücher* I-III. Hg. K.K. Polheim. Tübingen 1989/93. – Lit.: Beutin, H.: »Božena (1876). Die wiedergekehrte ›Fürstin Libussa‹«. In: *Romane und Erzählungen des Bürgerlichen Realismus. Neue Interpretationen.* Hg. Horst Denkler. Stuttgart 1980, S. 246–259; Bramkamp, A.C.: *M. v. E.-E. The author, Her Time, and Her Critics.* Bonn 1990; Polheim, K.K. (Hg.): *M. v. E.-E. Ein Bonner Symposium zu ihrem 75. Todesjahr.* Bern u.a. 1994; Toegel, E.: *M. v. E.-E. Leben und Werk.* New York u.a. 1997.

Heidi Beutin

Edgeworth, Maria

Geb. 1. 1. 1768 in Black Bourton/Oxfordshire; gest. 22. 5. 1849 in Edgeworthtown/Irland

Die Wertschätzung des Werks von Maria Edgeworth verbindet so verschiedene Geister wie Jane ↗Austen, Lord Byron, Scott, Stendhal und, so heißt es, Turgenjew. E.s in England spielende Erzählungen, ihre Gesellschaftsromane und vor allem ihre ›irischen Romane‹, die die irische Kultur einem englischen Publikum nahebrachten, machten sie zu Beginn des 19. Jh. zur erfolgreichsten englischsprachigen Autorin. Sie gilt als Mitbegründerin der irischen Romanliteratur ebenso wie der Gattung des Regionalromans, in der sie durch ihre fakten- und detailreiche Vermittlung ökonomischer und kultureller Hintergründe Maßstäbe setzte, die den realistischen Roman des 19 Jh.s beeinflußten. Zusammen mit ihrem Vater verfaßte sie progressive Schriften zur Kindererziehung, und ihre Kinderliteratur zählt zu den frühen Klassikern des Genres.

E. war das drittälteste von 22 Kindern im Haushalt von Richard Lovell Edgeworth und seinen vier Ehefrauen. Ihre ersten Jahre verbrachte sie auf dem Familiengut in Edgeworthtown, sowie an Schulen in Derby und London. Ab 1782 wurde sie von ihrem Vater unterrichtet und in seine Arbeit einbezogen. Er verkehrte mit führenden Wissenschaftlern, forschte auf dem Gebiet der Mechanik, leitete die Bewirtschaftung seiner Ländereien, engagierte sich in der irischen Politik und studierte Lern- und Entwicklungspsychologie am Beispiel von E.s jüngeren Geschwistern. Aus E.s Briefen und den Memoiren ihres Vaters, die sie zu Ende führte, wird deutlich, daß sie starken Anteil an seinem Leben nahm und Stoff für ihre literarischen Werke daraus gewann. Ihre schriftstellerische Laufbahn begann mit *Letters for Literary Ladies* (1795), einer halbfiktionalen Erörterung der Erziehung und Gleichstellung der Frau. Vor dem Hintergrund der gemeinsam mit ihrem Vater verfaßten Handbücher zur Kindererziehung, *Practial Education* (1798) und *Early Lessons* (1801/14), entstanden ihre Kinder- und Jugendgeschichten *The Parent's Assistant* (1796), *Moral Tales* (1801) und *Popular Tales* (1804). Analog dazu bildete *Professional Education* (1809) den Kontext für ihre Erzählungen *Tales of Fashionable Life* (1809/12).

Ab 1800 erschienen die erfolgreichen und erzähltechnisch innovativen Irlandromane *Castle Rackrent* (1800), *Ennui* (1809), *The Absentee* (1812) und *Ormond* (1817), die sich mit Fragen von Landbesitz und Pacht, der Situation der irischen

Bauern sowie der katholischen Emanzipation befassen. Die Romane *Belinda* (1801), erkennbar in der Nachfolge Fanny ↗ Burneys, *The Modern Griselda* (1805), *Leonora* (1806) und *Helen* (1834) stellen weibliche Figuren vor, die ohne Rücksicht auf die Konventionen Intellekt und Gefühl zu vermitteln lernen. Mit ihrer Kritik an der deutlichen didaktischen Intention dieser Werke stand die Schriftstellerin Elisabeth Inchbald (1753–1821) nicht allein. *Patronage* (1814) und *Harrington* (1817) ebenso wie die Irlandromane fallen durch überzeugende männliche, im öffentlichen Raum agierenden Figuren auf. Zahlreiche lange Englandaufenthalte und im Jahr 1802–3 Reisen nach Schottland und Frankreich gaben E. Einblick in das gesellschaftliche Leben, das ihre Romane darstellen. Nach dem Tod des Vaters 1817 führte sie die Bewirtschaftung der Ländereien und erhielt Besuch von Wordsworth und Scott. Den Heiratsantrag (1803) eines schwedischen Grafen lehnte sie ab.

The Works of M. E. Hgg. M. Butler/W. J. McCormack/M. Myers. London 1997. – Lit.: Harden, E.: *Maria Edgeworth.* [Annot. Bibliographie] Boston 1984. Butler, M.: *M. E.: A Literary Biography.* Oxford 1972.

Ute Berns

Ekman, Kerstin

Geb. 27. 8. 1933 in Risinge/Schweden

E., die zu den großen Erzählerinnen der schwedischen Gegenwartsliteratur gehört, war eine namhafte Kriminalautorin, bevor sie sich der gehobenen Literatur zuwandte. Zwischen 1959 und 1963 entstanden sechs Kriminalromane, deren Erfolge ihr den Titel einer »Königin des Kriminalromans« eintrugen. – Mit *Pukehornet*, 1967 (*Winter der Lügen*, 1997) begann sie, das Unterhaltungsgenre zu verlassen, ohne jedoch bestimmte Erzähltechniken des Kriminalromans aufzugeben. Die fesselnde Erzählweise und die Fähigkeit, mit wenigen Formulierungen eine Stimmung ins Unheimliche zu wenden, gehören dazu ebenso, wie die implizite Aufforderung an den Leser, detektivischen Scharfsinn bei der Suche nach verborgenen Zusammenhängen aufzubringen.

In den Romanen der folgenden Jahre entwirft E. häufig breit angelegte Gesellschaftsgemälde, in denen das Zeitkolorit einer bestimmten Epoche eingefangen ist. Ihr Element ist der figuren- und handlungsreiche Kollektivroman mit zahlreichen Seitensträngen und Nebenhandlungen. Kennzeichen ihrer nuancenreichen Natur- und Milieuschilderungen ist der mit einer profunden Sachkenntnis verbundene Detailrealismus innerhalb eines umfassenden poetischen Universums. Als realistische Erzählerin und Erneuerin des historischen Romans in den 70er Jahren verfaßt sie Schriften mit zivilisationskritischem Ansatz. Auf der Grundlage sorgfältiger Recherchen auf den Gebieten der Arbeiterbewegung, Kultur- und Frauengeschichte skizziert sie in den vier Bänden über ihren Heimatort Katrineholm die Entwicklung einer kleinstädtischen Gesellschaft, durch deren problematische Strukturen die Krise der Gegenwart wie vorprogrammiert erscheint.

In ihren Romanen geht es aber auch um die Auseinandersetzung mit verschiedenen Weltanschauungen, philosophischen Denkmodellen und wissenschaftlichen Theorien, ohne daß die Autorin selbst Stellung bezieht, da sie den Pluralismus der Gesichtspunkte als einzig mögliche Darstellungsweise für die Komplexität der Wirklichkeit akzeptiert. In der Verarbeitung von Motiven aus Literatur und Mythos entwickelt sie eine sehr persönliche Symbolsprache, die unter der dramatischen Oberfläche der Erzählungen einen bedeutungsvollen Subtext etabliert, der sich in archetypischen Bildern sowie einer umfassenden Namensymbolik verrät. Landschaftlicher Hintergrund für eine Reihe von Romanen bildet die Natur der einsamen Moor- und Waldgebiete Nordschwedens mit den speziellen Problemen der Region. Norrland ist z. B. die Kulisse von *Mörker och blåbärsris*, 1972 (Dunkel und Blaubeerreisig), einem Roman über die Eifersucht, ebenso von *Rövarna i Skuleskogen*, 1988 (*Skord von Skuleskogen*, 1995), einem Abenteuer- und Schelmenroman mit der Zentralgestalt eines Trolls, sowie von *Händelser vid vatten*, 1993 (*Geheimnisse am Wasser*, 1995).

Das Hauptanliegen der Autorin aber ist die Gestaltung von weiblichen Erfahrungen, die in der offiziellen Geschichtsschreibung kaum registriert wurden. Die bereits genannte Tetralogie mit den Bänden *Häxringarna*, 1974 (*Hexenringe*, 1996), *Springkällan*, 1976 (*Springquelle*, 1989), *Änglahuset*, 1979 (*Das Engelhaus*, 1990) und *En stad av ljus*, 1983 (*Stadt aus Licht*, 1992) über die Urbanisierung und Industrialisierung der kleinen Ortschaft Katrineholm am Ende des letzten Jahrhunderts ist dem äußeren Plan nach eine Stadtgeschichte, der inneren Struktur nach handelt sie jedoch vom Machtkampf der Geschlechter. Die mit unterschiedlichen Erzähltechniken gestalteten Romane stellen durch ihre Bindung an die weibliche Perspektive eine alternative Geschichtsschreibung dar. Sie zeigen auch, wie zwischen den seit jeher von der aktiven Mitwirkung an historischen Entwicklungen ausgeschlossenen Frauen der sozialen Unterschicht eine unerschütterliche Solidarität besteht, die sich erst in der Gegenwart verliert. Der letzte Band, der die Geschichte in der aktuellen Gegenwart enden läßt, besteht aus einem komplizierten, nichtchronologischen Textarrangement. Er demonstriert, wie es der Ich-Erzählerin gelingt, durch das Aufzeichnen ihrer Erinnerungen und die Beschäftigung mit den Bedingungen des Schreibens ihre eigene Identität zu finden.

Ein reger Textdialog besteht zwischen E.s Romanen und den Werken zeitgenössischer Autoren wie z. B. Lars Gyllensten (geb. 1921) und Sven Delblanc (geb. 1931). Auch ihr jüngster Roman, *Gör mig levande igen*, 1996 (Mach mich wieder lebendig), betont durch seinen engen Bezug zu Eyvind Johnsons (1900–1975) *Krilon-Suite* (1941–43) den intertextuellen Charakter ihrer Dichtung. E. wurde 1978 in die Schwedische Akademie gewählt, in der sie bald als favorisierte Vortragsrednerin figurierte. 1989 vollzog sie den in der Geschichte der Akademie erstmaligen Schritt eines freiwilligen Austritts, weil sich das Kollegium nicht zu einer solidarischen Haltung gegenüber dem Schriftsteller Salman Rushdie (geb. 1947) entschließen konnte.

Lit.: Thorvall, K.: »Kerstin om Kerstin«. In: Holmquist, J./Witt-Brattsrtröm, E. (Hgg.): *Kvinnornas litteraturhistoria*. Bd 2. Stockholm 1983; Schottenius, M.: *Den kvinnliga hemligheten. En studie i K. E.s berättarkonst*. Stockholm 1992; Wright, E.: »Theme, Imaginary and Narrative Perspective in K. E.s En stad av ljus«. In: *Scandinavian Studies* 59 (1987), S. 1–27; Johnsson, A.: »Det som bestämmer en som människa«. In: *Bonniers Litterara Magasin* 65 (1996) 5, S. 39–41.

Ortrun Rehm

Eliot, George (eigtl. Mary Ann oder Marian Evans)

Geb. 22. 11. 1819 in Warwickshire; gest. 22. 9. 1880 in London

George Eliot, bis heute eine der bedeutendsten Autorinnen englischer Sprache, markiert gattungsgeschichtlich den Übergang vom aktionsbetonten Roman C. Dickens' (1812–1870) und W. M. Thackerays (1811–1863) zum modernen psychologischen Roman von H. James (1843–1916) und D. H. Lawrence (1885–1930). Die wichtigsten Ereignisse sind bei E. geistiger und moralischer Natur. Schauplatz der schicksalhaften Auseinandersetzungen ist das Innere des Menschen, dessen Probleme und Krisen sie mit dem Ziel darstellt, ihre Leser durch Verständnis und Mitgefühl zu moralisch gutem Verhalten zu erziehen.

E. wuchs im ländlichen Mittelengland auf, das ihren Werken häufig als Handlungsort dient, und zog später nach Coventry, wo sie in freidenkerischen intellektuellen Kreisen verkehrte und schließlich den ersten spektakulären Schritt ihres Lebens vollzog: die Abkehr vom Christentum. Später ließ sie sich in London nieder und gab die *Westminster Review* heraus, zu der sie viele Jahre lang selbst Rezensionen und Aufsätze beisteuerte. Sie begegnete führenden Intellektuellen ihrer Zeit wie den Philosophen J. S. Mill (1806–1873) und H. Spencer (1820–1903). Durch letzteren lernte sie den verheirateten Journalisten, Schriftsteller und Kritiker H. G. Lewes (1817–1878) kennen, der sie dazu ermutigte, sich nach Übersetzungen von Strauß und Feuerbach der künstlerischen Prosa zuzuwenden. Die herrschenden Konventionen bewußt mißachtend lebte sie mit Lewes von 1853 bis zu dessen Tod ohne Trauschein zusammen. Nach ersten Erzählungen publizierte sie ihre sieben Romane unter dem männlichen Pseudonym G. E., um ihnen, der gesellschaftlichen Verachtung zum Trotz, eine unvoreingenommene Rezeption zu ermöglichen.

E.s erfolgreicher Erstling *Adam Bede*, 1859 (dt. 1860) zeigt bereits die für sie typischen Grundstrukturen: miteinander verflochtene Handlungsstränge und kontrastierende, vielschichtige Figurenpaare, die den Gegensatz von Egoismus und Altruismus verkörpern. E. zeichnet sich besonders aus durch die genaue psychologische Motivierung der handelnden Figuren, deren Gefühls- und Gedankenwelt die Autorin in das realistisch geschilderte kleinstädtische bzw. ländliche Alltagsleben einbettet. Das tragische Geschehen in *The Mill on the Floss*, 1860 (*Die Mühle am Floss*, 1861), zu dessen Erklärung E. ein komplexes Netz aus Vererbung, Physiologie und Umwelteinflüssen heranzieht, kulminiert im Untergang der alten Welt. E.s nächster, legendenhaft anmutender Roman *Silas Marner, The Weaver of Raveloe*, 1861 (*Silas*

Marner, der Weber von Raveloe, 1861) entwirft dann ein neues Menschenbild. Nach dem Verlust seines materiellen Reichtums gewinnt der Weber Silas Marner die Liebe eines Kindes und lernt, Verantwortung für andere Menschen zu übernehmen. Die beiden folgenden Romane behandeln, wie auch E.s letztes Werk, das gleiche Muster von Schöpfung, Zerstörung und Erlösung in einem jeweils anderen historischen Kontext. So parallelisiert z. B. *Romola,* 1863 (dt. 1864) die italienische Renaissance im Schicksal der jungen Protagonistin, deren Fähigkeit zum Mitfühlen E., beeinflußt von dem positivistischen Philosophen Auguste Comte, zum ethischen Grundprinzip gesellschaftlicher Erneuerung erhebt.

Unbestreitbarer Höhepunkt von E.s Schaffen ist jedoch der Roman *Middlemarch. A Study of Provincial Life*, 1871/72 (*Middlemarch. Aus dem Leben der Provinz*, 1872/73), in dem E. die moralischen Leistungen und Verfehlungen des einzelnen vor dem Hintergrund einer Gesellschaft thematisiert, die in ihrer mittelmäßigen, provinzellen Enge individuelle Selbstverwirklichung ebenso verhindert wie allgemeinen Fortschritt. Der Widerspruch zwischen E.s unkonventionellen Lebensentscheidungen und ihren Frauenfiguren, von denen keine die weiblichen Geschlechterrollen durchbricht, hat seine Ursache in den grundsätzlich konservativen Gesellschafts- und Moralauffassungen der Autorin. Was wie eine Rebellion gegen die bürgerliche Ehe wirkte, war eher eine Konfrontation mit dem starren viktorianischen Scheidungsrecht. Allmählich wandelte sich denn auch die Wahrnehmung E.s in der Öffentlichkeit, deren Besorgnis um die negativen Auswirkungen des Konkurrenzkampfes E. nicht nur teilte, sondern durch die sittliche und emotionale Veredelung des Menschen letztlich auch als überwindbar gestaltete.

The Works of G. E. 24 Bde. Cabinet Edition. Edinburgh/London 1878–1885. – Lit.: Carroll, D. R. (Hg.): *G. E. The Critical Heritage*. London 1971; Pinion, F. B.: *A G. E. Companion*. Basingstoke 1981; Taylor, I.: *A Woman of Contradictions. The Life of G. E.* New York 1990.

Jana Gohrisch

El Saadawi, Nawal El Sayed

Geb. 1931 in Kafr Tahla/Ägypten

Die ägyptische Psychiaterin, Roman- und Sachbuchautorin und Mitbegründerin zahlreicher Menschenrechtsorganisationen gilt als einflußreichste und umstrittenste Feministin der arabischen Welt. Sie ist verheiratet mit dem Schriftsteller Sherif Hetata, Übersetzer ihrer Werke ins Englische, und lebt in Kairo. Weltberühmt wurde sie mit ihrer Studie zur Frauenbeschneidung: *Tschador. Frauen im Islam*, 1980 (arab. 1974), die in der Verbindung von empirisch-historischer Analyse und leidenschaftlich-persönlichem Bekenntnis zum feministischen Klassiker avancierte. S., die in der Tradition des historisch-sozialistischen Feminismus steht, ist der Verschränkung von Sexualität und Gewalt, von weiblicher Neurose, Unterdrückung und Ausbeutung in patriarchalen, religiös legitimierten

Gesellschaftssystemen auf der Spur, in bislang 18 Romanen, Erzählungen und Theaterstücken, sieben Studien und vier Memoirenbänden, die ihr zahllose Ehrungen und kaum weniger Repressalien einbrachten: das Mißfallen sukzessiver ägyptischer Regierungen, den Verlust leitender Ämter, Publikationsverbot, bis hin zur Auflösung der ägyptischen Sektion der Arab Women Solidarity Association (AWSA), die sie 1982 unter dem Motto »Den Verstand entschleiern« gegründet hatte. Derzeit kursiert ihr Name auf den Todeslisten islamistischer Fanatiker. Doch S. läßt sich nicht mundtot machen: »Wenn ich zwischen dem Schreiben und dem Paradies zu wählen hätte, wählte ich das Schreiben.«

Wie ihre Studien, wie sie selbst, ist auch ihr belletristisches Werk tief in der ländlichen Gesellschaft Ägyptens verwurzelt, ist ein wortgewaltiges Plädoyer für die Ärmsten der Armen: Frauen und Kinder. Ihre Romane und Kurzgeschichten – *Ich spucke auf Euch. Bericht einer Frau am Punkt Null*, 1984 (arab. 1973); *Gott stirbt am Nil*, 1986 (arab. 1975); *Eine Frau auf der Suche*, 1993 (arab. 1969); *Ein moderner Liebesbrief und andere Stories*, 1987 (arab. 1978); *Kein Platz im Paradies*, 1993 (arab. 1977) – zeichnen tragische weibliche Lebensläufe nach, sind erschütternde Dokumente weiblicher Auflehnung, Ohnmacht und letztlich Ausweglosigkeit in der traditionellen, männlich dominierten Sozialstruktur. Der klare, realistische Stil ihrer Prosa, der sich zum Ziel setzt, ein breites Publikum aufzurütteln, weicht bisweilen einer rhythmisch-hymnischen, lyrisch-zyklischen, symbolistisch-allegorischen Darstellungsweise, die eingefahrene Denkmuster aufbrechen will: Die biologisch determinierte Geschlechtsidentität etwa wird als soziales Konstrukt entlarvt, wie in den halluzinatorischen Vergewaltigungs-Sequenzen des Romans *Ringelreihen*, 1990 (arab. 1976), wo das Zwillingspaar Hamido/Hamida zu einer Person verschmilzt. Oder einem Imam wird in kühner Demontage religiöser Überlieferung eine uneheliche Tochter namens Bint Allah, ›Tochter Gottes‹, zugeschrieben: so im Roman *Der Sturz des Imam*, 1991 (arab. 1987), der in der arabischen Welt einen Skandal provozierte, auch wenn er, wie im Figurentheater mit Archetypen und Charaktermasken operierend, theokratische Herrschaftsformen weltweit karikiert. Und zuletzt löst S. die gewohnten Konzepte von Gut und Böse gänzlich auf, wie im postmodernen, die Hypokrisie patriarchaler Theologie aufgreifenden Roman mit dem vielsagenden Titel *The Innocence of the Devil*, 1994 (arab. 1992).

Lit.: Tarabishi, G.: *Woman Against Her Sex: a Critique of Nawal El-Saadawi with a Reply by Nawal El-Saadawi*. London 1988; Malti-Douglas, F.: *Men, Women, and God(s): Nawal El Saadawi and Arab Feminist Poetics*. Berkeley 1995.

Regina Keil-Sagawe

Elsner, Gisela

Geb. 2. 5. 1937 in Nürnberg; gest. 13.5. 1992 in München

Aus Elsners Roman-Debüt *Die Riesenzwerge. Ein Beitrag* (1964) druckte H. M.Enzensberger zwei Jahre zuvor *Die Lücke* in seiner Anthologie *Vorzeichen I* und bezeichnete die Autorin lobend als »Humorist des Monströsen«. Auf der Tagung der Gruppe 47 las E. 1962 den Text *Der Achte*, wofür ihr der Prix Formentor (1964) verliehen wurde. In zehn Grotesken wird der deutsche Alltag aus der Perspektive des Kindes Lothar Leinlein schonungslos fokussiert. Aus einer naiv-konstatierenden, zuweilen voyeuristischen Beobachtungweise brechen die kleinbürgerlichen Familienhierarchien in alltäglichen Verrichtungen hervor. Ein Kernstück solch verdeckter Schlachtfeldmentalität ist der deutsche Mittagstisch, in dessen Symbiose von verdrängender Dumpfheit und historischer Katastrophe sie Entwürfen I. ↗ Bachmanns oder Th. Bernhards nahe steht. Krankheit und Wahnsinn, häufig auch der Freitod als konsequente Paradigmen eines noch vollziehbaren Ausbruchs liegen eng beieinander und zeigen die Ausweglosigkeit dieser Kleinbürgeridylle. Von Anbeginn ist E.s Duktus karg, korrekt und ohne Emotion, ihm fehlt gekonnt der Kitt jeglicher Identifikationsgeste. Beispielhaft ist dafür der aus der Sicht des physisch wie geistig labilen Kindes Nöll erzählte Roman *Der Nachwuchs* (1968). Neben E. Runge und A. ↗ Mechtel gehörte E. der Dortmunder Gruppe 61 an, einem bis 1972 existierenden Arbeitskreis von Schriftstellern, Kritikern und Journalisten. Die von der Literaturkritik betonte Schwierigkeit ihres Stils erweist sich als eine Schwierigkeit beim Lesen der Wahrheit. Über die einfache mentale und intellektuelle Strukturiertheit ihrer Protagonisten gelingt es E., den herrschenden Ton sozialer und politischer Programmatik darzustellen. Durch eine vielfach verschränkte und oft schwerfällig anmutende Sprachstruktur wird dabei die Brauchbarkeit ideologischer Muster karikiert. Am parteiprogrammatischen Slogan »Wohlstand für alle« zeigt E. das Groteske dieser unter dem Deckmantel der Demokratie austauschbaren ideologischen Strategien.

Nach *Das Berührungsverbot* (1970), *Herr Leiselheimer* (1973) und *Der Punktsieg* (1977) gelingt ihr mit der Titelgeschichte des Bandes *Die Zerreißprobe* (1980) ein erzählerischer Perspektivwechsel. Mit dem Thema staatlicher Observation bewegt sie sich in einem nach dem Radikalenerlaß sensiblen Bereich westdeutscher Wirklichkeit. Anhand spiegelbildlicher Ermittlungsstrategien wird die Totalität staatlichen Übergriffs ohne Moralisierung vorgeführt, was einen Gewinn an ästhetischer Wirkung bringt. Im Verzicht auf satirische und groteske Kunstmittel wird im Prozeß umfassender Integritätsverletzung und Persönlichkeitsspaltung die Grenze zum Wahn ausgemessen.

Den Roman *Abseits* (1982) sowie *Die Chronik einer Ehe*, mit dem Titel *Die Zähmung* (1984), verbindet nur scheinbar das als thematische Klammer fungierende Motiv der Ehegeschichte. In ihrem Aufsatz *Autorinnen im literarischen Ghetto* (1983) verbat sich E., diese Texte thematisch und ästhetisch unter der Rubrik »Literatur der

Frauenbewegung« einzuordnen. Während *Die Zähmung* das Mutieren des Schriftstellers Giggenbacher zum aseptischen Hausweibchen vorführt, in der sich die satirischen Effekte über eine spiegelverkehrte Karriere zwischen Mann und Frau herstellen, geht es E. im Roman *Abseits* um die radikale Schilderung der Ausweglosigkeit ihrer Protagonistin. Gefangen im Netz rollenspezifischer Forderungen, wird Lilo Besslein Opfer eines Suchtverhaltens, das im Freitod endet. Bereits in diesem Roman wie auch im *Windei* (1987) finden sich E.s Kardinalpunkte westlicher Zivilisations- und Gesellschaftskritik, die am Typ des anpassungsbereiten, skrupellos egozentrischen Emporkömmlings, der im engen Zirkel zwischen Eigenheimbau, Amüsement und politischem Engagement den Marktgesetzen gehorcht, durchgespielt werden. – In der schonungslosen Entzauberung gesellschaftlicher Realität war sie bis zuletzt eine »unbeugsame Schriftstellerin«, schrieb K.-H. Jakobs in seinem Nachruf nach E.s Freitod 1992.

Lit.: Gerhardt, M.: »G. E.« In: *Neue Lit. der Frauen*. München 1980, S. 88–94; Preuß, W.: »Von den ›Riesenzwergen‹ bis zur ›Zähmung‹. Zu G. E.s Prosa u. ihren Kritikern.« In: *Kürbiskern* (1985), S. 119–130; Jakobs, K. H.: »›Himmelblaue Grüße in des Teufels Küche‹. Mit Briefen von G. E.« In: *Neues Deutschland*, 5. 6. 1992.

Carola Opitz-Wiemers

Emecheta, Buchi

Geb. 21. 7. 1944 in Lagos/Nigeria

»Wenn ich [. . .] in London gefragt werde: Buchi, sind Sie eine feministische Autorin?, so sage ich: Nein, ich bin keine Feministin mit einem großen ›F‹, sondern mit einem kleinen ›f‹.« Mit dieser Äußerung verweist die seit 1962 in London lebende nigerianische Schriftstellerin E. darauf, daß sie in ihrer Literatur die Situation von afrikanischen Frauen kritisch beleuchtet, mit dem westlichen Feminismus jedoch Probleme hat. Dies hängt maßgeblich damit zusammen, daß sie – wie auch viele andere Afrikaner/innen – Feminismus immer wieder mit Radikalfeminismus gleichsetzt und diesen wiederum mit Männerhaß, Ablehnung afrikanischer Traditionen, Verneinung von Mutterschaft und Ehe, Favorisieren lesbischer Liebe und dem Bestreben, die Geschlechterverhältnisse in ihr Gegenteil zu verkehren. Auch rührt ihre Distanz zum Feminismus von ihrem Eindruck, westliche Feministinnen seien entweder west- und *gender*zentriert oder aber bevormundeten und vereinnahmten afrikanische Frauen in einer sehr paternalistischen Art und Weise. So hob sie in einem anderen Interview selbst hervor: »[. . .] if you look at everything I do, it is what feminists do, too; but it is just that it comes from Europe, or European women, and I don't like being defined by them. But in almost everything, except perhaps the question of family, my books have the same ideas as they do. It is just that it comes from outside, and I don't like people dictating to me.« Die afrikanisch-feministischen Ideen, die in E.s Büchern zum Tragen kommen, hängen mit der Erkenntnis zusammen, daß die herkömmlichen Konzeptionen von Männlichkeit und Weiblichkeit sowie die Geschlechterhierarchien, die im familiären wie auch im öffentlichen Leben der nigerianischen Gesellschaft anzutreffen sind, Frauen deutlich benachteiligen. E.s Literatur bringt unmißverständlich ihre Sehnsucht nach Frauen zum Ausdruck, die gegen die normative und faktische Beschränkung der Entfaltungs- und Entwicklungsmöglichkeiten von Frauen aufbegehren und sich Handlungsspielräume sowie das Recht einklagen, über ihren Körper, ihr Leben und ihren Alltag selbst zu bestimmen. E.s afrikanisch-feministische Kritik ist vergleichsweise breit angelegt. Sie setzt sich mit traditionellen Institutionen wie dem Brautpreis, arrangierter Eheschließung und Polygynie ebenso kritisch auseinander wie mit den ›modernen‹ Formen der Diskriminierung von Frauen wie der Hausfrauisierung, dem Bildungsprivileg von Jungen und Männern sowie der Diskriminierung von Frauen in Politik, Kultur und Beruf. Zudem hinterfragt sie die frauenfeindlichen Vorstellungen, daß Frauen Männern unterlegen seien, durch Mutterschaft und Ehe zu definieren wären und sich den Interessen ihrer Männer und Kinder unterzuordnen hätten. *The Joys of Motherhood*, 1979 (*Freuden einer Mutter*, DDR 1983; *Zwanzig Säcke Muschelgeld*, 1991), E.s bekanntester und bedeutendster Roman, erzählt von einer Frau, die ihr Leben einzig der Suche nach den »Freuden einer Mutter« verschrieben hat und gerade deswegen – als kinderlose wie als kinderreiche Frau – nur Leiden erfährt. Dieser Roman stellt, wie schon Flora ↗ Nwapas *Efuru*, nicht Mutterschaft an sich in Frage, kritisiert aber, daß Frauen sich auf diese Rollenzuschreibung reduzieren (lassen). Solidarität unter Frauen, ökonomische Unabhängigkeit und vor allem institutionelle Bildung beschreibt E. als wichtige Wegbereiter einer Emanzipation von Frauen.

Die Kritik an bestehenden Geschlechterverhältnissen kombiniert E. häufig mit einer kritischen Auseinandersetzung mit dem Kolonialismus und der Rassendiskriminierung. Eine zentrale Rolle spielt dabei das Sklavenmotiv, welchem die Idee der Wesensverwandtschaft sexistischer und rassistischer/kolonialistischer Unterdrückungsmechanismen zugrunde liegt. So erzählt *The Slave Girl*, 1977 (*Das Sklavenmädchen*, 1996) beispielsweise von einem kleinen Mädchen, das von ihrem Bruder an eine Händlerin verkauft wird. Ihrem Status als deren Sklavin vermag sie nur durch eine Ehe zu entkommen, die aber nur – wie der Roman unmißverständlich argumentiert – eine andere Form der Sklaverei ist.

Erfahrungen dieser Art mußte E. in ihrer eigenen Ehe sammeln. Nachdem sie ihrem Mann, den sie bereits im Alter von 16 Jahren geheiratet hatte, nach London gefolgt war, verdiente sie als Bibliothekarin nicht nur den Lebensunterhalt ihrer Familie, sie finanzierte ihrem Mann sogar sein Studium. Er dankte es ihr mit Untreue und Ignoranz. Als er ihr erstes Buchmanuskript (*The Bride Price*, 1976) verbrannte, verließ die damals 22jährige Mutter von fünf Kindern ihren Mann. Sie begann, Soziologie zu studieren und zu schreiben. Mit diesen Tätigkeiten verband sie die Hoffnung, materielle Sicherheit zu erlangen. Sie hat insgesamt zwölf Romane, vier Kinderbücher, vier Dramen, eine Autobiographie, einen Fotoband über schwarze Frauen sowie zahlreiche Essays publiziert. Ihre Bücher wurden in 14 Sprachen übersetzt. Damit ist E. die bislang produktivste und auch bekannteste afrikanische Autorin.

Lit.: Emecheta, B.: *Head Above Water.*, London 1986 (Autobiographie); Umeh, M. (Hg.): *Emerging Perspectives on B. E.* Trenton 1996; Fishburn, K.: *Reading B. E. Cross-Cultural Conversations.* Westport/London 1995.

Susan Arndt

Enchi, Fumiko (geb. Fumi Ueda)

Geb. 2. 10. 1905 in Tōkyō; gest. 14. 1. 1986 in Tōkyō

In der japanischen Literatur des 20. Jh.s nimmt Enchi einen gesicherten Rang als bedeutende Erzählerin ein. Ihr sechs Jahrzehnte überspannendes Schaffen erstreckt sich über sämtliche Genres; auch für das Theater hat sie zahlreiche Stücke verfaßt. Größere Anerkennung wurde ihr jedoch erst seit den 50er Jahren für ihre Romane und Erzählungen zuteil, in denen sie, orientiert am japanischen und am europäischen Ästhetizismus, dekorativ ausgestaltete Geschichten von Frauen und Männern schildert. Als wohlbehütete Tochter aus gutem Hause entwickelte E. schon früh literarische Ambitionen. Die unter dem Eindruck des europäischen Dramas entstandene Bewegung zur Erneuerung des japanischen Theaters war das Forum ihres frühen gestalterischen Tatendrangs, und 1928 wurde ihr erstes Stück in Tōkyō aufgeführt. In diesen Jahren kam sie mit der sogenannten Proletarierliteratur in Kontakt, und mit Hirabayashi Taiko (1905–1972), einer bedeutenden Vertreterin der marxistisch inspirierten Literatur, verband sie eine lebenslange Freundschaft. Literarisch jedoch hebt sich ihr Schaffen denkbar stark von der zeitweise vorherrschenden spröden, von sozialkritischem Sendungsbewußtsein getragenen Literatur der linken Literaturbewegung ab. Ihre 1930 geschlossene Ehe mit dem Zeitungsjournalisten E. Yoshimatsu war unglücklich, wurde jedoch bis zu seinem Tod 1972 aufrechterhalten. Erst mit der Veröffentlichung ihres zwischen 1949 und 1957 erschienenen Fortsetzungswerks *Onnazaka* (*Die Wartejahre*, 1985) gelang ihr der Durchbruch als Erzählerin. Die zentralen Figuren in vielen Werken dieser Autorin sind intelligente und willensstarke Frauen, die sich den traditionellen Rollenerwartungen äußerlich völlig anpassen; dies kann bis zur scheinbaren Selbstaufgabe gehen wie in der Erzählung »Kikuguruma« (Der Chrysanthemenwagen), wo die Frau in die Ehe mit einem geistig zurückgebliebenen Mann einwilligt. Doch ihre unterdrückte Energie und Leidenschaft finden ihr Ventil in der Kunst oder in einer geheimnisvollen medialen und schamaninnenhaften Macht, die sie über ihre Mitmenschen ausübt.

In ihrem 1958 publizierten *Onnamen* (*Frauen, Masken*, 1984) verlieh sie dieser Frauenfigur besonders überzeugende Gestalt in Form der schönen Dichterin Mieko. Der Roman enthält zahllose Anspielungen auf altjapanische Mythen und Werke der klassischen japanischen Tradition. Viele ihrer Werke sind auf mehreren Ebenen angelegt – sie spielen in der Gegenwart, doch die Figuren leben oftmals intensiver noch in einer Welt der Phantasie, beispielsweise in literarischen Texten, die sie bearbeiten oder übersetzen, und ihre Erfüllung finden sie in der Welt des Traums. Dennoch wäre es zu kurz gegriffen, wollte man E. literarischen Eskapismus vorwerfen. Wenn sie in z. T. bizarren, aber psychologisch überaus glaubwürdigen Texten das Machtgefälle zwischen den Geschlechtern, die Rivalität unter Frauen, aber auch Themen wie die Sexualität als fundamentale Quelle der menschlichen Lebenskraft und die Einsamkeit des Alters entfaltet, sind ihre Schilderungen gleichwohl von einem Gespür für die historische Gebundenheit der Figuren und deren begrenzte Handlungsmöglichkeiten getragen. Dennoch läßt ihre Literatur Raum für kontroverse Deutungen. Als Autorin in der Tradition der großen ›dämonischen‹ ästhetizistischen Erzähler wie Tanizaki Jun'ichirô (1886–1965), jedoch mit unverwechselbar eigener Thematik und Erzählweise, ist E.s literarische Bedeutung unumstritten. Zahlreichen Kolleginnen, darunter Harumi Setouchi (auch: Jakuchô, geb. 1922) und Taeko Kôno (geb. 1926), hat sie als Vorbild und Inspiration gedient.

E. F. zenshū (Gesammelte Werke). 16 Bde. Tōkyō 1977–78. – Lit.: Rieger, N. A.: *E. F.s Literature.* Hamburg 1986; Bargen, D.: »Translation and Reproduction in E. F.s ›A Bond for Two Lifetimes – Gleanings‹«. In: Schalow, P./Walker, J. (Hgg.): *The Woman's Hand. Gender and Theory in Japanese Women's Writing.* Stanford 1996.

Irmela Hijiya-Kirschnereit

Erb, Elke

Geb. 18. 2. 1938 in Scherbach/Eifel

»In der Schreibwerkstatt / die lösende Konsequenz: Von Wort zu Wort, / keinen Schritt, der nicht Grund setzt. / Kein Wort, das nicht antrifft.« Das Werkstattprinzip zieht sich von Anfang an durch Poesie, Prosa und Essayistik der Dichterin, Theoretikerin und Mittlerin zwischen Generationen und Kulturen. Seit den 60er Jahren mischt sich die 1949 in die DDR übergesiedelte Autorin radikal ein in die öffentlichen Debatten um den Zustand der deutschen Lyrik und um das Verhältnis von Literatur und Gesellschaft. Ob es 1966 um die von Adolf Endler und Karl Mickel herausgegebene Anthologie *In diesem besseren Land* ging, oder 1993 (anläßlich des sogenannten »Prenzlauer-Berg-Dichters« Sascha Anderson) um das Verhältnis von »Dichter und Denunziant«, E. nimmt auf entschiedene Art und Weise Stellung. Immer wieder polarisieren auch ihre sprachexperimentellen Texte die Reaktion der Kolleg/innen und Kritiker/innen: Die ersten Bände *Gutachten* (1975) und *Der Faden der Geduld* (1978) veranlaßten Christa ↗ Wolf, sich mit der Jüngeren über deren Verhältnis zur Sprache zu verständigen, wobei entscheidende poetologische Differenzen zutage traten: Während für E. die Reflexion des dichterischen Produktionsprozesses ganz selbstverständlich Bestandteil ihrer Dichtung ist, bezeichnet Wolf dies als »Entzaubern«. Das ästhetische Konzept E.s aber beruht gerade auf Autoreflexivität. Die Analyse der gesellschaftlichen Prägungen jedes Subjekts und die Befreiung vom »Folgenwollen, Verführtwerden, Glaubenwollen und -müssen« ernennt sie explizit zum Thema ihres Schreibens. Im Zentrum steht der Prozeß des Denkens und Schreibens selbst, seine Assoziativität, seine sich wiederholenden Grundmuster und blinden Flecken, seine unauflösbare Bindung an Sprache. Ein solch ideologiekritisches Konzept war zu diesem Zeitpunkt in der DDR singulär. Insbesondere das damit verbundene »nicht-instrumentalisierte Verhältnis zur Sprache«, wie es die 1959 geborene Lyrikerin Barbara Köhler nennt, wird von den Jüngeren später aufgegriffen und macht E. für sie zu einer wichtigen Bezugsgröße, ja fast Mentorin. Die Offenheit und Gesprächsbereitschaft sowie ein unbestechlicher Blick für poetische Innovation werden in E.s Vorwort zur Anthologie *Berührung ist nur eine Randerscheinung* (1985) deutlich, als erstmals massiv eine Autor/innengeneration hervortritt, die sich den gängigen kulturpolitischen Mustern und Publikationsstrukturen der DDR verweigert. Die Anregung zur Reflexion poetologischer Konzepte wird von den Jüngeren ebenso aufgegriffen wie E.s Prämissen der Dialogizität und kommunikativen Offenheit.

Führte ihr eigener poetologischer Weg der »prozessualen Felderörterung« als Überwindung der linearen Schreibweise im Band *Vexierbild* (1983) in den 90er Jahren schließlich zu einer eigenen Textform, in der Text und Kommentar immer weniger voneinander zu trennen sind (und damit auch zu wachsenden Rezeptionshürden) wie in dem 450seitigen Arbeitsbuch *Winkelzüge* von 1991, so weist auch E.s Position zum Verhältnis Avantgarde und Feminismus eine interessante und widersprüchliche Entwicklung auf, wie u.a. in *Der wilde Forst, der tiefe Wald* von 1995 nachzulesen ist: »In der DDR war nicht die Frage ›Mann oder Frau‹ die entscheidende, sondern: Was ist das für eine Herrschaft, was ist los mit dem Gemeinwesen?« Dem Unbehagen gegenüber der Konfrontativität westlicher Frauenbewegungen steht ein souverän-selbstverständlicher Anspruch auf Gleichheit der Geschlechter im Anderssein und ein wachsendes Interesse an Gender-Fragen zur Seite. Die u.a. mit dem Peter-Huchel-Preis (1988), Heinrich-Mann-Preis (zusammen mit Adolf Endler 1990) und Ida-Dehmel-Literaturpreis (1995) ausgezeichnete Autorin scheint bis heute insbesondere für Schreibende eine wichtige Anregerin zu bleiben, wie nicht zuletzt die Dokumente ihrer jahrelangen »Lesebegegnung« mit Friederike ↗ Mayröcker zeigen. E.s Herausgaben (von Annette ↗ Droste-Hülshoff, Peter Altenberg, Sarah ↗ Kirsch, Friederike ↗ Mayröcker) und Nachdichtungen (u.a. von Marina ↗ Cvetaeva, Aleksandr Blok, Giuseppe Ungaretti, Anna ↗ Achmatova, Boris Pasternak, Sergej Jessenin) gestalten das literarische Leben auch im vereinigten Deutschland nachhaltig mit.

Lit.: Berendse, G.-J.: *Die »Sächsische Dichterschule«. Lyrik in der DDR der sechziger und siebziger Jahre.* Frankfurt/M. 1990; Ders.: Wandlose Werkstätten. E.E.s Rolle in der »Prenzlauer-Berg-connection«. In: Arnold, H. L./Meyer-Gosau, F. (Hgg.): *Literatur in der DDR. Rückblicke.* München 1991; Simpson, P.A.: »Die Sprache der Geduld: Produzierendes Denken bei E.E.« In: Brandes, U. (Hg.): *Zwischen gestern und morgen. Schriftstellerinnen der DDR aus amerikanischer Sicht.* Berlin 1992; Dahlke, B.: *Papierboot. Autorinnen aus der DDR – inoffiziell publiziert.* Würzburg 1997.

Birgit Dahlke

Erdrich, Louise

Geb. 6. 7. 1954 in Wahpeton, North Dakota

Louise Erdrich ist indianischer und deutscher Abstammung. Ihr Leben und Werk sind von der Auseinandersetzung mit der Hybridität kultureller Identitäten, vom Widerstand gegen die Eindeutigkeit kultureller Kategorisierungen geprägt. Im Gegensatz zu den Werken anderer indianischer Autoren (N. Scott Momaday, Leslie ↗Silko, James Welch) werden insbesondere ihre Romane gleichzeitig als indianische und amerikanische *mainstream*-Literatur rezipiert. Sie brechen mit dem bisher im indianischen Roman vorherrschenden Muster des Bildungsromans, der den indianisch-weißen Kulturkonflikt anhand der individuellen Entwicklung eines Protagonisten verfolgt. Statt dessen erzählt ihre Romantetralogie, bestehend aus *Love Medicine*, 1984 (Gewinner des National Book Critics Circle Award; *Liebeszauber*, 1986), *The Beet Queen*, 1986 (*Die Rübenkönigin*, 1988), *Tracks*, 1988 (*Spuren*, 1990) und *The Bingo Palace* (1994), die Geschichte(n) komplexer Freundschafts-, Liebes- und Familienbeziehungen. Diese Schwerpunktsetzung prägt auch die Werke weiterer indianischer Schriftstellerinnen wie z. B. Wendy Rose, Joy Harjo und Linda Hogan.

E.s Romane werden von einer unzähligen Reihe von Erzählerstimmen präsentiert, welche die unterschiedlichen Facetten einer kulturell heterogenen Welt kaleidoskopartig beleuchten, sich gegenseitig bestätigen, kommentieren oder widersprechen und damit verschiedene, gleichberechtigte Versionen des Geschehens zur Diskussion stellen. Alle Werke sind hauptsächlich in North Dakota angelegt; Orte und Personen werden beim Lesen so vertraut, daß jeder neue Roman eine bekannte Welt in doch immer neuen Facetten erstehen läßt. Selbst ihr bisher letzter Roman, *Tales of Burning Love*, 1996 (*Geschichten von brennender Liebe*, 1998) der außerhalb der Tetralogie zu stehen scheint, vermittelt den Eindruck der Vertrautheit mit einer komplizierten Welt voller ungeahnter Verbindungen und Querbezüge. Auch versucht E., sowohl der männlichen als auch der weiblichen Perspektive gerecht zu werden. Ihre Erzähltechnik erinnert insbesondere an William Faulkners Experimente mit Erzählperspektivik und Erzählzeit.

E. begann 1972 ihr Studium am Dartmouth College in Hanover, New Hampshire. Nach einem Magisterabschluß an der Johns Hopkins Universität kehrte sie als *writer-in-residence* nach Dartmouth zurück, wo sie ihren späteren Ehemann, den Anthropologen und Literaturwissenschaftler Michael Dorris (1945–1997), einen Modoc-Indianer, kennenlernte, dessen Mitautorenschaft in ihren Werken sie immer wieder betont hat. Sie selbst fungiert als Mitautorin in Dorris' Roman *A Yellow Raft in Blue Water* (1987) und seinem *The Broken Cord: A Family's Ongoing Struggle with Fetal Alcohol Syndrome* (1989), das sich mit der Behinderung ihres Adoptivsohns auseinandersetzt. Gemeinsam veröffentlichten E. und Dorris *The Crown of Columbus*, 1991 (*Die Krone des Kolumbus*, 1991), einen akademischen Kriminalroman, der sich an der Kontroverse um die Interpretation der ›Entdeckung‹ Amerikas anläßlich des Kolumbus-Jahres 1992 beteiligt. Wie in allen Romanen E.s werden auch hier widersprüchliche Versionen historischer Wahrheit und Methoden der Wahrheitsfindung gegenübergestellt, welche den Konstruktionscharakter und die Fiktionalität von Geschichte und Identität entlarven.

Als Mutter von sechs Kindern (davon drei adoptiert) beschäftigt sie sich auch wiederholt mit Schwangerschaft, Geburt und Mutterschaft. In *The Blue Jay's Dance: A Birth Year* (1995), ihrem persönlichsten Buch, beschreibt sie diese Erfahrungen und den schwierigen Versuch, ihr Leben als Schriftstellerin und Mutter in Einklang zu bringen. Ihre Charaktere, ob indianisch, weiß oder ›gemischt‹ (mehrere haben z.B. deutsche Vorfahren) sind Überlebende, die manchmal die Werte der dominanten euro-amerikanischen Kultur so sehr verinnerlicht haben, daß sie ihre eigene Machtlosigkeit durch die Verleugnung ihres indianischen Erbes zum Ausdruck bringen. Gleichzeitig scheint Entwurzelung Identitäten und Beziehungen nicht unbedingt zu zerstören. Vielmehr kann sie als wichtige Quelle für Identitätsbildung fungieren. Der Bezug zu einer indianischen kulturellen Tradition wird insbesondere durch die mündliche und dialogische Qualität des Erzählens und durch die Auseinandersetzung mit Magie, Spiritualität und Naturerleben hergestellt. Chippewa Mythen, katholische Riten, die Suche nach religiöser Sinngewissheit und visionärmystische Erfahrungen sind auch in ihren Gedichtsammlungen *Jacklight* (1984) und *Baptism of Desire* (1989) zentrale Themen. Die natürlichen Elemente Feuer, Wasser, Luft und Erde bilden in allen ihren Werken wichtige Symbolebenen, über die sich Gefühle, Leidenschaften und Wünsche der Charaktere ausdrücken. Gleichzeitig sind die Elemente konkrete Einflußgrößen, die Leben prägen und verändern.

Lit.: Owens, L.: »E. and Dorris's Mixedbloods and Multiple Narratives«. In: *Other Destinies: Understanding the American Indian Novel*. Norman, Oklahoma 1992, S. 192–224; Peterson, N.J.: »History, Postmodernism, and L. E.'s *Tracks*«. In: *Publications of Modern Language Association* 109,5 (Oktober 1994), S. 982–994; Silverman, R.: »Opening the Text: *Love Medicine* and the Return of the Native American Woman«. In: Vizenor, G. (Hg.): *Narrative Chance: Postmodern Discourse on Native American Indian Literatures*. Albuquerque 1989, S. 101–120.

Brigitte Georgi-Findlay

Ernaux, Annie

Geb. 1. 9. 1940 in Lillebonne bei Le Havre

»... etwas zwischen der Literatur, der Soziologie und der Geschichte ...« Mit diesen Worten, die ihrem ganzen Werk gelten könnten, beschreibt E. das literarische Vorhaben, das sie mit dem Roman *Une Femme* (1987) verfolgt. Ihr schriftstellerisches Schaffen ist stark von dem Bourdieuschen Grundgedanken geprägt, wonach Literatur – wie alle anderen kulturellen Praktiken – dem Machterhalt der herrschende Schicht dient. Ihr autobiographisches Werk ist für E. ein Mittel, ihre persönliche Entwicklung nachzuvollziehen, der sie durch ihre soziologische Herangehensweise einen exemplarischen Charakter verleiht. In ihrem dritten

Roman *La femme gelée* (1981) wird die Auswegslosigkeit weiblichen Daseins am Beispiel einer berufstätigen, verheirateten Frau geschildert, die allmählich zum Opfer des patriarchalischen Systems wird. Anders jedoch als in Simone de ↗ Beauvoirs Roman *La femme rompue*, auf den sie sich ausdrücklich bezieht, macht E. für diese Situation die bürgerliche Gesellschaft verantwortlich.

Für ihren ebenfalls autobiographischen Roman *La Place* (*Das bessere Leben*, 1986) bekam sie 1983 den Prix Renaudot. Anläßlich des Tods ihres Vaters unternimmt sie den Versuch, ihn sowohl als ihren Vater als auch als Vertreter der Arbeiterklasse zu beschreiben. In einem sehr nüchternen Ton berichtet sie von der durch ihren eigenen sozialen Aufstieg eingetretenen Kommunikationslosigkeit mit ihren Eltern und verurteilt dabei die Werte der Bourgeoisie, die sie eine Zeit lang jedoch ihrem Vater vorgezogen hat. Die Geschichte ihrer Mutter wird in *Une femme* (1987) aus der Retrospektive, deren (Alzheimersche) Krankheit bis zu ihrem Tode in *Je ne suis pas sortie de ma nuit* (1997), einer ihrer vorläufig letzten Veröffentlichungen, beschrieben. Sie, die rhetorisch Überlegene, verleiht ihrer Mutter die Würde und Anerkennung, die dieser aufgrund ihrer sozialen Zugehörigkeit vorenthalten wurden, obwohl sie wiederum dafür sorgte, daß ihre Tochter in das sog. Bildungsbürgertum aufstieg. Um Objektivität bemüht, wählt E. bewußt einen schlichten, nüchternen Ton ohne jede Form der Beschönigung oder der Emphase.

Eine ihrer letzten Veröffentlichungen *Passion simple* (1991), die ihre leidenschaftliche Beziehung zu einem jüngeren Mann und das dadurch entstandene Abhängigkeitsverhältnis schildert, sorgte für Aufmerksamkeit, da diese Art von Erforschung der weiblichen Libido die Leser zum Teil in die Situation von Voyeuren versetzt. Ihr *Journal du dehors* (1993), eine Art »Ethnotext«, beschreibt auf eine impressionistische Weise das Leben in den villes nouvelles. – In den fünfundzwanzig Jahren ihres schriftstellerischen Daseins entwickelte sich das Schreiben E.' von einer eher soziologischen Orientierung zu einer persönlich-intimen Art der Autobiographie. Das mag die Erklärung dafür sein, daß ihre späten Werke weniger begeistert aufgenommen wurden.

Lit.: Fau, C.: »Le problème du langage chez A. E.«. In: *The French review*, vol. 68, Nr. 3, February 1995, S. 501–512; Flügge, M.: »Einfache Welten«. In: Ders.: *Die Wiederkehr der Spieler*. Marburg 1992, S. 81–83; Garaud, C.: »Ecrire la différence sociale: registres de vie et registres de langue dans La Place d'A. E.« In: *French Forum*, vol. 19, Nr. 2, May 1994, S. 195–214; Mall, L.: »Moins seule et factice: la part autobiographique dans Une Femme d'A. E.« In: *The French review*, vol. 69, Nr. 1, October 1995, S. 45–54; Montfort, C.: »La vieille née«: S. de Beauvoir, Une mort très douce, and A. E., Une Femme. In: *French Forum* 1996, S. 349–364.

Colette Sarrey-Strack

Espanca, Florbela

Geb. 8. 12. 1894 in Vila Viçosa/Portugal; gest. 8. 12. 1930 Matosinhos/Portugal

Florbela Espanca, die bedeutendste portugiesische Lyrikerin des 20. Jh.s, stammt aus der ländlichen Region Alentejo. Ihre Biographie ist geprägt von starken emotionellen Schwankungen, die vor allem auf ein bewegtes, an Enttäuschungen reiches Liebesleben zurückzuführen sind; von einem Gefühl des Nichtverstandenwerdens und Nichtgeliebtseins, von Verweigerung der Anpassung an Konventionen und nicht zuletzt von einer angegriffenen Gesundheit. Schon früh beweist E. literarisches Talent und erwirbt als eine der ersten Frauen ihres Umfeldes eine höhere Schulbildung. In die Zeit ihrer ersten Ehe fällt die produktivste Phase ihrer literarischen Aktivität: In anderthalb Jahren entstehen die beinahe 150 Gedichte des zu ihren Lebzeiten unveröffentlicht gebliebenen Bandes *Trocando olhares* sowie drei Erzählungen. 1917 siedelt sie nach Lissabon über, um Geisteswissenschaften zu studieren, schreibt sich aber schließlich in der Juristischen Fakultät ein. Nach einer Fehlgeburt trennt sie sich von ihrem Mann und kehrt in die Hauptstadt zurück, wo sie eine neue Beziehung beginnt, sich scheiden läßt und wieder heiratet. Wiederum fallen Anfang der Ehe und intensive literarische Tätigkeit zusammen; aber nach kurzer Zeit folgt ein zweites Mal einer Fehlgeburt die Trennung. Die letzten Lebensjahre sind geprägt von der Trauer um den 1926 tödlich verunglückten Bruder, vom Zerfall einer dritten Ehe, von Vereinsamung und Krankheit; trotzdem entstehen weitere Sonette und Erzählungen, für die sich jedoch kein Verleger findet. In der Nacht zu ihrem 36. Geburtstag nimmt sich E. das Leben.

E.s Œuvre ist eng mit ihrer Biographie verbunden; ihre Gedichte, fast ausschließlich Sonette, spiegeln, in bester romantischer Tradition der Bekenntnislyrik, das emotionelle Leben der Autorin. In *Trocando olhares* (Blickwechsel) präsentiert sie ihr autobiographisches lyrisches Ich als schicksalshaft unglücklich, unverstanden und isoliert, was jedoch gleichzeitig zu einem Gefühl der Überlegenheit beiträgt. Sie schreibt von der Verwundbarkeit der Frau aufgrund sozialer Zwänge und den Gefahren für Frauen, die sich von Herz und Gefühl statt von Verstand und Konventionen leiten lassen. Später gelangt sie zum Schluß, daß das Bedürfnis nach emotionaler, aber auch künstlerischer Befreiung nicht übergangen werden darf. Die Titel der folgenden Bände sind symptomatisch. *Livro de mágoas* (Buch der Trauer), 1919 erschienen, ist geprägt von einem fin de siècle-Pessimismus und zeigt Anklänge an den Spätromantiker António Nobre (1867–1900) und an französische Symbolisten. Das hier zelebrierte Leiden bedeutet Leiden am Leben, aber auch Schmerz durch das Gefühl künstlerischen Ungenügens und durch die Schwierigkeit, sich mit einer traditionell als nicht-weiblich definierten Rolle des Dichters zu identifizieren. In *Livro de Soror Saudade* (1923) nimmt die Autorin einen ihr vom Dichterfreund Américo Durão verliehenen Namen auf, der zwei zentrale Elemente vereint: *soror* (Nonne) verweist auf das Unterdrücken des Bedürfnisses nach körperlicher Liebe; *saudade* (Sehnsucht) benennt das Gefühl von Unerfülltheit und stellt die Autorin explizit in eine für die portugiesische Literatur der Epoche typische Strömung, den *saudosismo*. Die latente Spannung zwischen den sich scheinbar ausschließenden Rollen als Frau und Dichterin erscheint gemildert. Mit zunehmender Akzentuierung des Konflikts zwischen Spiritualisierung und Bejahung des Eros, findet sich hier auch die Tendenz zum Aufbegehren gegen soziale Zwänge. Dies verstärkt sich im posthum (1931) erschienenen Band *Charneca em flor* (Heide in Blüte), in dem nicht nur die kreative Begabung und die Andersartigkeit des aufgrund seines Geschlechts marginalisierten Ichs, sondern ebenso die eigene Sexualität bejaht werden – eine dreifache Transgression, die ihre Wirkung auf das Publikum nicht verfehlte. In einer Zeit, in der schreibende Portugiesinnen sich in harmloser Salonlyrik üben, ist E. neben der fast vergessenen Judite Teixeira (1873–1959) die einzige Autorin, die Liebe über Konventionen stellt und unerfüllte erotische Bedürfnisse zu thematisieren wagt.

Trotz ihres Bemühens um Anerkennung fand E. keinen Anschluß an das literarische Leben Portugals, gehörte keiner literarischen Gruppe an und fand auch keine Aufnahme in wichtigen Zeitschriften; paradoxerweise war es ihr Suizid, der zu einer verstärkten Rezeption beitrug, die allerdings wiederum nicht frei ist von Verzerrungen.

Obras completas. 6 Bde. Hg. R. Guedes. Lissabon 1985–1987. – Lit.: Régio, J.: »Florbela«. In: Régio, J.: *Ensaios de interpretação crítica*. Lissabon 1964; Bessa-Luís, A.: *F. E., a vida e a obra*. Lissabon 1979; Alonso, C. Pazos: *Imagens do eu na poesia de F. E.* Lissabon 1997.

Tobias Brandenberger

Étesāmī, Parwīn

Geb. am 13. 3. 1907 in Tabris/Iran; gest. am 4. 4. 1941 in Teheran

Die Dichterin Parwīn Étesāmī gilt als die bedeutendste Vertreterin der persischen Poesie in der ersten Hälfte des 20. Jh.s. Ihre geistige Entwicklung wurde durch ihren Vater, einen bekannten Journalisten und Dichter, der aktiv am politischen und geistigen Leben seiner Zeit Anteil nahm, und die im Elternhaus stattfindenden Begegnungen mit Literaten, Wissenschaftlern und Persönlichkeiten des öffentlichen Lebens beeinflußt. Der Vater war es auch, der sie mit der persischen und arabischen Poesie vertraut machte. So schrieb sie bereits als Kind erste Gedichte. Ihre Ausbildung erhielt sie an der amerikanischen Mädchenschule in Teheran, eine der wenigen modernen säkulären Bildungsstätten für Mädchen, an der sie später als Lehrerin arbeitete. Erste Gedichte von ihr wurden in einer vom Vater herausgegebenen Zeitschrift veröffentlicht, ihr *Diwan* (Gedichtsammlung) erschien erstmalig 1935. Es heißt, daß ihr Vater zuvor einer Veröffentlichung des Werks nicht zugestimmt habe. Er befürchtete, damit den guten Ruf seiner Tochter aufs Spiel zu setzen. Tatsächlich erregte E. mit ihren Gedichten große Aufmerksamkeit und erwarb sich mit ihrem außergewöhnlichen Talent Ansehen unter ihren männlichen Dichterkollegen. Ihr Verdienst liegt vor allem in ihrem Vermögen begründet, Probleme ihrer Zeit auf eine feinfühlige Weise in dichterischer Form darzustellen.

Sie bereicherte die persische Poesie durch völlig neue Gedanken, indem sie das Leid der Armen beklagt, Ungerechtigkeit und Unmoral der Reichen und Mächtigen anprangert und die Stellung der Frau in der damaligen Gesellschaft hinterfragt, wodurch sie große Popularität erlangte.

In Iran gab es seit dem Beginn des 20. Jh.s erste Emanzipationsbestrebungen, die aber überwiegend nur die oberen Schichten der Gesellschaft erfaßten. Trotz der radikalen Maßnahmen des damaligen Herrschers Reza Schah zur Modernisierung und Säkularisierung des Landes, zu denen im Jahr 1936 das Verbot des Schleiers für Frauen gehörte, spielten Frauen in der Öffentlichkeit kaum eine Rolle, und auch E. nahm nicht am öffentlichen Leben teil. Dennoch beweist sie ein großes Gespür für soziale Fragen. Bei allen Problemen, die sie aufwirft, warnt sie vor den möglichen Folgen, versucht Schlüsse zu ziehen, moralisiert und belehrt. Obwohl ihre Lyrik einen solch unmittelbaren Realitätsbezug hat, verwendet sie die strengen Formen der klassischen persischen Poesie, die mit ihrer mehr als 1000jährigen Tradition einen hohen Entwicklungsstand erreicht hat und selbst in den unteren Gesellschaftsschichten große Popularität besitzt. Sie bevorzugt in ihren Gedichten die Form des Dialogs (*monāẓere*), in dem auch tote Gegenstände miteinander kommunizieren und oft in scharfer Form These und Antithese gegenüberstellen. Auf meisterhafte Weise gelang es E., in ihrer Poesie das klassische Erbe mit moderner Thematik zu verbinden.

Diwān (Gedichtsammlung). Hg. Abo-ʾl-Fatḥ E'teṣāmī. Teheran 1941. – Lit.: Alavi, B.: *Geschichte und Entwicklung der modernen persischen Literatur.* Berlin 1964; Aalami, Schahnas: »Iranische Dichterinnen im Streben nach Emanzipation und Fortschritt. Die Dichterin P. E.« In: Timm, K./Aalami, S.: *Die muslimische Frau zwischen Tradition und Fortschritt.* Berlin 1976.

Monika Matzke

Farroḫzād, Forūġ

Geb. 31. 12. 1934 in Teheran/Iran; gest. 14. 2. 1968 in Teheran

Forūġ Farroḫzād gilt als die bedeutendste moderne Lyrikerin Irans. Sie entstammte der wohlhabenden Mittelschicht, die durch die Reform- und Säkularisierungsbemühungen der Pahlavi-Herrscher gefördert wurde. Ihr Vater, ein Oberst, vermittelte seinen sechs Kindern den Zugang zu höherer Bildung, führte im Hause jedoch ein strenges, autoritäres Regime, das mit dem starken Willen seiner Tochter häufig kollidierte. Nach dem Abschluß der neunten Klasse an einer höheren Mädchenschule wechselte sie an eine Malakademie, wo sie Modedesign und Malerei studierte. Bereits in dieser Zeit verfaßte sie erste Verse, die jedoch unveröffentlicht blieben. Im Alter von 16 Jahren bestand sie gegen den Wunsch der Eltern auf ihrer Heirat, wodurch sie ihr strenges Elternhaus verlassen konnte. Der Ehemann gestattete ihr gewisse Freiheiten, sie durfte z. B. allein reisen oder Verhandlungen mit ihrem Herausgeber führen. Dies brachte den Bruch mit den konventionellen Regeln des bürgerlichen Lebens; F. fühlte sich zunehmend eingeengt durch die Erwartungen, die als Ehefrau und Mutter an sie gestellt wurden. 1955 ließ sie sich scheiden und verlor damit auch den Kontakt zum einzigen Sohn, was sie ihr Leben lang nicht verschmerzen konnte. Großes Aufsehen erregte sie mit ihrem im gleichen Jahr erschienenen Gedichtband *Asir* (Gefangen), weil sie darin als Frau erstmals unverblümt und anschaulich ihre Gefühle, Erfahrungen und Liebeserlebnisse darstellte. 1956 erschien der Gedichtband *Diwar* (Die Mauer), dem 1957 die Sammlung *Osjan* (Auflehnung) folgte. Hier setzte sie sich mit der Mißbilligung auseinander, die ihr die patriarchalische Gesellschaft wegen ihres ungezwungenen Lebensstils entgegenbrachte, während sie nach Ruhe, Zuneigung und seelischer Ausgeglichenheit in ihrem Leben suchte.

Nach einem längeren Aufenthalt in England, bei dem sie sich mit der Filmarbeit vertraut machte, arbeitete sie bei verschiedenen Dokumentarfilmproduktionen in Iran mit, und drehte schließlich in einer Gemeinschaftsarbeit den bei den Dokumentarfilmtagen von Oberhausen im Jahre 1964 preisgekrönten Film »Das Haus ist schwarz« über eine Leprakolonie in Iran. Die Sammlung *Tawallod-e digar* (Wiedergeburt), die 1964 erschien, bedeutete für sie den eigentlichen Beginn ihrer dichterischen Arbeit. Ohne ihre persönliche, freimütige Sicht aufzugeben, äußerte sie sich darin (sowie in einigen postum veröffentlichten Gedichten) deutlicher zu politischen und sozialen Fragen ihrer Zeit, formulierte ihre Hoffnungen und Wünsche für die Zukunft. Formal löste sie sich endgültig von den traditionellen Formen der persischen Lyrik, dem festgelegten Versmaß und dem Reim. Sie bediente sich einer kraftvollen Sprache, die von dem im Alltag gebräuchlichen Teheraner Dialekt bis zum gehobenen Spachstil reichte. Die iranische Literaturkritikerin Milani teilt F.s Schaffen in drei Etappen ein: in ihrer ersten Sammlung schreibt sie, ihrer Zeit vorauseilend, unverschleiert aus der Perspektive einer Frau, dieser folgt ein »feministischer Aufschrei« und in ihrem letzten Werk wächst sie über ihre Bitterkeit und ihren Zorn, ein Opfer der Männergesellschaft zu sein, hinaus. F. starb an den Folgen eines Verkehrsunfalls.

Jene Tage, ausgewählte Gedichte. Übertr. u. mit Nachwort v. K. Scharf. Frankfurt/M. 1993. – Lit.: Hillmann, M.C.: *A Lonely Woman. F.F. and her Poetry.* Washington D.C. 1987; Alavi, B.: »F.F.«. In: Reck, C./Zieme, P. (Hgg.): *Iran und Turfan.* Wiesbaden 1995.

Monika Matzke

Fernán Caballero (eigtl. Cecilia Böhl de Faber)

Geb. 24. 12. 1796 in Morges/Schweiz; gest. 7. 4. 1877 in Sevilla

Von Cecilia Böhl de Faber wird erzählt, sie habe zeitlebens die Meinung vertreten, das Schreiben sei eine Tätigkeit, die sich für Frauen nicht schickt. Gehandelt hat sie nach dieser Maxime nicht. Ihr schriftstellerisches Werk ist eines der umfangreichsten ihrer Zeit, und sie gilt heute als bedeutendste Vorläuferin des spanischen Realismus. Den konservativ-klerikalen Moralvorstellungen ihrer Zeit und Kreise verpflichtet, veröffentlicht sie unter dem männlichen Pseudonym Fernán Caballero.

F.C. wird während einer Reise ihrer Eltern in der Schweiz geboren. Der Vater, Nicolas Böhl von Faber, ein Hamburger Kaufmann und Hispanist, erzieht die älteste Tochter zu Gehorsamkeit und Demut. Die Mutter geht mit den jüngeren Kindern früh zurück in die andalusische Heimat, wo sie sich als Frauenrechtlerin einen Namen macht. F.C. bleibt zunächst beim Vater in Hamburg und besucht dort ein französischsprachiges Gymnasium. 1816 heiratet sie einen reichen spanischen Rittmeister und geht mit ihm nach Puerto Rico, wo dieser noch vor Ende des ersten Ehejahrs stirbt. Als Witwe kehrt sie 1818 nach Spanien zurück. Jahre später verarbeitet sie ihre Einblicke in das rüde und korrupte Militärleben in verschiedenen Romanen und Erzählungen. Die zweite Ehe (1822), die dreizehn Jahre dauert, dürfte die glücklichste und sorgenfreieste Zeit ihres Lebens gewesen sein. F.C. führt in Sevilla die von ihrer Mutter begonnene Tradition eines literarischen Salons fort und beginnt selbst zu schreiben. Eine genaue Chronologie ihrer Werke läßt sich nicht erstellen, denn sie schreibt zunächst nur für einen privaten Kreis und sperrt sich lange gegen die Veröffentlichung ihrer Texte. Als ihr Mann 1835 stirbt, beginnt für F.C. ein Lebensabschnitt, der von beruflichen Erfolgen und persönlichen Schicksalsschlägen geprägt ist. Während ihrer dritten Ehe (1837) entschließt sich F.C. – auch aus finanziellen Gründen – zur Veröffentlichung einiger Erzähltexte, die zum Teil schon in den 20er und zu Beginn der 30er Jahre entstanden sein dürften. So erscheinen 1849 drei ihrer bedeutendsten Romane nahezu gleichzeitig: *La gaviota* (*Die Möwe*, 1860), *La familia de Alvareda* (Die Familie Alvareda) und *Elia o España treinta años ha* (Elia oder Spanien vor dreißig Jahren). In den 50er Jahren folgen weitere Romane, Novellen, Erzählungen und Volksmärchen. Kurzgeschichten und Zeitungsartikel veröffentlicht sie nun unter dem ebenfalls männlichen Pseudonym León de Lara.

Wiederholt betont F.C., ihre Geschichten seien nicht erfunden, sondern beobachtet. Mit einer realistischen, vermeintlich wirklichkeitsgetreuen Darstellungsform sucht sie die in Spanien in Verruf gekommene Gattung Roman zu rehabilitieren. Tatsächlich spielen ihre Romane – und auch viele ihrer Erzählungen – weitgehend in Andalusien; sie beschreiben oftmals minutiös die Sitten und Gebräuche der Region und ahmen die Sprechweise ihrer Bewohner nach. Diese *costumbristischen* Sittenbilder verfolgen auch eine didaktische Absicht: Sie zeigen das gute und richtige Leben im Geist des Katholizismus – oder das falsche und schlechte und dessen unabwendbares Scheitern. Gottesfurcht, Bescheidenheit, Nächstenliebe, Treue und Aufrichtigkeit bilden die moralische Richtschnur ihrer Protagonisten. Das Ideal der Frauenfiguren ist ein aufopferungsvolles Leben für die Familie, deren Glück und Bewahrung ihr oberstes Ziel ist.

Bis zu ihrem Tod publiziert F. C. eine Vielzahl weiterer Romane, Erzählungen und Kurzgeschichten, aber auch Schriften zu Religion und Moral. Diese lesen sich passagenweise wie theoretische Erläuterungen ihrer fiktionalen Texte. Die konservative Moral und der religiöse Heroismus der isabellinischen Zeit bestimmen den Tenor ihres Werks, das nicht selten zu stereotypen Charakterisierungen und Schwarzweißmalerei tendiert. Ab 1860 – F. C. ist inzwischen eine der bekanntesten Autorinnen Spaniens – gewährt ihr Königin Isabel II. Unterkunft im Alcazar von Sevilla, den sie nach der erzwungenen Abdankung ihrer Gönnerin 1868 wieder verlassen muß. Verarmt, aber hochverehrt stirbt sie 1877 in Sevilla.

Obras completas. 5 Bde. Hg. J. M. Castro y Calvo. Madrid 1961. – Lit.: Herrero Pérez, J.: *F. C.: un nuevo planteamiento*. Madrid 1963; Klibbe, L. H.: *F. C.* New York 1973; Kirkpatrick, S.: »On the threshold of the Realist novel: gender and genre in *La gaviota*«. In: *Publications of the Modern Language Association* 98 (1983), S. 323–340.

Andrea Rössler

Ferré, Rosario

Geb. 28. 9. 1942 in Ponce/Puerto Rico

F. stammt aus einer angesehenen ehemaligen Großgrundbesitzer- und Politikerfamilie, einer der mächtigsten der Karibikinsel: Ihr Vater war Gouverneur von Puerto Rico, ihr Großvater, ein Franzose, war mit Ferdinand Lesseps nach Amerika gekommen und, als dessen Panama-Kanal-Projekt scheiterte, dort geblieben. Aufgrund dieser ›Vorbelastung‹ schien Rosario für das Dasein einer eleganten Dame der High Society bestimmt: In einer katholischen Klosterschule erzogen, heiratete sie mit 19 und schenkte drei Kindern das Leben; daneben beendete sie ihre Studien der englischen, französischen und spanischsprachigen Literatur, die sie am Wellesley College in Boston begonnen hatte, an der Universidad de Puerto Rico. Doch schon früh gab sie diese Sicherheiten zugunsten einer literarischen Karriere auf: Nach dem Tod ihrer Mutter, von der sie genug geerbt hatte, um sich selbständig zu machen, fing sie an zu schreiben. Im selben Jahr ließ sie sich nach zehnjähriger Ehe scheiden und brach endgültig mit ihrer bürgerlichen Umgebung. Seitdem gilt sie als enfant terrible der puertorikanischen Literatur, insbesondere weil sie sich weit auf ›schlüpfriges‹ Terrain vorgewagt und mit ihrer bewußt obszönen Schreibweise, vor allem im frühen Werk der 70er Jahre, den verlogenen Moralkodex des Establishments herausgefordert und entmystifiziert hat. Dazu meint die Autorin selbst: »Meine Absicht war es gewesen, diese Waffe der sexuell erniedrigenden und peinlichen Beleidigung, die man Jahrhunderte lang gegen uns Frauen geschwungen hatte, gegen die Gesellschaft zu kehren, gegen ihre längst überholten, unannehmbaren Vorurteile. War die Obszönität traditionellerweise verwendet worden, um die Frau zu degradieren und zu erniedrigen, so sagte ich mir, müßte sie doppelt wirksam sein, um sie zu erlösen.«

Für F. stellt der Feminismus, laut eigener Aussage, die »wichtigste Revolution des 20. Jahrhunderts« dar, »Ausgangspunkt zur Befreiung des Menschen ganz allgemein«, wobei sie speziell Erotik als Mittel zur Befreiung ansieht. So zeichnet sich auch ihr literarisches Werk durch die bewußte karikatureske Wiederaufnahme etablierter Diskurse aus, das Neu- und Umschreiben von in Märchen, Filmen etc. enthaltenen Mythen des Weiblichen; prototypisch dafür ihre Erzählung »La Bella Durmiente« (»Dornröschen«) in *Papeles de Pandora*, 1976 (Pandoras Rollen). Gleichzeitig versucht sie – immer vor dem Hintergrund des historischen puertorikanischen Kontextes, des Übergangs von der Feudalgesellschaft der Zuckerinsel zur Transkulturierung durch die ökonomische und politische Zugehörigkeit zu den USA – die geschlechtliche Natur gesellschaftlicher Umgangsformen bloßzulegen, etwa in der Erzählung »Cuando las mujeres quieren a los hombres«, 1976 (»Wenn die Frauen die Männer lieben«, 1991). Sie basiert auf einer historischen Gestalt, der Prostituierten Isabel Luberza, die mit ihrem Gewerbe einen enormen Reichtum angehäuft hatte und zur Entstehungszeit der Erzählung gerade ermordet worden war. F. spaltet sie in zwei Persönlichkeiten auf, die elegante Dame und die schwarze Hure, die im Verlauf des Textes jedoch miteinander verschmelzen. Den theoretischen Hintergrund ihres Schreibens entfaltet die Autorin in den feministischen Essays von *Sitio a Eros*, 1980 (Auf Eros' Spuren), in denen sie historische Gestalten wie Mary ↗ Shelley, George ↗ Sand, Flora Tristán, Jean ↗ Rhys, Anaïs Nin, Tina Modotti, Alexandra ↗ Kollontai, Sylvia ↗ Plath, Virginia ↗ Woolf u.a als exemplarische weibliche Lebensmodelle darstellt, sowie in *El árbol y sus sombras*, 1989 (Der Baum und seine Schatten, über Sor ↗ Juana, Elena ↗ Poniatowska, Clara Lair, Julia de Burgos, Roland Barthes, Pérez Galdós, César Vallejo und Lezama Lima). In ihren letzten Werken wendet sie sich einerseits wieder Fabeln und Legenden ihrer Heimat Puerto Rico zu (*Sonatinas*, 1989/Sonatinen, teilweise in: *Das halbe Hühnchen auf dem Weg zum Palast*, 1990), andererseits schildert sie in *Maldito amor*, 1985 (*Kristallzucker*, 1992) die untergegangene Welt der Zuckerbarone auf Puerto Rico mit ihren Konflikten. Die Gedichte von *Fábulas de la garza desangrada*, 1982 (Fabeln des verbluteten Reihers) hingegen setzen sich in eher intellektueller Diktion mit ikonenhaften Frauengestalten der abendländischen Mythologie auseinander (Antigone, Ariadne, Francesca, Laura, Desdemona, Herodias, Magdalena etc.). Mit *Batalla de las Vírgenes*, 1995 (Schlacht der Jungfrauen) betritt F. schließlich das Neuland der religiösen Satire. Sie gründete und leitete zwischen 1972 und 1976 die Avantgardezeitschrift *Zona de carga y descarga*. Für ihr Werk hat sie verschiedene renommierte Literaturpreise sowie die Ehrendoktorwürde der Brown University erhalten. Sie lebt zur Zeit in Washington.

Lit.: Netchinsky, J./Bilbija, K.: »R. F.s ›The Youngest Doll‹: On Women, Dolls, Golems and Cyborgs«. In: *Callaloo* 17,3 (1994), S. 878–888; Pokorny, E. D. B.: »(Re)Writing the Body: The Legitimization of the Female Voice, History, Culture and Space in R. F.s *La muñeca menor*«. In: *Confluencia* 10,1 (1994), S. 75–80; Skinner, L.: »Pandora's Log: Charting the Evolving Literary

Project of R. F.« In: *Revista de Estudios Hispanicos* 29,3 (1995), S. 461–476; Jaffe, J. A.: »Translation and Prostitution: R. F.s *Maldito amor* and *Sweet Diamond Dust*«. In: *Latin American Literary Review* 23,46 (1995), S. 66–82; Heintz, Susanne S.: *R. F. – A Search for Identity*. New York/Washington 1997.

Erna Pfeiffer

Fielding, Sarah

Geb. 8. 11. 1710 in East Stour/Dorset; gest. 9. 4. 1768 in Bath/Großbritannien

In einem Brief an Sarah Fielding 1758 zitiert Samuel Richardson das Lob des Literaturkritikers Samuel Johnson, der ihr Schreiben mit dem ihres Bruders Henry vergleicht: »His was but as the knowledge of the outside of a clock-work machine, while yours was that of all the finer springs and movements of the inside.« Noch in *The Progress of Romance* (1785) zog Clara Reeve F.s empfindsame Psychologie dem satirischen Realismus Henrys vor. Doch zunehmend verschwanden ihre Werke hinter denen der zunächst fördernden »Väter des Romans«, bis eine neue Literaturgeschichtsschreibung von Frauen sie wieder entdeckte.

F.s Vater verschleuderte das Vermögen seiner Frau, die 1718 früh verstarb; die Großmutter erkämpfte das Sorgerecht für die sechs Halbwaisen. Sohn Henry wurde standesgemäß in Eton erzogen; die vier Mädchen lernten im Pensionat Lesen, Schreiben, Französisch und Tanz. Später lasen sie im Freundeskreis gebildeter junger Leute klassische Texte. Ohne Mitgift hatten die Töchter aus dem niederen Landadel kaum Chancen auf dem Heiratsmarkt. Henry (1707–1754) reüssierte zunächst als Dramatiker in London. Richardsons *Pamela* (1740) parodierte er mit *Shamela* (1741) sowie mit *Joseph Andrews* (1742); der Brief »From Leonora to Horatio« soll ebenso von Sarah stammen wie die Erzählung zu Anna Boleyn in »A Journey from This World to the Next« (1743). F. begründete ihren anonym veröffentlichten Roman *The Adventures of David Simple in Search of a Real Friend By a Lady* (1744) mit Geldnot, wofür sie von ihrer Verwandten Lady Mary Wortley ↗ Montagu bedauert wurde. Ihr unschuldiger Held, ein Mann des Gefühls, erfährt die Schlechtigkeit der Welt über eine Reihe typisierter Charaktere; die empfindsamen Heldinnen dieser ›moral romance‹ beklagen die erzwungene intellektuelle und ökonomische Unmündigkeit. Ein moralisches Anliegen verbindet die Episoden, eine Abgrenzung gegen die inzwischen anrüchigen Schriftstellerinnen Aphra ↗ Behn, Delariviere Manley und Eliza Haywood. Im Vorwort der zweiten Auflage gibt sich Henry Fielding als Mentor der weltunerfahrenen, aber mit tiefer Menschenkenntnis ausgestatteten Autorin aus. Für die *Familiar Letters between the Principal Characters in David Simple* (1747) schrieb er das Vorwort sowie fünf Briefe. Mit ihren didaktischen Geschichten, *The Governess; or, Little Female Academy* (1749), erschien das erste Kinderbuch, gedruckt von Richardson. Der Rivale ihres Bruders war nun ihr Freund und Förderer. In ihren *Remarks on Clarissa* (1749) bespricht sie seinen Roman in Form eines literaturkritischen Gesprächs unter Freunden, als Brief an den Autor.

Mit Jane Collier verfaßte sie die dramatische Erzählung *The Cry* (1754). Wenig Erfolg hatte *David Simple: Volume the Last* (1753). Ihre letzten Romane, *Cleopatra and*

Octavia (1757), *The Countess of Dellwyn* (1759), *The History of Ophelia* (1760), stellen von Natur aus gute Frauen den amoralischen gegenüber. »By the Author of David Simple« stand auf ihren Werken; nur *Xenophon's Memoirs of Socrates* (1762), aus dem Griechischen mit Hilfe von James Harris, trug ihren Namen. 1754/5 zog sie von London nach Bath, krank und bis zuletzt von Geldsorgen geplagt. Die *bluestockings* um Elizabeth Montagu wollten F. in ihrem nach Sarah Scotts *Millenium Hall* (1762) entworfenen Frauendomizil in Hitchin umsorgen, doch sie starb 1768.

Lit.: Bree, L.: *Sarah Fielding*. New York 1996; Spencer, J.: *The Rise of the Woman Novelist: From Ahra Behn to Jane Austen*. Oxford 1986; Schofield, M./Macheski; C. (Hgg.): *Fetter'd or Free? British Women Novelists, 1670–1815*. Athens. Ohio 1986.

Elfi Bettinger

Figuli, Margita

Geb. 2. 10. 1909 in Vyšný Kubín; gest. 27. 3. 1995 in Bratislava/Slowakei

Mit dem Zusammenbruch der Österreich-Ungarischen Monarchie (1918) und der Entstehung der Ersten Tschechoslowakischen Republik kam es auch zu Veränderungen auf dem Gebiet der Literatur. Neben der älteren, kritisch-realistischen Prosa erklangen neue Töne, Impulse aus anderen Literaturen, insbesondere des deutschen Expressionismus, gewannen an Bedeutung. Es kam zu einer jähen, für die Slowakei neuartigen, Entwicklung der Städte als kulturelle Zentren. Neue gesellschaftliche Schichten entstanden, und es verbreitete sich ein allgemeines Gefühl des Unbehagens, das in der Literatur in der Opposition ›Stadtmensch – Bergbauer‹ gestaltet wurde.

F., die einzige weibliche Vertreterin dieser literarischen Strömung, stammt aus einer bäuerlichen Familie der nördlichen Slowakei. Sie bereicherte die sogenannte lyrische oder lyrisierte Prosa um eine intensive, ausdrucksstarke, weibliche Emotionalität und eine noch nicht dagewesene erotische Komponente. In ihrer Erzählsammlung *Pokušenie*, 1937 (»Versuchung«; dt. in *Verspätete Tränen und andere slowakische Erzählungen*, 1969) thematisiert sie den Gegensatz zwischen spontanen Sehnsucht und ihren konventionellen Hemmungen und der unabwendbaren Kraft menschlicher Leidenschaften und der Würde des Menschen. Ihre Themen behandelt sie expressionistisch mit einer Überfülle an Metaphern, doch ihr soziales Empfinden führt sie zu Menschen, die unglücklich sind, die an den Rand der Gesellschaft abgeschoben, verirrt und verwirrt sind. In F.s bedeutendstem Werk, dem Roman *Tri gaštanové kone*, 1940 (Drei kastanienbraune Pferde), wird diese Thematik zum grundlegenden ästhetischen Prinzip weiterentwickelt, als Spannung zwischen Ethischem und Erotischem, zwischen dem physiologisch Gegebenen und dem Immateriellen und Moralischen. Die magisch suggestive Erotik von F.s Werken beruht auf der Vorstellung von einer freien Persönlichkeit der Frau, die sich in ihrem Drang nach Freiheit auch gegen die Gesellschaft stellt. Die Handlung spielt in der nordöstlichen Slowakei, in einer näher nicht bestimmten Zeit, sie ist also in die reale Wirklichkeit eingebettet, künstlerische Symbole sind nicht aus ihrem Bezug zum Leben gerissen. Das Märchenhafte wird durch den festen sittlichen Charakter des

Helden und der Heldin eingebracht, durch den Sieg des Guten, der reinen Liebe über das Böse, die Habgier und die Geldgier. Geld wird zum Symbol der Verderbnis, die drei Pferde zum Symbol einer unüberwindbaren Lebenskraft. F. wählte diese Form auch wegen ihrer Sehnsucht nach Harmonie, in der letztlich alle bitteren Erfahrungen ihr Ende finden. Von der Literaturkritik werden *Tri gaštanové kone* als Kunstmärchen gewertet. F.s erzählerischer Stil ist in dieser Novelle einfacher, frei von der überquellenden Bildhaftigkeit ihrer früheren Erzählungen.

Während des Zweiten Weltkriegs arbeitete sie an dem breit angelegten, episch nicht geschlossen konzipierten historischen Roman *Babylon* (dt. 1968), der im ersten Nachkriegsjahr veröffentlicht wurde und sich großer Popularität erfreute. Sie gestaltete ein Thema aus dem Altertum, um mittels allegorischer Zusammenhänge ihre eigene Sicht des Kampfs zwischen Gut und Böse zu formulieren. 1949 veröffentlichte sie den Gesellschaftsroman *Zuzanna* und 1956 die Erinnerungsprosa *Mladost'* (Jugend). Auch wenn F.s literarisches Werk nicht sehr umfangreich ist, so hinterließ sie doch eine noch immer wirksame Spur. Eine dreibändige Ausgabe ihrer Werke erschien 1973 in Bratislava.

Alma Münzová

Fleißer, Marieluise

Geb. 23. 11. 1901 in Ingolstadt; gest. 1. 2. 1974 in Ingolstadt

»Die nächste Leistung, die wir bringen müssen, ist – das Stück.« (*Das dramatische Empfinden bei den Frauen*, 1930). – Paradoxerweise ist es eine der bedeutendsten deutschsprachigen Dramatikerinnen des 20. Jh.s, die diese Forderung erhebt. Dabei erbringt sie die »Leistung« schon als junge Autorin mit ihren erfolgreichen Dramen *Fegefeuer in Ingolstadt* (1926) und *Pioniere in Ingolstadt* (1928/29) – aus der bayrischen Provinz kommend – in der Theaterhauptstadt Berlin. In beiden Stücken werden Anziehung und Gewalt zwischen den Geschlechtern sowie religiöse und gesellschaftliche Zwänge nicht nur thematisiert, sondern im Gestischen ihrer knappen Sprache auch inszeniert. Auch in F.s frühen Erzählungen, z. B. *Meine Zwillingsschwester Olga* (1923), *Abenteuer aus dem Englischen Garten* (1925) oder *Ein Pfund Orangen* (1926), sind die Sehnsüchte und Sackgassen von Beziehungen und ihre Sprachlosigkeit gestaltet. Die am Dialekt orientierte Rede stolpert über die Ordnungsmacht der Normsprache, und der sperrige Erzählgestus wird mit biblischen Anspielungen auf Erlösung und Verdammnis unterlegt, wodurch die Figuren und ihre Wünsche ambitioniert und grotesk zugleich erscheinen. Auch ihre verzerrt wirkenden Körper sind tragikomischer Ausdruck ihres Kampfs gegen Lebens- und Todesangst – diesem Zusammenhang widmet F. 1930 einen erhellenden Essay über Gesicht, Gang und Gesten des Stummfilmstars Buster Keaton.

Fast alle Texte F.s spielen in der Provinz und sind in ihrer Ungleichzeitigkeit mit der Metropole angesiedelt, die sich mit der von Tradition und Moderne sowie von

Kleinbürgern und Avantgarde überschneidet. In F.s einzigem Roman *Mehlreisende Frieda Geier* (1931), später überarbeitet zu *Eine Zierde für den Verein* (1972), spiegeln sich diese Ungleichzeitigkeiten in der Konfrontation der Geschlechter – die eine liebende und eine gewalttätige ist. Die zugleich verführerische und zerstörerische Männlichkeit verkörpert im Roman ein Schwimmer, dessen Sport als grenzüberschreitende Herausforderung gefeiert, aber auch als im Verein organisierte Zurichtung des Körpers mit präfaschistischen Zügen kritisiert wird. Das daraus resultierende Dilemma der Frau, den Mann zu begehren, sich seiner Ordnung aber nicht unterwerfen zu wollen, kennen auch die um Liebe *und* Selbständigkeit ringenden zeitgenössischen Frauenfiguren Irmgard ↗ Keuns. F. hat dieses Dilemma wiederum selbstreflexiv auf die Problematik weiblicher Autorschaft bezogen: In ihrem – zu Lebzeiten nicht aufgeführten – Drama *Der Tiefseefisch* (1930) gerät eine schreibende Frau in Liebeskonflikte und zwischen zwei sich feindlich gegenüberstehende literarische Lager. Beide Lager – angespielt sind die Zirkel um Bertolt Brecht und um den exzentrischen rechtsnationalen Autor Hellmut Draws-Tychsen – haben aber doch etwas gemeinsam, sie zerstören und verhindern nämlich die Arbeit der Autorin: »Klammern wir diese Frau doch einfach aus.« F. lernt Brecht 1924 in München durch Lion Feuchtwanger kennen. Zwar bringt er ihre Dramen auf die Bühne, aber er greift – durch Titel- und Textänderungen – in sie ein und ›verbraucht‹ F.s Produktivität für sein Theaterkonzept. Gegen ihren Willen provoziert er 1929 durch seine Regie einen Skandal um *Pioniere in Ingolstadt*, der F.s Bruch mit Brecht, mit ihrem Verlag und mit ihrer Heimatstadt zur Folge hat. Sie wendet sich Draws-Tychsen zu, »der völlige Antipode von Brecht«; nach gemeinsamen Reisen erscheinen F.s Feuilletons »Andorranische Abenteuer« (1932), aber auch diese problematische Beziehung macht das Schreiben schwierig. Die Spannungen des männlich dominierten Literaturbetriebs und die Unmöglichkeit von Liebe und weiblicher Autorschaft reflektiert auch die späte Erzählung »Avantgarde« (1963), in der es in nicht auflösbarer Ambivalenz heißt: »sie durfte das gar nicht wirklich wollen. [...] Sich verloben war verheerend für eine Frau, wenn sie schreibt.« Mit dieser Erzählung kehrt F. nach 30 Jahren in die öffentliche Aufmerksamkeit zurück, die sich allerdings hauptsächlich für die Brechtanspielungen interessiert und damit eine bis heute andauernde biographische Lesart favorisiert.

Zwar verfaßt F. auch nach 1933 trotz eingeschränkten Schreibverbots durch die Nazis und trotz aufreibender Arbeit im Geschäft ihres Ingolstädter Ehemannes Haindl z. B. das Volksstück *Der starke Stamm* (1944) und einige Erzählungen. Aber erst im Zuge der Renaissance des kritischen Volksstücks (Fassbinder, Kroetz) in den 60ern setzt langsam ihre Wiederentdeckung ein. 1972 werden in einer Gesamtausgabe die z. T. stark überarbeiteten Texte wieder zugänglich und v. a. durch die feministische Rezeption in die öffentliche Diskussion gebracht.

Gesammelte Werke. 3 Bde. Hg. G. Rühle. Frankfurt/M. 1972. Bd. 4. Hgg. G. Rühle/E. Pfister. Frankfurt/M. 1989. – Lit.: Rühle, G. (Hg.): *Materialien zum Leben und Schreiben der M. F.* Frankfurt/M. 1973; Tax, S.: *m.f. schreiben, überleben. ein biographischer versuch*. Basel/Frankfurt/M. 1984; McGowan, M.: *M. F.* München 1987; Müller, M. E./Vedder, U. (Hgg.): *Reflexive Naivität. Zum Werk M. F.s*. Berlin 1998.

Ulrike Vedder

Frame, Janet

Geb. 28. 8. 1924 in Dunedin/Neuseeland

Janet Frame ist die auch international bekannteste lebende Schrifststellerin Neuseelands. Unter anderem wurde ihr der Commonwealth Prize for Literature, das Scholarship in Letters und der Turnovsky Preis verliehen. In ihrer ersten Geschichte, die F. als Kind erzählte, greift ein Falke im Sturzflug einen kleineren Vogel an, daraufhin frißt eine geisterhafte Gestalt den Falken. Dieses Bild taucht in vielen ihrer späteren Werke wieder auf. In *Faces in the Water* (1961) wie auch in *Scented Gardens for the Blind* (1963) ist es ein großer brauner Vogel, durch den sich der Protagonist bedroht fühlt. Der Falke steht für unheilvolle Geschehnisse, für das Prinzip der Zerstörung dessen, was F. das Lebende und Lebendige in der Welt nennt. F. schreibt aus der Perspektive des Anderen, Unterdrückten, des Außenseiters. Sie schreibt über die Machtlosigkeit von Menschen, die zum Schweigen gebracht werden, und beklagt jene Vielfalt, die durch systematische Unterdrückung verhindert und zerstört wird.

International berühmt wurde Frame vor allem durch die Verfilmung ihrer autobiographischen Trilogie *To The Is-Land*, 1982 (*Zu den Inseln*), *An Angel at My Table*, 1984 (*Ein Engel an meinem Tisch)* und *The Envoy From Mirror City*, 1985 (*Der Gesandte der Inseln*) mit dem Filmtitel »An Angel at My Table« (1990). Sie beschreibt ein Leben, in dem Verlassenheit und als die ›Andere‹ betrachtet zu werden, wesentliche Erfahrung ist. F. verbrachte die längste Zeit ihrer Jugend in der kleinen konservativen Stadt Oamaru. Die Armut ihrer Familie, F.s ungewöhnliche Gedanken und ihr nicht zu bändigendes rotes Kraushaar machten sie zur Außenseiterin in einer Gesellschaft, in der Konformität die Norm war. Diese Verbannung an den Rand der Gesellschaft begleitete F. weit über ihre Jugendzeit hinaus und prägte ihr Schreiben. Darin erforschte sie aber auch die vielfältigen Kräfte, die gegen die patriarchale Ordnung gerichtet sind. Das sind z. B. die Stimmen der Frauen, die im ›toten Raum‹ einer psychiatrichen Klinik eingeschlossen sind und die F. in *Owls Do Cry*, 1957 (*Wenn Eulen schreien*, 1961) und *Faces in the Water* (1961) so lebendig beschreibt. Es ist das Buch, das Toby Withers in F.s *The Edge of the Alphabet* (1962) geschrieben hätte, wäre er nicht Opfer von Marginalisierung geworden. Es sind die vielen Geschichten wie die von Malfred Signal in *A State of Siege* (1966), die Historiker hätten schreiben können, wären sie nicht so damit beschäftigt, imperialistische Taten ›großer Männer‹ zu rühmen und Kriegsgeschichte zu verfassen. Es ist das Empfinden eines homosexuellen Schriftstellers wie Turnlung in *Daughter Buffalo* (1972). F. schreibt immer aus der Sicht des/der Anderen: sie ist die sprachlose Frau in *Scented Gardens for the Blind* (1963), die sich weigert zu sprechen, weil sie sich fürchtet, an der menschlichen Asche zu ersticken, die übrigbleibt nach der zerstörerischen Gewalt eines nuklearen Kriegs; sie ist der Erzähler in *Adaptable Man* (1965), der das orgiastische Vergnügen an der unmenschlichen Gewaltausübung im Zweiten Weltkrieg schildert, speziell in Hitlers KZs. In *Intensive Care* (1970) finden solche Tötungsmechanismen in einem künftigen fiktiven Neuseeland ihre extremste Form durch ein normatives Gesetz, das Bürger und Bürgerinnen, entsprechend des Grades ihrer Abweichung von der Norm, als Mensch oder Tier klassifiziert. F., deren Instrument die Sprache ist, versucht immer wieder, andere und neue Ausdrucksformen zu finden. In *A State of Siege* (1966) und *The Rainbirds* (1967) erfindet sie neue Sprachen, in *The Carpathians* (1988) löst sie einen apokalyptischen Sturm aus; Buchstaben und Punktuation markieren einen sintflutartigen Regen, der alles wegwäscht und so den Weg öffnet für eine neue Sprache, neue Menschen, eine neue Welt. F.s Werk spielt in Neuseeland, Großbritannien und den USA. Obgleich F. weite internationale Anerkennung gefunden hat, zieht sie es vor, am Rande des ehemaligen Empires der westlichen Welt zu bleiben. Ihre konstante Weigerung, halbherzige Kompromisse mit ›dieser Welt‹ einzugehen, gibt ihr die Kraft zu Visionen, wie sie nur wenigen zeitgenössischen Schriftsteller/innen gegeben ist. Der kleine Vogel, der sich vor dem Falken fürchtete, wurde selbst zu einer Gestalt, die nun hoch über ihm schwebt: nahe der Sonne, allein und beunruhigend.

Lit.: Alley, E.: *The Inward Sun. Celebrating the Life and Work of J. F.* Wellington 1994; Delbaere, J. (Hg.): *The Ring of Fire. Essays on J. F.* Mundelstrup 1992; Evans, P.: *J.F.* Boston 1977; Mercer, G.: *J. F. Subversive Fictions.* St Lucia 1994; Panny, J.: *I Have What I Gave. The Fiction of J. F.* Wellington 1992.

Powhiri Rika-Heke

Frischmuth, Barbara

Geb. 5. 7. 1941 in Altaussee/Steiermark

Die Biographie F.s ist mit ihren Romanen und Erzählungen eng verflochten durch ihre polyglotte Begabung und die Versuche, sich mit Hilfe fremder Sprachen Lebensformen zu erschließen, die aus anerzogenen Orientierungen herausführen. Sie studierte Türkisch und Ungarisch an der Universität Graz; nach Aufenthalten in der Türkei und in Ungarn (von 1961 bis 1963) folgte ein Orientalistikstudium in Wien, wo sie heute als freie Schriftstellerin lebt. Ihr erstes Buch, *Die Klosterschule* (1968), resümiert die Erfahrungen der Autorin in der geschlossenen Welt eines katholischen Mädchenpensionats. In diesem Text montiert sie eine Folge von Sprachwendungen, die sie unmittelbar der überanstrengten Internatswelt entlehnt hat. Sie erweckt den Eindruck, daß sich das Leben nach den Regeln und dem Sprachgebrauch der Kaserne abspielt. Indem sie die Welt von Befehl und Gehorsam bis zur Parodie hin übertreibt, entlarvt sie die überlebte, aber noch mächtige Struktur des »autoritären Charakters« (Theodor W. Adorno). Sie entzieht ihrem authentischen Sprachmaterial die scheinbare Logik, indem sie es in zusammenhanglose Zitate auflöst, und macht damit den paranoiden Grundzug einer Welt deutlich, die auf Dressur und Unterdrückung hin angelegt ist. Bei diesem dichterischen Verfahren hat sich F. von dem amerikanischen Sprachwissenschaftler

Benjamin Lee Whorf inspirieren lassen, der erstmals in seinem Buch *Sprache, Denken, Wirklichkeit* (dt. 1963) nachgewiesen hat, daß von der Sprache her Denken und Weltinterpretation des Sprechenden weitgehend entschlüsselt werden können.

In ihren Kinderbüchern eignet sie sich eine fiktive Kindheit an, die an die Stelle der tristen realen treten soll. Die Erzählsammlung *Haschen nach Wind* (1974) zeigt Frauen in ausweglosen Verstrickungen, in die sie durch verfehlte Erziehung geraten sind. In der Romantrilogie *Die Mystifikationen der Sophie Silber, Amy oder Die Metamorphose* und *Kai und die Liebe zu den Modellen* (1976–1979) übersetzt F. das ausgegrenzt Irreale in die Wirklichkeit zurück und zeichnet Bilder einer labilen Versöhnung von Sinnlichkeit und Rationalität. Ihr Türkei-Buch *Das Verschwinden des Schattens in der Sonne* (1973) kulminiert in der Zerschlagung erotischen Glücks durch die Übergriffe der Militärdiktatur und endet, wie die meisten ihrer Geschichten, im Gefühl der Vergeblichkeit, Enttäuschung und im Mißverständnis. Es sind »Sackgassengeschichten«, die, wie ein Kritiker (Reinhard Urbach) formulierte, nicht aus Problemen heraus-, sondern erst einmal in diese hineinhelfen.

Lit.: Serke, J.: Barbara Frischmuth: »Die Macht neu verteilen, so daß sie keine Gefahr mehr für die Welt bedeutet«. In: ders.: *Frauen schreiben*. Hamburg 1979.

Helmut Bachmaier

Fuller, Margaret

Geb. 23. 5. 1810 in Cambridgeport (heute Cambridge), Massachusetts/USA; gest. 19. 7. 1850 in Fire Island bei New York

Fuller war in vieler Hinsicht eine ›Vorreiterin‹. Sie war die erste amerikanische Auslandskorrespondentin, die nach 1846 aus Europa Bericht erstattete, und gilt als die erste amerikanische Frau, die sich durch schriftstellerische, journalistische und philanthrophische Tätigkeiten den Lebensunterhalt sichern konnte. Ihre Schrift *Woman in the Nineteenth Century* (1845), die erstmals in Amerika eine umfassende Argumentation zur Gleichberechtigung der Frau entwickelt, macht F. zur frühen feministischen (Literatur-) Kritikerin. Und auch ihre Teilnahme am zeitgenössischen philosophischen Diskurs war ein Novum. Als zentrale Figur im Kreis der Transzendentalisten um Ralph Waldo Emerson hat F. mit dazu beigetragen, die theoretischen Grundlagen der amerikanischen Romantik zu etablieren, gleichzeitig den Idealismus Emersons aber auch einer fundamentalen Kritik unterzogen.

Begünstigt wurde F.s außergewöhnlicher Werdegang sowohl durch das aufgeklärt-reformerische kulturelle Klima Neuenglands als auch durch eine Erziehung und Bildung, wie sie damals meist nur wenigen jungen Männern vorbehalten blieb. Als Fünfzehnjährige bewältigt sie einen 18-Stunden-Tag mit Lektüre in vier Sprachen, Spaziergängen, Gesang und Klavierspiel. Durch den Tod des Vaters (1835) zur Erwerbstätigkeit gezwungen, arbeitet F. zunächst als Lehrerin, sucht bald jedoch die

Nähe der intellektuellen Zirkel Bostons. Sie übersetzt *Eckermanns Gespräche mit Goethe* (1839), leitet von 1839 bis 1844 intellektuelle Konversationszirkel für Frauen und übernimmt 1840 für zwei Jahre die Herausgeberschaft der neuen Zeitschrift der Transzendentalisten *The Dial*, wobei sie mit dem Schwerpunkt deutsche Romantik, mit innovativen Literatur- und Sozialtheorien und experimenteller Schreibpraxis eigene Maßstäbe setzt.

Eine Reise durch den Mittleren Westen der USA motiviert F., in *Summer on the Lakes* (1944) neben ihren Eindrücken auch ihre Kritik an etablierten pittoresken Naturdarstellungen und Fehleinschätzungen indianischer Kultur darzulegen. Es folgt eine Tätigkeit als Literaturkritikerin und Essayistin bei der *New York Tribune*, im Zuge derer fast 250 Texte (u. a. zu Sklaverei und Todesstrafe) entstehen. F.s *Woman in the Nineteenth Century* (1844) basiert auf ihrem *Dial*-Essay »The Great Lawsuit: Man Versus Woman, Woman Versus Man« (1843) und greift in seiner formalen Struktur Elemente der Predigt und Debatte auf. Ähnlich wie bereits Mary Wollstonecraft (1759–1797) beklagt F. die Doppelmoral einer Gesellschaft, die dem vermeintlich »schwachen Geschlecht« zwar schwere körperliche Tätigkeit abverlangt, Rechte jedoch verwehrt und die Kraft zu intellektueller und politischer Arbeit abspricht. F. kontert das traditionell kurzsichtige Geschlechterrollenverständnis mit Hinweis auf die zahlreichen »starken« Frauenfiguren in Mythologie, Weltliteratur und Geschichte. Gleichzeitig verbindet sie die Frauenfrage mit einer Revision der Emersonschen Kritik am vorherrschenden Selbst- und Gottesbegriff. Denn der Glaube des Transzendentalismus, die Entfremdung von Selbst und Natur werde durch die intuitive Wahrnehmung der allgegenwärtig-göttlichen »Überseele« in der dinglichen Welt überwunden, hebt die ihm inhärente Geschlechterdifferenz nicht auf; vielmehr feiert er den Triumph des männlich-unabhängigen Ichs über das weiblich-materielle Andere. F.s Selbst-Verständnis dagegen zielt auf die Auflösung dieser Differenz. Für sie gibt es »keinen gänzlich männlichen Mann, keine rein weibliche Frau«. Ihre Vision einer Welt ausgewogener menschlicher Beziehungen erfordert nicht nur die Gleichstellung und Selbständigkeit der Frau, sondern basiert auf einer fundamentalen Kritik an Differenzkategorien. F. ist somit auch die erste Theoretikerin der amerikanischen Geschlechterforschung. Sie starb zusammen mit ihrem Ehemann Giovanni Ossoli und ihrem Sohn Angelo bei einem Schiffsunglück vor der Küste New Yorks.

Lit.: Chevigny, B. (Hg.): *The Woman and the Myth: M. F.'s Life and Writings.* Old Westbury, NY 1976; Myerson, J. (Hg.): *Critical Essays on Margaret Fuller.* Boston 1980; Ellison, J. K.: *Delicate Subjects: Romanticism, Gender, and the Ethics of Understanding.* Ithaca, NY 1990; Dickinson, D.: *M. F.: Writing a Woman's Life.* New York 1993.

Sabine Sielke

Füruzan (eigtl. Füruzan Selçuk)

Geb. 1935 in Istanbul/Türkei

Füruzan, die in den 50er Jahren in verschiedenen Literaturzeitschriften als Kurzgeschichtenautorin zu schreiben begann, hatte prägenden Einfluß auf die türkische

Literatur der 70er Jahre. Ihr unmittelbarer Erzählstil, der Lebensschicksale von Frauen frei von jeder Sentimentalität und oft aus der Ich-Perspektive behandelt, und insbesondere ihr offensives Aufgreifen des Tabuthemas Frauensexualität, wurde beim Erscheinen ihrer ersten drei Erzählsammlungen *Parasız Yatılı*, 1971 (Kostenlose Schulunterbringung), *Kuşatma*, 1972 (Die Belagerung) und *Bütün Sinemalarım*, 1973 (Alle meine Kinos) als Sensation gefeiert. Während in den Werken von anderen Autorinnen dieser Zeit wie Adalet ↗ Ağaoğlu, Pınar Kür oder Leyla Erbil weibliche Identität am Typus der städtischen politisierten Intellektuellen behandelt wird, führte Füruzan in die Literatur einen neuen Frauentypus der individualisierten, ich-bewußten ›Durchschnittsfrau‹ ein, wie er wenig später ähnlich von zwei anderen Autorinnen, Nazlí Eray und Aysel ↗ Özakın, aufgegriffen wurde.

Die Heldinnen von F.s Erzählungen sind meist Frauen aus einfachen Verhältnissen – junge Mädchen aus armen Vierteln am Stadtrand, Witwen, alleinerziehende Mütter oder Prostituierte – die ihr Leben selbständig meistern. F.s zweites großes Thema ist die Problematik von Migranten in ihren ›Gastgesellschaften‹: Migranten aus Osteuropa in der Türkei, türkische Migranten in Deutschland. Außer fünf Erzählsammlungen veröffentlichte sie bisher zwei Romane: In *47'liler*, 1975 (Die 47er) beschäftigt sie sich mittels des Schicksals einer fünfköpfigen Familie aus der ostanatolischen Stadt Erzurum mit der Geschichte der Türkei in den 60er und frühen 70er Jahren. Ihr zweiter Roman, *Berlin'in Nar Çiçeği*, 1988 (Die Granatapfelblüte von Berlin), ist eine späte Auseinandersetzung mit ihren Beobachtungen und Erfahrungen als DAAD-Stipendiatin in Deutschland 1976. Für ihre späteren Werke mußte sie sich den Vorwurf gefallen lassen, ihre literarische Kreativität eingebüßt und ihren ›sozialen‹ durch einen künstlich wirkenden ›soziologischen‹ Blick ersetzt zu haben, doch ist sie auch heute noch eine wichtige Autorin der türkischen Gegenwartsliteratur. Neben ihren Kurzgeschichten und Romanen veröffentlichte F. Reportagen, Reisebeobachtungen, ein Theaterstück und einen Gedichtband. Auf deutsch erschienen unter dem Titel *Frau ohne Schleier* (1976) drei ihrer Erzählungen sowie unter dem Titel *Logis im Land der Reichen* (1985) Reisenotizen und Reportagen über ›Gastarbeiter‹ in Berlin und im Ruhrgebiet. Sie wurde mit mehreren wichtigen türkischen Literaturpreisen ausgezeichnet.

Lit.: Gün, G.: »The Woman in the Darkroom: Contemporary Women Writers in Turkey«. In: *World Literature Today*. Vol. 60 No. 2 (1986), S. 275–279; Paker, S.: »Unmuffled voices in the shade and beyond: women's writing in Turkish«. In: Forsas-Scott, H. (Hg.): *Textual Liberation. European Feminist Writing in the Twentieth Century*. London/New York 1991, S. 270–300.

Börte Sagaster

Galgóczi, Erzsébet

Geb. 27. 8. 1930 in Ménfőcsanak/Ungarn; gest. 20. 5. 1989 in Ménfőcsanak

Erzsébet Galgóczi, die nach eigener Aussage »die 50er Jahre zur Schriftstellerin gemacht haben«, gehört in der ungarischen Gegenwartsliteratur zu den markantesten Vertreterinnen der realistischen Prosa. Ihr erzählerisches Werk – Reportagen, zahlreiche Novellen und mehrere Romane – führt in die Wirklichkeit der gelebten Gegenwart oder unmittelbaren Vergangenheit und sucht sie in ihrer ganzen Widersprüchlichkeit aufzuzeigen. Die soziographische Genauigkeit, mit der die Autorin Lebensumstände und Konfliktlagen ihrer Figuren erfaßt, verleiht dem Werk von Anfang an Züge einer authentischen Gesellschafts- und Epochenkritik. G. wächst im Kreis von acht Geschwistern in einer kleinbäuerliche Familie auf. Kurz nach dem Abitur im Jahr 1949 gewinnt sie mit einer Erzählung den Talentwettbewerb des Jugendverbandes, was ihr die Möglichkeit eines journalistischen Praktikums eröffnet. 1950–1955 studiert sie Dramaturgie an der Budapester Hochschule für Schauspielkunst. Nach dem Diplom arbeitet sie, die noch zur Studienzeit mit einem Bericht über die politischen Zustände in ihrem Heimatdorf unliebsam aufgefallen war, bis Ende 1956 bei einer Zeitung. Bereits 1953 erscheint ihr erster Band mit Erzählungen: *Egy kosár hazai* (Mitgebrachtes von daheim), es dauert jedoch acht Jahre, bis ihm 1961 der zweite folgt: *Ott is csak hó van* (Dort liegt auch nur Schnee). Die politischen Nachwehen der gescheiterten Revolution von 1956 lassen G. in eine Existenz- und Bewußtseinkrise geraten; 1959 beginnt sie eine produktive und bald auch erfolgreiche Laufbahn als freischaffende Autorin.

Bis 1970 veröffentlicht G. neben reiner Erzählprosa zahlreiche literarische Reportagen und Soziographien, die ihren Ruf als unbestechliche Chronistin der tiefgreifenden Veränderungen der dörflichen Gesellschaft und bäuerlichen Lebensform infolge der Kollektivierung begründen (*Kegyetlen sugarak*, 1966/Gnadenlose Strahlen; *Nádtetös szocializmus,* 1970/Sozialismus unterm Reetdach). Vieles vom Material dieser Reportagen geht in die Novellen und kurzen Romane der 60er und 70er Jahre ein, die den Umbruch der ländlichen Welt und ihrer Wertordnung am exemplarischen Einzelfall, in stark verdichteten Episoden und dramatisch zugespitzten Konfliktkonstellationen darstellen. Beispiele hierfür sind die – auch verfilmten – Novellen »Aknamezö«, 1968 (Minenfeld); »Bizonyíték nincs«, 1975 (Kein Beweis) und Romane *Pókháló,* 1972 (Spinnennetz); *Közös bün,* 1976 (Die gemeinsame Schuld). Häufig enden diese Geschichten mit Mord oder Selbstmord, oder steht die Entdeckung eines Vergehens am Ausgangspunkt der Handlung.

Bei einer zweiten Gruppe von Erzählungen, in subjektiverem Ton gehalten und mit deutlich autobiographischem Hintergrund, stehen junge, meist weibliche Vertreter der Intelligenz bäuerlicher Abstammung im Mittelpunkt , die – entwurzelt und politisch desillusioniert – in der Einsamkeit Budapester Untermietszimmer eine unbehauste, psychisch wie materiell gefährdete Existenz führen. Zu dieser Gruppe gehören u. a. die Novelle *»Könél keményebb«,* 1976 (Härter als Stein) und der großes

Aufsehen erregende Kurzroman Törvényen belül, 1980 (*Eine andere Liebe*, 1986), in dem gleich zwei Tabus gebrochen werden: das Schweigen um die Revolution von 1956 und um die weibliche Homoerotik. Die 1982 in Cannes präsentierte Verfilmung mit dem Titel *Egymásra nézve* von K. Makk macht den Roman international bekannt und zum meistübersetzten Buch G.s. – In *Vidravas,* 1984 (*Die Falle*, 1988), ihrem letzten Werk, einem Gesellschafts- und Schlüsselroman aus der Rákosi-Ära, der u.a. die Geschichte des ersten stalinistischen Schauprozesses rekonstruiert, provoziert G. ihre Landsleute mit der Frage: »Wer kann reinen Gewissens von sich sagen, der immer mehr entarteten Macht keine Handlangerdienste geleistet zu haben, sei es aus Gutgläubigkeit, sei es aus Angst?«

Ott is csak hó van (Novellen). Budapest 1961; *Inkább fájon* (Ausgewählte Erzählungen, Fernsehspiele). Budapest 1969; *A vesztes nem te vagy* (Ausgewählte Novellen). Budapest 1976; *Cogito* (Ausgewählte Erzählungen). Budapest 1981; *Ez a hét még nehéz lesz* (Sechs Kurzromane). Budapest 1982. – Lit.: Karinthy, F.: »Talking to E.G.« In: *The New Hungarian Quarterly* 65 (Spring 1977), S. 92–100.

Kathrin Sitzler

Gambaro, Griselda

Geb. 28. 7. 1928 in Buenos Aires

In Buenos Aires in kleinbürgerliche Verhältnisse hineingeboren (ihr Vater war Postbeamter), besucht G. zunächst das Gymnasium in ihrer Heimatstadt. Von 1943 an arbeitet sie bei einem Verlag, von 1947 bis 1956 ist sie Buchhalterin bei einem Sportklub, bis zu ihrer Heirat mit dem Bildhauer Juan Carlos Distéfano, der – wie sie sagt – ihr Sponsor wurde und sie von der Arbeitswelt emanzipiert hat. Neben dem Haushalt und der Erziehung ihrer zwei Kinder kann sie sich von da an ganz dem Schreiben widmen. Zwar hat sie von Jugend auf geschrieben und auch früh einen ersten Erzählband publiziert, distanziert sich später aber von diesem Text. Das erste Werk, das sie heute noch anerkennt, ist der Erzählband *Madrigal en ciudad* (Madrigal in der Stadt), 1963 dank eines Stipendiums des Fondo Nacional de las Artes erschienen. 1964 erhält sie den Premio Emecé für *El desatino*; eine der darin enthaltenen Erzählungen, »Las paredes« (»Die Mauern«), gibt schließlich den Anstoß für ihr dramatisches Schaffen: Sie fühlt, daß die Thematik (ein Mann läßt sich ohne Gegenwehr in einem immer kleiner werdenden Raum einsperren, bis ihm buchstäblich die Decke auf den Kopf fällt) im Erzähltext noch nicht ausgeschöpft ist und ›visualisiert‹ sie in dem gleichnamigen Theaterstück. Ein ähnliches Verfahren wendet sie bei *El desatino* (*Das Unding*, 1998) an, einer Familiengroteske, die v.a. die stille Tyrannei und Gleichgültigkeit der Angehörigen hervorkehrt, ihren Unwillen, in einer Extremsituation dem Opfer Hilfe zu leisten. Überhaupt spielen familiäre und politische Gewalt (die wiederum unterschwellig zusammenhängen) eine große Rolle in G.s dramatischem Werk, innerhalb dessen insbesondere *Los siameses* (Urauff. 1967/*Die siamesischen Zwillinge,* 1991) und *El campo* (Urauff. 1968/*Das Lager,* 1990) durch die brillante Technik bestechen, textuellen und nonverbalen Code (Gestik, Ausstattung, Kulissen, Gerüche etc.) einander auf diversen Ebenen ständig widersprechen zu lassen. Bei *El campo* drückt sich dies schon in der

Polysemie des Titels aus, der vordergründig die Idylle eines Kinderlagers auf dem Lande andeutet, doch im Verlauf der Handlung wird klar, daß Konnotationen von Militär- oder Konzentrationslager für die Interpretation angebrachter sind: Die Aufseher tragen SS-Uniformen, die Pianistin Emma hat kurzgeschorenes Haar und wird von ihren Peinigern aufs äußerste erniedrigt. Passivität und Gutgläubigkeit der Opfer tragen das ihre dazu bei, daß die Machthaber leichtes Spiel mit ihnen haben; ähnlich auch im Stück *Los siameses*, in dem ein Bruder den anderen buchstäblich bis aufs Blut unterdrückt, oder im Roman *Ganarse la muerte*, 1976 (*Sich den Tod verdienen*, 1993), in dem das Waisenkind Cledy schutzlos der Grausamkeit von Familie und Folterern ausgesetzt ist, ein Text, in dem durchaus herbe patriarchatskritische Töne anklingen.

Obwohl von einigen Kritiker/innen für das absurde Theater reklamiert, widerspricht G. dem vehement, da sie größten Wert auf den Realismusanteil in ihren Stücken legt, die – wenn auch oft auf symbolisch-allegorische Weise – eine konkrete Kritik an einer konkreten Gesellschaft dramatisch umsetzen. In erster Linie ist damit natürlich die argentinische der Militärdiktatur gemeint: Die Autorin selbst mußte für einige Jahre ins Exil, nachdem *Ganarse la muerte* verboten worden war, und lebte von 1977 bis 1980 in Barcelona. Doch letzten Endes berührt sie auch existentielle Fragen von Unmenschlichkeit, Grausamkeit, Fremdenhaß (*Es necesario entender un poco*, 1995/Ein wenig Verständnis tut not; *Después del día de fiesta*, 1994/Nach dem Fest) auf der einen Seite, Opfermentalität, übertriebene Bereitschaft zu Konzessionen und Vogel-Strauß-Haltung auf der anderen Seite. Mit *Información para extranjeros*, 1978 (Information für Ausländer) läßt sich die Autorin auf interessante Neuerungen in der Aufführungstechnik ein, da die Zuschauer nicht von der Bühne getrennt sitzen, sondern durch ein Labyrinth von Räumen geführt werden, in denen sich diverse Folterszenen abspielen. Intertextuelle Anspielungen auf das Frankenstein-Monster finden sich in Roman und Drama *Nada que ver (con otra historia)*, 1972. Obwohl v.a. als Theaterautorin weltweit bekannt, hat G. auch mit ihren Romanen, an denen kafkaeske Untertöne und ausgeprägter schwarzer Humor auffallen, internationale Erfolge errungen; unter anderem erhielt sie 1981/82 ein Guggenheim-Stipendium für diese Gattung. In Argentinien selbst hat sie zahlreiche bedeutende Preise bekommen; viele ihrer Dramen und Romane sind übersetzt. *Antígona furiosa* (Urauff. 1986) und *La casa sin sosiego* (Urauff. 1992/Das rastlose Haus) wurden 1991 als Kammeroper von Jorge Liderman bzw. Gerardo Gandini vertont.

Teatro, Bd. 1–6. Buenos Aires 1984–1996. – Lit.: Postman, R.: »Space and Spectator in the Theatre of G.G.: *Información para extranjeros*«. In: *Latin American Theatre Review* 14,1 (1980), S. 35–45; Cypess, S.M.: »Frankenstein's Monster in Argentina: G.s Two Versions«. In: *Revista Canadiense de Estudios Hispánicos* 14,2 (1990), S. 349–361; Scott, J.: »G.G.s *Antígona furiosa*: Loco(ex)centrism for ›jouissan(SA)‹«. In: *Gestos* 8,15 (1993), S. 99–110; Magnarelli, S.: »Authoring the Scene, Playing the Role: Mothers and Daughters in G.G.s *La malasangre*«. In: *Latin American Theatre Review* 27,2 (1994), S. 5–28; Molinaro, N.: »Discipline and Drama: Panoptic Theatre and G. G.'s *El Campo*«. In: *Latin American Theatre Review* 29,2 (1996), S. 29–41.

Erna Pfeiffer

Gan, Elena Andreevna (Pseud. Zeneida R-va; geb. Fadeeva)

Geb. am 11. 1. 1814 in der russischen Provinz; gest. 24. 6. 1842 in Odessa

»Manchmal scheint es, als ob Gottes Welt allein für die Männer geschaffen sei; ihnen allein steht das Weltall offen mit all seinen Geheimnissen; für die allein gibt es Worte, Künste und Erkenntnis.« Als eine der ersten Autorinnen Rußlands thematisierte Elena Gan (Hahn) die reale Lebenssituation von Frauen in einer patriarchalisch strukturierten Gesellschaft. G. hinterließ ein vom Umfang her nur kleines Prosawerk (insgesamt 11 Erzählungen), gilt aber dennoch als die »russische George ↗ Sand« und damit als Begründerin einer sozial engagierten Frauenliteratur. In den meisten ihrer Werke porträtiert sie in sehr lebendiger und emotional engagierter Weise Frauenfiguren, die in traditionellen Rollenstereotypen gefangen sind – und meist daran zerbrechen. Die Autorin gestaltete damit im wesentlichen ihr eigenes, kurzes Leben.

Obwohl in der Provinz aufgewachsen, erhielt G. unter Anleitung ihrer aus dem Hochadel stammenden Mutter – einer geborenen Fürstin Dolgurukaja – eine ausgezeichnete häusliche Erziehung, die weit über das damals für Mädchen übliche Maß hinausging. Umso traumatischer mußte dann die früh, mit 16 Jahren, eingegangene Ehe mit einem Offizier wirken, dem sie in die bigotte Gesellschaft öder Garnisonsstädte in der Provinz zu folgen hatte. 1836 wurde die Familie nach St. Petersburg versetzt, was zugleich den Beginn der kurzen literarischen Karriere G.s markiert. G. schrieb nicht zuletzt aus großer wirtschaftlicher Not heraus und um ihren vier Kindern eine gute Ausbildung zu sichern. Zwei ihrer Töchter sollten später bekannte Schriftstellerinnen werden: Elena Blavackaja (Mme. Blavatsky, 1831–1891) und Vera Šelichovskaja (1835–1896). Unter der Patronanz des einflußreichen Literaten und Verlegers Senkovskij, der G. fortan als sein künstlerisches »Geschöpf« bezeichnen sollte, veröffentlichte G. ihr erstes, stark autobiographisch gefärbtes Werk, die Erzählung »Ideal«, 1837 (Das Ideal). Es enthält in nuce das Leitthema des gesamten Œuvres der Autorin: die Tragödie einer talentierten, sich zur Kunst berufenen Frau in einer Gesellschaft, die Genialität und Schöpfertum prinzipiell männlich konnotiert und Frauen lediglich eine passive Rolle in allen Lebensbereichen einräumt. In der 1839 erschienenen Erzählung »Sud sveta« (Das Urteil der Gesellschaft) wird eine »schriftstellernde Frau« folgerichtig als ein »besonderes Geschöpf, eine abnorme Laune der Natur oder, richtiger, eine Mißgeburt des weiblichen Geschlechts« gesehen. Weibliches Talent ist in einer so strukturierten Gesellschaft prinzipiell zum Scheitern verurteilt, wie G. in der posthum veröffentlichten, programmatischen Erzählung »Naprasnyj dar« (Ein unnützes Talent) darstellt.

Das Werk G.s wurde von Kritik und Literaturwissenschaft lange Zeit als epigonal etikettiert. Ihre Texte sind jedoch als Palimpseste zu begreifen, bei denen unter der Oberfläche scheinbarer Bestätigung konventioneller Themen und Formen ein Subtext zu erkennen ist, der die männlichen Bilder und Sujets in verschlüsselte Zeichen weiblicher Erfahrung umdeutet. Damit wird in mehreren ihrer Erzählungen die Unmöglichkeit weiblicher Identitätsfindung schlechthin thematisiert. Zugleich wird die auf der Oberflächenebene der Texte angebotene »Lösung« verworfen, die die Heldinnen einen Ausweg in moralisch überhöhter Entsagung finden läßt.

Sočinenija (Werke). 4 Bde. St. Petersburg 1843; *Polnoe sobranie sočinenij* (Vollständige Sammlung der Werke). 6 Bde. St. Petersburg 1905, 1909. – Lit.: Andrew, J.: »A Futile Gift: E. G. and Writing.« In: *Gender Restructuring in Russian Studies*. Hg. M. Liljeström et al. Tampere 1993, S. 1–14; Cheauré, E.: »E. G. – die russische George Sand?« In: *Wechselbeziehungen zwischen Sprachen, Literaturen und Kulturen in Vergangenheit und Gegenwart*. Hg. I. Ohnheiser. Innsbruck 1996, S. 307–318; Cheauré, E.: »Liebeswunsch und Kunstbegehren. E. G. und ihre Erzählung ›Ideal‹«. In: *Frauenbilder und Weiblichkeitsentwürfe in der russischen Gegenwartsprosa*. Hg. Ch. Parnell. Frankfurt/M. 1996, S. 93–110.

Elisabeth Cheauré

Garro, Elena

Geb. 11. 12. 1920 (nach anderen Angaben: 1917) in Puebla/Mexiko; gest. 22. 8. 1998 in Cuernavaca/Mexico

Begonnen hat die literarische Laufbahn G.s, die als Tochter eines spanischen Vaters und einer mexikanischen Mutter in Iguala aufwuchs, mit dem Theater. Obwohl sie keinerlei formale Schulbildung genossen hatte, sondern von Privatlehrern erzogen worden war, trat sie 1936 ihre Studien an der Philosophischen Fakultät der Universidad Autónoma in Mexiko-Stadt an, was zur damaligen Zeit durchaus unüblich für ein junges Mädchen war: »Wir waren nicht nur brillant, sondern tollkühn und vorreiterisch.« Ihre Karriere als Ballettänzerin und Choreographin fand 1937 ein jähes Ende durch die Hochzeit mit Octavio Paz (1914–1998), der sie vor dem Standesamt volljährig erscheinen lassen wollte (daher die unterschiedlichen Geburtsdaten in ihren Dokumenten). In den 50er Jahren, nachdem sie mit ihrem Mann den Spanischen Bürgerkrieg im Kreis der *Alianza de Intelectuales Antifascistas* in Valencia erlebt und einige Jahre in New York, Paris und Japan verbracht hatte, begann G. mit ihren teils zum absurden, teils zum existentialistischen Theater gezählten Einaktern internationales Aufsehen zu erregen. *Un hogar sólido* (Urauff. 1957/*Ein festes Heim*, 1966) ironisiert traditionelle Familienverhältnisse, da sich das »feste Heim« als Krypta voller ›lebender Toter‹ herausstellt. Märchenhafte und magisch-mythische Elemente mischen sich mit feministischer Gesellschaftskritik, die allerdings nicht explizit gemacht, sondern in poetischer Sprache in traumähnliche Visionen umgesetzt wird.

In den 60er Jahren bestimmt die Scheidung von ihrem dominanten Mann den weiteren Lebensweg G.s, die feststellen muß, daß sie mit Auflösung ihrer Ehe auch ihre mexikanische Staatsbürgerschaft verloren hatte. Mit ihrer Tochter Helena Paz irrt sie von da an als Legende gewordene Mutter-Kind-Dyade durch verschiedene Länder (USA, Frankreich, Spanien) und kehrt erst 1991 nach Mexiko zurück. Immer wieder gelingt es ihr, sich zwischen alle Stühle zu setzen: Den Konservativen zu ›links‹ (man bezichtigte sie z. B. der Führerschaft des Studentenaufstands von 1968), den Linken zu konservativ, da sie sich als Monarchistin und gläubige Katholikin bekennt, gilt sie als schillernde Persönlichkeit, die etwa Sozialkritik mit luxuriösem Lebensstil zu vereinen sucht. Seit einigen Jahren soll sie einer krankhaften Paranoia verfallen sein, was sich in ihren jüngsten Texten (etwa ab 1980) niederschlägt: Ihnen allen ist eine (meist weibliche) Hauptfigur gemeinsam, die von unheimlichen Mächten bedroht und verfolgt wird, hinter denen auch politische

Instanzen stehen. Ihre (Anti)Held/innen sind Künstlertypen, Außenseiter/innen, z. T. rätselhaft ambivalente Frauen wie die Titelfigur aus *Testimonios sobre Mariana*, 1981 (Zeugenaussagen über Mariana), die von drei Erzähler/innen ganz unterschiedlich dargestellt wird, z. T. unscheinbare Existenzen wie Eugenio Yáñez, ein unbedarfter Kleinbürger, der quasi ›aus Versehen‹ in eine Arbeiterrevolution gerät und zu deren Märtyrer wird (*Y Matarazo no llamó ...*, 1991/Doch Matarazo rief nicht an). In einigen Werken dieser Spätphase sind auch Affinitäten zum Kriminalroman zu bemerken (z. B. in *La casa junto al río*, 1983/Das Haus am Fluß).

G. experimentiert immer wieder mit der literarischen Form, speziell der Erzählperspektive; so ist *Los recuerdos del porvenir*, 1963 (*Erinnerungen an die Zukunft*, 1989) aus der Sicht eines kollektiven Ich, der fiktiven Kleinstadt Ixtepec, erzählt. Bereits im Titel klingt ein zyklisches Zeitverständnis an, wie es für die Strömung des Magischen Realismus charakteristisch ist (García Márquez zeigte sich nach eigenen Angaben von der Lektüre inspiriert und verarbeitete sie später in *Hundert Jahre Einsamkeit*). Thematisch orientiert an der Revolution der *Cristeros* während der späten 20er Jahre in Mexiko, lebt G.s Roman vom Gegensatz zwischen roher militärischer Gewalt und der Macht der Imagination. Auf derselben Linie bewegen sich die Erzählungen von *La semana de colores*, 1964 (Die Woche in Farben), in denen Kinder oder ausgegrenzte Randfiguren im Mittelpunkt stehen, die konträr zur rationalen Welt der Erwachsenen leben. Auch ihr Dreiakter *Felipe Ángeles* (1979) hat einen der Gescheiterten der Mexikanischen Revolution kurz vor seiner Erschießung zum Titelhelden.

Obwohl G. sich nicht als Feministin versteht, »betrifft ihr Schreiben doch die Welt der Frauen, da ihre Protagonistinnen, Frauen und Kinder, sich einer patriarchalen Kultur gegenübersehen und diese nur auf dem Wege der Phantasie und der Magie besiegen können, die als Kehrseite des Realen verstanden werden kann, als Weg, die Normen einer Gesellschaft zu bannen, welche die Frau in den Bereich der Dummheit, der Naivität oder des Wahnsinns verweist« (Gutiérrez de Velasco).

Ein festes Heim. Sechs Einakter. Wien 1966. – Lit.: Rosser, H. E.: »Form and Content in E. G.s *Los recuerdos del porvenir*«. In: *Revista Canadiense de Estudios Hispánicos* 2,2 (1978), S. 282–295; Verwey, A. E.: *Mito y palabra poética en E. G.* Querétaro 1982; Meyer, D.: »Alienation and Escape in E. G.s *La semana de colores*«. In: *Hispanic Review* 55 2 (1987), S. 153–164; Duncan, C.: »Narrative Tension and Perceptual Subversion in E. G.s Short Fiction«. In: *Letras Femeninas* XV, 1–2 (1989), S. 11–21; Larson, C.: »Recollections of Plays to Come: Time in the Theatre of E. G.«. In: *Latin American Theatre Review* 22,2 (1989), S. 5–17; Winkler, J. A.: »Insiders, Outsiders, and the Slippery Center: Marginality in *Los recuerdos del porvenir*«. In: *Indiana Journal of Hispanic Literatures* 8 (1996), S. 177–195; Beucker, V.: »Zwei Generationen. Das Theater von E. G. und Sabina Berman.« In: *Hispanorama* 80 (1998), S. 81–87.

Erna Pfeiffer

Gaskell, Elizabeth Cleghorn

Geb. 29. 9. 1810 in London; gest. 12. 11. 1865 in Holybourne/England

Schon zu Lebzeiten sehr geschätzt, gilt die Zeitgenossin George ↗ Eliots und der Schwestern ↗ Brontë heute noch als bedeutende, wenn auch nicht zentrale viktorianische Schriftstellerin. Von der feministischen Kritik vor allem für ihre einfühlsamen, sozial genauen Frauenporträts sowie für die 1857 erschienene Biografie Charlotte ↗ Brontës gelobt, ist Gaskell neben Charles Dickens (1812–1870) und Benjamin Disraeli (1804–1881) eine der wichtigsten Vertreterinnen des frühen englischen Sozialromans, der die im Gefolge der industriellen Revolution aufbrechenden sozialen Konflikte ergründen und Reformen den Weg weisen will.

Für ihren ersten Roman *Mary Barton. A Tale of Manchester Life*, 1848 (*Mary Barton. Eine Geschichte aus Manchester*, 1849/50) greift sie auf ihre Erfahrungen als Ehefrau eines unitarischen Geistlichen zurück, dem sie in der aufstrebenden Industriestadt Manchester die Ideale christlicher Nächstenliebe in praktische Wohltätigkeitsarbeit umzusetzen half. Neuartig ist in *Mary Barton* nicht nur G.s Verwendung des Dialekts von Lancashire, sondern v. a. die Darstellung eines Chartisten sowie des politischen Kampfes der Arbeiter, deren Lebensbedingungen, Gefühls- und Gedankenwelt sie zum ersten Mal in der englischen Literatur detailliert beschreibt. Sympathisiert G. in *Mary Barton* eindeutig mit der Arbeiterschicht, so versucht sie in *North and South* (1855) auch die Sicht der Fabrikbesitzer wahrheitsgetreu wiederzugeben. Sie zeigt beide Seiten als lernfähig und bietet mit einer Liebesbeziehung über die sozialen Schranken und regionalen Gegensätze hinweg eine die Parteien versöhnende Lösung an, die deutlich moralisierende Züge trägt. Diese dominieren auch den thematisch innovativen Roman *Ruth* (1853), in dem G., in erzieherischer Absicht, eine ›gefallene‹ Frau trotz ihrer ›Verfehlung‹ zur positiv bewerteten Hauptgestalt macht.

Anders als in diesen im Großstadtmilieu angesiedelten Romanen wählt G. für *Cranford*, 1853 (dt. 1903) einen ländlichen Schauplatz, der ihr aus ihrer Jugend in Knutsford, Cheshire, vertraut war. *Cranford* erschien wie die meisten ihrer Romane und Kurzgeschichten zunächst anonym in einer Zeitschrift als Fortsetzungsroman und bezieht von daher seine episodenhafte Struktur. Lag in den genannten Texten der Schwerpunkt auf der von unwahrscheinlichen Zufällen und melodramatischen Verwicklungen durchzogenen Handlung, so steht hier die Charakterzeichnung im Vordergrund. In einer Mischung aus liebevollem Humor, Sentimentalität und Tragik schildert G. den Alltag unverheirateter Frauen in einer kleinstädtischen Welt, deren traditionelle Werte in der Mitte des Jahrhunderts bereits nicht mehr die gleiche Autorität besaßen. Zwischenmenschliche Beziehungen bilden auch den Gegenstand des unvollendeten Romans *Wives and Daughters. An Every-Day Story* (1866), in dem G. aus weiblicher Perspektive die bürgerliche Familie schildert, deren viktorianische Normen sie akzeptiert.

The Works of Mrs. Gaskell. 8 Bde. Hg. A.W. Ward. London 1906–1911. – Lit.: Wright, E.: *Mrs. Gaskell. The Basis for Reassessment.* Oxford 1965; Gérin, W.: *E. G. A Biography.* Oxford 1976.

Jana Gohrisch

Gerhardt, Ida

Geb. 11. 5. 1905 in Gorcum/Niederlande; gest. 15. 8. 1997 in Warnsveld/Niederlande

»Eine Dichterschaft kann der Mensch sich selbst nicht erwerben, ebensowenig, wie er sich ihrer entledigen könnte.« G. war Altphilologin, engagierte Lehrerin und Übersetzerin. Sie gilt als die wichtigste niederländische Dichterin des 20. Jh.s und erhielt für ihr Werk viele Preise. – Sie promovierte 1942 mit einer Übersetzung von *De rerum natura* des Lucretius, publizierte eine Übersetzung von Vergils *Georgica* und lernte Hebräisch, um die Psalmen übersetzen zu können. Die Sorge für ›das Wort‹ wurde ihr bereits als Fünfjährige als Auftrag ›eingegeben‹, wie in »Biografisch I« aus dem Band *Vijf vuurstenen,* 1974 (5 Feuersteine) deutlich wird: Als sie einen Gründling sieht (einen Süßwasserfisch). Damit ist der Komplex gegeben, der symbolisch gefüllt werden wird: ›Wort‹ steht immer im Zusammenhang mit Auftrag und Eingebung, lebendem Wasser, mit *Ichthys* (das Christussymbol: der Fisch) und mit der niederländischen Sprache. Dennoch beginnt sie erst nach ihrem dreißigsten Geburtstag zu dichten. Im Alter von 83 Jahren publiziert sie ihren sechzehnten und letzten Band, *De adelaarsvarens,* 1988 (Die Adlerfarne).

Für G. zeugt jeder vollendete Vers von *Kosmos,* von »geordneter Verschiedenheit, die sich nach eigenen unerschütterlichen Gesetzen und harmonisch zusammenwirkenden Kräften verhält«, von sinnvoller Ordnung also, und von ihrem Ursprung, dem kreativen Prinzip. Poesie ist keine Sache von »persönlichen Triebfedern und Voreingenommenheiten«, sondern von Verfügbarkeit und Aufmerksamkeit, nicht von Experiment, Revolution und Fortschritt, sondern von Fachkenntnis, Tradition und Bewahren. Als Dichterin ist G. »nichts als ein großes Vermögen«, sie vermag es, den Vers aus seinem ungeborenen Status zu befreien. Wenn das Dichten schlecht läuft, vergehen die Stunden mit »Schreiben im Sand« und alles wird wieder weggewischt. Wenn es gut läuft, setzt sie ihre Verse »wie eine Muschel an«: »Ich atme ein und aus, und sie entstehen / aus stillen Kernen, im Element / das war von Anfang an«. Der Vers ist dann für alle Menschen, zu allen Zeiten.

Man kann in ihrem Werk drei Phasen unterscheiden. Die ersten Bände, zusammengefaßt in *Vroege Verzen,* 1978 (Frühe Gedichte), drücken viele Erfahrungen der Harmonie, insbesondere in der Natur, aus. Außer der Natur sind das Dichten, die »ars poetica«, ihre Lehrtätigkeit und die Liebe wichtige Themen. In der zweiten Phase schleichen sich Verzweiflung und Verbitterung angesichts der Verwüstung der niederländischen Landschaft bzw. der Umwelt ein. Ein neues Thema ist die zerrüttende Mutter (*Het levend monogram,* 1955/Das lebende Monogramm). In der dritten Phase, ab *De slechtvalk,* 1966 (Der Wanderfalke), wird der Themenkomplex um Tod und Alter eingeführt. Immer stärker fürchtet G., daß auch die Poesie nicht mehr »als das wiedererkannt wird, was sie ist«. – Die Poesie G.s wurde erst spät gewürdigt, stets hat sie auch viel Kritik hinnehmen müssen. Man könnte sogar von einer Unvereinbarkeit des Charakters ihrer Poesie und dem des literarischen Klimas ihrer Zeit reden, weil G. und ihre zeitgenössischen Dichter sich gegenseitig den Vorwurf machten, ihr Werk sei keine Poesie. Die flämische Dichterin Christine D'haen (geb. 1923) war ihr in vielem verwandt. G. schrieb aus Bewunderung für ↗ Sappho viele Sapphische Strophen, meinte aber: »Große Schreiber werden selten Frauen sein«.

Verzamelde gedichten (Gesammelte Gedichte). Amsterdam 1980, [5]1992; *Nu ik hier iets zeggen mag.* (Danksagungen). Amsterdam [2]1981. – Lit.: Reitsma, A.: *In de taal zelf verscholen.* Amsterdam 1983; Zeyde, M.H.: *De wereld van het vers.* Amsterdam 1986; *Parmentier* 5(1993) 1 (Ausgabe der Zeitschrift zu I.G.).

Ineke Bulte (Deusch v. Thomas Quartier)

Ginzburg, Natalia

Geb. 14. 7. 1916 in Palermo; gest. 8. 10. 1991 in Rom

Als Tochter des Anatomieprofessors Giuseppe Levi und seiner Frau Lidia Tanzi wächst G. in Turin in einem gehobenen, bürgerlichen, jüdischen Ambiente auf. Sie gelangt durch ihre Familie bereits früh in Kontakt mit Intellektuellen wie Cesare Pavese (1908–1950), Giulio Einaudi (geb. 1912), Carlo Levi (1902–75), Vittorio Foa (geb. 1910), mit denen sie ihr Leben lang verbunden bleibt. Im Alter von 17 Jahren schreibt G. 1933 ihre erste Erzählung »Un'assenza«, 1964 (Eine Abwesenheit), die das Debüt eines umfangreichen Gesamtwerkes werden sollte, das aus zahlreichen Erzählungen, Romanen, Essaysammlungen und Theaterstücken besteht. Bereits in »Un'assenza« werden der thematische Schwerpunkt und der Erzählstil ihres zukünftigen literarischen Werkes deutlich: der Mikrokosmos der Familie als thematischer Bezugspunkt, die Fokussierung zwischenmenschlicher Beziehungen, die Monotonie und Leere, die das Leben der Protagonisten bestimmen. Dabei sind die für G. typischen stilistischen Kennzeichen erkennbar, nämlich ein nackter und nüchterner, parataktischer, dem Neorealismus verwandter Prosastil. 1934 veröffentlicht sie ihre erste Erzählung »I Bambini« (Die Kinder) in der Literaturzeitschrift *Solaria.*

1938 heiratet sie den russischen Literaturdozenten Leone Ginzburg, der der antifaschistischen Bewegung »Giustizia e libertà« angehört, und verbringt mit ihm und ihren drei Kindern die Jahre 1940–43 in der Verbannung in den Abruzzen. Dort vollendet sie ihren ersten Roman *La strada che va in città* (*Die Straße in die Stadt,* 1997), den sie 1942, als Reaktion auf die Rassengesetze, unter dem Pseudonym Alessandra Tornimparte veröffentlichen muß. In diesem wie in den folgenden Romanen wird G.s kritische Betrachtung der Familie als Institution sichtbar. Zur gleichen Zeit nimmt sie ihre Arbeit als Übersetzerin auf und überträgt Proust ins Italienische. Nach dem Tod ihres Manns, der 1944 in Rom im Gefängnis an den Folgen von Folter stirbt, kehrt G. mit ihren Kindern nach Turin zurück und beginnt ihre Lektorentätigkeit bei dem Verlagshaus Einaudi. Sie betreut zahlreiche zeitgenössische Autor/innen, u.a. Elsa ↗ Morante (1912–1985), zu der sich im Laufe der Zeit eine sehr intensive Freundschaft entwickelt. Die Veröffentlichung des kurzen Romans *È stato così*, 1947 (*So ist es gewesen*, 1992) bringt ihr ihren ersten Literaturpreis (*Premio Tempo*) ein. In ihren ersten beiden Romanen und dem 1957 publizierten Erzählband *Valentino* (dt. 1985) setzt sich G. insbesondere mit der Situation der von sich und der Gesellschaft entfremdeten, marginalisierten Frau auseinander, ein Engagement, das in einem gewissen Widerspruch zu ihrer späteren Ablehnung der Frauenbewegung steht.

Ihre Heirat mit dem Anglisten Gabriele Baldini (1950) führt sie nach Rom. Nach einem 2-jährigen Englandaufenthalt mit ihrem Mann veröffentlicht G., die immer »Horror vor Autobiographischem« hatte, 1963 mit *Lessico famigliare* (*Familienlexikon*, 1993) einen autobiographischen, von nostalgischem Ton geprägten Roman, der ihr den begehrten Literaturpreis *Premio Strega* einbringt. Sie porträtiert darin ihre in Turin ansässige Familie, vorherrschend in den Jahren des Faschismus und des Zweiten Weltkriegs, und ermöglicht gleichzeitig einen kleinen Einblick in das bürgerliche und intellektuelle Umfeld, in dem sich ihre Familie bewegt hat. In den folgenden Werken widmet sie sich thematisch hauptsächlich der »vaterlosen« Gesellschaft und dem Zerfall familiärer und freundschaftlicher Beziehungen, wie z.B. in den Werken *Caro Michele*, 1973 (dt. 1974), *La città e la casa*, 1984 (*Die Stadt und das Haus*, 1986) sowie in *Famiglia*, 1977 (*Ein Mann und eine Frau*, 1980).

In G.s literarischem Schaffen verläuft die Entwicklung der Familien und der Individuen stets parallel mit der Entwicklung der Gesellschaft und reflektiert deren Veränderung. In diesem Punkt erinnert ihr Werk an das Werk Anton Čechovs (1860–1904), den sie bereits in ihrer Jugend eifrig rezipierte. Ihre Werke sind geprägt von einem existentiellen Pessimismus, der sich auch in ihrer realistischen, alltäglichen, kahlen Sprache zeigt, deren fragmentarische und parataktische Konstruktionen und die häufige Wiederholung von kurzen Segmenten exakt mit der Monotonie und Emotionslosigkeit korrespondieren, die das Leben und die Beziehungen der Protagonisten bestimmen. – Auch wenn G. der Kommunistischen Partei bereits seit den 50er Jahren nicht mehr angehört, fühlt sie sich dennoch den Idealen der Partei verbunden und läßt sich 1983 im Alter von 67 Jahren und 1987 zum zweiten Mal auf der Liste der KPI zum Mitglied des Parlaments wählen.

Opere. 2 Bde. Milano 1987. – Lit.: Clementelli, E.: *Invito alla lettura di N. G.* Milano 1972; Pflug, M.: *N. G. Eine Biographie*. Berlin 1995.

Annette Riedel

Gippius, Zinaida Nikolaevna

Geb. 8. 11. 1869 in Belev/Rußland; gest. 9. 9. 1945 in Paris

G.s Werk ist eng mit dem Aufkommen des russischen Symbolismus und der russischen religiösen Renaissance zu Beginn des 20. Jh.s verbunden. Blendende Schönheit, Extravaganz, ein scharfer Verstand, Koketterie und Stolz machten sie als »dekadente Madonna« und »freche Teufelin« berühmt. Ihre Zeitgenossen erinnerten sich ihrer jedoch auch als »Mensch ohne aufgesetzte Pose und ohne Hochmut«. Ihre literarische Karriere beginnt G. in St. Petersburg, wo 1899 ihre ersten Lyrikbände erscheinen. Dabei verweigern sich die Gedichte einer traditionellen weiblichen Poesie. Das lyrische Subjekt ist männlich; fern der dem weiblichen Ich zugeschriebenen Spontaneität im Fühlen und Erleben, denkt und fühlt es abstrakt und kompliziert. Zur bestimmenden Komponente avancieren metaphysische Probleme, grundlegende Themen und Motive sind der Mensch, die Liebe, der Tod und Gott. Die Bildsymbole der verletzten bzw. dunklen Seele und der Treppe, auch die Himmelsmetaphorik, stehen dabei für innere Disharmonie als Grundlage polaren Weltempfindens: Skepsis und Unglaube stehen der Liebe zu Gott als dem absoluten Beginn gegenüber. Ihre Gedicht-Gebete gründen auf der mystischen Begegnung mit Ihm. Liebe wird im Sinne des Religionsphilosophen Vladimir Solov'ev als Streben nach der Auferstehung des göttlichen Bildnis in uns selbst besungen. Von sehr irdischen Emotionen erfüllt ist dagegen die Poesie des Kriegsjahrs 1914. G.s Prosa ist ihrer Lyrik thematisch nahe, jedoch ästhetisch weniger bedeutsam. Im Zusammenstoß mit den gesellschaftlichen Problemen erkranken die Helden der Erzählungen »Černoe po belomu«, 1908 (Schwarz auf Weiß) und »Lunnye murav'i«, 1912 (Mondameisen) an Todes- und Selbstmordsehnsucht bzw. scheinen, wie in den Romanen *Čertova kukla*, 1911 (*Des Teufels Puppe*, 1912) und *Roman-carevič*, 1912 (Roman-Zarewitsch, 1972) Sprachröhren von nietzscheanischen oder neuen religiösen Ideen.

Geleitet von der Mission, zu einer Verschmelzung von Leben und Religion aktiv beizutragen, beteiligt sich G. an religiösen Versammlungen und veröffentlicht in dem von ihr mitredigierten Journal *Novyj put'* (Neuer Weg) in den Jahren 1903–1909 stark beachtete religiös-publizistische und literaturkrische Aufsätze unter dem Pseudonym Anton Krajnij. Ihrer anfänglichen Begrüßung der Revolution von 1905 als »Vereinigung religiöser und revolutionärer Wahrheit« folgt baldige Enttäuschung. Mit der Oktoberrevolution beginnt für sie das »Reich des Antichrist« und der Untergang Rußlands: »Wir haben alles *Heilige* verloren:/ Die Scham der Seele, die Ehre der Erde«. Bilder von der »blutigen Sünde«, der »bösen Sonne«, des »betrübten« und »empörten« Christus, Schwärze, Schmutz und Leere versinnbildlichen die aus den Fugen geratene Historie.

G. hat das sowjetische Rußland nie angenommen. Im Dezember 1919 emigriert sie zusammen mit ihrem Mann, Dmitrij Merežkovskij, und lebt seit 1920 in Paris. In Verantwortung für das Schicksal der russischen Kultur gründet sie die Literaturgesellschaft »Zelenaja lampa« (Grüne Lampe). Mit ihren Memoiren *Živye lica*, 1925 (*Lebende Gesichter* 1971) gestaltet sie die lebendige Erinnerung ihrer Epoche und der sie kulturell prägenden Persönlichkeiten wie Lev Tolstoj, Anton Čechov, Aleksandr Blok, Andrej Belyj und Vladimir Sologub. Der 1938 in Paris erscheinende Gedichtband *Sijanija* (Glanz) zeichnet sich neben der gewohnt metaphysischen Abstraktheit seiner Leitmotive Einsamkeit, seelischer Schmerz, Zuwendung zu Gott und Liebe als der »erzitternden Ewigkeit« durch eine außerordentlich starke poetische Ausdruckskraft aus. Nach dem Tod ihres Mannes im Jahr 1941, mit dem sie »52 Jahre lebte, nie voneinander getrennt, auch nicht für einen Tag«, schreibt G. ihre *Vospominanija*, 1951 (Erinnerungen), ein Porträt der menschlichen und schöpferischen Größe Merežkovskijs für seine Nächsten wie die russische Kultur.

P'esy (Dramen). München 1972; *Stichotvorenija i poėmy* (Gedichte und Poeme). München 1972; *Between Paris and St. Petersburg: Selected Diaries of Z. G.* Urbana 1975; *Poslednie stichi* (Gedichte). o. Ort 1990; *Zabytaja kniga. Stichotvorenija. Živye lica* (Gedichte und Erinnerungen). Moskva 1990. – Lit.: Bayley, J.: *The Versification of Z. G.* Diss. Harvard 1965; Terapino, J.: *Literaturnaja žizn' russkogo Pariža za polveka (1824–1974).* Paris/New York 1987; Azadovskij, K./Lavrov, Z.: »Z. N. Gippius: Metafizika, ličnost', tvorčestvo«. In: Gippius, Z. N.: *Sočinenija. Stichotvorenija. Proza.* Leningrad 1991.

Svetlana Valiulis/Christina Parnell

Gómez de Avellaneda, Gertrudis

Geb. 23. 3. 1814 in Puerto Príncipe/Kuba; gest. 1. 2. 1873 in Madrid

Die wohl bedeutendste und vielseitigste romantische Autorin Lateinamerikas (sie verfaßte Lyrik, Dramen und Prosa) wuchs als Tochter eines spanischen Marineoffiziers und einer Kubanerin auf. Nach dem frühen Tod ihres Vaters und der überstürzten Wiederverheiratung ihrer Mutter entwickelt sich »Tula« zu einem störrischen Mädchen, das in der Lektüre und im Aufführen von Dramen Sublimierung dieses Traumas sucht. Zu einem Familienskandal kommt es, als sie mit fünfzehn eine arrangierte Ehe mit einem wohlhabenden älteren Verwandten im letzten Moment platzen läßt. Auch in Spanien, wohin die Familie 1836 übersiedelt, weigert sie sich standhaft, gegen ihren Willen verheiratet zu werden, und zieht mit ihrem Bruder Manuel nach Sevilla. Dort führt sie ein für die damalige Zeit relativ freies Leben und verfaßt erste Gedichte unter dem Pseudonym »La Peregrina«. 1838 lernt sie Ignacio de Cepeda kennen, die große tragische Liebe ihres Lebens, ein höchst prosaischer Charakter, dem wir die posthume Veröffentlichung von Tulas Liebesbriefen (1907) verdanken. 1840 wird ihr erstes Drama *Leoncia* in Sevilla uraufgeführt, eine ödipale Dreiecksgeschichte, die A.s Ruhm als Bühnenautorin begründet. Sie verlegt ihren Wohnsitz nach Madrid, wo sie ihres Talents, aber auch ihrer Schönheit wegen zu einer gefeierten Figur wird und als einzige Frau außer Carolina Coronado (1823–1911) Eingang in die Zirkel der romantischen Dichter findet. Ihre männlichen Kollegen haben sichtlich Schwierigkeiten, ihre physischen Reize und ihre überragende Intelligenz miteinander zu vereinbaren. So sagt etwa der spanische Schriftsteller Zorrilla in seinen Memoiren: »sie war eine Frau, doch zweifellos auf Grund eines Irrtums der Natur, die aus Zerstreutheit die Seele eines Mannes in jene Hülle aus weiblichem Fleisch gesteckt hatte.«

1841 erscheinen ein erster Gedichtband und ihr Roman *Sab*, eine tragische Liebesgeschichte zwischen einem Sklaven und einer weißen Grundbesitzertochter, eine indirekte Anklage gegen die Sklaverei. 1842 veröffentlicht sie den Roman *Dos mujeres* (Zwei Frauen), in dem mit detaillierten Beschreibungen des Lebens in Sevilla und Madrid bereits früh-realistische Töne anklingen; andererseits erhält die Autorin ob ihrer Kritik an arrangierten Ehen und der falschen Erziehung der Frauen auch das Epitheton »kubanische George ↗ Sand». 1844 wird ihre historische

Tragödie *Munio Alfonso* uraufgeführt, ein durchschlagender Erfolg, ebenso wie *El Príncipe de Viana*, 1844 (Der Fürst von Viana). Doch wieder nimmt die private Tragödie ihren Lauf: Im April 1845 schenkt A. einer unehelichen Tochter das Leben, deren Vater, der Poet Gabriel García Tassara, sich jedoch trotz verzweifelter Briefe der Mutter weigert, sein Kind zu besuchen, das noch im gleichen Jahr stirbt. 1846 erscheint *Guatimozín, último emperador de México* (G., der letzte Kaiser von Mexiko), ein Roman über die Eroberung Mexikos, dem genaue Studien über die Zivilisation der Azteken vorausgegangen waren, der sich ansonsten aber in die Linie des »Indianismus« einreiht. Am 10. Mai 1846 heiratet sie den Abgeordneten Pedro Sabater, der jedoch drei Monate später in Bordeaux stirbt, wahrscheinlich an Kehlkopfkrebs. Die trauernde Witwe zieht sich für eine Zeitlang in ein Kloster zurück, wo sie ein Gebetbuch verfaßt. Erst 1849 erscheint ihr nächstes literarisches Werk, die Novelle *La velada del helecho* (Die Nachtwache beim Farn). In diesem Jahr wird auch das biblische Drama *Saúl* uraufgeführt, zusammen mit *Baltasar* (1858) ihr größter Triumph. 1852 gelangen gleich fünf ihrer Stücke in Madrid zur Aufführung, darunter *El donativo del diablo* (Das Geschenk des Teufels) und *La hija de las flores* (Die Tochter der Blumen). Ermutigt durch diese Erfolge, sucht sie 1853 um die Mitgliedschaft in der Königlichen Akademie an, wird jedoch aufgrund ihres Geschlechts zurückgewiesen. 1855 heiratet sie den prominenten Politiker Domingo Verdugo y Massieu. Dieser wird 1858 bei einem Attentat schwer verletzt, als er nach einem Skandal bei der Uraufführung von *Los tres amores* (Drei Liebschaften) den Anstifter zur Rechenschaft zieht; wieder hat A. einen schwer kranken Mann zu betreuen, mit dem sie nach Kuba zurückgeht, wo Verdugo 1863, im Alter von 46 Jahren, stirbt. In ihrem Heimatland wird ihr ein triumphaler Empfang bereitet; so erhält sie 1860 in einer öffentlichen Zeremonie in Havanna einen goldenen Lorbeerkranz, und ein neu erbautes Theater wird nach ihr benannt. Doch nach dem Tod ihrer Mutter und ihrer neuerlichen Witwenschaft verfällt A. zunehmend in Depressionen. 1864 verläßt sie Kuba und bereist mit ihrem Bruder die USA, England und Frankreich; in den letzten Lebensjahren verbindet sie eine enge Freundschaft mit ↗ Fernán Caballero, der bekannten spanischen Realistin. Nachdem sie selbst 1871/72 die Herausgabe ihrer gesammelten Werke besorgt hat, stirbt A. 1873, vereinsamt und vergessen, in Madrid an Diabetes.

Obras. 6 Bde. Madrid 1974–1979; *Poesías y epistolario de amor y de amistad*. Madrid 1989. – Lit.: Miller, B.K.: »A., Nineteenth-Century Feminist«. In: *Revista Interamericana* 4 (1974), S. 177–183; Judicini, J.V.: »The Stylistic Revision of La A.s *Alfonso Munio*«. In: *Revista de Estudios Hispánicos* 11 (1977), S. 451–466; Lazcano, A.M.: »G.G.A.: Ideas About Cuban Society of Her Times in Her Prose«. In: *Dissertation Abstracts International* 39 (1978), S. 909A; Harter, H.A.: *G.G.A.* Boston 1981; Hernández, L.: »›El no de las niñas‹: Subversive Female Roles in Three of La Avellaneda's comedias«. In: *Hispanic Journal* 12, 1 (1991), S. 27–45; Cass, J.: »Gertrudis Gomez de Avellaneda's Sab: A Byronic Muddle«. In: *Tennessee Philological Bulletin* 31 (1994), S. 53–61.

Erna Pfeiffer

Goodison, Lorna

Geb. 1. 8. 1947 in Kingston/Jamaika

Aufgewachsen in einer großen Familie in Kingston, studierte Goodison später Malerei in Jamaika sowie in New York. Sie ist Mutter eines Sohnes, arbeitete in verschiedenen Berufen und ist heute freischaffende Autorin. Wie die Dichterinnen Christine Craig (geb. 1943) und Olive ↗Senior lebt G. trotz der schwierigen Verhältnisse in Jamaika. In ihrem mehrfach veröffentlichten Gedicht »To Us, All Flowers Are Roses« erweist G. der geographischen und kulturellen Vielfalt Jamaikas eine leidenschaftliche poetische Reverenz. G.s lyrisch dichte Reflexionen menschlicher Grunderfahrungen wie Liebe und Trennung, Geburt und Tod, Mutterschaft und Mutter-Kind-Beziehungen aus prononciert weiblicher Perspektive wirken zugleich privat und universell. Die große Anziehungskraft ihrer in freien Rhythmen verfaßten Gedichte, in denen sie die verschiedenen Register des Englischen virtuos verschmilzt, beruht auf deren ästhetischen Qualitäten: vieldeutige Bilder, eine die Malerin verratende Farbsymbolik, verschiedene Tropen und wiederholte einfache Substantive, die leitmotivisch bestimmte Bedeutungselemente dominant setzen und G.s Gesamtwerk formal verbinden. 1992 erschienen G.s *Selected Poems* (*Jungfernbraun*, 1994), die die vorangegangenen drei Lyrikbände *Tamarind Season* (1980), *I Am Becoming My Mother* (1986), für den G. 1986 den Commonwealth Poetry Prize erhielt, und *Heartease* (1988) zusammenfassen. Diese Gedichtauswahl widerspiegelt den Reifeprozeß einer Dichterin, die auf der Suche nach ihrem Platz in der Gesellschaft ist. Aus den Gedichten über den ebenso wirklichen wie mythischen Ort Heartease, was soviel bedeutet wie ›Erleichterung‹ oder ›Heilung‹, spricht ein lyrisches Ich, dem es gelingt, ein harmonisches Verhältnis zur Welt zu finden. Die gesellschaftliche Lösung antizipierend hat G. selbst schließlich ihren Platz als Dichterin in und für Jamaika gefunden. Die gegen Ende der Sammlung zunehmenden religiösen und mythologischen Anspielungen verleihen dem Ganzen zusätzlich eine philosophisch-allgemeingültige Note. Seither hat G. mit *To Us, All Flowers Are Roses* (1995) noch einen weiteren Gedichtband veröffentlicht, der sich thematisch wie formal an seine Vorgänger anschließt, ohne jedoch deren Geschlossenheit anzustreben. Immer wieder bezieht sich G. auf weibliche Lebenserfahrungen, die sie auch zum Gegenstand ihrer Kurzgeschichtensammlung, *Baby Mother and the King of Swords* (1992), gemacht hat. Angesiedelt in den 50er Jahren und mit autobiographischen Parallelen versehen, zeigt G. hier aus der Sicht eines heranwachsenden Mädchens die Stärke der einzelnen schwarzen Frau, die sich trotz der ausweglosen patriarchalen Verhältnisse nicht zerbrechen läßt.

Lit.: Baugh, E.: »L. G. in the Context of Feminist Criticism.« In: *Journal of West Indian Literature* 4 (1990), S. 1–13.

Jana Gohrisch

Gordimer, Nadine
Geb. 20. 11. 1923 in Springs/Südafrika

»I don't really write out of motivation of politics. [. . .] I continue to write out of my sense of the mystery of life, exploring it through my characters.« Es mag überraschen, daß eine politisch so eminent engagierte Autorin wie Gordimer sich primär als Künstlerin begreift; tatsächlich verfolgt und beschreibt sie das »Mysterium des Lebens« in ihren Romanen mit einer geradezu besessenen Detailtreue, oft ironisch-distanziert, aber immer inspiriert von Erfahrung und Imagination. Dennoch treten die explosiven politischen Verhältnisse Südafrikas in ihren zwölf Romanen, den etwa zehn Kurzgeschichtsbänden, ihren mehr als 150 Essays und ihren zahllosen Vorträgen und Interviews immer wieder in den Vordergrund. Selbst die Befreiung vom Apartheid-Regime und die Neuorientierung unter Nelson Mandela seit 1994 haben aufgrund der traumatischen Vergangenheit G.s Material nicht wesentlich verändert.

G. wurde in einer kleinen Minenstadt in Transvaal als Tochter jüdischer Einwanderer geboren und begann schon früh, die Enge der mütterlichen Welt und deren soziales Pseudoengagement zu verachten. Dies wurde zu einem wesentlichen Ausgangspunkt für ihre lebenslange Kritik an jeder Art von oberflächlich-liberalen Überzeugungen, die keine persönliche Entwicklung oder gar radikale Veränderung erlauben. Mit 22 besucht sie für ein Jahr die als liberal geltende Universität Witwatersrand in Johannesburg. Hier formen sich ihre ideologischen und künstlerischen Grundüberzeugungen: Kafka und Proust, Joyce und Forster bedeuten ihr zwar mehr als Marx, aber sie fühlt sich durchaus dem kritischen Realismus eines Georg Lukács verpflichtet. Ab 1961 läßt sich ihr außerordentlicher schriftstellerischer Erfolg an ihren zahllosen international-renommierten Preisen ablesen, der 1991 in der Verleihung des Literaturnobelpreises gipfelt. G. gilt als die moralische Instanz ihres Landes, fördert schwarzafrikanische Autor/innen und berät Mandela bei der Abfassung seiner Biographie. Die erste größere Anerkennung erringt G. 1953 mit *The Lying Days* (*Entzauberung*, 1956), von ihr ironisch »Jungmädchenroman« genannt. Dennoch enthält er im Kern das Thema, das sie in ihren Werken immer wieder umkreisen wird: die Ich-Findung weißer Protagonist/innen in einem politisch und moralisch so korrupten Land wie Südafrika; die Biographien ihrer Figuren sind stets in diesen politischen Kontext eingebettet. Tabubrechende Beziehungen zwischen den Geschlechtern wie in dem 1963 veröffentlichten Roman *Occasion for Loving* (*Anlaß zu lieben*, 1983) oder die Dokumentation der Gewalt des alltäglichen Rassismus sind dabei Thema und Protest zugleich und führen dazu, daß einige von G.s Werken mit zeitweiligem Bücherbann belegt werden. Die Kritik, ihre Bücher wirkten didaktisch und konstruiert, läßt sich nur für einige ihrer frühen Romane nachvollziehen. Spätestens seit Mitte der 70er Jahre gewinnt ihr Stil an Komplexität und sie arrangiert unterschiedlichste Personenkonstellationen vermittels wechselnder Erzählstrategien.

Der 1970 erschienene Roman *A Guest of Honour* (*Der Ehrengast,* 1986) z.B. beschreibt den Besuch eines britischen Ehrengastes bei seinen an die Macht gelangten afrikanischen Kampfgefährten, die seine grundlose Ermordung nicht verhindern können. Der Geradlinigkeit dieses ›positiven weißen Helden‹ entspricht G.s hier verwendete Erzählperspektive des auktorialen Erzählers. Dagegen schildert sie 1974 in *The Conservationist* (*Der Besitzer,* 1977) die langsam wachsende Einsicht des Protagonisten in seine fragwürdige Position als Weißer in Afrika in der subjektiven Erzählweise des *stream of consciousness*. Eine Mischung aus Realismus und provozierenden Zukunftsvisionen kennzeichnen G.s bekannteste Romane *Burger's Daughter* (1979) und *July's People* (1981), die beide das Thema der Revolution beleuchten. Während in dem Bildungsroman *Burger's Daughter* (*Burgers Tochter,* 1981) Rosa Burger, Kind weißer Aktivisten, in einer subtil geschilderten Entwicklung zu ihrer persönlichen Form des politischen Engagements findet, wird in *July's People* (*Julys Leute,* 1982) das Ende der Apartheid als apokalyptisches Szenario skizziert. Im Verlauf der Geschichte verkehrt sich das Herrschaft-Diener-Verhältnis, als July seine weißen Arbeitgeber während des Bürgerkriegs in seinem Dorf versteckt. Analog zur politischen Entwicklung Südafrikas portraitiert G. 1994 in *None to accompany me* (*Niemand der mit mir geht,* 1995) die politischen und persönlichen Verstrickungen der Protagonist/innen vor den ersten freien Wahlen; neben hoffnungsvollen Zukunftsvisionen zeichnen sich aber bereits Desillusionierungen ab. In G.s jüngstem, 1998 erschienenen Roman *The House Gun* (*Die Hauswaffe,* 1998) werden gutsituierte Eltern mit der Festnahme ihres unter Mordverdacht stehenden Sohnes konfrontiert, was sie zu einer radikalen Neudefinition von Gewalt zwingt. Wie in ihren anderen Werken müssen sich G.s Figuren in einer existenziellen Krisensituation mit dem Leitmotiv ihres bereits 1959 erschienenen Essays *Where do Whites fit in?* auseinandersetzen.

Lit.: Kreimeier, K.: *Nadine Gordimer.* München 1991; Clingman, S.: *The Novels of N. G. History from the Inside.* London 1993; Driver, D./Dry, A./MacKenzie, C./Read, J.: *N. G. A Bibliography of Primary and Secondary Sources, 1937–1992.* London 1994.

Bettina Feldmann

Gottsched, Luise Adelgunde Victoria

Geb. 11. 4. 1713 in Danzig; gest. 26. 6. 1762 in Leipzig

»Geben Sie acht, man wird mich einst mit der Feder in der Hand begraben, damit sie, wie *Addison* von den Zungen der Französinnen sagt, auch im Grabe nicht ruhe«, schreibt G. 1753 in Anspielung auf ihren Ehemann Johann Christoph Gottsched, der ihr stets neue Aufgaben aufbürdet. Als emsige Assistentin des Leipziger Professors der Nachwelt noch im Gedächtnis, fristet sie mit ihrem eigenen Werk in Literaturgeschichten ein Schattendasein. – Die Tochter des Arztes Johann Georg Kulmus und dessen Frau Katharina Dorothea, geb. Schwenk, erhält früh schon Unterricht in Musik und Sprachen, wobei sie Lateinstunden aus demselben Grund zurückweist, aus dem ein halbes Jahrhundert später eine andere Danziger Schriftstellerin, Johanna ↗ Schopenhauer, den Griechischunterricht verweigern wird: aus Sorge, als »gelehrte Frau« gelten zu können. Erst während der Ehe in Leipzig wird G. sich dazu bewegen lassen. Ihren späteren Mann, J. C. Gottsched, lernt sie 1729 im Hause ihrer Eltern kennen, was zu einem sechsjährigen Briefwechsel führt, während dessen sie Bücher, die er ihr schickt, kommentiert und von eigenen Arbeiten berichtet.

Nach der Heirat (1735) unterstützt G. ihren Mann u. a. mit Übersetzungen für das *Historische[s] und Critische[s] Wörterbuch* des Pierre Bayle (1741–44) und mit Artikeln für die von ihm herausgegebenen *Beyträge zur Critischen Historie der deutschen Sprache, Poesie und Beredsamkeit* (1732–44). Oder sie sammelt Material für seinen *Nöthige[n] Vorrath zur Geschichte der deutschen Dramatischen Dichtkunst* (1757). Daneben zieht J. C. Gottsched sie zu Hilfsdiensten, wie dem Beschriften seiner Bibliothek, heran. Daß sie zunehmend unter den Aufträgen ihres Mannes leidet, bringen die Worte von der »gelehrten Galeere« und vom »Schreibejoch, welches mir täglich aufliegt« zum Ausdruck, die sie in Briefen an ihre Freundin Dorothea Henriette von Runckel prägt.

Eine Gelehrte wider Willen ist sie indessen nicht, betrachtet sie doch die literarische und übersetzerische Tätigkeit von Jugend an als ihren Lebensinhalt: Bereits in Danzig schreibt sie Oden und übersetzt aus dem Französischen die *Betrachtungen über das Frauenzimmer* von Anne Thérèse de Lambert (1731) und den *Sieg der Beredsamkeit* von Madeleine Angélique Poisson de Gomez (1735). Später überträgt sie neben englischen Zeitschriften von Addison und Steele (*Der Zuschauer,* 1739–43; *Der Aufseher oder Vormund,* 1745) vor allem Trauerspiele (u. a. *Alzire* von Voltaire, 1741; *Cornelia* von Marie Anne de Barbier, 1741) und Lustspiele (von Molière, Destouches u. a.). Besonderes Aufsehen erregt ihre Adaption eines Stückes von Bougeant, *Die Pietisterey im Fischbein-Rocke; Oder Die Doctormäßige Frau* (anonym 1736), in der sie religiöse Scharlatanerie ebenso wie unvernünftige Leichtgläubigkeit brandmarkt.

In den 40er Jahren verfaßt G. mehrere Original-Stücke, hauptsächlich Lustspiele (*Die ungleiche Heirath,* 1743; *Die Hausfranzösinn,* 1744; *Das Testament,* 1745), aber auch ein Vorspiel (*Herr Witzling,* 1745) und ein Trauerspiel (*Panthea,* 1744). Der größte Teil ihrer dramatischen Dichtungen und Übersetzungen sind in J. C. Gottscheds sechsbändiger Sammlung *Die Deutsche Schaubühne* (1741–45) erschienen, was u. a. dazu geführt haben mag, daß sie bis heute häufig als mustergültige Umsetzung seiner Regelpoetik gelesen werden, während das – gelegentlich – subversive Potential übersehen bleibt. Von Einfluß auf das spätere Bild der Gottschedin war sicherlich auch die größtenteils negative Besprechung ihrer Stücke in Lessings *Hamburgische[r] Dramaturgie.* Als Autorin der Frühaufklärung stand G. in hohem Ansehen, gerade auch bei bedeutenden Frauen ihrer Zeit: so erhielt sie 1749 zusammen mit ihrem Mann eine Audienz bei Maria Theresia und war mit Johanna Elisabeth von Anhalt-Zerbst, der Mutter ↗ Katharinas II., befreundet. Gleichzeitig bestätigte sie aber nach außen die Rolle der »Gehülfinn«, die ihr Mann ihr zugedacht hatte. Die Akzeptanz der weiblichen Rolle wird in ihren Werken und Briefen ebenso deutlich wie der Aufruf auch an Frauen, sich ihres kritischen Verstandes zu bedienen. So ist sie weniger als dezidierte Frauenrechtskämpferin denn als eine ›Vertreterin der Aufklärung‹ zu sehen.

Lit.: Richel, V.C.: *L. G. A Reconsideration.* Bern 1973; Pailer, G.: »L.A.V.G. in der biographischen Konstruktion.« In: *1000 Jahre Danzig in der deutschen Literatur. Tagungsband der Konferenz vom 9.–11.10. 1997 in Gdansk.* Hg. von M. Jaroszewski. Gdańsk 1998.

Gaby Pailer

Grace, Patricia

Geb. 1937 in Wellington/Neuseeland

Grace ist eine der herausragenden Schriftstellerinnen in Aotearoa/Neuseeland. Als Maori schreibt sie aus dem Land ihrer Vorfahren und ermöglicht damit einen Einblick in den kulturellen Reichtum und die kulturelle Vielfalt der indigenen Bevölkerung. Zugleich thematisiert sie auch deren Marginalisierung und die Folgen der kolonialen Herrschaft für die Maori. G. (ihre Herkunft geht zurück auf die Maori-Nationen der *Ngati Raukawa, Ngati Toa* und *Te Ati Awa*) ist Lehrerin und Mutter von sieben Kindern. Während sie noch an der Schule unterrichtete und ihre Kinder klein waren, begann sie, Geschichten für verschiedene Zeitschriften zu schreiben. Als erste Maori-Autorin veröffentlichte sie mit *Waiariki*, 1975 (*Unter dem Manukabaum*, 1995) eine Sammlung von Kurzgeschichten in englischer Sprache. Heute lebt G. in Hongoeka, dem Land ihrer Vorfahren. Ihre schriftstellerische Arbeit ist eng verknüpft mit ihrer Rolle als Initiatorin kreativer und anderer Projekte auf dem *Marae* (Versammlungshaus) ihrer Gemeinde. Sie begann zu schreiben, weil es schon in ihrer eigenen Schulzeit kaum Texte gab, in denen braune oder schwarze Menschen vorkamen, und wenn, dann nur stereotypisiert. G. geht es darum, indigene Menschen sichtbar zu machen, ihnen eine eigene Stimme zu geben und die Verbindung zu ihrem kulturellen Erbe und den Vorfahren bewußt zu machen. Darüber hinaus geht es um das Überleben von Kultur- und Wertvorstellungen der Maori in einer von *Pakeha* (Neuseeländer europäischer Herkunft) dominierten Gesellschaft. Damit teilt G. das Anliegen von anderen zeitgenössischen Maori-Schriftsteller/innen wie Witi Ihimaera (geb. 1944), Keri ↗ Hulme (geb. 1947), Bub Bridger (geb. 1924 ?), Arapera Kaa, Roma Potiki (geb. 1958), Apirana Taylor (geb. 1955) und Bruce Stewart (geb. 1936).

Ihr erster Roman, *Mutuwhenua: The Moon Sleeps* (1978), thematisiert Probleme einer bikulturellen Maori-Pakeha-Partnerschaft. In den 80er Jahren publizierte sie neben Kurzgeschichtensammlungen auch zwei Kinderbücher, *The Kuia and the Spider* (1981) und *Watercress Tuna and the Children of Champion Street* (1984) mit den Illustrationen von Robyn Kahukiwa, einer Maori-Künstlerin. Ebenso wie die beiden Kinderbücher ist auch *Wahine Toa: Women of Maori Myth* (1984) in Englisch und Maori erschienen. Die zunehmende Verwendung der Maori-Sprache mit ihren Bezügen zur Kultur der Maori, greift sichtbar ein unterbrochenes Kontinuum wieder auf und ist besonders deutlich in ihren Romanen *Potiki*, 1986 (*Potiki*, 1993) und *Cousins*, 1992 (*Drei Cousinen*, 1997). G. selbst sagt, sie schreibe immer über Beziehungen der Menschen zueinander. In ihren fiktionalen Texten werden diese zu politischen Beziehungen zwischen den Ethnien, indem die Folgen von ungleichen Machtverhältnissen und sozialer Veränderung für die indigenen Menschen thematisiert werden. In *Electric City* (1987) und *Sky People* (1994) behalten ihre Charaktere eine subjektive Perspektive bei und begegnen europäisch begründeten Vorurteilen gegenüber den Maori mit Haltungen und Handlungen, die geprägt oder beeinflußt sind von der Maori-Kultur. G. erhielt zahlreiche Auszeichnungen, unter anderen den Scholarship in Letters, den Children's Picture Book of the Year Award 1982, den New Zealand Book Award 1987, den Literaturpreis 1994 in Frankfurt/M.

Lit.: Beatson, P.: *The Healing Tongue*. Palmerston North 1989. Markmann, S./Rika-Heke, P. (Hgg.): *Nga Uri a Papatuanuku. Die Töchter der Mutter Erde*. Eggingen/Osnabrück 1995; Markmann, S.: »On Women's Writing in Aotearoa/New Zealand: P. G., Keri Hulme, Cathie Dunsford«. In: Mohanram, R./Rajan, G. (Hgg.): *English Postcoloniality*. Westport, Connecticut 1996, S. 165–178.

Powhiri Rika-Heke

Grafigny (oft auch Graffigny), Françoise d'Issembourg d'Happoncourt de

Geb. 13. 2. 1695 in Nancy; gest. 12. 12. 1758 in Paris

Françoise d'Issembourg d'Happoncourt wird im Alter von 17 Jahren mit dem Offizier François Huguet de Grafigny verheiratet. Zwischen 1713 und 1716 bringt sie drei Kinder zur Welt, die alle kurz nach der Geburt sterben. Die Mißhandlungen durch ihren gewalttätigen Ehemann beklagt sie in flehentlichen Briefen an die Eltern mit der Bitte um Hilfe. Seit 1718 lebt sie getrennt, 1723 wird die Ehe geschieden. Auch nach dem Tod ihres Mannes, 1725, bleiben ihre Einkommensverhältnisse prekär. Sie tritt in die Dienste von »Madame«, der Regentin von Lothringen und kommt am Hof in Lunéville in Kontakt zu Künstlern und Schriftstellern. Hier lernt sie auch den Offizier Léopold Desmarets kennen, ihre große Liebe. Die Verbindung zu ihm hält bis 1743 an. Ebenso wichtig für ihr weiteres Leben ist die Bekanntschaft mit dem 17 Jahre jüngeren François-Antoine Devaux, genannt »Panpan«, zu dem sie ab 1733 bis zu ihrem Tod eine umfangreiche Korrespondenz unterhält.

Mit der Auflösung des lothringischen Hofes (1736) verliert G. die finanzielle Unterstützung und wird abhängig von Freunden und Bekannten. Im Winter 1738/39 verbringt sie auf Einladung von Voltaire und Madame du Châtelet fast zehn Wochen auf deren Landsitz Cirey. Lange Zeit war sie lediglich als die Chronistin des Lebens ihrer berühmten Gastgeber bekannt, das sie in anschaulichen Briefen an »Panpan« schildert. Nach einem Zerwürfnis mit Madame du Châtelet läßt sie sich mit Desmarets in Paris nieder. Von ständiger Finanznot geplagt, kann sie trotz ihrer Tätigkeiten als Erzieherin und Gesellschafterin, u. a. der Herzogin von Richelieu und der Prinzessin de Ligne, nur durch Zuwendung adliger Gönner überleben. Erst 1742 verfügt sie über ausreichende Mittel für eine eigene Wohnung, in der rue Saint-Hyacinthe, wo sie wenig später ihren Salon eröffnet, in dem Schriftsteller und Philosophen verkehren, unter ihnen Charles Duclos, Marivaux, d'Alembert, Turgot, Helvétius und Rousseau. 1745 wird eine *Nouvelle Espagnole* von ihr in eine Anthologie aufgenommen, als deren Autor Caylus figuriert. Einen großen Erfolg erzielt 1747 ihr anonym veröffentlichter Briefroman *Lettres d'une Péruvienne (Briefe einer Peruanerin)*, der 1752 in einer zweiten, erweiterten Auflage unter ihrem Namen erscheint. In der Tradition von Montesquieus *Lettres persanes*, 1721 (*Persische Briefe*) schildert G. die französischen Zustände aus der Perspektive einer anderen Kultur. Die Kritik der Peruanerin Zilia ist in erster Linie eine Kritik an den herrschenden Geschlechterverhältnissen. Zahlreiche Neuauflagen und Übersetzungen machen die Autorin in ganz Europa bekannt und fordern Nachahmer und »Fortsetzer« heraus, wie Ignace Hugary de Lamarche-Courmont (*Lettre d'Aza ou d'un Péruvien*, 1749/*Brief eines Peruaners*) oder Madame Morel de Vindé, die 1797 eine *Suite aux Lettres d'une Péruvienne* (Fortsetzung der Briefe einer Peruanerin) verfaßt.

Neben Lobeshymnen führt der Roman bereits unter Zeitgenossen zu Kontroversen, an der sich u.a. der Geschichtsphilosoph und spätere Finanzminister Ludwigs XV., Anne Robert Jacques Turgot, beteiligt. Besonders umstritten ist, daß die Geschichte nicht mit einer Heirat der Heldin endet. 1750 folgt die an der Comédie Française uraufgeführte Tragikomödie *Cénie*, die, im Gegensatz zu dem 1758 aufgeführten Theaterstück *La fille d'Aristide* (Die Tochter von Aristides), sehr erfolgreich ist. G. erhält vom österreichischen Hof eine kleine Pension und verfaßt moralische Erbauungsstücke für die Kinder von Maria Theresia. Sie stirbt 1758 in ihrer Wohnung in Paris, hoch verschuldet. Die ca. 2500 hinterlassenen Briefe, die fast alle an Devaux gerichtet sind, dokumentieren auf einzigartige Weise das intellektuelle Leben, die Alltagswelt und die Lebensumstände einer Schriftstellerin im Frankreich des 18. Jh.s.

Œuvres posthumes de Mme de G. contenant Ziman et Zenise suivi de Phaza. Amsterdam/Paris 1770; *Correspondance de Mme de G.* Oxford 1985ff. (bisher 5 Bde.); *Briefe einer Peruanerin*. Hg. und übers. v. Renate Kroll. Königstein 1998. – Lit.: Noël, G.: *Une primitive oubliée de l'école des ›cœurs sensibles‹, Mme de G.* Paris 1913; Showalter, E.: *An Eighteenth-Century Bestseller: The ›Lettres d'une Péruvienne‹*. Yale: Diss. 1964; Groupe d'étude du XVIIIe siècle: *Vierge du Soleil/ Fille des Lumières: la ›Péruvienne‹ de Mme de G. et ses Suites*. Strasbourg 1989; Kulessa, R. v.: *F. de G.: Lettres d'une Péruvienne. Interpretation, Genese und Rezeption eines Briefromans aus dem 18. Jahrhundert*. Stuttgart 1997.

Lieselotte Steinbrügge

Greiffenberg, Catharina Regina von

Geb. 7. 9. 1633 auf Schloß Seisenegg bei Amstetten; gest. 8. 4. 1694 in Nürnberg

Ihre Welt war die des protestantischen österreichischen Landadels, eine durch Absolutismus und Gegenreformation bedrohte, aber auch eine humanistischer Bildung aufgeschlossene Welt. Der Verkehr mit benachbarten Literaten öffnete G. den Zugang zur zeitgenössischen deutschen Dichtung. In Johann Wilhelm von Stubenberg, einem der bedeutendsten Übersetzer italienischer und französischer Romane des 17. Jahrhunderts, fand sie ihren »Meister«, der ihre ersten poetischen Versuche korrigierte, bis er schließlich einräumen mußte, daß »anjetzt [...] die Schülerinn über den Meister« sei (1659). Er empfahl sie Sigmund von Birken, dem Oberhaupt des »Pegnesischen Blumenordens« in Nürnberg, und dieser war es auch, der die Veröffentlichung ihrer »zu Gottseeligem Zeitvertreib« erfundenen *Geistlichen Sonnette / Lieder und Gedichte* (1662) besorgte. Das erste Sonett, *Christlicher Vorhabens-Zweck*, nennt das »Spiel und Ziel«, dem G. sich in ihrem Leben und in ihrer Dichtung verschrieben hat: Gotteslob. Lob der göttlichen Vorsehung, der Gnade und Güte Gottes, Lob Gottes in der Natur und – ein entscheidendes Paradox – in der Erfahrung des Leides. Die Musikalität der Sprache und die häufige Verwendung von ungewöhnlichen Komposita (»Anlaß-Kerne«, »Herzgrund-Rotes Meer«, »Schickungs-Äpfel«) machen den ästhetischen Reiz der Gedichte aus.

Zu den »Widerwärtigkeiten«, die G. in vielen Gedichten beklagt und mit christlich-stoischer Gefaßtheit zu ertragen willens ist, gehört auch die Werbung ihres dreißig Jahre älteren Onkels um ihre Hand. Ihr »Abscheu« hat dabei möglicherweise weniger mit der Person Hans Rudolphs von Greiffenberg und der nahen Verwandtschaft zu tun als mit dem Vorsatz, ihr Leben dem Lob Gottes zu weihen. 1651 war ihr bei einem Gottesdienst in Preßburg – alle protestantischen Geistlichen waren 1629 aus den österreichischen Erblanden ausgewiesen worden – ein »licht [...] Angeglimmet und Aufgegangen«, das ihr die Verherrlichung Gottes als Aufgabe ihres Lebens gewiesen hatte. Die Hochzeit fand gleichwohl 1664 in der Nähe von Nürnberg statt und führte – nach der Rückkehr nach Österreich – zur Verhaftung Hans Rudolphs. Er wurde schließlich freigesprochen, und G. lebte fortan als Herrin auf Seisenegg. Sie sah sich »in Eine von Aller Ergetzung leer- und unlustvolle Einsamkeit verbannt«. Nun widmete sie sich ihrem großen Vorhaben, den Kaiser zum lutherischen Glauben zu bekehren. Sie reiste mehrmals nach Wien, suchte ihm, dem ›Adler‹, Bekehrungsschriften zuzuspielen, freilich ohne Ergebnis. Größeren Erfolg hatten ihre Erbauungsschriften, umfängliche *Andächtige Betrachtungen* über Leben, Wunderwerke und den Tod Christi (1672, 1678, 1693). Nach dem Tod ihres Mannes (1677) geriet sie in finanzielle Schwierigkeiten; 1680 ließ sie sich in Nürnberg nieder und verbrachte hier, anerkannt und verehrt, die wohl glücklichsten Jahre ihres Lebens.

Sämtliche Werke. 10 Bde. Hgg. M. Bircher/Kemp, F. Millwood, N.Y. 1983. – Lit.: Frank, H.-J.: *C. R. v. G. Leben und Welt der barocken Dichterin.* Göttingen 1967. *Volker Meid*

Gretkowska, Manuela
Geb. 1964 in Łódź/Polen

G. gehört zu jener Gruppe von Autorinnen, die in Polen nach der Wende von 1989 die Prosa dominieren, während ihre männlichen Kollegen sich vorwiegend der Lyrik zugewandt haben. Unter den führenden Autorinnen der neuen Generation (Anna Bolecka, Izabella Filipczak, Natasza Goerke, Olga Tokarzcuk, Magdalena Tulli) nimmt G. zweifellos eine Spitzenposition ein und darf als Repräsentantin für die Ästhetik und Poetik einer ganzen Gruppe gelten. G. übersiedelte noch vor der politischen Wende nach Paris, wo sie ein Studium der Anthropologie absolvierte; derzeit lebt sie als Chefredakteurin einer französischen Zeitschrift in Warschau und Paris. Nach anfänglichen lyrischen Versuchen hat die Autorin innerhalb von wenigen Jahren (1992–1996) vier Bände Prosa veröffentlicht, die in engem stilistisch-thematischen Zusammenhang stehen.

Ein Emigrantenschicksal in Paris ist Ausgangspunkt und Hintergrund von G.s erstem Roman, *My zdies' emigranty*, 1992 (Wir sind hier Emigranten), dessen russische Titelformulierung nicht nur die Situation der Fremdheit, sondern auch die ironische Einstellung der Autorin zum ganzen Komplex ›Emigration‹ ausdrückt. Ein für die neue ›weibliche‹ Prosa in Polen typischer Zug ist der Verzicht auf eine stringente Handlung, die in G.s Romanen von Mal zu Mal abgebaut wird. An die Stelle einer linearen, kausal motivierten Narration tritt eine Komposition nach dem Prinzip der motivischen oder auch verbalen Assoziation, und, was noch auffälliger ist, die Montage von Intertexten aus den unterschiedlichsten Bereichen wie Esoterik, schwarze Magie, antike Gnostik, jüdische Kabbala, mittelalterliche Sekten und klassische Philosophie. Dazu kommen Anleihen auch beim Bild – Karikaturen, Abbildungen von Spielkarten und Gemälden, Buchstaben aus fremden Alphabeten werden als ikonische Zeichen in den Text eingefügt. Neben der Fülle von Zitaten ist auch der freie Umgang damit typisch für eine postmoderne Erzählhaltung. Entlehnungen aus bevorzugten Gebieten werden zum Intertext ausgebaut, der sich verselbständigt – im ersten Roman ist das eine Diplomarbeit über die »Gestalt der Maria Magdalena in der jüdisch-christlichen Gnostik«, im zweiten Roman, *Tarot Paryski,* 1993 (Pariser Tarock), sind es ausführliche Überlegungen zum Ursprung dieses Kartenspiels und dessen Bedeutung als esoterisches weltanschauliches Modell, im letzten Roman schließlich, *Podręcznik do ludzi,* 1996 (Handbuch für den Umgang mit Menschen) sind diverse Berichte über die Ermordung Marats mit Parodien auf Werke der polnischen klassischen Literatur und einer Frankensteingeschichte kontaminiert.

Ihren größten Erfolg erzielte G. mit ihrem dritten Roman, *Kabaret Metafizyczny,* 1994 (Metaphysisches Kabarett), in dessen Sog es zu Neuauflagen ihrer früheren Texte kam. Der auch für diesen Text typische philosophisch-mystische Intertext ist in eine quasi ›Liebesgeschichte‹ zwischen einer Striptease-Tänzerin und einem Studenten eingebaut, die schon dadurch ad absurdum geführt wird, daß die Protagonistin aufgrund ihrer abnormen anatomischen Beschaffenheit gar keine Bedürfnisse nach einem Mann hat. Die Freizügigkeit der sich aus solcher Konstellation ergebenden erotischen Beschreibungen wurde als skandalös empfunden – man hat dabei aber vielfach übersehen, daß die massive Körperlichkeit nicht nur bei G. als Vehikel für zusätzliche, ›metaphysische‹ Bedeutungen dient, und daß schließlich das Erotische immer aus einer ironischen Distanz geschildert wird. Schließlich ist auch die Gliederung dieses Romans in lauter Fußnoten, die sich jeweils auf die Anmerkung zuvor beziehen, typisch für eine kulturhistorische Situation, in der ein verbindlicher Text über den Fußnoten verloren und an dessen Stelle die Autoreferenz des Zitats getreten ist.

Lit.: Gretkowska, Manuela. In: *Parnas bis. Słownik literatury polskiej urodzonej po 1960 roku.* Warszawa 1995; Ritz, G.: »Die neue polnische Frauenliteratur als Ausdruck des Anderen. Oder die Entdeckung des Anus« In: Parnell, C. (Hg.): *Frauenbilder und Weiblichkeitsentwürfe in der polnischen Frauenprosa.* Frankfurt/M. 1996, S. 265–275; Rabizo-Birek, M.: »Z czym do ludzi«. In: *Twórczość* 1997, Nr. 1, S. 107–110.

Alois Woldan

Grögerová, Bohumila (geb. Tauferová, verh. Límová)

Geb. 7. 8. 1921 in Prag

Den Großteil ihres literarischen und übersetzerischen Werks verfaßte die in Prag lebende G. gemeinsam mit Josef Hiršal (geb. 1920), mit dem sie seit 1952 eine Arbeits- und Lebensgemeinschaft verbindet. International bekannt wurden die beiden in den 60er Jahren durch ihre Aktivitäten auf dem Gebiet der experimentellen Poesie, die sie seit 1958/59 als Reaktion auf die vom Stalinismus geprägten gesellschaftlichen Verhältnisse der ČSSR propagierten und ihren Aussagen nach als »moralische Forderung« verwirklichten: »Daher wurden die reinen, einfachen Texte ohne Beimischung von Phrasen, Klischees und Ideologie, witzig, visuell und phonetisch anziehend, wie sie die Autoren der konkreten Poesie produzierten, für uns zum idealen Kommunikationsmittel, mit dem kein Mißbrauch betrieben werden konnte.« (Kotyk 1997, S. 13).

Ihre Kindheit verbrachte die Tochter eines Armeegenerals in Prag, Olmütz und Brünn und besuchte schließlich in Prag von 1932 bis 1940 ein Realgymnasium und eine Sekretärinnenschule. 1947 studierte sie zwei Semester Tschechisch und Russisch an der Prager Karlsuniversität. Nach Anstellungen als Dokumentaristin und Fachredakteurin trat sie 1980 in den Ruhestand. Ihre ersten Gedichte veröffentlichte G. 1956, die erste Gemeinschaftsarbeit mit Hiršal, das typographische Kinderbuch *Co se slovy všechno poví* (Was man mit Worten alles sagt) 1964. Drei Jahre später folgte die 1960–62 ebenfalls in Zusammenarbeit geschaffene Textsammlung *JOB-BOJ* (daraus 1969 auf deutsch der Abschnitt *Intertexte*) mit konkreter, visueller und auditiver Poesie. Sie gilt als Standardwerk der tschechischen experimentellen Poesie und gleichzeitig als eines der wichtigsten Zeugnisse der internationalen Avantgarde der damaligen Zeit. Die Werke ihrer ausländischen Kollegen machten die beiden durch Veranstaltungen (wie den literarischen Abend *Bestiarium*, 1966), Editionen (u. a. *Experimentální poezie*/Experimentelle Poesie, 1967) und Übersetzungen von Werken der Wiener Gruppe und der Stuttgarter Schule (u.a. von Max Bense und Helmut Heißenbüttel) dem tschechischen Publikum zugänglich.

Nach 1968 waren G. und Hiršal als Folge der Niederschlagung des Prager Frühlings mit Publikationsverbot belegt. Ihre Übersetzungen konnten sie nur unter Decknamen in staatlichen Verlagen veröffentlichen. Die Herausgabe einer für 1968 geplanten, zusammen mit Jiří Kolář (geb. 1914) konzipierten Anthologie *Vrh kostek* (Ein Würfelwurf) mit repräsentativen Texten der tschechischen experimentellen Poesie der Jahre 1960–1968, in der neben G. als einzige weitere Frau Běla Kolářová (geb. 1923) vorkommt, wurde erst 1993 in Prag realisiert. G.s eigene wie auch die mit Hiršal produzierten Werke erschienen von 1970 bis 1989 nur im inoffiziellen ›Samizdat‹ (Selbstverlag) oder im Ausland und werden erst seit 1989 wieder in ihrer Heimat verbreitet. Das betrifft sowohl die 1975–1979 entstandene Prosapoesie *Trojcestí*, 1991 (Dreierlei Wege), als auch die Prosa- und Erinnerungscollagen von 1979–1988, *Let let*, 1994 (*Im Flug der Jahre*). In diesem in der Übersetzung gekürzten Memoirenzyklus sind auch die internationalen Kontakte der beiden Künstler dokumentiert. *Mlýn* (*Die Mühle*), ein Teil des Triptychons *Trojcestí*, wurde 1991 auf deutsch verlegt. 1996 erschienen endlich auch G.s sprachkritische Prosatexte *Meandry* (Mäander) aus den Jahren 1963 bis 1968, nachdem sie bereits 1970 unter dem Titel *Zivilisationsschemata* in Westdeutschland herausgekommen waren. Dort hatte man auch die von G. und Hiršal verfaßten Hörspiele *Lunovis* (1971) und *Zweiäugiges Hörspiel* (1972) gesendet. Ohne ihren Partner schrieb G. – auch Autorin eines absurden Dramas – u. a. das Hörspiel *6 Briefe aus der fiktiven Korrespondenz mit Friederike Mayröcker* (1990). Für ihre Übersetzungen der Wiener Schriftstellerin und anderer zeitgenössischer österreichischer Autoren (u.a. Ernst Jandl, Gerhard Rühm und H. C. Artmann) wurden sie und Hiršal 1988 mit dem Österreichischen Staatspreis für literarische Übersetzung geehrt.

Lit.: Jandl, E.: »Daß Eure gemeinsame Rede uns alle erreicht«. In: *Die Presse*, 20./21. Mai 1989 (Wien), S. VII; Kotyk, P.: *B. G. – Josef Hiršal*. Prag 1997; *Báseň Obraz Gesto Zvuk. Experimentální poezie 60. let*. Katalog zur gleichnamigen Ausstellung im Museum der tschechischen Literatur (PNP). Prag 1997.

Christa Rothmeier

Guido, Beatriz

Geb. 13. 12. 1922 in Rosario/Argentinien; gest. 29. 2. 1988 in Madrid/Spanien

Die Tochter einer Schauspielerin und eines angesehenen Architekten betonte stets, wie sehr das familiäre Klima, in dem sie aufwuchs, von großer Freiheit und unendlicher Zärtlichkeit geprägt gewesen sei – und schrieb immer nur Geschichten, in denen junge Menschen in gestörten Familienverhältnissen aufwachsen. Die Guidos hielten ein offenes Haus, in dem berühmte Gäste wie z.B. Gabriela ↗ Mistral, José Ortega y Gasset oder Diego Rivera verkehrten. 1948/49 studierte G. Philosophie in Italien bei Guido de Ruggiero und Benedetto Croce. Während ihres anschließenden Studiums der Literaturwissenschaft in Buenos Aires fand sie sehr bald Zugang zu den intellektuellen Kreisen. Ihre große Liebe war der Regisseur

Leopoldo Torre Nilson (1924–1978), mit dem sie seit 1954/55 zusammenlebte und der viele ihrer Romane und Erzählungen verfilmte. Sie wiederum beteiligte sich an der Abfassung der Drehbücher ihrer eigenen, aber auch anderer Vorlagen. Ihr erster Roman, *La casa del ángel* (*Das Haus mit dem Engel*, 1958) gewinnt 1954 den angesehenen Premio Emecé und macht G. berühmt. In ihm finden sich bereits alle wichtigen Motive ihrer literarischen Welt: die Dekadenz einer aristokratischen Familie, die mit Gewalt verbundene sexuelle Initiation der Heranwachsenden, politische Korruption und religiöse Heuchelei. 1956 erscheint der zweite, nun autobiographisch geprägte Roman, *La caída* (Der Fall), der von einer jungen Frau handelt, die in Buenos Aires studiert und bei einer verschrobenen Familie zur Pension lebt. Beide Romane werden 1956 bzw. 1959 von Torre Nilson verfilmt.

Mit *Fin de fiesta*, 1958 (Ende des Festes) findet in der Narrativik G.s eine Wendung statt, die den ästhetischen Parametern der »Generación de 1955« entspricht: Das Jahr des Militärputsches gegen Perón bedeutet eine Zäsur im politischen und kulturellen Leben Argentiniens; die jüngeren, zwischen 1920 und 1930 geborenen Autorinnen und Autoren, neben G. etwa David Viñas (geb. 1929) und Marta Lynch (1925–1985), wenden sich nun mit einer realistischen Erzählweise der gesellschaftlichen Wirklichkeit zu. In diesem Roman wird ein Bild der korrupten konservativen Regierung Argentiniens vor dem Peronismus gezeichnet, wobei der Ich-Erzähler in seiner eigenen, inzestuösen Geschichte als heranwachsendes Waisenkind im Familien-Clan gefangen bleibt, deren Oberhaupt, sein Großvater, ein konservativer Caudillo ist, mit dessen Tod das Ende einer Epoche in der argentinischen Geschichte symbolisiert wird. In *El incendio y las vísperas*, 1964 (Der Brand und die Zeit zuvor) thematisiert sie die in absurden Ritualen erstarrte Welt der gegen Perón eingestellten Großbourgeoisie von Buenos Aires. Dieser Roman stieß wegen seiner ideologischen Schwarzweißmalerei auf Kritik, wurde aber dennoch zu einem großen Verkaufserfolg und in mehrere Sprachen übersetzt. *Escándalos y soledades*, 1970 (Skandale und Einsamkeiten) thematisiert einmal mehr den Übergang eines in gestörten Familienverhältnissen aufwachsenden Jugendlichen in die korrupte Welt der Erwachsenen während der Jahre nach Peróns erster Amtszeit. Der Wirklichkeitseffekt wird hier nicht mehr durch einen scheinbar direkten Realitätsbezug erreicht, sondern durch das Zitieren fremder Texte – Dokumente, Zeitungsabschnitte, Reden usw. Neben Romanen verfaßte G. auch zahlreiche Kurzgeschichten und einige Theaterstücke. Torre Nilsons Verfilmung der Erzählung »La mano en la trampa«, 1961 (Die Hand in der Falle) erhielt in Cannes den Preis der Internationalen Kritik. Unter Alfonsín, nach dem Ende der Militärdiktatur, wurde G. 1984 Kulturattaché an der argentinischen Botschaft in Spanien. Sie starb 1988 in Madrid.

Lit.: Mahieu, J. A.: »B. G.: Las dos escrituras«. In: *Cuadernos Hispanoamericanos* 437 (1986), S. 153–168; Osorio, E.: *B. G. Mentir la verdad*. Buenos Aires 1991; Portantiero, J. C.: »G.: la crítica moral«. In: ders.: *Realismo y realidad en la narrativa argentina*. Buenos Aires 1961, S. 96–101.

Andrea Pagni

Günderrode, Karoline von

Geb. 11. 2. 1780 in Karlsruhe; gest. 26. 7. 1806 in Winkel am Rhein

»Beinahe wirst Du mir zu fremd, um Dich in die eigentlichsten Theile meiner inneren Welt einzuführen; dennoch bist Du ein Gast, den man nicht draußen vor der Thür möchte stehen lassen ... Ich dächte man führe Dich in eine nicht ganz ferne Loge und lasse so die Schauspieler (Gedanken, Phantasien, Gefühle) vor Dir spielen aber hinter die Coulissen lasse man Dich nicht kommen, überhaupt das innerste Getriebe nicht sehen. Aber ich kann das nicht ..., ich muß entweder das Schauspielhaus ganz verschließen, oder auch das innerste entschleiern.« – G. kann als eine der radikalsten, vielleicht auch modernsten Schriftstellerinnen ihrer Zeit gelten. Dies gilt sowohl für ihr Werk wie auch für ihr Leben. Durch ihr ungehemmtes Ausdrucksbegehren, ihren Zugriff auf die hohe und als männlich konnotierte Gattung Drama, aber auch durch ihr Verhältnis zum verheirateten Altertumsphilologen Friedrich Creuzer (1771–1858) geriet sie in Konflikt mit der sozialen Welt. Was ihr blieb, ist ein Plädoyer für ein ins »Innerste« geöffnetes Schauspielhaus – Erfahrungen der Ich-Entgrenzung und Diskontinuität, die nicht zur Kompromißbildung im Sinne der Konvention geeignet waren.

G. lebte seit ihrem 17. Lebensjahr in einem dem verarmten Adel vorbehaltenen evangelischen Damenstift in Frankfurt. Den Vater, einen badischen Kammerherrn und Schriftsteller, verlor sie mit sechs Jahren. Die Beziehungen zu ihrer Mutter scheinen spannungsreich und kühl gewesen zu sein. Neben Gedichten und Prosastücken schrieb sie v.a. Dramen unter dem Pseudonym Tian, später dann Ion. Sie war u.a. mit Gunda und Friedrich Karl v. Savigny, Bettina von ↗ Arnim, Clemens Brentano, Lisette und Christian Gottfried Nees von Esenbeck befreundet, seit 1804 war sie mit dem verheirateten Friedrich Creuzer aus Heidelberg verbunden. Um ihren Selbstmord, sie hat sich erdolcht, angeblich aus unglücklicher Liebe zu Creuzer, ranken sich zahlreiche Legenden.

Bettina von Arnim hat ihrer Freundschaft zu G. 1840 in dem Buch *Die Günderode* ein Denkmal gesetzt. In neuerer Zeit war die Rezeption bestimmt durch einen kritischen Blick, der ihre Schwierigkeiten betonte, sich als Frau und Autorin zu verwirklichen. Christa ↗ Wolfs Auswahlausgabe *Der Schatten eines Traumes* (1979), die leider auf die Dramen verzichtet, und ihr Roman *Kein Ort. Nirgends* (1979) können dabei als zentrale Texte gelten. Inzwischen liegt eine historisch-kritische Ausgabe vor (incl. der Studienbücher, aber ohne Briefe). Leider hat Creuzer den Nachlaß und den Großteil ihrer Briefe vernichtet. G.s Werk kann vor dem Hintergrund, daß sie nur 26 Jahre alt wurde, als äußerst vielfältig gelten. Während ihre *Studienbücher* auf ihre umfangreichen Bildungsbemühungen (u.a. zur Philosophie, Mythologie und Poetik) verweisen, können ihre Gedichte und Prosastücke als Versuch einer Synthese dieser Wissenschaften gelesen werden. G. ist keiner eindeutigen Epoche wie Romantik oder Klassik zuzuordnen, und sie hat Texte in den unterschiedlichsten Genres verfaßt. Herauszuheben ist neben ihren zahlreichen Gedichten dabei vor allem ihre dramatische Produktion (u. a. *Hildgund,* 1805 und *Mora,* 1804) in der sie weit über die Grenzen des damals Üblichen weibliche Heroen konstruiert. »Was zag ich noch, ists denn so ungeheuer / Als daß die scheue, blasse Lipp' es nennen mag? / Mord! Ha der Name nur entsetzet,/ Die That ist recht, und kühn und groß.«

Die immer bedrückender werdende Reglementierung durch ihre Umwelt, das Verwiesensein auf eine verbotene Liebe, die Aufkündigung des Bandes durch Creuzer, der damit verbundene Verlust ihres Mentors (der ihre Texte an die literarische Öffentlichkeit vermittelte); all das schränkte G.s Produktionswunsch immer weiter ein. Vor diesem Hintergrund könnte ihr Freitod als Konsequenz aus dem unlösbaren Spannungsverhältnis zwischen Ausdrucksbegehren und Zensur gelesen werden. Was ihr am Ende blieb, ist der Selbstmord, als die einzige Möglichkeit, sich als unsterblich zu imaginieren. Dies tat sie in einer letztlich theaterwirksamen Geste – sie erdolchte sich. Die Tötungsart, die G. wählte, entspricht auffallenderweise keiner Verschmelzungsphantasie, keinem Auflösen der menschlichen Begrenztheit im Ganzen der Natur wie ein Ophelia-Tod, sondern ist als aggressiver Akt, als Ausdruck eines diskontinuierlichen Bewußtseins, als Dissoziation zu verstehen. Diese konsequente Übersetzung des Selbst in den Tod heißt letztlich, daß G. sich selbst durchgestrichen hat, wie man ansonsten einen Text schwärzt oder ihn unlesbar macht. Das, was für G. als beiläufiges Spiel begann, einzutauchen in den Strom innerer Betrachtungen, wird schließlich ihr ganzes Ich auflösen. In einem Brief an Lisette Nees schreibt sie im Juli 1806: »Nach mir fragst du? Ich bin eigentlich lebensmüde, ich fühle, daß meine Zeit aus ist, und daß ich nur fortlebe durch den Irrtum der Natur: Dies Gefühl ist zuweilen lebhafter in mir, zuweilen blasser. Das ist mein Lebenslauf.«

Historisch-kritische Ausgabe. 3 Bde. Hg. W. Morgenthaler. Basel 1990–91; Weißenborn, B. (Hg.): *»Ich sende Dir ein zärtliches Pfand«. Die Briefe der K. v. G.* Frankfurt/M. 1992. – Lit.: Wolf, C. (Hg.): *K. v. G. Der Schatten eines Traumes. Gedichte, Prosa, Briefe und Zeugnisse von Zeitgenossen.* Darmstadt/Neuwied 1979; Arnim, B. v.: *Die Günderode (1840).* Frankfurt/M. 1982; Lichner, L. M.: *Mein Leben in einer bleibenden Form aussprechen. Umrisse einer Ästhetik im Werk K. v. G.* Heidelberg 1996.

Dagmar von Hoff

Gyllembourg, Thomasine (eigtl. Gyllembourg-Ehrensvärd, geb. Buntzen, Ps. Forfatteren til En Hverdagshistorie)

Geb. 9. 11. 1773 in Kopenhagen; gest. 1. 7. 1856 in Kopenhagen

Erst in ihrem posthum veröffentlichten »literarischen Testament« löst G. das viel diskutierte Rätsel um die Autorschaft der sog. *Alltagsgeschichten* (*Hverdagshistorier*) auf. Sie entschuldigt sich gleichzeitig dafür, mit diesen populären Erzählungen »die männliche Bahn eines Schriftstellers« betreten und die Regeln weiblicher Bescheidenheit verletzt zu haben. – Bevor G. im Alter von 54 Jahren ihre pseudonyme literarische Laufbahn begann, hatte sie allerdings schon grundlegendere Normen der damaligen Weiblichkeitsauffassung durchbrochen: 1801 beantragte sie die Scheidung einer unglücklichen Ehe und gab damit das Recht auf die Erziehung ihres Sohnes auf, um zum zweiten Mal heiraten zu können. Erst nach dem Tod ihres zweiten Mannes lebte sie wieder mit ihrem Sohn, Johan Ludvig Heiberg, zusammen, der zum wichtigsten dänischen Literaturkritiker seiner Zeit avancierte und auch der Herausgeber der *Alltagsgeschichten* war. Pseudonym geschützt, befand sich die aufrührerische G. in ihrer zweiten Lebensphase also im Zentrum der damaligen literarischen Öffentlichkeit und eines dänischen Bildungsbürgertums, dessen Werte sie in ihren Werken kritisch beleuchtet, um sie schließlich zu bestätigen.

Das Konfliktpotential ergibt sich meist aus divergierenden Auffassungen von Liebe, Ehe, Sexualität und Geschlechtscharakter, die jeweils in einer Synthese zusammengeführt werden. In der namensgebenden Novelle *En Hverdagshistorie* (1828) sind es zwei Frauentypen – die Schöne und die Tugendhafte-, die gleichzeitig unterschiedliche Lebenshaltungen verkörpern und den männlichen Ich-Erzähler in ein Dilemma stürzen. In diesem Fall kann der Handlungsgang das Ideal der Liebesheirat mit weiblicher Tugendhaftigkeit glaubwürdig, aber um den Preis der psychologischen Vereinfachung in Verbindung bringen. Die Dreiecksgeschichte *En Ægtestand* (1835) enthält gefährlicheres Potential, in ihrem Verlauf muß eine Scheidung erwogen werden, bevor eine Harmonie zwischen Leidenschaft und familiärem Alltagsglück erreicht werden kann.

G. veröffentlichte insgesamt 24 Erzählungen und kurze Romane, deren literarhistorisch innovativer Realismus in einer präzisen Beobachtung der Details, der Interieurs und der weiblichen Alltagswelt liegt, deren Erzählstil aber noch deutlich moralisierende Elemente enthält. Unter der realistisch-belehrenden Oberfläche lauern jedoch in manchen Texten (wie *Den magiske Nøgle*, 1828 und *Slægtsskab og Djævelskab*, 1830) Paradoxien und ungelöste Konflikte, die sich in phantastischen oder katastrophalen Ereignissen niederschlagen und die ästhetisierende Synthese im Zeichen von Mäßigung und biedermeierlichem Bildungsideal bedrohen.

Samlede skrifter. 12 Bde. Kopenhagen 1849–51. – Lit.: Jensen, A. B.: *Penge og kærlighed. Religion og socialitet i Th. G's forfatterskab.* Odense 1983; Mortensen, K. P.: *Thomasines oprør.* Kopenhagen

1986; Mortensen, B./Sodemann, M.L.: »Fuldendelsens noveller«. In: Møller Jensen, E. (Hg.): *Nordisk Kvindelitteraturhistorie*. Bd. 2: *Faderhuset*. Kopenhagen 1993, S. 229–241.

Annegret Heitmann

Haasse, Hella

Geb. 2. 2. 1918 in Batavia/Jakarta

»Das einzige, was übrigbleibt, ist, mit großer Verwunderung zu beobachten, was vorhanden ist, zu probieren, in diesem unserem kleinen Leben so gut wie möglich mitzugehen im großen Strom, dem Strom, den wir in seiner Gesamtheit niemals übersehen oder kennen können.« H. kam 1938 zum Studium in die Niederlande und debütierte dort mit *Stroomversnelling* (1945), die einzige Lyrik in einem Werk, das etwa 47 Romane, Essaybände und Theaterstücke umfaßt. Ihr Romandebüt *Oeroeg* (1948) wurde vielfach aufgelegt und 1993 verfilmt. Sie erhielt viele Preise, und für ihre historischen Romane auch Ehrendoktorwürden, verschiedene Stellen als Gastdozentin und ausländische Anerkennungen.

In ihrem Werk verschwimmen die Grenzen zwischen Fiktion, Essay, wissenschaftlicher Forschung und Autobiographie. »Was ich auch schrieb, es handelte von mir selbst«, ob sie nun, wie z.B. in *Mw. Bentinck*, 1979 (*Ich wiederspreche stets*, 1997) und *Heren van de thee*, 1992 (*Die Teebarone*, 1997), historische Personen auf Basis realer Dokumente zum Leben erweckt, oder sich selbst in autobiographischen Schriften betrachtet mit einer Distanz, als wäre sie eine historische Person. Es geht ihr daher auch niemals um das Individuum als Raum für persönliche Emotionen, Interessen und Voreingenommenheiten, sondern als funktional unaustauschbaren Teil des großen Ganzen, in dem alles mit allem zusammenhängt und nichts zufällig geschieht. Sie gewinnt Einsicht in diese Zusammenhänge indem sie schreibend ihren analytischen Geist und ihr Einfühlungsvermögen in Vorstellungskraft umsetzt. Um wen es auch geht, es geht letztendlich um sie selbst, nicht nur weil die Geschichte im Prozeß des Vorstellens zu einem Teil ihrer selbst geworden ist, sondern auch weil es in jenem Prozeß offensichtlich um sie selbst geht: Hier liegt ihre individuelle Funktion ganz besonders, *und* sie hat wieder mehr von sich selbst und ihrem Platz innerhalb des großen Ganzen verstanden.

Wichtige Themen in ihrem Werk sind das Verhältnis Mann-Frau, das Niederländer-Sein in Indien, das Mutter- und Künstlerin-Sein. Doch dabei geht es ihr stets um die Geschichte, die die Tatsachen übersteigt, die Zeichen, die entziffert werden müssen, die Spannung zwischen öffentlich und privat, persönlich und allgemein, Zurückhaltung und Engagement. H. ist zugleich eine begnadete Autorin von Essays über andere Autoren, und auch dann geht sie empathisch zu Werke und sucht nach dem Zusammenhang, der ursprünglichen Beziehung, aus der das Werk kommt, ohne daß der Autor sich dessen bewußt ist. Sie schrieb regelmäßig über Frauen und Literatur: thematische Texte über das Bild der Frau in der Literatur bzw.

über die weibliche Dichtung, und Texte über Autorinnen wie Iris ↗ Murdoch (geb. 1919), George ↗ Sand (1804–1876), Belle van Zuylen (1740–1805), Betje Wolf und Aagje Deken (18. Jh.), Annie Romein-Verschoor (1895–1978), Maria Dermout (1888–1962) und Anna Blaman (1905–1960). Allerdings glaubt sie nicht an eine Frauenliteratur als gesonderte Kategorie. Die meisten ihrer Romane sind mehrfach aufgelegt worden, und einige, zumeist ältere, wurden in verschiedene Sprachen übersetzt. Sie selbst findet ihre frühen Werke zu weitläufig und zu explizit; sie würde darin heute vieles wegstreichen. Als ihr bestes Werk nennt sie stets *Een nieuwer testament* (1966), das sich an zwei Tagen im Rom des Jahres 417 abspielt und das Leben der Hauptperson in seiner ganzen Fülle zeigt.

Lit.: Veeger, P.: *Manoeuvres*. Delft 1996; Truijens, A.: *H. S. H.* Nijmegen 1997.

Ineke Bulte (Übers. von Thomas Quartier)

Hahn, Ulla

Geb. 30. 4. 1946 in Brachthausen/Sauerland

»Wahrscheinlich werden meine Gedichte gern gelesen, weil ich Gefühle und Erfahrungen zur Sprache bringe, die dem Leser nicht fremd sind, ja, in denen er sich mitunter sogar wiederfindet. Auch dem Bedürfnis nach Schönheit komme ich mit meinem Bemühen, schöne Gedichte zu schreiben, ohne dabei verstiegen oder trivial zu werden, sehr entgegen.« Mit diesem Verweis auf Identifikationsmöglichkeiten und ästhetischen Genuß reagierte die Autorin sowohl auf den ungewöhnlichen Erfolg ihres ersten Gedichtbandes *Herz über Kopf* (1981) als auch auf dessen kontroverse Rezeption innerhalb des Kulturbetriebs. – H., die zunächst in Köln Germanistik, Geschichte und Soziologie studierte, promovierte 1978 mit einer Dissertation über *Literatur in der Aktion. Zur Entwicklung operativer Literaturformen in der Bundesrepublik*. Schon in dieser Auseinandersetzung mit der politischen Inanspruchnahme von Literatur plädiert sie für eine Literatur mit »Kunstsinn«, die konkret und persönlich den »ganzen Menschen« zu erreichen versucht. Bevor die Autorin diese Forderung in literarische Praxis umsetzt, arbeitet sie bei Presse und Rundfunk und ist Lehrbeauftragte an den Universitäten Hamburg, Bremen und Oldenburg. Bis auf ihre Publikationen zu Autorinnen wie Else ↗ Lasker-Schüler, Gertrud ↗ Kolmar und Gertrud von Le Fort, zieht sich H. jedoch Anfang der 80er Jahre weitgehend aus dem wissenschaftlichen Betrieb zurück und lebt als freie Schriftstellerin in Hamburg.

Ihr erster Gedichtband *Herz über Kopf* macht H. schlagartig bekannt und zum umstrittenen Beispiel der »Neuen Innerlichkeit«. Während auf der einen Seite der wortspielerische Anschluß an Tradition und Geschichte gelobt wird, wird ihre Lyrik auf der anderen Seite als reaktionär und epigonal kritisiert. Doch auch der zweite Gedichtband *Spielende* (1982) wird von der Leserschaft außerordentlich positiv aufgemommen. H.s Gedichte umkreisen teils spielerisch, teils sachlich, teils leidenschaftlich moderne Erfahrungen der Liebe. Zwischen, mit und neben Platitüden, Klischees, Binsenweisheiten und poetischem Pathos greift die Autorin hier ein Thema auf, von dem die Neue Frauenbewegung sich eine Dekade zuvor noch kritisch distanziert hatte. Wie auch die Arbeiten von Elfriede ↗Czurda, Elfriede ↗Jelinek und Doris Dörrie reproduziert H.s Lyrik keinesfalls ungebrochene Romantik, sondern zitiert diesen traditionellen Topos mehrfach verfremdet. Ihre Gedichte sind insofern politisch, als sie oft scharfzüngig der Geschlechterpolitik in Gefühls- und Sprachkonstellationen nachspüren. Neben der Liebesthematik enthalten die folgenden Gedichtbände auch zunehmend Auseinandersetzungen mit den Themen Altern und Vergänglichkeit und der nationalsozialistischen Vergangenheit. In ihrem bisher einzigen Roman *Ein Mann im Haus* (1991) beschreibt die Autorin den weiblichen Versuch, die Komplizenschaft an einer Liebesordnung aufzukündigen, die den Mann und sein Begehren privilegiert und damit seine soziale Machtposition bekräftigt. – 1994 übernimmt H. eine Poetikprofessur an der Universität Heidelberg und veröffentlicht ihre Vorlesungen unter dem programmatischen Titel *Poesie und Vergnügen – Poesie und Verantwortung.*

Lit.: Kuschel, K.-J. »Schreiben, um die Sehnsucht wach zu halten.« In: Ders.: *Ich glaube nicht, daß ich Atheist bin.* München 1992; Homann, U.: »Möchte verständlich bleiben ...« Ein Gespräch. In: *Der Literat* 1984. H.4. S. 92–93.

Susanne Baackmann

Hahn-Hahn, Ida

Geb. 22. 6. 1805 in Remplin/Mecklenburg; gest. 12. 1. 1880 in Mainz

»Das Recht ist von Männern erfunden; man lehrt es deuten und anwenden; unwillkürlich kommt es ihrem Vortheil zu gut. Männer dürfen ja Alles thun, Alles wissen, Alles lernen. Sie sitzen zu Gericht und entscheiden, wie Gott selbst, über die Seelen und über Leben und Tod. Sie stehen auf der Kanzel zwischen der Menge, an Wiege und Grab bei dem Einzelnen, und vertheilen Himmel und Hölle. Sie vertheidigen das Vaterland, sie umschiffen die Welt – und wir [...] wir sehen zu! [...] Schickt die Mädchen auf die Universität und die Knaben in die Nähschule und Küche: nach drei Generationen werdet ihr wissen, ob es unmöglich ist, und was es heißt, die Unterdrückten zu sein« (*Der Rechte*, 1838). – Das klingt wie ein feministisches Manifest und entstammt doch der Feder einer ostelbischen Gräfin, deren Wiege noch ganz auf dem Boden des Feudalismus steht und die aufwächst zwischen Landjunkern, deren Ehrgeiz sich in Pferdezucht, Parforcejagden und Tarokspiel erschöpft, und Comtessen, die ihre Tage mit Tapisserienähen, Medisancen und Visiten dahinbringen. Bildung wird in dieser Kastengesellschaft als unnötiger Ballast betrachtet, insbesondere für Mädchen. Die wechselnden Gouvernanten, die für die junge Ida engagiert werden, haben in erster Linie die Aufgabe, sie für das Leben in der Gesellschaft vorzubereiten. Einen regelmäßigen Schulunterricht lernt sie nicht kennen. Hinzu kommt bald die materielle Unsicherheit. Ihr Vater, Karl Friedrich Hahn, jener berüchtigte Theatergraf, hat auf dem Familiensitz ein Theater errichtet und den Schauspielern, als seinen ›natürlichen‹ Kindern, im Schloß Quartier gewährt. Seine Theatervorliebe weitet sich aus zur zerstörerischen Passion. Der finanzielle Ruin ist unaufhaltsam. Die Eltern trennen sich, und die in Glanz und Reichtum aufgewachsenen vier Hahn-Kinder lernen nun mit der Mutter die Entbehrungen bescheidener Verhältnisse kennen. Doch für die H. währt dieser Zustand nicht lange. Die bewährte Konsolidierung durch die Einheirat in vermögende Verhältnisse funktioniert auch hier. Die Mädchen werden rechtzeitig darauf abgerichtet. Und so akzeptiert die gerade 21jährige 1826 den Heiratsantrag ihres reichen Vetters Graf Friedrich Hahn. Schon bald allerdings prallen die Interessengegensätze dieser so unterschiedlichen Menschen aufeinander. Die Gräfin schwärmt für den Dichter Lord Byron, der Graf für Geländeritte. Die Auseinandersetzungen bleiben nicht aus. Es kommt zu Tätlichkeiten von seiten des Mannes. Schon nach dreijähriger Ehe findet die Scheidung statt.

Damit beginnt die zweite Phase in H.s Leben, die Zeit der Reisen und der Selbstfindung. Die Reisen bieten ihr die Möglichkeit, sich von familiärer Bevormundung und dem herrschenden Rollendiktat zu befreien. Sie bedeuten Aufbruch und Ausbruch zugleich. Die Gräfin bereist Deutschland, die Schweiz, England, Italien, Frankreich und Spanien, ja sogar den Orient. Anders als ihre Vorläuferin Lady Mary Wortley ↗ Montagu, die, in privilegierter Stellung, als Gesandten-Gattin den Orient bereist und das offizielle Kulturprogramm absolviert, versucht H., auch mit der einfachen Bevölkerung in Berührung zu kommen. Sie besucht Märkte und Volksfeste, Schulstuben und Krankenhäuser und erwirkt sich sogar die Erlaubnis, einen türkischen Harem zu besichtigen. »Ich reise, um zu leben«, schreibt sie an ihre Mutter. Auf diesen Streifzügen durch die Welt holt sie ihre vernachlässigte Bildung auf. Sie beobachtet und schreibt das Beobachtete auf; spontan, subjektiv, diskontinuierlich. Der Prozeß des Schreibens wird ihr wichtig. So entstehen zwischen 1840 und 1844 die Reisebücher *Jenseits der Berge* (1840), *Reisebriefe* (1841), *Erinnerungen aus und an Frankreich* (1841), Ein *Reiseversuch im Norden* (1843) und *Orientalische Briefe* (1844). Gleichzeitig entwickelt sie sich zu einer der beliebtesten Romanautorinnen des Vormärz. In dem Jahrzehnt vor der Revolution von 1848 entstehen jene zehn Gesellschaftsromane, die von ihren Zeitgenossen geradezu verschlungen werden, so vor allem *Cecil* (1844), *Zwei Frauen* (1845), *Der Rechte* (1845), *Gräfin Faustine* (1845), *Sigismund Forster* (1845) u. a. m. Es sind Frauenromane, und zwar nicht bezüglich ihrer Autorenschaft, sondern auch ihrem Inhalt nach. Die Frau beherrscht ganz ausdrücklich das Aktionsfeld, genau gesagt die Aristokratin zwischen fünfzehn und dreißig. Nicht zu Unrecht ist H. immer wieder der Vorwurf gemacht worden, daß sie sich lediglich für den Egalitätsanspruch der Damen aus der Aristokratie interessiere und sozusagen Gräfinnenemanzipation betreibe. Doch dabei darf nicht vergessen werden, daß ihr eigener Befreiungsprozeß durch ihre diskriminierenden Eheerlebnisse in Gang gesetzt wird und sie zunächst einmal das beschrieb, was sie kennt: »das Herrinnen-Privileg« von Mannes-Gnaden.

Mit dem Revolutionsjahr 1848 beginnt H.s dritte Phase, die katholische. Sie konvertiert und verbringt fortan in Mainz ihr Leben im Kloster. Sie schreibt zwar weiterhin Romane, nun aber zur Verherrlichung der römisch-katholischen Kirche. In ihren widersprüchlichen Aktivitäten gehört sie gewiß zu den interessantesten Frauen des 19. Jh.s.

Gesammelte Werke. 45 Bde. Regensburg 1902–1905. – Lit.: Möhrmann, R.: *Die andere Frau. Emanzipationsansätze deutscher Schriftstellerinnen im Vorfeld der Achtundvierziger Revolution.* Stuttgart 1977; Schmid-Jürgens, E. I.: *Ida Gräfin H. H.* Berlin 1933; Helene, M.: *Gräfin I. H.-H. Ein Lebensbild nach der Natur gezeichnet.* Leipzig 1869.

Renate Möhrmann

Hareven, Shulamith

Geb. 14. 2. 1931 in Warschau

»An solchen Abenden verließ Sara das Haus auf dem Scopusberg, in dem sie lehrte, und verharrte einen Augenblick schweigend angesichts der vor ihr ausgebreiteten Stadt, [. . .] und die Stadt wirkte, als sei einst, [. . .] ein großer Stein zersprengt worden und alle in ihm enthaltene Weisheit habe sich glitzernd über diese Hänge verbreitet.« Diese Sätze aus dem autobiographisch angelegten Roman *Saras Jerusalem,* 1972 (dt. 1993) zeugen von der engen Verbundenheit der Romanheldin Sara mit der Stadt Jerusalem, die H.s Wohnsitz ist, seit es ihrer Familie gelang, Mitte der 30er Jahre vor den Nazis nach Palästina zu fliehen. H. war zunächst vorwiegend für Kol Jisrael, den israelischen Rundfunk, tätig. In den 50er Jahren arbeitete sie mit jüdischen Neueinwanderern, die aus arabischen Staaten nach Israel gekommen waren und wirkte vor allem als Kolumnistin und Essayistin, seit den 60er Jahren dann auch als Schriftstellerin. H. veröffentlichte bisher 13 Bücher, darunter Romane und Gedichtbände. Einige sind ins Englische, Schwedische und Französische, ein kleiner Teil auch ins Deutsche übertragen worden.

Die international bekannte H. wird zu den Autoren der sog. ›Generation des Staates‹ gerechnet, d. h. zu den Pionieren dieser jungen Literatur. Sie beschäftigt sich vorwiegend mit Entwicklungen innerhalb der Gesellschaft vor und nach der Staatsgründung von 1948, aber auch mit durch den Holocaust verursachten individuellen Tragödien. Das Spektrum ihrer Hauptfiguren reicht von biblischen Propheten in der Wüste bis zu kosmopolitisch denkenden Frauen aus dem heutigen Jerusalem. Der Ausgangspunkt ist meist der gleiche: einsame, isolierte Menschen befinden sich in einer gestörten Beziehung zu ihrer Umwelt. In den 60er und 70er Jahren gehörte H., ebenso wie Jehudith Hendel (geb. 1926), zu den Autoren, die der lyrisch-impressionistischen Strömung in der hebräischen Literatur eine typisch israelische Nuance verliehen, wobei sie sich jedoch weniger an den Werken ihrer hebräischen Vorläufer orientierten als an englischen und französischen Vorbildern von Katherine ↗ Mansfield bis Marguerite ↗ Duras. Ähnlich wie Amalia Kahana-Carmon (geb. 1926) und Jehudith Hendel entwickelte H. damals ihre eigene Form der lyrischen Novelle. Eine Sammlung ihrer besten Erzählungen (*Loneliness*) erschien

1980 auf hebräisch, 1991 unter dem Titel *Twilight and Other Stories* auf englisch. In den meisten ihrer Erzählungen zeigt H. die Verletzbarkeit von Frauen in ihrem Kampf gegen Abhängigkeit und Erniedrigung. Ihr Verständnis für die innere Welt der Frauen, für ihr oft fehlendes Selbstbewußtsein, ist beeindruckend, zumal in Israel erst im Laufe der 80er Jahre eine feministische Literatur entsteht. In den 80er Jahren veränderte H. sowohl Stil als auch Thematik. Sie schreibt seitdem vorwiegend stilisierte, archaisch wirkende Novellen, deren Modernität sich jedoch in der knappen Darstellung von Personen und Handlung sowie in vielfältigen atmosphärischen Effekten widerspiegelt.

H. war eine der ersten beiden Frauen überhaupt, die in die Akademie der Hebräischen Sprache, eine bisherige Männerdomäne, gewählt wurden. Obwohl sie mehrere Sprachen beherrscht, schreibt sie nur auf hebräisch, denn es ist für sie die »reichste und genaueste Sprache, die es gibt«. Hinsichtlich des israelisch-palästinensischen Verhältnisses gilt H. als klare Befürworterin von Frieden und Aussöhnung, was sie auch mehrfach praktisch demonstrierte. So besuchte sie während der Intifada das palästinensische Flüchtlingslager Jabalia im Gazastreifen und berichtete in der großen israelischen Tageszeitung *Jediot Acharonot* über ihre persönlichen Beobachtungen.

Lit.: Feinberg, A.: Einleitung zur Anthologie *Rose unter Dornen. Frauenliteratur aus Israel.* Gerlingen 1993.

Monika Zemke

Haushofer, Marlen

Geb. 11. 4. 1920 in Frauenstein/Oberösterr.; gest. 21. 3. 1970 in Wien

»Mach Dir keine Sorgen. Du hast zuviel und zu wenig gesehen, wie alle Menschen vor Dir. Du hast zuviel geweint, vielleicht auch zu wenig, wie alle Menschen vor Dir. Vielleicht hast Du zuviel geliebt und gehaßt – aber nur wenige Jahre [...]. Dann war ein Teil von Dir tot«. – Zuviel und zuwenig, tot und lebendig zugleich – die Bilanz in H.s letztem Tagebucheintrag geht nicht auf, und der klarsichtige Schluß läßt keinen falschen Trost zu: »alles wird ein Häufchen Asche sein, und auch das Gehirn wird endlich aufhören zu denken. Dafür sei Gott bedankt, den es nicht gibt. [...] Eine völlig normale Geschichte.« Was ist eine völlig normale Geschichte? Knapp einen Monat nach dieser Eintragung stirbt H. im Alter von fast 50 Jahren an Knochenkrebs – Autorin zahlreicher Romane, Erzählungen, Kinderbücher und Hörspiele, Zahnarzthelferin in der provinziellen Praxis ihres Mannes, Hausfrau und Mutter, Preisträgerin des österreichischen Staatspreises für Literatur. In Briefen und Tagebüchern beschreibt sie den beständigen persönlichen Konflikt zwischen Leben und Schreiben, familiären Pflichten und literarischen Zirkeln (um Hans Weigel), Steyr und Wien.

Während die zeitgenössische Kritik die vermeintliche Alltäglichkeit ihrer Texte mit Banalität gleichsetzt, schreibt H. sehr präzis von dem Preis, den die Herstellung solch alltäglicher Normalität kostet, und zwar aus der Perspektive eines komplexen ›Danach‹: Das Textgeschehen ist oft nach dem Einbruch einer Katastrophe (Unfall, Krankheit, Tod) angesiedelt, die scheinbar privates Versagen ist, sich aber als das Versagen einer Anpassung an die normale, d. h. vergeßliche, reibungslos funktionierende Nachkriegszeit erweist. Da H.s Frauenfiguren das Wissen um Gewalt und Vernichtung nicht verdrängen können, müssen sie versuchen, es zu überleben. Das ist umso unmöglicher, als der Schrecken nicht nur in der Vergangenheit von Nationalsozialismus und Krieg liegt, sondern auch in der Kontinuität, und damit nicht nur im Gesellschaftlich-Politischen, sondern auch im privaten Alltag, in dem Mörder und Mittäter als Ehemänner und Geliebte auftreten: »Richard ist ein Ungeheuer: fürsorglicher Familienvater, geschätzter Anwalt, leidenschaftlicher Liebhaber, Verräter, Lügner und Mörder.« (*Wir töten Stella*, 1959). Das abgründige Wissen trennt die Figuren von ihrer Umwelt, der sie doch angehören. Für diese ausweglose Ambivalenz und das tiefe Gefühl der Fremdheit hat H. das Bild der unsichtbaren Wand entwickelt, die entweder schockartig erscheint (*Die Wand*, 1963) oder unmerklich wächst (*Himmel, der nirgendwo endet*, 1966). In *Die Wand* verliert das Normale seine Selbstverständlichkeit, so daß es als eigentlicher Wahnsinn sichtbar wird, gezeichnet von Zerstörungswut und der Unfähigkeit zu lieben. H.s bekanntester und nach ihrer Einschätzung »wesentlichster« Roman, der mit seiner Neuauflage 1983 ihren späten Ruhm begründet, ist zwar außerhalb der alltäglichen Ordnung angesiedelt, stellt aber an sie die grundlegenden Fragen unserer Zivilisation, nämlich was der Mensch sei und was seine Menschlichkeit ausmache. Indem *Die Wand* die Gefahren des ›Entmenscht-Seins‹ – in der Konfrontation der letzten beiden Überlebenden, Frau und Mann – ausspielt, läßt sich der Vernichtungswille (auch des Nationalsozialismus) nicht als das ganz Andere, sondern als eine Konsequenz der herrschenden Ordnung lesen.

Die Radikalität der Analyse und der weibliche Blick auf die soziale und symbolische Ordnung verbinden H. mit ↗ Aichinger und ↗ Bachmann. H. unterscheidet sich von beiden aber durch ihre lakonische Schreibweise. Auf ähnlich kühle Weise verhandeln all ihre Texte die Geschlechterfrage, ohne simple Leidens- oder Befreiungsgeschichten zu erzählen. Opfer und Täter verbinden sich in komplexer Weise über die Frage von Wissen und Liebe, von Schuld und Sehnsucht nach Geborgenheit und thematisieren so die komplizierte Verwicklung von Frauen in die ›normalen‹ Herrschafts- und Gewaltverhältnisse ebenso wie die verführerische Stärke, die von der ›heilen Welt‹ der 50er Jahre ausgeht: »Sie spürte rund um sich das warme Saugen der Geborgenheit. [Sie glaubte], eine zähe Flüssigkeit an ihren Füßen lecken zu fühlen, geduldig, aber unaufhaltsam, und es war ihr, sie müsse sich nur ruhig fallen lassen, um ganz in die Geborgenheit, Wärme und Stille einzugehen. Es war unbeschreiblich abscheulich und verlockend.« (*Eine Handvoll Leben*, 1955). Diese unauflöslichen Verwicklungen lassen die Frauenfiguren isoliert, unauffällig und wie versteinert zurück, die gleichwohl mit einer lebendigen, wissenden Phantasie begabt sind. So träumt die Protagonistin in *Die Mansarde* (1969) davon, einen besonderen Vogel zu zeichnen: »Es muß ein einzelner Vogel sein, und alles an ihm muß schreien: Ich bin nicht der einzige Vogel auf dieser Welt. Ich singe, und Millionen Stimmen erheben sich und antworten mir.«

Lit.: Duden, A. u. a.: *»Oder war da manchmal noch etwas anderes?« Texte zu M. H.* Frankfurt/M. 1986; Schmidjell, Ch. (Hg.): *M. H.: Die Überlebenden. Unveröffentlichte Texte aus dem Nachlaß, Aufsätze zum Werk.* Linz 1991.

Ulrike Vedder

Head, Bessie

Geb. 6. 7. 1937 in Pietermaritzburg/Südafrika; gest. 17. 4. 1986 in Serowe/Botswana

Bessie Head wird als außereheliches Kind einer Weißen und eines unbekannten Schwarzen geboren und von der Großmutter an Pflegeeltern weitergegeben. Sie besucht die anglikanische Missionsschule, macht das Lehrerinnenexamen und arbeitet zwei Jahre in Durban. Es folgen Jahre als Journalistin in Cape Town und Johannesburg, in denen erste literarische Texte entstehen, so der posthum veröffentlichte Roman *The Cardinals* (*Sternenwende*, 1997). H. heiratet und hat einen Sohn. 1964 darf sie mit ihm nach Botswana ausreisen, wo sie bis zu ihrem Tod in Serowe als Lehrerin, dann als Schriftstellerin lebt – ohne Paß, da Botswana ihr erst 1979 die Staatsbürgerschaft erteilt. Da ist H. längst international bekannt, hat eine lebhafte Korrespondenz (*A Gesture of Belonging*, 1991) mit Freunden ebenso wie mit dem akademischen und nichtakademischen Lesepublikum in aller Welt. Nur wer hinter H.s Biographie die historische Dimension und also die politische Bedrohung sieht, wer weiß, daß sie ihr Leben lang die Diskriminierung nicht losgeworden ist, die sich in sie eingefressen hatte bis zu Schüben psychischer Desintegration, der ahnt den Preis für ihren Erfolg.

Ihre Texte spiegeln die Verfolgung, die Hoffnung auf eine neue, gerechtere Gesellschaft, aber auch die immer wieder einbrechende Verzweiflung. Sie sind fast ausnahmslos von autobiographischen Elementen geprägt, so sehr, daß daraus umgekehrt Biographien konstruiert worden sind. Marginalisierung und Stigmatisierung – aufgrund von ethnischer Zugehörigkeit wie aufgrund des Geschlechts – sind ein Leitthema von H., in das sie die Suche nach Selbstvergewisserung und die Notwendigkeit zu Grenzüberschreitung und Veränderung eingebunden hat. Ihre Geschichten werden nicht zwischen Schwarz und Weiß ausagiert, obgleich der koloniale Kontext vielfach präsent ist. Es ist eine der bedeutenden Leistungen H.s, daß sie sich ganz und gar afrikanischen Gesellschaften und deren eigenen Konflikten zuwendet. Sie spitzt sie am Geschlechterverhältnis zu, dessen Hierarchie durch den Kolonialismus verstärkt, aber um seine Komponente der Fürsorge beraubt worden ist und zu Geschlechterbeziehungen geführt hat, die durch Brutalität und Verantwortungslosigkeit gekennzeichnet sind.

In ihrer wohl berühmtesten Erzählung, »The Collector of Treasures«, 1977 (der Titelgeschichte von *Die Schatzsammlerin*, 1988), gestaltet sie in Dikeledi eine Frau, die sich des selbstherrlichen Ehemannes und seines zerstörerischen Einflusses auf die Familie nur durch die Kastration zu entledigen weiß. Sie ist eine jener starken

Frauenfiguren, an denen H. Lebenstüchtigkeit, Weisheit und Überlebensstrategien afrikanischer Frauen in einer sich modernisierenden Gesellschaft zeigt. Wie stark ihre Sehnsucht nach gelingenden Beziehungen war, läßt sich an den teilweise idealisierten Männnerfiguren ablesen, die manche ihrer Texte höchst ambivalent erscheinen lassen. Das gilt v.a. für den Roman *Maru* (1971) in dem interethnische Konflikte durch eine Liebesbeziehung überwunden werden sollen. H. ist aufrichtig genug, den Wunsch nach Heilung an der Realität zu messen. Es bleibt immer ein Stachel von Unerfülltheit. Die Zerstörungskraft von ethnischer und sexueller Diskriminierung gestaltet sie in dem Roman *A Question of Power*, 1973 (*Die Farbe der Macht*, 1987). Elizabeth erleidet lange schizophrene Phasen, ehe sie zur körperlich/sexuellen Ganzheit findet. Der Roman hat wegen dieses für afrikanische Literatur bis dahin ungewöhnlichen Themas starke Beachtung gefunden. H. hat auch nichtfiktionale Texte, z.B. zur Geschichte der Tswana, geschrieben (*Serowe: Village of the Rain Wind*, 1981). Die besondere Stärke von H.s dichterischer Gestaltung liegt in der Verbindung von indigener Oralität und westlicher Tradition. Ähnlich wie Ama Ata ↗ Aidoo (Ghana) oder Mariama ↗ Bâ (Senegal) gehört H. zu den ersten afrikanischen Schriftstellerinnen, die sich international Gehör verschaffen konnten.

Lit.: Abrahams, C. (Hg.): *The Tragic Life. B.H. and Literatures in Southern Africa.* Trenton 1990; Stead Eilersen, G.: *B.H. – Thunder Behind Her Ears.* London 1995; Ibrahim, H.: *B.H. Subversive Identities in Exile.* Charlottesville 1996; Mackenzie, C.: *B.H. An Introduction.* Grahamstown 1989.

Liselotte Glage

Hébert, Anne

Geb. 1. 8. 1919 in Sainte-Catherine-de-Fossambault/Kanada

»Ich lebe in Paris, fühle mich aber keineswegs als Pariserin«, meint die kanadische Schriftstellerin noch 1980. Erst 1997 läßt sie sich nach mehr als 30 Jahren wieder in Québec nieder. Nach einer behüteten Kindheit, gefördert von einem literarisch überaus gebildeten Vater und dem Cousin und Dichter Hector de Saint-Denys Garneau, besuchte H. erst mit zehn Jahren die öffentliche Schule und sieht sich im wesentlichen als Autodidaktin. Sehr breit in ihren Interessen, arbeitet sie zunächst für Radio Canada und das Office National du Film, veröffentlicht auf eigene Kosten 1942 ihren ersten Gedichtband *Les songes en équilibre* (Die Träume im Gleichgewicht) und geht 1954 schließlich zum ersten Mal für drei Jahre nach Frankreich. In der Folge pendelt sie zwischen Paris und Québec bis zum Tod ihrer Mutter (1965), danach lebt sie in Paris. »Am Rand«, wie sie sagt, ohne sich diesseits oder jenseits des Atlantiks in die literarischen Zirkel zu mischen. Und doch kann sie sich dem Ruhm nicht entziehen: H. ist seit 1960 Mitglied der Société Royale du Canada und Ehrendoktorin der Universitäten McGill und Toronto sowie der Université du Québec. Ihr Werk wurde mit zahllosen Preisen ausgezeichnet,

1978 erhielt sie den Prix David für ihr Gesamtwerk; seit 1997 existiert an der Universität Sherbrooke ein Forschungszentrum, das ihr gewidmet ist. Viele ihrer Werke wurden in zahlreiche Sprachen übersetzt, in deutscher Übersetzung liegen derzeit nur einige Kurzgeschichten sowie der Roman *Kamouraska* vor.

H. hat sich als Lyrikerin, Romanschriftstellerin und Dramatikerin einen Namen gemacht. Nach Anfängen in Lyrik und Theater erregt sie 1953 mit *Le tombeau des rois* (Das Grabmal der Könige) Aufsehen, einem Gedichtband, der das Thema des inneren Exils in der Manier von Saint-Denys Garneau fortschreibt. 1960 folgt *Mystère de la parole* (Geheimnis des Worts), in dessen hymnenartigen Texten sich die Aufbruchsstimmung der 50er Jahre widerspiegelt; auch in jüngster Zeit veröffentlicht H. in regelmäßigen Abständen Gedichtbände und ist durch ihre Hörspiele bekannt geworden.

Ihren Ruf als eine der bedeutendsten kanadischen Schriftstellerinnen verdankt sie jedoch den erzählenden Texten, angefangen von den frühen, in der Thematik überraschend kühnen Kurzgeschichten bis zu den Höhepunkten ihrer Erzählkunst, den Romanen *Kamouraska*, 1970 (dt. 1972), *Les fous de Bassan*, 1982 (Vögel und Verrückte) und *Les enfants du sabbat*, 1975 (Die Kinder des Hexensabbat), die allesamt in Québec spielen und von denen die beiden erstgenannten sogar verfilmt wurden. In ihnen artikuliert H. – ähnlich wie Marie-Claire ↗ Blais (geb. 1939) – ein bis dato verschwiegenes und somit scheinbar inexistentes Québec. Unbeirrbar unterläuft sie die Wirklichkeit durch das Imaginäre: Schlaf, Erinnerung, Wahnsinn erlauben ihren Protagonistinnen in jenen Bereich des Realen einzutreten, der »nichts mit der Realität zu tun hat« und der sehr häufig in engster Symbiose mit der Natur steht. Die Welt ihrer Protagonistinnen erscheint als dichtes Netz von ständig gebrochenen Perspektiven, Stimmen, Aufzeichnungen, erzähltechnischen Experimenten, mit deren Hilfe H. Leidenschaft und Wahnsinn, Ehebruch und Mord, Liebe und Tod gestaltet. Ihre Heldinnen sind starke, zur Gewalt fähige Persönlichkeiten, die gegen eine Welt der Enge revoltieren. Sie entwickeln eine ungeahnte, vielfach zerstörerische Kreativität und suchen das Absolute im Guten wie im Bösen. So paktiert Schwester Julie in *Les enfants du sabbat* mit dem Teufel und gebiert in blasphemischer Umkehr der unbefleckten Empfängnis ein Ungeheuer. Mit dem Zerrbild der patriarchalen Macht, des klerikalen Regimes und der herkömmlichen Rolle der Frau leistet H. einen wesentlichen Beitrag zu einer feministischen Perspektivierung. Obwohl sie im Textexperiment nicht annähernd so weit geht wie Nicole ↗ Brossard (geb. 1943), zeigen ihre Romane dennoch – mit Intertextualität, Infragestellung der referentiellen Ebene und Metafiktion – deutlich postmoderne Ansätze.

Lit.: Bishop, N. B.: *A. H., son œuvre, leurs exils.* Talence 1993; Emond, M.: *La femme à la fenêtre.* Québec 1984; Harvey, R.: *Kamouraska d'A. H.: une écriture de la passion.* Montréal 1981.

Ursula Mathis

Heinrich, Jutta
Geb. 4. 4. 1940 in Berlin

»Ich bin verrückt und sehnsüchtig nach der Kultur, ihrer Ablagerung, die mir die Stimmen, all die verlorengegangenen Stimmen aus Schreien und Verbotenem in Angemessenheit zurückbringen. Ich bin verrückt nach der Wohlgefälligkeit der Poesie, die mir hinter ihrem Beben, hinter ihrer eingemauerten Unordnung doch ihr Spucken verheißt. Nicht ihre Oberfläche, ihr Blumiges, ihr Sing-Sang der Sinne ist es, es ist ihre Verdorbenheit, die aus dem Wort hängende Zote, die Sekunde der Wahrheit, die die Zähne bleckt; sie ist der Schatten in einer Flut aus Licht, das gegen die Lüge erfunden wurde, die wunderbar und einzig ist, denn sie allein ist der Beweis einer riesenhaften Anstrengung, die einstmals Aufruhr hieß. Ich liebe die Lüge, nur der Aufenthalt in ihr offenbart die Verwestheit der Wahrheit.« – Dieser Auszug aus dem Band *Alles ist Körper* (1991) klingt wie H.s Sprachkonzept, das aber nicht ein festgelegtes, formuliertes ist. Vielmehr scheinen ihre poesiereichen Texte eher einer Sinnstörung vergleichbar. Am Anfang war immer die Lüge, H. sucht das Wort, das Bild, die Symbole, um gegen die Gefühlserstarrung anzuschreiben. Ihr durchgängiges Suchen nach einem ›Ort der Hoffnung‹ (so sollte ihr erster Roman heißen), ist schon in dem Text *Mit meinem Mörder Zeit bin ich allein* (1987) als irrende, verzweifelte Suche nach der Heimat des Lebens präsent.

H. wuchs als älteste von fünf Töchtern in einer großbürgerlichen Familie in Bayern auf. Ihr Vater war Jurist, die Mutter ausgebildete Malerin. Nach der mittleren Reife arbeitete sie in verschiedenen Berufen und Branchen: als Betriebsleiterin im väterlichen Betrieb (Furnier- und Sperrholzfabrik), Sekretärin, Unternehmerin, Handelsvertreterin, Imbißbesitzerin, Arbeiterin. Ab 1972 studierte sie Sozialpädagogik an der Fachhochschule und ab 1975 Literaturwissenschaft/Germanistik an der Universität Hamburg. Seit 1975 ist H. freie Schriftstellerin.

Bereits ihr viel gerühmtes Erstlingswerk *Das Geschlecht der Gedanken* (1977) enthält Motive, Themen und Ausdrucksmittel, die sich in Variationen und Akzentverschiebungen durch ihr Gesamtwerk ziehen. »Schreiben ist für mich auch entblößen, bloßstellen, um das Herausgestellte mit anderen Gedanken ... zu füllen« – so charakterisiert sie selbst ihre Schreibhaltung. Im Text *Mit meinem Mörder Zeit bin ich allein* (1987) greift H. das Thema ›Zeit‹ unter den Aspekten der Globalisierung und Endzeitvision im atomaren Zeitalter auf. Sie benennt ausdrücklich den literarischen Traditionszusammenhang (↗ Bachmann, C. ↗ Wolf). Auf die Reaktorkatastrophe in Tschernobyl reagiert H. mit ihrem Text *Eingegangen* (1987). Die Verfasser der fiktionalen Hörerzuschriften dokumentieren mit ihren Briefen ein groteskes Gesellschaftspanorama. Anders als in C. Wolfs Text *Störfall* stehen hier Ironie, Parodie, beißende Satire, Stimmungsbilder, die Klischees und Pathos zertrümmern, um den Fortschrittswahn in seiner ›verführerischen‹ Dimension zu beleuchten. Im Erzählungsband *Alles ist Körper* (1991) bezieht sich H. auf Foucaults Ansatz vom Körper als letztem Aufbewahrungsort von Erfahrung. Extreme Körpererfahrungen werden hier als Körperverletzung vorgeführt. Sie fungieren als Metaphern für psychische Verelendung in einem zwanghaften Ordnungssystem. Die Essaysammlung *Im Revier der Worte* (1994) und das Interview in *Sturm und Zwang. Schreiben als Geschlechterkampf* (1995) enthalten Aussagen zum Selbstverständnis als Schriftstellerin, belegen H.s künstlerische und politische Positionen. Ihrer ungewöhnlichen Sprachkultur, präzisen gedanklichen Schärfe, ihrer Sensibilität und ihrem Phantasiereichtum begegnen wir wieder im Roman *Unheimliche Reise* (1998). Sie schickt ihre Ich-Erzählerin auf die Suche nach unseren neuen und alten Ängsten, die Angst vor dem Homunculus, vor dem Golem oder dem geklonten Menschen. Mit einer atemberaubenden Erzählstrategie führt H. uns spannendes Erzählen vor.

Mit *Unterwegs* (1978), einem Stück in zwei Akten, wendet sich H. dem Theater zu, das sie zunehmend mehr interessieren wird. Es entstehen Stücke wie *Absturz ins Herz* (1990), *Männerdämmerung* (1990), *Vermächtnis des Körpers* (1990).

Hannelore Scholz

Hellman, Lillian (Florence)

Geb. 20. 6. 1906 in New Orleans, Louisiana; gest. 30. 6. 1984 in Martha's Vineyard, Massachusetts

Lillian Hellmann wurde als Tochter jüdischer Eltern in New Orleans geboren. Mit 19 Jahren heiratete sei den Journalisten Arthur Kober und ging mit ihm nach Europa, wo sie bei gelegentlichen Reisen nach Deutschland 1929 erstmals mit der beginnenden Nazi-Bewegung und dem Antisemitismus konfrontiert wurde – eine Erfahrung, die sie später u.a. in ihrem Drama *Watch on the Rhine* (1941, verfilmt 1943) verarbeiten sollte. 1930 zogen die Kobers nach Hollywood. H. las Drehbücher für Metro-Goldwyn-Mayer und begegnete dem schon damals bekannten Detektivroman-Schriftsteller Dashiell Hammett, mit dem sie nach ihrer 1932 erfolgten Scheidung bis zu seinem Tod 1960 zusammenlebte.

Schon mit ihrem ersten Theaterstück *The Children's Hour* (1934) hatte H. einen durchschlagenden Erfolg. Das Drama, das auf einem realen Verleumdungsfall basiert, erzählt die Geschichte von zwei Frauen, die ein angesehenes Mädcheninternat leiten und durch die Anschuldigung einer Schülerin, sie seien lesbisch, ruiniert werden. Das zur Zeit der Entstehung des Dramas gesellschaftlich tabuisierte Thema führte dazu, daß das Stück in Boston verboten wurde und die schockierende Handlung in der ersten Filmversion durch ein ›akzeptableres‹ heterosexuelles Dreiecksverhältnis ersetzt wurde (*These Three*, 1936). Zwei weitere Filmproduktionen folgten 1962 und 1979 unter dem Titel *The Loudest Whisper*. – Mit Ausnahme von *Days to Come* (1936), ihrem zweiten Drama, und *My Mother, My Father and Me* (1963), ihrem letzten, waren H.s Dramen sowohl am Broadway als auch bei internationalen Produktionen jeweils überaus erfolgreich. Ihr vielleicht bekanntestes

Drama *The Little Foxes*, 1939 (*Die kleinen Füchse*, 1950) ist eine gesellschaftskritische Auseinandersetzung mit dem skrupellosen Egoismus und der Geldgier einer Familie in den Südstaaten, mit Herrschsucht, Ausbeutung und Opportunismus, die zu menschenunwürdigen sozialen Verhältnissen führen und den einzelnen zerstören. Sieben Jahre später greift H. in *Another Part of the Forest* (1946, verfilmt 1948) das Schicksal der Familie Hubbard noch einmal auf, um dessen Vorgeschichte zu analysieren.

Neben acht Dramen und vier Broadway-Adaptionen verfaßte H. zahlreiche Drehbücher, schrieb ein Libretto für Leonard Bernsteins *Candide. A Comic Operetta Based Upon Voltaire's Satire*, adaptierte Jean Anouilhs *Lerche* für eine Inszenierung am Broadway, arbeitete weiterhin für Zeitschriften und Zeitungen und gab 1955 die Briefe von Čechov heraus sowie eine Sammlung mit Erzählungen von Dashiell Hammett (*The Big Knockover*, 1966). Ihre Dramen *Autumn Garden* (1951) and *Toys in the Attic* (1960), die stärker die Komplexität der Charaktere in den Vordergrund stellen, lassen deutlich den Einfluß Čechovs erkennen. Für *Watch on the Rhine* und *Toys in the Attic* wurde ihr der New York Drama Critics' Circle Award als jeweils bestes Theaterstück des Jahres verliehen.

Als Teil ihrer lebenslangen politischen Aktivitäten produzierte H. (zusammen mit Ernest Hemingway und anderen) 1937 den Dokumentarfilm *The Spanish Earth*, um die antifaschistischen Gruppen im Spanischen Bürgerkrieg zu unterstützen. Wegen ihrer pro-kommunistischen Haltung wurde sie – wie auch Dashiell Hammett und viele andere Künstler und Intellektuelle im Amerika der 50er Jahre – ein Opfer der von Senator Joseph McCarthy initiierten Hexenjagd, die dazu führte, daß ihre Werke über Jahre hinweg auf der ›schwarzen Liste‹ standen und sie schwerwiegende finanzielle Rückschläge hinnehmen mußte. H. überlebte diese politische Verfolgungskampagne u. a. dadurch, daß sie mit der Veröffentlichung ihrer Memoiren eine zweite Karierre begann. *An Unfinished Woman*, 1969 (*Eine unfertige Frau*, 1970) – ein Buch, für das H. den National Book Award erhielt – skizziert ihr Leben bis zu Hammetts Tod. Es verbindet kurze Beschreibungen von ihrer Kindheit und den Anfängen ihrer Laufbahn als Journalistin mit ausführlichen Darstellungen ihrer Reisen in die Soviet Union und nach Spanien sowie Porträts von Dorothy ↗ Parker und Dashiell Hammett. Diese besondere Art des autobiographischen Erzählens – skizzenhafte Charakterisierungen von Menschen, die in ihrem Leben eine besondere Rolle gespielt haben, – kennzeichnet auch ihre zweite Autobiographie *Pentimento* (1973), während *Scoundrel Time* (1976) die Erfahrungen der politischen Verfolgungsjagd in den 50er Jahren, die Unterdrückung der Freiheit im Namen des Antikommunismus beschreibt. Zusammen mit *Maybe. A Story* (1980) boten diese vier Autobiographien das Material für weitere 5 Filme. Bei dem Skandal, den die Publikationen ihrer Autobiographien jeweils hervorriefen, ging es vorwiegend um den Vorwurf, Fakten seien verfälscht und Ereignisse nicht wirklichkeitsgetreu wiedergegeben worden. Zur Diskussion standen die ›Wahrheit‹ des Erzählten und das Verhältnis von Wirklichkeit und Fiktion – Fragen, die H. in vielen ihrer Werke selbst immer wieder thematisiert hat. Doch die u. a. von Mary McCarthy (1912–1989) gegen sie vorgebrachten Anschuldigungen und Verleumdungen ändern nichts an der Tatsache, daß es H. – wie schon mit ihren Theaterstücken – auch mit diesen Werken erneut gelungen ist, ihre Position als eine der wichtigsten und engagiertesten ›women of letters‹ in Amerika zu behaupten.

The Collected Plays. Boston 1972. – Lit.: Riordan, M.M.: *L.H., A Bibliography: 1926–1978*. Metuchen, N.J. 1980; Wright, W.: *L.H. The Image, the Woman*. New York 1986; Estrin, M.W. (Hg.): *Critical Essays on L.H.* Boston 1989; Mellon, J.: *Hellman and Hammett: The Legendary Passion of L.H. and Dashiell Hammett*. New York 1996.

Renate Hof

Hensel, Kerstin

Geb. 29. 5. 1961 in Karl-Marx-Stadt (Chemnitz)

»Keine von uns wurde je gezwungen, Schriftstellerin zu werden. Wir haben keinen Grund, über uns zu klagen.« So unerbittlich und unsentimental formuliert H. ihren hohen Anspruch an die eigene Leistung; Schriftstellerin wurde sie auf Umwegen. Aufgewachsen in einem ›bücherlosen‹ Elternhaus, absolvierte sie die 10-Klassen-Schule, von 1977–80 ein Studium an einer medizinischen Fachschule, arbeitete danach bis 1983 als chirurgische Schwester in ihrer Heimatstadt. In dieser Zeit betreibt sie intensive literarische Studien und veröffentlicht in Zeitschriften und Anthologien. 1983–85 studiert H. am Literaturinstitut in Leipzig; 1984 wird der Sohn geboren; 1985–87 absolviert sie eine Aspirantur am Leipziger Theater. Seit der Übersiedlung nach Berlin 1987 ist sie freiberuflich tätig und nimmt einen ständigen Lehrauftrag für das Fach Deutsche Versgeschichte und Verssprache an der Schauspielschule Ernst Busch in Berlin und der Filmhochschule in Potsdam wahr.

Die meisten ihrer Texte sind vom »ernsthaft-komischen Blick« geprägt, den sie speziell sächsischen Autorinnen (Irmtraud ↗ Morgner) zuspricht. Von Anfang an, so auch im ersten Erzählungsband *Hallimasch* (1989), arbeitet sie mit grotesken Überhöhungen, z.B. bei der Darstellung lethargischen Verhaltens von DDR-Bürgern angesichts sozialer Mißverhältnisse, namentlich in verfallenden Leipziger Altbauvierteln. Ihre grotesken Bilder und Begebenheiten enthalten substantielle Auseinandersetzungen mit deutschen Zuständen in Vergangenheit und Gegenwart. Die Verquickung komischer und tragischer Aspekte, Sprachspiele und extreme Verkürzungen lassen ihre Texte außerordentlich komprimiert erscheinen. Im Unterschied zu anderen Autorinnen, die auf den Kollaps der DDR vorwiegend publizistisch reagierten, arbeitete H. kontinuierlich an dem Roman *Panoptikum* (1991), in dem sie dem verbissenen Ernst aktueller geschichtlicher Auseinandersetzungen ein ungezwungenes Spiel mit Persiflagen und Parodien aller Art entgegensetzt.

Seit 1990 verfaßte sie überdies mehrere Libretti, u.a. vertont von Friedrich Schenker, zahlreiche Hörspieltexte und Filmszenarien, sowie eine Fülle essayistischer und publizistischer Beiträge, darunter Texte zur Bildenden Kunst, Literaturkritiken und -interpretationen. Neben Sammlungen von Gedichten, Essays und

Erzählungen (*Angestaut*, 1993 und *Neunerlei*, 1997) brachte sie die großen Erzählungen *Im Schlauch* (1993) und *Tanz am Kanal* (1994) heraus. Erzählt wird von Mädchen, die ihre Kindheit und Jugend in der DDR zwischen Ausbruchsversuchen und Anpassung erleben, z. T. gespiegelt aus der Kolportageperspektive von Medien in der Nachwendezeit.

Lit.: Dahlke, B.: *Papierboot. Autorinnen aus der DDR – inoffiziell publiziert.* Würzburg 1997.

Eva Kaufmann

Highsmith, Patricia

Geb. 19. 1. 1921 in Fort Worth, Texas; gest. 4. 2. 1995 in Locarno, Italien

Highsmith ist die Autorin von Psychothrillern, in denen die Abgründe der menschlichen Seele ausgeleuchtet werden. Von klein auf wollte H. Schriftstellerin werden und möglichst weit weg von zu Hause leben; ihre Kindheit empfand sie als klaustrophobisch, ihre Eltern stritten sich ständig, ihre Lieblingslektüre bestand in einem psychiatrischen Lehrbuch mit gruselig anschaulichen Fallgeschichten über Sadisten und Mörder. 1950 veröffentlichte H. den makabren Roman *Strangers on a Train*, in dem zwei Männer, die sich zufällig während einer Bahnfahrt kennenlernen, planen, Mord auf Gegenseitigkeit zu begehen: Der eine soll die Ehefrau des anderen umbringen, der dafür dann den Vater des ersten töten wird; jeder hätte somit entweder ein hieb- und stichfestes Alibi oder aber kein Motiv für die Tat. Aufgrund der Verfilmung dieses Stoffs durch Alfred Hitchcock (USA 1951) – bei der Raymond Chandler, der Drehbuchautor, das Ende der Romanvorlage stark verharmloste – wurde H. weltberühmt. Von da an führte sie das unstete Leben einer Expatriierten, hielt sich in Italien, England und Frankreich auf, bis sie sich schließlich im Tessin niederließ. Sie zog sich immer mehr zurück, umgab sich mit Katzen und hielt Schnecken, deren Zweigeschlechtigkeit sie faszinierte.

H.s Romane unterlaufen die Konventionen der Gattung Detektivliteratur, wie sie von den *Queens of Crime* Agatha ↗ Christie (1890–1976), Dorothy Sayers (1893–1957), Margery Allingham (1904–1966) und Ngaio Marsh (1899–1982) entwickelt wurden: Bei H. geht es nicht um das Entschlüsseln eines Rätsels, es wird nicht nach dem Mörder gesucht, Indizien und Alibis sind irrelevant, der Schluß ist offen, der Schrecken wirkt fort. H.s Interesse gilt psychologischen Konstellationen, paranoiden oder zwanghaften Persönlichkeitsstrukturen, symbiotischen Beziehungsgeflechten, kurz: den Psychopathologien. Ihre Romane haben gewisse Ähnlichkeiten mit denen von Ruth Rendell (geb. 1930), die ebenfalls Psychothriller schreibt (manche unter dem Pseudonym Barbara Vine). Meist beginnen H.s Geschichten mit der Schilderung von Trivialitäten, aber das Alltägliche ist nicht vertraut und anheimelnd, sondern nimmt unversehens Dimensionen von Bedrohung und Terror an. Die Täter sind von Anfang an bekannt, häufig haben sie einen massiv gestörten Realitätssinn. Sie verstricken sich in zunehmend absurdere Situationen; ein einfacher Ausweg aus der Misere, der sich anbietet, ist für sie nicht gangbar, weil sie ihn schlicht nicht sehen. So bleibt ihnen nur das Morden als ein letzter Verzweiflungsschritt. H. stellt aber nicht die Mörder, sondern die Opfer als die wahrhaft verabscheuenswürdigen Monster dar. Die Sympathien der Leserinnen und Leser sind deshalb immer beim Mörder, egal wie oft er mordet und wie vielen Menschen er das Leben zur Hölle macht. Meist kommt er am Schluß davon. Zu Beginn des Romanzyklus um Tom Ripley beispielsweise, in *The Talented Mr. Ripley* (1955), mordet der Protagonist aus Habgier, später dann, in *Ripley Under Ground* (1970) aus Selbstschutz und schließlich, in *Ripley's Game* (1974) nur noch, um ein Spiel zu treiben. Er wird nicht gefaßt, führt ein Leben in Luxus und verspürt keinerlei Schuldgefühle. H. schreibt über Männer. Frauen sind nur selten handlungstragend; die Ausnahme ist *Edith's Diary* (1977), ein Roman über eine Hausfrau, die allmählich wahnsinnig wird.

Lit.: Cavigelli, F./Senn, F. (Hgg.): *Über P.H.* Zürich 1980; Klein, K. G.: »Patricia Highsmith«. In: Bakerman, J. S. (Hg.): *And Then There Were Nine . . . More Women of Mystery.* Bowling Green 1985, S. 168–197; Lenz, S.: »Nachwort«. In: Highsmith, P.: *A Shot from Nowhere: Six Stories.* Stuttgart 1990, S. 149–59; Harrison, R.: *Patricia Highsmith.* New York 1997.

Evelyne Keitel

Higuchi, Ichiyō (eigtl. Higuchi, Natsuko)

Geb. 2. 5. 1872 in Tōkyō; gest. 23. 11. 1896 in Tōkyō

Higuchi gilt als bedeutendste Schriftstellerin der Meiji-Zeit (1868–1912), als Komet, der aus dem Nichts auftaucht und ins Nichts verschwindet. In ihrem kurzen Leben hat sie fast 4.000 Gedichte im klassischen Stil, zahlreiche Aufsätze, 21 kurze Erzählungen und ein mehrbändiges Tagebuch verfaßt. Ihre Kindheit fällt in eine Zeit des gesellschaftlichen und politischen Umbruchs. Nach dem Tod des Vaters 1889 will H., die bislang eine private Schule für klassische Dichtkunst besucht hat, mit Prosa Geld verdienen. 1891 begegnet sie dem gutaussehenden Nakarai Tōsui (1861–1926), Reporter und Verfasser populärer Zeitungsromane, und kürt ihn kurzerhand zu ihrem Mentor. Unter seinem Einfluß wendet sie sich der unterhaltsamen Literatur des 17. Jhs zu. Ende des Jahres wählt sie das Pseudonym Ichiyō, wörtlich »ein Blatt«. In der Erstausgabe der 1892 von Nakarai gegründeten Zeitschrift *Mushino* erscheint H. erstmals im Druck; zwei weitere Erzählungen folgen, bevor die Zeitschrift eingeht. Literarisch gesehen kann H. von Nakarai jedoch wenig lernen. Als Gerüchte über eine angebliche Liebesbeziehung kursieren, bricht sie den Kontakt ab. Die Veröffentlichung von »Umoregi« (Im Verborgenen) Ende 1892 markiert ihr Debüt als professionelle Schriftstellerin; zum erstenmal wird ihre Arbeit auch finanziell anerkannt. Vier weitere Erzählungen erscheinen in rascher Folge. Auffällig sind die wiederkehrenden Figuren des Waisenkindes und der verlassenen, klassisch gebildeten Schönen, die Kritik am krassen Materialismus der Gegenwart implizieren.

Im Sommer 1893 eröffnet H. mit Mutter und Schwester in unmittelbarer Nähe des Freudenviertels Yoshiwara einen winzigen Schreibwarenladen. Neun Monate halten sie durch; in dieser Zeit sammelt H. Eindrücke, die ihr literarisches Schaffen entscheidend beeinflussen werden. Die Erzählung »Ōtsugomori« (Am letzten Tag des Jahres) wird Ende 1894 veröffentlicht und läutet die zweite, reifere Phase ein. Der Einfluß von Ihara Saikaku (1642–1692) ist deutlich; H. teilt sein Talent für das Komödiantische, für einen assoziativ fließenden Stil und knappe Stimmungsskizzen. Ihr realistischer Blick und ihre Identifikation mit den Schwachen und Unterprivilegierten verhindern jedoch, daß diese wie bei Saikaku ins Stereotype abgleiten. Mit »Takekurabe« (Größenvergleich) erscheint 1894–96 das Werk, das H. dauerhaften Ruhm beschert und zu den wenigen Erzählungen gehört, die nicht nur ins Englische, sondern auch ins Deutsche übersetzt wurden. Wieder besticht H. durch Elemente der höfischen Literatur der Heian-Zeit (794–1185) und durch die witzig-weltmännische Eleganz der Edo-Zeit (1615–1868). Neu ist, daß sie Ernsthaftes und Spielerisches verbindet und Kinder zu Trägern von Idealen bestimmt, während die Welt der Erwachsenen durch Gewinnstreben und Heuchelei gekennzeichnet ist. Die Sehnsucht nach individueller Freiheit und die allmähliche Ernüchterung, die in »Takekurabe« zum Ausdruck kommen, machen die Erzählung zur Metapher verlorener Träume ihrer Generation. Mit einem Schlag ist H. berühmt. Ihr bescheidenes Heim wird zum literarischem Salon, die wichtigsten Schriftsteller ihrer Zeit erweisen ihr Reverenz. Keiner scheint zu bemerken, daß die junge Frau todkrank ist. Am 23. November 1896 stirbt H. Ichiyō im Alter von 24 Jahren an Tuberkulose.

Lit.: Danly, R. L.: *In the Shade of Spring Leaves. The Life and Writings of Higuchi Ichiyō, A Woman of Letters in Meiji Japan*. New Haven/London 1981; Nakagawa, V. V.: *Three Japanese Women Writers. H. I., Sata Ineko, and Kurahashi Yumiko*. Berkeley 1981.

Richmod Bollinger

Hildegard von Bingen

Geb. 1098 in Bermersheim bei Alzey; gest. 1179 in Rupertsberg bei Bingen

H. von Bingen ist wohl die bedeutendste mittelalterliche Schriftstellerin. Ihr großes, vielseitiges Œuvre gilt als ebenso außergewöhnlich wie ihr Leben: Sie war Gründerin und Äbtissin zweier Klöster, Seherin, Dichterin und Komponistin, Ärztin und Naturwissenschaftlerin und schon zu ihren Lebzeiten in Europa bekannt und berühmt. So kann es nicht verwundern, daß ihr Leben genauer und ausführlicher dokumentiert ist als das anderer schreibender Frauen im Mittelalter (↗ Hrotsvit von Gandersheim, ↗ Mechthild von Magdeburg). Bereits 1174/75 begann der Mönch Gottfried, der zeitweilig als H.s Sekretär fungierte, mit der Niederschrift ihrer *Vita*, die dann nach ihrem Tod von Theoderich von Echternach vollendet wurde. Neben dieser *Vita* geben die Prologe ihrer Werke und vor allem ihre zahlreichen Briefe Zeugnis über Leben und Werk.

H. wurde 1098 als zehntes Kind des Edelfreien Hildebert von Bermersheim und seiner Frau Mechthild geboren. Die Eltern vertrauten die erst achtjährige Tochter der Inkluse Jutta von Spanheim zur geistlichen Erziehung an. Zwischen 1112 und 1115 legte H. ihr Gelübde als Benediktinerin ab. Bereits seit frühester Kindheit hatte sie Visionen und Auditionen, aber erst 1141 begann sie mit deren Niederschrift in ihrem ersten Buch *Scivias* (Wisse die Wege), einer Art ›Heilsenzyklopädie‹ (Ch. Meier), die in 26 Visionen die Heilsgeschichte vom Sündenfall bis zum Jüngsten Gericht und dem ewigen Leben behandelt. 1147/48 wurde H. offiziell als Seherin durch den Papst anerkannt, nachdem Teile ihres noch unvollendeten Buches öffentlich vorgetragen worden waren. Zu ihren Befürwortern gehörte auch Bernhard von Clairvaux. Es dauerte zehn Jahre, bis H. die Arbeit an der Schrift *Scivias* beendete. Während dieser Jahre forcierte sie als Äbtissin den Ausbau des Klosters Rupertsberg bei Bingen, das sie 1151 beziehen konnte. 1165 gründete sie ein zweites Kloster in Eibingen. Parallel zu diesen Klostergründungen und ihrer Tätigkeit als Äbtissin schrieb H. an ihrem zweiten Buch, dem *Liber vitae meritorum* (Buch der Lebensverdienste), in dem unterschiedliche Lasterfiguren im Kampf gegen entsprechende Tugendfiguren gegeneinander antreten. Der ethische Kampf zwischen Gut und Böse erscheint zugleich als eine kosmische und heilsgeschichtliche Auseinandersetzung, die mit dem Jüngsten Gericht endet. Das dritte und bedeutendste Werk, den *Liber divinorum operum* (Buch der Gotteswerke) vollendete H. 1173/74. Diese ›Kosmosschrift‹ (Ch. Meier) präsentiert in hochkomplexen und elaborierten Bildern die Visionen vom Kosmos und die Interaktionen göttlicher, natürlicher und menschlicher Kräfte und vereint diese mit der visionären Schau auf die zukünftige Heilsgeschichte. Zeitlich parallel zu dieser großen Visionstrilologie verfaßte H. kleinere hagiographische und theologische Schriften.

H. schildert sich selbst immer wieder als schwache, ungelehrte Frau, die nur auf Gottes Befehl hin mit dem Schreiben begann und dazu Helfer benötigte, doch sollten diese Selbstaussagen nicht allzu wörtlich als autobiographische Aussagen interpretiert werden, denn sie sind Bestandteil der Prophetenrolle, die H. in ihrem Werk entwirft. Allein der Inspiration Gottes verdanke sie ihre Erleuchtungen, und gerade ihre Unfähigkeit und Schwachheit mache sie zum Sprachrohr Gottes und legitimiere damit ihre Rolle als prophetische Seherin und Lehrerin. H. ist aber nicht allein als Verfasserin visionärer Schriften berühmt geworden, sie hat auch umfangreiche naturwissenschaftlich-medizinische Schriften hinterlassen. In ihrem *Liber simplicis medicinae (= Physica)* schildert sie Pflanzen, Elemente, Edelsteine, Metalle und Tiere und beschreibt deren spezifische medizinische Eigenschaften. Diese Schrift wird ergänzt durch den *Liber compositae medicinae (= Causae et curae)*, eine systematische Kosmologie und Anthropologie, die die physische und psychische Konstitution des Menschen, seine Krankheiten und deren Therapie abhandelt. Ihr Werk wird komplettiert durch das Singspiel *Ordo virtutem* (Chor der Tugendkräfte), dem ersten liturgischen Spiel des Mittelalters, und durch 77 geistliche Gesänge, die mit Text und Notenschrift überliefert sind.

Die Resonanz dieser ungewöhnlichen Frau beschränkte sich nicht auf die öffentliche Verbreitung ihrer Schriften, sie wirkte auch mit ihrer Stimme als Wanderpredigerin und unternahm – ungeachtet ihrer häufigen Krankheiten – vier weite Reisen, um öffentlich als Predigerin und Visionärin vor Klerikern und Laien aufzutreten – auch dies eine außergewöhnliche Tätigkeit für eine Frau des 12. Jh.s Die berühmte *prophetissa teutonica* wurde nach ihrer Anerkennung durch die kirchlichen Autoritäten zur vielgefragten Ratgeberin für Angehörige aller Stände. Sie führte einen ausgedehnten Briefwechsel mit Päpsten und Bischöfen, Kaisern und Königen und Laien unterschiedlichen Standes aus ganz Europa. Etwa 300 der überlieferten Briefe sind bislang als echt nachgewiesen, und sie geben uns interessante Einblicke in das Leben H.s und das ihrer Briefpartner.

Obwohl wir über H.s Leben und Werk gut unterrichtet sind, stellen ihre Werke die Wissenschaft vor viele bislang ungelöste Fragen. Die Erforschung möglicher Quellen zu ihrem profunden und außerordentlich breitgefächerten Wissen und die Einordnung ihres Gesamtwerkes in die Literatur- und Geistesgeschichte des 12. Jh.s steckt, trotz der aufschlußreichen Arbeiten von P. Dronke und Ch. Meier, noch in den Anfängen. Wissenschaftlich fundierte Interpretationen und Kommentare liegen erst zu wenigen Werken vor, und die wissenschaftliche Neuedition der Werke ist bisher nicht abgeschlossen. In den letzten Jahrzehnten hat eine breite populäre Rezeption eingesetzt, die sich insbesondere auf die musikalischen Werke und die medizinischen Schriften bezieht. Viele der populärwissenschaftlichen Veröffentlichungen und Schallplatten, die in den letzten Jahren entstanden sind, können einer wissenschaftlichen Überprüfung kaum standhalten, aber sie legen Zeugnis ab für die Faszination, die die Schriften H.s auch heute noch ausüben.

Hildegardis abbatissae Opera omnia. Patrologiae cursus completus, Ser. Lat. 197. (Gesamtausgabe). Migne, J. R. *Paris 1882; ferner einige kritische Editionen einzelner Werke und zahlreiche Übersetzungen. – Lit.: Lauter, W.: Hildegard-Bibliographie.* 2 Bde. Alzey 1970 und 1984; Liebeschütz, H.: *Das allegorische Weltbild der heiligen H. v. B.* 1930. Reprint 1964; Meier, Ch.: *Text und Bild im überlieferten Werk H.s v. B.* Wiesbaden 1981; Meier, Ch.: »Eriugena im Nonnenkloster?« In: *Frühmittelalterliche Studien* 19 (1985), S. 446–497; Newman, B.: *Sister of Wisdom. St. Hildegard's Theology of the feminine.* University of California Press 1987.

Edith Wenzel

Hrotsvit von Gandersheim

Geb. um 935; gest. nach 973 vermutlich in Gandersheim

»Ego, Clamor Validus Gandeshemensis«, so definiert die Autorin sich selbst, und sie demonstriert damit eindrücklich ihr Selbstbewußtsein als Autorin und Sprachrohr Gottes. Sie ist die erste Dichterin und Geschichtsschreiberin in Deutschland und die erste Dramatikerin der christlichen Welt. Ihre Werke verfaßt sie in lateinischer Sprache, also in der Gelehrtensprache des europäischen Mittelalters. – Über ihr Leben und ihre Lebensumstände wissen wir nur das, was sich aus ihrem Werk erschließen läßt – darin unterscheidet sie sich nicht von den meisten mittelalterlichen Autorinnen und Autoren in Deutschland. Nach eigenen Angaben hat H. zur Zeit der Äbtissin Gerberg II. (940–1001) in Gandersheim gelebt und ihre Werke dort verfaßt. Da H. die Äbtissin als die Jüngere bezeichnet, datieren wir das Geburtsjahr der Autorin auf die Zeit vor 940. Genauere Hinweise auf ihr Todesjahr fehlen; wir vermuten, daß H. nach 973 verstorben ist. H.s außerordentliche Bildung und ihre Aufnahme in das Gandersheimer Stift lassen vermuten, daß sie adeliger Herkunft war, da nur die Töchter adeliger Familien in diese exklusive Einrichtung aufgenommen wurden. Das mit königlichen Privilegien ausgestattete Stift entwickelte sich im 10. Jh. zu einem wichtigen religiösen und intellektuellen Zentrum unter der Leitung hochgestellter Frauen, die profunde Kenntnisse des religiösen und antiken Schrifttums besaßen. Zwischen der kaiserlichen Familie und dem Stift bestanden enge Beziehungen. Mehrere Stiftsdamen und Äbtissinnen waren königlicher Herkunft, und Gerberg selbst war die Nichte des Kaisers. H. wiederum kannte Otto II. persönlich, wie sie in ihrer Vorrede zu den *Gesta Oddensis* berichtet. H. betont zwar immer wieder, daß ihre Dichtungen den strengen Anforderungen der Gelehrten nicht standhalten können, aber ihren Werken entnehmen wir, daß sie außerordentlich gebildet war. Sie hat offensichtlich das Studium der *septem artes liberales* absolviert, konnte in lateinischer Sprache lesen und schreiben und hatte die für das Mittelalter wichtigen antiken Autoren studiert, u. a. kannte sie Schriften von Vergil, Prudentius Clemens, Sedulius, Boethius und vor allem Terenz. Sie besaß mithin den Bildungsstand eines mittelalterlichen, männlichen Gelehrten. Als gelehrte und schreibende Frau nimmt H. somit eine Sonderstellung im Mittelalter ein.

Das in mehreren Handschriften und Handschriftenfragmenten überlieferte Œuvre umfaßt insgesamt acht Legenden, sechs Dramen und zwei historische Dichtungen, sowie einige Verse zur Johannes-Apokalypse. H. hat ihre Werke selbst chronologisch geordnet und unter inhaltlichen und formalen Aspekten zu drei Büchern zusammengefügt und mit Vorreden versehen, die uns Einblicke in ihre Selbsteinschätzung als Autorin vermitteln. In der Vorrede zum ersten Buch, dem Legendenbuch, schildert H. die Anfänge ihrer Tätigkeit als Autorin. Sie habe zunächst nur heimlich, »wie eine Diebin« gedichtet, und das Verfassen der Texte habe ihr viel Mühe bereitet, weil die metrische Dichtkunst für die »weibliche

Schwachheit« (»femineae fragilitati«) sehr schwierig sei. Immer wieder äußert sich H. über ihre Unwissenheit und ihren Mangel an poetischer Technik, bemerkt aber recht selbstsicher, daß sie deshalb nicht von ihrem Werk ablassen wolle. Ihr »kleines Talent« (»talentulum ingenioli«) solle nicht im Dunkeln verkümmern, vielmehr wolle sie es zum Lobe Gottes entfalten und pflegen. Selbstkritisch und selbstbewußt zugleich reflektiert H. über ihre Fähigkeiten und auch Mängel als Autorin: »Wenn jemandem meine fromme Gabe gefällt, freue ich mich; wenn sie aber wegen meiner Unwürdigkeit oder wegen der ungepflegten und fehlerhaften Sprache niemandem gefällt, so freut mich selber doch, was ich geschaffen.«

Als wichtigster und originellster Beitrag zur Literaturgeschichte gilt ihr zweites Buch, in dem sie ihre Dramen zusammengestellt hat. In der Vorrede klagt die Autorin darüber, daß viele gute Christen die Werke des Terenz läsen – ungeachtet des sündigen Inhalts – weil sie seine vollendete Sprache schätzten. Sie aber wolle Terenz inhaltlich widerlegen: »Daher habe ich, die kraftvolle Stimme von Gandersheim, [...] es mir nicht versagt, ihn in seiner Darstellungsweise nachzuahmen, um in der gleichen sprachlichen Form, in der die verwerflichen Laster liederlicher Weiber geschildert werden, die löbliche Keuschheit heiliger Jungfrauen, soweit meine geringe Kraft reicht, zu rühmen.« Die frivolen Liebesgeschichten des Terenz, deren Lektüre sie nach eigenen Aussagen oft vor Scham erröten ließ, sollen durch die Darstellung siegreicher frommer Jungfrauen ersetzt werden. Um ihr Ziel zu erreichen, muß H. ihre Protagonistinnen in verfänglichen erotischen Situationen darstellen, denn »um so glorreicher erweist sich der Sieg der Triumphierenden, vor allem, wenn weibliche Schwachheit siegt und männliche Kraft schändlich unterliegt«. Das Ideal der Virginität, die sündhafte Verstrickung in Leidenschaften und die reuige Konversion der von Gott Berufenen, bestimmen ihre Dramen wie ihre Legenden. Beide Gattungen unterscheiden sich hauptsächlich in ihrer Form, und die Stoffe zu beiden Büchern hat sie der Handschriftensammlung des Stiftes entnommen. Die Dramen sind also dialogisierte Legenden, mit dem bemerkenswerten Unterschied, daß das Legendenbuch hauptsächlich männliche Protagonisten vorstellt, während in den Dramen die Frauenrollen dominieren. Drastische Komik und hohe Gelehrsamkeit verbinden sich in H.s Dramen. Ob die Autorin diese Dramen für eine Aufführung konzipiert hat, ist in der Forschung bis heute umstritten. Sie selbst gibt keinerlei Informationen über eine mögliche Aufführung. Vieles spricht dafür, daß wir, in Analogie zu den Werken des Terenz, die im Mittelalter nur als Lesedramen galten, auch für H.s Dramen davon ausgehen müssen, daß sie zum Vorlesen konzipiert waren. Auf der anderen Seite zeigen ihre Dramen außergewöhnliche dramaturgische Begabung in der Anlage der Dialoge und den geschickten Szenen-Arrangements, so daß die Bühnenwirksamkeit nicht bezweifelt werden kann. Seit 1900 sind die Dramen H.s wiederholt aufgeführt worden. – H. beendet ihr dichterisches Werk mit zwei historischen Schriften, den *Gesta Oddonis* (Geschichte der Ottonen) und der *Primordia coenobii Gandeshemensis* (Geschichte des Gandersheimer Stiftes). Sie ist mit diesen beiden Schriften die erste Geschichtsschreiberin in Deutschland. Nach 973 schweigt die »kräftige Stimme aus Gandersheim«.

Hrotsvithae Opera. Mit Einl. u. Komm. Hg. H. Homeyer. München 1970; *Hrotsvitha von Gandersheim. Werke in dt. Übertragung.* Mit einem Beitrag zur frühmittelalterlichen Dichtung von H. Homeyer. München 1973 – Lit.: Butler, M. M.: *Hrotsvitha: The Theatricality of Her Plays.* New York 1960; Nagel, B.: *H. v. G.* Stuttgart 1965; Wilson, K. M.: *Hrotsvit of Gandersheim: The Ethics of Authorial Stance.* Leiden/New York 1988; Bertini, F.: *Rosvita. Dialoghi drammatici.* Milano 1986.

Edith Wenzel

Huber, Therese

Geb. 7. 5. 1764 in Göttingen; gest. 15. 6. 1829 in Augsburg

»Endlich im Jahr 1794 sah ich ein, daß wir nicht ausreichen würden. Ich versuchte einen französischen Roman zu übersetzen. Es ging elend ... Ich setzte den Roman fort und spann das Schicksal der Helden nach psychologischen Folgerungen ab. Der Vater (Vater des Adressaten Forster) war ganz erstaunt über die Leichtigkeit meines Erzählens und Erfindens. Von da an habe ich meine Erfahrungen alle in meinen kleinen Romanen niedergelegt. Es ist deren keiner, der nicht lauter Abstraktion der Erfahrung und der Selbstbeobachtung wäre, viele sind aus lauter wahren Zügen zusammengesetzt. Ich verdiente also die Hälfte unseres Einkommens, ohne je ein Hausgeschäft zu versäumen.« – so rechtfertigte H. in einem Brief an ihren Sohn 1817 im nachhinein ihr Schreiben, und versuchte den Skandal zu vertuschen, den sie als eine der prominentesten und erfolgreichsten Schriftstellerinnen ihrer Zeit verursacht hatte.

Die Kindheit von H. war arbeitsreich, düster, unpoetisch. Zu ihrer Mutter hatte sie keine liebevolle Beziehung und reflektierte ihre Kindheitserlebnisse in kritischer Auseinandersetzung mit ihr. Erst zur Stiefmutter (Georgine Brandes 1752–1834) entwickelte sie eine herzliche und freundschaftliche Bindung. Ihr Vater war der berühmte Altphilologe Christoph Gottlob Heyne. Er blieb für sie Zeit ihres Lebens eine Autoritätsperson, die sie stark prägte. Durch ihn wurde sie zur Lektüre angeregt, er ließ sie an Gesprächen mit Göttinger Studenten, Gelehrten und Gästen teilnehmen. Er war es auch, der sie 1785 zur Ehe mit Georg Forster, dem berühmten Weltumsegler, drängte. Kurze Zeit darauf siedelten sie nach Wilna in Litauen über, wo Forster einen Ruf als Professor für Naturgeschichte hatte. Sie bemühte sich, den verschuldeten Haushalt sparsam zu führen, widmete sich ganz ihren familiären Pflichten, nahm jedoch regen Anteil an Gedanken und Vorhaben ihres Gatten.

Schon bei der vorzeitigen Rückkehr nach Göttingen im Jahre 1787 und der Übersiedlung nach Mainz (1788), wo Forster eine Anstellung als Bibliothekar fand, traten Spannungen in der Ehe auf. Sein Übermaß an Schulden, die melancholischen Anfälle, die Unausgeglichenheit und unrealistischen Erwartungen und Ansprüche vergifteten das Familienklima. Dennoch hielt sie zu ihm, gebar in der Zeit von 1786–1792 vier Kinder, von denen zwei starben. Dazu kamen die persönlichen Wirren im Zusammenhang mit der Revolution in Mainz, die sie in ihrem Roman *Die Familie Seldorf* (1795–1796) thematisierte. Emotionalen Rückhalt suchte sie bei dem sächsischen Legationsrat und Schriftsteller Ludwig Ferdinand Huber (1764–1805), der als Freund und Mitarbeiter von Forster seit 1790 bei ihnen im Hause wohnte. 1792 flüchtete sie aus dem belagerten Mainz nach Straßburg, später nach Neuchâtel. Während des Scheidungsprozesses starb Forster, 1794 heiratete sie Huber und brachte in 10 Ehejahren weitere 6 Kinder zur Welt. Nach Hubers Tod (1804) etablierte sie sich mehr und mehr als Berufsschriftstellerin. Aber erst nach dem Tod des Vaters (1812) gab H. ihre Anonymität auf und setzte ihren Namen unter ihre fiktionalen Texte, Erzählungen und Romane. Sie war die erste deutsche Redakteurin, die bei dem renommierten Verleger Cotta das *Morgenblatt für gebildete Stände* (1816–1823) herausgab. Für diese Tätigkeit hatte sie besondere schriftstellerische Fähigkeiten entwickelt: ihr Stil war gewandt, sie hatte gute Sprachkenntnisse und einen breiten Bekanntenkreis, der ihre Unternehmungen unterstützte. Obwohl sie sehr erfolgreich war, blieben Bevormundungen des Verlegers nicht aus, und 1823 wurde sie ohne Pension aus der Redaktion gedrängt. Bis zu ihrem Tod lebte sie bei ihren Kindern in Augsburg von freier schriftstellerischer Tätigkeit.

Romane und Erzählungen. 12 Bde. Hg. M. Heuser. Hildesheim 1989ff. – Lit: *T. H. »Die reinste Männerliebe, die reinste Freiheitsliebe.« Ein Lebensbild in Briefen und Erzählungen.* Hg. A. Hahn. Berlin 1989.

Hannelore Scholz

Huch, Ricarda

Geb. 18. 7. 1864 in Braunschweig; gest. 17. 11. 1947 in Schönberg/Taunus

»Weil du die Jugend hast, muß alles sterben,/ Weil du die Kraft hast, ist die Welt kein Hort,/ Weil du vollkommen bist, ist sie ein Scherben,/ Weil du der Himmel bist, gibt's keinen dort!« – So endet eines der vielen hingebungsvollen, bilderreichen Liebesgedichte, die den Absolutheitsanspruch von Liebe und Eros bekräftigen, sich über moralische und gesellschaftliche Grenzen hinwegzusetzen. Auch in H.s erstem Roman *Erinnerungen von Ludolf Ursleu dem Jüngeren* (1893), der sie schlagartig bekannt macht, setzt sich die Liebe zwischen einer Frau und dem Mann ihrer Freundin – sich im Recht fühlend – rücksichtslos über alle Skrupel hinweg, hinterläßt etliche Opfer und endet in einer Katastrophe, als das Konzept der absoluten Liebe angesichts der Attraktion eines anderen Mannes brüchig wird. Der Roman kann als literarischer Reflex der jahrelangen schwierigen Liebesbeziehung zwischen H. und dem Mann ihrer Schwester gelesen werden, die von Familie und Heimatstadt als skandalös empfunden wird und H. dazu bewegt, in Zürich – als eine der ersten Studentinnen – ein Geschichtsstudium zu beginnen, das sie 1891 mit Diplom und Promotion abschließt. Der Roman ist aber ebenso Teil ihrer kritischen Auseinandersetzung mit dem romantischen Liebesideal, dessen Entwicklung H. auch in ihrem wissenschaftlich-essayistischen Schreiben, v.a. in ihrer wichtigen Studie *Die Romantik* (1899/1902) nachgeht. Darin stellt H. die um 1900 fast vergessenen Ideen der Romantik durch die Einbeziehung verschiedener Disziplinen in einen modernen Kontext. Sie interessiert sich u.a. für das Verhältnis von Vernunft und Unbewußtem und plädiert gegen das »schäbige, hölzerne Entweder-Oder«, für Widersprüchlichkeiten und für das Paradox. Diese Fragestellungen lassen sich durch H.s umfangreiches Werk hindurch verfolgen, das alle Genres umfaßt: Gedichte, Romane, Erzählungen, Dramen, Essays, Biographien, historische Werke. Mit ihnen hat die – durch ihre Arbeit an religiös geprägten, lebensphilosophischen Werken – häufig als konservativ rezipierte Autorin Teil an der Moderne, deren ästhetische Strömungen und kulturelle Diskurse sie in Romanen und aktuellen Essays reflektiert. So erinnert die Erzählweise des Romans *Aus der Triumphgasse. Lebensskizzen* (1901) mit ihrem Nebeneinander von Traumbildern und Erinnerungen an Verfahren der Psychoanalyse, und die starke bildhafte Sprache hat expressionistische Züge – 10 Jahre, bevor der Expressionismus sich als literarische Strömung durchsetzen wird. Der Roman *Vita somnium breve* (1903, später u.d.T. *Michael Unger*) nimmt die Sprachkritik-Debatte der Jahrhundertwende auf, in die H. sich mit einer ausführlichen Rezension *Über Maeterlincks ›Schatz der Armen‹* (1900) einmischt, und zeichnet ironische Portraits der zeitgenössischen Literaturszene.

Trotz zahlreicher Kontakte mit Autor/innen, Verlegern und Kritikern, und obwohl sie ab 1900 in Schwabing lebt, gehört sie zu keinem literarischen Kreis. H.s Unabhängigkeit zeigt auch ihre Wahl des denkbar unweiblichsten Gebiets der Historiographie: Kriegs- und Revolutionsgeschichte. Ausdruck dieses Interesses ist neben ihren Studien über die italienischen Freiheitskriege, neben *Michael Bakunin und die Anarchie* (1923) und *Alte und neue Götter. Die Revolution des 19. Jahrhunderts in Deutschland* (1930, Neuauflagen u.d.T. *1848*) v.a. ihr bedeutendes Epos über den 30jährigen Krieg, *Der große Krieg in Deutschland* (1912–14). Anders als der sich objektiv gebende Historismus macht sie die historiographische Interpretation und Inszenierung sichtbar, indem sie Kriegsverlauf, -bedingungen und -folgen in über 200 einzelnen Szenen mosaikartig zusammensetzt, in denen nicht nur Kaiser und Heerführer als Protagonisten fungieren, sondern auch Frauen, Kinder, Bauern. Den 30jährigen Krieg stellt H. in ihrem dreibändigen Werk *Deutsche Geschichte* (1934/37/49) in den Rahmen des Römischen Reiches Deutscher Nation von seinen Anfängen bis zu seinem Untergang 1806. Ein durchgehendes Problem ist auch darin das der Freiheit, die für H. – bei all ihren im Lauf des Lebens wechselnden Weltanschauungen – immer der zentrale Maßstab ist.

Die Freiheit ist auch ihr Argument, als sie und alle Mitglieder der Sektion Dichtkunst der Preußischen Akademie der Künste am 14.3. 1933 eine Erklärung unterzeichnen sollen, mit der sie sich »zu einer loyalen Mitarbeit an den [...] nationalen und kulturellen Aufgabe im Sinne der veränderten geschichtlichen Lage« verpflichten. H., als einzige Frau 1926 in die neue Sektion berufen, erklärt ihren Austritt aus der Akademie. 1945 beginnt sie mit einer Materialsammlung über den deutschen Widerstand der »Roten Kapelle«, der »Weißen Rose« und des »20. Juli«, das sie später an Günter Weisenborn für sein Buch *Der lautlose Aufstand* (1953) übergibt. Im Oktober 1947 nutzt sie ihre Ehrenpräsidentschaft des 1. Gesamtdeutschen Schriftstellerkongresses in Berlin zur illegalen Ausreise in den Westen, nach Schönberg/Taunus, wo sie kurz danach stirbt.

Gesammelte Werke. 11 Bde. Hg. W. Emrich. Köln/Berlin 1966–1974. – Lit.: Peter, H.-W. (Hg.): *R. H. Studien zu ihrem Leben und Werk.* 5 Bde. Braunschweig 1985–1994.

Ulrike Vedder

Ḫudājberdieva, Halīma

Geb. 17. 5. 1948 im Kreis Bājāwut des Bezirks Syr Darja/Usbekistan

Unter den derzeit in Usbekistan schreibenden Dichterinnen gilt sie als die bedeutendste. Jüngere Autorinnen beziehen sich gern auf Ḫ. und ahmen sie teilweise nach. Die Dichterin hat Journalistik in Taschkent und Weltliteratur in Moskau studiert. Nach einer fast 20jährigen Tätigkeit in Verlagen und in Zeitschriftenredaktionen, z. B. als Chefredakteurin der Frauenzeitschrift *Sa'ādat* (Glück), und als Leiterin des Republikkomitees für Frauen und Mädchen zog sie sich 1994 aus ihren Ämtern zurück. In ihren Liebesgedichten schafft die Dichterin den Typ einer selbstbewußten Frauenpersönlichkeit, die Sehnsucht nach einer Antwort auf ihr eigenes Gefühl mit dem Wissen um notwendige Brüche verbindet und die über eine im mittelasiatischen Alltag sehr selten anzutreffende Toleranz gegenüber einem früheren Geliebten verfügt. Die Bilder von blühenden Gärten und Leben spendendem Wasser, welche die Dichtung des 20. Jh.s aus der Diwandichtung und der Volksdichtung übernahm, jedoch auf neue Gegenstände projizierte, werden bei Ḫ. ein weiteres Mal skeptisch betrachtet und in einigen Dimensionen verworfen. Die Dichterin lehnt jene Bilder ab, von denen übermäßig Süßes ausgehe, womit u. a. eine banale Auslegung komplizierter menschlicher Beziehungen gemeint ist. Sie protestiert gegen scheinbare Erkenntnisse, die ohne Ringen erworben und nur nachgebetet sind. Dagegen besetzt Ḫ. die Metaphern »Sturm« und »schneereiche, von Geheimnissen schweigende Berge« positiv. Dies sind Bilder, die in der mittelasiatischen Dichtung keine häufige Ausprägung erhalten haben. In den 70er Jahren, als es nicht üblich und nicht erwünscht war, vom Sterben zu sprechen, fand Ḫ. die Möglichkeit, Trauer über den Suizid eines Menschen zu artikulieren: »Bir dǔst ḫātirasiga« (In Erinnerung an einen Freund). Das Individuelle tritt in den Gedichten der 90er Jahre hinter dem oft beschwörend verkündeten nationalen Gedanken zurück, der in den früheren Gedichten von den Schneebergen bereits zu erahnen war. In einer auffallenden Formenvielfalt betont Ḫ. nun die Unteilbarkeit der mittelasiatischen turksprachigen Völker. Von Maḫtūmqulī (ca. 1733-ca. 1782), den die Turkmenen als ihren Nationaldichter ansehen, übernimmt sie eine Volksliedform in ihrer tragischen jenseitsorientierten Ausformung. Die Einheit der Turkvölker erkennt die Dichterin in deren Wurzeln, in ihrer Zugehörigkeit zu einem Glauben wie auch in dem Besitz einer gemeinsamen Geschichte. Einseitigkeit und Gleichmacherei erscheinen ihr ausschließlich als ein Symptom der Vergangenheit, während sie in dem Eindringen in die eigene Geschichte heute die Garantie von Vielfalt sieht. Ḫ. spricht von jenen Ereignissen, Gestalten, religionsvertiefenden oder staatsbildenden Leistungen, die im 20. Jh. in den Hintergrund gedrängt worden waren. Ihre Aufmerksamkeit gilt den Staatsmännern Timur (1336–1405) und Babūr (1483–1530) – dieser war zugleich ein bekannter Ghaselendichter – sowie den Dichtern Aḥmad Jasawī (gest. 1166) und Ṣūfī Āllājār (gest. ca. 1720), jedoch auch Dichtern, deren Werke schon viele Jahrzehnte lang zum Kulturgut der mittelasiatischen Völker zählen, wie Nawā'ī (1451–1501), Maḫtūmqulï und Nādira (1790–1842).

Sigrid Kleinmichel

Hulme, Keri

Geb. 1947 in Christchurch/Neuseeland

Keri Hulme wurde zu einer der international bekanntesten Schriftstellerinnen Neuseelands, als sie 1985 den Booker Prize für ihren Roman *the bone people*, 1983 (*Unter dem Tagmond*, 1984) erhielt. Das Thema der Gewalt in diesem Roman repräsentiert den vor allem in den 70er Jahren von vielen jungen Maori benutzten agressiveren Weg zum Ausdruck ihrer Identität. H. wendet sich so gegen die literarische Tradition der Pakeha (Neuseeländer europäischer Herkunft), die dem Verlust einer von ihnen idealisierten naturnahen und harmonischen Vergangenheit nachtrauerten. Die unnachgiebig geradlinige und zornige literarische Produktion der Maori, wie sie auch in *the bone people* sichtbar ist, gründet sowohl im Bewußtsein der Maori um ihre eigene Kultur und Würde als auch im Wissen um die wahren Gründe für Verarmung und Entbehrung. Sie findet ihren Niederschlag auch in Werken von anderen Maori-Autor/innen wie Bruce Stewart (geb. 1936), Apirana Taylor (geb. 1955) oder Roma Potiki (geb. 1958). H.s Gedichtband *The Silences Between* (1982) läßt sich keinem speziellen Einfluß zuordnen. Es ist ein Traumtagebuch in Versform, das das innere und äußere Leben einer Figur beschreibt, die leicht mit H. selbst in Verbindung gebracht werden kann. Der Gebrauch der Maori-Sprache erinnert an die Dichtung von Hone Tuwhare (geb. 1922), einen der bedeutendsten Maori-Autoren, und gibt den Gedichten Geschlossenheit. Ihre zentrale Figur wird niemals so dominant, daß sie die Vielfalt der Erfahrungen mit anderen Menschen, mit dem Land und der Vergangenheit überlagert. Wesentlich für H., die auch keltische Vorfahren hat, ist ihre Zugehörigkeit zur Maori-Nation der Kai Tahu. Ihr Schreiben ist eng verknüpft mit ihrer Identität als Maori und ihrer vergangenen und gegenwärtigen kulturellen Tradition. Der Pegasus Award bestärkte sie in ihrer Intention, aus dieser Tradition heraus zu schreiben.

Die meiste Zeit ihres Lebens verbrachte sie auf Neuseelands Südinsel, dem Land ihrer Vorfahren. Sie studierte Jura arbeitete dann in verschiedenen Berufen und lebt heute in Okarito/Westland, wo sie sich vom Schreiben und Fischen ernährt. Die Maori-Mythologie, die schon *the bone people* durchdringt, ist auch wesentlich für ihre Kurzgeschichtensammlung *Te Kaihau: The Windeater*, 1986 (*Der Windesser*, 1989).

Während jedoch im Roman die Spannungen aufgelöst werden, bleiben sie in den Kurzgeschichten bestehen. Selten mindert ›aroha‹ (Liebe, Verstehen) Bösartigkeit. Bilder der Entfremdung dominieren über Vertrautheit und Zusammengehörigkeit. 1992 wurde die Gedichtsammlung *Strands* veröffentlicht, in der Land, Umwelt, Kultur, menschliche Beziehungen und Ethnizität thematisiert werden. H. fordert die Gesellschaft heraus, in der sie lebt; gleichzeitig würdigt sie die neuseeländische Landschaft und jene Kräfte, die zu einer Veränderung im Sinne der Menschen beitragen.

Lit.: Ash, S.: »*The Bone People* after *Te Kaihau*«. In: *World Literature Written in English* 29 (1989); Markmann, S.: »Te tahi atu reo – Eine andere Stimme – An Other Voice«. In: *Chelsea Hotel. A Magazine for the Arts* 5 (1994), S. 50–58; Rika-Heke, P.: »Margin or Centre? Let me tell you! In the Land of my Ancestors I am the Centre. Indigneous Writing in Aotearoa«. In: Mohanram, R./Rajan,G. (Hgg.): *English Postcoloniality*. Westport, Connecticut 1996, S. 147–164.

Sigrid Markmann

Hurston, Zora Neale

Geb. 1. 7. 1891 in Eatonville, Florida; gest. 28. 1. 1960 Fort Pierce, Florida

Als die in den 30er/40er Jahren erfolgreiche Autorin 1960 starb, war sie verarmt und in Vergessenheit geraten. Hurstons Romane und Erzählungen wurden weder an Schulen noch an Universitäten gelehrt, keines ihrer Werke war im Druck. Erst die New Black Renaissance mit dem außerordentlichen Erfolg schwarzer Autorinnen in den 70er Jahren und das Engagement Alice ↗ Walkers führten zur Wiederentdeckung und Neubewertung von H.s Werk. Mittlerweile sind H.s Werke Bestandteil des (afro-)amerikanischen Kanons, und sie haben zu einer Neueinschätzung der Harlem Renaissance beigetragen, jener ersten Hoch-Zeit afro-amerikanischer Kultur in den 20er/30er Jahren, die in der Rückbesinnung auf afrikanische Wurzeln (Folklore, Spirituals, religiöse Rituale) eine Quelle schwarzen Stolzes und Selbstbewußtseins entdeckte. Besonders H.s Roman *Their Eyes Were Watching God*, 1937 (*Und ihre Augen schauten Gott*, 1993), der geschlechtsspezifische Aspekte schwarzer Kultur thematisiert, wird als fundamentaler Bezugspunkt für zeitgenössische afro-amerikanische Frauenliteratur geschätzt.

H. wuchs in Eatonville, Florida, auf, einer rein schwarzen Stadt. Die Erfahrung schwarzer Autonomie in Eatonville hat sowohl H.s Leben als auch ihre Werke beeinflußt und mag mit dazu beigetragen haben, daß sie auch zum Zeitpunkt ihres größten Ruhms in den 30er Jahren eine kontroverse Figur war, deren politische Äußerungen als konservativ galten und deren Romane vielen schwarzen Literaturkritikern nicht deutlich genug Segregation und Unterdrückung anprangerten. Mit Ausnahme von *Seraph of the Suwanee* (1948), ihrem letzten Roman, spielen alle ihre Werke innerhalb der ›black community‹ und klammern durch diese thematische Konzentration die Konfrontation mit der weißen Gesellschaft weitgehend aus. Der Kritik, daß sie damit den Rassismus ignoriere und ihre Werke eine unhaltbare

Verklärung der Lage von Schwarzen im Süden seien, setzte H. entgegen, sie schreibe keine soziologischen Abhandlungen, sondern Romane, im Unterschied zu anderen Autoren, die Kunst mit Soziologie verwechselten. Zudem schienen die zeitgenössischen Kritiker bei ihren Angriffen auf H. zu übersehen, daß H.s explizites Interesse an ›gender politics‹ durchaus politisch ist.

H. begann 1921 ein Studium an der Howard University und ging 1925 nach New York, wo sie bei Franz Boas Kulturanthropologie studierte. Mit der Kurzgeschichte »Spunk« (1925) hatte sie den ersten literarischen Erfolg; 1935 veröffentlichte sie *Mules and Men*, eine Sammlung von 70 ›Folktales‹. Da traditionell das Erzählen von Geschichten und andere verbale Rituale als Männerdomäne galten, gibt H. Frauen in Zwischenepisoden eine Stimme und eröffnet so eine Möglichkeit der Integration von Tradition und weiblicher Selbstbestimmung. *Mules and Men* beschäftigt sich auch mit dem ›hoodoo‹ bzw. Voodoo, einer afro-amerikanischen Religion (1931 hatte H. den ersten wissenschaftlichen Artikel über ›hoodoo‹ veröffentlicht). Aus der Sicht der schwarzen Wissenschaftlerin erscheint diese Religion nicht, wie häufig aus weißer Sicht, als Aberglaube, sondern als Glaubenssystem, das den Schwarzen Kontrolle über ihr Leben gibt. Das 1938 erschienene *Tell My Horse* enthält in der Karibik gesammelte Mythen. Elemente der Folklore und schwarze Mythen finden wir auch in *Jonah's Gourd Vine* (1934), *Moses, Man of the Mountain* (1939), das biblische Motive und schwarze Kultur zusammenführt und in H.s bekanntestem und bestem Roman, *Their Eyes Were Watching God*. Im Mittelpunkt steht, durch eine Rahmenhandlung retrospektiv erzählt, das Leben der Protagonistin Janie – ihre Kindheit bei der Großmutter (einer ehemaligen Sklavin) und ihre drei Ehen. Mit Janie repräsentiert H. die erste komplexe afro-amerikanische Frau der gesamten US-amerikanischen Literatur, die von etablierten Stereotypen wie ›tragic mulatta‹ und ›mammy‹ abweicht. In der dritten Ehe mit dem mittellosen Tea Cake, der sie als gleichwertig behandelt, findet Janie ihr Glück. Tea Cake, der erheblich jünger als Janie ist, repräsentiert eine alternative Männlichkeit, die sich nicht an weißen Definitionen von Macht und Besitz orientiert. Der Roman erlaubt Janie, ihr eigenes Leben zu erzählen und zu interpretieren und gestattet ihr die Suche nach Selbstbestimmung und Unabhängigkeit sowie die Verwirklichung ihrer Sehnsucht nach Abenteuer und erotischer Erfüllung. Damit weicht H. entschieden von literarischen Mustern ab, die für sinnliche und selbstbestimmte Frauen tragische Schicksale vorschreiben. Kein anderer schwarzer Autor hat so erfolgreich wie H. versucht, das gesprochene schwarze Englisch ins Schriftliche zu übertragen. Black English und Erzählstruktur des Romans knüpfen an die Traditionen der mündlichen Überlieferung an. H.s Herkunft (sie war eine der wenigen Autoren der Harlem Renaissance, die aus dem ländlichen Süden kam) sowie ihre kulturanthropologische Forschung erschlossen ihr einen einzigartigen Zugang zu diesen traditionellen Quellen.

Lit.: Bloom, H. (Hg.): *Z. N. H.* New York 1986; Yates, J.: *Z. N. H.: A Storyteller's Life*. Staten Island, NY 1991; Gates, H. L./Appiah, K. A. (Hgg.): *Z. N. H.: Critical Perspectives Past and Present*. New York 1993; Davis, R. P.: *Z. N. H.: An Annotated Bibliography and Reference Guide*. Westport, Conn. 1997.

Anne Koenen

Ibarbourou, Juana de (geb. Juana Fernández Morales)

Geb. 8. 3. 1892 in Melo/Uruguay; gest. 15. 7. 1979 in Montevideo/Uruguay

Am 10. August 1929 versammelten sich im Parlamentsgebäude von Montevideo die bedeutendsten Persönlichkeiten des kulturellen Lebens, um I., die zehn Jahre zuvor mit einem kleinen Gedichtband, *Las lenguas de diamante*, 1919 (Diamantenzungen), an die literarische Öffentlichkeit getreten war, in einem Festakt durch die Überreichung eines Ringes als ›Juana de América‹ symbolisch mit dem amerikanischen Kontinent zu vermählen. Diese außergewöhnliche Geste zeugt sicherlich von der Absicht, die Literaturproduktion Uruguays in Lateinamerika aufzuwerten, nachdem die berühmten Schriftsteller der Jahrhundertwende, J. E. Rodó, J. Herrera y Reissig und F. Sánchez, gestorben waren; sie kann allerdings auch als Ausgrenzungsverfahren gedeutet werden: Weder die gleichaltrige Alfonsina ↗ Storni (1892–1938) aus Argentinien noch Gabriela ↗ Mistral (1899–1957) aus Chile wurden zu ›Bräuten Amerikas‹ erhoben, obwohl beide ebenfalls bereits mehrere Gedichtbände veröffentlicht hatten und jede von ihnen eine unverkennbar eigene lyrische Sprache besaß. Dem herrschenden Stereotyp der Frau, die Gedichte schreibt, entsprach I. stärker als Storni oder auch Mistral.

I.s ersten Gedichtbände enthalten vorwiegend Natur- und Liebesgedichte, in denen das weibliche lyrische Ich, das sich im Einklang mit der Natur weiß und mit Attributen der Abhängigkeit, der Unschuld und Zerbrechlichkeit besetzt wird, sich dem Geliebten hingibt oder ihn zur Liebe auffordert, ohne jedoch die Objektposition zu verlassen: »Nimm mich jetzt, da es noch früh ist und ich neue Dahlien in den Händen halte«. Dabei wird nie eine Dissonanz hörbar, höchstens eine leise, ergebene Klage über das Schicksal der Frauen, das hingenommen wird: »Und wenn mich eine solche Sehnsucht loszuwandern drängt, wie schmerzt es mich doch, eine Frau zu sein!« In späteren Lyrikbänden wie *La rosa de los vientos*, 1930 (Die Windrose) und vor allem *Perdida*, 1950 (Verloren) wird das Aufgehobensein des weiblichen Ich in großen Naturzusammenhängen und in der Liebe fragwürdig: »Des Wartens hohles Wasser spiegelt nur das Kalkweiß einer Landschaft ohne Nachhall wider«. I.s lyrische Sprache bleibt, anders als die viel gewagtere Sprache ihrer Landsmännin Delmira ↗ Agustini (1886–1914), im traditionellen Rahmen. Im Unterschied zu Storni muß I. nicht um die Durchsetzung der eigenen Stimme kämpfen, weil sie den symbolischen Ort ihres weiblichen lyrischen Ich – die Natur, das Haus, den Bereich des Privaten – weder verläßt noch zum Ausgangspunkt eines Gegendiskurses macht.

I., die als Zwanzigjährige heiratete und Mutter eines Sohnes wurde, sprach sich des öfteren gegen das Frauenwahlrecht aus, das sie als eine Bedrohung von Familie und Bestimmung der Frau empfand. Sie wurde mit einer Reihe von Auszeichnungen in verschiedenen lateinamerikanischen Ländern, in Belgien und den USA geehrt, war Präsidentin des PEN Club in Uruguay, Mitglied der Academia de Letras del Uruguay und Gründungspräsidentin des uruguayischen Schriftstellerverbands. Schulen in verschiedenen Ländern Lateinamerikas tragen ihren Namen. Ihre Gedichte wurden in mehrere Sprachen übersetzt. Sie verfaßte auch religiöse Prosagedichte, Kurzgeschichten, Theaterstücke für Kinder sowie Kinderhörspiele.

Obras completas. Hg. D. I. Russell. Madrid 1968. – Lit.: Rama, A.: »Prólogo«. In: *J. de I. – Los mejores poemas*. Hg. J. Arbeleche. Montevideo 1968, S. 5–13; Pickenhayn, J. O.: *Vida y obra de J. de I.* Buenos Aires 1980; Puentes de Oyenard, S.: *J. de I.* Montevideo 1988.

Andrea Pagni

Iłłakowiczówna, Kazimiera

Geb. 19. 8. 1892 in Vilnius (Wilna)/Litauen; gest. 16. 2. 1983 in Posen

Die einst als etwas altmodisch geltende *Grande Dame* aus Posen umgab schon zu ihren Lebzeiten eine legendäre Aura: sie stammte aus einer angesehenen litauischen Familie und war Enkelin des verehrten romantischen Dichters und Freundes von Adam Mickiewicz, Tomasz Zan. Sie studierte in Genf, Petersburg, Oxford und Krakau, war persönliche Sekretärin des Staatsmanns und Marschalls von Polen, Józef Piłsudski, sowie Trägerin höchster nationaler (bereits seit 1930) wie internationaler Auszeichnungen (Frankreich, Rumänien, Ungarn). Einzelne Lebensepisoden bleiben diskret verborgen; auch das Urteil zur Bedeutung ihrer dichterischen Leistung ist nicht eindeutig. Geboren am 6. August 1888 in Wilna (in den Urkunden: 19. 8. 1892), machte sie 1910 in Petersburg, nach gediegenem Privatunterricht und Studienaufenthalten in der Schweiz und England (1908–09), das Abitur für Externe. Anschließend absolvierte sie in Krakau ein Studium der Polonistik und Anglistik. Ihr ausgeprägter gesellschaftspolitischer Sinn zeigt sich bereits bei Kriegsausbruch: 1915 tritt sie einer polnischen Sanitätsabteilung in der russischen Armee bei, die sie schwer erkrankt 1917 wieder verlassen muß. Mühsam nur schlägt sie sich in Petersburg als Verlagskorrektorin durch und siedelt schließlich 1918 nach Warschau über. Ihre Fremdsprachenkenntnisse und ihr wachsendes Ansehen als Autorin von bis dahin acht Gedichtbänden und zwei Kinderbüchern ebnen ihr den Weg ins Außenministerium. 1926 wechselt sie zum Verteidigungsministerium und bleibt bis zum Tod von Piłsudski seine persönliche Sekretärin. Mit Kriegsausbruch wird sie, zusammen mit den Regierungsinstanzen, nach Rumänien evakuiert. 1947 kehrt sie nach Polen zurück und läßt sich ein Jahr später – mit dem Ruf einer bedeutenden Lyrikerin und Übersetzerin der deutschen, ungarischen, englischen, rumänischen und russischen Literatur – in Posen nieder. Ihr wurde die besondere Ehre zuteil, auf dem Ehrenfriedhof Powązki in Warschau beigesetzt zu werden. Die Würdigung ihrer literarischen Leistung ist noch nicht abgeschlossen. Innerhalb ihres Gesamtwerks, das 25 Gedichtbände, 4 Theaterstücke, einen Band dichterischer Prosa, Kinderliteratur und Memoiren umfaßt, wurde bisher von der Forschung nur der Lyrik und marginal den Erinnerungen an Piłsudski (*Ścieżka obok drogi*, 1939/Der Pfad neben dem Weg) sowie den autobiographischen Notizen *Niewczesne wynurzenia*, 1958 (Unzeitgemäße Geständnisse) Aufmerksamkeit geschenkt.

Gut ein halbes Jahrhundert trennt den Debütband *Ikarowe loty*, 1908 (Ikarusflüge) von der letzten Gedichtsammlung *Szeptem*, 1966 (Geflüster). Die literarischen Strömungen, die diesen Zeitraum ausfüllen, prägten nur bedingt ihr lyrisches Sprechen. Weitaus stärker als literarische Modeerscheinungen spiegeln sich in ihren Gedichten die vielfältigen Episoden einer bewegten Biographie. Persönliches und konkret Erlebtes verbinden sich mit humanitären, aber auch polnisch-patriotischen Haltungen. Der ausgeprägte Sinn für das Konkrete, Detaillierte, direkt Erfahrene formte zunehmend den dichterischen Ausdruck. Die zuweilen faszinierende lyrische Chronik thematisiert Erinnerungen und Bekenntnisse zur verlorenen litauischen Heimat, Reiseimpressionen aus der Tschechoslowakei, Skandinavien, Siebenbürgen, England und anderen Regionen, Landschaften und Naturerscheinungen, den slavisch-litauischen Mythen- und Zauberglauben, die Geisteskultur des einfachen Volkes und eine von Franziskanismus und Christentum getragene Religiosität. Auf das poetische Postulat der *Skamander*-Gruppe verweist die Hinwendung zum Alltäglichen, Gewöhnlichen und Vertrauten. Zugleich wird diese Realität durch märchenhafte Züge ins Wundersame und Schöne überhöht so z.B. in den Gedichtbänden *Połów*, 1926 (Beute) oder *Płączâcy ptak*, 1927 (Weinender Vogel). Diese Lyrik nimmt eine Poetik vorweg, mit der später K.I. Gałczyński seine Leser fasziniert hat. Innerhalb der in sich außerordentlich differenzierten Lyrik nimmt die von persönlicher Reflexion und überraschender Beobachtungsgabe geprägte Aussage in der polnischen Poesie eine eigenständige Position ein, vor allem wenn sie der nicht vordergründigen Aktualität oder der verborgenen Vergangenheit gilt.

Wiersze zebrane (Gesammelte Gedichte). 2 Bde. Warszawa 1971; *Rzeczy sceniczne* (Bühnenwerke). Warszawa 1969. – Lit.: Maciejewska, I.: K.I. ur. 1892. In: *Obraz Literatury Polskiej.* Seria 6. Bd.2. Krakøw 1979, S. 63–90; Danielewska, Ł.: *Portety godzin. O K.I.* Warszawa 1987; Dorosz, B.: *I. K.* In: *Współcześni polscy pisarze i badacze literatury. Słownik biobibliograficzny.* Bd.3. Warszawa 1994, S. 294–299.

Heinz Kneip

Jelinek, Elfriede

Geb. 20. 10. 1946 in Mürzzuschlag/Steiermark

»Das Land braucht oben viel Platz, damit seine seligen Geister über den Wassern ordentlich schweben können. An manchen Stellen gehts über dreitausend Meter weit hinauf. Soviel Natur ist auf dieses Land verwendet worden, daß es seinerseits, vielleicht um seine Schuld an die Natur zurückzuzahlen, mit seinen Menschen immer recht freigiebig umgegangen ist und sie, kaum angebissen, auch schon wieder weggeworfen hat.« *(Die Kinder der Toten*, 1995) – 50 Jahre nach Kriegsende erzählt J. in ihrem Anti-Heimatroman von der verdrängten Nazi-Vergangenheit und wie die neue Republik auf dem unsicheren Fundament von Millionen verleugneter Ermordeter errichtet worden ist. Gräßlicher sei Österreich (so die Literaturkritikerin Sigrid Löffler) als Toten- und Töterreich nie dargestellt worden. Aber auch ihre Theaterstücke sind äußerst provokativ gehalten. So thematisiert sie in *Stecken, Stab und Stangl* (1995) den gewaltsamen Tod von vier Roma im

Österreich der Gegenwart, den J. in einen Zusammenhang mit dem Massenmord an den Roma und Juden in den deutschen Konzentrationslager stellt.

Das Besondere an J.s Werk ist die politische Brisanz ihrer Themen und die ästhetische Sprengkraft ihrer Texte. Das Theaterstück *Raststätte oder Sie machens alle* (1993) ist eine bösartige Parodie auf Mozarts *Così fan tutte.* Als eine der bekanntesten und umstrittensten Autorinnen im deutschsprachigen Raum schreibt sie Prosa und Dramen, die keine zentrale Interpretation, die das Herz ihrer Texte träfe, zulassen. Vielmehr entwickelt sie eine Struktur, die dezentriert. Für diese Strategie weidet sie verschiedenste Textkörper aus, zerlegt sie und fusioniert Partikel neu. Die Worte der anderen, Trivialpartikel, Literatur und Theoriediskurse durchquert sie und montiert sie zu einem Textgewebe, das zersetzt, aber auch konstruiert. Programmatisch gibt sie vor, mit der Axt dreinzuschlagen und ihre Protagonisten textgerecht zu zertrümmern: »... damit kein Gras mehr wächst, wo meine Figuren hingetreten sind.« Als Bedeutungsträger scheinen diese Figuren untauglich und zersetzen Natur-, Geschlechter- und Subjektvorstellungen. Aber es ist nicht allein die von J. vorgetragene Ideologiekritik (Janz 1995), sondern v.a. auch der mit dem Montagestil verbundene lyrische Unterton in ihren Texten, der den Wunsch nach Humanität entstehen läßt und nicht nur Zertrümmertes, sondern auch Gelungenes präsentiert.

Leider ist die ästhetische Kraft ihres Werkes oft unterschätzt und die Autorin pathologisiert worden, wofür J.s Interview-Strategie, nämlich dem Fragenden seinen Horizont zurückzuspiegeln, selbst sorgt. J., in der Steiermark geboren, wuchs in Wien auf und erhielt schon während der Schulzeit Orgel- und Klavierunterricht am Wiener Konservatorium. Nach dem Abitur studierte sie Theaterwissenschaft und Kunstgeschichte an der Universität Wien und schloß 1971 ihr Orgelstudium ab. Seit 1966 ist sie als freie Schriftstellerin tätig und lebt abwechselnd in Wien und in München.

Das Werk von J. läßt sich in verschiedene Phasen untergliedern. Ihr frühes Werk ist von Avantgardismus der Grazer Gruppe in den 60er und 70er Jahren geprägt (*Lisas Schatten*, 1967) und steht in der radikalen, satirischen Tradition österreichischer jüdischer Schriftsteller (Karl Kraus, Elias Canetti). Ihre Arbeiten dieser Zeit – *wir sind lockvögel, baby* (1970), *Michael, Ein Jugendbuch für die Infantilgesellschaft* (1972) und *Die Liebhaberinnen* (1975) – sind geprägt von sozialer Kritik, einer marxistischen Analyse des Kapitalismus und der Konsumgesellschaft. In einer zweiten Phase hat J. eine scharfe Kritik an der patriarchalen Gesellschaft formuliert. In den Romanen *Oh, Wildnis, oh Schutz vor ihr* (1985), *Die Klavierspielerin* (1988), *Lust* (1989), *Die Kinder der Toten* (1995), den Dramen *Was geschah, nachdem Nora ihren Mann verlassen hatte oder Stützen der Gesellschaft* (1979), *Clara S.* (1982) und *Krankheit oder Moderne Frauen (1984)* beschreibt sie die tödlichen Fallen, in die weibliche Figuren verstrickt sind, ohne dabei die weiblichen Helden positiv zu gestalten. »Ringsum leben die Sterblichen von Lohn und Arbeit. Sie leben nicht ewig und leben nicht wohl. Jetzt haben sie aber schon von der Müh zur Ruh gewechselt. In ihrer Brust schlägt der Stachel, weil sie kein eigenes Badezimmer haben.« (*Lust* 1989). Der ausklingende Kausalsatz trivialisiert, was durch den Hölderlin-Ton evoziert worden ist. Das, was in *Die Klavierspielerin* auf der Handlungsebene pervers erschien (z.B. weiblicher

Masochismus), ist in ihren späteren Werken zwar auch thematisiert, aber darüber hinaus auf der Ebene der Darstellung reflektiert. Und das, was im Text auf der Inhaltsebene entzivilisierend wirkt und in Form der Hypersexualität, der Brutalität und gewalttätigen Aneignung der Frau und der Natur zum Ausdruck kommt, ruft durch die Schreibweise und den Montagestil gerade nach seinem Gegenteil. Zerstörung hörbar gemacht zu haben, ist die besondere Leistung ihrer späteren Romane. Seit Ende der 80er Jahre zielt ihre Attacke auf die österreichische faschistische Vergangenheit und den ausgeprägten Antisemitismus der Gegenwart. Dies findet v.a. seinen Niederschlag in den Theaterstücken: *Burgtheater* (1984), *Totenauberg* (1991) *Stecken, Stab und Stangl* (1995), *Ein Sportstück* (1998) und den Romanen *Die Ausgesperrten* (1980) sowie *Die Kinder der Toten* (1995). Das Theaterstück *Wolken. Heim* (1990) konzentriert sich hingegen auf die deutsche nationalsozialistische Vergangenheit. Ihre Theaterstücke wurden zuerst im österreichischen Raum zaghaft aufgeführt, unter Peymann am Burgtheater dann häufiger. In Deutschland, zuerst in Bonn, später dann in Hamburg, ist sie inzwischen zu einer der bekanntesten Theaterautoren geworden und erhielt 1998 den Büchner-Preis.

Die Variationsbreite ihrer Werke, aber auch das Schreiben in unterschiedlichen Genres (Lyrik, Prosa, Roman, Drama, Hörspiel, Drehbuch für Schroeters Verfilmung von I. ↗Bachmanns *Malina*, Libretto, politischer Essay und nicht zuletzt Übersetzung von Pynchons *Die Enden der Parabel*, zusammen mit Thomas W. Piltz, 1981) zeichnen das inzwischen umfangreiche Werk von J. aus. Das besondere Verfahren, was sie dabei in all ihren Texten verwendet, ist eben kein Haßgesang, sondern, wie sie selbst formulierte: »... einfach eine sehr überspitzte, satirisch übersteigerte Analyse« der Wirklichkeit.

Lit.: Arnold, H. L. (Hg.): *Text und Kritik. E. J.* München 1993; Gürtler, C. (Hg.): *Gegen den schönen Schein. Texte zu E. J.* Frankfurt/M. 1990; Janz, M.: *Elfriede Jelinek.* Stuttgart/Weimar 1995.

Dagmar von Hoff

Jesenská, Milena

Geb. 10. 8. 1896 in Prag; gest. 17. 5. 1944 im KZ Ravensbrück

Milena Jesenská, breiteren Kreisen vorwiegend als Kafkas ›Freundin‹ bekannt, führte als Journalistin und Feuilletonistin eine kleine Schicht emanzipierter Frauen an, die in der Zwischenkriegszeit wesentlich am intellektuellen Leben der Ersten Tschechoslowakischen Republik beteiligt waren. Die Tochter des angesehenen Prager Universitätsprofessors und Kieferchirurgen Jan Jesenský (1870–1947) besuchte 1907 bis 1915 das »Minerva«-Gymnasium, die erste Mädchenmittelschule Mitteleuropas. Ihr schon in früher Jugend demonstrativ zur Schau gestellter extravaganter Lebensstil und ihre Eskapaden ließen nicht ahnen, daß sie am Ende der 30er Jahre als couragierte Antifaschistin eine wichtige Rolle in der Öffentlichkeit spielen würde.

Nach einem abgebrochenen Medizinstudium heiratete J. 1918 gegen den heftigen Widerstand ihres Vaters den zehn Jahre älteren deutsch-jüdischen Bankangestellten Ernst Polak (1886–1947) aus dem Kreis der Prager deutschen Literatur, den sie im legendären »Arco«, dem Stammcafé von Autoren wie Max Brod, Franz Werfel u. a. 1916 kennengelernt hatte. In Wien, wohin das Ehepaar übersiedelt war, begann 1919 J.s journalistische Laufbahn als Korrespondentin für die Prager *Tribuna* (Tribüne) und die *Národní listy* (Nationalblätter). Mit ihrer Übersetzung der Erzählung *Der Heizer*, die 1920 in der Prager literarischen Wochenschrift *Kmen* (Stamm) abgedruckt wurde, erwarb sie sich das Verdienst, die tschechische Kafka-Rezeption eröffnet zu haben. Die sich zwischen Kafka und ihr anbahnende Liebesbeziehung entwickelte sich vor allem in Form einer bis 1923 geführten Korrespondenz, die – 1952 von Willy Haas (1891–1973) herausgegeben – unter dem Titel *Briefe an Milena* weltberühmt wurde.

Nach ihrer Scheidung und Rückkehr nach Prag (1925) betreute J., die in engem Kontakt mit führenden Intellektuellen der linken Avantgarde um Karel Teige (1900–1951) stand und bis 1929 ständige Mitarbeiterin der *Národní listy* war, u. a. die Buchreihe »Žena« (Die Frau), in der sie zwei Sammlungen ihrer Feuilletons über modernen Lebensstil und Mode herausgab. Lebenskrisen – das Scheitern ihrer 1927 bis 1934 währenden Ehe mit dem funktionalistischen Architekten Jaromír Krejcar (1895–1949) und eine, 1937 freiwillig beendete, Morphiumsucht, die ein von der Geburt ihrer Tochter (Jana Černá-Krejcarová, 1928–1981) verursachtes schmerzhaftes Leiden ausgelöst hatte – hinderten sie nicht, für verschiedene Publikationsorgane zu schreiben. Als sie im Herbst 1937 in die Redaktion des renommierten liberal-demokratischen Wochenblatts *Přítomnost* (Gegenwart) eintrat, wandelte sich die für ihren eleganten Stil gerühmte Gesellschafts- und Modepublizistin, der man denkerischen Tiefgang und Sensibilität bescheinigte, zur hellsichtigen politischen Kommentatorin und Reporterin, die brennende Gegenwartsfragen aufgriff. Nach Errichtung des Protektorats Böhmen und Mähren (1939) wurde J., die als Mitglied einer Widerstandsgruppe bedrohte Tschechen und Juden aus dem Land schmuggelte, wegen Mitarbeit an der illegalen Zeitschrift *V boj* (In den Kampf) verhaftet und ohne Urteil 1940 von der Gestapo ins KZ Ravensbrück gebracht, wo sie 1944 an einer schweren Nierenerkrankung starb.

Lit.: Buber-Neumann, M.: *Milena, Kafkas Freundin*. München 1977; Rein, D. (Hg.): *M. J., Alles ist Leben. Feuilletons und Reportagen 1919–1939*. Frankfurt/M. 1984; Černá, J.: *Adresát M. J.* Prag 1991; Jirásková, M./Jonáková, A.: *Umění zůstat stát*. Broschüre zur M. J.-Ausstellung im Museum der tschechischen Literatur (PNP). Prag 1996.

Christa Rothmeier

Jonker, Ingrid

Geb. 19. 9. 1933 in Douglas, Cape Province/Südafrika; gest. 19. 7. 1965 in Kapstadt/Südafrika

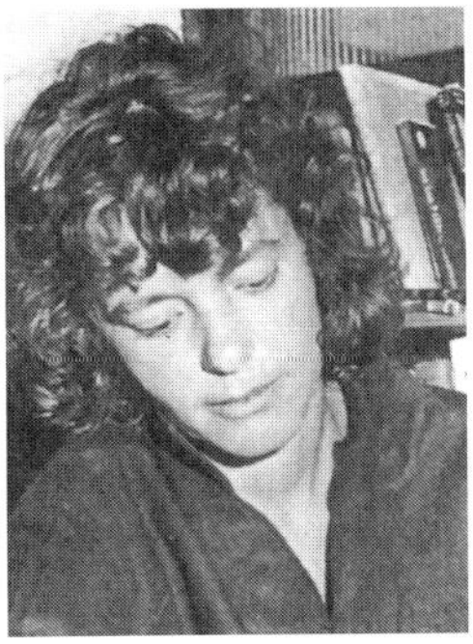

»She was both a poet and a South African. She was both an Afrikaner and African. She was both an artist and a human being. In the midst of despair, she celebrated hope. Confronted by death, she asserted the beauty of life. In the dark days when all seemed hopeless in our country, when many refused to hear her resonant voice, she took her life.« – Mit diesen Worten erinnert Nelson Mandela bei seinem Amtsantritt an die junge Afrikanerin Ingrid Jonker, die im Alter von 31 Jahren Selbstmord begeht. Das Leben der Dichterin ist seit ihrer Kindheit von tragischen Geschehnissen überschattet, aus denen sie sich schon als Sechsjährige allein durch das Schreiben retten kann. Als jüngste Tochter von Beatrice Cilliers und dem Journalisten, Autor sowie Politiker Abraham H. Jonker geboren, wächst sie mit ihrer Schwester Anna bei der Mutter sowie der Großmutter auf. Nach deren Tod leben die Kinder im Waisenhaus bzw. beim Vater in Kapstadt. Mit 16 Jahren legt J. einen ersten Gedichtband vor, den der Verlag zwar nicht akzeptiert, ihr aber das Interesse von D.J. Opperman (1914–1985) einbringt. Nach ihrer schulischen Ausbildung arbeitet J. zeitweise als Sekretärin, Schreibkraft und Leserin für Verlage und Druckereien. 1956 publiziert sie ihren ersten Gedichtband *Ontvlugting* (Flucht). Im Dezember 1957 kommt in Johannesburg ihre Tochter Simone zur Welt. Zurück in Kapstadt, tritt J. in engeren Kontakt zu anderen Autor/innen. Aufgrund starker Depressionen begibt sie sich, wie ihre Mutter, zeitweise in eine Psychiatrie.

Als 1963 der Gedichtband *Rook en oker* (Rauch und Ocker) erscheint, für den sie den Afrikaanse Pers Beperk Prize erhält, zeigt sich der Einfluß des Surrealismus auf ihre Arbeit. Mit dem Preisgeld finanziert J. 1964 eine Reise nach Westeuropa, von der sie verzweifelte Briefe schreibt; sie läßt sich schließlich in eine Pariser Klinik einweisen. Ein Jahr nach der Rückkehr aus Europa gelingt es ihr, sich in der Three Anchor Bay zu ertränken. Bereits im Titelgedicht von *Ontvlugting* (1956) sagt sie die Art ihres Tods voraus. Körper und Wasser sind in J.s bilderreichen Sprache stets wiederkehrende Motive. Ihre Gedichte zeugen sowohl von Einsamkeit und Sehnsucht als auch von unendlicher Zärtlichkeit. Die in Mauritius lebende südafrikanische Autorin Lindsey Collen (geb. 1948) interpretiert diesen Selbstmord als eine bedauernswerte Resignation: »You needn't have despaired, Ingrid Jonker.« J. ist, vergleichbar mit Autorinnen wie Bessie ↗Head (1937–1986), Sylvia ↗Plath (1932–1963), Anne ↗Sexton (1928–1974) und Virginia ↗Woolf (1882–1941), an einer Gesellschaft zerbrochen, die eine kritische und kreative Auseinandersetzung seitens der Frauen mit ihr nicht zuläßt. Aufgrund eines ähnlichen Schicksals ergeben sich auch Parallelen zu den südafrikanischen Schriftstellern Nat Nakasa (1937–1965) und Arthur Nortje (1942–1970). – Nach J.s aufsehenerregendem Suizid wird in Südafrika der Ingrid Jonker Preis für junge Autor/innen eingerichtet. Posthum erscheinen die Gedichtbände *Kantelson*, 1966 (Untergehende Sonne) und *Iewers langs die pad*, 1970 (Irgendwo entlang des Wegs) sowie *Versamelte Werke* (1975).

Lit.: Klopper, D.: »Freeing White Black from their Sealed Bodies.« In: *Die Suid-Afrikaan*. Nr. 46 (Nov/Dec 1993), S. 48–49; Rabie, J. (Hg.): *In Memoriam I.J.* Kapstadt 1966.

Stephanie Neumann

Juana de la Cruz ↗ *Cruz, Sor Juana de la*

Kantůrková, Eva (geb. Sílová, verh. Šternová, später Kantůrková)

Geb. 11. 5. 1930 in Prag

Eva Kantůrková, vor 1968 eine bekannte Journalistin zählte nach der Niederschlagung des Prager Frühlings zu den führenden Regimekritikerinnen der ČSSR. Ihre Aktivitäten in der Charta 77, die sie 1985 als deren Sprecherin anführte, machten sie über die Grenzen ihres Landes hinweg bekannt. Nach der »Samtenen Revolution« (1989) wirkte die Mitbegründerin des »Občanské fórum« (Bürgerforum) 1990–92 als Abgeordnete des Tschechischen Nationalrats und 1994–96 als Vorsitzende der »Obec spisovatelů« (Schriftstellergemeinde). 1949/50 hatte die Tochter eines kommunistischen Journalisten als Redakteurin gearbeitet. 1951–56 studierte sie Philosophie und Geschichte an der Prager Karlsuniversität. Sie debütierte 1966 mit einem Band Erzählungen und ist seit 1967 freiberufliche Schriftstellerin. Seither veröffentlichte sie zahlreiche Romane und Filmdrehbücher.

K.s Interesse für gesellschaftliche und politische Themen manifestierte sich bereits 1967 in *Smuteční slavnost* (Totenfeier), ihrem ersten, auch zu einem Drehbuch umgearbeiteten Roman über die Auswirkungen der gewaltsamen kommunistischen Kollektivierung auf die dörflichen Strukturen. Der 1969 gedrehte und sofort verbotene Film wurde 1990 erstmals in Karlsbad vorgeführt und im selben Jahr mit dem Hauptpreis des Filmfestivals von Montreal ausgezeichnet. Der psychologische Roman *Po potopě*, 1969 (Nach der Sintflut) war das letzte Buch, das offiziell erschien. Alle folgenden Werke konnte die mit Publikationsverbot belegte Autorin bis 1989 nur im ›Samizdat‹ (Selbstverlag) und in Exilverlagen veröffentlichen. Besonderer Wertschätzung erfreut sich K.s faktographisches Schaffen. In *Sešly jsme se v této knize*, 1980 (*Verbotene Bürger. Frauen der Charta 77*, 1982) zeichnet sie Gespräche mit Dissidentinnen auf. In *Přítelkyně z domu smutku*, 1984 (Freundinnen aus dem Haus der Trauer) porträtiert sie ihre Zellengenossinnen in einer Prager Strafanstalt, in der sie 1981/82 ein Jahr in Untersuchungshaft verbracht hatte. Obwohl sie nicht für eine »Frauenautorin« gehalten werden möchte, war sie eigenen Aussagen nach selbst überrascht, »in welchem Ausmaß« darin »die allerweiblichsten Momente des menschlichen Handelns erfaßt werden« (Marková, S. 79). Im Gefängnisleben sah K. ein Abbild der menschenverachtenden totalitären Gesellschaft. Einblick in die Politik und die einstige Dissidentenszene gewährt das 1994 edierte *Památník*

(Gedenkbuch). Einen Bezug zur gesellschaftlichen Situation der Zeit nach 1968 hatte K. auch in ihrem Roman über *Jan Hus* (1988) hergestellt.

Die Niederschlagung des Prager Frühlings verursachte auch in der Entwicklung anderer Autorinnen eine Zäsur. Mit Publikationsverbot belegt wurde Hana Bělohradská (geb. 1929), die sich in der (1964 verfilmten) Novelle *Bez krásy, bez límce*, 1962 (Ohne Schönheit, ohne Kragen) mit der Problematik der Judenverfolgung in der Protektoratszeit befaßt hatte. Nach Kanada emigrierte 1969 Zdena Salivarová (geb. 1933) und begründete dort mit ihrem Mann, dem Prosaiker Josef Škvorecký (geb. 1924), einen Exilverlag. Die nach 1969 zur Unperson erklärte Journalistin Eda Kriseová (geb. 1940) verfaßte ab 1971 – ohne Aussicht auf offizielle Publikation – in kürzester Zeit mehrere belletristische Werke. Als Beraterin Präsident Havels (1990–92) veröffentlichte sie 1991 die Biographie *Václav Havel. Životopis* (*Václav Havel. Dichter und Präsident*).

Lit.: Svadbová, B.: »Das Bild der Frauen im Schaffen tschechischer Schriftstellerinnen«. In: Havelková, H. (Hg.): *Gibt es ein mitteleuropäisches Ehe- und Familienmodell?* Prag 1995, S. 67–85; Marková, M.: *Olga Havlová oder Über die Würde der Frauen. Neun Porträts tschechischer Frauen*. Innsbruck 1996; Moldanová, D.: »Z. Salivarová jako autorka a jako literární postava«. In: Moldanová, D. (Red.): *Žena-Jazyk-Literatura*. Ústí nad Labem 1996, S. 163–166.

Christa Rothmeier

Karsch, Anna Louisa

Geb. 1. 12. 1722 in Hammer bei Züllichau/Schweiz; gest. 12. 10. 1791 in Berlin

»Es hat sich hier im Bereiche des Geschmacks eine wunderbare Erscheinung gezeigt: eine Dichterin, die blos die Natur gebildet hat und die, nur von den Musen gelehrt, große Dinge verspricht.« – So kündigte J. G. Sulzer seinem Kritikerkollegen Bodmer eine Autorin an, die von den Zeitgenossen als Sensation bestaunt wurde. Tatsächlich war K. eine außergewöhnliche Erscheinung im literarischen Leben der damaligen Zeit: Sie stammte aus der Unterschicht, sie war nicht gelehrt und sie entsprach nicht dem landläufigen weiblichen Schönheitsideal. Aber sie formulierte aus dem Stegreif druckreife Lieder, Oden und Kriegsgesänge, die Moses Mendelssohn zu der verwunderten Frage veranlaßten, »wie ein unkriegerisches Frauenzimmer« solche Verse verfassen konnte. Als »preußische Sappho« (Gleim) wurde sie so berühmt, daß sie von Friedrich dem Großen in einer Audienz empfangen wurde und von ihren Gedichten – wenn auch schlecht – leben konnte. Selbstbewußt bekannte sie sich dazu, daß für sie Dichten eine Form des Gelderwerbs war, um sich und ihre Familie zu ernähren. Ihr Ruhm fiel in eine Zeit, in der ›Natur‹ und ›Volkstümlichkeit‹ zu Schlagworten einer ganzen Epoche wurden. Als angebliches ›Naturkind‹ wurde K. zur Verkörperung eines literarischen Programms, mit dem eine neue Generation von Dichtern um 1770 gegen die Regelpoetik polemisierte und die Natur zur »eigentlichen Schule des Künstlers«

(Sulzer) erklärte. Ihr Stern begann jedoch zu sinken, als nicht mehr ›Natur‹, sondern ›Empfindsamkeit‹ gefragt war.

Dabei sind keineswegs alle ihre Texte bloße Gelegenheitsdichtungen. Ihre *Auserlesenen Gedichte* (1764), vor allem aber ihre Briefe, die Teil der noch immer weitgehend unbekannten weiblichen Briefkultur der Zeit sind (vgl. L.A. ↗ Gottsched und Meta Klopstock), zeigen sie als eine volksnahe Schriftstellerin, die Tabuthemen aufgreift, ihre »Vermarktung« selbstkritisch reflektiert und nach Ausdrucksmöglichkeiten für das eigene Begehren sucht, das im angestrengten, von Not und Unterdrückung geprägten Arbeits-, Ehe- und Familienleben stets zu kurz gekommen war. Ihre Tochter Caroline Luise von Klencke (1754–1802), die eine Biographie der Mutter verfaßte, und ihre Enkelin Helmina von Chézy (1783–1856) sind als Schriftstellerinnen ebenfalls erfolgreich gewesen, haben jedoch die Berühmtheit der ›Karschin‹ nicht erreichen können.

Gedichte und Lebenszeugnisse. Hg. A. Anger. Stuttgart 1987; Nörtemann, R. (Hg.): *»Mein Bruder in Apoll«. Briefwechsel zwischen A. L. K. und J. W. L. Gleim.* 2 Bde. Göttingen 1993 u. 1996. Reprints: *Auserlesene Gedichte* (1764); *Gedichte* (1792); *Neue Gedichte* (1792). Alle: Karben 1996. – Lit.: Bennholdt-Thomsen, A./Runge, A. (Hgg.): *Anna Louisa Karsch.* Göttingen 1992.

Inge Stephan

Kaschnitz, Marie Luise

Geb. 31. 1. 1901 in Karlsruhe; gest. 10. 10. 1974 in Rom

»Als eine ewige Autobiographin, eine im eigenen Umkreis befangene Schreiberin werde ich, wenn überhaupt, in die Literaturgeschichte eingehen, und mit Recht. Denn meine Erfindungsgabe ist gering. Ich sehe und höre, reiße die Augen auf und spitze die Ohren, versuche, was ich sehe und höre, zu deuten, hänge es an die große Glocke.« *Orte* (1973) heißt der Titel des letzten von K. veröffentlichten Buches. Es sind kurze Prosastücke, selten mehr als eine Druckseite umfassend – isolierte Augenblicke, die aus dem Gedächtnis hervorgeholt und ins helle Licht der aufblitzenden Erinnerung gestellt werden. K. ist ein eindrucksvolles Beispiel für jene künstlerische Alterswildheit einer Sprach- und Ausdrucksverknappung, einer Formverdichtung, einer unkonventionellen Absage an die eigene Herkunft. In einem sehr präzisen Sinne – dies enthüllt ihr Spätwerk – hat K. immer Orte beschrieben: Orte des Lebens, Erinnerungsorte, Gedankenorte, aber auch Orte der historischen Verbrechen, des Todes und des Eingedenkens.

Marie Luise von Holzing-Berstett stammte aus badisch-elsässischem Adelsgeschlecht. Sie wuchs in Berlin auf, wo ihr Vater als General in preußischen Diensten stand. Sie hat diese wohlbehütete, sozial privilegierte Jugend später immer als eine angstbeladene, qualvolle Zeit erinnert. Mag sie schreibend auch eine entschiedene Trennung von ihrer Herkunft vollzogen haben, so blieb sie in ihrem Lebensumkreis, ihrem Lebenszuschnitt doch von adligen Wertvorstellungen geprägt. Nach einer Lehre als Buchhändlerin kam sie 1924 erstmals nach Rom. Dort befreundete sie sich mit Guido von Kaschnitz-Weinberg, der bis 1932 als Assistent am Deutschen Archäologischen Institut tätig war. 1925 heirateten sie; 1928 wurde die einzige Tochter geboren. Die Universitätslaufbahn ihres Mannes bestimmte die weiteren Lebensstationen: 1932 Königsberg, 1937 Marburg, 1941 Frankfurt a.M., 1953 Rom. Seit 1956 war Frankfurt der ständige Wohnsitz, unterbrochen von längeren, regelmäßigen Aufenthalten in Rom sowie im heimatlichen Schwarzwalddorf Bollschweil bei Freiburg. An der Seite ihres Mannes durchkreuzte K. auf zahllosen Forschungs- und Studienreisen das gesamte Abendland, dessen Grenzen auch die Landkarte ihres Werkes abstecken.

Sie scheint nur langsam und unter Mühen zum Schreiben gefunden zu haben. Die frühen Gedichte, Erzählungen und Romane sind überwiegend anempfundene, des eigenen Tons noch kaum sichere Literatur: klassizistisch in der Form, eklektisch in der Sprache, unpolitisch in der Mythisierung einer als zeitlos erlebten Natur. Die Auseinandersetzung mit der eigenen Gegenwart und den Erfahrungen der Frauenrolle – wie in den beiden Romanen *Liebe beginnt* (1933) und *Elissa* (1937) – bleibt vereinzelt. Noch die Trümmerpoesie unmittelbar nach dem Zusammenbruch des Faschismus war eine humanistisch überblendete Fluchtliteratur (*Menschen und Dinge 1945*, 1946; *Totentanz und Gedichte zur Zeit*, 1948; *Zukunftsmusik*, 1950). Erst durch die Absage an den Feierton des Ewigmenschlichen findet sie als Lyrikerin in den frühen 50er Jahren zu einer eigenen Sprache (»Hiroshima«; »Tutzinger Gedichtkreis« – beide 1951).

Den Tod ihres Mannes 1958 hat sie als einschneidenden Bruch ihrer zuvor stets auf die Paarbeziehung orientierten Biographie erlebt, als Verlust (*Dein Schweigen – meine Stimme*, 1962), aber auch als Identitätsgewinn, dem sich nun die Schleusen der Erinnerung öffnen. Erinnerung – wie sie jetzt zum bestimmenden Verfahren ihres Schreibens wird – hat mit Archäologie zu tun; wie diese ist sie Erdarbeit: ein Freilegen des verschütteten Ich. Das wohl konsequenteste Beispiel für die facettierte Schreibweise von K.s autobiographischer Prosa (u.a. *Wohin denn ich*, 1963; *Tage, Tage, Jahre*, 1968; *Steht noch dahin*, 1970) ist die *Beschreibung eines Dorfes* (1966). Sie beschreibt in diesem so eigenwilligen wie vollkommenen Prosatext aber nicht das Dorf Bollschweil, nicht ihre Erinnerung und auch nicht die Wirklichkeit seines gegenwärtigen Zustands, sondern – gleichsam in »Patrouillengängen« (Robert Minder) – die Arbeit, die sie im Vorfeld einer letzten Endes naiv verbleibenden literarischen Abbildung zu leisten hat:

Eine Vorkämpferin der Frauenemanzipation war K. nicht. Sie hat sich gerne auf eine »weibliche Position« zurückgezogen, unter der sie dann auch wieder litt, wenn man ihr Werk als »Damenliteratur« apostrophierte. Die karge, gleichsam Bild an Bild, Einstellung an Einstellung reihende Lyrik und Prosa ihrer letzten Jahre, das Aussparen und Überspringen jeder Vermittlung und selbstsicheren Perspektive, als sei das Ganze das Unwahre; den Mangel an epischer Fülle und dramatischer Latenz, den sie zum ästhetischen Prinzip erhebt, all dies erzeugt sie durch eine Art kindlicher Holzschnittechnik und Schwarzweißmalerei, vergleichbar jenen »traumhaft anmutenden Landschaftsskizzen«, von denen sie Horst Bienek erzählte, sie »mit ganz elenden Kinderbuntstiften ausgeführt zu haben, während mein Mann seinen archäologischen Studien nachging.«

Hinter diesem Bild einer scheinbaren Regression verbirgt sich ein literarisches Verfahren, das sich dem männlichen Umgang mit der Geschichte verweigert. Gestorben ist K. in Rom, begraben liegt sie im heimatlichen Bollschweil.

Gesammelte Werke. 7 Bde. Hgg. Ch. Büttrich/N. Miller. Frankfurt/M. 1981–1989. – Lit.: Vetter, H.: *Ichsuche. Die Tagebuchprosa von M. L.K.* Stuttgart/Weimar 1994.; Gersdorff, D. von: *M. L. K. Eine Biographie.* Frankfurt/M. 1992; Pulver, E.: *M. L. K.* München 1984; Schweikert, Uwe (Hg.): *M. L. K.* Frankfurt/M. 1984.

Uwe Schweikert

Katharina II., die Große (geb. Sophie Frederike Augusta von Anhalt-Zerbst)

Geb. 21. 4. 1729 in Stettin; gest. 6. 11. 1796 in St. Petersburg/Rußland

Katharina II., Zarin von Rußland, ist neben der »kleinen Katharina«, der Fürstin ↗ Daškova, zweifellos die wichtigste russische Autorin des 18. Jh.s. Ihr umfangreiches literarisches Werk, das u.a. 25 Komödien und historische Dramen sowie Geschichten für Kinder und eine Reihe von Essays und Feuilletons umfaßt, steht allerdings bis heute deutlich im Schatten ihrer politischen Tätigkeit und deren historischer Bedeutung. – K. kam 1744 nach Rußland, um den Thronfolger Peter zu heiraten. Nach dessen Sturz und Ermordung, die zumindest mit dem Wissen K.s geschah, kam sie 1762 auf den russischen Thron, nachdem sie sich Jahre zuvor intensiv gebildet und mit der russischen Sprache und Kultur sowie der Orthodoxie beschäftigt hatte. Die 34 Jahre ihrer Herrschaft zeigten K. als erfolgreich wirkende und aufgeklärte, zugleich aber als autoritäre und absolutistische Herrscherin. Die mysteriösen Umstände ihres Machtantritts sowie ihre zahlreichen Liebesaffairen ließen Katharina zu einem historischen Mythos werden, was sich in zahlreichen trivialen Werken und Filmen über ihr Leben niederschlug.

Abgesehen von Publikationen im juristischen und administrativen Bereich (vor allem in der »Instruktion« von 1767 mit umfassenden Reformplänen), in denen sie sich besonders beeinflußt von Montesquieu und Voltaire zeigte, entfaltete K. nach ihrer Machtübernahme eine breite publizistische Tätigkeit. Mehrere Zeitschriften, die ab 1769 erschienen, sollten aufklärerisches Gedankengut in breite Schichten der Bevölkerung tragen. K. war direkt oder indirekt an dem Erscheinen dieser satirisch-moralisierenden Periodika beteiligt und veröffentlichte in ihnen unter Pseudonym. Diese Tatsache dürfte allerdings vielen der anderen Autoren nicht bekannt gewesen sein, die durch konträre Positionen in Bedrängnis gerieten. Im Laufe ihrer Regierungszeit verstärkte K. zunehmend die Zensur.

Während ihre publizistische wie auch ihre kulturpolitische Tätigkeit relativ gut erforscht sind, stand K. als Schriftstellerin bisher weitgehend im Hintergrund. Vor allem das umfangreiche dramatische Werk, das die Autorin unter dem Gesichtspunkt erzieherischer Absichten verfaßte, fand wenig Beachtung. Zunächst schrieb sie Komödien, ab den späten 1770er Jahren zeigte K. sich in ihren historischen Dramen vor allem von Shakespeare beeinflußt. Interessant ist das Dramen-Œuvre der 1780er Jahre, mit dem sie sich gegen die aufkommende Freimaurerbewegung wandte. Heute steht außer Zweifel, daß K. über ihr politisches Anliegen hinaus mit ihren Dramen auch Wesentliches zur Entwicklung des russischen Dramas beigetragen hat. Im Gegensatz zu den beißenden Satiren des wohl bekanntesten Dramatikers des 18. Jh.s, Fonvizin, wollte sie offenbar bewußt einen Gegenpol in Form der »lächelnden sozialen Ironie« schaffen, die menschliche Schwächen und Mißstände in der adeligen Gesellschaft mit nachsichtigem Lächeln darstellte. Zielgruppe dieser Komödien waren vor allem Frauen, die die Zeichen der neuen Zeit der Aufklärung noch nicht erkannt hatten, wie etwa Dramentitel *Imjaniny gospoži Vorčalkinoj* (Der Namenstag der Frau Griesgram) oder *Gospoža Vestnikova s sem'eju* (Frau Klatschmaul und ihre Familie) bezeugen.

Seit ihrem ersten – allerdings unvollständigen – Erscheinen 1859 ziehen die Memoiren K.s das größte Interesse auf sich. Die Aufzeichnungen, eine »Mischung von Beobachtung und Reflexion, Kritik und Selbstkritik« (Göpfert) geben scheinbar völlig offen Einblicke in die Jugend K.s, ihre ersten Jahre in Rußland sowie ihre unglückliche Ehe mit Peter bis zu ihrem Machtantritt. Erst in jüngster Zeit wurde über eine psychoanalytisch ausgerichtete Interpretation die komplexe, ambivalente Struktur dieser Memoiren ebenso bewußt gemacht, wie K.s Selbststilisierung, die im Text über einen zweifachen Körperdiskurs, »einen öffentlichen, angeblickten und einen privaten, verborgenen« (Witte) erfolgt.

Sočinenija imperatricy Ekateriny II (Die Werke der Zarin Katharina II.). 12 Bde. St. Petersburg 1901–1907; *Memoiren*. Hg. E. Boehme. München 1990; *Katharina-Lesebuch*. Hg. F. Göpfert. Wilhelmshorst 1996. – Lit.: Fleischhacker, H.: *Mit Feder und Zepter. K. II. als Autorin*. Stuttgart 1978; Bilbasov, V. A.: *K. II., Kaiserin von Rußland im Urteil der Weltliteratur*. Leipzig 1983 (Reprint von 1897); Witte, G.: »Zwei Katharinen. Autobiographische Szenen im Rußland des 18. Jahrhunderts.« In: Bettinger, E./Funk, J. (Hgg.): *Maskaraden. Geschlechterdifferenz in der literarischen Inszenierung*. Berlin 1995, S. 98–114; *Katharina II. Eine russische Schriftstellerin*. Hg. v. M. Fajnštejn/F. Göpfert. Wilhelmshorst 1996; Donnert, E.: *K. die Große und ihre Zeit*. Leipzig 1996.

Elisabeth Cheauré

Kempe, Margery

Geb. ca. 1373 in King's Lynn/Norfolk; gest. ca. 1439

Der bürgerlichen Frau, die weder lesen noch schreiben konnte und die auch die damals üblichen Schriftsprachen Latein oder Französisch nicht beherrschte, ist es gelungen, mit ihrem nur in einem Exemplar überlieferten *Book of Margery Kempe*, das sie zwei Schreibern diktierte, als eine der wenigen mittelalterlichen Schriftstellerinnnen bekannt zu werden und die englische Sprache als literarisches Medium weiterzuentwickeln.

K. wird um 1373 in King's Lynn, einer damals bedeutenden Stadt in Norfolk als Tochter eines Bürgermeisters geboren. Um 1393 heiratet sie John Kempe und hat wahrscheinlich mehrere Kinder, die aber in ihrer Autobiographie keine Rolle spielen. Ihr Leben wird bestimmt vom Bemühen, den engen Raum, der einer Frau ihrer Zeit vorgeschrieben ist, zu erweitern. Nachdem sie, ausgelöst durch die Geburt ihres ersten Kindes, eine längere psychische und religiöse Krise durchlebt hat, wird sie durch eine Christusvision geheilt. In ihrem Buch schildert sie, wie es ihr nach und nach gelingt, sich als religiöse Persönlichkeit zu etablieren. Ihr Vorbild sind mystische Frauen, die auf dem Kontinent leben. Vor allem bezieht sie sich auf die Heilige Birgitta von Schweden (1302/3–1373), deren Werk *Revelations* in England kursiert. Diese kommentiert in ihren Visionen, die sie selbst aufschreibt und die ihr Beichtvater ins Lateinische übersetzt, auch politische Ereignisse und kritisiert z. B. den schwedischen König.

K. hat nicht die soziale Position, die ihr eine ähnliche Aufmerksamkeit sichern würde. Da sie im Unterschied zu den religiösen Frauen auf dem Kontinent nicht als Nonne in einem Kloster leben, sondern innerhalb der Welt wirken und predigen will, weicht ihr Verhalten von allen sozialen und kirchlichen Normen ihrer Zeit ab. Auch die Tatsache, daß sie innerhalb Englands allein reist, erregt Anstoß. In überaus anschaulicher Weise schildert sie ihren Kampf gegen die ihr auferlegte Rolle und die Widerstände ihrer Umgebung. Dadurch, daß sie die gegen sie erhobenen Vorwürfe und die Auseinandersetzung mit verschiedenen Vertretern des Klerus in wörtlicher Rede wiedergibt, enthält ihr Buch ein breites Spektrum verschiedener Meinungen und Stimmen.

Interessant und teilweise abenteuerlich ist die Schilderung ihrer Pilgerreise nach Jerusalem, zu der sie im Jahr 1413 aufbricht. Von Jerusalem geht sie nach Rom, wo sie das Zimmer von Birgitta besucht, als deren Nachfolgerin sie sich sieht. Zurück in England wird sie als Anhängerin der Lollarden verhaftet, allerdings schon bald wieder freigelassen und als rechtgläubig anerkannt. Sie steht den Lollarden, einer Bewegung von Wanderpredigern, die nur die alleinige Autorität der heiligen Schrift gelten lassen und diese auf Englisch verbreiten, insofern nahe, als sie ebenfalls auf englisch predigt, als Frau und Laienpredigerin die Menge anspricht, teilweise den Gehorsam gegenüber dem Klerus verweigert und nur ihren Visionen folgt. Doch bedient sie sich der Argumente der Lollarden v. a., um ihr Anliegen einer Reform der Kirche vorzubringen und ihre eigene Position als religiöse Frau zu stärken.

Von der Analyse dieser Zusammenhänge ausgehend, liest die neuere Sekundärliteratur K.s Autobiographie vermehrt auch als einen politischen Text. Als ein bestimmendes Thema des *Book* erweist sich dabei die Problematik des Gehorsams gegenüber der Kirche und die Frage, wer die Autorität hat, über die Anerkennung des Wunderbaren zu entscheiden – die Öffentlichkeit, der Klerus oder das einzelne Subjekt? In der Auseinandersetzung mit dieser Problematik etabliert sich K. als eine mystische Kritikerin der Kirche und als Autorin, die die Niederschrift ihrer Autobiographie gegen alle äußeren Widerstände durchsetzt.

Meech, S. (Hg.): *The Book of Margery Kempe*. London 1940; Bowden, B. W.: *The Book of Margery Kempe: A Modern Version*. New York 1944. – Lit.: Wilson, K. M. (Hg.): *Medieval Women Writers*. New York 1984.

Ulrike Stamm

Keun, Irmgard

Geb. 6. 2. 1905 in Berlin; gest. 5. 5. 1982 in Köln

»Eine schreibende Frau mit Humor, sieh mal an!«, so urteilte Kurt Tucholsky (1890–1935) über K.s ersten Roman *Gilgi, eine von uns* (1931), der die bis dahin unbekannte Autorin über Nacht berühmt machte. Die Tochter eines Kaufmanns wuchs in Köln auf. 16jährig begann sie als Kontoristin im Betrieb ihres Vaters zu arbeiten, setzte aber ihren Wunsch, Schauspielerin zu werden, gegen den väterlichen Widerstand durch. 1927 erhielt sie erste Engagements in Hamburg und Greifswald; es blieb bei kleineren Rollen, während schon ihr Erstling als Schriftstellerin ein Sensationserfolg wurde. Die Autorin und ihre Protagonistin trafen Stil und Lebensgefühl der Zeit, sie verkörperten den Typus der »neuen Frau«. Frech, unabhängig und auf sich selbst gestellt, galt ihnen Aufstieg und sachlicher Lebensstil alles, Gefühl und Sentimentalität nichts. Die beiden vor 1933 erschienenen Romane K.s – 1932 folgte *Das kunstseidene Mädchen* – wirken wie die Literarisierung der modernen Lebenseinstellung, die sich vor allem im veränderten Verhältnis zwischen den Geschlechtern ausdrückt. Die Heldinnen der Keunschen Romane sind aber keineswegs bloße Abbilder des Zeitgeistes, sie sind zugleich dessen radikale Karikatur. Die an Rationalität, Geld und materieller Autonomie orientierten Frauenfiguren scheitern ebenso an sich selbst wie an ihrer Umwelt und zeigen sich überdies in ihren Wünschen und Visionen weitgehend determiniert: von den Bildern der Werbung ebenso wie vom »kunstseidenen« Glanz des Kinos und der Metropole. Durch Sprache und Erzählweise wird der »neusachliche« Lebensstil in diesen Romanen demonstriert und demontiert. Verkürzung und Fragmentierung im Satzbau, funktionalistische, entindividualisierende Sprachbilder und ständige Perspektivenwechsel prägen den unverwechselbaren Erzählton der Keunschen Romane.

Wie für zahllose andere Autorinnen der Weimarer Republik – z. B. Anna Gmeyner (1902–1991), Lili Körber (1897–1982) oder Gabriele Tergit (1894–1982) – bedeutete der Machtantritt der Nationalsozialisten für K. einen radikalen Lebens- und Karrierebruch. Ihre Bücher wurden 1933 auf die »schwarze Liste« gesetzt, vergeblich bemühte sie sich um Aufnahme in die Reichsschrifttumskammer. Ohne Erfolg, aber offenbar ohne nachteilige Folgen verklagte sie den Staat nach der Beschlagnahme ihrer Bücher auf Schadensersatz. 1936 entschloß sie sich zur Emigration; Schreib- und Publikationsverbot im Reich sowie ein großzügiger Vorschuß des holländischen Verlags Allert de Lange auf ihren neuen Roman gaben den Ausschlag. In Ostende, wo sie bis 1940 überwiegend lebte, traf sie auf viele emigrierte Schriftsteller, unter ihnen Joseph Roth (1894–1939), dem sie eng verbunden war und mit dem sie zahllose Reisen unternahm. In rascher Folge erschienen zwischen 1936 und 1938 vier Romane, in denen K. die eigenen Erfahrungen im nationalsozialistischen Deutschland und im Exil verarbeitete. War *Das Mädchen, mit dem die Kinder nicht verkehren durften* (1936) noch stark von persönlichen

Erlebnissen der Isolation und Ausgegrenztheit bestimmt, so gehört *Nach Mitternacht* (1937) zu den originellsten Deutschlandromanen des Exils. Als beißende Satire auf den nationalsozialistischen Staat, auf Führerkult und Massenhysterie ist er eine schonungslose Abrechnung mit der libidinös besetzten Autoritätshörigkeit des Kleinbürgertums. Auch in *D-Zug Dritter Klasse* (1938) und *Kind aller Länder* (1938) thematisiert K. individuelle und zeittypische Umstände: ihre Situation als Frau zwischen verschiedenen Männern, dem in Deutschland gebliebenen Regisseur Johannes Trolow, ihrem nach Amerika emigrierten ›heimlichen‹ Verlobten Arnold Strauss und Joseph Roth, mit dem sie das Exilleben teilte. Wie schon in *Nach Mitternacht* garantiert auch in *D-Zug Dritter Klasse* eine scheinbar naive Erzählinstanz die schwejkhaft-groteske Atmosphäre des Romans. In *Kind aller Länder* werden aus der Perspektive eines zehnjährigen Mädchens der Geldmangel und das unstete Wanderleben der Emigranten karikiert. Wiewohl von der Literaturkritik gelobt und von ihren Verlegern stets zum Schreiben ermuntert, war die Lebensform des Exils für K., die unter ständiger Geldnot und zunehmender Alkoholabhängigkeit zu leiden hatte, immer schwerer zu ertragen. Ihre erst 1988 veröffentlichte Korrespondenz mit Arnold Strauss, der vergeblich versucht hatte, sie nach Amerika zu holen, gibt Auskunft über ihr von Depressionen erschüttertes Leben und ist Zeugnis einer Fabulierlust, durch die sie sich schreibend ein anderes Ich und ein anderes Leben entwirft. 1940, beim Überfall der deutschen Truppen auf die Niederlande, floh K. nach Deutschland, wo sie bis 1945 untertauchte. Enttäuscht und in sarkastischem Ton berichtet sie in ihren *Briefen aus der inneren Emigration* (1947) an Hermann Kesten (1900–1996) vom auftrumpfenden Selbstmitleid der Nachkriegsdeutschen. Sie selbst schrieb Feuilletons, Rundfunksatiren und mit *Ferdinand, der Mann mit dem freundlichen Herzen* (1950) ihren letzten Roman, der die Heimkehrerthematik ins Zentrum stellt. An die Erfolge aus der Vorkriegszeit konnte sie nicht mehr anknüpfen; Krankheit und Sanatoriumsaufenthalte, vor allem aber das bis in die 60er Jahre währende Desinteresse des bundesrepublikanischen Literaturbetriebs an der exilierten Literatur waren hierfür die Ursache. Bevor sie 1982 starb, konnte sie das neuerwachte Interesse an ihrem Werk noch erleben, das sich in zahllosen Neuausgaben und der Verleihung des Marieluise Fleißer-Preises (1981) niederschlug.

Ich lebe in einem wilden Wirbel. Briefe an Arnold Strauss, 1933 bis 1947. Hgg. G. Kreis/M. Strauss. Düsseldorf 1988. – Lit.: Kreis, G.: *»Was man glaubt, gibt es.« Das Leben der I. K.* Zürich 1991; Rosenstein, D.: *I. K. Das erzählende Werk der 30er Jahre.* Bern/Frankfurt/M. 1991; Beutel, H./Hagin, A. (Hgg.): *I. K.: Zeitzeugen, Bilder und Dokumente erzählen.* Köln 1995.

Irmela von der Lühe

Khalifa, Sahar

Geb. 1941 in Nablus/Palästina

Sahar Khalifa ist eine der exponiertesten und engagiertesten palästinensischen Romanschriftstellerinnen. Obwohl insbesondere seit den 70er und 80er Jahren Schriftstellerinnen in zunehmendem Maße die von Männern dominierte literarische Szene Palästinas bereichern, sind aus vielfältigen politischen und gesellschaftlichen Gründen ihre Stimmen selbst in ihrer eigenen Gesellschaft wenig bekannt. Nur wenige Autorinnen haben internationales Ansehen gewonnen, neben K. vor allem die Dichterin Fatwa Touqan (geb. 1917) und Lianeh Badr (geb. 1950), Autorin von Kurzgeschichten und Romanen. Nach Mahmoud Darwish ist K. die am häufigsten übersetzte palästinensische Schriftstellerin. Sie bezeichnet sich selbst als ›Dritte-Welt‹-Feministin und als Soziologin, deren Romane auf der genauen Kenntnis der Gesellschaft basieren. Nach Abschluß ihrer Promotion in den USA gründete sie 1988 das Women's Affairs Centre in Nablus mit Zweigstellen in Gaza und Jordanien (Amman). K. begann 1967 zu schreiben, kurz nach der Okkupation der Westbank und Gazas durch Israel.

Ausgehend von ihrer Überzeugung, daß feministisches Bewußtsein unerläßlicher Bestandteil politischen Bewußtseins ist, verknüpft sie in ihren Romanen zwei Hauptthemen miteinander: den palästinensischen nationalen und den feministischen Kampf um Befreiung. Ihre Sichtweise wird von der palästinensischen Gesellschaft nicht ohne weiteres geteilt, die an eine Literatur gewöhnt ist, die häufig den Kampf mit Israel und dem Imperialismus und das Dilemma der arabischen Welt in den Mittelpunkt stellt. Ihr wird vorgeworfen, westliches feministisches Gedankengut zu verbreiten, da sie nicht der Meinung folgt, mit der Lösung der nationalen Frage würde die Frauenfrage automatisch gelöst. Vor allem aus intellektuellen und Politikerkreisen wurde K. dafür kritisiert, daß sie Kritik an der eigenen Gesellschaft übt und zu Veränderungen in ihr aufruft, anstatt zuerst die ›äußeren Feinde‹ zu bekämpfen und die nationale Frage zu lösen. So greift sie soziale Probleme auf, die die Gesellschaft nach außen hin schwächen und behandelt in ihren Werken den Widerspruch zwischen dem schnellen ökonomischen und politischen Wandel der palästinensischen Gesellschaft und den starren Traditionen und Werten sowie zwischen alten und neuen Vorstellungen in Geschlechterfragen. Sie fordert eine Neubewertung gesellschaftlicher Werte, der gesellschaftlichen Struktur, des Familiensystems, des Bildungssystems und ihrer Auswirkung auf die Mitglieder der Gesellschaft von der Geburt bis zum Tod und spricht kontroverse und Tabuthemen (z. B. Prostitution) an.

Mit *Al-Sabbar*, 1975 (*Der Feigenkaktus*, 1990) gelangte K. zu internationaler literarischer Anerkennung. Ihr Roman *Bab al-Saha* von 1990 (*Das Tor*, 1994) widerspiegelt den Alltag und die Probleme von Frauen verschiedener Generationen unter den Bedingungen der Intifada. In ihrem Roman *Mudhakkirat Imra'a Gheir Waqi'iya* von 1986 (*Memoiren einer unrealistischen Frau*, 1992) verarbeitet sie eigene Erfahrungen in einer arrangierten traditionellen Ehe, aus der sie durch Scheidung ausbricht – erneut verbindet sie feministisches und politisches Bewußtsein miteinander. In ihrem jüngsten Roman *Al-Mirath*, 1997 (Das Erbe) zeichnet sie ein treffendes Bild von der palästinensischen Gesellschaft nach der Unterzeichnung des Friedensabkommens mit Israel. Obwohl in Hocharabisch schreibend, ist K.s Sprache tief verwurzelt in Wortschatz und Idiomatik des palästinensischen Dialekts. Sie ist kaum übertroffen in ihrer Fähigkeit, Sprache und Geistesart städtischer Palästinenser wiederzugeben.

Lit.: Zeidan, J.: *Arab Women Novelists. The Formative Years and Beyond*. New York 1995.

Kerstin Wilsch

Kingston, Maxine Hong

Geb. 27. 10. 1940 in Stockton, Californien/USA

Kingston, Tochter chinesischer Einwanderer, gilt als die bedeutendste chinesisch-amerikanische Autorin und zählt zu den bekanntesten und beliebtesten US-amerikanischen Gegenwartsautor/innen überhaupt. Die Einwanderungserfahrung ihrer Familie und das daraus resultierende Konfliktpotential einer Position zwischen verschiedenen Kulturen und Identitäten, die dialektisch und synthetisch eine neue, hybride *Asian-American identity* bilden, stehen im Mittelpunkt ihrer Bücher, in denen auch die traditionellen Geschlechterrollen in China und den USA verhandelt werden: Erzählt ihr Erstlingswerk *The Woman Warrior*, 1976 (*Die Schwerträgerin*, 1982) mit feministischem Impetus die Familiengeschichte K.s in bezug auf die weiblichen Familienmitglieder – insbesondere die Geschichte ihrer Mutter –, so thematisiert K. in ihrem zweiten Buch *China Men*, 1980 (*Die Söhne des Himmels*, 1984) Familiengeschichte aus der Sicht ihres Vaters und der Einwanderer, die den Traum vom *Gold Mountain*, vom Land der unbegrenzten Möglichkeiten, realisieren wollen. K.s Bücher entziehen sich jedoch einer Kategorisierung entlang traditioneller Genregrenzen von (Auto)Biographie, Memoiren und Roman, ein Merkmal, das in ihrer Rezeption zu einer kontroversen Gattungsdiskussion geführt hat. Eine innovative Erzähltechnik verwebt chinesische Überlieferungen und Mythen mit Schilderungen der Einwanderungserfahrung in einer US-amerikanischen Lebenswelt; persönliche Erinnerungen, allegorische, traumartige Sequenzen, Geistergeschichten und realistische Romanhandlung werden intertextuell verflochten.

Existiert in den USA eine Tradition der chinesischen Einwanderung und der Einwanderungsliteratur gerade auch von Schrifstellerinnen (etwa Jade Snow Wong und Chuang Hua), so gelang doch erst in den letzten Jahrzehnten im Zuge einer zunehmenden Beachtung multikultereller Literaturen und einem anhaltenden Prozeß der Kanonrevision einigen von ihnen der große literarische Durchbruch; neben K. ist auch die chinesisch-amerikanische Bestsellerautorin Amy Tan (geb. 1952) zu nennen. K.s drittes Buch *Tripmaster Monkey* (1989) ist ein postmoderner Künstlerroman, in dem sich die Autorin spielerisch und ironisch mit der Performativität von ethnischen, kulturellen und nationalen Identitäten beschäftigt, eine Performativität, die sie emphatisch und enthusiastisch essentialistischen Definitionen gegenüberstellt. Die Literaturpreisträgerin K., die an der University of California in Berkeley studierte und nach mehrjährigem Aufenthalt auf Hawai heute mit ihrer Familie wieder in Kalifornien lebt, wird oft in einem Atemzug mit Toni ↗ Morrison und Leslie Marmon ↗ Silko genannt: Mit beiden Autorinnen verbindet sie eine Ästhetik, die fantastische Elemente inkorporiert, der Bezug zu einer *community*, als deren literarische Repräsentantin sie gesehen wird, und die ausgefeilte Kunst des Geschichtenerzählens (*talk-story*). Zudem basiert K.s literarisches Renommee auf ihrer Rolle als inhaltliche und ästhetische Erneuerin des traditionellen Sujets der US-amerikanischen Einwanderungsliteratur.

Lit.: Meissenburg, K.: »Chinesisch-Amerikanische Literatur: Eine Fallstudie anhand zweier Autobiographien«. In: Ostendorf, B. (Hg.): *Amerikanische Gettoliteratur. Zur Literatur ethnischer, marginaler und unterdrückter Gruppen in Amerika*. Darmstadt 1983, S. 356–380; Juhasz, S.: »M. H. K.: Narrative Strategy and Female Identity«. In: Rainwater C./Scheick, W. J. (Hgg.): *Contemporary American Women Writers: Narrative Strategies*. Lexington/KY 1985, S. 173–189; Wong, C.: »Necessity and Extravagance in M. H. K.'s *The Woman Warrior*: Art and the Ethnic Experience«. In: *MELUS* 15,1 (1988), S. 3–26; Cheung, K.-K.: *Articulate Silences: Hisaye Yamamoto, M. H. K., Joy Kogawa*. Ithaca, N. Y. 1993.

Heike Paul

Kirsch, Sarah

Geb. 16. 4. 1935 in Limlingerode/Harz

»Ich habe einfach so, aus freiem Impetus, zu schreiben angefangen, ich hatte bis dahin sehr wenig Gedichte gelesen, [. . .] meine Naivität war eigentlich mein Glück, denn ich meinte, das muß ja ganz leicht sein, das könnte ich viel besser!« Aus völlig »heiterm Himmel« kommt K.s Schreibimpuls allerdings nicht. In dieser Zeit – sie ist Mitte zwanzig – hat sie schon Kontakt zur »Arbeitsgemeinschaft junger Autoren« in Halle. Auch Rainer Kirsch, ihr Ehemann, und andere, später bekannte Dichter der DDR, gehören zu dieser Gruppe. Hier beginnt K.s lyrische Sozialisation.

In ihrer Kindheit und Jugend interessiert sich Ingrid Bernstein – so der Mädchenname – für etwas ganz anderes: für die Natur. Sie wächst im Harz auf, ihr Vater hat anthroposophische Neigungen, mit der Mutter unternimmt sie lange Streifzüge durch die Wälder: »Meine Mutter kannte ungeheuer viele Pflanzen, sie konnte jedes Blümchen benennen.« Hinzu kommt eine prägende Lektüre: Adalbert Stifter. Nach der Schule beginnt K. eine Forstarbeiterlehre, später studiert sie Biologie. »Daß ich in der Natur eigentlich immer nur die Literatur gesucht habe, das ist mir erst später eingefallen« – in der »Arbeitsgemeinschaft junger Autoren« und während des Studiums am Literaturinstitut Leipzig (1963 bis 1965) vermutlich.

1965 veröffentlicht K. *Gespräch mit Sauriern* zusammen mit Rainer Kirsch; *Landaufenthalt* (1967) ist der erste eigene Gedichtband. Die Natur als Spiegel und Ausdruck menschlicher Beziehungen und gesellschaftlicher Zustände, manchmal auch als ungebrochene Idylle – das ist von Anfang an der wichtigste Themen- und Bild-Raum ihrer Gedichte. Einen zweiten Kristallisationspunkt bilden die Liebe und das Verhältnis zwischen den Geschlechtern. Ihn rückt K. in ihrem dritten Gedichtband *Zaubersprüche*, in den Erzählungen *Die ungeheuren bergehohen Wellen auf See* und in den Protokollen *Die Pantherfrau. Fünf unfrisierte Erzählungen aus dem Kassetten-Rekorder* (alle 1973) in den Vordergrund. Ein Dichterkollege prägt in dieser Zeit das Schlagwort vom »Sarah-Sound«, das auf K.s spezifische Art des lyrischen Sprechens abhebt: die mehrdeutigen Satzstrukturen, die Atemlosigkeit, der die Satzzeichen zum Opfer fallen, der Rückgriff auf Märchenbilder und Naturmythen, der manchmal als »Hang zu dunklem Raunen und Romantisieren« kritisiert wird.

K. kann sich in der DDR – und nicht nur dort – durchsetzen, trotz mancher Kritik an ihren angeblich privaten und pessimistischen Gedichten. Sie bekommt Preise und Stipendien, ihre Bücher haben hohe Auflagen und eine große Lesergemeinde. Bis sie 1976 – der vierte Gedichtband *Rückenwind* ist gerade erschienen – den Brief unterschreibt, in dem DDR-Künstler Staats- und Partei-Führung bitten, die Ausbürgerung Wolf Biermanns zu überdenken. K. fällt in Ungnade, als sie die Unterschrift nicht zurückzieht; ihre Parteimitgliedschaft in der SED wird gestrichen, der Schriftstellerverband schließt sie aus. Das Leben in Ost-Berlin, wo sie seit 1968 wohnt, wird ihr unerträglich, sie kann nicht mehr arbeiten: »Ich war wie gelähmt«, meint sie rückblickend. 1977 wird ihr Ausreiseantrag genehmigt, sie »zieht um«, nach West-Berlin. Den Versuchen, aus diesem »Umzug« politisches Kapital zu schlagen, entzieht sie sich. 1978 lebt sie ein halbes Jahr in Rom (Stipendium der Villa Massimo), später reist sie nach Frankreich und in die USA. »Jetzt besitze ich einen fröhlicheren Paß, ein rechtes Sesam-Öffne-Dich-Blättchen ohne die Angst, das seh ich nicht wieder«. *Drachensteigen* (1979) enthält die letzten Gedichte, die in der DDR geschrieben sind und die ersten aus West-Berlin, *La Pagerie* (1980) poetische Prosa von einer Reise nach Südfrankreich, *Erdreich* (1982), der fünfte Gedichtband, Eindrücke aus den USA und aus Norddeutschland, der neuen Wahlheimat. »Meine Bücher bestehen eigentlich immer aus zwei Teilen: einem, der noch zum letzten, und einem Teil, der schon zum nächsten Buch gehört«. Mit *Katzenleben* (1984), dem sechsten Gedichtband, ist K. endgültig in einem norddeutschen Landleben angekommen. Aber trotz aller scheinbaren Idylle wird ihr Ton zusehends bitterer, die Stimmung verdüstert sich, die Landschaften werden menschenleer. Eine Tendenz, die sich in ihren Gedichtbänden *Schneewärme* (1989) und *Erlkönigs Tochter* (1992) bis zur Untergangs- und Todesahnung verstärkt. Nur Unterwegs-Sein scheint noch Trost und Befreiung zu spenden – die Begegnung mit fremden Küsten, mit einer verwunschenen nordischen Landschaft, mit Schafen, Katzen und Leuchttürmen.

Mit *Irrstern* (1986) beginnt eine Hinwendung K.s zur kleinen Prosa, die allerdings deutlich vom Ton der Lyrik geprägt ist. Neben den Themen- und Bildraum Natur rückt zusehends eine Reflexion auf Vergangenes. *Allerlei-Rauh* (1988) beschreibt zwei Varianten des Landlebens – ein gegenwärtig-andauerndes und ein vergangenes, kurzes, das K. mit Künstlerfreunden in Mecklenburg verbrachte. *Schwingrasen* (1989) verarbeitet Erinnerungen an die Kindheit, die Liebe zu »Prinz Herzlos« und reflektiert ein politisches Geschehen, das vom Bankrott des Sozialismus zeugt. Mit *Spreu* (1991) knüpft K. an *La Pagerie* an: ein tagebuchartiger Prosatext, der von wundersamen Begebenheiten während verschiedener (Lese-) Reisen erzählt und mit kleinen Aquarellen und Collagen der Dichterin ausgestattet ist. *Das simple Leben* (1994) bildet einen thematischen Kontrapunkt: In schlicht-lakonischem Ton schildert K. den Alltag auf dem Lande, in dem Wetter und Tiere, Nachbarn und Besucher, Arbeit an Manuskripten und im Schafstall ein gleichberechtigtes Dasein führen. Im selben Jahr, in dem sie auch den Büchner-Preis bekommt, veröffentlicht K. ihren neunten Gedichtband mit dem schwebenden Titel *Bodenlos* (1996). Neu daran sind der Rückgriff auf die Bild- und Symbolsprache des Mittelalters – und die wieder belebte, lange verschwundene Liebes-Thematik. Das lyrische Ich, das sich auch weiterhin als »Crusoe« versteht, erzählt von einem fernen Geliebten, von Sehnsucht, Erinnerung, Hoffnung – und der Ahnung des Scheiterns.

Lit.: Arnold, H. L. (Hg.): *S. K. Text + Kritik*. Heft 101. München 1989; Wagner, H.: *S. K.* In: *Köpfe des 20. Jahrhunderts*. Band 113. Berlin 1989; Volckmann, S.: *Zeit der Kirschen? Das Naturbild in der deutschen Gegenwartslyrik: Jürgen Becker, S. K., Wolf Biermann, Hans Magnus Enzensberger*. Königstein/Ts. 1982.

Dorothee Schmitz-Köster

Koidula, Lydia (eigentl. Lydia Emilie Florentine Jannsen)

Geb. 24. 12. 1843 in Vändra/Estland; gest. 11. 8. 1886 in Kronstadt/Rußland

Lydia Koidula, die Verkörperung estnischer Klassik schlechthin, wurde 1843 als erstes Kind des Literaten, Kunstförderers und Begründers der estnischen Journalistik, Johann Voldemar Jannsen (1819–1890) geboren. Sie besteht 1862 an der Universität Tartu das sogenannte Große Examen, das sie berechtigt, als Hauslehrerin zu arbeiten. 1863 zieht die Familie nach Tartu, wo Jannsen den *Eesti Postimees* (Estnischer Postillon) herausgibt. K. ist mit dieser Zeitung, insbesondere dem literarischen Teil, intensiv befaßt und interessiert sich stark für die gesellschaftlichen Belange ihres Landes, das sich gerade in der Periode des nationalen Erwachens befindet. Persönliche Kontakte sowie Briefwechsel mit wichtigen Vertretern dieser nationalen Bewegung prägen die Auffassungen und den künstlerischen Weg K.s. Seit etwa 1865 gehört sie zu den wichtigen Persönlichkeiten im künstlerischen, insbesondere literarischen Leben Estlands. Eine Wende in ihrem Leben tritt durch die Heirat mit dem lettischen Arzt Eduard Michelson (1845–1907) ein, denn sie folgt ihrem Mann nach Kronstadt, wo er eine Stellung als Militärarzt angenommen hat. K. versucht zwar, die räumliche Distanz durch weiterhin intensive Kontakte mit den ihr vertrauten künstlerischen Kreisen zu überbrücken, aber seither ist sie – und das bis zu ihrem Tode – von einer tiefen Sehnsucht nach ihrer Heimat geprägt, die sich besonders in der Lyrik der Kronstadter Zeit niederschlägt, den Natur-, Liebes- und Sinngedichten. Bei ihrem Mann, der in Sprache und Sitte zu einem Deutschen geworden ist und dem das literarische Schaffen seiner Frau mangels Estnischkenntnis unzugänglich bleibt, findet K. in dieser Hinsicht keinerlei Unterstützung. Außerdem ist sie inzwischen Mutter von drei Kindern.

Der wichtigste und umfangreichste Teil des literarischen Schaffens K.s besteht aus Lyrik (Gedichte, Lieder, Balladen, Kinderlieder), die sie jedoch nicht mehr gesammelt herausgeben konnte. Zu ihren Lebzeiten erschienen lediglich zwei dünne Bände – *Waino-Lilled*, 1866 (Wiesenblumen) und *Emmajöe Öpik*, 1867 (Die Nachtigall vom Embach), die nur 79 Lieder enthielten. Mehr als 200 ihrer insgesamt 311 Gedichte erschienen vereinzelt in periodischen Schriften oder blieben unveröffentlicht. In den *Wiesenblumen* dominiert noch ein verklärter, dem deutschen Biedermeier entlehnter lyrisch-empfindsamer Ton, in ihrem zweiten Gedichtband klingt Nationalbewußtsein auf: Abbild der Gefühle und Gedanken eines Volkes, das sich nach jahrhundertelanger ›Zweitrangigkeit‹ seiner selbst bewußt wird. Hierin ist K. von der deutschen Romantik beeinflußt. Die Lyrik K.s ist in 16 Sprachen übersetzt worden, ein Großteil ihrer Gedichte wurde vertont und gehört quasi zum Volksliedgut. Auch der Text der estnischen Nationalhymne stammt von Lydia Koidula.

Das Prosaschaffen der K. – etwa 85 Geschichten – entstand vorwiegend aus der journalistischen Tätigkeit und erschien im *Eesti Postimees*; es enthielt einen Großteil Übersetzungen und Adaptionen aus dem Deutschen. 1868 erschienen drei das zeitgenössische estnische Dorfleben thematisierende Prosastücke, die damals in ihrer Progressivität, ihrer Problematik um Freiheit und Gerechtigkeit zu den besten zählten. Mit der Erzählung *Perúamaa viimne Inka*, 1865 (Der letzte Inka von Peru) beginnt sie eine Reihe, die den Kampf gegen Unterdrückung in aller Welt beschreibt und Ähnlichkeiten zu Estland feststellt. Bahnbrechende Bedeutung kommt K. in der Dramatik zu. Sie verfolgte die Entwicklung des finnischen und lettischen Theaters und erkannte die Bedeutung des Volkstheaters auch für ihr Land. Ihr Schauspiel *Saaremaa onupoeg* (Der Vetter von Saaremaa), das im Juni 1870 aufgeführt wurde, gilt als der Beginn des estnischen Theaters. Auch wirkte K. bei der Durchführung des ersten estnischen Sängerfestes mit (1869), das den Anfang einer ungebrochenen Tradition markierte und seine wichtige Rolle bei der Bewahrung estnischer Nationalkultur bis heute nicht eingebüßt hat. In immer neuen und überarbeiteten Auflagen (zuletzt 1962) erschien ihr umfangreicher Briefwechsel, der zum Verständnis des Zeitgeschehens unumgänglich ist.

Luuletused (Gedichte, textkritische Ausgabe). Hg. E. Aaver, Tallinn 1969. – Lit.: *Eesti muld ja eesti süda* (Estnische Erde und estnisches Herz), Gedenkschrift zum 100. Todestag von L.K. Tallinn 1986.

Irja Dittmann-Grönholm

Kolb, Annette

Geb. 3. 2. 1870 in München; gest. 3. 12. 1967 in München

Als »eine unbeirrbare Botin zwischen hüben und drüben« hat C.J. Burckhardt (1891–1974) sie bezeichnet und damit auf K.s lebenslange Vermittlerrolle zwischen deutscher und französischer Kultur angespielt. Die Tochter eines bayerischen Gartenbauarchitekten und einer französischen Konzertpianistin wuchs zweisprachig auf und erlebte als Kind im Salon ihrer Mutter die Repräsentanten der bayerischen Hofgesellschaft. Ihre drei wichtigsten Romane *Das Exemplar* (1913), *Daphne Herbst* (1928) und *Die Schaukel* (1934) spielen nicht zufällig in der Welt der untergehenden Adelsgesellschaft der Jahrhundertwende und entwerfen teils impressionistisch-melancholische, teils spöttisch-realistische Gesellschaftsszenen. Autobiographisches, Fiktionales und deutlich Zeitgeschichtliches wird in den

Romanen miteinander verwoben; es fehlt nicht an bissiger Kritik an der geistlosen Etikette, am Standesdünkel und an der inneren Unkultur des Adels. Die an der Tradition des 19. Jh.s orientierte Erzählhaltung K.s bedient sich des retrospektiven Blicks. Das Epochenbild ihrer Romane ist von der Erfahrung des Untergangs bestimmt. Die erzählte Welt existiert nur noch in der Erinnerung, es dominieren Verzicht und ein gelegentlich ironisierter Ton der Entsagung. Das gilt schon für den ersten, u. a. von F. Blei (1871–1942) und R. M. Rilke (1875–1926) gelobten Roman, für den sie 1913 den Fontane-Preis erhielt. K. hatte mit kleineren journalistischen Arbeiten, mit kultur- und musikkritischen Essays begonnen, auch hatte sie umfangreiche Werke aus dem Italienischen, Französischen und Englischen übersetzt.

Die Vorliebe für Essays und politisch-kulturgeschichtliche Traktate war früh ausgebildet, ihre Faszination für Kunst und Kultur hatte der französischen Tradition entsprechend immer eine entschieden politische Dimension. Der Erste Weltkrieg, als Epochenbruch in ihren Arbeiten stets präsent, machte sie zur engagierten Pazifistin. Sie war an der Gründung pazifistischer Vereinigungen beteiligt, hielt in Dresden einen spektakulären Vortrag gegen die Kriegspropaganda in der deutschen und französischen Presse und veröffentlichte 1916 die *Dreizehn Briefe einer Deutsch-Französin,* die ein Jahr später in ihrer Übersetzung auch in Frankreich erschienen. Daraufhin verhängte das Bayerische Kriegsministerium eine Briefsperre über sie, verbot ihr jegliche pazifistische Aktivität und alle Auslandsreisen. Dennoch gelang die Flucht in die Schweiz, ihrem Exil zwischen 1917–1919. Die Freundschaft mit René Schickele (1883–1940) und die Mitarbeit an den von ihm herausgegebenen *Weißen Blättern* datiert aus jener Zeit. Unermüdlich in ihrem pazifistischen Engagement, hofft sie in ihren ersten Essays nach dem Kriege (*Die Last*, 1918) auf die Erneuerung bzw. Entstehung echter »aristokratischer Demokratien«; die Vorstellung von einer politischen und kulturellen Elite, die einen neuerlichen Rückfall in Krieg und Kulturbarbarei verhindern würde, klingt hier ebenso an wie in dem 1921 erschienenen Rechenschaftsbericht über ihr Schweizer Exil *Zarastro. Westliche Tage.* Neben Selbstreflexionen, sozialen Visionen und einem Porträt Kurt Eisners enthält *Zarastro* Beobachtungen in einem Schweizer Hotel, in dem Kriegsgewinnler, verarmte Adlige und elegante Frauen aufeinandertreffen. Während der Weimarer Republik wurde K. eine vielgefragte und erfolgreiche Autorin, deren Beiträge in allen renommierten Zeitungen und Zeitschriften erschienen. Als Kulturkritikerin, Feuilletonistin und engagierte Pazifistin hatte sie sich einen Namen gemacht und mit dem 1929 veröffentlichten *Versuch über Briand* einen weiteren Beitrag zu dem für sie unvermindert brisanten Thema der deutsch-französischen Verständigung geliefert. Zugleich war dies K.s Versuch mit einer literarischen Gattung, die vor allem ihr Exilwerk prägen sollte: der Biographie. Schon 1932, im Goethe-Jahr, hatte sie in ihrem *Beschwerdebuch* geschrieben, man könne sich Goethe unter den heutigen Deutschen schlecht vorstellen, und gewiß würden die Nazis vor einem »Goethe verrecke« nicht zurückschrecken. Im Februar 1933 verließ K. Deutschland, lebte in Paris und Vichy und mußte schließlich 1941 weiter in die USA emigrieren.

Nach Kriegsende kehrte sie nach Europa zurück, pendelte bis 1961 zwischen München und Paris und wohnte erst in den letzten Jahren vor ihrem Tode wieder ständig in München. Neben Literatur und Politik bildet die Musik ein Lebensthema im Werk K.s; im Exil entstanden die Biographien über Mozart (1937) sowie *Franz Schubert. Sein Leben* (1941) und *Ludwig II. von Bayern und Richard Wagner* (1947). In allen drei Fällen sollte durch Genre und Sujet der Geist einer vergangenen, unzerstörbaren Kultur wachgerufen und der barbarischen Gegenwart als Spiegel vorgehalten werden. Mozart gilt ihr als Repräsentant des verkannten, durch Genie geadelten Künstlers, während K. in Ludwig II. und Richard Wagner das ideale Verhältnis von Fürst und Künstler verkörpert sieht. Das Buch enthält eine biographische Schilderung ihres Verhältnisses zu Wagner, den durch die Nazis vereinnahmt zu sehen sie tief empörte. Die Leidenschaft für die Musik und das komplizierte Verhältnis zu Wagner verband sie mit Thomas Mann (1875–1955), der ihr in der Figur der Jeannette Scheuerl aus dem *Doktor Faustus* (1947) ein eher zweifelhaftes literarisches Denkmal setzt. Als später Beitrag zur Exilliteratur darf ihr Erinnerungsbuch *Memento* (1961) gelten, das Weggefährten, Stationen und Erfahrungen des zwölfjährigen Exils beschreibt. Kurz vor ihrem Tode hatte die 97jährige noch eine große Reise nach Israel angetreten. – Für ihr literarisch-essayistisches Werk erhielt sie zahllose Preise und Ehrungen: u.a. den Goethe-Preis der Stadt Frankfurt (1955), den Literaturpreis der Stadt Köln (1961), das Große Bundesverdienstkreuz (1966) sowie den Orden pour le mérite (1966).

Lit.: Lemp, R.: *A. K. Leben und Werk einer Europäerin*. Mainz 1970 (mit Bibl. und Nachlaßverzeichnis); Bender, H. (Hg.): *A. K. – René Schickele: Briefe im Exil (1933–1940)*. Mainz 1987; Bauschinger, S. (Hg.): *Ich habe etwas zu sagen: A. K. 1870–1967*. Ausstellung der Münchener Stadtbibliothek. München 1993.

Irmela von der Lühe

Kollontaj, Aleksandra Michajlovna (geb. Domontovič)

Geb. 19. 3. 1872 in Sankt Petersburg/Rußland; gest. 9. 3. 1952 in Moskau

Kollontaj, eine der bekanntesten Persönlichkeiten der russischen Geschichte des 20. Jh.s, gilt als bolschewistische Revolutionärin, Propagandistin, als Frauenrechtlerin und weltweit erste weibliche Diplomatin. Die Tatsache, daß sie auch Schriftstellerin war, ist kaum bekannt und wird in Rußland bis heute – bewußt oder unbewußt – negiert.

K. wuchs in einer gebildeten Petersburger Familie auf, aus der sie durch eine Heirat gegen den Willen ihrer Eltern ausbrach. Das Schlüsselerlebnis einer Besichtigung der desolaten Verhältnisse in einer Textilfabrik weckte ihr politisches Bewußtsein und führte insbesondere zur Beschäftigung mit der Frauenfrage. Es folgten autodidaktische Studien und ein längerer Studienaufenthalt in der Schweiz, ehe sich K. den russischen Sozialdemokraten anschloß. Gegenüber der – ihrer Meinung nach zu gemäßigten – bürgerlichen Frauenbewegung zeigte sich K. verhalten, zugleich hatte sie aber auch gegen große Vorbehalte und Skepsis der eigenen Parteikollegen zu kämpfen. 1908 bis 1917 lebte K. im Exil und unternahm Agitationsreisen in mehrere Länder. Belegt sind Kontakte mit Rosa Luxemburg und Clara Zetkin. Nach der Revolution von 1917 wurde sie Volkskommissarin für soziale Fürsorge und damit Mitglied der neuen Regierung. Ihr nachhaltiges Engagement für Frauenfragen führte bald zu ernsthaften Konflikten mit den Parteikollegen, vor allem nach der 1918 publizierten theoretischen Arbeit *Die neue Moral und die Arbeiterklasse.* Mit dieser Schrift rührte K. nicht nur am Tabu der herkömmlichen Sexualmoral, sondern auch am kommunistischen Dogma, wonach die Befreiung der Frau automatisch aus ökonomischen Veränderungen folgt. K. geriet zunehmend ins Abseits, als Ausweg bot sich die Diplomatie an. Von 1920 bis 1945 war K. in Norwegen, Mexiko und Schweden tätig. Als sie 1952 starb, wurde der Tod der seinerzeit berühmtesten Frauenrechtlerin öffentlich kaum zur Kenntnis genommen. In den Diskussionen der mit der Perestrojka auflebenden Frauenbewegung in Rußland wird K.s Rolle sehr ambivalent, tendenziell aber eher negativ beurteilt, indem ihr fälschlicherweise die Verantwortung für die verfehlte sowjetische Frauenpolitik zugeschrieben wird.

Die neue Moral und die Arbeiterklasse sowie die *Briefe an die arbeitende Jugend* (1922/23) bilden die theoretische Grundlage für K.s belletristisches Werk, mit dem sie ihr klar definiertes Ziel verfolgte, »gegen die bürgerliche Moral und für die Befreiung der Frau zu kämpfen.« Dieses Anliegen, das sie in mehreren Erzählungen und einem Roman (u. a. *Ljubov' pčel trudovych*, 1923/ Die Liebe der Arbeitsbienen; *Lubov' trech pokolenij*, 1923/Die Liebe der drei Generationen; *Bol'šaja ljubov'*, 1927/Eine große Liebe) formulierte, wurde von der zeitgenössischen Rezeption verkannt. Den schriftstellerischen Werken K.s wurde häufig – vordergründig zu Recht – Trivialität und Klischeehaftigkeit vorgeworfen. Eine solche Beurteilung ignoriert jedoch sowohl das Anliegen der Autorin als auch die Begleitumstände der Entstehung ihrer Werke, die dadurch traditionellen ästhetischen Kriterien entzogen sind. K. verstand ihr belletristisches Werk als Teil ihrer politischen Aufklärungstätigkeit mit dem Ziel, Frauen nicht nur aus ihren alten sozialen Abhängigkeiten, sondern vor allem aus ihren emotionalen Fesseln und von der Überbewertung der Liebe als einzigem Lebensziel im Sinne der Moral des 19. Jh.s zu befreien. Dies bedingt die einfache, plakative ästhetische Form. Unter dem mißverstandenen Schlagwort von der »Glas-Wasser-Theorie«, mit dem K. vordergründig den Sexualakt mit dem Trinken eines Glases Wassers gleichsetzte, wurde auch vor K.s angeblich schrankenloser Sexualmoral gewarnt, in der man sogar eine Gefahr für die Volksgesundheit zu erkennen glaubte. Noch Mitte der 1980er Jahre galten in der Sowjetunion K.s Werke als unsittlich und waren verpönt. Dies erstaunt, da das Erzählwerk bis zum Ende der Sowjetunion Verschlußsache war und bis heute in russischer Sprache nicht wieder aufgelegt ist. In Deutschland wurde sowohl die Frauenrechtlerin als auch die Schriftstellerin K. von der Frauenbewegung der 1970er Jahre wiederentdeckt.

Autobiographie einer sexuell emanzipierten Kommunistin. Berlin 1977; *Der weite Weg. Erzählungen, Aufsätze, Kommentare.* Frankfurt/M. 1979; *Wege der Liebe. Drei Erzählungen.* Berlin 1925 und 1982 (Reprint). – Lit.: Clements, B. E.: *Bolshevik Feminist: The Life of A. K.* Bloomington 1979; Porter, C.: *A. K. A Biography.* London 1980; Raether, G.: *A. K. zur Einführung.* Hamburg 1986; Cheauré, E.: »Das Schicksal dreier Generationen oder Von der Illusion zur Desillusionierung.« In: *Osteuropa* 1993, Nr. 10, S. 965–977; Vaksberg, A.: *Val'kira revoljucii.* Moskau 1997.

Elisabeth Cheauré

Kolmar, Gertrud (eigtl. G.K. Chodziesner)

Geb. 10. 12. 1894 in Berlin; Todesdatum unbekannt

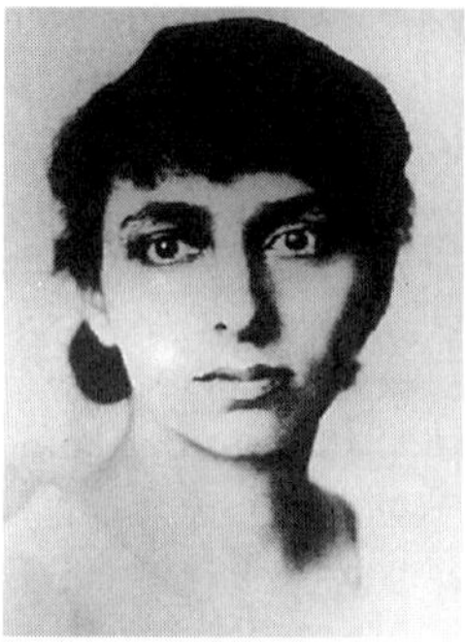

Gertrud Kolmar ist eine große Einzelgängerin der deutschen Literatur. Ihr abseits des Literaturbetriebes entstandenes Werk wirkt in seiner zumeist strengen Vers- und Strophenform in der Literatur des 20. Jhs fast anachronistisch, offenbart seine Modernität und seinen Reichtum aber in den mit großer Sprachkraft und Dynamik imaginierten Bildwelten. – K. wurde am 10. Dezember 1894 in Berlin geboren und wohnte dort die meiste Zeit ihres Lebens. Sie war das älteste von vier Kindern des Rechtsanwaltes Ludwig Chodziesner und seiner Frau Elise, geb. Schoenflies. Nach Schulbesuchen und Sprachlehrerin-Seminaren arbeitet sie von 1919 bis 1927 als Privaterzieherin. Frühe Gedichtzyklen und der Zyklus »Napoleon und Marie« entstanden vermutlich ab 1916; der erste Band *Gedichte* erschien 1917 durch Vermittlung des Vaters. Das hier zum ersten Mal verwendete Pseudonym ›Kolmar‹ ist der deutsche Name der polnischen Stadt Chodzieś, in der die Vorfahren von K.s Vater lebten, und von dem der Familienname ›Chodziesner‹ abgeleitet wurde.

Nach einer Schaffenspause seit etwa 1922 fand K. mit einer Reise nach Frankreich im Jahr 1927 zu ihrer eigenen poetischen Sprache. Es entstanden die Gedichtzyklen »Das Preußische Wappenbuch« (1927/28), »Weibliches Bildnis«, »Mein Kind«, »Tierträume« (1927–1932) und »Bild der Rose« (vermutl. etwa 1928/29). 1928 beendete K. ihre Arbeit als Erzieherin und zog zu ihren Eltern nach Finkenkrug bei Berlin, wo sie ihre erkrankte Mutter pflegte und dem Vater bei Notariatsarbeiten half. Durch Vermittlung Walter Benjamins, Ina Seidels und Elisabeth ↗ Langgässers gelang es ihr, einzelne Gedichte in Zeitschriften und Anthologien zu veröffentlichen. 1933 schrieb sie den Gedichtzyklus »Das Wort der Stummen«, in dem sie sich leidenschaftlich zu ihrer jüdischen Herkunft bekennt und über die tödliche Gefahr spricht, in der sie nach der Machtergreifung Hitlers lebte. Ihre Gedichte über die Gefangenen der Konzentrationslager sind nicht nur innerhalb ihres Werkes außergewöhnlich, sondern auch im Kontext der zeitgenössischen deutschen Literatur. Nach historischen Alternativen und persönlichem Halt suchend, beschäftigte sie sich in den folgenden Jahren mit der Französischen Revolution, besonders mit der Jakobinerdiktatur und Robespierre. Es entstanden der Essay »Das Bildnis Robespierres« (1933), der Gedichtzyklus »Robespierre« (1934) und das Schauspiel »Cécile Renault« (1934/35). In ihrem letzten Gedichtzyklus »Welten« (1937) entwirft K. in reimlosen Langzeilen weite Landschaften von Erinnerung, Sehnsucht und Todesahnung. 1938 entstand die »dramatische Legende« »Nacht«, ein Stück um den römischen Kaiser Tiberius.

Nachdem 1934 der Berliner Verlag Die Rabenpresse eine Auswahl aus dem Gedichtzyklus »Das Preußische Wappenbuch« herausgegeben hatte, fand K. ab Mitte der 30er Jahre breitere Anerkennung in der eingeschränkten Öffentlichkeit des Jüdischen Kulturbundes, auf dessen Veranstaltungen ihre Gedichte rezitiert und in dessen Publikationen sie veröffentlicht und besprochen wurden. Im Herbst 1938 erschien ihre wohl wichtigste Publikation zu Lebzeiten, der Gedichtband *Die Frau und die Tiere*, dessen Auflage nach dem Pogrom am 9. November 1938 eingestampft wurde. Im Januar 1939 mußte K. mit dem Vater, mit dem sie nach dem Tod der Mutter und der Emigration der Geschwister zusammenlebte, nach dem Zwangsverkauf des elterlichen Hauses in Finkenkrug in eine sogenannte ›Judenwohnung‹ in Berlin-Schöneberg ziehen. Seit dem Juli 1941 wurde sie zur Zwangsarbeit in Kartonnagefabriken verpflichtet. Ihre Emigrationspläne konnte sie nicht mehr verwirklichen. In Schöneberg schrieb sie im Winter 1939/1940 die Novelle *Susanna*, nach der Erzählung *Die jüdische Mutter* (1930) ihr zweiter Prosatext. Eine weitere, 1942 entstandene Erzählung ist verschollen. Ende Februar 1943 wurde K. zusammen mit anderen jüdischen Zwangsarbeitern Berlins in das Konzentrationslager Auschwitz deportiert. Die genauen Umstände ihrer Ermordung sind nicht bekannt. Als ihr Todesdatum gilt das Datum des Transportes nach Auschwitz, der 2. März 1943.

Ihre Manuskripte, die K. in den 30er und 40er Jahren verstecken oder ins Ausland bringen ließ, trug ihr Schwager Peter Wenzel nach 1945 zusammen und bot sie unermüdlich Verlagen an. 1947 erschien im Suhrkamp-Verlag der Gedichtzyklus *Welten* mit einer Einleitung von Hermann Kasack, der 1955 *Das Lyrische Werk* als Publikation der Akademie für Sprache und Dichtung in Darmstadt herausgab, auf das auch die Gedichtsammlung *Weibliches Bildnis* (1987) aufbaut. Einige Gedichtzyklen, z. B. *Welten/Światy* (deutsch und polnisch, 1996), wurden in Einzelpublikationen neu herausgegeben. Neben der Prosa, die seit dem Ende der 50er Jahre veröffentlicht wurde, fanden auch die *Briefe* (1997) Beachtung, die K. von 1938 bis 1943 an ihre in die Schweiz emigrierte Schwester Hilde Wenzel schrieb und die ihr einziges größeres autobiographisches Zeugnis sind, in dem sie über ihren Alltag schreibt und Einblicke in ihre Lektüren, ihre Werkstatt und in Selbstinterpretationen vermittelt.

Lit.: Marbacher Magazin 63/1993: *G. K. 1894–1943*. Bearb. von J. Woltmann; *G. K. Orte*. Katalog zur Ausstellung im Heimatmuseum Falkensee. Hg. M. Brandt. Berlin 1994.

Marion Brandt

Køltzow, Liv

Geb. 14. 1. 1945 in Oslo/Norwegen

»Und außerdem, wenn sie wirklich angefangen hätte ihre Situation zu verstehen, heißt das nicht, daß das die Darstellung leichter machen würde, die Figur Eli ist vielleicht brüchiger denn je, sie denkt an etwas, macht etwas anderes, was sie denkt sind Entschuldigungen oder es sind die Gedanken Anderer, die sie übernommen hat ohne sich darüber im Klaren zu sein . . .Eli, Eli, Eli.« – K. war in den 60er Jahren Mitglied der Studentengruppe um die radikale Zeitschrift *Profil*. Sie debütierte 1970 mit der Novellensammlung *Øyet i treet*. Mit den Romanen *Hvem bestemmer over Bjørg og Unni?* (1972) und *Historien om Eli* (1975) erlangte sie einen festen Platz in der norwegischen Gegenwartsliteratur. Nach *Løp, mann* (1980) und den beiden Novellen *April/November* (1983) erschien *Hvem har ditt ansikt?* (1987).

K.s Texte haben zur Entwicklung einer modernistischen Form des Realismus in Norwegen beigetragen. Mit dem französischen Nouveau Roman haben sie das Interesse für die Trivialitäten des Alltags gemeinsam. Sie enthalten wenig Handlung und folgen statt dessen den Gedanken der Hauptfiguren, geben Gespräche über scheinbar alltägliche Banalitäten wieder. Wie vielen Schriftsteller/innen, die in den 60er Jahren debütierten, geht es K. um soziale Rollen und Verhaltensmuster. Von Anfang an ist ihr Schreiben frauenpolitisch motiviert, in den 70er Jahren wird ihre Anbindung an die Frauenbewegung noch deutlicher.

Thema ihrer Bücher ist das Aufeinandertreffen traditioneller weiblicher Verhaltensmuster mit einer von Männern geprägten Gesellschaft zu einer Zeit, in der die Geschlechterrollen nicht länger festgeschrieben sind. Eine spezielle Form weiblicher Entfremdung beeinträchtigt dabei die Handlungsfähigkeit der Protagonistinnen. Die Schwierigkeiten dabei, selbständig zu sein, werden auf die Sozialisation in einer kleinbürgerlichen Familie zurückgeführt, in deren Rahmen Anpassung, Passivität und Konfliktvermeidung erlernt wurden. Die Frauenfiguren im Zentrum ihrer Texte sind geprägt von Unsicherheit und schwanken zwischen verschiedenen, unvereinbaren Identitäten. Daraus ergibt sich das ihnen eigentümliche Gefühl einer Distanz zur Wirklichkeit. Sie träumen von einem authentischen Leben an einem anderen Ort, doch sind sie nicht fähig, den Inhalt ihrer Sehnsucht zu konkretisieren.

Der Blickwinkel der Autorin ist persönlich, häufig gibt sie in indirekter Rede die Innenperspektive der Figuren wieder. Dennoch unterscheidet sie eine kritische Distanz zu ihren Figuren von der zeitgenössischen Bekenntnisliteratur. So wie ihre Texte davor warnen, sich im geschilderten Alltag zu verlieren, bewahrt sie eine reflektierte Haltung gegenüber ihrem Thema. Die enge Beziehung zwischen Autorin und ihren Figuren täuscht. Distanz und Kontrolle schafft auch die häufig zwischen Autorin und Figuren eingeschobene Erzählerin, die zeitweise auch die Darstellung hinterfragt.

Lit.: Rottem, Ø.: »Kontroll, kappløp, kamuflasje: om L. K.s *Løp, mann.*« In: *Norsk litterær Årbok.* 1984, S. 98–114; Rottem, Ø.: *Norges Litteraturhistorie.* Bd. 7. Oslo 1997, S. 178–188.

Bettina Baur

Königsdorf, Helga

Geb. 13. 7. 1938 in Gera

1978 veröffentlichte eine gestandene Mathematikprofessorin nach soliden Fachpublikationen Geschichten, darunter eine, in der eine Frau unter den Klängen des Ravelschen Bolero ihren Liebhaber vom Hochhausbalkon kippt. Das erregte Aufsehen im Literaturbetrieb der DDR. Mit ihrem Debütband *Meine ungehörigen Träume* (1978) bewies K. sicheren Sinn für lakonisch knappe, pointierte Erzählweise und eine ausgesprägte Vorliebe für Phantastisches und Komisches. Ihr ausdrücklicher Verweis auf Irmtraud ↗Morgner nimmt deshalb nicht wunder. K. hatte bereits als Kind schreiben wollen, dann aber über lange Zeit einen anderen Weg eingeschlagen. Sie studierte 1955–61 in Jena und Berlin Physik; 1963 promovierte sie, habilitierte sich 1974 im Fachgebiet Mathematik und wurde als Professorin an die Akademie der Wissenschaften in Berlin berufen. Ihre beiden Kinder wurden 1963 und 1966 geboren.

In zahlreichen Erzähltexten bildet die Sphäre ihrer langjährigen Berufserfahrungen den Handlungsschauplatz. Die Erzählungssammlungen *Der Lauf der Dinge* (1983) und *Lichtverhältnisse* (1989) enthalten Geschichten, in denen geschäftiger Leerlauf und Ineffizienz des Wissenschaftsbetriebs mit hintergründigem Witz bloßgelegt und leerlaufende Mechanismen durchleuchtet werden, die modellhaft auch für andere Mechanismen und Strukturen der DDR-Gesellschaft stehen. Frauen erscheinen in der geheiligten Männerdomäne der ›Zahlographie‹ als Neulinge, die sich in den herrschenden Spielregeln wenig auskennen und ungeachtet ihrer Fähigkeiten und Leistungen von den Kollegen ausgetrixt werden. Im Prosabuch *Respektloser Umgang* (1986) konfrontiert K. die Figur einer Mathematikerin, die der Autorin sichtlich nahesteht, mit der Physikerin Lise Meitner und läßt beide über weibliche Lebensbilanzen in unterschiedlichen historischen Zeitläufen reflektieren.

Im Lauf der 80er Jahre geraten K.s Darstellungen der Geschlechterverhältnisse, die sie von Anfang an sarkastisch denunziert hatte, immer bitterer. Groteske Bilder und schwarzer Humor nehmen zu. Zahlreiche Figuren werden von Angstzuständen und Unheilsahnungen verfolgt. Im Prosabuch *Ungelegener Befund* (1990), dem die Worte »Aber die Stille ist trügerisch« als Motto vorangestellt sind, verdichten sich die Warnungen vor gesellschaftlichen Fehlentwicklungen und Katastrophen. Bedingt durch das Fortschreiten ihrer Krankheit hatte K. ihre wissenschaftliche Tätigkeit mehr und mehr reduziert und lebt seit 1990 als freischaffende Autorin. Zur Zeit der ›Wende‹ und danach verfaßte K. eine Fülle publizistischer Beiträge zum aktuellen politischen Geschehen für die verschiedensten Medien, die in schneller Folge Anfang der 90er Jahre in mehreren Sammelbänden erschienen: *Ein Moment Schönheit oder 1989* (1990), *Unterwegs nach Deutschland* (1995) und *Die Entsorgung der Großmutter* (1997). In der Erzählung »Gleich neben Afrika« (1992) und dem Roman *Im Schatten des Regenbogens* (1993) versucht sie, den Veränderungen auf die Spur zu kommen, die sich nach dem Kollaps der DDR u. a. auch für Menschen aus dem Wissenschaftsbereich ergeben.

Lit.: Kaufmann, E.: »Laudatio auf K. zur Verleihung des Hrotsvit von Gandersheim-Preises«. In: *Argument* 35 (1993), H. 3; Schulze S.: *Der fliegende Teppich bietet wenig Raum. Schriftstellerinnen der ehemaligen DDR, vor, während und nach der Wende.* Leipzig 1997.

Eva Kaufmann

Konopnicka, Maria (geb. Wasiłowska)

Geb. 23. 5. 1842 in Suwałki/Polen; gest. 8. 1. 1910 in Lemberg

Das Engagement für Politik und Rechtsfragen wird bei K. bereits im Elternhaus geweckt. Ihr Vater ist Jurist, ein sehr gebildeter Mann, der auf die Entwicklung der Tochter nach dem frühen Tod seiner Frau besonderen Wert legt. Nach ihrer Kindheit in Kalisz wird K. nach Warschau in ein Klosterinternat geschickt, wo sie sich mit Eliza Pawłowska (später: ↗ Orzeszkowa) anfreundet. Die Verbindung bleibt über die Schulzeit hinaus bestehen. K.s soziales Umfeld ändert sich 1862. Durch die Heirat mit Jarosław Konopnicki gerät sie in ein Gutsbesitzermilieu, das sie in seiner Sorglosigkeit und Verschwendungssucht abstößt. Sie verfaßt Gedichte, die dieses Mißverhältnis zum Ausdruck bringen, darunter den Zyklus *W górach*, 1876 (In den Bergen). Besorgt um die Zukunft ihrer sechs Kinder verläßt sie ihren hoch verschuldeten Mann und geht 1876 nach Warschau, wo sie als Lehrerin und Publizistin arbeitet, um sich und ihre Familie zu ernähren. Weiterhin veröffentlicht sie Gedichte und Novellen, die große Anerkennung finden, namentlich bei ihrem berühmten Zeitgenossen Henryk Sienkiewicz. Das soziale Engagement, das ihre schriftstellerische Arbeit kennzeichnet, wird durch die zunehmende Verelendung der Bevölkerung auf dem Land und in den Städten verstärkt. Die häufig revolutionären und antiklerikalen Akzente ihres Werks tragen ihr die Feindschaft der Gutsbesitzer, der Kirche und der zaristischen Zensur ein. 1890 muß K. dem Druck der Behörden nachgeben und das Land verlassen. Während ihres zwölf Jahre dauernden Auslandsaufenthalts in Deutschland, der Schweiz, Frankreich und Italien bleibt sie mit den ihr bekannten Zeitungen und Verlagen in Polen in Verbindung. 1892 erfolgt ein Teilabdruck ihres Hauptwerks, des Versepos *Pan Balcer w Brazylii* (vollst. 1910/Herr Balcer in Brasilien), das dem Schicksal derer gewidmet ist, die sich von der Emigration ein besseres Dasein versprachen. K. kennt die brutalen und betrügerischen Auswanderungsbedingungen, denen sich die Betroffenen auszusetzen haben. Darüber hinaus erscheinen Gedichte, in denen sich ein stilistischer Wandel bemerkbar macht: K. erweitert ihre Bildsprache um biblische, antike und symbolische Elemente. Auch auf fremdem Boden engagiert sie sich für die polnische Frage und tritt gegen die rücksichtslose Germanisierungspolitik im preußisch besetzten Teil Polens ein.

K. versucht eine Synthese aus dem Patriotismus der Romantiker, v.a. Mickiewiczs und Słowackis, und den Demokratisierungsvorstellungen der Warschauer Positivisten. Neben ihrer schriftstellerischen Arbeit, zu der auch Kinderliteratur gehört, verfaßt K. literaturgeschichtliche Studien, u.a. über Mickiewicz (1899), und ist als Übersetzerin tätig. Die Zuneigung, die ihr die polnische Leserschaft entgegenbringt, ist an den Feierlichkeiten zu erkennen, die man ihr 1902 in Krakau und Lemberg anläßlich ihres 25jährigen Dichterjubiläums ausrichtet. 1906 hält sie sich noch einmal für kurze Zeit in Warschau auf, um sich an einer Hilfsaktion für politische Gefangene und deren Familien zu beteiligen.

Poezje (Gedichte). 8 Bde. Warschau 1915; Pisma wybrane (Ausgewählte Werke). 7 Bde. Warschau 1952.

Birgit Harreß

Krall, Hanna

Geb. 20. 5. 1937 in Warschau

»Schränke und Juden – vielleicht eines der wichtigsten Symbole in unserem Jahrhundert. Ein Jude im Schrank ... Ein Mensch in einem Schrank ... Mitten im 20. Jh., mitten in Europa.« Dieses paradoxe Bild, das ein Leitmotiv für die Auslöschung jüdischer Existenz in K.s Werk darstellt, kennzeichnet die Biographie der Autorin. Als Kind jüdischer Eltern überlebte K. im besetzten Polen nur durch die Hilfe polnischer Familien, die ihr ein sicheres Versteck boten. Auch wenn sie es ablehnt, im Schreiben einen Prozeß der Selbstfindung zu sehen, ist ihr Schreiben durch das Gefühl der Fremdheit in einer Welt geprägt, die ihr Judentum als andersartig versteht. Mit der Distanzierung vom eigenen Innenleben korrespondiert ihre Hinwendung zur Außenwelt. K. studiert Publizistik in Warschau und ist seit 1957 als Reporterin tätig. Bei der Arbeit lernt K. den Kardiologen Marek Edelman kennen, den letzten überlebenden Führer des Warschauer Ghettoaufstandes von 1943. Aus dem Bericht von Edelman entsteht eine collagenartige Reportage, die die Ebenen von Vergangenheit und Gegenwart verschmelzen läßt. Sie erscheint 1977 unter dem Titel *Zdążyć przed panem bogiem* (*Dem Herrgott zuvorkommen*, 1979) und verschafft der Autorin weltweites Ansehen. Willy Brandt spricht in seinem Vorwort zur deutschen Ausgabe von einem »Buch vom Leben, für das Leben«.

Die Verhängung des Kriegszustandes in Polen (1981) beendet K.s Zeitungsarbeit. Sie schreibt den Roman *Sublokatorka*, 1985 (*Die Untermieterin*, 1986), der das Überleben im besetzten Polen aus der Perspektive zweier Mädchen zeigt, einer Polin und einer Jüdin, die bei deren Familie Unterschlupf findet. Die Auseinandersetzung mit der Vernichtung, die von den Deutschen, und der Erniedrigung, die von den Polen ausging, bestimmt die Welterfahrung der in Licht- und Schattendasein aufgespaltenen Heldin. Nach der Veröffentlichung des Romans, der ihr den »Untergrund-Preis« der Solidarność einbringt, widmet sich K. der literarischen Reportage. Wiederum bewegt sie sich synchron auf zwei Zeitebenen: Die Gegenwart wird als Widerschein der Vergangenheit betrachtet, das untergegangene Judentum aus der Sicht derer zum Leben erweckt, die sich seiner erinnern. Demnach sind die vornehmlichen Tätigkeiten K.s Spurensuche und Zeugnisablegen. Sie macht Zeitzeugen ausfindig, bereist Städte mit ehemals großem jüdischen Bevölkerungsanteil, deren Häuser nun aber von Polen bewohnt sind, die sich oft gegen die Erinnerung wehren oder diese nicht besitzen. Ihre Spurensuche führt die Autorin durch Polen, aber auch – nach der Aufhebung des Kriegsrechts – ins Ausland. Die Erträge dieser Reisen, authentische Berichte, finden in zahlreichen Sammelbänden ihren Niederschlag, die K. bedeutende Auszeichnungen einbringen.

Aufgabe ihrer schriftstellerischen Tätigkeit ist für K. das Erinnern: »Ich erzähle und rufe in Erinnerung und suche Erinnerungen. Die Deutschen müssen in Erinnerung behalten, was sie selbst, die Polen, was sie gemacht haben. Ich hole eine Welt hervor, die es nicht mehr gibt und nicht mehr geben wird, es ist die jüdische Welt, die in Polen existierte.« Die Autorin setzt den Opfern ›literarische Grabsteine‹ und gibt den Überlebenden die Möglichkeit, im Erzählen die eigene Existenz zu begründen. Dabei bleibt sie in der Wiedergabe der Berichte distanziert. Ihr ist bewußt, daß die erzählte Realität in ihrer Unfaßbarkeit wie Fiktion erscheinen muß. Immer wieder betont sie, daß sie recherchiere und komponiere, nie aber erfinde, und daß das Ausmaß des Grauens nach einer stilistischen Einfachheit verlange, die sie allerdings für die »schwierigste Form schlechthin« hält. So beschreibt sie in der Erzählung »Phantomschmerz« in dem Band *Taniec na cudzym weselu*, 1993 (*Tanz auf fremder Hochzeit*, 1993) eine Massenerschießung von Juden. Im Tagesjournalismus ist K. nicht mehr tätig. Sie arbeitet aber immer wieder mit jungen Kollegen zusammen, um sie im ›Zuhören‹ zu unterrichten.

Dowody na istnienie. Warschau 1995. (*Existenzbeweise.* Frankfurt/M. 1995.)

Birgit Harreß

Krásnohorská, Eliška (eigtl. Pechová, Alžbeta)

Geb. 18. 11. 1847 in Prag; gest. 26. 11. 1926 in Prag

Eliška Krásnohorská, die markanteste weibliche Persönlichkeit des intellektuellen Lebens Böhmens im letzten Drittel des 19. Jh.s, wuchs in der kinderreichen Familie eines Prager Handwerkers auf, der sie und ihre Geschwister durch die Liebe zu Literatur und Musik prägte. Nach dem frühen Tod ihres Vaters fand sie in Karolina ↗ Světlá (1830–1899) eine Freundin und Mentorin, die ihre geistige Entwicklung prägte und der angehenden Lyrikerin 1863 den Weg in die literarischen Kreise Prags ebnete. 1874 konnte sie diese auch als Sekretärin des »Ženský výrobní spolek« (Frauenarbeitsverein) für ihre feministischen Aktivitäten gewinnen. Auf den Seiten der vereinseigenen und von ihr zwischen 1875 und 1911 redigierten *Ženské listy* (Frauenblätter) entwickelte K., die die Emanzipation in Relation zur wirtschaftlichen Autonomie der Frauen setzte und zu einem nationalen Anliegen erklärte, eine umfangreiche und nicht nur auf einschlägige Themen beschränkte publizistische Tätigkeit. Daß das Recht der Frauen auf Bildung und Selbstbestimmung ein (ihnen von der Gesellschaft bisher vorenthaltenes) Menschenrecht sei, hatte sie 1881 in der Publikation *Ženská otázka česká* (Die tschechische Frauenfrage) theoretisch begründet, praktisch setzte sie sich durch die Gründung des Prager »Minerva« (1890), des ersten Mädchengymnasiums der österreichisch-ungarischen Monarchie, für die Frauenbildung ein. Daß schließlich 1897 Frauen auch zum Philosophie- und 1900 zum Medizinstudium zugelassen wurden, war ebenfalls K. zu verdanken, die – wie damals für Mädchen üblich – nur eine rudimentäre Schulbildung genossen hatte.

Ihr literarisches Schaffen ordnete K. dem in den 70er Jahren richtungsweisenden Ideal einer gesellschaftlich engagierten, nationalen Kunst unter, das sie auch als angesehene und für ihre Polemiken gefürchtete Literaturkritikerin vertrat. Obwohl sie ein umfangreiches lyrisches Werk hinterließ und sich als Übersetzerin (v. a. von Mickiewicz, Puškin und Byron) profilierte, gründet sich ihre heutige literarische Anerkennung vor allem auf die Opernlibretti, die sie u. a. für Zdeněk Fibich (1850–1900) und vor allem für ihren Freund Bedřich Smetana (1824–1884) verfaßte. Nationalpädagogische Tendenzen verfolgte K. auch in ihren Kinder- und Jugendbüchern, mit denen sie den in der städtischen Mittelschicht bevorzugten deutschen Lesestoff vom Markt verdrängen wollte. Zwischen 1899 und 1907 veröffentlichte sie die *Svéhlavička*-Serie, eine in tschechischem Geist umgeschriebene und mit tschechischen Realia versehene Adaption der *Trotzkopf*-Bücher Emmy von Rhodens (1829–1885). Diese Bände zählen zu K.s am häufigsten aufgelegten Werken und wurden 1927 verfilmt, trugen ihr aber den Vorwurf ein, sie habe mit derartiger Trivialliteratur das in ihren theoretischen Schriften vertretene emanzipatorische Programm verraten.

Výbor z díla (Werkauswahl). 2 Bde. Hg. Pešat, Z. Prag 1956. – Lit.: Hradilková, J.: »E. K.«. In: Wagnerová, A. (Hg.): *Prager Frauen. Neun Lebensbilder.* Mannheim 1995, S. 35–54; Vlašínová, D.: »E. K. mezi Minervou a Svéhlavičkou«. In: Moldanová, D. (Hg.): *Žena-Jazyk-Literatura.* Ústí nad Labem 1996, S. 63–66.

Christa Rothmeier

Krese, Maruša (verh. Krese-Weidner)

Geb. 13. 4. 1947 in Ljubljana/Slowenien

»Was wäre, wenn die Slowenen aufhörten, über den Balkan und die ›Brüder im Süden‹ herzuziehen?« Mit ihrem provokativen Artikel »Abschied von Slowenien« in der *Zeit* (Sept. 1991) wird K. auch einem breiteren deutschen Lesepublikum bekannt. In diesen Monaten, als Slowenien und Kroatien und mit ihnen v.a Deutschland die Unabhängigkeit, den »Abschied von Jugoslawien« feiern, verweigert sie jeglichen patriotischen Jubel, stimmt nicht ein in die radikale Abwertung von allem, was bis kurz zuvor Jugoslawien ausmachte. Freunde macht sie sich damit nicht.

K. zieht es schon früh ins Ausland: Einen Großteil ihres Studiums – Literaturwissenschaft, Kunstgeschichte und Psychologie – absolviert sie in Großbritannien und den USA, sie erlebt die Studentenrevolten, die Hippie- und

Anti-Establishment-Bewegung. 15 Jahre lang arbeitet sie dann als Psychotherapeutin in Ljubljana, in Tübingen und in London. »Ich haderte mit der Enge des slowenischen Raumes«, schreibt sie später. 1989, mit über vierzig Jahren, veröffentlicht K. ihren ersten Gedichtband *Danes* (*Gestern, Heute, Morgen*, 1992). Es sind eindringlich-offene, unpathetische, ruhige und zornige Gedichte einer Frau, die zwei Ehen und zwei Scheidungen erlebt hat, deren drei Kinder ihr Mittelpunkt, aber nicht ihr geistiger Schwerpunkt sind, die immer wieder einen Neubeginn sucht und schafft. Alltagsschnipsel mischen sich mit poetisch-weiblicher Weisheit. Typisch sind ein ostentatives lyrisches Ich, karger, lakonischer Satzbau, klare Bildgegenstände. »Von meinen Ehen habe ich mir das Beste bewahrt./Ein paar Kinder, das graue Haar und das Unglück./Die Träume lasse ich zurück,/das Auto nehme ich mit.«

Im Sommer 1990 geht K. als Auslandskorrespondentin des slowenischen Rundfunks nach Berlin. Wegen ihres »jugoslawischen« Engagements – für die dortige Friedensbewegung, für eine unabhängige Presse, gegen den national(istisch)en Zeitgeist – verliert sie allerdings ein Jahr später diese Stelle und zahlreiche Freunde in Slowenien. Sie bleibt in Berlin und führt »Allen Blockaden zum Trotz« vom Juni 1991 bis zum August 1993 einen intensiven Briefwechsel mit gleichgesinnten Freundinnen: mit der kroatischen Philosophin Rada Iveković (geb. 1945), der aus Belgrad stammenden, z.T. in Sarajevo lebenden Schriftstellerin Biljana Jovanović (geb. 1953), der serbischen Lyrikerin Radmila Lazić (geb. 1949). Diese *Briefe von Frauen über Krieg und Nationalismus* erscheinen 1993 gesammelt auf deutsch. In ihnen mischen sich Verzweiflung über den Krieg, Trauer, Wut und Ohnmacht: »Mein Land [...] Soll das unsere Zukunft sein: Folklore, Alkohol, Weihnachtslieder und Kreditkarten?« Gleichzeitig hält sich K. oft im umkämpften Sarajevo auf, engagiert sich stark in der humanitären Bosnienhilfe. 1997 wird sie dafür mit dem Bundesverdienstkreuz ausgezeichnet.

»Alles, was mir in dieser Groteske noch bleibt, sind Gedichte«, schreibt sie in einem ihrer Briefe, aber auch, daß sie an ihrem kleinen Gedichtband *Postaje*, 1992 (Bahnhöfe) »keine richtige Freude« hat. Ruhelosigkeit, Enttäuschungen, Einsamkeit spiegeln sich darin: »Sie haben mich abgesetzt von der Bühne/ ... /weil mir das Leben zu wertvoll ist,/um es in goldene Lügen zu wickeln.« Die Auseinandersetzung mit dem zerbrochenen Jugoslawien läßt sie nicht los: In der Sammlung *Beseda*, 1994 (Wort) verarbeitet K. auch ihre Erfahrungen in Sarajevo. *Von der Bora verweht* (erscheint 1998 in Klagenfurt) nennt sie ihre Collage aus Erzählungen, Gesprächen, Reflexionen über das Leben dreier Frauen der vorangehenden Generation – darunter K.s Mutter –, über deren weibliche Erfahrung von Krieg, Widerstand, Ideologie, Hoffnung und Enttäuschung.

K. lebt als freie Journalistin und Schriftstellerin in Berlin. Mit dem neuen Slowenien hat sie nach wie vor Probleme, Slowenien auch mit ihr. »Ich hänge an diesem kleinen Land«, gibt sie zu, aber »sage ihnen, daß ich keine professionelle Slowenin geworden bin.«

Lit.: Milosavlević, M.: »M.K., izmedju Berlina, Sarajeva i Ljubljane«. In: *NIN* (Beograd), 20. 1. 1995; Kolšek, P.: »M.K. – Beseda.« In: *Delo* (Ljubljana), 27. 7. 1995.

Petra Rehder

Kronauer, Brigitte
Geb. 29. 12. 1940 in Essen

Als »Wonnen der Gewöhnlichkeit« hat R. Baumgart in seiner Laudatio zur Verleihung des Heinrich-Böll-Preises 1989 das Schreiben K.s gefeiert. Im Unterschied zu den meisten Schriftstellerinnen ihrer Generation hat K. ihr ausschließlich aus Prosa bestehendes Werk nicht (auto)-biographisch unterfüttert und sich auch für keine ideologische oder literarische Richtung vereinnahmen lassen. Konzentriert und unerbittlich ist ihr Schreiben Spracharbeit: den Alltag in Sprachbildern, Erzählmustern und Geschichten zu fassen, die stets auf ihrem fiktiven, lustvoll-verstörenden Spielcharakter beharren. – K. hat nach einem Lehramtsstudium ab 1963 erst in Aachen, dann bis 1971 in Göttingen unterrichtet, ehe sie sich ab 1974 als freie Schriftstellerin in Hamburg niederließ, wo sie heute noch lebt. Bereits mit den Kurz- und Kürzestgeschichten ihrer ersten Veröffentlichungen (*Der unvermeidliche Gang der Dinge*, 1974; *Die Revolution der Nachahmung*, 1975; *Vom Umgang mit der Natur*, 1977) hat sie sich den herrschenden Trends der damals aktuellen, politisch engagierten Literatur entzogen. Sie verarbeitet in diesen Texten insbesondere Einflüsse des französischen Nouveau Roman sowie der Konkreten Poesie, wie sie vor allem H. Heißenbüttel vertreten hat. Hier entwickelt sie erstmals ihre Technik, die vorsprachliche Wirklichkeit – N. ↗ Sarrautes »Tropismen« – in Form eines Sprachmosaiks auszukonstruieren. Der erste Roman, *Frau Mühlenbeck im Gehäus* (1980), bringt die erzählerische Verflüssigung der asketischen, kollektiven Rundumwahrnehmung ihrer schriftstellerischen Anfänge. Im Sprachmuster entfaltet sich nun zugleich das Lebensmuster, die Lebenspolyphonie der beiden im Zentrum stehenden Ich-Erzählerinnen (eine Form, die K. in *Die Frau in den Kissen* wieder aufgreifen wird). Der mit K. befreundete Schriftsteller und Kritiker K. Sandler (1945–1984) nannte *Frau Mühlenbeck* einen »idealen Roman, der keine Handlung, nur Wahrnehmung braucht und die Beobachtung, wie sich Wahrnehmungen durch das Urteil verschieben, vom Selbstverständlichen zum Unerträglichen, vom Alltag in die Krise«.

Auch K.s zweiter Roman *Rita Münster* (1983) ist von derselben unablässigen Beobachtung und Körpersprache, von der Wahrnehmungssensibilität an den Schnittflächen der Realität sowie vom perspektivischen Pathos der exklamatorischen Rede geprägt. Sein Schluß mündet erstmals in das Auflodern und Herunterbrennen eines Höhenerlebnisses: »Ich sehe [. . .], bis ich nichts mehr sehe.« Zentral wurde der Tonfall der Verausgabung, der Gestus der Erleuchtung dann in K.s drittem Roman *Berittener Bogenschütze* (1986). Die Liebesgeschichte um den Anglistikdozenten Matthias Roth, in der die Intensität der Wünsche und das Verfehlen ihrer Erfüllung einander bedingen, ist der Fluchtpunkt, an dem K.s schmerzhafte Schrift – gleichsam der abgesandte Pfeil, auf den der Titel des Romans anspielt – von der Furie des Verschwindens ergriffen wird und ins leere Herz der Dinge trifft. Das Ziel ihres Schreibens, das in diesem Roman zugleich eine Huldigung an den romantischen Pessimisten Joseph Conrad darstellt, gilt jetzt einem zeugenden Blitz, der sich vom Körper und damit von jeder Peinlichkeit losgelöst hat.

Unterm Bann der Ekstase des Ästhetischen steht auch der 1990 erschienene Roman *Die Frau in den Kissen*, K.s bislang wohl bedeutendstes Erzählwerk. Die hohe, erlesene, manchmal schon das Sprachbarock zelebrierende Kunstfertigkeit und eine zentrifugal zerstäubende Wirklichkeit bedingen sich im Weltentwurf dieses Romans gegenseitig. Wieder ist es eine Welt im Kopf, eine Welt im Kleinen, eine Welt der implodierenden Stille – die minutiöse Einkreisung dessen, was jenseits der Worte, jenseits der Beschreibung ist. Wieder begegnen wir den Ingredienzen der vorausgegangenen Bücher: der Beschwörung inbrünstig ersehnter Perspektiven, den Abglanzbildern und der wütenden Wirklichkeit, dem Ansturm scharf aufzuckender Details. Wieder finden wir die Virtuosität der formalen Strukturierung: die Zurufe des ordnenden Erzählens, die Dehnung oder Beschleunigung der Schnappschüsse und Einstellungen des literarischen Kamera-Auges, die parataktische Reihung im Kleinen wie im Großen der gefräßig sich ausbreitenden Textsequenzen. Und wieder bewundern wir die souverän eingesetzten erzählerischen Strategien: den zupackenden Blick, die scharfzüngige Rede und die aggressive Ruhe. Wir werden zu Komplizen eines Erzählens, aus dessen sprunghaftem Mosaik sich die einzelnen Bilder, die Gedanken- und Erinnerungs- und Empfindungsbruchstücke reliefartig anheben. *Die Frau in den Kissen* ist, wie alle Werke K.s, kein realistischer Roman – und doch randvoll von den Gegenständen und Menschen dieser Welt, überquellend an erlittener, erschriebener und erträumter Wirklichkeit: der Wirklichkeit in der Schrift. In ihm spiegelt sich jene störende, unzuverlässige Umständlichkeit im Umgang mit der Epoche, die K. einmal als den subversiven Impetus und damit die eigentliche Zeitzeugenschaft von Literatur bezeichnet hat: »Poetisches Schreiben *ist* Handeln!«

In ihren jüngsten Büchern – den Erzählbänden *Schnurrer* (1992) und *Hin- und herbrausende Züge* (1993) sowie ihrem bislang letzten Roman *Das Taschentuch* (1994) – wendet K. sich zunehmend vom hohen Ton ihrer Romane der 80er Jahre ab und einem heiter-ironischen, ja satirischen Ton zu. Der Sonderling Karl Rüdiger Schnurrer und Willi Wings, der Apotheker in *Das Taschentuch*, sind Anti-Helden des Alltags, deren Geschichte allerdings auf eine ganz und gar nicht alltägliche, sondern leise und bedrohliche Art erzählt wird.

Lit.: Schweikert, U.: »›Es geht aufrichtig, nämlich gekünstelt zu‹. Ein Versuch über B. K.« In: *Neue Rundschau* 95 (1984), H.3, S. 155–171; Clausen, B.: »Ein erstaunenswerter Fall, und Aufstieg. Zur Prosa B.K.s«. In: *Merkur* 45 (1991), H.506, S. 442–447; B.K. Text + Kritik. Zeitschrift für Literatur, H. 112, 1991; Riedner, U.R.: *Sprachliche Felder und literarische Wirkung. Exemplarische Analysen an B. K.s Roman Rita Münster.* Heidelberg 1996; Schafroth, H. (Hg.): *Die Sichtbarkeit der Dinge. Über B.K.* Stuttgart 1998.

Uwe Schweikert

Krusenstjerna, Agnes von

Geb. 9. 10. 1894 in Växjö/Schweden; gest. 10. 3. 1940 in Stockholm

Lebenserfahrung und literarische Thematik sind im Falle K.s in besonders engem Maße verknüpft. In nahezu allen Werken spiegeln sich biographische, soziale, psychische und somatische Erfahrungen des ungewöhnlich spannungsgeladenen Lebens der Autorin. Da ist zum einen das soziale Erbe des alten schwedischen Adelsgeschlechts mit seinen – besonders für Frauen – starren Konventionen und mannigfachen Tabus auf der einen und seiner abnehmenden gesellschaftspolitischen Bedeutung auf der anderen Seite. Und da ist zum zweiten die erblich bedingte Veranlagung zu Ausbrüchen von Geisteskrankheit, unter der etliche weibliche Mitglieder der Familie litten und die auch K.s Leben zeitweise dominierte. Mit dem Film *Amorosa* (1986) zeichnet die schwedische Filmemacherin Mai Zetterling ein einfühlsames biographisches Porträt der Autorin, das mit filmischen Mitteln die Verflechtungen von Leben und Werk und die komplexen Zusammenhänge von Wahnsinn und Kreativität reflektiert.

Das Romanwerk der Autorin kann auch als Aufruhr gegen die Schatten, Normen und Tabus ihrer Herkunft und der damit verbundenen Weiblichkeitsauffassung gelesen werden. In drei großen Romanzyklen bearbeitete K. die Themenkreise Geschlechtsidentität, Sexualität, Wahnsinn, Aristokratie und Dekadenz in vielfältigen Konstellationen. Die *Tony*-Trilogie (1922–26) stellt in der Form des Ich-Romans die desillusionierende Entwicklungsgeschichte einer jungen Adligen zwischen sozialen Bindungen, psychischer Krankheit und sexuellem Begehren dar. Der siebenbändige sog. Pahlen-Zyklus (*Fröknarna von Pahlen*, 1930–35) bietet ein breites Gesellschaftspanorama, in dessen Zentrum der Untergang einer Adelsfamilie steht. Die Dekadenz äußert sich vor allem in den verschiedensten Spielarten einer als pervers bewerteten Sexualität, der eine primitivistisch inspirierte Utopie einer alternativen weiblichen Welt gegenübergestellt wird. Die Bände drei und vier, die nach einer Weigerung durch den renommierten Bonniers-Verlag von dem jungen Avantgardeverlag Spektrum herausgegeben wurden, riefen eine heftige gesellschaftliche Debatte über Pornographie und ›entartete‹ Literatur hervor, in der sich u.a. Karin ↗ Boye (1900–1941) auf seiten K.s engagierte.

Durch die sog. Pahlen- oder Krusenstjerna-Fehde gesellschaftlich nahezu isoliert, plant die Autorin in ihrem letzten Projekt eine offene autobiographische Abrechnung mit ihrer Familie und ihrem Milieu, nimmt aber von der Form der Autobiographie durch eine die Ich-Perspektive brechende Rahmenstruktur doch Abstand. Thematisch ähneln die vier Bände des *Fattigadel*-Zyklus den vorangegangenen Romanen; das Projekt bleibt unvollendet.

Samlade skrifter. Hg. J. Edfeldt. 19 Bde. Stockholm 1944–46. – Lit.: Sprengel, D.: *Förläggerna, författerna, kritikerna om A. v. K. och hennes senaste arbeten*. Stockholm 1935; Lagerkrantz, O.: *A. v. K.* Stockholm 1951; Svanberg, B.: *Sanningen om kvinnorna*. Värnamo 1989; Heitmann, A.: »Ein schwieriges Leben oder: Schwierigkeiten mit der Biographie«. In: Duda, S./Pusch, L. F. (Hgg.): *Wahnsinnsfrauen*. Frankfurt/M. 1992, S. 255–279.

Annegret Heitmann

Kuncewiczowa, Maria

Geb. 30. 10. 1895 in Samara/Rußland; gest. 15. 7. 1989 in Kazimierz Dolny/Polen

Die Thematisierung der Grenzüberschreitung in ihren verschiedenen Varianten – ob ethisch, sprachlich, kulturell oder politisch prägt nachhaltig K.s umfangreiches und vielschichtiges Werk. Fast die Hälfte ihres Lebens verbrachte sie, sei es als Emigrantin, sei es als Reisende, außerhalb Polens und lebte aus Überzeugung ihr Weltbürgertum. Geboren in Rußland, in einer Lehrerfamilie mit ausgeprägt patriotischer polnischer Gesinnung, siedelte sie mit ihren Eltern 1900 nach Warschau über. Sie studierte Romanistik in Nancy und ab 1916 Polonistik in Warschau und Krakau. In Jerzy Kuncewicz, einem Juristen, Schriftsteller, aber auch angesehenen Autor philosophischer Abhandlungen, den sie 1921 heiratete, fand sie einen wahren Lebensgefährten. 1927 engagiert sie sich in der Verbandsarbeit des Schriftstellerverbands und des PEN-Clubs, dessen Vizepräsidentin sie 1939 wurde; im gleichen Jahr entdeckt sie ihre große Liebe zu Kazimierz, der zauberhaften Kleinstadt an der Weichsel, in die sie auch ihren Wohnsitz verlegt. 1927 beginnt auch ihr anhaltender literarischer Erfolg. Der thematisch provokative Erzählband *Przymierze z dzieckiem* (Bündnis mit dem Kind) rief einen Sturm moralischer Entrüstung hervor: Die Protagonistin der Titelgeschichte lehnt sich aus egoistischen, aber durchaus plausiblen Gründen gegen die Mutterschaft auf.

Auch die in den 30er Jahren folgenden Erzählungen und Romane bestätigten ihren Ruf, Hauptvertreterin der psychologischen Prosa in der polnischen zeitgenössischen Literatur zu sein. Die auch künstlerisch überzeugendste Studie weiblicher Psyche bietet K. in ihrem bekanntesten Roman *Cudzoziemka*, 1936 (*Die Fremde*, 1974). Nach einer von Haß und Enttäuschung geprägten vierzigjährigen Ehe zieht Róża am Tag ihres Todes eine beklemmende Lebensbilanz. Aus der Sicht einer boshaft und sadistisch handelnden Frau werden die Gefühle Liebe, Fremdheit und psychische Einsamkeit einer eindringlichen Analyse unterzogen. Die bereits in früheren Werken vorhandenen autobiographischen Züge werden in dieser Geschichte unübersehbar. Am Vorabend des Kriegsausbruchs resümiert K.: »Immer öfter komme ich zu dem Schluß, daß das Schreiben eine Abrechnung mit mir selbst ist«.

Im September 1939 leitet die Flucht über Rumänien nach Paris eine fast 30jährige Emigration ein. In London leitet K. von 1940 bis 1955 den polnischen PEN-Club. Nach Meinungsverschiedenheiten mit dem Polnischen Schriftstellerverband im Exil weicht sie 1955 in die USA aus. An der Universität Chicago hält sie von 1962 bis 1971 Vorlesungen zur polnischen Literatur. Nach dem »Polnischen Oktober« reist sie 1958 nach Polen und läßt sich 1968 mit ihrem Mann in Kazimierz nieder. Seit 1939 trat an die Seite des Dialogs mit sich selbst der Dialog mit der Geschichte. Sie sah sich zur kritischen Hinterfragung traditioneller Wertvorstellungen veranlaßt, die der Zusammenbruch des polnischen Staates 1939, die Emigration und dessen politische Führung herausgefordert hatten, so im Tagebuch *Klucze* (1943, Schlüssel) und im Roman *Zmowa nieobecnych*, 1946 (Verschwörung der Abwesenden). Zum bedeutsamsten Werk im Schaffen von K. wurde von der Literaturkritik der Roman *Leśnik*, 1952 (*Der Förster*, 1982) erklärt, der den für Polen verhängnisvollen Januaraufstand 1863 gegen das zaristische Rußland thematisiert und damit die Klischees von Polentum und Patriotismus nachdrücklich in Frage stellt. Zu einer bewegenden Studie der Einsamkeit wird der letzte Roman, *Tristan 1946* (dt. 1967). Besondere Anerkennung wurde den beiden autobiographischen Büchern *Fantomy*, 1971 (Phantome) und *Natura*, 1975 (Die Natur) zuteil. Sie sind nicht nur Schlüssel und Kommentar zum Werk, sondern Zeugnis einer Persönlichkeit, die Grenzsituationen menschlicher Psyche sowohl im Kontext des Intimen wie des National-Historischen faszinierend auszuleuchten vermochte.

Dzieła wybrane (Ausgewählte Werke). 14 Bde. Lublin 1989–1997. – Lit.: *W stronę Kuncewiczowej. Studia i szkice.* Hg. W. Wójcik. Katowice 1988; Pieńkowska, E.: *M. K.* In: *Literatur Polens 1944 bis 1985. Einzeldarstellungen.* Hg. A. Lam. Berlin 1990; Szałagan, A.: *M. K. Monografia dokumentacyjna 1895–1989.* Warszawa 1995.

Heinz Kneip

Labé, Louise (eigtl. Louise Perrin, geb. Charly)

Geb. um 1520 in Lyon; gest. Anfang 1566 in Parcieux-en-Dombes/Frankreich

In dem ihr Werk einleitenden Widmungsbrief an Clemence de Bourges charakterisiert L. eine Grundmotivation ihres Schreibens: aus der kulturellen Unmündigkeit auszubrechen, vom geschmückten Objekt zum schaffenden Subjekt zu werden und diese Möglichkeit auch den Mitbürgerinnen zu eröffnen. Das eigentliche Thema ihrer Dichtung war jedoch die Liebe, gesehen mit den Augen und dem Körper einer Frau. - L. wurde zwischen 1516, dem Hochzeitsjahr ihrer Eltern, und 1523, dem Todesjahr ihrer Mutter, in Lyon geboren. Ihr Vater war ein angesehener Seilermeister in Lyon; ihre Mutter hatte das komfortable Stadthaus, in dem L. aufwuchs, als Mitgift in die Ehe gebracht. Nach dem Tod ihrer Mutter wurde L. wahrscheinlich von den Nonnen einer nahen Klosterschule erzogen, die ihr nicht nur das Spinnen, Weben und Musizieren beibrachten, sondern ihr auch eine breite intellektuelle Erziehung angedeihen ließen. Um 1544 heiratete L. Ennemond Perrin, der wie ihr Vater Seiler war. Diese familiäre Tradition trug ihr den Spitznamen »La Belle Cordière«, ›Die schöne Seilerin‹, ein. Über ihr Eheleben ist wenig bekannt, 1551 kaufte das Paar ein großes Stadthaus und 1557 den Landsitz in Parcieux-en-Dombes vor den Toren der Stadt. Gerüchte über außereheliche Liebschaften und eine leidenschaftliche Affäre mit dem Übersetzer und Dichter Olivier de Magny müssen Vermutung bleiben. Sie brachten ihr, gepaart mit der zeitgenössischen Skepsis gegenüber öffentlich auftretenden Frauen und geschürt durch den freien Liebesdiskurs ihrer Dichtung, in bestimmten Kreisen, etwa bei den Calvinisten, den Ruf einer Kurtisane, einer *plebeia meretrix* ein.

Ihre Bildung eröffnete L. trotz ihres relativ niedrigen sozialen Status den Zugang zu den humanistischen Zirkeln der Stadt, der *école lyonnaise*, die sich um Clément Marot und Maurice Scève versammelte. Zwischen 1530 und 1550 glich Lyon einem kosmopoliten Zentrum, es war Knotenpunkt des europäischen Handels- und Finanzwesens und kultureller Anziehungspunkt. Weitab von der scholastischen Autorität der Sorbonne konnten hier die vor allem aus Italien kommenden neuen humanistischen Ideen frei zirkulieren. Mehrere hundert Drucker sowie viele Künstler und Schriftsteller hatten sich in der Stadt niedergelassen. Möglicherweise angeregt durch die Publikation der *Rymes* (1545) von Pernette du Guillet (1520–1545), die ebenfalls der *école lyonnaise* zuzurechnen ist, begann L. zu schreiben und veröffentlichte 1555 in einem schmalen Band ihre gesammelten Schriften. Die drei Elegien, 24 Sonette und der *Débat de Folie et d'Amour* (Der Streit zwischen Torheit und Liebe) scheinen einem einzigen Motiv zu folgen: »Die größte Freude nach der Liebe selbst ist es, von ihr zu sprechen«. In ihrem Reden von der Liebe, mit dem sie sich an eine bevorzugte Thematik der Zeit anschließt, skizziert L. einen eigenständigen weiblichen Humanismus und markiert ihre Einbindung in eine weibliche Dichtungstradition. Der lyrische Teil ihres Werks verweist zum einen auf die antike Liebeselegie und deren Vertreterin ↗ Sappho, zum anderen auf die petrarkistische Sonettdichtung und die italienischen Dichterinnen Vittoria Colonna (1490–1547), Veronica Gambara (1485–1550) und Gaspara ↗ Stampa (1523–1554).

Der Prosa-Dialog *Le Débat de Folie et d'Amour* ist eine mythologische Geschichte, die in allegorischer Form und parodistischer Manier die Liebesthematik mit der Komödie verbindet, an deren Ende die vorwitzige Torheit zur Führerin des von ihr selbst geblendeten Amor wird. In den drei Elegien wendet sich L. direkt an die *Dames* und läßt sie teilhaben an ihrem Liebesleid, vor allem an der Erfahrung der verlassenen Liebenden. Da die räumliche Distanz zwischen der Liebenden und dem Geliebten gewahrt bleibt, begibt sie sich damit nicht auf das Glatteis emotionaler Spontaneität, die dem weiblichen Rollenverständnis der Zeit widersprochen hätte. Viel unverhüllter und scheinbar nur durch Reim und Gedichtform kontrolliert ist die Sprache der Sonette, die in ihrer Direktheit bis heute erstaunt und ergreift. Allerdings ist ihre romantische Einordnung als naive Bekenntnisse einer liebenden Frau nicht angemessen. Vielmehr ist die Aneignung und Veränderung vorhandener Modelle (petrarkistischer *Canzonieri)* ihre große künstlerische Leistung und zugleich ihr Beitrag zur Selbsterkenntnis und Befreiung der Frau im Frankreich der Renaissance. Seit 1555 verblaßte der Ruhm Lyons, die Stadt litt unter den religiösen Unruhen der Zeit und die katholische L. zog sich auf ihren Landsitz zurück. Sie wurde schwer krank und diktierte im April 1565 ihr Testament, in dem sie große Teile ihres Vermögens dem städtischen Armenhaus von Lyon vermachte.

Œuvres complètes (1555). Hg. F. Rigolot. Paris 1986; *Die vierundzwanzig Sonette der L. L. Lyoneserin,* übers. v. R. M. Rilke (1918). Stuttgart 1979. – Lit.: Schulze-Witzenrath, E.: *Die Originalität der L. L.* München 1974; Guillot, G.: *Louise Labé.* Paris 1962; Berriot, K.: *L. L. La Belle Rebelle et le François nouveau, suivi des Œuvres complètes.* Paris 1985.

Julia Pieper

La Fayette, Marie-Madeleine, Madame de

Geb. 18. 1. 1634 in Paris; gest. 26. 5. 1692 in Paris

»Ich bin so sehr davon überzeugt, daß die Liebe eine unbequeme Angelegenheit ist, daß ich froh bin, meine Freunde und mich davon frei zu wissen«, schreibt (die spätere) Madame de La Fayette am 18. September 1653 an ihren Lehrer und Freund Ménage. Vielleicht ist die Bemerkung nicht ganz ernst gemeint, sondern eine freundlich ironische Zurechtweisung des in seine Schülerin verliebten Lehrers, dennoch verrät sie bereits jenen kritischen und pessimistischen Blick, mit dem auch die Romanschriftstellerin die Liebestragödien ihrer Heldinnen beobachtet. Die eindringliche und novellistisch auf das Wesentliche gerichtete Behandlung dieses Erzählstoffs hat der Autorin die einmütige Anerkennung als Begründerin des psychologischen französischen Romans eingetragen.

Marie-Madeleine Pioche de La Vergne war die Tochter eines literaturbegeisterten Adligen. Nach seinem Tode heiratete die Mutter Renaud de Sévigné, einen Onkel der Marquise de ↗ Sévigné, mit der M. de L. ihr Leben lang befreundet blieb. Aus ihrer Ehe mit Jean-François Motier, comte de La Fayette, gingen zwei Söhne hervor. Während ihr Mann sich mit Vorliebe auf dem Landgut der Familie aufhielt, lebte M. de L. in Paris, wo sie mit vielen Schriftstellern Freundschaft schloß. Eine besonders enge Beziehung verband sie mit La Rochefoucauld, dem sie sicher manche ihrer im Roman verstreuten Aphorismen verdankt. M. de L. hat stets bestritten, die Verfasserin der ihr zugeschriebenen Werke zu sein, obwohl nicht nur der engste und von ihr selbst eingeweihte Freundeskreis es besser wußte. 1678 versichert sie in einem Brief an einen hochgestellten Vertrauten der königlichen Familie, daß man sie und La Rochefoucauld zu Unrecht als Autoren der *Princesse de Clèves* ansehe, ist aber gleichzeitig voll des Lobes für das Werk, dessen sich sein Verfasser wahrhaftig nicht zu schämen brauche. Warum dann die lebenslange Maskerade? Sicher kann man sie nicht nur auf das Konto persönlicher Bescheidenheit buchen. Vielmehr gilt, daß der Roman trotz seiner Beliebtheit beim Publikum offiziell noch immer nicht unumstritten ist. Zu lange hatten Romanschreiber Unwahrscheinlichkeiten angehäuft (wie in den *Amadis*-Geschichten) oder ermüdend viele Episoden aneinandergereiht (wie noch bei Mlle de ↗ Scudéry) und damit den Geschmack einer anspruchsvoller gewordenen Leserschaft strapaziert. Wichtiger aber ist wohl, daß der soziale Rang der M. de L., ihre Kontakte bei Hof (insbesondere zur Großherzogin von Orleans, mit der sie gemeinsam die *Histoire d'Henriette d'Angleterre,* 1731/*Henriette von England,* 1790–94, verfaßte) ihr eigentlich verboten, Beschäftigungen nachzugehen, die bei einer Bürgerlichen eher geduldet werden konnten.

Mit M. de L. erhält der Roman definitiv seinen Adelsbrief, weil sowohl die Ablaufstrukturen als auch die Psychologie der Figuren mehr und mehr eine wahrhaft klassische Tendenz zu Einfachheit und Klarheit verraten. In den beiden großen Romanen *Zaïde,* 1670–1671 (*Zaida,* 1790–1794) und dem Meisterwerk *La Princesse de Clèves,* 1678 (*Die Prinzessin von Clèves,* 1711) sind trotzdem noch Figurenerzählungen anzutreffen, die sich jedoch nicht beliebig verselbständigen, sondern der Haupthandlung als Pro- oder Kontra-Argumente für das zentrale Thema zugeordnet sind. Die relative Strenge der Konstruktion schließt zudem einen »realistischen« Anteil an Zufall und Abenteuer nicht aus (besonders in *La Princesse de Montpensier,* 1662/*Die Prinzessin von Montpensier,* 1957, und *Zaïde*). Den »bienséances« der Epoche entsprechend, müssen sich diese jedoch in einem vorstellbaren, mit Rücksicht auf die lebenden Mitglieder der großen Familien freilich zeitlich entlegenen Rahmen ereignen, der nur das an Exotik bieten darf, was ohnehin zum Erwartungshorizont des höfisch gebildeten Publikums gehört. Die Entwicklung der schwermütigen Liebesgeschichten der M. de L. zeigt deren intime Kenntnis der zeitgenössischen höfischen Scheinwelt, aber auch der historischen Orte und Umstände von für die Handlung wichtigen Begegnungen (vgl. die Ballszene in *La Princesse de Clèves*) und schließlich und vor allem der seelischen »Carte de Tendre«, die M. de L. an der ↗ Scudéry schätzt, jedoch auf ihre unverzichtbaren Elemente zurechtstutzt und immer wieder ins Klima der – auch die Textkomposition mitprägenden – Tragödie taucht (vgl. die berühmte Geständnisszene der *Princesse de Clèves*). Wie bei Racine ist die Liebe als Leidenschaft Schwäche, die den Befallenen und seine Umgebung zugrunde richtet. Meist führt sie in Schande und Verzweiflung, wenn man ihr nicht um der Tugend (oder der Ruhe) willen aus dem Wege geht, wie es die Heldin ihres Hauptwerkes nach dem Tod des Gemahls in heroisch-entsagungsvollem (oder ängstlichem) Liebesverzicht vorzieht.

Romans et nouvelles. Paris 1961/1970. – Lit.: Albert, H.: *Die Bildung des Begriffs einer weltlichen Tugend bei M. de L.* Basel 1952; Pingaud, B.: *M. de L. par elle-même.* Paris 1959; Francillon, R.: *L'œuvre romanesque de M. de L.* Paris 1973; Kreiter, A.: *Le problème du paraître dans l'œuvre de M. de L.* Brüssel 1980; Gevrey, F.: *L'Esthétique de M. de L.* Paris 1997.

Brigitta Coenen-Mennemeier

Laforet, Carmen

Geb. 6. 9. 1921 in Barcelona

»Da es im letzten Augenblick Probleme mit dem Lösen der Fahrkarten gegeben hatte, erreichte ich Barcelona um Mitternacht, mit einem anderen als dem von mir angekündigten Zug, und niemand erwartete mich. Zum ersten Mal reiste ich nachts allein, war aber keineswegs verängstigt; im Gegenteil, wie ein angenehmes und aufregendes Abenteuer erschien mir jene tiefe Freiheit der Nacht.« So beschreibt L. in ihrem berühmtesten Roman *Nada* die Ankunft der Protagonistin Andrea in Barcelona. Diese Szene, in der ein junges Mädchen ihr Elternhaus verläßt und ein neues, selbstbestimmtes Leben beginnt, ist charakteristisch für L.s gesamtes Werk. Zugleich verarbeitet L. hier die Erinnerung an einen bedeutsamen Wendepunkt in ihrem eigenen Leben.

Ein Jahr nach ihrer Geburt in Barcelona zieht L.s Familie nach Las Palmas auf Gran Canaria, wo L. mit ihren beiden jüngeren Brüdern in einem gebildeten und toleranten Elternhaus aufwächst. Nach dem frühen Tod der Mutter 1934 kommt es zum Bruch mit dem Vater, der seine langjährige Geliebte heiratet. Im September 1939 – wenige Monate nach dem Ende des Spanischen Bürgerkriegs – kehrt L. zum Studium der Literaturwissenschaft allein nach Barcelona zurück. Zwei Jahre später wechselt sie nach Madrid und zur Rechtswissenschaft. Hier entsteht in nur neun Monaten ihr erster Roman *Nada* (dt. 1952), der 1945 erscheint und im selben Jahr den neu ausgelobten Premio Nadal erhält. Nach dem überraschenden Erfolg ihres Romanerstlings und ihrer Hochzeit mit dem Journalisten und Verleger Manuel Cerezales zieht sich die Autorin vorübergehend ins Privatleben zurück und bekommt bis 1957 fünf Kinder.

1951 veröffentlicht sie in der Zeitung *Destino* die wöchentliche Kolumne *Puntos de vista de una mujer* (Sichtweisen einer Frau); 1952 erscheinen ihr zweiter Roman *La isla y los demonios* (Die Insel und die Dämonen), der ihre Kindheit auf Gran Canaria erinnert, und der Erzählband *La muerta* (Die Tote). In diese Zeit fällt auch ein Offenbarungserlebnis, das L.s Hinwendung zum Katholizismus begründet und in ihrem dritten Roman *La mujer nueva*, 1955 (Die neue Frau) beschrieben wird. Diese religiöse Periode endet 1958, als L. sich eingesteht, daß sich der religiöse Dogmatismus nicht mit ihrem Streben nach Unabhängigkeit und Toleranz verbinden läßt. Nach dem erneuten Rückzug ins Privatleben und ausgedehnten Reisen beginnt sie Anfang der 60er Jahre die Arbeit an einer Trilogie, die den Titel *Tres pasos fuera del tiempo* (Drei Schritte außerhalb der Zeit) trägt und das Leben in den ersten beiden Dekaden des Franco-Regimes porträtieren soll. 1963 publiziert sie den ersten Band *La insolación* (Der Sonnenstich); die Arbeit an den beiden weiteren Bänden bricht sie danach ab. Statt dessen veröffentlicht sie 1967 die Reiseaufzeichnungen *Paralelo 35* (Parallele 35), die 1965 während eines längeren Aufenthalts in den USA entstanden sind. 1972 trennt sie sich von ihrem Mann, reist durch Europa und läßt sich schließlich für mehrere Jahre in Rom nieder. Nach einem zweijährigen Aufenthalt in Santander (Nordspanien) kehrt L. 1981 nach Madrid zurück, wo sie bis heute lebt.

L.s persönlicher Lebensweg und ihre schriftstellerische Laufbahn sind stark geprägt von dem großen Erfolg ihres ersten Romans *Nada*, der dem *tremendismo* (Literatur des Schreckens) zugerechnet wird, da er schonungslos die Selbstzerstörung und Exzentrizität einer katalanischen Familie im Nachbürgerkriegsspanien offenlegt. Ihre späteren Veröffentlichungen, zu denen weitere Sammelbände mit Erzählungen gehören, werden von der Kritik und dem Publikum kaum noch wahrgenommen, mit Ausnahme von *La mujer nueva*, für den sie zwei bedeutende spanische Literaturpreise erhält. Dieser Roman ist zudem der einzige, in dessen Mittelpunkt nicht ein junger Mensch steht, sondern eine erwachsene Frau, die aus ihrem sie einengenden Lebensalltag flieht und in eine religiöse Krise gerät. Auch viele ihrer Erzählungen leuchten die problematische Stellung der Frau in der franquistischen Gesellschaft aus. Sie verdeutlichen, daß L. nie allein persönliche Identitätsprobleme, sondern stets die gesellschaftliche Bedingtheit der Lebenskrisen ihrer Protagonisten im Blick hat.

Lit.: Johnson, R.: *C. L.* Boston 1981; Cerezales, A.: *C. L.* Madrid 1982.

Andrea Rössler

Lagerlöf, Selma Ottilia Lovisa

Geb. 20. 11. 1858 in Mårbacka/Värmland/Schweden; gest. 16. 3. 1940 in Mårbacka

In über vierzig Sprachen übersetzt, ist L. eine der bedeutendsten Persönlichkeiten der schwedischen Literaturgeschichte. Ihre Popularität ist ungebrochen, ihre Bewertung in der Literaturwissenschaft von jeher umstritten: Von den einen als ›Märchentante‹ abgetan, rühmen die anderen ihre ›epische Urkraft‹. Mit der Nachlaßeröffnung 1990 setzt eine Renaissance ein, die eine Neueinschätzung der Autorin ermöglicht. Die moderne L.-Forschung rückt strukturelle Perspektiven, die Mythenforschung und psychoanalytische Ansätze in den Vordergrund. – Für den Werdegang L.s ist die glückliche, doch nicht unproblematische Kindheit auf dem Familiengut Mårbacka in Värmland von zentraler Bedeutung. Ein Hüftleiden weist ihr schon früh die Rolle der Beobachtenden zu, die sie in der autobiographischen *Mårbacka*-Trilogie, 1922–32 (dt. 1923–84) rückblickend als Berufung literarisiert. Aus der Distanz entwickelt die junge L. eine tiefe Verbundenheit mit der Heimatregion, zugleich aber löst sie sich aus der ererbten Abhängigkeit einer Gutstochter im 19. Jh. 1881 zieht L. nach Stockholm, um sich am Höheren Lehrerinnenseminar auszubilden. In der Hauptstadt schließt sie Bekanntschaft mit den Zirkeln des Modernen Durchbruchs und der schwedischen Frauenbewegung um Ellen Key (1849–1926), deren reformpädagogischen und pazifistischen Ideale sie prägen. Aus der Ferne erlebt L. den Alkoholtod des Vaters und den Verfall des Gutes, das 1889 verkauft wird. Der traumatische Verlust des Elternhauses, den L. als Identitätsverlust erfährt, wird zum Motor ihrer Verfasserschaft und verbindet sie mit einer jungen Generation Autoren, die angesichts der sozialen Verunsicherung der Jahrhundertwende nach neuen Ausdrucksformen strebt. L. findet ihre Form bereits im Erstlingswerk *Gösta Berling*, 1891 (dt. 1896) mit der Verknüpfung von Rationalismus und Mystizismus. Der Roman markiert den Beginn des schwedischen *nittiotal* (Fin de siècle), das sich dezidiert antinaturalistisch gibt. L. betont programmatisch die Bedeutung von Phantasie und Ästhetik, sie sucht die literarische Provinz, die ursprüngliche Natur, die mythische Vergangenheit. *Gösta Berling* gewinnt seine Ausdrucksstärke durch die formale und ideologische Geschlossenheit, die für das Gesamtwerk charakteristisch ist (Weber 1990, S. XXII). Der an die *oral history* anknüpfenden ›naiv-autoritativen‹, typisierenden und dramatischen Erzählform entspricht inhaltlich L.s deterministisches Verständnis einer letztlich stabilen Weltordnung, in der jedoch, im Glauben an die Evolution, der einzelne die Freiheit und Pflicht der Entscheidung hat. Im Zentrum der Dichtung steht die Sinnsuche des an sich und der Welt verzweifelnden Individuums, die sich in einem modellhaften Dreischritt vollzieht: Schuld-Buße-Versöhnung. Die Versöhnung, die eine Grundkonstante des Zusammenlebens ist, wird möglich durch die ›erlösende Kraft weiblicher Liebe‹. In einer dualistischen Weltsicht setzt L. dem zersetzenden männlichen Prinzip das verbindende weibliche Prinzip entgegen, das als Metapher für Leben, Natur und Harmonie das Postulat einer Reform der Menschheit artikuliert.

Nach dem Erfolg des Debütromans bleibt L. bis ins hohe Alter produktiv, ab 1897 arbeitet sie als freie Autorin in Falun. Unter dem Eindruck einer Italienreise, die sie mit der Schriftstellerin Sophie Elkan (1853–1921) unternimmt, entsteht der Roman *Die Wunder des Antichrist*, 1897 (dt. 1899), der eine Synthese von Katholizismus und Sozialismus versucht. Eine zweite Reise nach Palästina inspiriert L. zu dem zweibändigen Auswandererepos *Jerusalem*, 1901/02 (dt. 1902) und den *Christuslegenden*, 1904 (dt. 1904). Währenddessen übernimmt L. den Auftrag, ein landeskundliches Lesebuch für die schwedischen Volksschulen zu schreiben. Indem sie den Lehrstoff als phantastische Erzählung präsentiert, verbindet sie den didaktischen Anspruch auf Faktizität mit dem literarischen Anspruch auf Phantasie. Die *Wunderbare Reise des kleinen Nils Holgersson mit den Wildgänsen*, 1906/07 (dt. 1907/08) zählt neben *Gösta Berling* zu den Klassikern der Weltliteratur und ist eines der meist übersetzten schwedischen Bücher. Von L.s späteren Werken sind der Roman *Der Kaiser von Portugallien*, 1914 (dt. 1936) sowie die *Löwensköld*-Trilogie, 1925–28 (dt. 1925–29) zu nennen, die sich durch eindringlich psychologisierende Charakterdarstellungen auszeichnen.

L. genießt zu Lebzeiten großes Ansehen. 1904 wird sie als erste Autorin mit der Goldenen Medaille der Schwedischen Akademie geehrt, deren erstes weibliches Mitglied sie 1914 wird. Sie erhält 1909 als erste Frau den Nobelpreis für Literatur. Die Universitäten in Uppsala (1907) und Kiel (1932) verleihen ihr die Ehrendoktorwürde. Die Auszeichnungen ermöglichen es L., 1909 das Gut Mårbacka zurückzukaufen, wo sie bis zu ihrem Tod lebt. L. prägt das Bild der schwedischen Literatur vom Fin de siècle bis zu den 30er Jahren des 20. Jh.s Ihr Erbe wird weitergetragen von Autorinnen wie Astrid ↗ Lindgren (geb. 1907) und Kerstin ↗ Ekman (geb. 1933).

Gesammelte Werke. 5 Bde. München 1980. – Lit.: Holm, B.: *S. L. och ursprungets roman*. Stockholm 1984; Edström, V.: *S.L's litterära profil*. Stockholm 1986; Wivel, H.: *Snedronningen*. Kopenhagen 1988; Weber, G. W.: »S.L.'s ›Dramatisches‹ Erzählen«. In: Rising Hintz, G. (Hg.): *Selma Lagerlöf*. Marburg 1990.

Angelika Nix

Lander, Jeannette

Geb. 8. 9. 1931 in New York

»In der Fremde bin ich zu Hause. Nur als Fremde fühle ich mich wohl. Ich genieße die Vorteile des nicht ganz Einzuordnenden. Die Risiken reizen meine Abenteuerlust. Die Unsicherheit ist Freiheit.« – Wie ein roter Faden zieht sich das Thema Fremdheit durch Biographie und Werk der in Berlin lebenden Schriftstellerin jüdisch-amerikanischer Herkunft. In den Texten konstituiert es Strukturen und Schreibweisen und gibt einer Bewegung Raum, die in erster Linie festgeschriebene Identitätskonzepte der Weiblichkeit und des Jüdischen durchkreuzt. Die Rezeption nahm L.s Werk kaum wahr, so daß bis heute nur sehr wenige literaturwissenschaftliche Arbeiten entstanden sind. Bezeichnenderweise sind die frühen Texte vergriffen. Im Feuilleton herrscht eine Tendenz vor, das Werk zu entpolitisieren. Auch in der Frauenbewegung findet L. in den 70er Jahren keine Resonanz, da ihre Protagonistinnen nicht der Forderung nach einer Emanzipationsentwicklung eines autonomen weiblichen Subjekts im Rahmen der »Frauenliteratur« nachkommen und die Auseinandersetzung mit dem Nationalsozialismus erst später in Gang kommt.

L. wächst als Tochter von in die USA eingewanderten polnischen Juden in Atlanta, Georgia, auf. Als Jugendliche publiziert sie erste Gedichte in jiddischer Sprache. Nach ihrer Heirat mit dem deutschen Schriftsteller Joachim Seyppel läßt sie sich 1960 in West-Berlin nieder. In den 50er Jahren erscheinen Kurzgeschichten und Essays in englischer Sprache, später ist L. freie Mitarbeiterin beim Rundfunk. Ab 1966 publiziert sie auf deutsch, beendet im selben Jahr ihre Promotion und wird Mitherausgeberin der Literaturzeitschrift *Diagonale.* 1971 erscheint L.s erster Roman *Ein Sommer in der Woche der Itke K.*, worin das konfliktreiche Heranwachsen eines jüdischen Mädchens in einem Schwarzenviertel in den von Weißen dominierten Südstaaten erzählt wird. Ein Jahr später publiziert sie den Roman *Auf dem Boden der Fremde,* der das Leben einer jungen Jüdin amerikanischer Herkunft in West-Berlin in den 60er Jahren schildert. 1976 erhält L. das Villa-Massimo-Stipendium und gibt den Roman *Die Töchter* heraus. Die Konfrontation mit Kindheitserinnerungen und gegenwärtigen Lebensstrategien auf einer Reise an einen konkreten Ort als mögliche Heimat- und Identitätssuche wird als Illusion entlarvt. Ab 1979 entstehen unter L.s (Ko-)Regie dokumentarische Fernsehfilme. Im Roman *Ich,allein* (1980) nimmt die Autorin Abschied von den Fragen nach der jüdischen Identität und stellt die Problematik der weiblichen Subjektkonzeption in den Mittelpunkt. 1984/85 hält sich die L. in Sri Lanka auf. Der Aufenthalt bildet die Folie ihres 1993 veröffentlichten Romans *Jahrhundert der Herren.* Konstruktionen von Weiblichkeit und Fremde als idealistisch-exotische Wunschprojektionen werden hier zerstört und die Mittäterschaft der Frau in einem komplexen Herrschaftssystem aufgezeigt. Mitte der 80er Jahre wird L. Mitglied des International PEN-Clubs. Wie eine Rückkehr zu den Wurzeln der eigenen jüdischen Herkunft wirkt der 1995 erscheinende Text *Überbleibsel.* Der Kontext der Fremde, worin weibliche Existenzformen vielschichtigen Mechanismen der Ausgrenzung unterliegen, aber zugleich auch eine geschärfte Wahrnehmung und Handlungsfähigkeit aufweisen, bleibt Thema in der Erzählung *Eine unterbrochene Reise* (1996).

Lit.: Adelson, L. A.: *Making Bodies, Making History.* Lincoln and London 1993; Dies.: »There's No Place Like Home: J. L. and Ronnith Neumann's Utopian Quests for Jewish Identity in the Contemporary West German Context«. In: *New German Critique* 50 (1990), S. 113–134.

Katja Schubert

Lange-Müller, Katja
Geb. 13. 2. 1951 in Berlin

»Ich bin nicht ins Exil, ich bin in die Therapie gegangen«, antwortet sie auf die Frage nach ihrer Entscheidung für die Ausreise aus der DDR 1984 und verweigert damit die große politische Geste. Bereits mit 16 wegen »unsozialistischen Verhaltens« von der Schule geworfen, war schon ihr Eintritt ins Erwachsenenleben begleitet von Brüchen – u. a. mit der Funktionärsmutter Inge Lange – und vom Kampf um Selbstbehauptung. Nach einer Ausbildung als Handsetzerin arbeitete sie als Setzerin, Umbruch- und Bildredakteurin, später sechs Jahre als Hilfspflegerin und Maltherapeutin auf geschlossenen psychiatrischen Frauen-Stationen. Der Frage nach der ›literarischen Heimat‹ begegnet die Autorin mit der ironischen Formel: »Meine literarische Heimat bin ich selber, die unabhängige autonome Republik Katja Lange-Müller. Ich bin mein einziger Einwohner, mein Präsident, meine Nationalflagge.« Der Gretchenfrage nach ihrer Stellung zum Feminismus entzieht sie sich wie die überwiegende Mehrheit der Autorinnen aus der DDR, ohne damit zugleich Fragen nach geschlechtsspezifischen Erfahrungen und Perspektiven aufzugeben.

Sowohl für die Kurz-Prosa – wie z. B. *Wehleid – wie im Leben* (1986) – als auch für die längeren Erzählungen – z. B. *Kasper Mauser – die Feigheit vorm Freund* (1988) – sind Lakonismen und Konzentration charakteristisch, große Worte werden gescheut, Schlüsselerlebnisse auf die Alltagsebene heruntergeholt. Bereits die ersten, in der DDR nur in der inoffiziell publizierten Berliner Zeitschrift *Mikado 2/3* (1984) zu lesenden Texte entfalten dabei zugleich eine skurril-unwirkliche Welt. Ganz und gar unheldische Durchschnittstypen geraten in absurde Situationen. In der von Sascha Anderson und Elke ↗ Erb zusammengestellten Anthologie *Berührung ist nur eine Randerscheinung* von 1985, die in der DDR nie erscheinen konnte, gehörten Texte von L.-M. zu den wenigen ironisch-komischen. Auf unterschiedlichen Ebenen arbeitet die Autorin mit Mitteln der Verrückung, vermischt Vulgär- und Hochsprache, stellt Vokabeln aus Fachsprachen oder Politikerjargon in einen fremden stilistischen Kontext. L.-M.s Prosatexte fallen innerhalb der jüngeren Autor/innengeneration (zu der u. a. Gabriele Stötzer-Kachold, Barbara Köhler, Heike Willingham, Annett Gröschner gehören) auf, weil deren komischer bis sarkastischer Erzählgestus kommunikativ ist, eben nicht hermetisch wie viele aus dem Umfeld dieser DDR-»Szeneliteratur«. Das heißt nicht, jeder ihrer Texte sei sofort entschlüsselbar. L.-M.s Prosa steckt voller surrealistisch-phantastischer Bilder, dadaistischer Wortspiele und rätselhafter Vergleiche. Es entsteht eine Welt voll verrückter Gestalten, häufig weiblichen Geschlechts: Außenseiter/innen, Trinker/innen; der verlassenen Kranken, der einsamen Alten, den Randfiguren der Gesellschaft gilt die Aufmerksamkeit. Kneipen, Hinterhöfe und Friedhöfe sind über viele Jahre hinweg wichtige Handlungsorte der skurrilen Geschichten. Genaue Beschreibung des jeweiligen Mikroklimas einschließlich der typischen Rituale und Gesten, treffende Sprachporträts verraten Kenntnis des Milieus und eine fast liebevoll zu nennende Stellung der Autorin zu ihren Figuren. Neben Außenseitern sind viele von der Autorin entworfene Figuren mittelmäßige Normalbürger, wie in dem mit dem Döblinpreis ausgezeichneten Band *Verfrühte Tierliebe* (1995). Dies, so die Autorin, sei »eine Erzählung in zwei Teilen über die Eskalation des Widerstands gegen die Macht, der aus einem gescheiterten Opportunismus kommt«. Die Auseinandersetzung um DDR-Vergangenheit, um »richtige« und »falsche« Erinnerung, wird unaufgeregt auf eine konkrete Ebene geholt, die es ermöglicht, die Kategorien Macht und Alltagserfahrung in einen Zusammenhang zu bringen.

Lit.: Dahlke, B.: *Papierboot. Autorinnen aus der DDR – inoffiziell publiziert.* Würzburg 1997.

Birgit Dahlke

Langgässer, Elisabeth

Geb. 23. 2. 1899 in Alzey; gest. 25. 7. 1950 in Rheinzabern

Während der unmittelbaren Nachkriegszeit galt Elisabeth Langgässer als eine der wichtigsten Schriftstellerinnen von Rang in Deutschland. Ihr literarisches Œuvre verarbeitete vor allem Motive des Katholizismus, der griechischen Mythologie und keltische Elemente, in ihren späteren Werken finden sich jedoch zunehmend auch jüdische Themen. Ihre Romane orientierten sich u. a. an der französischen Erneuerungsbewegung des Renouveau catholique um Autoren wie Paul Claudel und George Bernanos, während ihr Gedichtwerk stark von der ›Naturlyrik‹ u. a. Wilhelm Lehmanns und Oskar Loerkes geprägt war. 1950 erhielt sie posthum den Büchner-Preis.

1920 erschienen L.s Gedichte erstmals in der Paderborner Monatszeitschrift *Das heilige Feuer*, der Lyrikband *Der Wendekreis des Lammes* wurde 1924 publiziert. Für ihr Romandebüt *Proserpina* erhielt sie 1932 den Preis der deutschen Staatsbürgerinnen, der erste Erzählband *Das Triptychon des Teufels* erschien im selben Jahr. Der gemeinsam mit Ina Seidel 1933 herausgegebene Band *Herz zum Hafen. Frauengedichte der Gegenwart* enthielt unter anderem Texte der von den Nationalsozialisten verfemten jüdischen Dichterinnen Else ↗ Lasker-Schüler und Gertrud ↗ Kolmar. Die eigene, väterlicherseits jüdische Herkunft konnte die politisch eher national-konservative L. in den ersten Jahren der NS-Diktatur verbergen. Ihre Haltung gegenüber dem Nationalsozialismus muß zumindest anfänglich als positiv, wenn auch von zunehmender Kritik geprägt, bezeichnet werden. Noch 1935 veröffentlichte sie ihre *Tierkreisgedichte* sowie Anfang 1936 den Roman *Der gang durch das ried*. Nur zwei Monate später wurde L. jedoch aufgrund der Nürnberger Gesetze aus der Reichsschrifttumskammer ausgeschlossen und ihr Werk verboten. Kurz vor dem ›Anschluß‹ erschien noch der Erzählband *Rettung am Rhein* in Österreich, der während der NS-Zeit geschriebene Roman *Das unauslöschliche Siegel* konnte jedoch erst 1946 an die Öffentlichkeit gelangen. Der Roman wurde in mehrere Sprachen übersetzt und verhalf L., die als eine der wenigen vom Nationalsozialismus unkompromittierten Autoren in Deutschland galt, praktisch über Nacht zum Weltruhm. In den folgenden Jahren wurde L. auch als Lyrikerin und Autorin von Erzählungen, Hörspielen und journalistischen Arbeiten einem breiteren Publikum bekannt. Der letzte Roman, *Märkische Argonautenfahrt*, erschien wenige Wochen vor ihrem Tod durch multiple Sklerose, deren erste Schübe 1942 und während der Zwangsarbeit 1944 aufgetreten waren.

Obwohl L. bisher zu Recht vorrangig als katholische Autorin rezipiert wurde, findet sich insbesondere in ihrem Romanwerk seit 1936 eine allerdings oftmals stereotype Behandlung jüdischer Themenkomplexe. Als eine der wenigen Autorinnen thematisierte sie im unmittelbaren Nachkriegsdeutschland die Shoah. Ihrer in der *Märkischen Argonautenfahrt* intendierten Kritik am Nationalsozialismus stand jedoch die katholisch-mystische Darstellung von Auschwitz als »Pforte zur Seligkeit« gegenüber, durch die der Roman die deutschen Verbrechen eher entlastete als anklagte. Die 1984 aus dem Schwedischen ins Deutsche übertragene Autobiographie von L.s Tochter Cordelia Edvardson, *Gebranntes Kind sucht das Feuer*, bewirkte eine neue Rezeption der nahezu in Vergessenheit geratenen L. auch in Hinblick auf die jüdischen Aspekte in ihrem Leben und Werk. Das in der unmittelbaren Nachkriegszeit vorherrschende öffentliche Bild der vom Nationalsozialismus unbelasteten Autorin erfährt seit Mitte der 80er Jahre eine zunehmende Verschiebung. Dazu führten nicht nur neuere Studien über L.s Haltung zum Nationalsozialismus sowie zum Judentum, sondern insbesondere die unberechtigte Unterstellung einer Mitschuld L.s an der Deportation der Tochter Cordelia nach Auschwitz. Im Mittelpunkt der gegenwärtigen Rezeption steht die Mutter-Tochter-Konstellation auch wegen ihrer intertextuellen Dimension. So verarbeitete L. in der *Märkischen Argonautenfahrt* die 1948 von der Tochter schriftlich fixierten Erinnerungen an Auschwitz, während Cordelia Edvardsons Veröffentlichungen als später Versuch eines äußerst schmerzhaften Dialoges mit der »geliebte[n], gehaßte[n] Mutter« gelesen werden können.

Gesammelte Werke. 5 Bde. Hamburg 1959–1964. – Lit.: Hetman, F.: *Schlafe, meine Rose. Die Lebensgeschichte der E.L.* Weinheim/Basel 1986; Hoffmann, E.: »Jüdin – Deutsche – Katholikin. Fragen nach der Identität am Beispiel von E.L. und Cordelia Edvardson«. In: Dick, J./Hahn, B. (Hgg.): *Von einer Welt in die andere. Jüdinnen im 19. und 20. Jahrhundert.* Wien 1993; Gelbin, C.: *The Indelible Seal: Race, Hybridity and Identity in E.L.'s Writings.* Diss. Cornell University 1997.

Cathy Gelbin

Langner, Ilse

Geb. 21. 5. 1899 in Breslau; gest. 17. 1. 1987 in Darmstadt

»Wenn ich einen Marsch höre, erschrickt etwas in mir noch heute, und ich möchte weit weggehen«, schrieb L. 1964, fünfzig Jahre nach dem Ausbruch des Ersten Weltkrieges, der für sie zur prägenden Erfahrung wurde. 1899 in einem intellektuellen Elternhaus in Breslau geboren, veröffentlichte sie bereits als Schülerin Gedichte und Prosastücke. Über Nacht wurde sie jedoch erst mit ihrem Antikriegsstück *Frau Emma kämpft im Hinterland* (1929) berühmt, das nicht das Fronterlebnis der Männer, sondern die Erfahrungen der Frauen an der sogenannten Heimatfront thematisierte. Fortan gehörte sie neben Marieluise ↗ Fleißer, Anna Gmeyner, Eleonore Kalkowska, Christa Winsloe, Berta Lask, Hilde Rubinstein und Marie Lazar zu den Dramatikerinnen, die mit ihren sozialkritischen Zeitstücken die Bühnen der Weimarer Republik eroberten. Mit dem Stück *Katharina Henschke* (1930) schaltete sich L. in die Diskussion um den § 218 ein, mit *Die Heilige aus den USA* (1931) setzte sie sich kritisch mit der Sektengründerin Mary Baker Edy auseinander. Die Aufführung ihrer Komödie *Die Amazonen* (1933), einer satirischen Auseinandersetzung mit der Emanzipation, wurde von den Nazis verboten. Zusammen mit ihrem Mann, dem Fabrikanten Werner Siebert, den sie 1929 geheiratet hatte und mit dem sie bis zu dessen Tod 1954 zusammenlebte, blieb sie zwar in Deutschland, hielt sich aber monatelang auf Reisen, vor allem in Asien, auf. Ihr Reisebericht *Die purpurne Stadt* (1937) wurde kurz nach Erscheinen verboten. Fortan schrieb L. für die Schublade und wandte sich wie andere Autoren ihrer Zeit der Antike zu (*Klytämnestra, Dido, Iphigenie kehrt heim*).

Nach 1945 versuchte sie, sich wieder mit kritischen Zeitstücken in die Diskussion einzumischen. Ihr Drama *Heimkehr* (1949) verarbeitete die Erfahrungen des Krieges und des Zusammenbruchs und *Cornelia Kungström* (1955) beschäftigte sich mit der gesellschaftlichen Verantwortung des Wissenschaftlers. An den Erfolg vor 1933 konnte sie jedoch mit keinem ihrer zahlreichen Dramen anknüpfen, an denen sie bis zu ihrem Tod 1987, unbeirrt von der fehlenden öffentlichen Resonanz, arbeitete. Auch ihren Prosatexten, in denen sie ihre Reise- und Auslandserfahrungen verarbeitete (*Chinesisches Tagebuch*, 1960; *Japanisches Tagebuch*, 1961) oder sich engagiert mit der Zeitgeschichte auseinandersetzte, wie zum Beispiel in dem Roman *Zyklopen* (1960) mit der Frage der Atomkraft, blieb der große Erfolg versagt. Ihr umfangreicher dichterischer Nachlaß in Marbach wartet noch immer auf kundige Erschließung.

Dramen I und II. Würzburg 1983 ff.; *Mein Thema und mein Echo.* Hg. E. Johann. Darmstadt 1979.

Inge Stephan

La Roche, Sophie von

Geb. 6. 12. 1730 in Kaufbeuren; gest. 18. 2. 1807 in Speyer

Die Geschichte des Fräuleins von Sternheim, 1771 anonym erschienen und mit einem Vorwort von Wieland versehen, wurde noch vor dem *Werther* (1774) zum Kultbuch einer Epoche, deren neue Schlagworte Natürlichkeit, Empfindsamkeit und Subjektivität waren. Der Roman begeisterte eine ganze Generation von jungen Autoren wie Goethe und Lenz und wurde zum Vorbild für ihr Schreiben. Die Autorin war Sophie La Roche, eine bei Erscheinen des Buches bereits einundvierzigjährige Dame der Gesellschaft, die von Herkunft, Ausbildung und Lebensführung so gar nicht dem Typus der empfindsamen Frau entsprach, nach deren Muster sie ihre Heldin Sophie Sternheim entworfen hatte.

1780, als erstes Kind des renommierten, später geadelten Gynäkologen Gutermann geboren, erhielt sie eine außergewöhnlich sorgfältige Erziehung durch den Vater. Trotz der intensiven Förderung der begabten Tochter achtete der Vater darauf, daß aus seiner Tochter weder ein Wunderkind wie Dorothea Schlözer (1770–1825), noch eine gelehrte Frau wie Ernestine Christine Reiske (1735–1798) wurde. Ohne auf die Wünsche der Tochter nach intensiver wissenschaftlicher und künstlerischer Ausbildung Rücksicht zu nehmen, drängte er auf eine frühe und standesgemäße Heirat. Eine erste offizielle, vom Vater arrangierte Verlobung mit dem italienischen Arzt Bianconi (1746) ging ebenso in die Brüche, wie die inoffizielle, von Sophie aktiv betriebene Verlobung mit ihrem Cousin Wieland (1750). Für Wieland bedeutete die Freundschaft mit der Cousine nach eigenem Eingeständnis den Beginn seiner dichterischen Laufbahn, in Sophie wurden durch die Beziehung zu Wieland ihre literarischen Interessen und ihr literarischer Ehrgeiz geweckt, ohne daß diese jedoch zunächst eine Befriedigung finden konnten. 1753 heiratete sie den Hofrat La Roche und führte mit ihm eine, wenn auch nicht sonderlich glückliche, so doch fast dreißig Jahre währende skandalfreie Ehe, in der acht Kinder geboren wurden. Als Mutter einer großen Kinderschar und als Ehefrau eines angesehenen Diplomaten im Dienste des Grafen Stadion hatte sie vielfältige familiäre und gesellschaftliche Verpflichtungen zu erfüllen, die ihr kaum Zeit für das Schreiben ließen. Erst nachdem die Kinder größer waren, vor allem aber nach dem Tod ihres Mannes (1788), konnte sie sich ganz darauf konzentrieren.

Bis zu ihrem Tod entstand ein umfangreiches erzählerisches Werk, mit dem sie sich erfolgreich auf dem Markt behaupten konnte. Ihre *Moralischen Erzählungen* (1783), ihre *Briefe an Lina* (1785), ihre Reisebücher (*Journal einer Reise durch Frankreich*, 1787; *Tagebuch einer Reise durch Holland und England*, 1788) fanden ebenso begeisterte Leser/innen, wie ihre *Pomona für Teutschlands Töchter* (1783/84), die erste von einer Frau herausgegebene Zeitschrift für Frauen in Deutschland. Auch wenn sie mit ihrem späten Roman *Erscheinungen am See Oneida* (1798) – einem utopischen Entwurf gegen die revolutionären Umwälzungen ihrer Zeit – und ihrer autobiographisch geprägten Prosa *Mein Schreibetisch* (1799) und *Melusines Sommerabende*

(1806) an den Erfolg ihres ersten Romans nicht wieder anknüpfen konnte, so war sie doch eine anerkannte Autorin, die nachfolgenden Generationen von schreibenden Frauen den Weg bahnte, weil sie allein durch ihr Beispiel zeigte, daß Autorschaft nicht notwendig an das männliche Geschlecht gebunden sein mußte. – Der Erfolg hatte jedoch auch seine Schattenseiten. Um die Provokation abzumildern, die eine erfolgreich schreibende Frau im Diskurs der damaligen Zeit darstellte, sah sich R. zu Kompromissen genötigt; sie stilisierte sich nach dem Bild ihrer Sternheim, als die sie die Kritik gern sehen wollte, sie spielte die eigene Intellektualität geschickt hinunter (»Ich bin mehr Herz als Kopf«). und sie vertrat in ihren Texten ein Frauenbild, das die herrschende Norm niemals direkt in Frage stellte. Ob, und wenn ja, wieweit sie indirekt die gängigen Frauenbilder unterlief, oder aber ob sie die herrschenden Geschlechternormen nicht vielmehr durch ihre Texte stabilisierte, gehört zu den Streitpunkten der La Roche-Forschung, die durch die feministische Literaturwissenschaft nach 1970 einen entscheidenden Auftrieb erhalten hat. R. wurde zum Paradigma für die Paradoxien weiblicher Autorschaft im 18. Jh.

Lit.: Loster-Schneider, G.: *S. L. R. Paradoxien weiblichen Schreibens im 18. Jahrhundert.* Tübingen 1995; Vorderstemann, J.: *S. von L. R. Eine Bibliographie.* Mainz 1995.

Inge Stephan

Lasker-Schüler, Else

Geb. 11. 2. 1869 in Wuppertal-Elberfeld; gest. 22. 1. 1945 in Jerusalem

»Ich bin die letzte Nuance von Verlassenheit, es kommt nichts mehr danach«, schrieb L.-S. 1912 in ihrem *Liebesroman mit Bildern und wirklich lebenden Menschen,* den sie ihrem zweiten Mann Herwarth Walden (alias Georg Levin) im Jahr ihrer Trennung unter dem Titel *Mein Herz* widmete. Zwei Jahrzehnte später sollte dieser Satz als literarisches Todesurteil eisige Wirklichkeit werden. Ihre Werke verbrannten wie die vieler bedeutender Schriftsteller 1933 auf dem Scheiterhaufen in Berlin. Die Chiffre Herz, mit der sie in diesem Roman die frühexpressionistischen Klänge resolut überzeichnet, durchzieht das Gesamtwerk. Sie zentriert noch ihre letzten Gedichte aus der 1943 in Jerusalem erschienenen Sammlung *Mein blaues Klavier.* Der in Briefen verfaßte Roman *Mein Herz* (1912) ruft die Topographie der Kunstmetropole Berlin und seiner Bohème – u. a. mit Werfel, Trakl, Kraus – auf. In ihm artikuliert sich jenes Moment autobiographischer Fremde und Unrast der Dichterin, von dem auch die expressive Sprache und bunte Motivik sämtlicher Texte durchdrungen ist. Über die Fixierung eines Selbstporträts der Autorin als künstlerisches Ich wird der Euphorie zur Kunsterneuerung und zum radikalen Bruch mit der bürgerlichen Lebensweise Ausdruck verliehen.

L.-S. stammt aus bürgerlicher Familie, in der die Traditionen jüdischer Religiosität gepflegt wurden. Ab 1912 gehört sie als charismatische Dichterin und Zeichnerin, aber auch Kunstkennerin den Berliner Künstlerkreisen an. Mit energischer

Stimme, unter Verwendung alttestamentarischer Motive sowie dem Orientalischen und der Kabbala entlehnter Themen prägt sie die Berliner Kunstszene um den Kurfürstendamm. Im Spiel von Verwandlung und Identifikation verbindet sie in emanzipatorischer Weise Kunst und Leben. »Kalt« und »unerquicklich« nennt sie diese Stadt, in die sie 1894 zusammen mit ihrem ersten Mann, dem Arzt Berthold Lasker (Scheidung 1903), gekommen war. Neben den Expressionisten Kokoschka und Schmidt-Rottluff war sie unter den Künstlern der modernen Malerei F. Marc am anverwandtesten, den sie u.a. ihren »Halbbruder Ruben« nannte. Einige ihrer unverwechselbaren Porträts sind in *Gesichte* aus dem Jahr 1913 nachzulesen. Zwischen Marc und L.-S. entspann sich eine künstlerische Zwiesprache, die in *Der Blaue Reiter präsentiert Eurer Hoheit sein Blaues Pferd* (Katalog, 1987) dokumentiert ist. *Der Malik. Eine Kaisergeschichte* (1919) setzt in 55 Briefen und einer »Krönungsrede« dieses Zwiegespräch zwischen gleichgesinnten Künstlern in maßloser Verzweiflung fort. Die Chiffre Herz regiert im Schmerz auch diesen Text; so bittet sie den 1916 bei Verdun Gefallenen, ihren »Messias aller Tiere der bräutlichen Haine«: »Du Franz, mal' mir einen grünen Hammel. So was Ausgefallenes gibt es gar nicht mehr, außer ich.« Einem Gedächtnisort gleich wird in diesem Buch auf eine vergangene Gesprächsstruktur rekurriert.

In das Jahr 1912 der spielerisch verstellten, vieldimensionalen Vita L.-S.s fällt auch die Begegnung mit dem »hehre(n) König Giselheer«, wie sie den Dichter und Geliebten Gottfried Benn nennt. Ihm tritt sie als Prinz Jussuf von Theben, dem Herrscher im Reich der neuen Kunst, selbstbewußt entgegen. Ihrem Dialog in Gedichten ist die historische Präsenz zweier unvereinbarer Welten bereits immanent. Bis zu jenem Jahr 1912 waren von L.-S. die Gedichtbände *Styx* (1902) und *Der siebente Tag* (1905) erschienen, weiterhin das ihrem Freund und Förderer Peter Hille gewidmete *Hille-Buch* (1906), dem sie ihr erstes künstlerisches Ich – »Prinzessin Tino von Bagdad« – verdankt. 1908 beendet sie *Die Wupper*, ein Schauspiel, das erst 1919 im Deutschen Theater Berlin uraufgeführt wird. Diese seit der Jahrhundertwende währende produktive Schaffensphase der Dichterin – 1911 erscheinen die Sammlung *Meine Wunder*, 1913 die *Hebräische(n) Balladen*, die sie Karl Kraus widmete – findet zwischen 1919–1920 mit der bei Paul Cassirer publizierten zehnbändigen Werkausgabe eine öffentliche Bestätigung. Den Verleger Cassirer wird sie bald darauf in ihrer Anklageschrift *Ich räume auf!* (1925) jenen Menschen nennen, »der sich die Knospe im Blute selbst abtötete aus Liebe zum Geschäft«. Die öffentlich ihre Armut preisgebende Dichterin stellt darin die Frage: »Was sind diese Verleger eigentlich für Leute?« und rechnet in furchtloser und den Buchmarkt karikierender Weise mit den marktwirtschaftlichen Interessen der Verleger ab: »Denn ich will aufräumen für mich und für alle Dichter aller Künste.« – 1927 stirbt L.-S.s Sohn Paul im Alter von 28 Jahren an Tuberkulose – eine Zäsur, die ihr künftiges Leben und Werk überschattet. Obgleich ihr 1932 mit der Verleihung des Kleistpreises eine Öffentlichkeit zuteil wird, muß sie 1933 in die Schweiz emigrieren. Seit 1939 lebt sie in Palästina, wo sowohl ihre letzte Gedichtsammlung *Mein blaues Klavier* als auch das als Fragment im Nachlaß erhaltene faustische Schauspiel *IchundIch* entstehen. – Nach ihrem Tod auf dem Ölberg in Jerusalem begraben, ist ihr Grab später beim Bau einer Straße zerstört worden.

Werke. 3 Bde. Hg. F. Kemp. Frankfurt/M. 1996; *Sämtliche Gedichte*. Hg. F. Kemp. München 1984. – Lit.: Bauschinger, S.: *E. L.-Sch. Ihr Werk und ihre Zeit*. Heidelberg 1980; *Text und Kritik: E. L.-Sch.* H. 122. IV/94; Sanders-Brahms, H.: *G. Benn und E. L.-Sch. Giselheer und Prinz Jussuf*. Berlin 1997.

Carola Opitz-Wiemers

Laurence, Margaret (eigtl. Jean Margaret Wemyss)

Geb. 18. 7. 1926 in Neepawa/Manitoba; gest. 1987 in Lakefield/ Ontario

»I wrote books & did raise my kids. But what I mostly did was write books. *Why?* I no longer know. I always thought I had to do that – it was *important.*« Dieser monumentale Drang zum Schreiben hat Laurence zu einer der bedeutendsten kanadischen Autorinnen gemacht. Sie absolvierte das United College in Winnipeg and arbeitete danach als Reporterin für den *Winnipeg Citizen*. 1947 heiratet sie den Ingenieur Jack Laurence, mit dem sie zuerst nach England and dann nach Somalia and Ghana geht, wo sie zu schreiben beginnt. In A *Tree for Poverty: Somali Poetry and Prose* (1954) übersetzt sie zunächst somalische Literatur. Ihr erster Roman *This Side Jordan* erscheint 1960, ihre erste Kurzgeschichtensammlung *The Tomorrow-Tamer* 1963. Beide schildern, ebenso wie ihre Reisememoiren *The Prophet's Camel Bell* (1963), L.s Erfahrungen in Afrika. 1962, nach der Trennung von ihrem Mann, zieht sie mit ihren zwei Kindern nach England, wo sie ihren aus 5 Büchern bestehenden Manawaka-Zyklus beginnt, der ihren heutigen internationalen Ruhm begründet.

Manawaka, modelliert nach L.s Geburtsort, ist eine fiktive, den Geist der kanadischen *Prairies* verkörpernde Kleinstadt. Mit dem ersten Roman des Zyklus, *The Stone Angel*, 1964 (*Der steinerne Engel*, 1988) für den sie den Governor General's Award erhielt, hat L. in der widerborstigen, 90jährigen Hagar Shipley eine der größten kanadischen Romanfiguren geschaffen. Alle Protagonistinnen der Manawaka-Romane kämpfen gegen familiäre Pflichten und soziale Normen um ihr Recht auf Selbstentfaltung – so auch die Protagonistin in *The Jest of God*, 1966 (1968 verfilmt von Warner Bros. als *Rachel, Rachel*) und in *The Fire-Dwellers* (1969). Manawaka ist dabei ein Ort, dem sie physisch entfliehen müssen, mental aber nicht entkommen können, weil dort die Wurzeln ihrer Identität liegen. 1970 erscheint *A Bird in the House* (*Ein Vogel im Haus*, 1992), eine Kurzgeschichtensammlung, die 10 Jahre im Leben der in Manawaka heranwachsenden Vanessa Mac Leod schildert und als das am stärksten autobiographisch beeinflußte Werk gilt. Der letzte Roman des Zyklus, *The Diviners* (1974), der ihr den zweiten Governor General's Award einbringt, ist ihr komplexestes Buch, das noch einmal alle in den anderen Romanen aufgeworfenen Fragen diskutiert. Neben der Suche nach persönlicher Identität geht es v. a. auch um die Suche nach nationaler Identität, so daß *The Diviners* als L.s internationalster und zugleich kanadischster Roman angesehen wird.

L. publizierte einige Kinderbücher, *Jason's Quest* (1970), *Six Darn Cows* (1979), *The Olden Days Coat* (1979) and *The Christmas Birthday Story* (1980) sowie Essays, *Long Drums and Cannons: Nigerian Dramatists and Novelists* 1952–1966 (1968), *Heart of a Stranger* (1976); ihre Memoiren *Dance on the Earth* wurden 1989 posthum veröffentlicht. Doch ihr Ruhm gründet sich v. a. darauf, daß sie als erste kanadische

Schriftstellerin, die auch international Anerkennung erlangte, den Weg ebnete für eine neue Generation kanadischer Autorinnen wie Margaret ↗ Atwood (geb. 1939), Jane Rule (geb. 1931), Marion Engel (1933–85), Audrey Thomas (geb. 1935) und Margaret Gibson (geb. 1948). Als 1986 Lungenkrebs im Endstadium diagnostiziert wird und sie danach durch einen Sturz mit mehreren Beinbrüchen auf die Hilfe anderer angewiesen ist, setzt sie ihrem Leben 1987 ein Ende. So hat sie sich, wie ihre Protagonistinnen, das Recht auf Autonomie bis zuletzt erhalten.

Lit.: Thomas, C.: *The Manawaka World of M. L.* Toronto 1975; Woodcock, G.: *A Place to Stand on.* Edmonton 1983; *Journal of Canadian Studies* 13 (Fall 1978) Sonderausg. zu M. L.; King, J.: *The Life of M. L.* Toronto 1997.

Caroline Rosenthal

Lavant, Christine (eigtl. C. Thonhauser)

Geb. 4. 7. 1915 in Großedling im Lavanttal/Kärnten; gest. 7. 6. 1973 in St. Stefan

»Ich will vom Leiden endlich alles wissen!/ Zerschlag den Glassturz der Ergebenheit/ und nimm den Schatten meines Engels fort./ Dort will ich hin, wo deine Hand verdorrt,/ ins Hirn der Irren, in die Grausamkeit/ verkümmerter Herzen, die vom Zorn gebissen/ sich selbst zerfetzen, um die tolle Wut/ hineinzustreuen in das Blut der Welt.« – In diesem Gedichtanfang (aus dem Band *Spindel im Mond,* 1959) finden sich zahlreiche Elemente, die L.s Lyrik so einzigartig machen. Besonders auffallend ist die Aggressivität, mit der ein Ich sich dem göttlichen Du – in Form zorniger Gebete – entgegenstellt. Sich nicht passiv dem Leiden zu ergeben, sondern alles wissen zu wollen, erfordert, ohne Schutz auf den Grund eines zerstörerischen Schmerzes zu gehen. Ein weiteres Element ist die einerseits wütende und andererseits sich auflösende Körperlichkeit. Sie läßt sich zunächst auf L.s eigene Leiden zurückführen: Taubheit auf einem Ohr, eingeschränkte Sehkraft, entstellende Vernarbungen aufgrund von Skrofulose – Folgen einer von schweren Krankheiten und großer Armut gekennzeichneten Kindheit. Die daraus resultierende Isoliertheit einer Außenseiterin und deren Rückkoppelung ins eigene Innere reflektiert L. in der Erzählung »Das Kind« (1948). Ein ängstliches, von den anderen abgelehntes Kind im Krankenhaus setzt der fremden Umgebung seine eigene Weltinterpretation entgegen, und in eigensinnig verschobener Wahrnehmung wird die Suche nach einem Sinnzusammenhang gezeigt – aus der Position des Nicht-Wissenden, Nicht-Funktionierenden. Ein Orientierungsversuch des Fremdlings ist die allgegenwärtige christliche Ordnung, deren Deutungsmustern, v. a. denen um Sünde und Schuld, das Kind alle Fragen und Ängste unterstellt und deren Macht und Absurdität durch die Kinderperspektive sichtbar werden. In ähnlicher Weise wird die Konfrontation eigener Wahrnehmung und herrschender Diskurse in der Erzählung »Maria Katharina« geschildert (in *Nell,* 1969). Während

L.s Prosa aber recht unbekannt bleibt, wird sie als Lyrikerin anerkannt und u.a. 1970 mit dem Großen Österreichischen Staatspreis ausgezeichnet.

Die hermetisch wirkenden Gedichte sind gekennzeichnet durch Intensität und Strenge der Wahrnehmung und der Gestaltung, die wohl auch in L.s dauernder Auseinandersetzung mit dem »Kerker« des eigenen Körpers gründen. Über biographische Bedingungen hinaus ist die konkrete Körperlichkeit eine Konsequenz der starken Bildhaftigkeit, durch die Verzweiflung, Bitterkeit und Schmerz plastisch zum Ausdruck kommen. Häufig gehen wortgewaltige Metaphern vom Körper aus, ebenso biblische und märchenhafte Bilder, klangmagische Zaubersprüche, verfremdete Redensarten. Die Ebenen der Bildhaftigkeit und der Wirklichkeit sind vielfach verschränkt, nicht, um die Wirklichkeit zu verbrämen, sondern um sie darin präziser zu erkennen: »Kauf uns ein Körnchen Wirklichkeit!/ Wir könnten doch endlich auch Schwarzbrot essen/ statt eingezuckerte Engel.« (Gedichtanfang aus *Der Pfauenschrei*, 1962). Weder Sprache noch Körper werden ganz belassen, und die absplitternden Teile führen ein Eigenleben, das zu Härte und Fremdheit sich selbst gegenüber führt: »Ich hör mein Herz die Gnade Gottes loben,/ das dringt wie Bellen mir durch Mark und Bein.« (aus *Die Bettlerschale*, 1956). Diese Zerrissenheit in erlösendes Gottvertrauen einerseits und ironische Distanz zur universellen Gnade andererseits dynamisiert L.s religiöse Gedichte, die nicht erbaulich sind. Zornig und ketzerisch gehen sie gegen einen alttestamentarischen Gott an, der als »Werwolf« oder »ein echter Quäler« bezeichnet wird, und formulieren eben darin die Hoffnung auf den Erlöser. Es ist das naturlyrische Element schlechthin, nämlich der Mond, der in L.s Gedichten allerdings nicht als kulturell codiertes Symbol fungiert, sondern der in unterschiedlichen Kontexten – Bild, Metapher, Teil eines Neologismus – als widersprüchlich und dadurch als verlebendigtes Subjekt erscheint. Mit ihren Schreibverfahren, die die unauflöslichen Widersprüche in die Sprache hinein reflektieren, hat L. – trotz strengen Katholizismus, trotz Einschränkungen durch Krankheiten und nur seltenen Austausches mit Künstler/innen und Intellektuellen (Briefwechsel z.B. mit Hilde ↗ Domin) – sich in die Moderne eingeschrieben. Anders als die ebenfalls aus Kärnten stammende ↗ Bachmann, mit deren Leistung als Lyrikerin L. oft verglichen wird, hat sie die engen Grenzen der Provinz kaum verlassen. Sie hat sie aber nach innen gesprengt, hin zu unglaublichem sprachlichem Reichtum, auch wenn sie in einem Brief formuliert: »Überhaupt ist mir das Dichten so peinlich. Es ist schamlos [...] Kunst wie meine ist nur verstümmeltes Leben, eine Sünde wider den Geist, unverzeihbar.« Während der letzten 10 Jahre ihres Lebens schreibt sie nichts mehr.

Lit.: Lübbe-Grothues, G. (Hg.): *Über C.L. Leseerfahrungen, Interpretationen, Selbstdeutungen.* Salzburg 1984; Rußegger, A./Strutz, J. (Hgg.): *Die Bilderschrift C.L.s. Studien zur Lyrik, Prosa, Rezeption und Übersetzung.* Salzburg/Wien 1995.

Ulrike Vedder

LeGuin, Ursula K(roeber)

Geb. 21. 10. 1929 in Berkeley/Kalifornien

LeGuin ist eine der bedeutendsten U.S.- amerikanischen Autorinnen des Science-Fiction-Romans, der durch sie neue thematische und gestalterische Impulse erfahren hat. Ihre intellektuellen und künstlerischen Interessen wurden maßgeblich durch ihr Elternhaus geprägt. Ihre Mutter, die Schauspielerin Theodora K. Kroeber, und ihr Vater, der einflußreiche Anthropologe Alfred L. Kroeber, ermöglichten ihr eine unbeschwerte Kindheit, in der Bücher unterschiedlichster Thematik von Beginn an eine besondere Bedeutung hatten. Die Arbeit des Vaters weckten ihr Interesse für Anthropologie. Dieses Interesse für fremde Kulturen und Lebensweisen, für Mythen und Legenden, entwickelte sich später zum zentralen thematischen Schwerpunkt ihrer Werke. L. studierte bis 1952 Französisch an der Columbia University. Ein Fulbright-Stipendium ermöglichte ihr einen Forschungsaufenthalt in Frankreich. Dort lernte sie den Historiker Charles LeGuin kennen, den sie noch im selben Jahr heiratete. In den 50er Jahren unterrichte L. an verschiedenen Universitäten Französisch, bevor sie sich in den frühen 60er Jahren als freie Autorin etablierte. Sie schrieb SF-Romane, Fantasy-Geschichten, Kinder- und Jugendbücher mit Elementen beider Genres sowie historische Romane. Ihre Bibliographie umfaßt derzeit mehr als 40 Titel.

Für die 60er und 70er Jahre ist besonders das Engagement der Autorin in der Friedensbewegung sowie in der Frauenbewegung bemerkenswert. Obwohl sie die Handlungen in ihren Romanen in fremde Welten und zukünftige Zeiten verlegt, betont sie ausdrücklich, damit auf besondere Art und Weise gegenwärtige Probleme und Konflikte diskutieren zu wollen. In den Jahren 1966 bis 1974 veröffentlicht sie neben einer Reihe von *fantasy*-Romanen die sechs Werke des *Hainish*-Zyklus, von denen die mit mehreren Preisen ausgezeichneten Bände *The Left Hand of Darkness*, 1969 (*Der Winterplanet*, 1974) und *The Dispossessed*, 1974 (*Planet der Habenichtse*, 1976) die bedeutendsten sind. Alle wesentlichen Merkmale und Besonderheiten ihrer Erzähltechnik sind hier augenfällig: Dem Hier und Heute werden unbekannte Welten, in denen alternative Lebensweisen und Verhaltensmuster ausprobiert werden, gegenübergestellt.

L. verwendet große Sorgfalt auf die vielschichtige Gestaltung ihrer Charaktere. Erzählt wird aus unterschiedlichen, z. T. kontrastierenden Perspektiven, wobei die Geschlechterproblematik, die Kriegsgefahr bzw. das Ringen um einen friedlichen Ausgleich sowie Überlegungen zu einer gerechteren, friedlicheren Gesellschaft den Kern ihrer Werke bilden. L. will nicht dogmatisch sein; sie will keine einfachen Lösungen anbieten, sondern ist auf der Suche nach Antworten. Der Einfluß des Taoismus ist ebenso erkennbar wie Ideen russischer Anarchisten. An der Seite von Marge Piercy (geb. 1936) und Joanna Russ (geb. 1937) wird L. auch als wichtige Vertreterin einer neuen ›Frauenliteratur‹ diskutiert.

Lit.: Orlander. J. D./Greenberg; M.-H. (Hgg.): *Ursula K. LeGuin.* New York 1979; Bucknall, B. J.: *Ursula K. LeGuin.* New York 1981; Spivack. C.: *Ursula K. LeGuin.* Boston, Mass. 1984.

Renate Ulbrich

Lejeune, Claire

Geb. 5. 10. 1926 in Le Havré, Mons/Belgien

Die Autorin beginnt nach einem tiefgehenden Erlebnis 1960 als Autodidaktin mit dem Schreiben: »Im Alter von 33 Jahren hatte ich eine innere Erfahrung, die ich poetische Erfahrung nenne und in der ich mir schlagartig meiner eigenen Existenz bewußt wurde. In dem Moment wurde ich in der Schrift geboren.« Die Liebe zur Poesie und diese ›spirituelle‹ Erfahrung führen sie zur Beschäftigung mit Symbolen, Mythen und der Philosophie, erstmals 1963 in *La gangue et le feu* (Muttergestein und Feuer). Seit dieser Zeit schreibt sie Gedichte und poetische Essays. 1962 gründet sie die Zeitschrift *Cahiers internationaux de Symbolisme,* 1965 die Zeitschrift *Réseaux, revue interdisciplinaire de philosophie morale et politique,* deren Herausgeberin sie seit 1971 ist. In der Photographie entdeckt sie ein analoges Ausdrucksmittel zum Schreiben und stellt ihre ›Photographismen‹, z. T. kombiniert mit Malerei v. a. in Brüssel und Québec aus. 1975 wird sie zu einer Tagung ›La femme et l'écriture‹ (Die Frau und das Schreiben) nach Québec eingeladen, die ihre feministischen und politischen Ideen nachhaltig prägt und gleichzeitig der Auftakt ist für ihre engen Verbindungen zu Schriftsteller/innen des Québec, u.a zu Jean-Guy Pilon (geb. 1930), Madeleine Gagnon (geb. 1938) France Théoret (geb. 1942), Denise Boucher (geb. 1935), Louise Dupré (geb. 1949) und Gaston Miron (1928–1997). An der Universität Québec in Montréal leitet sie 1977 und 1978 Schreibwerkstätten und erhält 1984 eine Auszeichnung für ihr Gesamtwerk, Le Prix Canada-Belgique de Littérature.

Ihr Werk behandelt die Themen Frauen, Politik, Wissenschaft und Philosophie. *Le livre de la sœur* (Das Buch der Schwester) von 1993 und dessen Fortsetzung *Le livre de la mère* (Das Buch der Mutter), das 1998 erscheinen soll, erzählen von Frauen, die sich von der Herrschaft des Patriarchats befreien. Die Beziehung zwischen den Geschlechtern ist auch Gegenstand ihres ersten Theaterstücks: *Ariane et Don Juan* (1997) feierte am 18. Juni 1997 in Paris, im Rahmen des Marché de la Poésie, Premiere. Die Rollen des Don Juan und der Ariane wurden von Franck Dacquin und Monique Dorsel gespielt, Gründerin und Leiterin des Théatre-Poème in Brüssel, das die Autorin regelmäßig besucht. *Ariane et Don Juan* kann als eine Synthese der wichtigsten Ideen L.s betrachtet werden: Mann und Frau können sich dem Geschlechterkampf nicht entziehen, der Weg von der patriarchalen Gesellschaft hin zur postpatriarchalen ›fratrie‹, zu einem Geschwisterdasein, das die Androgynie von Mann und Frau erkennt, kann nur über den ständigen Dialog zwischen männlichem und weiblichem Denken funktionieren. Es wäre jedoch unangemessen, L. als Feministin im strengen Sinne zu bezeichnen. Sie ist in ihren Texten vielmehr auf der Suche nach einer neuen Sprache, ähnlich wie seit den 60er Jahren u. a. die Gruppe Tel Quel, die Strukturalisten und Experimentalisten. Sie glaubt an die ethische und politische Kraft ihrer Poesie. Sie sucht im Schreiben ihren ureigenen Ausdruck und begreift den Akt des Schreibens als Weg der Erkenntnis. Ihre Poesie erfindet nichts, sondern verkörpert ihre erlebten Erfahrungen. Schreiben heißt für sie die Überwindung des Ich um der Begegnung mit dem Anderen willen, nach Arthur Rimbaud (1854-1891): »Je est un autre.« Eine Kultur der Intersubjektivität bedeutet für L. im weitesten Sinn einen Schritt zur Verwirklichung von Demokratie.

Lit.: ›*Autour de C. L.*‹, Textes de Jacques De Decker u. a., *Courrier du Centre international d'Études poétiques* 135–136. Bruxelles 1980; Wouters, L./Miguel, A.: *terre d'écart, Écrivains français de Belgique*. Bruxelles 1980, S. 109–116; Poupart, R.: *Formation de l'être et construction de langage dans l'œuvre de C. L.. Une lecture du prologue du poème ›Elle‹*. In: *Lettres de Belgique. En hommage à R. Frickx*. Köln 1992.

Sylvia Setzkorn

Leonora, Gräfin Christina Ulfeldt

Geb. 8. 7. 1621 auf Schloß Frederiksborg/Dänemark; gest. 16. 3. 1698 im Kloster Maribo/ Dänemark

Als »ein Abenteuer, das einen Roman wert ist« hat L. einmal eines ihrer Erlebnisse bezeichnet und damit ein Motto für ihr Leben und Werk insgesamt geprägt. Sie war nicht im engeren, modernen Sinne Schriftstellerin, sondern eine gebildete, lesende und schreibende Frau, die einen zentralen Platz innerhalb der gesellschaftlichen und politischen Entwicklungen ihrer Zeit einnahm und in ihren Schriften persönliche Erfahrungen ästhetisch reflektierte. Auf diese Weise entstanden die bedeutendsten Prosawerke des 17. Jh.s in Skandinavien. – L. galt als Lieblingstochter des dänischen Monarchen Christian IV., entstammte allerdings einer nicht standesgemäßen Ehe. Nach ihrer Heirat mit dem ehrgeizigen Adligen Corfitz Ulfeldt, der zum ersten Mann im Staat und Stellvertreter des Königs avancierte, stand sie im Zentrum der Macht. Zu dem Nachfolger des Königs, Frederik III., hatten die Ulfeldts jedoch kein gutes Verhältnis und ein dramatischer gesellschaftlicher Niedergang begann – zunächst mit der Anklage, einen Giftmord am Königspaar geplant zu haben. Es folgten Jahre der Intrigen, turbulenten Verwicklungen, Prozesse und Internierungen. Schließlich floh das Ehepaar ins Ausland; Corfitz Ulfeldt starb auf der Flucht, wurde aber wegen Hochverrates in Abwesenheit zum Tode verurteilt, L. wurde festgenommen und 22 Jahre lang im Blauen Turm auf Schloß Christiansborg gefangen gehalten.

Ihr wichtigstes Werk behandelt diese Inhaftierung. *Jammers Minde*, (Leidensgedächtnis, ca. 1693/1960) gibt in aller Bescheidenheit vor, eine an die Kinder gerichtete, private Rechtfertigungsschrift zu sein, hat jedoch durchaus öffentlichen Anspruch und politische Relevanz, aber vor allem ästhetische und gattungsgeschichtliche Bedeutung. Ein (moralisches oder juristisches) Urteil über Schuld und Unschuld der Erzählerin läßt sich aus dem bewußt zur »*Leidenden* Christin«

stilisierten Selbstporträt nicht ableiten, wohl aber lassen sich verschiedene erzählerische Strategien beobachten, die die Selbstdarstellung als treue und unbeugsame Frau rhetorisch konstituieren. Der oft gelobte realistische Stil der Milieubeschreibungen wie auch die dialogreiche Unmittelbarkeit und Präsenz des Erzählens unterstützen die Erzählerfiktion, daß der Text vollständig im Gefängnis entstanden sei, was durch eine genaue philologische Analyse (Glismann, 1970) widerlegt werden kann. Mit dem Einsatz von Fiktionalisierungstechniken zur Konstruktion eines Selbstbildes legt L. die Grundlagen für die literarische Autobiographie im Norden. Die Gründe für dieses Verfahren verweisen zurück auf die Entwicklung ihres Lebens. In einer zweiten Autobiographie, der verwendeten Sprache nach *Den franske selvbiografi* (1674/1960) betitelt, behandelt L. ihre Kindheit am Königshof – ein andres Ich, das der Königstochter, wird entworfen. Der anekdotische Stoff wird durch ein Erzählen in der dritten Person und die fremde Sprache aber einer Distanzierung unterworfen, die aussagekräftig ist in bezug auf den persönlichen Werdegang der Autorin und die politische Entwicklung des Landes: Die Aristokratie hat nach Einführung der absoluten Monarchie (1660) an Macht und Bedeutung verloren, ein historischer Moment, für den L.s steiler Fall als symptomatisch gelten kann. Er findet Ausdruck in der Erzählfiktion und der bemerkenswerten zeitlichen Begrenzung von *Jammers Minde* auf den Gefängnisaufenthalt, die das Selbstverständnis an die Inhaftierung der (noch) politisch bedeutsamen Frau knüpfen und sie als Märtyrerin, als weiblichen Hiob hervortreten lassen.

L.s schriftstellerisches Werk weist etliche Parallelen zu den autobiographischen Schriften der schwedischen Adligen Agneta Horn und der schwedischen Königin Christina auf. Ihre unvollendete Sammlung von Heldinnen-Biographien (*Hæltinners Pryd*, 1684/1977) nimmt ein zeittypisches Genre auf. Die Porträts der klugen, mutigen, kämpferischen und vor allem treuen Heldinnen aus geschichtlicher und mythologischer Überlieferung bieten eine Quelle des damaligen Weiblichkeitsverständnisses und bilden gleichzeitig eine Parallele zur Konstruktion des Selbst in der Autobiographie. So ergibt sich aus außergewöhnlichen und repräsentativen Elementen die bis heute anhaltende Faszination von L.s Schriften.

Jammers Minde og andre selvbiografiske skildringer. Hgg. J. Brøndum-Nielsen/C.O. Bøggild-Andersen. Kopenhagen 1960; *Hæltinners Pryd.* Hg. Chr. Maaløe. Kopenhagen 1977. – Lit.: Glismann, O.: »Om tilblivelsen af L.s *Jammers-Minde*«. In: *Acta Philologica Scandinavica* 28 (1970), S. 75–102; Lunde, K./Pusch, L.F.: *Töchter berühmter Männer.* Frankfurt/M. 1988, S. 47–115; Wamberg, B.: *Leonora Christina.* Kopenhagen 1991; Mai, A.-M.: »Troskab, lidelse og lidenskab. Om L.« In: Møller Jensen, E.: *Nordisk Kvindelitteraturhistorie.* Bd. 2: *Faderhuset.* Kopenhagen 1993, S. 286–298; Heitmann, A.: *Selbst Schreiben.* Frankfurt/M. 1994, S. 139–163.

Annegret Heitmann

Lessing, Doris (geb. Doris May Tayler)

Geb. 22. 10. 1919 in Kermanschah/Persien (heute Iran)

Doris Lessings Werk umfaßt mehr als zwanzig Romane, über ein Dutzend Kurzgeschichtensammlungen, einige Theaterstücke und Gedichte sowie Essays, Reportagen und autobiographische Schriften. Prägend für ihr Schreiben waren zum einen ihre Erfahrungen in der britischen Kolonie Südrhodesien (heute Zimbabwe), wo sie 24 Jahre lebte, bevor sie sich 1949 in Großbritannien niederließ, zum andern ihre politische Arbeit in einer marxistischen Gruppe in Rhodesien in den 40er Jahren und in der Southern Rhodesian Labour Party in den Kriegsjahren sowie ihre Mitgliedschaft in der Kommunistischen Partei, aus der sie allerdings 1956, nach der russischen Invasion Ungarns, wieder austrat. Zu den Themen, die in ihren Werken im Vordergrund stehen, gehören die Rassenproblematik, die Geschlechterbeziehungen, die Rolle des Schriftstellers und die schwierige Beziehung zwischen Sprache und Wirklichkeit. In den verschiedensten Konstellationen beleuchtet sie das Verhältnis von Individuum und Gemeinschaft, von sozialer Rolle und persönlicher Identität, von Ganzheit und Fragmentarisierung, von Mensch und Natur. Sie orientierte sich zunächst an der Struktur des realistischen Romans, von dem sie allerdings in ihrem späteren Schaffen zugunsten von experimentelleren Formen und Ausflügen in den Bereich der Science-fiction abwich.

Ihr erster Roman *The Grass is Singing*, 1950 (*Afrikanische Tragödie*, 1995) zeigt die Situierung des Individuums in einem vielschichtigen Gefüge von Machtbeziehungen und nimmt am Beispiel einer weißen Protagonistin und ihrem schwarzen Hausdiener die komplexe Verschränkung von kolonialistischen Strukturen und patriarchaler Geschlechterordnung in den Blick, eine Thematik, die wir auch aus den Texten Nadine ↗ Gordimers (geb. 1923) kennen. Ihren fünfbändigen Romanzyklus *Children of Violence* (1952–1969), bestehend aus *Martha Quest*, 1952 (dt. 1996), *A Proper Marriage*, 1954 (*Eine richtige Ehe*, 1986), *A Ripple from the Storm*, 1958 (*Sturmzeichen*, 1987), *Landlocked*, 1965 (*Landumschlossen*, 1988) und *The Four-Gated City*, 1969 (*Die viertorige Stadt*, 1989), bezeichnete L. selbst im Nachwort zum letzten Band als Bildungsroman, und auch in der Forschung wurde er immer wieder als Beispiel für einen weiblichen Bildungsroman diskutiert. Angelegt als »study of the individual conscience in its relations with the collective« exploriert L. in *Children of Violence* verschiedene Formen der Selbstsuche und Selbstentfaltung. Während die Protagonistin in den ersten Bänden stärker nach außen gerichtet ist und ihre Identität durch die Zugehörigkeit zu verschiedenen gesellschaftlichen oder politischen Gruppierungen zu bestimmen sucht, konzentriert sie sich, L.s eigenes Interesse an der sufistischen Lehre reflektierend, in den letzten beiden Romanen auf den Bereich der psychischen und spirituellen Erfahrungen, die transindividuelle Ganzheitsvisionen und Integrationsphantasien hervorrufen. *Briefing for a Descent into Hell*, 1971 (*Anweisung für einen Abstieg zur Hölle*, 1991), *The Summer before the Dark*,

1973 (*Der Sommer vor der Dunkelheit*, 1990) und *The Memoirs of a Survivor,* 1974 (*Die Memoiren einer Überlebenden,* 1995) führen diese Überlegungen fort.

1962 erscheint *The Golden Notebook* (*Das Goldene Notizbuch*, 1978), mit dem sie sowohl formal als auch thematisch Neuland betritt. Die zentrale Problematik von Fragmentarisierung und Integration schlägt sich zugleich in der Form des Textes nieder, in der Abfolge einzelner Segmente aus verschiedenen Notizbüchern, die die separierten Lebensbereiche der Protagonistin Anna Wulf dokumentieren, und in seiner zirkulären Struktur, die wiederum Einheit suggeriert. *The Golden Notebook* wurde vor allem von feministischer Seite enthusiastisch aufgenommen, weil dort, noch mehr als in *Children of Violence,* Geschlechterbeziehungen, Sexismus, weibliche Sexualität und geschlechtsspezifische Rollenverteilung eingehend erörtert werden. L. selbst sympathisierte zwar mit den Zielen des Feminismus, seine Belange erschienen ihr in Anbetracht drohender Weltkatastrophen letztendlich aber von untergeordneter Bedeutung, wie sie in ihrem 1971 verfaßten Vorwort zum *Golden Notebook* darlegt. Eine solche Endzeitvision in Form einer nuklearen Verseuchung der Erde bildet den Schluß von *The Four-Gated City* und den Ausgangspunkt für ihren Science-fiction-Zyklus *Canopus in Argos: Archives,* 1979–1983 (*Canopus im Argos*, 1983–85), in dem sie ihre Perspektive auf das Universum ausweitet und den Blick auf das Eingebundensein der Erde in ein noch größeres und weiteres System richtet; insgesamt betrachtet ist *Canopus in Argos* ein Plädoyer für das Überwinden individueller, egoistischer Ziele zugunsten einer Harmonie mit dem gesamten Kosmos. L. vollendete den sechsten Band des Zyklus nicht mehr und wandte sich statt dessen wieder irdischen Belangen und einem stärker realistischen Erzählen zu, so der Frage nach der Verantwortung des einzelnen gegenüber den gesellschaftlich Marginalisierten in *The Diaries of Jane Somers,* 1984 zunächst unter einem Pseudonym veröffentlicht (*Das Tagebuch der Jane Somers*, 1997), und der Analyse individueller Bedürfnisse, politischer Organisationen und gesellschaftlicher Institutionen in *The Good Terrorist,* 1985 (*Die Terroristin*, 1995), *The Fifth Child,* 1988 (*Das fünfte Kind*, 1997) und *Love, Again,* 1996 (*Und wieder die Liebe*, 1997).

Lit.: Draine, B.: *Substance under Pressure. Artistic Coherence and Evolving Form in the Novels of D. L.* Madison 1983; Whittaker, R.: *Doris Lessing.* London 1988; King, J.: *Doris Lessing.* London 1989; Pickering, J.: *Understanding D. L.* Columbia 1990; Maslen, E.: *Doris Lessing.* Plymouth 1994.

Eveline Kilian

Leutenegger, Gertrud

Geb. 7. 12. 1948 in Schwyz

»Mein Thema ist, daß ich keines habe. [...] Ich habe nicht einmal einen fixen Gedanken. Um jeden fixen Gedanken gerinnt die Welt. Ich habe Angst vor den geronnenen, erstarrten Dingen. Sie füllen die Welt auf wie einen Trödlerladen. Sie ist muffig geworden von so viel Abgestandenem. Von so viel eingetrödelter, erstickter Weltgeschichte.« Dieses, aus L.s zuerst erschienenem Roman *Vorabend* (1975) stammende Zitat bezeichnet einen Grundzug ihres Schreibens, das sich aus Negationen bestimmt und seine Gegenstände eher umkreist und in der Schwebe hält, anstatt sie zu fixieren. Nicht um Geschlossenheit und Eindeutigkeit geht es der schweizer Lyrikerin, Erzählerin und Dramatikerin; ihre Texte operieren mit Vieldeutigkeiten, sprunghaftem Abschweifen und elliptischem Sprechen, speisen sich aus Wahrnehmungen, Visionen, Erinnerungen und Traumsequenzen, splittern die Handlung auf in einzelne Bewegungen. - Seit ihrem Erstling *Vorabend*, dem zunächst 1977 die Romane *Ninive*, 1981 *Gouverneur* sowie weitere Prosastücke, *Komm ins Schiff* (1983), *Kontinent* (1985) und *Meduse* (1988), folgten, zählt L. zu einer wichtigen Anregerin deutschsprachiger Literatur aus der Schweiz. Zusammen mit Erica ↗ Pedretti, Verena Stefan, Mariella Mehr und Ilma Rakuša wies sie auf die Bedeutung weiblicher Autoren hin und veränderte dadurch das Bild der schweizerdeutschen Literatur seit 1968 nachhaltig. Die geistige Aufbruchsstimmung der antiautoritären Bewegung Ende der 60er Jahre prägte dabei L.s erste Texte ebenso wie die Landschaft ihrer Kindheit, die Schwyzer Voralpen, gegen deren zunehmende Verwüstung und Zerstörung sie auch in ihren Essays den »Schrei gegen uns alle« (*Das verlorene Monument*, 1985) richtet.

In ihrem Geburtsort war L. zunächst als Kindergärtnerin tätig, später hat sie auf einem Bauernhof in Italien, als Kustodin im Nietzsche-Haus von Sils Maria und als Pflegerin in der psychiatrischen Klinik Rheingau gearbeitet. Beobachtungen und Erfahrungen, die sie bei diesen Tätigkeiten wie auch während ihres Lebens in einem kleinen abgeschiedenen Walliser Dorf und bei längeren Auslandsaufenthalten, z.B. 1987 in Japan, sammelte, verdichten sich in ihren Texten zu Bildern, Bildeinstellungen und -überlagerungen, in denen die gesellschaftlich an den Rand Gedrängten, z.B. die Irren in *Vorabend*, die Marginalisierten, z.B. die Bergbauern in *Kontinent*, und die aus der Norm Fallenden ins Zentrum gerückt werden. Neben der Macht des Auges, das das Gesehene zur Sprache bringt und sich in ihren Texten in einer Vorliebe für Farben, die auf der Palette nicht streng geschieden sind, niederschlägt, spielen auch andere Sinneswahrnehmungen, wie das Hören, eine wichtige Rolle.

Ihr bevorzugtes Erzählmotiv sind neben Naturzerstörung und blindem Fortschrittsglauben – insbesondere in *Das verlorene Monument* – die Beziehungen zwischen den Menschen. In ihrem zuletzt erschienenen Prosastück *Acheron* (1994) erweisen sich die Schauplätze – die heimische Bergwildnis, die fremde Riesenstadt, das Schiff und die Insel – als Teile einer magischen Topographie, in der Nahes/

Vertrautes und Fernes/Fremdes ineinander übergehen. In *Vorabend* strukturieren die Straßen der Stadt, Zürich, den Text, geben zum Erinnern Anlaß oder markieren Zukünftiges und schwellen durch unvermittelt ins Bewußtsein dringende Traumsequenzen zu einem sich stetig verzweigenden Netz an, in das Wirkliches und Imaginäres verschmelzen. Totenklage für eine Landschaft und Trauer um den Verlust der Kindheit und der Liebe verbinden sich in *Ninive*, während sich im *Gouverneur* das unendlich wachsende und sich verwandelnde Territorium des weiblichen Ich gegen die Domäne des Männlichen, dem Ordnung, Logik und Effizienzdenken zugeordnet werden, verteidigt. – Wenn L. sich auch in anderen Gattungen, wie der Lyrik (*Wie in Salomons Garten*, 1981) und Dramatik (*Lebewohl und gute Reise*, 1980), ausgedrückt hat, so bleibt doch die Prosa, die dramatische wie auch lyrische Züge aufweist, ihr bevorzugtes Genre.

Lit.: Serke, J.: »G. L.« In: Ders.: *Frauen schreiben*. Hamburg 1979, S. 242–255; Jürgensen, M.: »G. L.s wundersame Totenreise oder Die große Faßnacht der Liebe«. In: Ders. (Hg.): *Frauenliteratur. Autorinnen, Perspektiven, Konzepte*. Bern 1983, S. 215–230; Herwig, H.: »Moderne Totenklage im Kleide postmoderner Bilderflut? Zu G. L.s *Meduse*«. In: *Der Deutschunterricht* 45 (1993), H. 1, S. 38–53.

Maria Kublitz-Kramer

Lewald, Fanny

Geb. 24. 3. 1811 in Königsberg; gest. 5. 8. 1889 in Dresden

»Nun mein teures Fräulein, wenn wir also nun bald fertig sind, so sehen wir Ihre schöne Arbeit durch, und finden wir etwas, was uns bedenklich scheint, so merzen wir das aus, so merzen wir das leicht aus und ändern es!« Der Herausgeber des *Berliner Kalenders*, der bei L. 1844 eine Novelle in Auftrag gegeben hat, staunt nicht wenig über die Antwort: »Da ich die Novelle geschrieben habe und nicht wir beide, so werde auch ich allein sie revidieren«. Das Selbstbewußtsein, mit dem L. dem Verleger gegenübertritt, ist indessen das Produkt des langen Erkenntnisprozesses einer Frau, die bis zu ihrem zweiundreißigsten Jahr als »höhere Tochter« ohne die Erlaubnis, berufstätig zu werden, bei ihren Eltern gelebt hat. – Ihre frühe Entwicklung hat sie selbst in ihrer Autobiographie *Meine Lebensgeschichte* (1861 f.) niedergelegt: Als Kind einer aufgeklärt-jüdischen Kaufmannsfamilie bewegt sich ihr Leben zwischen Anpassung und Verweigerung. Ordnet sie sich dem Vater David Marcus (später: Lewald) in der Regel ganz selbstverständich unter, selbst als er von ihr die Konversion zum protestantischen Glauben fordert (1830), so weigert sie sich andererseits erfolgreich, eine Konvenienzehe einzugehen. Schriftstellerin wird sie durch ihren Vetter August Lewald, der in seiner Zeitschrift *Europa* Briefe von ihr veröffentlicht und der sich beim Vater für sie einsetzt. Die Anonymität, die dieser ihr zur Bedingung macht, wahrt L. für ein paar Jahre, bis sie 1843 nach Berlin geht, wo sie ein Jahr später eine eigene Wohnung bezieht. Sie verkehrt in literarischen Kreisen, lernt u. a. Henriette Herz, Karl August

Varnhagen von Ense, Theodor Mundt und Luise Mühlbach kennen und befreundet sich mit Therese von Bacheracht. Auf einer Italienreise im Jahr 1845 verliebt sich L. in den Publizisten August Stahr, der jedoch familiär gebunden ist, so daß die beiden erst 1755, nachdem Stahr geschieden wird, heiraten können. Zeitlebens unternimmt L. Reisen, vornehmlich nach Italien. Ab 1853 hält sie sich aufgrund zunehmender Krankheit häufig in Kurorten auf.

Die eigene Erfahrung veranlaßt L. immer wieder, für Ausbildung und Berufstätigkeit von Frauen einzutreten, wie u. a. ihre Schriften *Einige Gedanken über Mädchenerziehung* (1843), *Osterbriefe für die Frauen* (1863) und *Für die Gewerbthätigkeit der Frauen* (1869) zeigen. Zugleich erweist sie sich als aufmerksame Berichterstatterin, wenn sie etwa in ihren *Erinnerungen aus dem Jahre 1848* (1848) die Ereignisse im revolutionären Paris – wo sie übrigens Heinrich Heine kennenlernt – und in der Paulskirche – wo sie einer Versammlung beiwohnt – schildert. Dabei vertritt sie eine liberal-bürgerliche Haltung, die eher auf Reformismus als auf Revolution setzt, was auch ihre Novelle *Auf rother Erde* (1849) erkennen läßt. L.s. Engagement geht wie bei vielen ihrer Zeit in den Restaurationsjahren zurück; in den 60er Jahren entwickelt sie sich zunehmend zur Anhängerin Bismarcks. Ihr literarisches Werk zeigt eine analoge Entwicklung von der frühen »Tendenzperiode« mit den Romanen *Clementine* (1842) und *Jenny* (1843) über eine »Übergangsperiode« mit dem vierbändigen Roman *Wandlungen* (1853) hin zu einer »Epoche epigonaler Klassizität«, der die meisten Erzählwerke zuzurechnen sind (Renate Möhrmann). Statt der frühen Vorbilder Heine und George Sand orientiert sie sich nun vor allem an Goethe.

Als besonders bedeutend kann dennoch das Frühwerk gelten, das trotz seiner »Tendenz« künstlerisch subtiler verfährt als die Romane anderer Vormärzautorinnen. Überhöht etwa Louise ↗ Otto die aufklärerisch engagierte Frau oft geradezu ins Madonnenhafte, so gestaltet L. in ihrem Roman *Jenny* (1843) den mühseligen Prozeß der Identitätsfindung zwischen gesellschaftlichen Widersprüchen, die ihr allmählich bewußt werden: die unterschiedliche Stellung von Juden und Christen, Frauen und Männern, Armen und Reichen. Talent zur Komik beweist L. darüber hinaus in *Diogena* (1847), einer Persiflage auf die Zeitgenossin Ida Gräfin ↗ Hahn-Hahn, die in ihren Romanen reiche adelige Damen als Modell der emanzipierten Frau präsentiert. Neben ihrer Belletristik veröffentlicht L. eine große Zahl von Tagebüchern aus ihren Reisen durch Italien, Frankreich und die Schweiz sowie Schriften über Zeitgenossen, mit denen sie bekannt war, wie z. B. die *Erinnerungen an Heine* (1886) und *Erinnerungen an Franz Liszt* (1887).

Lit.: Möhrmann, R. (Hg.): *Frauenemanzipation im deutschen Vormärz. Texte und Dokumente.* Stuttgart 1980; Rheinberg, B.: *F. L. Geschichte einer Emanzipation.* Frankfurt/M. u. a. 1990; Schneider, G.: *F. L.* Reinbek 1996.

Gaby Pailer

Lidman, Sara

Geb. 30. 12. 1923 in Missenträsk/Schweden

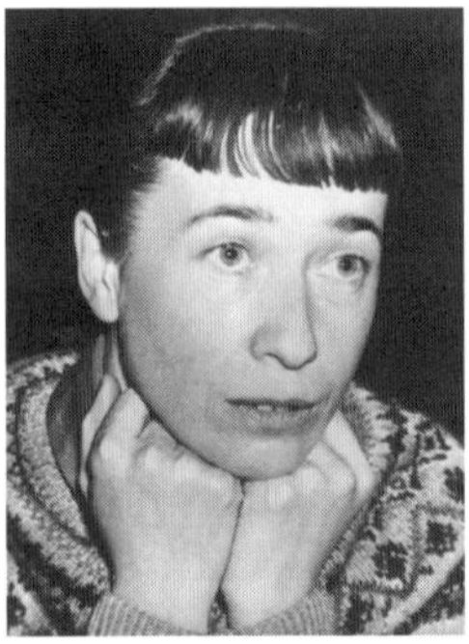

Im Laufe ihrer jahrzehntelangen schriftstellerischen Tätigkeit fiel L. mehrmals die Rolle einer Schlüsselfigur für bestimmte Entwicklungen innerhalb der schwedischen Literatur zu: in den 50er Jahren führte sie mit ihren frühen Norrlandromanen den Neuprovinzialismus zu seinem Höhepunkt, in den 60ern profilierte sie sich innerhalb der Dokumentarliteratur und in den 80er und 90er Jahren verhalf sie der breitangelegten sozialhistorischen Erzählung zu neuem Ansehen. – L. stammt aus Norrland, einer unzugänglichen, sumpfigen Wildmark in Nordschweden, deren pietistisch gefärbtes dörfliches Milieu oft den kulturellen Hintergrund für ihre Romane bildet. Die Authentizität der frühen Romane beruht neben der intimen Kenntnis der Lebensbedingungen an der äußersten Peripherie des Königreichs auf der innovativen Verwendung des Dialekts. Bereits der Debütroman *Tjärdalen*, 1953 (*Der Teermeiler*, 1974) überraschte durch den Klang ihrer eigenwilligen, poetischen Kunstprosa. Dieser Roman schildert mit der Intensität eines Schicksalsdramas, wie die moralische Ordnung einer bäuerlichen Dorfgemeinschaft durch den Konflikt des Kollektivs mit einem Außenseiter in Frage gestellt wird. Im Motiv des Menschen, der nicht den Vorstellungen der Norm entspricht, klingt das Zentralmotiv der frühen Romane an. Immer sind es die Unangepaßten, denen das Interesse und die Solidarität der Autorin gelten. Von einem Gespür für mögliche Konfliktherde innerhalb eines von der Außenwelt abgeschnittenen Gemeinschaftslebens zeugen auch die folgenden Romane: *Hjortronlandet*, 1955 (*Im Land der gelben Brombeeren*, 1959), *Regnspiran*, 1958 (*Der Mauersegler*, 1958) und *Bära mistel*, 1960 (Mistelträger).

Am Anfang der 60er Jahre, als sich das Interesse der Weltöffentlichkeit verstärkt der Dritten Welt zuwandte, vollzog L. mit zwei Afrikaromanen einen Wandel ihres Schaffens vom Regionalismus zum Internationalismus. Danach wechselte sie zur politischen Reportage und Journalistik über, wobei sie sich zunehmend in der Öffentlichkeit engagierte. Als »moralisches Gewissen der Nation« führte sie in den 60er Jahren die antiamerikanischen Vietnamdemonstrationen an. Vom Standpunkt eines humanen Sozialismus aus kämpfte sie jahrelang gegen Ausbeutung, Naturzerstörung und soziale Ungerechtigkeit in der Dritten Welt wie auch im eigenen Land. Ihre Dokumentation über die Erzbergwerke von Kiruna, *Gruva*, 1968 (Die Grube), löste in Schweden eine heftige Diskussion mit nachfolgendem Streik aus. 1977 kehrte L. nach Missenträsk zurück, wo sie eine umfangreiche Romanserie über die Kolonisation der Region Västerbotten begann. Ihr »Eisenbahnepos« beschreibt, wie die verkehrstechnisch bedingte wirtschaftliche und soziale Umstrukturierung der Gegend das Ende einer Ära markiert, deren moralorientiertes Denken durch das moralfreie System des ökonomischen Fortschritts konfliktreich abgelöst wird. Die mit verschiedenen Preisen ausgezeichnete sechsbändige Romanserie gilt als das Hauptwerk der Dichterin. Sie umfaßt die Bände *Din tjänare hör*, 1977 (Dein Diener hört), *Vredens barn*, 1979 (Kinder des Zorns), *Nabots sten*, 1981 (Nabots Stein), *Den underbare mannen*, 1985 (Der wunderbare Mann), *Järnkrona*, 1985 (Die Eisenkrone), *Lifsens rot*, 1996 (Wurzel des Lebens).

Lit.: Schunnesson, T./Wickman. L.: »Varför skriver Sara Lidman inte romaner längre?« In: Norén. K. (Hg.): *Linjer i nordisk prosa 1965–1975*. Lund 1977; Holm. B.: »Det stoff som jernvägar göres av.« In: *BLM* 51 (1982) 1, S. 51–58; Kerber. J.: *S. L.s frühe Norrlandromane.* Münster 1989; Holm. B.: »Fästen lagda över gungfly.« In: *Bonniers Litterara Magasin* 63 (1994) 5, S. 8–18.

Ortrun Rehm

Liebrecht, Savion

Geb. 1948 in München; lebt seit 1950 in Israel

Savion Liebrecht, Schriftstellerin und Drehbuchautorin, studierte Philosophie und Englische Literatur an der Tel Aviver Universität und hat bisher vier Bände mit Kurzgeschichten veröffentlicht: *Tapuchim min ha-midbar,* 1986 (*Äpfel aus der Wüste,* 1992); *Sussim 'al kvisch geha,* 1988 (Pferde auf der Schnellstraße); *Sinit àni medabberet 'elecha,* 1992 (Chinesisch spreche ich mit dir); *Tzarich sof le-sippur àhava,* 1995 (Die Liebesgeschichte muß ein Ende haben). 1998 wird ihr erster Roman *Ìsch, ìscha we-ìsch* (Ein Mann, eine Frau, und ein Mann) erscheinen. Bereits der erste Erzählband wurde 1986 mit dem renommierten Alterman-Preis ausgezeichnet, 1991 folgte der Literaturpreis des Premierministers. Ihr Werk liegt in Auswahl in chinesischer, deutscher, englischer und italienischer Übersetzung vor. Beziehungen zwischen Frauen nehmen einen zentralen Ort in L.'s Erzählungen ein. Ihre literarischen Gestalten sind Schwestern, Freundinnen, Mütter und Töchter, Großmütter und Enkeltöchter, Mütter und Schwiegertöchter, ähnlich wie bei Ruth ↗ Almog (geb. 1936) oder Shulamit ↗ Hareven (geb. 1931). So wird z. B. in dem Erzählband *Sinit àni medabberet èlecha* eine fehlgeleitete, romantische Liebesauffassung kritisiert, die Liebe mit Schmerz gleichsetzt, und ein operativer Liebesbegriff dagegengesetzt. Im Gegensatz etwa zu Orly Castel-Bloom (geb. 1960) oder Leah Aini (geb. 1962), die mit ihrem linguistischen Skeptizismus und dem Verlust des Glaubens an die repräsentative Dimension der Sprache zur jüngsten israelischen Postmoderne gehören, beharrt L. mit ihren dichten Erzählungen auf der Möglichkeit, gegen den Schmerz anschreiben zu können. Der Verzweiflung und der Ausweglosigkeit ihrer Protagonistinnen setzt sie den Versuch entgegen, das zu erinnern, was nicht erinnert werden kann, das nicht Aufgezeichnete; viele ihrer Geschichten entfalten sich auf dem Hintergrund der Shoa, wie z. B. »Chajutas Verlobungsfest« und »Die Tauben« in *Tapuchim min ha-midbar,* oder »Sonja Moskat« und »Kahlschlag« in *Sussim 'al kvisch geha.* So schreibt L. in »The Influence of the Holocaust on My Work« (1993): »If you see art as a form of communication, the silence in their homes [of the Holocaust survivors] is the key to the children becoming, one day, artists. I remember myself creating dozens of biographies for myself, because I had an endless open space to be anyone: an Indian princess, an African slave, a tightrope walker, and an Eskimo. You had no definite identity – you had no history and no ancestors – so you could become anyone you chose.« Einige Erzählungen erschienen als Einzelveröffentlichungen in deutscher und englischer Übersetzung in Zeitschriften wie *Modern Hebrew Literature* oder *Ariel*, und in Anthologien, z. B. in *Ich ging durch Meer und Steine*, 1989.

Lit.: Mintz, A. (Hg.): *Voices of Postmodernism in Israeli Fiction 1973–1993*. Hannover 1994; Sokoloff, N.: »Feminist Criticism and Modern Hebrew Literature«. In: *Prooftexts* 8, 1 (1988), S. 143–156; »Special issue: Women's Writing in the 80s«. In: *Modern Hebrew Literature* 6 (1991), S. 65–91; Yudkin, L. (Hg.): *Hebrew Literature in the Wake of the Holocaust*. Rutherford 1993, S. 125–130.

Inka Arroyo Kośenina

Lilar, Suzanne

Geb. 1901 in Gent/Belgien; gest. 1992 in Gent

L. war die erste Frau, die sich an der Universität Gent einschrieb und später als Juristin am Antwerpener Gericht zugelassen wurde. Ihre ältere Tochter ist die in Frankreich lebende Autorin Françoise Mallet-Jorris (geb. 1930). Als freie Journalistin bei der Zeitung *Matin* tätig, feierte L. 1945 mit dem Theaterstück *Le Burlador* (Der Frauenverführer) ihren ersten literarischen Erfolg, den weitere Stücke und eine Abhandlung über das Theater Belgiens fortsetzten. Preise erhielt sie 1954 für den Essayband *Journal de l'analogiste* (Tagebuch des Zusammendenkers) und 1960 für die Romane *Le Divertissement portugais* (Portugiesisches Divertimento) und *La Confession anonyme* (Das anonyme Bekenntnis). Letzterer handelt von der begnadeten Pianistin und Erzählerin Benvenuta und wurde 1983 von André Delvaux verfilmt. Die Protagonistinnen sind allesamt Intellektuelle, worin sich L.s literarische Welt von jener der belgischen Schriftstellerin Marie Gevers (1883–1975) unterscheidet. Die Erzählerin des 1931 erschienenen Romans *La Comtesse des digues* (Die Deichgräfin) ist in eine eigentümlich ländliche Welt gebettet, in welcher die Sprache als Ausdrucksmittel für Gefühlsregungen wenig eingeübt scheint. Marie Gevers unterzeichnete 1937 die Absichtserklärung des ›Manifeste du groupe de Lundi‹. Dieses öffentlich dargelegte Programm rief die vom belgischen Individualismus geprägte Literatur zu einer deutlichen Annäherung an Paris und an die Verhältnisse der französischen Literatur auf. Gevers allerdings bleibt in ihren Romanen dem Regionalismus verhaftet, wenn sie von einfachen, in ihre Landschaft eingebundenen Menschen erzählt.

In *Une enfance gantoise* (Kindheit in Gent) von 1976 und deren Fortsetzung aus dem Jahr 1979 *A la recherche d'une enfance* (Auf der Suche nach einer Kindheit) stützt sich die interpretierende Sicht der Erzählerin auf Gedächtnisbilder sowie auf externe Speichermedien, wie z. B. Photographien, und erhellt ihre frühe Kindheit, die sie für die grundsätzlichen Schwierigkeiten des bilingualen und heterokulturellen Belgiens sensibilisierte. Der schriftliche Rückblick über die Zeit vor und nach den beiden Weltkriegen verdeutlicht die nachhaltige Bedeutung des frühen und intensiven Kontakts mit dem religiösen Brauchtum des gespaltenen franco-flämischen Kulturkreises. In ihren Schriften tritt L. mit dem Gedankgut Platons, John Donnes (1572–1631), Jean Racines (1639–1699) sowie mit den stark mystischen Elementen der Schriften Hadewijchs (um 1200–1260), einer flämischen Beginennonne aus dem 13. Jahrhundert, in einen intellektuellen und interkulturellen Dialog.

Ihr Essayband aus dem Jahr 1963 *Le Couple* (Das Paar), die Folgebände von 1967 *A propos de Sartre et de l'amour* (Über Sartre und die Liebe) und von 1969 *Le Malentendu du deuxième sexe* (Das Mißverständnis über ›Das andere Geschlecht‹) sind kritische Auseinandersetzungen mit dem Existentialismus – besonders mit der von ihr so empfundenen Körperfeindlichkeit – Sartres. Trotz prinzipieller Anerkennung der Thesen Simone de ↗Beauvoirs wirft L. der Französin eine unreife, gar verbissene und nur im Schatten Sartres stehende Übertragung einer Ideologie auf eine andere vor. Nach Elisabeth Badinter, die beide Sichtweisen polarisiert, bemühe sich Beauvoir um eine Aufarbeitung des Frauenbildes, wohingegen L. von sich als Frau schreibe. Generell geht es ihr darum, das Bild eines gegenwärtigen Selbstverständnisses beider Geschlechter im Sinne des Androgynen zu skizzieren. Ihre diesbezüglichen Erklärungsversuche oszillieren in einem Spannungsverhältnis zwischen Athen und Jerusalem, zwischen platonischem und christlichem Gedankengut und der jeweils zugrundeliegenden Liebeskonzeption. Zu Ehren von L. organisierte Henri Ronse 1983 ein Kolloquium.

Lit.: *Cahiers de S.L.* Paris 1986; Otten, M.: »Quatre romancières belges contemporaines«. In: *Studia Universitatis Babes-Bolyai Philologia* 1–2 (1991), S. 49–56; Nys-Mazure, C.: *S. L.* Brüssel 1992; Amelinckx, F.: »L'apport de John Donne à l'œuvre de S.L.«. In: Linkhorn, R. (Hg.): *La Belgique telle qu'elle s'écrit.* Paris 1997, S. 259–269.

Swet-Patrik Strom

Lindgren, Astrid Anna Emilia (geb. Ericsson)

Geb. 14. 11. 1907 in Näs bei Vimmerby/Schweden

Vor allem die burlesken Figuren Pippi und Karlsson verschaffen L. weltweite Anerkennung neben ihren idyllischen Kindheitsschilderungen sowie Übersetzungen in über 70 Sprachen. L. begann in den 30er Jahren zu schreiben; im Krieg engagierte sie sich im geheimen Briefüberwachungsdienst. Ihrer Tochter erzählte sie, so der Entstehungsmythos, die Geschichten über Pippi, die sie 1945 doch noch erfolgreich bei Rabén & Sjögren einreichen konnte. Nachdem der Damm gebrochen war, eroberte sich L. durch ihre in den 50er Jahre erschienenen Klassiker, wie die Kriminalromane um *Kalle Blomkvist*, 1946–1953 (*Kalle Blomquist*, 1950–1954), durch die Trilogie um *Karlsson på taket*, 1955–1968 (*Karlsson vom Dach*, 1956–1969) und der Trilogie über *Bullerby*, 1947–1952 (*Bullerbü* 1954–1956) ihre Stellung als zentrale Autorin der schwedischen Kinderliteratur. Zudem nahm sie von 1946–1970 als Kinderbuchlektorin bei Rabén & Sjögren eine Schlüsselposition ein. Von ihren frühen, eher traditionellen Mädchenbüchern wie *Britt-Mari lättar sitt hjärta*, 1944 (*Britt-Mari erleichtert ihr Herz*, 1954), die erstaunlicherweise parallel mit den Pippi-Büchern (1949–1951, 1945–1948) entstanden, distanzierte sich L. später phasenweise. L. erhielt mehrere Ehrendoktorwürden und internationale Auszeichnungen, 1956 den Deutschen Jugendliteraturpreis, 1978 den Friedenspreis des Deutschen Buchhandels und war Mitbegründerin von »Samfundet de Nio«, einer Initiative gegen die Exklusivität der schwedischen (Nobelpreis-) Akademie. 1994 erhielt sie den Alternativen Nobelpreis, mit dem ihr Engagement gegen Gewalt, für Tierschutz und Frieden gewürdigt wurde.

In Interviews und in der Autobiographie *Samuel August från Sevedstorp och Hanna i Hult*, 1973 (*Das entschwundene Land*, 1977) beschrieb sie, den Wunschgedanken ihres Publikums durchaus entsprechend, ihre Kindheit auf einem Bauernhof in Südschweden als ausgesprochen glückliche Bullerby-Kindheit. Doch auch in einer alltäglichen, friedvollen Umwelt proben phantastische Gestalten wie Pippi und Karlsson als eigenwillige Einzelgänger mit übernatürlichen Kräften und verbaler Kompetenz den Aufruhr gegen Autoritäten und Konventionen. Gerade aus dem Kontrast Pippis zu den braven Kindern Tommy und Annika oder Respektspersonen speist sich ihre Wirkung, während die Nonsenselemente auf britische Klassiker wie *Alice in Wonderland* oder *Winnie-the-Pooh* verweisen. Die Erziehungsdebatten, die L.s Texte ähnlich wie vorher die programmatischen Schriften Ellen Keys auslösten, sind bis heute nicht abgeebbt. L. wurde als Vertreterin der antiautoritären Erziehung vereinnahmt und später dafür kritisiert, daß die Ventilfunktion ihrer Werke die gesellschaftlichen Verhältnisse konserviere. Pippi bleibt eine der ersten starken, ungebundenen Mädchenfiguren, mit der sich auch Jungen identifizieren können; das Werk hat die Kinderliteraturen Nord- und Mitteleuropas nachhaltig beeinflußt, so auch Christine Nöstlinger.

Ihre herausragenden lyrischen Märchenromane, von denen *Mio, min Mio*, 1954 (*Mio, mein Mio*, 1955) als erster eine Doppelbelichtung aus realistischer Rahmenhandlung und Phantasiewelt enthielt, gelten als Meisterwerke psychologischer Konfliktbearbeitung. Ähnlich wie Selma ↗ Lagerlöf greift L. auf stark symbolische, dualistische Schwarz-weiß-Bilder für innere Prozesse zurück. Die existentielle Angst des einsamen, in emotionaler Kälte aufwachsenden Kindes wird in märchenhaften Formeln und archaischen universellen Bildern aufgearbeitet. Das Engagement der Erzählerin für machtlose Kinder ist unverkennbar. In *Bröderna Lejonhjärta*, 1973 (*Die Brüder Löwenherz*, 1974) siegt die Liebe zwischen zwei Brüdern sowohl über die Diktatur Tengils im Phantasieland Nangijala als auch über den Tod bzw. den Freitod. Allusionen und der Sprachrhythmus stellen Verbindungen zu Edith ↗ Södergran und zu altisländischen Sagas her, während ethische Fragen wie die der Rechtfertigung von Gewalt für ein hohes Ziel, etwa im Widerstand gegen totalitäre Systeme, eher implizit abgehandelt werden. In der Ausgestaltung der Phantasiewelten lassen L.s Texte eine Verwandtschaft zu denen von Edith Nesbit und C. S. Lewis erkennen. In den 60er Jahren erschien der idyllische Schäreninselroman *Vi på Saltkråkan*, 1964 (*Ferien auf Saltkrokan*, 1965), für viele Sinnbild des Sommers, sowie Bücher mit ländlichem Lausbubencharakter, so die burlesk-komischen småländischen Bauernschilderungen über *Emil* in Lönneberga, 1964–1970 (*Michel*, 1963–1970), der sich mit seinen zahlreichen Streichen dennoch, ähnlich wie Pippi, für ethische Werte und gegen Engstirnigkeit einsetzt. Ein weibliches Pendant dieser Figur ist *Madicken*, 1960–1976 (*Madita*, 1961–1976), die die Grenzen des Alltags überschreitet, indem sie wie Travers' *Mary Poppins* mit dem Regenschirm vom Hausdach springt.

Kinder als eigenständige, gleichberechtigte und tatkräftige Personen, die einen Anspruch auf die Aufmerksamkeit und Zuwendung von Erwachsenen haben, stehen bei L. im Mittelpunkt. *Ronja Rövardotter*, 1981 (*Ronja Räubertocher*, 1981), der letzte große Roman L.s, stellt zahlreiche literarische Verbindungen her, neben den Phantasiewelten Tove Janssons und Irmelin Sandman Lilius' zu Shakespeares *Romeo and Juliet*, den psychologischen Naturschilderungen aus den Romanen der Brontës sowie dem Räuberroman als Genre. Die Vielseitigkeit der Werke L.s zwischen Idylle und Phantasie, zwischen Bilderbuch und komplexen psychologischen Romanen spiegelt sich auch in den zahlreichen Umsetzungen für Theater und Radio, in preisgekrönten Filmen und in den neuen Medien.

Lit.: Strömstedt, M.: *A. L. En levnadsteckning*. Stockholm 1977; Lundqvist, U.: *Århundradets barn. Fenomenet Pippi Långstrump och dess förutsättningar*. Diss. Stockholm 1979; Ørvig, M./Eriksson M./Sjöquist B. (Hgg.): *Duvdrottningen. En bok till A. L. Med en bibliografi av Lena Törnqvist*. Stockholm 1987; Metcalf, E.-M.: *Astrid Lindgren*. New York/Toronto 1995; Edström, V.: *A. L. Im Land der Märchen und Abenteuer*. Hamburg 1997; Surmatz, A.: *Pippi Långstrump als Paradigma. Die deutsche Rezeption A. L.s und ihr internationaler Kontext*. Diss. Göttingen 1997.

Astrid Surmatz

Linhartová, Věra

Geb. 22. 3. 1938 in Brünn/ČSR

Věra Linhartová nahm in den 60er Jahren einen bedeutenden Platz in der tschechischen Literatur ein. Ihre experimentelle Prosa, die sie ab 1957 in Zeitschriften veröffentlichte, richtete sich gegen das simplifizierende Welt- und Menschenbild des Sozialistischen Realismus, der bis zur Liberalisierung der Kulturpolitik im Jahre 1963 vom Staat als verbindliche Schaffensmethode vorgeschrieben war. Zwischen 1964 und 1968 gab sie fünf Bände Prosatexte heraus, die zum Großteil ins Deutsche übersetzt wurden, z. B. *Prostor k rozlišení*, 1964 (*Geschichten ohne Zusammenhang*, 1965). – L. wuchs in Brünn auf. Sie studierte dort 1955 bis 1960 Kunstgeschichte und extern Ästhetik an der Prager Karlsuniversität. 1962 bis 1966 arbeitete sie in der »Südböhmischen Aleš-Galerie« auf Schloß Hluboká bei České Budějovice. Ab 1966 gehörte sie als freiberufliche Schriftstellerin einem Kreis undogmatischer Autoren (Jiří Gruša, Václav Havel, Petr Kabeš u. a.) um die Literaturzeitschrift *Tvář* (Antlitz) an. Nach der Niederschlagung des Prager Frühlings emigrierte sie 1968 nach Paris. Dort absolvierte sie 1978 bis 1985 ein Studium der Japanistik. Seit 1990 ist sie im Museum orientalischer Kunst »Guimet« beschäftigt, wo sie sich v. a. mit japanischer und chinesischer Malerei befaßt. Sie publizierte zahlreiche Arbeiten über bildende Kunst und ist auch Lyrikerin und Hörspielautorin. Seit 1969 schreibt sie auf französisch.

L.s Hauptthema sind die beschränkten Erkenntnismöglichkeiten des Menschen und Zweifel an der Kommunikationsfähigkeit der Sprache. Ihre Texte entziehen sich einer eindeutigen Zuordnung, traditionelle narrative Strukturen werden zerstört. Besonders in *Přestořeč*, 1966 (Dennochrede) beweist L. die Unmöglichkeit, die Wirklichkeit erzählerisch wiederzugeben. In *Dům daleko*, 1968 (*Haus weit*, 1970) erreichte sie die Grenzen der Mitteilbarkeit.

L. wurde mit Franz Kafka und dem tschechischen philosophischen Erzähler Richard Weiner (1884–1937) verglichen, mit dem sie sich theoretisch befaßte. Auch Parallelen zum nouveau roman sind festzustellen. Sie ist eine höchst intellektuelle Autorin, die Erkenntnisse der modernen Ästhetik und Linguistik literarisch umsetzte und in ihrem Werk einen intertextuellen Diskurs mit Autoren der Weltliteratur entwickelte. Als ihre Vorläuferin in der tschechischen Literatur gilt Milada Součková (1899–1983), die seit der kommunistischen Machtübernahme (1948) in den USA lebte und mit Werken wie *Škola povídek*, 1943 (Schule des Erzählens) oder dem Roman *Bel canto* (1944) den tschechischen Prosakanon erneuert hatte. In L.s Tradition stehen die in Italien lebende Brünnerin Sylvie Richterová (geb 1945) und Daniela Hodrová (geb. 1946), deren phantastische Prag-Trilogie *Trýznivé město*, 1991/92 (Stadt der Trauer) zum Teil in deutscher Übersetzung vorliegt (*Das Wolschaner Reich*, 1992; *Im Reich der Lüfte*, 1994). Das Werk beider Autorinnen zeigt den Einfluß ihrer theoretischen Arbeit als Literaturwissenschaftlerinnen.

Lit.: Haman, A.: »Tvář za zrcadlem řeči«. In: *Tvář* 10 (1965), S. 33–35; Richterová, S.: »Proměny subjektu v próze V. Linhartové«. In: Dies.: *Slovo a ticho*. München 1986, S. 11–32; Chvatík, K.: »Intertextualität im Werk von V. L.« In: Setschkareff, V./Rehder, P./Schmid, H. (Hgg.): *Ars Philologica Slavica. Festschrift für Heinrich Kunstmann*. München 1988, S. 56–63.

Christa Rothmeier

Lipska, Ewa

Geb. 8. 10. 1945 in Krakau/Polen

»Atemlos kehrte ich zurück zur Dichtung/Das vierblättrige Kleeblatt/wuchs sich aus zur Quadratur des Kreises/Das ist Luxus/neue Wortrekorde zu erzielen/wenn ringsum nur mehr/das schwarze Ultimatum/ist« – dieses kurze Gedicht L.s, das die Chancen der Lyrik ebenso anklingen läßt wie deren Grenzen, könnte als Übertitel und poetologische Kurzcharakteristik für ein lyrisches Werk dienen, das in mehr als drei Jahrzehnten entstanden ist. 1945 in Krakau geboren gehört L. zur ersten Nachkriegsgeneration, die in einem neuen, sozialistischen Polen aufwächst, von dessen Ende sie später Zeuge wird. In einer Zeit der ›kleinen Stabilisation‹ der 60er Jahre, da sich Polen nach dem ›Tauwetter‹ von 1956 einen zumindest für die Kunst ideologischen Freiraum geschaffen hat, beginnt L. zu schreiben, veröffentlicht erste Gedichte in Zeitschriften und wenig später den ersten eigenen Lyrikband, *Wiersze*, 1967 (Gedichte). Die nächsten Bände betitelt die Autorin, inzwischen Absolventin der Krakauer Akademie der Schönen Künste, lakonisch mit *Drugi, Trzeci, Czwarty, Piąty zbiór wierszy*, 1970, 1972, 1974, 1978 (Zweite, Dritte, Vierte und Fünfte Gedichtsammlung), womit auch ein Hinweis auf die innere Kohärenz dieses Werkes gegeben ist. Mit der Generation der 68er, in Polen häufig auch als die ›Neue Welle‹ (›Nowa Fala‹) bezeichnet, hat L. kaum etwas gemein, auch wenn sie dieser Generation rein altersmäßig angehört. In den Jahren der Repression nach der Zeit der ›Solidarność‹ gehörte L. zu jenen Autoren, die sich durch kompromißlose Distanz zum Regime auszeichneten. Nach der Wende des Jahres 1989 besetzte man für kurze Zeit repräsentative Posten im Ausland mit Künstlern und Intellektuellen – so wurde L. zunächst Vize- und später Direktorin des Polnischen Instituts in Wien (1992–1997), um sich dann wieder ins Privatleben zurückzuziehen.

L.s frühe Gedichte sind von konstant wiederkehrenden Motiven geprägt, die sich häufig auch in den Titeln einzelner Texte finden: das Haus als verlorener Ort menschlicher Integration, der Tod als ständige Kehrseite des Lebens, die Furcht des Individuums als Folge einer fundamentalen Entwurzelung und dessen Einsamkeit in einer verdinglichten Welt. Damit dominiert in diesen Texten zweifellos eine existenzielle Problematik, ganz im Unterschied zum sozialen und politischen Interesse der Vertreter der ›Neuen Welle‹. Das Neue und das Besondere, das ihre Lyrik so unverkennbar und deren Zuteilung zu einer bestimmten Phase oder Gruppierung so schwierig macht, liegt zweifellos in deren Sprache. Es sind zunächst die Metapher, das Oxymoron und das Paradoxon, die die Autorin mit großer Erfindungskraft einsetzt. Ebenso spezifisch wie die Rhetorik von L.s poetischer Sprache ist deren Bildhaftigkeit, die konkrete, farbige und plastische Requisiten in ein teils exotisches, teils auch absurdes Nebeneinander bringt, das oft surrealistische Effekte zur Folge hat. Ist es in den früheren Texten häufig die Perspektive des Traums, die ein solches Nebeneinander ermöglicht, so tritt in den späteren Texten die Groteske unvermittelt zutage – die Bereiche der Natur und der Zivilisation, des Animalischen und des Technischen werden über- und ineinandergeschoben, um eine empirische Wirklichkeit durch die Kraft der poetischen Imagination aufzubrechen und zu erweitern. Spätestens mit dem Gedichtband *Przechowalnia ciemności* (Aufbewahrungsort der Dunkelheit), 1985 in Warschau im Untergrund, wenngleich ohne Wissen der Autorin veröffentlicht, werden die zeit- und systemkritischen Töne in L.s Lyrik deutlicher. In diesen Texten sind eindeutige Anspielungen auf die Situation in Polen nach der Verhängung des Kriegszustands gegeben, wenn auch die Lösung, die hier angeboten wird, keine politische ist.

Die jüngsten Texte L.s bringen neue Töne ins Gesamtwerk. Zum einen auf motivisch-thematischer Ebene, wo die moderne westliche Zivilisation stärker ins Bildinventar eingeflossen ist und auch die intertextuellen Verweise auf weltliterarische Topoi und damit die Reflexion über die Dichtung zugenommen haben; zum anderen auf der Ebene des Ausdrucks, wo die Autorin den Weg einer konsequenten Reduktion beschritten hat – die Langform der Gedichte ist fast völlig verschwunden, sie hat kurzen Blöcken von elementaren Sätzen Platz gemacht. Dazu kommt eine Tendenz zur Prosa, die bei L. zwar nicht neu ist, die jetzt aber in den zeit- und kulturkritischen Überlegungen eines »Herrn Schmetterling« mit einer bestimmten Rolle verknüpft wird, welche der Autorin ein neues Maß an Ironie und Distanz zu den geschilderten Phänomenen ermöglicht.

Utwory wybrane 1967–1986 (Ausgewählte Werke 1967–1986). Krakau 1986; *Wakacje mizantropa. Utwory wybrane* (Ferien eines Menschenfeinds. Ausgewählte Werke). Krakau 1993; *Auf den*

Dächern der Mausoleen. Gedichte. Berlin 1983; *Życie zastępcze/Ersatzleben* (zweisprachig). Krakau 1998. – Lit.: Woldan, A.: »Nachwort«. In: E. L.: *Meine Zeit. Mein Leib. Mein Leben. Gedichte.* Salzburg 1990, S. 37–39.

Alois Woldan

Li Qingzhao (Dichtername Yi'an)

Geb. 1084 in Jinan, Provinz Shandong/China, gest. 1155?, Ort unbekannt

»Nach Vollkommenheit, nach Weisheit strebte ich, doch nun ist es schwer genug, dem Gespött von zehntausend Generationen zu entfliehen; die Tugend verloren, den Namen verloren, wie könnte ich mich da noch vor den Gelehrten am Kaiserhof zeigen«, schreibt Li Qingzhao 1132 in einem Brief über die Ereignisse, die für ihr weiteres Leben, ihr Werk und dessen Rezeption entscheidende Konsequenzen haben sollen und bis heute Kontroversen auslösen: Ihre zweite Heirat, die von ihr kurz darauf eingereichte Scheidung, und die Anzeige des Mannes, für die sie ins Gefängnis kommt. Dank der Intervention des einflußreichen Verwandten, dem sie jenen Brief schickt, wird sie nach neun Tagen freigelassen. Bis auf den Brief, ca. 100 Gedichte verschiedener Genres und vier Prosatexte (literaturkritisch, autobiographisch u. a.) ist ihr Werk verschollen, ihre Autorschaft bei vielen Gedichten und dem Brief umstritten. Als erstes, vielleicht einziges Kind einer Literatenfamilie erhält sie die klassische Ausbildung, die sonst Söhnen vorbehalten ist, wird ermutigt und ernstgenommen. Durch die Freundschaft der Eltern zu bedeutenden Dichtern, u. a. Su Shi (1036–1101), erfahren schon ihre frühesten dichterischen Versuche Verbreitung. 18jährig wird sie mit einem jungen Literaten verheiratet. Sie sammeln Bücher, Bilder, Antiquitäten und 2000 Inschriften, die sie gemeinsam korrigieren, kopieren und kommentieren. 1126 zwingt der Sturz der Nördlichen Song-Dynastie sie zur Flucht; 1129 verwitwet L. Die Reste der geretteten Bücher und Antiquitäten verliert sie nach und nach, wie sie in ihrem berühmtesten Text schildert.

Durch einzigartige Szenen bringt dieser Text ihrer Ehe den Ruf einer überaus glücklichen, ›modernen‹ Modellehe ein: Das Paar läßt einander raten, »welche Begebenheit in welchem Buch erwähnt wird, in welcher Schriftrolle, auf welcher Seite, in welcher Zeile. [...] Hatte ich es getroffen, erhob ich alsbald die Schale, mußte aber so lachen, daß sich der Tee über die Kleider ergoß.« Noch bekannter die formvollendeten lyrischen Gedichte – »ci«, »Lieder«, da auf bestimmte Melodien hin gedichtet – v. a. die der Sehnsucht nach dem abwesenden Mann und der Trauer über seinen Tod. Die Gedichte werden seit langem vielfach übertragen, auch deutsche Versionen liegen vor. Als ›Vollenderin‹ der ›weiblichen‹ Schule innerhalb der *ci*-Lyrik wird ein Stil nach L. benannt. Sie hat mindestens eine Schülerin. Höchste Bewunderung erregt ihre Belesenheit, trotz des hohen Bildungsniveaus der Elite, auch der Frauen der Song-Dynastie, einer kulturellen Blütezeit mit Tausenden von Dichtern. Der Buchdruck breitet sich aus, auch Literatur von Frauen wird gedruckt; von ca. 50 Dichterinnen sind eigene Sammlungen nachgewiesen, v.a. Lyrik. Doch einzig L. wird zu den größten Dichtern gezählt, innerhalb der Song zu den drei berühmtesten: Su Shi, von dem sie viel lernt, Lu You (1125–1210) und Xin Qiji (1140–1207), die ihre literarische Bedeutung erkennen, sie zitieren und imitieren. L. bezieht sich auch auf Dichterinnen: Ban Jieyu (48–6 v.Chr.), Xie Daoyun (um 376), Xue Tao (768?-834?), Yu Xuanji (844?-871?), Li Ye (756?-760) und Zhu Shuzhen (1070?-1138?), zweitberühmteste der Song.

L.s literarischer Einfluß ist enorm, ebenso die Ermutigung, die Frauen aus ihrem Beispiel ziehen. Die lesbische Dichterin Wu Zao (1796–1850) zitiert L., ebenso Qiu Jin (1875–1907). Bing Xin (geb. 1900) schließt 1926 ihr Studium in den USA über L. ab, Shu Ting (geb. 1952) beschäftigt sich während der Kulturrevolution mit L.s Lyrik. Bewundert wird L.s ›Natürlichkeit‹, die Unmittelbarkeit, die sie bewußt anstrebt und oft durch unerwartete Metaphern erzielt. Die kühne Sprache der spannungsvollen Gedichte überrascht, beeindruckt und bewegt. Doch L. wird auch angegriffen, als schamlos für ›vulgäre‹ Erotik: »Durch das rote Seidenleibchen dünn, wie Eis die Haut schimmert / Wie Schnee leuchtend, schwach duftend.« Arroganz wird ihr vorgeworfen für Kritik an Dichtern. In den folgenden Jh., in denen die Stellung der Frau stetig sinkt, während der Witwenkeuschheitskult steigt, wird L. als Keuschheitsidol glorifiziert. Die zweite Heirat wird geleugnet, zur Verleumdung erklärt, der – bekannte – Brief zur Fälschung. Denn darin nennt sie sich zwar »töricht« und vergleicht sich einem, der »Goldkugeln opferte, um Spatzen abzuschießen,« doch sie zeigt keine Reue, keine Unterwerfung. Wohl deshalb kann sie sich tatsächlich nicht mehr am Kaiserhof zeigen. Sie erhält für den Rest ihres Lebens trotz ihrer Bemühungen keinen Zugang mehr, und auch kaum mehr zu Literatenkreisen. Um 1155 reißt die Spur ab. Chinas bedeutendste und beliebteste klassische Dichterin hat kein Grab, keine Nachrufe. Doch ihr Wunsch nach Ruhm hat sich erfüllt.

Œuvres poétiques complètes de Li Qingzhao. Hg. Liang Paitchin. Paris 1977. – *Li Qingzhao ji.* Hg. Zhonghua shuju Shanghai bianjisuo. Shanghai 1962. – Lit.: Dauber, D.: *Geschliffene Jade, zum Mythos der Song-Dichterin Li Qingzhao.* Diss. Berlin 1998.

Dorothee Dauber

Lispector, Clarice

Geb. 10. 12. 1920 in Tschetschelnik/Ukraine; gest. 9. 12. 1977 in Rio de Janeiro

L. über sich: »Ich wurde geboren, um zu schreiben.[...] Jedes meiner Bücher ist eine mühevolle und glückliche Premiere. Diese Fähigkeit, mich ganz zu erneuern, während die Zeit verstreicht, das nenne ich leben und schreiben.« Die Lispectors, russische Juden, emigrieren zwei Monate nach der Geburt Clarices, ihrer dritten Tochter, in den Nordosten Brasiliens. Mit sieben schreibt C. L. ihre ersten Erzählungen. Zwei Jahre später verliert sie die Mutter. Die Familie zieht 1934 von Recife nach Rio de Janeiro. Nach dem Gymnasium beginnt L. mit sechzehn zu arbeiten. Vom ersten Gehalt kauft sie sich ein Werk von Katherine ↗ Mansfield, zu der sie später oft in Beziehung gesetzt wird. Sie schreibt sich 1941 in der Rechtsfakultät ein, arbeitet als Journalistin für eine Nachrichtenagentur und in der Redaktion der Zeitung *A Noite.* 1943 heiratet sie den Studienkollegen und späteren Diplomaten Maury Gurgel Valente. Von 1944 bis 1959 begleitet sie ihren Mann nach Europa und in die Vereinigten Staaten. 1949 und 1953 werden ihre beiden Söhne geboren. Der ständig wechselnden Aufenthalte und Verpflichtungen müde trennt sie sich 1959 von ihrem Mann und kehrt nach Rio de Janeiro zurück, wo sie bis zu ihrem Tod lebt. Ihr Leben ist alles andere als ganz gewöhnlich. Schon zu Lebzeiten ist sie für viele eine rätselhafte Figur von eigenwilliger Schönheit.

Auf ihren ersten Roman, *Perto do coração selvagem*, 1943 (*Nahe dem wilden Herzen*, 1981), reagiert die Kritik überrascht und begeistert. Antônio Cândido, einer der anerkanntesten Literaturwissenschaftler Brasiliens, spricht 1943 von einem »wahrhaften Schock« nach der Lektüre des Romans, der so anders sei, geschrieben von einer bis dahin völlig unbekannten Autorin, auf deren Bedeutung er nachdrücklich hinweist. Zu einer Zeit, als der sozialkritische Nordostroman noch in realistischer Erzählmanier die Welt beschreibt, ist die Stimme von L. etwas völlig Neues. Ihre Sprache geht den feinsten Verästelungen von Innenwelten nach. Im Mittelpunkt steht Joana, als Kind, als Heranwachsende, als verheiratete Frau. Ganz in ihre Gedanken und Empfindungen vertieft erscheint sie ihrer Umgebung fremd, ja unheimlich, sie habe einen »Hang zum Bösen«, wie sie selbst feststellt. Ihrem Mann, einem jungen, aufstrebenden Juristen, erscheint sie in ihrer spröden Unnahbarkeit erst reizvoll, dann immer fremder, bis er sich von ihr trennt. Joana bleibt allein, unbeirrt in ihrer eigenen Welt, frei von dem Anspruch anderer auf sie. L. veröffentlicht weitere Romane, mehrere Bände mit Erzählungen und arbeitet für verschiedene Zeitungen.

In den 60er Jahren festigt sich ihr Ruf als außergewöhnlichste Autorin ihres Landes. 1964 erscheint die erste Übersetzung ins Deutsche mit dem Roman *A maçã no escuro,* 1961 (*Der Apfel im Dunkeln*, 1964), 1966 gefolgt von den Erzählungen *Laços de família*, 1960 (Die Nachahmung der Rose). L. erhält mehrere Preise für ihr Werk. Zu Lebzeiten erscheinen drei Kinderbücher, posthum ein weiteres und vier andere

Titel, darunter 1984 der umfangreiche Band *A descoberta do mundo* (Die Entdeckung der Welt), der Zeitungskolumnen von 1967–1973 aus der Zeitung *Jornal do Brasil* enthält. 1977 veröffentlicht sie ihren letzten Roman, *A hora da estrela (Die Sternstunde,* 1985), die Geschichte des unscheinbaren Mädchens Macabea aus dem Nordosten. Der von der Autorin eingeführte Erzähler sagt, Macabea habe das gehabt, was man ein Innenleben nennt, sie habe es nur nicht gewußt. Das Buch sei »eine stumme Fotografie«. Der Roman wurde Jahre später von Suzana Amaral beeindruckend verfilmt und auf den Berliner Filmfestspielen ausgezeichnet. Das Werk L.s ist ausführlich gewürdigt und vielfach interpretiert worden, so von der Freundin Olga Borelli und von Hélène ↗ Cixous, die entscheidend für die Verbreitung von L. in Frankreich war. Sicher ist es eine unzulässige Vereinfachung, L. nur unter dem Vorzeichen des Feminismus zu sehen, wie es dort vor allem der Fall war. Ihr Werk ist in mehrere Sprachen übersetzt und hat zu immer neuen Lesarten herausgefordert. Im letzten Interview antwortete sie auf die Frage, worin sie die Aufgabe des Schriftstellers heute sehe, »zu schweigen«. Nach ihrem Tod schrieb der Lyriker Carlos Drummond de Andrade »Clarice/ kam aus einem Geheimnis,/ ging fort in ein anderes«.

Lit.: Borelli, O.: *C. L. Esboço para um possível retrato.* Rio de Janeiro 1981; Douglass, E. H.: »Myth and Gender in C. L.: Quest as a Feminist Statement in ›A imitaçao da rosa‹«. In: *Luso-Brazilian Review* 25 (1988) Nr. 2, S. 15–31; Cixous, H.: *L'heure de C. L., précédé de Vivre l'orange.* Paris 1989; Batella Gotlib, N.: *Clarice – uma vida que se conta.* São Paulo 1995.

Ray-Güde Mertin

Lorde, Audre

Geb. 18. 2. 1934 in New York; gest. 17. 11. 1992 in St. Croix

Audre Lorde wurde als Tochter westindischer Immigranten geboren und ist in Harlem aufgewachsen. Von früher Kindheit an war Lyrik für sie das wichtigste Kommunikationsmedium. Später insistiert sie darauf, daß das Gedicht nicht nur die ästhetisch-moralische Funktion der Repräsentation von Gefühlen hat, sondern auch die eminent politische Funktion der Verknüpfung von Emotion und Vision. Für L., von der dominanten, rationalistischen Kultur des weißen, patriarchalen Amerika als schwarze, feministische, lesbische Mutter und an Krebs erkrankte Frau gleich mehrfach an den Rand des Schweigens gedrängt, war es zeitlebens die wichtigste Aufgabe, durch ihre Dichtung und Prosa die in ihrer Person konvergierenden multiplen Identitäten zur Sprache zu bringen und ihre kulturelle, emotionelle, soziale und politische Präsenz zu artikulieren. Die Motivation für ihre literarische Arbeit konstituiert zugleich das zentrale Motiv in den meisten Texten: »survival«, Überleben als Widerstandsform, als politisches Programm für die äußerst heterogene Gemeinschaft der gesellschaftlichen Außenseiter. Sprache, oder genauer der Akt des Sprechens, wird dabei zum wichtigsten Instrument der Opposition gegen den kulturellen Tod durch (Ver)Schweigen. Das Gedicht »A Litany for Survival« aus dem Gedichtband *The Black Unicorn* (1978) lieferte nicht nur den Titel für die 1996 von Ada Gay Griffin und Michelle Parkerson für *Third World Newsreel* produzierte filmische Biographie der Dichterin und politischen Aktivistin, sondern es ist zugleich auch die poetische Ausformulierung ihrer Lebensprogrammatik.

L., die ihr erstes Gedicht im Alter von 17 Jahren veröffentlicht hat, studierte an der University of New Mexico, später am Hunter College in New York und an der Columbia University. Während ihrer Studienzeit arbeitet sie in verschiedenen Jobs, u. a. als Röntgenassistentin, Sozialarbeiterin und Ghost Writer. Nach dem Abschluß ihres Studiums (1961) heiratet sie, wird Mutter einer Tochter und eines Sohnes und arbeitet zunächst als Bibliothekarin an der Mount Vernon Library, später – von 1966 bis 1968 – als Chefbibliothekarin an der Town School Library in New York. 1968 erscheint ihr erster Gedichtband *The First Cities*, dem ein Ruf als *Writer-in-Residence* an das Tougaloo College in Jackson, Mississippi, folgt, wo sie ihre spätere Lebensgefährtin Frances Clayton kennenlernt.

Angeregt durch die enge Zusammenarbeit mit jungen afro-amerikanischen Dichter/innen, die sie in dem Gedicht »Black Studies« (1973) verarbeitet, beschließt L. bei ihrer Rückkehr nach New York, sich fortan ausschließlich dem Schreiben und Unterrichten zu widmen. Sie wird Professorin an der City University von New York. »Teaching is a survival technique«, gesteht L. ihrer Kollegin und engen Freundin Adrienne ↗ Rich in einem Gespräch, das später im Essayband *Sister Outsider* (1984) veröffentlicht wird und die geistige und poetologische Verwandschaft der beiden Frauen dokumentiert.

In ihren zahlreichen Gedichten und Essays (1988 erscheint der Band *A Burst of Light*), in ihrem Krebstagebuch *The Cancer Journals,* 1980 (*Auf Leben und Tod: Krebstagebuch*, 1994), für das sie 1981 den Book Award from the American Library Association Gay Caucus erhielt, sowie in ihrer Autobiographie *Zami: A New Spelling of My Name*, 1982 (*Zami: Ein Leben unter Frauen*, 1993), die sie selbst als »Biomythographie« bezeichnet hat, positioniert sich L. als »warrior«, als Kämpferin, die ihre Stimme vor allem den Frauen leiht, denen aufgrund ihrer Rasse, ihrer Klasse und/oder ihrer Sexualität, aber auch aufgrund des gesundheitlichen Zustandes ihrer Körper der gesellschaftliche Respekt und das Recht auf Selbstbestimmung verweigert wird.

L. ist neben James Baldwin, Langston Hughes, Toni ↗ Morrison, Zora Neale ↗ Hurston, Alice ↗ Walker, Richard Wright eine der bedeutendsten afro-amerikanischen Autorinnen des 20. Jh., und sie zählt wie die etwas jüngere Nikki Giovanni zu den wichtigsten Stimmen der sog. New Black Poetry, in der politisches Engagement, ein geschärftes soziokulturelles Bewußtsein und dichterische Kreativität eine enge Verbindung eingehen. L.s Schaffen weitet den Blick auf eine Bewegung, deren Radikalität und wachsende politische Macht nicht zuletzt aus dem gestärkten Selbstbewußtsein einer unterdrückten ethnischen und rassischen Minorität resultiert. Das Gedicht »Coal« aus dem Jahre 1962 läßt sich als poetische Variante des Slogans »Black Is Beautiful« lesen. Darin definiert sich das lyrische Ich als »the total black/being spoken/from the earth's inside« und erinnert an mineralogische Verwandschaft zwischen Kohle und Diamant, die zum Symbol für das Selbstwertgefühl und den Stolz des sprechenden Subjekts wird.

Mit ähnlich engagierter Stimme äußert sich L.s poetisches *alter ego* über das Thema der Liebe. »Love Poem« (1971) ist das erste in einer langen Reihe von erotischen Gedichten, die sich weigern, über Leidenschaft, Begehren, Vertrauen, Sehnsucht, Hoffnung und Enttäuschung in der Maske heterosexueller Liebe zu sprechen. In ihrem Aufsatz »Uses of the Erotic: The Erotic as Power« konfiguriert L. das Erotische als körperlichen, geistigen und emotionalen Ausdruck der menschlichen Schöpferkraft und als Brücke zwischen dem Geistigen und dem Politischen im menschlichen Leben.- Am Ende ihres wechselvollen Lebens wird L. als »Mother of Queer Politics« ebenso gefeiert wie als Dichterin. Sie erhielt die Ehrendoktorwürde von drei renommierten amerikanischen Universitäten und wurde 1991 für zwei Jahre zum »State Poet of New York« berufen.

The Collected Poems by A. L. New York 1997; *A Litany for Survival: The Life and Work of A. L.* [Ein Film von Ada Gay Griffin und Michelle Parkerson]. Third World Newsreel. New York 1996; *A Tribute to Audre Lorde* (Website). http://stripe.colorado.edu/~standard/V5N1/Lorde/lorde_toc.html. – Lit.: Jeanne Martha Perreault: *Writing Selves: Contemporary Feminist Autobiography.* Minneapolis 1995.

Catrin Gersdorf

Løveid, Cecilie

Geb. 1951 in Mysen/Norwegen

L. hat mit einer radikal neuen Ästhetik sowohl in der Lyrik, als auch in der Dramatik für die norwegische Literatur Wegmarken gesetzt. Sie zählt zu den herausragendsten Autorinnen der norwegischen Gegenwartsliteratur. Ihre Dramen werden an den wichtigsten Bühnen Norwegens uraufgeführt. Der 1979 erschienene, prosalyrische Roman *Sug* (Sog) ist ein moderner Klassiker. Im norwegischen Kontext ist die für ihre Dramen typische, experimentelle, offene Form neu. Doch auch im internationalen Vergleich hat sie mit ihren Dramen Neuland erschlossen. Allerdings erschwert die sprachlich hochartifizielle Form der Texte eine Übersetzung und damit die internationale Rezeption. – L. wuchs in Bergen auf. Dort studierte sie zunächst an der Hochschule für Kunst und Kunstgewerbe, verlagerte den Schwerpunkt ihrer künstlerischen Arbeit jedoch bald auf die Literatur. Seit 1996 lebt sie in Oslo.

Ihr Werk gliedert sich in zwei Teile: Bis 1980 veröffentlichte sie ausschließlich lyrische und prosalyrische Texte. Es folgte das dramatische Werk, das bis heute fortgesetzt wird. In den letzten Jahren sind zudem zwei Kinderbücher entstanden. Die in den 70er Jahren entstandenen Bücher setzen sich aus Textfragmenten verschiedener Genres zusammen. Dabei rührt die fragmentarische Form von der modernistischen Montagetechnik her. Indem sie diese Collagen aus thematisch verbundenen kurzen Novellen, Erzählungen, prosalyrischen Texten und Gedichten als ›Roman‹ bezeichnet, überwindet sie die Konventionen des Genres. Höhepunkt dieser Arbeiten ist die Novelle *Sug*. In prosalyrischen Episoden wird das

Leben von Kjersti beschrieben. Sprache und erotisches Begehren erscheinen hier in einem Diskurs körperlicher Lust als verschiedene Formen der Kommunikation unauflöslich verbunden. Mit dem Hörspiel *Måkespisere* (1983) gelingt ihr der Durchbruch als Dramatikerin; ihr Werk wird mit dem Prix Italia ausgezeichnet. Die Dramen der 80er und 90er Jahre zeichnen sich durch vielfältigen Gebrauch von verfremdenden akustischen und visuellen, surrealistisch wirkenden Effekten aus. Schicksalhafte Handlungsverläufe werden immer wieder durch Sprachspiele, Wort- und Situationskomik und den Wechsel zwischen verschiedenen Wirklichkeitsebenen unterbrochen, so daß insgesamt der Charakter von ›Tragödienkomödien‹ im Sinne Thomas Bernhards entsteht. In einem Zyklus von historischen Dramen setzte sich L. mit von der Kulturgeschichte vergessenen, wenngleich zu ihrer Zeit herausragenden Frauen auseinander. Das Figurenspektrum der stark intertextuell konzipierten Texte reicht dabei von der Mystikerin ↗ Hildegard von Bingen (*Rhindøtrene*) über die Bergenser Gelehrte und wegen Kindsmord zum Tode verurteilte Zille Gad (1675–1711) (*Barock friise*) bis zu Maria Quisling, der Frau des norwegischen Nazi-Kollaborateurs Vidkun Quisling (*Maria Q.*).

Lit.: Garton, J.: *Norwegian Women's Writing 1850–1990*. London 1993, S. 209–228; *Kritikkjournalen*. 2 (1990); Rottem, Ø./Ørjaseter, T.: *Norges Litteraturhistorie* Bd. 7. Oslo 1997, S. 552–570.

Bettina Baur

Luft, Lya

Geb. 15. 9. 1938 in Santa Cruz do Sul/Südbrasilien

»Es besteht kaum ein Zusammenhang zwischen meinen Figuren und meiner persönlichen Biographie, denn sie sind die Biographie dessen, was mich als Mensch beschäftigt, also gehen sie über die Grenzen meines individuellen Lebens hinaus«, sagt L., befragt nach den seltsamen Gestalten in ihren Romanen. Sie verbrachte eine behütete Kindheit in einem Ort, der vor allem von deutschen Einwanderern bewohnt war. So sprachen auch die Kinder deutsch und lasen deutsche Bücher. Brasilianische Autoren lernte L. erst später kennen, so z. B. Machado de Assis, den Romantiker José de Alencar oder den portugiesischen Klassiker des 19. Jh.s, Eça de Queiroz. Es folgten viele andere Bücher aus der Bibliothek des Vaters, eines Juristen, zu dem sie ein besonders enges Verhältnis hatte. Einer der Autoren, die sie am meisten beeindruckten, war Rilke, den sie auch ins Portugiesische übersetzte. Sie schließt ihr Studium in Anglistik und Pädagogik ab, heiratet 1963 den Sprachwissenschaftler Celso Luft und hat mit ihm drei Kinder. Nach dem Magisterabschluß 1975 in Linguistik und 1978 in portugiesischer und brasilianischer Literatur unterrichtet sie von 1970 bis 1980 Linguistik an der Universität. Von 1964 bis 1980 schreibt sie Kolumnen für die Tageszeitung *Correio do Povo* in Porto Alegre, wo sie seit ihrem Studium lebt. In der gleichen Zeit macht sie sich als Übersetzerin aus dem Englischen (Virginia Woolf, Doris Lessing) und Deutschen

(Thomas Mann, Hermann Hesse) einen Namen. Nach einem schweren Autounfall im Jahr 1977 und einer langen Genesungsphase beginnt sie zu schreiben.

Der 1984 veröffentlichte Gedichtband *Mulher no palco* (Frau auf der Bühne) gibt Gedanken zu den vier Romanen wieder, die, als hätten sie sich in ihr »angesammelt«, in kurzen Abständen zwischen 1980 und 1984 erschienen waren. Sie befreit sich in den eigenen Texten von den Bildern, die sie seit ihrer Kindheit bedrängt haben. »Mit meinem Gesicht einer braven deutschen Hausfrau«, wie sie selbstironisch sagt, traue man ihr diese Romane, in denen es immer wieder um Tod und die verborgenen Gefühle der Menschen geht, kaum zu. In Deutschland wurde sie zunächst mit dem zweiten Roman von 1982, *Reunião de família* (*Wochenende mit Familie*, 1992), bekannt. Die Erzählerin Alice reist in das Haus ihres Vaters zu einem Familientreffen am Wochenende. Die Tage in dem alten Haus sind für Alice Anlaß, die auf sie einstürmenden Erinnerungen und die Begegnung mit den Familienmitgliedern und dem unnahbaren Vater zu analysieren. Gescheiterte Hoffnungen, versteckte Gefühle und jahrelang aufrechterhaltene Lügen werden aufgedeckt. Die Erzählung lebt von der morbiden Atmosphäre des alten Hauses, den vielfachen Gegensätzen der Gestalten. Wie in den anderen Romanen bricht die Oberfläche eines bürgerlichen, augenscheinlich geregelten Lebens unvermittelt auf. In jedem der vier Romane geht es um einen kurzen zeitlichen Ausschnitt, wie hier um ein Wochenende, oder eine Woche im Strandhaus (*As parceiras*, 1980/*Die Frau auf der Klippe*, 1994), drei Tage im Haus des Vaters (*A asa esquerda do anjo*, 1981/Der linke Flügel des Engels) oder eine Nacht am Sarg des toten Sohnes (*O quarto fechado*, 1984/Das geschlossene Zimmer). Hintergrund ist immer die Familie, »Ursprung unserer schlimmsten Neurosen«, wie L. einmal sagte. Ihre wichtigsten Figuren sind Frauen, einige von ihnen mit homosexuellen Neigungen. »Eine Familie aus lauter verrückten Frauen« ist es auch, der die Hauptfigur Anelise in dem ersten Roman *Die Frau auf der Klippe* entstammt.

L. schreibt auch über die Schwierigkeiten der Anpassung von Menschen, die aus einer anderen Kultur kommen und sich in die neue Umgebung integrieren müssen, ein Problem, das besonders in dem Roman *A asa esquerda do anjo* angesprochen wird. In ihrem bislang letzten Roman *A sentinela* (Die Wache) von 1994 sind die Gestalten und ihre Gefühlswelt positiver gezeichnet. 1996 und 1997 veröffentlicht sie noch zwei Bücher mit Essays und Gedichten. L. ist eine der Autorinnen Brasiliens, die mit ihrem Werk die Frau herausführen »aus dem Käfig der Einsamkeit« (Marina Colasanti).

Lit.: Moreiras, A.: »Símbolo, alegoría y temporalidad en ›Reunião de Família‹ de L. L.«. In: *Hispania* 2 (1987), S. 250–256; Carmen Chaves McClendon: »Theoretical Dialogue in ›O Quarto Fechado‹«. In: *Chasqui* 2 (1988), S. 23–26.

Ray-Güde Mertin

Luik, Viivi

Geb. 6. 11. 1946 in Tänassilma, Landkreis Viljandi/Estland

Die Lyrikerin, Prosaistin und Kinderbuchautorin Viivi Luik wurde 1946 als Tochter eines Elektromonteurs in einem kleinen Dorf Mittelestlands geboren. Sie arbeitete als Bibliothekarin und Archivarin in Tallinn und ist seit 1967 freie Schriftstellerin, seit 1970 Mitglied des Estnischen Schriftstellerverbandes, und seit 1986 trägt sie den vom Staat verliehenen Titel »verdiente Schriftstellerin«. Sie ist mit dem Schriftsteller Jaak Jóerüüt verheiratet, der 1991 als estnischer Botschafter nach Finnland berufen wurde. – L. debütierte 1964 mit Gedichten in der führenden estnischen Literaturzeitschrift *Looming* (Das Schaffen). Ihr erster Gedichtband *Pilvede Püha* (Das Fest der Wolken) erschien 1965 in der Buchkassettenausgabe *Junge Autoren 1964*, in der die jeweils neueste und interessanteste Lyrik des Landes vorgestellt wird. Die in dieser und in den Folgeausgaben debütierenden Autor/innen werden heute als ›Kassettengeneration‹ bezeichnet, es sind die bis Ende der 80er Jahre führenden Autor/innen des Landes, z. B. Jaan Kaplinski, Paul-Eerik Rummo, Mati Unt, Arvo Valton u. a. Dominiert in dieser ersten Veröffentlichung noch die unmittelbare Beziehung der Autorin zur Natur, so wird diese in der nächsten, *Taevaste tuul*, 1966 (Wind der Himmel) durch eine stilisierte, beinahe japanisch anmutende Miniatur- und Bildhaftigkeit und Symbolik erweitert. In *Lauludemüüja*, 1968 (Liederverkäufer) verdeutlicht L. die Kompliziertheit sozialer Prozesse und setzt diese Thematik mit *Hääl*, 1968 (Stimme) und *Ole kus oled*, 1971 (Bleib wo du bist) fort, wobei ihre Sprache immer bildhafter wird; die Projektion des Erlebten wird durch Innenansichten, assoziative Logik und selbsterschaffene Symbolik bereichert. Diese neue Periode beginnt mit dem Gedichtband *Pildi sisse minek*, 1973 (Ins Bild gehen) und erreicht mit *Põliskevad*, 1975 (Urfrühling) ihren Höhepunkt, für den sie die Juhan-Smuul-Prämie erhält. Im Band *Maapäälsed asjad*, 1978 (Die Dinge auf dieser Welt) spielen Alltag und Stadtmilieu eine größere Rolle als bisher, und der Gedichtband *Rängast rõõmust* (Aus großer Freude), der ihr 1982 wiederum die Smuul-Prämie einbringt, zählt zu den bedeutendsten gesellschaftskritischen Werken Sowjetestlands der 70er und 80er Jahre. Ein ausgeprägtes Zeitgefühl, das sich in Illusionslosigkeit, aber ethisch hohem Anspruch an den Menschen ausdrückt und ihm dadurch Lebensperspektiven verleiht, liegt ihren späteren Gedichten zugrunde. L.s Gedichte, ebenso wie ihre Prosawerke werden in zahlreiche Sprachen übersetzt.

Als Prosaistin debütierte L. 1974, der Durchbruch gelang ihr 1985 mit dem Roman *Seitsmes rahukevad*, 1991 (*Der siebte Friedensfrühling*), der sämtliche Auszeichnungen des Landes erhielt. In diesem Roman wird das bis dato als tabu geltende spannungsreiche politische Geschehen Estlands aus dem Blickwinkel eines Kindes in einer außergewöhnlich lyrischen Sprache beschrieben. Ihr zweiter Roman, *Ajaloo ilu* (*Die Schönheit der Geschichte*, 1995), erschien 1991: eine Liebesgeschichte, die sich in Estland und Lettland vor dem Hintergrund des sowjetischen Einmarsches im

August 1968 in Prag abspielt. Auch für ihre Kinderbücher wurde sie ausgezeichnet. – Von 1991 bis 1995 lebte L. in Helsinki, 1996 war sie als DAAD-Stipendiatin für ein Jahr in Berlin, seit 1997 lebt sie wieder in Tallinn. Sie arbeitet momentan an einem Opernlibretto und einem neuen Roman.

Lit.: Hasselblatt, C.: »V. L. und der ›Siebte Friedensfrühling‹«. In: *baltisches jahrbuch* 3/1986; »V. L.: War and peace; body and genotext in her novel *Seitsmes rahukevad*«. In: *Journal of Baltic Studies* 3 (1989), S. 265–282.

Irja Dittmann-Grönholm

Maillet, Antonine

Geb. 10. 5. 1929 in Bouctouche, Nouveau Brunswick/Kanada

Kanadische Staatsbürgerin, Wahlquebeckerin, ihre Wurzeln liegen aber in der Acadie bzw. im französischen Mutterland – so sieht sich M., die Begründerin und zugleich bedeutendste Vertreterin der noch jungen akadischen Literatur. Das Zusammentreffen geschichtlicher, geographischer und sozialer Faktoren – Meer, Trauma der Deportation (1755), Bedrohung durch eine mächtige anglophone Mehrheit – hat im Osten Kanadas eine Literatur entstehen lassen, die M. als ›viszeral‹, ›komplex‹, dem Prinzip *anima*, dem Meer verbunden sieht und die sich abgrenzt von der mehr ›solaren‹, mehr ›zerebralen‹ Literatur Québecs. – M. stammt aus einer kinderreichen Familie in Nouveau Brunswick und verdient sich ihren Lebensunterhalt zunächst als Lehrerin. Nach einem zweijährigen Forschungsaufenthalt in Paris promoviert sie 1970 mit einer Doktorarbeit zu François Rabelais. Bevor sie sich ganz dem Schreiben widmet, lehrt sie Literatur an den Universitäten Laval (1971–74) und Montréal (1975/76) und erhält zahlreiche Auszeichnungen und Preise (Prix Goncourt für *Pélagie-la-Charrette*, 1979; Mitglied der Société Royale du Canada, der Académie Canadienne Française und des Haut Conseil de la Francophonie).

M.s Werk umfaßt heute mehr als 30 Romane und Theaterstücke; sie spielen fast ausnahmslos im vertrauten akadischen Raum und sind bevölkert von stets wiederkehrenden, typisierten Figuren, die sprechende Namen tragen. Schon früh wird die bloße Zeichnung von Sitten und Gebräuchen, von Familiengenealogien in dörflichem Ambiente durch eine ironische Perspektivierung überlagert. Im Zusammenprall der Clans, im Gegenspiel von Arm und Reich gilt das besondere Augenmerk denen, die – vielfach sozial benachteiligt – auch nach den starren Regeln der traditionellen Moral Außenseiter sind. Kollektiven Zwängen stellt M. nicht selten individuelle Freiheit gegenüber, ihre Figuren revoltieren. Einige ihrer meist weiblichen Protagonistinnen sind zur Legende geworden, wie etwa die Sagouine aus dem gleichnamigen Text von 1971, eine einfache Waschfrau von der Ile-du-Prince-Edouard, die in 16 den Leser ergreifenden Monologen ihre Biographie erzählt, während sie den Schmutz der Welt in ihren Eimer füllt. Auch die Titelheldin von

Pélagie-la-Charrette zählt dazu, die den Mythos der Evangeline H.W. Longfellows in sein Gegenteil verkehrt: M.s Pélagie ist eine aktive Evangeline, die ihr Volk zurück in die Heimat führt und einen ebenbürtigen Partner an ihrer Seite weiß. Frauen bevölkern aber auch die Theaterstücke sowie die vorläufig letzten Romane *L'Ile aux puces* (1996), *Le Chemin Saint-Jacques* (1997) und *Les Confessions de Jeanne de Valois* (1993), wo die Autorin der Leitfigur der akadischen Renaissance, die zugleich ihr Mentor ist, ein eindrucksvolles Denkmal setzt.

Das Hauptanliegen M.s ist jedoch die Sprache: M. bricht das jahrhundertelange akadische Schweigen, das in ihrem Werk zur Stimme wird. Ihre Texte situieren sich am Übergang von der Oralität zur Schrift und sind deshalb nicht immer leicht zu verstehen. Sie macht das akadische Französisch der Literatur verfügbar, verwendet daneben aber genauso das Standardfranzösisch, wo Figur oder Gegenstand es verlangen. Der Übergang von Oralität zu Schrift wird schließlich spürbar in der Thematisierung des Erzählprozesses selbst, wenn ein Ich das Wort ergreift, es weitergibt an ein nächstes und so fort. Auf diese Weise fängt die Autorin die Stimme(n) der Vergangenheit ein, die nur als mündliche Überlieferung existiere(n), und schafft ein erzähltechnisch durchkomponiertes Ganzes, das weniger einer Einzelperson als dem Kollektiv Ausdruck verleiht.

Lit.: Drolet, B.: *Entre dune et aboiteaux . . . un peuple. Etude critique des œuvres d'A. M.* Montréal 1975; Maillet, M./Hamel, J. (Hgg.): *La Réception des œuvres d'A. M.* Moncton 1989; Brière, E. A.: »A. M. et la construction d'une identité acadienne«. In: Boudreau, R. et al. (Hgg.): *Mélanges Marguerite Maillet.* Moncton 1996, S. 97–109.

Ursula Mathis

Majerová, Marie (geb. Bartošová, verh. Stivínová, später Tusarová)

Geb. 1. 1. 1882 in Úvaly/Böhmen; gest. 16. 2. 1967 in Prag

Marie Majerová war die erste tschechische Autorin, die sich von Jugend an aktiv politisch betätigte und ihre Vorstellungen vom Sozialismus und Kommunismus in einem umfangreichen journalistischen und erzählerischen Werk umsetzte. Nach 1948 wurde die parteitreue Marxistin und einstige Vorkämpferin des Sozialistischen Realismus, der sich in der tschechischen Literatur in den 30er Jahren, als damals noch undogmatische Richtung, entwickelt hatte, zu einer Galionsfigur des stalinistischen Regimes und zur kommunistischen Lesebuchautorin, was ihr bis heute beim tschechischen Publikum viele Sympathien gekostet hat. – Die in ärmlichen Verhältnissen in der Bergwerksstadt Kladno bei Prag aufgewachsene Autodidaktin kam früh mit der Arbeiterbewegung in Berührung und fand als 18jährige Zugang zu den Kreisen der legendär gewordenen Prager Anarchobohème um die Lyriker S. K. Neumann (1875–1947), František Gellner (1881–1914) und Fráňa Šrámek (1877–1952). 1904 bis 1906, als sie selbst schon publizistisch tätig war, lebte sie mit ihrem Mann Josef Stivín (1879–1941) in Wien, wo dieser als Redakteur der sozialdemokratischen *Dělnické listy* (Arbeiterzeitung) arbeitete. Ein Studienaufenthalt in Paris 1906/07 inspirierte sie zu ihrem 1914 erschienenen Roman *Náměstí republiky* (*Platz der Republik*, 1951), in dem sie mit der anarchistischen Bewegung abrechnete. 1908 ließ sie sich in Prag nieder und trat der Sozialdemokratischen Partei bei. In der Zwischenkriegszeit arbeitete M., die sich 1921 der KPTsch angeschlossen hatte, als vor allem für ihre Theaterkritiken geschätzte Journalistin bis 1929 bei *Rudé právo* (Rotes Recht) und nach ihrem Parteiausschluß bis 1936 in der kulturpolitischen Zeitschrift *Čin* (Tat). Die Eindrücke ihrer wichtigsten Auslandsreisen – USA (1919), Sowjetunion (u.a. 1924 und 1938), Afrika (1932), China (1954) – hielt sie in Reisereportagen fest.

In ihrem Frühwerk unterschied sich M. nicht wesentlich von anderen tschechischen Autorinnen, die sich in der Tradition von Růžena Svobodová (geb. Čápová, 1868–1920) seit der Jahrhundertwende mit weiblichen Sinnkrisen befaßt hatten (etwa B. Benešová, H. Malířová, M. Pujmanová und A. M. Tilschová). Auch M. beschrieb in psychologisch-realistischem Stil die Probleme von in ihren Gefühlen befangenen Frauen und Mädchen, die sich aus ihren gesellschaftlichen Bindungen und von ihrer Abhängigkeit von den Männern nicht lösen können und desillusioniert zurückbleiben. Erst die Heldin ihres dritten, autobiographische Züge aufweisenden Romans *Nejkrásnejši svět*, 1923 (*Die schönste aller Welten*, 1952), der als erster sozialistischer Tendenzroman der tschechischen Literatur gilt, schafft den Schritt zur Selbstbestimmung. M. verwirklichte in der aus weiblicher Perspektive erzählten Lebensgeschichte eines einfachen Landmädchens, das zur bewußten Kommunistin und politischen Agitatorin wird, das Programm der damals von der jungen Linken des Künstlerverbands »Devětsil« (1920) propagierten proletarischen Literatur. Die Vision einer sozialen, mit dem Bau einer Talsperre bei Prag verbundenen Revolution entwickelte sie 1932 in ihrem utopischen Roman *Přehrada* (Die Talsperre). Sie verwendete innovatorische Prosaverfahren wie die Reportage- und dem modernen Film entlehnte Schnitt- und Montagetechnik, erreichte aber dennoch nicht das Niveau der utopischen Romane Karel Čapeks (1890–1938), des Hauptvertreters dieses Genres in der tschechischen Literatur. In ihrem bedeutendsten Werk, dem sozialkritischen Roman *Siréna*, 1935 (*Die Sirene*, 1950) verfolgte M. am Schicksal mehrerer Generationen einer Arbeiterfamilie den Wandel des Industriegebietes Kladno seit der zweiten Hälfte des 19. Jh.s bis zum Ersten Weltkrieg.

Ihr Interesse an der Zeitgeschichte dokumentierten in der Zwischenkriegszeit auch andere Autorinnen in breit angelegten Gesellschaftsromanen. Die unmenschlichen Lebensbedingungen der Arbeiter im Ostrauer Kohlenrevier während des Ersten Weltkriegs beschrieb z.B. 1927 Anna Maria Tilschová (1873–1957) in ihrem sozialkritischen Roman *Haldy* (Die Halden); die Kriegsfolgen in einer mährischen Kleinstadt machte Božena Benešová (geb. Zapletalová, 1873–1936) zum Thema ihrer zwischen 1926 und 1933 veröffentlichten Trilogie *Úder* (Der Schlag), *Podzemní plameny* (Unterirdische Flammen), *Tragická duha* (Der tragische Regenbogen), und einen in Zlín situierten Schlüsselroman über die 20er Jahre schuf 1937 Marie Pujmanová (geb. Hennerová, 1893–1958) mit *Lidé na křižovatce (Menschen am Kreuzweg*, 1949).

Spisy (Schriften). 19 Bde. Hg. Píša, A. M. Prag 1952–61. – Lit.: Hájek, J.: *M. M. aneb Román a doba.* Prag 1982.

Christa Rothmeier

Maksimović, Desanka

Geb. 16. 5. 1898 bei Brankovina/Serbien; gest. 11. 2. 1993 in Belgrad

»Es ist geschehen und wahr,/ daß an einem Tag in einem Land/auf dem bergigen Balkan/eine Schülerschar/den Märtyrertod fand . . .« Das Gedicht »Krvava bajka« (»Blutige Mär«) entstand nicht nach dem jüngsten Jugoslawienkrieg. M. schrieb es im Zweiten Weltkrieg, nach einem Überfall deutscher Soldaten auf Kragujevac. M. wurde 95 Jahre alt; ihr rund 50bändiges Œuvre spiegelt, wenn auch meist in einem sehr persönlichen lyrischen Gespräch, fast ein Jahrhundert serbischer und jugoslawischer Entwicklung. – M. wächst in einer Lehrerfamilie in der mittelserbischen Waldregion Šumadija auf; die Verinnerlichung dieser Landschaft, ihrer bäuerlichen Menschen, ihrer kraftvollen Sprache bestimmen M.s lyrische (Bilder)Sprache. Schon während M. von 1919 bis 1923 in Belgrad Geschichte, Kunstgeschichte und vergleichende Literaturwissenschaft studiert, verfaßt sie ihre ersten Gedichte, die sogleich in Literaturzeitschriften und Anthologien veröffentlicht werden. 1924 erscheint ihre erste eigene Sammlung *Pesme* (Gedichte), voller begeisterter und zugleich melancholischer Erwartungen an das Leben und die Liebe. In dieser frühen Lyrik ist bereits enthalten, was für das gesamte Werk charakteristisch ist: melodischer Vers ohne starres Reim- oder metrisches Schema; starker, aber freier Rhythmus, z. T. fast rhythmische Prosa; klare, oft kindlich-archaische Bilder voller Farben, Gerüche, Klänge; sinnliche Naturerfahrung als Spiegel der Stimmung ihres lyrischen Ich, aber auch ihrer Umwelt – M. ist eine traditionelle Vertreterin der Moderne, unbeeinflußt von zeitgenössischen, etwa avantgardistischen oder surrealistischen, Strömungen. 1924/25 geht M. für ein Zusatzstudienjahr nach Paris, dann nach Dubrovnik. In den nun folgenden Gedichtsammlungen (1930 *Zeleni vitez,* Der grüne Ritter; 1936 *Nove pesme,* Neue Gedichte) tritt zum immer wiederkehrenden Thema der Liebe als Lebensideal der Bezug auf Heimat und soziale Bedingungen, etwa wenn M. das harte Leben der Bauern in der Šumadija schildert. Sehr erfolgreich sind auch die Kinderbücher, die sie von nun an regelmäßig schreibt. In dieser für die serbische Literatur äußerst schöpferischen Zwischenkriegszeit treten auch andere Schriftstellerinnen hervor, wie Anica Savić-Rebac (1892–1953) und Jela Spiridonović-Savić (1891–1974). Aber keine ist so erfolgreich wie M., die schon zu dieser Zeit mehrfach mit Preisen ausgezeichnet und später mit Orden und Ehrungen geradezu überschüttet wird; und nur M. wurde außer in slavische Sprachen auch ins Deutsche übertragen (Annemarie Bostroem, Waltraud Jähnichen, Astrid Philippsen).

Am 4. April 1941 fallen deutsche Bomben auf Belgrad, Serbien wird besetzt, erhält eine von Hitler gelenkte Marionettenregierung. M. kollaboriert nicht, noch 1941 wird sie – seit 1926 Gymnasiallehrerin in Belgrad – aus dem Schuldienst entlassen, darf erst 1944 wieder arbeiten. Wie bei den meisten serbischen und jugoslawischen Schriftstellern bestimmen nun das kollektive Trauma von Besatzung und Krieg, die Liebe zum eigenen Volk und die Hoffnungen des Neubeginns im sozialistischen Jugoslawien die Thematik von M.s Dichtung – die Grenze zwischen Gefühl und Pathos, zwischen Volkslied und Hymne ist fließend. Mit diesem moralisch-ideologischen Anliegen entstehen die Gedichtsammlung *Pesnik i zavičaj*, 1946 (Der Dichter und die Heimat) und drei Verserzählungen. In den 50er Jahren findet M. zu ihrer ganz persönlichen und sinnlichen Liebes- und Naturlyrik zurück, aber nun ist es in ihren Gedichten Spätsommer, Erntezeit, Herbst. Die Natur spiegelt in sich ruhendes Erfülltsein, erotisches Wissen und wehmütige Erfahrung der Vergänglichkeit. Die zyklische Gedichtsammlung *Miris zemlje*, 1955 (Der Duft der Erde) – mehrfach nachgedruckt – ist der Auftakt dieser leisen, intimen Phase. Weit um sich blickend und fordernd tritt M. dann 1964 in ihrem wohl ungewöhnlichsten Buch auf, in der »lyrischen Diskussion mit dem Gesetzbuch des Zaren Dušan«, in dem M.s Leitmotiv Liebe eine Weiterung zu einem umfassenden Humanismus erfährt: *Tražim pomilovanje* - »Ich fordere Gnade ... für die Bedeutsamen, ... für die Spötter, ... für die Soldatenfriedhöfe, ... für die Hochzeiten ohne Trauung, ... für die Dichterin«.

Die kontemplativen Zyklen *Nemam više vremena*, 1973 (Ich habe keine Zeit mehr) und *Ničija zemlja*, 1979 (Niemandsland) behandeln den Tod, auch den ihres russischen Lebensgefährten, schließen mit dem eigenen Leben und Werk ab. Und doch erscheinen noch drei weitere kleine Bände: 1983 *Slovo o ljubavi* (Rede über die Liebe), 1991 *Ozon zavičaja* (Ozon der Heimat), 1992 *Zovina svirala* (Die Holunderflöte), und M. wird Teil des auch in Serbien aufflammenden, im Tito-Jugoslawien unerwünschten Nationalismus. Bei der 600jährigen Gedenkfeier zur Schicksalsschlacht gegen die Osmanen auf dem Amselfeld 1989 sieht man die kleine alte Dame jubelnd in der ersten Reihe sitzen. 1993 wird M., gerade im heutigen Serbien fast wie eine Ikone verehrt, in ihrem Heimatort Brankovina begraben.

Sabrane pesme I-V (Gesammelte Gedichte). Belgrad 1982; Dt. Auswahl: *Der Schlangenbräutigam*. Hg. M. Jähnichen. Berlin 1982. – Lit.: Jähnichen, M.: Nachwort. In: Ders. (Hg.): *D. M. Der Schlangenbräutigam*. Berlin 1982.

Petra Rehder

Mann, Erika

Geb. 9. 11. 1909 in München; gest. 27. 8. 1969 in Zürich

Dem Schreiben habe sie sich nie zuwenden wollen, so hat M. später immer wieder betont; schließlich habe es mit dem Vater, dem Onkel und den Brüdern genug schreibende Familienmitglieder gegeben. Katia und Thomas Manns älteste Tochter wurde Schauspielerin, 1924 begann sie bei Max Reinhardt (1873–1943) in Berlin ihre Ausbildung. Es folgten Engagements in Bremen, Hamburg, Frankfurt, München und Berlin. Mit den frühen Stücken ihres Bruders Klaus (1906–1949) ging sie auf Tournee; nicht selten sorgten Ensemble und Aufführungen für Presseskandale, die den verrückten und lebensfrohen Geschwistern nur recht waren. Als Regisseur fungierte Gustaf Gründgens (1899–1963), mit dem M. damals kurzfristig verheiratet war. Aus sehr praktischen Gründen begann sie seit 1928 doch zu schreiben; für Zeitungen und Zeitschriften lieferte sie Glossen und Feuilletons, um die Gagen aufzubessern bzw. die Weltreise mit dem Bruder finanzieren zu helfen. *Rundherum. Das Abenteuer einer Weltreise* erschien 1929 als erstes Gemeinschaftswerk der Geschwister im S. Fischer Verlag. Auch als Kinderbuchautorin hat M. noch vor 1933 debütiert; mit *Stoffel fliegt übers Meer* (1932) und dem ein Jahr zuvor aufgeführten Weihnachtsmärchen *Jan's Wunderhündchen* konnte sie die Kritik überzeugen. Auch während und nach der Emigration hat M. immer wieder Kinderbücher verfaßt: *Muck, der Zauberonkel* (1934), *A Gang of ten* (1942) sowie die *Zugvögel* – Serie (1953–1955). In politisch schwierigen Zeiten sah sie in Kindern noch das aufmerksamste Publikum. Am 1. Januar 1933 hatte sie in München ihr Kabarett *Die Pfeffermühle* eröffnet, das unter der Regie von Therese Giehse (1898–1975) bis Ende Februar in Deutschland spielte und anschließend von der Schweiz aus in zahllosen Exilländern den satirischen Kampf gegen Hitler führte. Ihr liebstes Kind hat M. *Die Pfeffermühle* genannt, deren Texterin, Ansagerin, Organisatorin und publizistische Verteidigerin sie bis zum Januar 1937 gewesen ist. Mit den politisch umgedichteten Märchen der Brüder Grimm, mit bissigen Chansons, Sketchen und Grotesktänzen machte man Front gegen Arbeitslosigkeit und Indifferenz, Dummheit und Brutalität. Der Versuch, 1936 auch in Amerika mit der *peppermill* Fuß zu fassen, scheiterte; das Ensemble löste sich auf, M. aber setzte als politische Publizistin den Kampf gegen Hitler mit anderen Mitteln fort.

Als Vortragsreisende in Amerika, Mitarbeiterin der BBC und seit 1942 als Kriegskorrespondentin in der amerikanischen Armee schrieb sie über politische und militärische Tagesereignisse. In ihren Büchern, *Zehn Millionen Kinder. Die Erziehung der Jugend im Dritten Reich* (1938), *The Lights go down* (1940), und Reportagen berichtete sie über das alltägliche Leben in Deutschland unterm Hakenkreuz. In gemeinsamer Autorschaft mit Klaus Mann erschienen *Escape to Life* (1939) und *The other Germany* (1940). Als politische Lehrbücher in einem alltagspraktischen Sinne hat M. ihre Arbeiten aus der Exilzeit verstanden und häufig betont, daß ihr Zugang zur Politik weder theoretisch noch parteipolitisch, sondern menschlich motiviert sei: Als Prozeßberichterstatterin bei den Nürnberger Prozessen, als Journalistin im befreiten Deutschland und als kritische Kommentatorin der Blockbildung nach dem Zweiten Weltkrieg machte sie sich dennoch in allen politischen Lagern unbeliebt. Kalter Krieg und McCarthyismus brachten das Aus für eine der beliebtesten und erfolgreichsten Vortragsredner. Nach der Rückkehr in die Schweiz, 1952, intensivierte sich die schon im Exil begonnene Arbeit für den Vater. Sie kürzte und redigierte Thomas Manns (1875–1955) Manuskripte, beriet ihn in politischen Fragen, begleitete ihn auf Reisen. Nach seinem Tod betreute sie seinen Nachlaß, schrieb Drehbücher für die Verfilmung seiner Romane und edierte in einer dreibändigen Auswahl seine Briefe. In *Das letzte Jahr. Bericht über meinen Vater* (1956) beschrieb sie das letzte Lebensjahr Thomas Manns. Nicht weniger engagiert kümmerte sie sich um das Werk ihres 1949 verstorbenen Bruders Klaus, dessen Romane und Autobiographien aufgrund ihrer Initiative in den 60er Jahren wieder erschienen. Arbeitsüberlastung und Krankheit verhinderten die Fertigstellung einer Biographie über Thomas Mann; die Idee einer eigenen Autobiographie bzw. eines Buches über die *Pfeffermühle* verwarf sie, weil ihr die Arbeit für das Werk des Vaters und Bruders vordringlich erschien.

Lit.: von der Lühe, I.: *E. M. Eine Biographie.* Frankfurt/M. [2]1994; Keiser-Heyne, H.: *E. M. und ihr politisches Kabarett Die Pfeffermühle.* Reinbek 1995; von der Lühe, I./Naumann, U. (Hgg): *E. M.: Mein Vater, der Zauberer.* Reinbek 1996.

Irmela von der Lühe

Mansfield, Katherine (eigtl. Kathleen M. Beauchamp)

Geb. 14. 10. 1888 in Wellington/Neuseeland; gest. 9. 1. 1923 in Fontainebleau/Frankreich

Katherine Mansfield gilt als Begründerin der modernen englischen Kurzgeschichte. Obgleich sie die meiste Zeit ihres Lebens in Europa verbrachte und oft als englische Schriftstellerin vereinnahmt wird, war es ihr Bemühen, ihr Heimatland Neuseeland der Welt nahezubringen. Nicht nur M.s Werk, sondern besonders auch ihr Leben sind in zahlreichen Veröffentlichungen dokumentiert, die sowohl Biographien als auch ihre eigenen Briefe, Tagebücher und Aufzeichnungen (alle posthum von John Middleton Murry herausgegeben) enthalten.

M. wurde als drittes von sechs Kindern in Wellington geboren. Entsprechend der gesellschaftlichen Stellung ihrer Familie und damaliger kolonialer Gepflogenheit, besuchte sie ab 1903 mit ihren älteren Schwestern das Queens College, Harley Street, in London. Dort las sie Ibsen und Wilde, beschloß, Schriftstellerin zu werden und begegnete Ida Baker (Ps.: L. M.), mit der sie eine lebenslange, wechselvolle Freundschaft verband. 1906 kehrte sie nach Neuseeland zurück, ließ sich aber schon 1908 mit finanzieller Unterstützung ihres Vaters in London nieder. Sie führte ein sehr bewegtes Leben, heiratete George Bowden, den sie am Tag nach der Hochzeit wieder verließ. Ihre erste Sammlung von Kurzgeschichten, *In a German Pension* (*In einer deutschen Pension*, 1982), schrieb sie 1909 in Deutschland, wo sie eine Fehlgeburt erlitt. 1910 kehrte sie nach London zurück, infizierte sich mit einer Geschlechtskrankheit, die zu ihrer folgenden schwachen gesundheitlichen Situation beitrug. Um diese Zeit begann M., für die von John Middleton Murry herausgegebene Zeitschrift *The New Age Rhythms* zu schreiben. Murry ermutigte sie zunächst zu jenen Geschichten, die später oft als ihre ›Kolonial-Geschichten‹ bezeichnet wurden (»Pearl Button«, »Millie«, »Ole Underwood«, »The Woman at the Store«). Melodramatische Spannung und ein skizzenhafter mündlicher Erzählstil erinnern an den Australier Henry Lawson und andere koloniale Autor/innen, die in neuseeländischen Magazinen veröffentlichten. Unter dem Einfluß von Murry und anderer literarischer Freunde (unter ihnen Virginia ↗ Woolf, Ottoline Morrell und D. H. Lawrence) begann M., mit Kurzprosa zu experimentieren, und entwickelte jene strukturelle Originalität, die außerhalb der englischen Erzähltradition steht; zudem werden Handlungsmomente überlagert von subtilen Schilderungen der Gefühlslagen ihrer literarischen Gestalten.

M. und ihr Partner Middleton Murry lebten ein sozial und sexuell unkonventionelles Leben. Besonders zwei Ereignisse prägten M.s Leben und ihre schriftstellerische Tätigkeit: ihre Erkrankung an Tuberkulose 1918 und der Tod fast aller ihrer nahen Freunde im Ersten Weltkrieg. Vor allem aber litt M. am Verlust ihres Bruders Leslie, der 1915 in Frankreich gefallen war. Dieser Verlust löste in ihr das Bedürfnis aus, über die gemeinsame Kindheit und Neuseeland zu schreiben. Ihre zunehmend angegriffene Gesundheit zwang sie zu ständigen Kuraufenthalten in Cornwall, Frankreich und der Schweiz, getrennt von Murry, meistens begleitet von L. M. Sie starb in Frankreich an Tuberkulose. In den elf Jahren seit der Veröffentlichung ihres ersten Buches *In a German Pension* (1911) bis zu ihrem Tod waren nur zwei weitere Sammlungen von Kurzgeschichten erschienen: *Bliss and Other Stories* von 1920 (*Seligkeit. Erzählungen*, 1982) und *The Garden Party and Other Stories* von 1922 (*Das Gartenfest und andere Erzählungen*, 1977). Ihr Einfluß war jedoch schon zu ihren Lebzeiten deutlich. 1923 gab Middleton Murry *The Dove's Nest and Other Stories* und *Something Childish and Other Stories* heraus und edierte M.s *Poems*.

M. spielte neben Virginia ↗ Woolf und D. H. Lawrence eine zentrale Rolle in der Entwicklung des europäischen literarischen Modernismus. Zugleich ist ihre Zugehörigkeit zu einer regionalen Literatur, nämlich der Neuseelands, in all ihren Geschichten präsent. M.s Werk reflektiert ihre eigene Lebensreise von der Peripherie ins Zentrum und macht sie zu einer zentralen Figur des postkolonialen Diskurses. Ihr Werk spiegelt kulturelle Vielgestalt, thematisiert und dekonstruiert Probleme der Identität, der Individualität, des Geschlechts, der Klassenzugehörigkeit und veranschaulicht die koloniale Unsicherheit nach dem Zuhause. Besondere Aufmerksamkeit gilt der Situation von Frauen kolonial-bürgerlicher Familien. Während ihre in Europa spielenden Geschichten zumeist komplexe emotionale Beziehungen zwischen Erwachsenen thematisieren, befassen sich ihre Neuseeland-Geschichten oft mit vielschichtigen Familiensituationen, zumeist aus der Sicht eines Kindes. Diese von ihr gewählte Perspektive hat nicht nur wesentlich die neuseeländische Literatur des 20. Jh.s beeinflußt, sondern ist charakteristisch für (post-) koloniale Literaturen überhaupt.

The Stories of K. M. Hg. A. Alpers. Auckland 1988; *Poems of K. M.* Hg. V. O'Sullivan. Auckland 1988; *Sämtliche Erzählungen.* 5 Bde. Hg. E. Schnack. Frankfurt/M. 1988. – Lit.: Alpers, A.: *The Life of K.M.* London 1980. Baker, I. (L. M.): *K. M. The Memories of K. M.* London 1971; Thomson, J.: »Bibliography (of K. M.)«. In: Sturm, T. (Hg.): *The Oxford History of New Zealand Literature in English.* Auckland 1991; Chatterjee, A. C.: *The Art of K. M.* New Delhi 1980; Wattie, N.: *Nation und Literatur. Eine Studie zur Bestimmung der nationalen Merkmale literarischer Werke am Beispiel von K. M.s Kurzgeschichten.* Bonn 1980.

Sigrid Markmann

Maraini, Dacia

Geb. 13. 11. 1936 in Florenz

M. hat in ihren zahlreichen Romanen, Erzählungen, Theaterstücken und Gedichten sowie in ihrem journalistischen und essayistischen Werk vor allem gesellschaftskritische Positionen bezogen. Die Kritik am Rollenverhalten der Geschlechter und an der Gewalttätigkeit gegenüber Frauen sind Hauptthemen ihres Werkes. – M. ist in einer interessanten Familienkonstellation aufgewachsen. Ihre Mutter stammte aus einer alten sizilianischen Adelsfamilie, ihr Vater war ein berühmter Ethnologe und Schriftsteller bürgerlicher Herkunft. Beide Eltern wandten sich jedoch von ihren Herkunftsfamilien ab und vermittelten ihren drei Töchtern eine atheistische, antifaschistische und liberale Erziehung. Einen Teil ihrer Kindheit verbrachte M. unter dramatischen Umständen in Japan. 1943 wurde die Familie für drei Jahre in einem japanischen Konzentrationslager interniert, wo M. sehr großen Hunger leiden mußte und krank wurde. Nach ihrer Rückkehr nach Italien 1947 lebte die Familie bei den Großeltern in Bagheria nahe Palermo in der alten Familienvilla. M. zog nach der Trennung ihrer Eltern achtzehnjährig nach Rom zu ihrem Vater und begann, erste Kurzgeschichten zu veröffentlichen. In ihrer Ehe mit dem Maler Lucio Pozzi brachte sie nach einer komplizierten Schwangerschaft ein totes Kind zur Welt, was für sie nach der Internierung in Japan eine weitere traumatische Erfahrung darstellte. Von 1963 bis Mitte der 80er Jahre lebte sie mit dem bekannten italienischen Schriftsteller Alberto Moravia zusammen, nachdem er sich von seiner Frau Elsa ↗ Morante getrennt hatte. Sie stand ihm damals auch schriftstellerisch durch Themen wie die Gleichgültigkeit ihrer Hauptfiguren nahe.

Schon in ihrem ersten Roman *La vacanza,* 1962 (*Tage im August,* 1964) thematisiert sie die Sexualität, ein für schreibende Frauen damals noch stark tabubehaftetes Thema. In ihrem zweiten Roman *L'età del malessere,* 1962 (Premio Formentor) (*Zeit des Unbehagens,* 1986) erzählt sie scheinbar unbeteiligt die Geschichte einer Siebzehnjährigen, die in ihrer Passivität in verschiedene Liebesaffären gerät, ungewollt schwanger wird und eine Abtreibung vornimmt. Deutliche feministische Züge hat ihr Roman *Donna in guerra,* 1975 (Frau im Krieg). Durch die provozierenden Fragen einer bewußt politisch agierenden jungen Frau wird sich die Protagonistin der

Eintönigkeit ihrer Ehe bewußt, in der sie weder sexuell befriedigt wird, noch eine Anerkennung als Person erfährt.

In den 70er Jahren engagierte sich M. politisch sehr stark, und zwar einerseits in ihrer Theaterarbeit und in ihrem Dokumentarroman *Memorie di una ladra*, 1973 (*Erinnerungen einer Diebin*, 1997), andererseits in ihren engen Beziehungen zum italienischen Feminismus. Sie war Mitbegründerin des feministischen Theaters *La Maddalena* und nahm an Demonstrationen und Hausbesetzungen teil. Die Zerrissenheit von Frauen zwischen traditionellen Rollenmustern und neuen Identitätsentwürfen thematisiert M. in ihrem nächsten Roman *Lettere a Marina*, 1981 (Briefe an Marina), einem Briefroman über eine lesbische und sehr ambivalent dargestellte Beziehung.

In den 80er Jahren entfernte sich M. vom politischen Feminismus, behandelte aber in ihren Romanen weiterhin Themen wie die Gewalt gegen Frauen, und zwar anhand von historischen Beispielen in dem Roman *Isolina. La donna tagliata a pezzi*, 1985 (*Isolina: die zerstückelte Frau*, 1988) und in ihrem erfolgreichen Roman *La lunga vita di Marianna Ucría*, 1990 (*Die stumme Herzogin*, 1995), der lange recherchiertes Hintergrundwissen über die Lebensumstände von Frauen im Sizilien des 18. Jh.s enthält und die Gattung des historischen Romans mit der Inzest- und Vergewaltigungsproblematik verbindet. Auch ihr Kriminalroman *Voci*, 1994 (*Stimmen*, 1995) enthält das Thema der Gewalt gegen Frauen. M. hat außerdem mehrere Theaterstücke, verschiedene Gedichtbände, Essays über Literatur und Interviews veröffentlicht.

Lit.: Heinzius, B.: *Feminismus oder Pornographie? Zur Darstellung von Erotik und Sexualität im Werk D. M.s.* St. Ingbert 1995.

Susanne Kleinert

Marguerite de Navarre (eigtl. Marguerite d'Angoulême)

Geb. am 10. 4. 1492 in Angoulême/Frankreich; gest. 29. 12. 1549 in Odos bei Tarbes/Frankreich

M. ist als Autorin des zur Kanonliteratur gehörenden *Heptaméron* (Siebentagewerk) allgemein anerkannt. Ihre religiösen und mystischen Schriften jedoch gelten als schwierig und unzugänglich, die Theaterstücke sind nicht ediert. – M. wird 1492 als erstes Kind von Louise de Savoie und Charles de Valois geboren. Zwei Jahre später kommt ihr Bruder François zur Welt, der einmal glänzender König von Frankreich sein wird. Noch gehört die Familie zum Provinzadel, aber als Charles 1498 stirbt, wird der entfernt verwandte Louis d'Orléans, der spätere König Louis XII, der Ziehvater der Kinder. Durch den Einsatz ihrer Mutter bekommt M. gemeinsam mit ihrem Bruder eine umfassende Erziehung. Zwischen François und M. entwickelt sich ein sehr enges geschwisterliches Verhältnis, das sie ihr Leben lang aufrecht erhalten. Nachdem M. einige Anwärter zurückgewiesen hat, heiratet sie 1509 den unbedeutenden und ungebildeten Charles, Herzog von Alençon. In den ersten Ehejahren widmet sie sich der Neuorganisation und Gründung von Krankenhäusern und Klöstern. Als Anfang 1515 M.s Bruder François nach dem Tod von Louis XII, der keinen männlichen Erben hinterläßt, König von Frankreich wird, geht sie mit der Mutter an den königlichen Hof. Für das Königreich beginnt eine glänzende Phase mit militärischen Erfolgen und einer starken Förderung der Künste und Wissenschaften, die auch auf die Inspiration von M. zurückgeht. Sie gerät an die Schaltstellen der Macht, verkehrt und korrespondiert mit weltlichen und geistlichen Führern sowie mit Schriftstellern wie Clément Marot, Rabelais und der Italienerin Vittoria Colonna und gilt bald als heimliche Königin Frankreichs. Es kommen jedoch schwere Zeiten: Nach einer verlorenen Schlacht bei Pavia wird François I. 1525 als Gefangener nach Madrid gebracht, M.s Ehemann stirbt kurz darauf an Kriegsverletzungen. M. ist sehr besorgt um den Bruder und reist nach Madrid, wo sie durch ihre Gegenwart den siechenden König heilt. Im folgenden Jahr kann François nach Frankreich zurückkehren. 1527 heiratet M. den 11 Jahre jüngeren Henri d'Albret, durch den sie Königin von Navarra wird. 1531 stirbt M.s Mutter, Louise de Savoie. Den größten Verlust und die endgültige Vereinsamung bedeutet für sie jedoch erst der Tod des Bruders 1547; ihre letzten Lebensjahre verbringt sie zurückgezogen in einem Kloster bei Tusson.

Am Beginn ihres literarischen Schaffens stehen religiöse Gedichte und Dialoge sowie einige Theaterstücke. Schreiben ist für M. oft eine Meditation über die Heilige Schrift, wobei ihre religiöse Position kaum klar definiert werden kann. Sie blieb zeitlebens Katholikin, wurde aber stark von dem vorreformatorischen Bibelübersetzer Lefèvre d'Etaples und dem ebenfalls der Reformation nahestehenden Bischof von Meaux, Briçonnet, geprägt, mit dem sie einen intensiven Briefwechsel führte. Nach dem Tod ihrer Nichte Charlotte verfaßt sie den *Dialogue en forme de vision nocturne* (1525, publ. 1533), eine Lektion der Nächstenliebe und ein Glaubensbekenntnis, das schließlich zur mystischen Verschmelzung mit Gott führt. Diesen Weg zum Mystizismus setzt M. mit dem *Miroir de l'apécheresse* (1531) fort, einem Werk, das wegen seiner antikatholischen Elemente von den konservativen Theologen der Sorbonne verbannt wird. Das mystische Testament sind die *Prisons*, 1547 nach dem Tod des Bruders geschrieben. Ein Dichter erlebt nacheinander die Gefängnisse der irdischen Liebe, der weltlichen Ambitionen und des menschlichen Wissens, bis er schließlich durch die Heilige Schrift zur geistigen Vereinigung mit Gott gelangt. Er läßt seine irdischen Gefängnisse zwar mit Überzeugung zurück, bedauert aber doch den Verlust ihrer Schönheit.

1542 beginnt M. mit der Arbeit am *Heptaméron*, angeblich, um ihrem kränkelnden Bruder ein Vergnügen zu bereiten. Von den ursprünglich geplanten 100 Novellen sind bei ihrem Tod 1549 erst 72 fertiggestellt. Nach einer ersten verfälschten Publikation 1558 besorgt Gruget auf Veranlassung von M.s Tochter Jeanne 1559 eine originalgetreuere Ausgabe. Er ist es, der dem Werk den Titel und den Kapiteln ihre Überschriften gibt. In der Rahmenhandlung ähnlich angelegt wie Boccaccios *Decamerone* – 10 vor einem Unwetter geflüchtete Personen treffen in einem Kloster aufeinander und beschließen, sich die Zeit zu vertreiben, indem jeder jeden Tag eine Geschichte erzählt – weist das Werk erhebliche Unterschiede zu seinem Vorbild auf. Vor allem wollte M. keine Geschichte erzählen, die nicht wirklich geschehen sei, und deshalb auch keinen Gebrauch von der Rhetorik machen. Die nach den jeweiligen Geschichten folgenden Diskussionen sind viel länger als bei Boccaccio. Das vielfältig variierte Hauptthema der Novellen ist die Liebe, die Haltung zur Sexualität jedoch – im *Decamerone* vor allem mit Lust assoziiert – ist hier meist durch Gewalt, Leiden, Grausamkeit, Enttäuschung, Inzest oder Vergewaltigung geprägt. Bei den Zeitgenossen sehr populär, wird der Text nach und nach aufgrund seiner oft deftigen Sprache und offen dargestellten Sexualität in die Ecke der *Littérature gaillarde* gedrängt und im prüden 19. Jh. als ›schwarzer Fleck‹ im Leben und Werk der M. verurteilt. Rehabilitiert wird sie erst 1930, als die Kritik auch die moralische Seite der Novellen entdeckt. Zunehmend wird das Werk auch zum Gegenstand der *gender studies*.

Das Heptameron. Übers. v. W. Widmer. München 1979. – Lit.: Jourda, P.: *M. d'A., duchesse d'Alençon, reine de Navarre, 1492–1549; étude biographique et littérature*. 2 Bde. Paris 1930; Febvre, L.: *Autour de l'Heptaméron. Amour sacré, amour profane*. Paris 1944; Cholakian, P. F.: *Rape and Writing in the* Heptaméron *of M. de N.* Carbondale/Illinois 1991.

Julia Pieper

Marie de France

Geb. um 1130 (evtl. Ile de France); gest. um 1200

Über die früheste bekannte und schon bei den Zeitgenossen berühmte französische Autorin wissen wir wenig. Möglicherweise war sie mit der Halbschwester Heinrichs II. Plantagenêt, der späteren Äbtissin von Shaftesbury, identisch; sicher stammte die in England lebende Autorin aus dem Königreich Frankreich bzw. der Ile de France. Die erste »en romanz« (in französischer Sprache) schreibende Autorin verfügte über eine umfassende Bildung, insistierte auf eigener Verfasserschaft und grenzte sich von ihren Dichter-Kollegen ab. Drei Werke sind mit »Marie« unterzeichnet, wobei allerdings nicht sicher ist, daß sie von ein und derselben Autorin stammen: die narrativen *Lais* (um 1160–70), kürzere Erzählungen von 100 bis 1000 Versen; die Fabelsammlung *Esope* (zwischen 1170–80), eine erste Fassung der altfranzösischen *Isopets*, Übertragung bzw. Nachdichtung einer (nicht überlieferten) englischen Fassung des (auf Äsop zurückgehenden) *Romulus* und *Phaedrus* sowie das *Espurgatoire de Saint Patrice* (nach 1190), eine Nachdichtung des *Tractatus de purgatorio Sancti Patricii* des Henricus Salteriensis.

M.s Ruhm gründet sich auf ihre zwölf *Lais*. Mit diesen zum Teil äußerst kunstvoll komponierten Verserzählungen, die zwischen psychologischer Novelle und »Problem«-Märchen stehen, führt sie eine neue literarische Form und Schreibweise ein. Da sie sich sowohl von der klerikalen als auch von der Erzähl-Literatur der Umgebung, vom antikisierenden, höfischen und Tristan-Roman absetzt, stützt sie sich in Prologen und Epilogen zur Rechtfertigung der neuen Gattung auf die

Autorität einer mündlichen, heute nicht mehr rekonstruierbaren Quelle von »lais«. M. geht es um die Wiedergabe eines außergewöhnlichen Ereignisses, einer »aventure«. Sie wird im feudal-höfischen (arturischen) Bereich angesiedelt und mit märchenhaften Elementen (»matiere de Bretagne«) versetzt; dennoch hat sie wenig mit dem ritterlichen Abenteuer, der Bewährungsprobe im Kampf, gemeinsam. Ob es sich um Variationen des Werwolf-Motivs, des Griseldis-Stoffes, einer Tristan-Episode, um konfliktreiche Liebesbeziehungen verheirateter Frauen, eine Doppelehe oder fragile Verbindungen zu Feenwesen handelt – das Grundmuster der heterogenen *Lais* ist immer ein zentrales Ereignis im Leben der Hauptperson, meist eine Liebeserfahrung. Diese »aventure« bedeutet oft den physischen bzw. psychischen Übergang von der realen in eine höhere (irreale) (Gefühls-)Welt. Statt einer Wiedereingliederung des Ritters in die höfische Gesellschaft kommt es am Ende, meist über den sanktionierenden »Zufall« (»aventure«), zu Evasion bzw. individueller, auch transzendenter Problemlösung für die Liebenden, schließlich zur Entdeckung der wahren Identität des menschlichen Wesens. (Hier berühren sich die *Lais* mit den Fabeln, wo ebenfalls menschliches Handeln und menschliche Moral verbunden werden.)

Marie de France hat ›anders‹ geschrieben. Ihre Originalität, oder wie es der Zeitgenosse Denis Piramus ausdrückt, ihre Verbreitung von »Lügen« (womit ihr freies Erfinden gemeint ist), läßt auf dichterisches Selbstverständnis und Sendungsbewußtsein schließen. M. hat die Liebe als eine gegenseitige, sinnenfrohe und herrschaftsfreie Lust dargestellt, als ein natürliches Verhältnis zwischen Mann und Frau; sie hat damit einen radikalen Gegenentwurf zu den herrschenden Konzepten der »fin'amors« und »amour courtois« und deren Frauenmodellen geschaffen. Ihre (weibliche) Schreibweise läßt sich auch in einer psychologischen Darstellungsweise, in Detailrealismus und Mehrperspektivität erkennen, konkret auch in der Vorliebe für (Liebes-)Symbole und bildhafte Ausdrüke sowie den weitgehenden Verzicht auf Kampf- und Turnierbeschreibungen. Neuere Forschungen haben ergeben, daß ihre Protagonistinnen mit einem konkreten oder symbolischen Akt des Erzählens den Schreibakt der Autorin, den Willen zur Verewigung einer Botschaft, widerspiegeln bzw. sehen in der positiven Einschätzung und Darstellung der »wilden Natur« (der höfischen Gegenwelt) die Suche nach einem »weiblichen Ort« – analog zum Schreibvorgang als einer Suche nach der Verortung weiblicher Autorschaft, weiblicher Phantasien und Wunschvorstellungen. – Die in ihrer Zeit beim höfischen Publikum und vor allem »bei den Damen« beliebten Verserzählungen mit ihren unprogrammatischen Aussagen sind von den zahlreichen epigonalen Nachschöpfungen unerreicht geblieben.

Novellen und Fabeln (übers. V. R. Schirmer). Zürich 1977; *Die Lais* (übers. D. Rieger/R. Kroll). Klassische Texte des Romanischen Mittelalters in zweisprachigen Ausgaben. Band 19. München 1980. – Lit.: Kroll, R.: *Der narrative Lai als eigenständige Gattung in der Literatur des Mittelalters.* Tübingen 1984; Liebertz-Grün, U.: »Autorinnen im Umkreis der Höfe«. In: Gnüg, H./Möhrmann, R. (Hgg.): *Frauen Literatur Geschichte.* Stuttgart 1999; Marechal, C. A. M./ Burgess, G. S. (Hgg.): *In Quest of M. de F., a Twelfth-Century Poet.* Lewiston 1992; Dufournet, J. (Hg.): *Amour et merveille: les lais de M. de F.* Paris 1995.

Renate Kroll

Markandaya, Kamala (eigtl. Kamala [Purnaiya] Taylor)
Geb. 1924 in Bangalore/Südindien

Markandaya kommt als Tochter einer Brahmanen-Familie in Bangalore zur Welt. In dieser Zeit gewinnt die indische Unabhängigkeitsbewegung an Boden und wird zu einer immer größeren Herausforderung für die britische Kolonialmacht. M. studiert Geschichte an der Madras University und arbeitet anschließend als freie Journalistin. Kurz nach der Unabhängigkeit Indiens verläßt M. das Land (1948) und zieht nach London. Hier lebt sie mit ihrem englischen Mann und ihrer Tochter. Hier beginnt auch ihre Karriere als Schriftstellerin. M.s Romane werden überwiegend positiv aufgenommen und zuweilen in einem Atemzug mit denen der drei sog. Gründerväter der indo-englischen Literatur – M. R. Anand (geb. 1905), R. Rao (geb. 1909), R. K. Narayan (geb. 1907) – genannt. In den 60er und 70er Jahren ist M. die einzige indo-englische Autorin ihrer Generation, die zu derartigem Ansehen gelangt. Eine Besonderheit ihres Werkes ist das breite Spektrum an sozialen Kontexten, das sie abdeckt. Nur selten, wie z. B. in *Some Inner Fury* (1955), einem Roman, der im politisch unruhigen Indien der 40er Jahre spielt, werden dabei autobiographische Züge erkennbar. Viele ihrer Romane schildern in realistischer Erzählweise, wie Machtverhältnisse zur Unterdrückung und Ausbeutung der Armen und Schwachen führen. *Nectar in a Sieve*, 1954 (*Nektar in einem Sieb*,1956) erzählt die von hartem Überlebenskampf geprägte Geschichte einer Bauernfamilie im ländlichen Indien. Hier, wie auch in *A Handful of Rice*, 1966 (*Eine Handvoll Reis*, 1983), zeigt sich der zuweilen elitäre und idealisierende Blick der Autorin auf die armen und ungebildeten Schichten des Landes. In *A Silence of Desire* (1960) liegt der Fokus auf Konflikten zwischen den unterschiedliche Grundhaltungen zweier Eheleute der unteren, städtischen Mittelschicht. *A Golden Honeycomb* (1977) hingegen beschreibt das Leben am Hof eines Maharajas um die Jahrhundertwende.

Zentrales Thema in M.s Romanen ist die Frage nach der Vereinbarkeit indischer Traditionen und westlicher Moderne. Geschlechterbeziehungen werden dabei häufig zum Austragungsort für den Konflikt zwischen diesen Kulturwelten; positiv gezeichnete Frauenfiguren, wie Rukmani in *Nektar* oder Saroja in *Two Virgins* (1973) dienen als Projektionsfläche für die angestrebte Lösung: ein modernes und selbstbewußtes Indien zu schaffen, das weder den Westen einfach imitiert noch indische Traditionen leichtfertig über Bord wirft. Rukmani ist eine sehr starke und gebildete Frau, aber sie bleibt den Traditionen ihres Landes ebenso treu wie ihrem Mann. M. wird zuweilen als konservative Feministin bezeichnet. Von der feministischen Kritik ihrer Zeitgenossin ↗ Sahgal oder gar der jüngerer Autorinnen wie Githa Hariharan (geb.1954) sind ihre Romane jedoch weit entfernt. M.s Romane spielen fast alle in Indien. Eine Ausnahme ist *The Nowhere Man* (1972), der das von Rassismus geprägte Dasein eines in London lebenden Inders schildert. Dieser Roman ist der Grund, weshalb M. heute auch als Autorin der indischen Diaspora diskutiert wird. Sie selbst hat diesen Pfad jedoch nicht weiterverfolgt. Mit *Pleasure City* erscheint 1982 ihr bislang letzter Roman, in dem erneut Indien Ort der Handlung ist. Kritiker haben ihr Interesse an M.s Werk nicht verloren. Aber es ist ruhig geworden um diese ›First Lady‹ der indo-englischen Literatur.

Lit.: Afzal-Khan, F.: *Cultural Imperialism and the Indo-English Novel. Genre and Ideology in R.K. Narayan, Anita Desai, K.M., and Salman Rushdie.* Pennsylvania 1993.

Martina Michel

Marlatt, Daphne (geb. Daphne Buckle)

Geb. 1942 in Melbourne/Kanada

In Australien geboren, lebte Daphne Marlatt zunächst in Penang, Malaysia. Ihre Eltern, die beide aus englisch-kolonialen Familien stammten, hielten durch das Leben in der Fremde um so eindringlicher an der ›Heimat‹ England, deren Sprachgebrauch und Sitten, fest. M. wuchs mit einem ambivalenten Gefühl von Zugehörigkeit auf; eine Erfahrung, die den Grundstein für ihre poetische Sensibilität legte. 1951 siedelte die Familie nach Vancouver um. »I experienced a turning upside down of the world, an inversion of values. It permeated everything«, sagt sie in einem Interview. Das Schreiben dient ihr früh als Mittel, die Lücke zwischen den Kulturerfahrungen zu überbrücken, sich einzuschreiben in eine neue Welt. Nach ihrem Studium an der University of British Columbia heiratet sie 1964 Gordon Allen Marlatt, mit dem sie nach Bloomington geht, wo sie 1968 an der University of Indiana ihren MA erhält. Nach der Trennung von ihrem Mann siedelt sie 1970 endgültig wieder nach Vancouver um.

In ihrem ersten Buch *Frames of a Story* (1968) vermischt M. Prosa und Lyrik, was zum Charakteristikum ihres Werkes werden soll. In *leaf leaf/s* (1968) wird ihre Tendenz zur fortlaufenden poetischen Zeile ganz deutlich. Mit *Rings* (1971), das 1980 in erweiterter Fassung als *What Matters: Writing 1968–1970* herauskommt, beschreibt sie die Erfahrungen als Mutter nach der Geburt ihres Sohnes 1969. Weitere Gedichtbände sind *Vancouver Poems* (1972); *Our Lives* (1975); *Net Work: Selected Writing* (1980); *Steveston* (1974); *Steveston Recollected: A Japanese Canadian History* (1975), später beide aus feministischer Perspektive überarbeitet in *Salavage* (1991). Mit *Steveston* erwarb M. sich national einen Ruf. Es erzählt in einfühlsamen lyrischen Portraits die Geschichte einer hauptsächlich von japanischen Einwanderern besiedelten Stadt an der Mündung des Fraser River, deren Lebensrhythmus vollkommen von der ortsansässigen Lachs-Konservenfabrik bestimmt wird. Der Band *ghost works* (1993) vereinigt *Zócalo* (1977), Reiseerfahrungen aus Mexiko, sowie *How Hug a Stone* (1983) und *The Month of Hungry Ghosts* (1979), die retrospektiv M.s Rückreisen in ihre englische und malaiische Vergangenheit schildern. »None of this is fiction«, behauptet M. in ihrem Vorwort, und doch wird *Zócalo* von Kritikern als ihr erster Roman gelesen. M. ordnet sich weder einer linearen Sprache noch einer Trennung der Gattungen unter; sie versucht damit auch, die Rationalität und Linearität patriarchaler Systeme zu durchbrechen. Dies wird besonders in ihrem Roman *Ana Historic* (1988) deutlich, mit dem sie auch international große Anerkennung erlangt. Die Protagonistin emanzipiert sich aus der Rolle als Assistentin ihres Professors und Ehemanns, indem sie von linearen Methoden der Geschichtsforschung abweicht. Sie imaginiert die ›Geschichte‹ einer Frau, die von der Geschichtsschreibung mit nur drei Sätzen erwähnt wird. Der Roman ist ein Palimpsest in mehrfacher Hinsicht: einmal, weil M. Sprache in ihre verschiedenen Schichten aufbricht, und zum anderen, weil sie deutlich macht, daß ›Wahrheit‹ und ›Geschichte‹ mehrere überlagerte Stimmen haben.

In *Touch to My Tongue* (1988) kombiniert M. Gedichte mit dem Essay »Musing With Mother Tongue« (1984), in dem sie lesbische Erotik mit dem Prozeß des Schreibens verbindet. M.s frauenpolitisches Engagement manifestiert sich in ihrer Zusammenarbeit mit Feministinnen aus Quebec wie z. B. Nicole Brossard (geb. 1943) und in ihrer Herausgeberschaft des literaturtheoretischen Journals *Tessera*. Weitere Werke umfassen die Essays »Difference (em)bracing«; »Lesbera« (beide 1990); »territory & co« (1989); den Gedichtband *Double Negative* (1988), verfaßt mit Betsy Warland, und den Roman *Taken* (1996). M., die heute auf Salt Spring Island, British Columbia, lebt, ist eine der führenden Vertreterinnen der gegenwärtigen kanadischen *feminist theory*.

Lit.: »Entering In: The Immigrant Imagination«. In: New, W. H. (Hg.): *Canadian Writers in 1984*. Vancouver 1984; Lecker, R.: »D. M.'s Poetry«. In: *Canadian Literature* 76 (Spring 1978); Banting, P.: »Translation A:Z: Notes an D. M.'s *Ana Historic*«. In: Barbour, D. (Hg.): *Beyond Tish*. Edmonton 1989; Bowering, G.: »Given This Body: An Interview With D. M.«. In: *Open Letter* 4,3 (1979); Williamson, J.: »Sounding a Difference: An Interview with D. M.«. In: *Line* 13 (1990).

Caroline Rosenthal

Maron, Monika

Geb. 3. 6. 1941 in Berlin

»Alles, was ich bin, darf ich nicht sein. Vor jedes meiner Attribute setzen sie ein ›zu‹: du bist zu spontan, zu naiv, zu ehrlich, zu schnell im Urteil [...]«. Mit dieser Selbstcharakterisierung beschreibt Josefa Nadler, Protagonistin aus M.s Romanerstling *Flugasche* (1981) ihren verzweifelten und vergeblichen Versuch, in der damaligen DDR das von Sachzwängen und Ideologie bestimmte Dasein einer Reporterin mit ihrem subjektiven Erleben und ihrer Suche nach Identität zu verbinden. Der Roman einer Reportage über ein veraltetes Kraftwerk in der Stadt B., mit der die junge Ostberliner Journalistin nicht nur die industrielle Umweltverschmutzung, sondern auch die Schwierigkeiten aufzeigt, denen sie beim Schreiben der Wahrheit unterliegt, erschien nur in der Bundesrepublik, weil er in der DDR als Angriff auf Presse-, Plan- und Parteibürokratie aufgefaßt wurde. Die Anpassung an die Gesellschaft verweigern alle Heldinnen M.s, denen starke autobiographische Züge nachgewiesen werden können. Als Stieftochter des Innenministers Karl Maron (1955–63) wuchs M. in der DDR auf, nach dem Abitur arbeitete sie als Fräserin in einem Industriebetrieb, danach studierte sie Theaterwissenschaft und Kunstgeschichte und wurde schließlich – nach Jahren als Regieassistentin beim Fernsehen und als Reporterin bei der Frauenzeitschrift *Für Dich* wie auch bei der *Wochenpost* – von 1976 an freiberufliche Schriftstellerin in Berlin. Als dezidierte Kritikerin des DDR-Systems wechselte M. 1988 in den Westen über, nachdem eine in Aussicht gestellte Publikation ihres Debütromans mit Bezug auf den 1987/88 zunächst im *Zeitmagazin* erschienenen Briefwechsel mit dem Schriftsteller Joseph von Westfalen (*Trotzdem herzliche Grüße. Ein deutsch-deutscher Briefwechsel,* 1988) zurückgezogen worden war. Bis zum Jahre 1992 lebte sie in Hamburg, danach wieder in Berlin.

Während M. in ihrem ersten Roman DDR-Realität noch ganz konkret und direkt thematisiert und an der Jornalistin Josefa Nadler den Rückzug aus dem für sie falschen Leben aufzeigt, wird dieser Rückzug in ihrem zweiten Roman *Die Überläuferin* (1986), der ebenfalls nur in der BRD erschien, kompromißloser inszeniert. Die Kunstwissenschaftlerin Rosalind Polkowski setzt fort, was die die Journalistin in *Flugasche* mit ihrer Verweigerung einer vorgeschriebenen Existenz begonnen hat: Sie geht nicht mehr zur Arbeit, sie kann es nicht, denn ihre Beine sind gelähmt. Aber wenn auch ihr Raum objektiv begrenzt ist – sie sitzt in Berlin in ihrem Zimmer –, so unternimmt sie nun in der Phantasie ausgedehnte Streifzüge und schafft sich auf diese Weise neue Denkräume als Vorbereitung realer Freiräume in einer erhofften Zukunft. »Und jetzt«, sagt Rosalind, »werde ich mit dem Kopf durch die Wand gehen.« In diesem phantastischen Freiraum entwickelt sie in einer Folge von Träumen und Erinnerungswegen ein surrealistisches Panorama ihrer Herkunft, ihrer menschlichen Bindungen, ihrer Ängste und Sehnsüchte.

Der 1991 erschienene Roman *Stille Zeile sechs*, für den M. ein Jahr später den Kleist-Preis erhielt, bringt eine Wiederbegegnung mit Rosalind Polkowski aus der *Überläuferin.* Diese hat ihren Dienst an einem Ostberliner Institut quittiert und ist aus der Gesellschaftsferne und Traumwelt, den Freiräumen und Visionen in den Alltag zurückgekehrt. Beim Schreiben der Memoiren des über achtzigjährigen, als ehemaliger Nazigegner und Emigrant wie auch als SED-Funktionär bekannten Professors Beerenbaum werden ihr nicht nur Erinnerungen an ihren Vater aufgezwungen, vielmehr stellt sich ihr immer wieder die Schuldfrage, nämlich wie es möglich war, daß Menschen, die selbst die nationalsozialistische Barbarei erfahren haben, wieder einen unmenschlichen, totalitären Staat aufbauen konnten. Damit kehrt auch hier der Grundkonflikt in M.s Texten wieder, die Suche nach der eigenen, unverfälschten Identität inmitten einer engen, gesellschaftlichen Realität. Hat M. mit diesem Roman auch eine gnadenlose Abrechnung mit den Verantwortlichen der DDR geliefert, so geben ihre gesammelten Essays *Nach Maßgabe meiner Begreifungskraft* (1993), mit deren Titel sie sich auf Kleist bezieht, Auskunft über ihre Haltung zur rasant sich wandelnden DDR nach 1989, zur Wiedervereinigung und ihrem Weggang 1988.

Mit dem Roman *Animal triste* (1996) riskiert M. schließlich einen Themenwechsel sowohl von der Politik zur Liebe als auch von einer Tochter, die nur auf Probe lebt, zu einer, die sich zum ersten Mal traut zu leben. In diesem Liebesroman vor der Kulisse des sich vereinigenden Berlins leiht M. ihre Stimme einer Erzählerin, die sich an eine verlorene Liebe und ihren verlorenen Geliebten erinnert.

Trotz des neuen Themas könnte die Ich-Erzählerin auch die jüngere Schwester der *Überläuferin* sein, mit der sie nicht nur ein zeitenthobenes Denken, sondern auch ein Utopie-Mißtrauen teilt, das in *Animal triste* traumatisch und selbstzerstörerisch wiederkehrt, indem sie es gegen die sogenannte große Liebe wendet.

Lit.: Grunenberg, A.: »Träumen und Fliegen. Neue Identitätsbilder in der Frauenliteratur der DDR«. In: *Jahrbuch zur Literatur in der DDR* 3 (1983), S. 157–184; Boa, E.: »Schwierigkeiten mit der ersten Person: Ingeborg Bachmanns *Malina* und M. M.s *Flugasche, Die Überläuferin* und *Stille Zeile sechs*«. In: *Kritische Wege der Landnahme. Ingeborg Bachmann im Blickfeld der neunziger Jahre. Londoner Symposium 1993 zum 20. Todestag der Dichterin.* Wien 1994, S. 125–145.

Maria Kublitz-Kramer

Martín Gaite, Carmen

Geb. 8. 12. 1925 in Salamanca/Spanien

»Ich wurde am 8. Dezember 1925, mitten in der Diktatur, geboren«, berichtet im Roman *El cuarto de atrás*, 1978 (Das Hinterzimmer) eine fiktionalisierte M. G., die sich fast genau fünfzig Jahre später anläßlich des Begräbnisses von Francisco Franco darauf besinnt, daß fast ihr ganzes Leben von Diktaturen geprägt ist. – M. G. wächst in Salamanca auf und studiert dort von 1943 bis 1948 Romanische Philologie. Danach setzt sie ihr Studium in Madrid fort, promoviert aber erst 1972 mit einer kulturhistorischen Studie, die anhand von literarischen Texten den Wandel der Frauenrolle im Spanien des 18. Jh.s untersucht. Ende der 40er Jahre schließt sich M.G einer Gruppe junger Schriftsteller an, die heute als »Generation von 1950« bezeichnet wird. Angesichts der staatlichen Zensur entwickelt diese »Generation« eine kritisch-realistische Schreibweise, deren Gegenstand der offiziell verschwiegene Zustand der spanischen Nachkriegsgesellschaft ist. Eine sehr persönliche Darstellung dieser Schriftstellergruppe gibt sie 1994 in *Esperando el porvenir: homenaje a Ignacio Aldecoa* (In Erwartung der Zukunft: Hommage an I. Aldecoa).

1953 heiratet M. G. Rafael Sánchez Ferlosio (geb. 1927), der ebenfalls der Madrider Schriftstellergruppe angehört. 1956 wird ihre Tochter geboren; mit ihr lebt M. G. nach der Trennung von ihrem Mann (1970) zusammen. Die Mutter-Tochter-Beziehung bleibt, neben der sozialen Problematik und der Frage der Geschlechterverhältnisse, in M. G.s Romanen ein rekurrentes Motiv. Außer der Erzählprosa für Erwachsene verfaßte M. G. eine Reihe von Kinderbüchern, schrieb Theaterstücke sowie Film- und Fernseh-Drehbücher – darunter eine Fernsehserie (1983) über ↗ Teresa de Avila –, historische Studien und literaturkritische Essays. Seit Ende der 60er Jahre übersetzte sie zudem u. a. Texte von Primo Levi, Natalia ↗ Ginzburg, Gustave Flaubert und Virginia ↗ Woolf.

Schon M. G.s erster Kurzroman, *El balneario* (Der Kurort), der das ereignislose Leben einer jungen Frau in alptraumhafter Stimmung darstellt, wird 1954 mit dem Premio Café Gijón ausgezeichnet. Den Premio Nadal 1957 erhält sie für den

Roman *Entre visillos* (Hinter den Gardinen), die mehrperspektivisch dargestellte Momentaufnahme einer spanischen Kleinstadt wenige Jahre nach dem Bürgerkrieg. Besonderes Augenmerk gilt in diesem Text der Konstruktion weiblicher Lebensentwürfe. In diesen Romanen und in den Kurzgeschichten, die sie seit den 50er Jahren verfaßt, folgt M. G. dem zeitgenössischen literarischen Konzept der ›Wirklichkeitsprotokolle‹. Entgegen dem ›Objektivismus‹ der neorealistischen spanischen Prosa arbeitet sie an der subjektiven – und häufig ›weiblichen‹ – Darstellung der erzählten Wirklichkeit, die sie in den folgenden Romanen um eine historische Dimension ergänzt. So erzählt im Roman *Ritmo lento*, 1963 (Langsamer Rhythmus) der junge, nonkonformistische Protagonist David Fuentes, der in der spanischen Nachkriegsgesellschaft zum psychiatrischen Fall erklärt wird, seine Erinnerungen, die collageartig individuelles Erleben und kollektive Geschichte ineinanderweben. In *Retahílas*, 1974 (etwa: Gesprächsfetzen) erweitert M. G. dieses narrative Prinzip um das Element des Dialogs. Rahmenhandlung des Romans ist die Nachtwache der Mittvierzigerin Eulalia und ihres Neffen Germán im Haus der sterbenden Großmutter; in alternierenden Monologen rekonstruieren die beiden Protagonisten assoziativ die eigene Geschichte, den ›Familienroman‹ und die Geschichte Spaniens seit der II. Republik. Hier treten erstmals all jene Merkmale zusammen, die für M. G.s folgende Romane – *El cuarto de atrás*, 1978 (Das Hinterzimmer), *Nubosidad variable*, 1992 (Wechselnd bewölkt), *La reina de las nieves*, 1994 (*Das Haus der Schneekönigin*, 1998), *Lo raro es vivir*, 1996 (Leben ist etwas Seltsames) – bedeutsam sind. Der dezentrierte Blick, den M. G. in ihrer Prosa inszeniert, läßt Geschichte aus Geschichten und diese aus der Assoziation von Erinnerungsfragmenten entstehen. So wird das Erzählen selbst zum Gegenstand der Darstellung und erweist sich als kommunikativer Prozeß, der dem erzählenden Subjekt einen autoritativen Zugriff auf seine Geschichte verwehrt. M. G. wurde 1994 mit dem *Premio Nacional de las Letras* ausgezeichnet und ist heute eine der meistkommentierten zeitgenössischen Schriftstellerinnen in Spanien.

Cuentos completos y un monólogo (Gesammelte Erzählungen). Barcelona 1994. – Lit.: Servodidio, M./Welles, M. L. (Hgg.): *From Fiction to Metafiction: Essays in Honour of C. M. G.* Lincoln, Nebr. 1983; Brown, J. L.: *Secrets from the Back Room: The Fiction of C. M. G.* University of Mississippi 1987; Paatz, A.: *Vom Fenster aus gesehen? Perspektiven weiblicher Differenz im Erzählwerk von C. M. G.* Frankfurt/M. 1994; Martinell Gifre, E. (Hg.): *Al encuentro con C. M. G.* Madrid 1997.

Karin Hopfe

Martineau, Harriet

Geb. 12. 6. 1802 in Norwich; gest. 27. 6. 1876 in Ambleside, Westmorland

Nur das Viktorianische Zeitalter konnte eine Gestalt wie Martineau hervorbringen. In ihrem Leben und mehr noch im Wirken der engagierten Essayistin, Sozialreformerin und frühen Feministin spiegeln sich die schmerzhaften Grundkonflikte einer ganzen Epoche: die Krise des Glaubens, die soziale Frage und der aufkeimende Feminismus. Als sechstes Kind eines puritanischen Fabrikanten wuchs sie auf in einem Umfeld, das stark vom Unitarismus geprägt war. Diese religiöse Reformbewegung lehnte die christliche Lehre der Dreifaltigkeit ab und begriff die Bibel lediglich als einen historisch geformten Text, nicht als dokumentarische Wahrheit. Bekanntheit erlangte M. durch eine Serie von sozialkritischen Erzählungen, *Illustrations of Political Economy* (1832–34), die den Einfluß der großen, radikalen Wirtschaftstheoretiker wie James Stuart Mill (1773–1836) und Jeremy Bentham (1748–1832) erkennen lassen. Sie wurde eine prominente Journalistin, die sich in Fragen der Wirtschafts- und Sozialpolitik einen Namen machte. Dabei orientiert sie sich an den viktorianischen Idealen des stetigen Fortschritts und dem Glauben an die Erziehbarkeit des Menschen, an Bildung und Vernunft als Möglichkeit, eine höhere Stufe der Zivilisation zu erreichen. Die Wurzeln dieser Ideen reichen bis hinein in ein bürgerlich-aufklärerisches Gedankengut, das eng mit dem Aufstieg der Mittelschicht im 18. Jh. verknüpft ist. Auch in den anderen Themen, mit denen M. sich beschäftigt, zeigt sich diese Grundüberzeugung.

Nach einem Besuch in Amerika 1834–35 engagiert sie sich in der Frage der Sklavenbefreiung. Sie schreibt zwei Reiseberichte, *Society in America* (1837) und *A Retrospect of Western Travel* (1838), die ihr beide Erfolg und Anerkennung einbringen. Danach verfaßt sie ihren ersten Roman, *Deerbrook* (1839), in dem sie die intellektuellen Sehnsüchte von Frauen beschreibt. Sie läßt sich im Lake District nieder, jenem Landstrich, dem der Dichter Wordsworth (1770–1850) zu Berühmtheit verholfen hatte, und verkehrt mit den intellektuellen Größen ihrer Zeit, v. a. mit Matthew Arnold (1822–88) und den Schriftstellerinnen George ↗ Eliot (1819–80) und Charlotte ↗ Brontë (1816–55). Die Glaubenskrise, von der die ganze viktorianische Gesellschaft infiziert war, erfaßte auch M.: Zunehmend skeptisch gegenüber dem Unitarismus wendet sie sich dem Positivismus und der Wissenschaft zu. Diese Entwicklung führte zu einem äußerst schmerzhaften Bruch mit ihrem Bruder James, einem führenden Theologen des Unitarismus'. In ihrem populären Reisebericht aus dem Nahen Osten, *Eastern Life, Past and Present* (1848), vollzieht sie den Bruch mit dem christlichen Glauben allegorisch anhand einer Route, die bedeutsamerweise nicht Jerusalem, wie zu jener Zeit üblich, zum Ziel hat. Statt dessen wird die Fahrt als Bildungsreise skizziert, die zu höherer Einsicht führt – ganz im Sinne des viktorianischen Ideals einer fortwährenden Selbsterziehung. Ihr Versuch, die Reise zum Heiligen Land im Geist der analytischen Wissenschaft zu schildern, wurde stark kritisiert. Zunehmend setzt sie sich nun auch für Frauenfragen ein: so für die Reform der Ehescheidungsgesetze und die Forderungen der Suffragetten-Bewegung, die für die Einführung des Frauenwahlrechts kämpften.

Harriet Martineau on Women. Hg. G. Graham Yates. New Brunswick, NJ 1985. – *Selected Letters*. Hg. V. Sanders. London 1990. – Lit.: Webb, R. K.: *H. M.: A Radical Victorian*. London 1960; Pichanick, V. K.: *H. M.: The Woman and Her Work 1802–76*. Ann Arbor 1980; Sanders, V.: *Reason over Passion: H. M. and the Victorian Novel. Hemel Hemstead* 1986; David, D.: *Intellectual Women and Victorian Patriarchy. Basingstoke* 1987; Hunter, S.: *H. M.: The Poetics of Moralism*. Aldershot 1995.

Indira Ghose

Martinson, Moa (eigtl. Helga Maria M., geb. Swartz)

Geb. 2. 11. 1890 in Vørdnäs/Östergötland; gest. 5. 8. 1964 in Södertälje

Unter den sogenannten »Arbeiter-« oder »Proletarierverfassern«, die – allesamt Autodidakten – die schwedische Literatur der späten 20er bis zu den 50er Jahren maßgeblich bestimmten, nimmt sie in vielfacher Hinsicht eine Sonderstellung ein: Sie ist die älteste der Gruppe, die bekannteste Frau, in zweiter Ehe (von 1929 bis 1940) mit dem Nobelpreisträger Harry Martinson (1904–78) verheiratet, an dessen Texten man die ihren immer gemessen hat. Sie setzt der männlich dominierten Perspektive der jungen Modernisten und der Sozialrealisten ihre Wahrnehmung der Frauenrolle entgegen, und die Bewunderung, die sie erfährt, gilt lange mehr ihrem Einsatz für die Landarbeiterfrauen als ihren Romanen. – Fiktion und Wirklichkeit, Literatur und Leben sind in M.s Texten eng miteinander verknüpft. Gegenstand ihrer Romane und Erzählungen sind zumeist biographische Erlebnisse: Bereits ihr erster Roman *Pigmamma,* den sie zwischen 1924 und 1925 schreibt und der vier Jahr später sukzessive in der radikalen Zeitschrift *Brand* erscheint, hat autobiographische Züge. Nach einer Jugend in Armut lebt M. als Arbeiterfrau und Mutter von fünf Söhnen in erster Ehe ebenfalls am Rande des Existenzminimums. Ihr erster Mann nimmt sich 1927 das Leben, und sie ist auf die Hilfe von Freunden angewiesen, die ihr auch einen Freiplatz an *Kvinnliga medborgarskolan Fogelstad* (der Frauenvolkshochschule in Fogelstad) vermitteln. Hier bekommt sie wichtige Impulse sowohl für ihr politisches Engagement als auch für ihr Schreiben.

M. ist bereits 43 Jahre alt, als 1933 ihr erstes Buch *Kvinnor och äppelträd* (Frauen und Apfelbäume) erscheint, das – ebenso wie der Folgeroman *Sallys söner* (1934) – die Situation der Mütter und die ambivalenten Beziehungen zwischen Frauen zum Thema hat. Mit *Mor gifter sig*, 1957 (Mutter heiratet), *Kyrkbröllop* (Kirchliche Hochzeit) und *Kungens rosor* (Die Rosen des Königs) veröffentlicht sie in den Jahren 1936 bis 1939 ihre Autobiographie, in der sie ihr Leben und das ihrer Mutter als Landarbeiterfrau und Fabrikarbeiterin schildert und zum Paradigma von Frauenschicksalen der Arbeiterklasse ihrer Zeit macht. In ihrer Darstellung konzentriert sie sich auch auf die körperlichen Erfahrungen von Frauen, deren Wünsche und

Begehren im Kontext eines primitivistischen Lebenskultes nur wenig berücksichtigt oder auch nur wahrgenommen werden. Damit reagiert sie auf ihre männlichen Schriftstellerkollegen und deren autobiographische Schriften – etwa Ivar Lo-Johannsons *Godnatt, jord*, 1933 (*Gute Nacht, Erde*, 1966), Eyvind Johnsons *Romanen om Olof*, 1934–37 (*Hier hast du dein Leben*, 1967), Harry Martinsons *Nässlorna blomma*, 1935 (*Die Nesseln blühen*, 1967) und *Vägen ut*, 1936 (*Der Weg hinaus*, 1970) –, in denen die Werdegänge der jungen Proletarier im Zentrum stehen, geschildert aus einer spezifisch männlichen Sicht. Sie hingegen zeigt den Entwicklungsprozeß eines jungen Mädchens aus der Arbeiterschicht.

Ihr politisches und soziales Interesse läßt sich auch in den historischen Romanen verfolgen: *Vägen under stjärnora*, 1940 (Der Weg unter den Sternen) und *Livets fest*, 1949 (Fest des Lebens) sind Beispiele für ihre Sicht auf die Geschichte der Arbeiterfrauen. Charakteristisch für die historische wie für die Darstellung ihrer eigenen Biographie ist der Blick auf die einzelnen in der Politik, die individuellen Frauenschicksale. M. verbindet mit den Arbeiterverfassern, der sogenannten »statar-skola«, die sich insbesondere der Situation der abhängigen Landarbeiter angenommen hat, die bewußte Alternative zur etablierten bürgerlichen Literatur. Sie fühlt sich explizit einer mündlichen Erzähltradition und der Volkssprache verpflichtet und erzählt in einem sachlichen, sozialrealistischen Stil, in den häufig dialektale und altertümliche Begriffe einfließen.

Lit.: Boman, G.: *Moa i brev och bilder.* Stockholm 1978; Witt-Brattström, E.: *M.M. Skrift och drift i trettiotalet.* Stockholm 1988; Engman, K.: *M.M. Ordet och kärleken.* Stockholm 1990.

Karin Hoff

Matto de Turner, Clorinda

Geb. 11. 11. 1852 in Cuzco/Peru; gest. 15. 10. 1909 in Buenos Aires/Argentinien

»Gebt der Frau Arbeit, gebt ihr einen Beruf, und ihr habt die sozialen Tugenden gemehrt und einen riesigen Schritt auf dem Weg des universellen Fortschritts getan ...« Clorinda Matto de Turner umreißt damit das Grundanliegen ihrer umfangreichen literarischen und journalistischen Tätigkeit. – Als Tochter eines begüterten Pädagogen und lokal bekannten Literaten in Cuzco hat M. in Zeiten kaum entwickelter Mädchenerziehung früh Bildungszugang. 1876/77 gibt sie in ihrer Heimatstadt die Literaturzeitschrift *El Recreo* heraus. Literatur soll darin als Motor und Indikator gesellschaftlichen Fortschritts dienen. Nach dem Tod ihres Mannes 1881 rechtsmündig, saniert sie dessen marode Geschäfte. Unzureichend ökonomisch abgesichert, sucht sie fortan ihr Auskommen als Pädagogin und Journalistin und tritt Zeit ihres Lebens für Gleichberechtigung und gleiche Bezahlung von Frauen und Männern im Berufsleben ein. Als erste Frau übernimmt sie 1883–85 in Arequipa langfristig die Leitung einer Tageszeitung, *La Bolsa*, und wird politische Meinungsmacherin. In Leitartikeln vertritt sie die Interessen der neuen Wirtschaftselite und illustriert in wenig elaborierten Kurztexten ihr liberales Credo. Sie wird zur herausragenden Vertreterin eines romantischen Indigenismus. Ihr einziges, historisierendes Prosadrama *Hima-Sumac* (1884) zeigt anhand einer moralisch überlegenen Frauenfigur, wie sich in ihrem paternalistischen Engagement für die indianische Bevölkerung liberale Vorstellungen mit weiblicher Parteinahme für eine andere ›Minderheit‹ mischen.

In Lima eröffnet sie nach Juana Manuela Gorriti (1818–1892) 1887 ebenfalls einen Salon. Sie erschließt sich damit einen der Freiräume, die sich mit dem Umbruch von der kolonialen zur republikanischen Gesellschaft für Frauen gehobener Schichten ergeben. Frauen, von den nun entstehenden Parteien ausgeschlossen, beanspruchen hierin die moralische und romanästhetische Zuständigkeit. Die neue intellektuelle Elite beruft sich in Abgrenzung gegen die angestammte Oligarchie auf die Ideale der Frz. Revolution und unterstützt Forderungen nach angemessenem Bildungszugang für Mädchen, Ausweitung von Frauenrechten, Neubestimmung der Ehe und Beteiligung von Frauen an den Institutionen bürgerlicher Öffentlichkeit.

1889 übernimmt M. die Zeitschrift *El Perú Ilustrado (EPI)* und macht sie zu einem politisch-literarischen Forum, gerade auch für Frauen. Ebenfalls 1889 erscheint mit dem kostumbristischen Sittengemälde *Aves sin nido* (Vögel ohne Nest) einer der ersten Romane Perus. 1891 folgt *Indole*, 1895 *Herencia*. Die Autorin will mit der Romantrilogie nationale Probleme thematisch gestalten und exemplarisch ein gesellschaftliches Korrektiv vermitteln. ›Weibliche‹ Probleme motivieren stets den Handlungsverlauf, Frauen obliegt die Regelung sozialer Mißverhältnisse. *Aves sin nido* erhebt vehement Anklage gegen das traditionelle Machttrio aus Priestern, Richtern und Großgrundbesitzern, die die indianische Bevölkerung grausam ausbeuten und Frauen aller Schichten unterdrücken. Nur verschlüsselt angesprochen werden sexuelle Lust und sexuelles Begehren von Frauen, in den Folgeromanen treten sie deutlich in den Vordergrund.

Die Kirche läuft Sturm gegen M.s ›Unmoral‹ in dem vielgelesenen Werk, mehr noch gegen ihren Angriff auf deren ökonomische und soziale Macht. Die ›unmoralische‹ Veröffentlichung in Gestalt einer erotisch-lasziven Bibelinterpretation in *EPI* bietet 1890 den Vorwand, M. zu exkommunizieren. Ihre Bücher wie ihr Standbild gehen in Flammen auf. 1891 verläßt sie die Redaktion des *EPI*, eröffnet eine eigene Druckerei mit ausschließlich weiblichem Personal und publiziert die Zeitschrift *Los Andes*, mit der sie in den Wahlkampf eingreift. Nach dem gegnerischen Wahlsieg 1895 wird die Druckerei geplündert. M. geht ins Exil nach Buenos Aires, wird Lehrerin und gründet neun Monate später die erste erfolgreiche Frauenzeitschrift Argentiniens, *El Búcaro Americano*. Als aktives Mitglied des Consejo Nacional de Mujeres, des bürgerlich-liberalen Flügels der Frauenbewegung, reist sie 1908 in dessen Auftrag nach Europa. Sie stirbt kurz nach der Rückkehr. Ihr Reisetagebuch *Viaje de recreo* (posthum 1909) hält ihre Eindrücke fest.

Tradiciones cuzqueñas completas. Lima 1976. – Lit.: Cornejo Polar, A.: *La novela peruana. Siete estudios*. Lima 1977; Küppers, G.: *Peruanische Autorinnen vor der Jahrhundertwende. Literatur und Publizistik als Emanzipationsprojekt bei C. M.* Frankfurt/M. u.a. 1989.

Gabriele Küppers

Matute, Ana María

Geb. 16. 7. 1926 in Barcelona

»Schreiben ist für mich eine Art, in der Welt zu sein, oder besser, es ist ein Mittel, um mein Unbehagen in der Welt zu zeigen [...]. Ich schlage keine Lösungen vor, ich stelle Probleme dar.« Mit diesen Worten faßt M. 1994 ihr literarisches Schaffen zusammen, das in den 40er Jahren begann. Als ›lyrisch, realistisch und engagiert‹ wird M.s Schreibweise charakterisiert, die sich keiner der literarischen Strömungen im Nachkriegsspanien problemlos zuordnen läßt. – Ihre Kindheit verbringt M. – die Tochter eines katalanischen Industriellen und einer Mutter, die M. als Inbegriff des Kastilischen beschreibt – in Madrid und Barcelona und gilt hier wie dort als Fremde. Den spanischen Bürgerkrieg begreift sie als einschneidende Erfahrung: Er hinterläßt, so M., eine »Generation erschreckter Kinder«, der auch sie angehört. Mit 17 Jahren schreibt sie ihren ersten, erst 1954 veröffentlichten Roman *Pequeño teatro* (Kleines Theater), in dem sie die Nachkriegszeit als »lügenhafte Marionettenwelt« schildert. Ihre literarische Bearbeitung der Bürgerkriegsproblematik beginnt M. mit dem 1948 publizierten Roman *Los Abel* (Die Abels). Hier wie in *Fiesta al Noroeste*, 1953 (Fest im Nordwesten) evoziert sie den Bürgerkrieg symbolisch, indem sie den Bruderzwist von Kain und Abel zum handlungstragenden Motiv erhebt. Schauplatz dieser und der folgenden Romane ist das ländliche, unterentwickelte und von sozialer Ungerechtigkeit gekennzeichnete Spanien; M. beschreibt damit sowohl die Ursachen als auch die Folgen des Bürgerkriegs.

Bis zu ihrer Heirat mit dem glücklosen Schriftsteller Ramón Eugenio de Goicoechea (1952) lebt M. in Barcelona und steht dort im Kontakt mit einem Kreis junger Schriftsteller, dem u. a. die Brüder Goytisolo angehören. Als das Ehepaar nach Madrid übersiedelt, tritt M. in Verbindung mit der dortigen, ebenfalls der Nachkriegsgeneration angehörenden Schriftstellergruppe, darunter Carmen ↗ Martín Gaite (geb. 1925); R. Sánchez Ferlosio (geb. 1927). Ihre dezidiert subjektive und symbolisierende Schreibweise, die Wahl ihrer Schauplätze im ländlichen Spanien und die Tendenz, zeitgenössische Wirklichkeit eher zum Fluchtpunkt der Erinnerung als zum Zentrum ihrer literarischen Darstellung zu machen, entfernt sie deutlich vom Realismusmodell der »Generation von 1950«. Daß es geraten schien, die Bürgerkriegsthematik vorzugsweise symbolisch zu bearbeiten, belegt M.s Roman *Las luciérnagas* (Die Leuchtkäfer), der die Zensur nur in stark gekürzter Version unter dem Titel *En esta tierra*, 1955 (In diesem Land) passieren konnte; die Originalfassung erschien erst 1993.

1954 wird M.s Sohn Juan Pablo geboren; wenige Jahre später erwirkt M. die Trennung von ihrem Ehemann – eine der ersten legalen Trennungen in Spanien nach dem Bürgerkrieg. Die Prozedur dauert drei Jahre, während derer ihr das Sorgerecht für das Kind entzogen ist. Kinder und Jugendliche sind nicht nur in M.s zahlreichen Kinderbüchern, sondern auch in vielen ihrer Erzählungen und in einer

Reihe ihrer Romane die Protagonisten. Titelgebend sind sie in *Los hijos muertos*, 1958 (Die toten Kinder), der retrospektiv erzählten, drei Generationen umfassenden Chronik einer spanischen Familie bis 1948. In *Primera memoria*, 1960 (*Erste Erinnerung*, 1965), dem ersten Teil der Trilogie *Los mercaderes* (*Die Krämer*; es folgen: *Los soldados lloran de noche*, 1964/*Nachts weinen die Soldaten*, 1965 und *La trampa*, 1969/*Die Falle*, 1973), erzählt das Mädchen Matia rückblickend vom Beginn des spanischen Bürgerkriegs. In der individuellen Erinnerung markiert diese Zeit zugleich das Ende ihrer Kindheit und den Verlust kindlicher Unschuld. Im dritten Teil der Trilogie knüpft die Protagonistin aus größerer zeitlicher Distanz an die ›erste Erinnerung‹ an, ergänzt sie durch Tagebuchfragmente und innere Monologe und konfrontiert dieses Patchwork der Erinnerungen mit ihrer Wahrnehmung des zeitgenössischen Mallorca. So entsteht ein Bild Spaniens, das die Kontinuität seiner überkommenen Strukturen wie deren Brüchigkeit gleichermaßen zeigt.

La torre vigía, 1971 (Der Wachturm) ist M.s für lange Zeit letzter Roman. Sie wendet sich darin von der Darstellung zeitgenössischer Wirklichkeit ab, wirft zwar weiterhin die Thematik von Bruderkrieg und Schuld auf, situiert die Handlung nun aber in der Zeit des Hochmittelalters. Ebenfalls mittelalterlich, jedoch von überwiegend märchenhaften Figuren bevölkert ist die Szenerie des umfangreichen Romans *Olvidado rey Gudú*, 1996 (Vergessener König Gudu), mit dem M. nach 25 Jahren des Schweigens auf die literarische Bühne zurückkehrt. Charakteristisch in M.s erzählerischem Werk ist die schuldhafte Verstrickung ihrer Protagonisten in eine ›schlechte Wirklichkeit‹. Sie stellt die stets wiederkehrende Schuldproblematik im Licht poetischer Subjektivität dar; auf diese Weise evoziert sie jedoch keinen paradiesischen Urzustand, sondern vergegenwärtigt den Verlust der Unschuld. – M. erhielt eine Reihe angesehenster Literaturpreise und wurde 1994 zum Mitglied der Real Academia Española ernannt.

Obra completa. 5 Bde. Barcelona 1971–1976. – Lit.: Jones, M. W.: *The literary world of A. M.M.* Lexington 1970; Romá, R.: *A. M.M.* Madrid 1971; Díaz, J.: *A. M.M.* New York 1971; Truxa, S.: *Die Frau im spanischen Roman nach dem Bürgerkrieg. Camilo José Cela – Carmen Laforet – A. M. M. – Juan Goytisolo*. Frankfurt/M. 1982, S. 100–146; *Compás de Letras* 4, Juni 1994 (Schwerpunktnummer A. M. M.). Hg. A. Redondo Goicoechea.

Karin Hopfe

Mayröcker, Friederike

Geb. 20. 12. 1924 in Wien

Seit 1946 unterrichtete M. an Wiener Hauptschulen, ließ sich 1969 beurlauben und lebt seither als freie Schriftstellerin in Wien. 1946 erschienen ihre ersten Gedichte in der Wiener Avantgarde-Zeitschrift *Plan*. Seit 1954 Freundschaft und Zusammenarbeit mit Ernst Jandl und Bekanntschaft mit Mitgliedern der Wiener Gruppe, 1956 die erste Buchpublikation: *Larifari. Ein konfuses Buch*. 1970/71 und 1973 ist M. Gast des Westberliner Künstlerprogramms des DAAD. Zahlreiche Lese- und Vortragsreisen führen sie durch ganz Europa und in die USA. Ihr umfangreiches und in viele Sprachen übersetztes Œuvre erhielt zahlreiche Auszeichnungen (u. a. 1968 Hörspielpreis der Kriegsblinden, 1977 Trakl-Preis, 1982 Großer Österreichischer Staatspreis und Roswitha-von-Gandersheim-Preis, 1989 Hauptpreis der deutschen Industrie). M. ist Mitglied zahlreicher Akademien und Künstlergremien (u. a. Österreichischer Kunstsenat, Deutsche Akademie für Sprache und Dichtung, Grazer Autorenversammlung). 1988 wurde das F.-M.-Archiv in der Wiener Stadt- und Landesbibliothek eingerichtet.

M. begann mit stark biographisch geprägten Gedichten und Kurzprosa und entwickelte in den 50er und 60er Jahren eine formal bewußtere Schreibweise. Zwischen 1964 und 1966 entstand eine Serie von langen Gedichten, gefolgt von experimenteller Prosa (*Minimonsters Traumlexikon*, 1968; *Fantom Fan*, 1971). Seit 1967 verfaßte M. Hörspiele – anfangs zusammen mit Ernst Jandl – zuletzt *NADA NICHTS* (1991). Seit Mitte der 60er Jahre entstand sprachexperimentierende szenische Prosa, beeinflußt von der Collagetechnik des Dada und von persiflierter Comic-Strip-Technik. Die Erzählung *je ein umwölkter Gipfel* von 1973 markiert einen Einschnitt in ihrer Arbeit. In der Folge entstanden Prosaarbeiten in denen M. versuchte, eine »neue experimentelle Romanform« zu entwickeln. Der Höhepunkt dieser Entwicklung ist 1980 erreicht in *Die Abschiede*, wo M. Erfahrungen, Erlebnisse, Träume und Zitate unter Verwendung von fiktiven Dialogen sowie von Montage und Wiederholungstechniken in stark metaphorische Textverläufe integriert, deren rhythmische Qualitäten den lyrischen Charakter dieser Prosa bestimmen. In den großen Prosaveröffentlichungen seither – u. a. *Reise durch die Nacht* (1984), *Das Herzzerreißende der Dinge* (1985), *mein Herz mein Zimmer mein Name* (1988), *Stilleben* (1991) – arbeitet M. ohne Verwendung von Geschichten und genau identifizierbaren Personen, ohne zeitliche, räumliche und kausale Ordnungen. Vielmehr entfalten diese Texte so etwas wie die Selbstkommunikation M.s in Gestalt mehrdimensionaler Dialoge, die einen inneren Kosmos entwerfen, in dem Sprache, Wirklichkeit und Magie, Poesie und Theorie, Gefühl und Verstand zu einer subjektiv beglaubigten Synthese zusammenfließen. In einem Interview 1986 hat M. ihre Arbeitsweise so gekennzeichnet: »Bei meiner [...] Prosa gehe ich weiter in der erbarmungslosen Annäherung an die Wirklichkeit und gleichzeitig an eine auf die Spitze getriebene Magie, die in die Nähe eines Irrwitzes oder Wahnwitzes kommt.

[...] Ich habe vor allem Wahrnehmungsvorstellungen, die sich in Sprache verwandeln müssen. Und dann habe ich Lebensirritationsvorstellungen, die sich in Sprache verwandeln.« In diesen stark suggestiven Texten werden herkömmliche Vorstellungen von Erzählliteratur, von Geschichte und Identität aufgelöst, wird die übliche Mitteilungsfunktion der Sprache weitgehend aufgehoben. Sprache evoziert Vorstellungen, Ideen und Erinnerungen, die Romanform wird weiterentwickelt zu einer Form des Erzählens ohne Geschichte, was »die Frage aufkommen lasse, ob wir tatsächlich, im eigentlichen Sinn, einzig aus unserem Kopf schreiben?« (*Abschiede*).

Lit.: Kastberger, K.: *»einzelne Stücke, aus welchen sich das Ganze insgeheim zusammensetzt ...« Produktionsästhetische u. textanalytische Merkmale der Prosa F. M.s.* Wien 1991; Schmidt, S.J. (Hg.): *F.M.* Frankfurt/M. 1984; Arnold, H.L. (Hg.): *F. M. Text + Kritik.* München 1984.

Siegfried J. Schmidt

McCullers, Carson

Geb. 19. 2. 1917 in Columbia/Georgia; gest. 29. 9. 1967 in Nyack/New York

McCullers ist neben Flannery O'Connor (1925–1964) die bedeutendste Autorin der amerikanischen Südstaatenliteratur im 20. Jh. Auf eindrucksvolle Weise verbindet sich in ihren Werken eigenes persönliches Schicksal mit allgemein empfundener existentieller Krise in den USA der 40er bis 60er Jahre. Im Kleinstadtmilieu des Südens aufgewachsen, macht sich bei dem musisch talentierten, sensiblen Mädchen schnell ein Gefühl von Isolation und Einsamkeit breit. Mit fünfzehn beginnt sie zu schreiben, beschließt dann aber, in New York Musik zu studieren. Unglückliche Umstände zwingen sie jedoch, diesen Plan aufzugeben. 1936 veröffentlicht sie ihre erste Kurzgeschichte und beginnt mit der Arbeit an ihrem ersten Roman *The Heart Is a Lonely Hunter,* 1940 (*Das Herz ist ein einsamer Jäger,* 1950). Schon mit Anfang 20 zeigen sich ernste gesundheitliche Probleme, die sie nicht mehr verlassen sollen. 1940 erleidet sie den ersten Schlaganfall und läßt sich nach kurzer, glückloser Ehe von Reeves McCullers scheiden. 1945 heiratet sie ihn zum 2. Mal. Beide hatten eine Reihe von homosexuellen Beziehungen.

Für M. waren von Beginn ihres Schaffens an Partnerbeziehungen, nicht nur sexueller Art, eine zentrale Thematik. Ihre *einsamen Jäger,* oft auch heranwachsende Jugendliche, wie Mick oder Frankie in *The Member of the Wedding,* 1946 (*Das Mädchen Frankie,* 1947), suchen Kontakt, Wärme, Erfüllung. Sie fühlen sich mißverstanden, alleingelassen. Einige der Hauptcharaktere haben gesundheitliche Gebrechen, aber gleichzeitig eine tiefe menschliche Wärme, wie z.B. Singer, zu dem sich die *einsamen Jäger* hingezogen fühlen. Auch nach zwei weiteren Schlaganfällen, die zur linksseitigen Lähnung führen, ist M.s schriftstellerische Produktivität ungebrochen. 1951 erscheint ihre Kurzgeschichtensammlung *The Ballad of the Sad Cafe* (*Die Mär von der glücklosen Schenke,* 1954), deren Titelgeschichte 1964 von Edward Albee dramatisiert wurde. Nach dem Selbstmord ihres Mannes in Paris kehrt sie zu ihrer Familie zurück. Viele Jahre arbeitet sie an dem Roman *Clock Without Hands*, 1961 (*Uhr ohne Zeiger*, 1962). Die Suche nach der eigenen Herkunft und Identität stehen hier ebenso im Mittelpunkt wie Fragen nach Verantwortung und Parteinahme, nach den Möglichkeiten, rassistische Denkstrukturen zu überwinden.

M. war nie vordergründig politisch, jedoch bezeichnete sie es als starkes Bedürfnis, die Aufhebung der Segregation an öffentlichen Schulen in den USA, verbunden mit ihren eigenen Alltagserfahrungen im Süden, in ihrem letzten Roman literarisch umzusetzen.

Werke. 8 Bde. Zürich 1971–88. – Lit.: Evans, O.: *C. McC. Her Life and Work*. London 1965; Cook, R. M.: *Carson McCullers*. New York 1975; McDowell, M. B.: *Carson McCullers*. Boston 1980; Bloom, H. (Hg.): *Carson McCullers*. New York 1986.

Renate Ulbrich

Mechtel, Angelika

Geb. 26. 8. 1943 in Dresden

Befragt, ob man ihre Literatur als ›Frauenliteratur‹ bezeichnen könne, antwortete M. in einem frühen Interview: »Wir verbinden damit die Vorstellung einer heilen Frau, die für heile Frauen einen heilen Roman über die heile Welt schreibt. Dagegen würde ich mich sehr wehren. Wir müssen also diesen Begriff ganz neu definieren, und zwar im Sinne einer kämpferischen Frauenliteratur, die denjenigen Frauen, die noch nicht kämpferisch eingestellt sind, einen kämpferischen Geist verleiht.« Damit nennt die Autorin das Hauptanliegen ihrer Arbeit: gesellschaftkritisches Engagement, das sich zunehmend auch um die soziale Situation der Frau bemüht. – 1945 flüchtet die Familie Mechtel mit zwei Kindern von Dresden in den Westen. M. wächst im Rheinland und in Bayern auf und besucht Schulen in München, Bad Godesberg und Würzburg. 1962 heiratet sie den Schriftsteller und Verleger Wolfhart Eilers und hat zwei Töchter mit ihm. Bis 1968 ernährt M. die Familie durch ihre Arbeit als Zimmermädchen, kaufmännische Angestellte und Hilfsarbeiterin, eine Erfahrung, die sich in den Themen ihres ersten Erzählbands *Die feinen Totengräber* (1970) widerspiegelt. Noch bevor die Kategorie der ›Frauenliteratur‹ Themen und Schreibweisen von Autorinnen bestimmt, beschreibt M. in ihren Erzählungen u. a. Widersprüche und Sackgassen von weiblichen Lebenssituationen. In spröder Knappheit und oft makaber-surreal überspitzt werden Szenen aus dem kleinbürgerlichen Alltag geschildert. Dabei markieren die ohnmächtigen Ausbruchsversuche der Protagonistinnen die Engmaschigkeit eines sozialen Netzes, das die Existenzweise und die Arbeit von Frauen nicht ernst genug nimmt. Eine kritische Dokumentation von Zeitgeschichte liefert die Autorin mit ihrem experimentellen Roman *Kaputte Spiele* (1971), in dem keine lineare Handlung, sondern assoziative Versatzstücke die Handlungsunfähigkeit der Generation der 60er Jahre resigniert beschreiben. Wie auch in dem folgenden Erzählband *Hochhaus-*

geschichten (1971) – und nicht untypisch für die Prosa der frühen 60er Jahre – ist die brutale Gewalt der industriellen Wohlstandsgesellschaft Gegenstand von M.s literarischer Kritik.

Die Autorin, seit 1965 Mitglied der Dortmunder Gruppe 1961, einer Gruppe von Autoren, die sich für Arbeiterliteratur einsetzt, reflektiert 1974 über ihren Schreibstil: »Ich hatte Erfolg mit meinen literarischen Arbeiten, aber kaum Leser gefunden.[...] Der Weg vom Autor über den Buchhändler zum Leser wurde durch die Intellektualität meines Stils blockiert.« Damit beginnt die Suche nach einer emanzipatorischen Trivialliteratur, ablesbar an dem Schreibstil des nächsten Romans *Friß Vogel* (1972), der das Schicksal ihres 1967 bei seiner Korrespondententätigkeit erschossenen Vaters verarbeitet. Thema ist vor allem die Atmosphäre in deutschen Sendeanstalten, geprägt von Opportunismus und rücksichtslosem Durchsetzungswillen. Wie dieser Text so leiden auch die beiden folgenden Romane *Das gläserne Paradies* (1973) *Die Blindgängerin* (1974) an einem »Staffagerealismus« (Ingrid Laurien), jedoch zeigen sie das immer stärker werdende Interesse der Autorin an Problemen weiblicher Existenz. Sehr überzeugend und symptomatisch für das kontinuierliche Engagement M.s – seit Anfang der 70er Jahre ist sie sehr aktiv in verschiedenen Berufsverbänden der Schriftsteller – sind ihre dokumentarischen Publikationen *Alte Schriftsteller in der Bundesrepublik* (1972) und *Ein Plädoyer für uns – Frauen und Mütter von Strafgefangenen berichten* (1975).

Mit dem autobiographisch geprägten Rückblick auf eine weibliche Kindheit in den 50er Jahren *Wir sind arm, wir sind reich* (1977) scheint das Experiment einer didaktisch-emanzipatorischen Trivialliteratur aufgegeben, nicht aber das Interesse an der weiblichen Perspektive, wie vor allem der 1980 erscheinende Roman *Die andere Hälfte der Welt oder Frühstücksgespräche mit Paula* verdeutlicht. Der Text zeichnet sich vor allem durch seine Distanznahme zu identifikatorischen Mustern aus, ablesbar an der beschriebenen schwierigen Annäherung zwischen Autorin und Figur. Zwischen 1988 und 1990 veröffentlicht die Autorin vor allem Kinderbücher, eine Phase, die mit dem 1990 erscheinenden Krankheitsprotokoll *Jeden Tag will ich leben. Ein Krebstagebuch* zunächst ein Ende nimmt. Auf unmittelbare Weise zeichnet dieses Buch den Kampf gegen die Krankheit, gegen Angst und Depressionen und gegen den mechanischen Krankenhausbetrieb nach.

Im September 1991 tritt die politisch engagierte Autorin – mittlerweile ist sie Vizepräsidentin des PEN-Zentrums der Bundesrepublik Deutschland und erreicht als Beauftragte des Kommitees *Writers in Prison* die Freilassung von inhaftierten Autoren in der Türkei, der ehemaligen UdSSR und in Mexiko – aus Protest gegen die unentschlossene Haltung ihrer Kollegen aus dem Verband der deutschen Schriftsteller aus. Mit dem Roman *Die Prinzipalin* (1994) wendet sich M. der fiktionalen Aufarbeitung der Theaterprinzipalin F. C. ↗ Neuber zu, die als eine der wenigen Frauen im 18. Jahrhundert entscheidenden Einfluß auf das deutsche Theater nahm. Sie leistet damit einen Beitrag zu dem ›Ausgrabungsprojekt‹ vergessener Frauen in der Geschichte. Neben ihren Buchpublikationen hat M. auch zahlreiche Hörspiele und Drehbücher geschrieben. Heute lebt sie mit dem Schriftsteller Gerd E. Hoffmann in Köln und Boquerón.

Lit.: A. M. et al.: *Die stille Gewalt des Alltäglichen*. Rehberg-Loccum 1980; Schmitt, W. Ch.: »Schreiben ist für sie kein Lebensersatz«. Interview. In: Ders.: *Die Buchstabenmillionäre*. Karlsruhe 1986.

Susanne Baackmann

Mechthild von Magdeburg

Geb. um 1207 in der Gegend um Magdeburg; gest. um 1282 in Helfta

Über ihr Leben wissen wir nur das, was M. in ihrem einzigen Werk *Das Fließende Licht der Gottheit* mitteilt. Vermutlich wuchs sie in einer adeligen Familie südöstlich von Magdeburg auf; ihre Sprache läßt darauf schließen, daß sie mit dem höfischen Leben und der höfischen Literatur gut vertraut war. M.s eigenen Aussagen zufolge begannen ihre mystischen Erfahrungen bereits im Alter von zwölf Jahren, und diese visionären Gottesbegegnungen haben sie ihr ganzes Leben hindurch begleitet. Um 1230, also etwa mit 20 Jahren, verließ sie ihr Elternhaus, um als Begine in Magdeburg ihr Leben in den Dienst Gottes zu stellen. Die Aufzeichnungen ihrer Visionen begann sie um 1250 auf Anregung des Dominikaners Heinrich von Halle, der über lange Zeit ihr Beichtvater war. Um 1270 fand sie Aufnahme im Kloster Helfta, das sich unter der Leitung der Äbtissin Gertrud von Hackeborn zum geistig-religiösen Zentrum der mittelalterlichen Frauenmystik entwickelte. Hier entstanden auch die Visions- und Offenbarungsbücher Mechthilds von Hackeborn (1241–1298) und Gertruds der Großen (1256–1302).

M.s Buch *Das Fließende Licht* stellt die Forschung vor viele ungelöste Fragen. Bereits die Überlieferungsgeschichte ist äußerst problematisch, denn das mittelniederdeutsche Original ist bis heute verschollen. Wir kennen das Buch in einer alemannischen Übertragung, die 1343–45 auf Veranlassung Heinrichs von Nördlingen in Basel angefertigt wurde, ferner in einer lateinischen, redaktionell bearbeiteten Übersetzung der Bücher I-VI, die vermutlich im Dominikanerkloster in Halle nach M.s Tod entstanden ist. Mit den gängigen literaturwissenschaftlichen Kategorien ist das Werk kaum zu fassen. Leben und Werk bilden eine so dichte Einheit, wie sie in der deutschsprachigen Literatur zuvor unbekannt ist, denn ihre Aufzeichnungen haben M. lange Jahre beschäftigt, und sie selbst ist in vieler Hinsicht Gegenstand des Buches, so daß man es als »Bekenntnisse einer minnenden Seele« (Ruh) und als »Zeugnisschrift eines mystisch-religiösen Lebens« (Neumann) zu charakterisieren versucht hat. Die sinnlich erfahrene Einheit mit Gott in Worte zu fassen und zu reflektieren, ist das Ziel und zugleich der Gegenstand der Aufzeichnungen. Sie umfassen Darstellungen ekstatischer Unio-Erlebnisse, Wechselgesänge zwischen Gott und der Seele und Dialoge über das Wesen und die Wirkung der Gottes-Minne, beeinflußt durch das Hohe Lied und die Hohelied-Exegese, die Apokalypse und eine weltlich geprägte Liebeslyrik. In den Texten dominiert die Ich-Perspektive; inwieweit diese Ich-Aussagen allerdings autobiographisch gedeutet werden können, ist in der Forschung heftig umstritten (Peters). Auffällig ist die Bildmächtigkeit und zugleich die Abstraktheit ihrer Sprache. Obwohl M. vermutlich keine theologisch fundierte Bildung besaß (»des latines kan ich nit«, II 3,48), demonstriert ihr Werk einen breiten Bildungshorizont und erstaunlich profunde Kenntnisse des theologischen Schrifttums, die ihr vermutlich von Dominikanern vermittelt wurden (Ruh). Ebenso ungewöhnlich wie Sprache und Aussage des Buches ist auch seine Form. In der uns überlieferten Version sind die Aufzeichnungen in sieben Bücher und einzelne, durchnumerierte Kapitel gegliedert, allerdings bilden die jeweiligen Kapitel weder inhaltlich noch formal ausgewogene Einheiten. Selbst innerhalb eines Kapitels kann die Sprache von der Prosa in poetische Gebilde, Rhythmen und Reime fließend übergehen und zugleich ganz unterschiedliche Texttypen vereinen: Eigene mystische Erfahrungen, hymnische Wechselreden, Reflexionen, Allegorien oder Gottesreden gehen ineinander über. Neben sehr subjektiv geprägten Passagen bietet das Werk M.s (vor allem ab Buch V) auch Lehrdialoge, Merkverse, allegorische Erzählungen, in denen das didaktische Anliegen der Mystikerin deutlich hervortritt. Sie fühlte sich als Visionärin in göttlichem Auftrag auch zu heftiger Kritik an Geistlichen und Laien berechtigt, setzte sich damit aber zugleich Anfeindungen und Bedrohungen aus: »Nu voͤrhte ich got, ob ich swige, und voͤrhte aber unbekante lúte, ob ich schribe«, III 1,36f. (»Nun fürchte ich Gott, wenn ich schweige, und fürchte zugleich unbekannte Leute, wenn ich schreibe.«) Bis heute ist ungeklärt, ob sie deshalb Anfeindungen ausgesetzt war oder ob ihre eigenwilligen Visionsberichte die Ursache für viele Schwierigkeiten waren, über die sie wiederholt klagt. M. verstarb 1282 nach langer Krankheit und fast erblindet im Kloster Helfta.

Das fließende Licht der Gottheit. Nach der Einsiedler Handschrift in kritischem Vergleich mit der gesamten Überlieferung. Hg. H. Neumann u.a. München 1990/93; *Das fließende Licht der Gottheit.* Hg., übers., eingeleitet und erläutert von M. Schmidt. Stuttgart-Bad Cannstatt 1995. – Lit.: Peters, U.: *Religiöse Erfahrung als literarisches Faktum.* Tübingen 1988; Heimbach, M.: *»Der ungelehrte Mund« als Autorität.* Stuttgart-Bad Cannstatt 1989; Ruh, K.: *Geschichte der abendländischen Mystik.* Bd. II. München 1993.

Edith Wenzel

Meireles, Cecília

Geb. 7. 11. 1901 in Rio de Janeiro; gest.9. 11. 1964 in Rio de Janeiro

»Voller Klarheit sagen, was im Geheimen existiert«, lautet ein Vers aus dem letzten Gedichtband, der zu Lebzeiten der großen Lyrikerin M. unter dem Titel *Solombra* – eine Verschmelzung aus den Wörtern *sol* und *sombra*, »Sonnenschatten« – erschien, während noch ein beträchtlicher Teil ihres Werkes unveröffentlicht ist. – M. wächst als Waise bei ihrer Großmutter auf, nachdem sie die Eltern in frühster Kindheit verloren hat. Die Erfahrung von Verlust und Tod sollte ihr ganzes Werk durchziehen, doch auch eine liebevoll erinnerte Kindheit. M. hört fasziniert den Geschichten der von den Azoren stammenden Großmutter zu, einer gebildeten, frommen Frau mit mystischen Neigungen, und dem Kindermädchen, das aus dem Schatz der brasilianischen Volksliteratur schöpft. Mit sechzehn Jahren veröffentlicht sie ihren ersten kleinen Gedichtband, *Espectros* (Schreckbilder). Im selben Jahr erhält sie ihr Lehrerinnendiplom. Fünf Jahre später heiratet sie den portugiesischen Maler Fernando Correia Dias. Aus dieser Ehe hat sie drei Töchter. 1923 veröffentlicht sie den Band *Nunca Mais . . . e Poema dos Poemas* (Niemals wieder . . . und Gedicht der Gedichte),

1925 *Baladas para El-Rei* (Balladen für El-Rei). Zu dieser Zeit steht M. einer Gruppe katholischer Lyriker nahe, die das Erbe des Symbolismus mit der Moderne zu verbinden suchen, ohne eine radikale Ablehnung der literarischen Tradition wie die Modernisten sie forderten. Als Lehrerin engagiert sie sich in Fragen des Bildungswesens, von 1930 bis 1934 ist sie verantwortlich für die Seite »Bildung« in der Tageszeitung *Diário de Notícias* von Rio de Janeiro. In drei Jahren verfaßt sie etwa 750 Artikel, in denen sie sich einsetzt für eine demokratische, unabhängige Bildung, vor dem aufkommenden Nationalismus warnt und die autoritäre Attitüde des Präsidenten Vargas, den sie mit »Herr Diktator« anredet, kritisiert. Sie spricht sich zwar für die feministische Bewegung aus, kommentiert sie jedoch auch kritisch. Ihr geht es vor allem darum, den Frauen durch den Zugang zur Bildung die gleichen Chancen im Berufsleben zu sichern. 1934 gründet sie die erste Bibliothek für Kinder und begibt sich Ende des Jahres auf ihre erste Studienreise nach Europa. In Portugal hält sie an den Universitäten von Coimbra und Lissabon Vorträge über brasilianische Literatur. 1936 unterrichtet sie einige Zeit an der kurz zuvor gegründeten Bundesuniversität von Rio de Janeiro.

Neben ihrer Tätigkeit als Lehrerin findet M. in der Auseinandersetzung mit der lyrischen Tradition, dem Modernismus und in der Begegnung mit der Dichtung der iberischen Halbinsel ihre eigene Sprache und Ausdrucksform, bis sie 1939 erneut einen Gedichtband vorlegt, *Viagem* (Reise), der von der Academia Brasileira de Letras ausgezeichnet wird und wegweisend ist für ihre folgenden Werke. Ihre Dichtung gewinnt größere Musikalität, sie verwendet häufig die Form des Liedes. Sie schildert, ohne überschwenglich zu sein, eine sinnlich erfahrbare Welt, Frieden und Harmonie findet sie in Bildern vom Leben auf dem Lande, in das der Mensch harmonisch eingebettet ist. Andererseits sind die Vergänglichkeit allen Lebens und die Zerbrechlichkeit aller Dinge in ihrer Lyrik gegenwärtig, ebenso wie das Bewußtsein von der Unbeständigkeit allen Glücks. In der Verbindung von Farben und Geräuschen gelingen ihr eindrucksvolle poetische Bilder. Der 1949 erschienene Band *Retrato natural* (Natürliches Porträt) kündigt, bei allen Bildern von der realen Welt, den Weg zum Abstrakten bereits an, das die Dichterin am ehesten in der Form des Liedes findet, besonders in den beiden Bänden *Canções* (Lieder) von 1956 und *Metal rosicler* (Rosarotes Metall) von 1960. In Lyrik und Prosa verarbeitet M. auch die Reisen aus den 40er und 50er Jahren wie z.B. in *Doze noturnos da Holanda* (Zwölf Nocturnes zu Holland) von 1952. 1940 bereist sie die Vereinigten Staaten von Amerika und Mexiko, später die Nachbarländer in Lateinamerika und schließlich die Azoren. Besonders wichtig wird der Besuch Indiens 1953. In Delhi wird ihr die Ehrendoktorwürde verliehen.

Poesias completas. 9 Bde. Rio de Janeiro 1973–1976; *Os melhores poemas* (Ausw. M. Fernanda). São Paulo 1984. *Flor de poemas* (Ausw. u. Anm. P.M. Campos; Studie D. Damasceno). Rio 1988. – Lit.: Rónai, P.: »The Character of a Poet: C.M. and Her Work«. In: *Literary Review* 2,1 (1978), S. 193–204; Schmidt, Z.M.S.: »Pequena poética de C.M.« In: *Estudos Brasileiros* 4 (1979), S. 259–289; Savers, R.S: »The Poetic Universe of C.M.« In: Bichakjian, C.M. (Hg.): *From Linguistics to Literature. Romance Studies.* Amsterdam 1981, S. 243–258; Sadlier, D.J.: *Imagery and Theme in the Poetry of C.M.: A Study of »Mar absoluto«.* Madrid/Potomac 1983; David-Peyre, Y.: »Le mouvant et l'imaginaire dans ›Viagem‹ de C.M.« In: *Quadrant* (1986), S. 5–21.

Ray-Güde Mertin

Mereau, Sophie

Geb. 27. 3. 1770 in Altenburg; gest. 31. 10. 1806 in Heidelberg

»Es ist wahr, ein Gefühl ist in mir, ein einziges welches nicht Dein gehört. Es ist das Gefühl der Freiheit. Was es ist, weiß ich nicht, es ist mir angeboren, und Du verletzest es zuweilen« (Sophie Mereau an Clemens Brentano 17. 11. 1804). Was M. in diesem Brief für sich als individuelle Freiheit verteidigt, hatte sie auch in einer für damalige Verhältnisse kühnen Schrift über Ninon de L' Enclos, deren Briefe sie publizierte, gefordert: Die erotische Emanzipation der Frau als notwendige Voraussetzung der Befreiung ihrer Persönlichkeit. – Sie erhielt als Tochter des sachsen-anhaltinischen Steuerbeamten Gotthelf Schubert eine gediegene Ausbildung. Nach dem frühen Tod der Eltern heiratete sie mit 23 Jahren den Juraprofessor F. E. K. Mereau in Jena. Er hatte sie bereits in die Jenaer Gesellschaft eingeführt. Schiller war von ihrer Ausstrahlung und ihrem Talent beeindruckt und nahm bereits 1791 Gedichte von ihr in der *Thalia* auf, die ersten Fragmente ihres Briefromans *Amanda und Eduard* (1803) publizierte er in den *Horen*.

Jena war damals auch durch die Nähe zu Weimar Mittelpunkt deutscher Gelehrsamkeit und Poesie. Hier lehrten Schiller, Fichte, Schelling, lebten und wirkten Goethe, Herder u. a. Die Brüder Schlegel mit ihren geistreichen Frauen Dorothea und Caroline bildeten ein wichtiges Zentrum der Jenaer Frühromantik, dem M. nahestand. Aber auch zu den Frauen um Schiller: Amalie von Imhoff, Caroline von Wolzogen, Charlotte von Lengefeld und Luise Brachmann hatte sie Kontakte. In den neunziger Jahren gelang es ihr, mit eigenen Arbeiten und Übersetzungen aus dem Englischen, Spanischen, Italienischen und Französischen (u. a. die Memoiren der Madame de Staël) eine selbständige Existenz aufzubauen. 1794 erschien ihr Roman *Das Blüthenalter der Empfindung*. Auch während ihrer Schwangerschaften war sie schriftstellerisch tätig. Um 1800 kam es zu einer Trennung der Eheleute und ein Jahr später zur Scheidung. 1798 hatte sie Clemens Brentano kennengelernt und heiratete ihn nach längerem Zögern 1803. Im gleichen Jahr kam auch ihr Roman *Amanda und Eduard* heraus. Sie publizierte einen Romankalender und gab eine eigene Zeitschrift *Kalathiskos* (1801–1802) heraus. 1803 redigierte sie den *Göttinger Musenalmanach*. 1805 erschien der Band *Bunte Reihe kleiner Schriften*. Ihr Briefwechsel mit Clemens Brentano ist ein wichtiges Dokument ihrer weiteren Entwicklung. Sie starb am 31. Oktober 1806 bei der Geburt ihres fünften Kindes.

M. ist unter den Schriftstellerinnen der Kunstperiode eine der wenigen Ausnahmen, die sich als Berufsschriftstellerinnen durchsetzen konnten. Sie hinterließ ein relativ umfangreiches Werk: zwei Romane, zahlreiche Erzählungen, Lyrik, Übersetzungen bedeutender Texte der Weltliteratur (u. a. Maria de Zayas, Boccaccio, Corneille, Montesquieu). Manche ihrer Gedichte wurden durch Vertonungen populär. Die Zahl der Rezensionen ihrer Werke dokumentiert ihre Anerkennung überzeugend. Ihr Werk, zwischen Aufklärung, Klassik und Romantik angesiedelt, steht in der Tradition der deutschen Auseinandersetzung mit den Idealen der

Französischen Revolution und zeugt von den Wünschen nach Freiheit und Emanzipation in Erotik und Kultur.

Liebe und allenthalben Liebe. Werke und autobiographische Schriften. 3 Bde. Hg. K. Hammerstein. München 1997. – Lit.: Gersdorff, D. von: *Dich zu lieben kann ich nicht verlernen. Das Leben der S. B.-M.* Frankfurt/M. 1984; Fleischmann, U.: *Zwischen Aufbruch und Anpassung. Untersuchungen zu Werk und Leben der S.M.* Bern u.a. 1989; Hammerstein, K. von: *Freiheit – Liebe – Weiblichkeit. Tricolore der sozialen und individuellen Selbstbestimmung um 1800.* Heidelberg 1997.

Hannelore Scholz

Michaelis, Karin (eigtl. Katharina Maria Bech Brøndum)

Geb. 20. 3. 1872 in Randers/Jütland; gest. 11. 1. 1950 in Kopenhagen

Die dänische Schriftstellerin M. wuchs in der Provinzstadt Randers in Jütland in bescheidenen Verhältnissen als Tochter eines Telegraphisten auf. 1895 heiratete sie den dänischen Dichter Sophus Michaelis (1865-1932), von dem sie 1911 geschieden wurde. Ihre ersten Erzählungen von 1898 und 1901 waren stilistisch noch unbeholfen. Aber mit den zwei kleinen Romanen *Das Kind* und *Das Schicksal der Ulla Fangel*, die beide 1902 auf dänisch und deutsch erschienen und schnell in 12 bzw. 15 Sprachen übersetzt wurden, gelang ihr der erste internationale Durchbruch. Die beiden Romane, von Rilke sehr gelobt, schildern die sexuelle Identität eines pubertären Mädchens und die einer sehr jungen Ehefrau eines viel älteren Mannes. Mit dem Roman *Das gefährliche Alter* (1910), in dem M. in der von ihr bevorzugten Brief- und Tagebuchform, die physische und psychische Labilität einer Frau in den Wechseljahren bei zunehmender sexueller Lust und gleichzeitigem Verlust an Anziehungskraft durch körperlichen Verfall darstellt, erregte M. internationales Aufsehen und große Empörung. Die Schriftstellerinnen Clara Viebig und Gabriele ↗ Reuter betrachteten das Buch als einen Verrat an der Frau, während ein bekannter Arzt es als einen Beitrag »zur Pathologie des kritischen Alters« sah. Dieser Skandalerfolg leitete die internationale und humanitäre Phase in M.' Leben ein. Sie wurde 1910 von Frauenvereinen in Deutschland und Österreich eingeladen und begann eine ausgedehnte Reise- und Vortragstätigkeit. Das entscheidende Ereignis aber wurde ihre Begegnung 1910 mit der Wiener Reformpädagogin und Kulturpersönlichkeit Eugenie (Genia) Schwarzwald (1872-1940), mit der sie eine enge Freundschaft verband. Bei dem Ehepaar Genia und Hermann Schwarzwald in Wien, wo sie sich fast jedes Jahr längere Zeit aufhielt, lernte sie viele prominente Künstler und Intellektuelle kennen, wie z.B. Kokoschka, Loos, Friedell, Wassermann, Rilke, Serkin und den später bekannten Hitler-Gegner Helmut James von Moltke. Mit zwei Schülerinnen von Genia Schwarzwald, der Schriftstellerin Maria Lazar und Helene Weigel schloß sie ebenfalls eine herzliche Freundschaft. Die Reformschule Genias, in der die individuellen Fähigkeiten des Kindes sich frei entfalten durften und die auch Mädchen zum Abitur zuließ, schilderte M. 1914 im Buch *Glædens Skole* (Die Schule des Frohsinns). Die humanitären Initiativen von Genia Schwarzwald nach 1914: die Errichtung von Volksküchen und Erholungsheimen für alte Leute aus Wien in leerstehenden Hotels, die Verschickung von Wiener Kindern aufs

Land, wurden ohne Zweifel eine Inspiration für M.' humanitäre Tätigkeit während des Krieges und auch später. Sie besuchte Lazarette und Gefangenenlager, worüber sie in Zeitungen und Büchern *Weiterleben* (1916) und *Opfer* (1917) berichtete. In den 20er Jahren wurde ihr öffentliches Engagement politischer: Sie trat mehrmals für politische Häftlinge ein, und gemeinsam mit Rolland und Barbusse schrieb sie 1931 gegen den Terror und die Rechtlosigkeit in den Balkanländern sowie gegen Pogrome in Rumänien und Zensur und Folter in Jugoslawien.

In den 20er Jahren schrieb sie mehrere ihrer literarischen Hauptwerke, in denen nicht mehr nur die Verstümmelung durch die traditionelle Mädchen- und Frauenerziehung, sondern auch die Möglichkeit einer freien Lebensentfaltung geschildert wird, so z. B. in dem von Rolland besonders geschätzten Briefroman *Die sieben Schwestern* (1924), in welchem das psychologisch und sozial bestimmte Leben von sieben Schwestern und die Stärke des Zusammenhaltens von Frauen dargestellt werden. Ein zentrales Werk ist der 5bändige autobiographische Roman über Gunhild (1924–30), wovon die ersten Bände *Das Mädchen mit den Scherben* (1925) und *Die kleine Lügnerin* (1926) Gunhilds Kindheit aus der Perspektive eines Kindes darstellen. 1929 erschien das erste Kinderbuch *Bibi,* der dritte Welterfolg von M. Die unkonventionelle, von den üblichen Normen nicht unterdrückte Entwicklung Bibis vom 14. bis zum 18. Lebensjahr wird geschildert: sie reist – wie M. – auf eigene Faust in ganz Europa herum, besucht G. Hauptmann, A. Holz, Einstein, die Odenwaldschule, das Goethehaus in Weimar usw. Die Romane tragen das Gepräge der humanen Lebenshaltung der Autorin. Einen Höhepunkt erlebte M. als die Stadt Wien und der PEN-Klub, dessen Mitglied sie war, sie zu ihrem 60. Geburtstag 1932 mit Fackelzug und Festbankett feierten und Österreich und die Tschechoslowakei sie mit hohen Orden auszeichneten, während die gesamte deutschsprachige Presse ihr huldigte als »das Gewissen Europas«.

Nach ihrer Scheidung hatte sie sich auf der Insel Thurö südlich von Fünen niedergelassen, wo sie eine großzügige Gastfreiheit entfaltete. Nach 1933 fanden viele Emigranten aus Deutschland und Österreich Zuflucht bei ihr, so z. B. Jahnn, Brecht und Helene Weigel, die mit Maria Lazar und Kindern ein halbes Jahr bei ihr wohnten. Ihre Bücher waren jetzt in Deutschland, wo sie ihre meisten Leser hatte, z. T. unerwünscht, bis sie alle 1939 verboten wurden. Das Mutterbuch *Nielsine die Mutter* (1935) und die letzten Bibibände erschienen auf deutsch in der Schweiz. 1935 und 1937 sprach sie in Paris auf den internationalen Schriftstellerkongressen. 1939 besuchte sie ihre Schwester in den USA. Der Aufenthalt wurde zu einem finanziell und gesundheitlich schwierigen siebenjährigen Exil. Sie schrieb ihre Selbstbiographie, die gekürzt auf englisch als *Little Troll* (1946) und auf deutsch als *Der kleine Kobold* (1948) erschien. 1946 kehrte sie nach Dänemark zurück, aber ihr Name war aus der dänischen und europäischen Öffentlichkeit verschwunden. Trotz schwerer Krankheit schrieb sie an ihrer dänischen (nicht gekürzten) Autobiographie, *Vidunderlige Verden*, 1948–50 (*Die wunderbare Welt*, 1950), die sie aber nicht mehr vollenden konnte.

Lit.: Fabricius, S.: *K. M.* In: *Danske Digtere i det 20. århundrede.* Kopenhagen 1980, S. 342–52; Nielsen, B. S.: *K. M. als Helferin deutscher Emigranten.* In: Dähnhardt, W./Nielsen, B. S.: *Exil in*

Dänemark. Heide 1993, S. 55–80; Juncker, B.: »Det farlige liv. Om K. M.« In: Møller Jensen, E. (Hg.): *Nordisk kvindelitteraturhistorie* Bd. 3. Kopenhagen 1996, S. 218–25

Birgit Susanne Nielsen

Mistral, Gabriela (eigtl. Lucila Godoy Alcayaga)

Geb. 7. 4. 1889 in Vicuña/Chile; gest. 10. 1. 1957 in New York

Als »Erzengel und Wind« verrätselt Gabriela Mistral in einem frühen Gedicht ihr Pseudonym, mit dem sie ihre Texte seit 1914 zeichnet; der Name nimmt Bezug auf Gabriele D'Annunzio (1863–1938) und Frédéric Mistral (1830–1914). M. ist die erste Literaturnobelpreisträgerin Lateinamerikas – sie erhielt diese Auszeichnung 1945. - In der nördlichen Provinz Chiles in bescheidensten Verhältnissen aufgewachsen, weitgehend Autodidaktin und zudem als Frau war sie eine Ausnahmeerscheinung im männlich und von begüterten Schichten dominierten Kulturbetrieb der Hauptstadt Santiago. M.s Karriere begann zweigleisig: Schon mit 15 Jahren arbeitete sie als Hilfslehrerin in einer Dorfschule und publizierte zugleich erste Gedichte und Artikel in lokalen Zeitungen und Zeitschriften. Ihr Aufstieg im Schuldienst verband sich mit dem Erfolg als Dichterin: 1914 erhielt sie den Preis der juegos florales für ihre *Sonetos de la muerte* (Sonette vom Tod), die sich vom zeitgenössischen Modernismus durch eine weniger preziöse Thematik und eine spröde, vergleichsweise ungeschliffene Sprache absetzten. Der Sonett-Zyklus ist Teil des 1922 veröffentlichten Gedichtbandes *Desolación* (Verzweiflung). Im selben Jahr lädt der mexikanische Erziehungsminister José Vasconcelos M. ein, am Aufbau des Schul- und Bildungssystems im postrevolutionären Mexiko mitzuwirken. Im Zuge ihrer Arbeit in Mexiko entsteht 1923 das »Lesebuch für Frauen« (*Lecturas para mujeres*); es dokumentiert M.s besonderes Engagement für die Frauen- und Mädchenbildung, einen Bereich, für den sich auch die seit Beginn des Jahrhunderts existierende Frauenrechtsbewegung in Lateinamerika stark machte. Während des Aufenthalts in Mexiko nimmt M.s »Amerikanismus«, angelehnt an José Vasconcelos' Konzept des *mestizaje* (die Rassen- und Kulturmischung in Lateinamerika), innerhalb ihrer Dichtung konkretere Gestalt an. In den folgenden Jahren unternimmt M. Reisen in die USA und nach Europa und veröffentlicht 1924 in Spanien ihren zweiten und vielleicht bekanntesten – jedenfalls beliebtesten – Gedichtband *Ternura* (Zärtlichkeit). Er enthält jene »Wiegenlieder« und »Reigen«, die ihren Ruf als »Sängerin der Mutterschaft und des Erbarmens« – wie sie in der Laudatio zur Nobelpreisverleihung genannt wird – entscheidend mitbegründen.

Seit 1925 für den Völkerbund tätig, schlägt M. 1932 endgültig die diplomatische Laufbahn ein. Dabei repräsentierte sie nicht nur die politischen Belange ihres Landes, sie verbreitete zudem das Wissen um die Literaturen des amerikanischen Subkontinents und nutzte ihre diplomatische Stellung zu humanitären Zwecken. So initiierte sie während des spanischen Bürgerkriegs eine großangelegte Aktion für die

Ausreise spanischer Flüchtlingskinder, zu deren finanzieller Unterstützung sie den Erlös aus ihrem dritten Gedichtband *Tala* (Holzschlag) – 1938 erschienen in Victoria Ocampos argentinischem Verlag *Sur* – zur Verfügung stellte.

Der Verleihung des Literaturnobelpreises (1945) folgen zahlreiche weitere Ehrungen, darunter 1951 der chilenische Premio Nacional. Aber erst 1954, nach der Veröffentlichung ihres vierten Gedichtbands, *Lagar* (Kelter), stattete M. ihrem Land einen kurzen Besuch ab. Den tatsächlichen politischen und gesellschaftlichen Zuständen Chiles begegnete sie stets mit skeptischer Distanz; literarisch widmet sie ihm ihren letzten, unvollendeten Gedichtzyklus, *Poema de Chile* , 1967 (Gedicht von Chile), das ein idealisierendes Bild von Chiles indianischer Vergangenheit und mestizischer Gegenwart vermittelt.

Kennzeichnend für M.s frühe Lyrik ist die Verarbeitung populärer biblischer Motive (die Kritik stellt Bezüge zu ↗ Teresa de Avila her) und ihr lapidarer Sprachgestus bei der Darstellung großer Gefühle. Hiermit konterkariert M. den für den Modernismus typischen hohen poetischen Stil, bleibt allerdings – anders als die Avantgarde der 20er Jahre – bei gebundenen Vers- und Strophenformen und vollzieht so, ähnlich wie die Lyrikerinnen Delmira ↗ Agustini (1886–1914), Juana de ↗ Ibarbourou (1895–1979) und Alfonsina ↗ Storni (1892–1938) nur eine partielle Abkehr vom Modernismus.

Unter der Vielzahl weiblicher Figuren in M.s Gedichten ist die »Mutter« in *Desolación* und *Ternura* die bedeutsamste. Mit ihr verbindet sich das Postulat, »eine Sprache zu finden«, welche die Aneignung des fremden, weil oktroyierten Kastilischen im postkolonialen Hispanoamerika vollzieht. In den Gedichtbänden *Tala* und *Lagar* – denen die frühe Kritik Hermetismus vorwarf – setzt sich dieser sprachliche und kulturelle Aneignungsgestus fort. Ihre Erarbeitung der amerikanischen und der weiblichen Perspektive auf höchstem literarischen Niveau hat der hispanoamerikanischen Literatur lange vor dem »Boom« internationale Anerkennung verschafft. M. hinterließ neben der Lyrik zahlreiche essayistische Prosaschriften, die bis heute nicht vollständig ediert sind.

Poesías completas. Hg. M. Bates. Madrid [2]1966; *Gedichte*. Hg. A. Theile. Darmstadt u.a. 1958; *Liebesgedichte*. Hg. F. Schopf. Darmstadt 1981; *Wenn du mich anblickst, werd' ich schön*. Ausgw. v. W. Eitel. München u.a. 1991. – Lit.: Rheinfelder, H.: *G. M. Motive ihrer Lyrik*. München 1955; Conde Abellán; C.: *G. M.* Madrid 1970; Concha. J.: *G. M.* Barcelona 1987; ISIS Internacional – Casa de la mujer La Morada: *Una palabra cómplice. Encuentro con G.* Ediciones de las mujeres, vol.XII, Santiago 1989; Horan, E.: »G. M.: Language Is the Only Homeland«. In: Agosín, M.: *A Dream of Light and Shadow. Portraits of Latin American Women Writers*. Albuquerque 1995, S. 119–142.

Karin Hopfe

Moníková, Libuše
Geb. 30. 8. 1945 in Prag; gest. 12. 1. 1998 in Berlin

»Welche Wünsche bleiben offen, [...] wenn das Begehren moderiert, durch ausgekochte Rezepte in Geschmacksbahnen gelenkt wird, durch eben solche Bahnung zum Ekel wird.« (*Schloß, Aleph, Wunschtorte. Essays*, 1990).

Offene Wünsche – und ihre raffinierte Austreibung durch »ausgekochte Rezepte«, also durch die totalitäre Verordnung bestimmter Glücksvorstellungen – sind immer wieder Thema in M.s Literatur. Damit verbunden ist die Thematik des Schmerzes und des Exils, denn es gibt einen Wunsch, der sich weder austreiben noch erfüllen läßt: Bei aller Welthaltigkeit von Grönland über Sibirien bis Japan dreht sich M.s Literatur stets um einen Ort, um Prag. Prag ist nicht nur M.s Heimatstadt, die sie – nach Germanistik- und Anglistik-Studium und Promotion an der Karls-Universität – 1971 verlassen hat. Darüber hinaus ist Prag ein Topos, von dem aus die literarischen und essayistischen Werke als Erinnerungstexte gelesen werden können, in denen subjektives und kollektives Gedächtnis sich ergänzen, aber auch kollidieren. Eine Essaysammlung trägt den Titel *Prager Fenster* (1994), und durch diese Fenster, diesen Fokus, ist ein Blick auf die Welt möglich, der Macht und Unterdrückung ebenso scharf wahrnimmt wie die normalerweise ›blinden Flecken‹ der Geschichtsschreibung.

M.s erster literarischer Text, *Eine Schädigung* (1981), ist durchgängig in einer Stadt angesiedelt, die zwar namenlos bleibt, doch leicht als Prag zu dechiffrieren ist. Die Hauptfigur geht hier noch nicht in die Emigration, der Text läßt sich aber als Voraussetzung der späteren Bücher lesen. Die Geschichte, in der die Studentin Jana vergewaltigt wird, bzw. in der eine zunächst diffus bleibende anonyme Gewalt schockartig körperlich-konkret wird, ist auch die Geschichte der Okkupation Prags durch die Rote Armee nach dem ›Prager Frühling‹. Um diesen gewaltsamen unvergeßlichen Einschnitt kreisen M.s Texte auf der Suche nach einer Form, in der Verletzungen und Widerstand erinnert und artikuliert werden können. In je unterschiedlichen Schreibweisen finden sie einen Ausdruck für Schmerz und Verlust – obwohl »alles bereits beschrieben wurde« (*Pavane für eine verstorbene Infantin*, 1983). Gerade *weil* »alles bereits beschrieben wurde«, können z. B. in der Erzählung *Pavane für eine verstorbene Infantin* Bezüge zur Literatur, zur Malerei und zur Musik entfaltet werden, die sich im schmerzenden Leib der aus Prag in die Bundesrepublik emigrierten Protagonistin sammeln – als Körpergedächtnis – und ihr so einen Ausdruck für ihre Trauer ermöglichen.

Während M.s frühe Texte mit ihren traumatisierten Frauenfiguren feministischen Diskursen nahestehen, rücken mit dem großen Roman *Die Fassade* (1987) Fragen des kulturellen Gedächtnisses ins Zentrum. In *Die Fassade* wird die Erinnerung durch die aus tausenden von Motivkassetten bestehende Fassade eines böhmischen Schlosses materialisiert. Deren detaillierte Restaurierung bietet dem Roman die Gelegenheit, Elemente aus allen möglichen Wissenssystemen und Diskursen zu zitieren und zu montieren, die aber – und das ist in M.s Werk ein durchgängiges Anliegen – die Erinnerungen und die Sprache der einzelnen Subjekte immer wieder ins Recht setzen. Den Restauratoren wird nämlich die Macht und die Kreativität zugestanden, Zitate immer wieder zu verändern, Ereignisse neu zu erfinden und Lebensgeschichten derjenigen in den Fokus der Aufmerksamkeit zu rücken, die im Gedächtnis aller Sieger die Verlierer sind. Diese spezifische Schreibweise, in der Diskursgeschichte und Subjektivität aufeinandertreffen, ist – wie in allen Texten M.s – durch Intertextualität geprägt: Neben einer Fülle literarischer Anspielungen, Autornamen und Anekdoten aus der Literaturgeschichte (»Wer nicht liest, kennt die Welt nicht.« *Die Fassade*) sind es vor allem Arno Schmidts Sprachwitz und Franz Kafkas spröde Präzision, die M.s Sprachduktus auszeichnen. Auch ihr Schreiben in der Fremdsprache Deutsch führt zu Schärfe und Genauigkeit im sprachlichen Umgang mit den uneinholbaren Differenzen von Gegenwart und Herkunft, von Subjektivität und kulturellem ›Alphabet‹.

Zwei weitere Romane, *Treibeis* (1992) und *Verklärte Nacht* (1996), reflektieren diese Differenzen, deren Angelpunkt wiederum die Stadt Prag bildet. Sie fungiert im Geschichts-, Reise- und Liebesroman *Treibeis* als unbetretbares Erinnerungszentrum zweier tschechischer Emigranten. Deren Heimatlosigkeit kann auch die Liebe nicht heilen (»Wir können uns nicht einmal über die Stadt verständigen! Was haben wir überhaupt gemeinsam?«), aber die Figuren beharren – in den Imaginationen der Liebe und der Erinnerung – auf ihrem Ort: »Es kann heißen wie es will, dort bin ich heimisch.« In *Verklärte Nacht* ist die Divergenz von realer und imaginärer Topographie noch radikalisiert, denn nach dem historischen Umschlagpunkt 1990 ist Prag auch für die Emigranten wieder zugänglich. Da aber gewaltsame Brüche und Leerstellen weder in National- noch in Diskurs- und Subjektgeschichte ›wiedergutzumachen‹ sind, ist die Exilierung nicht aufhebbar: »Ist das überhaupt noch mein Prag?« – Postmoderne, Frauen- oder Migrantenliteratur – keine Etikettierung trifft M.s Perspektive auf Brüche und Differenzen im sprachreflektierten Blick auf die Welt.

Lit.: *Monatshefte*. Vol. 89. No. 4: *L. M. und Herta Müller: Sprache, Ort, Heimat*. Winter 1997.

Ulrike Vedder

Montagu, Lady Mary Wortley

Getauft 16. 5. 1689 in Thoresby, Nottinghamshire; gest. 21. 8. 1762 in London

Lady Montagu war eine der geistreichsten Frauen ihrer Zeit, Dichterin, Essayistin und Satirikerin. Am bekanntesten wurden jedoch ihre Briefe, die sie während einer Orient-Reise schrieb, denn diese Schriftstücke enthalten eine Sensation: M., die ihren Mann begleitete, der 1717 als Botschafter in die Türkei geschickt wurde, war die erste Europäerin, die einen türkischen Harem betrat. Seit Jahrhunderten war der Orient ein Ort, der die erotischen Fantasien und Mythen des Westens nährte. Hierbei konzentrierten sich diese Fantasien v. a. auf die orientalische Frau. Sie wurde als lasziv und ungeheuer sinnlich dargestellt. Andererseits bedauerte der Westen die orientalische Frau als Gefangene, die im Harem eingesperrt war, während die westliche Frau Freiheiten jeder Art genoß. So diente das Bild des Orients einerseits dazu, verbotene Gelüste auf den Anderen zu projezieren, andererseits als Kontrastfolie, auf deren Hintergrund sich der höheren Grad der Zivilisation im Westen bestätigte. Mit diesen Stereotypen räumt Lady M. in ihren *Embassy Letters* (*Briefe aus dem Orient*, 1982) gründlich auf. Durch den Schleier könnten sich Frauen in der Türkei viel ungehinderter fortbewegen, ja sie könnten sogar allerlei Liebschaften ausleben, ohne dabei ihre wahre Identität zu enthüllen. Und in einer meisterlichen Szene beschreibt sie das Innere eines Türkischen Bades, in der die nackten Schönheiten ihr Mitleid für sie, die unfreie, im Korsett eingeschnürte Europäerin, zum Ausdruck brachten. Diese Szene hat unzählige Maler angeregt, u. a. Ingres (1780–1867) zu seinem Gemälde »Das Türkische Bad« (1862).

Obwohl M.s Augenzeugenbericht dazu beitrug, männliche voyeuristische Fantasien über die orientalische Frau zu schüren, kann ihre Darstellung als aufklärerische Mahnung an ihre eigene Gesellschaft, die Stellung der Frau zu verbessern, gelesen werden. Ganz im Geist der Aufklärung waren auch ihre anderen Werke verfaßt, so die *Town Eclogues* (1716, zusammen mit Pope und Gay) oder *The Nonsense of Common Sense* (1737–38), eine polemische Zeitschrift, die sie – freilich anonym – als satirische Erwiderung auf das Organ der Tories (*Common Sense*) herausgab. Alle diese Schriften waren eigentlich nicht für den Druck vorgesehen, sondern zirkulierten innerhalb der illustren Kreise, in denen sie verkehrte. So pflegte sie den Umgang mit Schriftstellern und Essayisten wie Gay (1685–1732), Congreve (1670–1729), Addison (1672–1719) und Steele (1672–1729). Aktiv war sie an der Kampagne zur Einführung der Pockenimpfung in England beteiligt – eine weitere Errungenschaft, die sie aus der Türkei mitbrachte. Eine Zeitlang war sie eng mit dem Dichter Alexander Pope (1688–1744) befreundet, der sie glühend verehrte – bis sie sich später überwarfen. Ein lebhafter ›Krieg der Worte‹ folgte, in dem beide sich ausgiebig und maliziös beschimpften. Auch ihre Ehe mit dem Whig-Politiker Lord M. verlief nicht zu beider Zufriedenheit, und das Paar ging bald getrennte Wege. Lady M. verliebte sich in den bisexuellen, dreiundzwanzig Jahre jüngeren Italiener

Francesco Algarotti und folgte ihm auf den Kontinent. Dort verbrachte sie die letzten zwanzig Jahre ihres Lebens, vornehmlich in Venedig, wo sie zur legendären Gestalt der Gesellschaft wurde. Aus dieser Zeit stammt ihr Briefwechsel mit ihrer Tochter, der süffisante Bemerkungen über die zeitgenössischen Sitten, die Gesellschaft und die Literatur enthält. Nach ihrem Tod 1762 gelangten ihre Briefe aus dem Orient auf abenteuerlichem Wege zur Publikation und wurden sofort ein Erfolg. Lange Zeit waren sie Maßstab und Vorgabe für alle weiteren Berichte aus dem geheimnisvollen Orient. Die literarische Gattung des Briefes erfuhr durch sie eine unschätzbare Bereicherung.

The Complete Letters, 1708–20. 3 Bde. Hg. R. Halsband. Oxford 1965–67; *Essays and Poems and Simplicity: A Comedy.* Hgg. R. Halsband/I. Grundy. Oxford 1977; *The Turkish Embassy Letters.* Hg. M. Jack. London 1994; *Selected Letters.* Hg. I. Grundy. London 1997. – Lit.: Halsband, R.: *The Life of Lady Mary Wortley Montagu.* Oxford 1956; Spacks, P. M.: »Female Rhetorics«. In: Benstock S. (Hg.): *The Private Self. Theory and Practice of Women's Autobiographical Writings.* London 1988, S. 177–91; Melman, B.: *»Women's Orients: English Women and the Middle East, 1718–1918«.* In: *Sexuality, Religion and Work.* Basingstoke 1992.

Indira Ghose

Montero, Rosa

Geb. 3. 1. 1951 in Madrid

»Für mich ist der Journalismus wie ein Ehemann: Ich kenne ihn seit Jahren; wir haben uns gestritten und sehr schlechte Zeiten miteinander gehabt, in denen ich ihn abgrundtief gehaßt habe. Der Roman dagegen ist wie ein Liebhaber: Er ist Herzklopfen, Entrückung und Abenteuer, Beklemmung und Glücksgefühl. Aber behalten will ich sie beide.« Diese schriftstellerische Bigamie, zu der M. sich mehrfach bekannt hat, ist kein Einzelfall im postfranquistischen Kulturleben. M. gehört auf beiden Gebieten – dem Journalismus und der Prosa – zu den bekanntesten und erfolgreichsten Autor/innen Spaniens. Dabei befruchten sich in ihrem Frühwerk beide Genres so stark gegenseitig, daß die Grenze zwischen Fiktion und Nicht-Fiktion oftmals verschwimmt.

M. kommt als zweites Kind eines Stierkämpfers und einer Hausfrau in Madrid zur Welt. Zwischen ihrem fünften und neunten Lebensjahr besucht sie keine Schule, da sie schwer an Tuberkulose erkrankt. Zur Bettruhe gezwungen, vertreibt sie sich die Zeit mit Lesen und Schreiben. Sie studiert in Madrid Philologie und Psychologie und absolviert eine Ausbildung an der dortigen Journalistenschule. Ihre journalistische Karriere ist in Spanien beispiellos: Vom achtzehnten Lebensjahr an schreibt sie für verschiedene madrilenische Zeitungen und Zeitschriften. Sie macht sich schnell einen Namen als hartnäckige Interviewerin, präzise Beobachterin und brillante Stilistin und erhält Ende der 70er Jahre mehrere bedeutende Journalistenpreise. Besonderes Aufsehen erregt sie mit ihren Interview-Porträts, einem Mischgenre, das in der spanischen *transición* einen Boom erlebt, weil mit dem Ende des

Franquismus wieder offen Fragen gestellt und vergessene oder verschwiegene Schicksale erinnert werden dürfen. Die Palette ihrer Interviewpartner aus der internationalen Politik und Kultur reicht von Indira Ghandi über Felipe González bis zu Fernando Arrabal und Yves Montand. Bis heute sind insgesamt 5 Bände mit ausgewählten Interviews erschienen. Seit 1977 arbeitet M. nahezu ausschließlich für Spaniens bedeutendste Tageszeitung *El País*, die im Mai 1976 – wenige Monate nach Francos Tod – gegründet wurde. 1980/81 leitet sie als Chefredakteurin die Wochenendbeilage des Blatts, für die sie noch 1997 alle zwei Wochen eine Kolumne schreibt. In den 80er Jahren führen sie journalistische Aufgaben immer wieder ins Ausland, u. a. in die USA, wo sie 1985 als Gastdozentin an der Universität von Wellesley/Massachusetts lehrt. In dieser Zeit entsteht auch das Drehbuch für eine satirische Fernsehserie, die unter dem Titel *Media naranja* (Die bessere Hälfte) nicht nur in Spanien, sondern auch in Lateinamerika gezeigt wird. M. lebt seit ihrer Geburt in Madrid, ist unverheiratet und kinderlos.

Ihr erster Roman, sagt sie rückblickend, sei eher aus Zufall entstanden. Als die engagierte Feministin 1977 von einem Verlag gebeten wird, eine Reihe von Frauen zum Thema Emanzipation im postfranquistischen Spanien zu interviewen, entwickelt sich daraus ein fiktionales Kaleidoskop, das eine Vielzahl von Frauenschicksalen im modernen Spanien vor Augen führt: *Crónica del desamor* (Chronik der Lieblosigkeit). Dementsprechend bilden frauenspezifische Themen wie Abtreibung, Vergewaltigung in der Ehe und Diskriminierung am Arbeitsplatz den Schwerpunkt des Buches. In ihrem zweiten, 1981 erschienenen Roman *La función Delta* (Die Funktion Delta) interessieren M. die ›klassischen‹ literarischen Themen Liebe, Tod und Einsamkeit. Unverkennbar ist die Ablösung von zeitgeschichtlichen und die Hinwendung zu universellen Themen.

In Interviews betont M. immer wieder, die Literatur müsse die Wirklichkeit verfremden und neue, fantastische Welten erschaffen. Ihr dritter Roman, *Te trataré como a una reina*, 1983 (*Ich werde dich behandeln wie eine Königin*, 1990), spielt so im skurrilen Ambiente eines madrilenischen Nachtclubs, der von grotesken Gestalten bevölkert wird, die an unerfüllter Sehnsucht nach Liebe, Perspektivlosigkeit und Einsamkeit leiden. Das Zusammenleben der Figuren ist hier von patriarchalen Herrschaftsstrukturen geprägt, ähnlich wie in M.s viertem Roman, *Amado amo*, 1988 (*Geliebter Gebieter*, 1989), der die Geschichte des beruflichen und moralischen Abstiegs eines Werbefachmanns erzählt, die das kapitalistische Verhältnis von Herr und Knecht als zeitgenössische patriarchale Ersatzreligion entlarvt. Die Möglichkeit einer Aufhebung dieser Herrschaftsverhältnisse lotet M. in dem Science-Fiction-Roman *Temblor*, 1990 (*Zittern*, 1991) aus, in dem die Protagonistin drei verschiedene Gesellschaftsmodelle durchläuft: Matriarchat, Patriarchat und eine die Gleichberechtigung der Geschlechter garantierende Demokratie. In ihrem bisher letzten Roman *Bella y oscura*, 1993 (Schön und dunkel) verbindet in sich die beiden Hauptlinien ihres bisherigen Werks: die feministisch akzentuierte Gesellschaftskritik und die fantastische Science-Fiction-Welt.

Lit.: Miguel Martínez, E. de: *La primera narrativa de R.M.* Salamanca 1983; Davies, C.: *Contemporary feminist fiction in Spain: the work of Montserrat Roig and R.M.* Oxford 1994; Thompson-Casado, K. S.: *The novels of R.M.* Columbus/Ohio 1994. *Andrea Rössler*

Moore, Marianne

Geb. 15. 11. 1887 in Kirkwood, Missouri/USA; gest. 5. 2. 1972 in New York

Moore ist eine der bedeutendsten amerikanischen Lyrikerinnen der Moderne. Die komplexe, formal innovative Ästhetik ihrer – mal ironisch-verspielten, mal sprachphilosophisch-ethischen – Gedichte knüpft an den Nonkonformismus Emily ↗ Dickinsons an; sie hat zahlreiche Autor/innen, unter ihnen Elizabeth Bishop und John Ashbery, nachdrücklich beeinflußt; und sie findet in den 1980er Jahren bei den *Language Poets* ein spätes (postmodernes) Echo. M.s unkonventioneller Stil brachte ihr die ungeteilte Hochachtung ihrer Zeitgenossen Ezra Pound, William Carlos Williams und T.S. Eliot und das Gütezeichen des *poet's poet* ein. Gleichzeitig erschien ihr Werk den einen zu opak, intellektuell, ja »unweiblich«, den anderen zu moralisch, zu keusch, zu wenig von »Geld und Leidenschaft und Macht« geprägt, wie der Kritiker Randall Jarrell betonte. Tatsächlich jedoch interessierte M. primär die Bedeutung (in) der Materialität der Sprache – ein Moment kultureller Symbolik, das von Ökonomie und Begehren mitnichten zu trennen ist.

M. wird 1887 in der Nähe von St. Louis, Missouri, in eine streng presbyterianische Familie geboren, besucht von 1906 bis 1909 das Bryn Mawr Frauencollege in Pennsylvania und zieht 1918 mit ihrer Mutter nach New York City. Dort gehört sie bald zu einer Avantgarde von Literaten und Künstlern, mit denen sie z. T. lebenslangen (Brief-)Kontakt pflegt. Ihre Gedichte veröffentlicht sie von 1915 an in Zeitschriften wie *The Egoist, Poetry* und *Others,* die sich mit dem Ziel der Revolutionierung von Wahrnehmung und Sprache einer neuen, experimentierfreudigen, konzisen Literatur verschrieben. Wie Williams und die Imagisten praktiziert M. eine präzise Bildlichkeit; in ihren Gedichten – diesen »imaginären Gärten mit echten Kröten drin« (»Poetry«, 1919) – öffnen und schließen sich Muscheln wie »verletzte Fächer« (»The Fish«, 1918). Gleichzeitig lehnt M. die von Pound und den Imagisten propagierten freien Rhythmen ab. Sie greift statt dessen auf die französische Silbendichtung zurück, in der sämtliche Strophen dem Organisationsmuster einer »Modellstrophe« mit von Zeile zu Zeile variierender Silbenanzahl folgen. Diese Praxis des *syllabic verse* bewirkt sowohl krasse Enjambements als auch ungewöhnliche visuelle Effekte. Im Verbund mit einer betont prosaischen Diktion und der Vorliebe, Zitate unterschiedlichster Herkunft in die eigenen Texte zu integrieren, wurden diese *syllabics* zu einem Markenzeichen ihrer Ästhetik und Autorität. Der ironische Gebrauch literarischer und nicht-literarischer Zitate, z.B. in ihrem Gedicht »Marriage« (1923), hinterfragt die vermeintliche Einheit und Einzigartigkeit der lyrischen Stimme und formuliert gleichzeitig eine frühe Form der Kanonkritik.

1921 erschien der erste Band *Poems*, ohne Wissen M.s von den befreundeten Autorinnen Hilda Doolittle (H.D.) und Winifred Ellerman (Bryher) in England zusammengestellt. Es folgen »Marriage« und die Sammlung *Observations* (1924), während M.s Tätigkeit als Herausgeberin der Zeitschrift *The Dial* (1925 bis 1929) jedoch ausschließlich Literaturkritik und Rezensionen. In den Gedichtbänden *The Pangolin and Other Verse* (1936), *What Are Years* (1941) und *Nevertheless* (1944) wird das sprachphilosophische Experiment zunehmend durch moralisch-ethische Betrachtungen überformt. Hier finden sich u.a. zahlreiche von M.s Gedichten, die gepanzerte oder getarnte, oftmals exotische oder seltene Tiere zu Protagonisten machen; Verse, die Zusammenhänge zwischen Kreativität und Mutterliebe herstellen sowie Texte, die Entsetzen über den Zweiten Weltkrieg ausdrücken. Als 1954 M.s Übersetzung der Fabeln Lafontaines erscheint, ist die Lyrikerin bereits zu einer populären öffentlichen Person, einer Art *pet poet* avanciert: Sie korrespondiert mit der Ford Motor Company über den Namen eines neuen Modells, posiert für das *Life Magazine* im Bronx Zoo oder eröffnet als leidenschaftlicher Fan die Baseballsaison mit einem Ballwurf ins Yankee Stadion. Entsprechend umfaßt ihr Spätwerk – nach den *Collected Poems* (1951) erscheinen weitere vier Gedichtbände – zahlreiche Gelegenheitsgedichte sowie auch Zeitschriftenartikel über Mode.

Zeitlebens hat M. ihre Gedichte überarbeitet, viele gänzlich verworfen. Erst posthum erschienen die noch von ihr autorisierten *Complete Poems* (1981), die alles andere als vollständig sind und M.s zentrales poetologisches Gedicht »Poetry« (1919) auf drei Zeilen reduzieren (und den ›Rest‹ in die Fußnoten verbannen). 1986 folgt *The Complete Prose of Marianne Moore*, die den Umfang von M.s Literaturkritik ebenso dokumentiert wie die Tatsache, daß die Autorin anders als ihre männlichen Zeitgenossen auf polemische poetische Programmatik verzichtete. Ausgewählte Briefe wurden erstmals 1997 veröffentlicht.

Die frühe feministische Kritik pflichtete Kritikern wie Jarrell bei: M., so hieß es, habe die Auseinandersetzung mit Rollenkonflikten ebenso gemieden wie das Thema weiblicher Sexualität; sie sei die Quotenfrau im ›old boys' network‹ der modernen Dichter gewesen. Mittlerweile jedoch gilt M.s Ästhetik (ebenso wie ihr anachronistischer *Dresscode)* als Strategie der Selbstautorisierung im »Kampf Kultur« (M.) der Moderne. Gedichte wie »Those Various Scalpels« (1918) zeigen, wie M. mittels rhetorischer Mimikry und der Emphase sprachlicher Oberflächen eine Art Schutzschild errichtet, das den männlichen Blick auf der Suche nach dem mangelhaften weiblichen (Text-)Körper bricht und arretiert.

The Complete Poems. New York 1985. – Lit.: Kenner, H.: »Disliking it«. In: *A Homemade World: The American Modernist Writers*. New York 1975; Molesworth, C.: *M. M. A Literary Life*. New York 1990; Miller, C.: *M. M.: Questions of Authority*. Cambridge 1995; Sielke, S.: *Fashioning the Female Subject: The Intertextual Networking of Dickinson, Moore, and Rich*. Ann Arbor 1997.

Sabine Sielke

Morante, Elsa

Geb. 18. 8. 1912 in Rom; gest. 25. 11. 1985 in Rom

M. hatte keine größeren Probleme, als Schriftstellerin anerkannt zu werden, obwohl ihr Werk nicht sehr umfangreich ist. Ihre Hauptthemen sind die menschlichen Leidenschaften in ihrer Ambivalenz von Vitalität und Illusion. Geschichte und Gesellschaft werden aus der Perspektive von Frauen als feindliche Mächte dargestellt.

M. hat sich zu ihrem Privatleben sehr wenig geäußert. Durch das Buch ihres Bruders Marcello Morante, *Maledetta, benedetta*, 1986 (Verfluchte, Gesegnete) wurde deutlich, daß sie autobiographische Erfahrungen in ihren Romanen verarbeitet hat. Die Kinder erfuhren lange nicht, daß nicht das Familienoberhaupt Augusto Morante der biologische Vater der Kinder war, sondern der Sizilianer Francesco Lo Monaco, der als Verwandter ausgegeben wurde und die Familie regelmäßig besuchte. In allen vier Romanen erscheint die Familie als ein Ort von Geheimnissen und Tabus: In *Menzogna e sortilegio* (1948, Premio Viareggio) (*Lüge und Zauberei*, 1968) ist es das Geheimnis der Liebe der Mutter zu einem anderen Mann, in *L'isola di Arturo* (1957, Premio Strega) (*Arturos Insel*, 1959) das Geheimnis der Homosexualität des Vaters, in *La Storia,* 1974 (*La Storia*, 1976) der Versuch Idas, ihr uneheliches Kind so lange wie möglich zu verheimlichen, in *Aracoeli* (1982, Prix Medicis) (*Aracoeli*, 1984) die verzweifelte gedankliche Suche des Sohnes nach den Geheimnissen der toten Mutter. In ihren schriftstellerischen Ambitionen, die sich schon früh zeigten, wurde M. vor allem von ihrer Mutter gefördert. 1941 heiratete sie den bekannten italienischen Schriftsteller Alberto Moravia und lebte bis zur Trennung im Jahr 1962 mit ihm zusammen. Sie war mit Dichtern wie Sandro Penna und Pier Paolo Pasolini befreundet. In ihren letzten Lebensjahren lebte M. sehr isoliert und war schwer krank. In ihrer Verzweiflung unternahm sie einen Selbstmordversuch und konnte danach das Krankenhaus nicht mehr verlassen. Sie starb 1985 an einem Herzinfarkt.

Nach ersten Erzählungen – gesammelt in *Il gioco segreto*, 1941 (Das geheime Spiel) und *Lo scialle andaluso*, 1963 (*Der andalusische Schal*, 1997) – gelang ihr der erste große Wurf mit dem langen Roman *Menzogna e sortilegio* (1948), einem Familienroman. Der Titel bezieht sich auf die Leidenschaften der Figuren, die mehr aus der Phantasie als aus realen menschlichen Begegnungen erwachsen. Die Erzählerin, das unglückliche Kind der Familie, begreift ihr eigenes Schreiben als von Gespenstern gelenkt, als eine Verlängerung des Familienwahns und gleichzeitig als ihre einzige Chance der psychischen Rettung. Obwohl stilistisch weit entfernt vom damals herrschenden Neorealismus, fängt der Roman zugleich auf subtile Weise gesellschaftliche Themen ein. Das Süditalien, in dem sich die Figuren bewegen, ist geprägt von Schicksalhaftigkeit und Immobilität der sozialen Beziehungen. Auch *L'isola di Arturo*, für den sie den Premio Strega erhielt, ist in Süditalien, auf der Insel Procida, nahe Capri, angesiedelt. Aus der Perspektive eines als Halbwaise wild aufwachsenden Jungen wird eine ebenso märchenhafte wie bedrohte Kindheit beschrieben. Ihre ersten beiden Romane enthalten eine innere Spannung durch den Wechsel der Figuren von einer geradezu mythischen Hingabe an die Liebe zu einer völligen Desillusionierung bzw. zum Wahnsinn. Der dritte Roman *La Storia* war ein Bestseller, der jedoch in der literaturkritischen Diskussion eine große Polemik auslöste. Hatte man 1948 M. wegen ihrer Ferne zum Neorealismus kritisiert, so wurde ihr nun die Aufnahme neorealistischer Themen zum Vorwurf gemacht. Aus der Perspektive einer verwitweten halbjüdischen Lehrerin erzählt, die ihre zwei Kinder in Rom alleine aufzieht, ist *La Storia* gleichzeitig eine Studie der Mutterliebe und eine Abrechnung mit dem Zweiten Weltkrieg und der Geschichte insgesamt aus einer weiblichen Perspektive. Der Alltag wird hier kritisch gegen die mit dem Krieg verbundene Mythenbildung gesetzt, auch gegen den Mythos der Widerstandsbewegung. Bei aller Distanz gegenüber politischen Organisationen stand M. dem Anarchismus und der extremen Linken am nächsten, was sich – außer an *La Storia* – auch an ihrer Lyrik in *Il mondo salvato dai ragazzini* (1968, Premio Zafferana) (Die Welt gerettet von den Jungen) ablesen läßt.

M. verteidigte ihren unbedingten Glauben an die Literatur gegen jede Art von Ideologie, aber auch gegen den Druck, für bestimmte literarische Strömungen zu optieren. So wandte sie sich gegen die in der Literaturkritik übliche Trennung von Realismus und Phantastik und setzte sich von der engagierten Literatur ab, erhob jedoch gleichzeitig einen hohen Wahrheitsanspruch.

Opere. 2 Bde. Hg. C. Cecchi/C. Garboli. Mailand 1990. – Lit.: Rosa, G.: Cattedrali di carta, Elsa Morante romanziere. Mailand 1995; Venturi, G.: Elsa Morante. Florenz 1977.

Susanne Kleinert

Morgan, Sally

Geb. 1951 in Perth/Australien

Morgan gehört zu einer wachsenden Zahl von Aborigine-Autoren und Autorinnen, die vor allem seit den 60er Jahren gegen den Widerstand der weißen Gesellschaft ihre Texte publizieren. Ihr erstes Buch, *My Place*, 1987 (*Ich hörte den Vogel rufen*, 1991), wurde ein internationaler Bestseller. Anders als ↗ Oodgeroo (1920–1993) und Ruby Langford (geb. 1934) mußte M. ihre indigene Abstammung erst entdecken. Sie wuchs in ihrer Familie, die ihre Aborigine-Herkunft mütterlicherseits verbarg, als Mitglied der weißen Gesellschaft Australiens auf, studierte Psychologie und ist ausgebildete Bibliothekarin. M. ist nicht nur Autorin, sondern auch erfolgreiche Malerin. Die Unterschiede zwischen ihrer eigenen Familie und der sie umgebenden Gesellschaft waren Anlaß, ihre eigene ethnische und kulturelle Herkunft und Identität zu erforschen. *My Place* (1987) rekonstruiert die unterdrückte Geschichte von Vertreibung und Demütigung ihrer Familie durch weiße Kolonisatoren. Es ist besonders die Geschichte von Frauen aus drei Generationen ihrer Familie, die ihren Überlebenskampf in einer weißen Gesellschaft schildern. Ihr zweites Buch, *Wanamurraganya*, 1989 (dt. 1997), ist die Biographie ihres Onkels Jack McPhee. *Mother and Daughter* (1990) wurde für junge Leser/innen geschrieben und basiert auf *My Place*. Fragmentierung von Familien und die zerstörerischen Einflüsse eines institutionalisierten Rassismus werden auch von anderen Aborigine-Autor/innen thematisiert. In *Wandering Girl* (1987) beschreibt Glenyse Ward (geb. 1949) ihre eigene Geschichte: zwangsentfernt von ihrer Mutter, aufgewachsen in einem Waisenhaus, wird sie zunächst Arbeitskraft auf einer Missionsstation und dann, mit 16 Jahren, auf einer Farm. *Born a Half-Caste* (1985) von Marnie Kennedy (1919–1985) thematisiert den erlittenen Rassismus; der semi-autobiographische Roman von Monica Clare (1924–1973), *Karobran: The Story of an Aboriginal Girl* (1979), ist eine andere Geschichte eines von seiner Aborigine-Familie zwangsentfernten Mädchens. Das Leitmotiv, zu einem Verstehen der politischen Realitäten der Menschen zu gelangen, denen die Freiheit genommen wurde und der Wille, über die eigene Zukunft autonom bestimmen zu können, findet sich auch in Eva Johnsons (geb. 1946) Stück *Murras* (1989). M.s Bücher und ihre Bilder trugen und tragen wesentlich dazu bei, die Geschichte der Aborigines besonders der weißen Gesellschaft Australiens näher zu bringen.

Lit.: Rutherford, A. (Hg.): *Aboriginal Culture Today*. Sydney 1991; Narogin, Mudrooroo: *Writing From the Fringe*. Melbourne 1990; Shoemaker, A.: *Black Words on White Page*. St. Lucia 1989.

Sigrid Markmann

Morgner, Irmtraud

Geb. 22. 8. 1933 in Chemnitz; gest. 6. 5. 1990 in Berlin

»Sie lachte nur bei ernsten Gelegenheiten«. Diese Charakteristik einer Romanfigur ist auch auf die Autorin selbst anwendbar, deren Leben und Werk durch einschneidende Erfahrungen mit der Literatur- und Kulturpolitik der DDR geprägt wurden. Mehrere Protagonistinnen M.s üben »fahrende« Berufe aus und haben Lokomotivführer zum Vater bzw. Großvater. Dahinter stehen die Sehnsucht und die Lust, sich in der realen und in der geistigen Welt ungezwungen zu bewegen. Einem Elternhaus (Vater: Lokomotivführer) entstammend, in dem sich kein Buch, nicht einmal ein Lexikon fand, studierte sie in Leipzig 1952–56 Germanistik und arbeitete 1956–58 als Redaktionsassistentin in der Zeitschrift *NDL*. 1967 wurde ihr Sohn geboren. – Ihre literarischen Anfänge, die Erzählung »Das Signal steht auf Fahrt« (1959) und der Roman *Ein Haus am Rande der Stadt (1962)* beurteilte sie später als Bücher, bei denen sie keine ›Federn gelassen‹ habe. Vordergründig wird hier die Losung »Vom ich zum wir« in konventionell angelegte Handlung umgesetzt. Der Roman *Rumba auf einen Herbst* (posthum 1992) wurde zum Wendepunkt in ihrer Entwicklung. Das Manuskript geriet 1965 in die rabiaten Auseinandersetzungen des berüchtigten 11. Plenums des ZK der SED und durfte, obwohl es von Verlagsseite her zum Druck vorgesehen war, nicht erscheinen. Diese Negativerfahrung dürfte für die Bevorzugung komischer Mittel und Verfahren, die seit *Hochzeit in Konstantinopel* (1968) zu beobachten ist, wesentlich gewesen sein. Mit dem Sujet, dem ›Ausstieg‹ einer jungen Frau aus dem Eheprojekt, beginnt M. ihr großes Thema, das sie mit dem Stichwort ›Eintritt der Frau in die Geschichte‹ zu bezeichnen pflegte.

In kleineren Prosabüchern entwickelt M. das Prinzip, unmittelbar gegenwärtiges Leben auf vielfältige Weise z. B. als Lügenmärchen oder Gauklerlegende zu verfremden. Die Erfahrung mit der Zensur – auch die Geschlechtertauschgeschichte »Gute Botschaft der Valeska« wurde aus dem Band *Blitz aus heiterem Himmel* (1975) ausgeschieden – war ein zusätzlicher Grund, die Form des Montage-Romans zu entwickeln, der die Gelegenheit bot, die beiden von der Zensur monierten Texte zumindest teilweise öffentlich zu machen. Die folgenden beiden Jahrzehnte waren durch die Arbeit an dem epischen Projekt der *Salman-Trilogie* ausgefüllt, an dessen 3. Band sie in den 80er Jahren, seit 1988 schwer krebskrank, arbeitete und der 1998 als »Roman in Fragmenten« unter dem Titel *Das heroische Testament* von Rudolf Bussmann aus dem Nachlaß herausgegeben wurde. Als Mitglied des Zentralvorstands des Schriftstellerverbandes der DDR, dem sie seit 1958 angehörte, war sie in interne Auseinandersetzungen verwickelt. Mit öffentlichen Stellungnahmen hielt sie sich weitgehend zurück.

Mit dem Roman *Leben und Abenteuer der Trobadora Beatriz nach Zeugnissen ihrer Spielfrau Laura* legte sie 1974 ein Buch vor, das die Gleichberechtigungspolitik in der DDR aus weitem historischem Blickwinkel bilanziert – ein Buch, das für die Ausbildung weiblichen Selbstbewußtseins große Bedeutung erlangt und auch im Westen Aufsehen erregt hatte. Die verzweigte Romankonstruktion beruht auf dem überaus tragfähigen Fabelansatz: 1968 wird eine provenzalische Minnesängerin nach 800 Jahren Dornröschenschlaf aufgeweckt und versucht herauszufinden, ob sich die Lage der Frauen zum Besseren gewendet habe, namentlich im »gelobten Lande« DDR. In Umkehr männlich geprägter Motive gesellt M. der Trobadora eine Spielfrau zu, im Normalalltag eine S-Bahn-Triebwagenführerin, mit der M. auch im Roman *Amanda* (1983) die Existenzprobleme einer alleinerziehenden Mutter durchspielt. In diesem vor Witz und phantastischen Einfällen funkelnden Roman wird die Analyse gegenwärtiger Kämpfe um Emanzipation verbunden mit der ungeschriebenen bzw. in Mythen aufgehobenen Geschichte von Frauen. Dokumente der Zeitgeschichte werden in reicher Zahl einmontiert. Aus dem Zusammenwirken unterschiedlicher Materialien ergibt sich ein differenziertes Situationsbild: Unverkennbar sind die Fortschritte der weiblichen Emanzipation, aber auch die immer neu sich reproduzierenden patriarchalischen Denkmuster. Dieser Roman steckt voller Utopieelemente; die Hoffnung ist spürbar, daß der »Scheißkrieg zwischen den Geschlechtern« (Morgner 1974, S. 416) in historisch absehbarer Zeit aufhören werde. Dieser Optimismus weicht im Hexen-Roman *Amanda* tiefer Skepsis, die auch durch die in jenen Jahren eskalierende Atomkriegsdrohung genährt wird. Himmel und Hölle der christlichen Mythologie und viele Fabelwesen der antiken Welt bevölkern den Roman, in dem Laura Salman um ihre Wiedervereinigung mit der vom Teufel abgespaltenen Hälfte Amanda kämpft. In diesem wie anderen Texten M.s ist das Bemühen sichtbar, in der Kulturgeschichte alles aufzusuchen, was Frauen in ihren täglichen Kämpfen um Selbstbehauptung nützen kann.

Lit.: *I. M. Texte, Daten, Bilder.* Hg. M. Gerhardt. Frankfurt/M. 1990; *I. M.s hexische Weltfahrt: eine Zeitmontage.* Hg. K. v. Soden. Berlin 1991.

Eva Kaufmann

Morrison, Toni

Geb. 18. 2. 1931 in Lorain, Ohio/USA

1993 erhielt Morrison als erste afro-amerikanische Autorin den Nobelpreis für Literatur. In ihrer Preisrede sagte M., Erzählkunst sei für sie nie nur Unterhaltung gewesen. Sie hat sich zwar wie Zora Neale ↗ Hurston immer energisch gegen soziologisch ausgerichtete Literatur gewendet, die einem primär weißen Publikum schwarzes Leben erklären soll, beharrt aber gleichzeitig auf dem politischen Gehalt von Literatur, z. B. bei der Rekonstruktion schwarzer Geschichte. Von Modernisten wie Faulkner ebenso beeinflußt wie von schwarzer (mündlicher) Kultur, wenden sich M.s Romane explizit an ein schwarzes Lesepublikum. In Romantiteln wie *Song of Solomon* und *Jazz* wird M.s Bezug auf afro-amerikanische Musik deutlich, die vielen schwarzen Autor/innen als Vorbild für schwarze Literatur gilt. Magische Elemente wie böse Omen (*Sula*), Zauberer (*Song of Solomon*) und Geister (*Beloved*) verweisen auf die afrikanischen Wurzeln afro-amerikanischer Kultur.

1931 in Lorain, Ohio, als Chloe Anthony Wofford geboren, studierte sie an der Howard University, dann an der Cornell University, wo sie 1955 mit einer Arbeit über Faulkner und Virginia ↗ Woolf ihr Magisterstudium abschloß. Nach mehreren Jahren Lehrtätigkeit arbeitete sie ab 1965 als Lektorin bei Random House, wo sie sich für die Veröffentlichung schwarzer Literatur engagierte; sie war Herausgeberin des *Black Book* (1974), das 300 Jahre schwarze Geschichte dokumentiert. Seit 1976 hat sie an verschiedenen Universitäten (derzeit Princeton) gelehrt. 1977 erhielt sie den National Book Critics Circle Award für *Song of Solomon,* 1988 bekam sie den Pulitzer Preis für *Beloved.*

In M.s erstem Roman, *The Bluest Eye* – der Titel ist lautgleich mit ›The Bluest I‹, was sich auf den Blues bezieht –, 1969 (*Sehr blaue Augen,* 1979), wird die intakte Kindheit der Ich-Erzählerin und ihrer Schwester kontrastiert mit dem zerstörten Leben eines ungeliebten Mädchens, Pecola, das am Rassismus der Gesellschaft zugrunde geht. Dieser Rassismus wird vorwiegend indirekt vermittelt, u. a. in der Übernahme des weißen Schönheitsideals und in der Vergewaltigung Pecolas durch ihren Vater, der durch ein Erlebnis sexueller Gewalt von Weißen in seiner Jugend traumatisiert ist. In den Geschlechterbeziehungen erweist sich – wie in den späteren Romanen auch – das Konzept der romantischen Liebe, das *The Bluest Eye* als eines der destruktivsten der Menschheitsgeschichte bezeichnet, als verheerend.

Mit *Sula*, 1973 (dt. 1980) schrieb M. einen der wenigen Romane über Frauenfreundschaften und ihre Bedeutung im Leben von Frauen. *Sula* stellt zwei gegensätzliche Protagonistinnen gegenüber: die unkonventionelle Sula und ihre konservative Freundin Nel. Als Kinder entwickeln die beiden eine enge Beziehung, weil die jeweils andere die Defizite der eigenen Familie ausgleicht. Doch die Beziehung der Frauen zerbricht an der Unvereinbarkeit ihrer Einstellungen. Erst am Ende des Romans erkennt Nel, die das Grab der vor langem gestorbenen Sula besucht, daß ihre Freundschaft mit Sula das Wichtigste in ihrem Leben war; aber diese Erkenntnis kommt zu spät und kann kaum artikuliert werden, weil eine patriarchalische Gesellschaft keine Sprache für solche Beziehungen anbietet.

Auch in *Song of Solomon*, 1977 (*Solomons Lied*, 1979) spielt die Konfrontation unterschiedlicher Familienformen wiederum eine tragende Rolle. Wie in der afroamerikanischen Literatur häufig, dient die Opposition zwischen Norden und Süden als strukturierendes Element. Der Norden wird mit Freiheit, gleichzeitig mit Verlust von traditioneller Kultur und Gemeinschaft assoziiert, der Süden mit Unfreiheit und Repression, aber auch mit lebendigem kulturellem Erbe und Wärme. So findet der Protagonist im Süden nicht nur (Familien)Geschichte und Gemeinschaft, sondern auch Erinnerungen an die Sklaverei.

Tar Baby, 1981 (*Teerbaby*, 1983) bildet in bezug auf Handlungsort (Karibik) und Protagonisten (Schwarze und Weiße, Repräsentanten der Oberschicht) eine Ausnahme in M.s Werk. Doch auch diesen Roman bestimmt das Interesse am Konflikt zwischen kulturellem Erbe und dem Verlust dieses Erbes, personifiziert in Son, einem armen Schwarzen aus den Südstaaten, und Jadine, einem erfolgreichen schwarzen Modell. In ihrer von sexueller Attraktion dominierten Beziehung triumphiert Liebe nicht, wie im romantischen Ideal, über alle Probleme; vielmehr erweisen sich Klassenunterschiede und nicht vereinbare Vorstellungen von Geschlechterrollen als destruktiv.

In *Beloved*, 1987 (*Menschenkind*, 1989), ihrem wohl bedeutendsten Roman, benutzt M. einen authentischen Fall (von Margaret Garner, einer flüchtigen Sklavin aus Kentucky im Jahre 1855) als Ausgangspunkt für ihre Rekonstruktion der Bedeutung der Sklaverei. Nach einer brutalen Mißhandlung gelingt der Sklavin Sethe die Flucht in den Norden, wo sie jedoch von Sklavenjägern entdeckt wird. Angesichts der Gefahr erneuter Versklavung will Sethe ihre Kinder töten, um ihnen dieses Schicksal zu ersparen. Bevor sie überwältigt wird, tötet sie ihre jüngste (im Roman namenlose) Tochter. Anders als die *slave narratives* ist *Beloved* keine lineare Geschichte, deren Schluß mit der Flucht aus der Sklaverei und dem Erreichen der Freiheit zusammenfällt, sondern eine zirkuläre Suche, um die traumatischen Nachwirkungen der Sklaverei auch auf die Geflüchteten zu erforschen und zu überwinden. In dieser Geistergeschichte der Sklaverei mischen sich historische Details mit phantastischen Elementen, eine Technik, die in afro-amerikanischer Kultur verankert ist und an den Magischen Realismus erinnert. Das Aufarbeiten dieser Verdrängung traumatischer Vergangenheit geschieht sowohl individuell durch Sethe als auch kollektiv durch die gesamte ›black community‹ und ist Bedingung für ein wirkliches psychisches Lösen von der Sklaverei.

M.s vorletzter Roman *Jazz*, 1992 (dt. 1993) spielt als erstes von M.s Werken in der Großstadt (dem Harlem der 20er Jahre, der Harlem Renaissance) und orientiert sich an den Strukturen afro-amerikanischer Musik sowie den Erzähltechniken Faulkners. Aus der Perspektive mehrerer Erzähler wird nicht nur eine individuelle Dreiecksgeschichte, die im Mord kulminiert, rekonstruiert, sondern auch kollektive schwarze Geschichte. So zeichnet der Roman am Leben der Protagonisten Joe und Violet, die 1906 aus dem ländlichen Süden nach Harlem kommen, die Entwicklung einer urbanen schwarzen Kultur nach.

M.s erster Roman nach dem Nobelpreis, *Paradise* (1998), ist neben *Tar Baby* der einzige Roman, der in der Gegenwart (1968–1976) spielt. Afro-amerikanische Geschichte wird über Rückblicke auf die Vergangenheit einer schwarzen Kleinstadt in Oklahoma konstruiert. Wie bei Zora Neale ↗ Hurston ist diese rein schwarze Gemeinschaft ursprünglich Hoffnungsträgerin, aber wie in ihren anderen Romanen ist M. auch an Differenzen unter Schwarzen interessiert. Duchzogen von biblischen Anspielungen geht der Roman der in der Eingangsszene aufgeworfenen Frage nach, warum mehrere schwarze Männer sich entschließen, ein Haus, in dem Frauen Schutz vor männlicher Gewalt gefunden haben, zu stürmen und die Frauen zu töten. Am Ende des Romans steht zwar der Tod einer der Frauen, aber gleichzeitig auch die Hoffnung auf Heilung der black community.

Lit.: Middleton, D. L.: *T. M.: An Annotated Bibliography.* New York 1987; Bloom, H. (Hg.): *Toni Morrison.* New York 1990; Gates, H. L./Appiah, K. A. (Hgg.): *T. M.: Critical Perspectives Past and Present.* New York 1993; Taylor-Guthrie, D.: *Conversations with T. M.* Jackson 1994; Peterson, N. J. (Hg.): *T. M.: Critical and Theoretical Approaches.* Baltimore 1997.

Anne Koenen

Mukherjee, Bharati

Geb. 27. 7. 1940 in Kalkutta/Indien

»I have joined imaginative forces with an anonymous, driven, underclass of semi-assimilated Indians with sentimental attachments to India but no real desire for permanent return [...] I see myself as an American writer in the tradition of other American writers whose parents or grandparents had passed through Ellis Island.« – M.s Œuvre zeigt eine fast geradlinige Entwicklung von eben diesem Gedanken. Zunächst hat sie ihre eigene Lebensgeschichte in ihrem ersten Roman, *The Tiger's Daughter* (1972), verarbeitet. Die wesentlichen Züge ihres Lebens hat sie auch geschildert in *Days and Nights in Calcutta* (1977), einem Reisebericht, den sie zusammen mit ihrem Mann, dem Schriftsteller Clark Blaise, verfaßte. Nach ihrer Schulzeit in Kalkutta, England und der Schweiz, studierte sie Anglistik und Altindische Kulturwissenschaft. 1961 ging sie als Stipendiatin an den *Writers' Workshop* der Universität von Iowa, um einen M. A. in Creative Writing zu erlangen. Sie hat 1969 in Englische und Vergleichende Literaturwissenschaft promoviert. 1966, drei Jahre nach ihrer Hochzeit, zog M. nach Montréal. An der dortigen McGill University fing ihre glänzende Karriere als Professorin an, die in ihrer Ernennung zum Distinguished Professor an der University of California in Berkeley gipfelte. Diesem

Durchbruch in Amerika ging 1980 eine Einladung als Writer in residence der Emory University in Atlanta voraus, die sie selbst als Wendepunkt in ihrem schriftstellerischen Schaffen bezeichnet. Hatte sie bereits in ihrem zweiten Roman *Wife* (1975) das Schicksal einer Migrantin in New York geschildert, die aus Verzweiflung ihren Ehemann ermordet, drängt sich jetzt die Gewalt als Bestandteil des Migrantenlebens in ihren Schreiben verstärkt auf. Dieses wird auch durch die Kurzgeschichtensammlung *Darkness* (1985) und den mit dem National Book Critics' Circle Award ausgezeichneten Band, *The Middleman and Other Stories* (1988), belegt. Ihr Roman *Jasmine*, 1989 (*Jasmine*, 1993) erzählt jene Geschichte, die fast prototypisch für M.s Schreiben ist: wie Migration Identität neu konstituieren kann. Daß ihre Protagonistinnen als Avatare hinduistischer Götter verstanden werden, gehört zu den Besonderheiten in M.s Erzählwelt: so verweist der Namen einer Frauengestalt in ihrem jüngsten Roman *Leave it to Me* (1997) auf ›Devi‹, eine Göttin die die Weltordnung durch Gewalt wiederherzustellen vermag.

In M.s Werk können hinduistischer Kosmos und amerikanischer Alltag nebeneinander existieren. Dies wird ermöglicht durch die Figur der Migrantin, die als Grenzgängerin die kosmische und die alltägliche Gewalt in sich selbst verbindet. M. wird als Vertreterin einer bestimmten amerikanischen Literaturrichtung angesehen, die der Asian Americans. Ähnlich wie Maxine Hong ↗ Kingston wird M.s Werk getragen von der Konfrontation zwischen der traditionellen Denkweise und dem explosiven Handlungsdrang der amerikanischen Welt. In ihrem Versuch, teilzuhaben an dem *Great American Dream* der unbegrenzten Freiheit des Individuums, befreit sich die von M. konzipierte Migrantin von den ihr als Frau auferlegten Zwängen.

Lit.: Alam, Fakrul: *Bharati Mukherjee*. New York 1996.

Martina Ghosh-Schellhorn

Müller, Herta

Geb. 17. 8. 1953 in Nitzkydorf (Banat/Rumänien)

»Ich bin bestellt. Donnerstag Punkt zehn. Ich werde immer öfter bestellt: Dienstag Punkt zehn, Samstag Punkt zehn, Mittwoch oder Montag. Als wären Jahre eine Woche, mich wundert schon, daß es dabei nach dem späten Sommer bald wieder Winter ist.« (*Heute wär ich mir lieber nicht begegnet*, 1997) – So schlicht beginnt ein Roman, der die Geschichte einer Frau erzählt, die zum Geheimdienst »bestellt« ist. In diesem Text entwirft M. ein suggestives Panorama über die Erfahrungen des Leids, der Beschädigung, die ein totalitäres Regime beim einzelnen psychisch und physisch hervorruft. Ihre Helden existieren im Klima der Angst. Dabei löst ihre Literatur eine realistische Schreibweise durch assoziierte Montage auf, in der die Wirklichkeitspartikel neben Erinnerungen, Gedanken, Bildern und Träumen stehen. Das Verhältnis des einzelnen Individuums zum Allgemeinen zeigen ihre Texte in einer anderen Weise, als wir es von vielen Verarbeitungsstrategien und erprobten Schreibweisen her kennen, die den Faschismus behandeln. M. knüpft weniger an exemplarische Texte, wie Anna ↗ Seghers' *Das Siebte Kreuz*, Günter Grass' *Blechtrommel* oder Peter Weiß' *Ermittlung* an – sondern stellt für ihr Schreiben eine differente Traditionslinie her, indem sie sich auf Ruth Klüger, Georges-Arthur Goldschmidt, Inge ↗ Müller, Rolf Bossert, Jorge Semprun bezieht.

Neben ihrem essayistischen Werk (*In der Falle,* 1996; *Hunger und Seide,* 1995; *Der Teufel sitzt im Spiegel,* 1991) sind es v. a. folgende Prosatexte, mit denen M. bekannt geworden ist: *Niederungen* (1984), *Der Mensch ist ein großer Fasan auf der Welt* (1986), *Barfüßiger Februar* (1987), *Reisende auf einem Bein* (1989), *Der Fuchs war damals schon der Jäger* (1992), *Herztier* (1994) und *Heute wär ich mir lieber nicht begegnet* (1997). Ihre Literatur ist Teil der rumäniendeutschen (sog. fünften deutschen) Literatur, wie die Werke der Banater Schwaben und Siebenbürger Sachsen genannt werden, die in die Tradition von Paul Celan und Rose ↗ Ausländer gestellt werden. Dabei schreibt M. wie andere rumäniendeutsche Autoren Familienromane als Schuldgeschichten ihrer Dörfer. In der Vergangenheit dieser Dörfer gab es die Erfahrung von Nationalsozialismus und Krieg, in der Gegenwart die des kommunistischen Diktators. Und so wie die subtile Macht des Totalitären sich in den Texten zur Sichtbarkeit hin verdichtet, so gibt es auch die Gegenbewegung im Text, die Bewegung des Individuums, das in seiner Angst trotzdem widerständig gegen die Diktatur ist und das in dünne Fäden der Freundschaft eingebunden ist.

Dabei benutzt M. immer wieder poetische Bilder, Metaphern und mythische Konstrukte, um die Details ihrer Heimat, aber auch ihre Emigration zu zeigen. »Was ist das für ein Land, das an den Fingern reißt, wenn man den Koffer hebt.« M. zur nationalen Minderheit der deutschsprachigen Banater Schwaben gehörend, studierte von 1973 bis 1976 an der Universität von Temeswar Germanistik und Romanistik. Danach arbeitete sie als Deutschlehrerin, wurde aber immer wieder aus dem Schuldienst, aber auch aus anderen Arbeitsstellen entfernt. Aufgrund der großen Anerkennung, die ihr erster Prosaband *Niederungen* (1982) in der Bundesrepublik Deutschland erfuhr, konnte sie kurzfristig als Lehrerin wieder arbeiten, doch der politische Druck hielt an, so daß sie 1985 einen Ausreiseantrag stellte. Bis zur Genehmigung 1987 wurde sie in Rumänien mit einem strikten Reise- und Publikationsverbot belegt. Seit ihrer Ausreise 1987 lebt sie als freie Schriftstellerin in Berlin.

Während ihr früher Text *Niederungen* einsteht – wie sie selbst sagt – für die Banater-Ebene, für eine Niederung, die noch tiefer als eine Ebene ist und im übertragenen Sinne für »das niedrige Bewußtsein, das Nicht-in-die-Höhe-blicken-Wollen und das Nicht-über-sich-hinausschauen-Können«, zeigen ihre späteren Romane (*Der Fuchs war damals schon der Jäger, Herztier* und *Heute wär ich mir lieber nicht begegnet*), wie repressive Strukturen tradiert werden, wie kollektive Normen, das Niederschmetternde und Unterdrückende des allgemeinen Gesetzes im Gegensatz zum Humanen stehen. Was heißt es, Menschen auf lange Sicht als Menschen zu betrachten? Für die Beantwortung dieser Frage interessiert sich M. Deshalb sind Demütigung und Ausschluß, Angst und Bedrohung, Anpassung und Widerstand, Flucht und Exil ihre Lebensthemen, die auch im doppelsinnigen Untertitel »Vom

Weggehen und Ausscheren« ihrer Text-Bild-Collagen *Der Wächter nimmt seinen Kamm* (1993) zum Ausdruck kommen. »Daß sie nichts begreifen von einer deutschen Sprache, in der die Wortspiele ›Zungenspäße‹ genannt werden.« Die Frage also nach dem richtigen Handeln ist im widerständigen Zungenschlag, im politischen Ton, aber auch in der Gestaltung ihrer Bilder und Metaphern zu finden. Darin behauptet sie den Platz der Moral innerhalb der zeitgenössischen Literatur und beharrt zugleich auf einer poetischen Sprache: »Ja, der Baum hat ein Laub / und ein Wasser der Tee / das Geld ein Papier / und das Herz einen falsch rum gefallenen Schnee« (*Heute wär ich mir lieber nicht begegnet*).

Lit.: Haines, B. (Hg.): *Herta Müller.* Cardiff 1998.

Dagmar von Hoff

Müller, Inge

Geb. 13. 3. 1925 in Berlin; gest. 1. 6. 1966 in Berlin

»Da fand ich mich/ Und band mich in ein Tuch:/ Ein Knochen für Mama/ Ein Knochen für Papa/ Einen ins Buch.« (»*Trümmer 45*«). Ein verlorenes Ich sammelt seine Knochen, sammelt die Trümmer, dem Gedächtnis der Toten dienend, Zeugnis ablegend. In vielen ihrer Gedichte (»Exekution 45«, »Fallada 45«, »Liebe 45«, »Heimweg 45«) beharrt M. auf einem Datum, das – anders als die Rede von der sog. Stunde Null – nicht der Ausgangspunkt eines vergeßlichen Wiederaufbaus ist, sondern Fokus der Erinnerung an biographische und historische Schnitte: »Da steh ich Tochter von Preußen/ Auf Knochenbergen und Staub« (aus »Potsdam«).

Nach Reichsarbeitsdienst 1942 in der Steiermark und einer Tätigkeit als Sekretärin 1943/44 wird M. während der letzten Kriegswochen als Luftwaffenhelferin für die Schlacht um Berlin eingezogen, wobei sie – zusammen mit einem Hund – verschüttet und erst nach drei Tagen ausgegraben wird. Angesichts der existentiellen Unmöglichkeit des Sterbens und zugleich Überlebens verschieben sich zeitliche und räumliche Dimensionen: »Kein Boden kein Dach/ Was ist – verschwunden/ Ich bin eh ich war/ Ein Atemzug Stunden« (aus »Unterm Schutt II«). Nach dem Krieg ist M. u. a. »Trümmerfrau«, Arbeiterin und Journalistin, sie verfaßt erste Gedichte, Prosa (*Die Radfahrer,* 1954) und Kinderbücher (*Wölfchen Ungestüm*, 1955), die unter ihrem derzeitigen Namen I. Schwenkner erscheinen. Mit Heiner Müller, den sie 1955 heiratet – ihre dritte Ehe –, arbeitet sie an Stücken und Hörspielen: *Der Lohndrücker, Klettwitzer Bericht* und – nach Recherchen im größten Industrieprojekt der DDR, »Schwarze Pumpe« – *Die Korrektur* (alle 1958). 1959 werden beide gemeinsam mit dem Heinrich-Mann-Preis der Akademie der Künste ausgezeichnet, 1961 erhält M. für ihr Hörspiel *Die Weiberbrigade* (Ursendung 9. 11. 1960) den »Vaterländischen Verdienstorden in Bronze«. Der Erfolg bricht 1961 ab, als *Die Umsiedlerin* nach nur einer Aufführung aus politischen Gründen abgesetzt wird.

In der folgenden Zeit finanzieller Not und sozialer Isolation entstehen die meisten Gedichte, von denen nur eine kleine Auswahl kurz vor M.s Tod in zwei Almanachen erscheint. In der DDR-Literatur der 50er und 60er Jahre gelten lyrische Texte, die von Tod und Einsamkeit sprechen, als subjektivistisch, und M.s Gedichten gelingt der erwünschte Fortschritt nicht: »Ich steh mit einem Bein im Grab/ Was mach ich mit dem zweiten./ Ich muß dich doch begleiten./ Ich hack das erste ab.« Das Gehen – neben dem Tod ein Hauptmotiv in M.s Lyrik – wird immer wieder zum knapp den Sturz abfangenden Stolpern, zur ziellosen Flucht. In zugleich atemloser, schlichter und kalter Sprache, manchmal von Reimen mühsam zusammengehalten, fallen die Gedichte sich selbst ins Wort: »Gelernt hab ich/ Was hab ich gelernt/ Was nicht paßt wird entfernt/ Was entfernt wird paßt./ Ich bitte mich zu entfernen.« (aus »*Liebe*«) Neben Bezügen z. B. auf Majakowski, Brecht und Ringelnatz ist M.s Lyrik vom naiven Tonfall der Abzählreime und Kinderverse gezeichnet, denen aber der Tod innewohnt: »Da kommt der schwarze Wagen/ Das Pferd, das geht im Schritt/ Und wer allein nicht laufen kann/ Den nimmt der Wagen mit.« (»*Der schwarze Wagen*«). – Mit solch kargen eindringlichen Texten kommt M. zu spät und zu früh: In ihrer Erinnerung an radikale Zerstörungen, an widersprüchliche Schuld und an die Unmöglichkeit zu überleben zählen ihre Gedichte weder zur sog. Trümmer- oder Heimkehrerliteratur noch zur eigentlichen DDR-Lyrik, wie sie sich in den Lyrikdebatten (ab 1962) entwirft. Erst in den 80ern, v. a. durch die Ausgabe *Wenn ich schon sterben muß* (DDR 1985, BRD 1986), erfährt M.s Literatur eine breitere Rezeption – 19 Jahre nach ihrem Selbstmord im Alter von 41 Jahren.

Lit.: Geipel, I. (Hg.): *I. M. Irgendwo; noch einmal möcht ich sehn. Lyrik, Prosa, Tagebücher. Mit Beiträgen zu ihrem Werk*. Berlin 1996.

Ulrike Vedder

Munro, Alice (geb. Alice Laidlaw)

Geb. 10. 7. 1931 in Wingham/Ontario

»I think the most attractive kind of writing of all is just the single story. It satisfies me the way nothing else does. [...] It took me a long time to reconcile myself to being a short story writer.« So Munro am Tag der Veröffentlichung ihrer fünften Short Story-Sammlung, *The Moons of Jupiter*, 1982 (*Die Jupitermonde*, 1986), die in Kanada Geschichte schrieb, weil der Verkauf der Taschenbuchrechte für dieses Buch damals der höchste Preis war, der jemals für einen kanadischen Erzählband (inkl. Roman) gezahlt worden war. Zu dieser Aufwertung der Kurzgeschichte gegenüber dem Roman auch bei der allgemeinen Leserschaft hat M. in Kanada wie international (z. B. erster Platz in der *New York Times* Bestsellerliste) maßgeblich beigetragen. Bekannt für eine meist langwierige Arbeitsweise mit höchstem ästhetischen Anspruch (»I know one story I've been doing for fifteen years. Because I can tell by the age of my youngest child.«) ist M. z. B. im Vergleich mit Margaret ↗ Atwood nicht besonders produktiv oder vielseitig, hat jedoch in der ihrer Lebens- und Literaturkonzeption gemäßen Gattung eine Meisterschaft erreicht, die sich bisher in neun zunehmend gefeierten Short Story-Sammlungen manifestiert. M. erhielt bisher u. a. bereits dreimal die höchste Literaturauszeichnung Kanadas, den Governor General's Award – für ihre erste Sammlung, *Dance of the Happy Shades* (1968), für *Who Do You Think You Are?*, 1977 in den USA und GB erschienen unter dem Titel *The Beggar Maid. Stories of Flo and Rose* (*Das Bettlermädchen*, 1981) sowie für *The Progress of Love*, 1985 (*Der Mond über der Eisbahn*, 1989). Nach Atwood ist M. die international prominenteste zeitgenössische Schriftstellerin Kanadas.

M.s Elternhaus war eine Farm bei Wingham, einer Kleinstadt im ländlichen Südwesten Ontarios. Nach Schulabschluß studierte sie Englische Philologie an der nahe gelegenen University of Western Ontario. Ihr erster Mann Jim Munro, mit dem sie von 1951 bis 1976 verheiratet war und drei Töchter hat, sowie ihr zweiter Mann, mit dem sie seit 1976 auf einer Farm in Clinton in der Nähe von Wingham lebt, waren ihre Kommilitonen. Nach der Heirat mit Jim Munro brach sie ihr Studium ab, sie wechselte an die kanadische Westküste (Vancouver und Victoria), wo M. im gemeinsamen Buchgeschäft Munro's Books mitarbeitete und sich zunehmend dem Schreiben widmete. Mit ihrer zweiten Buchveröffentlichung, dem Kurzgeschichtenzyklus *Lives of Girls and Women*, 1971 (*Kleine Aussichten*, 1983), gelang M. der internationale Durchbruch. Nach der Trennung von Jim Munro 1973 kehrte sie in ihre Heimat im Südwesten Ontarios zurück. Diese Region heißt heute »Munro Country«: wie die Schriftstellerinnen des amerikanischen Südens Eudora Welty, Flannery O'Connor, Carson ↗ McCullers, von denen M. beeinflußt wurde, ist sie eine ›Regionalschriftstellerin‹, bei zunehmender Internationalisierung ihrer Settings auch noch in ihrem späteren Werk spürbar – *Friend of My Youth*, 1990 (*Glaubst du, es war Liebe?*, 1991) und *Open Secrets*, 1994 (*Offene Geheimnisse*, 1996) (vgl. auch *Selected Stories*, 1996).

Ihre virtuos komponierten und stilistisch ausgefeilten Erzählungen zentrieren sich meist um weibliche Hauptcharaktere in verschiedenen Entwicklungsprozessen (bereits 1972 bezeichnete sie sich als »in general, sympathetic with the Women's Liberation movement«). M. schreibt eine Art von ›photographischem‹ Hyperrealismus (»not real but true,« M.), mit Nähe zu metafiktionalen und postmodernistischen Konzeptionsweisen. Ihre Affinität zur Kurz- bzw. Zyklusform korreliert mit ihrer Ästhetik: durch zeitliche Verschränkungen, Gegeneinandersetzen diskrepanter Interpretationen, Hervorheben von Erklärungslücken und ständigem Aufschieben von Sinnfestlegungen betont M. die Unabgeschlossenheit, Veränderlichkeit und letztlich auch unergründbare Tiefe intensiver menschlicher Erfahrung.

Lit.: Howells, C. A.: »A. M.'s Art of Indeterminacy«. In: Nischik, R. M./Korte, B. (Hgg.): *Modes of Narrative*. Würzburg 1990, S. 141–152; Nischik, R. M.: »›Pen Photographs‹. Zum Phänomen des (kanadischen) Kurzgeschichtenzyklus«. *Deutsche Vierteljahrsschrift* 66 (1992), S. 192–204; Rasporich, B. J.: *Dance of the Sexes. Art and Gender in the Fiction of A. M.* Edmonton 1990; Redekop, M.: *Mothers and Other Clowns. The Stories of A. M.* London 1992; Ross, C. S.: *A. M. A Double Life*. Toronto 1992.

Reingard M. Nischik

Murasaki Shikibu

Geb. 978? in Japan; gest. 1031? In Japan

Über das Leben von Murasaki Shikibu weiß man zu wenig, um ihre Biographie verläßlich rekonstruieren zu können. M. war die Tochter des Hofbeamten Tametoki. Er gehörte einem weniger bedeutenden Zweig der einflußreichen Familie der Fujiwara an, der aber durch seine gebildeten und literarisch talentierten Mitglieder Ansehen genoß. Das Chinesischstudium war den Männern vorbehalten; den Frauen, die nur in der japanischen Silbenschrift (*kana*) und in japanischer Poesie unterrichtet wurden, galt es als abträglich. Aber M. überflügelte ihren Bruder dabei und verleitete den Vater zu dem Ausruf (belegt in M.s Tagebuch): »Wärst du nur der Junge, wie froh würde ich da sein!« Ob literarische Begabung und Intelligenz die Heirat verhinderten, ist unklar, die Quellen lassen jedoch den Schluß zu, daß M. für damalige Verhältnisse spät, nicht vor ihrem zwanzigsten Geburtstag, vermählt wurde. Sie hatte eine Tochter, später auch eine erfolgreiche Literatin, wie im allgemeinen der Einfluß der Frauen in der Literatur der Heian-Ära (794–1185), so im Genre der Tagebuchliteratur (*nikki*), der Romane (*monogatari*) und des japanischen Gedichts (*waka*), bemerkenswert war. Im Unterschied zu ihrer literarischen Rivalin, Sei Shōnagon (966?-1025?), Verfasserin der *Makura no sōshi* (Kopfkissenhefte), deren Verhalten und sarkastische Spottlust M. in ihrem Tagebuch *Murasaki Shikibu nikki* kritisch kommentiert, beschreibt sich die Autorin als stillen, zurückhaltenden und schwierigen Menschen. Ihre Fähigkeiten beruhen auf fundiertem Wissen, das ihr am Hof des jungen Kaiserpaars Ichijō und Akiko den ungeliebten Spitznamen »Dame der Reichsannalen« (*Nihongi no tsubone*) eingetragen hatte. In der Literaturgeschichte nimmt sie mit ihrem Werk *Genji monogatari* (*Die Geschichte vom Prinzen Genji*, 1966) eine besondere Stellung ein: M. ist die bedeutendste Literatin ihres Landes; sie war anderen Autorinnen der Zeit ein Vorbild, etwa für die namentlich nicht bekannte Verfasserin des *Sarashina nikki,* wie sich auch moderne und zeitgenössische Literatinnen (z. B. Enchi ↗ Fumiko) auf sie und die Tradition der intellektuellen Frauen am Kaiserhof der Heian-Ära berufen. Aber auch männliche Schriftsteller beziehen sich auf das *Genji monogatari* (z. B. Tanizaki Jun'ichirō).

Der umfangreiche Text (54 Kapitel) gilt als erster Roman der Weltliteratur und wird mit seiner feinen psychologischen Beobachtung und der losen, fragmentarischen und lyrischen Komposition mit Prousts *À la recherche du temps perdu* verglichen. Leitmotivisch wiederkehrende Themen sind die schicksalhaften Verknüpfungen von Liebes- und Blutsbanden und das vom buddhistischen Denken geprägte Gefühl der Vergänglichkeit der Welt und der Unbeständigkeit aller Dinge (*mujōkan*). Verdichtet wird die komplexe Struktur durch Schilderungen von Momenten ästhetischer Vollkommenheit. Die Figuren des *Genji monogatari*, zu denen Hikaru Genji (der »leuchtende Prinz«), seine Geliebten Fujitsubo, Aoi, die schöne junge Murasaki und die geheimnisvolle Dame Rokujō zählen, sind als literarische Gestalten auch heute noch eindrucksvoll. Die Ausführungen zur Etikette in Liebesbeziehungen, die Szenen, in denen Geburt und Tod beschrieben werden, ergeben einen reichen Fundus für mentalitätsgeschichtliche Studien; das religiöse Denken, zwischen Erlösungssehnsucht und Aberglauben (Geomantik, Besessenheit), ist ein interessantes Feld, dem sich die Forschung nach einer Anzahl von Untersuchungen zur Erzählstruktur zugewandt hat.

Lit.: Morris, I.: *The World of the Shining Prince. Court Life in Ancient Japan.* New York 1964; Bargen, D.: *A Womans Weapon. Spirit Possession in the Tale of Genji.* Honolulu 1997.

Lisette Gebhardt

Murdoch, (Jean) Iris

Geb. 1. 7. 1919 in Dublin; gest. 8. 2. 1999 bei Oxford

Iris Murdoch verbrachte ihre Kindheit und Schulzeit in London und Bristol, studierte in Oxford klassische Philologie und später in Cambridge Philosophie. Nach dem Studium war sie Angestellte im englischen Finanzministerium und arbeitete von 1944–1946 in London, Belgien und Österreich in der Verwaltung der United Nations. Von 1948 bis 1963 war sie Dozentin für Philosophie am St. Anne's College in Oxford und lehrte von 1963 bis 1967 am Royal College of Art in London. 1956 heiratete sie den Oxforder Literaturkritiker John Bayley.

M.s Gesamtwerk, v.a. die Differenziertheit der von ihr gestalteten Charaktere, läßt eine Parallele zu den kritischen Realisten des 19. Jh.s, z.B. zu George ↗ Eliot, erkennen. Doch ihre fiktiven Lebensentwürfe sind literarischer Ausdruck ihres ethischen und ästhetischen Konzepts der *contingency,* der Unvorhersehbarkeit der *human condition.* Vorgefertigte Denk- und Verhaltensmuster als Orientierungs- und Kontrollmechanismen menschlicher Lebensweisen versagen angesichts der Fülle von Realitäten. Das Nichteinlösen rezeptiver Erwartungshaltungen durch unerwartete, oft komische oder irrationale Begebenheiten und seltsame Verstrickungen ist dabei ein Mittel, Linearität aufzulösen. Dabei sind die Anerkennung des Zufalls im Leben des Einzelnen, unmotivierte Handlungen ihrer Protagonisten und mythische Strukturen für M. wichtige gestalterische und funktionale Grundkomponenten, z.B. in dem intellektuellen, experimentellen Thriller *The Black Prince,* 1973 (*Der schwarze Prinz*, 1975), der hinsichtlich seiner metafiktionalen Erzählweise durchaus postmoderne Züge trägt, dem gothischen Roman *The Unicorn,* 1963 oder in dem durch Samuel Becketts Texte beeinflußten Roman *Bruno's Dream* (1969). M.s Protagonisten, z.B. der Schriftsteller und Übersetzer Jake Donaghue in *Under the Net,* 1954 (*Unter dem Netz*, 1957) oder der Lehrer Mor in *The Sandcastle,* 1957 (*Die Sandburg,* 1964), die sich ständig zwischen verinnerlichtem Rollenverhalten und Selbstanalyse bewegen, scheitern mit ihren ursprünglichen Lebensentwürfen oder werden durch unerwartete Ereignisse gezwungen, diese zu revidieren. Selbsterkenntnisse am Romanende sind jedoch offenes Ende für erneute Differenz und Unerwartbarkeit.

Es ist nicht möglich, in M.s Werken nach einem philosophischen Leitfaden im aufklärerischen Sinne zu suchen. Ein Zugang kann über ihre philosophischen Essays erfolgen, in denen sie die Unzulänglichkeit und Flachheit theoretischer Konzeptionen beklagt, die das modene Denken bestimmen und keine Antworten geben auf die sie am meisten bewegenden Fragen nach einer moralischen Philosophie, die das Individuum in einen weniger abstrakten Zusammenhang von Wissen, Würde, Verantwortung, Liebe und Freiheit stellt.

M.s Romane wurden in 26 Sprachen übersetzt und z. T. dramatisiert, z. B. *A Severed Head,* 1961/1965 (*Maskenspiel,* 1982), *The Italian Girl,* 1964/1967 (*Das italienische Mädchen,* 1982) und *The Black Prince* (1989). Der allegorische Roman *The Bell,* 1958 *(Die Wasser der Sünde,* 1962), der vom Niedergang einer benediktinischen Laiengemeinde, von Liebe, Inzest und Homosexualität handelt und der oft als ihr künstlerisch gelungenstes Werk angesehen wird, sowie der Roman *An Unofficial Rose* (1962) wurden für das Fernsehen bearbeitet. Für *The Black Prince* erhielt sie 1973 den James Tait Black Memorial Prize, für *The Sacred and Profane Love Machine* (*Uhrwerk der Liebe,* 1977) 1974 den Whitbread Literary Award und für *The Sea, the Sea,* 1978 (*Das Meer, das Meer,* 1981) den Booker Prize. Sie schrieb drei Theaterstücke, *The Servants and the Snow,* 1970 (1980 adaptiert für ein Libretto einer Oper von William Matthias), *The Three Arrows* (1972) und *Art and Eros* (1980 am National Theatre London uraufgeführt) und veröffentlichte den Gedichtband A *Year of Birds* (1978). Ihre philosophischen Werke umfassen u. a. *Sartre: Romantic Rationalist* (1953), *The Sovereignty of Good Over Other Concepts* (1967), *Acastos: Two Platonic Dialogues* (1986) und *Metaphysics as a Guide to Morals* (1992).

Lit.: Byatt, A. S.: *Iris Murdoch.* London 1976; Todd, R.: *Iris Murdoch.* London 1984; Reckwitz, E.: »Iris Murdoch«. In: Imhof, R./Maak, A. (Hgg.): *Der englische Roman der Gegenwart.* Tübingen 1987; Sage, L.: »The Middle Ground. I. M.« In: Sage, L.(Hg.): *Women in the House of Fiction.* London 1992.

Isolde Neubert-Köpsel

Mutafčieva, Vera

Geb. 28. 3. 1929 in Sofia

Vera Mutafčieva studierte Geschichte an der Universität Sofia, arbeitete in der Orientalischen Abteilung der Nationalbibliothek und promovierte und habilitierte im Fach Osmanische Geschichte an der Bulgarischen Akademie der Wissenschaften. Sie zählt zu den meistgelesensten Schriftstellerinnen Bulgariens. Mit ihren vorwiegend historischen Romanen erfaßt sie all das, was hinter der Geschichte als Wissenschaft steht – die Ziele und Beweggründe der Menschen und ihre Ängste und Zweifel. Sie schlägt eine Brücke zur Gegenwart, ohne diese primär zu benennen, sucht nach Ursachen und Gleichnissen für Situationen der Gegenwart in der Vergangenheit, stellt die Frage nach den wesentlichen Veränderungen im Charakter des Menschen. Ihr erster und vielleicht auch bedeutendster Roman *Letopis na smutnoto vreme*, 1965 (Chronik der Zeit der Wirren) war mehr oder weniger ein Zufallsprodukt. M. wagte sich an das bis dahin unerforschte Thema der Kărdshali, der Räuberhorden des Osmanischen Reiches, das aber von der Bulgarischen Akademie der Wissenschaften als wissenschaftlich unbedeutend abgelehnt wurde. Aus dem Material, mit dem sie »zu leben begann« und das ihr »keine Ruhe ließ«, entstand der Roman über das Osmanische Reich des ausgehenden 18. und beginnenden 19. Jh.s, über »große« und »kleine« Machtbestrebungen, über die Sehnsucht nach Geborgenheit und Frieden des einfachen Volkes. Es gelang M., ein wirklichkeitsnahes und lebendiges Bild des Osmanischen Reiches zu schaffen, indem sie außerordentlich wirksam historische Ereignisse und Hintergründe mit authentischen und fiktiven Personen verknüpft.

M.s Romane umfassen ein weites Spektrum historischer Thematik – die Antike (*Alkiviad Veliki*, 1976/*Alkibiades der Große*, 1981), den mittelalterlichen bulgarischen Staat (*Poslednite Šišmanovci*, 1969/Die letzten der Šišmans), das osmanische Imperium (*Slučajat Džem*, 1966/*Spielball zwischen Kirche und Thron*, 1971), die bulgarische Wiedergeburt (*Kniga za Sofronij*, 1978/Ein Buch über Sofroni; *Procesăt 1873*, 1972/Der Prozeß von 1873). Sie experimentiert mit literarischen Formen – Gerichtsdokumentation, Epopöe, Autobiographie, Essay. All ihre Bücher handeln jedoch immer in historischen Umbruchzeiten, die ungewöhnliche Menschen zu Entscheidungen zwingen, sie mit ihren scheinbar zeitlosen Zielen, Träumen, Sehnsüchten und Ängsten, fast übergangslos als Opfer und Täter zeigen. Mit ihren beiden Romanen *Alkibiades der Große* (1976) und *Alkibiades der Kleine* (1975) betrachtet sie ein Thema aus der historischen und der gegenwärtigen Perspektive. Beide, Alkibiades der Große und der Kleine, sind auf ihre Weise skrupellose Karrieristen, der eine – altgriechischer Heerführer, der andere – Wissenschaftler. Obwohl die Romane in sich geschlossen sind und außer den Vornamen der Protagonisten nichts gemeinsam haben, wird erst durch die Aufdeckung der psychischen und moralischen Beweggründe, die beide Personen zum Verrat treiben, das Anliegen M.s deutlich: die äußeren Umstände in der Geschichte sind zwar veränderlich, der Mensch jedoch handelt unverändert.

Mit ihrem Buch *Belot na dve răce*, 1973 (*Belote zu zweit*, 1977), eine Art Baustellenreport, behandelt M. zum ersten Mal eine Gegenwartsproblematik. Ohne jegliche Dialoge wird das psychische Bild einer Frau gezeichnet, die sich von traditionellen Normen löst und durch Beruf und Freunde ein neues, wirklich unabhängiges Leben beginnt. Obwohl der Roman wenig Anklang fand, zeigt er doch ein beeindruckendes Psychogramm einer Frau auf dem Weg vom Objekt zum handelnden Subjekt. – Wie in der Geschichte, so besetzen auch in historischen Romanen Frauen lediglich Nebenrollen, agieren vorwiegend aus dem Hintergrund. M. zeichnet jedoch gerade im Hintergrund außerordentlich interessante Frauenbilder, die auf ihre Weise, ob als Ehefrauen oder Mütter, versuchen, ihr anscheinend vorbestimmtes Schicksal zu beeinflussen. Es sind nicht heldenhafte Taten, sondern immer die kleinen Wünsche und Hoffnungen am Rande großer Ereignisse, die diese Frauen glaubhaft und lebendig werden lassen. – Durch ihr psychologisches Einfühlungsvermögen, ihre wissenschaftliche Präzision bei der Wahl ihrer Themen, was ihr in totalitären Zeiten nicht immer Zuspruch einbrachte, und ihre Fähigkeit, beim Schreiben die Wissenschaftlerin zu vergessen, haben M.s Romane bis heute ihre Anziehungskraft nicht verloren.

Lit.: Chadshikossew, S.: »V. M.« In: *Bulgarien. Literatur sozialistischer Länder.* Hg.: Witschew, D./Neugebauer, H./I. Berlin 1981, S. 488–503.

Katrin Zemmrich

Nałkowska, Zofia

Geb. 10. 11. 1885 in Warschau; gest. 17. 12. 1954 in Warschau

Sensible Autoreflexion sowie ein ausgeprägtes Gefühl für soziale und politische Gesellschaftskonstellationen bestimmen nachhaltig das vielschichtige Werk von N. Zusammen mit Maria ↗ Dąbrowska kann sie als die herausragende polnische Autorin des 20. Jh. bezeichnet werden. Zwei historische Ereignisse – die Entstehung des polnischen Staates 1918 und die beiden Weltkriege, insbesondere der nationalsozialistische Holocaust – sowie drei verschiedene Kunstformationen wirkten maßgeblich auf ihr Welt- und Menschenbild: die kosmopolitische Neoromantik der Jahrhundertwende, der gesellschaftspolitisch gezeichnete Realismus der Zwischenkriegszeit und die existentialistisch orientierte Kunst der Nachkriegsjahre. »Die Geschichte meines Lebens betrachte ich als die Geschichte meiner Beziehung zum künstlerischen Schaffen ...« Als überwunden betrachtet N. das erste Drittel ihres Gesamtwerks – es sind zehn Romane und Erzählsammlungen, die zwischen 1906 und 1918 erschienen. Geblieben ist aus den heute weitgehend vergessenen Prosawerken die für N. charakteristische eingehende psychologische Zeichnung der Charaktere und eine faszinierende Beobachtungsgabe. Dadurch werden neue Gestalten kreiert, Menschen, die ihre psychischen Konfliktsituationen im historischen Kontext Polens der Zwischenkriegszeit zu bewältigen haben.

Es war die intensive Lektüre der westeuropäischen Moderne und die ausgesprochen intellektuelle Atmosphäre im Haus ihres Vaters, eines bekannten Warschauer Gelehrten und Publizisten, die ihr literarisches Talent nachhaltig förderten. Als eine von vielen Autorinnen, die um die Jahrhundertwende über Frauen und Erotik schrieben, debütierte sie 1898 mit Gedichten und leitete 1903 mit ihrer ersten Erzählung ihre Karriere als Chronistin der kontroversen Geschichte des 1918 wiedererstandenen Polen ein. In den Jahren zwischen den Kriegen schrieb sie ihre wichtigsten Werke. In dem Roman *Romans Teresy Hennert*, 1924 (Die Liebschaften der Teresa Hennert) ist die tragisch endende Liebesaffäre der Protagonistin eingebunden in ein realistisches Bild der herrschenden Kreise und ihrer moralischen Verkommenheit. Enttäuscht von der politischen Realität der souveränen Republik, legt N. eine kompromißlose Abrechnung mit den fanatischen Militaristen und skrupellosen Spekulanten vor, die Piłsudski den Weg in die Diktatur ebneten. Gesellschaftskritische Elemente prägen auch den als *Opus magnum* geltenden Roman *Granica*, 1935 (*Die Schranke,* 1958), in dem sich nuancenreiche soziale und psychologische Diagnosen mit künstlerischen Innovationen eindrucksvoll verbinden. Die im Grunde triviale Dreiecksgeschichte des verheirateten Bürgermeisters einer polnischen Kleinstadt dient der Autorin nur als Ausgangspunkt für ihre

Reflexionen über die Verantwortung des Menschen im gesellschaftlich determinierten Raum. Von der Relativität moralischer Wertungen handelt das Drama *Dom kobiet*, 1930 (Haus der Frauen). Das nur mit Frauenrollen besetzte Stück gehört, anders als die zwei weiteren Dramen N.s, zu den meistgespielten Bühnenstücken in Polen.

Durch ihren zweiten Gatten erhielt sie tiefen Einblick in die Staats- und Machtelite unter Piłsudski. Nach der Trennung 1929 blieb sie bis zu ihrem Lebensende eine hochgeachtete Persönlichkeit des öffentlichen Lebens. Sie war Begründerin und Präsidentin (1931–34) des Berufsverbands Polnischer Schriftsteller und seit 1933 als einzige Frau Mitglied der Polnischen Akademie für Literatur. Ihre Sympathie für die politische Linke und die Auflehnung gegen faschistische Tendenzen in Polen öffneten ihr eine steile Karriere in der kommunistischen Volksrepublik. Geehrt durch zahlreiche Auszeichnungen, u.a. den Staatspreis 1936 für *Die Schranke* sowie 1953 dem Staatspreis I. Klasse für ihr Gesamtwerk, war sie von 1945 bis zu ihrem Tode Abgeordnete im polnischen Parlament. 1945 wurde sie zum Mitglied der »Hauptkommission zur Erforschung der nationalsozialistischen Verbrechen in Polen« berufen und erhielt einen bestürzenden Einblick in den menschenverachtenden Holocaust. Die Äußerungen der Überlebenden inspirierten N. zu dem knappen, aus 8 Kurzgeschichten bestehenden Band *Medaliony*, 1946 (*Medaillons*, 1956), der sie weltbekannt gemacht hat – ein zutiefst erschütterndes Zeugnis menschlicher Angst und Grausamkeit. Der posthum veröffentlichte Band *Widzenie bliskie i dalekie*, 1957 (Nahe und ferne Betrachtung) läßt eine neue Nuance ihres Talents erkennen. N. beeindruckt hier als Publizistin, Essayistin sowie feinsinnige Literatur- und Theaterkritikerin.

Dzieła (Werke). 14 Bde. Warszawa 1976–1989. – Lit.: Wójcik, W.: *Z.N.* Warszawa 1973; Frąckowiak, E.: *Sztuka powieściopisarska Nałkowskiej*. Wrocław 1975; Pieńkowska, Z.: *Z.N.* Warszawa 1975; Rogatko, B.: *Z.N.* Warszawa 1980.

Heinz Kneip

Narbikova, Valerija Spartakovna

Geb. 24. 2. 1958 in Moskau

»Sie würde gerne weißt schon was mit weißt schon wem. Doch ›weißt schon wer‹ rief nicht an, dafür rief ›weiß nicht wer‹ an. Draußen war auch weißt nicht was. Gestern hatten sie angekündigt, und es tat, was sie angekündigt hatten. Kein Fitzelchen Schnee, dafür der Räuber in Arabia, der Räuber Barabia, der Räuber Barabbia, der Räuber Barabba.« – So lauten die Anfangssätze des 1988 in der ehemaligen Sowjetunion außerordentlich erfolgreichen, erstveröffentlichten Textes von N. *Ravnovesie sveta dnevnych i nočnych zvezd* (*Das Gleichgewicht des Lichts der Tages- und der Nachtsterne*, 1993). N. lebt und arbeitet bis heute in ihrer Geburtsstadt Moskau, wo sie von 1979 bis 1984 am Gorkij-Literaturinstitut studierte. Sie hat eine Tochter. Mit ihren Erzählungen und Romanen, die inzwischen in zahlreichen Übersetzungen vorliegen, avancierte sie neben Tat'jana ↗ Tolstaja, Ljudmila ↗ Ulickaja, Larissa Vaneeva, Svetlana Vasilenko und Nina ↗ Sadur zu einer der bekanntesten zeitgenössischen russischen Autorinnen. Seit Anfang der 80er Jahre beschäftigt sich N. außerdem mit Malerei; ein Gebiet, in dem sie eine ganz eigene Ausdrucksweise entwickelte, die als ›mystischer Realismus‹ bezeichnet wurde. Ausstellungen in verschiedenen Städten Rußlands und des westlichen Auslands belegen das Interesse an den Arbeiten der Malerin N.

Die Reaktionen auf N.s Texte sind so heftig wie gegensätzlich. Einerseits schätzt man den spielerischen Impetus ihrer an poetischen Paradoxa reichen Sprache, ihre Literarizität und ihren unkonventionellen Umgang sowohl mit der Literaturgeschichte als auch mit bis dato in Rußland weitgehend tabuisierten Themen wie z. B. der Sexualität. Andererseits führt eben die freizügigere Handhabung dieses Themas zu Mißverständnissen. So wurden ihre Werke in Rußland fälschlicherweise mit dem Etikett der erotischen Literatur versehen: Die Absage an monogame Beziehungen, die Darstellung von Protagonistinnen, die sich ihre Liebhaber nach eigenem Gutdünken auswählen und verschiedentliche Anspielungen auf die Gleichwertigkeit von homosexuellen und heterosexuellen Liebesbeziehungen werden in einem Land, in dem männliche Homosexualität erst seit 1993 nicht mehr als Strafrechtsdelikt gilt, als Provokation gelesen. Im Westen wird die Autorin vor allem der ästhetischen Qualität ihrer Texte wegen geschätzt. Hier ist vor allem N.s assoziationsreiche Sprache zu nennen, die das eigentliche Agens ihrer Texte ist und im Vorwort ihres bislang letzten Romans *I putešestvie,* 1996 (*Die Reise*, 1997) als Heldin angeführt wird.

Eine besondere Rolle spielt die Namensgebung in N.s Texten. Sie zeugt vom höchst eigenwilligen und kreativen Umgang der Autorin mit der russischen Sprache, wie der orthographische Regeln des Russischen ins Gegenteil verkehrende Name Čjaščjažyšyn aus *Das Gleichgewicht des Lichts der Tages- und der Nachtsterne* demonstriert.

Andere Namen enthalten direkte oder spielerisch verschlüsselte Anspielungen auf die Literaturgeschichte, wie der Dentist, aus *Okolo ėkolo*, 1990 (*Wettlauf. Lauf*, 1994), dessen Name auf Dantès anspielt, der den russischen Dichter Puškin im Duell tötete. Die thematische Fokussierung auf die Liebe – vollzogen sowohl im Liebesakt zwischen Frauen und Männern als auch in der philosophischen Reflexion über ihr metaphysisches und moralisches Potential – bildet in allen Werken der Autorin das sinnkonstituierende Gegengewicht zur Absurdität sowjetischer Ideologeme und weiter Teile der sowjetischen und postsowjetischen Lebenswirklichkeit. N.s Texte lassen sich aufgrund der Zitation aus einem umfangreichen literatur- und kulturgeschichtlichen Korpus, der wahlweisen Kürzung, Imitation oder eigentümlichen Kombination dieser Zitate, in die Tradition postmodernen Schreibens einordnen.

Lit.: Pittman, R. H.: »V. N.s Iconoclastic Prose«. In: *Forum for Modern Language Studies* (1992) 28, S. 377–389; Chernetsky, V.: ΕΠΙΓΟΝΟΙ, or Transformations of Writing in the Texts of V. N. and Nina Iskrenko. In: *Slavic and East European Journal* (1994) 4, S. 655–676; Rakusa, I.: »V. N.s aufmüpfig-salopper Erzählstil«. In: Peters, J.-U./Ritz, G. (Hgg.): *Enttabuisierung: Essays zur russischen und polnischen Gegenwartsliteratur.* Bern/Berlin 1996, S. 129–141.

Katrin Lange

Němcová, Božena (geb. Barbara Panklová)

Geb. 4. 2. 1820 in Wien; gest. 21. 1. 1862 in Prag

Božena Němcová, die erste und gleichzeitig bedeutendste tschechische Schriftstellerin des 19. Jh.s am Übergang von der Romantik zum Realismus wurde 1855 mit dem Roman *Babička. Obrazy z venkovského života* (*Großmutter. Bilder aus dem Landleben*, 1885) auch zu einer Klassikerin der Weltliteratur. Leben und Werk machten die für ihre Zeit ausnehmend emanzipierte und aufgeklärt denkende Frau mit einem Gespür für soziale Kontraste zu einer nationalen Identifikationsfigur. Die heile Welt der *Babička* und N.s posthume Glorifizierung trübten den Blick für ihre Lebenstragik – politische Verfolgung durch die österreichischen Behörden, Eheprobleme, Ächtung wegen ihrer außerehelichen Liebesbeziehungen, Armut und Krankheit – die ihr in den letzten Lebensjahren das Schreiben praktisch unmöglich machten. Diese Realität enthüllt sich in ihrer umfangreichen Korrespondenz, die als authentische autobiographische Quelle und ästhetisch wertvoller Teil ihres schriftstellerischen Œuvres nun auch in Auswahlausgaben zugänglich wird.

Geboren wurde N. als voreheliches Kind der tschechischen Dienstmagd Terezie Novotná und des deutschssprachigen Herrschaftskutschers Johann Pankl 1820 in Wien, nach anderen Angaben bereits 1816 als illegitimes Kind adeliger Eltern. Die Kindheit, die sie 1825 bis 1830 in der Obhut ihrer Großmutter im ostböhmischen Ratibořice auf dem Land verbrachte, gab den Hintergrund für die *Babička* ab. 1837 heiratete sie den um fünfzehn Jahre älteren Josef Němec, einen Beamten der Finanzwache, dem sie zwischen 1838 und 1842 vier Kinder gebar. Durch den Beruf ihres Manns bedingte Aufenthalte in verschiedenen Gegenden Böhmens nützte sie zu volkskundlichen Studien, aus denen ihre ersten Veröffentlichungen, freie, poetisch ausgeschmückte Nacherzählungen folkloristischer Literatur entstanden. Den 1845–46 (und erweitert 1854–55) erschienenen *Národní báchorky a pověsti* (Volksmärchen und -sagen, deutsche Auswahl unter dem Titel *Der goldene Vogel*, 1965), die zum Fundus der tschechischen Kinderliteratur gehören, folgten 1857/58 die von ihren Besuchen der Slowakei inspirierten *Slovenské pohádky a pověsti* (Slowakische Märchen und Sagen, deutsche Auswahl unter dem Titel *Das goldene Spinnrad und andere tschechische und slowakische Märchen*, 1967).

Bedeutend für die literarische und intellektuelle Entwicklung der angehenden Autorin, die sich statt Barbara nun Božena nannte, wurde der erste Aufenthalt der Familie in Prag 1842 bis 1845. Hier kam die vorwiegend deutsch erzogene N., die 1824 bis 1830 nur eine einfache tschechische Schulbildung genossen hatte, mit maßgeblichen Persönlichkeiten der national gesinnten tschechischen Intelligenz aus Literatur und Kultur in Kontakt; durch ihren unkonventionellen Lebenswandel – nach dem Vorbild der von ihr verehrten George ↗Sand – entfremdetet sie sich zusehends von ihrem Mann. 1850, beide Ehepartner standen wegen ihrer als regierungsfeindlich eingestuften Aktivitäten seit 1848/49 unter ständiger Polizeiaufsicht und Němec war in die (damals ungarische) Slowakei strafversetzt worden, ließ sie sich mit den Kindern in Prag nieder und versuchte, sich mühsam durch Schreiben selbst zu erhalten. In diesen Jahren zunehmenden Elends und der Trauer um ihren 1853 verstorbenen ältesten Sohn entstand gleichsam als Flucht in die idyllisch empfundene Kindheit und als Projektion einer intakten Welt das vielleicht populärste Buch der tschechischen Literatur, die *Babička,* dem Aufbau nach nicht ganz zu Recht als Roman bezeichnet. Mit der naturverbundenen, warmherzigen Titelheldin gelang N., auch sonst um die Schaffung typischer Figuren mit klaren Wertstrukturen bemüht, eine Frauengestalt, die bis ins 20. Jh. als ideale Verkörperung des tschechischen Nationalcharakters gewertet wurde. Edle Charaktere, bevorzugt Frauen und meist vom Land, dominieren auch in ihren anderen Prosawerken, die vom Einfluß Rousseaus und George ↗ Sands zeugen und N.s Glauben an die Unverdorbenheit der einfachen Bevölkerung widerspiegeln. U. a. entstanden zwischen 1852 und 1856 die Erzählungen »Divá Bára« (Die wilde Bara), »Chudí lidé« (»Aus einer kleinen Stadt«, 1960), »V zámku a v podzámčí« (Im Schloß und in der Schloßansiedlung) sowie »Dobrý člověk« (Ein guter Mensch), die erste realistische Darstellung des Lebens der tschechischen Zuzügler im Biedermeier-Wien, die besonders die Ausbeutung von Mädchen und Kindern betont. Die in dieser und anderen Milieuschilderungen fast thesenhaft formulierte Sozialkritik wird abgeschwächt durch das Nachwirken romantischer Klischees und die Tendenz zur Idylle, die dem irrationalen Vertrauen N.s an die Kraft des Guten und dem von ihr vertretenen sozialen Utopismus entsprangen. Ihr autonomer Lebensstil, ihr soziales und humanitäres Engagement, vor allem für die Besserstellung der Frauen, machten sie zur Vorläuferin der tschechischen Frauenbewegung, die sich erst nach ihrem Tod vor allem dank der ihr verbundenen Karolina ↗ Světlá (1830–1899) in Böhmen entwickelte.

Kritické vydání (Kritische Ausgabe). 15 Bde. Hg. Ústav pro českou literaturu. Prag 1950–61; – Lit.: Laiske, M.: *Bibliografie B. N.* Prag 1962; Černý, V.: *Knížka o Babičce a její autorce.* Toronto [2]1982; Guski, A. (Hg.): *Zur Poetik und Rezeption von B. N.s ›Babička‹.* Berlin 1991; Roth, S.: »B. N.« In: Wagnerová, A. (Hg.): *Prager Frauen. Neun Lebensbilder.* Mannheim 1995, S. 11–34; Roth, S.: *Durch diese Nacht sehe ich keinen einzigen Stern. Drei Brief-Entwürfe.* Berlin 1997.

Christa Rothmeier

Neuber, Caroline Friedericke, geb. Weißenborn

Geb. 9. 3. 1697 in Reichenbach/Vogtland; gest. 30. 11. 1760 in Laubegast bei Dresden

Caroline Friedericke Neuber, ›die Neuberin‹, wie sie zumeist genannt wird, ist als Begründerin des deutschen Nationaltheaters und als Prinzipalin einer eigenen Theatergruppe als Ausnahmefrau in die deutsche Theatergeschichte eingegangen. Häufig wird sie in einem Atemzug mit Johann Christoph Gottsched genannt, der ihre Initiative benötigte, um seine Theorien zum deutschen Theater zu verwirklichen. Doch ist sie ihre eigenen Wege gegangen und war im 18. Jh. als Autorin geschätzt. In letzter Zeit hat das Interesse an ihr zugenommen; 1994 erschien ihre als Roman verfaßte Lebensgeschichte mit dem Titel *Die Prinzipalin* von Angelika ↗ Mechtel.

N.s Werdegang war ungewöhnlich für eine Frau ihrer Zeit. Als Notar gehörte ihr Vater zwar zum Bildungsbürgertum, doch nur selten erhielten Mädchen auch in diesem Milieu eine Ausbildung. Sie lernte nicht nur Lesen, Schreiben und Rechnen, sondern auch Latein und Französisch. Doch ihr Leben im Elternhaus war äußerst unglücklich. Die Mutter starb früh und Mißhandlungen durch den Vater werden berichtet. Als sie mit fünfzehn unter Begleitung eines Freundes entfloh, erwirkte ihr Vater eine 13monatige Haft. Bald floh sie endgültig, diesmal mit Johann Neuber (1697–1759). Mit ihm schloß sie sich Wandertruppen an und wurde Schauspielerin. Damit hatte N. jedoch ihre Rechte als Bürgerin aufgegeben.

Im Jahre 1718 heiratete sie Neuber in Braunschweig. Beide spielten zunächst in der Spiegelbergischen Schauspieltruppe, später in der Haack-Hoffmannschen Truppe. Im Jahre 1727 übernahm das Ehepaar die Leitung dieser Truppe, die dann als Neubersche Truppe berühmt wurde. N. war nicht nur eine gute Schauspielerin und die ›vis motrix‹ der Truppe, sondern sie hatte Talent und Mut, selbst das Geschäft zu leiten, die Stücke auszuwählen, die gespielt wurden, und auch sonst alle Details des Unternehmens zu bestimmen. Sie richtete in Leipzig ein ständiges Theater ein, der Ort des neuen Nationaltheaters. Fast zwanzig Jahre lang leitete sie die Truppe. Obgleich sie in allen Dingen allein als Prinzipalin agierte, hatte sie jedoch als Frau bei Verträgen kein Unterschriftsrecht. So war ihr Ehemann rechtlich gesehen Besitzer und Leiter des Unternehmens. Da er jedoch nicht geschäftlich versiert war, zogen einige Unterschriften, die er ohne ihr Wissen geleistet hatte, katastrophale Folgen nach sich, die zum Verlust des Theaters führten. Der ständige Kampf gegen Konkurrenten und höfische Intrigen führten schließlich dazu, daß ihrem Kontrahenten Johann Ferdinand Müller ihr Theater zugesprochen wurde. Trotz verschiedener Neuanfänge, z. B. Gastspiele in Frankfurt, Straßburg und St. Petersburg, verbrachte sie ihre letzten Lebensjahre mittellos und starb einsam in Laubegast bei Dresden.

Weniger bekannt ist N. heute als Verfasserin dramatischer Texte. Es gibt zwar keine kompletten Schauspiele von ihr, doch hat sie zum Zwecke ihrer aufklärerischen Arbeit *Deutsche Vorspiele* geschrieben, die vor den Hauptstücken des Abends gespielt wurden. Nur vier dieser Vorspiele sind veröffentlicht worden, wie z. B. *Deutsches Vorspiel* (1734), in dem sie den Streit um ein besseres Theater thematisiert und sich selbstbewußt als Frau und Künstlerin artikuliert: »Lieber Leser, hier hast du was zu lesen. Nicht etwa von einem großen gelehrten Manne; Nein! Nur von einer Frau, [...] deren Stand du unter den geringsten Leuten suchen mußt: [...] Sie kann von nichts als von ihrer Kunst Rechenschaft geben.«

Lit.: Becker-Cantarino, B.: »Von der Prinzipalin zur Künstlerin«. In: Möhrmann, R. (Hg.): *Die Schauspielerin. Zur Kulturgeschichte der weiblichen Bühnenkunst.* Frankfurt/M. 1989, S. 89–101; Möhrmann, R.: »Von der Schandbühne zur Schaubühne: F. C. als Wegbereiterin des deutschen Theaters«. In: Friedrichsmeyer, S./Becker-Cantarino, B. (Hgg.): *The Enlightenment and its Legacy: Studies in German Literature.* Bonn 1991, S. 61–72; Oelker, P.: *»Nichts als eine Komödiantin« : Die Lebensgeschichte der F..* Weinheim 1993; Kraft, H.: *Ein Haus aus Sprache, Dramatikerinnen und das andere Theater.* Stuttgart 1996; Emde, R.B.: *Schauspielerinnen im Europa des 18. Jh.s. Ihr Leben, ihre Schriften und ihr Publikum.* Amsterdam/Atlanta 1997.

Helga Kraft

Nichols, Grace

Geb. 18. 1. 1950 in Georgetown/Guyana

Nichols bezeichnet sich selbst als karibische Autorin und Feministin. Darüber hinaus gehört sie zu den bekanntesten Dichterinnen der multikulturellen Lyrikszene Großbritanniens, die von Jean Binta Breeze (geb. 1957 in Jamaika), Merle Collins (aus Grenada) und Amryl Johnson (aus Trinidad) mitgeprägt wird. Wie David Dabydeen (geb. 1955) und Fred D'Aguiar (geb. 1960) kommt N. aus der ehemaligen britischen Kolonie Guyana, wo sie nach dem Studium der Kommunikationswissenschaften als Lehrerin und Journalistin arbeitete, ehe sie 1977 nach Großbritannien übersiedelte. Sie hat zwei Töchter und lebt heute mit ihrem Mann, dem Dichter John Agard (geb. 1949), als freie Autorin in Lewes, Sussex. Neben dem Erfolg als Kinderbuchautorin und Verfasserin eines autobiographisch gefärbten Romans erhielt N. bereits 1983 für ihren ersten Lyrikband, *i is a long memoried woman* (1983), den renommierten Commonwealth Poetry Prize. Alle kulturellen Traditionen der Karibik wie Europas nutzend verbindet N. britisches Englisch mit Kreolformen zu einer rhythmischen und plastischen Diktion. Ihre Stärke liegt vor allem in der eindringlichen, einer Momentaufnahme ähnlichen Visualisierung von Alltagsszenen. Sie bezieht ihre Bilder aus der tropischen Natur, aber auch aus Analogien auf den weiblichen Körper und die weibliche Sexualität, der N. eine besondere schöpferische Kraft zuweist. Damit findet N.s wichtigster Gegenstandsbereich seinen adäquaten formalen Ausdruck: die Darstellung der (schwarzen) Frau in Geschichte, Gegenwart und Zukunft. Thematisch umspannen N.s Gedichte die ganze Vielfalt der Lebenserfahrungen schwarzer Frauen. Zum ersten Mal in der karibischen Lyrik präsentiert *i is a long memoried woman* die Geschichte der Sklaverei und der vielfachen Migration aus weiblicher Sicht. Die

Dichterin setzt den alten Stereotypen von der passiv leidenden schwarzen Frau neue Selbstbilder und Wertvorstellungen entgegen. Auf der Grundlage einer von Afrika ausgehenden Linie weiblichen Widerstands entwirft N. aktive, selbstbewußte und optimistische Frauenfiguren, die die Kraft und den Willen haben, Ausbeutung und Unterdrückung zu überwinden und ihre Welt neu zu gestalten. Die beiden folgenden Gedichtbände tragen den Gedanken des Widerstandes nach Großbritannien, wo sich jedoch Mittel und Ziele ändern. Die unbeschwerte Grundstimmung von *The Fat Black Woman's Poems* (1984) und *Lazy Thoughts of a Lazy Woman and Other Poems* (1989) resultiert aus N.s Gebrauch von Ironie und Humor. Mit diesen Strategien unterläuft die Dichterin in zahlreichen Vignetten aus dem Alltag schwarzer Frauen die traditionellen Machtverhältnisse zwischen den Geschlechtern wie Weltregionen auf vergnügliche Weise und wagt gelegentlich sogar einen Blick in die Zukunft.

Lit.: Gohrisch, J.: »Im Schnittpunkt der Kulturen: Lyrik schwarzer Frauen aus Großbritannien.« In: *Das Argument* 139 (1992), S. 373–378; Bettinger, E.: »Grace Nichols's ›Sugar Cane‹: A Post-Colonial and Feminist Perspective«. In: *Anglistik & Englischunterricht* 53 (1994), S. 117–127.

Jana Gohrisch

Nimier, Marie

Geb. 26. 8. 1957 in Paris

Originalität und Vielfalt, Parodie und Subversivität: mit diesen Worten läßt sich das literarische Schaffen von Marie Nimier charakterisieren. Die Tochter des 1960 verstorbenen Schriftstellers und Kritikers Roger Nimier übte sich zunächst als Performance-Künstlerin, Theater-Schauspielerin und Musikerin, bevor 1985 ihr erster Roman *Sirène* durch die Académie Française preisgekrönt wurde und sie sich ganz dem Schreiben widmete. Wie oft bei Erstlingen ist das Werk stark autobiographisch geprägt. Es handelt von dem Einfluß eines abwesenden und infolgedessen mythisierten Vaters, der das Leben der Ich-Erzählerin, ihre Liebesbeziehungen und ihre Weltanschauung negativ beeinflußt. Psychoanalytische Prägung ist deutlich spürbar. In den folgenden Romanen läßt sich aber Autobiographisches nicht mehr so leicht entziffern. *La Girafe* (1987) beispielsweise, in Deutschland sehr positiv rezipiert, inszeniert eine bizarre und buchstäblich verrückte Liebesbeziehung zwischen dem jungen Mulatten Joseph, Tierwärter im Zoo von Vincennes, und einer Giraffe. Der Ich-Erzähler entwickelt Machtphantasien im Umgang mit dem Tier und fällt allmählich in einen psychischen Abgrund, in dem seine zerstörerischen Kräfte zu Tage treten.

Zwei weitere Romane N.s weisen besonders programmatische Züge auf: *Anatomie d'un chœur* (1990), in dem eine Parallele zwischen der Chorpartitur, die dem Dirigenten allmählich entgleitet, und den (Liebes)-Beziehungen innerhalb des Chors hergestellt wird. In *La Caresse* (1994) wird aus der Perspektive der Ich-

Erzählerin, Gilda, einer Hündin, das Schreiben theoretisch in einem erzählenden Stil reflektiert. In Deutschland erfuhr ein weiterer Roman N.s eine sehr positive Rezeption: *L'hypnotisme à la portée de tous,* 1992 (Hypnose für jedermann), der in einem witzig-spritzigen Stil die Entwicklung eines Mädchens schildert, der ein Buch gleichen Titels in die Hände fällt. Angeregt durch dieses veraltete Werk führt sie Experimente in ihrem Umkreis durch, um der Langeweile ihres Provinzlebens zu entfliehen, bis sie selber in die Hände von Katz, dem König der Hypnose, gerät, der sie wiederum als Versuchsobjekt mißbraucht. Eine ganz andere Richtung schlägt die Autorin 1996 mit *Celui qui court derrière l'oiseau* ein, einem Roman über eine Liebesbeziehung, der Züge des Kriminalromans mit ökologischen Gedanken verbindet. – Das vielseitige Werk N.s, das mit postmoderner Leichtigkeit die Rückkehr zur *renarrativisation* des Romans illustriert, weist eine thematische Konstante auf: Ihre zum Teil provozierenden Darstellungen der Sexualität dienen der Identitätsfindung, der Aufarbeitung der Vergangenheit und der Individualisierung.

Lit.: Meinert, J.:»M. N.: Die Giraffe«. In: *Weimarer Beiträge* 36 (1990), S. 1960–1964; Ross, W.: »Rattengift in der Sandtorte«. In: *FAZ,* 21.4.1990; Endres, R.: »Der Tod des schönen Monsters«. In: Endres, R.: *Werde, was du bist.* Frankfurt/M. 1992, S. 176–182; Landel, V.: »Fantaisies hypnotiques«. In: *Le Magazine littéraire* No 302, Septembre 1992; Rathgeb, E.: »König Katz«. In: *FAZ,* 23.5.1995; Sarrey, C.: »Cherchez la femme«. In: *Le Magazine littéraire,* Octobre 1996.

Colette Sarrey-Strack

Njau, Rebeka

Geb. 15. 12. 1932 in Kanyariri/Kenia

Rebeka Njau ist eine der wenigen Autorinnen, die sich seit Beginn der modernen ostafrikanischen Literatur Anfang der 60er Jahre kritisch mit der Stellung kenianischer Frauen auseinandergesetzt haben, ohne jedoch, wie sonst so häufig der Fall, ihren Texten einen didaktischen Charakter zu verleihen. Schon in ihrem frühen, unter dem Pseudonym Marina Gashe veröffentlichten Gedicht »The Village« (1963) bediente sie sich literarischer Bilder, die im Gegensatz zu den Werken anderer Autoren dieser Schaffensperiode, z.B. Okot p'Biteks (1931–82) *Song of Lawino* (1966), keine traditionelle Frauenidylle, sondern deren harten Arbeitsalltag projizierten. Im gleichen Jahr folgte die Erstveröffentlichung eines zweifach preisgekrönten Dramas, *The Scar* (1963), das sich mit der Beschneidung junger Mädchen befaßt. Charity Waciuma, Muthoni Likimani und der international bekannte Ngugi wa Thiong'o (geb. 1938) griffen ebenfalls bis Anfang der 70er diese Thematik auf, ohne jedoch die leidenschaftliche, wenn auch ergebnislose Vehemenz der Protagonistin N.s zu erreichen. Die intensive Beschäftigung mit Frauenthemen scheint in der Biographie der Autorin eine Erklärung zu finden.

Als Absolventin der Makerere-Universität in Uganda war N. zunächst als Lehrerin an einer Mädchenschule im kenianischen Kikuyuland, ihrer Heimat, tätig, später als Gründerin und Schulleiterin der Nairobi Girls's Secondary School. Schon früh zeigte sie Interesse am Theater, schlug aber eine pädagogische Karriere ein, die ihr genügend Spielraum für die Verwirklichung ihrer künstlerischen Neigungen bot.

Vor allem hat sich die Autorin sehr desillusioniert über die Situation kenianischer Frauen geäußert, welche Kreativität und intellektuelle Fähigkeiten durch rigide Geschlechterrollenzuschreibung oft im Keim erstickt. N.s Werke lehnen sich somit an gesellschaftliche Beobachtungen an, ohne indessen autobiographisch zu sein. Ihre frühen Protagonistinnen sind tragische Figuren, die trotz allen Widerstands sozialen Zwängen unterliegen und Niederschläge einstecken müssen. Im Gegensatz zu den Schlüsselfiguren Grace ↗ Ogots sind es jedoch Frauen, die sich zumindest zeitweise eine einflußreiche Position in der Gesellschaft erarbeiten und zwar ohne paternalistisch-männliche Unterstützung und immer entgegen tradierten Wertkodizes. Dies ist vor allem bei ihrer wichtigsten Publikation, dem Roman *Ripples in the Pool* (1975), der Fall. Keiner anderen kenianischen Autorin ist im nachfolgenden ein annähernd vielschichtiges Werk gelungen, das die Widersprüche und Desorientierung einer im Umbruch stehenden Gesellschaft so komplex anhand eines Frauenschicksals aufzuzeigen vermag. Selbst den heutigen Werken Asenath Bole Odagas (geb. 1937) oder Wanjira Muthonis – alle durch starke, selbstbestimmte Frauenfiguren charakterisiert – fehlt diese Komplexität. Dies ist auch insofern von Bedeutung, da zu jener Zeit der Schwerpunkt kenianischer Frauenliteratur auf alltagsfremden Romanzen, u. a. von Mary Kise und Damaris Sousi, lag, obgleich die 70er auch Sprungbrett für wichtige Schriftstellerinnen wie Micere Githae Mugo (geb. 1942) und Majorie Oludhe Macgoye (geb. 1928) waren. Nach *Ripples* veröffentlichte N. noch eine kurze Sammlung Volkserzählungen, *The Hypocrite* (1977), in den 80er Jahren, zusammen mit Gideon Mulaki, ihr bis dato letztes Werk, *Kenyan Women and Their Mystical Powers* (1984), eine Anthologie mit Kurzbiographien außergewöhnlicher Frauen und traditionellen Erzählungen. Zum Schluß sei auf die auffällig langen Zeitabstände zwischen N.s Publikationen hingewiesen und das Ausbleiben von Veröffentlichungen seit den 80er Jahren. Neben denkbaren persönlichen Gründen ist dies mit Sicherheit auch ein Hinweis auf ein schwer zugängliches Verlagswesen und die allgemein immer schlechter werdenden Absatzmöglichkeiten für Belletristik in Kenia.

Lit.: Bryce-Okunlola, J.: »Motherhood as a Metaphor for Creativity in Three African Women's Novels«. In: Nasta, S. (Hg.): *Motherlands*. London 1991, S. 200–218. James, A.: »Rebeka Njau«. In: *In Their Own Voices*. London 1990, S. 102–108.

Christine Matzke

Novak, Helga M.

Geb. 8. 9. 1935 in Berlin

Obwohl sie bereits früh die DDR verließ, ist Helga M. Novak eine Dichterin aus dem ›Osten‹ geblieben. Das heißt nicht, daß die bundesdeutsche Realität keine Bedeutung für ihre Texte hätte, sondern daß sie sich ihr gegenüber, den Literaturmarkt eingeschlossen, ebenso kritisch verhält wie gegenüber der DDR-Realität. Infolgedessen ist sie in beiden Teilen Deutschlands eine Außenseiterin geblieben. – N. wuchs in einer Adoptivfamilie in Erkner bei Berlin auf. Von 1954 bis 1957 studierte sie an der Fakultät für Journalistik der Universität Leipzig, seit 1955 im Nebenfach Philosophie, hier bei Ernst Bloch. Im November 1957 wurde sie zwangsexmatrikuliert, u.a. wegen Verstößen gegen die Parteidisziplin der SED, in die sie nach dem Tod Stalins eingetreten war, und weil sie den Einmarsch der sowjetischen Truppen in Ungarn ablehnte. Sie ließ sich aus der SED ausschließen, flüchtete nach Island, kehrte jedoch 1958 wieder in die DDR zurück. Da sie ihr Studium nicht abschließen und nicht als Journalistin tätig sein durfte, arbeitete sie als Fließbandmonteurin. 1960 heiratete sie einen Isländer, der in der DDR studierte, und siedelte mit Genehmigung der DDR-Behörden 1961 nach Island über, wo sie in Fischfabriken, in einer Teppichweberei und als Schiffsköchin arbeitete. 1965 kehrte sie nochmals in die DDR zurück und erhielt einen Studienplatz am Literaturinstitut »Johannes R. Becher« in Leipzig. Bereits im Herbst 1965, nach dem 11. Plenum der SED, wurde sie u.a. wegen ihres in Westdeutschland erschienenen Debütbandes *Die Ballade von der reisenden Anna* erneut zwangsexmatrikuliert und 1966 aus der DDR ausgebürgert. Sie ging wieder nach Island, 1968 dann nach Frankfurt am Main, wo sie die Studentenbewegung miterlebte. 1975 lebte sie längere Zeit in Portugal und arbeitete dort in einer landwirtschaftlichen Kooperative. Ab 1980 lebte sie in Berlin (West) und in Jugoslawien. Sie fuhr 1980 nach Gdańsk, als in der dortigen Werft gestreikt und die unabhängige Gewerkschaft Solidarność gegründet wurde, und unterstützte polnische Oppositionelle und Emigranten. Ab 1985 wohnte sie in Jugoslawien und Polen. Seit 1989 lebt sie in Polen.

N. begann ihr literarisches Schaffen mit Balladen und Liedern, in denen Geschichten von Außenseitern erzählt werden und sich der radikale Widerspruch gegen Entmündigung und Willkür bereits als ein Grundmotiv ihres Schaffens abzeichnet. Ihre Texte, »zahllose Synonyme für Meuterei«, sind in rückhaltloser Offenheit gegen sich selbst geschrieben. In der seit 1968 veröffentlichten Prosa lassen sich einzelne der Lebensstationen N.s wiederfinden, so die Fabrikarbeit (*Geselliges Beisammensein*, 1968) oder das Leben in der Kooperative in Portugal (*Die Landnahme von Torre Bela*, 1976). In den beiden Romanen *Die Eisheiligen* (1979) und *Vogel federlos* (1982) erzählt N. von ihrer Kindheit im nationalsozialistischen Deutschland und von der großen Hoffnung, die sie wie viele ihrer Generation nach dem Ende des II. Weltkrieges mit dem Aufbau des Sozialismus in der DDR verband. Im zweiten Roman, der bis in das Jahr 1954 reicht, zeichnen sich bereits die

Enttäuschung dieser Hoffnung und der Bruch mit dem DDR-System ab. Seit den 80er Jahren ist N. vor allem mit Gedichtbänden hervorgetreten, in denen sie Orte und Landschaften beschwört, die für sie besondere Bedeutung besitzen: *Legende Transsib* (1985), *Märkische Feenmorgana* (1989) und *Silvatica* (1997).

Grünheide, Grünheide. Gedichte 1955–1980. Darmstadt 1983; *Aufenthalt in einem irren Haus.* Gesammelte Prosa. Frankfurt/M. 1995.

Marion Brandt

Nwapa, Flora

Geb. 13. 1. 1931 in Oguta/Nigeria; gest. 16. 10. 1993 in Enugu/Nigeria

Flora Nwapa ist eine Wegbereiterin der afrikanischen Frauenliteratur. Ihr Erstlingswerk *Efuru,* 1966 (dt. 1997) ist neben *The Promised Land* (1966) von Grace ↗ Ogot der erste Roman einer Afrikanerin. Zusammen mit Autorinnen wie Rebeka ↗ Njau aus Kenia sowie Ama Ata ↗ Aidoo aus Ghana läutete sie zudem die Geburtsstunde der afrikanisch-feministischen Literatur ein. In ihren Werken thematisiert sie ganz verschiedene Lebenssituationen von Frauen im kolonialen und postkolonialen Nigeria. Sie kritisiert traditionelle und moderne Strukturen und Denkhaltungen der nigerianischen Gesellschaft, die für die Benachteiligung und Unterdrückung von Frauen verantwortlich sind. Dabei verfolgt sie das Ziel, bestehende Geschlechterverhältnisse zu erschüttern und (neue) Spielräume für Frauen zu erstreiten. Kinderlosigkeit, Mutterschaft und Ehe stehen im Zentrum ihres Schaffens. Nach der Botschaft ihrer Literatur gefragt, antwortete N.: »I think the message is, [...] that whatever happens in a woman's life ... marriage is not the end of this world; childlessness is not the end of everything. [...] there are a hundred and other things to make you happy apart from marriage and children.«

Diese Auffassung spiegelt sich auch in der Lebenshaltung der Mehrzahl ihrer Protagonistinnen. N.s Romane *Efuru, Idu* (1970), *One is Enough* (1981) und *The Lake Goddess* (im Druck) erzählen beispielsweise von Händlerinnen bzw. Priesterinnen, die – entgegen der offiziellen Auffassung, daß sich Frau-Sein allein über Mutterschaft und Ehe definiere – entweder als kinderlose und unverheiratete Frauen Glück und Erfüllung finden oder aber versuchen, sich auch jenseits von Mutterschaft und Ehe zu verwirklichen. N. stellt Mutterschaft und Ehe allerdings keineswegs prinzipiell in Frage, kritisiert aber, wenn Frauen auf diese Rollenzuschreibung reduziert werden und/oder selbst ihre Rolle als Mutter und Ehefrau überbewerten. Diese Überzeugung lebte sie auch selbst aus. Zeit ihres Lebens bewegte sie sich auf einem Terrain, das eindeutig Männern vorbehalten war. Zu einer Zeit, in der für die meisten Afrikanerinnen selbst eine elementare Schulbildung noch unzugänglich war, studierte und arbeitete sie als Lehrerin und Verwaltungsbeamtin. Erst im Alter von 35 Jahren heiratete sie einen (6 Jahre) jüngeren Mann. Dies war in einer Gesellschaft, in der junge Mädchen oft bereits in der Pubertät (an ältere Männer) verheiratet wurden, ebenso ungewöhnlich wie die Tatsache, daß sie sich weigerte, den Namen ihres Mannes anzunehmen. Zwischen 1970 und 1975 war sie als Ministerin einer nigerianischen Landesregierung tätig. Als 46jährige gründete sie zwei Verlage, die sich auf Frauen- und Kinderliteratur konzentrieren. Unzählige Frauen verdanken N.s enthusiastischem Engagement ihren Mut zum Schreiben. Auch aus diesem Grund ist sie durchaus als ›Mutter der afrikanischen Frauenliteratur‹ zu bezeichnen.

In N.s Werk lassen sich auch Spuren ihres kulturellen Hintergrundes erkennen. Sie ist eine Igbo und wurde als Kind von den oralen Erzählungen ihrer Kultur geprägt. In ihren anglophonen Romanen und Kurzgeschichten finden sich Igbo-Wörter und Transliterationen aus dieser Sprache. Ihr Erzählstil wurde stark von der Oralliteratur geprägt. Davon zeugt beispielsweise die Tatsache, daß N. Sprichwörter, Lieder und Märchen in ihre Romane integriert und sehr umfassend von Dialogen ihrer handelnden Figuren Gebrauch macht. Der Einfluß der Igbo-Sprache und der oralen Erzählungen ist nicht als unbeabsichtigte Interferenz zu bewerten, sondern als bewußte und innovative Poetik, mit der die englische Sprache und auch die Genres Roman und Kurzgeschichten afrikanisiert und dekolonisiert werden.

Lit.: Ogunyemi, C. O.: *Africa Wo/Man Palava. The Nigerian Novel by Women*. Chicago/London 1996, S. 131–182; Umeh, M. (Hg.): *Emerging Perspectives on Flora Nwapa*. Trenton 1998; Ogunyemi, C./Umeh, M.(Hgg.): *Flora Nwapa*. Sondernummer von *Research in African Literatures* 26.2 (1995).

Susan Arndt

Oates, Joyce Carol

Geb. 16. 6. 1938 in Millersport, N. Y.

Oates' erste Kurzgeschichtensammlung *By the North Gate* erschien 1963, ein Jahr später ihr erster Roman *With Shuddering Fall*. Es folgen weitere Romane, ungefähr einer pro Jahr, eine große Zahl von *short stories*, mehrere Gedichtbände, daneben Theaterstücke und kritische Essays.

Allein die Fülle der unterschiedlichen Themenbereiche, die Vielzahl der Texte sowie die Geschwindigkeit, mit der sie auf dem Markt erscheinen, mußte der Literaturkritik zunächst suspekt vorkommen. Zunehmend jedoch ist deutlich geworden, daß ästhetische Kriterien, die an einer strikten Trennung zwischen ›hoher‹ und ›populärer‹ Literatur festhalten – eine Trennung, die in den Vereinigten Staaten ohnehin fließender ist –, für diese Autorin gänzlich irrelevant sind. O. erreicht mit ihren Werken eine breite und weitgestreute Leserschaft. Ihre Bücher finden sich auf Bestsellerlisten und in den Leselisten von Universitäten. Ihre Essays erscheinen in populären, auf ein Massenpublikum hin ausgerichteten Magazinen ebenso wie in akademischen Zeitschriften.

Ihr Geburtsort in Erie County im Staat New York verwandelt sich in einigen ihrer Fiktionen in »Eden County«; ihr früherer Lebensraum in einer katholischen Familie der Arbeiterklasse bildet den Hintergrund für viele ihrer fiktionalen Figuren. O. ist die erste in ihrer Familie, die ein College besucht. Das gleiche gilt für die Heldin in *Marya: A Life*, 1986 (*Marya: Ein Leben*, 1991), ein Roman, den sie selbst als ihren persönlichsten bezeichnet hat. Auch andere ihrer Werke – u. a. *Wonderland* (1971), *Bellefleur*, 1980 (dt. 1982) – tragen autobiographische Züge. 1961 heiratet sie Raymond J. Smith, den sie auf der Universität kennenlernte und mit dem sie seit 1974 die *Ontario Review Press* leitet. Sie unterrichtete an mehreren Universitäten und ist seit 1986 Professorin an der renomierten Princeton University.

Eines der charakteristischen Merkmale von O.s Werken, das die Kritik immer wieder beschäftigt hat, ist der Aspekt von Gewalt. In einem 1981 im *New York Times Book Review* veröffentlichten Essay mit dem Titel »Why is Your Writing So Violent?« stellt O. ironisch fest, daß ihr diese Frage u. a. in Deutschland gestellt worden sei – »not many miles from where Adolf Hitler proclaimed the Second World War.« Die Frage ist schon deshalb zurückzuweisen, weil damit offensichtlich die nicht selten von Brutalität und Zerstörung geprägte Realität des Alltags geleugnet wird. Auch ist die Gewalt der Texte nicht nur durch wiederkehrende Darstellungen von Aufruhr, Mord, Selbstmord, Vergewaltigung und psychischen Zusammenbrüchen bedingt; vielmehr entsteht der Schock für die Leser auch dadurch, daß sie häufig mit Figuren konfrontiert sind, für die sie kein Mitgefühl empfinden können, in *Bellefleur* etwa mit religiösen Fanatikern, mit Vergewaltigern, Sklavenhaltern und Mördern. Doch mit Hilfe ihrer scharfen Beobachtungsgabe und ihrem Hang zum psychologischen Realismus gelingt es O. in ihren Schicksals- und Familienromanen stets von neuem, größere soziale und gesellschaftspolitische Zusammenhänge aufzuzeigen, so u. a. in ihrem dritten Roman *them*, 1969 (*Jene*, 1969), für den sie den National Book Award erhielt.

Ein weiterer wesentlicher Aspekt von O.s künstlerischem Schaffen ist ihre Auseinandersetzung mit literarischen Texten der Vergangenheit. So werden in *Marriages and Infidelities*, 1972 (*Lieben, Verlieren, Lieben*, 1980) – mit *The Wheel of Love*, 1970 (*Das Rad der Liebe*, 1988) und *Last Days*, 1984 (*Letzte Tage*, 1986) ihre vielleicht wichtigste Kurzgeschichtensammlung – berühmte Erzählungen der Weltliteratur, u. a. *The Aspern Papers* und *The Turn of the Screw* von Henry James, »Die Verwandlung« von Kafka, sozusagen neu inszeniert, oft dadurch, daß die Geschichten von einer anderen Perspektive aus erzählt werden – aus der Sicht einer Frau wie in »The Lady with the Pet Dog«, einer Variation von Čechovs Erzählung »Die Dame mit dem Hündchen«, oder in »The Dead«, die auf die gleichnamige Geschichte aus dem Erzählband *The Dubliners* von James Joyce anspielt. Ähnlich wie bei Kathy ↗ Acker und Jean ↗ Rhys wird auch hier versucht, durch diese ›Neuinszenierungen‹ literarischer Vorbilder – ihr Roman *Childworld*, 1976 (*Im Dickicht der Kindheit*, 1983) z. B. nimmt Bezug auf Nabokovs *Lolita* – etwas sichtbar zu machen, was von den bekannten Geschichten der Vergangenheit ausgegrenzt, verschwiegen oder verdrängt wurde, etwa die Tatsache, daß die Situation von Frauen sich gegenüber dem 19. Jh. nicht grundlegend verändert hat.

Obwohl O. sich immer wieder dagegen gewehrt hat, unter die Rubrik ›Frauenliteratur‹ eingeordnet zu werden (vgl ihren Essayband *(Woman) Writer: Occasions and*

Opportunities, 1988), rückt das Leben von Frauen im gegenwärtigen Amerika in den Romanen der 80er Jahre in den Vordergrund – u.a. in *Marya, You Must Remember This* (1987), *Solstice*, 1985 (*Im Zeichen der Sonnenwende*, 1990). Auch hat v.a. die ›Initiation‹ heranwachsender weiblicher Charaktere, in O.s Werken schon immer eine wesentliche Rolle gespielt – »she has perhaps the largest gallery of adolescent girls of any contemporary writer«, wie ein Kritiker einmal bemerkte. Diese Initiation, d.h. die Einführung Jugendlicher in die Welt der Erwachsenen, bedeutet gleichzeitig die Begegnung mit einer von Schrecken und Gewalt bestimmten Alltagsrealität.

Lit.: Lercangee, F.: *J. C. O.: An annotated Bibliography*. New York 1986; Bloom, H. (Hg.): *Modern Critical Views: J. C. O.* New York 1987; Bender, E. T.: *J. C. O., Artist in Residence*. Bloomington 1987; Kalb, G.: »Zwischen Trauma und Traum: Die Romane von J. C. O.« In: Hoffmann, G. (Hg.): *Der zeitgenössische amerikanische Roman*. Bd. 2. München 1988, S. 214–233; Johnson, G.: *Invisible Writer: A Biography of J. C. O.* New York 1998.

Renate Hof

Ocampo, Silvina

Geb. 28. 7. 1903 in Buenos Aires; gest. 14. 12. 1993 in Buenos Aires

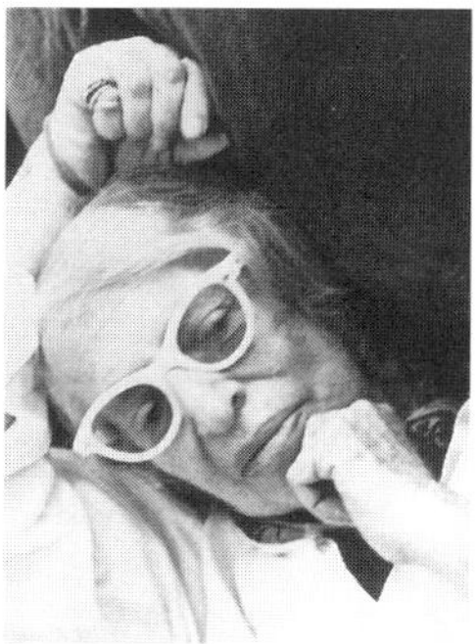

»Silvina Ocampo ist eine der größten Dichterinnen spanischer Sprache, sowohl diesseits des Ozeans als auch jenseits. Ihr Rang als Dichterin erhöht ihre Prosa. In ihren Erzählungen steckt ein Zug, den ich noch nicht recht verstanden habe; es ist ihre sonderbare Liebe zu einer gewissen unschuldigen und indirekten Grausamkeit«, schrieb Jorge Luis Borges (1899–1986) über seine Kollegin O. Vor allem Kinder und Frauen verkörpern diese unschuldige Grausamkeit in ihren Erzählungen, die die menschlichen Abgründe hinter den Fassaden argentinischer Großstadthäuser zeigen. – Als jüngste von sechs Schwestern wächst O. in San Isidro, einem der mondänsten Viertel von Buenos Aires, in einer Welt der argentinischen Oberschicht um die Jahrhundertwende auf. Heerscharen von Dienstboten kümmern sich um die Mädchen. In O.s fünftem Lebensjahr unternimmt die Familie die erste zweijährige Reise nach Europa, besonders nach Paris, der zu dieser Zeit heimlichen Hauptstadt Lateinamerikas. Die Mädchen werden zu einer kosmopolitischen Haltung erzogen, die auch die Basis für die Zeitschrift *Sur* wird, die O.s älteste Schwester Victoria (1890–1979) 1931 gründet. *Sur* bleibt vier Jahrzehnte lang die wesentliche Kulturzeitschrift Argentiniens, vereinigt Künstler wie José Ortega y Gasset (1883–1955), Guillermo de Torre (1900–1971) oder Alfonso Reyes (1889–1959) und widmet sich dem kulturellen Austausch zwischen Südamerika und Europa.

Während Victoria früh ihre Neigung zur Literatur entdeckt, widmet sich O. zunächst der Malerei. Sie nimmt Unterricht in Paris bei Fernand Léger (1881–1955) und Giorgio de Chirico (1888–1978), deren Einflüsse sich in ihren Illustrationen zu frühen Erzählungen von Adolfo Bioy Casares (geb. 1914), den sie 1934 kennenlernt, wiederfinden. Sie zeigen sich auch in ihren Erzählungen, als sie gegen Ende der 30er Jahre, nicht zuletzt durch den Kontakt mit den Literaten der Zeitschrift *Sur*, zu schreiben beginnt. Die ersten Texte mit dem Titel »Viaje olvidado« (Vergessene Reise), die bereits Elemente phantastischer Literatur aufweisen, erscheinen 1937. Danach veröffentlicht O. vor allem Gedichtbände, die engagiert die Probleme Argentiniens aufgreifen sowie wenige Theaterstücke. 1940 heiratet sie Bioy Casares, mit dem sie eine Tochter hat, und gibt mit ihm sowie dem gemeinsamen Freund Borges die *Antología de la literatura fantástica*, eine »Anthologie phantastischer Erzählungen aller Zeiten und Länder« heraus, wie es im Untertitel heißt. Der Band eröffnet die neue Strömung phantastischer Literatur in Argentinien. Die Gruppe um Borges, zu der auch O. zählt, wird vor allem durch die Zeitschrift *Sur* vertreten. In der erzkonservativen Oberschicht des Landes gilt das Ehepaar jedoch, wie auch Borges, als Inbegriff verworfener Bohème, deren Kunst belächelt wird.

Lange stand O. im Schatten ihrer Schwester, ihres Mannes sowie des Freundes und doch hat sie sich ihre eigene, weibliche Stimme bewahrt. Dies zeigt sich bereits in ihrem Erzählband *Autobiografía de Irene*, 1948. Die Protagonistin der Titelerzählung ist eine jener einsamen und aus der Gesellschaft ausgestoßenen Mädchen- bzw. Frauengestalten, die häufig in O.s Erzählungen mit psychologischer Schärfe und in stilistisch variantenreicher Sprache dargestellt sind. 1959 erscheint der Erzählband *La furia y otros cuentos* (Die Furie und andere Erzählungen). Elf Jahre später veröffentlicht O. die Sammlung *Los días de la noche* (Die Tage der Nacht; eine deutsche Auswahl aus beiden Bänden erscheint 1992 unter dem Titel *Die Furie*). In beiden Werken schaffen sich die Protagonisten Ersatzwelten für ein oftmals gescheitertes Lebenskonzept. Mit Hilfe der Sprache gelingt es O., die Texte von der minutiös geschilderten Ebene der Alltagswirklichkeit in einen nicht vertrauten, übernatürlichen Kontext zu überführen. Die Grenzen zwischen beidem verwischen und machen die Erzählungen zur bedrückenden, die unfaßbare Alltäglichkeit des Schreckens aufzeigenden Literatur. Hierin unterscheiden sich O.s Texte von den philosophischen Gedankenexperimenten eines Borges, zeigen aber Ähnlichkeiten mit denen Julio Cortázars (1914–1984). Beeinflußt hat O. mit ihren Erzählungen, die in Argentinien spielen und autobiographische Elemente enthalten, ebenso Autorinnen der La-Plata-Region wie Griselda ↗ Gambaro (geb. 1928) und Cristina ↗ Peri Rossi (geb. 1941). – In ihrem Spätwerk, zu dem die Erzählbände *Y así sucesivamente*, 1987 (*Der Farnwald*, 1991) und *Cornelia frente al espejo*, 1988 (*Die Farbe der Zeit*, 1995) gehören, verwendet O. Motive der europäischen Romantik wie Fabelwesen, Masken, Doppelgänger und Spiegelmetaphern. In den vergangenen Jahren werden ihre Werke vermehrt auch in Deutschland rezipiert.

Páginas seleccionadas por la autora (Von der Autorin ausgewählte Werke). Buenos Aires 1984; *Autobiografía*, Madrid 1991. – Lit.: Klingenberg, P.N.: »A Portrait of the Writer as Artist: S.O.« In: *Perspectives on Contemporary Literature* 13 (1987); dies.: »The Twisted Mirror: The Fantastic Stories of S.O.« In: *Letras Femeninas* 13, 1–2 (1987); Auffermann, V: »Liebe wie Eis«. In: *Die Zeit*, 15.11.1991; Irgang, M.; »Ausflüge in verbotene Kammern«. In: *Süddt. Zeitung*, 8.11.1995.

Sabine Börchers

Ogot, Grace Emily Akinyi
Geb. 15. 5. 1930 in Butere/Kenia

Als erste im ostafrikanischen Raum veröffentlichte afrikanische Autorin hat Grace Ogot besondere Bedeutung für die anglophone Literatur dieser Region. Ihr erster Roman, *The Promised Land* (1966), wurde im gleichen Jahr veröffentlicht wie der oft als ›Urtext‹ der englischsprachigen afrikanischen Frauenliteratur bezeichnete Roman *Efuru* der Nigerianerin Flora ↗ Nwapa. O.s schriftstellerischer Werdegang läßt sich jedoch weiter zurückverfolgen als der ihrer westafrikanischen Kollegin, bis ins Jahr 1962, als O. zusammen mit ihrer Landsmännin Rebeka ↗ Njau eine der wenigen Teilnehmerinnen der Konferenz für Afrikanische Schriftsteller an der Makerere-Universität von Uganda war. Angeregt durch diese Begegnung erschien noch im gleichen Jahr »The Year of Sacrifice« (1962), ihre erste Kurzgeschichte, welche später in überarbeiteter Fassung als »When the Rain Came« vielfach anthologisiert wurde. Fünf größere Publikationen außer oben genanntem Roman folgten: die Kurzgeschichtensammlungen *Land Without Thunder* (1968), *The Other Woman* (1976) und *The Island of Tears* (1980), die Novelle *The Graduate* (1980) sowie, als vorerst letztes Werk, *Miaha* (1983), eine traditionelle Erzählung in Dholuo, die später als *The Strange Bride* (1989) ins Englische übersetzt wurde. Zusätzlich publizierte O. in den 60er Jahren Essays über Familienplanung und Literatur, war Kolumnistin beim *East African Standard* und hatte eine eigene Sendung in Dholuo bei dem Radiosender »Voice of Kenya«. O. hat somit Literaturgeschichte geschrieben, obgleich ihr die Position der literarischen ›Urmutter‹ bis auf wenige Ausnahmen nie zuerkannt worden ist. Ebensowenig wurden Charity Waciuma, Pamela Kola oder Asenath Bole Odaga (geb. 1937) Beachtung geschenkt, die ebenfalls ihre ersten Werke – seinerzeit Kinder- und Jugendliteratur – im geschichtsträchtigen Jahr 1966 herausbrachten. Auch heute ist O. immer noch eine der bekanntesten Autorinnen Kenias, trotz mitunter vehementer Kritik an ihrem Werk.

Die Rezeption von Frauenliteratur in einem von Männern dominierten und, in Anbetracht gering ausgeprägter Lesekultur und hoher Analphabetenquoten in vielen afrikanischen Ländern, immer noch elitären Spezialgebiet, dem der modernen afrikanischen Literatur, ist jedoch von jeher konfliktträchtig gewesen. O.s Veröffentlichungen wurden von vielen Kritiker/innen als mit gängigen Frauenstereotypen konform gehend, als verwestlicht, sogar als reaktionär bezeichnet. O. kann sicher nicht als Autorin einer gesellschaftskritischen Protestliteratur gesehen werden, ebenso ist der Einfluß konservativer christlicher Moralethik auf ihr Werk unbestreitbar. Dennoch weichen ihre Darstellungen weitgehend von den seinerzeit üblichen weiblichen Stereotypen ab: dem glorifizierenden Bild der traditionsbewahrenden ›Mutter Afrika‹ oder der unabhängigen, aber aus den Gefügen gesellschaftlicher Konventionen ausgebrochenen Prostituierten. O.s Werke zeichnen sich durch Erzählperspektiven aus, welche auf die alltägliche Diskriminierung von Frauen aufmerksam machen und männliche Subjektpositionen diskreditieren, ohne allerdings Alternativen zu entwerfen. Im historischen Kontext war dies ein erster Schritt auf dem Weg zu einer die Stellung der Frau kritisch reflektierenden afrikanischen Frauenliteratur. Drei weitere Momente sind für O.s Gesamtwerk charakteristisch: zum einen die Auseinandersetzung mit den mündlich überlieferten Mythen ihres Volkes, den Luo, zum anderen, eigenen Angaben zufolge, die Verarbeitung von Eindrücken aus ihrer Arbeitswelt, z. B. aus dem Gesundheitswesen und der Politik. Drittens entwickelte O. ein zunehmendes Bewußtsein für die Bedeutung afrikanischsprachiger Veröffentlichungen, insbesondere in ihrer Muttersprache Dholuo, welche sie nicht von Englisch oder Kiswahili verdrängt sehen wollte. Ein ähnliches Anliegen hatten u. a. A. B. Odaga und Muthoni Likimani, die alle in mehreren Sprachen veröffentlichten, um ihre Bücher einem möglichst großen Publikum zugänglich zu machen. Daß dies, im Gegensatz zu der weltweit rezipierten Sprachpolitik des Kenianers Ngugi wa Thiong'o (geb. 1938), von Seiten afrikanischer und westlicher Kritiker/innen bis in die 90er Jahre völlig ignoriert wurde, weist nur erneut auf die unterprivilegierte Stellung afrikanischer Frauenliteratur – und im weitesten Sinne auch afrikanischer Frauen – hin.

Lit.: Lindfors, B.: »Interview with G. O.«. In: *WLWE* 18.1 (1979), S. 56–68; Berrian, F. B.: »Grace Ogot«. In: Lindfors B./Sander R. (Hgg.): *Twentieth-Century Caribbean and Black African Writers*, Second Series. Detroit/London 1993, S. 184–187; Stratton, F.: *Contemporary African Literature and the Politics of Gender*. London 1994, S. 58–79.

Christine Matzke

Oodgeroo Kath Walker (eigtl. Kathleen Jean Mary Rushka)

Geb. 3. 11. 1920 in Minjerribah, Stradbroke Island/Australien; gest. 16. 9. 1993 in Minjerribah/Australien

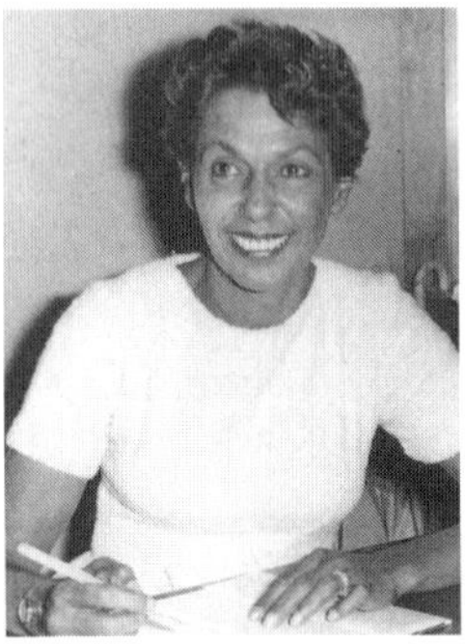

Als Verfechterin der Menschenrechte und Dichterin war Oodgeroo ihrer Herkunft und Kultur verpflichtet und überzeugt von einer ›gerechteren Gerechtigkeit‹ für die Aborigines, die Urbevölkerung Australiens. Worte waren ihre Waffe und Zuversicht ihr Vermächtnis. Als sie 1993 starb, hatte sie den Respekt einer Nation gewonnen und internationale Anerkennung gefunden. Bekannt wurde sie als Kath Walker. Aus aktivem Protest gegen die 200-Jahrfeier Australiens 1988 gab sie ihren europäischen Namen auf und nahm den traditionellen Namen Oodgeroo von der Nation der Noonuccal an. Sie war der Überzeugung, daß die Feierlichkeiten zur Eroberung, Inbesitznahme und Kolonisierung Australiens durch die weißen Vorfahren der herrschenden Gesellschaft nicht kommentarlos hingenommen werden sollten. Als Aborigine mit internationaler Reputation setzte sie ein weiteres Zeichen: sie gab den 1970 erhaltenen Orden Member of the British Empire zurück, weil sie keine britische Ehrung wollte, solange die Aborigines als Erben des Schwarzen Australien mit ihrer über vierzigtausendjährigen Geschichte keine Ehrung erfuhren. Unbeirrt arbeitete O. gegen Rassismus und für eine friedliche Veränderung. Ihre Gedichte reflektieren ihr Engagement und zeigen politische Stellungnahme. Darüber hinaus thematisieren sie – ebenso wie ihre Prosatexte – viele Bereiche der Aborigine Kultur, Probleme menschlicher Existenz und die Hoffnung auf eine menschliche Zukunft. Manche ihrer Gedichte können als Protest-Gedichte bezeichnet werden, wie »United We Shall Win« oder »Intolerance« aus ihrer Gedichtsammlung *We Are Going*, mit der sie 1964 in Australien zum ersten Mal Aufmerksamkeit erregte. Daneben stehen jedoch Gedichte wie »Bora Ring« oder »Community Rain Song«, die Aspekte der Aborigine Kultur thematisieren. Auch in ihren folgenden Publikationen *The Dawn is at Hand* (1966) und *My People* (1970) erweist sie sich als eine Autorin, die primär für ihr Volk schreibt, aber auch für weiße Leser/innen. O. war mehr als eine Dichterin; sie war Lehrende, Malerin, Schauspielerin, Lobbyistin und Aborigine-Älteste. Als Lehrende nahm sie jede Möglichkeit wahr, aufzuklären, und zwar schwarze und weiße Menschen gleichermaßen. Ihr Prosatext *Stradbroke Dreamtime*, 1972 (*Stradbroke Traumzeit*, 1996) und der Gedichtband *My People* (1970) werden in australischen Schulen unterrichtet. Während der letzten zwanzig Jahre bemühte O. sich verstärkt um die Erziehung australischer Kinder. Sie setzte sich für die Einführung von Aborigine-Studien als Schulfach ein, schrieb ein Geschichtenbuch *Father Sky and Mother Earth* (1981). *The Rainbow Serpent* (1988), das sie gemeinsam mit ihrem Sohn Vivian verfaßte, zeigt ihr Engagement für Aborigines und für die Umwelt und wurde zum Mittelpunkt des australischen Pavillons während der Expo 1988 in Brisbane.

Während ihres Lebens, als Autorin und Sprecherin für die Rechte der Aborigines, hat O. nie den Glauben daran verloren, daß Menschen die Kraft haben, Verhältnisse positiv zu verändern. Ihr letzter Gedichtband, *Kath Walker in China* (1988), bringt dieses deutlich zum Ausdruck. O. war nicht einfach die erste Aborigine, die einen Gedichtband veröffentlichte. Sie hat ein Vermächtnis hinterlassen, das den Weg für andere ebnete, für Aborigine-Autor/innen von Theaterstücken, Gedichten, Romanen, Autobiographien wie Jack Davis (geb. 1917), Kevin Gilbert (1933–1993), Eva Johnson (geb. 1946), Archie Weller (geb. 1957), Ruby Langford (geb. 1934), Sally ↗ Morgan (geb. 1951) oder John Muk Muk Burke (geb. 1946).

Lit.: Cochrane, K.: *Oodgeroo*. St. Lucia 1994; Beier, U.: *Quandamooka: The Art of Kath Walker*. Bathurst 1985; Grassby, A.: *Oodgeroo Noonuccal. Poet, Painter and Elder of Her People*. South Melbourne 1991; Shoemaker, A. (Hg.): *Oodgeroo. A Tribute*. St. Lucia 1994.

Powhiri Rika-Heke

Ortese, Anna Maria

Geb. 13. 6. 1914 in Rom; gest. 9. 3. 1998 in Rapallo

O. wächst zusammen mit fünf Geschwistern in einer, wie sie selbst sagt, finanziell schwach gestellten Familie in Rom, Tripolis (Libyen) und Neapel auf. Die Schule besucht sie bereits in jungen Jahren aus gesundheitlichen Gründen sehr unregelmäßig und bricht sie Ende der 20er Jahre völlig ab. Bereits in ihrer ersten, 1933 in *La Fiera Letteraria* publizierten Erzählung »Pellerossa« (Rothaut), wird ihr thematischer Schwerpunkt sichtbar: die durch übermäßige Zivilisierung und den Fortschritt zunehmende Entfernung des Menschen von der Natur. 1937 erscheint O.s erste Erzählsammlung *Angelici dolori* (Engelhaftes Leid). Seit Ende der 30er Jahre unternimmt O. viele Reisen innerhalb Italiens, insbesondere auf der Suche nach Arbeit, und ins Ausland. In den Jahren zwischen 1928 und 1953 lebt sie hauptsächlich in Neapel, bis sie die Stadt nach dem Tod ihres Vaters und den heftigen Polemiken gegen ihr 1953 erschienenes Buch *Il mare non bagna Napoli* (*Neapel, Stadt ohne Gnade*, 1955) für immer verläßt und sich in Mailand niederläßt. 1954 unternimmt O. eine für ihr Leben wichtige Reise nach Rußland, die in engem Zusammenhang mit ihrer Sympathie für die politische Linke, insbesondere für die PCI (Italienische Kommunistische Partei) steht. Ihre dort gewonnenen Erfahrungen verarbeitet sie in Artikeln, für die sie 1955 einen Journalistenpreis erhält. Die folgenden Jahre bedeuten für O. eine kreative Schaffensphase. Für ihren 1967 veröffentlichten Roman *Poveri e semplici* (Arme und Einfache) bekommt sie den begehrten Literaturpreis *Premio Strega* und gewinnt Anerkennung bei Publikum und Kritik. Trotz der zahlreichen Preise verbessern sich O.s prekäre finanzielle Lebensumstände jedoch nicht. 1975 zieht sie mit ihrer Schwester Maria nach Rapallo (Ligurien), wo Jahre der Isolation beginnen. Erst Mitte der 80er Jahre gelingt O. mit ihrer Reiseerzählung »Il treno russo«, 1983 (Der russische Zug), unter Rückgriff auf Artikel ihrer Rußlandreise, der eigentliche Durchbruch bei Publikum und Kritik. Sämtliche Werke werden daraufhin wieder aufgelegt und O.s literarische Aktivität erlebt einen erneuten Aufschwung. 1988 erhält sie den *Premio Elsa Morante* für ihr Gesamtwerk.

O. verbindet in ihren Werken ein Plädoyer für mehr Humanität mit einer Kritik an der Sozial- und Wirtschaftsordnung der Industriegesellschaften und an dem unermüdlichen Fortschrittsglauben der Menschen. Ihre Besorgnis gilt dabei dem Menschen, der sich zunehmend von sich selbst, von der Gesellschaft und vor allem von der Natur entfernt. Ihr literarisches Anliegen kleidet sie dabei entweder in ein realistisches oder phantastisches Gewand. Unverschlüsselt übermittelt O. ihre Reflexionen z.B. in der auf dem Höhepunkt der literarischen Bewegung des Neorealismus entstandenen Erzählsammlung *Il mare non bagna Napoli*, über die harten Lebensbedingungen in Neapel, und in *Silenzio a Milano*, 1958 (*Stazione Centrale und andere Mailänder Geschichten*, 1993). Das stilistische und expressive Konzept des Realismus hält O. aber unterdessen für unzulänglich, um die ganze Komplexität des

Lebens einzufangen. Ihr Protest gegen den Realismus wird sogar zu einem eigenen Thema in ihren Werken, z. B. in ihrem bekanntesten Roman *L'Iguana*, 1965 (*Iguana*, 1988). Bereits ihre beiden ersten Erzählsammlungen, *Angelici dolori* und *L'infanta sepolta*, 1950 (Die begrabene Infantin), spielen in phantastischen Welten, insbesondere aber die Romane *L'Iguana* und *Il cardillo addolorato*, 1993 (*Die Klage des Distelfinken*, 1995). Häufig kommen nicht-menschliche Wesen in O.s Werken vor, z. B. in *L'Iguana* ein Leguanweibchen, das zwar dem Tierreich angehört, aber dennoch menschliche Eigenschaften besitzt. Sie sollen nach O. »daran erinnern, daß die Menschen das Leid verursachen, nicht die Tiere.« – Wenn sich O.s literarische Tätigkeit auch über einen Zeitraum von sieben Jahrzehnten erstreckt, so ist sie ihrem großen Thema, der Beziehung zwischen Mensch und Natur, und ihrer Forderung nach einer humanitären Haltung doch stets treu geblieben.

Lit.: Borri, G.: *Invito alla lettura di A. M. O.* Milano 1988.

Annette Riedel

Orzeszkowa, Eliza (geb. Pawłowska)

Geb. 6. 6. 1841 in Miłkowszczyźna bei Grodno/Polen; gest. 18. 5. 1910, in Grodno

Geboren als Tochter vermögender Gutsleute hält sich O. fast ihr ganzes Leben auf dem Land oder in der Kleinstadt auf, ein Umstand, der ihr ein geordnetes Weltbild vermittelt. Erzogen von Gouvernanten kommt sie von 1852 bis 1857 in ein Klosterinternat in Warschau, wo sie mit Maria Wasiłowska (später: ↗ Konopnicka) Freundschaft schließt. Mit 16 Jahren wird O. mit dem wesentlich älteren Piotr Orzeszko verheiratet, dem sie auf sein Gut in Polesie folgt. Hier gründet sie eine Dorfschule. Die Erzählung »Obrazek z lat głodowych«, 1866 (Bild aus Hungerjahren), O.s erste Publikation, zeugt vom Mitgefühl mit den einfachen Bauern. Obgleich O. und ihr Mann beide politisch engagiert sind und an der Organisation des Aufstands von 1863 mitwirken, ist ihr Verhältnis zueinander gespannt. O., die sich nicht nur für nationale Freiheit, sondern auch für Demokratie und die Rechte der Bauern einsetzt, stört sich an den konservativen Vorstellungen ihres Mannes. 1869 läßt sie sich von ihm scheiden und entschließt sich, hauptberuflich Schriftstellerin zu werden.

Das Ziel ihrer literarischen Arbeit ist die Volksbildung. O. möchte der Leserschaft zeigen, worin die Stärken und Schwächen des Landes bestehen. Ihr liegt am Wohlergehen der Gemeinschaft, und zu diesem Zweck fordert sie Aufklärung und Toleranz. Ihr Hauptaugenmerk gilt dabei den gesellschaftlich Benachteiligten: den Frauen, den Juden und den einfachen Bauern. Einer ihrer ersten Erfolge ist der Roman *Marta*, 1873 (dt. 1887), der die Frauenfrage thematisiert. O., die sich für Mädchenbildung und rechtliche Gleichstellung vor dem Gesetz engagiert, zeigt hier einen mißglückten weiblichen Lebensentwurf, der die Titelheldin in den Tod führt. In ihrem Kampf für eine ›neue‹, aufgeklärte Frau entwirft O. auch ein Idealbild des Mannes, meist einen Ingenieur, Arzt oder Wissenschaftler, der mit einem konservativen Umfeld in Konflikt gerät, so in *Ostatnia miłość*, 1868 (Letzte Liebe). Besonders mutig ist O.s Wirken gegen den Antisemitismus, der im russisch besetzten

Teil Polens planmäßig geschürt wird. In ihrem berühmten Roman *Meir Ezofowicz*, 1878 (dt. 1884) porträtiert O. eine kleinstädtische jüdische Welt, die ihre Sicherheit aus der strengen Wahrung der Gesetze schöpft. Der Titelheld dagegen ist ein junger Idealist, weltoffen und tolerant, ein Reformer, der schließlich aus der Gemeinde ausgestoßen wird. Was hier als jüdisches Ghetto erscheint, ist in nuce ganz Polen. Ähnlich wie in dem Roman *Eli Makower* (1875) fordert O. ihr Land auf, den Zustand dünkelhafter Überheblichkeit zu verlassen und sich den Idealen der Aufklärung zuzuwenden. Daß die Sprache dieser Werke stark stilisiert und pathetisch ist, tut ihrem Erfolg keinen Abbruch. Engagiert ist auch die Dorfprosa O.s, so z. B. die Romane *Dziurdziowie*, 1885 (*Die Hexe*, 1954) und *Cham*, 1889 (*Der Njemenfischer*, 1953).

Obgleich sie als eine Hauptvertreterin des polnischen Positivismus gilt, ist O. auch der Märchenhaftigkeit der Romantik zugetan. In ihrem bekanntesten Roman, *Nad Niemnem*, 1887 (Am Njemen), fordert sie durch das folkloristisch stilisierte Motiv der beiden Liebenden, die zueinander nicht kommen dürfen, ihr Volk zur Besinnung und zur Beseitigung der Standesschranken auf, die der inneren Einigung nur den Weg verstellen. O.s Spätwerk zeigt eine deutliche Kritik an der modernen Zivilisation, die mit dem Leben auf dem Land kontrastiert wird. In dem Roman *Argonauci*, 1899 (Die Argonauten) verkörpert der Großindustrielle Darwid das fragwürdige Heil des Kapitalismus. O.s Zivilisationskritik findet im Polen der Jahrhundertwende weniger Sympathie als in Rußland, Schweden, England und Amerika, wo die Übersetzungen des Romans große Erfolge erzielen.

Pisma zebrane (Gesammelte Werke). 52 Bde. Warschau 1947–1953. – Lit.: Mrosik, J.: *Das polnische Bauerntum im Werk E. O.s.* München 1963.

Birgit Harreß

Otto, Louise

Geb. 26. 3. 1819 in Meißen; gest. 13. 3. 1895 in Leipzig

»Laßt uns doch nicht klug und ironisch über die närrische Sitte der Chinesen lächeln, nach welcher diese ihren Mädchen die Füße zusammenschnüren [...], bei uns schnürt man den Mädchen den Charakter zusammen, daß er so unentwickelt bleibt, daß bei ihm nie von Selbststehen und Fortschreiten die Rede sein kann«. – Louise Otto weiß, wovon sie spricht. Obschon sie selbst in einem liberalen Elternhaus in Meißen aufwächst und von ihrem Vater, einem Gerichtsdirektor, immer wieder zum Lesen angehalten wird, geht ihre Schulbildung doch kaum über das für Mädchen damals Übliche hinaus. Nach dem Tod beider Eltern (1835/36) lebt sie mit einer Tante und ihren Schwestern zusammen, bildet sich autodidaktisch weiter und wird ab den 40er Jahren schriftstellerisch tätig. 1851 verlobt sie sich mit dem Publizisten August Peters, der nach dem Fall Rastatts (1849)

in Bruchsal inhaftiert ist; erst sechs Jahre später kann sie ihn heiraten und sich mit ihm 1860 in Leipzig niederlassen.

Als »Mutter der deutschen Frauenbewegung« gilt O., da sie sich als erste in Deutschland für den gemeinsamen Kampf von Frauen um Bürgerrechte einsetzt. Nach ihrem Engagement im Jahre 1848 (*Adresse eines deutschen Mädchens*, 1848) gründet sie ihre *Frauen-Zeitung* (1849–51), die zwar nicht die erste ist – ein Jahr zuvor schon hat Mathilde Franziska Anneke eine solche herausgegeben – aber die erste, die kontinuierlich erscheint. 1865 forciert O. die Gründung des Allgemeinen Deutschen Frauenvereins, dessen Vereinsorgan *Neue Bahnen* sie mitherausgibt. Dabei gehört sie von Anfang an zu jenen 'gemäßigten' Theoretikerinnen, die am bürgerlichen Geschlechterbild festhalten, weshalb sie in ihrer Frühphase die radikalere Louise Aston (1814–71) als Kontrahentin ablehnt.

Ihr Werk ist von beachtlichem Umfang: 26 meist mehrbändige Romane, zahlreiche Erzählungen und Gedichtbände sowie zwei Opernlibretti hat sie verfaßt, ganz zu schweigen von theoretischen Werken zur »Frauenfrage« und kunsttheoretischen Abhandlungen. Den Anstoß zu ihrer frühen sozialkritischen Literatur gibt eine Reise ins Erzgebirge (1840), auf der ihr Interesse für die Arbeiterfrage geweckt wird. Ihre daraufhin entstehende Lyrik im Stil Heines und Herweghs (*Lieder eines deutschen Mädchens*, 1847) nimmt sich vor allem arbeitender Frauen an, der »Klöpplerinnen« etwa, die unter körper- und kräfteverschleißender Arbeit für einen Hungerlohn den Luxus der Reichen produzieren müssen. Ihr Roman *Schloß und Fabrik* (1846) schildert das Elend von Fabrikarbeitern, deren Revolte gegen den Fabrikbesitzer blutig niedergeschlagen wird, wobei sich eindringliche Milieuschilderungen mit einer überdeutlichen Schwarz-weiß-Zeichnung – insbesondere der weiblichen Figuren – mischen. Kulturhistorische Stoffe stehen im Zentrum jener Romane, die ab den 50er Jahren erscheinen. Einer der Gründe für die Abkehr von aktuellen Stoffen mag das restaurative Klima gewesen sein, ein anderer das zunehmende kunsttheoretische Interesse der Autorin. Im Gegensatz zu den frühen Tendenzromanen entstehen nun die literarisch bedeutenderen Erzählwerke *Nürnberg* (1859) und *Die Schultheißentöchter zu Nürnberg* (1861), in denen O. sich von früheren Klischees entfernt und nun auch subtilere Frauenfiguren zeichnet.

L. O.-P. Ihr literarisches und publizistisches Werk. Hg. Ludwig, J./Jorek, R. Leipzig 1995. – Lit.: Boetcher Joeres, R.-E. (Hg.): *L. O.-P. Die Anfänge der Frauenbewegung.* Frankfurt/M. 1983; L. O.-P.: *Ihr literarisches und publizistisches Werk. Katalog zur Ausstellung.* Leipzig 1995; Otto, C.: *Variationen des ›poetischen Tendenzromans‹. Das Erzählwerk von L. O.-P.* Pfaffenweiler 1995.

Gaby Pailer

Özakin, Aysel
Geb. 1942 in Urfa/Anatolien/Türkei

»Ich bin kosmopolitisch, wirklich kosmopolitisch was meine Arbeit betrifft, in sozialer und ethnologischer Hinsicht. Um mich zu definieren, kann ich nur sagen, daß ich kosmopolitisch bin. Schreiben ist das absolut Wichtigste für mich.« So reagierte Ö. in einem Interview auf die Frage nach ihrer Selbstdefinition und unterstrich dabei, wie wichtig es für sie ist, ihre Arbeit nicht auf enggefaßte Ettiketten wie »Gastarbeiterliteratur«, oder »Ausländerliteratur« reduziert zu wissen. – Ö. wächst in Izmir als Tochter einer verarmten Familie mit aristokratischem Hintergrund auf. Sie studiert am pädagogischen Institut in Ankara Französisch und Pädagogik und arbeitet als Dozentin in Instanbul. Anfang der 70er Jahre beginnt sie Prosatexte zu veröffentlichen und kommt 1980, drei Monate nach dem türkischen Militärputsch, aufgrund einer Einladung des Literarischen Colloquiums nach Westberlin. Bis Ende der achtziger Jahre lebt und arbeitet Ö. in Deutschland.

Die Kindheitserfahrung in der Türkei und dann die Erlebnisse einer türkischen Frau in Deutschland prägen zunächst die Arbeiten Ös. Während ihres Aufenthaltes in Deutschland erscheinen zwei der in der Türkei enstandenen Romane auf deutsch. In dem autobiographischen Roman *Der fliegende Teppich. Auf der Spur meines Vaters* (1975, dt.1987) beschreibt die Autorin ihre Kindheit und Jugend als Auseinandersetzung mit dem Vater und einer patriarchalischen Gesellschaft. Der Roman *Die Preisvergabe* (1979, dt. 1982) beleuchtet die Regeln weiblicher Existenz in der Türkei aus kritischer Sicht. 1982 erscheint ihr Erzählband *Soll ich hier alt werden*, der das Leben von türkischen Frauen und Kindern in Deutschland schildert und ein Jahr später der zweite autobiographischer Roman *Die Leidenschaft der Anderen*, der die Erfahrungen einer türkische Exil-Intellektuellen während einer Lesereise reflektiert. Während ihrer Zeit als Stadtteilschreiberin von Hamburg-Altona entstehen die zwei Gedichtbände *Du bist willkommen* (1985) und *Zart erhob sie sich bis sie flog* (1986). Der erste Band beschreibt die Widersprüche des Lebens in einem deutschen »Türkenviertel« und die Suche nach Anerkennung in einer fremden Kultur, während der zweite Band das Leben der Großmutter Ös. in Relation zur Enkelin beschreibt, vor allem den Bruch mit Traditionen und die Suche nach einer eigenen Identität.

Zu diesem Zeitpunkt betont die Autorin, wie leid sie es sei, zur schreibenden Repräsentationsausländerin reduziert zu werden: »Nach sechs Jahren in Deutschland möchte ich nicht mehr nur über Fatma schreiben. ich bin es leid, ständig zu Kongressen über Ausländerkultur eingeladen zu werden, nie aber zu einem Seminar über Lyrik.« Sie reagiert damit auch darauf, oft mit Autor/innen wie Franco Biondi, Rafik Schami, Alev Tekinay und Emine Sevgi Özdamar in einem Atemzug genannt zu werden. In dem folgenden Roman *Die blaue Maske* (1988, dt. 1989), der auf deutsch begonnen, aber auf türkisch zu Ende geführt wurde, zieht sie eine Art Bilanz über das Leben in der Emigration, indem sie sich mit dem deutschen

Kulturchauvinismus auseinandersetzt. Ihr Umzug nach England, wo sie bis heute lebt und mit dem Schriftsteller und Bildhauer Bryan Ingham verheiratet ist, ist nicht zuletzt Folge dieser in Deutschland erlebten Engstirnigkeit. Ö. schreibt jetzt vorwiegend in englischer Sprache. Zuletzt erschienen *Glaube, Liebe, Aircondition* (1991) und *Die Zunge der Berge* (1994) in deutscher Übersetzung.

Lit.: Wierschke, A.: *Schreiben als Selbstbehauptung. Kulturkonflikt und Identität in den Werken von A. Ö., Alev Tekinay und Emine Sevgi Özdamar. Mit Interviews.* Frankfurt/M. 1996.

Susanne Baackmann

Paemel, Monika van

Geb. 4. 5. 1945 in Poesele/Belgien

»Das Leben ist ein Chaos mit der Struktur eines Kaleidoskops, und die versuche ich auch in meinen Werken zum Ausdruck zu bringen«. P.s Jugend war die sprichwörtliche Schatzkammer des Autors. Sie hatte eine abweisende Mutter und einen abwesenden Vater und verbrachte, da sie oft krank war, viel Zeit bei den Großeltern und bei Pflegeeltern. Sie debütierte 1969 in Zeitschriften mit einigen Gedichten, die auch als Prosa zu lesen sind, und beschränkte sich danach auf Prosa in einem barocken, assoziativen Stil, der zugleich sachlich und poetisch ist. Der experimentelle Schreibstil und der feministisch geprägte Inhalt sorgten dafür, daß das Fach Frauenstudien P. schnell als niederländische Vertreterin der *écriture féminine* entdeckte. Ihr Werk wurde bereits mehrfach ausgezeichnet.

Ihr erstes Buch, *Amazone met het blauwe voorhoofd* (1971), ist ein Loblied auf das Leben, die Natur, die heterosexuelle Liebe und die Mutterschaft. Es ist vor allem ein Beispiel ihrer Streitbarkeit und ihrer Genußfähigkeit, davon, entgegen aller Versuche der Knechtung und Einverleibung »unverbrüchlich frei man selbst zu sein«, in gesellschaftlicher *und* persönlicher Hinsicht, wie auch gegenüber dem geliebten Mann: »Ich möchte deine Stute sein und weil ich dich liebe verlangen, daß du mich bereitest. Aber ich werde nicht dulden, daß du mich sattelst.« In ihrem zweiten Buch, *De confrontatie* (1974), ist die Hauptperson aufgeteilt in eine unruhige junge Autorin, die sich in ihrem Werk und ihren persönlichen Verhältnissen verrannt hat (»Du entscheidest dich nicht für das Leben, du wählst das Schreiben!«), und eine ruhige junge Mutter, die weiß, »daß das Leben mehr ist als Vergangenheit«. Die Personen gehen schließlich wieder ineinander über und in der Autorin des Buches auf. Im dritten Roman, *Marguerite* (1976), entdeckt die Hauptperson in ihrer Aversion gegen die Großmutter, die ihr Schreiben ablehnte, schließlich ihre Bewunderung für »die unverwüstliche Frau«.

De vermaledijde Vaders, 1985 (*Verfluchte Väter*, 1993) ist, P.s Ansicht nach, ihr ›Meisterwerk‹. Sie wendet sich gegen die »Väter«, die »Herren«, d.h. nicht gegen den Mann im allgemeinen, sondern gegen jene Männer, die die Macht haben und sie gegen das Leben benutzen. Das Motto des ersten Teils, das Roland Barthes entlehnt ist, lautet jedoch: ›Was nützt das Erzählen, wenn es keinen Vater mehr gibt?‹. Wenn sie die Väter verflucht, beneidet sie doch nicht die Mütter. In *De eerste Steen,* 1992 (*Der erste Stein,* 1995) ist sogar die Figur der als Autorin aktiven ›geborenen‹ Mutter verschwunden. Die Hauptperson May versucht, ebenso wie P. selbst, den Selbstmord ihrer siebzehnjährigen Tochter zu verarbeiten, und sie befindet sich buchstäblich und figürlich an einem Tiefpunkt, dieses Mal ohne Unterstützung durch die selbstverständliche Verbundenheit mit der flämischen Landschaft und die erotische Beziehung zu ihrem Mann. Dennoch endet auch dieses Buch hoffnungsvoll mit dem Bild der nur scheinbar verdorrten Rose von Jericho. In ihrem nächsten Buch, *Rozen op ijs,* 1997 (Rosen auf Eis) blüht die Rose immer noch nicht. Die Hauptperson hat versagt als Frau und Mutter und versucht jetzt als radikale Umweltaktivistin, das Leben zu behüten. In Interviews weist P. darauf hin, daß sie, im Gegensatz zu ihren Hauptpersonen, schreibt, daß sie also produktiv ist. Für sie ist das Schreiben nicht mehr eine Wahl gegen das Leben, »sondern es ist, während man schreibt, Leben«.

Lit.: Hipp, H. (Hg.): *Niederlandistik und Germanistik.* Frankfurt/M. 1992; Keustermans, L. u. a. (Hgg.): *Als een wilde tuin. Schrijfsters in Vlaanderen 2.* Amsterdam/Antwerpen 1996.

Ineke Bulte (Übers. v. Thomas Quartier)

Pak, Kyòng-ni

Geb. 28. 10. 1927 in Ch'ungmu, Provinz Süd-Kyòngsan/Korea

»Alles Leben, und sei es das von Gräsern bis hin zu den Insekten, Leben kann nicht gänzlich vollkommen sein. Der Ort dieses Lebens ist weder das Himmelreich noch das Paradies, er ist auch nicht das versprochene Land; lediglich als unser Wunsch ist Vollkommenheit das fernferne Jenseits.« – Pak verleiht in ihrem Werk drei philosophischen Grundprinzipien Ausdruck, die sie besonders in Zeiten des Leidens für wesentlich zum Überleben hält. Das erste Prinzip dreht sich um ständiges Hinterfragen menschlichen Schicksals: Warum werden Menschen zu solch schrecklichen Lebensbedingungen geboren? Warum konnten brutale japanische Truppen glauben, sie seien mehr wert als die Koreaner, die sie unterdrückten? Die Würde aller Lebewesen ist das zweite Prinzip. Das dritte Prinzip ist der Glaube, daß Liebe in der Tat Schöpfung ist und aus Aufopferung für die, die wir lieben, besteht. Für P. ist das ein universeller, auf die gesamte Menschheit anwendbarer Wert. Ihre kompromißlose Integrität und die Auflehnung gegen alles Widersinnige haben P. zu einer der größten Schriftstellerinnen Koreas gemacht. Drei schicksalhafte Lebenserfahrungen hatten entscheidenden Einfluß auf ihre Charakterbildung und ihr Schreiben. Als junges Mädchen war sie von der Zwangsverpflichtung zum *comfort women corps* in der japanischen Armee bedroht. Die zweite Krise ereilte sie in noch jungen Jahren, als sie ihren Ehemann und ihren Sohn im Korea-Krieg (1950/53) verlor. Durch ihr Schreiben brachte sie die Familie durch. Die dritte Krise ist mit dem Schicksal ihrer Tochter verbunden. P.s Schwiegersohn, der Dichter Kim Chi-ha, war für seine kritischen Gedichte, die sich gegen die Militärregierung unter Pak Chung-hee richteten, zum Tode verurteilt worden. Der Gewalt des Regimes war P. mit ihrer Familie hilflos ausgeliefert. Damals verlegte sie ihren Wohnsitz von Seoul in die Nähe des Gefängnisses, wo ihr Schwiegersohn eingekerkert war.

Alles Leid, das P. erfahren mußte, spiegelt sich in dem großen Roman *T'oji*, 1969–1994 (Land). Mit diesem Roman löst sich die Autorin von konventionellen literarischen Strukturen, am deutlichsten, was den Umfang betrifft: Der Roman besteht aus 16 Bänden zu je 450 Seiten mit hunderten von literarischen Gestalten: Bauern, Arbeitern, Intellektuellen. Nahezu 430 lebensvolle Gestalten nehmen wichtige Rollen ein. Die Ende des 19. Jh. mit dem Untergang der Yi-Dynastie einsetzende Handlung umfaßt auch die japanische Kolonialperiode und beschreibt den hartnäckigen Kampf einfacher Menschen zur Bewahrung ihrer Würde; sie endet 1945 mit der Befreiung von der japanischen Kolonialherrschaft. Das Werk ist getragen von P.s Liebe zum Leben. Es geht der Grundfrage nach, wie rechtschaffene Menschen mit Unrecht und Leid umgehen. Der an der traditionellen Mentalität koreanischer Menschen, ihren Empfindungen, Wertvorstellungen und an sprachlicher Feinheit orientierte Roman ist bislang schon in über 1 Million Exemplaren verkauft worden. Er wurde ins Englische, Französische (in voller Länge) und ins Japanische übersetzt.

Außer diesem Mammutwerk hat P. elf weitere Romane und viele Erzählungen verfaßt, darunter *Kim Yakkukùi Ttaldùl*, 1962 (Die Töchter des Apothekers Kim), *Sijanggwa Chònjang*, 1964 (Der Marktplatz und das Kampffeld), *Pulsin Sidae*, 1963 (Epoche des Argwohns), *Sòngnyòwa Manyò*, 1966 (Die Heilige und die Hexe), *Hosu*, 1977 (Der See), *Wònju T'ongsin*, 1993 (Nachrichten von Wonju, Essay). Auf dem Wonju-Campus der Yonsei-Universität hat P. in den vergangenen Jahren Kreatives Schreiben gelehrt. Sie engagiert sich jetzt für ein Projekt ›Kulturzentrum‹, das der Erhaltung der Kultur der Wonju-Region gewidmet ist. – P. ist mit mehreren Literaturpreisen geehrt worden, darunter mit dem Ho-Am-Preis und der Erinnerungsmedaille an die chilenische Literatur-Nobel-Preisträgerin Gabriela ↗ Mistral. Wo immer P. auftaucht, ist sie von Bewunderern umgeben. Als Schriftstellerin ist sie ein Mensch von einsamer Größe.

Pak Kyòng-ni Munhak Chònjip (Gesammelte Werke). 16 Bde. Seoul 1979. – Lit.: Hyung-kook, K.: »The Literature and Dreams of Pak Kyong-ni«. In: *Koreana* 10, (Summer 1996).

Reta Rentner

Pak, Wan-sò

Geb. 20. 10. 1931 in Kaepùng, Provinz Kyònggi/Korea

»Ich weiß, daß die Familien, die nur Töchter haben, oft genug von den anderen aus eben diesem Grunde bemitleidet werden. Selbst meine Mutter, die eine moderne Erziehung genossen hat, hat Mitleid mit uns. Sie meint allen Ernstes, wir würden rundum sorgenfrei sein, wenn wir nur einen Sohn hätten [...]. Was bedeutet es eigentlich, die Generationen fortzusetzen? Es müßte doch reichen, wenn man sie durch Nachfahren und nicht unbedingt durch den Namen weiterführt«, schreibt Pak in *Kkumkkunùn Ink'yubeit'ò*, 1993 (*Die träumende Brutmaschine*, 1995). In diesem

Roman setzt sie sich kritisch mit der in Südkorea verbreiteten Praxis auseinander, Söhne um der Fortsetzung der Familienlinie willen zu bevorzugen und weibliche Föten abzutreiben. Sie thematisiert darin das Schuldbewußtsein einer Frau, die von der Familie zu solcher Abtreibung gedrängt wurde.

P. hat an der Seouler Universität koreanische Literatur studiert und dann geheiratet. Sie führte das typische Leben einer Hausfrau und hatte als älteste Schwiegertochter traditionsgemäß auch für die Schwiegereltern zu sorgen. Zum Schreiben kam sie erst mit etwa 40 Jahren nach der Einschulung ihres fünften Kindes. In ihren Werken befaßt sie sich vorrangig mit der Lebensweise der städtischen Mittelschicht, die sie aus eigener Erfahrung kennt. Inzwischen haben ihr 20 Romane und ca. 50 Erzählungen mit lebensnahen Themen, einer bildhaften Sprache und ihr menschlich warmer Ton in Korea ein Millionenpublikum und den Ruf als ›Tante von nebenan‹ eingebracht. Ihre Werke können thematisch in drei Gruppen unterteilt werden. Die erste beschreibt anhand von Familienschicksalen die Wunden und das emotionale Trauma, das der Korea-Krieg (1950/53) und die Teilung des Landes hinterlassen haben, z.B. *Namok*, 1970 (Nackter Baum), die Geschichte ihrer Jugend, *Òmmaùi Maldduk*, 1982 (Der Fall der Mutter), *Kùhae Kyòurùn ttattùthaetne*, 1983 (Warm war der Winter in jenem Jahr). Durch alle Werke zieht sich die strikte Ablehnung von Gewalt, die Menschen im Namen einer Ideologie ausüben. Die zweite Gruppe deckt schonungslos und kritisch die Korruption, den kruden Materialismus und die Scheinheiligkeit und Arroganz innerhalb der mittelständischen industrialisierten Gesellschaft auf, z.B. in dem Roman *Hùich'òng gòrinùn Ohu,* 1977 (Taumelnder Nachmittag). Die dritte Gruppe befaßt sich polemisch mit Frauen, die unter patriarchalischen Denk- und Verhaltensmustern der konfuzianisch geprägten Gesellschaft seit je in ungleicher und untergeordneter Stellung leben. Als streitbare Autorin sucht P. nach einem Weg zu wahrer Gleichberechtigung der Geschlechter, z.B. in *Sara itnùn Narùi Sijak*, 1980 (Der Beginn der lebendigen Tage), *Kùdae ajik kkumkkugo itnùn'ga, 1989 (Das Familienregister,* 1994) und *Kkumkkunùn Ink'yubeit'ò,* 1993 *(Die träumende Brutmaschine,* 1995).

Ihre scharfsichtige und von hohen moralischen Grundsätzen geleitete Wirksamkeit als Gastkolumnistin und ihr Ruf als moderate und doch resolute Feministin haben P. zu einer der geachtetsten Intellektuellen Koreas gemacht. Ihre Werke sind vielfach übersetzt und mit Literaturpreisen ausgezeichnet worden.

Lit.: Yu, Jong-ho: »Park Wan-suh – Psychological Trauma and a Nonconformist's Spirit«. In: *Koreana* 10, (Summer 1996).

Reta Rentner

Paley, Grace
Geb. 11. 12. 1922 in New York City

»Zunächst schwieg mein Vater, dann sagte er: Punkt eins, dein Humor ist bedenklich. Punkt zwei, wie ich sehe, bist du nicht imstande, einfache Geschichten zu erzählen.« Der Vorwurf gilt seiner Tochter Faith, der Schriftstellerin, von der er sich Geschichten wünscht »so wie Maupassant geschrieben hat oder Čechov.« Obwohl die Tochter ihrem sterbenden Vater diesen Wunsch erfüllen möchte, erzählt die »Unterredung mit meinem Vater« aus der 1974 erschienenen Kurzgeschichtensammlung *Enormous Changes at the Last Minute* eine Geschichte, die der Vater nicht hören will, die er nicht akzeptiert, weil sie keine klar definierte Exposition enthält, keine lineare Entwicklung des Handlungsgeschehens, keine erkennbare Lösung der Konflikte. Doch die Geschichte dieser Auseinandersetzung zwischen Vater und Tochter bietet gleichzeitig einen brillanten Einblick in die Poetik einer Schriftstellerin, die – wie Christa ↗ Wolf in ihrem Vorwort zu einer Auswahl von Paleys Erzählungen und Gedichten bemerkt – »surrealistische Portraits nur aus Sprache« schafft (*Die schwebende Wahrheit*, 1991). Anstelle der erwarteten »tieferen Bedeutung«, die den Erzählungen des 19. Jh.s ihre Autorität verlieh, schildern diese Portraits ganz gewöhnliche Erfahrungen, die ohne Ironie und Selbstironie nicht erzählt werden können, die v. a. von keiner Erzählperspektive aus zu erklären sind; denn die Normalität dieser Erfahrungen und die Meinungen der ganz alltäglichen Figuren in diesen Geschichten sind zugleich unlogisch und verständlich, hoffnungslos und voller Lebensfreude, aggressiv und phantasievoll.

Der Handlungsraum der Geschichten ist New York, die Stadt, in der P. als Tochter jüdischer Einwanderer aus Rußland 1922 geboren wurde. Sie besuchte das Hunter College und die New York University, heiratete mit 20 Jahren den Photographen Jess Paley, bekam einen Sohn und eine Tochter, ließ sich scheiden und lebt seither in zweiter Ehe mit dem Landschaftsarchitekten und Schriftsteller Robert Nichols. Schon bald nach der Veröffentlichung ihrer ersten Kurzgeschichten wurde P. – neben Cynthia Ozick (geb. 1928) und Tillie Olsen (geb. 1913) – als eine der wichtigsten jüdisch-amerikanischen Schriftstellerinnen der Gegenwart angesehen – »a voice like no one else's: funny, sad, lean, modest, energetic, acute«, wie die Kritikerin Susan Sontag sie einmal charakterisierte. Ihr Ruhm basiert auf einem vergleichsweise kleinen Textcorpus, für das sie eine Reihe von Preisen und Auszeichnungen erhalten hat. Eine Sammlung ihrer Gedichte (*New and Collected Poems*) wurde 1992 neu verlegt. Daneben existieren vier Bände mit Kurzgeschichten: *The Little Disturbances of Man: Stories of Men and Women at Love*, 1959 (*Die kleinen Störungen der Menschheit*, 1971), *Enormous Changes at the Last Minute*, 1974 (*Ungeheure Veränderungen in letzter Minute*, 1985), *Later the Same Day*, 1985 (*Später am selben Tag*, 1987), *Long Walks and Intimate Talks (1991)*.

Die 15 Jahre, die zwischen der Veröffentlichung der ersten beiden Bände liegen, waren arbeitsreiche Jahre, in denen P. sich zunehmend politisch engagierte, v. a. in der Friedensbewegung und in ihrem Kampf gegen den Vietnamkrieg. Daneben unterrichtete sie *creative writing* an der Syracuse University und der Columbia University. Das ausgeprägte politische Bewußtsein spiegelt sich in den nächsten Erzählbänden, in denen die Charaktere in einer neuen und reflektierteren Weise über ihr Leben nachdenken, über die Welt außerhalb ihrer eigenen vier Wände, auch über den Zusammenhang zwischen dieser Außenwelt und ihren individuellen Sorgen und Ängsten. Daß das Persönliche politisch ist – einer der bekanntesten Slogans der amerikanischen Frauenbewegung der 60er und 70er Jahre –, wird in P.s Geschichten immer wieder auf besondere Weise konkretisiert, allerdings ohne Larmoyanz und ohne eine Spur von moralischer Überlegenheit.

Ihre Erzählungen sind keine psychologischen Analysen, vielmehr Kompositionen aus Stimmen – Yiddisch, Englisch und Russisch waren die Sprachen in P.s Elternhaus –, die auf der Suche nach Zuhörern sind. Es sind vorwiegend Stimmen von Frauen, mit deren Hilfe ein unverwechselbar amerikanischer Alltag in der Bronx, einem Stadtteil New Yorks, evoziiert wird und die gleichzeitig das Credo ihrer Schöpferin verkörpern: »Jede Person, wirklich oder erfunden, hat Anrecht auf ein Schicksal, das offen bleibt.«

Lit.: *Delta* 14 (1982) (Sonderausg. zu G. P.); Halfmann, U./Gerlach, P.: »Grace Paley: A Bibliography«. In: *Tulsa Studies in Women's Literature* 8:2 (1989), S. 339–354; Isaacs, N. D.: *G. P.: A Study of the Short Fiction*. Boston 1990; Taylor, J.: *G. P.: Illuminating the Dark Lives*. Austin 1990.

Renate Hof

Papadat-Bengescu, Hortensia (Ps.: Glaucos, Loys, Suzon)

Geb. 8. 12. 1876 in Iveşti/Rumänien; gest. 5. 3. 1955 in Bukarest/Rumänien

»Ich habe nichts weiter getan, als das Leben zu betrachten, aber ich lernte ein wenig in seine Abgründe zu blicken«, kommentiert die Lyrikerin, Dramaturgin und Romanautorin P.-B. ihr Werk. 1876 in einer Kleinstadt der Südmoldau geboren, erhält die Offizierstochter die damals in bürgerlichen Kreisen übliche französischsprachige Ausbildung. Im frankophilen Rumänien von König Carol I (1881–1914) und Königin Elisabeth – die unter dem Pseudonym Carmen Sylva (1843–1916) rumänische Lyrik übersetzt und sie so für europäische Leser zugänglich macht – ist Frankreich die geistige Heimat zahlreicher rumänischer Intellektueller (u. a. Elena Văcărescu, 1866–1947). Im Mädchenpensionat verfaßt P.-B. Gedichte in französischer Sprache, möchte studieren und wie ihr Onkel G. Bengescu-Dabija (1844–1960) Dramaturgin werden. Dieser Wunsch wird ihr verwehrt. Aus Trotz, wie sie schreibt, heiratet sie mit 20 Jahren einen Justizbeamten. Erst 40jährig widmet sie sich dem Schreiben, um der bedrückenden Atmosphäre der rumänischen Provinzstädte zu entfliehen.

P.-B.s literarische Laufbahn beginnt mit lyrischen und dramatischen Werken in französischer Sprache. 1912 erscheinen erste Artikel in Zeitungen; das Gedicht »La mer« (Das Meer) wird 1913 ausgezeichnet. Zeitgleich beginnt sie, in der Zeitschrift des Literaturkritikers G. Ibrăileanu (1871–1936), *Viața românească* (Das rumänische Leben), zu publizieren. Die Zeitschrift propagiert die Schaffung einer nationalen rumänischen, dem Bäuerlichen verpflichteten Kultur, steht aber auch moderneren Autoren offen. P.-B. debütiert dort in rumänischer Sprache mit Prosagedichten, die 1919 im Sammelband *Ape adânci* (Tiefe Gewässer) erscheinen. Diese Texte und die nachfolgenden Novellenbände *Sfinxul*, 1920 (Der Sphynx) und *Femeia în fața oglinzei*, 1921 (Die Frau vor dem Spiegel) weisen P.-B. als Vertreterin eines psychologischen Realismus aus. Ausgehend von einem banalen Ereignis verlieren sich narzißtisch-introvertierte Frauen auf der Suche nach authentischen Empfindungen und Wünschen in innere Monologe, somnambule Reverien voller Erotik. In *Romanță provincială*, 1925 (Provinzielle Romanze) und *Desenuri tragice*, 1927 (Tragische Schicksale) thematisiert P.-B das monotone Leben der Frauen in der Provinz, deren Existenz sich einzig über gesellschaftliche Akzeptanz definiert. P.-B.s Werke waren heftig umstritten: Vorgeworfen wurde ihr ein überfrachteter Stil, vor allem aber die Verletzung der grammatischen Normen der rumänischen Sprache.

Der Erste Weltkrieg bringt eine Wende in ihrem Schaffen. 1916–1917 als Krankenschwester in einem Lazarett eingesetzt, wird P.-B. mit der Brutalität der Welt konfrontiert. Ihre nachfolgenden Schriften verlassen die innere Erkundung und entdecken die Außenwelt. Auf der Suche nach einer geistigen Heimat nähert sie sich dem Literaturkritiker und Moderne-Papst E. Lovinescu (1881–1943), der sich an französischen Literaturströmungen orientiert. 1919 ist P.-B. Mitbegründerin des Literaturkreises *Sburătorul* (Der Luftgeist). Sie arbeitet nunmehr an einer »objektiven« Prosa und wendet sich verstärkt dem Roman zu. In *Balaurul*, 1923 (Der Lindwurm) verarbeitet sie ihre Kriegserlebnisse; er gilt als einer der ersten rumänischen Antikriegsromane. Der Durchbruch gelingt ihr mit *Concert din muzică de Bach*, 1927 (*Das Bachkonzert*, 1967) und *Drumul ascuns*, 1936 (Der verborgene Weg, dt. erschienen als 2. Teil des *Bachkonzerts*), Teile des Romanzyklus über die Familie Hallipa. Dargestellt wird die Bukarester Großbourgeoisie der Zwischenkriegsjahre: Lebemänner, Parvenus und Snobs in ihrem Streben nach Reichtum und Macht. Im Zentrum stehen jedoch die Frauen und ihre neue Definition von Glück, das nicht mehr den Hafen der Ehe, sondern den Aufstieg in die mondäne Gesellschaft ansteuert. Sämtliche gesellschaftliche Normen scheinen dabei aufgehoben. In diesem Vakuum gedeihen Vulgarität, Promiskuität, Krankheit und Tod. P.-B.s Romane stehen im Gegensatz zu den nationalbetonten Literaturströmungen Rumäniens und bilden den Übergang zur Moderne. Sie gilt als die Gründerin des rumänischen psychologischen Stadtromans. Für den Roman *Logodnicul*, 1935 (Der Verlobte) erhält sie 1936 den Großen Preis des rumänischen Schriftstellerverbandes, 1948 wird ihr der Nationalpreis für ihr Gesamtwerk verliehen.

Opere, I-III. București 1972. – Lit.: Behring, E.: *Rumänische Literaturgeschichte von den Anfängen bis zur Gegenwart*. Konstanz 1994; Ciobanu, V.: *H. P.-B.* București 1965; Călinescu, G.: *Istoria literaturii române la origini pînă la prezent*. București 1948.

Ilse Saynovits

Pardo Bazán, Emilia

Geb. 15. 9. 1851 in La Coruña/Spanien; gest. 12. 5. 1921 in Madrid

Bereits sechzig Jahre vor Simone de ↗Beauvoir kritisierte P.B. die Unterdrückung und Ausgrenzung der Frauen in der spanischen Gesellschaft des 19. Jh.s. in zahlreichen ihrer Essays und Romane. Die 1852 in Galizien geborene Schriftstellerin, Journalistin, Literaturwissenschaftlerin und Dichterin ist neben ↗Teresa de Avila die bekannteste und meist gelesene Autorin der iberischen Halbinsel. – Emilia wächst in einer reichen und aristokratischen Familie auf, die ihr früh Lektüre und Kultur vermittelt, doch der Zugang zur Universität bleibt ihr verwehrt – erst seit 1910 werden in Spanien Frauen an den Universitäten zugelassen. Kindheit und Jugend der Heranwachsenden werden im Jahr 1868 durch drei Ereignisse abrupt beendet: »Ich begann lange Kleider zu tragen, ich heiratete und die Septemberrevolution von 1868 brach aus.« Die Revolution öffnet ihr die Augen für die sozialen Mißstände ihres Landes, die sie nie müde sein wird, in ihren Schriften anzuklagen. Der Umzug ihrer Familie nach Madrid und politisch bedingte Reisen nach Frankreich und Italien bringen sie mit den kulturellen Zirkeln Europas zusammen.

1876 beginnt sie ihre literarische Karriere mit einer Gedichtsammlung und einer literaturwissenschaftlichen Arbeit über den spanischen Aufklärer B.J. Feijoo y Montenegro (1676–1764). Dessen *Teatro crítico universal* (1726–1740) wird auch Pate für P.B.s von 1891–1893 herausgegebene Monatszeitschrift *Nuevo teatro crítico*, deren Artikel, Rezensionen und Aufsätze allein von ihr verfaßt sind. Bei einem Genesungsaufenthalt in Vichy macht sie durch die Lektüre Emile Zolas Bekanntschaft mit dem Naturalismus. Als katholische Aristokratin kann sie jedoch gewisse Grundannahmen Zolas – besonders den sozialen Determinismus und die Vererbungslehre – nicht akzeptieren. In *La Cuestión palpitante*, 1883 (Die brennende Frage), einem Essayband, der großes Aufsehen erregt und sie berühmt macht, adaptiert sie daher den französischen Naturalismus an spanische Verhältnisse. Stärker als in ihren theoretischen Arbeiten manifestiert sich P.B.s Naturalismus, der oft als Verlängerung des spanischen Realismus mit Elementen aus der Wissenschaft und deren Sprache bezeichnet worden ist, in ihren Romanen *Un viaje de novios*, 1881 (*Die Hochzeitsreise*, 1895) und *La tribuna*, 1882 (Die Tribüne). In ihrem Hauptwerk *Los Pazos de Ulloa*, 1886 (*Die Leute von Ulloa*, 1946) bildet die wilde Landschaft des ländlichen Galizien den Hintergrund für die Handlung, in der die individuelle und soziale Dekadenz der Aristokratie, bestimmt durch sexuelle Abhängigkeit, Müßiggang und Wertelosigkeit, konfrontiert mit Elend, Habsucht und Neid der Landbevölkerung den Untergang der erzählten Schicksale mit der unerbittlichen Logik der Umstände zur Folge hat. Die Thematisierung von sozialen Problemen wie Alkoholismus, Prostitution, Inzest und Degeneration in Zeiten der Restauration ist jedoch höchst provokant, zumal sie eine Frau formuliert, die katholisch und adelig ist. Die Polemik, die ihr Schreiben auslöst, und die zahlreichen Angriffe führen dazu, daß ihr

Ehemann José Quiroga sie auffordert, das Schreiben aufzugeben. P.B. entschließt sich daher zwischen 1883 und 1884, ihren Mann zu verlassen, und genießt fortan die Freuden der außerehelichen Liebe – u.a. mit dem Schriftsteller Benito Pérez Galdós, dessen Frauenfigur Tristana im gleichnamigen Roman auffällige Ähnlichkeiten mit P.B. hat. Die Skandale können ihre Karriere jedoch nicht aufhalten. 1895 wird sie als erste Frau Mitglied im Ateneo in Madrid; ihre Aufnahme in die Real Academia de la Lengua wird allerdings abgelehnt. 1910 erhält sie eine beratende Funktion im öffentlichen Bildungswesen und 1916 sogar einen Lehrstuhl für Literatur an der Universidad Central in Madrid. – P.B. schreibt bis zu ihrem Tod zahlreiche Romane und Essays sowie auch über 500 Erzählungen. Neben grundlegenden Texten zur Frauenfrage in der »Biblioteca de la mujer« veröffentlicht sie 1913 allerdings auch ein Rezeptbuch.

Obras completas. 43 Bde. Madrid 1891. – Lit.: Mathis, U.: »›La Cuestión Palpitante‹, ›Los Pazos de Ulloa‹ und ›La Mujer Española‹. Zur Konzeption der weiblichen Figuren bei E.P.B.« In: Matzat, W. (Hg.): *Peripherie und Dialogizität. Untersuchungen zum realistisch-naturalistischen Roman in Spanien*. Tübingen 1995, S. 185–203; Wolter, B.: *Geschlechterspezifik, Sprache, literarische Konstruktion: Empathiestrukturen bei E.P.B. und Benito Pérez Galdós*. Berlin 1997.

Susanne Thiemann

Parker, Dorothy

Geb. 22. 8. 1893 in West End, New Jersey/USA; gest. 7. 6. 1967 in New York

Parker war Teil der legendären Gruppe von Künstlern und Intellektuellen, die in den 20er Jahren im Algonquin Hotel in New York zusammenkamen; sie wurde bewundert und gefürchtet wegen ihrer beißenden Ironie, begann ihre journalistische Karriere als Dramen-Kritikerin für *Vanity Fair* und arbeitete seit 1927 für die Zeitschrift *The New Yorker*, deren Gestaltung und Ansehen sie mit ihren intellektuell scharfen, sarkastisch-humorvollen Rezensionen und Kurzgeschichten entscheidend mitgeprägt hat.

Als Verfasserin von Kurzgeschichten, Gedichten, Dramen und Essays genoß P. bei ihrem zeitgenössischen Publikum eine große Popularität. Einige Kritiker bezeichneten sie als »the wittiest woman in America« – eine Charakterisierung, die P. in einem Interview mit folgenden Worten kommentierte: »It got so bad that they began to laugh before I opened my mouth.« Ihr erster Gedichtband *Enough Rope* (1926) war ein Bestseller. Ihre Kurzgeschichten, denen die Literaturkritik zurecht die größte Aufmerksamkeit geschenkt hat, sind in mehreren Sammlungen zusammengestellt: *Laments for the Living* (1930), *After Such Pleasures* (1933) und *Here Lies* (1939). Mit Elmer Rice schrieb sie das Drama *Close Harmony* (1924), mit Ross Evans *The Coast of Illyria* (1949), mit Arnaud d'Usseau *The Ladies of the Corridor* (1953). Ihre Rezensionen wurden 1951 unter dem Titel *A Month of Saturdays* veröffentlicht. Daneben schrieb sie Drehbücher für Hollywood – z.T. gemeinsam mit ihrem zweiten Ehemann Alan Campbell, den sie 1933 zum ersten Mal und 1950, drei Jahre nach der Scheidung, erneut heiratete. Über ihre Tätigkeit als Drehbuch-Autorin allerdings hat sie sich des öfteren ablehnend geäußert, vielleicht auch deshalb, weil die Arbeit für Hollywood kaum zu vereinbaren war mit ihrem politischen Engagement in der kommunistischen Partei, für das sie – wie viele andere Schriftsteller in den 50er Jahren – öffentlich ›gebrandmarkt‹ wurde. Immerhin hatte ihr diese Arbeit ein beträchtliches Einkommen beschert. Ein Teil ihres Vermögens, den sie Martin Luther King vermacht hatte, fiel nach seinem Tod an die National Association for the Advancement of Colored People. P. selbst starb einsam in einem Hotel in New York.

Auch wenn für heutige Leser die Popularität dieser Schriftstellerin und die Bewunderung, die P. von vielen ihrer Zeitgenossen entgegengebracht wurde, nicht mehr in gleichem Maß gegenwärtig sind, so können doch ihre Kurzgeschichten und Essays auch heute noch dazu beitragen, den allgemeinen kulturellen und gesellschaftspolitischen ›Zeitgeist‹ der 20er und 30er Jahre zu konkretisieren – nicht nur wegen der pointierten Dialogführung und den scharf beobachteten Details, die ihre Geschichten auszeichnen, sondern auch, weil hier zugleich ein Bild der amerikanischen Gesellschaft deutlich wird, deren einengende Geschlechterrollen P. immer wieder ironisch/sarkastisch beleuchtet und attackiert.

Lit.: Frewin, L.: *The Late Mrs. Dorothy Parker.* New York 1986; Meade, M.: *D. P.: What Fresh Hell Is This?* New York 1987; Calhoun, R.: *D. P.: A Bio-bibliography.* Westport, Conn. 1993; Melzer, S.: *The Rhetoric of Rage: Women in D. P.* New York 1997; Kinney, A. F.: *Dorothy Parker.* New York 1998.

Renate Hof

Parra, Teresa de la (eigtl. Parra Sanojo, Ana Teresa)

Geb. 5. 10. 1889 in Paris; gest. 23. 4. 1936 in Madrid

Wie andere zeitgenössische Schriftsteller befaßt sich die Venezolanerin P. kritisch mit den Folgen des Modernisierungsprozesses, durch den ab den 20er Jahren die Industrialisierung, Urbanisierung und Internationalisierung der lateinamerikanischen Staaten einsetzt. Allein sie verweist jedoch nachdrücklich auf die Notwendigkeit einer Neudefinition der Rolle der Frau angesichts veränderter sozialer Strukturen. Gerade der Konflikt zwischen dem emanzipierten Frauenbild im Nachkriegs-Europa und der lateinamerikanischen Realität tritt in ihrer Perspektive klar zutage. – 1889 als Tochter des venezolanischen Konsuls für Berlin in Paris geboren, verlebt P. den Großteil ihrer Kindheit auf dem Familiengut, einer Zuckerrohr-Hacienda nahe Caracas. Nach dem Tod des Vaters übersiedelt die Familie 1900 nach Spanien, wo P. ein katholisches Internat besucht. Als 20jährige kehrt sie nach Venezuela zurück. Sie widmet sich intensiv der Lektüre französischer und lateinamerikanischer Literatur und nimmt, bewundert für ihre Schönheit, Eleganz und Intelligenz, am gesellschaftlichen Leben der Oberschicht teil. In Venezolaner und Pariser Zeitschriften erscheinen ab 1915 ihre ersten Erzählungen. 1922 veröffentlicht *La Lectura Semanal* in wöchentlichen Ausgaben ihr *Diario de una señorita que se fastidia.* Mit diesem ›Tagebuch eines sich langweilenden Fräuleins‹ wird P. erstmals einer breiteren Öffentlichkeit in Caracas bekannt. Man zeigt sich beeindruckt von der eleganten Prosa, gleichzeitig aber schockiert über die ›unmoralischen‹ Ansichten der Autorin, schildert sie doch mit beißender Ironie die Vorurteile und überkommenen Traditionen der patriarchalisch geprägten Gesellschaft Caracas', gegen die eine junge Venezolanerin, eben von ihren Erziehungsjahren in Europa heimgekehrt, vergeblich rebelliert. Im kosmopolitischen Paris dagegen wird das ›Tagebuch‹ gefeiert, 1924 als bester hispanoamerikanischer Roman prämiert und, in Anspielung auf das Scheitern der Protagonistin, unter dem Titel *Ifigenia* veröffentlicht.

In Paris, wo P. seit 1923 lebt und in den Kreisen Intellektueller und Diplomaten verkehrt, schreibt sie auch ihren autobiographisch gefärbten zweiten Roman, *Las memorias de Mamá Blanca* (1929). Hier ersteht im Rückblick der bereits weißhaarigen ›Mamá Blanca‹ eine Kindheitsidylle, angesiedelt in der naturnahen und weiblich geprägten Welt einer venezolanischen Hacienda, zunächst noch kaum berührt von gesellschaftlichen Zwängen, zivilisatorischem ›Fortschritt‹ und Modernisierung. Die Idealisierung der herrschaftlich-feudalen Atmosphäre vergangener Zeiten und das scheinbare Fehlen revolutionärer Ideen tragen dazu bei, daß dieser Roman von traditionalistischer Seite her sehr gut aufgenommen wird. Mehrere z. T. mit Vorträgen verbundene Übersee-Reisen zeugen von P.s Popularität über die französische Literaturszene hinaus. 1930 hält sie in Kolumbien eine vielbeachtete Vortragsreihe ab, in der sie die von der offiziellen Historiographie ignorierte Rolle der Frauen in der Geschichte Lateinamerikas herausstreicht. Etwas ambivalent nimmt die sich selbst als ›moderate‹ Feministin Bezeichnende dabei auch Bezug auf aktuelle Verhältnisse. So fordert sie zwar eine Liberalisierung der Sitten, die es den Frauen ermöglichen sollte, bezahlter Lohnarbeit nachzugehen und finanziell unabhängig zu sein, nicht aber weibliches Wahlrecht oder politisches Engagement. Zudem äußert sie eine spezielle Vorliebe für die selbstlosen und Verzicht übenden Frauen der Kolonialzeit, mehrere der von ihr genannten historisch bedeutsamen Frauen entsprechen aber – so wie P. selbst – gerade nicht diesem kolonialen Tugendmodell.

Anlaß zu Widerspruch und öffentlichen Anfeindungen geben auch P.s gute Beziehungen zum venezolanischen Diktator Juan Vicente Gómez (1908–1935). Tatsächlich erhält die Autorin mehrmals – in Ermangelung eines Kulturministeriums in Venezuela – Förderung direkt vom Präsidentenamt. Wichtiger als politische Verbindungen erweisen sich letztlich jedoch jene zu Frauen. Das Vermächtnis ihrer venezolanischen Protektorin Emilia Barrios sichert P. einen guten Teil ihrer materiellen Unabhängigkeit. Ihr Briefwechsel mit der Chilenin Gabriela ↗ Mistral und der Kubanerin Lydia Cabrera dokumentiert auf berührende Weise die enge Freundschaft zwischen den drei Schriftstellerinnen.

Obra: narrativa, ensayos, cartas (Das Werk: Erzähltexte, Essays, Briefe). Hg. Velia Bosch. Caracas 1982. – Lit.: Bosch, V. (Hg.): *T. d. l. P. ante la crítica.* Caracas 1980; Febres, L.: *Cinco perspectivas críticas sobre la obra de T. d. l. P.* Caracas 1984; Garrels, E.: *Las grietas de la ternura. Nueva lectura de T. d. l. P.* Caracas 1986; Gold, J. N.: »T. d. l. P.: Keeping the Contradictions Alive«. In: Erro-Orthmann, N./Cruz Mendizabal, J. (Hgg.): *La escritora hispánica.* Miami 1990, S. 243–250; Rosa, R./Sommer, D.: »T. d. l. P.: America's Womanly Soul«. In: Meyer, D. (Hg.): *Reinterpreting the Spanish American Essay: Women Writers of the 19th and 20th Centuries.* Austin 1995, S. 115–124.

Claudia Leitner

Parun, Vesna

Geb. 10. 4. 1922 in Zlarin/Kroatien

»Nacht ist in meinem Leib, Nacht ist in den Wolken,/ Trauer in meiner Kehle, leiser denn Mondschein ...« Als dekadent und anarchisch, »eine negative Erscheinung der zeitgenössischen Lyrik« verurteilte die offizielle Literaturkritik die junge P. Ihre erste Gedichtsammlung *Zore i vihori*, 1947 (Morgenrot und Stürme) war eine Herausforderung an den sozialistischen Realismus der Nachkriegsjahre und ein Wegweiser für die nachfolgende kroatische Dichtergeneration. P. wurde zu einer der meistgelesenen Lyrikerinnen im ganzen ehemaligen Jugoslawien. Allerdings ist ihr immenses, einem unaufhaltsamen Schreibfluß entspringendes Opus mit dem ostinaten Thema der vergeblichen oder vergangenen Liebe nicht von gleichbleibender dichterischer Qualität.

P.s lyrische Landschaft ist die mediterrane Welt ihrer Heimat Dalmatien, aber diese Landschaft ist nicht arkadisch-heiter. Nach ihren eigenen Worten hat P. in ihrem Leben ›mehr Leid und Qual als Freude‹ erfahren. P. wächst in der Enge einer kinderreichen Beamtenfamilie auf. 1940 immatrikuliert sie sich in Zagreb für Romanistik, aber die Wirren des Zweiten Weltkriegs, der Partisanentod ihres Bruders, dazu ständige Krankheiten lassen sie nicht zum Studieren kommen. Auch ein zweiter Anlauf 1947 – in Philosophie – scheitert, sie erkrankt an Typhus und stürzt wegen einer langjährigen, unglücklichen Liebe in eine tiefe Krise. Diese Kindheits- und Jugenderfahrungen erscheinen in unmittelbarer, mädchenhaft-naiver Perspektive in P.s erster Gedichtsammlung 1947. Sie orientiert sich an P.s persönlichem Empfinden, nicht an literarischen Konventionen, ist handwerklich z.T. noch unvollkommen, wirkt durch ihre Originalität, freie Versgestaltung, ungewöhnlichen Metaphern und eindrucksvoll archaisierende Sprache. Von der negativen Kritik läßt sich die junge P. aber noch so verunsichern, daß sie schon ein Jahr später eine konforme Sammlung von 120 (!) vierstrophigen Gedichten – meist vierzeilig mit Kreuzreim – vorlegt.

Erst in *Crna maslina*, 1955 (Schwarzer Olivenbaum), das einige Kritiker für ihr Meisterwerk halten, tritt P. dem Leser als erwachsene Frau entgegen, die gelernt hat, mit dem »Übel der Liebe«, mit Verletzungen, Qualen, Demütigungen zu leben. Ihre Verse sind schwer und düster, oft von trauriger Sinnlichkeit, etwa wenn sie den Geliebten der jüngeren Konkurrentin überläßt: »Geh an seiner Küste entlang. Begegne/den trauernden Delphinen./Streife durch seinen Wald«. Auch die folgenden zahlreichen Gedichtbände haben eine ähnliche Grundhaltung, etwas bitterer *Ropstvo*, 1957 (Knechtschaft), milde und zur Ruhe gekommen *Koralj vraćen moru*, 1959 (Koralle, ins Meer zurückgeworfen). Eine vergleichbare weiblich-erduldende Haltung – verbunden mit fernöstlicher Philosophie – ist in der Liebeslyrik von Vesna Krmpotić (geb. 1932) zu finden, die über P. schreibt: »Eine Frau ist wie die Erde, die alle mit Füßen treten und von der alle leben. Das ist die traurige und stolze Weisheit, die zwischen P.s Schluchzern reift.«

Die 60er Jahre bringen eine weitere Krise für P. 1962–67 lebt sie in Bulgarien, heiratet, die Ehe scheitert. Sie schreibt viel, aber unkonzentriert; fast jedes Jahr erscheint ein Band, der umfangreichste 1966, *Gong*. Erst mit der Sammlung *Ukleti dažd*, 1969 (Der verfluchte Regen) gelingt ihr ein weiterer kreativer Höhepunkt: sie verläßt die thematische Enge der individuellen Liebe, entwickelt eine gleichsam befreite ›Liebe zu Klängen, die keinen Körper haben‹. Der ständige Schreibfluß bestimmt weiterhin P.s Lebensrhythmus: Sie verfaßt ›Hundert Sonette‹ (*Sto soneta*, 1972), nach eigenen Worten sogar rund 500, davon 86 in der Sammlung *Olovni golub*, 1975 (Bleierne Taube). Es entstehen einige – weniger gelungene – Theaterstücke, aber auch erfolgreiche Kinderbücher und ein zornig-satirischer Gedichtband (*Apokaliptičke basne*, 1976/Apokalyptische Fabeln), mit dem sie beweist, daß sie dieses Genre ebenfalls beherrscht. Ihre Bücher erscheinen auch in Sarajevo und Belgrad; noch 1989 erhält die bekannteste kroatische Lyrikerin für den Band *Kasfalpirova zemlja* (Kasfalpirs Land) einen serbischen Literaturpreis. P. lebt – und schreibt – zurückgezogen in Zagreb.

Izbrana djela (Ausgewählte Werke). Pet stoljeća hrvatske književnosti, Bd. 155. Zagreb 1982; *Poezija. Izbor* (Dichtung. Auswahl). Sarajevo 1988; dt. Ü. einzelner Gedichte z. B. in *Most* (Die Brücke) 1969, 1983.

Petra Rehder

Pavlova, Karolina Karlovna (geb. Karoline Jänisch)

Geb. 10. 7. 1807 in Jaroslavl/Rußland; gest. 2. 12. 1893 ? bei Dresden

Geboren in einer aus Deutschland eingewanderten Familie, bediente sich P. in ihrer Dichtung unter ihrem Mädchennamen Jänisch nahezu gleichberechtigt der deutschen und der französischen Sprache. In Dresden und Leipzig erschien 1833 eine Sammlung von Übertragungen russischer zeitgenössischer Dichter unter dem Titel *Das Nordlicht*. 1839 folgte in Paris die Gedichtsammlung *Les Préludes*, wobei in beiden Ausgaben eigene Gedichte der Übersetzerin in der jeweiligen Landessprache beigefügt waren. Doch nur in Rußland ist P. als Dichterin angenommen worden. Nur dort sind ihre in zahlreichen Zeitschriften und Almanachen erschienenen Werke zu Lebzeiten und danach in Werkausgaben vereint worden, die zumeist ihr russisches lyrisches Werk umfassen.

Hatten ihr die Übersetzungen bereits Anerkennung durch Humboldt und Goethe eingetragen, so begann ihre Popularität als Dichterin nach ihrer Ehe mit dem liberalen Schriftsteller Nikolaj Pavlov (1830–1864). Ihr gemeinsamer literarischer Salon in Moskau bildete einen Gegenpol zum Petersburger Salon einer weiteren russischen Dichterin dieser Zeit, Evdokija ↗ Rostopčina (1811–1858), der P. in Gedichten Abtrünnigkeit von den Idealen der alten russischen Hauptstadt Moskau vorwarf. Sehr persönlich motivierte Liebesgedichte, gerichtet an den polnischen Dichter Adam Mickiewicz (1798–1855), mit dem sie für eine Zeit verlobt war, und später an den Studenten Boris Utin, den sie als reife Frau nach der Trennung von Pavlov kennenlernte, sowie patriotische Verse über Moskau und Rußland bilden Themenkreise ihrer Dichtung.

Bekannt geworden sind ihre Poeme, und sie sind maßgebend für die Renaissance ihrer Werke seit den 80er Jahren des 20. Jh.s in den USA, England, Italien und Deutschland. Von 1843–1859 erscheint *Kadril* (Die Quadrille), das aus vier in sich geschlossenen Erzählungen in Versform besteht. Über Ich- Erzählerinnen werden Schicksale junger Frauen aus dem Adel wiedergegeben, deren Liebe am Standesdünkel scheitert. 1848 wird dieser Widerspruch in dem in alternierenden Vers- und Prosaabschnitten gefaßten Roman *Dvojnaja žizn'* (Ein doppeltes Leben) noch offener und analytischer umgesetzt. Über die Figur eines Dichters in der in Prosa gehaltenen Traumhandlung werden einem jungen Mädchen, das Heiratsintrigen zum Opfer fallen soll, die Augen geöffnet, ohne daß sie in der in Versen gehaltenen Taghandlung von dieser Warnung Gebrauch machen könnte. Die Absolutheit ihrer Hinwendung zur Dichtkunst, für Frauen in Rußland zu jener Zeit noch selten, bringt ihr Bewunderung ein, jedoch auch Spott und Mißgunst, als sie ihren Mann an Popularität zu übertreffen beginnt. Dies ist neben dem Prestigeverlust romantischer Dichtung durch eine eher auf den sozialen Auftrag orientierte revolutionärdemokratische Literaturkritik in Rußland einer der Gründe, warum sich P. zunächst von ihrem Mann, später von Moskau und schließlich von Rußland trennt. Nach langen Reisen durch Europa läßt sie sich 1858 endgültig in Dresden nieder. Mit Hilfe des Schriftstellers Berthold Auerbach (1812–1882) und des aus Odessa nach Dresden gekommenen Wilhelm Wolfsohn (1820–1865) findet sie zunächst raschen Anschluß an die Dresdener Kulturgesellschaft. Bereits 1859 wird ihre in Deutsch verfaßte Komödie *Eine übereilte Ehe* am Königlichen Hoftheater gezeigt. In Wolfsohns Zeitschrift *Russische Revue* (1863–1865) publiziert sie eigene Gedichte und zunehmend Übersetzungen von Werken A. K. Tolstojs. In einem über fünfzehn Jahren andauernden sehr engen Dialog übertrug sie drei seiner Dramen. Im Briefwechsel mit Tolstoj sind die wenigen Angaben zu P.s Leben in Deutschland erhalten geblieben. Über ihre letzten Lebensjahre in Dresden ist wenig bekannt, Todesjahr und -ort lassen sich gegenwärtig nicht belegen.

Polnoe sobranie stichotvorenij (Vollständige Gedichtausgabe). Moskau/Leningrad 1964. – Lit.: Gerhard, D.: »Zu den russischen Übersetzungen der K. P.« In: *Zeitschrift für slavische Philologie* XVI, 1939; Lettmann-Sadony, B.: *K. K. P. – eine Dichterin russisch-deutscher Wechselseitigkeit*. München 1971; Sendich, M.: »Boris Utin in P.'s Poems and Correspondence: P.'s Unpublished Letters to Utin«. In: *The Slavonik and East European Review* LIV, octobre 1976, S. 44; Göpfert, F.: »Das deutsche Werk K. K. P. Textsammlung zur ersten deutschen Gesamtausgabe«. In: Ders.: *FrauenLiteraturGeschichte*. Potsdam 1994.

Frank Göpfert

Pawlikowska-Jasnorzewska, Maria (geb. Kossak)

Geb. 24. 11. 1891 in Krakau; gest. 9. 7. 1945 in Manchester/England

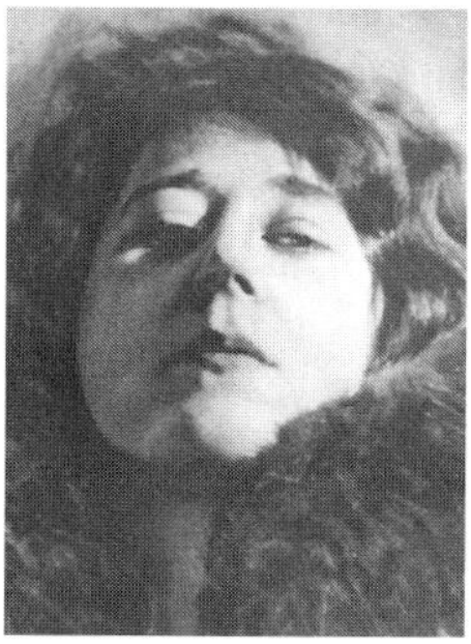

Literaturkritische Urteile über P.-J. reichen vom Infantilismus (»Nachtigall«, »Schmetterling«) bis zu der Genialität der Dichterin. Die Vertreter der polnischen Avantgarde erklärten sie zum größten – freilich außerhalb ihrer eigenen Gruppe – zeitgenössischen ›Dichter‹ in Polen. Die gesamte polnische Kritik aber stand ihrem Schaffen generell ratlos gegenüber und war sich darüber einig, daß ihre Poesie, in der ›an das Wunder grenzende wirksame Einfachkeit verblüfft‹, in der polnischen Literatur eigentlich keine Vorläufer hat. Zwischen den beiden Weltkriegen hat P.-J. zwölf Lyrikbände und einen Band poetischer Prosa veröffentlicht. Von Kindheit an schrieb sie Gedichte, debütierte aber erst mit mehr als dreißig Jahren mit dem Gedichtband *Niebieskie migdały*, 1922 (Blauer Dunst), der bereits alle wichtigsten Merkmale ihrer Poesie aufweist, die sich anfangs durch maximale Kompaktheit und abgekürzte Formen auszeichnete, um dann zu einer Auflockerung der Regeln und einer Poetik des vom Rhythmus bestimmten Fragments überzugehen.

P.-J. hat, außer der Akademie der Schönen Künste in Krakau, keine Schule besucht. Die künstlerische Atmosphäre im adeligen Elternhaus und dessen hoher Lebensstandard, ermöglichten eine freie Entwicklung ihrer persönlichen Interessen. Ihr Vater Wojciech und Großvater Juliusz Kossak waren bekannte Maler. Sie wurde zu Hause privat unterrichtet und bildete sich autodidaktisch in Philosophie, Naturwissenschaft und Sprachen. Die poetische Entwicklung P.-J.s bis zum Zweiten Weltkrieg, der eine entscheidende Zäsur in ihrem Leben und Schaffen brachte, bestimmen Themen wie Liebe und Tod sowie die Faszination durch das Altwerden und das Vergehen in seiner biologischen und philosophischen Bedeutung, die Protagonisten stammen vornehmlich aus der Natur, der Tier- und Blumenwelt. Ihre existentielle Angst versuchte sie, mit Hilfe der Philosophie des Ostens und eines rationalen Humors zu überwinden. Parallel zur Lyrik entwickelte sich auch das dramatische Schaffen P.-J.s, dessen Hauptteil, obwohl auf der Bühne erfolgreich, bis 1986 unveröffentlicht blieb. Noch am 13. 12. 1938 fand in Krakau die Uraufführung ihrer antifaschistischen und antitotalitären Tragifarce, *Baba Dziwo* (Wundersames Weib) statt, in der ein nicht schwer zu erkennender Diktator in der weiblichen Hauptfigur dargestellt wurde. Die deutsche Botschaft hat nach der Premiere scharfen Protest gegen ›die Satire auf den Führer‹ geäußert. Kurz vor dem Zweiten Weltkrieg, 1939, veröffentlichte P.-J. ihr *Szkicownik poetycki* (Poetisches Skizzenbuch), in dem sich die ersten Vorahnungen des Kriegs finden. Die ›polnische Sappho‹, ›die Blume‹, ›die Pariser Puppe‹ ahnte die Gefahr des Kriegs frühzeitig. Erdrückt von der Vision des aufkommenden Weltuntergangs, schilderte sie apokalyptische Bilder eines drohenden ›interplanetaren Unfalls‹.

1939 floh P.-J. mit ihrem dritten Mann, dem Piloten Stefan Jasnorzewski, nach Rumänien und dann weiter nach Paris. Nach der Niederlage Frankreichs flohen sie nach Blackpool (England), wo die polnischen Piloten stationiert waren. In dieser Zeit hat sie ihre Eltern in Polen verloren und erkrankte dann schwer. Der Krieg war für P.-J. der ›hilflose Wahnsinn der Wahnsinnigen‹, der schließlich zu einer Katastrophe der Gattung führen mußte. In der Zukunft sollte sich der Triumph Hitlers in der ›Verhitlerisierung von anständigen und ruhigen Nationen manifestieren‹. Der nach dem Tod P.-J.s in London herausgegebene Lyrikband *Ostatnie utwory*, 1956 (Die letzten Werke) ist, ähnlich wie zwei frühere Bände (1940, 1941), geprägt vom Bewußtsein der menschlichen Niederlage: »Der kugelige Erdkopf ist wahnsinnig geworden«. Diese Einstellung kannte aber keinen Haß, nicht zuletzt deshalb, weil »das Unrecht zu groß war, um es zu verwünschen«, und weil die »Vergeltung überhaupt nichts zurückbringt«, während man nur »die Selbstachtung verlieren könnte«. Diese Haltung erweitert P.-J. im Gedicht »Stary olejny obraz« (»Das alte Ölbild«) sogar zu einer Art Mitleid mit dem abgeschossenen Feind, der einer Idee, einem Slogan, zum Opfer gefallen sei. Eine für jene Zeit schockierende Anschauung.

Nach zwei Operationen und einer Radiumbestrahlung halb gelähmt, hat P.-J. ihren »Schritt in die Unendlichkeit«, den Prozeß des eigenen Sterbens ›auf proustische Art‹ in *Ostatnie notatniki*, 1993 (Letzten Notizen) notiert. Als die unumstritten größte polnische Dichterin der Zwischenkriegszeit konnte P.-J. viele Jahre nach dem Zweiten Weltkrieg auch nicht mit der kleinsten Poesieauswahl rechnen, da, aus kommunistischer Sicht, ihre Poesie, wenngleich von höchster Qualität, die Welt von einem ›falschen‹ Standpunkt aus betrachte. Seit der Ausgabe ihrer Werke 1958 erlebt die Lyrik P.-J.s eine Renaissance.

Poezje (Gedichte). 2 Bde. Hg. M. Wiśniewska. Warszawa 1974; *Dramaty.* (Dramen). 2 Bde. Hg. A. Bolecka. Warszawa 1986; *Poezje zebrane.* 2 Bde. Hg. A. Madyda. Toruń 1993. – Lit.: Kwiatkowski, J.: *Wstęp.* In: Hulewicz, J./Sandler, S. (Hgg.): *Wybór poezji.* Wrocław 1969; Milanowski, A.: *Über die Poesie von M. P.-J. – anders.* Wien 1991.

Anna Milanowski

Pedretti, Erica

Geb. 25. 3. 1930 in Šternberk/Nordmähren/Tschechische Republik

»Ich bin von hier. Ich gehöre hierher, wenn ich irgendwohin gehöre. Obwohl ich hier nicht bleiben möchte«, sagt Anna, die Protagonistin in P.s letztem Buch *Engste Heimat* (1995). Die Autorin schickt sie nach Mähren, an Orte, die sie an ihre eigene Kindheit, an ihre mit Ängsten verbundene engste Heimat erinnern. – Die Literaturkritiker sind sich einig: P. zählt seit längerer Zeit nicht nur zu den bedeutendsten Persönlichkeiten der modernen Schweizer Literatur, sondern auch zu den besten unter den deutschsprachigen Autorinnen überhaupt. Geboren wurde sie im nordmährischen Šternberk, und in dieser Gegend in Zábřeh (Hohenstadt) ist sie auch aufgewachsen. Ende 1945 kam sie mit einem Rotkreuztransport zu den Verwandten in die Schweiz. In Zürich besuchte sie die Kunstgewerbeschule, wo sie auch ihrem späteren Mann, dem Maler und Bildhauer Gian Pedretti, begegnete. 1950 mußte die Familie das Land verlassen und nach Amerika emigrieren. Nach zwei Jahren kehrte

P. zurück in die Schweiz. Sie heiratete und lebte im Engadin, wo sie und ihr Mann als Silberschmiede arbeiteten. Nach 22 Jahren verließen sie die Alpen und leben und arbeiten seitdem im französischen La Neuveville. P. ist ebenfalls auf dem Gebiet der bildenden Kunst erfolgreich tätig. Ihre großflächigen flügelartigen Objekte stehen z. B. in Chur, Bern und Zürich.

Mit dem Schreiben hat P. relativ spät angefangen. 1970 erschien im Suhrkamp Verlag ein schmaler Band kurzer Prosatexte *Harmloses, bitte*, in denen sie es zum ersten Mal wagte, ihre Erinnerungen an die mährische Heimat zu veröffentlichen. Der Begriff ›Heimat‹ war für sie ein Tabu, weil er in ihr unangenehme Assoziationen hervorrief. Heimatverlust und Heimatgewinn spielen auch in ihrem nächsten, autobiographisch gefärbten Prosaband *Heiliger Sebastian* (1973) und in dem Buch *Veränderung oder die Zertrümmerung von dem Kind Karl und anderen Personen* (1977) eine entscheidende Rolle. In den darauffolgenden Erzählungen *Sonnenaufgänge Sonnenuntergänge* (1984) und dem Roman *Valerie oder Das unerzogene Auge* (1986) verläßt sie die Thematik. Mit einer Lesung zu ihrem letztgenannten Buch gewann P. 1984 den Ingeborg-Bachmann-Preis. Inspiriert wurde sie zu diesem Buch durch den Schweizer Maler Franz Hodler und dessen Modell – die krebskranke Freundin und Geliebte Valentine Godé-Darel. In dem letzten Text sind keine mährischen Motive mehr zu finden. Mit den Berichten aus dem ehemaligen Jugoslawien wird P. an die böse Zeit wieder erinnert. Das Ergebnis ihrer Überlegungen, Reiseeindrücke und Erlebnisse (inzwischen hat sie ihre Heimat mehrmals besucht) ist das Buch *Engste Heimat* (1995). Es ist keine Biographie eines einzelnen Menschen, sondern ein mit viel Feingefühl geschriebenes Buch über uns alle, über unsere Vergangenheit und Gegenwart. Der für P. typische, scheinbar fragmentarische Charakter ihrer Texte und die auf ungewöhnlichen Wortverbindungen und bruchstückhaften Sätzen beruhende klare und reiche Sprache unterstreichen die Suggestivität und Originalität dieses wie der anderen Texte.

Lit.: Zeltner, G.: *Das Ich ohne Gewähr. Gegenwartsautoren aus der Schweiz*. Zürich 1980; Matt, B. v.: *Lesearten. Zur Schweizer Literatur von Walser bis Muschg*. Zürich 1985; Matt, B. v. (Hg.): *Antworten. Die Literatur der deutschsprachigen Schweiz in den neunziger Jahren*. Zürich 1991.

Jitka Luličová

Peri Rossi, Cristina

Geb. 21. 11. 1941 in Montevideo/Uruguay

Als Tochter italienischer Emigranten in Montevideo geboren und in ärmlichen Verhältnissen aufgewachsen, studierte P.R. zunächst Musik und Biologie, machte dann aber ihren Abschluß in Vergleichender Literaturwissenschaft – wie sie selbst sagt, weil sie »die Phantasie für ein sichereres Territorium hielt als die physikalischen Gesetze«. Zehn Jahre lang unterrichtete sie als Professorin für Komparatistik in der staatlichen Lehrer/innenausbildung in ihrer Heimatstadt. Daneben war sie als Übersetzerin und als Journalistin für verschiedene Zeitungen tätig, u.a. im Redaktionsstab der Zeitschrift *Marcha*, die 1974 von der Militärregierung verboten wurde. Als Mitglied des *Frente Amplio*, einer Koalition von Linksparteien, die bei den letzten demokratischen Wahlen 1971 18% der Stimmen erhalten hatte, wurde P.R. verfolgt und mußte 1972 praktisch über Nacht emigrieren, wie 500.000 andere der 3 Mio. Uruguayer/innen; als Reisegepäck nahm sie nichts mit als einen Koffer voll unbeschriebenen Papiers und einen Kompaß. Ihre Bücher, ja sogar ihr Name waren in ihrem Heimatland dreizehn Jahre lang verboten. Im Exil in Barcelona mußte sie in allen Bereichen praktisch wieder von vorne anfangen: Sie hatte ihre gesamte Bibliothek verloren und durfte als Ausländerin in Spanien nicht unterrichten, also arbeitete sie als Übersetzerin und als Journalistin bei diversen spanischen Tageszeitungen. Als ihr uruguayischer Paß nicht mehr verlängert wurde, stand sie plötzlich als Staatenlose da und mußte eine Papierehe mit einem Spanier eingehen, um die spanische Staatsbürgerschaft zu erlangen. Auf Einladung des DAAD verbrachte P.R. 1980/81 ein Jahr in der damals noch geteilten Stadt Berlin, der sie mehrere Gedichte in *Europa después de la lluvia*, 1987 (Europa nach dem Regen) widmete. Unmittelbar nach dem Ende der Militärdiktatur (1985) reiste sie zwar auf Besuch in ihr Heimatland, beschloß dann aber, in Spanien zu bleiben; zur Zeit lebt sie in Sevilla.

Als deklarierte Lesbe hat P.R. schon früh versucht, erotische Tabus zu brechen; so haben viele ihrer Texte Liebesbeziehungen zwischen Frauen zum Thema, z.B. in den Lyrikbänden *Evohé* (1971), *Diáspora* (1976) und *Lingüística General* (1979). Daneben treten immer wieder Kinder als Handlungsträger auf, die sich in der grausamen Erwachsenenwelt nur mühsam zurechtfinden, aber auch energisch gegen sie rebellieren und somit allegorisch als Zukunftsträger verstanden werden können (*El libro de mis primos*, 1969/Das Buch meiner Cousins; *La tarde del dinosaurio*, 1976/*Der Abend des Dinosauriers*, 1982; *La rebelión de los niños*, 1980/Der Aufstand der Kinder). Eine weitere wichtige inhaltliche Komponente ist ihr Gespür für drohende politische Radikalisierung; so schrieb sie die meisten der – von latenter und manifester Gewalt geprägten – Texte aus *Indicios pánicos* (1970; Vorboten der Panik), lange bevor die Militärs im Juni 1973 in Uruguay die Macht übernahmen. In ihren literarischen Werken überschreitet P.R. immer wieder die Gattungsgrenzen, vermischt Prosa mit Lyrik oder verwendet Montagetechniken mit verschiedenen

Textsorten wie in ihrem Roman *La nave de los locos,* 1984 (*Iks,* 1988*)*, der als Metapher für die existentielle Befindlichkeit des Exils als *conditio humana* zu verstehen ist. Mit einer Note schwarzen Humors zeichnet die Autorin ein apokalyptisches Bild einer Welt, die im Begriff ist zu zerfallen – Symbol dafür sind die verlassenen Museen in den Erzählungen von *Los museos abandonados,* 1968 (Die verlassenen Museen) und *El museo de los esfuerzos inútiles,* 1983 (Das Museum der vergeblichen Anstrengungen). In *Solitario de amor,* 1987 (*Einzelgänger der Liebe,* 1995) und *La última noche de Dostoievski,* 1992 (*Die letzte Nacht Dostojewskis,* 1994) hingegen wendet sie sich zwei der größten Leidenschaften der Menschheit zu: der Liebe und dem Spiel, beide aus der Sicht eines männlichen Protagonisten erlebt. P. R. ist zur Zeit eine der bekanntesten und meist gelesenen Autorinnen Lateinamerikas; sie hat bedeutende Literaturpreise erhalten, und ihre Werke sind in zahlreiche Sprachen übersetzt worden.

Lit.: Castillo, D. A.: »(De)ciphering Reality in *Los extraños objetos voladores*«. In: *Letras Femeninas* 13,1–2 (1987), S. 31–41; Kantaris, E.: »The Politics of Desire: Alienation and Identity in the Work of Marta Traba and C. P. R.« In: *Forum for Modern Language Studies* 25, 3 (1989), S. 248–264; San Román, G.: »Fantastic Political Allegory in the Early Work of C. P. R.« In: *Bulletin of Hispanic Studies* 67,2 (1990), S. 151–164; Clark, M. B.: »Feminization as an Experience of Limits: Shifting Gender Roles in the Fantastic Narrative of Silvina Ocampo and C. P. R.« In: *Inti* 40–41 (1994–1995), S. 249–268; Dreymüller, C.: »Göttin der Zweideutigkeit: Erotische Ikonen in der Lyrik von C. P. R.« In: *Forum Homosexualität und Literatur* 25 (1995), S. 55–63.

Erna Pfeiffer

Petruševskaja, Ljudmila Stefanovna

Geb. 26. 5. 1938 in Moskau/UdSSR

Es waren die ungeheure Wucht ihrer Alltagstragödien und der nüchtern-lakonische Stil, der das Schreckliche als das Normale setzt, der P., die bereits in den 60er Jahren debütierte, unter dem Vorwurf der »černucha« (Schwarzmalerei) Veröffentlichungen erschwerte und die Aufführung ihrer Stücke auf die Underground-Bühnen beschränkte. Der mit der Perestrojka erfolgte Bannbruch machte sie zur meistgespielten Gegenwartsautorin auf russischen Bühnen und eröffnete ihr den Zugang zu den renommierten Literaturzeitschriften und Verlagen. Dramen wie *Cinzano,* 1973/77, *Tri devuški v golubom,* 1980 (Drei Mädchen in Blau) und *Nadeždy malen'kij orkestrik,* 1986 (Der Hoffnung kleines Orchester) begründeten ihren Ruhm in der internationalen Theaterszene.

P.s Erzählschaffen reicht von der Dokumentation der Gewalterfahrung ihrer in der Regel weiblichen Figuren und Erzähler bis hin zu den Märchen der 90er Jahre. Wie beinahe alle russischen Autorinnen lehnt sie eine Zugehörigkeit ihrer Werke zur ›Frauenliteratur‹ ab. Die erzählten Lebensräume scheinen jeglichen weiblichen Werten entfremdet: Frauen sind nicht Schwestern, sondern Rivalinnen im Kampf um abwesende oder erkaufte Zuwendung des immer als fremd erfahrenen Mannes, der weibliche Körper ist ein Ort der Schmerzerfahrung, die Enge der Gemeinschaftswohnungen pervertiert jedes Miteinander zum Gegeneinander. An das biologische Sein gebundene Lebensvorgänge wie Schwangerschaft, Menstruation, Sexualität und Geburt werden als Krankheit, Abtreibung, Vergewaltigung oder Mißhandlung erlebt. Ein Blick auf die Figurenwahl – ein Reigen von Trinkerinnen, Prostituierten, Kranken und Gehetzten wie in den Erzählungen »Ali Baba«, »Doč' Kseni«, »Svoj krug« und »Bednoe serdce teti Pani«, 1988 (»Ali Baba,« »Ksenijas Tochter«, »Mein Kreis«, »Das arme Herz Tante Panjas«; in: *Unsterbliche Liebe*, 1990) – spricht dem hehren russischen Weiblichkeitsideal Hohn. Dennoch ist es gerade die Diskrepanz zwischen abstoßender Rede und verborgener Menschlichkeit, durch die das Weibliche als das in gnadenloser Wirklichkeit Unlebbare zum Thema wird. So sieht die sich böse nennende todkranke Erzählerin aus »Svoj krug« keinen anderen Ausweg, ihr Kind vor dem Waisenheim zu retten, als ihm durch Schläge das Mitleid der Clique und damit zukünftige Fürsorge zu sichern, und die Heldin des Erzählmonologs »Vremja noč'«, 1992 (»Meine Zeit ist die Nacht«, 1991) ist ihrer Großfamilie zwischen Haßausbrüchen und Verweigerung dennoch Ernährerin und Halt.

P.s letzte Werke zeigen fließende Übergänge zwischen der realen Welt brutalen Alltags und den Wahn-, Phantasie- und Todeswelten des Surrealen. Im Unterschied zu Tat'jana ↗ Tolstaja gibt es keinen Ausflug in den Traum. Tradierte Sehnsuchtsmotive werden durchgehend parodiert oder bereits im Titel hinterfragt – so in den Kurzerzählungen »Dama s sobakami«, 1990 (Die Dame mit den Hunden) und »Tri sestry«, 1993 (Drei Schwestern) bzw. »Pesni vostočnych slavjan«, 1990 (Lieder der Ostslawen), ironischen Allusionen auf Čechov bzw. Puškin. Mythen des Schreckens werden durch die schreckliche Wirklichkeit undramatisch eingeholt, Mythen menschlicher Selbstverwirklichung werden grotesk verkehrt wie in den Erzählungen »Medeja«, 1990 (»Medea«, in: *Auf Gott Amors Pfaden,* 1994) bzw. in »Novye Robinsony. Chronika konca XX veka«, 1989 (Neue Robinsons. Eine Chronik vom Ende des XX. Jh.s), wo menschliche Kreativität im gespenstischen Raum einer anonymen Diktatur Gefahr für das Leben bedeutet.

P.s jüngste Märchen von 1990 bzw. 1993 und Erzählzyklen wie *V sadach drugich vozmožnostej*, 1993 (In den Gärten anderer Möglichkeiten) lassen eine Tendenz hin zu mythischen Strukturen und Gleichnissen erkennen, in denen die Lebenstauglichkeit dem Weiblichen zugeschriebener Werte wie Güte und Schönheit in Auseinandersetzung mit Macht und Berechnung geprüft wird. In der Bevorzugung von Ich-Erzählsituation und monologischem Erzählen sowie einer spezifischen, dem Stadtjargon abgelauschten polyphonen Lexik und Syntax steht P.s Erzählweise in der Tradition des russischen *Skaz* als fiktiver Form mündlichen Erzählens. P. begreift Klatsch und Gespräch als Ausdruck des Interesses am Nächsten und dessen Leben.

Pesni XX veka. Moskva 1988; *Bessmertnaja ljubov'*. Moskva 1988; *Tri devuški v golubom* (Dramen). Moskva 1989; *Lečenie Vasilija i drugie skazki* (Dramen). Moskva 1991; *Po doroge boga Ėrosa* (Erzählungen). Moskva 1993; *Auf Gott Amors Pfaden* (Erzählungen). Berlin 1994; *Tajna Doma. Povesti i rasskazy* (Kurzromane, Erzählungen). Moskva 1995. – Lit.: Leetz, A.: »Gespräch mit L. P.« In: *Unsterbliche Liebe*. Berlin 1990, S. 235–249; Reißner, E.: »Mein Thema ist das Leben«. In: *Das russische Drama der achtziger Jahre*. München 1992, S. 64–90; Schmid, W.: »Laudatio auf L. P.« In: *Wiener Slawistischer Almanach* 29 (1992), S. 175–184; Goscilo, H.: »Speaking Bodies«.

In: Goscilo, H. (Hg.): *Fruits of Her Plume.* Armonk/London 1993; Hielscher, K.: »Gerede – Gerücht – Klatsch. Mündlichkeit als Form weiblichen Schreibens bei L. P.« In: Parnell, C. (Hg.): *Frauenbilder und Weiblichkeitsentwürfe in der russischen Frauenprosa.* Frankfurt/M. 1996, S. 183–192.

Christina Parnell

Plath, Sylvia

Geb. 27. 10. 1932 in Boston; gest. 11. 2. 1963 in London

»Plath is a fantasy, she writes fantasy«, kommentiert die Literaturwissenschaftlerin Jacqueline Rose die öffentliche Faszination an der amerikanischen Autorin, die sich im Alter von dreißig Jahren das Leben nahm. P.s spektakulärer Tod diente zur mythischen Verklärung einer Künstlerin, für die die persönliche Erfahrung sowohl Antrieb als auch Gegenstand ihres Schaffens war. Literaten und Kritiker der 60er und 70er Jahre verehrten sie, ähnlich wie Anne ↗ Sexton, in erster Linie als hochtalentierte, sich im Dienst der Dichtung verzehrende Bekenntnislyrikerin, deren Expressivität neurotische Züge hatte. Feministische Rezipientinnen versuchten, dieser Art von Pathologisierung entgegenzuwirken, indem sie die Autorin als eine zum Scheitern verurteilte Vorkämpferin der Emanzipation der Frau charakterisierten. Eine ›wahre‹ P. läßt sich angesichts der Vielfalt der Deutungsangebote indes nicht ausmachen. Ihr aus Lyrik (*Collected Poems*, 1981), einem Roman, *The Bell Jar*, 1963 (*Die Glasglocke*, 1968), Kurzgeschichten (*Johnny Panic and the Bible of Dreams and Other Prose Writings*, 1977 (*Die Bibel der Träume. Erzählungen* 1987)sowie Tagebüchern und Hunderten von Briefen bestehendes Œuvre besticht nicht nur durch seine stilistische Variationsbreite, sondern auch durch die Palette der darin repräsentierten, teilweise widersprüchlichen Selbst-Bilder.

Bereits als College-Studentin brilliert P. nicht nur durch akademische Leistungen und die Veröffentlichung eigener Gedichte, sondern inszeniert sich auch in der Rolle des strahlenden, populären *All-American Girl*. Während sie in ihren unzähligen, an die Mutter gerichteten *Letters Home*, 1975 (*Briefe nach Hause, 1959–63*, 1979) vor allem ihre Erfolge betont, zeigen die geradezu obsessiven Selbstreflexionen ihrer *Journals*, 1982 (*Die Tagebücher*, 1997) eine gegen Selbstzweifel und Existenzängste ankämpfende junge Frau, deren wiederkehrende Depressionen zu Selbstmordversuchen sowie einem Psychiatrieaufenthalt führten. Die seelischen Folgen des Konflikts zwischen dem Streben nach sozialer Anerkennung und dem Bedürfnis, die einengenden Konventionen des provinziellen Amerika der 50er Jahre als Intellektuelle und Schriftstellerin hinter sich zu lassen, thematisiert P. in ihrem autobiographischen Roman *The Bell Jar*, der die Geschichte der psychischen Odyssee einer 19jährigen mit einer ironischen Kritik am restriktiven Frauenbild ihrer Zeit verbindet. Auch die Gedichte, insbesondere die späteren Bände *The Colossus* (1960) und *Ariel*, 1963 (dt., 1974), reflektieren die Verstrickungen in eine patriarchale Ordnung, wie sie sie sowohl in der Beziehung zu den Eltern als auch in der

»Künstlerehe« mit dem britischen Dichter Ted Hughes (geb. 1930) erfuhr. Die Auseinandersetzung mit Weiblichkeitsstereotypen der 50er Jahre, etwa der *dutiful daughter*, der Muse des virilen Künstlers und der treusorgenden Ehefrau und Mutter, die die Perfektionistin P. allesamt zu verkörpern sucht, bildet einen wesentlichen thematischen Aspekt ihrer Lyrik.

Im Zentrum der Gedichte steht die Bearbeitung traumatischer Abhängigkeitsverhältnisse: die Abrechnung mit dominanten Männerfiguren in »The Colossus« und »Daddy«, oder die Abgrenzung von der phallischen Mutter »Medusa«, die auf die Selbsterneuerung der Sprecherin im Entwurf mythisch verklärter weiblicher *personae*, wie der rächenden »Lady Lazarus«, zielt. Nicht zuletzt aufgrund der präzisschockierenden Introspektionen ist P. zu einer Klassikerin der Gegenwartsliteratur geworden. Ihre ambivalenten Selbst-Repräsentationen lassen sich heute aus ihrer Rolle als ›Schwellenfigur‹ erklären: Zwischen dem *Feminine Mystique* der 50er und dem Feminismus der 60er und 70er Jahre, der Erfolgsorientiertheit der amerkanischen Mittelklasse und der Berufung als Dichterin verkörperte und artikulierte sie die Schwierigkeiten weiblicher Autorschaft am Ende der literarischen Moderne.

Collected Poems. Hg. T. Hughes. London 1981. – Lit.: Alexander, P. (Hg.): *Ariel Ascending*. New York 1985; Rose, J.: *The Haunting of S.P.* London 1991; Wagner-Martin, L.: *Sylvia Plath: Eine Biographie*. Frankfurt/M. 1994.

Annette Schlichter

Poniatowska, Elena (eigtl. Hélène Elizabeth Poniatowska Amor)

Geb. 19. 5. 1932 in Paris

P. stammt aus einem alten polnischen Fürstengeschlecht; ihr Vater, Jean E. Poniatowski, hatte im Exil in Paris Paulette Amor geheiratet, deren Familie nach der Enteignung ihrer Ländereien im Zuge der Mexikanischen Revolution dorthin geflüchtet war. 1941 floh die Mutter mit den beiden Töchtern vor den Nazis und kehrte nach Mexiko zurück, während der Vater bis Kriegsende in der französischen Armee kämpfte und erst dann nachkam. Einige dieser Erlebnisse hat die Autorin in ihrem autobiographischen Roman *La »Flor de Lis«* (1988) nachgezeichnet. Von ihrem mexikanischen Kindermädchen Magdalena Castillo lernte die Achtjährige Spanisch, denn die Eltern hielten dies nicht für wichtig und schickten sie in englischsprachige Klosterschulen in Mexiko und den USA. Doch Elena entsprach von klein auf nicht den Klischeevorstellungen von einer polnischen Prinzessin; anstatt standesgemäß zu heiraten, versuchte sie sich als Journalistin und war so erfolgreich, daß sie bald zu den gefragtesten Interviewerinnen gehörte.

1954, kurz bevor ihr erster Sohn geboren wurde, veröffentlichte sie *Lilus Kikus*, eine Sammlung poetischer Erzählungen über ein aufmüpfiges kleines Mädchen, das stets ungehörige Fragen stellt. Zunehmend begann sie sich nun für das Mexiko abseits der high society zu interessieren, entwickelte den für ihre Texte so typischen

Stil zwischen Dokumentar- und Fiktionalliteratur, denn sie wollte »ihre Stimme denen leihen, die nicht für sich selber sprechen konnten«. So gab sie 1963 das Buch *Todo empezó el domingo* (Alles begann am Sonntag) heraus, eine Chronik der Sonntagsausflüge der Besitzlosen. Eines Tages war sie von der Stimme einer alten Wäscherin so fasziniert, daß sie begann, diese Frau zu interviewen, die als »Jesusa Palancares« in die Annalen der mexikanischen Literatur eingehen sollte, Hauptfigur in P.s Roman *Hasta no verte, Jesús mío*, 1969 (*Jesusa – Ein Leben allem zum Trotz*, 1992). Eine mürrische, verbitterte Außenseiterin erzählt darin in Ich-Form ihr Leben, das in die Wirrnisse der Mexikanischen Revolution eingebunden ist und so gar nicht dem üblichen Klischee eines gutbürgerlichen Frauenlebens entspricht.

1968 markiert einen tiefen Einschnitt in der mexikanischen Geschichte mit dem Massaker von Tlatelolco vom 2. Oktober, bei dem die Regierung in eine Studentendemonstration schießen ließ und mehrere Hundert tötete. P. stellt nach Aussagen von Augenzeugen, Überlebenden, politischen Gefangenen und deren Angehörigen eine Chronik zusammen, *La noche de Tlatelolco*, 1971 (Die Nacht von Tlatelolco), die dem beschämenden Schweigen der offiziellen Medien entscheidend entgegenwirkt. Als sie dafür 1971 aus den Händen des Staatspräsidenten Echeverría den renommierten Villaurrutia-Preis erhalten soll, lehnt sie ihn ab mit der Begründung: »Und wer prämiert die Toten?« 1978 erscheint *Querido Diego, te abraza Quiela* (*Lieber Diego*, 1988), eine Serie von fiktiven Briefen der russischen Malerin Angelina Beloff, deren typisches Frauenschicksal als verlassene Geliebte des Malers Diego Rivera P. berührt hatte. Im Jahr darauf leiht sie Gaby Brimmer, einer spastisch gelähmten Frau, die nur ihren linken großen Zeh zur Kommunikation benützen kann, ihre Stimme für deren autobiographische Aufzeichnungen (*Gaby Brimmer*, 1979). Ebenfalls 1979 erscheint der Erzählband *De noche vienes* (Des Nachts kommst du) und ein Jahr später *Fuerte es el silencio* (*Stark ist das Schweigen*, 1982), eine Sammlung von Reportagen über die Armenviertel von Mexiko-Stadt und die Selbsthilfeversuche von deren Bewohnern. Das schwere Erdbeben von 1985 nimmt sie zum Anlaß, ein weiteres Dokumentarwerk zu verfassen, in dem die Näherinnen, die Obdachlosen, die Witwen und Überlebenden zu Wort kommen (*Nada, nadie, las voces del temblor*, 1988/Nichts und niemand, die Stimmen des Erdbebens).

1992 veröffentlicht sie ihren zweiten Roman, der sie zehn Jahre ihres Lebens gekostet hat: *Tinísima* (*Tinissima*, 1996), eine literarisierte Biographie der Fotografin Tina Modotti, die in den 20er Jahren in Mexiko durch ihren freisinnigen Lebenswandel und ihre Verstrickung in diverse politische Attentate Aufsehen erregte und schließlich als stalinistische Agentin in Moskau, im Spanischen Bürgerkrieg und in Mexiko fungierte. In *Luz y luna, las lunitas* (1994) legt Poniatowska noch einmal die Hintergründe von Jesusas Geschichte dar, berichtet nostalgisch über die letzten Straßenverkäufer in Mexiko-Stadt und schreibt über die »muchachas«, die rechtlosen indianischen Dienstmädchen. »Die Literatur der Frauen ist Teil der Literatur der Unterdrückten« präzisiert P. selbst ihr feministisches Credo in der Zeitschrift *fem* (1982).

Lit.: Hancock, J.: »E. P.s ›Hasta no verte, Jesús mío‹: The Remaking of the Image of Woman«. In: *Hispania* 66,3 (1983), S. 353–359; Bruce-Novoa, J.: »E. P.: The Feminist Origins of Commitment«. In: *Women's Studies International Forum* 6,5 (1983), S. 509–516; Chevigny, B. G.:

»The Transformation of Privilege in the Work of E. P.«. In: *Latin American Literary Review* 13,26 (1985), S. 49–62; Chisholm, K. F.: »Searching for Singularity: Mother-Daughter Narration in E. P.'s *La ›Flor de Lis‹*. In: *Dactylus* 16 (1997), S. 99–121.

Erna Pfeiffer

Prawer Jhabvala, Ruth

Geb. 7. 5. 1927 in Köln

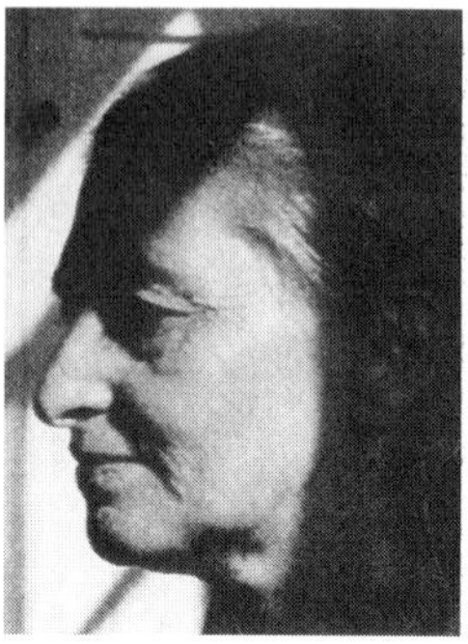

»Ich habe den Großteil meines Lebens als erwachsene Frau in Indien gelebt. [...] Es ist ein sehr starkes Land, und oft erweist es sich als zu stark für europäische Nerven.[...] Um in Indien zu leben und mit sich im reinen zu sein, muß man in sehr beträchtlichem Ausmaß Inder werden und sich indische Verhaltensweisen zu eigen machen [...]. Aber wie ist das möglich? Und selbst wenn es möglich wäre [...], wäre das erstrebenswert?« Mit diesen Worten aus der Einleitung zu dem Erzählband *Eine Witwe mit Geld* von 1989 (*Out of India*, 1972) umreißt P. die Schwierigkeiten ihrer persönlichen Existenz in Indien. Als Tochter jüdischer Einwanderer aus Polen hatte sie ihre Kindheit in Deutschland verbracht und war 1939 mit der Familie nach Großbritannien emigriert. Sie wurde britische Staatsbürgerin und legte an der London University ihren Magister in Englisch ab. Nach der 1951 geschlossenen Ehe mit dem Parsen Cyrus S. H. Jhabvala, einem indischen Architekten, siedelte sie nach Indien über und lebte bis 1975 in Neu Delhi; seither wechselt ihr Wohnsitz zwischen New York, London und Delhi. Mitte der 50er Jahre begann P. Romane, später dann auch Kurzgeschichten zu publizieren. Sie gehört zu den ersten Englisch schreibenden Autorinnen überhaupt, die sich im unabhängigen Indien zu Wort meldeten. Auf Grund ihrer Herkunft ist P. in ihrer Zuordnung zur indoenglischen Literatur nicht unumstritten, wird aber immer wieder als wichtige Schriftstellerin genannt. Es gelingt ihr, die Außenseiterperspektive der Europäerin produktiv mit ihrer intimen Kenntnis indischer Lebensverhältnisse zu verbinden. Ihr Interesse gilt v. a. dem Leben der städtischen Mittelschichten, das sie selbst am besten kennengelernt hat und bevorzugt auf ironisch-humorvolle, mitunter auch satirische Weise porträtiert. Mit sensibler Beobachtungsgabe und wachem Problembewußtsein reflektiert P. u. a. das Funktionieren der Hindu-Großfamilie in neuer Zeit, die Gestaltung von Partnerschaftsbeziehungen und die Entfaltungsmöglichkeiten menschlicher Individualität in der Auseinandersetzung zwischen Tradition und Moderne. Viele ihrer Frauengestalten, Europäerinnen und Inderinnen, erfahren in der Konfrontation mit den fremden Lebensformen und -werten schmerzhafte Desillusionierungen und Frustrationen, aber auch unerwartet belebende Impulse. P. zählte bald zu den bekannten Vertretern indoenglischer Literatur. In diesem Zweig der indischen Literatur wurden nach 1947 eine ganze Reihe von Autorinnen produktiv, so z. B. Kamala ↗ Markandaya oder Shashi ↗ Deshpande. Salman Rushdies (geb. 1947) Roman *Midnight's Children* (1981) brachte mit seiner neuartigen

Struktur und der großen internationalen Resonanz einen regelrechten Innovationsschub für die englischsprachige Literatur in Indien. Jüngstes Beispiel ist Arundhati Roy (geb. 1960), deren erster Roman *The God of Small Things* von 1997 (*Der Gott der kleinen Dinge*, 1997) gleich den Booker Prize gewann. Verstärkt begannen auch die Erfahrungen von Auslandsinderinnen – z. B. der in den USA lebenden ↗ Bharati Mukherjee (geb. 1942) – in die Literatur einzufließen. Anthologien wie *Frauen in Indien* (1988) und *Die Zeiten haben sich geändert. Frauen in Indien* (1995) dokumentieren die Vielfalt künstlerischer Handschriften indoenglischer Autorinnen.

P.s erster Roman *To Whom She Will* erschien 1955, er wurde bereits ein Jahr später unter dem Titel *Amrita und Hari* in Deutsch veröffentlicht und 1990 als *Die Liebesheirat* neu aufgelegt. Weitere Romane schlossen sich an, so *The Nature of Passion* (1956), *Esmond in India* (1957), *The Householder* (1960), *Get Ready for Battle* (1962), *A Backward Place*, (1965) und *A New Dominion* (1972). Mit der Verleihung des renommierten Booker Prize 1975 für ihren im selben Jahr erschienenen Roman *Heat and Dust* (*Hitze und Staub*, 1985) erlangte P. internationale Anerkennung; 1983 wurde das Buch von James Ivory verfilmt. Es folgten die Romane *In Search of Love and Beaut* (1983), *Three Continents* (1987) und *Poet and Dancer* (1993). Auch ihre Kurzprosabände *Like Birds, Like Fishes and Other Stories* (1963), *A Stronger Climate* (1968) und *How I Became a Holy Mother* (1976) erwiesen sich als erfolgreich. Neben ihrem Schaffen als Roman- und Kurzgeschichtenautorin ist P. für Film und Fernsehen tätig und hat sich v. a. durch die Zusammenarbeit mit dem Regisseur James Ivory einen Namen gemacht. Sie verfaßte mehrere Drehbücher, u. a. für *A Room with a View* (1986) und *Howard's End* (1992).

Lit.: Williams, H. M.: *The Fiction of R. P. Jhabvala*. Calcutta 1973; Naik, M. K.: *A History of Indian English Literature*. New Delhi 1982; Riemenschneider, D.: »Writing in English: The Short Story«. In: Stummer, P. O. (Hg.): *The Story Must Be Told*. Würzburg 1986; Devy, G. N.: *In Another Tongue. Essays on Indian English Literature*. Frankfurt/M. 1993.

Hannelore Lötzke

Prichard, Katharine Susannah

Geb. 4. 12. 1883 in Levuka /Fidschi-Inseln; gest. 2. 10. 1969 in Greenmount bei Perth/ Australien

Prichard war mit ihrer sozialkritischen Haltung in ihren Werken ihrer Zeit weit voraus. Ihr politisches Engagement, ihre Parteilichkeit für Aborigines, ihre Offenheit in sexuellen Fragen machten sie zu einer sehr kontrovers diskutierten Autorin. Die Autobiographie ihrer frühen Jahre, *Child of Hurricane* (1963), bezieht den Titel aus den Umständen ihrer Geburt, steht aber ebenso für ihren gesamten Lebensweg. P. wuchs in Tasmanien und Melbourne auf. Während ihres Studiums am South Melbourne College begann die lebenslange Freundschaft mit der Autorin und Literaturkritikerin Nettie Palmer (1885–1964). Ihren ersten Erfolg hatte P. mit einer Liebesgeschichte, »Bush Fire«, für die sie 1903 den ersten Preis der Zeitschrift *New Idea* erhielt. Bevor sie 1912 nach England ging, arbeitete sie als Journalistin in Melbourne. In England schrieb sie ihre erste Gedichtsammlung, *Clovelly Verses*

(1913) und veröffentlichte ihren ersten Roman, *The Pioneers* (1915), für den sie den Hodder and Stoughton Colonial Fiction Preis bekam. Während ihrer ausgedehnten Korrespondentinnentätigkeit in Europa lernte sie nicht nur die Slums von London und Paris kennen, sondern war auch mit marxistischem Denken vertraut geworden. 1916 kehrte sie nach Australien zurück, heiratete 1919 Hugo Throssel und ließ sich in Greenmount, Westaustralien, nieder. 1920 wurde sie Mitglied der eben gegründeten Kommunistischen Partei Australiens und besuchte 1933 Rußland. 1935 wurde sie Präsidentin der Australian Writers' League. Soziales Verantwortungsgefühl und politisches Bewußtsein kennzeichnen ihre Werke.

Schon ihre frühen Romane *Black Opal*, 1921 (*Schwarzer Opal*) und *Working Bullocks* (1926) sind Zeichen dieser Parteilichkeit. Sie betrachtete sich selbst als eine Schriftstellerin der Unterdrückten und damit nicht nur der Frauen, sondern vor allem auch der entrechteten Urbevölkerung Australiens. Ein mehrmonatiger Aufenthalt auf der Turlee Station im äußersten Norden Westaustraliens 1926 ließ sie die unwirtliche Umgebung, die sengende Hitze, die harschen Lebens- und Arbeitsbedingungen der *Outbacks* erleben und gab ihr Gelegenheit, die Situation von Aborigine Frauen dort aus eigener Anschauung kennenzulernen. Ihr Roman *Coonardoo*, von 1929 (*Der Brunnen im Schatten*) löste, als er in Serie in der Zeitschrift *Bulletin* erschien, in Australien einen Sturm der Entrüstung aus und wurde erst 1965 dort als Buch publiziert. Grund dafür war nicht nur die Darstellung einer sexuellen Partnerschaft zwischen einem weißen Mann und einer schwarzen Frau, sondern die Tatsache, daß diese Partnerschaft auf gegenseitiger Liebe gründet. Hinzu kam, daß eine schwarze Frau als Subjekt im Zentrum des Romans steht. Auch nachfolgende Kurzgeschichten – »The Coboo« (1932) und »Happiness« (1932) – zeigen Aborigine-Frauen als handelnde Subjekte und nicht als namenlose Objekte. Ihr Theaterstück *Brumby Innes* (1940) ist eine realistische Darstellung sexueller Begierde und Ausbeutung schwarzer Frauen durch weiße Männer. Die sogenannte ›Goldfields Trilogy‹ – *The Roaring Nineties*, 1946 (*Goldrausch*, 1954), *Golden Miles*, 1948 (*Goldene Meilen*, 1954), *Winged Seeds* (1963) – kann symbolhaft für P.s Gesamtwerk gesehen werden: australische Wirklichkeiten werden sozialkritisch aus der Sicht der Unterdrückten und Entrechteten geschrieben. Dabei wird P.s eigene Entwicklung von einem ideellen Humanismus zu einem klar definierten sozialistischen Realismus deutlich. So wie P. wurden auch die von Neuseeland nach Australien emigrierten Autorinnen Jean Devanny (1894–1962) und Robin Hyde (1906–1939) in ihrem Schreiben von ihrer sozialistischen Überzeugung geleitet. Desgleichen die zunächst nach Australien, dann über New York nach London emigrierte Jane Mander (1877–1949) und die von Australien nach den USA emigrierte Schriftstellerin Christina Stead (1902–1983). P.s Werk wurde in fünfzehn Sprachen übersetzt. Insgesamt schrieb sie dreizehn Romane, hunderte von Artikeln, mehr als ein Dutzend Theaterstücke, drei Lyrikbände und zahlreiche Kurzgeschichten.

Lit.: Ferrier, C.: *Gender, Politics and Fiction. Twentieth-Century Australian Women's Novels*. St. Lucia 1985.

Sigrid Markmann

Qiu Jin (Ch'iu Chin)

Geb. 8. 11. 1875 in Amoy (Xiamen), Provinz Fujian/China; gest. 15. 7. 1907 in Shaoxing, Provinz Zhejiang/China

Radikale Feministin und Nationalistin, Journalistin, militante Revolutionärin, schließlich Märtyrerin: Die Gleichberechtigung der Frau und die Rettung der Nation waren für Qiu Jin, Vorstreiterin der chinesischen Moderne, zwei Seiten einer Münze. Q. stammt aus einer urbanen, der westlichen Kultur gegenüber aufgeschlossenen Beamtenfamilie. Einer mädchenuntypischen, liberalen Erziehung folgt eine arrangierte Ehe, die unglücklich bleibt. Bestärkt durch ihre Anbindung an einen aufgeklärten Frauenkreis, in dem traditionelle literarische Übungen gepflegt, aber auch moderne westliche Ideen diskutiert werden, lehnt sich Q. gegen die jahrhundertealte Benachteiligung und Unterdrückung der chinesischen Frau auf: gebundene Füße, vermittelte Ehen, der sogenannte ›dreifache Gehorsam‹ (gegenüber Vater, Gatte und Sohn), mangelnde Bildungsmöglichkeiten und der Ausschluß vom öffentlichen Leben. Aktiv die Strukturen traditioneller Familien auflösen und ökonomische Unabhängigkeit gewinnen, Veränderungen erkämpfen und politisches Bewußtsein entwickeln: Diese auch in Q.s Romanfragment *Jingwei shi*, ca. 1905 (*Die Steine des Vogels Jingwei*, 1977) formulierten Forderungen an ihre Geschlechtsgenossinnen löst sie selbst radikal ein. Im Jahr 1904 verläßt sie Mann und Kinder und geht zum Studium nach Japan. »Ich binde die Füße los und reinige mich vom Gift der Jahrtausende;/Mit erhitztem Herzen rufe ich alle Frauen zur Besinnung.«

Allerdings ist die Unterdrückung der Frau in der chinesischen Gesellschaft für Q. nur ein Aspekt einer von traditionellen Strukturen und der Fremddynastie der Qing (1644–1911) geknechteten Gesellschaft. Ihr Feminismus steht von Anfang an im Dienst der großen Sache: der Rettung des Vaterlands. »[...] meine Freundinnen, ihr müßt wissen, daß sich unser Land in einer verzweifelten Lage befindet. Die Männer konnten diese Situation nicht abwenden, warum sollten wir ihnen noch weiter vertrauen? Wenn wir uns nicht selbst erheben, um zu handeln, wird unser Land zugrunde gehen, und es wird zu spät sein.« Q. entwickelt einen glühenden Nationalismus, der sich nicht nur gegen die imperialistischen Fremdmächte in China, sondern auch gegen die marode, herrschende Qing-Dynastie richtet. In Japan endlich kann Q. politisch aktiv werden. Sie engagiert sich als Journalistin in den radikalen Presseorganen der Auslandschinesen, schließt sich dem militanten republikanischen Lager an und tritt im Jahre 1905 der Revolutionären Allianz (*Tongmeng hui*) unter der Führung Sun Yatsens (1866–1925) bei. Im Frühjahr 1906 trägt Q. die revolutionäre Flamme zurück nach China und mischt im regen intellektuellen und politischen Leben Shanghais mit; u. a. gründet sie das feministische *Zhongguo Nübao* (Chinesisches Frauenjournal). Mal kämpferisch, mal melancholisch, verleihen zahlreiche, unmittelbar nach ihrem Tod veröffentlichte Gedichte ihrer inneren Unruhe Ausdruck. In ihren Handlungen jedoch zeigt sie sich konsequent und furchtlos: Q. bejaht Gewalt als politisches Mittel, immer wieder weist sie in ihren Artikeln auf die russische Anarchistin und Zar-Attentäterin Sofya Perovskaja (1853–1881) hin. Bald muß sie Shanghai verlassen, da die Shanghaier Behörden aufgrund von Sprengstoffexperimenten auf sie aufmerksam werden. Sie übernimmt schwierige, verantwortungsvolle politische Aufgaben in der Provinz Zhejiang. Q.s konspirative Tätigkeiten fliegen erneut auf, die Möglichkeit zur Flucht schlägt sie diesmal aus. Der Inhaftierung folgt am 15. 7. 1907 die Hinrichtung durch Enthauptung. Q.s Märtyrertod bewegt die Nation – bis heute.

Lit.: Spence, J. D.: *Das Tor des Himmlischen Friedens.* München 1985; Rankin, M. B.: »The Emergence of Women at the End of the Ch'ing: The Case of Ch'iu Chin«. In: Wolf, M./Witke, R. (Hgg.): *Women in Chinese Society.* Stanford 1975, S. 39–66.

Judith Ammon

Queiroz, Rachel de

Geb. 17. 11. 1910 in Fortaleza/Brasilien

Weibliches Schreiben? Feministin? Brasiliens große alte Dame der traditionsreichen Nordostliteratur möchte sich unter solche Begriffe nicht einordnen lassen, doch ihr Werk ist bevölkert von eigenwilligen Frauen, die ein selbstbestimmtes Leben führen wollen. Q. wächst als Tochter eines Staatsanwalts und Fazenda-Besitzers mit fünf Geschwistern in einem gebildeten Elternhaus auf, dem sie viele Anregungen verdankt. Q. besucht von 1921–1925 eine Schule französischer Nonnen, eine Erfahrung, die sie in dem 1939 erschienenen Roman *As três Marias* (*Die drei Marias*, 1994) verarbeitet, dem autobiogaphischsten ihrer Werke, in dem der Weg der drei Freundinnen und Schülerinnen des Internats beschrieben wird und ihr Versuch, ihr Leben selbst in die Hand zu nehmen. Die Autorin beginnt mit sechzehn Jahren Kolumnen und Gedichte für die Zeitung *O Ceará* zu schreiben. An der Escola Normal in Fortaleza unterrichtet sie ab 1929 selbst junge Mädchen, die sich auf ihren Beruf als Lehrerin vorbereiten und schreibt abends heimlich den Roman, der sie berühmt machen sollte. Für dieses Buch, *O Quinze*, 1930 (*Das Jahr 15*, 1978), dessen Druck ihre Eltern bezahlen, erhält sie den Preis der Stiftung Graça Aranha. Namhafte Kritiker und Kollegen begrüßen sie als eine neue Stimme in der brasilianischen Literatur. In einer einfachen, unprätentiösen Sprache schildert sie eine junge Lehrerin, Conceição, die mit 22 Jahren in der Stadt unterrichtet, und das Schicksal einer Flüchtlingsfamilie, der »Retirantes«, die vor der periodisch wiederkehrenden Dürre aus dem Sertão in die Stadt fliehen. Conceição kümmert sich um die Flüchtlinge. Die Zuneigung zu dem jungen, um sie werbenden Fazendeiro Vicente bleibt unausgesprochen. Der Gegensatz zwischen Stadt und Land läßt sich nicht überbrücken. Conceição entscheidet sich gegen die traditionelle Rolle der Familienmutter für ein Leben als ledige Lehrerin.

Ohne je eine ausgesprochene Feministin gewesen zu sein, hat Q. in ihren insgesamt fünf Romanen (hinzu kommen zwei Theaterstücke, zwei Kinderbücher und zahlreiche *crônicas*, essayistische Kurzprosa) immer wieder Frauen dargestellt, die ihrer Umwelt kritisch gegenüberstehen und einen eigenen Weg suchen wie auch die rebellische Dora Doralina in dem gleichnamigen Roman von 1975. Mit dem Buch *Das Jahr 15* steht sie am Beginn einer Reihe von sozialkritischen Nordostromanen, die in den 30er und 40er Jahren entstanden. Zu Beginn der 30er Jahre ist Q. in der Kommunistischen Partei Brasiliens politisch aktiv, distanziert sich jedoch von ihr, als die Genossen verlangen, sie solle das Manuskript ihres zweiten Romans, *João Miguel*, parteigenehm umschreiben. Später zieht sie sich enttäuscht aus der Politik zurück. Ihre Erfahrungen schildert sie in dem dritten, 1937 veröffentlichten Roman *Caminhos de Pedra* (Steinige Wege). Im Mittelpunkt steht »das Leid einer Frau, die sich in der Politik engagiert, nur Enttäuschungen erfährt und darüber verbittert«, wie sie rückblickend sagt.

Als Q. 1961 von dem regierenden Präsidenten Jânio Quadros eingeladen wird, das Ministerium für Kultur zu übernehmen, lehnt sie ab mit der Begründung, sie sei »nicht geboren für einen öffentlichen Posten«. Nach einer ersten kurzen Ehe heiratet sie 1945, inzwischen in Rio de Janeiro heimisch geworden, wo sie bis heute lebt, ein zweites Mal. Sie schreibt regelmäßig Kolumnen für die brasilianische Presse, zunehmend konservativer, und übersetzt zahlreiche Werke, darunter Autoren wie Tolstoi, Emily Brontë, Balzac, Jack London u. a.). Als erste Frau wird sie 1977 in die Academia Brasileira de Letras gewählt. Zu ihrem achtzigsten Geburtstag – sie blickt auf sechzig Jahre schriftstellerischer Tätigkeit zurück – erscheinen ihre Gesammelten Werke. Ihr bisher letzter und umfangreicher Roman, *Memorial de Maria Moura*, 1992 (Das Memorial der Maria Moura), erzählt die abenteuerliche Geschichte der Tochter eines Großgrundbesitzers, die sich in Auseinandersetzungen um den Familienbesitz außerhalb der Gesellschaft stellt, sich als Anführerin einer räuberischen Bande schließlich in einem alten Gut niederläßt und doch noch einmal – entgegen ihrem Entschluß, sich nie wieder von einem Mann beherrschen zu lassen – Opfer ihrer eigenen Leidenschaft wird. 1993 erhält Q., nach zahlreichen Auszeichnungen, den wichtigsten Literaturpreis der portugiesischsprachigen Welt, den Prêmio Camões. Zur Zeit arbeitet sie an ihren Memoiren.

Lit.: Benjamin Woodbridge Jr.: »The Art of R. de Q.« In: *Hispania*, May (1957), S. 144–148; Courteau, J.: »The Problematic Heroines in the Novels of R. de Q.« In: *Luso-Brazilian Revue* 22 (1985), Nr.2, S. 123–144; Courteau. J.: »Dora, Doralina: The Sexual Configuration of Discourse«. In: *Chasqui* 1 (1991), S. 3–9; *R. de Q. – Cadernos de Literatura Brasileira*. São Paulo: Instituto Moreira Salles, núm.4, setembro de 1997.

Ray-Güde Mertin

Rachel (eigtl. Rachel Bluwstein)

Geb. 20. 9. 1890 in Poltava/Ukraine; gest. 16. 4. 1931 in Tel-Aviv

»Habe ganz mich erzählt, bis zur Neige. In mein Allerinnerstes habe ich Fremde geführt und gezeigt: Hier – getretener Stolz. Da – vergebenes Warten. Ruhe nach dem Sturm der Verzweiflung – dort.« Diese Worte sind charakteristisch für Leben und Werk von Rachel, der bis heute wohl beliebtesten hebräischen Dichterin, deren Gedichte häufig zu Liedern geworden und bis in die Gegenwart so verbreitet sind, daß mancher sie für Volkslieder hält. Ihre Gedichte, die sich durch klare, einfache, unprätentiöse Verse auszeichnen, besingen vor allem die Liebe – meist eine unglückliche –, die Landschaften Palästinas und ihr eigenes tragisches Schicksal. Durch ihren frühen Tod nach fast zehn Jahren in Armut und Einsamkeit wurden R.s Leben und Werk zu einer Legende in der hebräischen Literatur. Vor allem seit den 70er Jahren hat das Interesse an ihrer Dichtung einen Aufschwung genommen, und sie wird in Israel von jung und alt gelesen und rezitiert.

R. wuchs in Rußland auf, in einer Familie mit neun Kindern. Nach dem Besuch einer jüdischen Grundschule und eines russischen Mädchengymnasiums geht R. 1907 nach Kiew an die Kunsthochschule, wo sie Malerei studiert. Schon damals träumte R. von einem Leben in Palästina, dem ›gelobten Land‹. Im Jahre 1909 verwirklichte sie sich diesen Traum, lernte dort voller Enthusiasmus Hebräisch, las die Bibel im Original und nutzte jede Möglichkeit, mit Land und Leuten vertraut zu werden. An einer landwirtschaftlichen Mädchenschule am Ufer des Sees Genezareth verliebte sie sich in die Seenlandschaft, die später in ihren Dichtungen eine zentrale Rolle spielte. Nach drei Jahren ging sie zum Studium der Agrarwissenschaften nach Toulouse, mußte aber bei Ausbruch des Ersten Weltkriegs in ihr Geburtsland Rußland gehen und konnte erst 1919 nach Palästina zurückkehren. Dort arbeitete sie im Kibbuz Degania am See Genezareth. Bald mußte sie jedoch wegen ihres schlechten Gesundheitszustands mit der körperlichen Arbeit aufhören und betreute nun Kleinkinder. Sie liebte Kinder sehr und wünschte sich eines, was sich oft in ihrem Werk artikuliert (»Ein Sohn, wenn ich ihn hätte, ein kleines Kind . . .«), aber ihr Wunsch erfüllte sich nicht. Durch eine schwere Tuberkulose war sie in ihren letzten zehn Lebensjahren zu einem einsamen Leben in einer winzigen Wohnung in Tel-Aviv verdammt. Bis zuletzt schrieb sie eine Fülle von Gedichten: »Bist du das Ende? Noch leuchtet mir klar die Weite, noch streift mich das Leben aus nebliger Ferne. Noch schimmert des Himmels Blau, der Wiesen Grün, noch ist der Herbst nicht da.« Ihrem Wunsch folgend wurde sie am Ufer des geliebten Sees Genezareth begraben.

R.s Dichtung reflektiert in hohem Maße ihr Schicksal, ihren Schmerz, unerfüllte Träume und Hoffnungen. Dazu gehören neben dem Kinderwunsch auch der nach einem Lebenspartner. Verschiedentlich deutet sie etwas von verborgenen, geheimen Beziehungen mit Männern an, die für sie unerreichbar, weil vermutlich gebunden, sind. Häufig versetzt sie sich auch in die Rolle der biblischen Rachel und deren tragisches Schicksal: »Ihr Blut fließt in meinem Blute, ihre Stimme zittert in mir ...« R.s Gedichte sind voller lyrischer Poesie und zeichnen sich durch hohe Musikalität aus, nicht zuletzt deswegen wurden sie so häufig vertont. Der Literaturkritiker Dan Miron nannte sie »eine der Gründermütter der modernen hebräischen Poesie«. R.s Gedichte wurden in mehrere Sprachen übersetzt, u. a. ins Englische, Spanische, Russische und Deutsche.

Rachel. Lieder. Berlin 1936.

Monika Zemke

Rachilde (eigtl. Marguerite Eymery)

Geb. 11. 2. 1860 in Périgueux/Frankreich; gest. 4. 4. 1953 in Paris

Marguerite Eymery, die um 1880 das Pseudonym Rachilde annimmt, wächst in der südwestfranzösischen Provinz auf und wird wie ein Junge erzogen. Ihre Mutterbeziehung ist konfliktreich und präludiert R.s zeitlebens gebrochenes Verhältnis zum weiblichen Geschlecht. Sie beginnt früh zu schreiben, wird darin durch einen Brief von Victor Hugo ermutigt und entzieht sich mit vierzehn ihrer Verheiratung durch einen Selbstmordversuch. Ab 1881 lebt sie in Paris, trägt bis zu ihrer Heirat Männerkleidung, verliebt sich unglücklich in den Dichter Catulle Mendès und veröffentlicht 1884 ihren Roman *Monsieur Vénus* (Herr Venus), der sie berühmt macht. R. praktiziert hier bereits ihr verwirrend-subversives Spiel mit Geschlechterrollen, ihre Dekonstruktion konventioneller Vorstellungen von Mann und Frau, die sie in den Romanen *La Marquise de Sade*, 1887 (Die Marquise de Sade) und *Madame Adonis*, 1888 (Frau Adonis) fortsetzt. 1889 heiratet sie Alfred Vallette, sie haben eine Tochter, Gabrielle, und gründen 1890 den *Mercure de France*, die führende Literaturzeitschrift des Symbolismus. Bis 1925 prägt sie als Autorin und Kritikerin das Profil des *Mercure*. Parallel dazu veröffentlicht sie im Jahresrhythmus rund 60 Romane, Kurzgeschichten wie z. B. die Sammlung *Le Théâtre des bêtes*, 1926 (Das Theater der Tiere), symbolistische Dramen wie *Madame la Mort*, 1891 (Frau Tod), Lyrik, Essays wie *Alfred Jarry ou Le Surmâle des lettres*, 1928 (Alfred Jarry oder Der Supermann der Literatur) und die autobiographischen Schriften *Face à la peur*, 1942 (Im Angesicht der Angst) und *Quand j'étais jeune*, 1947 (Als ich jung war). Der Höhepunkt ihres Schaffens liegt vor 1914; zu den nachfolgenden Schriftstellergenerationen und Avantgarde-Bewegungen findet sie kaum noch Zugang. Bis zu Vallettes Tod (1935) unterhält sie einen literarischen Salon. In ihren letzten Jahren lebt sie zurückgezogen und verarmt, umgeben von zahlreichen Tieren, im Verlagshaus des *Mercure de France* in der Rue de Condé.

R. schöpft aus dem Motivinventar des europäischen *Fin de Siècle* und ist, v. a. in *La Tour d'amour*, 1899 (*Der Liebesturm*) eine Meisterin der nekrophilen, zuweilen skabrösen Erotik. Sie entwirft extravagante Bilder selbstbestimmter weiblicher Lust:

Eliante in *La Jongleuse*, 1900 (*Die Messertänzerin*, 1921) erlebt diese in der ekstatischen Umschlingung einer weiblich geformten Alabastervase; Raoule de Vénérande (*Monsieur Vénus*) durch Maskerade und Rollentausch; die sinnlich-neurotische Tier-Frau in *L'Animale*, 1893 (*Das Weibtier*) im Umgang mit ihrem Kater. Parallel zu R.s Kritik an dem »modernen«, rein utilitaristisch denkenden Mann, ihrer Demaskierung maskuliner Machtdiskurse und konventioneller Männerrollen zeichnen sich neue Vorstellungen von Männlichkeit sowie eine »emerging gay consciousness« (M. Hawthorne) ab. Misogyne Tendenzen, ein erklärter Antifeminismus in *Pourquoi je ne suis pas féministe*, 1928 (Weshalb ich keine Feministin bin) sowie ein gebrochenes Verhältnis zu einer vom Positivismus entzauberten Moderne tun dem Reiz von R.s Werk keinen Abbruch, der in dem subtilen Spiel mit Geschlechterrollen, einem »visionären Realismus« (L. Blum) und einer radikalen Feminisierung von *Fin de Siècle*-Motiven liegt.

Lit.: David, A.: *Rachilde, homme de lettres*. Paris 1924; Dauphiné, C.: *Rachilde*. Paris 1991.

Margarete Zimmermann

Ramondino, Fabrizia

Geb. 31. 8. 1936 in Neapel

R. verbringt ihre ersten Lebensjahre auf Mallorca, wo ihr Vater das Amt des italienischen Konsuls während des Spanischen Bürgerkriegs ausübte. Nach der Rückkehr nach Italien wächst sie in Neapel und Umgebung auf. Der frühe Tod des Vaters bringt es mit sich, daß die Familie öfters ihren Wohnort wechseln muß. Das Leben in Spanien und Süditalien, die Ortswechsel und das Aufwachsen in einer Großfamilie haben R. sehr beeinflußt und spiegeln sich auch in ihrem literarischen Schaffen wieder. Bereits im Alter von 17 Jahren beginnt sie zu schreiben und geht bald mit einem Stipendium nach Frankreich sowie 1954 nach Deutschland. 1960 läßt sie sich endgültig in Neapel nieder. Die Geburt ihrer Tochter 1966 und die Arbeit als Lehrerin zusätzlich zu ihrem politischen und sozialen Engagement lassen R. wenig Raum zum literarischen Schreiben. Wie sie selbst angibt, verfaßt sie deshalb in der Zeit zwischen 1966 und 1977 keine literarischen Werke, sondern lediglich politische Dokumentationen wie 1977 *Napoli: I disoccupati organizzati* (Neapel: Die organisierten Arbeitslosen). Jedoch finden die Erfahrungen dieser Jahre später Eingang in ihre literarischen Werke. So werden in ihrem Roman *Un giorno e mezzo*, 1988 (*Ein Tag und ein halber*, 1989) insbesondere die Studentenbewegung, die Politik der 70er Jahre und die damit verbundene Wertekrise innerhalb der Gesellschaft thematisiert. Die Ich-Erzählerin in dem 1995 erschienenen Erzählband *In viaggio* (*Steh auf und geh! Kosmos eines Lebens*, 1996) berichtet u. a. von den sozialen Projekten und der politischen Bewegung in Neapel. Ihr Debüt als Erzählerin hat R. erst 1981 mit ihrem bekanntesten Werk *Althénopis* (*Althénopis. Kosmos einer Kindheit*, 1986), in dem sie den »Kosmos einer Kindheit« inmitten der neapolitanischen Welt beschreibt. Bereits in diesem Roman werden die wiederkehrenden Themen im Werk R.s deutlich, nämlich die Betrachtung Neapels und seiner Kultur, die Position der Frau in der süditalienischen Gesellschaft und die Mutter-Tochter-Beziehung.

Bei der Betrachtung Neapels nimmt die Autorin zugleich die Position eines *Insiders* als auch eines *Outsiders* in bezug auf Kultur und Sprache ein. R. lebt in Neapel, weil die Stadt für sie der einzige Ort ist, an dem man »vorerst zu Hause sein kann«. Auf der anderen Seite berichtet sie von der Kultur und der Sprache dieser Stadt aus der Sicht einer Beobachterin, was ein Gefühl von Fremdheit evoziert und die Schwierigkeit R.s, sich an irgendeinem Ort heimisch zu fühlen, unterstreicht. Die Stadt fungiert zudem als Metapher für die allgemeine *conditio humana,* was insbesondere in dem Werk *Star di casa,* 1991 (*»Nicht sehr verläßlich zu Haus . . .«,* 1992) zum Ausdruck kommt. In *Althénopis, Star di casa* und *Storie di patio,* 1983 (*Die Vögel des Narcís,* 1987) beschreibt R., wie das neapolitanische Matriarchat innerhalb der patriarchalen Strukturen funktioniert und thematisiert die Position der Frau in Süditalien sowie den Mutter-Tochter-Konflikt. Die Protagonisten, die meistens als Ich-Erzähler auftreten, reflektieren verschiedene Epochen ihres Lebens, verschiedene Erlebnisse, Eindrücke und Sehnsüchte. Insbesondere in dem Erzählband *In viaggio* unternimmt die Ich-Erzählerin reale und metaphorische Reisen, auf der Suche nach der eigenen Identität. Die ständigen Ortswechsel und Reisen der Protagonistin weisen Parallelen zu R.s eigenem Leben auf. In ihren Werken bedient sich die Autorin einer lyrischen, metaphern- und bildreichen Sprache und besticht durch eine dichte Erzählweise mit Liebe zum Detail. Als ihr literarisches Vorbild bezeichnet sie in ihrem »Notizbuch« *Taccuino tedesco,* 1987 (Deutsches Tagebuch) die Autorin Anna Maria ↗ Ortese (geb. 1914).

R. versucht in ihren Werken stets, in einen literarischen Dialog mit der Welt zu treten, um ihrem ständigen Gefühl der Fremdheit zu begegnen. In einer Welt, in der es laut R. nur in »Momenten der Utopie [. . .] als möglich erscheint, daß etwas anderes existiert als der einen ständig umgebende Horror«, bietet ihr das Schreiben die Möglichkeit, sich dennoch an einem Ort heimisch zu fühlen. Heute lebt sie als freie Schriftstellerin in Itri, zwischen Neapel und Rom.

Lit.: Specovius, G.: »Neapel liegt nicht in Texas. Ein Vormittag mit F. R.« In: *Zibaldone* 24 (1997), S. 102–114.

Annette Riedel

Redonnet, Marie (eigtl. Martine L'Hospitalier)
Geb. 19. 10. 1948 in Paris

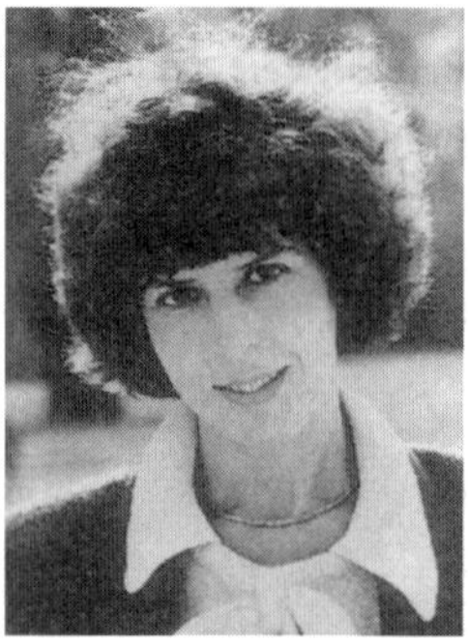

Von ihrem Künstlernamen über die Wahl ihrer Verleger bis hin zu den Figuren und Motiven ihres literarischen Werkes hat alles bei R. Symbolcharakter. Im Alter von 29 Jahren begann sie eine langjährige Psychoanalyse, die der Auslöser ihrer literarischen Tätigkeit war. Mit ihrer ersten Veröffentlichung *Le Mort & Cie*, einem poetischen Text aus dem Jahr 1985, dessen Form an Haikus erinnert, kündigt sich schon ihr einzigartiger Stil an: Minimalismus, archetypische Figuren und mythische Themen. Dies trifft ebenfalls auf *Doublures* zu, eine Sammlung von Kurzerzählungen, in denen das markanteste Thema R.s, das Double, vorkommt. Die 1986–87 veröffentlichte Romantrilogie inszeniert Frauengestalten, die ein tragisches Schicksal erfahren: In *Splendid Hôtel* kämpft eine Ich-Erzählerin in wahrer Sysiphusarbeit um ein Hotel, das sie mühsam zu verwalten und am Leben zu erhalten sucht, das aber im Moor zu versinken droht. Das Verschwinden alles Lebendigen prägt die Erzählung, die jede Form von Realismus aufkündigt. In *Forever Valley* und *Rose Mélie Rose*, wo auf jegliche Psychologisierung verzichtet wurde, geraten jüngere Frauenfiguren in Opferrollen, ohne darüber zu reflektieren. Gewalt, Härte werden nie thematisiert, sie sind aber allgegenwärtig. Identitätsverlust, Entfremdung und Nostalgie charakterisieren die Welt der Frauengestalten R.s, in der die Metaphorik des Verschwindens vorrangig ist. *Silsie* (1990) markiert das Ende des mythisch-märchenhaften Romanzyklus.

Den ersten Prosawerken liegen archaische Momente des Märchens und Legenden zugrunde, in den folgenden Romanen kommen Elemente des Realismus vor. In dem Roman *Candy story* (1992) pendelt die Narration zwischen archaisch wirkenden Situationen und der konkreten zeitgenössischen Realität. Die marionettenartigen Figuren aus der Kulturschickeria sorgen für eine bissige Satire der literarischen Welt Frankreichs. Der jüngste Roman *Nevermore* (1994) erinnert mit seinen zahlreichen Figuren und seinen vereinfachten Handlungssträngen an Comics. Die Kriminalgeschichte, die sich im Zirkusmilieu abspielt, birgt in sich ein tiefgreifenderes Thema: Es geht um die Unmöglichkeit des Erinnerns. – Die von R. geschaffene abstrakte Welt mit ihren rätselhaften Charakteren, ihren Ritualen, den fremden Namen, verbirgt letzlich doch autobiographische Erlebnisse; im späteren Werk werden dagegen Ereignisse aus der heutigen Zeit geschildert. Durch den Blick von R. erscheinen sie im Licht einer *schizophrénisation* der Welt, der auch die Individuen zu verfallen drohen. Gegen den bevorstehenden Bewußtseinsverlust scheint es nur noch ein Mittel zu geben: das Schreiben.

Lit.: Bellour, R.: »Le centre de la mer«. In: *Magazine littéraire* No 281, octobre 90; Asholt, W.: »Die Subversion der Beliebigkeit, Französische Romanciers der 80er Jahre«. In: *Frankreich Jahrbuch 1991*. Opladen 1992; Went-Daoust, Y.: »Ecrire le conte de fées; l'œuvre de M. R.« In: *Neophilologus*, vol. LXXVII, July 1993; Bellour, R.: »Le mythe du roman«. In: *Magazine littéraire* No 324, septembre 1994; Asholt, W.: »Trauerarbeit der Moderne in Romanen von

François Bon, Jean Echenoz und M. R.« In: Ders.: *Intertextualität und Subversivität.* Heidelberg 1994; Zeltner, G.: »Wörter mit zu großen Wurzeln«. In: Dies.: *Ästhetik der Abweichung.* Mainz 1995.

Colette Sarrey-Strack

Rehmann, Ruth

Geb. 1. 6. 1922 in Siegburg

»Was habe ich [. . .] von den Bildwechseln meiner Lebenszeit gemerkt? Was haben sie aus mir gemacht – 1933, 1945, 1968?« – diese Fragen, die sich R. in ihrem Buch *Unterwegs in fremden Träumen* (1993) stellt, sind Grundfragen, die in ihren Werken variiert werden. Bereits in ihrer ersten Erzählung »Vagabund in Nebel« (1950) reflektiert die 1922 in einer Pastorenfamilie geborene R. die restaurativen Tendenzen der Nachkriegszeit. R., die nach dem Studium der Kunstgeschichte, Archäologie, Germanistik und dem anschließenden Studium der Musik mit dem Hauptfach Geige eine Zeitlang als Lehrerin, Pressereferentin und Feuilletonistin gearbeitet hatte, bis sie sich schließlich in den 70er Jahren ganz auf das Schreiben konzentrierte, hat die deutsche Geschichte immer wieder zum Thema gemacht. – Ihr erster Roman *Illusionen* (1959) setzt sich kritisch mit den entfremdeten Arbeitsbedingungen und der Anonymität in einem Bürohochhaus auseinander. In kunstvoll verschränkter Handlungsführung erzählt R. die Wochenenderlebnisse von vier Büroangestellten, drei Frauen und einem Mann. Die Entfremdung reicht über den Büroalltag bis in die Phantasien und in die Wahrnehmung der Figuren von sich selbst hinein. Von Entfremdung und Selbstentfremdung handelt auch der Erzählungsband *Paare* (1978). Ähnlich wie in Texten von Geno Hartlaub, Johanna Moosdorf und Marlen ↗ Haushofer, die Frauen lange vor der sogenannten Frauenliteratur zum Thema machen, stehen auch bei R. die Erfahrungen von Frauen und die gestörten Beziehungen zwischen den Geschlechtern im Mittelpunkt ihrer Texte. Um die Möglichkeiten und Grenzen weiblicher Emanzipation geht es in ihren Rundfunkfeatures *Schreibende Frauen und die Emanzipation* (1971–74) ebenso wie in dem Hörspiel *Frau Violetts Haus* (1974) und in dem Roman *Abschied von der Meisterklasse* (1985), einer autobiographisch geprägten Auseinandersetzung mit weiblichem Künstlertum im Dunstkreis des Faschismus.

Aufsehen erregte R. mit ihrem Roman *Der Mann auf der Kanzel. Fragen an einen Vater* (1979), einer Abrechnung der Tochter mit ihrem übermächtigen Vater und seiner Verstrickung in den Nationalsozialismus. Von der Kritik als »politischer Roman« gelobt, »weil er Privates ganz ernst nimmt« (Hinck), gehört der Text zu der sogenannten ›Väter-Literatur‹, mit der sich die nachgeborene Generation von Söhnen und Töchtern (vgl. auch Elisabeth Plessen und Brigitte Schwaiger) von ihren faschistischen Vätern freizuschreiben versuchte. In den Romanen *Die Leute im Tal* (1968) und *Die Schwaigerin* (1987) – pointierten Gegenentwürfen gegen den frühen Großstadtroman *Illusionen* – entwirft R. düstere Szenarien von dörflicher Enge und zerstörter äußerer und innerer Natur. R. dekonstruiert den verklärenden Heimatdiskurs ebenso wie die Bilder harmonischer und kraftvoller Weiblichkeit. Mit ihrer Erzählung »Der Abstieg« (1987), einer deutsch-jüdischen Geschichte, kehrt sie in die unmittelbare Nachkriegszeit zurück, und mit *Unterwegs in fremden Träumen. Begegnungen mit dem anderen Deutschland* (1993), einer Auseinandersetzung mit der Wende von 1989/90, rekonstruiert sie die Wünsche und Hoffnungen, die Autor/innen auf dem ersten gesamtdeutschen Schriftstellerkongreß 1947 in den Neuanfang gesetzt hatten und fragt sich – bezogen auf damals wie heute – »Was ist wo falschgelaufen, und warum? Oder war schon der Anfang verkehrt? Gab es überhaupt einen Anfang?« – Vom Literaturbetrieb hat sich R. weitgehend ferngehalten und auf der Einsamkeit als notwendiger Bedingung des Schreibens bestanden.

Lit.: Gattens, M.-L.: *Die Rekonstruktion der Geschichte. Der Nationalsozialismus in drei Romanen der 70er Jahre.* Amsterdam 1989; Stephan, I.: »Von Bildern umstellt. Zu den Frauenfiguren bei R. R.« In: Dies.: *Frauenliteratur ohne Tradition?* Frankfurt/M. 1987, S. 221–240.

Inge Stephan

Reimann, Brigitte

Geb. 21. 7. 1933 in Burg bei Magdeburg; gest. 20. 2. 1973 in Berlin/DDR

Die 1933 als älteste von vier Kindern geborene Reimann erkrankt mit 14 Jahren an Kinderlähmung. Aus dem körperlich aktiven und geistig ungewöhnlich reifen Mädchen wird eine zurückhaltende, scheue Person, die unter ihrer Behinderung Zeit ihres Lebens leiden wird. Während der langen Krankheit findet R. zu ihren großen Vorbildern Zola und Balzac, die ihr Schreiben fortan begleiten. 1951 legt sie ihr Abitur ab und arbeitet danach einige Zeit als Lehrerin. Nebenbei ist R. journalistisch tätig. Nach erster Heirat, einer Fehlgeburt und einem Selbstmordversuch erscheint 1955 ihre Erzählung »Der Tod der schönen Helena«, ein Jahr später *Die Frau am Pranger.* 1962 unter gleichem Titel als Fernsehspiel gesendet, dient der Text 1990 erneut als Vorlage zu einem Film. Durch den literarischen Erfolg und die Aufnahme in den Schriftstellerverband bestärkt, entschließt sich R. als freie Schriftstellerin zu leben. Gemeinsam mit ihrem zweiten Mann Siegfried Pitschmann (Heirat 1959) zieht sie nach Hoyerswerda, nachdem sie bis zu ihrem 27. Lebensjahr im Haus der Eltern gewohnt hatte. R. wird vier Ehen eingehen und dennoch von sich sagen: »Ich junggeselle vor mich hin.« In der ›Literatenehe‹ mit Pitschmann entstehen 1960 die Hörspiele *Ein Mann steht vor der Tür* und *Sieben Scheffel Salz.* 1961 erscheint R.s Roman *Ankunft im Alltag,* dessen Titel eine Gruppe literarischer Werke als ›Ankunftsliteratur‹ bezeichnen wird, in denen die Baustelle als Ort kollektiver Produktivität das Geschehen zentriert. Der jungen Generation im Arbeiter- und Bauern-Staat DDR wird anhand dieser

Metapher literarisch ein experimenteller Handlungs- und Bewährungsraum zugewiesen. Bereits Anfang der 60er Jahre entstehen erste Skizzen zum Roman *Franziska Linkerhand*, der ihr Hauptwerk darstellt.

1963 erscheint R.s »Geteiltes-Deutschland-Buch« *Die Geschwister*, das gemeinsam mit C. ↗ Wolfs Roman *Der geteilte Himmel* die deformierenden Konsequenzen des Berliner Mauerbaus anhand privater Schicksale thematisiert. Die Ereignisse des 17. Juni 1953 beschrieb R. in ihrer Erzählung »Das Geständnis« (1960). An Kunst und Architektur interessiert, kritisiert sie 1963 am »Baukasten«-Stil der Retortenstadt Hoyerswerda den Mangel an Lebensqualität und Intimität. Resolut klagt sie das Ausmaß an Individualitäts- und Naturzerstörung durch diese Form der Urbanisierung ein. Es ist zugleich der Beginn einer Freundschaft mit dem »Chefarchitekten von Groß-Berlin« Hermann Henselmann.

Während einer Moskaureise begegnet sie 1963 C. Wolf. Im Briefband *Sei gegrüßt und lebe* (1993) ist die freundschaftliche Korrespondenz als Austausch zweier charismatischer Schriftstellerinnen festgehalten. In der zweiten Hälfte der 60er Jahre erkrankt R. unheilbar an Krebs. Bis zu ihrem Tod arbeitet sie am Roman *Franziska Linkerhand*, der als Fragment 1974 postum erscheint. Mit ihrer Franziska-Figur kreiert sie ein weibliches Ich, das sich als Architektin in einem Männerberuf und als selbstbewußt Liebende zwischen Konventionen zerrieben fühlt. Indem sie eine lebbare Synthese »zwischen dem Notwendigen und dem Schönen« fordert, spricht sich ihr Wunsch nach einem autarken, würdevollen Leben aus.

R. B./Henselmann, H.: Briefwechsel. Hg. I. Kirschey-Feix. Berlin 1994; *Aber wir schaffen es, verlaß dich drauf! Briefe an eine Freundin im Westen.* Hg. I. Krüger. Berlin 1995; *Alles schmeckt nach Abschied. Tagebücher 1964–70.* Berlin 1998.

Carola Opitz-Wiemers

Reinig, Christa

Geb. 6. 8. 1926 in Berlin

»Die Konfrontation mit der Neuen Frauenbewegung Mitte der 70er Jahre muß für Christa Reinig ein ungeheurer Selbstbefreiungsprozeß, eine revolutionäre Umwälzung ihres Lebens und ihrer Produktion gewesen sein. Sie nimmt in München an vielen Veranstaltungen der Frauenbewegung teil. Sie lernt Verena Stefan kennen, R. rezensiert *Häutungen*, Stefan *Entmannung* – beides sind feministische Bestseller. Sie liest die Publikationen der US-Feministinnen und erfährt bei Valerie Solanas, Ti-Grace Atkinson, Jill Johnston, dem radikalen Flügel, daß die lesbische Frau die eigentliche Avantgarde der Bewegung, das revolutionäre Subjekt ist. Sie hat mit fünfzig Jahren zum ersten Mal als Frau, als Lesbe einen gesellschaftlichen Ort, ein Zuhause bei anderen Frauen, die im Aufbruch sind, gefunden« (M.L. Gansberg). R. ist die einzige renommierte deutschsprachige Schriftstellerin, die sich offen als Feministin und auch als Lesbe bekannt hat. In der Zeit von Mitte der 70er bis Mitte der 80er Jahre, als sich R. zur

Frauenbewegung zählt, publiziert sie nicht nur in zahllosen Zeitschriften und Anthologien der Frauenbewegung, sondern ist auch literarisch am produktivsten: Es erscheinen die Romane *Entmannung* (1976) und *Die Frau im Brunnen* (1979), die Essays *Der Wolf und die Witwen* (1980), der Erzählband *Die ewige Schule* (1982), der Lyrikzyklus *Müßiggang ist aller Liebe Anfang* (1984) und ein langes Gespräch mit der Literaturprofessorin Marie Luise Gansberg unter dem Titel *Erkennen, was die Rettung ist* (1986). In der Folge wird R. deshalb vom Literaturbetrieb marginalisiert, wird weniger rezensiert und kaum mehr mit Preisen bedacht.

Im Alter von 60 Jahren bilanziert R. selbst: »Manchmal frage ich mich: Bin ich denn überhaupt noch derselbe Mensch, der damit [dem Schreiben, M. M.] einmal angefangen hat? Auch die Umwelt, auf die ich einwirken wollte und die mich geformt hat, veränderte sich von Jahrzehnt zu Jahrzehnt so, als hätte ich von Zeit zu Zeit den Planeten gewechselt. Und vor allem: es änderten sich meine literarischen Kriterien.« Die äußeren Stationen von R.s Leben gleichen tatsächlichen Planetenwechseln: 1926 wird sie als Tochter der Putzfrau Wilhelmine Reinig im Berlin der Weimarer Republik geboren. Als Kind erlebt sie die Machtübernahme der Nazis und als 19jährige die Zerschlagung der nationalsozialistischen Gewaltherrschaft. R. arbeitet als Blumenbinderin, Trümmerfrau und Fabrikarbeiterin. Sie schreibt Lyrik und Prosa, lebt mit ihrer Mutter in Ostberlin und engagiert sich in der Gruppe *Zukunft sachlicher Dichter* in Westberlin. Obwohl R. weder von Anna ↗ Seghers noch von Peter Huchel gefördert wird, erscheinen 1951 in einer DDR-Anthologie die ersten beiden Erzählungen von ihr. An der Arbeiter- und Bauernfakultät der neugegründeten DDR holt R. das Abitur nach, studiert anschließend Kunstgeschichte und christliche Archäologie und wird wissenschaftliche Assistentin am Märkischen Museum in Ost-Berlin. 1960 erscheint in der BRD der Lyrikband *Die Steine von Finisterre*, 1961 die Erzählung *der traum meiner verkommenheit* und 1963 der Band *Gedichte*, für den R. den Bremer Literaturpreis erhält. Auch wenn ihr später noch verschiedene wichtige Literaturpreise zugesprochen werden, so ist der erste doch am folgenreichsten: R. kann 1964 die DDR verlassen und lebt seither in München – mit Ausnahme eines Aufenthalts in der Villa Massimo in Rom (1965/66). R. lernt als freie Schriftstellerin den Literaturmarkt kennen: »Um ein Haar habe ich das, was ich eigentlich wollte, gute Literatur machen, im Westen verwirkt.« Sie verfaßt Hörspiele: *Kleine Chronik der Osterwoche* (1965), *Tenakeh* (1965), *Wisper* (1967), *Das Aquarium* (1967); publiziert Prosa: *Drei Schiffe* (1965), *Orion trat aus dem Haus* (1969), *Das große Bechterew-Tantra* (1970), *Hantipanti* (1972) – und Lyrik: *Schwabinger Marterln* (1969), *Schwalbe von Olevano* (1969), *Papantscha-Vielerlei* (1971), Die *Ballade vom Blutigen Bomme* (1972).

Durch einen Unfall wird R. schwerbehindert und mit 45 Jahren zur Frührentnerin. Nach langwieriger Genesungszeit schreibt sie *Die himmlische und die irdische Geometrie* (1975), einen höchst eigenwilligen autobiographischen Roman. Im Schreibprozeß legt sie ihre männlichen Masken ab und entwickelt erstmals eine weibliche Erzählposition. Es folgt der zweite Roman *Entmannung* (1976), in dem R. anhand typisierter Frauenfiguren »im Zerrspiegel die weiblichen Existenzmöglichkeiten im Patriarchat« (Ricarda Schmidt) demonstriert. In *Müßiggang ist aller Liebe Anfang* (1979) werden Thematik und Tonlage völlig anders: Ein weibliches Ich protokolliert im lyrischen Tagebuch in Haikus und Epigrammen ihre lesbische Liebeserfahrung. Verbunden damit blickt sie kritisch auf die alltägliche Männergewalt und zeigt Frauenwiderstand auf. Zur selben Zeit publiziert R. feministische Satiren in Zeitschriften der Frauenbewegung, gesammelt als *Der Wolf und die Witwen* (1980). R.: »Satire ist die Messerschärfe, mit der ich meine Leser skalpiere.«

Im Roman *Die Frau im Brunnen* (1984) gestaltet R. die lesbische Liebe zweier älterer Frauen aus, verknüpft – oft assoziativ – autobiographische Geschichten mit Teilen aus verschiedenen Theorien und Mythologien, entwickelt patriarchatskritische Positionen und schließt damit an die unterschiedliche Prosa und Lyrik von *Geometrie, Entmannung, Müßiggang ist aller Liebe Anfang* und *Der Wolf und die Witwen* an. Ende der 80er Jahre zieht sich R. aus der Frauenbewegung zurück und publiziert die beiden Erzählbände *Nobody* (1989) und *Glück und Glas* (1991). Obwohl es in der Rezeption das Phänomen der »geteilten Reinig« (M. L. Gansberg) gibt und R.s Werk zunächst als disparat erscheint, so erweisen sich doch Satire, Witz und Galgenhumor als bestimmender Gestus. R. verbindet in kunstvoller Weise eine klare Sprache mit einer komplexen Form, womit sie vielfältig zum Ausdruck bringt: »Mein Leben ist mein Thema und die Erinnerung meine Materie.«

Lit.: Gansberg, M. L.: »Ch. R. ›Müßiggang ist aller Liebe Anfang‹ (1979). Ästhetische Taktlosigkeit als weibliche Schreibstrategie«. In: Stephan, I./Weigel, S./ Wilhelms, K. (Hgg.): *Wen kümmert's, wer spricht.* Köln/Wien 1992, S. 185–194; Marti, M.: *Hinterlegte Botschaften. Die Darstellung lesbischer Frauen in der deutschsprachigen Literatur seit 1945.* Stuttgart 1991, S. 305–364; *Erkennen, was die Rettung ist. Ch. R. im Gespräch mit M. L. Gansberg.* München 1986; Schmidt, R.: *Westdeutsche Frauenliteratur in den 70er Jahren.* Frankfurt/M. 1982, S. 240–283.

Madeleine Marti

Reinshagen, Gerlind

Geb. 4. 5. 1926 in Königsberg

Gerlind Reinshagen verließ ihre Geburtsstadt Königsberg mit ihrer Familie schon in ihrem ersten Lebensjahr. In Halberstadt im Harz besuchte sie die Oberschule, und in Braunschweig studierte sie Pharmazie. Im Jahre 1949 legte sie das Staatsexamen ab. Von 1953 bis 1956 studierte sie an der Hochschule der Künste in Berlin. Sie begann ihre literarische Karriere in den 60er Jahren als Hörspielautorin. – Gleich mit ihrem ersten Theaterstück, *Doppelkopf* (1968), erregte sie mit einer handfesten Klassenkritik und einer bühnenwirksamen surrealistischen Form die Aufmerksamkeit von Claus Peymann, der es 1968 uraufführte. Auch zwei weitere Dramen berühren brisante Themen und kamen erfolgreich zur Aufführung: In *Himmel und Erde* (1974) thematisiert sie, schon lange ehe es in den 80ern populär wurde, die Krankheit zum Tode, Krebs. Faschistische Tendenzen im Alltag werden durch Familienpraktiken im ersten Stück einer Dramen-Trilogie sichtbar gemacht. Die Autorin verfolgt Angehörige einer Familie der Mittelklasse von 1939 bis in die 80er Jahre (*Sonntagskinder, Frühlingsfest, Tanz Marie*). Über ein

Leben im Wirtschaftswunder zu Aussteigertum und Selbstmord werden die Folgen des Krieges beschworen. Besonders bemerkenswert ist R.s gewissermaßen postmodernes Stück *Leben und Tod der Marilyn Monroe* (1971), in dem sie die Körperpolitik und den konstruierten Mythos am Beispiel einer vervielfältigten Marilyn sichtbar macht. Es ist eine Anatomie der ›Ware Frau‹ im männlichen Blick. Schon hier führt sie eine neue Version des griechischen Chors ein, den sie in den späten Stücken durchweg als widersprüchliche Stimme des Volkes verwendet.

R.s Dramen bemühen sich, dem einzelnen Menschen in einer unmenschlichen Umwelt eine Utopie zum Überleben einzuräumen. In *Die fremde Tochter* und *Die Feuerblume* (1988) geht es um Demagogie und atomaren Weltuntergang. In *Die Clownin* (1986) und in *Kann das Theater noch aus der Rolle fallen?* oder *Die halbwegs emanzipierte Marian* (1972) wie auch in zahlreichen Aufsätzen und Interviews befaßt sich R. mit dem Künstlertum und dem Theater selbst. Für sie soll das Theater »ein Haus aus Sprache« sein, die auf der Bühne Hauptträger des dramatischen Gedankens bleiben müsse.

Es gibt eine Kontinuität in R.s Werken. Auch einige der Romane, die sie seit den 80er Jahren veröffentlicht hat, behandeln Figuren aus früheren Stücken, wenn auch leicht abgewandelt. Mit einer rhythmisch durchgestalteten, doch kräftigen und unaffektierten Sprache gibt sie den Grenzgebieten menschlichen Erlebens bis dahin unartikulierte Konturen. Sie macht in den Romanen wahr, was sie als ihr Anliegen beim Schreiben sieht: Geschichten müssen am Leben erhalten werden, wenn die Menschheit weiter existieren soll. Narramus fabulas, ergo sumus. Doch die Geschichten sind fast immer heillos. In ihrem Roman *Am großen Stern* geht es um einen Bildungsversuch, den ein Mann mittleren Alters mit einem elternlosen zwölfjährigen Mädchen aus Rußland durchführt. Das vorgeschriebene Studium der ›großen Dichter und Denker‹ verpufft wirkungslos am Täglichen, und das Exotische und Erotische, das sich einmischt, trägt zum katastrophalen Schluß bei.

Gesammelte Stücke. Frankfurt/M. 1986. – Lit.: Kiencke-Wagner, J.: *Das Werk von G. R.: Gesellschaftskritik und utopisches Denken.* Frankfurt/M. 1989; Sieg, K.: *Exiles, Eccentrics, Activists: Women in Contemporary German Theater.* Ann Arbor 1994; Herzog, M.: *Ich bin--nicht ich. Subjektivität, Gesellschaft und Geschlechterordnung in G. R.s dramatischem Werk.* Bielefeld 1995; Kraft, H.: *Ein Haus aus Sprache, Dramatikerinnen und das andere Theater.* Stuttgart/Weimar 1996.

Helga Kraft

Reuter, Gabriele
Geb. 8. 2. 1859 in Alexandria/Ägypten; gest 16. 11. 1941 in Weimar

Im Berliner *Tag* schreibt Thomas Mann 1904 im Rahmen einer ausführlichen Würdigung R.s, er wolle diese Schriftstellerin vor jenem Schicksal bewahren, »vor dem jeder sich fürchten muß, dem es auch nur von weitem droht: nämlich bis zum Tode und in die Unsterblichkeit hinein der Autor eines erfolgreichen Erstlingswerkes zu bleiben«. Die Mühe war offensichtlich umsonst, denn R. ist nicht einmal so weit in Erinnerung geblieben. R. verbringt eine Jugend an wechselnden Orten, die ersten Jahre in Alexandria, wo ihr Vater einen Import-Exporthandel betreibt, dann einige Zeit in Dessau, wo sie Unterricht erhält, später wieder in Alexandria. Nach dem Tod des Vaters (1872) kommt sie in ein Pensionat bei Wolfenbüttel und lebt anschließend mit ihrer Mutter zusammen, erst in der Nähe von Magdeburg, dann in Weimar (ab 1880), München (ab 1895) und Berlin (ab 1899). Von den 20er Jahren bis zu ihrem Tod wohnt sie wieder in Weimar.

Daß R. zu schreiben beginnt, hat wirtschaftliche Gründe, da die Familie nach dem Tod des Vaters ihr Vermögen einbüßt. Zunächst sind es die für die damalige Zeit keineswegs gewöhnlichen Reiseerfahrungen, die sie zu Beiträgen für lokale Zeitungen veranlassen und denen wenige Jahre später der erste Roman *Glück und Geld. Roman aus dem heutigen Egypten* (1888) folgt. Großen Beifall in der literarischen Welt erntet sie mit ihrem Roman *Aus guter Familie* (1895), der sich gegen die Liebes-Ideologie der Familienblatt-Romane wendet. Tugend und sittsames Betragen der höheren Tochter, so macht R. deutlich, werden keineswegs unabdingbar durch eine harmonische Ehe belohnt; häufig genug fristet das Mädchen ein Leben im Wartezustand, der bis hin zu Krankheit und Wahn führen kann. Mit subtiler Ironie schildert der Roman die unterdrückte Entwicklung der jungen Agathe Heidling, deren Gegenspieler »kein einzelner Mensch« ist, sondern »ein unfaßbares Ganzes, ein tyrannischer Begriff: die Gesellschaft, die ›gute Familie‹« (Victor Klemperer). In *Ellen von der Weiden* (1900) führt R. die Thematik fort, indem sie die Einschränkung einer zuvor lebhaften und kreativen Frau in der Ehe gestaltet.

Die in *Aus guter Familie* noch dem Realismus verpflichtete Erzählweise wird in *Ellen von der Weiden* von einer fragmentarisch-reflexiven abgelöst, eine Entwicklung, die auch durch die Beschäftigung mit Nietzsche oder die Bekanntschaft mit Ibsen und später mit dem Kreis der *Freien Bühne* in Berlin beeinflußt sein mag. Zu beachten ist aber auch – ganz abgesehen von der Nähe zu den Themen der bürgerlichen Frauenbewegung – R.s Versuch, an eine ›weibliche‹ Literaturtradition anzuknüpfen, was ihre Arbeiten über *Marie von Ebner-Eschenbach* (1904) und *Annette von Droste-Hülshoff* (1905) erkennen lassen. – In späteren Jahren verfaßt R. weiterhin zeitgenössische Romane, wendet sich nun aber mit ihren Erzählwerken vor allem der Jugendliteratur zu (*Großstadtmädel*, 1920; *Grete fährt ins Glück*, 1935).

Lit.: Alimadad-Mensch, F.: *G. R. Porträt einer Schriftstellerin*. Bern 1984; Heydebrand, R. v./ Winko, S.: »Geschlechterdifferenz und literarischer Kanon. Historische Beobachtungen und systematische Überlegungen«. In: *Internationales Archiv für Sozialgeschichte der deutschen Literatur (IASL)* 19 (1994), S. 96–172; Helmes, G.: »G. R.: Leben und Werk«. Nachwort zu *Ellen von der Weiden*. Berlin 1997, S. 175–190.

Gaby Pailer

Reventlow, Franziska Gräfin zu

Geb. 18. 5. 1871 in Husum; gest. 25. 7. 1918 in Muralto/Tessin

»Ach, ich bin gelaufen, gelaufen, hingefallen, wieder aufgestanden«, notiert R. 1907 in ihr Tagebuch, »Aber immer dahinter das Gefühl, ich muß noch etwas Großes zusammenbringen«. Das Große, dem sie zeitlebens nachjagte, war, als Malerin Anerkennung zu finden – in Erinnerung geblieben ist sie indessen durch ihr atemloses Leben wider alle Konvention. – Schon früh rebelliert R. gegen das Sittlichkeitsprogramm, mit dem man sie auf dem elterlichen Schloß in Husum, in der Erziehungsanstalt in Altenburg und später in Lübeck, dem neuen Wohnsitz der Familie, konfrontiert. Verboten ist alles, was Spaß macht: Malen, Gedichteschreiben und die Beschäftigung mit moderner Literatur im »Ibsen-Club«, so daß R., kaum daß sie das Lehrerinnenseminar absolviert hat, das Elternhaus flieht. In Hamburg lernt sie den Juristen Walter Lübke kennen, der ihr 1893 den Malunterricht in München ermöglicht und den sie ein Jahr später aus Verzweiflung über eine Schwangerschaft, die ihr eine stürmische Münchner Affäre eingebracht hat, heiratet. Als sie das Kind verliert – es ist unklar, ob sie es hat abtreiben lassen –, geht sie nach München zurück und provoziert durch ein Schuldbekenntnis die Scheidung. Als unwürdige Gräfin wird R. nun zum strahlenden Mittelpunkt der Schwabinger Bohème. Neben Rilke, der sie verehrt, sind es vor allem die »Kosmiker« Klages und Wolfskehl, die in ihr die ideale Verbindung von »Mutter und Hetäre« sehen: Mutter nämlich ist sie seit der Geburt ihres vergötterten Sohnes Rolf (1897), Hetäre durch ihre zahlreichen Amouren sowie gelegentliche Prostitution, wenn die Übersetzungsarbeiten, die sie für den Langen-Verlag anfertigt, nicht genug Bares einbringen. Finanziell völlig ruiniert, heiratet sie auf Anregung von Erich Mühsam 1911 einen baltischen Adligen, mit dem sie gemeinsam – vergeblich – auf eine reiche Erbschaft hofft. Zuletzt vorwiegend in der Schweiz lebend, stirbt sie dort 1918 an den Folgen einer Operation.

Leben und Werk sind bei R. nicht zu trennen, da sie mit ihrem Lebensentwurf selbst schon Anspruch auf Künstlertum erhebt und umgekehrt ihr Werk durchweg Autobiographisches verarbeitet. So sind große Teile ihrer eindrucksvollen *Tagebücher* (1895–1910) in ihr belletristisches Werk eingegangen. Ihr erster Roman *Ellen Olestjerne* (1903) erzählt die Geschichte ihrer Jugend bis zur Geburt ihre Sohnes; der spätere Briefroman *Von Paul zu Pedro* (1912) behandelt R.s Liebesaffären. Um Bewältigungsliteratur handelt es sich indessen nicht, vielmehr prägt die Texte ein plaudernd-ironischer Stil, der zugleich die Stimmung der Zeit einfängt. Als Schlüsselroman, der die Schwabinger Kunst- und Literatenszene satirisch Revue passieren läßt, ist *Herrn Dames Aufzeichnungen aus einem merkwürdigen Stadtteil* (1913) bedeutend. Als rebellierende Frau zielte R. weniger auf politische Veränderung als auf persönliche Freiheit. Die damalige Frauenbewegung war ihr – vielleicht gerade, weil es ihr selbst so gut gelang, sich viele Freiheiten einfach zu nehmen – suspekt, auch wenn sie mit der Feministin Anita Augspurg (1857–1943) und deren Lebensgefährtin Lida Gustava Heymann (1868–1943) befreundet war oder die engagierte Schriftstellerin Helene Böhlau (1859–1940) kannte. Sie selbst hat Essays zur Stellung der Frau (»Das Männerphantom der Frau«, 1898; »Viragines oder Hetären«, 1899) in Oskar Panizzas *Züricher Diskußionen* veröffentlicht, in denen sich die Forderung nach gleichen Rechten für Frauen mit biologistischen Thesen, die ihre Bestimmung in Liebe und Mutterschaft sehen, mischen.

Lit.: Fritz, H.: *Die erotische Rebellion. Das Leben der F. R.* Frankfurt/M. 1980; Faber, R.: *F. R. und die Schwabinger Gegenkultur.* Köln/Weimar/Wien 1993; Kubitschek, B.: *F. R.: 1871–1918. Ein Frauenleben im Umbruch.* Prien/Chiemsee 1994.

Gaby Pailer

Rhys, Jean (eigtl. Ella Gwendolen Rhys oder Rees Williams)

Geb. 24. 8. 1890 (oder 1894) in Roseau/Dominika, Kleine Antillen; gest. 14. 5. 1979 in Exeter/England

Lange vernachlässigt, gehört Jean Rhys dank des Engagements feministischer und postkolonialer Kritiker seit den 80er Jahren zu den bekanntesten Autorinnen in englischer Sprache. Während früher offenbar die bitter-melancholische Grundstimmung ihrer aktionsarmen Prosa und deren Themen als wenig unterhaltsam galten, sind es heute gerade die Frauenschicksale sowie die kritische Auseinandersetzung mit den psychischen Folgen des Kolonialismus, die sie interessant machen. R.s knappe, sparsame Diktion erinnert an den literarischen Modernismus von Virginia ↗ Woolf und James Joyce (1882–1941). R. arbeitet mit Auslassungen, verschiedenen Erzählwinkeln und inneren Monologen, die oft unmerklich in Dialoge übergehen. Sie läßt Vergangenheit und Gegenwart, Traumsequenzen, Erinnerungen und Wirklichkeitsschilderungen ohne Erzählerkommentar ineinanderfließen, wodurch dem Leser ein großer Teil der Sinngebung zufällt. Sie benutzt Metaphern, Leitmotive sowie Symbole als Bedeutungsträger und verleiht so ihren vielschichtigen Texten die charakteristische Eindringlichkeit und lyrische Qualität. Im Gegensatz zu Woolf sind R.s Frauenfiguren weder gebildet, noch begabt; sie haben keinen Beruf und keine Berufung. Sie sind kulturell und sozial entwurzelt und führen ein ähnlich unstetes Leben wie R. selbst, die mit sechzehn nach England ging, dort ihre Schauspielausbildung aber bald abbrach, um als Revuetänzerin eine fahrende Truppe zu begleiten. Sie lebte dann in verschiedenen Städten Europas und lernte in Paris die internationale modernistische Avantgarde kennen, ohne sich ihr jedoch anzuschließen. In *Quartet*, 1929 (Erstausgabe als *Postures*, 1928) setzt sich R. mit ihrer unglücklichen Liebesbeziehung zu dem englischen Schriftsteller Ford Madox Ford (1873–1939) auseinander und entwirft mit Marya Zelli die erste ihrer in sich durchaus widersprüchlichen Frauengestalten. Mittellos und einsam driftet Marya durch die moderne Großstadtwelt von Paris, getrieben von einer unbestimmten Sehnsucht nach Geld und Geborgenheit, Liebe und einem Lebenszweck. Auch die folgenden Romane *After Leaving Mr. Mackenzie* (1930), *Voyage in the Dark* (1934) und *Good Morning, Midnight* (1939) spielen in Paris und London im ersten Drittel unseres Jahrhunderts, abstrahieren jedoch von den politischen Entwicklungen jener Zeit. Sie beschreiben statt dessen ungeschönt die finanzielle Abhängigkeit der Frau vom Mann, ihre Unterdrückung und Ausgrenzung, ihre Passivität, Hilflosigkeit und Verzweiflung. In *Good Morning, Midnight*, dem Höhepunkt von R.s früher Schaffensphase, verweist R. deutlich auf die besitzorientierte, patriarchale Konkurrenzgesellschaft als Grund für die Vereinzelung und Isolation des weiblichen Individuums.

Nach mehr als 25 Jahren Schweigen, die sicher auch R.s Alkoholismus und ihren psychischen Problemen geschuldet waren, legte sie mit *Wide Sargasso Sea* 1966 (*Sargassomeer*, 1980) ihr letztes und wohl berühmtestes Buch vor. R. gilt heute neben Phyllis Shand Allfrey (1915–1986) als eine Vorläuferin der karibischen Literatur von Frauen. Beide gehören der weißen Minderheit in Dominika an und reflektieren diesen Status in ihren Romanen. *Wide Sargasso Sea* bietet ein symbolträchtiges, einfühlsames und damit die Vorlage korrigierendes Bild der Nebenfigur Bertha Mason aus dem englischen Klassiker *Jane Eyre* (1847) von Charlotte ↗Brontë. Der Roman ist eingebettet in die aus der Sklavenbefreiung Mitte des 19. Jh.s resultierenden sozialen Umwälzungsprozesse in der Karibik. Die Autorin benennt mit der rechtlichen und ökonomischen Vorrangstellung des Mannes aus dem britischen Mutterland über das subjektive Verschulden der jungen Kreolin hinausgehende Gründe für deren Entfremdung und letztendlichen Verfall in den Wahnsinn. R. ersetzt das harmonisierend-affirmative Romanende Brontës durch eine mehrdeutige Schlußsequenz, die Vernichtung wie möglichen Neubeginn versinnbildlichen kann.

The Complete Novels. New York 1985; *The Collected Short Stories*. New York 1987. – Lit.: Staley, T.F.: *J. R. A Critical Study*. London 1979; Angier, C.: *J. R.: Life and Work*. London 1990.

Jana Gohrisch

Rich, Adrienne
Geb. 16. 5. 1929 in Baltimore/Maryland

Lyrikerin, Essayistin, Theoretikerin, politische Aktivistin – kaum eine der Vertreterinnen des amerikanischen Feminismus der letzten Jahrzehnte ist in ihrem Lebenswerk so vielfältig und einflußreich wie Rich. Doch bis heute ist sie, wie sie selbst sagt, vor allem eine Dichterin geblieben. Als Lyrikerin hatte sie sich bereits mit Erscheinen ihres ersten Lyrikbandes *A Change of World* (1951) einen Namen gemacht. Während der nächsten 15 Jahre veröffentlichte sie 20 Gedichtbände, unter anderem *Snapshots of a Daughter-in-Law* (1963), *The Will To Change* (1971), *Diving into the Wreck* (1973), *A Wild Patience Has Taken Me This Far* (1981), *An Atlas of the Difficult World (1991)* und *Dark Fields of the Republic* (1995). Ihre frühen Gedichte wurden von Lesern und Kritikern wie z. B. Auden für ihren eleganten Stil und ihre formalistische Selbstkontrolle gerühmt. Die folgenden Gedichte finden zu einer freieren, riskanteren poetischen Artikulierung ihres zunehmend rebellischen Bewußtseins, gestützt durch ihr Engagement als Lehrerin am City College in New York, ihre Arbeit in einem Projekt für arme und benachteiligte Ghettokinder sowie durch ihr Eintreten für die Bürgerrechtsbewegung und ihre Teilnahme an Anti-Vietnam Protesten. R.s Gedichte zeichnen sich aus durch die Insistenz auf ihrer subjektiven Wahrnehmung sozialer, kultureller und politischer Phänomene aus weiblicher Perspektive, durch ihre Wut über Unterdrückung und nicht zuletzt durch ein Ringen um eine unnachgiebige poetische Sprache. Sie verweigert sich jeder autoritären Setzung von Wahrheit und Substanz; wichtiger wird »the action, the process of thought«, was Raum läßt für Intuition und Assoziaton, für Interaktion mit ihrer Leserschaft.

Auch ihre Essays stehen unter diesem Motto; radikal aus der ersten Person formuliert, lassen sie ihre Leserinnen teilhaben an einer ausgreifenden Entwicklung des Zweifels, der Neugierde, des kritischen, unbestechlichen Gedankens. So stimulierte ihr literarischer Essay »When We dead Awaken: Writing As Revision« (1972) die frühe feministische Kanonrevision und begründete eine radikale Kritik an den patriarchalischen Prämissen literarischer Produktion. Ebenso wie sie ihre eigenen Erfahrungen als Schriftstellerin zum Ausgangspunkt ihres literarischen Schaffens macht, dient ihr auch das eigene Erleben der Mutterschaft als Grundlage für ihre Studie *Of Woman Born Motherhood as Experience and Institution* (1976). Viele Gedanken ihrer Essaybände *On Lies, Secrets and Silence* (1979, schon im Titel eine Hommage an ihr Vorbild Tillie Olsen (geb. 1913) und deren bahnbrechendes Pamphlet *Silences*, 1962), *Blood, Bread and Poetry* (1986) und *What is Found There: Notebooks on Poetry and Politics* (1993) sind in unzähligen Women's Studies-Seminaren und politischen Auseinandersetzungen diskutiert worden, da R. sich schon sehr früh mit wesentlichen feministischen Fragen der letzten Jahrzehnte auseinandergesetzt hat: mit Sexualität, Körper, Alter, Krankheit und Schmerz, mit Aspekten von Kreativität und Sprache, aber auch mit europäischer und amerikanischer

Geschichte: mit den Folgen von Holocaust und Sklaverei, mit imperialistischer Außenpolitik z.B. in Nicaragua, mit Rassismus und Anti-Semitismus auch und v.a. unter (weißen) Frauen. Ihr »dream of a common language« hat gleichzeitig immer die Notwendigkeit betont, sich der »politics of location« zu stellen, die Frauen ungleiche soziale, politische und kulturelle Positionen von Macht und Ohnmacht, von Privilegien und Verelendung zuweist, was Allianzen z.B. zwischen schwarzen und weißen Frauen so schwierig wie nötig macht. Ihre spezifische Art der Selbstbefragung, die in unnachgiebiger Weise das Private zum Politikum macht, wurde direkt und indirekt von vielen Feministinnen aufgegriffen. Die herausragende Vereinbarung von ästhetischer, sozialer und politischer Artikuliertheit zeichnet ihr Lebenswerk über nunmehr fast ein halbes Jahrhundert hinweg kontinuierlich aus. »A thinking woman sleeps with monsters«, hat sie geschrieben, aber sie insistiert ebenso auf der Fähigkeit, eine Verzweiflung zu empfinden, die nicht zur Resignation führt.

Lit.: Gelpi, B.C./Gelpi, A.: *Adrienne Rich's Poetry and Prose.* New York 1993; Roberta, J. (Hg.): *Reading Adrienne Rich: Reviews and Re-visions, 1951–81.* Ann Arbor 1984 [Bibliographie: S. 329–365].

Sabine Bröck

Richardson, Dorothy Miller

Geb. 17. 5. 1873 in Abingdon/Berkshire; gest. 17. 6. 1957 in London

Richardson wurde vor allem durch ihren dreizehnbändigen autobiographischen Romanzyklus *Pilgrimage* (1915–1938/1967) bekannt, weniger rezipiert sind ihre in Zeitschriften veröffentlichten journalistischen Arbeiten und ihre Kurzprosa (*Journey to Paradise. Short Stories and Autobiographical Sketches,* 1989). Sie gilt als erste konsequente Vertreterin des Bewußtseinsstromromans in Großbritannien. Ihr sich über gut zwei Jahrzehnte erstreckendes *work in progress* wurde allerdings durch die erzähltechnischen Experimente von Virginia ↗ Woolf (1882–1941) und James Joyce (1882–1941) in den Hintergrund gedrängt und erst ab den 70er Jahren erneut als bedeutender Beitrag zur englischen Moderne gewürdigt. Die Gesamtausgabe von *Pilgrimage* von 1967, in der der letzte Band, *March Moonlight,* zum ersten Mal abgedruckt ist, machte den Text für die Forschung wieder interessanter, denn nun ließ er sich mit bekannten Deutungsmustern wie dem des Entwicklungs- oder Künstlerromans fassen, und seine zyklische Struktur erlaubte Vergleiche mit zeitgenössischen Romanen wie Marcel Prousts (1871–1922) *A la recherche du temps perdu* (1913–1927).

Die ab Mitte der 70er Jahre vorangetriebene Rekanonisierung R.s ist in erster Linie das Verdienst der feministischen Literaturwissenschaft, die vor allem geschlechtsspezifische Konnotationen ihrer experimentellen Prosa herausarbeitete und mit dem Konzept einer *écriture feminine* zu fassen suchte und die *Pilgrimage* als weiblichen Bildungsroman diskutierte. *Pilgrimage* entwirft das Porträt einer *New Woman* und ihrer Bewegungs- und Entfaltungsmöglichkeiten zu Beginn des 20. Jh.s und weist in diesem Zusammenhang die Großstadt London als signifikanten Erfahrungsraum aus. Die Stationen des äußeren Lebenswegs der Protagonistin treten allerdings zugunsten einer ausführlichen Darstellung ihrer inneren Erlebniswelt und Entwicklung zurück; ihre Gefühls- und Vorstellungswelt wird mit Hilfe des *free indirect discourse* und des inneren Monologs dargestellt. Der Roman enthält die facettenreichste und vielschichtigste Darstellung der Augenblicksthematik in der englischen Literatur der Moderne. Der signifikante Augenblick wird hier zur zentralen sinnstiftenden Instanz, er strukturiert sowohl das Bewußtsein der Protagonistin als auch den Text als Ganzes. Er bezieht sich zum einen auf die innerweltliche, psychische Ebene, auf die Wahrnehmung, Erinnerung und Identitätskonstitution der Protagonistin, zum andern auf den künstlerischen Bereich, und zwar als Fundierung der ihrem Schreiben zugrundeliegenden ästhetischen Prinzipien. Seine epistemologische Funktion besteht darin, für die Moderne nicht mehr tragfähige metaphysische Verbürgtheiten durch Momente authentischer und bedeutsamer subjektiver Wirklichkeitserfahrung zu ersetzen. R.s erklärte Absicht, mit *Pilgrimage* »a feminine equivalent of the current masculine realism« zu schaffen, greift in die zeitgenössische Realismusdebatte ein und bezieht sich vor allem auf ein Ausdifferenzieren der Möglichkeiten der Bewußtseinsdarstellung und des unpersönlichen Erzählens. Dies steht in engem Zusammenhang mit ihrer in *Pilgrimage* entwickelten Vorstellung eines *feminine consciousness,* das mit einem ganzheitlichen, unvoreingenommenen Sehen konnotiert ist, welches ein wertfreies Sich-Hineinversetzen in den Gegenstand der Betrachtung ermöglicht und in der literarischen Umsetzung auch dem Rezipienten idealerweise einen freien und unvermittelten Blick auf das im Text Dargestellte gewährt. Damit reiht R. sich in die differenzierte Diskussion um *impersonality* ein, wie wir sie vor allem im Zusammenhang mit ↗ Woolf, Joyce und T. S. Eliot (1888–1965) kennen. Ferner decken sich ihre Ausführungen zum *feminine consciousness* im wesentlichen mit Woolfs in *A Room of One's Own* (1929) entwickelten Androgyniekonzept und sind wie dieses der Dichtungstheorie der englischen Romantik verpflichtet.

Lit.: Hanscombe, G. E.: *The Art of Life. D. R. and the Development of Feminist Consciousness.* London 1982; Bronfen, E.: *Der literarische Raum. Eine Untersuchung am Beispiel von D. M. R.s Romanzyklus* Pilgrimage. Tübingen 1986; Radford, J.: *Dorothy Richardson.* Bloomington 1991; Watts, C.: *Dorothy Richardson.* Plymouth 1995; Kilian, E.: *Momente innerweltlicher Transzendenz. Die Augenblickserfahrung in D. R.s Romanzyklus* Pilgrimage *und ihr ideengeschichtlicher Kontext.* Tübingen 1997.

Eveline Kilian

Richardson, Henry Handel (eigtl. Henrietta Ethel Florence Lindesay Robertson, geb. Richardson)

Geb. 3. 1. 1870 in Melbourne/Australien; gest. 20. 3. 1946 in Hastings, Sussex/Großbritannien

Richardson wuchs in Melbourne auf, besuchte dort das Presbyterian Ladies' College und ging 1888 nach Leipzig, um Musik zu studieren. Sie lernte John George Robertson (später Professor für deutsche Literatur in London) kennen, den sie 1895 heiratete. 1903 übersiedelten sie nach England, wo sie in großer Abgeschiedenheit lebte. Unterstützt von ihrem Mann und ihrer langjährigen Freundin Olga Ronconi, widmete sie sich ihrer schriftstellerischen Arbeit. Nur einmal, 1912, kehrte sie noch einmal in ihre Heimat zurück. Mit Katherine ↗ Mansfield, die ebenfalls vorwiegend in Europa lebte, teilte sie die Liebe für ihr Heimatland, für seine landschaftliche Schönheit, und wie sie wandte sie sich gegen Engstirnigkeit und Provinzialismus. Ihr erster Roman, *Maurice Guest* (1908), unterscheidet sich radikal von zeitgenössischen englischen Romanen. Er folgt einer kontinental-europäischen Tradition, indem er romantische Liebe als destruktive Leidenschaft beschreibt (vgl. Goethes *Die Leiden des jungen Werther)*. Zudem beeinflußt vom russischen psychologischen Realismus und Feminismus, analysiert R. mit realistischen Szenen, Dialogen, psychologischer Intensität und sexueller Offenheit den Prozeß der Selbsttäuschung und Desillusionierung. Ebenso attackiert R. die soziale Konditionierung von Mädchen in sexuelle Unwissenheit und konformistische Ehe-Ideologie (*The Getting of Wisdom*, 1910), die ihnen keine Möglichkeit eigener Lebensentwürfe zugesteht. Der Einfluß der intellektuellen und kulturellen Ideen des skandinavischen Modernismus in ihren Werken ist unübersehbar. Schon 1886 hatte sie Jacobsen und Björnsen übersetzt.

Ihre Romantrilogie *The Fortunes of Richard Mahony*, 1930 (*Die Glücksfälle Richard Mahoneys*) – *Australia Felix* (1917), *The Way Home* (1925), *Ultima Thule* (1929) – gilt in Australien als Klassiker. Für R. selbst bedeutete die Trilogie den Eintritt in die englische Romantradition, denn so wie Charlotte ↗ Brontë (1816–55), Jane ↗ Austen (1775–1817)), George ↗ Eliot (1819–80) und Thomas Hardy (1840–1928) stellt auch sie erneut die Institution Ehe in Frage. Mit der Gegenüberstellung unterschiedlicher Realitäten, gleicher Erzählzeit für Ehefrau und Ehemann, parallelen Szenen mit Ironie und parodistischen Elementen problematisiert sie gesellschaftliche (viktorianische) Normen. Neben der Tragik Mahonys, mit der sich die Kritik bisher vorwiegend beschäftigt hat, steht die kontinuierliche Entwicklung seiner Ehefrau Mary von aufopfernder Selbstlosigkeit zur liebesfähig bleibenden Eigenpersönlichkeit. Die Trilogie markiert den Beginn einer ›post-ehelichen‹ Romantradition. Den Bezug zur realen historischen Situation von Frauen, die Problematisierung der als ›natürlich‹ geltenden Geschlechterrollen und der doppelten Moral teilt R. mit Edith Searle Grossmann (1863–1931), die Australien ebenfalls sehr früh verließ und nach Neuseeland ging (*In Revolt*, 1893; *A Knight of the Holy Ghost*, 1907). Grossmanns Romane, die Gleichberechtigung und Selbstbestimmung implizit fordern, sind jedoch weniger subtil als die R.s. Ebenso wie die Neuseeländerin Mary Jane Mander (1877–1949) lehnte auch R. eine oberflächliche Begründung des ›Unmoralischen‹ ab und attackierte einen übertriebenen Puritanismus und jede Art von Rigidität und Konformität. Auch in R.s von der Kritik vernachlässigten Kurzgeschichten, die sie zwischen 1911 und 1940 schrieb, thematisiert sie immer wieder die Situation von Mädchen und Frauen und wendet sich gegen restriktive gesellschaftliche Normen, die sie als schädigend und falsch brandmarkt (*The End of Childhood and Other Stories*, 1934). So zeigt sie die verletzenden Folgen einer rigiden sozialen Konditionierung von Mädchen zur Heterosexualität auf (»Growing Pains«, 1934). *The Young Cosima* (1939) ist eine psychologische Studie des komplizierten sexuellen Lebens des Liszt-von Bülow-Wagner Kreises, die auf Cosima Wagners

Korrepondenz beruht und deren Verstrickung in Aufsehen erregende Beziehungen thematisiert. R.s posthum veröffentlichte, jedoch unvollständige Autobiographie *Myself When Young* (1948) gibt Aufschluß über Gedanken, Beweggründe und Erklärungszusammenhänge für ihr Schreiben. R. erhielt 1929 die Australian Literary Society's Gold Medal und wurde 1932 für den Nobelpreis nominiert.

Lit.: Palmer, N.: *H. H. R. A Study.* Sydney 1950; McLeod, K.: *H. H. R. A Critical Study.* Cambridge 1985; Clarke, A.: *H. H. R.: Fiction in the Making.* Bd. I. Brookvale 1990.

Sigrid Markmann

Riera i Guilera, Carme

Geb. 12. 1. 1948 in Palma de Mallorca/Spanien

R. zählt zu den bekanntesten Schriftstellerinnen Kataloniens. Ihre mallorquinische Herkunft ist in ihrem in katalanischer Sprache geschriebenen literarischen Werk, das bisher vier Erzählbände und drei Romane umfaßt, unverkennbar. Ihre zahlreichen essayistischen Texte schreibt sie jedoch auf Spanisch. 1948 in der Altstadt von Palma de Mallorca geboren, verbringt R. ihre Kindheit mit zwei jüngeren Brüdern in dem großen Haus ihrer Eltern. Zur umfangreichen Bibliothek des Vaters, Mediziner und Philosoph, erhält sie erst Zugang, als sie eine Klosterschule und schließlich ein staatliches Gymnasium besucht. Zum Ende der Schulzeit verliebt sie sich in ihren Lehrer Francesc Llinás, den sie 1971 heiratet. Sie studiert romanische Philologie in Barcelona und spezialisiert sich auf die Literatur des Spanischen *Siglo de Oro.*

Für ihre erste Erzählung »Te deix, amor, la mar com a penyora«, 1974 (»Und laß als Pfand, mein Liebling, Dir das Meer«, 1988), in der sie weibliche Homosexualität thematisiert, erhält sie den Recull-Preis. Ihr erster Erzählband erscheint unter demselben Titel 1975, im Jahr des Zusammenbruchs der Franco-Diktatur und damit zu einem Zeitpunkt, als die Rechte der Frauen, wie z. B. das auf Ehescheidung, in Spanien noch nicht gesetzlich verankert sind. Die Literatur der späten 70er Jahre steht deswegen auch im Zeichen des Kampfes um eine neue Rolle der Frau. Dabei nutzen R. und anderen Schriftstellerinnen wie Montserrat ↗ Roig (1946–1991) und Ana María Moix (geb. 1947) die neu gewonnenen literarischen Freiräume nicht nur, um weibliche Körpererfahrung offen zu thematisieren, sondern auch, um ihren Standort in der Gesellschaft zu bestimmen. In Barcelona können sie mit Vorgängerinnen wie Mercè ↗ Rodoreda (1908–1983), Caterina Albert i Paradís (Pseudonym: Víctor Català, 1869–1966), Clementina Arderiu (1893–1976) und Ana María ↗ Matute (geb. 1925) bereits auf eine Tradition weiblichen Schreibens zurückgreifen. Die politisch-sozialen Umwälzungen ermöglichen es den Frauen schließlich auch, ökonomische Unabhängigkeit zu erlangen und Berufe zu ergreifen, die die Arbeit mit Sprache beinhalten. So ist R. zunächst als Spanischlehrerin an einem Gymnasium tätig, heute lehrt sie zeitgenössische Spanische Literatur an der Universität Autònoma in Barcelona. Ihre Doktorarbeit schreibt sie über die Dichterschule von Barcelona, ein weiterer Schwerpunkt ihrer theoretischen Arbeit ist die feministische Literaturkritik.

Auch ihr fiktionales Werk setzt sich mit der Stellung der Frau und besonders der

Autorin in der nach wie vor patriarchalen Welt auseinander. Ihr erster Roman *Una primavera per a Domenico Guarini*, 1981 (*Florentinischer Frühling*, 1995) beschreibt die Italienreise der katalanischen Journalistin Clara Alabern, die aus Florenz über den Prozeß gegen einen Attentäter des Gemäldes *La Primavera* von Botticelli berichtet, und macht R. über die spanischen Grenzen hinaus bekannt. Er liest sich wie ein Kriminalroman, ist gleichzeitig kunstgeschichtliche Abhandlung, journalistischer Bericht und feministischer Entwicklungsroman. R. spielt mit den Genres ebenso wie mit literarischen Referenzen an die Weltliteratur. Es gelingt ihr in dem postmodernen Roman, den männlich konnotierten Intertext zu nutzen und seine Antiquiertheit mit der weiblichen Emanzipation zu konfrontieren. Auch in ihrer Novelle *Qüestió d'amor propi*, 1987 (*Selbstsüchtige Liebe*, 1993) thematisiert R. die Schwierigkeit einer Schriftstellerin, sich in der männlich dominierten Literaturwelt zu behaupten. So wird die Protagonistin und erfolgreiche Autorin Angela Caminals von einem Kollegen zur Muse degradiert und nimmt Rache. Hier, wie in ihrem späteren Roman *Joc de miralls*, 1989 (*Im Spiel der Spiegel*, 1994), werden wiederum traditionelle Lese- und Denkmuster verwendet und gleichzeitig durchbrochen. R. versteht den Spiegel als Topos weiblichen Schreibens, in dem sich die Frau nicht primär als Geschlechtswesen, sondern als Subjekt und Objekt der Literatur sieht, einer Literatur, die nicht speziell für Frauen geschrieben ist, sondern sich ausdrücklich an alle richtet. R. lebt heute mit ihrem Mann und ihren beiden Kindern in Barcelona.

Lit.: Nichols, G.C.: *Escribir espacio propio: Laforet, Matute, Moix, Tusquets, Riera y Roig por sí mismas*. Minneapolis 1989; Hina, H.: »Kassandra oder Madame Curie? Die Schriftstellerin C.R.« In: Bierbach, C./Rössler, A. (Hgg.): *Nicht Muse, nicht Heldin. Schriftstellerinnen in Spanien seit 1975*. Berlin 1992, S. 177–190; Kroll, R.: »C.R. gibt Frauen eine Stimme«. In: *Virginia*, Nr. 20, Oktober 1995, S. 18; Rössler, A.: *Imitation und Differenz: Intertextualität bei C.R., Adelaida García Morales und Paloma Díaz-Mas*. Berlin 1996.

Sabine Börchers

Riley, Joan

Geb. 26. 5. 1958 in Hopewell, St. Mary/Jamaika

Als jüngstes von acht Kindern im ländlichen Norden Jamaikas geboren, ging Joan Riley bereits mit 18 Jahren nach Großbritannien, wo sie englische Literatur, angewandte Sozialwissenschaften und Politik studierte. Sie arbeitete lange als Drogenberaterin und Sozialarbeiterin in London, wo sie heute mit ihren zwei Kindern als freischaffende Autorin lebt. Bisher erschienen von ihr vier Romane sowie, als Herausgeberin mit Briar Wood, ein Sammelband unter dem Titel *Leave to Stay. Stories of Exile and Belonging* (1996). R., die oft als karibische bzw. postkoloniale Autorin geführt wird, kann neben Beryl Gilroy (geb. 1924 in Guyana), Buchi ↗ Emecheta und Ravinder Randhawa (geb. 1953 in Indien) als eine der profiliertesten farbigen Autorinnen Großbritanniens gelten. Für ihre realistisch erzählten Romane nutzt R. die verschiedenen Register des britischen und jamaikanischen Englisch einschließlich der Kreolformen, die besonders ihre Dialoge lebendig erscheinen lassen. Auf diese Weise verbindet R. englische literarische Traditionen mit oral tradierten Elementen der karibischen Volkskultur. Sie schreibt für ein breites Publikum und will Lebens- und Orientierungshilfe in neuen sozialen Situationen bieten. Mit fast dokumentarischer Genauigkeit zeichnet R. den gesellschaftlichen Hintergrund ihrer in Großbritannien und Jamaika angesiedelten Texte, in deren Zentrum schwarze Frauen verschiedener Generationen stehen. *The Unbelonging*, 1985 (*Fremdes fremdes Land*, 1996) beschreibt die Identitätssuche eines schwarzen Mädchens, das aus Jamaika nach Großbritannien gebracht wird. Hier muß sie sich mit rassistischer und sozialer Diskriminierung ebenso auseinandersetzen wie mit ihrem Vater, der sie sexuell mißbraucht. R. verzichtet auf einfache Lösungen, bemüht sich aber, die sozialen Ursachen und damit die Veränderbarkeit menschlichen Verhaltens aufzuzeigen. *Waiting in the Twilight*, 1987 (*Warten im Zwielicht*, 1993) ist den Frauen der ersten Einwanderergeneration gewidmet, deren Leistungen bisher kaum literarisch gewürdigt wurden. Wenn auch die früh gealterte, kranke Protagonistin stirbt, so hinterläßt sie doch Töchter, die ihr Vermächtnis in Großbritannien umsetzen und so Hoffung für die Zukunft vermitteln können. *Romance* (1988) schildert die Entstehung eines neuen Verhältnisses zwischen den Generationen und Geschlechtern innerhalb der *black British community*. Es beruht auf der Grundlage eines gewandelten weiblichen Selbstverständnisses, trägt jedoch stark idealisierende Züge. Mit *A Kindness to the Children* (1992) wendet sich R. den Lebenswegen dreier schwarzer Frauen in Jamaika zu. Sie läßt die Schattenseiten der Gesellschaft ebenso deutlich zutage treten wie das gegenwärtig noch ungenutzte Entwicklungspotential, das R. in der Vitalität ihrer Frauengestalten lokalisiert.

Lit.: Gohrisch, J.: *(Un)Belonging? Geschlecht, Klasse, Rasse und Ethnizität in der britischen Gegenwartsliteratur. Joan Rileys Romane.* Frankfurt/M. 1994.

Jana Gohrisch

Rinser, Luise

Geb. 30. 4. 1911 in Pitzling bei Landsberg a. Lech

Die Antithese zu jenem »Wandelmut«, den R. mit Recht für sich in Anspruch nimmt, sieht sie in den konsumistischen Verfestigungen des Denkens, in den Kategorien von »Ordnung und Sicherheit«, in dem »Bedürfnis des Spießers nach geistiger Beharrung«, das sich gegen neue Erfahrungen abschottet. Ihre eigene Bereitschaft, »sich offenzuhalten und [...] in Frage stellen zu lassen«, verdeutlicht beispielhaft die Radikalität, mit der die Autorin, gegen die Erwartungshaltung ihres damaligen Publikums, sich dem reformerischen gesellschaftlichen Aufbruch der späten 60er Jahre stellt. Das »Wohnen [...] auf den Baustellen« wird zur programmatischen Metapher dafür: »Ich habe zu viele Erdbeben miterlebt, um weiterhin Sicherheit in einem festen Haus zu suchen [...] Es ist beschwerlich, von Widerspruch zu Widerspruch gejagt zu werden und keine der alten, der ›absoluten‹ Ordnungen wiederzufinden.« Entschlossen verabschiedet sie nun ihre »falsche Imago« einer »bürgerlich«-bejahenden, »der braven katholischen Schriftstellerin, der erbaulichen«, auf die man sie – was allerdings ihrer Fähigkeit zur sensiblen Gestaltung existentieller Verstörtheit nicht gerecht wird – während ihrer zweiten Schaffensphase zu fixieren pflegte.

Die schriftstellerischen Anfänge R.s, die (wie ihr Vater) nach dem Abitur in München eine Ausbildung als Volksschullehrerin absolviert und 1939 aus dem Schuldienst ausscheidet, da sie nicht in die Partei eintreten will, fallen in die Zeit des Nationalsozialismus, deren Mentalität ihr Roman *Der schwarze Esel* (1974) später am Beispiel einer bayerischen Kleinstadt kritisch durchleuchtet. Ihre erste Buchveröffentlichung, *Die gläsernen Ringe* (1941), die Entwicklungsgeschichte einer Heranwachsenden, wird als ein Beispiel jener dem ›Geist‹ verpflichteten Literatur gelesen, die sich den ästhetischen Vorstellungen der Machthaber verweigert. R. erhält Publikationsverbot; ihr erster Mann, der Kapellmeister Horst Günther Schnell, fällt in einer Strafkompanie an der russischen Front. Ein halbes Jahr vor Kriegsende wird sie infolge einer Denunziation wegen »Wehrkraftzersetzung und staatsfeindlicher Gesinnung« inhaftiert. Nach 1945 profiliert sie sich zunächst mit einigen realistischen Kurzgeschichten, der (nach ihren eigenen Worten) »anti-antisemitischen« Erzählung *Jan Lobel aus Warschau* (1948), die einen wichtigen Aspekt ihres politischen Engagements aus dieser Zeit spiegelt, vor allem aber mit dem (ihr umfangreiches Werk seither begleitenden) Welterfolg des Romans *Mitte des Lebens* (1950), einer frühen Thematisierung des Anspruchs der Frau auf Selbstverwirklichung, bevor sie dann jene auslaufende Tradition fortzusetzen beginnt, die dem Stichwort der »christlichen Literatur« zugeordnet wurde (*Daniela*, 1953; *Abenteuer der Tugend*, 1957; *Die vollkommene Freude*, 1962).

Ihre zeitkritische Wandlung, die gerade bei einem jungen Publikum zu neuer großer Resonanz verhilft, setzt daher auch im innerkirchlichen Bereich ein. Seit 1959, nach dem Scheitern ihrer zweiten Ehe mit dem Komponisten Carl Orff, in der Nähe von Rom ansässig, beobachtet sie das Zweite Vatikanische Konzil als akkreditierte Journalistin und greift in der Folge einige der von ihm angestoßenen Reformimpulse in theologischen Essays auf. Die Reihe ihrer *Tagebücher* seit 1970 verbindet eine religiös-›ganzheitliche‹ Reflexion in der Tradition großer spekulativer Denkrichtungen des Westens und des Ostens mit temperamentvollem Engagement gegen die Destruktivität eines zweckrational-»selbstmörderischen ›Fortschritts‹« sowie für »Minderheiten und Schwache«, wobei der internationale Horizont durch zahlreiche Reisen der Autorin beglaubigt wird. Ihr Roman *Mirjam* (1983) macht die neutestamentliche Handlung auf die aktuelle Situation von Strömungen hin transparent, die sie mit kritischer Sympathie begleitet: den Feminismus, den Pazifismus und die Befreiungsbewegungen der Dritten Welt. Auch in einer Phase zunehmender Selbstverbannung der Literatur in die Privatheit schöngeistiger Reservate hält die »starke Erzählerin« (Hermann Kesten) ihre dem Bewußtsein der Weltverantwortung und der Glaubensbereitschaft an die »Utopie Hoffnung« verpflichtete »kommunikative« Ästhetik aufrecht, die »Sicherheiten [...] provozieren« sowie die

Wahrnehmung und das »Gewissen [...] schärfen« will. Ihre Bereitschaft, sich auf Vorschlag der Grünen als (aussichtslose) Kandidatin für die Bundespräsidenten-Wahl 1984 zur Verfügung zu stellen, ist in der Weigerung begründet, als mündiger Bürger und Künstler in der Demokratie »die Politik [...] den Berufspolitikern« zu überlassen.

Lit.: Schwab, H.-R. (Hg.): *L. R. Materialien zu Leben und Werk*. Frankfurt/M. 1986.

Hans-Rüdiger Schwab

Rodoreda i Gurgui, Mercè

Geb. 10. 10. 1908 in Barcelona; gest. 13. 4. 1983 in Girona/Katalonien

R., die wohl bekannteste Autorin Kataloniens, veröffentlichte fast 50 Erzählungen und mehr als acht Bildungsromane zumeist aus weiblicher Perspektive und mit autobiographischen Elementen. Geboren im Stadtviertel San Gervasio von Barcelona, in dem viele ihrer Romane spielen, wächst sie als Einzelkind in einer Familie mit ständigen Geldproblemen auf. Mit neun Jahren verläßt sie die Schule, um bei der Pflege des Großvaters zu helfen. Durch ihn entdeckt sie die Werke klassischer katalanischer Autoren wie Josep Carner (1884–1970), lernt aber gleichzeitig nur mit großer Mühe, ihre Muttersprache zu schreiben. Ihre Laufbahn als Schriftstellerin beginnt die Autodidaktin mit Beiträgen, meist Erzählungen, für Zeitschriften und Zeitungen Barcelonas. Ihr erster Roman *Sóc una dona honrada?* (Eine ehrbare Frau?) erscheint 1932. Von den Erzählungen und insgesamt fünf Romanen ihrer Jugendzeit distanziert sie sich jedoch später und nimmt sie auch nicht in ihr Gesamtwerk auf. Einzige Ausnahme bildet *Aloma*, 1938 (dt. 1991), Geschichte der Initiation und Einsamkeit eines jungen Mädchens, die sie 1969 überarbeitet.

Der Spanische Bürgerkrieg beendet abrupt ihre Karriere. Noch vor der endgültigen Machtübernahme Francos und den damit verbundenen Repressalien für Frauen, so wurde Ehefrauen z.B. 30 Jahre lang die Berufstätigkeit verboten, geht sie Ende Januar 1939 ins Exil. Zunächst lebt sie mit einer Gruppe Intellektueller in Südfrankreich, geht dann nach Paris, wo sie den Schriftsteller Armand Obiols (1904–1971) kennenlernt, mit dem sie bis zu seinem Tod zusammenlebt. Während des Zweiten Weltkriegs fliehen beide vor dem Einmarsch der Deutschen in Paris zurück in den Süden. Zwanzig Jahre lang kann R. nicht schreiben, »denn es erfordert Anstrengung und ich hatte Wichtigeres zu tun, wie etwa zu überleben«, bis sie schließlich 1954 in Genf wieder zur Literatur zurückfindet. Sie veröffentlicht 1958 eine Sammlung von Erzählungen *Vint-i-dos contes* (22 Erzählungen), in denen sie ihre Kriegs- und Exilerfahrungen verarbeitet, bis vier Jahre später ihr Roman *La plaça del Diamant*, 1962 (*Auf der Plaça del Diamant*, 1979; 1982 in Spanien verfilmt von Francesc Betriu) erscheint, der ihr zu Weltruhm verhilft. Protagonistin ist Natàlia/Colometa, eine Frau der Arbeiterklasse, die in einem endlosen inneren

Monolog ihr Leben erzählt, das bestimmt wird von ihrer Isolation in einem Haus voller Tauben, der Unterdrückung durch ihren Mann und seinem Tod im Bürgerkrieg. Eine Fortsetzung und Radikalisierung des Themas findet sich in R.s Roman *El carrer de les Camèlies*, 1966 (Die Kamelienstraße), der von der Ausbeutung einer Frau durch Prostitution und von ihrer Entwicklung bis hin zur Reife erzählt, durch die sie ihre Freiheit erlangt.

Nach dem Tode Francos kehrt R. aus dem Exil zurück nach Barcelona. Hier erscheint 1974 ihr Roman *Mirall trencat* (*Der zerbrochene Spiegel*, 1982), eine Familiensaga der Bourgeoisie, die vom Ende des vergangenen Jahrhunderts bis zur Zeit des Bürgerkriegs spielt und mit dem Untergang dieser Welt endet. Im Mittelpunkt des Romans, in dem wiederum die Frauen die Hauptrolle spielen, steht der Antagonismus zwischen glücklicher Kindheit und unglücklichem Erwachsensein, zwischen Familienbande und kapitalistischem Machtstreben mit pessimistischem Ausklang, der Konstante ihres Schaffens ist. – 1979 bezieht R. ein Haus in dem katalanischen Dorf Romanyà de la Selva, wo sie ihre letzten Jahre verbringt. Ein Jahr später publiziert sie die Prosagedichte *Viatges i flors* (*Reise ins Land der verlorenen Mädchen*, 1981), die in poetischer Sprache erneut die klassische Rolle der Frau in der Gesellschaft thematisieren, aus der R. durch ihr Schreiben ausbrechen konnte. Sie wird damit Vorbild für zahlreiche katalanische Autorinnen der folgenden Generation wie Carme ↗ Riera (geb. 1949), Montserrat ↗ Roig (1946–1991), Ana María Moix (geb. 1947). Ihren letzten Roman *La mort y la primavera* (*Der Tod und der Frühling*, 1996) kann R. nicht mehr beenden, er erscheint 1986 posthum.

Obres completes (Gesammelte Werke). 3 Bde. Hg. C. Arnau. Barcelona 1976–1984; Tots els contes (Sämtliche Erzählungen). Barcelona 1979. – Lit.: Arnau, C.: *Introducció a la narrativa de M. R.* Barcelona 1979; Boehlich, W.: »Aus der Zeit, in der die Menschen Menschen waren. Paradies und Hölle der Bourgeoisie im ›Zerbrochenen Spiegel‹ der M. R.« In: *Süddt. Zeitung*, 8. 1. 1983; Casals i Couturier, M.: *M. R. Contra la vida, la literatura*. Barcelona 1991.

Sabine Börchers

Roig, Montserrat

Geb. 13. 6. 1946 in Barcelona; gest. 10. 11. 1991 in Barcelona

»Ich glaube, wir sind nicht in der Lage, die Wirklichkeit zu schätzen, bis sie nicht Erinnerung geworden ist«, sagt Norma, R.s Alter ego in *L'hora violeta*, ihrem dritten Roman. Dieses Credo ist nicht nur bestimmend für die Erzähltexte von R., sondern auch für ihre mindestens ebenso umfangreiche journalistische Arbeit. – Die Tochter des katalanischen Schriftstellers Tomàs Roig wächst mit sechs Geschwistern in Barcelona auf, wo sie bis zu ihrem Tod 1991 lebt. Ihre Mutter kämpft früh für die Anerkennung vergessener katalanischer Schriftstellerinnen. R. schreibt schon während des Studiums Kurzgeschichten auf katalanisch, die 1971 in dem preisgekrönten Band *Molta roba i poc sabó* (Viel Wäsche und wenig Seife) veröffentlicht werden. Sie engagiert sich in der Studentenbewegung, bleibt auch zeit ihres Lebens politisch aktiv und setzt sich – viele Jahre als Mitglied der marxistisch orientierten PSUC (Partit Socialista Unificat de Catalunya) – für die Belange von Minderheiten ein. Nach ihrem Studium konzentriert sie sich zunächst auf die Förderung der während des Franco-Regimes unterdrückten katalanischen Sprache und Literatur und lehrt Katalanistik in Barcelona und Bristol. In dieser Zeit entsteht ihr erster Roman, *Ramona, adéu*, 1972 (Auf Wiedersehen, Ramona), der zusammen mit den beiden folgenden, *El temps de les cireres*, 1976 (*Die Zeit der Kirschen*, 1991) und *L'hora violeta*, 1980 (*Die violette Stunde*, 1992), eine Trilogie bildet, die am Beispiel zweier Familien der Identitätssuche von Frauen im Spannungsfeld zwischen traditionellen Rollenerwartungen und modernen Emanzipationswünschen nachgeht und zugleich die politische Geschichte Barcelonas im 20. Jh. erzählt.

Seit dem Ende der 60er Jahre verfaßt R. – neben Carme ↗ Riera, Jaume Fuster, Maria Antònia Oliver, Baltasar Porcel, Isabel-Clara Simó und Antònia Vicens eine jener jungen Autor/innen, die der katalanischen Literatur zu einer Renaissance verhelfen – eine Reihe von Reportagen, schreibt Drehbücher für das Fernsehen und moderiert Talkshows. Besondere Beachtung finden ihre Interviews mit Persönlichkeiten aus Kultur und Politik, durch die sie dem für die spanische *transición* so kennzeichnenden Genre des Interview-Porträts auch in Katalonien zu großer Popularität verhilft. Aufsehen erregen zwei historische Sachbücher: *Els catalans als camps nazis*, 1977 (Die Katalanen in nationalsozialistischen Konzentrationslagern) und *L'agulla daurada*, 1985 (Die goldene Nadel), ein Porträt Leningrads in und nach dem Zweiten Weltkrieg. Ende der 70er und zu Beginn der 80er Jahre äußert sich R. undogmatisch und doch dezidiert zu einer Vielzahl frauenspezifischer Themen, auch zum weiblichen Schreiben. Sie zeigt sich dabei vor allem von Feministinnen wie Marylin French und Juliet Mitchell beeinflußt. *Tiempo de mujer*, 1980 (Zeit der Frau) versammelt eine Reihe von Essays zur Stellung der Frau in Gesellschaft, Politik und Kultur. Schon ein Jahr später erscheinen zwei weitere feministische Schriften, *Feminismo* und *Mujeres en busca de un nuevo humanismo* (Frauen auf der Suche nach einem neuen Humanismus), die R. zu einer der herausragenden, wenn auch nicht unumstrittenen Figuren der iberischen Frauenbewegung machen.

Ihr eigener Lebensweg bleibt nicht unbeeinflußt von ihren Überzeugungen: Von ihrem Mann, den sie 1966 geheiratet hat, trennt sie sich vor der Geburt ihres ersten Sohnes 1969; auch ihren zweiten Lebensgefährten Joaquim Sempere verläßt sie nach der Geburt eines weiteren Sohnes 1977. Obwohl R.s literarische Texte häufig autobiographische Züge tragen, sind sie keineswegs einer bloß dokumentarischen Literatur zuzurechnen, denn R.s Prosa ist nicht nur von ihrer journalistischen Arbeit, sondern auch von ihren literarischen Vorbildern Mercè ↗ Rodoreda, Maria Aurèlia Capmany und Narcís Oller beeinflußt. Dem Journalismus verdanken ihre Erzähltexte Themenvielfalt, Realitätsnähe und die souveräne Verwendung der katalanischen Umgangssprache, den literarischen Vorbildern das erfolgreiche Bemühen um eine subtile poetische Sprache und komplexe Erzählstrukturen. Auch in ihren letzten Romanen, *L'òpera quotidiana*, 1982 (Die alltägliche Oper) und *La veu melodiosa*, 1987 (Die melodiöse Stimme), bleibt R. den Hauptthemen ihres Erzählwerks verpflichtet: der Geschichte der Frauen, der Katalanen und der Stadt Barcelona.

Lit.: Davies, C.: *Contemporary feminist fiction in Spain: the work of M. R. and Rosa Montero.* Oxford 1994.

Andrea Rössler

Rossetti, Christina Georgina

Geb. 5. 12. 1830 in London; gest. 29. 12. 1894 in London

Lange wurde die viktorianische Dichterin von der Literaturkritik stiefväterlich behandelt, doch in den 80er Jahren dieses Jh.s wurde R. als eine der großen Wiederentdeckungen der feministischen Literaturwissenschaft gefeiert. So diente sie wohl der Schriftstellerin A. S. ↗ Byatt als Vorbild für die Figur der fiktiven viktorianischen Dichterin Christabel LaMotte in Byatts Bestseller-Roman *Possession* (1990). - Schon zu Lebzeiten stand R. immer im Schatten ihres berühmten Bruders, des Lyrikers und Malers Dante Gabriel Rossetti (1828–82), Begründer der Künstlervereinigung der Präraffaeliten, die gegen die starren Regeln des Kunst-Akademismus rebellierten und Anschluß suchten an die vorklassische Malerei der Frührenaissance. Häufig saß R. diesen Malern Modell. Diese Konstellation, das Beobachtetwerden als Objekt des männlichen Blicks, durchzieht in Metaphern ihr Werk. Als Tochter des italienischen Gelehrten und Dichters Gabriele Rossetti, der politisches Asyl in England suchte und Professor für Italienisch in Oxford war, und der Halb-Engländerin Frances Polidori, sprach sie fließend Italienisch und English. Schon als Kind begann R. Gedichte zu schreiben. Sie war erst zwölf Jahre alt, als ihr erstes Gedicht veröffentlicht wurde. Berühmt wurde sie 1862 mit der Veröffentlichung von *Goblin Market and Other Poems* (mit Illustrationen ihres Bruders), dessen verschlüsselte Botschaft die Kritik bis heute beschäftigt. Unter der Oberfläche einer harmlos wirkenden Kindergeschichte, wird die Versuchung zweier Schwestern durch Kobolde geschildert, die ihnen verbotenen Früchte anbieten. Verbotene sinnliche Genüsse, Verführung und Schuld bleiben Leitmotive ihres Werks. Spätere Gedichtsammlungen sind v. a. *The Prince's Progress, and Other Poems* (1866) und *A Pageant and Other Poems* (1881), die den Sonett-Zyklus »Monna Innominata« enthält.

Wenn die Gattung des Sonetts von der höfischen Tradition der Huldigung einer schönen Frau geprägt wird und das Leid eines unglücklich Liebenden schildert, so stellt R. diese Konventionen auf den Kopf, indem sie die Frauen selbst zu Wort kommen läßt: als Subjekt und nicht als Objekt der Liebe. R. berief sich dabei auf die Dichterin Elizabeth Barrett ↗ Browning (1806–61), deren »Sonnets from the Portuguese« (1850) berühmt geworden waren. Im Gegensatz zu Barrett Browning, die eine erfüllte und leidenschaftliche Liebesbeziehung und spätere Ehe mit dem Dichter Robert Browning (1812–89) erlebte, nehmen R.s Sonette die Perspektive einer unglücklich liebenden Frau ein. Auch R.s Leben war von unglücklichen Liebesbeziehungen gekennzeichnet. Als Grund führte sie stets religiöse Differenzen mit den jeweils Verlobten an. Themen, die ihre Gedichte durchziehen, sind Liebesverzicht, Verlust, Resignation und unerfüllte Sehnsucht, gekoppelt mit religiöser Ekstase und Todessehnsucht. Jedoch sind viele ihrer Gedichte – wie insbesondere die feministische Literaturwissenschaft aufgedeckt hat – von subversiver Kraft in bezug auf traditionelle Motive der Literatur. Darüberhinaus ist es v. a. die Rätselhaftigkeit ihrer Lyrik, die zunächst den täuschenden Eindruck der Einfachheit vermittelt, die die Faszination ihres Werkes ausmacht.

The Complete Poems of C.R. 3 Bde. Hg. R. Crump. London 1979–90; *Ausgewählte Gedichte.* Hg. E. Zauner. Wien 1995. – Lit.: Rosenblum, D.: *C.R.: The Poetry of Endurance.* Carbondale, Edwardsville 1986; Harrison, A.: *C.R. in Context.* Chapel Hill, NC 1988; Mayberry, K.: *Rossetti and the Poetry of Discovery.* Baton Rouge 1989; Jones, K.: *Learning Not to Be First. The Life of Rossetti.* Gloucestershire 1991; Leighton, A.: *Victorian Women Poets: Writing against the Heart.* London 1992.

Indira Ghose

Rostopčina, Evdokija Petrovna (geb. Šuškova)

Geb. 23. 12. 1811 in Moskau/Rußland; gest. 3. 12. 1858 in Moskau

»Ja, die weibliche Seele muß im Schatten leuchten, wie der versteckte Strahl der Lampe im marmornen Gefäß, wie in der Dämmerung der Mond durch die Hülle der Wolken . . .!« Diese Verse aus einem programmatischen Gedicht der Autorin, »Kak dolžny pisat' ženščiny«, 1840 (Wie Frauen schreiben müssen), könnte als Leitmotiv für Leben und Werk Evdokija Rostopčinas stehen, und zwar im doppelten Sinne: Scheinbar ausgesöhnt mit den Geschlechterrollenklischees des 19. Jh.s – zumindest auf der Oberflächenebene ihrer Texte – verteidigte sie diese Geschlechterbilder, vorzugsweise in jenen Gedichten, die sie direkt an Frauen adressierte. R. wurde als »typisch weibliche« Autorin mit – zu ihrer Zeit willkommenen – konservativen Ansichten rezipiert. Gleichzeitig erfuhr sie die so errichteten Grenzen ihres Handlungsspielraums auf schmerzliche Weise. – R. wurde in die High Society der russischen Adelsgesellschaft geboren und erhielt eine zeittypische Erziehung. Die Publikation des ersten Textes der Neunzehnjährigen wurde von der Familie als ungehöriger Schritt in die Öffentlichkeit mißbilligt. Die standesgemäße, aber unglückliche Ehe mit dem Moskauer Generalgouverneur Rostopčin bot der Autorin immerhin einen gewissen kreativen Freiraum und die Möglichkeit zu publizieren, wenn auch nicht unter vollem Namen (»Gräfin R-va«). Nach ihrer Übersiedelung in die Hauptstadt St. Petersburg führte sie einen bekannten Salon, der Künstler und Intellektuelle aller Bereiche anzog. Mitte der 1840er Jahre jedoch geriet ihr Leben in eine tiefe Krise. Während einer mehrjährigen Auslandsreise verfaßte R. 1848 das Gedicht »Nasil'nyj brak« (Die gewaltsame Ehe), dessen Publikation für einen Skandal sorgte und R.s Verbannung vom Hof und aus St. Petersburg nach sich zog. Von den einen als unangemessen penible Beschreibung ihrer eigenen Ehe interpretiert, von anderen als provokativer sozialkritischer Text, besiegelte die politische Lesart des Gedichts das weitere Schicksal der Autorin: Eine allegorische Darstellung der Beziehung zwischen Rußland und Polen war politisch nicht tragbar. Den Rest ihres Lebens verbrachte R. in Moskau, weitgehend isoliert vom Literaturbetrieb, in dessen neuer, sozialkritischer Prägung sie Außenseiterin blieb.

R. schrieb zunächst fast ausschließlich Lyrik. Ihre Gedichte, die von großem lyrischen Talent zeugen, sind sehr persönlich gehalten und von den Erfahrungen in den höchsten Schichten der russischen Adelsgesellschaft als auch von romantischen Themen geprägt: Liebe, Freundschaft, Patriotismus, Schicksal und Tod. Heute verdienen vor allem die Texte über weibliches Schreiben und Selbstverständnis besonderes Interesse. Sie spiegeln auf der Oberflächenebene zwar in beeindruckender Weise internalisierte Rollenmuster, lassen im Subtext jedoch subversive Ansätze erkennen. Weniger bekannt und geschätzt sind R.s epische Werke (z. B. *Sčastlivaja ženščina*, 1851/52/Eine glückliche Frau; *U pristani*, 1857/Am Hafen) und Dramen (*Vozvrat Čackogo v Moskvu*, 1856/Tschatzkijs Rückkehr nach Moskau), die sie vor allem in der zweiten Lebensphase nach der Verbannung schuf.

R. gilt neben K. ↗ Pavlova, zu der sie in einem direkten Konkurrenzverhältnis stand, als die wichtigste Vertreterin der russischen Romantik. Sie erfreute sich anfänglich – in den 1830er und 1840er Jahren einer außergewöhnlichen Popularität in Rußland, die darin gipfelte, daß der Lyrikerin nach Puškins Tod (1837) dessen letztes Notizbuch in symbolischer Geste überreicht wurde. Später geriet die Autorin beim Publikum nicht nur weitgehend in Vergessenheit, sondern war unangemessen rüden Attacken seitens der Literaturkritik ausgesetzt, die R. vorwarf, die Zeichen der neuen, sozialkritischen Epoche nicht erkannt zu haben. Seit der Perestrojka erscheinen in Rußland wieder Werkausgaben R. s.

Sočinenija (Werke). 2 Bde. St. Petersburg 1890; *Sobranie sočinenij* (Gesammelte Werke). St. Petersburg 1910; *Stichotvorenija. Proza. Pis'ma* (Gedichte. Prosa. Briefe). Moskau 1986; – Lit.: Pedrotti, L.: »The Scandal of Countess R.'s Polish-Russian Allegory«. In: *Slavic East and Easteuropean Journal* 30 (1986), Nr. 2, S. 196–214; Ratorgueva, V. S.: *Poėzija E. P. R.* Diss. Leningrad 1990; Göbler, F.: »Die Lyrikerin E. P. R. und die zeitgenössische Kritik«. In: *Welt der Slaven* 39 (1994), S. 369–386; Kiselev-Sergenin, V.: »Tajna grafini E. P. R.« In: *Neva* (St. Petersburg) 1994, Nr. 9, S. 267–282; Kiselev-Sergenin, V.: »Po staromu sledu. O Ballade E. R. ›Nasil'nyj brak‹«. In: *Russkaja literatura* 5 (1995) Nr. 3, S. 137–152.

Elisabeth Cheauré

Roy, Gabrielle

Geb. 22. 3. 1909 in Saint-Boniface/Kanada; gest. 13. 7. 1983 in Québec/Kanada

»Lange wollte mir nicht aus dem Sinn, daß sicher kein Mann die Welt geschaffen hat; aber vielleicht eine alte Frau mit unglaublich geschickten Händen«, so Christine in *La route d'Altamont,* 1966 (*Die Straße nach Altamont*, 1970), einem der drei vollständig ins Deutsche übersetzten Romane R.s, der 1985 auszugsweise verfilmt wurde. – R. entstammt einer kinderreichen frankophonen Familie aus Manitoba (Kanada), wo sie im Anschluß an ihre Ausbildung ihre ersten Berufserfahrungen als Lehrerin macht (1929–37), während sie sich gleichzeitig im »Cercle Molière«, der lokalen frankophonen Theatergruppe, die jedoch überregionalen Ruf genießt, engagiert. Nach einem Aufenthalt in London und Paris (1937–39), wo sie sich dem Studium des Theaters widmet, wird Montréal ihre Wahlheimat. Hier veröffentlicht sie ihre ersten Texte und ist als Journalistin tätig, bevor sie sich nach einem weiteren Europaaufenthalt (1947–50) und ihrer Verheiratung mit Marcel Carbotte endgültig in Québec niederläßt.

R. gilt seither als die ›grande dame‹ der frankokanadischen Literatur, was sich in Ehrungen und zahlreichen Preisen niederschlägt: 1947 erhält sie beispielsweise den Prix Fémina für ihren ersten Roman *Bonheur d'occasion* (1945), der 1983 von Claude Fournier verfilmt wurde. 1947 ist R. die erste Frau in der Société royale du Canada und 1978 wird sie zum Compagnon de l'Ordre du Canada ernannt. Die Literaturkritik lobt an ihrem Werk das humanistische Engagement, die subtile Psychologie, die Technik der Beschreibung, die Ausgewogenheit von Aufbau und Stil – mit einem Wort die ›Klassikerin‹ des frankokanadischen Romans. Und doch wird dies ihrem Œuvre und ihrer literarischen Vorreiterrolle nicht ganz gerecht: Ihr erster Roman ist ein markanter Einschnitt in der Quebecker Literatur. Er beendet die Tradition des Heimat- und Bodenromans und zeichnet auf realistische Weise das mühsame (Über)Leben der frankophonen Familie Lacasse im Montréaler Arbeiterviertel St. Henri. Neu ist auch die Rolle, die R. der Frau zugesteht. Obwohl sie nicht als Feministin gilt und sich auch nicht so sieht, ist ihre imaginäre Welt von zahllosen Protagonistinnen bevölkert, die selbst wenn sie sich von traditionellen Lebensentwürfen nicht befreien, positive Werte – schöpferische Kraft, klares Urteil und Geschick – verkörpern. Ihr besonderes Interesse gilt dem Verhältnis Mutter-Tochter, in das sie ihre persönliche Erfahrung mit ihrer Mutter einschreibt. Schließlich wählen die Protagonistinnen ihrer frühen Kurzgeschichten erstaunlich unabhängige Wege, und in *Bonheur d'occasion* wagt es die Autorin sogar, den in der Quebecker Literatur verschwiegenen weiblichen Körper aus dem Dunkel zu holen und ihn – ob zerstört und zurückgenommen, ob verführerisch oder Frucht tragend – als Falle für die Frau zu problematisieren.

R. gilt aber auch gesamtkanadisch als bedeutende Autorin und Chronistin, die in zahlreichen Texten das bunte Einwanderermosaik der Westprovinzen evoziert. Dies gilt für *La Rue Deschambault* (1955) wie auch für *La petite poule d'eau*, 1950 (*Das kleine Wasserhuhn*, 1953), die im Manitoba ihrer jungen Jahre spielen. Die Darstellung von Randgruppen schließt auch die Ureinwohner mit ein, so wie sie schon 1954 mit Sympathie das Außenseitertum des kleinen Bankkassiers Alexandre Chenevert gezeichnet hat (*Alexandre Chenevert; Gott geht weiter als wir Menschen*, 1956). Insgesamt läßt sich in den Texten R.s das allmähliche Eindringen und Rückgewinnen der autobiographischen Dimension beobachten, das ab den 70er Jahren mehr und mehr einem ›Ich‹ das Wort erteilt und in der unvollendeten Autobiographie *La détresse et l'enchantement* (1984) den krönenden Abschluß findet. R., die am meisten ins Deutsche übersetzte frankokanadische Autorin, hat mit ihren Romanen, ihren mehr als 1000 Seiten Kurzerzählungen und Artikeln und dem reichen Fundus an Unveröffentlichtem ein gewaltiges Œuvre hinterlassen, dem die Kritik – 1997 verzeichnen allein die kanadischen Bibliographien mehr als 70 einschlägige Dissertationen – wachsendes Interesse schenkt.

Lit.: Saint-Martin, L. (Hg.): *L'autre lecture. La critique au féminin et les textes québécois*. Montréal 1992; Mathis, U.: »La réception de l'œuvre de G. R. dans les pays de langue allemande«. In: Fauchon, A. (Hg.): *Colloque international ›G. R.‹*. Winnipeg 1996, S. 541–562; Ricard, F.: *G. R. Une vie. Biographie*. Montréal 1996.

Ursula Mathis

Sachs, Nelly

Geb. 10. 12. 1891 in Berlin; gest. 12. 5. 1970 in Stockholm

Sehnsucht zentriert von Anbeginn das dichterische Werk der 1891 in Berlin Geborenen und seit ihrer Jugend Schreibenden. B. Holmquist bezeichnete so auch in seinem *Buch der Nelly Sachs* (1968) ihre poetische Leistung als Schöpfungsakt, in dem die »reich verzweigten Bewegungen der Sehnsucht ihre Äquivalente in konkreten Bildern und lebendigen Rhythmen finden«. Als Chiffre gelesen, durchzieht es zum einen das im schwedischen Exil entstandene lyrische und szenische Werk wie auch ihre Übersetzungen schwedischer Lyrik des 20. Jh.s, zum anderen spiegelt sich in ihr die Tragik unseres Jahrhunderts. – S. wird als Jüdin im Alter von 48 Jahren gezwungen, den Namen »Sara« anzunehmen, so daß ihre letzte Gedichtpublikation (4. 4. 1939) mit diesem Namenszug autorisiert erscheint. Zuvor waren ihre *Legenden und Erzählungen* sowie zwischen 1932 und 1939 verschiedene ihrer Gedichte in Tageszeitungen und Zeitschriften publiziert worden. Nach vielfachen Übergriffen, die den Alltag der deutsch-jüdischen Dichterin fortan prägen, glückt ihr am 16. Mai 1940 zusammen mit der Mutter Margarete Sachs (der Vater Georg Wilhelm Sachs war 1930 verstorben) die Flucht ins schwedische Exil. Vorallem der Freundin Gudrun Dähnert wie auch Selma ↗ Lagerlöf verdankt sie, daß ihrer Einreise stattgegeben wurde. Das Jahr 1940 steht fortan als Zäsur in Biographie und Werkgeschichte.

In erster deutscher Publikation erscheinen 1947 im Aufbau-Verlag der Gedichtband *In den Wohnungen des Todes* sowie ihr *Querschnitt durch die schwedische Lyrik des 20. Jahrhunderts: Von Welle und Granit.* Diese Anthologie vereint schwedische Lyrik der Moderne in deutscher Übersetzung: u.a. von E. ↗Södergran, K. ↗Boye, J. Edfelt, G. Ekelöf. S.' dichterische Arbeit konzentriert sich auf lyrische wie auch szenische Dichtungen gleichermaßen. In rascher Abfolge erscheinen – nach *Sternverdunkelung* (1949) – in den letzten Lebensjahrzehnten die Gedichtbände *Und niemand weiß weiter* (1957); *Flucht und Verwandlung* (1959); *Fahrt ins Staublose* (1961) sowie zwischen 1963 und 1966 die Zyklen *Glühende Rätsel I-IV.* Sie bilden das lyrische Hauptwerk. Darin zeichnet sich deutlich eine thematische, motivische und metaphorische Korrespondenz der Genren ab. Zeitgleich zur lyrischen Produktion verläuft ihre Tätigkeit als Übersetzerin, die anfangs dem Dank ans Gastland und der bitteren Not ums tägliche Überleben geschuldet ist, bald aber die sprachliche Neugier in eine geheimnisvolle Zwiesprache wendet. Der Anthologie von 1947 folgen zwei weitere, *Aber auch die Sonne ist heimatlos* (1956) und *Schwedische Gedichte* (1965), ergänzt durch vier Einzelausgaben schwedischer Lyrik. Sie bildet einen integrativen Teil ihres dichterischen Werkes, dem jene ›Bewegung der Sehnsucht‹ immanent ist.

1951 erscheint erstmals in deutscher Sprache *Eli. Ein Mysterienspiel vom Leiden Israels*, eine während der ersten Exiljahre entstandene szenische Dichtung; 1962 kommt es in Dortmund zur Aufführung (Hörfunksendung 1958; 1959 als Opernfassung). In 17 szenischen Bildern, die der chassidischen Mystik und deren Gottesknechtfiguren anverwandt sind, wird das faschistische Inferno der unmittelbaren Gegenwart in Hinblick auf das Leiden des jüdischen Volkes in Allegorien thematisiert. Der Schuhmacher Michael trägt als einer der 36 Gerechten Erlöserfunktion; ihm ist der einsame Gang durch »diese Legende aus Wahrheit« anheimgegeben; beseelt von der Sehnsucht, den Mörder zu finden, um so die Welt in ihr Gleichgewicht zurückzuführen. Michael besitzt den »Balschemblick«, der von »einem Ende der Welt zum anderen« reicht. Zeitgleich entstehen drei szenische Dichtungen, die den Brückenschlag zu den mimischen Szenen bilden: die aus der Abram-Dichtung *Das Haar* (1951) resultierenden Szenen *Abram im Salz. Ein Spiel für Wort-Mimus-Musik* und *Nachtwache. Ein Albtraum in neun Bildern* (beide 1952) sowie die dramatische Dichtung *Simson fällt durch Jahrtausende* (1957/60), die das uralte Szenarium von Jäger und Gejagtem – thematisches Zentrum auch innerhalb der Lyrik – aufgreift. *Der magische Tänzer. Versuch eines Ausbruchs. Für zwei Menschen und zwei Marionetten* (1959) stellt eine Symbiose von Wort-Mimus-Musik dar. Die konsequente Reduktion des dramatischen Geschehens, das im Bühnenraum als meditative Bewegung inszeniert ist, läßt im mimischen Tanz die Choreographie eines ›Ausbruchs‹ erkennen. Die szenischen Dichtungen S.' bilden darin einen wichtigen Bestandteil postmoderner Dramatik.

Nach einer späten Rezeption ihres vor allem lyrischen Werkes in Deutschland wird ihr 1960 der Droste-Preis in Meersburg verliehen. 1966 empfängt sie in Stockholm zusammen mit Josef Agnon den Nobelpreis für Literatur, womit ihr Lebenswerk gewürdigt wird. – Als ein Schlüsseltext ihres Gesamtwerkes ist die szenische Dichtung *Beryll sieht in der Nacht oder Das verlorene und wieder gerettete Alphabet* (1961) zu lesen. Im Sinne kabbalistischer Buchstabenmystik wird der

Untergang der Welt symbolisch im Auslöschen des Alphabetes als Lebensraum dargestellt. Die Gestalt des blinden Beryll gerät zur Inkarnation jener Sehnsucht, durch den das »ertrunkene Wort« nach Mißbrauch und Zerstörung eine Auferstehung erfährt. Wort- und Weltschöpfung greifen ineinander, dem Grundimpuls aller Schöpfungskraft gehorchend. – S. stirbt 1970 nach schwerer Krankheit in Stockholm und ist dort auf dem jüdischen Friedhof beigesetzt.

Lit.: Dinesen, R./Müssener, H. (Hgg.): *Briefe der N. S.* Frankfurt/M. 1984; Dinesen, R.: *N. S. Eine Biographie.* Frankfurt/M. 1992.

Carola Opitz-Wiemers

Sadur, Nina Nikolaevna

Geb. 15. 10. 1950 in Novosibirsk/ UdSSR

S. sieht sich selbst als Provokateurin und ihre Protagonisten als in jene dunklen Räume ›Eingedrungene‹, die im Jahrhundert der verlorenen Utopien verleugnet würden, »damit der Mensch nicht vor den unklaren Erscheinungen des Lebens erschrecke.« Ihrem provokativen Blick entspricht die Zersplitterung des künstlerischen Raums: vom irren, aber immer noch topoisierbaren Alltag im Roman *Almaznaja dolina*, 1994 (Das Diamantental) über surrealistische Erzählräume wie in der Erzählung »Ved'miny slezki«, 1994 (Hexentränen) bis hin zur Verschmelzung der Elemente und der Bewußtseinsspaltung in Delirium oder Wahnsinn in der Erzählung »Jug«, 1994 (»Süden«, 1998) oder dem Romanzyklus *Sad*, 1997 (Der Garten). Indem sie geheimnisvoll untersetzte Alltagssujets mit den Urelementen Sonne, Erde, Wasser, Himmel und Wind verbindet, hebt sie diese in planetare Zusammenhänge. Gleichzeitig werden ewig scheinende Lebensräume apokalyptisch aufgehoben: Meer und Land sind verstrahlt wie in den 1994 veröffentlichten Erzählungen »Jug«, »Bliže k pokoju« (Ruhe, nahe) und »Motyl'ki Soldai« (Die Nachtfalter von Soldaja). Jeglicher haltgebende Kulturraum erweist sich als zertrümmert wie die Bilder der gepeitschten Blütenblätter und des wuchernden Mülls im Roman *Sad* verdeutlichen. Wesentliches Charakteristikum der Erzählweise S.s ist die magische Kraft des Worts, mit der sie Transzendentes in die Welt holt: das Unendliche in der maritimen Metaphorik von Himmel und Meer; die Urberührung durch die Elemente im Motiv von Schnee und Schneesturm sowie eine den immer wieder berufenen Widerstreit von Erkenntnis und Fühlen unterstreichende Farbsymbolik, in der vor allem Blau und Gold für Kühle bzw. Versengen stehen.

Erste Aufführungen des dramatischen Werks der Autorin erfolgten bereits Ende der 80er Jahre. Literarische Bezüge finden sich vor allem zu Gogol, dessen Drama *Vij* S. in ihrem Erfolgsstück *Pannočka* (1985) adaptiert hat. 1996 schuf sie mit dem Schauspiel *Bydlo* (Kroppzeug) eine in der russischen Gegenwartsliteratur bislang einzigartige Analyse postsowjetischer Gesellschaftsverhältnisse, die auf Gorkijs *Nachtasyl* zurückgeht.

Insbesondere die jüngeren Prosawerke S.s können als konsequente Diskussion nichtdichotomischen Denkens begriffen werden. Dies schlägt sich im Stofflich-Thematischen vor allem in der Problematisierung des Verhältnisses zum *Anderen* nieder. Im Künstlerisch-Ästhetischen zeugen die Ambivalenz der Figurencharaktere, das fließende Ineinanderübergehen der Raum- und Zeitkonturen sowie die Verfremdung tradierter Sujets und Motive von respektloser Dekonstruktion binärer Denkmodelle. S.s Werk ist keinesfalls religiös oder bewußt feministisch. Vielmehr entspricht die Parodierung jeglicher Bekehrungsabsichten einer bewußt antikonzeptionellen Haltung, – so in den Erzählungen »Zanebesnyj mal'čik« (Der Junge hinter dem Himmel) und »Červivyj synok« (Madensohn). Diesem Blickwinkel folgend kann z.B. die Wassermetaphorik durchaus in neofeministischer Tradition (Cixous, Irigaray) gelesen werden. Gleichzeitig entlarvt S. mit gynozentrischem Anspruch verwendete weibliche Metaphern als nur umgekehrt dichotomisch und monologisch-messianistisch.

Die gebürtige Sibirierin schloß 1983 ein Studium am Gorki-Literatur-Institut ab und lebt mit ihrer Tochter Ekaterina (1973), einer bereits anerkannten jungen Erzählerin, heute in Moskau.

Čudnaja baba. P'esy (Stücke). Moskva 1989; *Ved'miny slezki* (Prosa). Moskva 1994; *Sad* (Prosa). Vologda 1997; *Die Wunde Ungeliebt*. Berlin 1998. – Lit.: Tichomirova, E.: »Pronikšaja«. In: *Znamja* 7 (1995), S. 217–219; Dies.: »Zvukom slova ja ukroščaju ėti stichi ...« In: *Oktjabr'* 4 (1996), S. 168–175; »Jabloki dlja korolevy« (Interview). In: *Literatunaja gazeta* 10 (1995); Sokoljanskij, A.: »... I v čudnych propastjach zemli«. In: *Novyj mir* 5 (1995), S. 235–237; Parnell, C.: »Zum Verständnis des Anderen in der ženskaja proza«. In: Dies. (Hg.): *Frauenbilder und Weiblichkeitsentwürfe in der russischen Frauenprosa*. Frankfurt/M. 1996, S. 277–292; Parnell, C.: »Wahnsinn als Grenzüberschreitung«. In: Cheauré, E. (Hg.): *Kultur und Krise*. Berlin 1997.

Christina Parnell

Sagan, Françoise (eigtl. Françoise Quoirez)

Geb. 21. 6. 1935 in Cajarc/Frankreich

S., in der Provinz Lot geboren, wo sie einen Teil ihrer Kindheit verbrachte, verkörpert eine gewisse Form des Pariser Lebens: Ihr Name wird stets mit kosmopolitischen, wohlhabenden Kreisen in Verbindung gebracht, mit schnellen Autos, Nächten in Casinos und Cocktail-Parties. – 1954 wird S. durch den Roman *Bonjour tristesse* (dt. 1955) über Nacht bekannt. Die zentrale Figur, die 17jährige Cécile, führt mit ihrem Vater ein für die Zeit unkonventionelles Leben. Als dieser sich auf eine ernsthaftere Beziehung mit einer Frau einläßt, die den Lebensstil der beiden in eine geregeltere Form zu bringen sucht, plant Cécile eine Intrige, die schließlich diese Beziehung scheitern läßt. Der plötzliche Erfolg des Romans ist zum Teil auf die für die Nachkriegszeit schockierende Darstellung der Mentalität einer Jugend zurückzuführen, der ideologische bzw. moralische Fragestellungen fremd sind. S., ihr Pseudonym stammt aus dem Werk von Marcel Proust, pflegte selbst im öffentlichen Leben das Auftreten eines »weiblichen Dandy«, was auch zu ihrem schriftstellerischen Erfolg beitrug.

S.s Werk umfaßt zwanzig Romane, einige Theaterstücke und Erzählungen. Charakteristisch für ihr literarisches Schaffen ist die Leichtigkeit des Erzähltons. Die Figuren, die ihre Romane bevölkern, sind in der Regel frei von materiellen Sorgen und beschäftigen sich zumeist mit Fragen der Liebe. Thematisch handeln ihre Werke von der Oberflächlichkeit zwischenmenschlicher Beziehungen, der Vergänglichkeit der Liebe und von der profunden Einsamkeit des einzelnen; meist haben ihre Werke programmatischen Charakter. Das Weltbild ihrer Protagonisten trägt tief pessimistische Züge: Ihrem Handeln liegt häufig entweder Selbstsucht, Materialismus oder auch Angst zugrunde. Viele der weiblichen Figuren in S.s Romanen unternehmen Ausbruchsversuche aus unglücklichen Beziehungen. So z. B. Paule in *Aimez-vous Brahms?* (1959), schließlich arrangieren sie sich aber mit mißlichen Situationen, da ihnen der Glaube an die Authentizität und Absolutheit menschlicher Gefühle fehlt. S. verspottet konventionelle Verhaltensweisen und parodiert sie bis zur Karikatur, so Angela in der Erzählung »Le chat et le casino« aus *Musiques de scènes* (1981), die sich für das Leben an der Seite ihres untreuen Ehemanns entscheidet, obwohl sie die Möglichkeit gehabt hätte, durch das im Casino gewonnene Geld ein unabhängiges Leben zu führen. S. s. Protagonistinnen erwecken nur den Anschein von Subversivität, kehren jedoch alsbald in traditionelle Strukturen zurück. Auch Komik kennzeichnet S.s Werk: In *Les faux fuyants* (1991) muß sich eine Gruppe von Pariser Bürgern auf der Flucht vor deutschen Besatzern plötzlich an das rauhe Landleben gewöhnen. Die vorläufig letzte Publikation von S. *Le miroir égaré* (1996) ist eine Reflexion über die Unmöglichkeit der großen Liebe. – S.s populäres Werk bewegt sich zwischen Hohn und Nostalgie. In ihren autobiographischen Aufzeichnungen *Avec mon meilleur souvenir* (1984) erscheint sie als ein sensibler, pessimistischer Mensch, dem metaphysische Betrachtungen fremd sind und der den Humor als Lebensform gewählt hat.

Lit.: Echine, J.-L.: »Entretiens: S. sans clichés«. In: *Nouvelles littéraires*, 7. 4. 1977; Josselin, J.-F.: »Les années Sagan«. In: *Nouvel Observateur*, 18. 3. 1983; Lamy, J.-C.: *Sagan*. Paris 1988; St. Onge, M.: *Narrative strategies and the Quest for Identity in the French Female Novel of Adolescence: Studies in Duras, Mallet-Jorris, Sagan and Rochefort*. Diss. Boston College 1984; Vandromme, P.: »F. S. ou l'élégance de survivre«. Paris 1977.

Colette Sarrey-Strack

Sahgal, Nayantara (geb. Pandit)

Geb. 10. 5. 1927 in Allahabad/Indien

Sahgal wird als zweite Tochter einer prominenten Politikerfamilie geboren. Beide Eltern engagieren sich aktiv im Kampf gegen die britische Kolonialmacht. Das Haus der Pandits ist regelmäßiger Treffpunkt führender Persönlichkeiten der indischen Unabhängigkeitsbewegung, darunter auch Gandhi. Niemand hat S.s politische Haltung jedoch so nachhaltig beeinflußt wie ihr Onkel Jawaharlal Nehru, der 1947 erster Premierminister Indiens wird. Ihre Kindheit, das politische und geistige Umfeld, in dem sie aufwächst, schildert S. in ihrer ersten Autobiographie, *Prison and Chocolate Cake* (1954). S. besucht zunächst eine amerikanische Missionsschule und studiert dann in Allahabad und später in den USA Geschichte. 1949 heiratet sie den

Geschäftsmann Gautam Sahgal und hat mit ihm drei Kinder. Doch die Ehe scheitert und wird 1967 geschieden, eine Erfahrung, die S. v. a. in *The Day in Shadow* (1971) verarbeitet. S. wird als politische Journalistin und Autorin bekannt. Ihre ersten sechs Romane können als Zeugnisse der Entwicklung Indiens nach der Unabhängigkeit gelesen werden. Sie plädieren für eine Reformierung hinduistischer Praktiken und, damit einhergehend, für eine Liberalisierung der Stellung der Frau. Während sie die Ideale der Kongreß-Partei unter Nehru hochhalten, decken sie zugleich auf, wie das Streben nach Macht zur Aushöhlung dieser Ideale führen. Bereits *This Time of Morning* (1965) beleuchtet diese Tendenz. *Storm in Chandigarh* (1969) spielt vor dem Hintergrund des in den 60er Jahren erneut geteilten Punjabs und schildert den vergeblichen Versuch einzelner Politiker, von Gewaltausbrüchen begleitete Interessenkonflikte zu versöhnen. Typisch ist hier wie anderswo bei S., daß Geschlechterbeziehungen und die Stellung der Frau ein Spiegel gesamtgesellschaftlicher Zustände sind; die öffentliche und die private Sphäre sind immer eng miteinander verknüpft; »die Mächtigen«, zumeist Männer, werden verantwortlich gemacht für Mißstände in beiden Sphären. Gleichzeitig wecken die Romane Sympathie für Frauen, wie Saroj in *Storm*, die ihre zuweilen gewalttätigen Männer verlassen. Nicht zuletzt diese, von einer feministischen Kritik geprägte Darstellung gesellschaftlich brisanter Themen, wie das der Gewalt in der Ehe, unterscheidet S.s Romane von denen K. ↗ Markandayas und macht S. zu einer Vorreiterin für Autorinnen wie S. ↗ Deshpande. Als S.s Cousine Indira Gandhi 1975 den Ausnahmezustand über Indien verhängt, werden auch Texte S.s Opfer der Zensur. S. nimmt daraufhin eine Einladung in die USA an, um außerhalb Indiens weiter publizieren zu können. So entsteht u. a. das Pamphlet *Indira Gandhi's Emergence and Style* (1978). Literarisch verarbeitet S. die Zeit des Ausnahmezustandes in *Rich Like Us*, 1985 (*Die Memsahib*, 1989). Eine der Hauptfiguren in diesem Roman ist Britin, was dem Text eine zusätzliche historische Dimension verleiht, da mit der Geschichte der Figuren auch das während der Kolonialzeit geprägte britisch-indische Verhältnis Thema wird. *Plans for Departure* (1986) und *Mistaken Identities* (1989) spielen ebenfalls in der ersten Hälfte des 20. Jh. und beleuchten erneut die Auswirkungen kolonialer Beziehungen. Auch wenn das aktuelle Geschehen in den Hintergrund getreten ist, sie bleiben Zeugnisse einer politisch und feministisch engagierten Autorin, für die trotz vieler Auslandsaufenthalte Indien weiterhin wichtigste Basis ist.

Lit.: Paranjape, M.: »The Crisis of Contemporary India and Nayantara Sahgal's Fiction«. In: *World Literature Today* 68/2 (1994), S. 291–298.

Martina Michel

Samman, Ghada

Geb. 1942 in al-Shamiya/Syrien

In Syrien geboren und in Damaskus aufgewachsen, zog Ghada Samman 1964 nach Beirut, um dort zu leben und ihre literarische Karriere zu verfolgen. Heute lebt sie in Paris. Aufgrund ihrer engen Verbindungen zu Libanon und ihrer Anteilnahme an dem Land vor allem während des Bürgerkrieges wird sie oft nicht als syrische, sondern als libanesische Schriftstellerin eingeordnet. S. hat 28 Werke in Prosa und Poesie verfaßt, die sie als ihre »al-a'maal gheir al-kamila« (Unvollständige Werke) bezeichnet. Ihr Schaffen widmet sich dem Kampf für die Unabhängigkeit von Frauen, wobei sie dieses spezifische Thema im weiteren Kontext von individueller Freiheit behandelt, und ist einer Revolution verpflichtet, die der von ihr beobachteten Selbsttäuschung der arabischen Gesellschaft gilt. Wie die Werke vieler arabischer Schriftstellerinnen wurden auch S.s Werke argwöhnisch betrachtet und als schockierend und nicht veröffentlichbar bezeichnet, vor allem wegen ihrer unverblümten gesellschaftlichen und politischen Kommentare. Die freimütige Behandlung sexueller Themen, der energische Aufruf zur Befreiung der Frauen und ihre Verurteilung arabischer Traditionen und Werte, die die Unterdrückung der Frau zur Folge haben, führten dazu, daß ihre Werke durch Kritiker zensiert wurden. Um dennoch weiterhin veröffentlichen zu können, gründete S. einen eigenen Verlag und gab alle Werke selbst heraus.

Ihre Werke liegen nur zum Teil in Übersetzungen vor und sind somit den westlichen Leser/innen weniger zugänglich, in der arabischen Welt jedoch sind sie weithin bekannt. Ihr Roman *Beyrut khamsa wa sab'in*, 1975 (*Mit dem Taxi nach Beirut*, 1990) erschien in zwei Auflagen in deutscher Sprache. S. hatte eine besonders enge Beziehung zu dem palästinensischen Schriftsteller, Aktivisten und Führer der PFLP (Volksfront zur Befreiung Palästinas) Ghassan Kanafani. 1993 veröffentlichte sie ein kontroverses Buch mit seinen Briefen an sie. S.s Beitrag zum literarischen und intellektuellen Leben beschränkt sich nicht nur auf ihre veröffentlichten literarischen Werke. In Artikeln und Interviews bringt sie ihren Aufruf zu revolutionären Veränderungen in der arabischen Gesellschaft deutlich zum Ausdruck. Sie hat ebenso umfassend zum arabischen nationalen Kampf gegen den Imperialismus geschrieben.

Lit.: Badran, M./Cooke, M. (Hgg.): *Opening the Gates: A Century of Arab Feminist Writing.* London 1990; Mosbahi, H.: *Die rebellischen Töchter Scheherezades. Arabische Schriftstellerinnen der Gegenwart.* München 1997.

Michelle Hartman

Sand, George (eigtl. Amandine-Aurore-Lucile Dudevant, geb. Dupin)

Geb. 1. 7. 1804 in Paris; gest. 8. 6. 1876 in Nohant/Frankreich

»Ich wollte Künstlerin sein, um mich der gesellschaftlichen Kontrolle entziehen zu können, um jenseits der Vorurteile leben zu können, aber vor allem, um mit mir selbst in Einklang zu sein, denn ich konnte mich als Nichtstuende und als überflüssiges Wesen nicht ertragen«, schreibt S. in *Histoire de ma vie*, 1854/55 (*Geschichte meines Lebens*, 1855), ihrer im Alter von fünfzig Jahren veröffentlichten Autobiographie, in der sie ihren Werdegang als Schriftstellerin in der konfliktreichen Auseinandersetzung mit Familie und Gesellschaft reflektiert.

Das immense schriftstellerische Werk S.s (Romane, Novellen, Reiseberichte, journalistische und philosophische Texte, Theaterstücke, eine enorme Korrespondenz) kennt keinerlei Berührungsängste bei der Darstellung unterschiedlichster sozialer Welten und bietet eine Fülle faszinierender Bilder des Weiblichen. *Lélia*, der dritte Roman, in dem der weibliche Protest gegen die Tyrannei der Konvenienzehe und der destruktive Konflikt zwischen gesellschaftlicher Norm und weiblichem Begehren thematisch wird, erschien 1833 (dt. 1834). Damit begann S.s aufsehenerregende und dauerhafte Präsenz in der literarischen Öffentlichkeit und die erfolgreiche Behauptung einer weiblichen Autorschaft unter männlichem Pseudonym. S. hatte 1831 den Ehemann und ihre beiden Kinder in der Provinz zurückgelassen, um in Paris ihre Unabhängigkeit als Schriftstellerin unter Beweis zu stellen. Durch den riskanten Aufbruch in die Metropole befreite sie sich von den Zwängen ihres provinziellen Daseins. Als Mann verkleidet betrat sie die intellektuelle Szene im Paris der Julimonarchie. Ihre Maskerade – Schutz und Spielerei zugleich – versprach körperliche und geistige Bewegungsfreiheit, erleichterte die Emanzipation von der bourgeoisen Frauenrolle, bot den Freiraum, den S. für das Schreiben benötigte und festigte ihr Selbstbewußtsein beim Aushandeln lukrativer Verträge mit den Verlegern. »Ich wollte soweit Mann sein, daß ich in Bereiche und Milieus eindringen konnte, die mir als Frau verschlossen waren, um so mehr, als ich eine ungeschickte Provinzlerin war«, schreibt sie rückblickend. Doch nahm die Öffentlichkeit diesen Tabubruch nicht kommentarlos hin. Nach dem Erfolg von *Lélia* entfloh S. den öffentlichen Vorhaltungen und machte in Begleitung Mussets eine Reise nach Venedig. Die unterwegs entstandenen *Lettres d'un voyageur* (Briefe eines Reisenden), in denen ein männliches Ich die Reise- und Naturerfahrungen vermittelt, sind nur ein Beispiel dafür, wie sie mit der Maske des Männlichen zu jonglieren und die Geschlechterkodierung zu unterlaufen verstand.

Während der Februarrevolution 1848 engagierte sich S. für die Demokratisierung der Gesellschaft, die Rechte der Frauen, insbesondere das allgemeine Recht auf Bildung. Von der Politik enttäuscht, zog sie sich auf ihr Landgut in Nohant zurück, wo sie ihre schriftstellerische Arbeit unermüdlich bis an ihr Lebensende fortsetzte und ein offenes Haus unterhielt, in dem die renommiertesten Künstler und Schriftsteller ihrer Zeit zu Gast waren. Das Schreckbild der »émancipatrice« (H. Heine), die Hosen trägt und Zigarren raucht, wurde in der Öffentlichkeit allmählich abgelöst durch das versöhnlichere Bild der »bonne dame de Nohant«. Dort entstanden nach der politischen Desillusionierung von 1848 die sog. Dorfromane, die das Spannungsverhältnis von Stadt und Land aus der Perspektive der Provinz thematisieren. Die soziale Frage steht im Zentrum der in den 40er Jahren entstandenen Industrieromane, die für die Benachteiligten des Industrialisierungsprozesses Partei ergreifen und im Kontext des von S. geforderten »art social« (gesellschaftlich engagierte Kunst) das Proletariat literaturfähig machten. Die Frauen-Romane – *Indiana* (dt. 1836), *Valentine*, *Lélia*, *Consuelo* (dt. 1845/46) u. a. – setzen Frauenfiguren ins Bild, die weibliches Begehren und individuelle Glückserwartungen artikulieren und angesichts ihrer oftmals markanten Androgynität die weibliche Dichotomie (Heilige oder Hure) unmißverständlich ad absurdum führen. Das irritierte zwar die Literaturkritik und empörte die Hüter der öffentlichen Moral, begründete aber nachhaltig S.s Ruf als bedeutendste französische Schriftstellerin ihrer Zeit.

Œuvres complètes. 135 Bde. Paris 1880–1914; *Sämtliche Werke*. 35 Bde. Leipzig 1847–56. – Lit.: Seybert, G.: *Die unmögliche Emanzipation der Gefühle*. Frankfurt/M. 1982; Schlientz, G.: *»Ich liebe, also bin ich.« Leben und Werk von G. S.* München 1989; Mosele, E. (Hg.): *G. S. et son temps*. 3 Bde. Genf 1994; Schlientz, G./Seybert, G. (Hgg.): *G. S.: Jenseits des Identischen*. Bielefeld 1998.

Brunhilde Wehinger

Sappho

Geb. ca. 612 v. Chr. in Eressos auf Lesbos

»Meiner wird man gedenken«, so lautet ein Vers von S., der griechischen Dichterin der Insel Lesbos, die im 6. Jh. gelebt hat: stolz spricht sie von ihrem dichterischen ›Ich‹. Aus den neun Büchern S.s aber, die nach metrischen Formen geordnet waren und ungefähr 12.000 Verse umfaßt haben müssen, sind nur 193 Fragmente erhalten, nur ein einziges vollständiges Lied, zumeist sonst zusammenhanglose Bruchstücke, oft einzelne Worte. Sie weckten jedoch die Sehnsucht nach S.s ganzen Werk. Auch von ihrem Leben wußte man schon früh nicht viel: wer war S.? – Sie war die Lehrerin eines Mädchenkreises. Ihres Leben war an eine bestimmte, geschlossene Gruppe gebunden, die vielleicht in einer besonderen Beziehung zu den Frauen eines alten Adelgeschlechtes der Insel Lesbos stand. Das gesellschaftliche Leben auf Lesbos war zu ihrer Zeit von Gewalt, Kämpfen, Exil und Racheakten geprägt. Die Dichterin selbst ist wahrscheinlich ein Opfer der fortgesetzten politischen Auseinandersetzungen in Lesbos geworden, da sie um 604–590 ins Exil nach Sizilien gehen mußte. Ihre drei Brüder haben sicher eine öffentliche Rolle in Mytilene, der Hauptstadt von Lesbos, gespielt. Die Politik der Waffen war Sache der Männer. Die Frauen haben sich dagegen mit Musik und Gesang beschäftigt. Es gab verschiedene Anlässe, einen Chor aufzuführen: Hochzeiten oder die

Feste der Götter, wie die Feiern für Adonis. Der Mädchenkreis von S. komponierte die Lieder, übte sie ein und führte sie auf. Außer bei diesen öffentlichen Gelegenheiten war die Dichtung eine private Unterhaltung der weiblichen Gesellschaft. S. besingt in ihrer Dichtung die Schönheit ihrer Schülerinnen. Da liegt das Thema der Liebe nahe, und eine Darstellung der Liebe in ihren unendlichen Variationen ist S.s Dichtung. Liebe als Wunsch, als Erwartung, als Wahnsinn, als gewaltiger Gott; schließlich als Krankheit. S.s Liebe ist eine literarische, künstlerisch dargestellte Liebe, die sich dennoch nicht von ihren »sichtbaren Erscheinungen und der Wirklichkeit selbst« entfernt, in den Worten eines antiken Literaturkritikers (Pseudos Longin, *Über das Erhabene*, 1. Jh. n. Chr.). Die Liebe ist der höchste Wert der Welt, den gewöhnlichen, männlichen Werte entgegengesetzt. Natürlich ist S.s Muse Aphrodite, die Göttin der Liebe, die sie als »Bundesgenossin« und »Mitkämpferin« anruft.

Durch ihre Gedichte war spätestens seit den Alexandrinern (3. Jh. v. Chr.) das ›lesbische‹ Bild von S. verbreitet. So ist es nicht verwunderlich, wenn S.s Dichtung in einer moralisierenden Epoche »nach der Liebe der Fleischeslust schmeckt«, wie der Franzose Pierre Bayle (1695) sagt. In der Literatur unseres Jahrhunderts aber findet man S. als Erfinderin der »neuen Maßeinheit von Liebe und Herzleid« und darum zugleich die »überaus künftige Liebende«: so schreibt Rilke, der in S. ein poetisches *alter ego* findet , so auch in *Sapphos letztem Gesang* von Giacomo Leopardi (1822), in *Sappho* von Franz Grillparzer (1819), in *Feuer* von Marguerite ↗ Yourcenar (1937) und schließlich in dem Drama *Sappho* von Lawrence Durrell (1947). Auf unterschiedliche Art und Weise ist in diesen Werken S. immer das Vorbild des Künstlers, der kein Verständnis für seine Liebe finden kann, weil seine Kunst ihn und seine Gefühle zu weit von der Wirklichkeit abbringen. Das Unglück des modernen Künstlers hat in S. einen Spiegel gefunden.

Sappho und Alcaeus: Fragmenta. Hg. E. M. Voigt. Amsterdam 1971; *Sappho*. Übers. und Komm. von M. Treu. München [5]1975 – Lit.: Latacz, J.: *Die griechische Literatur in Text und Darstellung*, Bd. I. Stuttgart 1991, S. 392–429 (Üb., Einl., Bibliograph.); Most, G. W.: »Reflecting Sappho«. In: *Bulletin Inst. of Class. Studies Univ. of London*, 1995, S. 15–38.

Sotera Fornaro

Sarraute, Nathalie (geb. Natascha Černiak)
Geb. 18. 7. 1902 in Ivanovo/Rußland

Kein Geringerer als Jean-Paul Sartre verhalf Nathalie Sarraute mit seinem Vorwort zu *Portrait d'un Inconnu,* 1948 (*Porträt eines Unbekannten,* 1962) zum literarischen Durchbruch. Er lobte ihren tastend-ehrlichen Stil und nannte die von ihr entdeckte »parcelle de réalité« den Stoff, aus dem die Existenz besteht. Dieser Stoff, die durch den je anderen ausgelösten »Tropismen«, Aggressionen und Empfindlichkeiten der vorbewußten Psyche, hat S. von Anfang an fasziniert. Wie aus ihrer Essaysammlung *L'Ère du Soupçon,* 1956 (*Das Zeitalter des Mißtrauens,* 1975) hervorgeht, die neben Robbe-Grillets *Pour un nouveau roman* (1955) als theoretische Bibel des Nouveau Roman gilt, sieht sich S. als Erbin von Dostoevskij. Die Inanspruchnahme dieser Filiation ist sowohl von der Sache als auch von der Biographie S.s her verständlich. Sie wurde 1902 als Natascha Černiak in Ivanovo geboren. Nach der Scheidung ihrer Eltern lebte sie zunächst bei ihrer Mutter, und zwar abwechselnd in Frankreich und Rußland, seit 1909 ständig in Frankreich in der neuen Familie des Vaters. Ihre Mutter, die sich ihr mehr und mehr entfremdete, sah sie nur noch sporadisch: eine verstörende Erfahrung, die sie in ihrem autobiographischen Werk *Enfance,* 1983 (*Kindheit,* 1984) behandelt. In Frankreich schuf sie sich zunächst eine bürgerliche Existenz durch Jurastudium, zeitweilige Anwaltstätigkeit und die Heirat mit Raymond Sarraute. Aus der Ehe gingen drei Töchter hervor, von denen sich die älteste (Claude) als Journalistin und Schriftstellerin selbst einen Namen gemacht hat. Schon in den frühen 30er Jahren begann S. jedoch zu schreiben. 1939 veröffentlichte sie die *Tropismes* (*Tropismen,* 1959), eine Folge von kurzen Texten, in denen jene vorsprachlichen Seelenzustände behandelt werden, unter denen jeder durch den Druck der Existenz des anderen leidet und denen er durch eigene Aggressivität oder übertrieben servile Anpassung zu entgehen sucht.

Der Begriff der Tropismen, mit dem S. psychische Bewegungen benennt, entstammt der Biologie und bezeichnet dort die pflanzlichen Reaktionen auf Außenweltreize. Während die radikalsten Neuerer des Nouveau Roman der Psychologie (zunächst) eine scharfe Absage erteilen, macht S. gerade Psychisches zu ihrem Gegenstand, umkreist ständig die Mikrokatastrophen der Seele, freilich nicht in der herkömmlichen nachträglichen Analyse des Geschehens, sondern in dessen synchroner Begleitung durch »einfache Bilder«, die mit den Erklärungsversuchen der Psychoanalyse oder gar des Marxismus nichts zu tun haben. Die Fundstellen ihrer Metaphorik variieren. Zunächst dominiert der biologische Bereich, der dann jedoch zunehmend durch kulturelle und soziale Bildspender erweitert wird: Kampf -und Kriegssituationen, volkstümliche Märchenmotive und hohe Literatur, gesellschaftliche Institutionen der Ausgrenzung verdeutlichen die nach außen nicht wahrnehmbaren »Stürme im Wasserglas« des Inneren, die vom Betroffenen als Tragödien erfahren werden. Prominente Auslöser der Tropismen sind die sozial stets harmlosen und unauffälligen Reden (»conversation«), durch die aufgeregte, äußerlich jedoch nicht wahrnehmbare Infragespräche (»sous-conversation«) in Gang gesetzt werden. Den verletzenden Eigenschaften scheinbar unschuldiger Wörter und Sätze geht S. immer wieder nach, z. B. in *Martereau*, 1953 (*Martereau*, 1959), *Portrait d'un Inconnu*, *»disent les imbéciles«*, 1976 (*sagen die Dummköpfe*, 1978), *L'Usage de la parole*, 1980 (*Der Wortgebrauch*, 1984). Aber auch paralinguistische Zeichen können Tropismen hervorrufen, so das Lachen der Kinder in *Vous les entendez?*, 1972 (*Hören Sie das?*, 1973) oder das Schweigen einer Figur in *Le Silence*, 1967 (*Das Schweigen*, 1969). Die an beste Moralistentradition anknüpfende und bis ins dialogisierende Innere des einzelnen Ichs reichende Demaskierungsbewegung bei S. (vgl. *Tu ne t'aimes pas*, 1989/*Du liebst dich nicht*, 1992) macht besonders gern Geschmacksurteile zu Tropismenauslösern, so in *Le Planétarium*, 1956 (*Das Planetarium*, 1960), *Entre la Vie et la mort*, 1968 (*Zwischen Leben und Tod*, 1969), *Vous les entendez?* und vor allem in *Les Fruits d'Or*, 1963 (*Die goldenen Früchte*, 1964), dem Roman um einen Roman gleichen Titels, dessen variierende Bewertung im Gerede der Kritiker und Leser ständig zu Neuordnungen der Gesprächsgruppen und dadurch zu Schwindelempfindungen im Inneren des einzelnen führt. Der schwankende Boden unter den Füßen ist auch Thema des letzten Sarraute-Romans, *Ici*, 1995 (*Hier*, 1997).

In der Darstellung ihres bevorzugten Realitätsausschnittes geht die Autorin unbeirrt ihren persönlichen Weg, der sowohl bloßem sprachlichen Selbstverweis (à la Ricardou) als auch insbesondere dem unmittelbaren Ausdruck eigener Verletzungen eine Absage erteilt. Dabei hätte sie, die als Jüdin in den 40er Jahren Verfolgung und Verrat erfahren mußte (eine leise Erinnerungsspur durchzieht das Kurzdrama *Le Mensonge*, 1966/*Die Lüge*, 1969), zur Anklage Grund genug gehabt: Ihr künstlerisches Material gewinnt sie bewußt nicht aus diesem biographischen Erfahrungsfundus. – Mit ihrer kühnen Entdeckung und phantasievollen Verarbeitung der ästhetisch zuvor unerforschten Welten des Vorbewußten hat sich S. als eine der größten modernen Schriftstellerpersönlichkeiten – nicht nur Frankreichs – erwiesen.

Œvres complètes. Paris 1996. – Lit.: Tison-Braun, M.: *N. S. ou la recherche de l'authenticité*. Paris 1971; Coenen-Mennemeier, B.: *Der Roman im Zeitalter des Mißtrauens. Untersuchungen zu N. S.* Frankfurt/M. 1974; Zeltner-Neukomm, G.: *Im Augenblick der Gegenwart. Moderne Formen des französischen Romans*. Frankfurt/M. 1974; Pierrot, J.: *N. S.* Paris 1990; Rykner, A.: *N. S.* Paris 1991; Coenen-Mennemeier, B.: *Nouveau Roman*. Stuttgart/Weimar 1996.

Brigitta Coenen-Mennemeier

Sata, Ineko
Geb. 1. 6. 1904 in Nagasaki/Japan

»Ich werde schreiben. Ich werde über all das vielfältige Leid und den Kummer von Frauen schreiben, denn nur das wird mich retten.« – Ineko Sata gilt als eine der bedeutendsten modernen japanischen Autorinnen, die sich in ihrem umfangreichen erzählerischen wie auch essayistischen Werk kritisch mit weiblichen Rollenmustern auseinandersetzt. Als Tochter eines 18jährigen Schülers und einer 15jährigen Schülerin muß sie schon in der fünften Klasse die Grundschule abbrechen, um zu arbeiten, zunächst in einer Fabrik und schließlich als Verkäuferin und Kellnerin. Nach einer gescheiterten Ehe und der Geburt einer Tochter lernt sie eine Gruppe junger Schriftsteller kennen, darunter ihren späteren zweiten Ehemann Kubokawa Tsurujirō (1903–1974), und kommt in Kontakt zur Proletarischen Literaturbewegung, die in den 20er und 30er Jahren in Japan großen Einfluß ausübte. S.s erste autobiographische Erzählung, in der sie die Kinderarbeit in einer Fabrik schildert, führt zum literarischen Durchbruch. Sie verfaßt zahlreiche weitere Erzählungen, die aus der Sicht von Frauen Einblick in die Arbeitswelt bieten. Mit ihrer schriftstellerischen Tätigkeit verdient sie den Lebensunterhalt für sich und die beiden Kinder, während ihr Ehemann aus politischen Gründen inhaftiert ist. Nach seiner Entlassung kommt es zu einer Ehekrise, später zur Scheidung. Durch das Schreiben bewältigt sie ihre Lebensprobleme; wichtig ist ihr dabei vor allem, zum Sprachrohr vieler Frauen zu werden, wie es im Eingangszitat anklingt. Die Hauptfigur ihres ersten autobiographischen Romans *Kurenai*, 1938 (*Scharlachrot*, 1990), das Alter ego der Autorin, leidet darunter, ihren »Ehemann zu lieben und sich zugleich nach der Freiheit des Alleinlebens zu sehnen«. Diesem Widerspruch nachzugehen, wird zur Antriebsfeder ihres weiteren literarischen wie auch essayistischen Schaffens. Unterstützung findet sie dabei in der Schriftsteller-Kollegin und Freundin Miyamoto Yuriko (1899–1951), mit der sie das emanzipatorische Anliegen und das politische Engagement verbindet. Nach der Auflösung der Proletarischen Bewegung versucht S., ihren Widerstand gegen den zunehmenden Militarismus im Vorfeld des Zweiten Weltkriegs zum Ausdruck zu bringen, was mit Fortschreiten des Kriegsgeschehens jedoch unmöglich wird. In der Nachkriegszeit nimmt sie ihr sozialkritisches Engagement wieder auf, setzt sich ein für die Verbesserung der gesellschaftlichen Stellung der Frau, unterstützt z. B. den Protest gegen Nuklearwaffen. Über ihre literarisch anspruchsvollen Werke hinaus verfaßte S. auch Fortsetzungsromane in populären Zeitschriften und erreichte damit ein breites Publikum. Sie schuf zahlreiche faszinierende Frauengestalten, die selbst aktiv ihr Leben in die Hand nehmen. Wie die Reaktionen von Leserinnen zeigen, dienten diese vielen Frauen als neue Rollenmodelle. S. war bis in die 80er Jahre literarisch aktiv und kann somit auf mehr als ein halbes Jahrhundert schriftstellerischer Tätigkeit zurückblicken.

Zenshū (Gesamtausgabe). 18 Bde. Tōkyō 1977–79. – Lit.: Gössmann, H.: *Schreiben als Befreiung. Autobiographische Romane und Erzählungen von Autorinnen der Proletarischen Literaturbewegung Japans.* Wiesbaden 1996.

Hilaria Gössmann

Schlegel, Dorothea von

Geb. 24. 10. 1764 in Berlin; gest. 3. 08. 1839 in Frankfurt/Main

»Ob mir mein Bestreben wohl gelingen wird, Friedrich sein Gesell zu werden: nämlich das in seinem Sinn auszuführen, was er für mich angelegt? – Das wäre ein Zweck! Der andre wär, mit dem Schreiben so viel verdienen zu können, das Friedrich nicht mehr für Geld zu schreiben braucht.« – Wenn man dieser Selbstaussage im Tagebuch folgt, dann wollte S. eigenen literarischen Ruhm nicht. Ihr erster Roman *Florentin* erschien im Oktober 1800 anonym mit einem Vorwort des Herausgebers Friedrich Schlegel. Bis zu diesem Zeitpunkt hatte sie wenig Zutrauen zu sich; zu sehr war sie auch durch die Debatten um Friedrich Schlegels *Lucinde* (1799), als deren Vorbild sie galt, in die Öffentlichkeit geraten. Auch als Lob und Tadel, harsche Kritik und Klatsch um die Verfasserschaft des *Florentin* (1801) kursierten, blieb sie zurückhaltend und ängstlich auf ihre Anonymität bedacht. Der Erfolg des Buches aber war für sie wichtige Ermutigung und stärkte ihr Selbstvertrauen enorm. Diese Bestätigung hatte sie aufgrund ihrer ›Affäre‹ mit Schlegel und ihrer Scheidung von Veit sehr nötig.

S.s Vater war der berühmte jüdische Philosoph Moses Mendelssohn. So groß dessen Verdienste um die Emanzipation der Juden auch waren, so wenig Interesse hatte er an der Emanzipation von Frauen. Gegen ihren Willen verheiratete er die Tochter mit dem Kaufmann Veit. Die Loslösung von der ungewollten und unglücklichen Ehe, aus der 2 Kinder hervorgingen, war für S. ein bedeutender Schritt der Selbstfindung, der auch durch die Bekanntschaft Friedrich Schlegels 1797 im Salon von Henriette Herz angeregt wurde. Als geschiedene Jüdin, die mit einem jüngeren, mittel- und stellenlosen Romantiker zusammenlebte, ohne mit ihm christlich-bürgerlich verheiratet zu sein, hatte sie viele Anfeindungen zu ertragen. Das Paar lebte zunächst in Berlin, Jena und Paris, wo S. 1804 zum protestantischen Glauben übertrat. In Jena lebte sie bis zum Zerwürfnis 1802 im Hause von August Wilhelm und Caroline ↗ Schlegel. 1804 heiratete sie in Paris Friedrich Schlegel; sie siedelten dann aber nach Köln über, wo sie gemeinsam zum Katholizismus konvertierten.

Für S. bildeten die Pariser Jahre einen Höhepunkt. Sie fand Anerkennung für ihre vielen eigenständigen Arbeiten und für die Zuarbeit u.a. für Schlegels Zeitschrift *Europa*. Für seine geplante *Sammlung romantischer Dichtungen des Mittelalters* übersetzte und bearbeitete sie in Zusammenarbeit mit Helmina von Chézy alte Epen: S. die *Geschichte des Zauberers Merlin* (1804), Chézy die der schönen Euryante. Auch den zweiten Teil des *Florentin* versuchte sie zu entwerfen. Dieser blieb jedoch ebenso Fragment wie ein Trauerspiel über Hutten. Willig, ihrem Mann zu dienen und ihm Ansehen zu verschaffen, hat sie sich über Schlegels Anmaßung, ihre Arbeiten als seine auszugeben, nie beschwert. Als ihre Arbeiten aber in Schlegels Werkausgabe aufgenommen werden sollten, weigerte sie sich allerdings erfolglos. Die letzte veröffentlichte Übersetzung war Madame de ↗ Staëls Roman *Corinna*. Auch diese wurde ihrem Mann zugeschrieben. –Von 1818 bis 1820 lebte S. bei ihren Söhnen in Rom. Sie fand rasch Freunde und einen Bekanntenkreis. Rückhaltlos wie der Schlegelschen Ideenwelt nahm sie sich nun der Nazarener an. Nach dem Tod ihres Mannes (1829) siedelte sie nach Frankfurt über und lebte dort bis zu ihrem Tod.

Lit.: Stern, C.: *»Ich möchte mir Flügel wünschen.« Das Leben der D. von S.* Reinbek 1990.

Hannelore Scholz

Schlegel-Schelling, Caroline

Geb. 2. 9. 1763 in Göttingen; gest. 7. 9. 1809 in Maulbronn

Der Philosoph Friedrich Wilhelm Joseph Schelling sprach von Caroline als dem »seltenen Weib von männlicher Seelengröße, von dem schärfsten Geist, mit der Weichheit des weiblichsten, zartesten, liebevollsten Herzen vereinigt«. Friedrich Schlegel proklamierte, angeregt durch sie den Androgynenmythos modernisierend, die Verbindung von Männlichem und Weiblichem zur »vollen ganzen Menschheit«. Eine »politisch-erotische Natur« nannte er diese Frau, die ihre »Privatbegebenheiten« in die Stürme einer großen Revolution» verwickelte. Beeindruckt durch den deutschen Jakobiner Georg Forster erlebte sie die Mainzer Republik. Gezwungen, Zeitgeschichte und eigenes Dasein in enger Beziehung zu sehen, kam sie in der Auseinandersetzung mit der Französischen Revolution zu sich selbst. – Aufgewachsen in der geistigen Atmosphäre Göttingens als Tochter eines Professors, des Orientalisten Johann David Michaelis, mit zwanzig Jahren an einen Arzt in die Provinz verheiratet, nach vier Jahren durch den Tod des Mannes frei, lehnte sie eine erneute Ehe ab, lebte mit ihren Kindern. Die Niederschlagung der Mainzer Republik brachte ihr Gefängnishaft, politische Verfemung und bürgerliche Ächtung in Deutschland. In dieser Situation wurde sie für Friedrich Schlegel zum «Boden einer neuen Welt». «In den Frauen liegt jetzt das Zeitalter, nur unter ihnen gibt's noch interessante Charaktere». Sein Forster-Aufsatz und sein Konzept des *Lucinde*-Romans sind von ihr inspiriert. Die Rolle der geistigen Anregerin setzte sie, nachdem sie 1796 Friedrichs Bruder August Wilhelm Schlegel heiratete, in Jena fort.

Ihr Haus wurde zum Zentrum der Jenaer Frühromantiker. Novalis, Clemens Brentano, Ludwig Tieck, Johann Heinrich Wilhelm Tischbein, Friedrich Schelling, Friedrich Schlegel und Dorothea Veit trafen sich dort, Goethe und Fichte waren zu

Gast. Gegen das »alte offizielle Deutschland, das verschimmelte Philisterland« traten die »Jakobiner der Poesie« (K. A. Varnhagen v. Ense) an, suchten in »logischer Geselligkeit« und »gesellschaftlichem Witz« höchste geistige Produktivität, probierten im »Symexistieren« neue Lebensformen, in denen sich männliche und weibliche Individualitäten gleichermaßen entfalten sollten. Sch.s geistiger und organisatorischer Anteil als Mittelpunkt und Medium der Gruppe war entscheidend. Meßbar allerdings ist ihre Leistung nicht, und ihre Dichter-Freunde und die Nachwelt unterschlagen sie später nahezu vollständig. Das hängt auch mit Sch.s Haltung zusammen, die bitter erfahren mußte, welche Rolle man ihr als Frau zuwies: »Man schätzt ein Frauenzimmer nur nach dem, was sie als Frauenzimmer ist.« Sie reduzierte sich bewußt als eine Helferin der Männer, Lektorin, Mitarbeiterin an der Zeitschrift *Athenäum* und an A. W. Schlegels Übersetzungen. Sie ließ Schlegel ihre Arbeiten unter seinem Namen veröffentlichen; im Vorwort zu seinen *Kritischen Schriften* (1928) heißt es, die Arbeiten seien »zum Teil von der Hand einer geistreichen Frau, welche alle Talente besaß, um als Schriftstellerin zu glänzen, deren Ehrgeiz aber nicht darauf gerichtet war«. Friedrich Schlegels Aufforderung, ein »Romänchen« zu schreiben, Novalis' Drängen, »möchten doch auch Sie die Hände ausstrecken nach einem Roman«, widerstand sie. Bis auf wenige Kritiken, Gedichte und Konzepte ist nichts überliefert.

Ihre Rolle aber als große geistige Anregerin erfuhr in der Ehe mit Schelling (1803 geschlossen) nochmals einen Höhepunkt. »Unter den großen Philosophen ist es nur Schelling«, schreibt K. Jaspers, »für den eine Frau durch ihre Persönlichkeit von entscheidender Bedeutung wurde, und zwar nicht durch erotische Leidenschaft und menschliche Verbundenheit, sondern in eins damit ursprünglich durch ihr geistiges Wesen«. Einzig ihre Briefe haben die Jahrhunderte überdauert, von ihnen sind mehr als vierhundert überliefert. Sie zeigen die künstlerische Kraft Sch.s, ihr großes Sprachvermögen, ihre Fähigkeit zu Ironie, ihre Sicherheit im literarischen Urteil. Sie sind Literatur, sowohl als Selbstaussagen eines ungewöhnlichen Lebens, das widerspruchsreich, erfüllt und unerfüllt war, wie auch als Dokument einer politischen und literarischen Umbruchsituation. Es genügte Sch. nicht, sich anzupassen, sie unterdrückte ihre Sehnsüchte nicht, meisterte vorurteilsfrei ihr Leben. Ihre Briefe berichten vom Wachhalten einer weiblichen Utopie, von der »Kunst zu leben« im Sinne von Novalis, der denjenigen einen großen Menschen nennt, dessen persönlichste Dokumente, Tagebücher bzw. Briefe, das größte Kunstwerk sind.

Lit.: Kleßmann, E.: *»Ich war kühn, aber nicht frevelhaft« – Das Leben der Caroline Michaelis-Böhmer-Schlegel-Schelling*. Bergisch Gladbach 1992; Damm, S. (Hg.): *C. S.-S. »Die Kunst zu leben«*. Mit einem Essay von S. Damm. Frankfurt 1997.

Sigrid Damm

Schopenhauer, Johanna

Geb. 9. 7. 1766 in Danzig; gest. 16. 4. 1838 in Jena

Man werde ihn noch lesen, so schreibt Arthur Schopenhauer 1814 an seine Mutter, »wenn von deinen Schriften kaum mehr ein Exemplar in einer Rumpelkammer stecken wird«, worauf diese kontert: »Von den deinigen wird die ganze Auflage noch zu haben sein«. Die Geschichte hat beiden, in gewissem Sinne, recht gegeben. S., zu ihrer Zeit bekannte Autorin und Mittelpunkt eines angesehenen Salons, ist heute fast nur noch als die Mutter des Philosophen im Gedächtnis. – Geboren in einem Danziger Patrizierhaus, erhält sie vielseitigen Unterricht in Geschichte und Sprachen. 1785 heiratet sie den Kaufmann Heinrich Floris Schopenhauer, mit dem sie 1793 nach Hamburg übersiedelt und mehrere Reisen durch Europa unternimmt. Zwei Kinder, Arthur und Adele, gehen aus der Ehe hervor. Nach dem Tod ihres Mannes (1805) zieht S. zusammen mit ihrer Tochter Adele nach Weimar, um – so schreibt sie ihrem Sohn – »die ersten Köpfe in Weimar, und vielleicht in Deutschland, um meinen Teetisch zu versammeln«, wobei es ihr auf *einen* besonders ankommt: Goethe. 1829 verläßt sie aus finanziellen Gründen den Musensitz an der Ilm und zieht in die Nähe von Bonn, kann aber mit Hilfe einer Pension 1837 nach Thüringen (Jena) zurückkehren.

Als Autorin tritt S. schon früh hervor und wird, bedingt durch den Verlust ihres Vermögens, 1819 Berufsschriftstellerin. Dennoch setzt sich die Scheu ihrer Kindheit, womöglich als »gelehrte Frau« zu gelten – sie verweigerte aus diesem Grund den Griechischunterricht – in ihrer literarischen Tätigkeit fort. Wohl ist sie überzeugt, daß auch Frauen an der Literaturproduktion teilhaben sollen, doch nur innerhalb der ihnen gesetzten Schranken. Diese Ambivalenz spiegelt sich bereits in ihren frühen Reisetexten *Erinnerungen von einer Reise in den Jahren 1803, 1804 und 1805* (1813 f.; später: *Reise durch England und Schottland*) und *Reise durch das südliche Frankreich* (1817), in denen sie ihre Begegnungen mit dem europäischen Bürgertum schildert. Spricht sie einerseits davon, im Reisen ein neues »Sehen« lernen zu wollen, ähnlich wie Goethe, der mit seiner *Italienische[n] Reise* (1786–88; ersch. 1829) dasselbe im Sinn hat, so erfüllt sie die »weibliche« Rollenerwartung, wenn sie ihren Schilderungen kaum mehr als Unterhaltungswert beimißt.

Ähnlich widersprüchlich zeigt sich ihr Erfolgsroman *Gabriele* (1819/20), der die Eingeschränktheit weiblicher Entwicklung – die Macht eines herrischen Vaters, der seine Tochter zur Konvenienzehe zwingt – auf äußerst drastische Weise zur Darstellung bringt, um gleichzeitig ein Modell weiblicher Tugend zu entwerfen, die sich inmitten aller Widrigkeiten durch innere Einkehr und Entsagung bewährt. Bezüge lassen sich dabei ebenso zu Sophie von ↗ La Roches *Geschichte des Fräuleins von Sternheim* (1771) wie zu Goethes *Wilhelm Meisters Lehrjahre* (1795/96) erkennen. – Bis zu ihrem Lebensende veröffentlicht S. weitere Romane (*Die Tante,* 1823; *Sidonia,* 1827/28) und Novellen, die mehr noch als ihre Reiseliteratur und ihr Erfolgsroman der genaueren Analyse harren.

Lit.: Frederiksen, E./Ebert, B.: »J. S. (1766–1838). ›Du hast mir oft bei anderen Gelegenheiten mit Recht gesagt, wir beide sind zwei, und so muß es auch sein.‹« In: *Mütter berühmter Männer.* Hg. L.F. Pusch. Frankfurt/M. u.a. 1994, S. 125–158; Köhler, A.: *Salonkultur im klassischen Weimar. Geselligkeit als Lebensform und literarisches Konzept.* Stuttgart 1996.

Gaby Pailer

Schreiner, Olive

Geb. 24. 3. 1855 in Wittebergen-Missionsstation, Basutoland/Südafrika; gest. 10. 12. 1920 in Wynbergen bei Kapstadt/Südafrika

»Why is art prophetic ?« Schreiner – konfrontiert mit den religiösen, wissenschaftlichen und technischen Umbrüchen ihrer Zeit – sah sich als feministische Freidenkerin inspiriert von Visionen einer gerechteren Zukunft. »Freedom, justice, love« forderte sie als Insignum auf einer südafrikanischen Flagge in ihrem Essay »An English South African's View of the Situation« (1899) und verlangte gleiche demokratische Rechte für alle, unabhängig von Rasse, Klasse und Geschlecht, eine prophetische Vision, die bis zur Niederschrift als Verfassung 100 Jahre brauchte. Geboren wurde S. als neuntes Kind einer englischen Calvinistin und eines deutschen Missionars. Obwohl hochbegabt, konnte sie als Mädchen nur indirekt an der männlich bestimmten weißen Kultur partizipieren. Schon mit fünfzehn wurde sie Gouvernante und nutzte ihren Beruf zum Lesen und Dichten, soweit es ihre Zeit erlaubte. Ihr bekanntester Roman, *The Story of an African Farm*, aber auch *Undine* (1920) und ein erster Entwurf von *From Man to Man; Or Perhaps Only* (1926) entstanden in dieser Zeit. In der Hoffnung, der Enge ihres kolonialen Milieus zu entkommen, geht sie 1881 nach England und veröffentlicht zwei Jahre später unter dem Pseudonym Ralph Iron ihr Manuskript von *The Story of an African Farm* (*Lyndall. Roman aus dem südafrikanischen Farmerleben*, 1892). Unterbrochen von philosophischen Exkursen verfolgt er die Lebensgeschichte dreier Heranwachsender auf einer burischen Farm. Bereits als Kinder einer religiös und sozial repressiven Umgebung ausgesetzt, scheitern die Protagonisten Waldo und Lyndall im Handlungsverlauf am Unverständnis einer Gesellschaft, die dem Erkenntnis- und Freiheitsdrang der beiden keine Möglichkeit zur Entfaltung bietet. Dieser Roman, der inzwischen als Ausgangspunkt einer spezifisch südafrikanischen Literatur angesehen wird, wurde von Kritik und Publikum begeistert aufgenommen. S. bewegt sich nach diesem Erfolg in den Zirkeln der viktorianischen Intellektuellen, wird u.a. Mitglied der von G.B. Shaw gegründeten Fabian Society und der Fellowship of the New Life, in der die Frauenfrage als »Olive's subject« gilt. Sie korrespondiert mit zahlreichen Berühmtheiten ihrer Zeit und veröffentlicht viel beachtete politische Artikel, Essays, Kurzprosa, aber auch Allegorien im fin-de-siècle-Stil, die sie in einer Art Trancezustand verfaßt. Was ihr nicht gelingt und woran sie ihr Leben lang verbissen arbeitet, ist *From Man to Man*, ein Roman über zwei ungleiche Schwestern. Voller Selbstzweifel konzipiert sie ihn immer wieder neu, aber er wird, wie vieles andere von ihr, posthum erscheinen, redigiert von ihrem Ehemann Samuel Cronwright. 1889 kehrt sie nach Südafrika zurück, bleibt politisch aktiv und verurteilt die rassistische Politik Cecil Rhodes', Premier der Kapkolonie. Empört über den von Rhodes gebilligten Überfall auf Transvaal, schreibt sie den antikolonialistischen Roman *Trooper Peter Halket of Mashonaland*, der 1897 erscheint. Stets pendelnd zwischen ihren beiden Lebenswelten Südafrika und England, engagiert sie sich auch in den folgenden Jahren aktiv in Friedens- und Frauenwahlrechtsbewegungen, bis sie 1920 in Südafrika stirbt als eine der couragierten, außergewöhnlichen Frauen, die ihr Leben dem Ideal von *freedom, justice und love* widmeten.

Lit.: First, R./Scott, A.: *O. S. A Biography*. London 1980; Barash, C. (Hg.): *An O. S. Reader*. London 1987; Clayton, C.: *O. S.* New York 1997.

Bettina Feldmann

Schwarz, Jelena ↗ Švarc, Elena Andreevna

Schwarz-Bart, Simone

Geb. 1938 auf Guadeloupe

»Wir Lougandor, wir sind keine Rassehähne, wir sind Guinmes-Hähne, Kampfhähne. Wir kennen die Kampfbahnen, die Menge, den Kampf, den Tod. Wir kennen den Sieg und die Niederlage. All das hat uns nie am Leben gehindert, da wir weder auf das Glück noch auf das Unglück setzten, um existieren zu können, ähnlich den Blättern der Tamarindenbäume, die sich des Nachts schließen und des Tags öffnen.« – Die starken schwarzen Frauen der Lougandor-Linie sind die Heldinnen von S.-B.s Roman *Pluie et vent sur Télumée Miracle*, 1972 (*Télumée*, 1987), der die Autorin innerhalb weniger Monate auf den französischen Antillen und in Frankreich bekannt machte. In der Lebensgeschichte von Télumée Miracle haben viele antillanische Frauen ihre eigene wiedererkannt. Der biographische Roman bietet eine nuancierte Auseinandersetzung mit der Geschichte der französischen Überseedepartements und mit der Situation ihrer Bewohner. Wie fast alle Autor/innen aus Guadeloupe und Martinique beschäftigt S.-B. die Frage nach der Herkunft und der Identität ihrer Landsleute, deren Vorfahren aus Afrika deportiert und als Sklaven in die Kolonien der ›Neuen Welt‹ verschifft wurden. Die Kontinuität von Herrschaft und Unterdrückung hat zu Lebensbedingungen geführt, die Maryse ↗ Condé »Das verfluchte Leben« nennt und denen in S.-B.s Romanen vor allem die Männer unterworfen sind. Die antillanische Frau ist auf sich selbst gestellt, und auch in Télumées Familie ist die matriarchale Linie die konstante.

S.-B.s Romane basieren auf der Doppelbedeutung des Wortes *histoire*. Sie läßt ihre

Romanfiguren historische Etappen im aktuellen Handlungskontext durchleben. Télumée erfährt die Zeit der Sklaverei am eigenen Leibe, als sie als Dienstmädchen bei einem rassistischen Kolonialherrn arbeitet, und später als Tagelöhnerin auf den Zuckerrohrfeldern. Das Wissen um die kollektive Vergangenheit erweist sich für sie als notwendig, um die Gegenwart zu verstehen und versöhnt sie mit ihrem eigenen Schicksal. – Der Wunsch nach einer »Rückkehr zu den Wurzeln«, bei allen Schwarzen Amerikas seit der Zeit der Versklavung und Verschleppung aus Afrika gegenwärtig, fand in der schwarzen frankophonen Literatur erstmals seinen Ausdruck in der *Négritude*-Bewegung der 30er Jahre. Bildet hier Afrika einen Gegenentwurf zu einer als deformiert und destruktiv erkannten westlichen Gesellschaft, so dekonstruiert S.-B., die selbst eine Zeitlang in Afrika gelebt hat, in *Ti Jean l'Horizon*, 1979 (*Ti Jean oder die Heimkehr nach Afrika*, 1982) den Mythos: Auch im vorkolonialen Afrika existierte die Sklaverei und das kulturell vermeintlich Vertraute bleibt doch fremd. Ti Jean, ein Märchenheld der Antillen, unternimmt eine imaginäre Reise in die Geschichte Afrikas. Das so gewonnene Wissen um die eigene Vergangenheit befähigt ihn, seine Insel von einem Phantasieungeheuer zu befreien und die Identität der Antillenbewohner neu zu definieren. Sowohl inhaltlich als auch sprachlich sind die Romane von S.-B. stark von der kreolischen Kultur geprägt, und ihre Erzählweise ist der oralen Erzähltradition verpflichtet. Ihre Romane sind durchdrungen vom *réel merveilleux* der Antillen: Die Welt ist von irrealen Wesen bevölkert, die Toten sind in der Lage, Kontakt zu den Lebenden aufzunehmen, und die Magie, verwandt mit dem haitianischen Vodu, spielt eine wichtige Rolle.

S.-B. hat, wie die meisten Intellektuellen ihres Landes, Guadeloupe verlassen, um in Paris zu studieren, wo sie ihren Mann, den Schriftsteller André Schwarz-Bart, kennenlernte. Mit ihm veröffentlichte sie bereits 1967 den Roman *Un plat de porc aux bananes vertes*, die Geschichte einer Frau aus Martinique, die in einem Pariser Altersheim auf ihr Leben zurückblickt, und später ein umfangreiches Werk über die schwarze Frau, *Hommage à la femme noire* (1989). S.-B., deren Romane als fatalistisch bzw. nihilistisch kritisiert wurden, da sie eine bestimmte – eher indirekte – Art des Widerstands propagieren, hält sich von den Medien fern. In einem Interview äußerte sie, daß sie möglicherweise nicht mehr publizieren werde.

Lit.: »*Pluie et vent sur Télumée Miracle* de S. S.-B. *Textes et Documents* 2 (1979) Editions Caribéennes; Rosello, M.: »Pluie et vent sur Télumée Miracle.« In: *Présence Francophone* 36 (1990), S. 73–90.

Astrid Rauße

Scudéry, Madeleine de

Geb. 15. 10. 1607 in Le Havre/Frankreich; gest. 2. 8. 1701 in Paris

Mit dem Selbstporträt als Sappho in *Artamène* entwarf sich S. gegen die Weiblichkeitsideale ihrer Zeit als charismatische, autonome Dichterin. Die spätere »Reine du Tendre« wuchs nach dem frühen Tod der Eltern mit ihrem Bruder Georges bei einem Onkel auf. Neben der standesüblichen Erziehung lernte sie Italienisch und Spanisch und las die antiken Autoren. 30jährig folgte sie ihrem Bruder nach Paris, wo sie in den Kreisen der gesellschaftlichen und literarischen Elite verkehrte – u. a. im Hôtel de Rambouillet. Um 1650 eröffnete sie ihren eigenen Salon, die *Samedis*, die zum Treffpunkt namhafter *gens d'esprit* aus dem Marais wurden. Sie wählte die Ehelosigkeit und pflegte eine lebenslange Freundschaft zu dem Dichter Paul Pellisson. 1671 erhielt sie den »Prix d'Éloquence« der Académie Française, 1684 wurde sie in die Academia dei Ricovrati zu Padua aufgenommen, der auch andere *dames de lettres* des 17. Jh.s wie Madame d'Aulnoy angehörten.

Ihre ersten Werke veröffentlichte S. unter dem Namen ihres Bruders: so 1641 den Roman *Ibrahim ou l'Illustre Bassa* (Ibrahim oder Der erlauchte Pascha, 4 Bde.) und 1642 *Les Femmes illustres ou Les Harangues héroïques* (Berühmte Frauen oder Heroische Ansprachen), fiktionale Porträts von Frauen in Geschichte, Mythos und Legende. Der heroisch-galante Roman *Artamène ou le Grand Cyrus* (Artamenes oder Der große Cyrus, 1649–53, 10 Bde.) erzählt – antike Stoffe frei umgestaltend – von den Abenteuern und der Liebe des persischen Königs Cyrus. Der historische Hintergrund, die Strukturen des Schäfer-, Ritter- und hellenistischen Romans und intertextuelle Bezüge bilden ein vielschichtiges Ensemble. In die Haupthandlung werden dabei verschlüsselte Binnennovellen, Porträts und Konversationen eingegliedert, die es erlauben, den Roman als Darstellung zeitgenössischer Konflikte, insbesondere der Fronde, zu lesen. Der Roman entwirft ein idealisiertes Wirklichkeitsmodell, eine aus weiblicher Erfahrung und Einsicht abgeleitete aufklärerische Fortschrittsutopie.

Clélie, histoire romaine (Clélie, eine römische Geschichte, 1654–60, 10 Bde.) erzählt – vor dem Hintergrund des Befreiungskampfes Roms gegen die Tyrannei – von Aronce, dem Sohn eines entmachteten etruskischen Königs, der als Findelkind bei dem nach Karthago geflohenen Römer Clélius aufwächst, und dessen Tochter Clélie. Der Roman folgt dem heroisch-galanten Erzählmodell, doch nehmen die den Menschen als geistig-moralisches Wesen abbildenden Porträts und die Salonkonversationen zu. Schon in *Artamène* hatte S. eine neue Liebeskonzeption entwickelt, die gleichzeitig von dem Entwurf einer besseren Rechts- und Gesellschaftsordnung eingerahmt wurde. Der von S. entworfene *code tendre* war eine Antwort auf den *code galant* der Renaissance und stellte ein Regelwerk zum Einüben der *parfaite amour* dar. Die in den ersten Band der *Clélie* als Graphik eingefügte »Carte de Tendre« ist die allegorische Topographie eines für den Liebenden entworfenen

Verhaltenskodexes. Die vollkommene Liebe kann nur auf der Grundlage zärtlicher Freundschaft entstehen. Zerstörerische Leidenschaft ist aus ihr verbannt, sie beruht auf Vertrauen und gegenseitiger Zuneigung.

Daneben schrieb S. Novellen: *Célinte* (1661), *Mathilde* (1667) und *La promenade de Versailles ou Celanire* (1669). Später publizierte sie eine Reihe von Konversationsbänden, in denen Themen der moralischen Kasuistik behandelt wurden. Die Dialoge sind in eine Rahmenhandlung eingebunden und dienen der unaufwendigen Wissenvermittlung und moralphilosophischen Reflexion. Die Lehrgespräche stießen auf positive Resonanz beim zeitgenössischen Lesepublikum, so bei Mme de Maintenon und Mme de ↗ Sévigné. S. gilt weiterhin als eine der bekanntesten Lyrikerinnen und Panegyrikerinnen des 17. Jh.s. Reeditionen ihrer Werke und neuere Studien seit den 70er Jahren führten zu einer Revision des bisherigen S.-Bildes und unterstrichen die Bedeutung dieser im positiven Sinne preziösen Autorin.

Lit.: Baader, R.: *Dames de lettres. Autorinnen des preziösen, hocharistokratischen und ›modernen‹ Salons (1649–1698).* Stuttgart 1986; DeJean, J.: *Tender Geographies. Women and the Origins of the Novel in France.* New York/Oxford 1991; Kroll, R.: *Femme poète. M. de S. und die ›poésie précieuse‹.* Tübingen 1996.

Roswitha Böhm

Seghers, Anna

Geb. 19. 11. 1900 in Mainz; gest. 1. 6. 1983 in Berlin

»Es muß aber im Innern des Menschen einen unverwüstlichen, zwar manchmal im Dunst, sogar im Schlamm verborgenen, dann aber wieder in seinem ursprünglichen Glanz aufleuchtenden Kern geben. Es muß ihn geben«. (*Überfahrt* 1971, S. 166). Das von S. in mehr als fünf Jahrzehnten geschaffene Erzählwerk ist geprägt von Sehnsucht und Suche nach humanen Lebensverhältnissen, die den Individuen ein menschenwürdiges Dasein ermöglichen.

Der literarische Beginn S.' war ungewöhnlich. Als junge Frau erhielt sie 1928 für ihre ersten größeren Erzählwerke *Grubetsch* und *Der Aufstand der Fischer von St. Barbara* den hochangesehenen Kleist-Preis. Die 1900 in Mainz als Netty Reiling geborene S. gehört der ersten Generation von Frauen an, für die der von der frühen Frauenbewegung erstrittene Zugang zum Universitätsstudium schon selbstverständlich geworden war. Durch das Elternhaus – der Vater war Kunsthändler – wurde S. früh mit Kunst vertraut. Während ihres Studiums in Heidelberg und Köln 1920–25 galt neben Geschichte, Philologie, Sinologie der Kunstgeschichte ihr besonderes Interesse, das sich z. B. in ihrer Dissertation *Jude und Judentum im Werke Rembrandts* von 1924 niederschlägt. Im gleichen Jahr debütierte sie mit der abgründigen Gespenstergeschichte »Die Toten von der Insel Djal«, unter dem Pseudonym Antje Seghers. Damit hatte sie ein Zeichen gesetzt, ihr Privatleben zeitlebens hinter ihrer Existenz als Autorin streng zu verbergen. 1925 hatte S. den aus Ungarn emigrierten Kommunisten Laszlo Radvanyi geheiratet und war mit ihm 1926 nach Berlin übergesiedelt. 1926 wurde der Sohn, 1928 die Tochter geboren.

Zu den elementaren Antrieben, die vielen Figuren ihres Frühwerks eingeschrieben sind, der Sehnsucht nach inhalts- und freudereichem Leben, tritt mit S.' Orientierung auf das Proletariat und andere untere Schichten als treibende Kraft der Hunger, sowohl der physische als der nach Gerechtigkeit und Solidarität. Solidarität gilt in ihrem Werk, zunächst im Roman *Die Gefährten* (1932) als reales bzw. erhofftes Lebensprinzip all derer, die sich in der kommunistischen Weltbewegung zusammenfanden. Seit 1928 der KPD und dem BPRS (Bund proletarisch revolutionärer Schriftsteller) angehörend, war S. mit Hitlers Machtantritt äußerst gefährdet – doppelt durch ihre jüdische Herkunft. Sie emigrierte nach Frankreich, engagierte sich für internationale antifaschistische Zeitschriften und die Schriftstellerkongresse in Paris und Madrid 1935 und 1937. Neben zahlreichen Erzählungen enstanden mehrere Romane. *Das 7. Kreuz* erschien infolge der Kriegs- und Fluchtwirren erst 1942, wurde 1944 in den USA verfilmt.

Nach dem Einmarsch der deutschen Truppen flieht S. 1940 mit ihren Kindern nach Südfrankreich und gelangt auf Umwegen 1941 nach Mexiko. Dort beteiligt sie sich aktiv an der Arbeit der Zeitschrift *Freies Deutschland* und des Heine-Clubs. Im mexikanischen Exil schreibt S. die Erzählung »Der Ausflug der toten Mädchen« und den Roman *Transit* (1943), die einzigen Werke, in denen Autobiographisches z.T. unverhüllt zum Ausdruck kommt. Im Exil entstanden neben zahlreichen bedeutenden Erzählungen und Essays sechs Romane, zuletzt der Roman *Die Toten bleiben jung* (1949), der die Jahre 1918–1945 nachzeichnet und den sie nach ihrer Rückkehr in Deutschland 1947 endgültig fertigstellt. Sie läßt sich in Berlin (Ost) nieder und wird in Organisationen wie dem Kulturbund und dem Schriftstellerverband tätig, dessen Präsidentin sie 1952–78 ist. Von der Kälte und Härte der Lebensverhältnisse im Nachkriegsdeutschland, die ihre schlimmsten Erwartungen übertreffen, zeugen die ästhetisch meist sehr kargen Erzählungen, die diese Zeit thematisieren. Die weltgeschichtliche Dimension dieses mühseligen Beginnens macht S. in Erzählungen sinnfällig, die in Guadeloupe, Haiti und Jamaika spielen, wo im Gefolge der französischen Revolution von 1789 die Sklavenbefreiung – letztlich vergeblich – in Gang gesetzt wurde. Ihr Versuch, in breit angelegten Romanen die Entwicklung des alternativ gedachten deutschen Teilstaats östlich der Elbe in ihrer komplizierten nationalen und internationalen Verflechtung darzustellen, konzentriert sich auf die Jahre 1947–53. Nach *Die Entscheidung* (1959) und *Das Vertrauen* (1968) schreibt sie keinen Roman mehr, hört in den 60er Jahren auch auf, die DDR zum Schauplatz der Handlung von Erzählungen zu machen.

So wie S. sich schon im Exil gegen dogmatisch verengte Kunst- und Literaturauffassungen gewehrt hatte, so rebellierte sie auch im Spätwerk gegen einen verengenden Realismus und entwirft phantastische Begegnungen. In *Sonderbare Begegnungen* (1973) läßt sie E.T.A. Hoffmann, Gogol und Kafka zusammentreffen und über literarische Konzepte debattieren. Im Spätwerk treten weibliche Figuren stärker aus dem Schatten der männlichen heraus, so z.B. im Erzählungsband *Die Kraft der Schwachen* (1967). Dabei erscheinen diese nicht als emanzipierte weibliche

Gestalten, die – wie die Autorin selbst – ihren eigenen Lebensentwurf selbstbestimmt durchsetzen. Seit der frühen Erzählung »Die Ziegler« gestaltet S. immer wieder Frauenfiguren, die in allen erdenklichen Not- und Katastrophensituationen Überleben ermöglichen, dabei selbst abhängig, unsichtbar und unbedankt bleiben. Daraus ergibt sich der Eindruck, daß die realen Leistungen und Entbehrungen von Frauen in grobem Mißverhältnis stehen zu dem, was sie vom Leben, von der männlich dominierten Gesellschaft zurückbekommen. Das allerdings hat viel zu tun mit S.' realistischer Sicht auf die Lage der weiblichen Hälfte der Menschheit. Von schwerer Krankheit gezeichnet, schreibt sie den kleinen Zyklus *Drei Frauen aus Haiti* (1980), drei Geschichten, in denen es bei weltgeschichtlichen Drehpunkten stets auf Kosten von Frauen ging und geht. Von früh an hatte S. die ganze Welt zum Raum ihres Erzählens und den Zusammenhang menschlicher Existenz über Nationen- und Kulturengrenzen hinaus sinnfällig gemacht. In *Sagen von Unirdischen* (1973) werden Schönheit und Gefährdung unseres Heimatplaneten in suggestiven Bildern heraufbeschworen. S., eine der bedeutendsten deutschen Schriftstellerinnen im 20. Jh. wollte und konnte ihre Hoffnung auf die humanen positiven Möglichkeiten der Individuen und der Gattung nicht aufgeben.

Gesammelte Werke in Einzelausgaben. 14 Bde. Berlin und Weimar 1977–80; *Werke in zehn Bänden.* Darmstadt/Neuwied 1977; *Über Kunstwerk und Wirklichkeit.* Hg. S. Bock, Bd. I-III 1970/71, Bd. IV. Berlin 1979. – Lit.: *A. S. Materialienbuch.* Hg. P. Roos/F. Hassauer-Roos. Darmstadt/Neuwied 1977; *A. S.- Eine Biographie in Bildern.* Hg. F. Wagner u. a. Berlin/Weimar 1994; *Argonautenschiff. Jahrbuch der A.-S.-Gesellschaft.* Heft 1–6. Berlin/Mainz 1992–1997.

Eva Kaufmann

Sekulić, Isidora

Geb. 16. 2. 1877 in Moštorin, Provinz Vojvodina/Serbien; gest. 5. 4. 1958 in Belgrad

Die Batschka, Teil der Vielvölkerregion Vojvodina, ist S.s Hintergrund, von dem sie sich bewußt entfernt und dem sie zugleich immer wieder nachspürt. Schon mit 15 beginnt S. eine pädagogische Ausbildung in Budapest – Schwerpunkte Mathematik und Naturwissenschaften –, als 20jährige Lehrerin ist sie finanziell und familiär unabhängig, bleibt es ihr Leben lang. S. wird zu einer der bedeutendsten serbischen kulturschaffenden und -vermittelnden Persönlichkeiten ihrer Zeit.

S.s Erstlingswerk *Saputnici* (Reisegefährten) erscheint 1913, eine Zusammenstellung von 16 Novellen über die melancholische, existentiell verunsicherte Befindlichkeit des Menschen im beginnenden 20. Jh. – Die Vergänglichkeit wird eine Art Leitmotiv in S.s Prosa, wie Svetlana Velmar-Janković (geb. 1933) hervorhebt, die als Essayistin und Literaturkritikerin ein wenig in S.s Fußstapfen tritt. - S.s bewußte, expressionistische Abkehr von der geordneten Erzählweise des Realismus, ihr Experimentieren mit Wortspielereien und zum Teil bizarren Bildern, die subjektive Sicht des erzählenden weiblichen Ich sind neu in der modernen serbischen Prosa und werden von der herrschenden – männlichen – Literaturkritik als »individualistisch«, ostentativ weiblich und geradezu neurotisch empfunden. 1913 entstehen auf einer Nordlandreise – die Erfüllung eines Kindheitstraums – die *Pisma iz Norveške* (Briefe aus Norwegen). Sie gehen zwar zunächst in den Wirren des Ersten Weltkriegs unter, werden jedoch später zu einem Klassiker moderner Reiseberichte, erscheinen 1951 neu. Den Großteil des Krieges verbringt S., zeitweilig als Krankenschwester, in Belgrad.

In der Zwischenkriegszeit des neuentstandenen jugoslawischen Königreichs gelingt S., nun Gymnasiallehrerin in Belgrad, der Durchbruch als Erzählerin und v. a. Essayistin. Ihre intensive Beschäftigung mit allen Bereichen der europäischen Kultur und lange Aufenthalte in England, Frankreich und Deutschland, wo sie 1922 in Philosophie promoviert, tragen Früchte: literarische Portraits von St. Augustinus über Goethe und Puškin bis zu Rilke und Huxley, mehrere Übersetzungen, dazu zahlreiche literaturkritische Essays. In S.s Prosadichtung erfolgt nun eine starke Hinwendung zu ihrem eigenen Volk, dem kleinen individuellen und dem großen nationalen Schicksal. Typisch ist die Sammlung *Kronika palanačkog groblja,* 1940 (Chronik eines Kleinstadtfriedhofs): atmosphärisch suggestive Erzählungen, in denen S.s Sprache jedoch schlichter geworden ist, den Figuren nachempfunden, die häufig aus dem bäuerlichen Milieu der Vojvodina stammen. Dies gilt auch für S.s letzten, sechsteiligen Erzählband von 1948. Hier nimmt ihr Patriotismus für den westlichen Beobachter fast pathetische Züge an, ohne daß sie sich jedoch bei der nun herrschenden kommunistischen Ideologie anbiedert. Die *Zapisi o mome narodu* (Aufzeichnungen über mein Volk) verarbeiten die serbische Geschichte der Jahre 1912 bis 1945 – das Hauptanliegen der serbischen Nachkriegsliteratur.

S. ist nun auch offiziell anerkannt: Sie wird erste Vorsitzende des neugegründeten serbischen Schriftstellerverbandes, 1950 auch Mitglied der Serbischen Akademie der Wissenschaften und Künste. Die über 70jährige publiziert unermüdlich weiter, noch 1956 und 1957 erscheinen weitere kulturkritische Essaysammlungen – ein Jahr, bevor sie im Alter von 81 Jahren stirbt.

Sabrana Dela (Gesammelte Werke). 10 Bde. Hg. Ž. Stojković. Belgrad 1977.

Petra Rehder

Senior, Olive

Geb. 23. 12. 1943 in Jamaika

Die heute über die Landesgrenzen hinaus bekannte Senior geht, wie etwa auch die beiden jamaikanischen Autorinnen und Hochschullehrerinnen Erna Brodber (geb. 1937) und deren Schwester Velma Pollard (geb. 1937), einer hauptberuflichen Tätigkeit nach, um – angesichts der wenigen Verlage und kleinen potentiellen Leserschaft – den finanziellen Rückhalt für ihre künstlerische Arbeit zu sichern. Von Haus aus Journalistin, gibt S. u. a. eine wissenschaftliche Zeitschrift heraus und hat, neben anderem, eine Studie über Lebenswege schwarzer Jamaikanerinnen veröffentlicht. Ihre politisch engagierten Gedichte in *Talking of*

Trees (1985) und *Gardening in the Tropics* (1995) zeichnen sich durch genaue Beobachtung und eine dichte Bilderwelt aus. Sprachliche Disziplin, eine ausgefeilte, eindringliche Symbolik und das Nebeneinander von tragischen wie komischen Elementen charakterisieren S.s Kurzgeschichtensammlungen. In *Summer Lightning* (1986), wofür sie 1987 den Commonwealth Writers Prize erhielt, gestaltet S., sprachlich geschult an Louise ↗ Bennetts selbstbewußtem Umgang mit dem Kreolischen, in immer neuen Versionen den seit Jahrhunderten andauernden Kreolisierungsprozeß Jamaikas. Die Entstehung der neuen Kultur ist nach S. geprägt von zerstörerischen wie produktiven Widersprüchen zwischen Hautfarbe und sozialer Position, zwischen Armut und Reichtum, Machtlosigkeit und Macht, zwischen afro-karibischen und euro-amerikanischen Werten. Sie sieht diese Konflikte verkörpert in der Sprache, im Gegensatz zwischen gesprochenem und geschriebenem Wort, zwischen englischer Hochsprache und jamaikanischer Volkssprache. S. beschreibt den einzelnen Menschen, der in einer verwirrenden gesellschaftlichen Situation um persönliche und kulturelle Identität und Selbstbestätigung ringt. Selbst als eines von zehn Kindern bei Verwandten verschiedener Hautfarbe und sozialer Zugehörigkeit in einer abgeschiedenen Region Jamaikas aufgewachsen, reflektiert S. in ihren ersten Erzählungen eigene kindliche Enttäuschungen. Angesiedelt im bäuerlichen Milieu der 40er und 50er Jahre, dessen Alltagsleben, Sitten und Gebräuche S. einfühlsam wiedergibt, vermitteln die Geschichten sowohl die Kraft mündlich tradierter Volkskultur als auch die niederdrückende Geistfeindlichkeit engstirniger Religiosität, den Mißbrauch elterlicher und schulischer Autorität sowie die daraus resultierende Vereinsamung und Entfremdung des Kindes. Die beiden folgenden Erzählbände, *Arrival of the Snake Woman* (1989) und *Discerner of Truths and Other Stories* (1995), zeigen eine experimentierfreudige und vielseitige Autorin, die eine große Spannweite von Erzählperspektiven, Handlungsorten und -zeiten, Themen und Motiven souverän handhabt und besonders komplexe Frauenfiguren gestaltet. S. schreibt v.a. den Müttern eine kulturstiftende Funktion zu und versteht die fiktionale Akzeptanz einer karibischen Mutter als Parabel eines erfolgreichen Dekolonisierungsprozesses.

Lit.: Patteson, R.F.: »The Fiction of Olive Senior: Traditional Society and the Wider World.« In: *Ariel* 24 (1993), S. 13–33.

Jana Gohrisch

Serao, Matilde

Geb. 26. 2. 1856 in Patras/Griechenland; gest. 27. 7. 1927 in Neapel

S. beeindruckte ihre Zeitgenossen vor allem durch ihre große Produktivität. Ihr Werk umfaßt in 40 Bänden Romane, Novellen, Reportagen und Reiseberichte, von denen heute nur noch wenige Texte in aktuellen Ausgaben auf dem Buchmarkt präsent sind. Wegen ihrer Energie – sie arbeitete 15 Stunden täglich – verglich man sie mit der französischen Autorin George ↗ Sand. Ihre journalistische und schriftstellerische Arbeit sowie ihre temperamentvolle Vitalität verbanden sie sehr stark mit ihrer Heimatstadt Neapel, dem Schauplatz ihres wohl bekanntesten Romans *Il paese di cuccagna*, 1891 (*Das Schlaraffenland*, 1904). – S. wurde als Tochter einer gebildeten aristokratischen Griechin und eines Journalisten aus Neapel in Griechenland geboren und verbrachte den größten Teil ihres Lebens in Neapel. Nach dem Schulbesuch arbeitete sie zunächst als Telegraphistin und begann in dieser Zeit, Novellen und Artikel für Zeitungen zu schreiben. Sie machte sich schnell als »self-made woman« einen Namen und wurde 1882 Redakteurin der römischen Zeitschrift *Capitan Fracassa*, an der Gabriele D'Annunzio und ihr späterer Ehemann Edoardo Scarfoglio mitarbeiteten. Das Ehepaar gründete zwei Zeitungen und prägte die Entwicklung des Journalismus in Italien. Als ihr Mann sie aus der gemeinsamen Zeitung ausschloß, gründete S. 1904 *Il Giorno*. Trotz ihrer beruflichen Selbständigkeit äußerte sie sich in ihren öffentlichen Stellungnahmen eher antifeministisch. Sie sprach sich gegen das Wahlrecht für Frauen aus und hielt – trotz ihrer unglücklichen Ehe – die Werte der Familie hoch, verteidigte andererseits aber nachdrücklich das Recht der Frauen auf eine eigene Berufstätigkeit. Ihre politischen Positionen waren widersprüchlich und reichten von deutlicher Sozialkritik und Pazifismus bis zur Verehrung des Hochadels und der europäischen Monarchen. In den 20er Jahren agitierte sie zunächst journalistisch gegen Mussolini, was dazu führte, daß ein faschistischer Schlägertrupp die Redaktionsräume verwüstete. In den letzten Monaten ihres Lebens gab sie jedoch den Widerstand gegen Mussolini auf.

Der Höhepunkt ihrer literarischen Produktion lag in den 80er und 90er Jahren, nach 1904 widmete sie sich mehr ihrer Zeitung. Schon in ihren frühen Werken bemühte sie sich um die literarische Darstellung eines ihr bekannten Ambientes, z. B. beschrieb sie die Arbeit der Telegraphistinnen in »Telegrafi dello stato« (1885), enthalten in *Il romanzo della fanciulla*, 1886 (Der Roman des Mädchens). Durch ihre journalistische Arbeit bedingt, hatte sie die Möglichkeit, verschiedene Milieus kennenzulernen, sowie ein starkes Interesse an der Außenwelt und einen wachen Blick. In ihrem bekanntesten Roman *Il paese di cuccagna*, 1891 (*Das Schlaraffenland*, 1904) nimmt sie die Lotto-Leidenschaft der Neapolitaner aufs Korn. Der Aberglauben und die in allen Schichten verbreitete illusionäre Jagd nach dem schnellen Glück erscheinen hier als ein kollektives Übel. Seiner Spielleidenschaft opfert z. B. ein aristokratischer Vater das Glück und die Gesundheit seiner Tochter. S. übt dabei keine Sozialkritik in satirischer Absicht, sondern entfaltet eher Anteilnahme mit den Figuren. Ihre Beschreibungen erinnern in ihrer Detailpräzision an den Realismus Balzacs, die Thematik der Misere der Unterschichten verweist auf den Naturalismus und den Verismus.

Von der Literaturkritik wird sie hauptsächlich wegen ihrer Milieustudien rezipiert, doch darf man darüber nicht die zweite zentrale Komponente ihres Werkes übersehen, nämlich die oft melodramatische Beschreibung von Leidenschaften, z. B. in ihrem erfolgreichen Roman *Cuore infermo*, 1881 (Krankes Herz) und in *Fantasia*, 1883 (*Die Märtyrer der Phantasie*, 1886), *Addio, amore!*, 1890 (*Fahr' wohl, mein Lieb*, 1898) und *Castigo*, 1893 (Strafe). Wie andere Autorinnen von Populärromanen, z. B. Carolina Invernizio (1858–1916), verarbeitete sie Klischees, etwa das der »femme fatale«, doch gelang es ihr immer wieder, gleichzeitig auf eine authentischere, individuellere Weise weibliche Themen wie die Mutter-Tochter-Beziehung oder die Freundschaft zwischen Frauen zu gestalten. Interessant an ihrem Werk sind die

Brechungen zwischen Konservativismus und Sozialkritik, zwischen Stereotypen der Weiblichkeit und konkreter Anteilnahme an der Lage der Frauen, zwischen der Warnung vor den Gefahren der Libido und dem sozusagen subversiven Bewußtsein weiblicher Energie, die das Werk von S. durchziehen.

Opere (Werke). Hg. P. Pancrazi. Milano 1944. – Lit.: Banti, A.: *Matilde Serao.* Torino 1965; Buzzi, G.: *Invito alla lettura di M. S.* Milano 1981.

Susanne Kleinert

Sévigné, Madame de (geb. Marie de Rabutin-Chantal)

Geb. 5. 2. 1626 in Paris; gest. 17. 4. 1696 in Grignan/Frankreich

Marie de Rabutin-Chantal stammt mütterlicherseits aus dem kultivierten Finanzbürgertum, väterlicherseits aus einer verarmten Adelsfamilie. Ihre Großmutter Jeanne de Chantal begründete den Visitandinnen-Orden und verfaßte *Geistliche Briefe.* Früh verwaist, erhält Marie eine vorzügliche Erziehung und heiratet 1644 den bretonischen Adligen Henri de S., mit dem sie zwei Kinder hat: Françoise-Marguerite, geb. 1646, und Charles, geb. 1648. Henri stirbt 1651 im Duell um eine Geliebte. Mme de S. lehnt eine Wiederverheiratung ab und lebt abwechselnd in Paris und der Provinz. Sie besucht die preziösen Salons; zu ihrem Freundeskreis gehören Mme de ↗ Lafayette und La Rochefoucauld, der Financier Foucquet, der Kardinal Retz und der Minister Pomponne sowie Madeleine de ↗ Scudéry und Mme de Maintenon. 1669 heiratet Françoise-Marguerite den Herzog François de Grignan und folgt diesem in die Provence. S. korrespondierte zwar bereits seit 1648 mit Freunden und Verwandten, aber erst die Trennung von der Tochter löst jene Flut von Episteln aus, die heute zum klassischen Bestand der europäischen Literatur gehören. Mutter und Tochter schreiben sich von 1669 bis zum Tod der S. mehrmals pro Woche. Da Françoise-Marguerites Briefe später vernichtet wurden, ist diese als stummer, zuweilen revoltierender Schatten im Spiegel der mütterlichen Korrespondenz gegenwärtig. S. berichtet über Ereignisse am Hof Ludwigs XIV., über Skandale und Sensationen, Lektüren und Theateraufführungen, neue Moden und Frisuren, über Einstellungen zu Krankheit, Alter und Tod, über die Zwänge der höfischen Gesellschaft, über das eigene Befinden sowie das der Freunde und Verwandten. S. verschriftlicht die pointiert-geistreiche Konversation der Salons und entwickelt eine sprachspielerische, von zahlreichen Intertextualitätsbezügen durchsetzte Prosa. Die S.-Briefe, die Voltaire als Quelle für sein Geschichtswerk *Das Jahrhundert Ludwigs XIV.* (1751) dienten, sind Fragmente einer Kulturgeschichte des 17. Jh.s, hierin den *Memoiren* Saint-Simons vergleichbar.

S. ist eine unfreiwillige Klassikerin, zugleich eine »verbrannte Dichterin«. Als Aristokratin hatte sie nie an eine Veröffentlichung gedacht, wußte allerdings, daß einige ihrer Briefe in den Salons verlesen und abgeschrieben wurden. Nach Françoise-Marguerites Tod erbt die Enkelin deren Briefe, die ab 1725 in Raubdrucken zirkulieren. Sie verfügt deshalb die Vernichtung der Briefe, aber nicht ohne zuvor eine Ausgabe in Auftrag zu geben. Um 1750 werden die Originale verbrannt. Heute sind von den rund 1.300 S.-Briefen nur wenige Autographe erhalten. 1761 übersetzt Katherine Helene Dörrien die S.-Briefe ins Deutsche (*Schöne Gedanken, curiöse Nachrichten, und artige Erzählungen aus den Briefen der Marquisin von S. an ihre Tochter*). In Frankreich entwickelt sich S. rasch zur Klassikerin, allerdings auch um den Preis einer Verbiederung und Banalisierung. Erst Proust, dessen *Recherche* S. viel verdankt, setzt dieser »Allerwelts-S.« seine S. entgegen, deren Modernität er über ihre Nähe zu Dostoevskij und zur impressionistischen Malerei definiert. Virginia ↗ Woolf analysiert S.s Mutterliebe als »verworrene, morbide Leidenschaft« und huldigt der »robusten und fruchtbaren Briefschreiberin« in einem einfühlsamen Porträt (»Der Tod des Falters«).

Correspondance. 3 Bde. Hg. R. Duchêne. Paris 1972–1978; *Briefe*. Hg. u. übers. v. Th. von der Mühll. Frankfurt/M. 1966. – Lit.: Allentuch, H.R.: *Mme de S.: A Portrait in Letters*. Westport 1963; Nies, F.: *Gattungspoetik und Publikumsstruktur. Zur Geschichte der S.-Briefe*. München 1972; Duchêne, R.: *Mme de S. ou la chance d'être femme*. Paris 1982; Farrell, M.L.: *Performing Motherhood. The S. Correspondence*. Hanover/London 1991.

Margarete Zimmermann

Sexton, Anne

Geb. 9. 11. 1928 in Newton, Mass.; gest. 4. 10. 1974 in Weston, Mass.

»Once I was beautiful. Now I am myself« – diese Zeile aus »You, Dr. Martin« aus dem erstem Gedichtband *To Bedlam and Part Way Back* (1960) beschreibt exemplarisch die Verwandlung des Subjekts der Gedichte und das Spannungsfeld, in das sich Anne Sexton in den 17 Jahren ihres kreativen Schaffens begibt. Sie oszilliert zwischen einer nur scheinbar unbeschwerten Vergangenheit und der Bestimmung bzw. Bewältigung eines offensichtlich versehrten, jedoch als authentisch begriffenen Gegenwartszustandes. In ihrem Leben und Werk sind individuelle und gesellschaftliche Krisen in den USA der konformistischen 50er und aufbrechenden 60er Jahre miteinander verschränkt. Mit ihren zehn Gedichtbänden, die von 1960 bis 1978 publiziert und meist als *confessional poetry* rezipiert wurden, ist S. neben Sylvia ↗ Plath (1932–1963) eine der sprachgewaltigsten amerikanischen Lyrikerinnen ihrer Zeit.

Aufgewachsen in einer wohlhabenden Familie in Neuengland, heiratete sie bald nach dem Collegebesuch. Durch den Umzug in einen Bostoner Vorort, die Geburt zweier Töchter und die berufsbedingte Abwesenheit ihres Mannes war S. fast allein für die Betreuung der Kleinkinder verantwortlich und mit dem Hausfrauenalltag konfrontiert. Ihr Aufbegehren gegen die zugewiesene Geschlechterrolle gipfelte im Selbstmordversuch, den sie mit 28 Jahren unternahm. Eine Zeit intensiver psychiatrischer Betreuung begann, und S. versuchte, sich auf Anraten ihres Arztes zunächst mit ihrem ›Wahnsinn‹, seinen Ursachen und Erscheinungsformen in poetischer

Form auseinanderzusetzen. Gleichzeitig besuchte sie, gemeinsam mit Sylvia ↗ Plath und Maxine Kumin (geb. 1925), Lyrikseminare an der Boston University sowie Workshops bei Robert Lowell (1917–1977) und W.D. Snodgrass (geb.1926), in denen ihre formbewußten Texte erste produktive Kritik erfuhren. Der daraus entstandene erste Gedichtband wirkte wegen seines tabulosen Umgangs mit psychischer Instabilität und seiner bizarren Bildersprache schockierend. Jedoch begann S. bereits hier, eine eigene Stimme zu finden für ihre assoziationsreiche, autobiographische und fiktive Elemente vereinende Dichtung. Für S. wird ihre Lyrik, die sie fortan zunehmend in freien Versen abfaßt, zum Medium der generellen Erkundung des Seins. Sie analysiert und reflektiert z.B. über die Generation ihrer Eltern, die Verantwortung gegenüber sich selbst und den eigenen Kindern, über das Erleben des eigenen Körpers und seine sexuellen Bedürfnisse. Die Gedichtbände *All My Pretty Ones* (1962), *Live or Die* (1966) – hierfür erhielt S. den Pulitzer-Preis – und *Love Poems* (1969) legen Zeugnis von dieser Phase des Ringens um Selbstbestimmung durch Selbsterkundung ab.

In *Transformations* (1971) experimentiert S. in Prosagedichten mit den Märchen der Gebrüder Grimm, die sie einer Prüfung ihres kulturellen Wahrheitsgehaltes unterzieht. Bemerkenswert sind hier die Behandlung tradierter Geschlechterrollen und der schillernde Humor, der allerdings in S.s Werk die Ausnahme bleibt. In der abschließenden Schaffensphase kreisen S.s Gedichte meditierend um die Existenz Gottes und den Tod, wobei ihre Beschäftigung mit dem Tod obsessive Züge trägt. S. setzt das lyrische Ich ihrer Gedichte in Beziehung zu diesen ewigen Autoritäten des Lebens und sucht sie spielerisch zu entmachten – in einer Pokerpartie mit Gott (*The Awful Rowing Toward God*, 1975) und im Suizid, den sie in ihrer Lyrik wiederholt thematisiert und den sie nach mehrfach fehlgeschlagenen Versuchen letzlich selbst begeht.

The Complete Poems. Hg. L.G. Sexton. Boston 1981; *Liebesgedichte. Verwandlungen. Gedichte von A. S.* Frankfurt/M. 1995; *All meine Lieben. Lebe oder Stirb. Gedichte von A.S.* Frankfurt/M. 1996. – Lit.: McClatchy, D. (Hg.): *A. S. The Artist and Her Critics*. Bloomington, Ind. 1978; George, D.H.: *Oedipus-Anne: The Poetry of A.S.* Urbana, Ill. 1987; Bixler, F. (Hg.): *Original Essays on the Poetry of A. S.* Conway, Ark. 1988; Wagner, L.M. (Hg.): *Critical Essays on A.S.* Boston 1989; Middlebrook, D. W.: *A. S. A Biography*. Boston 1991.

Petra Kienitz

Shelley, Mary Wollstonecraft

Geb. 30. 8. 1797 in London; gest. 1. 2. 1851 in London

Anders als viele Frauen ihrer Zeit wuchs Mary Shelley, deren Roman *Frankenstein* (1818/31, dt. 1912) zu den bekanntesten Texten der englischen Romantik zählt, in einer Umgebung auf, in der Schreiben und Veröffentlichen auch für Frauen als normal galten. Ihre Mutter, Mary Wollstonecraft (1759–1797), die Verfasserin von *A Vindication of the Rights of Women* (1792), und ihr Vater William Godwin (1756–1836), bekannt für *Political Justice* (1793), waren beide für die Rechte des Individuums eingetreten und hatten an Institutionen wie Staat und Familie Kritik geübt. So hatte S. von Kindheit an das radikale Gedankengut der Französischen Revolution rezipiert. Sehr zum Entsetzen ihres Vaters setzte sie durch ihre Flucht und ihr Zusammenleben mit dem damals noch verheirateten Percy Shelley Godwins sozialrevolutionäre Ideen in die Tat um. Die Jahre bis zu seinem Tod verbrachte das Paar größtenteils auf dem Kontinent, häufig zusammen mit literarischen Freunden, als eine Art reisender Salon.

Frankenstein ist zu lesen als Auseinandersetzung mit der ›männlichen‹ Romantik, in der Frauen jegliche kreative Rolle abgesprochen wird. Das namenlose Monster, das nur Vater, nicht aber Mutter besitzt, ist eng mit seinem Schöpfer, Viktor Frankenstein, verknüpft. Das Monster, das erst durch den Kontakt zur Zivilisation bösartig wird, verkörpert den leidenden Menschen, der von einem verantwortungslosen Schöpfergott abgelehnt wird. Auch kritisiert S. die männliche Naturwissenschaft, die Emotion und Intellekt trennt. Letztlich sind sich Frankenstein und sein Produkt gar nicht so unähnlich, und die gegenseitigen Verfolgungsjagden vereinen schließlich auch wieder ihre unterschiedlichen Aspekte. *Frankenstein* ist schnell ein Erfolg geworden und zählt zu den großen Mythen des 19. und 20. Jh.s. Über 100 filmische Adaptionen zeugen von der Faszination, die der Stoff auch heute noch ausübt.

In der Tradition des Schauerromans steht auch *The Last Man*, 1826 (*Verney, der letzte Mensch*, 1982), in dem der Zerfall der menschlichen Gesellschaft beschrieben wird. In diesem kurz nach Percy Shelleys Tod geschriebenen Roman vollzieht S. nochmal Konflikte und Unglücksfälle ihrer eigenen Biographie nach. Auch hier erteilt sie wieder der männlichen Romantik eine Absage – eine Transzendenz durch Verschmelzung mit der Natur erscheint ihr nicht möglich. Eine Abkehr von romantischen Ideen erfolgt in den beiden Romanen *Valperga* (1823) und *Perkin Warbeck* (1830), in denen sie sich mit historischen Stoffen befaßt. Die Vermeidung kontroverser Themen und S.s zunehmend seriöse Lebensführung resultierten aus der Notwendigkeit, sich ihrem Sohn zuliebe den Wünschen der Familie ihres Mannes anzupassen. In ihren letzten beiden Romanen *Lodore* (1831) und *Falkner* (1837) stellt S. die Familie in den Mittelpunkt. Hier – wie auch anderswo – präsentiert sie Frauenfiguren, die fast ausschließlich durch ihre Beziehungen zu Männern definiert sind. Sie zeigt zwar die dadurch entstehenden Konflikte auf, findet aber keine befreiende Lösung und beläßt ihre Protagonistinnen in ihren geradezu inzestuösen Vaterbeziehungen oder macht sie zu fürsorglichen Gattinnen und Müttern.

Daneben verfaßte S. Reisebeschreibungen und diverse Artikel. Hervorzuheben sind auch ihre Ausgaben von Percy Shelleys Gedichten (1823 u. 1839). Leider kann man sie nicht davon freisprechen, im Zuge der allgemeinen ›Viktorianisierung‹ zur Verklärung ihres Gatten beigetragen zu haben, der so von einem radikalen zu einem lyrischen Dichter stilisiert wurde. S., deren lesenswertes Gesamtwerk erst in den letzten Jahrzehnten wieder entdeckt wurde, starb 1851. Trotz Anpassung an restriktivere Normen und Werte wurde sie in den fast 30 Jahren nach Percy Shelleys Tod nie das Gefühl los, die letzte übriggebliebene Vertreterin einer Gruppe zu sein – ein Lebensgefühl, dem sie im *Last Man* Ausdruck verleiht: »Um die Strände der verlassenen Erde herum, während die Sonne hoch am Himmel steht, und der Mond zunimmt oder abnimmt, erblicken Engel, die Geister der Toten, und das immer offene Auge des Höchsten Wesens die kleine Barke, die mit Verney beladen ist – dem LETZTEN MENSCHEN.«

The Novels and Selected Works of M. S. 8 Bde. Hg. N. Crook. London 1996. – Lit.: Mellor, A. K.: *M. S. Her Life, Her Fiction, Her Monsters.* New York 1988; Sunstein, E. W.: *M. S. Romance and Reality.* Baltimore 1989; Fisch, A. A./Mellor, A. K./Schor, E. H. (Hgg.): *The Other M. S. Beyond Frankenstein.* New York 1993.

Susanne Schmid

Silko, Leslie Marmon

Geb. 5. 3. 1948 in Albuquerque/New Mexico

Silko, deren Vorfahren aus Laguna Pueblo, Mexiko und Anglo-Amerika stammen, ist neben N. Scott Momaday und James Welch die bekannteste Vertreterin der *Native American Renaissance.* Der Begriff umschreibt die wiederauflebende Wahrnehmung und zunehmende Anerkennung der indianisch-amerikanischen Literatur in der literarischen Öffentlichkeit der USA seit den 70er Jahren unseres Jahrhunderts, aber auch das zunehmende politische, kulturelle und historische Selbstbewußtsein einer äußerst heterogenen Minorität, die erfolgreich einer gezielten Vernichtungs- und Assimilationspolitik widerstanden hat und nun antritt, die eurozentrischen Konstruktionen des ›Indianers‹ als *noble* oder *ignoble savage* und als *vanishing race* durch eigene Erzählungen der wechselvollen Geschichte des Kulturkontakts auf dem amerikanischen Kontinent zu ersetzen. S. hat dazu als Schriftstellerin, Literaturprofessorin und Kritikerin einen wesentlichen Beitrag geleistet und neben Autorinnen wie Paula Gunn Allen, Louise ↗ Erdrich, Joy Harjo, Linda Hogan oder Wendy Rose den Weg für die nachfolgende Generation geebnet. Sie stützt sich dabei auf eine jahrhundertealte, im Mythologischen wurzelnde Tradition der mündlichen Überlieferung historischer Erfahrungen (*oral tradition*), aber auch auf europäische Formen schriftlicher Literatur (Autobiographie, Gedicht,

Essay, Roman) und auf moderne Erzähltechniken, wie sie bei Flannery O'Connor oder William Faulkner zu finden sind.

S., die heute als freie Schriftstellerin in Tucson, Arizona lebt, ist in Laguna Pueblo aufgewachsen, wo sie durch ihre Urgroßmutter, Großmutter und Großtante mit den Mythen und Legenden ihres Volkes vertraut gemacht wurde. In der Pueblo-Kultur gilt der Mythos als multifunktional: er speichert die Gesamtheit des historischen, naturwissenschaftlichen, religiösen, topographischen Wissens, das durch erinnernde Erzählung überliefert wird; und durch den Akt des Erzählens stiftet er Identität. Diese Bildung wird durch ein Studium der englischen Sprache und Literatur an der University of New Mexico ergänzt. Das danach begonnene Jurastudium bricht sie nach drei Semestern ab, um sich ganz ihrer literarischen Arbeit widmen zu können. Ihr poetologisches Credo konvergiert in der Überzeugung, daß Sprache, Landschaft und kulturelle wie individuelle Identität einander existentiell bedingen. In ihren Kurzgeschichten, Gedichten und Romanen verwischt S. immer wieder die Grenzen zwischen profaner, zeitgenössischer Alltagserfahrung und den in mythischen Erzählungen und Erfahrungen wurzelnden Erkenntnisprozessen ihrer literarischen Figuren.

Ganz besonders deutlich wird dies in ihrem ersten Roman *Ceremony,* 1977 (*Indianische Beschwörung*, 1981), der – wie es der Schriftsteller und Kritiker Louis Owens formuliert – seinen Leser/innen »eine neue epistemologische Orientierung« ermöglicht. Das Buch, das erzähltechnisch die westliche Form des Entwicklungsromans mit den mündlich überlieferten Schöpfungs- und Heldenmythen der Navajo- und Laguna-Kulturen verknüpft, erzählt die Geschichte eines jungen Kriegsveteranen, der wie S. *mixedblood*-Indianer ist. Der Roman stellt einen Zusammenhang her zwischen der Zerstörung der ›inneren Landschaft‹ des zwischen den Kulturen lebenden Menschen und der ›äußeren Landschaft‹ der ihn umgebenden soziokulturellen und ökologischen Systeme. Erzählen wird zu einem wichtigen Instrument, das gefährlich ins Wanken geratene Gleichgewicht zwischen Mensch, Natur und Kultur wiederherzustellen, Verantwortung für die Schöpfung zu übernehmen und dadurch psychisch und physisch zu genesen. Am Ende des Romans steht kulturelle Hybridität als Symbol einer neuen Vitalität, die die soziale Kohäsion der Gemeinschaft ermöglicht. Paula Gunn Allen liest *Ceremony* als die moderne Variante der alten Geschichte über eine aus dem Gleichgewicht geratene Welt, in der die weibliche Lebensmacht des Universums, repräsentiert durch die mythische Schöpfungsfigur Thought-Woman, im Kampf liegt mit dem mechanistischen Todestrieb böser Zaubermächte.

Behandelt *Ceremony* den Konflikt zwischen indianischer und euroamerikanischer Kultur noch als individuellen Identitätskonflikt, so verzichtet S. in *Almanac of the Dead,* 1991 (*Almanach der Toten*, 1994) auf diese Genrekonvention und erschafft ein ethnisch, sozial und politisch breitgefächertes Figurenensemble, das in mehreren lose miteinander verknüpften Handlungssträngen agiert. Der Roman, an dem S. ca. zehn Jahre gearbeitet hat, ist ein politisch brisanter Kommentar über die Geschichte der Kolonisierung indigener Kulturen, über Drogenhandel, Korruption, Obdachlosigkeit, Umweltzerstörung, Organhandel, New-Age-Esoterik, und die Geschichte der kommunistischen Bewegung in Lateinamerika. Den Kern des

Buches, dessen Titel auf das *Popul Vuh* der Mayas anspielt, bildet die Prophezeihung, daß eines Tages alles Europäische aus Amerika verschwinden wird. Anzeichen dafür sieht S. bereits in der von sozialen, kulturellen und politischen Spannungen geprägten Gegenwart.

Neben den beiden Romanen hat S. den Gedichtband *Laguna Woman* (1974), die autobiographisch angelegten Sammelbände *Storyteller* (1981) und *Sacred Spirit* (1993), sowie den Briefwechsel mit dem Dichter James Wright veröffentlicht, der 1986 unter dem Titel *The Delicacy and Strength of Lace* erschienen ist. Der Essayband *Yellow Woman and the Beauty of the Spirit* (1996) enthält neben poetologischen und autobiographischen Notizen Aufsätze über Fotografie, Einwanderungspolitk und repressive Polizeipraktiken.

Lit.: Allen, P. Gunn: *The Sacred Hoop: Recovering the Feminine in American Indian Traditions*. Boston 1986; Georgi-Findlay, B.: »Indianische Literatur«. In: Zapf, H. (Hg.): *Amerikanische Literaturgeschichte*. Stuttgart/Weimar 1997, S. 376–402; Hochbruck, W.: *›I Have Spoken‹: Die Darstellung und ideologische Funktion indianischer Mündlichkeit in der nordamerikanischen Literatur*. Tübingen 1991; Owens, L.: *Other Destinies: Understanding the American Indian Novel*. Norman/ London 1992; Mullen Sands, K. (Hg.): »L. M. S.'s Ceremony«. Special Issue of *American Indian Quarterly American Indian Quarterly* 5,1 (1979).

Catrin Gersdorf

Sinowjewa-Hannibal ↗ Zinov'eva-Annibal

Sjöwall, Maj

Geb. 25. 9. 1935 in Stockholm

S. gehört zu den wenigen schreibenden Frauen Schwedens, deren Werk internationale Beachtung gefunden hat. Zusammen mit ihrem Mann Per Wahlöö (1926–1975) verfaßte sie in den Jahren 1965–1975 die bekannte zehnbändige Kriminalserie über Polizeikommissar Beck und sein Team, die als Roman über ein Verbrechen Auflagen in Millionenhöhe erzielte und in über 30 Sprachen übersetzt wurde. Größte Erfolge konnte S. in der ehemaligen Sowjetunion wie in den USA verzeichnen, und auch in Deutschland wurde sie seit der Übersetzung des ersten Bandes *Roseanna*, 1965 (*Die Tote im Götakanal*, 1968) mit leichter Verspätung, aber regelmäßig rezipiert. Weitere Titel sind *Mannen som gick upp i rök*, 1966 (*Der Mann, der sich in Luft auflöste*, 1969), *Mannen på balkongen*, 1967 (*Der Mann auf dem Balkon*, 1970) und *Terroristerna*, 1975 (*Die Terroristen*, 1976), um nur einige zu nennen.

Durch die gezielte Überschreitung eng gefaßter Gattungsgrenzen gelang es dem Autorenduo, ein intellektuell weit gefächertes Publikum zu erreichen. Indem sie verschiedene Erzählkonventionen mischten und die ursprüngliche Dominanz der

Intrige zugunsten aktueller gesellschaftlicher Probleme relativierten, schufen sie einen anspruchsvollen Polizeiroman, der die psychologisch einfühlsame Personencharakterisierung mit einer sorgfältigen Milieuschilderung verband und trotzdem unterhaltsam war.

Die Publikation der Serie begann in der Mitte der 60er Jahre, einer Periode geschärften politischen Bewußtseins, in der die skandinavischen Länder von einer heftigen Linksbewegung erfaßt wurden. Auch Sjöwall & Wahlöö gehörten einem radikalen marxistischen Lager an. Für sie bedeutete der Griff nach dem massenwirksamen Genre nicht in erster Linie die Realisierung eines literarischen Projekts. Sie wollten vielmehr die Chancen nutzen, die ihnen der Kriminalroman bot, um eine breit angelegte, politisch aufklärerische Kampagne zu starten. Ein minutiös ausgefeilter Arbeitsplan, enthielt die Strategie der allmählich fortschreitenden Politisierung der Texte im Laufe von zehn Jahren. Die Serie beabsichtigte, einen Querschnitt durch die ganze Gesellschaft zu legen, um zu zeigen, daß die zunehmende Kriminalität in Schweden ein Ergebnis der unangemessenen Gesellschaftsordnung war. Während die ersten, in der Kritik zurückhaltenden Bände die Funktion hatten, eine genügend große und treue Leserschaft zu rekrutieren, sollte danach die Maske fallen und der Wohlfahrtsstaat offen angegriffen werden. Denn das Verbrechen, auf das der gleichbleibende Untertitel »Roman über ein Verbrechen« hinwies, war in den Augen Sjöwall & Wahlöös' der Treuebruch des Sozialstaates gegenüber dem Individuum, über das die Machtmaschinerie der Behörden, die Willkür der neuerdings verstaatlichten und militarisierten Polizei und die Unmoral des Kapitals nach über 30 Jahren sozialdemokratischer Herrschaft einfach hinwegrollte. Obwohl die zunehmende Agitation ein Absinken der literarischen Qualität am Ende der Romanreihe bewirkte, stellt das Werk einen Höhepunkt innerhalb der Entwicklung des schwedischen Kriminalromans dar, dessen Wert nicht zuletzt in seiner dokumentarisch genauen Wirklichkeitsschilderung liegt. Hierdurch wird die Serie zur zuverlässigsten Zeitchronik der Jahre zwischen 1965 und 1975.

Lit.: Henriksen, M./Sørensen, J. S.: »Ideologi og genre. Om M. S. og Per Wahlöös kriminalromaner.« In: *Kritik* 10 (1976), S. 37–40/S. 109–139; Butt, W.: »Der Wohlfahrtsstaat und seine Mörder. Zum Roman über ein Verbrechen von M. S. und Per Wahlöö.« In: Brennecke. D. (Hg.): *Aspekte der skandinavischen Gegenwartsliteratur.* Heidelberg 1978.

Ortrun Rehm

Skram, Bertha Amalie

Geb. 22. 8. 1846 in Bergen/Norwegen; gest. 15. 3. 1905 in Kopenhagen/Dänemark

»Gott segne Frau Skram. In dieser Zeit, da die Männer so weich sind, schreibt sie wie ein Mann schreiben sollte«, erklärt der dänische Politiker und Literat Edvard Brandes (1847–1931) als er das letzte Buch von S.s naturalistischen Familienroman *Hellemyrsfolket*, 1887–98 (*Die Leute vom Felsenmoor,* 1898) rezensierte. Ein »männliches Talent« nannte der Dichter Herman Bang schon 1888 die Verfasserin: ihr Buch sei »das Meisterwerk eines Mannes, und geschrieben von einer Frau«. Bangs und Brandes' Besprechungen wiederholten eine populäre Charakteristik verschiedener europäischer Autorinnen. Im Falle S. hatten Bang und Brandes sich über den sozialkritischen Realismus und den nüchternen Darstellungsstil des Romans gefreut, deshalb S.s »Männlichkeit« gerühmt. Die Dichotomie männlich-weiblich der S.-Besprechungen zeigt eine Parallele zur Frage über S.s nationale Identität. Als Norwegerin, die in Dänemark lebte, bezeichnete S. sich als dänische Autorin. Aber die Handlung ihrer Bücher spielt in Norwegen, und ihre Sprache war immer von ihrer Nationalität geprägt. Die dänischen Literaturkritiker, die diese Frage oft aufwarfen, meinten, daß S. der norwegischen Literatur angehöre. Konservative Kräfte in Norwegen und innerhalb der Frauenbewegung lehnten ihre naturalistischen Bücher ab, da sie deren Familienideale leugneten.

S.s Position in der kulturellen Landschaft Skandinaviens war zweideutig. Da sie eine sehr schöne und begabte Frau war, war sie nach der Scheidung von ihrem ersten Mann mit verschiedenen Männern des sog. ›Modernen Durchbruchs‹ befreundet, u.a. mit dem norwegischen Dichter Bjørnstjerne Bjørnson (1832–1910). Durch ihre zweite Ehe mit dem dänischen Verfasser Erik Skram (1847–1923) gehörte sie zu der tonangebenden, radikalen Kulturelite Kopenhagens. Andererseits war sie als Frau und Schriftstellerin marginalisiert, da selbst ihre Literaten-Freunde die ersten Romane stark kritisierten. Wie die Frauenbewegung mochten sie S.s kühne Darstellung koketter Frauen und untreuer Ehemänner nicht. Das zentrale Thema in S.s naturalistischen Eheromanen, *Constance Ring* (1885), *Lucie* (1888), *Fru Ines* (1891) und *Forraadt*, 1892 (Verraten), ist die tödliche Beziehung zwischen Mann und Frau. Ihre Frauenfiguren sind oft frigide, oder ihre Sexualität wird pervertiert. Nur eine Frau, Lucie, kennt eine gesunde, spontane Lust. Sie aber ist eine frühere Prostituierte, die einen Rechtsanwalt geheiratet hat. Er kann die Vergangenheit seiner Frau nicht vergessen und dämonisiert so ihre Sexualität. Der soziale Konflikt der *Lucie* ist in *Hellemyrsfolket* fortgeführt. Da die Handlungen der Eheromane in bürgerlichen Kreisen spielen, ist *Hellemyrsfolket* eine pessimistische Saga gemeiner und armer Leute. S.s Absicht ist es, die »unterirdische Anatomie«, die alle Schicksale der Romanfiguren determiniert, zu ergründen.

S. litt häufig unter Depressionen. Zweimal wurde sie in die psychiatrische Klinik eingeliefert. Nach ihrer letzten Einweisung publizierte sie zwei autobiographische Romane, *Professor Hieronimus* und *På St Jørgen*, 1895 (In Sct. Jørgen). Es ist ein

Paradox, daß diese Tendenzromane über die Konfrontation einer weiblichen Künstlerin mit der modernen, patriarchalischen Psychiatrie, die optimistischsten aller Werke S.s sind. – S., die sich 1905 das Leben nimmt, gehört zu den Vertreterinnen des ›Modernen Durchbruchs‹ in Skandinavien.

Samlede verker (Gesammelte Werke). 6 Bde. Oslo 1976. – Lit.: Garton, J.: *Norwegian women's writing 1850–1990*. London 1996.

Torill Steinfeld

Slančíková, Božena (Ps. Timrava)

Geb. 2. 10. 1867 in Polichno; gest. 27. 11. 1951 in Lučenec/Slowakei

Die realistisch ausgerichtete slowakische Literatur vor und auch nach der Revolution von 1848 sollte vor allem dem übergeordneten Ziel der nationalen Erneuerung dienen; der nationale Geist herrschte vor und die Literatur propagierte idealisierte Vorstellungen von einem guten, unverdorbenen Volk. Mit der Jahrhundertwende treten Schriftsteller an die Öffentlichkeit, die zwar der ›Sache der Nation‹ nicht gleichgültig gegenüberstehen, doch sie leiten mit ihrem Interesse an den kleinen Dingen des Lebens eine neue ideelle und ästhetische Phase der slowakischen Literatur ein. – Eine besonders ausdrucksvolle Vertreterin dieses kritischen slowakischen Realismus ist die unter dem Pseudonym Timrava schreibende S., Tochter eines evangelischen Pastors. In ihren ca. 25 Novellen und Erzählungen beschreibt sie originell und mit einem unbestechlichen Blick für menschliche Schwäche das Dorfleben mit seinen sozialen Problemen oftmals mit bitterer Ironie. Am Anfang ihrer literarischen Laufbahn, gleich in ihrer ersten Erzählung »Za koho ísť? Z denníka dievčat'a«, 1893 (Wen Heiraten? Aus dem Tagebuch eines jungen Mädchens) behandelt sie vorrangig den Widerspruch zwischen Traum und Wirklichkeit.

Häufig zitiert wurde eine Stelle aus der Erzählung »Pomocník«, 1896 (Der Hilfslehrer), in der die Heldin »einen Mann mit rabenschwarzem Haar, dunklen Augen und einem bezwingenden Geist« erwartet und statt dessen einen unscheinbaren, pockennarbigen antrifft. T. unterzieht die Rolle der Frau einer scharfen Analyse. Frauen, die in einem viel zu engen Umfeld auf dem Lande und in der Provinz leben und die fesselnden Konventionen des sozialen Lebens nicht aufheben können, beschreibt sie, z. B. in der Erzählung »Skúsenosť'«, 1902 (Erfahrung). Sie gibt eigene Erfahrungen wieder, die sie während einiger Monate als bezahlte Gesellschafterin einer reichen Witwe in der Kleinstadt gemacht hat. Die Autorin enthüllt die »Prosa des Lebens«, die im krassen Gegensatz zu den romantischen Vorstellungen ihrer Heldinnen über die Liebe steht, z. B. in der Erzählung »Ve'lké šťastie«, 1906 (Das große Glück), einer polemischen Auseinandersetzung mit den sehr beliebten deutschen, französischen und ungarischen Trivialromanen. Im Unterschied zu ihrer Zeitgenossin, der Schriftstellerin Elena Maróthy-Šoltésová (1855–1939), bei der das Erträumte über das Tatsächliche siegt, entledigt S. ihre Figuren der nationalen Ideologie und zeichnet ein scharfes und ironisch desillusioniertes Bild des damaligen bornierten Dorflebens z. B. in der Novelle »Ťapákovci«,

1914 (Die Ťapáks), die zu »faul sind, zu sprechen und zu denken ... schläfrigen Geistes, mit Buttermilch in den Adern und an allem Alten hängen«. In der gesellschaftskritischen Novelle »Hrdinovia«, 1918 (Helden) nimmt sie die Reaktion eines Dorfes auf den Ersten Weltkrieg ironisch unter die Lupe. Die Erzählung »Skon Pal'a Ročku«, 1921 (Palo Ročkos Sterben) behandelt das Thema des Todes auch als Kampf mit dem eigenen Gewissen, S. stellt hier soziale Probleme wie Trunksucht, Armut und deren bittere Konsequenzen dar.

T. lebte in ländlicher Abgeschiedenheit und war wegen ihrer oftmals beißenden Ironie, mit der sie auch ihre Nachbarn karikierte, nicht gerade beliebt. Sie war Autodidaktin und brachte sich ihre literarische Bildung selbst bei. 1937 erinnert sie sich ihrer schriftstellerischer Anfänge: »... diese Naturbeschreibungen, alle diese Umwege und Auswege, diese langatmigen Sentimentalitäten – ich sehnte mich danach, so kurz und bündig das auszudrücken, was die Leute so an sich haben.« T.s künstlerische Methode ist auch Resultat ihrer kritischen Einstellung zur pseudoromantischen und sentimentalen literarischen Tradition. Sie wollte bewußt anders und wahrhaftig schreiben und den eigentlichen Gegenstand der Literatur, das Innere des Menschen, darstellen, so wie es sich auf seinem Gesicht und in seinen Gesten zeigt. Mit T. endet auch der slowakische Realismus dieser Prägung. Slowakische Ausgaben ihrer Werke erschienen 1921 (in 12 Bänden) und 1955–59 (in sieben Bänden).

Alma Münzová

Smith, Stevie (eigentl. Florence Margaret)

Geb. 20. 9. 1902 in Hull/Großbritannien; gest. 7. 3. 1971 in Ashburton/Großbritannien

Als sie einmal um biographische Details gebeten wurde, gab Smith lakonisch an: »Geboren in Hull, mit drei Jahren nach London gezogen und seitdem im gleichen Haus gelebt.« – S., von der Pop-Generation umjubelte, exzentrische Vorstadtdichterin, führte ein ereignisloses und doch höchst ungewöhnliches Leben. In den 20er Jahren wurde sie Sekretärin eines Verlegers, eine Position, die sie dreißig Jahre lang behielt. Ebenso unveränderlich blieb ihr Lebensstil. Mit ihrer Tante, der »Löwin«, die später in ihren Texten auftaucht, lebte sie bis zu deren Tod 1968 zusammen. Relativ spät erst setzten ihre beiden literarischen Karrieren ein: in den 30er Jahren als Romanschriftstellerin und in den 60ern als Dichterin. Ihr erster Roman *Novel on Yellow Paper* (1936) führt sie in die Londoner literarischen Kreise ein. Es folgten *Over the Frontier* (1938) und *The Holiday* (1949), beide in einem sich jeder eindeutigen Klassifizierung entziehenden Stil geschrieben, der *Novel on Yellow Paper* so erfolgreich hatte werden lassen. Obwohl S. sich nicht als Vertreterin der literarischen Moderne in England sah, finden sich in ihren Romanen experimentelle Techniken, die denen der Moderne gleichen. Wie Virginia ↗Woolf (1882–1941) macht sie intensiv vom inneren Monolog Gebrauch, Handlungselemente verknüpft sie eher assoziativ als kausal. Zentral sind bei S. die Schilderungen von zwischenmenschlichen Beziehungen, Freundschaften einerseits und Liebesbeziehungen andererseits, zwischen denen S. auch in ihrem eigenen Leben streng unterschied. Letztere assoziiert sie mit eingeengten Gefühlen und schmerzhaftem Auseinandergehen, während sich Freundschaften eher als tragfähige Basis des emotionalen Überlebens erweisen. S. vermischt spielerisch Elemente der Höhenkammliteratur mit Klatsch, Lebensregeln und sozialpolitischen Beobachtungen. Ihre Romane enthalten viele autobiographisch geprägte Passagen und Beschreibungen von Bekannten, die sich dadurch keineswegs immer geschmeichelt fühlten.

A Good Time Was Had By All, der erste von insgesamt neun Gedichtbänden, erschien 1937, allerdings erlangt sie erst in den 60er Jahren größere Bekanntheit für ihre Gedichte, die sie sehr erfolgreich vortrug oder besser vorsang. Vor allem bei diesen Auftritten inszeniert sie sich als exzentrische Individualistin, höchst schrullig und altjüngferlich, aber immer voller subversiver Energien. Anders als in den Romanen mit ihren in soziale Kontexte eng eingebundenen Figuren präsentieren die Gedichte Einzelgänger, Außenseiter und Verlierer. Der Ton ist meist ironisch und von gespielter Einfachheit. Ihre Pseudonaivität ist eine Maskerade, jedoch nicht unbeschwert, sondern voller Melancholie. Ein außerordentliches Nebeneinander verschiedener stilistischer und inhaltlicher Elemente, unerwartete Wendungen und das Spiel mit lyrischen Konventionen und literarischen Vorbildern verleihen den Gedichten eine Vielstimmigkeit, die, ähnlich wie bei den Romanen, die eindeutige Vereinnahmung durch eine Interpretationsrichtung unmöglich macht. Bei aller Provinzialität kritisiert S. traditionelle Entwürfe häuslichen Glücks sowie männliche Privilegien, bietet sich deswegen aber noch lange nicht als Modellfeministin an. Letztlich greift sie alles an, was vorgibt, ernsthaft zu sein und entwickelt eine Komik des Schmerzes, wie in einem ihrer bekanntesten Gedichte »Not Waving but Drowning«: »Mein Leben lang war ich viel zu weit draußen – war nicht am Winken, sondern am Ertrinken.«

The Collected Poems of S.S. Hg. J. MacGibbon. London 1975. – Lit.: Barbera, J./McBrien, W.: *Stevie. A Biography of S. S.* London 1985; Spalding, F.: *Stevie Smith*. London 1988; Sternlicht, S.: *Stevie Smith*. Boston 1990.

Susanne Schmid

Södergran, Edith (Irene)

Geb. 4. 4. 1892 in Raivola/Finnland; gest. 24. 6. 1923 in Raivola

Von allen skandinavischen Lyrikern des 20. Jh. ist es allein die Finnlandschwedin S., die internationale Anerkennung gefunden hat, selbst wenn ihr Name »immer noch [...] zu wenig bekannt [ist] hierzulande«, wie Horst Bienek in seinem Nachwort zur 1977 erschienenen deutschen Übersetzung des lyrischen Gesamtwerks beklagt. In der Tat ist S. ohne Umschweife zu den großen Autoren der frühmodernistischen Lyrik zu rechnen, die einen ebenbürtigen Platz neben Dichterinnen wie Else ↗Lasker-Schüler (1869–1945) oder Anna ↗Achmatova (1889–1966) beanspruchen kann. In Skandinavien ist sie aufgrund ihrer tragischen Lebensumstände, des existentiellen Grundtons ihrer Dichtung und der radikalkritischen Reflexion der traditionellen Frauenrolle längst zur Ikone nicht zuletzt auch einer feministischen Literaturgeschichtsschreibung geworden.

Ursprünglich aus einer wohlhabenden Familie stammend, polyglott aufgewachsen und in St. Petersburg multikulturell erzogen, verfaßte die Dichterin ihre ersten Gedichte zwischen 1907 und 1909 in Fremdsprachen, die meisten davon – über hundert – auf Deutsch, einige wenige auch auf Russisch und Französisch. Ihr eigentliches Debüt hatte sie erst 1916 mit der Gedichtsammlung *Dikter* (Gedichte), die aufgrund ihrer vom französischen Symbolismus beeinflußten Bildsprache und ihren mit der skandinavischen Tradition brechenden freien Versen insbesondere bei den Rezensenten der Provinzblätter vorwiegend kopfschüttelnde Indignation hervorrief. In diesem Band klingen bereits die Grundthemen an, die die ganze reife Lyrik S.s durchziehen und die sie selbst 1922 rückblickend als prägend auch für ihr Leben bezeichnet hat: ›Einsamkeit, Krankheit, keine Erfüllung irdischer Wünsche‹. Der biographische Hintergrund dieser Äußerung besteht u. a. in der Tatsache, daß man bereits 1909 bei der damals Sechzehnjährigen eine Lungentuberkulose diagnostiziert hatte, der schon der Vater zum Opfer gefallen war und gegen die die Dichterin ihr Leben lang anzuleben und anzuschreiben suchte. Die Krankheit verschlimmerte sich noch durch die Ereignisse des Jahres 1917, als die Familie S. in der Oktoberrevolution und dem anschließenden finnischen Bürgerkrieg nahezu ihr vollständiges Vermögen verlor; die letzten Jahre ihres Lebens verbrachte S. zusammen mit ihrer Mutter in Armut und einer dadurch erzwungenen äußersten Weltabgeschiedenheit. In Kompensation dieser bedrückenden Umstände inszeniert sich die Dichterin in ihrer nächsten, 1918 veröffentlichten Gedichtsammlung *Septemberlyran* (Septemberleier) in seltener Identifikation von lyrischem und empirischem Ich als ›höheres Individuum‹, das verächtlich auf die Normen der bürgerlichen Gesellschaft herabsieht und in ekstatisch-visionären Bildern eine ebenso glanzvolle wie unbestimmte Zukunft beschwört.

Der ›messianische Expressionismus‹, dem die Gedichte zuzurechnen sind, verdankt sich u. a. einer intensiven Beschäftigung der Autorin mit dem Werk Friedrich Nietzsches; diese führte im September 1918 zu einem poetischen Raptus, auf den sich der Titel des Bandes bezieht. Die beiden folgenden Gedichtsammlungen S.s, *Rosenaltaret*, 1919 (Der Rosenaltar) und *Framtidens skugga*, 1920 (Der Schatten der Zukunft), sind im selben Geist verfaßt. Allerdings läßt der zweite Teil von *Framtidens skugga* bereits Anzeichen einer beginnenden Resignation erkennen, die in den letzten, kurz vor ihrem Tod entstandenen und erst posthum unter dem Titel *Landet som icke är* (Das Land, das nicht ist) veröffentlichten Gedichten kulminiert: Das Ich gibt mit dem ekstatischen Tonfall und der visionären Bildlichkeit auch seinen Status als Auserwählte auf und fällt in eine eher passive Position zurück, die jener der Debütsammlung *Dikter* entspricht und die den messianischen Expressionismus der vorhergehenden Sammlungen geradezu konterkariert; in thematischer Hinsicht zeichnen sich die Stücke durch eine demutsvolle Hinwendung zur Natur und einen religiösen Grundton aus.

Obwohl von der literarischen Kritik zunächst verfemt und als ›krank‹ diskriminiert, hatte die Dichtung S.s einen immensen und unmittelbaren Einfluß auf die zeitgenössische schwedischsprachige Lyrik in Finnland: Sie bildete, z. T. aufgrund der Vermittlung durch die Schriftstellerin Hagar Olsson (1893–1978), mit der S. befreundet war, den Auftakt zum sog. finnlandschwedischen Modernismus, einer Strömung in enger Beziehung zueinander stehender Dichter, die sich noch zu Lebzeiten der Autorin etablierte und als früheste, ihrer Zeit weit vorauseilende ›Schule‹ des internationalen Modernismus in Skandinavien angesehen werden kann. Doch auch auf die nachfolgenden Dichtergenerationen ist der Einfluß S.s als Wegbereiterin und Vorbild kaum zu überschätzen, und in ihrer Heimat gilt sie heute – ganz im Gegensatz zur Beurteilung durch die zeitgenössische Kritik – als literarische Klassikerin von fast schon mythisch zu nennender Qualität.

Feindliche Sterne. Gesammelte Gedichte. Deutsch von K. R. Kern. Wiesbaden/München 1977. – Lit.: Schoolfield, G. C.: *E. S. Modernist Poet in Finland.* Westport, Conn./London 1984; Trotzig, B.: E. S. In: *Trajekt* 6 (1986), S. 228–241; Suchsland, I.: *»At elske og at kunne«. Weiblichkeit und symbolische Ordnung in der Lyrik von E. S.* Frankfurt/M. 1990; Schoolfield, G. C./Thompson, L. (Hgg.): *Two Women Writers from Finland: E. S. (1892–1923) and Hagar Olsson (1893–1978).* Edinburgh 1995.

Lutz Rühling

Somers, Armonía (eigtl. Armonía Liropeya Etchepare Locino)

Geb. 7. 10. 1914 in Pando/Uruguay; gest. 1. 3. 1994 in Montevideo

Die wohl rätselhafteste und eigenwilligste uruguayische Autorin, 1950 unter dem Pseudonym Armonía Somers schlagartig bekannt geworden durch ihren erotischen Roman *La mujer desnuda*, 1950 (Die nackte Frau), führte in Wirklichkeit ein recht unscheinbares Dasein: Geboren in der Provinz als Tochter eines anarchistischen Geschäftsmannes und einer tief katholischen Mutter, beginnt sie 1927, an der Lehrerinnenbildungsanstalt in Montevideo zu studieren, damals eine der wenigen Möglichkeiten für Frauen, einen weiterführenden Bildungsgang zu absolvieren. 1933 erhält sie ihr Abschlußdiplom, mit dem ihre erste Karriere als Pädagogin ihren Anfang nehmen sollte. Denn neben dem enfant terrible S. gibt es lange Zeit parallel Armonía Etchepare, die als anerkannte Lehrerin und Wissenschaftlerin wirkt und unaufhaltsam Karriere macht bis hin zur Direktorin des Pädagogischen Museums. Erst 1971 läßt sie sich in den Ruhestand versetzen und widmet sich von da an nur noch ihrer schriftstellerischen Tätigkeit. Nach ihrem stürmischen Debüt hatte S. bald für den nächsten Skandal gesorgt, mit der ebenfalls anstoßerregenden Titelgeschichte ihres Erzählbandes *El derrumbamiento*, 1953 (Der Zusammenbruch), in der sie symbolisch die alte Ordnung von Bigotterie, Puritanismus und Rassismus zusammenbrechen läßt. Trotz der allgemeinen Empörung, die die Geschichte einer Marienstatue hervorruft, die von einem schwarzen Delinquenten aus ihrer erstarrten Jungfernschaft erlöst wird, erhält der Band noch im selben Jahr einen wichtigen Literaturpreis. Die meisten Kritiker finden aber zur damaligen Zeit, in der die Strömung eines engagierten ›sozialen Realismus‹ die Szene beherrscht, keinen Zugang zu dieser hermetischen, ins Phantastische tendierenden Literatur und kehren allerhand formale oder konzeptuelle Schwachstellen hervor (die sich heute vielleicht als Symptome einer nicht-hierarchisierenden, frei schwebenden *écriture féminine* lesen lassen würden). 1965, im Erscheinungsjahr ihres zweiten Romans *De miedo en miedo* (Von Angst zu Angst), bezieht S. ein Ferienhaus am Strand, das später legendäre ›Somersville‹; die übrige Zeit verbringt sie, eingegraben wie ein Höhlenbär, in der ebenfalls mythenumwobenen Wohnung im 16. Stock eines Hochhauses in Montevideo. Aus dieser freiwilligen Einsiedelei kommt sie nur wenige Male anläßlich öffentlicher Auftritte hervor. 1969 veröffentlicht sie einen weiteren Kurzroman, *Un retrato para Dickens* (Ein Bildnis für Dickens), doch Ende des Jahres erkrankt sie an einem rätselhaften lebensgefährlichen Leiden, dem Chylothorax, einer Ansammlung von Lymphflüssigkeit im Brustraum; die langsam Genesende ist körperlich und seelisch erschöpft und kann zunächst ihr literarisches Schaffen nicht wieder aufnehmen, bis sie diese traumatische Erfahrung in ihrem Monumentalroman *Sólo los elefantes encuentran mandrágora*, 1986 (Nur Elefanten finden Alraun) verarbeitet.

In den 70er Jahren beginnt die internationale Rezeption des außergewöhnlichen Werkes von S.: Übersetzungen ins Englische, Französische und Deutsche erfolgen, und 1978 gibt sie einen Erzählband unter dem Titel *Muerte por alacrán* (Tod durch Skorpion) heraus; über diese Sammlung äußern sich nun auch die etablierten Literaturkritiker in enthusiastischen Tönen. 1982 macht ihr ihr Ehemann Rodolfo Henestrosa zwei Tage vor seinem Tod ein ›Abschiedsgeschenk‹ in Form eines kleinen Büchleins, *Tríptico Darwiniano* (Darwinsches Triptychon), von dem er zu Weihnachten 300 Exemplare drucken läßt. Ein berührendes Zusammentreffen mit einem jungen Mann, der auf einem Friedhof seine Mutter beweint, löst 1984 die Niederschrift von *Viaje al corazón del día* (Reise ins Herz des Tages) aus, einer historisch-romantischen Liebesgeschichte, die in der Zeit des preußisch-französischen Krieges von 1870 spielt. 1988 erscheint die von der Autorin selbst zusammengestellte Anthologie *La rebelión de la flor* (Aufstand der Blume); darin erzählt S. auch einiges über die realen Hintergründe diverser Erzählungen. Im März 1994 stirbt sie, fast achtzigjährig, in Montevideo. Nun tatsächlich posthumes Vermächtnis wird das kleine Bändchen *El Hacedor de girasoles* (Schöpfer der Sonnenblumen), eine Hommage an Borges, Hieronymus Bosch, Virginia ↗ Woolf und Van Gogh. – Die makabre Atmosphäre ihrer von Gewalt und Erotik geprägten Texte sowie deren fragmentarische Struktur und hochgradige Intertextualität machen S.' Werk zu einer schwierigen Lektüre, die sich in keine der gängigen Strömungen einordnen läßt; folglich wird sie auch häufig als »Steppenwolf« der uruguayischen Literatur bezeichnet. Ihre Schreibweise ist subversiv, innovativ, enthält aber zugleich auch archetypisch-allegorische Elemente wie Bibelparaphrasen und Traumhaftes.

Todos los cuentos, 1953–1967. 2 Bde. Montevideo 1967; *La rebelión de la flor*. Montevideo 1988. – Lit.: Fressia, A./García Rey, J.M.: »Maldición y Exorcismo. Veintiuna preguntas a A.S.« In: *Sintaxis* 2 (1976), S. 21–28; Picon Garfield, E.: »›Yo soplo desde el páramo‹. La muerte en los cuentos de A.S.« In: *Texto Crítico* 3,6 (1977), S. 113–125; Campodónico, M.Á.: »Homenaje a A.S.« In: *Revista de la Biblioteca Nacional* (Montevideo) 24 (1986), S. 45–61; Cosse, R. (Hg.): *A.S., papeles críticos*. Montevideo 1990; Biron, R.E.: »Armonía Somers ›El despojo‹: Masculine Subjectivity and Fantasies of Domination«. In: *Latin American Literary Review* 21,42 (1993), S. 7–20.

Erna Pfeiffer

Sow Fall, Aminata

Geb. am 27. 4. 1941 in St. Louis/Senegal

Neben Mariama ↗Bâ und Ken Bugul (alias Marietou Mbaye, geb. 1948) ist Sow Fall, die als erste Schwarzafrikanerin Bücher in französischer Sprache veröffentlichte, die bekannteste Schriftstellerin des Senegal. Von 1979 bis 1988 war sie für das senegalesische Kultusministerium tätig und leitete das Centre d'Etudes et de Civilisation, das Geschichten, Legenden, Epen sowie andere senegalesische Kulturgüter sammelt und auswertet, um die eigene Identität in Senegal zu schärfen. Denn, so S.F., »le Centre entend réaliser la grande tade valorisation de notre culture et de fortification de nos civilisations dans un monde en mutation, pour le respect de nous-mêmes et des autres.» 1987 gründete sie das staatlich unabhängige Centre Africain et d'Echanges Culturels, das durch Poesiefestivals, Literaturwettbewerbe und praxisbezogene Seminare versucht, eine größere Professionalität im Buchwesen zu erreichen und literarische Talente zu fördern, die S.F. auch in ihrem eigenen Verlag Edition Khoudia publiziert. Die Kritik an der senegalesischen Gesellschaft bestimmt ihr Werk. Bereits ihr erster Roman *Le Revenant*, 1976 (*Die wundersame Verwandlung des Bakar Diop*, 1998) nimmt das Kastendenken, neo-koloniale Eliten und die Macht des Geldes in einer von ihren Wurzeln entfremdeten, kolonisierten Gesellschaft unter die Lupe. Neben Ironie, Situationskomik und kraftvollen, realistischen Dialogen sind Redewendungen und Sprichwörter aus ihrer Muttersprache Wolof Stilmittel, die auch ihren zweiten, preisgekrönten Roman *La Grève des Bàttu*, 1979 (*Der Streik der Bettler*, 1991), der in zahlreiche Sprachen übersetzt wurde, kennzeichnen. Der kollektive Held sind die Bettler als »Vertreter des alten Afrika« – der »menschliche Abfall«. Gemeinsam und erfolgreich nehmen sie den Kampf gegen die Obrigkeit und die vermeintlich bessere Gesellschaft auf, die sie aus Dakar vertreiben will, um den Touristen eine saubere Stadt präsentieren zu können. Die wenig ruhmreiche Rolle korrupter Politiker spitzt sich zu in *L'Ex-Père de la Nation*, 1987 (*Der Sonnenpräsident*, 1997), der Geschichte vom Aufstieg und Fall des Krankenpflegers Madiama, dessen hehre Ziele an Machtmißbrauch und gezielter Desinformation kläglich scheitern. Auch in ihrem vorerst letzten Roman *Le Jujubier du Patriarche*, 1991 (Der Baum des Patriarchen) – abgefaßt in einem neuen, eher poetischen und weniger zugänglichen Stil – votiert S. F. für einen bewußten Umgang mit der Tradition, da nur die Verwurzelung in der eigenen Geschichte und Kultur Hoffnung und Zuversicht für die Gegenwart und Zukunft ermöglichen. Im Gegensatz zu Mariama Bâ und Ken Bugul, in deren Texten Frauenfiguren dominieren, sind die Helden bei S. F. zwar zumeist männlich, Hoffnung auf ein gerechteres Morgen aber bieten starke Frauen: so Salla Niang, die den Kampf der Bettler anführt, oder Coura Cissé, die erste Frau Madiamas, die sich erfolgreich der Polygamie entzieht. Sie repräsentieren die Überzeugung der Autorin, daß in Frauen alle Möglichkeiten stecken, um den ihnen angemessenen Platz in der Gesellschaft einzunehmen und zu bewahren.

Lit.: Ormerod, B./Volet, J.-M. (Hgg.): *Romancières africaines d'expression française.* Paris o. J., S. 133–136.

Heike Brillmann-Ede

Spiel, Hilde

Geb. 19. 10. 1911 in Wien; gest. 30. 11. 1990 in Wien

1911 in Wien geboren, 1936 nach London emigriert, 1963 Rückkehr nach Österreich: Vor dem Hintergrund dieser Vita steht Hilde Spiels Werk für zwei Welten, in deren Sprache, Kultur und Literatur der Gegenwart und Vergangenheit sie heimisch war. Als Erzählerin, Essayistin, Biographin und Übersetzerin vermittelte sie den Engländern österreichische und den deutschsprachigen Westeuropäern englische Kultur. – S. wuchs in der niedergehenden k. u. k. Monarchie auf. Die Lebensform der Gesellschaftsschicht der Offiziere und Chargierten prägte ihre Kindheit. Die Herkunft der Eltern, die beide aus traditionsreichen jüdischen Familien stammten, spielte keine Rolle. Dem Kind wurde der katholische Glauben vermittelt. Jedoch besuchte S. nach Abbruch der Mittelschule die reformpädagogische Schule Eugenie Schwarzwalds. Sie kam früh in den intellektuellen Kreis des Cafés Herrenhof und war dort vor allem mit den Publizisten Hans Habe, Fritz Thorn und Friedrich Torberg befreundet. Als Schülerin veröffentlichte sie Beiträge in Jugendzeitschriften. 1930, nach einer kurzen Visite bei der von ihr als »völkisch« eingestuften Germanistik, begann S. ein Studium der Philosophie und Völkerpsychologie. Ihre Lehrer waren Moritz Schlick sowie Karl und Charlotte Bühler, deren positivistischer Wissenschaftsbegriff sie prägen sollte. Noch während des Studiums wurde sie Mitarbeiterin am Wiener Institut für Sozialpsychologie. 1933 trat sie in die Sozialdemokratische Partei ein und gehörte ihr bis zu deren

Zerschlagung durch die Dollfuß-Regierung 1934 an. In dieser Zeit knüpfte sie Kontakte zu englischen Sozialisten, die die SPÖ unterstützten. Ebenfalls 1933 erschien S.s erster Roman *Kati auf der Brücke*, der von der Kritik wohlwollend aufgenommen und mit dem Julius Reich-Preis ausgezeichnet wurde. 1935 folgte *Verwirrung am Wolfgangsee.*

Anfang 1936 wurde S. promoviert. Die Ermordung Moritz Schlicks im Frühsommer desselben Jahres gab ihr den letzten Anstoß, Österreich schnell zu verlassen. Während einer mehrwöchigen Italienreise begegnete ihr Alberto Moravia, dessen düsterer, nach innen gekehrter Zynismus ebenso wie seine zeitweise wilde Extrovertiertheit großen Eindruck machten. Die Erlebnisse der Reise finden ihren Widerklang in dem Roman mit dem programmatischen Titel *Flöte und Trommel* (1949), der die Entwicklung Italiens vom klassischen friedlichen Arkadien zum kriegstrommeldröhnenden Faschismus schildert. In ihren Memoiren *Die hellen und die finsteren Zeiten* (1989) schreibt S.: »Dem politischen Hintergrund wurde mehr Aufmerksamkeit gewidmet, als wir ihm geschenkt hatten, doch im Unbewußten war alles gespeichert und kam zur rechten Zeit hervor.« (S. 138)

Ende 1936 emigrierte S. nach London und heiratete dort den aus Deutschland stammenden Schriftsteller und Journalisten Peter de Mendelssohn. Anders als viele andere deutsche Emigranten bemühten sich beide von Anfang an, in der fremden Sprache heimisch zu werden und in ihr zu publizieren. Sie integrierten sich in die Kreise englischer Schriftsteller, lasen vor allem aber. Über die Lektüre des *Oberserver*, der *Sunday Times* und der von Frauen redigierten *Time and Tide* sowie die der älteren Essayisten wie Charles Lamb, William Hazlitt und Walter Pater fand S. zur Form des Essays, dessen Protagonistin sie später in der deutschen Sprache werden sollte. Als Sammelbände liegen u.a. vor: *Der Park und die Wildnis. Zur Situation der neueren englischen Literatur* (1953), *Welt im Widerschein* (1960), *Städte und Menschen* (1972) und *In meinem Garten schlendernd* (1981). In London war S. als Journalistin für den *New Statesman* tätig und gemeinsam mit ihrem Mann aktiv beim PEN-Club, in den sie von dem österreichischen Publizisten Robert Neumann eingeführt worden waren. Im Januar 1946 kam S. in englischer Armeeuniform als Kriegskorrespondentin des *New Statesman* nach Wien. In englischer Sprache entstand *Rückkehr nach Wien. Ein Tagebuch* (1946). Von Herbst 1946 bis Sommer 1948 lebte sie in Berlin, wo sie u.a. für *Die Welt* Theaterkritiken verfaßte.

Ab 1955 hatte S. wieder einen zweiten Wohnsitz in Österreich in St. Wolfgang im Salzkammergut, 1963 ließ sie sich endgültig in Wien nieder. Im zweiten Teil ihrer Memoiren *Welche Welt ist meine Welt?* (1990) bekannte sie sich zu einer »fast blinden Passion für alle Verkörperungen des nur noch rudimentär und illusionär vorhandenen alten Österreich« (S. 176), blieb dabei jedoch stets den Idealen eines liberalen Humanismus verpflichtet. In der 1963 erschienenen Biographie *Fanny von Arnstein oder Die Emanzipation. Ein Frauenleben an der Zeitenwende 1758–1818* geht sie dem Leben der Tochter des Hofbankiers Friedrichs des Großen, Daniel Itzig aus Berlin, nach, die nach Wien heiratet und in ihrem Salon die Großen aus Kultur und Politik empfängt. S. sieht Fanny von Arnstein als Symbolfigur, in der »für eine kurze Zeitspanne das ganze biblische Volk eine heitere, glückliche, zuversichtliche Gestalt« annahm. Als Gegenbild zu ihrer eigenen geglückten Rückkehr nach Österreich entwickelt S. in *Lisas Zimmer* (1965) das Scheitern in der Emigration. Trotzdem idealisierte S. ihre wiedergewonnene Heimat nicht. Die politischen Konflikte, die durch den Zerfall des alten Österreich entstanden sind, läßt sie in der Grenzstadt Triest mittels der Liebesbeziehung von *Mirko und Franca* (1980) lebendig werden. 1988 lehnte sie es ab, die Eröffnungsrede der Salzburger Festspiele zu halten, denn: »Es mag genügen, daß ich mich zu jener von Herrn Vizekanzler Mock als fanatische Minderheit bezeichneten Gruppe bekenne, die sich nach dem Bericht der Historikerkommission mit einem Verbleiben Herrn Dr. Waldheims in seinem Amt nicht abfinden kann.« (*Frankfurter Zeitung*, 13.2. 1988).

Lit.: Zeller, E.: »Nicht Figur geworden. Laudatio auf H. S.« In: *Jahrbuch Deutsche Akademie für Sprache und Dichtung* (1981) 2, S. 63–66; Reich-Ranicki, M.: »Laudatio auf H. S. zum 70. Geburtstag«. In: *Börsenblatt für den deutschen Buchhandel* 38 (1982) 5, S. 148–151; Klinger, K.: »Bekenntnis zu H. S.« In: Ders.: *Theater und Tabus*. 1984; Pabisch, P.: »H. S.s Rückkehr nach Wien, eine besondere Thematik der Exilliteratur.« In: *Exil. Wirkung und Wertung* (1985), S. 173–183.

Jutta Dick

Staël-Holstein, Anne-Louise-Germaine, Baronne de (gen. Madame de Staël)

Geb. 22. 4. 1766 in Paris; gest. 14. 7. 1817 in Paris

Das schriftstellerische Werk S.s ist durch eine intensive Zeitgenossenschaft gekennzeichnet: entstanden in der Übergangszeit von der Spätaufklärung zur Romantik reflektieren ihre essayistischen und literarischen Texte historische Erfahrungen, die im Zeichen radikaler Umwälzungen stehen. 1788 erschien ihre erste literaturkritische Arbeit, die *Lettres sur les écrits et le caractère de Jean-Jacques Rousseau* (*Über Rousseaus Charakter und Schriften*, 1789); S. unternimmt hier eine neue, aktualitätsbezogene Rousseau-Lektüre im Kontext der anstehenden gesellschaftspolitischen Veränderungen. Die Französische Revolution wurde von ihr enthusiastisch begrüßt, die politische Entwicklung aus nächster Nähe beobachtet und kommentiert. Als Tochter Neckers, des Genfer Bankiers und Finanzministers unter Ludwig XIV., hatte sie Zugang zu den politischen und intellektuellen Kreisen von Paris. Ihre Erziehung erhielt sie im berühmten Salon der Mutter, in dem bedeutende Vertreter der französischen Aufklärung verkehrten. In ihrem eigenen Salon stand seit 1789 die Konversation zunehmend im Zeichen der Politik. S. war mit dem schwedischen Gesandten, Baron von Staël-Holstein verheiratet, von dem sie sich nach wenigen Jahren trennte. Nach dem Sturz der Monarchie und der Zuspitzung der innenpolitischen Lage im revolutionären Paris zog sich S. mit ihren Kindern auf das Landgut ihres Vaters in Coppet (Schweiz) zurück; dort verfaßte sie u. a. eine Abhandlung über die Leidenschaften und einen *Essai sur les fictions* (*Versuch über die Dichtungen*, den Goethe 1796 für die *Horen* übersetzte). Nach dem Ende der Schreckensherrschaft verteidigte S. die Republik als einzig mögliche postrevolutionäre Staatsform, obgleich sie zu Beginn der Revolution die konstitutionelle Monarchie verteidigt hatte. Von Bonaparte erhoffte sie zunächst die Realisierung der Prinzipien von 1789, insbesondere die Garantie der Meinungsfreiheit. Doch als 1800 ihre literatursoziologische Schrift *De la littérature considérée dans ses rapports avec les institutions sociales* (*Über Literatur in ihren Verhältnissen mit den gesellschaftlichen Einrichtungen*, 1804) erschien, in der sie an Positionen der Aufklärung anknüpft und die gesellschaftliche Verantwortung der Literatur bei der Konsolidierung der Republik fordert, gab ihr die offizielle Literaturkritik polemisch zu verstehen, daß sie als Schriftstellerin, als engagierte Liberale und intellektuelle Frau unerwünscht sei. S. widersetzte sich selbstbewußt dem ihr auferlegten Schweigegebot und machte ihren Salon zum internationalen Treffpunkt der liberalen Opposition. Damit begann die andauernde politische Gegnerschaft zwischen Napoleon und S., die schließlich in einem Verbannnungsbefehl gipfelte. Nach dem Erscheinen ihres Briefromans *Delphine*, 1802 (dt. 1803) mußte sie zunächst Paris, wenig später Frankreich verlassen.

Ihren Salon transferierte S. nach Coppet, wo sich Schriftsteller, Gelehrte, Vertreter der intellektuellen Elite aus ganz Europa einfanden, darunter Benjamin Constant sowie August Wilhelm Schlegel, den S. als Hauslehrer ihrer Kinder und als literarischen Berater engagiert hatte. Coppet wurde zu einem Zentrum intellektueller Geselligkeit, zu einem Ort der Konversation, der Übersetzung, des Kulturaustauschs. Letztlich gestaltete sich das Exil für S. zu einer Chance: Sie unternahm in Begleitung ihrer Kinder und Freunde ausgedehnte Reisen in mehrere europäische Länder, u.a. nach Deutschland. Nach der Abdankung Napoleons kehrte sie nach Paris zurück, verfaßte ihre Memoiren sowie die *Considérations sur les principaux événements de la Révolution française* (*Betrachtungen über die vornehmsten Begebenheiten der Französischen Revolution*, 1818), einer der Gründungstexte der revolutionären Geschichtsschreibung.

Vor allem zwei Werke haben S. in ganz Europa berühmt gemacht: der nach der Italien-Reise (1804/05) entstandene Roman *Corinne ou l'Italie* (*Corinna oder Italien*, 1807/08) und der nach den beiden Deutschlandreisen (1803/04; 1807/08) verfaßte Essay *De l'Allemagne* (*Über Deutschland*, 1814), der 1810 auf Betreiben Napleons von der Polizei beschlagnahmt wurde und erst drei Jahre später im Londoner Exil erscheinen konnte. Sowohl *Corinne ou l'Italie* als auch *De l'Allemagne* thematisieren die fundamentale Erfahrung der Differenz. In *Corinne* werden die Darstellung der kulturellen Differenz (Italien) und die der Geschlechterdifferenz aus weiblicher Perspektive so ineinander verwoben, daß sich die Vermittlung der Differenzerfahrung verdoppelt. Das Deutschland-Buch, das zur Zeit der napoleonischen Hegemoniebestrebungen dem französischen Publikum die deutsche Literatur und Kultur zu vermitteln versucht und ein aus französischer Sicht völlig unerwartetes und um so faszinierenderes Deutschlandbild entwirft, steht noch expliziter im Zeichen der Arbeit an der Differenz.

Œuvres complètes. 17 Bde. Hg. A.L. de Staël-Holstein. Paris 1820–21 (Reprint: Genf 1967, 3 Bde.). – Lit.: Pulver, C.: *Mme de S. Biographie*. München 1980; Bosse, M.: »Mme de S. und der deutsche Geist«. In: Dies.: *Mme de S., Über Deutschland. Vollständige Ausgabe. Nach der deutschen Erstübersetzung von 1814*. Frankfurt/M. 1985, S. 801–857; Balayé, S.: *Mme de S. Écrire, lutter, vivre*. Paris 1994; Maeder-Metcalf, B.: *G. de S. – Romancière. Ein Beitrag zur Geschichte des frühromantischen Romans*. Frankfurt/M. 1995.

Brunhilde Wehinger

Stampa, Gaspara

Geb. 1523 (?) in Padua; gest. 23. 4. 1554 in Venedig

Gaspara Stampa gehörte im 16. Jh. einer Gruppe von Dichterinnen der Renaissance an, unter denen sie eine signifikante Position einnahm aufgrund ihrer Individualität und Originalität innerhalb des männlich dominierten, den petrarkesken Konventionen verpflichteten Kanons. Über ihr Leben ist sehr wenig bekannt. Die Unsicherheiten beginnen bereits bei der Datierung ihres Geburtstags. Sie wächst in Padua im Ambiente des wohlhabenden Bürgertums auf und erhält zusammen mit ihren beiden Geschwistern eine klassische Erziehung und Unterricht in Musik. Nach dem Tod des Vaters 1531 ziehen die Geschwister zusammen mit der Mutter nach Venedig, wo sie einen literarischen Salon unterhalten, den viele angesehene Zeitgenossen frequentieren, darunter Literaten, Künstler, Patrizier und Musiker. S. ihrerseits verkehrt ebenso in literarischen Salons hochgestellter Venezianer, z. B. Domenico Veniers (1517–1582), in dem sie vermutlich Weihnachten 1548 ihre große Liebe, Graf Collaltino di Collalto, trifft, dem sie den Großteil ihrer Gedichtsammlung widmet. Aufgrund ihrer eigenen literarischen Tätigkeit sowie ihres lebenslangen Interesses für Literatur ist sie auch Mitglied der Accademia dei Dubbiosi und pflegt bemerkenswerte Kontakte zu Literaten wie Sperone Speroni (1500–1588), Luigi Alamanni (1495–1556), Giovanni della Casa (1503–1556), Domenico Venier, Benedetto Varchi (1503–1565) u. a. S. bleibt zeit ihres Lebens unverheiratet und führt offenbar ein freies, emanzipiertes Leben. Genau diese Unabhängigkeit und ihre verschiedenen Liaisons führen Ende des 19. Jh.s und zu Beginn des 20. Jh.s zu den verschiedensten Interpretationen um ihre Person, von der Annahme, sie sei als Opfer ihrer Liebe zu dem Grafen gestorben, bis hin zu der Vermutung, sie sei in Wahrheit eine Kurtisane gewesen.

Zu Lebzeiten S.s werden lediglich drei ihrer Sonette in einer Anthologie zeitgenössischer Dichter, *Il sesto libro delle rime di diversi eccellenti autori*, 1553 (Das sechste Buch der Gedichte verschiedener hervorragender Autoren), veröffentlicht. Allerdings nimmt sie über den Weg der Akademien, in denen ein intellektueller Austausch zwischen Künstlern stattfindet, die Möglichkeit wahr, ihre Dichtung bekannt zu machen. Postum folgen dann drei Editionen ihrer *Rime* (Gedichte). Die *Rime*, 311 Gedichte, setzen sich aus zwei Teilen zusammen, den *Rime d'amore* (245 Liebesgedichte) und den *Rime varie* (66 diverse Gedichte). Während die umfangreichen *Rime d'amore* (*Liebes-Sonette*, 1922) dem Grafen Collaltino di Collalto gewidmet sind, besteht der zweite Teil der Gedichtsammlung zum großen Teil aus Lobreden auf befreundete Literaten, Gelehrte und Personen des öffentlichen Lebens.

Das zentrale Thema S.s Poesie wird in den *Rime d'amore* deutlich, nämlich das Bekenntnis ihrer leidenschaftlichen, aber antagonistischen Liebe zu Collaltino.

Thematisch bewegt sie sich mit dieser Liebesvorstellung innerhalb der Normen des Petrarkismus, denen sich die Dichter/innen im Italien des 16. Jh.s unterwerfen mußten, wollten sie Ruhm und Erfolg erlangen. Dies kommt in den *Rime* durch die leidvolle Unterwerfung des liebenden Subjekts unter das unerreichbare, gleichgültige, geliebte Objekt zum Ausdruck. Im Gegensatz zu Petrarcas Liebeskonzept weigert S. sich aber, eine nicht erwiderte Liebe zu idealisieren. Obwohl S. die Konventionen des männlich dominierten, petrarkesken Kanons akzeptiert, gelingt es ihr dennoch durch den leidenschaftlichen Ausdruck ihrer Gefühle, ihrer Lyrik eine individuelle Dimension zu verleihen. Genau darin liegt ihre Originalität innerhalb der Dichtung des 16. Jh.s begründet. Zusammen mit weiteren Dichterinnen ihrer Zeit, wie z.B. Veronica Gambara (1485–1550), Vittoria Colonna (1492–1547), Tullia D'Aragona (1510?-1556), Chiara Matraini (1514–1597?) und Veronica Franco (1546–1591), gehört S. zu den bedeutendsten Lyrikerinnen der Renaissance, die als schreibende Frauen die künstlerischen Beschränkungen des Petrarkismus jeweils auf ihre Weise unterliefen.

Rime (Gedichte). Hg. R. Ceriello. Milano 1994; Dichtungen (dt. und ital.). Hg. L.v. Lanckoronski. Frankfurt 1947. – Lit.: Bassanese, F. A.: *Gaspara Stampa.* Boston 1982; Wend, P.: *The Female Voice: Lyrical Expression in the Writings of Five Italian Renaissance Poets.* Frankfurt/M. 1995.

Annette Riedel

Stein, Gertrude

Geb. 3. 2. 1874 in Allegheny, Pennsylvania/USA; gest. 27. 7. 1946 in Neuilly-sur-Seine/Frankreich

»A rose is a rose is a rose is a rose« – wer kennt ihn nicht, diesen zirkulären Satz, auf den die ›Mutter‹ und Muse der transatlantischen Moderne wiederholt und nicht ganz unpassend reduziert wurde? Denn Wiederholung oder ›Insistenz‹, wie Stein selbst formulierte, ist ihr kompositorisches Programm einer neuen literarischen Praxis, die Wahrnehmung und Wiedergabe von Wirklichkeit revolutionieren sollte. Sowohl der radikale Schreibstil der Autorin (die zu Lebzeiten wenig und oft im Selbstverlag publizierte) als auch ihre exzentrische Persönlichkeit – ein Lebensentwurf, der heute wie damals deutlich aus der (weiblichen) Rolle fällt – machte S.s Salon in der Pariser Rue de Fleurus zum Szenetreffpunkt einer durch die Kriegserfahrung geprägten *lost generation.* Im Werk zahlreicher amerikanischer Autoren, die sich dort begegneten, unter ihnen Ernest Hemingway, F. Scott Fitzgerald und Sherwood Anderson, haben S.s Sprachphilosophie und modernistische Ästhetik signifikante Spuren hinterlassen.

1874 als Tochter wohlhabender deutsch-jüdischer Emigranten geboren, beginnt S. nach mehrjährigem Europaaufenthalt der Familie und Schulbesuch in Kalifornien ein Studium am Radcliffe College in Cambridge, Massachusetts. Tief beeindruckt von den Arbeiten des Psychologen und Pragmatisten William James, unternimmt sie unter dessen Anleitung Recherchen, die der Bedeutung des Gedächtnisses für Gefühl, Wahrnehmung und sequentiellem Denken nachspüren. Dabei kommt S. zu dem Schluß, daß sprachliche Insistenz die fundamentale Natur individueller Identität und Erfahrung ausdrückt. James' Ansicht, daß Gegenwart im Prozeß ihrer Betrachtung stets zu Vergangenheit gerinne, wiederum befördert ihr Schreiben im kontinuierlichen Präsens.

Nach zwei Jahren Medizinstudium in Baltimore zieht S. 1902 nach Paris, wo sie beginnt, mit ihrem Bruder Leo postimpressionistische Gemälde zu sammeln, lange bevor Matisse, Picasso und Cézanne salonfähig waren. Dann überschlagen sich die Ereignisse: Zwischen 1903 und 1911 schreibt S. ihren ersten Roman *The Making of Americans: Being a History of a Family's Progress*, 1925 (Geschichte vom Werdegang einer Familie, 1990), begegnet Matisse und Picasso, trifft Alice B. Toklas, ihre zukünftige Herausgeberin, Haushälterin, Managerin, Geliebte und Lebensgefährtin, bricht mit dem Bruder und beginnt – lange vor Ezra Pound und James Joyce – mit den Sprachexerimenten, die sie von *Three Lives*, 1909 (*Drei Leben*, 1960) zu *Tender Buttons*, 1914 (Zarte Knöpfe, 1972) führen. Als Experimente will S. ihre Texte jedoch nicht verstanden wissen: der Naturwissenschaftler experimentiere, um Unbekanntes zu erforschen; der Künstler dagegen manifestiere, was er weiß.

Mit *The Making of Americans*, *Three Lives* und *Tender Buttons* hatte S. bereits das Spektrum ihres »Wissens« abgesteckt, dessen Entwicklung sich in zwei Phasen gliedern läßt. Für die erste stehen S.s Roman und die drei Geschichten *Three Lives*. *The Making of Americans* ist kein Familienroman im klassischen Sinn: Klarer Handlungsverlauf, stringente Charakterisierung und konsistente Erzählperspektive fehlen. Vielmehr stellt der Text den Versuch dar, die Geschichte der eigenen Familie als exemplarische Geschichte Amerikas oder gar als Universalgeschichte – als Geschichte von »jedem der ist oder gewesen ist oder sein wird« – zu verfassen. Entsprechend verfolgt S. ein vom Kubismus inspiriertes, oft als demokratisch bewertetes Kompositionsprinzip, in dem »ein Ding so wichtig wie ein anderes« ist. Wollte Cézanne die natürliche Form der Gegenstände in der Malerei auf ihre geometrischen Grundformen zurückführen, so übersetzt S. dieses Prinzip in die Sprachpraxis. Dabei entstehen zunächst lange rhythmische Sätze ohne Zeichensetzung, die Worte und Wortgruppen beständig wiederholen, dehierarchisierte Texte, die Sätze und Absätze stetig variieren. Ähnlich charakterisieren die Dialoge in *Three Lives* die Protagonistinnen nicht durch das, was sie sprechen, sondern dadurch, wie sie sprechen: Die Wiederkehr syntaktischer Muster und Phrasierungen bildet das Wesen der Person als sprachlichen Rhythmus heraus.

Tender Buttons ist beispielhaft für die zweite Phase ihres Schreibens und präsentiert Wortbilder oder »Stilleben«, die sich konsistenter Sinnbildung konsequent verweigern. Diese kurzen, kompakten »Gedichte« suchen die Dinge im Kern zu erfassen und so darzustellen, wie sie, von konventionellen Bedeutungen und Erinnerungen gereinigt, an und für sich erscheinen. Mittels unvoreingenommener Wahrnehmung wollen sie Beziehungen zwischen Objekten und Worten herstellen und die Dinge als Sprachobjekte neu erschaffen. Folglich tritt hier das Stilprinzip der Wiederholung hinter die Betonung der materiell-sinnlichen, klanglich-körperlichen

Eigenheiten einzelner Worte zurück. *Tender Buttons* zelebriert dabei eine Poetik und Erotik des Weiblich-Häuslichen und führt gleichzeitig die jedweder Repräsentation inhärente Gewalt gegen das Gegenständlich-Materielle vor. Die feministische Literaturkritik liest diese Rückkehr des Körpers in die Schrift folglich als Sabotageakt gegen die männlich kodierte symbolische Ordnung.

Mitnichten jedoch ist S. eine Vorzeigefeministin. In ihrer Beziehung zu B. Toklas sind die Rollen klar verteilt, und ihre Selbstinszenierungen suchen Autorisierung durch Männlichkeit, sei es in *Dresscode* oder Rhetorik. »Pablo & Matisse«, notiert sie, »haben etwas Männliches, das dem Genie eigen ist. Ich vielleicht auch«. Gleichzeitig leben S. und B. Toklas in Paris eine innige, offen lesbische Beziehung, die in den USA zu der Zeit wohl nicht möglich gewesen wäre. Es verwundert daher nicht, daß sich S.s literarischer (Bestseller-)Erfolg erst mit *The Autobiography of Alice B. Toklas*, 1933 (*Die Autobiographie von Alice B. Toklas*, 1955) einstellt. Mitbedingt durch die wirtschaftliche Depression in den USA löst sich die Pariser *expatriate community* zu gleicher Zeit jedoch auf: Während Djuna ↗ Barnes Paris verläßt und Sylvia Beachs »Shakespeare and Company« ums Überleben kämpft, läßt S. sich von Carl Van Vechten 1934 zu einer Vorlesungsreise durch die USA überreden. Ihre vor einem begeisterten Publikum gehaltenen sechs Vorträge erscheinen 1935 als *Lectures in America*.

Nach Europa zurückgekehrt, flüchten S. und Alice B. Toklas aufs Land, als die Deutschen Paris einnehmen. 1946 stirbt S. an einem Krebsleiden. Ihre letzten Worte, so die Legende, lauten: »was ist die Antwort« und – als ihr nichts entgegnet wird – »was ist die Frage?« S. liebte Fragen; Fragezeichen dagegen waren ihr so lästig wie Kommata: »Ein Komma indem es dir hilft den Mantel hält und die Schuhe anzieht hält dich davon ab dein Leben so aktiv zu leben wie Du es leben solltest« (»Poetry and Grammar«). S.s Texte leben weiter und sind nicht zuletzt durch die Anstrengungen der feministischen Kritik zum unabdingbaren Teil moderner Weltliteratur avanciert.

Lit.: DeKoven, M.: *A Different Language: G. S.'s Experimental Writing*. Madison 1983; Hoffman, M.J. (Hg.): *Critical Essays on G. S.* Boston 1986; Stendhal, R. (Hg.): *G. S.: Ein Leben in Bildern und Texten*. Zürich 1989; Ruddick, L.: *Reading G. S.: Body, Gnosis, Text*. Ithaca 1991; Souhani, D.: *G. S. und Alice B. Toklas: Zwei Leben – eine Biographie*. München 1994.

Sabine Sielke

Steinwachs, Ginka
Geb. 30. 10. 1942 in Göttingen

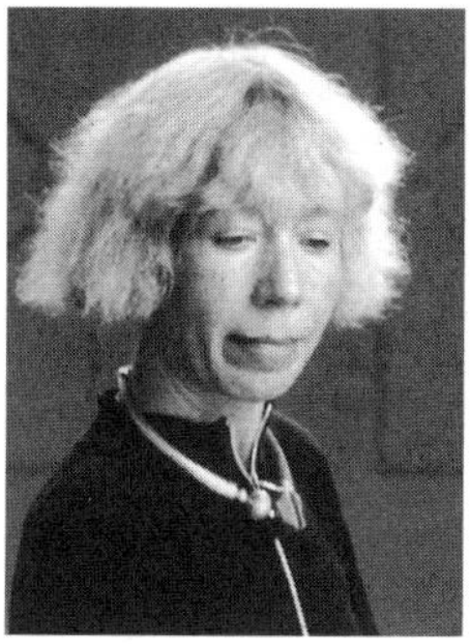

Die postmodernen Experimente von Ginka Steinwachs, die auch »Denk-Bilder« genannt wurden (Weigel in Nowoselsky-Müller, 1989, S. 68) bieten einen Reichtum an neuen literarischen Perspektiven, die spielerisch und künstlerisch innovativ sind, jedoch zugleich psychologische und philosophische Dimensionen enthalten. – S.wuchs in Göttingen auf und legte dort das Abitur ab. Sie studierte sodann in München, Berlin und Paris Philosophie, Komparatistik und Religionswissenschaft. Sieben Jahre lebte sie in Frankreich (1967–1974). Sie war Schülerin von Roland Barthes und promovierte 1970 über André Bretons *Nadja.* Als Dozentin und wissenschaftliche Assistentin war sie an verschiedenen französischen Hochschulen tätig. Zur Performance-Art hingezogen, entwickelte sie ihr künstlerisches Interesse. Ende der 70er Jahre begann sie, literarische Texte zu schreiben und zu veröffentlichen. Sie zog wieder nach Deutschland und lebte in Berlin, Frankfurt und Hamburg. Ein längerer Aufenthalt in New York brachte weitere künstlerische Anregungen. Heute lebt sie abwechselnd in Hamburg und auf Mallorca.

In ihrem Werk befaßt sich S. mit der Beziehung von Sprache, Traum und Unterbewußtem. Durch die Manipulierung von Sprache will sie verdrängte Gefühle befreien. Dem intellektuellen Fundus der Geschichte, auf den sie in ihren Texten zurückgreift, möchte sie durch kaleidoskopische Sprachschöpfungen neue Perspektiven verleihen. Schon in ihrem ersten Roman, *Marilynparis*, einem Montageroman, steht die intertextuelle Dimension im Vordergrund. So ergibt sich eine Mischung von Banalem, höchst wissensbeladenem Material und dessen Dekonstruktion durch eine spielerische, hochartifizielle Sprache. Mit ihrem fragmentarischen Prinzip des Schreibens greift sie auf den Begriff ›trouvaille‹ der Surrealisten zurück, mit denen sie sich in der viel beachteten Studie *Mythologie des Surrealismus oder Die Rückverwandlung von Kunst in Natur* (1971) auseinandersetzt. Sie geht jedoch einen Schritt weiter als die Surrealisten und stellt ›finden‹ mit ›Erfindung‹ gleich. Dabei verwendet die Autorin nicht so sehr die Verfahrensweisen der ›écriture automatique‹, sondern ihre Texte durchbrechen durch bunt gemischte Zitate, historische Figuren, Wort-Assoziierungen, Alliterationen, Klangfarben, bildgewordene Metaphern einen nicht hinterfragten Bedeutungswert und zeugen von einem Umgang mit der ›Magie‹ der Sprache. Immer ist auch sie selbst in ihre Texte einbezogen (z. B. rein formell im Stück über Gertrude ↗ Stein = Steinwachs), doch sie erweitert ihre Identität ins quasi Unendliche durch Assoziationsketten. »Dichten heißt,« schreibt sie in GLÜCK, »mit einem Stein im Munde geboren werden«. Sie baut kein Museum zur Pflege der Landessprache und so wirbeln Deutsch, Französisch, Englisch als futuristische Vision fröhlich durcheinander.

Das Drama ist für S.' Experimente besonders geeignet. Als Gegenentwurf zu Schillers ›Theater als moralische Anstalt‹ postuliert sie das ›Theater als oralische

Anstalt‹, das Gaumentheater, das mit Brechts verpöntem lukullischen Genuß des traditionellen Theaters nichts zu tun hat, sondern das Sinnliche im Erlebnis des Theaters zurückholt und gleichzeitig Ideologien entlarvt. Das Stück *George Sand. Eine Frau in Bewegung, die Frau von Stand* (1983) ist ein glänzendes Beispiel ihrer Theorie. Als künstliche Dramenfigur überbrückt George ↗Sand die Subjekt/Objekt-Trennung, indem sie in sich Zeit und Raum, Männliches und Weibliches vereint. Auch in ihren anderen Werken werden Gegensätze addiert, Weiches und Hartes sind gleichzeitig als Überfülle möglich: Erz und Herz, Mensch, Tier, Pflanzenwelt, Stein und Wachs (ihr Name) erhalten gleichen Rang. Ihr Theater ist dem Performance-Theater der 80er Jahre verpflichtet. Bei dem Stück *Erzherzog-Herzherzog* sind z. B. die Anforderungen an den Bühnenapparat, der das Publikum als Theaterfigur mit einbezieht, so kompliziert, daß es gegenwärtig wohl kaum aufgeführt werden kann. Jedoch hat S. selbst als Performance-Künstlerin Auszüge ihrer Stücke – teilweise im Gaumentheater, in dem eine kleine Bühne in Form eines Mundes Requisite ist – erfolgreich vorgeführt.

Lit.: Funk H./Wittmann, R. G.: »Autobiographisches Schreiben und die Geschlechterdifferenz«. In: Neumann, R./Nowoselsky, S. (Hgg.): *Fürs Theater schreiben. Über zeitgenössische deutschsprachige Theaterautorinnen.* Bremen 1986; Nowoselsky-Müller, S. (Hg.): *Ein mund von welt: ginka steinwachs. Text//s//orte//n//.* Bremen 1998.

Helga Kraft

Storni, Alfonsina

Geb. 22. 5. 1892 in Sala-Capriasca/Schweiz, gest. 25. 10. 1938 in Mar del Plata/Argentinien

A. S. wurde während eines Aufenthalts ihrer 1885 nach Argentinien emigrierten Eltern bei Schweizer Verwandten geboren; 1896 kehrten sie nach Argentinien zurück, wo sie in recht ärmlichen Verhältnissen lebten. Der Vater, ein Alkoholiker, ging mit seinem Kaffeehaus in Rosario pleite, und die Mutter, die ein Lehrerinnendiplom aus der Schweiz mitgebracht hatte, eröffnete eine kleine Privatschule im eigenen Haus. Außerdem versuchte sie, die Familie mit Näharbeiten über Wasser zu halten. Alfonsina selbst beginnt mit 13 in einer Hutfabrik zu arbeiten. 1906 stirbt der Vater; als eine fahrende Theaterkompanie in die Stadt kommt, ergreift Alfonsina die Gelegenheit und zieht ein Jahr lang mit durch die Lande. 1909 geht sie nach Coronda, um dort an einer Lehrer/innenbildungsanstalt zu studieren; am Wochenende arbeitet sie als Sängerin in einem Schmierentheater, bis ihr Doppelleben auffliegt und es zu einem Skandal an der Schule kommt – Anlaß für ihren ersten Selbstmordversuch. 1911 beginnt sie, an einer Schule zu unterrichten. Zu dieser Zeit lernt sie einen verheirateten Politiker kennen, von dem sie bald ein Kind erwartet; um der ›Schande‹ in der Provinz zu entgehen, schlägt sie sich nach Buenos Aires durch, wo 1912 ihr Sohn geboren wird. Um ihn zu erhalten, muß sie alle möglichen Arbeiten annehmen, von Kassiererin in einer Apotheke bis zur Korrespondentin einer Handelsfirma.

1916 kommt ihr erster Gedichtband, *La inquietud del rosal* (Unruhe des Rosenstrauchs), heraus; ihr Leben lang stottert sie die Schulden für die Auflage ab. Jetzt beginnt aber die Literaturkritik auf sie aufmerksam zu werden; sie erhält Zugang zu den männlich dominierten Literaturzirkeln und kann nun von journalistischen Beiträgen und Dichterlesungen leben. Ihre finanzielle Rettung stellt die Ernennung zur Leiterin der Internatsschule Marcos Paz dar. Dort kümmert sie sich um die Bibliothek und kommt wieder mehr zum Schreiben. Doch eine weitere Nervenkrise zwingt sie, sich aus dem Internat zurückzuziehen; zeitweilig arbeitet sie als Aufseherin in einer Schule für geistig behinderte Kinder, die sie mit Geschichten und Liedern beruhigt. 1920 reist sie auf Einladung der Universität nach Montevideo, wo sie mehrere Vorträge hält, unter anderem über die von ihr bewunderte Delmira ↗ Agustini. Nach der Anerkennung, die ihr in Uruguay zuteil geworden war, fühlt sie sich in Buenos Aires wieder einsam und unverstanden und leidet unter starken Depressionen. Dabei schreibt sie hektisch und nervös bei jeder sich bietenden Gelegenheit: während sie die Hefte ihrer Schüler korrigiert, im Kaffeehaus, in der Straßenbahn, auf Telegrammformularen. Mit 28 publiziert sie *Languidez*, 1920 (Wehmut), ihre dritte Lyriksammlung, mit der Widmung: »Denen, die wie ich keinen einzigen ihrer Träume verwirklichen konnten.« 1921 helfen ihr Freunde aus ihrer mißlichen finanziellen Situation, indem sie eigens für sie einen Posten am Teatro Infantil Labardén schaffen, wo sie Kindern Schauspielunterricht erteilt und selbst einige Dramen für Kinder schreibt.

1934, nach ihrer Rückkehr von einer Reise in ihr Geburtsland, beginnt eine neue Schaffensepoche mit *Mundo de siete pozos* (Welt der sieben Brunnen); ihr Stil wird immer sarkastischer und provokanter, gegen Ende jedoch versinkt sie in tiefe Melancholie. Als sich 1935 eine Krebserkrankung bemerkbar macht, ist dies der Anfang vom Ende. Sie wird operiert, hält jedoch die chemotherapeutische Nachbehandlung nicht lange durch. In den Jahren 1937/38 scheiden zudem zwei ihrer besten Freunde, die Dichter Horacio Quiroga und Leopoldo Lugones, durch Selbstmord aus dem Leben. Noch einmal wird S. nach Montevideo eingeladen, wo sie zusammen mit Gabriela ↗ Mistral und Juana de ↗ Ibarbourou das große »weibliche Dreigestirn« der lateinamerikanischen Poesie bildet. In ihren letzten Gedichten klingen bereits konkrete Selbstmordgedanken an. Am 22. 10. 1938 schreibt sie in einer Pension in Mar del Plata das Gedicht »Voy a dormir« – »Bald werd ich schlafen«, das sie noch zur Post bringt und das zwei Tage nach ihrem Tod von der Zeitung *La Nación* veröffentlicht wird. Am 25. Oktober 1938 sucht S. am Strand La Perla den Tod im Meer. – S. gilt heute als eine der großen Wegbereiterinnen der modernen lateinamerikanischen Frauenliteratur, insbesondere wegen ihrer ausdrücklich feministischen Thematik, ihrem originellen, zeitweilig sarkastischen Stil, der sich gegen hergebrachte Stereotypen des Weiblichen als des ›sanften, unterwürfigen Elements‹ wendet. So sticht sie gerade wegen ihres rebellischen Geistes und ihrer nonkonformistischen Haltung, besonders in ihren späten, urban geprägten »Antisonetten« hervor.

Obras escogidas. 2 Bde. Buenos Aires 1984. *Verwandle die Füße*. Zürich 1959. – Lit.: Talamantes, F.: »Virginia Woolf and A. S.: Kindred Spirits«. In: *Virginia Woolf Quarterly* I,3 (1973), S. 4–21; Philipps, R.: *A. S.: From Poetess to Poet*. London 1975; Jones, S.: *A. S.* Boston 1979; Titiev, J. G.: »Woman's Language in Two Poems by A. S.« In: *Monographic Review/Revista Monográfica* 6 (1990), S. 232–244; Horl Groenewold, S.: »Sterben – Schlafen – vielleicht auch träumen? A. S.: ›Voy a dormir‹ (1938)«. In: Beutler, G.: *»Sieh den Fluß der Sterne strömen«. Hispanoamerikanische Lyrik der Gegenwart. Interpretationen*. Darmstadt 1990, S. 42–61; Salgado, M.: »A. S. in Her Self-Portraits: The Woman and the Poet«. In: *Confluencia* 7,2 (1992), S. 37–46.

Erna Pfeiffer

Stowe, Harriet Beecher

Geb. 14. 6. 1811 in Litchfield, Connecticut; gest. 1. 7. 1896 in Andover, Massachusetts

Schon zu ihren Lebzeiten wurde Stowe – als Autorin des wohl bekanntesten amerikanischen Romans gegen die Sklaverei, *Uncle Tom's Cabin*, 1852 (*Onkel Toms Hütte*, 1853)- eine Legende. Die Tochter des prominenten Geistlichen Lyman Beecher wuchs in der stark vom protestantischen Glauben geprägten Kultur Neuenglands auf, als Mitglied einer Familie, der öffentliches soziales Engagement als selbstverständliche Verpflichtung galt. So wurde später ihre Schwester Catharine Beecher zu einer führenden Vertreterin der Bewegung für »domestic reform«. Als Lyman Beecher die Leitung des Lane Theological Seminar in Cincinatti übernahm, zog die Famile in den amerikanischen Mittelwesten, um die Jahrhundertmitte eine Hochburg abolitionistischer Aktivitäten. 1836 heirate S. den Geistlichen Calvin Ellis Stowe und zog mit ihm zurück nach Neuengland. Als Hausfrau und Mutter von sieben Kindern schrieb sie allen widrigen Umständen zum Trotz; sie ernährte und unterstützte ihre Familie über Jahrzehnte mit den Einkünften, die sie für ihre Romane, die größtenteils im Genre der »domestic novel« anzusiedeln sind, erzielte, u. a. *The Mayflower* (1943), *The Minister's Wooing*, 1859 (*Des Predigers Brautwerbung*, 1860), *The Pearl of Orr's Island* (1862), und *Oldtown Folks* (1869). S. erkrankte 1878 an Depressionen und einem chronischen Leiden, das sie bis zu ihrem Tod 1896 nicht verließ.

Die Entstehung ihres berühmtesten Romans wurde wesentlich beeinflußt durch S.s Kontakte mit führenden Vertreter/innen der Bewegung zur Abschaffung der Sklaverei und ihre Kenntnis abolitionistischer Publikationen, z. B. der Essays der Feministin und Abolitionistin Angelina Grimké (»An Appeal to the Christian Woman of the South«, 1836). *Uncle Tom's Cabin* wurde bei seinem Erscheinen 1852 – zwei Jahre nach der Verabschiedung des »Fugitive Slave Law«, mit dem die Nordstaaten sich der Beihilfe am System der Sklaverei schuldig machten – zu einem (kultur)politischen ›cause célèbre‹. Ursprünglich als Fortsetzungsroman für die abolitionistische Zeitschrift *Era* veröffentlicht, wurde das Buch sofort zu einem Bestseller. So wurden bereits im ersten Jahr 350.000 Exemplare verkauft; weit über eine Million Exemplare wurden als Raubdruck-Kopien in England abgesetzt. Das

Buch wurde in alle Weltsprachen übersetzt; eine Welle von *Uncle Tom*-Versionen und -Imitationen erreichte noch in den 40er Jahren die Hollywood-Filmproduktion. Allein in den ersten drei Jahren nach dem Erscheinen von *Uncle Tom's Cabin* wurden ca. 30 Anti-Uncle Tom-Romane von Befürwortern der Sklaverei veröffentlicht. Der Roman selbst wurde von der amerikanischen Literaturkritik jahrzehntelang als »sentimental novel« gelesen und als Kitsch abgewertet. Auch von seiten der »African-American community« wurde der Roman kritisiert, allerdings v. a. wegen der märtyrerhaften Gestaltung der schwarzen männlichen Hauptfigur, die im amerikanischen Sprachgebrauch sehr bald zum Synomyn für ›Opportunismus‹ wurde. In letzter Zeit haben sich jedoch deutlich subtilere Lesarten durchgesetzt, die der Komplexität der Romanstruktur und der Vielschichtigkeit der Figuren besser gerecht werden. *Uncle Tom's Cabin* wird zunehmend für seine gelungene Kombination verschiedener amerikanischer Textformen gerühmt, auch für seine mitreißend inszenierten Dialoge, die ein Spektrum amerikanischer »vernaculars« präsentieren. Inzwischen scheint der Stellenwert des Romans als einer der zentralen, nationale Identität stiftenden Werke des 19. Jh.s gesichert. 1853 veröffentlichte S. unter dem Eindruck massiver Vorwürfe *A Key To Uncle Tom's Cabin,* um die Authentizität ihrer Aussagen zu belegen. 1856 erschien *Dred,* ebenfalls eine »anti-slavery romance«, die die Rebellion Nat Turners literarisch verarbeitet. S. wurde zu einer der führenden, wenn auch kontroversen öffentlichen Figuren der abolitionistischen Bewegung, die ihre Popularität auf Vorlesungsreisen in den Vereinigten Staaten und Europa unermüdlich einsetzte.

The Writing. 16 Bde. Boston, Mass. 1896 (Nachdruck: Hildesheim 1975); *Collected Poems.* Hg. J.M. Moran. Hartford, Conn. 1972. – Lit.: Ammons, E. (Hg.): *Critical Essays on H. B. S.* Boston 1980; Sundquist, E. (Hg.): *New Essays On Uncle Tom's Cabin.* Cambridge 1986.

Sabine Bröck

Streeruwitz, Marlene

Geb. 28. 6. 1950 in Baden bei Wien

»Literarisches Schreiben und Lesen sind, wie alle Prozesse von Sprachfindung, mögliche Formen des In-sich-Hineinblickens. Sind Schnitte in die sichtbare Oberfläche, um tiefere Schichten freizulegen. Sind Forschungsreisen ins Verborgene.« In den *Tübinger Poetikvorlesungen: Sein. Und Schein. Und Erscheinen* (1997) formuliert die neben Elfriede ↗Jelinek populärste und gleichermaßen umstrittenste Gegenwartsautorin aus Österreich ihre literarische Intention. In einer feministischen Patriarchatskritik beschreibt S. die weibliche Sprachlosigkeit, die Folge eines seit Jahrhunderten währenden Verdrängungsprozesses von Frauen aus dem männlichen Literatur- und Kulturbetrieb ist. Die Aufgabe der Literatur sieht die Autorin in der Möglichkeit und Notwendigkeit, »sich in der eigenen Sprache ein Selbst zu schöpfen.« – Von ihrer Kindheit, die sie bei der Großmutter, einer Bäuerin aus der Steiermark, verbringt, ist S. vor allem die »stark mit archaisch-heidnischen Merkmalen vermischte Katholizität« in Erinnerung geblieben. Sie studiert Jura, wechselt dann zu Slawistik und Kunstgeschichte und promoviert mit einer Arbeit über strukturale Dramentheorie. Nach der Scheidung zieht sie ihre beiden Töchter allein groß und arbeitet als Sekretärin, Rundfunkreporterin, Werbetexterin und Journalistin. S. verfaßt zunächst Hörspiele, die von deutschen und österreichischen Sendern produziert werden: *Der Paravent* (1987), *Alkmene* (1988), *Urlaub* (1989), *Kaiserklamm. Und. Kirchenwir* (1989), *Schubertring* (1990) sowie *Yocasta, You'd Better Leave* (1990). Bekannt wird sie vor allem durch ihre spektakulären Theaterstücke: *New York. New York* (1987), *Waikiki Beach* (1988/89), *Sloan Square* (1989), *Ocean Driv* (1990/91), *Elysian Park* (1992), *Tolmezzo: eine symphonische Dichtung* (1993/94), *Brahmsplatz* (1995) und *Bagnacavallo* (1995).

»Gegenstand der Klassiker war der Tod. Gegenstand des modernen Dramas war das Sterben. Ich beschäftige mich mit dem Leben.« Orte und Figuren ihrer Stücke spiegeln die Beschädigungen unserer modernen Lebenswelt. Das typisch Wienerische Personal, etwa Frau Horvath oder die Strotterin, agiert an Örtlichkeiten wie der ehemaligen k. u. k. Piß- und Bedürfnisanstalt *(New York. New York),* in der Londoner U-Bahn-Station (*Sloan Square)* oder an einem Platz mit drei Palmen und Kunstgras in der Nähe der Stadtautobahn (*Elysian Park).* Die Suche der Autorin nach einer eigenen Sprache manifestiert sich auch in der Prosa. In S.' Debütroman *Verführungen. 3. Folge. Frauenjahre* (1996) versucht Helene, 30, alleinerziehende Mutter von zwei kleinen Mädchen, den Alltag in einem perfektionistischen Anspruch als Mutter, Tochter, Geliebte und Angestellte in einer PR-Agentur zu bewältigen. Dabei ist sie dem alltäglichen Sexismus in der Werbebranche ebenso ausgeliefert wie den Machtkonstellationen der sie umgebenden Männerwelt. Die radikale Sprache des Romans entspricht mit ihren kurzen Hauptsätzen, die unvermittelt abbrechen, dem gehetzten und fragmentarischen Leben Helenes. Helene hat ebenso wie Lisa, die Protagonistin in *Lisa's Liebe. Roman in 3 Folgen* (1997) den Traum von der großen Liebe noch nicht aufgegeben. In ihrem »Arztroman ohne Arzt« spielt S. mit dem Genre des Kitschromans. Lisa Liebich, 39, ledige Volksschullehrerin verliebt sich in den Arzt Dr. Karl Adrian und schreibt ihm einen Brief. In drei Fortsetzungsromanen, die mit Jugendfotos der Autorin illustriert sind, wird Lisas Warten auf Post von Dr. Adrian geschildert, bis sie nach dem Tod ihrer Mutter die Alm in Richtung New York verläßt, um dort selbst mit dem Schreiben zu beginnen. – 1998 hat S. als Gastdozentin im Rahmen der Frankfurter Poetikvorlesungen unter dem Motto *Können. Mögen. Dürfen. Sollen. Wollen. Müssen. Lassen* ihr dramatisches und erzählerisches Werk vorgestellt und dabei erneut die Sprache als Schauplatz von Machtverhältnissen zwischen den Geschlechtern fokussiert.

Lit.: Stadt- und Universitätsbibliothek Frankfurt am Main (Hg.): *M. S.* Begleitheft zur Ausstellung mit einem Werkverzeichnis im Rahmen der Stiftungsgastdozentur Poetik im Wintersemester 1997/98.

Susanne Borchardt

Struck, Karin

Geb. 14. 5. 1947 in Schlagtow/Mecklenburg

»Auf der deutschen Literaturszene ist Karin Struck die Reizfigur.« (Jürgen Serke) Dieses Ende der 70er Jahre gefällte Urteil trifft immer noch auf eine Autorin zu, die durch ihre radikal persönliche Schreibweise und ihr engagiertes Auftreten in der Öffentlichkeit viel zu den Diskussionen innerhalb der Frauenbewegung beigetragen hat. – S. wird 1947 in der damaligen SBZ geboren. Als der Vater in Konflikt mit der Parteiführung kommt, flieht die Familie in den Westen. Nach für die Kinder z. T. schwierigen Aufenthalten in verschiedenen Flüchtlingslagern läßt sich die Familie in Schloß Holte (bei Bielefeld) nieder. Als einziges der drei Kinder besucht die Tochter das Gymnasium und macht trotz des väterlichen Widerstands das Abitur. S., die ihre Schulzeit später als »Arbeit in der Fabrik« bezeichnet, war sich der sozialen Unterschiede innerhalb der westdeutschen Gesellschaft schmerzhaft bewußt und engagiert sich schon früh politisch. 1968 heiratet sie einen Mann aus dem gleichen Ort und zieht mit ihm nach Bonn, wo sie anfängt, Germanistik zu studieren. Die Schwierigkeiten in der Ehe spitzen sich bald zu und enden 1973 in Scheidung, obwohl die Eheleute noch ein zweites Kind miteinander haben und weiter zusammen leben.

1973 ist auch das Jahr, das die Autorin mit ihrem intensiv persönlichen Roman *Klassenliebe* bekannt macht. Der in Tagebuch- und Briefform geschriebene Text dokumentiert einerseits detailliert die Auseinandersetzung der Autorin mit ihrer Ehe und ihrem Liebesbedürfnis und zeichnet andererseits die Verschränkung von Geschlechter- und Klassenspannung nach. Wie dieser erste Text sind auch die folgenden Publikationen mit den programmatischen Titeln *Mutter* (1975), *Lieben* (1977), *Trennung* (1978) und *Kindheitsende – Journal einer Krise* (1982) unter den Kategorien autobiographische Bekenntnisliteratur, Selbsterfahrungsliteratur bzw. »Neue Innerlichkeit« rezipiert worden. Die eigene Person ist konsequent der literarische Gegenstand, die gesellschaftlichen Widersprüche werden nicht analysiert, sondern leidend erlebt, eine Schreib- und Denkweise, die mit den Anfängen der Neuen Frauenbewegung verbunden ist. Doch im Gegensatz etwa zu Verena Stefans *Häutungen* (1975) werden in S.s Werk stereotype Vorstellungen von Weiblichkeit wie z. B. die Gleichsetzung von Frau, Körper und Natur bestätigt.

Durch ihre heftige Stellungnahme gegen die Abtreibung nimmt S. zehn Jahre später eine kontroverse Position innerhalb der Frauenbewegung ein. Mit *Blaubarts Schatten* (1991) will sie ihren eigenen Worten zufolge einen »Schlüsselroman über die deutsche Abtreibungsgesellschaft« liefern. Das ein Jahr später folgende Sachbuch *Ich sehe mein Kind im Traum* bietet sowohl eine Bestandsaufnahme der Abtreibungsdiskussion als auch ein »Plädoyer gegen die Abtreibung«, ein Plädoyer, das die Autorin auch in Talkshows fortsetzt. In *Ingeborg B.- Duell mit dem Spiegelbild* (1993) versucht die Autorin, Grenzen zu ziehen zwischen ihrer Person und ihren Romanfiguren, indem sie sich mit dem Werk und den mythisierenden Mutmaßungen über

↗Bachmanns Leben auseinandersetzt. 1995 trennt sich S. von ihrem Verleger Herbert Fleißer (Ullstein, Langen Müller), u.a. weil sie ihm »Rechtslastigkeit« vorwirft. S., die 1977 zum zweiten Mal geheiratet hat, ist Mutter von vier Kindern und lebt in Billerbeck/Westfalen.

Lit.: Jurgensen, M.: *K. S. Eine Einführung*. Bern 1985; Adler, H./Schrimpf, H.J. (Hgg.): *K.S.* Frankfurt/M. 1984.

Susanne Baackmann

Susman, Margarete

Geb. 14. 10. 1872 in Hamburg; gest. 16. 1. 1966 in Zürich

»Dichterin, Deuterin, Denkerin« – so lautet die Inschrift auf dem Grabstein Margarete Susmans. Die Trias steckt die Weite eines Lebens und Schreibens ab, das sich zwischen Kunst und Wissenschaft, zwischen Poesie und Prosa bewegte. S. war Rezensentin und Essayistin, Malerin und Lyrikerin, Philosophin und Privatgelehrte. In einem Zeitraum von 1892 bis 1964 erscheinen Gedichte und Erzählungen, philosophische Essays und biographische Portraits, literaturtheoretische Studien und theologische Deutungen. – Als zweite Tochter von Adolph Susman und seiner Frau Jenny, geb. Katzenstein, wächst Margarete zusammen mit der nur wenig älteren Schwester Paula in einer großbürgerlichen jüdischen Kaufmannsfamilie auf. Schon früh zeichnet sich ihre besondere Begabung zum Dichten und Malen ab. Ein erster Gedichtband der Tochter wird von den Eltern 1892 im Privatdruck herausgegeben. Der Wunsch zu studieren wird ihr jedoch vom Vater verwehrt. Erst nach dem Tod des Vaters beginnt sie 1892 ein Studium der Malerei in Düsseldorf. 1899 geht sie nach München, um neben dem Studium des Kunstgewerbes auch Vorlesungen über philosophische Ethik bei Theodor Lipps zu besuchen. 1901 erscheint ihr Gedichtband *Mein Land* in zwei Auflagen. In München beginnt auch ihre Freundschaft mit der Kunsthistorikerin Gertrud Kantorowicz (1876–1945). Mit ihr geht sie 1901 nach Berlin, um Vorlesungen bei dem Philosophen und Soziologen Georg Simmel (1858–1918) zu hören. Bei Privatseminaren im Hause Simmel macht sie die Bekanntschaft von Martin Buber (1878–1965), Ernst Bloch (1885–1977) und Bernhard Groethuysen (1880–1946), mit denen sich ein über lange Jahre währender Gedankenaustausch entspinnt. Ihre eigenen Studien kreisen um die Schriften von Platon, Spinoza und Henri Bergson. Auf Bitte Georg Simmels übersetzt sie Bergsons *Einführung in die Metaphysik*.

Eine Wiederaufnahme des Studiums der Malerei führt sie 1905 nach Paris. Hier kommt es zu einer Wiederbegegnung mit ihrer früheren Jugendliebe aus der Düsseldorfer Zeit, dem Kunsthistoriker Eduard von Bendemann (geb. 1877), mit dem sie sich überstürzt – wie sie später bedauernd feststellt – verheiratet. Das Paar übersiedelt nach Berlin, wo 1906 der Sohn Erwin geboren wird. 1907 wird ihr zweiter Gedichtband *Neue Gedichte* verlegt. Auf Bitte des Chefredakteurs Heinrich

Simon beginnt S. eine umfangreiche Arbeit für die *Frankfurter Zeitung*, für die sie bis 1909 fast alle in Deutschland erscheinenden Gedichtbände rezensiert. Ihre literaturkritische Arbeit mündet in die Abhandlung *Das Wesen der modernen deutschen Lyrik* (1910), in der sie als erste den Begriff des Lyrischen Ich theoretisch begründet. Ab 1910 weitet S. ihre publizistische Tätigkeit aus und schreibt Essays über ästhetische, religiöse und erstmals auch über zeitgeschichtliche Fragen, die durch den Ersten Weltkrieg und die Revolution aufgeworfen werden. Die Jahre 1919 bis 1921 bringen sie an den Rand der körperlichen Erschöpfung: Tagsüber bewirtschaftet sie mit Mann und Kind einen Bauernhof in Säckingen, nachts schreibt sie Gedichte und eine Vielzahl von Rezensionen. 1926 erfolgt die Trennung von ihrem Mann. S. geht zunächst nach Berlin, später nach Frankfurt. Zwischen 1926 und 1933 verfaßt sie mehrere Aufsätze zu Fragen der Frauenemanzipation, in denen sie eine Metaphysik der Geschlechter vertritt (*Das Frauenproblem in der gegenwärtigen Welt*, 1926; *Frau und Geist*, 1931; *Wandlungen der Frau*, 1933). Ihr Band *Frauen der Romantik* (1929) stellt eine großangelegte Deutung des Lebens und Schreibens berühmter Romantikerinnen im Hinblick auf die Grundproblematik dieser Epoche dar. Die Begegnungen mit dem Heidegger-Schüler Arnold Metzger und der Frauenrechtlerin Bertha Pappenheim (1859–1936) sowie eine Wiederbegegnung mit Bernhard Groethuysen führen zur Rezeption der Schriften Heideggers, Kafkas und Freuds; zahlreiche Essays hierzu reichen bis in das Jahr 1940 hinein. 1933 verläßt S. Deutschland und emigriert in die Schweiz, nach Zürich. Im Exil wird die alttestamentarische Figur Hiobs für sie zu einer Denkfigur, mit der sie die Verfolgung der Juden zu deuten versucht. *Das Buch Hiob und das Schicksal des jüdischen Volkes* (1946), von S. auch als ihr Lebenswerk bezeichnet, weist sie als unorthodoxe Denkerin des Jüdischen aus. – 1959 erhält S. die Ehrendoktorwürde der Freien Universität Berlin. Im hohen Alter von über neunzig Jahren verfaßt sie ihre Erinnerungen *Ich habe viele Leben gelebt* (1964), die die Vielfalt ihres Schreibens wie auch die Erfahrungen ihres langen Lebens spiegeln.

Das Nah- und Fernsein des Fremden. Essays und Briefe. Hg. I. Nordmann. Frankfurt/M. 1992. – Lit.: Hahn, B.: »M.S. (1872–1966). Dialogisches Schreiben«. In: Dies. (Hg.): *Frauen in den Kulturwissenschaften.* München 1994, S. 81–95; Nordmann, I.: »Der Dialog ist Bruch und Beginn. Zu M.S. Ein Portrait ihres Denkens«. In: Carlebach, J. (Hg.): *Zur Geschichte der jüdischen Frau in Deutschland.* Berlin 1993, S. 203–218.

Heike Brandstädter

Sutherland, Efua Theodora (geb. Morgue)

Geb. 27. 6. 1924 in Cape Coast/Ghana; gest. 1996

Efua Sutherland kommt nicht nur als Schriftstellerin sondern auch als Theatermacherin und Literaturwissenschaftlerin eine herausragende und wegweisende Rolle unter den afrikanischen Autorinnen zu; sie beeinflußte z. B. die inzwischen viel bekanntere Ama Ata ↗ Aidoo. Mit ihren Themen, die teils traditionell afrikanisch sind, teils den Kulturkonflikt in kolonialen Gesellschaften aufgreifen, wendet sie sich sehr direkt und mit erzieherischer Absicht an das heimische Publikum. Anliegen ihrer gesellschaftlich emanzipatorischen Arbeit ist einerseits die Gleichstellung der afrikanischen mit der europäischen Kultur, andererseits die Erziehung der Menschen zu Vernunft, Gerechtigkeit und Fortschritt. In der Erzählung *New Life at Kyrefaso* (1957) und im Theaterstück *Foriwa* (1967) sind führende Frauen, die Königin und ihre Tochter, die Wegbereiterinnen dieser demokratischen Fortschrittskultur. S.s Stücke und Geschichten sind in der Alltagskultur verwurzelt, sollen Menschen zum Nachdenken über sich selbst, ihr Verhalten und das ihrer Gemeinschaft anleiten, sind aber nie fundamental gesellschaftskritisch. Auch wenn ihre Theaterstücke häufig an Brechts episches Theater erinnern, liegen die ästhetischen Wurzeln im afrikanischen Geschichtenerzählen und dessen Dramatisierung. Beispiel hierfür ist ihr Stück *The Marriage of Anansewa* (1980), das auf der alten Tradition der *Ananse Sem* basiert, Geschichten um den schlitzohrigen Spinnenmann Ananse. S. hat mit diesem Theaterstück nicht nur eine eigene Geschichte in dieser Tradition erzählt sondern auch die Form des Geschichtenerzählens für die Bühne verarbeitet, ihr eine eigenständige ästhetische Form gegeben, die sie »Anansegoro« nennt.

In eine westlich orientierte christliche Familie an der Küste hineingeboren, entdeckte S. die Kultur ihres eigenen Landes erst nach ihrer Rückkehr aus England im Jahre 1951, wo sie studierte und als Lehrerin arbeitete. Mit ihrem amerikanischen Ehemann William Sutherland widmete sie sich sowohl Schule und Erziehung im ländlichen Bereich als auch der Erforschung der Kultur und Traditionen. Ghanas Unabhängigkeit 1957 war für S. das Signal zum schriftstellerischen und dramatisch-avantgardistischen Aufbruch. So gründete sie noch im selben Jahr die Ghana Society of Writers und bald darauf das Ghana Drama Studio sowie das Experimental Theatre. Wegen des Mangels an speziell afrikanischer Kinderliteratur verfaßte sie die Kindersachbücher *Playtime in Africa* (1960) und *Roadmakers* (1961), später folgten die Kindertheaterstücke *Vulture! Vulture!* und *Tahinta* (1968).

Neben ihrer Forschungstätigkeit an der Universität Legon verfaßte und inszenierte sie die Theaterstücke *Edufa* und *Foriwa* (beide 1967 erschienen) und *The Marriage of Anansewa*. Ihr Prosa- und Lyrikwerk ist weniger umfangreich: Die Kurzgeschichte *New Life at Kyerefaso* sowie einige Gedichte sind in Anthologien erschienen. Trotz ihrer unbestrittenen Bedeutung für die ghanaische, bzw. für die afrikanische Literatur sind von S. auf deutsch nur einige Gedichte in Janheinz Jahns

Anthologie *Schwarzer Orpheus* (1954) unter ihrem Mädchennamen Morgue erschienen.

Lit.: Imfeld, A.: »Nachruf – Memorial E. T. S.« In: *LiteraturNachrichten* 49 (1996), S. 17.

Stefanie Höhn

Švarc, Elena Andreevna

Geb. 17. 5. 1948 in Leningrad/UdSSR

»Mein Gott, ... / manchmal / nimmst du mich auf die Hand / Und preßt mir ein wenig / die Kehle zu; / damit ich pfeife / und ein Lied singe / für Dich allein.« (»Klagelieder«, 1976) Š.s frühe Gedichte sind ein ständiger Dialog mit Gott. Dies mag der Grund gewesen sein, daß ihre Lyrik in der Vor-Perestrojka-Zeit auch innerhalb des Undergrounds nur zögerlich verbreitet wurde, in den Exilverlagen der russischen Diaspora aber umso stärkere Beachtung fand. Dissidentisch in ihrem Verhältnis zur Welt, befremdete (und begeisterte) die immens spirituelle Reflexion der Autorin, in der Demut und Ergebenheit mit rebellischem Aufbegehren einander abwechseln. Nicht prometheische Provokation, wohl aber Verweigerung fremder Einschreibung prägen das Gedicht »Plač' pticy« (Klagelied eines Vogels) aus dem Zyklus *Prostye stichi dlja sebja i dlja Boga*, 1976 (Einfache Gedichte für mich selbst und Gott). Im Motiv der gepreßten Kehle, im Bild des geimpften Hirns, versinnbildlicht sich der ungeheure Griff Gottes, gegen dessen Vereinnahmung die triumphierende Erkenntnis gegenseitiger Abhängigkeit gesetzt wird. Š. reflektiert jedes Leben über das »Ich«; Ich-Erfahrung drückt sich über Körpererfahrung aus. Raummotive wie das der Körper umschließenden Handfläche verdeutlichen die Relation zwischen Großem und Kleinem, Dominanz und Fügung. Leben erscheint geworfen in Raum und Zeit sowie der Macht der Elemente ausgeliefert; zugleich ist es fähig, selbst Element zu sein: »In mir flimmert des Mittelmeers Ebbe und Flut« (»Ėlegii na storony sveta«, 1980/Elegien auf der Seite des Lichts). Über distanzierte Selbstschau in der »Ėlegija na rentgenovskij snimok moego čerepa«, 1976 (Elegie auf das Röntgenbild meines Schädels) gelingt das Begreifen eigener Temporalität und Sterblichkeit. Selbst Geschichte wird über die Körpersprache erklärt: Im Bild der gen Osten fliegenden Wirbelsäulen und dem Widerschein der körperlosen Seelen aus dem östlichen Gesang der »Ėlegii na storony sveta« wird der jüdische Holocaust erinnert. Väterlicherseits ukrainisch-tatarischer, mütterlicherseits jüdischer Herkunft sucht Š. Selbstbestimmung nicht nur in der Auseinandersetzung mit den antiken Göttern und dem Gott der Christen, sie erfragt auch ostslawische und jüdische Mythen nach ihrer Bedeutung für die eigene Identität.

Š.s Bildwelt ist ein Ausflug ins Transzendente in origineller Verflechtung mit der physischen Welt und unverkennbar intertextuellen Bezügen. Ihre Motivik ist geprägt von der Vielzahl der Vogelbilder als den »Leibkreuzen Gottes« im Nebeneinander mit den Engeln und Göttern. Das Motiv der Straßenbahn als Gefahrensymbol erinnert an Michail Bulgakov – so in »Kak Andrej Belyj čut' pod tramvaj ne popal«, 1987 (Wie Andrej Belyj beinahe unter die Straßenbahn geriet) oder »Novoroždennomu«, 1993 (Dem Neugeborenen). Schnee- und Windmetaphern verweisen auf den russischen Symbolismus.

Das Nebeneinander von Elegischem und Ironischem, z.T. in der Bindung an Elemente des Karnevalesken, ist ein wesentliches Kennzeichen ihres lyrischen Gestus. Klage wechselt mit Aufbegehren im Gelächter: die sich im Tode noch vor Lachen biegenden Knochen (»Tancujuščij David«, 1985/Der tanzende David) oder das respektlos-vulgäre Gekrächz eines Papageis im letzten Lebensmoment (»Popugaj v more«, 1987/Der Papagei im Meer), das an die Moskauer Bierbar versetzte Land Kanaan (»Novyj Ierusalim«, 1987/Neu-Jerusalem) oder der »göttliche« Vodka des Russen.

Die feministische Literaturkritik sieht in Š. die »sexuell expliziteste Poetin« nach ↗ Cvetaeva und bezieht sich dabei insbesondere auf ihr Poem »Grubymi sredstvami ne dostič blaženstva. Chorror ėroticus«, 1985 (Mit groben Mitteln ist Göttlichkeit nicht zu erreichen. Horror des Erotischen), in dem die aggressive Sexualität des Mannes hervorgehoben wird. Š. gestaltet jedoch gleichfalls sexuell aggressive Frauen (»Kostroma-Dionis«; »V Otstavke«, 1990/Außer Dienst), die sie mit extremer Machtbefugnis versieht und damit die Geschlechterfrage als Genderfrage erhellt.

Stichi (Gedichte). Paris 1987; »Mose und der Busch, in dem Gott erschien«. In: *Neue Russische Literatur. Almanach* 4–5 (1981–1982); *Storony sveta* (Gedichte). Leningrad 1989; *Stichi* (Gedichte). Leningrad 1990. – Lit.: Burichin, I. In: *Kovčeg* 6 (1981); Goričeva, T. In: *Grani* 120 (1981); Krivulin, V. In: *Russkaja mysl'* (14.07. 1989); Rovner, A./Andreeva, V. In: *Rodnik* 4 (1990); Kuznecova, A.: »Voskresenie vnutri ducha«. In: *Zvezda* 12 (1990), S. 161–163; Kelly, C.: *A History of Russian Women's Writing. 1820–1992*. Oxford 1994, S. 411–422.

Christina Parnell

Světlá, Karolina (geb. Johanna Rott, verh. Mužáková)

Geb. 24. 2. 1830 in Prag; gest. 7. 9. 1899 in Prag

Karolina Světlá war nach Božena ↗ Němcová (1820–1862), die sie als ihr Vorbild verehrte, die zweite Frau in der tschechischen Literatur des 19. Jh.s, die sich neben ihren männlichen Kollegen behauptete und mit ihrem umfangreichen Prosawerk wesentlich zur Entwicklung des tschechischen Realismus, vor allem der Romangattung, beitrug. Außerdem engagierte sie sich in der sich etablierenden tschechischen Frauenbewegung, für die sie auch jüngere Autorinnen, Eliška ↗ Krásnohorská (1847–1926) und Teréza Nováková (1853–1912), gewinnen konnte. Überzeugt von der Wichtigkeit von Bildung und ökonomischer Unabhängigkeit als Voraussetzung eines emanzipierten Lebens, unterstützte sie 1865 die Gründung des aufklärerisch tätigen Zirkels »Americký klub dam« (Amerikanischer Damenclub) und 1871 die des »Ženský výrobní spolek« (Frauenarbeitsverein), der – von ihr bis 1880 geleiteten – bedeutendsten feministischen Vereinigung der zweiten Hälfte des 19. Jh.s. Zur bewußten Tschechin hatte sich die Tochter einer sich zum Deutschtum bekennenden Patrizierfamilie aus der Prager Altstadt erst als Jugendliche unter dem Einfluß ihres Hauslehrers Petr Mužák entwickelt, den sie 1852 heiratete. Nach seinem in Nordböhmen gelegenen Geburtsort Světlá pod Ještědem wählte sie ihr literarisches Pseudonym, dort spielen auch ihre wichtigsten Werke.

Der zweite Themenkreis, mit dem sich S. beschäftigte, war das städtische Milieu Prags. Sie beschreibt aus kritischer Distanz die ihr vertraute konservative Lebenswelt des wohlhabenden und in patriotischen Belangen gleichgültigen Prager Bürgertums. Besonderes Augenmerk richtete sie auf das nationale Erwachen von Mädchen aus deutschen oder germanisierten Familien, wie sie und ihre Schwester, die spätere Schriftstellerin Sofie Podlipská (1833–1897), es selbst durchgemacht hatten. Die Wirkung dieser, zum Teil historisierenden, »Prager Prosa« ist heute verblaßt. Eine Ausnahme bilden die pittoreske Erzählung »Černý Petříček«, 1871 (Das schwarze Peterchen), die für ihr Lokalkolorit geschätzt wird, und Memoirenwerke.

Künstlerisch bedeutsamer ist S.s realistischere »Jeschken«-Prosa, in der sich gelungene Landschaftsbeschreibung und psychologisch überzeugende Charakterzeichnung und Handlungsführung die Waage halten. Romane wie *Vesnický román*, 1867 (Dorfroman) oder *Kříž u potoka*, 1868 (Das Kreuz am Bach) und die Erzählungen »Kresby z Ještědí«, 1880 (Zeichnungen aus dem Jeschkengebirge) brachten ihr den Ruf als Begründerin der tschechischen Dorfprosa ein. Die Erzählung »Hubička« (»Der Kuß«) wurde von Eliška ↗Krásnohorská zu einem Libretto für Bedřich Smetanas (1824–1886) gleichnamige Oper (Prem. 1876) umgestaltet. S. betonte in der Tradition von B. ↗Němcová, und wie diese von Rousseau und George ↗Sand beeinflußt, mit nationalpädagogischer Tendenz die Unverbildetheit und sittliche Überlegenheit der bäuerlichen Bevölkerung gegenüber dem städtischen Bürgertum.

Trotz der Kritik, die S. an der traditionellen Erziehung der Mädchen übte, und trotz ihres Eintretens für die Gleichberechtigung agieren ihre Heldinnen altruistisch. Den Konflikt zwischen Pflicht und Gefühl, der zusammen mit Beziehungsproblemen das Hauptthema ihrer Dorfprosa bildet, lösen diese, den Männern moralisch überlegenen, Frauengestalten durch den Verzicht auf eigene Wünsche zugunsten eines höheren ethischen Ideals. Die Erkenntnis, daß weibliche Selbstverwirklichung und die Befriedigung emotionaler Bedürfnisse oft nur über gesellschaftliche Konventionen hinweg zu erreichen sind, wurde viel später von Růžena Svobodová (1868–1920) zaghaft formuliert, die sich mit Fragestellungen der kultivierten modernen Frau befaßte. Die mährische Slowakei entdeckte Gabriela Preissová (1862–1946), die Zeit ihres Lebens für die Gleichberechtigung kämpfte. Sie thematisierte in ihren ländlichen Dramen am Beispiel von in Leidenschaft verstrickten Frauen den Konflikt zwischen Konvention und Freiheit. Weltberühmt wurde *Její pastorkyňa* (Ihre Ziehtochter, 1891, Prem. 1890) durch die Vertonung von Leoš Janáček (1854–1928) zu der 1904 uraufgeführten Oper *Jenufa* (dt. von Max Brod).

Vybrané spisy (Ausgewählte Schriften). 8 Bde. Hg. Špičák, J. Prag 1954–1960. – Lit.: Špičák, J.: *K. S.* Prag 1962 (mit Bibliogr.); Moldanová, D.: »Proměny ženského tématu v tvorbě spisovatelek na přelomu století«. In: *Prameny české moderní kultury 2.* Prag 1988, S. 190–201; Janáčková, J.: »T. Nováková«. In: Wagnerová, A. (Hg.): *Prager Frauen. Neun Lebensbilder.* Mannheim 1995, S. 55–70.

Christa Rothmeier

Szabó, Magda
Geb. 5. 10. 1917 in Debrecen/Ungarn

In ihrer Heimat ist Magda Szabó, die *grande dame* der ungarischen Gegenwartsprosa, einem engeren Kreis auch als Lyrikerin und Übersetzerin u. a. von Shakespeare, Galsworthy und Mariana Alcoforado (1640–1723) bekannt. Dasselbe gilt für die Literaturhistorikerin Sz. und ihre innovative Interpretation ungarischer Klassiker. Ein breiteres Publikum kennt sie als erfolgreiche Bühnenautorin, die für ihre Dramen bevorzugt Figuren in Entscheidungssituationen der Nationalgeschichte wählt. Was sie zur in Ungarn meistgelesenen Schriftstellerin und darüber hinaus zur international renommierten Autorin macht, ist ihr erzählerisches Werk. Es umfaßt bislang ein gutes Dutzend in fast dreißig Sprachen übersetzter Romane, zwei Bände Erzählungen sowie mehrere Kinder- und Jugendbücher.

In der Mehrzahl ihrer Romane beschreibt Sz. vor dem Hintergrund der an politischen und sozialen Umbrüchen reichen Entwicklung Ungarns im 20. Jh. das Schicksal von Familien oder den Lebensweg einzelner Frauengestalten. Sie schildert deren psychisch-existentielle Gefährdung im Konflikt zwischen Rolle und Persönlichkeitsstruktur, tradiertem Familiensinn und realer Vereinsamung, zwischen alten und neuen Werten, individuell gelebter und öffentlich propagierter Moral. Als eine der ersten in der traditionellen Prosaliteratur Ungarns verwendet Sz. moderne Erzähltechniken wie Perspektivenwechsel, Auflösung von Zeitebenen, Rückblende und inneren Monolog.

Sz.s Ethos, ihr Weltbild und selbst ihre Geschichtsauffassung sind vom Geist des calvinistischen Protestantismus geprägt, den ihr das bildungsbürgerliche Elternhaus, die Schule und die Traditionen ihrer Vaterstadt Debrecen vermitteln. 1935–40 studiert sie an der dortigen Universität lateinische und ungarische Philologie für das Lehramt an höheren Schulen und promoviert 1940 zum Dr. phil. Nach fünf Jahren Lehrtätigkeit an Protestantischen Mädchengymnasien in Ostungarn, übersiedelt sie 1945 nach Budapest und arbeitet bis Anfang 1950 im Ministerium für Bildungswesen. Nach ihrer Entlassung aus politischen Gründen kehrt sie in den Schuldienst zurück und unterrichtet, da ihr die Lehrerlaubnis für das Gymnasium verweigert wird, an Grundschulen. Seit 1959 widmet sich Sz. als freiberufliche Autorin ganz der literarischen Arbeit.

Dem erfolgreichen Debut in den späten 40er Jahren mit zwei Gedichtbänden folgen unter der stalinistischen Rákosi-Diktatur lange Jahre erzwungenen Schweigens. Um nicht »an der Bitterkeit der eigenen Verse zu ersticken«, wechselt sie die Gattung und schreibt in »wütendem Zorn« ihre beiden ersten Romane – zunächst freilich nur für die Schublade. Ihre Veröffentlichung wird erst zu Beginn der Kádár-Ära (1956–1988) möglich. 1958 erscheint der Roman *Freskó* (*Das Fresko*, 1960), der von der Kritik begeistert aufgenommen wird; die Autorin wird als Nachfolgerin der großen Margit Kaffka (1880–1918) gefeiert. 1959 folgen *Az őz* (*Die andere Esther*,

1961) und *Disznótor* (*Das Schlachtfest*, 1960), dann bis 1969 vier weitere Romane. Daß Sz. überraschend schnell auch im Westen publiziert wird, verdankt sie der Empfehlung Hermann Hesses. Als dieser 1960 nach Lektüre einer Probeübersetzung aus dem *Fresko* rät: »Kaufen Sie diese Autorin, sie ist ein Goldfisch«, erwirbt der Insel-Verlag die deutschen Übersetzungsrechte für das ganze zukünftige Prosa Œuvre. Damit öffnet sich für Sz. – über die deutsche Übersetzung – der Zugang zum gesamten westlichen Literaturmarkt.

Von 1970–80 entstehen die historischen Dramen, darunter die Trilogie um König Béla IV., eine Herrschergestalt aus dem 13. Jh., und die beiden bedeutendsten biographischen Prosawerke: *Ókút*, 1970 (Alter Brunnen) vergegenwärtigt die eigene Kindheit Sz.'s, *Régimodi történet*, 1977 (*Eine altmodische Geschichte*, 1987) ist das zum Gesellschafts- und Epochenroman ausgeweitete Porträt ihrer Mutter und deren Familie. Nach den Erzählungen und zwei Romanen der 80er Jahre erscheint 1990 als bisher letztes episches Werk *A pillanat (Creusias)* (Der Augenblick), in dem Sz. Vergils *Aeneis* neu erzählt. Bei ihr überlebt nicht Aeneas, sondern Creusa den Untergang Trojas. Sie erschlägt ihren Gatten, der ihr zu feige und zu schwach erscheint, um den Ruhm Trojas zu retten und in Italien das neue Reich zu gründen, und übernimmt selbst die Rolle des Heroen.

Szabó Magda művei. 10 Bde. (Werkausgabe in Einzelbänden). Budapest 1975–1992. – Lit.: Nagel, I.: »Die Wirbel, die in die Vergangenheit führen«. In: *Die Zeit*, 11.12. 1964; Kabdebó, L.: »Heroines of Self-Salvation. The Novels of M.Sz.« In: *The Hungarian Quarterly*, Vol. 34, No. 130, Summer 1993, S. 14–23; *Irodalomtörténet* 28 (1997), H. 3, S. 325–515 (mit Themenschwerpunkt »M. Sz. zum 80. Geburtstag« und Bibl.).

Kathrin Sitzler

Szymborska, Wisława

Geb. 2. 7. 1923 in Bnin bei Poznań/Polen

»Es gibt keine dringenderen Fragen/als die naiven Fragen.« – Mit dieser Schlußpointe ihres Gedichts »Schylek wieku« (»Das Ende eines Jahrhunderts«) verweist S. auf zwei Konstanten ihrer Dichtung – auf den Vorrang der Frage, hinter der die Antwort immer zurückstehen muß, sowie auf die Bedeutung des Kleinen und Banalen, das zumeist übersehen wird, weil es ohnehin schon als bekannt und damit uninteressant gilt. S. veröffentlichte 1945, unmittelbar nach dem Ende des Zweiten Weltkriegs, ihre ersten Gedichte in Krakauer Zeitschriften. Sie ist damit in eine männliche Domäne vorgedrungen, denn die polnische Lyrik nicht nur der Nachkriegszeit ist geprägt von Namen wie Julian Przyboś, Tadeusz Różewicz, Zbigniew Herbert u. a., und hat sich dort einen Platz ganz vorne erkämpft. S.s frühes Werk ist nicht frei von Zugeständnissen an die ideologische Doktrin des Sozialistischen Realismus, die auch der polnischen Literatur der frühen 50er Jahre auferlegt wurde; allerdings hat sie es von Anfang an verstanden bei allen ästhetischen Zwängen, ihre eigene Sprache zu finden, die spätestens ab dem Band *Wołanie do Yeti*,

1957 (Rufe an Yeti) nicht zu überhören ist. Buchveröffentlichungen von insgesamt 9 Bänden in den folgenden Jahrzehnten ergeben ein kleines, aber umso gewichtigeres Werk.

Distanz und Enthaltsamkeit kennzeichnen auch die weitere Biographie der Autorin – 1966 tritt sie aus der Polnischen Vereinigten Arbeiterpartei aus, wenige Jahre später gibt sie ihre Stellung bei einer renommierten Krakauer Literaturzeitschrift auf, wo sie jahrzehntelang die Abteilung Lyrik betreut und ihre Leseeindrücke veröffentlicht hatte. Während des Kriegszustands von 1981 und in der Zeit danach galt S. als eine Autorität der Opposition und war auch an der Gründung eines neuen, nichtkonformen Autorenverbands beteiligt. Ihr Werk läßt sich keiner literarischen Strömung oder Gruppierung zuordnen, es steht für sich, ist zeitlos und zeitgemäß und hat seit seinen Anfängen nichts von seiner Popularität eingebüßt. S.s Leserschaft ist international, ihre Texte sind in mehr als ein Dutzend Sprachen übersetzt, und zu den vielen nationalen Auszeichnungen sind große internationale Preise und der Nobel-Preis 1996 hinzugekommen.

Ausgangspunkt der poetischen Reflexion S.s ist das Staunen angesichts einer Welt, die ganz anders ist, als man sie aus der alltäglichen Wahrnehmung kennt, wenn man sie nur auf die richtige Weise befragt. Dabei zeigt sich, daß diese Art des Fragens nie auf eine definitive Antwort rechnen kann, weil Frage und Antwort immer in einem nichtproportionalen Verhältnis stehen – auf ›große‹ Fragen weiß diese Dichtung nur ›kleine‹ Antworten. Ungeachtet dessen kommen in S.s Lyrik die ›großen‹ Anliegen der Welt und des Menschen zur Sprache, die Frage nach dem Sinn des Fortschritts, nach den Chancen der Humanität am Ende unseres Jahrhunderts, nach der Verantwortlichkeit des Einzelnen für die Geschichte. Skeptisch ist die Autorin in bezug auf geschlossene Systeme, die für alles eine Antwort haben – die Einzigartigkeit der Phänomene des Lebens entzieht sich der Aufhebung ins Allgemeine, die Ausnahme bestätigt nicht die Regel, sondern beweist deren Unmöglichkeit. Das menschliche Leben ist zufällig, unsicher und undurchschaubar, es wird aber in jedem Fall bejaht und in seiner Irrationalität jeder rationalistischen Ausdeutung vorgezogen. So übernimmt S.s Lyrik immer wieder die Funktion einer ›Arche‹, die das Individuelle und Zufällige, das Mögliche und das Spielerische bewahrt und überleben läßt in einer erdrückenden Flut von faktischer Realität.

Ihre Dichtung steht in der Tradition einer auf das ›Ganze‹ zielenden philosophischen Lyrik, wenngleich sie diese ›ewigen‹ Themen immer mit Ironie und Humor beleuchtet und in Verbindung mit dem Kleinen und Banalen bringt. Sie basiert auf der Überzeugung, daß die Sprache Träger von Bedeutungen ist, die in der Welt außerhalb der Dichtung Gültigkeit haben; eine moderne oder postmoderne Skepsis an der Sprache selbst sind ihr fremd. Was die Klarheit ihres Ausdrucks, die leichte Faßlichkeit ihrer Bilder und die Transparenz ihrer Konzepte betrifft, so hat man diese Lyrik immer wieder als ›klassisch‹ bezeichnet; der Verzicht auf das sprachliche Experiment, das Beharren auf der Interpunktion und der Pointe am Schluß, der Einsatz von Konzept und Fabel sind zusätzliche Elemente, die für den konventionellen Charakter dieser Lyrik sprechen. Demgegenüber stehen deutlich moderne Züge, wie der Verzicht auf Reim und Rhythmus, Anleihen bei der Umgangssprache sowie den verschiedensten Fachsprachen, die Aufsplitterung der auktorialen Perspektive in viele Rollen-Ichs, die zeigen, wie zeitgemäßer Ausdruck mit Traditionsverbundenheit zu vereinbaren ist.

Wiersze wybrane (Ausgewählte Gedichte). Warszawa 1964; *Widok z ziarnkiem piasku. 102 wiersze* (Landschaft mit Sandkorn. 102 Gedichte). Poznań 1996; *Sto wierszy. Sto pociech/Hundert Gedichte. Hundert Freuden.* (zweisprachig). Krakau 1997; *Die Gedichte.* Frankfurt/M. 1997. – Lit.: *Wokół Szymborskiej. Poznańskie Studia polonistyczne, Seria Literacka II* (XXII). Poznań 1995; Kwiatkowski, J.: »Nachwort«. In: *W. S.: Hundert Freuden. Gedichte.* Frankfurt/M. [2]1991, S. 205–217; Surowska, B.: »W. S. Nobelpreisträgerin 1996.« In: *Zeitschrift für Literaturwissenschaft und Linguistik* 108 (1997), S. 138–150.

Alois Woldan

Tèffi (geb. Nadežda Aleksandrovna Lochvickaja, verh. Bučinskaja)

Geb. 9. 5. 1872 im Gouvern. Volynsk/Rußland; gest. 6. 10. 1952 in Paris

»Jede meiner lustigen Erzählungen ist eigentlich eine kleine Tragödie, die ins Komische verdreht worden ist.« So die Selbstcharakteristik der begnadeten Humoristin, die mehr als vier Jahrzehnte lang zu den bekanntesten Autorinnen der ersten russischen Emigration zählte. – In eine gebildete und vor allem literarisch interessierte Petersburger Familie geboren, zeigte Nadežda Aleksandrovna, die später unter dem Pseudonym Tèffi etwa 500 Feuilletons und Kurzgeschichten, Theaterstücke, Gedichte, Reiseberichte, Memoiren und Essays verfaßte, bereits früh Begeisterung für die Literatur. Dies verband sie mit ihrer früh verstorbenen Schwester Mirra Lochvickaja (1869/70–1905), die neben Zinaida ↗ Gippius später zu den wichtigsten Lyrikerinnen des frühen 20. Jh.s zählen und als ›russische ↗ Sappho‹ bezeichnet werden sollte. T. heiratete bereits sehr früh, mit 18 Jahren, und gebar drei Kinder, ehe sie um 1900 ihre Familie verließ und ab 1904 regelmäßig zu publizieren begann. Sie profitierte dabei indirekt von dem nach der Revolution von 1905 einsetzenden Presseboom und der Lockerung der Zensur. Bald zählte T. zu den bekannten Autorinnen der wichtigsten Moskauer und Petersburger Zeitschriften und Zeitungen, allen voran der bekannten satirischen Wochenzeitschrift *Satirikon.* Ab etwa 1910 konnte sie regelmäßig Bücher veröffentlichen, die von der Kritik hoch gelobt wurden. Nach der Oktoberrevolution floh T. aus Rußland und ließ sich schließlich in Paris nieder, wo sie bis zu ihrem Tod lebte. In Petersburg war sie bereits in literarische Kreise (u. a. der Symbolisten) und Künstlergruppen integriert gewesen. Nun führte sie in Paris selbst einen Salon, der fortan eines der Zentren für die Intelligencija der Emigration bildete.

T., die über eine scharfe Beobachtungsgabe verfügte, bezog den Stoff für ihre Erzählungen aus ihrer russischen Kindheit, der russischen Geschichte und aus dem alltäglichen Leben. Von Anfang an konnte T. auf eine breite Leserschaft zählen. Der feine Humor der Autorin, ihr flüssiger, eleganter Stil, ihre Fähigkeit, mit wenigen Worten Situationen genau wiederzugeben und psychologisch glaubwürdig zu erzählen, wurden von der zeitgenössischen Kritik hoch gelobt. Sparsam eingesetzte Details, lebendige witzige Dialoge ließen T. zu einer Meisterin der kleinen Erzählformen werden. Besonders beachtenswert sind ihre Erzählungen aus der Emigrationszeit, in denen sie scheinbar leicht und mit feinem Humor den Alltag des Emigrationsschicksals schildert.

Eine wichtige Quelle stellen ihre Memoiren (Paris 1931) dar, in die sie neben bewegenden Tatsachenberichten über die Flucht komische und absurde Porträts von Zeitgenossen sowie philosophische Betrachtungen verwob. Obwohl T. auch zwei Lyrikbände veröffentlichen konnte (1923) und außerdem Kurzdramen verfaßte, wurde sie nur als Erzählerin bekannt, die wegen ihres Stils wiederholt neben Anton P. Čechov und Mark Twain gestellt wurde. Im Unterschied aber zu diesen beiden Autoren findet sich T. bislang nicht im literarischen Kanon. In sowjetischen Zeiten verhinderten sowohl die Tatsache ihrer Emigration als auch ihre offensichtlich apolitische Haltung eine angemessene Rezeption. Erst in jüngerer Zeit wird T.s Werk in Rußland wieder einem breiteren Publikum zugänglich gemacht. In Deutschland wird die Autorin bis heute fast nicht rezipiert.

Demoničeskaja ženščina. Rasskazy (Die dämonische Frau. Erzählungen). Moskau 1996. – Lit.: Haber, E.: N. T. In: *Russian Literature Triquarterly.* Ann Arbor 1974, S. 454–472; Pachmuss, T.: N. T. In: Pachmuss, T. (Hg.): *Women Writers in Russian Modernism.* Urbana 1978, S. 261–267; Trubilova, E.: T. In: *Russkoe zarubež'e. Zolotaja kniga russkoj èmigracii. Pervaja tret' XX veka.* Moskau 1997, S. 637–639.

Elisabeth Cheauré

Telles, Lygia Fagundes

Geb. 19. 4. 1923 in São Paulo/Brasilien

»Ich setze auf das Wort. Ich spiele ohne Partner und ohne Zeugen, ein hartes und sauberes Spiel«, sagt T. in Erinnerung an ihren Vater, der gerne spielte, und den sie als Kind zum Roulette begleitete. Sie ist eine der großen Erzählerinnen ihres Landes, international bekannt, übersetzt, oft eingeladen als Gesprächspartnerin. In ihrer Kindheit wohnte sie mit ihrer Familie in verschiedenen Orten des großen Bundesstaates São Paulo, da ihr Vater als Jurist im Staatsdienst ständig den Wohnort wechseln mußte. Sie erinnert sich an die in der Kindheit gehörten Märchen, verzauberte Wälder und sagenhafte Gestalten, die später, in verwandelter Form, in ihren eigenen Geschichten, in den Alltag der Gegenwart versetzt, wiederkehren sollten. Nach der »Escola Normal«, einer Oberstufe für junge Mädchen, schrieb sie sich in einer Sporthochschule ein und an der berühmten Rechtsfakultät am Largo de São Francisco in São Paulo, die eine wichtige Rolle im intellektuellen Leben der Stadt und auch des Landes spielte. T. arbeitete mit in Zeitschriften und Zeitungen der Fakultät und veröffentlichte erste Texte.

1944 erscheint ihr erster Band mit Erzählungen, fünf Jahre später der zweite. Sie gewinnt Literaturpreise, u.a. 1969 für die Erzählung »Antes do baile verde« (»Vor dem grünen Ball«, 1984) in Frankreich den Großen Internationalen Preis für ausländische Autorinnen in Cannes. Ihre erste Ehe, aus der sie einen Sohn hat, wird nach einigen Jahren wieder geschieden. Sie heiratet den Filmkritiker Paulo Emílio Salles Gomes. Ihm widmet sie eines ihrer wichtigsten Bücher, den Roman *As meninas*, 1973 (*Mädchen am blauen Fenster* 1984), der zur Zeit der bedrückendsten

Repression der Militärdiktatur trotz scharfer Zensurbestimmungen veröffentlicht wurde. Die Autorin wird zwar verhört, kann sich jedoch herausreden: Es sei doch alles Fiktion, behauptet sie. Die Protagonistinnen, drei junge Mädchen aus unterschiedlichen Verhältnissen, leben in Rio de Janeiro in einem Mädchenpensionat. Eine bleibt dem großbürgerlichen Elternhaus verhaftet und kehrt dorthin zurück, ohne den Schritt in ein eigenständiges Leben getan zu haben; die andere, aus zerrütteten Verhältnissen, geht an Drogen zugrunde, die dritte, die mehr als die beiden anderen in der Wirklichkeit lebt, schließt sich der gegen die Diktatur kämpfenden Linken an. Der zeitgeschichtliche Hintergrund ist geschickt mit der Handlung verwoben, die Autorin wechselt ständig die Perspektive der Ich-Erzählerinnen, verwendet häufig innere Monologe, so daß ein beziehungsreiches Geflecht von Ereignissen und Gedanken entsteht.

Hauptgestalten in den Erzählungen und Romanen T.s sind meist Frauen in städtischer Umgebung. Im Kreis der Familie ist es die Last erstarrter Konventionen, von denen man sich zu befreien sucht, und oft die daraus folgende Auflösung bestehender Beziehungen. Die Autorin entwirft mit feiner Ironie, bisweilen sarkastisch, ihre Szenarien, oft ergeben sich groteske oder skurrile Situationen. Wie bestimmt man nur »Die Struktur der Seifenblase«, das möchte ein Mathematikprofessor erforschen. Was lehrt ein »Seminar der Ratten«? In großen Abständen waren 1954 und 1963 die beiden früheren Romane, *Ciranda de Pedra* (Steinerner Kreistanz) und *Verão no Aquário* (Sommer im Aquarium) entstanden. Erst 1992 veröffentlichte T. ihren vierten Roman, *As horas nuas* (*Nackte Stunden*, 1994), dazwischen immer wieder Erzählungen, insgesamt ein Dutzend Bände mit Geschichten. Die alternde Schauspielerin Rosa Ambrosio, in *Nackte Stunden* dem Alkohol verfallen, erinnert sich an ihre Glanzzeit als große Diva und kann sich mit dem Altern nicht abfinden. 1995 erschien der bisher letzte Erzählband, *A noite escura e mais eu* (Die dunkle Nacht und ich). – Als zweite Frau wurde T. 1985 in die Academia Brasileira de Letras gewählt. Sie ist eine stets beeindruckende Erscheinung von unauffälliger Eleganz, zu Recht eine der anerkanntesten Autorinnen ihres Landes, die ein Leben lang engagiert gegen jegliche Beschränkung der Meinungsfreiheit war.

Lit.: Jon H. Tolman: »New fiction: L. F. T.« In: *Review* 30 (1981), S. 65–70; van Steen, E.: »The Baroness of Tatui, Interview with L. F. T.« In: *Review* 36 (1986), S. 30–33; Mautner Wasserman, R. R.: »The Guerilla in the Bathtub: T.'s ›As meninas‹ and the Interruption of Politics«. In: *Modern Language Studies* 19 (1989), S. 50–65; L. F. T. – *Cadernos de Literatura Brasileira*. São Paulo: Instituto Moreira Salles, núm. 5, maio de 1998.

Ray-Güde Mertin

Teresa de Jesús, Santa (auch Teresa de Ávila, eigtl. Teresa de Cepeda y Ahumada)

Geb. 28. 3. 1515 in Ávila; gest. 4. 10. 1582 in Alba de Tormes/Spanien

Als ›ruheloses, streunendes Weib‹ soll der Papst die 1622 heilig gesprochene und 1970 als erste Frau zur Kirchenlehrerin ernannte spanische Nonne bezeichnet haben, weil sie auf einem Eselskarren unermüdlich die staubigen Straßen von Kastilien und Andalusien bereiste, um Reformen durchzusetzen und neue Klöster zu gründen. Ihre Schriften, die sie auf Weisung ihrer Beichtväter verfaßte und die sie zur Dichterin ›wider Willen‹ machten, bilden zusammen mit den Werken von Juan de la Cruz (1542–1591) den Höhepunkt spanischer Mystik. – T.s Kindheit ist geprägt von der Lektüre abenteuerlicher Ritterromane und Heiligenviten. Mit 21 Jahren läuft sie von zu Hause fort, um gegen den Willen ihres Vaters in einem Karmeliterorden in Avila die klösterlichen Gelübde abzulegen. Geistvolle Gespräche und die Lektüre ›guter‹, d.h. christlicher Bücher, lassen ihre Religiosität vom Glauben aus Schwärmerei und aus Angst vor der Hölle zu einer tiefen Spiritualität reifen. Die Geschichte ihres Lebens, die sie in ihrem *Libro de la vida*, 1583 (*Das Leben der heiligen Mutter Teresa von Jesu*, 1649) von 1562–1566 schreibt, ist geprägt von einem unermüdlichen Aktionismus trotz schwerer Krankheiten und seelischer Krisen. In der Tradition der *Confessiones* des Augustinus (354–430) erzählt sie in ihrer ›Autobiographie‹ vor allem ihren inneren, spirituellen Lebensweg; berichtet sie von ihren intensiven, mystischen Gotteserlebnissen. Die Konflikte, die ihr aus der überwältigenden Visionserfahrung entstehen, geraten dabei zur poetischen Herausforderung: Wie kann sie ihre Gotteserfahrung zum Ausdruck bringen, das Unsagbare in Worte fassen und zudem der Zensur der kirchlichen Autoritäten entgehen? Da das von ihr praktizierte ›mentale‹ Gebet durch einen inneren persönlichen Dialog mit Gott inszeniert wird – Mystik kommt vom griechischen »myein« und bedeutet »die Augen schließen« – verweigert es in gewisser Weise die kirchlich-institutionelle Vermittlung des Priesters.

Damit entsteht Frauen im Spanien des 15./16. Jh.s ein Raum für spirituelle Erfahrungen außerhalb der strengen Hierarchie der Institution Kirche. Im Zuge der mystischen Erneuerung erlangen zahlreiche Seherinnen und Predigerinnen, die von der Inquisition verfolgt werden, erheblichen politischen Einfluß. Um sich vor deren »Selbsttäuschungen« und »teuflischen Eingebungen« zu schützen, führt T.s Weg zur *unio mystica*, der Vereinigung mit Gott, über strenge rationale Prüfung und Erforschung der eigenen Seele. Ihr Schreiben bleibt stets eng verknüpft mit der Umsetzung ihrer Reformvorstellungen und der Abgrenzung von anderen, als »häretisch« oder »lutherisch« abgeurteilten Glaubensrichtungen. 1562 gründet sie in Avila San José ihr erstes Kloster als Herberge der Barfüßerinnen, einer strengen Variante des Karmeliterordens, und verfaßt für ihre Novizinnen mit dem *Camino de Perfección*, 1583 (*Weg der Vollkommenheit*, 1649) eine Anleitung für die stufenweise Versenkung im Gebet. Über Schwierigkeiten und Hindernisse, die sie im Lauf ihres Lebens bei der Gründung der weiteren 16 Klöster überwinden muß, berichtet T. in ihrer Chronik *Libro de las fundaciones*, 1610 (Klostergründungen), deren Struktur und die oft humorvollen, listenreichen Episoden an den zeitgenössischen spanischen Schelmenroman erinnern. Die Gefahren der Gegenreformation sind jedoch nicht zu unterschätzen: 1576 wird sie zu einer Glaubensprüfung vor die Inquisition zitiert, ihr *Libro de la vida* fällt als religiöse Schrift in Volkssprache dem Index zum Opfer, und ihr Freund und Glaubensgefährte, der spätere San Juan de la Cruz, wird ins Gefängnis geworfen. In ihrem Hauptwerk, dem 1577 verfaßten *El Castillo interior* (*Die Seelenburg oder innerliche Wohnungen*, 1651), auch *Las Moradas* genannt, verweist sie ständig auf das Fehlen von Büchern in spanischer Sprache. Im Gegensatz zu den *puellae doctae*, den Humanistinnen, die auch in Spanien die Kultur der Renaissance prägen und die klassischen Sprachen beherrschen ist T. des Lateinischen nicht mächtig. Neben weiteren kleinen Schriften und Gedichten sind ca. 450 Briefe T.s erhalten, die ihren Kontakt mit allen wichtigen Zentren des religiösen Lebens ihrer Zeit bezeugen. – T. stirbt 1582 während einer Reise, ihr Leben und ihre Schriften wurden zum literarischen und apostolischen Modell für Frauen bis ins 20. Jh. hinein.

Sämtliche Schriften der heiligen Theresia von Jesu. 6 Bde. Übers. u. hg. v. A. Alkofer. München/Kempten 71989. – Lit.: Behn, I.: *Spanische Mystik. Darstellung und Deutung*. Düsseldorf 1957; Arenal, E./Schlau, S.: *Untold Sisters: Hispanic Nuns in Their Own Works*. Albuquerque 1989; Sackville-West, V.: *Adler und Taube: eine Studie in Gegensätzen; die Heilige T. v. A., die Heilige Therese von Lisieux*. Berlin 1997.

Susanne Thiemann

Thorup, Kirsten

Geb. 9. 2. 1942 in Gelsted/Dänemark

T. ist eine der wichtigsten dänischen Schriftstellerinnen der Nachkriegszeit. Sie bewegt sich in einer Vielzahl von Genres, schreibt u. a. auch Fernsehspiele und Theaterstücke, hat etliche Literaturpreise bekommen (z. B. den internationalen Pegasus-Preis 1979, das H. C. Andersen-Legat und den Henri-Nathansen-Preis 1991) und genießt beim dänischen Lesepublikum große Beliebtheit. Dieser Publikumserfolg war kaum vorauszusehen, als sie 1967 mit der modernistischen Gedichtsammlung *Indeni – udenfor* debütierte. Der Titel verweist bildlich auf den zentralen Persönlichkeitskonflikt von Gefangensein und gleichzeitigem Fremdheitserleben. Wie dieses kreisen auch die anderen frühen Werke in hermetischer oder distanziert cooler Manier um Identitätsproblematik und Schizophrenie des modernen Menschen: Es geht um Verdinglichung und Fragmentierung der Subjekte, Gleichgültigkeit, Langeweile, Gefühl- und Sinnlosigkeit. Eine soziale Verankerung bekommt dieses dominante Lebensgefühl in T.s erstem Roman *Baby* (1973), der die Teilnahmslosigkeit und Infantilität der Menschen im Milieu von Arbeitslosen und sozial Unterprivilegierten im Kopenhagen der Gegenwart ansiedelt und dadurch unausgesprochen begründet. Hier sind erstmalig Ansätze zu einer optimistischeren, das Gefängnis des Ich durchbrechenden Lebensform erkennbar, die punktuell immer wieder auftauchen wird in den Normbrüchen, Skurrilitäten und Paradoxien des

Werks. So knüpft sich eine vage Hoffnung an den Transvestiten D.J., der als Durchbrecher von sozialen, geschlechtlichen wie sexuellen Normen sich dem Druck der Identitätsfindung entzieht.

Subtile Zeichen der Subversion finden sich auch in der folgenden Roman-Tetralogie, die T. in den folgenden zehn Jahre beschäftigen und ihren Publikumserfolg begründen sollte. Die Entwicklungsgeschichte des Mädchens Jonna von den 1950ern bis in die 80er Jahre ist – aus Jonnas Perspektive und mit ihren Worten – sprachlich einfach und realistisch erzählt und wurde häufig als ein Bruch der Autorin mit der ersten Phase ihres Schreibens begriffen. Doch die Parallelen sind leicht zu erkennen: Unter der Oberfläche einer Geschichte der ›einfachen Leute‹ Dänemarks lauern dieselben Normen, vergleichbare Identitätskonflikte und ähnliche Erstarrung. Und wieder sind es die Regelbrüche, erzählerischer wie erzählter Art, die sparsam eingesetzten phantastischen, surrealen und destabilen Elemente, die den Texten einen doppelten Boden verleihen. In einem groß angelegten Gesellschaftspanorama erkennen wir die Konfirmationsfeiern der 50er, die Wohngemeinschaften und Demonstrationen der 60er und die Fraueninitiative auf Greenham Common in den 80er Jahren, wir erkennen Identitäts- und Partnerschaftskonflikte, zeittypische Lebensläufe – und wir wundern uns über Hellseher, Schlafwandler, Doppelgänger und engelgleiche Gestalten.

Lit.: Paludan, M.-L.: »Kirsten Thorup«. In: Broström, T./Winge, M. (Hgg.): *Danske digtere i det 20. århundrede*. Kopenhagen 1982; Lundbo Levy, J.: *Modstandens figurer*. Kopenhagen 1987, S. 133–164; Heitmann, A.: »Eine Welt als ob. Weiblichkeit und Modernismus im Werk K. T. s.« In: *Skandinavistik* 15 (2/1985), S. 81–92.

Annegret Heitmann

Tieck, Anne Sophia

Geb. 28. 2. 1775 in Berlin; gest. 1. 10. 1833 in Reval (Estland)

»Ich wünsche mich zu dieser Erzählung nicht zu nennen, wenn Sie aber geneigt wären, künftig etwas von mir aufzunehmen: so würde ich es gewiß. Es wäre gänzlich überflüssig, wenn ich Ihnen etwas von den Ideen sagen wollte, welche ich diesem kleinen Romane habe zum Grund legen wollen. Ich wünsche nur, daß er allgemein richtig angesehen wird; und daß man mir nicht dasjenige was meine Absicht war zum Vorwurf macht; das inconsequente hin und her Schwanken aller Personen, welche nicht einem Charakter getreu bleiben. Ich habe mich bemüht ohne eine zu grosse Härte die Lächerlichkeit zu rühmen: daß die Menschen oft durch ein ewiges Rollenspielen ihr ganzes Leben verliehren; und dann vereinigt am Ende eine doppelte Rolle in einem mittelmässigen Schauspiele die beiden Hauptpersonen wieder« – dies schrieb T. in einem unveröffentlichten Brief an den Verleger in Leipzig, dort wird 1801 ihr Roman *Julie Saint Albain* in zwei Teilen anonym erscheinen.

T. hat nur unter großen Schwierigkeiten und Umwegen zum Schreiben gefunden. Sie wächst als Tochter des Seilermeisters Johann Ludwig Tieck und dessen Ehefrau Anna Sophie Tieck, geb. Benecken (auch Benechen) in Berlin auf. Sie ist das mittlere Kind zwischen dem älteren Bruder Ludwig, der später der berühmte Dichter der Berliner Romantik wird, und dem jüngeren Friedrich, der sich zum angesehenen Bildhauer entwickelt. Während die Söhne eine gediegene Ausbildung erhalten, wird T. auf ein Leben als Ehefrau und Mutter vorbereitet. Ihre Bildung muß sie sich mühsam autodidaktisch in den späten Abendstunden aneignen. Ab 1794 erhält sie jedoch Zugang zum Freundeskreis des Bruders Ludwig und beteiligt sich an den *Straußfedern* (1791–1798), die er im Auftrag von Friedrich Nicolai herausgibt. Sie entwickelt sich rasch zu einer selbstbewußten Schriftstellerin, die ein umfangreiches, heute kaum zugängliches Werk hinterließ. Ihr Anteil an der Herausbildung der Berliner Romantik ist noch zu erforschen.

1799 heiratet sie Ludwigs Freund Bernhardi, den Direktor des Friedrichwerderschen Gymnasiums in Berlin. Als Mutter von drei Kindern blieben ihr kaum Freiräume für schriftstellerische Tätigkeit. Auf Nebeneinnahmen war die Familie aber angewiesen. So entstehen während der Schwangerschaften und unter ungünstigen gesundheitlichen Umständen Erzählungen für die *Bambocciaden* (1797–1800), das Lustspiel *Die vernünftigen Leute* und ihr Briefroman *Julie Saint Albain*. Sie liefert Beiträge für L. Tiecks und A. W. Schlegels *Musen-Almanach für das Jahr 1802*, für Bernhardis Zeitschrift *Kynosarges* (1802) und publiziert den Märchenband *Wunderbilder und Träume in elf Märchen* (1802). 1804 erscheinen ihre *Dramatischen Fantasien*.

Die Lebensumstände im Hause Bernhardi waren jedoch so bedrückend, daß T. 1803 mit ihren Kindern in Begleitung des estländischen Barons Karl Gregor von Knorring den Ehemann verließ. Die spätere Scheidungsaffäre polarisierte die Romantiker in Berlin. An der Seite Knorrings flieht sie durch halb Europa bis sie Knorring 1810 schließlich heiratet und 1812 mit ihm auf sein Gut in Estland übersiedelt. Dort entsteht ihr groß angelegter gesellschaftskritischer Roman *Evremont* (1836), der ihren Bruch mit romantischen Positionen dokumentiert. Auch die Bearbeitung des mittelhochdeutschen Versepos von Konrad Fleck *Flore und Blanchefleur* (1805–1822) entsteht überwiegend in der estländischen Zeit. Mit ihrem umfangreichen Werk gehört sie zweifellos zu den interessanten Schriftstellerinnen am Ausgang des 18. bzw. zu Beginn des 19. Jh.s.

Lit.: *Wunderbilder und Träume*. Hg. H. Scholz. Berlin 1998; Scholz, H.: »Die entzauberte Romantik. S. T.s frühe romantische Erzählungen«. In: Scholz, H./Burneva, N./Angelova, P. (Hgg.): *Brüche*. Berlin 1998.

Hannelore Scholz

Timrava ↗ *Slančiková, Božena*

Tlali, Miriam

Geb. 1933 in Doornfontein, Johannesburg/Südafrika

»Some dreams you have to abandon as unattainable; what you should never do is stop dreaming.« – Für Miriam Tlali ist ein vermeintlich unerreichbarer Traum in Erfüllung gegangen, denn sie hätte nie gedacht, das Ende der Apartheid noch zu erleben. Als jüngste von drei Mädchen geboren, wächst sie nach dem frühen Tod ihres Vater vor allem bei der Großmutter, einer Heilerin, auf. Nach dem Schulabschluß im Western Native Township studiert sie an der Witwatersrand Universität in Johannesburg. Obwohl T. ein Stipendium für das Medizinstudium gewinnt, muß sie die Universität Witwatersrand bald wieder verlassen, da diese für Schwarze geschlossen wird. Es folgt ein kurzer Aufenthalt an der Roma Universität in Lesotho. Schließlich lernt sie Buchhaltung und Maschinenschreiben. T.s *Muriel at Metropolitan*, 1975 (*Geteilte Welt*, 1989) ist der erste in Südafrika publizierte Roman einer schwarzen Schriftstellerin. Aus Rücksicht auf die Zensur erscheint er erst 1995 unter dem Originaltitel *Between Two Worlds*. Der stark autobiographisch geprägte Roman erzählt von T.s Tätigkeit als Sachbearbeiterin in Johannesburg. Es gelingt ihr, ein sehr differenziertes Bild von Macht und Ohnmacht in der südafrikanischen Gesellschaft zu zeichnen. Kurz nach seinem Erscheinen wird das Buch verboten. Von nun an arbeitet T. ausschließlich als Autorin und beginnt 1976 für die von ihr mitbegründete Zeitschrift *Staffrider* zu schreiben. Ganz in der Tradition ihrer im Zeitungs- und Druckwesen tätigen Familie fungiert sie als Mitbegründerin von Skotaville Publishers, dem ersten schwarzen Verlag zu Zeiten der Apartheid, der African Writers Association sowie der Interim South African Writers' Organisation.

In ihren Schriften beleuchtet die Autorin, die sich im Sinne von Alice ↗ Walker (geb. 1944) als *Womanist* bezeichnet, vor allem die Welt von Frauen und Mädchen in einer sich durch Urbanisierung verändernden Kultur. Omnipräsent ist bei T. das Thema Apartheid. So befaßt sich der sechs Wochen nach seinem Erscheinen verbotene Roman *Amandla*, 1980 (Die Macht gehört uns) mit dem Aufstand in Soweto vom 16. Juni 1976 und seinen Folgen. Aus der Sicht einer schwarzen Familie wird diese historisch sehr bedeutsame Zeit fragmenthaft geschildert. *Amandla* steht für die sich nach 1976, unter Einfluß des Black Consciousness, radikalisierenden Erzählweise und ist neben dem Werk von Mongane Serote (geb. 1944) und Mbulelo Mzamane (geb. 1948) Teil der ›Soweto-Literatur‹. Eine Zusammenstellung von T.s journalistischer und schriftstellerischer Arbeit folgt 1984 unter dem Titel *Mihloti* (Tränen). Hier berichtet sie u. a. von den Reisen in die USA und nach Ägypten sowie den Umständen ihrer Verhaftung während der Beerdigung von Steve Biko. Im Mittelpunkt der Kurzgeschichtensammlung *Soweto Stories* (auch *Footprints in the Quag* 1989; *Soweto Stories* 1992) steht das Leben von schwarzen Frauen. Für sie hat T. während der Apartheid in erster Linie geschrieben und ihnen damit eine Stimme gegeben. Zentrale Themen sind dabei stets die Selbsterfahrung als Frau und die Bedeutung von Solidarität zwischen Frauen. Dies kommt insbesondere in der Kurzgeschichte »Devil at Dead End« (»Teufel in der Sackgasse«) durch eine weibliche Perspektive auch erzähltechnisch zum Ausdruck. Trotz Repressalien seitens der Regierung ist T. im Gegensatz zu anderen südafrikanischen Schriftsteller/innen nicht ins Exil gegangen.

Lit.: Bernabeu, I./Brian W.: »A Struggle Not Yet Won. Interview with M.T.« In: Kriger R./Kriger E.(Hgg.): *Afrikaans Literature: Recollection, Redefinition, Restitution. Matatu* 15–16 (1996), S. 277–296.

Stephanie Neumann

Tolstaja, Tat'jana Nikitična

Geb. 3. 5. 1951 in Leningrad/UdSSR

Sie stieg auf wie ein Stern, um sich seit nunmehr fünf Jahren literarisch zurückzuziehen und nur noch publizistisch zu äußern. Daß ihr ein inneres Gleichgewicht wichtiger sei als literarischer Ruhm, äußerte sie bereits 1989 in einem Interview in den USA. Dort liest sie an der University of Princeton Russische Literatur, hat ihren Wohnsitz in Moskau jedoch beibehalten. – T.s 1983 erschienene Debüterzählungen »Na zolotom krylce sideli . . .« und »Svidanie s pticej« (»Saßen auf goldenen Stufen . . .« bzw. »Rendezvous mit einem Vogel«, 1989) machten sie in der russischen Literaturszene schlagartig bekannt. Internationale Aufmerksamkeit erzielte sie spätestens mit der Veröffentlichung ihrer ersten Werkausgabe 1987. Die Faszination ihrer Werke gründet nicht auf den Themen, die eher in der Tradition der Alltagsprosa Jurij Trifonovs stehen, sondern auf einer Sprache und Intonation, die an den russischen Symbolismus erinnert. Ein verträumt-romantischer, spielerisch-frecher, schwebender Erzählton, Paradoxien und Details verleihen dem Erzählten einen das Sujet überschreitenden Übersinn.

Blau-rosa Wolken ferner Erinnerungen wie in »Milaja Šura«, 1985 (»Liebe Schura«, 1989), hellblaue Nebel und weiße Segel wie in »Ogon' i pyl'«, 1986 (»Feuer und Staub«, 1989) verbinden sich zu einer Farbsymbolik des Sinnlichen und Fernen. Gegenstände, Erscheinungen und Abstrakta werden durch verblüffende sprachliche Bilder verlebendigt; so das Phänomen der Zeit als »goldene Dame« oder »strenger Arzt« im Alter, als »zuflüsternde Stimme der Zukunft« oder »großer warmer Mast« der Erwachsenenzeit. Träume und Tagträume, Phantasie- und Illusionswelten dominieren das reale Geschehen; der Raum der Kindheit mit den verzauberten Gärten und verwunschenen Zimmern scheint grenzenlos und wird erst durch den Einbruch der traumverweigernden Realität entzaubert. Noch 1988 sieht die Autorin ihr Werk als romantischen Protest gegen den Zynismus. Indes widerspiegeln schon ihre frühen Erzählungen die ständige Auseinandersetzung zwischen Sehnsucht und nüchterner Lebensannahme: Liebe erfüllt sich nie, Idylle wird gebrochen, Mythen werden ironisch hinterfragt und Phantasiewelten zertrümmert. Sehnsuchts- und Fluchtmotive wie das ›andere Leben‹ als Topos des Inselmythos und die Zeit als alles verändernde, schicksalhafte Kraft verstärken die elegisch-melancholische Diktion. Im *Tod* als Möglichkeit des Fortlebens in einer anderen Existenz wird der Romantik-Bezug erinnert.

Nachdrücklich wendet sich T. gegen die »krankhafte Erhöhung« der Literatur als Erziehungsinstrument und macht es sich mit Beginn der 90er Jahre zunehmend zum ästhetischen Programm, tradierte Mythen und messianistische Utopien sowie jegliche Form von Realitätsflucht zu dekonstruieren. So wird der nationale Erlösergedanke von Puškins Wiedergeburt in der Novelle *Limpopo* (1991) im absurden Raum der sowjetischen Wirklichkeit parodiert und in der Kurzerzählung »Sjužet« (1993), ihrem bislang letzten Werk, neben dem Lenin-Mythos zertrümmert. Dennoch versteht sich T. nicht als Vertreterin russischen postmodernen Erzählens und beharrt auf der Botschaft und der Idee als Grundprinzip ihres Schreibens. Sie verwahrt sich wiederholt gegen Einordnungsversuche ihrer Prosa in literarische Gruppierungen oder ideologische Bewegungen, so auch die feministische. Eine geschlechtsspezifische Intention verneint sie, der Schriftsteller sei im Idealfall androgyn. Sexualität erscheint ironisiert als verhaßtes und beschämendes, selten bejahtes Körpergefühl. Die Fülle der sowjetischen Frauenschicksale, die am Konflikt zwischen der Hingabe an die Idee und der Hingabe an den Mann im Sinne doppelter Persönlichkeitsaufgabe scheitern, macht ihr Werk dennoch zu einem unverwechselbaren Zeugnis des Geschlechterdiskurses in Rußland.

Na zolotom krylce sideli (Erzählungen). Moskva 1987; *Ljubiš – ne ljubiš* (Erzählungen). Moskva 1997. – Lit.: »Romantischer Protest gegen den Zynismus« (Interview). In: *Rendezvous mit einem Vogel*. Berlin 1989; Ėpštejn, M.: »Posle buduščego«. In: *Znamja* 1 (1991), 217–230; Dark, O.: »Ženskie antinomii«. In: *Družba narodov* 4 (1991); Kienast, A.: Zur künstlerischen Spezifik der Prosa Tat'jana Tolstajas. Wiss. Prüfungsarbeit. PH Erfurt 1994; Žalkovskij, A.: »T. T., Viktor Erofeev – Achmatoviana i archetipy«. In: *Literaturnoe obozrenie* 6 (1995), S. 25–41; Hochsieder, M.: »Tradition und Transformation. Intertextualität in der Prosa T. T.s«. In: Cheauré, E. (Hg.): *Jenseits des Kommunismus*. Berlin 1996, S. 59–74; Goscilo, H.: *The Explosive World of T. N. T.'s Fiction*. Armonk/London 1996.

Christina Parnell

Trobairitz ↗ *Comtessa de Dia*

Trotzig, Birgitta
Geb. 11. 9. 1929 in Göteborg/Schweden

Mit ihrer im Zeichen eines apokalyptischen Denkens stehenden Dichtung gehört T. heute zu den bedeutenden Vertreterinnen der modernistischen Gegenwartsliteratur. Schon als Gymnasiastin fand sie Zutritt zu einem Kreis von Schülern um Artur Lundkvist (1906–1991), der sie als renommierter Vermittler internationaler Dichtung frühzeitig mit den Strömungen des Modernismus und Surrealismus bekannt machte. Die Orientierung an Dostoevskij, an verschiedenen Dichtern der Romantik und der Bibel weisen sie andererseits als eine der Tradition verbundene Dichterin aus. So fand sie z. B. in den traditionellen, volkstümlichen Überlieferungen Erzählformen, die sie zu eigenen Sprachexperimenten anregten. 1957 gab sie mit *De utsatta* (*Die Ausgesetzten*, 1967) eine »Legende« heraus, und 1975 erschien ihre »Märchensammlung« *I kejsarens tid* (In der Zeit des Kaisers). Schreiben bedeutet für T. Wirklichkeitserforschung und zugleich die immerwährende Suche nach der im »Regenbogen der Bilder verborgenen anima mundi«, ein Topos, auf den der Titel des schmalen Prosabandes *Anima* (1982) hinweist. Dabei richtet sie ihr Augenmerk nicht gerade auf die lichten Erscheinungen der Welt. Ihre sozialrealistischen, meist in einen historischen Kontext gestellten Romane sind eindringliche Auseinandersetzungen mit den dunkelsten, aus dem Bewußtsein der Gesellschaft verdrängten Seiten der Wirklichkeit.

Ihre Protagonisten entstammen meistens dem Heer der Recht- und Namenlosen, Kranken und geistig Behinderten, deren unformulierte und unformulierbare Erfahrungen T. dennoch zu artikulieren versucht. Wo in den Romanen Entwicklungen stattfinden, haben sie die Tendenz einer verhängnisvollen Abwärtsbewegung. Sie zeigen, wie am physischen und psychischen Zerfall des Individuums der Niedergang der Zivilisation als Ganzes abzulesen ist. Hinter dem Überlebenskampf der Ärmsten wird für T. der apokalyptische Kampf der Todesmächte gegen das Leben sichtbar, der unsere Zeit beherrscht und zum Schlußakt einer ganzen Menschheitsepoche werden läßt. Der Kampf der Finsternis gegen das Licht durchzieht leitmotivisch die von lyrischer Dichte geprägten Texte der Dichterin. T.s persönlicher Protest gegen die herrschenden Zustände artikulierte sich in den 50er Jahren im Engagement für den Sozialismus und im Eintritt in die Katholische Kirche. Unbeeinflußt von modischen Zeitströmungen hielt sie über die Jahre an ihrer ›unzeitgemäßen‹ Auffassung von Religion und Dichtung als legitimen Formen der Erkenntnis fest. Zwischen beiden steht als vermittelndes Element für sie – jenseits aller Konfessionalität – das Paradigma des christlichen Mysteriums mit seiner zentralen Idee des Opfers. Der Opfergedanke ist im ideellen Konzept ihrer Dichtung zentral. Er stellt das organisierende Prinzip in der Struktur all ihrer Romane dar und bestimmt auch das Muster des erzählerischen Verhaltens, das vom Erzähler nicht nur Solidarität mit den Figuren, sondern fraglose Identifikation mit den Geringsten fordert. Aus der daraus resultierenden Spannung zwischen Akzeptanz und Aufruhr entsteht eine Sprache, die selbst zum Ausdruck des alles beherrschenden »Hungers« in ihrem dichterischen Universum wird.

T.s Dichtung gilt der Errichtung von »Gegenbildern«, die dem Illusionismus und Automatismus der zivilisatorischen Wirklichkeit entgegenwirken sollen, deren negative Symbole wiederholt durch die »Maschine« und den »Kaiser« repräsentiert werden. Dem sozialkritischen Ansatz ihrer Prosa fehlt jede Spur von Polemik, da das Leiden nicht von außen kommentiert, sondern in erzählerischer Identifikation mitvollzogen wird. So z. B. in *Sveket,* 1966 (Der Verrat), wo geschildert wird, wie Tobits Tochter Toragreta durch die falsch verstandene Liebe ihres Vaters in den Selbstmord getrieben wird. Oder in *Sjukdomen*, 1972 (*Die Krankheit*, 1993), wo das Leben Albin Ströms und seines unbegabten, schizophrenen Sohnes Elje in den lehmigen Furchen eines Rübenackers dahingeht. Der Ausbruch des Sohns aus der Anstalt endet mit dem Durchbruch des Wahnsinns, in dem sich die Krankheit der Zeit, der Nazismus, spiegelt. Vom Versagen des Wohlfahrtsstaates handelt der Roman *Dykungens dotter*, 1985 (*Mohrkönigs Tochter*, 1990), in dem gezeigt wird, wie das Gesetz der Negativität im Leben der sozial Ausgestoßenen nach dem Prinzip der Steigerung verläuft, das die Unglücklichen immer tiefer hinabdrückt, bis sie am äußersten Punkt des Möglichen angekommen sind und die »Flamme« ihrer Hoffnung erlischt.

Gemeinsames Kennzeichen dieser von der Tragik mißlungener menschlicher Beziehungen handelnder Romane ist ein exemplarischer, vielseitiger Mangel, unter dem die Protagonisten leiden, sowie ihre Bereitschaft, für ein besseres Leben zu kämpfen. Daß ihr Ausbruch aus dem »Käfig« nicht gelingt, liegt an Strukturen eines größeren Zusammenhanges und beweist nicht, daß ihre Hoffnungen Irrtümer waren. Die thematische Hinwendung zu den dunklen Seiten der Zivilisation hat T. mit der Lyrikerin Katarina Frostenson (geb. 1953) gemeinsam, mit welcher sie auch die angesehene Mitgliedschaft in der Schwedischen Akademie (seit 1993) verbindet.

Lit.: Pleijel, A.: »Människan, skapelsen, skapandet. Et samtal med B. T.« In: *Ord och bild* (1981/82), S. 3–18; Trotzig, B.: »Hållpunkter. Dikt och ideolog.« In: *Ord och bild* (1975), S. 354–363; Witt-Brattström, E.: »Modersabjekt och apokalyps. En läsning av B. T.s roman Sjukdomen.« In: *Bonniers Litterara Magasin* 55 (1986) 1.

Ortrun Rehm

Tschukowskaja ↗ Čukovskaja, Lidija Kornejewva

Ugrešić, Dubravka
Geb. 27. 3. 1949 in Kutina/Kroatien

In ihrem selbstbestimmten Exil in den USA und den Niederlanden ist U. in den 90er Jahren zur bekanntesten und eigenwilligsten Prosaautorin des ehemaligen Jugoslawien geworden. Sie publiziert in wichtigen europäischen Zeitungen (z. B. *Die Zeit*), ihre Bücher erscheinen in zahlreichen Sprachen und erhielten 1996 und 1997 internationale Auszeichnungen. – U. stammt aus Slawonien, eine jener kroatischen Landschaften, wo auch eine serbische Minderheit lebt und sich die Probleme des neuen kroatischen Nationalstaats schon früh abzeichnen. U. studiert ab 1968 in Zagreb Komparatistik und Russische Philologie, mit einer Abschlußarbeit über zeitgenössische russische Prosa, und bekommt 1974 eine Stelle als wissenschaftliche Mitarbeiterin am Institut für Literaturtheorie. Literarisch tritt sie zunächst mit Kinderbüchern hervor, dann 1978 mit dem dreiteiligen Skizzenbuch *Poza za prozu* (Eine Pose für die Prosa), in dem die Ich-Erzählerin die verschiedensten Erzählstile ausprobiert, um die Liebe eines Mannes zu gewinnen. Hier zeigen sich bereits die Konstanten von U.s Prosa: Witz und Selbstironie; die stete Thematisierung des kreativen Schreibprozesses; fließende Grenzen zwischen Realem und Fiktivem. Ein Spiel mit literarischen Konventionen ist auch U.s Sammlung *Život je bajka*, 1983 (Das Leben ist ein Märchen): Berühmte Erzählungen von Gogol, Tolstoj, Lewis Carroll u. a. werden in eigene Texte um- und eingearbeitet.

In ihrem ersten Roman, *Štefica Cvek u raljami života,* 1981 (*Des Alleinseins müde . . .*, 1984, wörtl.: . . . in den Fängen des Lebens), macht die Schreibmaschine/Nähmaschine aus ›Stoff‹ und ›Erzählfäden‹ ›Patchwork‹-Prosa: Vermischt mit Nähanleitungen, Schönheits- und Haushaltstips und Versatzstücken aus Groschenromanen erzählt U. die Suche einer jungen Frau nach Liebe – leicht geschriebene ›Frauen-‹ literatur voller Sprach- und Situationskomik. Ein Insiderbuch im doppelten Sinne ist U.s zweiter Roman *Forsiranje romana-reke*, 1988 (*Der goldene Finger*, 1993, wörtl.: Die Überwindung des roman-fleuve), eine raffiniert komponierte, spritzig geschriebene Persiflage auf Spionagegeschichten, erotisches Reigenspiel und die Eitelkeiten und Intrigen des internationalen Literatur(wissenschafts)betriebs. Gleichzeitig spielt der Roman in der für westliche Leser fremden Welt der osteuropäischen Intelligenzia, Zensur und Geheimdienste. U. erhält dafür 1989 den wichtigsten jugoslawischen – jetzt serbischen – Literaturpreis NIN als erste Autorin überhaupt.

Aber im Sommer 1991 zerfällt Jugoslawien, der Krieg bricht aus. U. fährt von einer Einladung in Amsterdam nicht nach Zagreb zurück, sondern gleich in die USA, wo sie im Frühjahr 1992 eine Gastdozentur wahrnimmt. In dieser Zeit entsteht aus der kleinen Kolumne, die sie täglich für eine Amsterdamer Zeitung schreibt, ihr *Američki fikcionar*, 1993 (*My American fictionary*, 1994): ein poetisches Patchwork-Wörterbuch aus Impressionen und Reflexionen, Schreiben als Überlebenshilfe in einer neuen und faszinierenden Welt, in der täglich verwirrende

Kriegsmeldungen eintreffen. – Zurück in ihrer Heimat (1992) fühlt sich U. fremd: Sie gehört zu jenen Intellektuellen, die ihre jugoslawische Identität nicht einfach gegen nationalstaatlichen Patriotismus austauschen können. Angesichts der Kriegsgrausamkeiten auf allen Seiten und der nationalistischen Verzerrungen und Zensurmaßnahmen in Kroatien nimmt sie publizistisch Stellung. Prompt wird sie vom polemischen Wochenblatt *Globus* als eine von fünf »Hexen« und »Verräterinnen« gebrandmarkt, denen man Illoyalität, zuviele Publikationen und Aufenthalte im Ausland, ethnische Nicht-Reinheit, Serbenfreundlichkeit – einige sind mit Serben verheiratet – vorwirft. Neben den Publizistinnen Rada Iveković, Vesna Kesić und Jelena Lovrić gehört auch die Prosaautorin Slavenka Drakulić (geb. 1949) zu ihnen. Wie U. arbeitet sie für westliche Zeitungen, hielt sich lange in den USA auf und wechselte von unpolitischer Prosa zu kämpferischer Stellungnahme. U. bündelt ihren kämpferischen Protest in der Essay- und Glossensammlung *Kultura laži* (*Die Kultur der Lüge,* 1995, Ü.: Ilma Rakuša). Unverblümt, zornig, sarkastisch zeigt sie auf den kroatischen und serbischen Nationalfaschismus, auf Propagandalügen, Jugo-Machismo, volksverdummenden Folklorekitsch, den geistigen Verrat ihrer Schriftstellerkollegen, Geschichtsklitterung und kollektive Amnesie.

1993 hat U. Kroatien den Rücken gekehrt, ihre Stellung an der Universität aufgegeben. Sie lebt 1994 eine Zeitlang auf Einladung des DAAD in Berlin, dann wieder in Amsterdam, wo sie eine Gastdozentur erhält. Sie hat sich in der Atmosphäre des Exils eingerichtet, und dazu entsteht wieder ein Roman, *Muzej bezuvjetne predaje,* 1997 (*Das Museum der bedingungslosen Kapitulation,* in Vorb., Ü.: Barbara Antkowiak). U. braucht diese Freiheit; Einengungen ideologischer, literaturtheoretischer oder nationaler Art mag sie nicht, weder die Etikettierungen ›feministisch‹ oder ›postmodernistisch‹ noch die Einordnung als ›kroatische Autorin‹. Ihren kulturellen Hintergrund nennt sie »euro-amerikanisch«, sie ist Teil der ex-jugoslawischen Diaspora.

Lit.: Hawkesworth, C.: »D. U. – the Insider's Story«. In: *Slavonic and East European Review* 68 (1990); Rakuša, I.: »Banalität des Bösen«. In: *Neue Züricher Zeitung,* 21. 3. 1996.

Petra Rehder

Ulickaja, Ljudmila Evgenevna

Geb. 21. 2. 1943 in Baschkirien/UdSSR

»Mein Haus ist meine Festung«, bekennt Ulickaja in einem Interview. Aufgewachsen in einer russisch-jüdischen Familie starken Zusammenhalts, die von den Stalinschen Repressalien nicht unberührt blieb, bedeutete ihr die Zugehörigkeit zur Gemeinschaft Schutz vor der Gesellschaft. Die Betonung des Privaten sowie die Autarkie ihrer Figuren und ihre traditionell-realistische Erzählweise machen sie insbesondere für die westliche Literaturkritik zur Bewahrerin klassischen russischen Erzählens. Die russische Literaturszene nahm von ihr jedoch erst 1993 wirklich Notiz, nachdem sie für ihre Erzählung »Sonečka«, 1992 (»Sonetschka«, in: *Zarte und grausame Mädchen,* 1994) in Frankreich einen Literaturpreis erhalten hatte.

Daß U.s Protagonisten in der Regel kraftvolle, sehr weibliche Frauen sind und auch ihre Sujets vor allem weibliche Schicksale behandeln, prädestiniert sie zur Vertreterin der russischen Frauenliteratur, ohne daß sie sich dieser Einordnung verpflichtet fühlen würde. Tatsächlich folgt ihr Verständnis von Weiblichkeit weder patriarchalischen noch gynozentrischen Mustern. Der respektlose Umgang mit Geschlechterrollen in der Umkehrung ihrer gesellschaftlichen Zuschreibungen stellt ihr Werk in den Kontext gegenwärtiger Diskussionen um das Verständnis von Geschlechtsidentität: die reife Frau als Verführerin wie in »Gulja« (1994) und »Ljalin dom«, 1994 (Ljaljas Haus) und der prachtvoll gebaute Mann als zu »entknospendes Objekt« wie etwa Butonov in *Medeja i ee deti*, 1996 (*Medea und ihre Kinder*, 1997) sowie stolz entdeckte Sexualität beim pubertierenden Mädchen (»Vetrjanaja ospa«, 1994/»Windpocken«, 1994). Zu diesem Diskurs trägt auch die Namensymbolik bei (Sonečka, Medeja, Maša (>Marija), Lilička (>Lilith) u. a.), durch die tradierte Mythen hinterfragt oder bekräftigt werden. U.s Erzählweise ist zutiefst sinnlich, geprägt durch eine hocherotische Bildsprache. Im bevorzugten Sujet des Liebesakts vermittelt sie nicht nur das Ursprüngliche von Sexualität, sie stellt auch den Körper als das Naturhafte zur Diskussion. Plastische Bilder weiblichen und männlichen Begehrens entmythologisieren das Pathos des »himmlischen Eros« und rehabilitieren irdische Lust. Das Sujet der Erzählung »Bronka«, 1989 (»Bronka«, 1994), in dem ein 14jähriges Schulmädchen in heimlicher Liebe zu einem greisen Künstler entflammt, dem sie nacheinander fünf Knaben gebärt, bedient den Mythos weiblicher Ergänzungsfunktion nur scheinbar. Der Subtext dieser wie das Sujet anderer Erzählungen lenken den Blick auf die Bejahung des sinnlichen Prinzips als künstlerischer Konzeption, in der die Kulturgeschichte als Sieg der Geistigkeit über die Sinnlichkeit hinterfragt wird.

U.s Provokation der dichotomischen Zuordnung im Geschlechterverhältnis beruht auf ihrer grundsätzlichen Ablehnung von Aus- und Eingrenzungen durch ideelle oder moralische Dogmen. So steht auch die Rückkehr ihrer oft jüdischen Protagonisten zum Judentum weniger für ein Bekenntnis zur Religiosität als für den Wert der eigenen Selbstfindung in der Gemeinschaft, in der ein ›inneres moralisches Gesetz‹ die bloße Legalität des Handelns überstimmt. Der Gedanke müsse die Grenzen der Gesetze hinter sich lassen, äußert der sterbende Samuil in U.s letztem Roman *Medeja i ee deti*. Die ästhetische Bejahung des ›anderen‹ Lebensprinzips als Chance wie in »Doč' Buchary«, 1992 (»Die Tochter Bucharas«, 1994) und »Vtorogo marta togo goda«, 1994 (»Am zweiten März jenes Jahres«, 1994) ist eine der wesentlichsten Botschaften dieser Autorin, für die der Mikrokosmos der Gemeinschaft seine Bereicherung erst durch die Offenheit für andere Kulturen und Denkweisen gewinnt.

Bednye rodstvenniki. Moskva 1994. – Lit.: Zolotonosov, M.: »Čuvstvitel'nost' s pristavkoj ›neo‹«. In: *Moskovskie novosti* (1993) 6; Mne interesna žizn' »serych ljudej« (Interview). In: *Literaturnaja gazeta* (1995) 38; »Moj dom – moja krepost'« (Interview). In: *Moskovskie novosti* (1996) 8; Parnell, C.: »Zum Verständnis des Anderen in der ženskaja proza«. In: Dies.: *Frauenbilder und Weiblichkeitsentwürfe in der russischen Frauenprosa*. Frankfurt/M. 1996, S. 277–292.

Christina Parnell

Undset, Sigrid

Geb. 20. 5. 1882 in Kalundborg/Dänemark; gest. 10. 6. 1949 in Lillehammer/Norwegen

Das Bedürfnis, »freiwillig etwas oder jemandem zu dienen, das man höher schätzt als sich selbst«, bildet den Grundstock vieler fiktional entwickelter Konflikte in U.s Werken, aber auch ein Motto ihres Lebens. Es verrät eine Ambivalenz von hohem ethischem Anspruch und Autoritätsgläubigkeit, die ihr Werk nicht unumstritten erscheinen läßt. Ruhm und Erfolg hat sie erlangt wie keine zweite norwegische Schriftstellerin: Sie schrieb über 30 Bücher – Novellen, Romane, Essays –, die ihr internationale Anerkennung verschafften. Den Höhepunkt ihrer Karriere stellte die Verleihung des Nobelpreises für Literatur für die beiden Mittelalterromanzyklen *Kristin Lavransdatter* (1920–22) und *Olav Audunssøn* (1925–27) im Jahre 1928 dar. Doch schon Zeitgenossen standen ihrem traditionell realistischen Stil, ihrer Skepsis gegenüber Emanzipation und Fortschritt sowie ihren religiösen Idealen nicht vorbehaltlos gegenüber. – Bestimmend für ihr Leben waren vor allem drei Faktoren, die gleichzeitig drei Lebensphasen umreißen: zum ersten die Beziehung zum Vater, einem bedeutenden Archäologen, den sie schon im Alter von 11 Jahren verlor, ein Ereignis, das dem Erinnerungsbuch *Elleve aar* (1934) seinen Titel verlieh. Der frühe Tod des Versorgers hinterließ die Familie in finanziellen Schwierigkeiten, so daß U. nach dem Schulabschluß zunächst 10 Jahre als Sekretärin arbeitete, bevor sie mit dem Roman *Fru Martha Oulie* (1907) debütierte. Zum zweiten die Doppelrolle als Mutter dreier Kinder, die sie weitgehend allein großzog, und als Autorin, deren literarische Produktivität über Jahre hinweg auf die Nachtstunden verwiesen war. Und schließlich der katholische Glaube, zu dem sie 1924 konvertierte, weil er ihr als ein Lösungsangebot für die Konflikte ihres Lebens erschien.

Innermenschliche Konflikte der überwiegend weiblichen Protagonisten bestimmen den Handlungsgang ihrer fiktionalen Werke. Sei es der Antagonismus von Treue und Leidenschaft in ihrem Debütroman, das Dilemma von Künstlertum, Mutterschaft und Liebe in ihrem Rom-Roman *Jenny* (1911) oder von ethischer Verpflichtung und Selbstverwirklichung (*Ida Elisabeth*, 1932): U.s Romane reflektieren Identitätskonzeptionen, in denen widersprüchliche Ideale einander gegenüberstehen, die sich als erotisches Begehren und Freiheitsstreben zusammenfassen lassen. Da U. diese Persönlichkeitsproblematik für transhistorisch erachtet, bestimmt sie auch ihre, nicht zuletzt durch das sorgfältig recherchierte historische Kolorit berühmten, historischen Romane. Mit der Titelfigur der im 13. Jh. spielenden Trilogie *Kristin Lavransdatter* gelingt ihr das komplexeste psychologische Figurenporträt. In den 1930er Jahren tritt sie mit Artikeln und Hagiographien vermehrt auch als katholische Schriftstellerin hervor und engagiert sich als Essayistin und als Vorsitzende des norwegischen Schriftstellerverbandes vehement gegen die Norwegen okkupierenden Nationalsozialisten, die sie ins Exil nach Amerika treiben.

Middelalderromaner. 10 Bde. Oslo 1958; *Romaner og fortællinger fra nutiden.* 10 Bde. Oslo 1964.- Lit.: Krane, B.: *S. U. – Liv og meninger.* Oslo 1970; Granaas, R. Chr. (Hg.): *Kvinnesyn – tvisyn.* Oslo 1985; Bliksrud, L.: *Natur og normer hos S.U.* Oslo 1988; Dies.: *Sigrid Undset.* Oslo 1997.

Annegret Heitmann

Uno, Chiyo

Geb. 28. 11. 1897 in Iwakuni/Japan; gest. 10. 6. 1996 in Tōkyō

Uno war nicht nur Schriftstellerin, sondern auch Herausgeberin einer Zeitschrift und Kimono-Designerin, bekannt als *femme fatale*, deren unkonventionelles Leben und Lieben ihre Literatur geprägt und ihre Zeitgenossen schockiert und fasziniert haben. Sie wächst in einer ländlichen Gegend auf. Nach dem Tod des Vaters 1913 findet sie Arbeit als Hilfslehrerin, bezieht ihr erstes eigenes Haus und entdeckt die Wirkung von Make-up und Mode. Gerüchte um ihre Affäre mit einem Kollegen veranlassen sie, einige Monate nach Korea auszuweichen. Schließlich folgt sie einem Vetter nach Kyōto; 1916 siedeln die beiden nach Tōkyō um. Als Kellnerin in einem Café, das von Literaten frequentiert wird, knüpft U. wichtige Kontakte. 1919 heiratet sie ihren Vetter und folgt ihm wenig später nach Sapporo. Mit der Kurzgeschichte »Shifun no kao« (Das gepuderte Gesicht) erringt sie 1921 bei einem Zeitungwettbewerb den ersten Preis. 1922 kehrt sie nach Tōkyō zurück, zwei Jahre später läßt sie sich scheiden und heiratet den Schriftsteller Ozaki Shirō (1898–1964). Innerhalb weniger Jahre und ohne die Hilfe eines Mentors hat U. bereits zahlreiche Werke in renommierten Zeitschriften veröffentlicht. Ihr Erfolg führt zur Entfremdung von Ozaki, Freunde halten sie für suizidgefährdet. Doch U. gelingt es, die Krise literarisch zu bewältigen. Bei Recherchen zu ihrem ersten Zeitungsroman begegnet sie Tōgō Seiji (1897–1978), einem Maler im westlichen Stil, und bleibt vier Jahre bei ihm. Diese Zeit findet in der ab 1933 veröffentlichten Erzählung *Iro zange* (Liebesbekenntnisse) ihren Niederschlag, die auf Erzählungen Tōgōs über frühere Beziehungen basiert. Mit diesem Werk begründet U. den für sie charakteristischen Erzählstil, eine Art narrativen Monolog aus der Perspektive einer anderen, realen oder fiktiven Person; trotz der starken Orientierung an mündlicher Rede erlaubt ihr diese Form eine subtile Wertung von Erzähler und Erzähltem. 1936 gründet U. mit *Sutairu* Japans erstes Modejournal; sie trifft den Schriftsteller Kitahara Takeo (1907–1973) und heiratet ihn drei Jahre später. Ihr erwachendes Interesse am traditionellen Puppenspiel äußert sich in *Ningyōshi Tenguya Kyūkichi* (Der Puppenschnitzer Tenguya Kyūkichi), abermals ein sprachlich virtuoser narrativer Monolog, der 1942 veröffentlicht wird.

Nach Kriegsende bemüht sich U. erfolgreich um eine Wiederbelebung von *Sutairu*, eröffnet eine eigene Boutique mit Kimono-Mode und veranstaltet Modeschauen in Frankreich und den USA. Mit *Ohan* (Ohan) erscheint von 1947 bis 1957 wiederum ein aus männlicher Perspektive erzähltes Meisterwerk. U. wird mit zahlreichen Preisen ausgezeichnet, 1957 mit dem renommierten Noma-Preis für Literatur, 1958 und 1971 mit dem Preis des Verbandes Japanischer Schriftstellerinnen. 1972 wird sie von der Akademie der Künste geehrt, 1974 erhält sie eine kaiserliche Auszeichnung, 1982 den Kikuchi-Kan-Preis für Literatur. Als Schriftstellerin bleibt U. bis ins hohe Alter produktiv. Die Reihe autobiographisch geprägter Werke, zu denen auch die 1971 erschienene Erzählung *Aru hitori no onna no hanashi* (Die Geschichte einer gewissen Frau) gehört, wird mit *Ikite yuku watashi* (Mein Leben geht weiter) fortgesetzt; das Buch, 1983 veröffentlicht, ist ein Bestseller und wird 1984 sogar verfilmt und für die Bühne bearbeitet. 1990 wird sie zur Ehrenbürgerin von Iwakuni ernannt.

Lit.: Copeland, R. C.: *The Sound of the Wind. The Life and Works of U. C.* Honolulu 1992; Keene, D.: »The Revival of Writing by Women. U. C.« In: *Dawn to the West. Fiction*. New York 1984, S. 1113–1166.

Richmod Bollinger

Vaičiūnaitė Judita

Geb. 12. 7. 1937 in Kaunas/Litauen

»Ich wuchs in der Familie eines Universitätsprofessors, eines Arztes, eines Idealisten auf, in der einem beigebracht wurde, Spielzeuge den dem Vater in Obhut gestellten, psychisch kranken Kindern zu überlassen«, resümierte V., litauische Lyrikerin, Dramatikerin, Übersetzerin und Kritikerin, ihre Kindheitstage. Das Studium der litauischen Sprache und Literatur in Vilnius prägte sich als »finster, [...] unscharf und uninteressant« in ihr Gedächtnis ein. Sie hatte die Zeit des Personenkults miterlebt, die gezeichnet war von dem Gefühl geheimer, unklarer Ängste und nächtlicher Alpträume. Dennoch zogen sie die geistige Atmosphäre der Stadt Vilnius und ihrer Häuser, »in denen die Kunst etwas Heiliges ist«, in ihren Bann.

Aus der anfänglichen Nachahmung der Neoromantikerin Salomėja Nėris (1904–1945) erwuchs das Verlangen, die Lyrik zu modernisieren. Traditionellen Formen und logischen Formulierungen setzte sie in ihren Lyrikbänden *Kaip žalias vynas*, 1962 (Wie grüner Wein), *Per saulėtą gaublį*, 1964 (Um den sonnigen Globus) u.a. spontane »Dynamik, nervös in einer Zeile vermischte, unterschiedlichen Schichten der Sprache zugehörige Wörter und unterschiedliche Weltansichten« entgegen. Intime Sanftheit des Interieurs städtischer Lebensweise, aber auch lyrische Selbstanalyse und intellektuelle Denkweisen als Ausdruck des Selbstbewußtseins eines sich verändernden Menschen thematisierte sie u.a. in dem Band *Po šiaurės herbais*, 1968 (Unter den Wappen des Nordens). Mit den 70er Jahren nahm die Kompromißlosigkeit der Generation von V. gegenüber dem Staat zu. Die illegale Verbreitung von verbotener Literatur, Repressalien gegen Schriftsteller wie Vytautas Bložė (geb. 1930) und Sigitas Geda (geb. 1943), die öffentliche Selbstverbrennung von Romas Kalanta (1972) und die zunehmende Anzahl von Selbstmorden (Bronius Radzevičius, 1940–1980) waren Symptome einer kranken Gesellschaft, die ihre Selbsttäuschungen misanthropisch verteidigte. Die Sprache der Poesie wurde zum Indiz für litauische Kulturidentität und konstituierte sich in einer Lyrik, die in ein unüberschaubares Dickicht von Metaphorik und Symbolik führte; so z. B. *Kalbos ženklas*, 1972 (Zeichen der Sprache) von Tomas Venclova (geb. 1937).

Seit dieser Zeit betonen neben V. u. a. Janina Degutytė (1928–1990), Onė Baliukonytė (geb. 1948) und Nijolė Miliauskaitė (geb. 1950) in der Lyrik sowie Vanda Juknaitė (geb. 1949) und Jurga Ivanauskaitė (geb. 1961) in der Prosa verstärkt die Forderung nach individuellen Freiräumen aus weiblicher Sicht. Dabei läßt sich V. von unterschiedlichen Formen der Künste inspirieren. Musik, Malerei und Architektur werden in ihren Gedichtbänden zu einer eigenen Synthese zusammengeführt, die sie sorgfältig geometrisch ordnet und in intensive Farben (violetter Wind, grüne Wasser) eintaucht, vgl. *Klajoklė saulė*, 1974 (Wanderin Sonne); *Smuikas*, 1984 (Die Violine); *Šešėlių, laikrodis*, 1990 (Uhr der Schatten). Schönheit offenbart sich als etwas Unbeständiges und unverhofft Erschautes (ein verstaubtes Bild, eine verwahrloste Gasse). Konkrete Realien werden in einem Raum angeordnet, indem Realität und Illusion miteinander verschwimmen. Psychologische Verkrustungen werden gesprengt, als freie Assoziationen auf die Oberfläche projiziert und über Metaphern wie »entblößtes Herz« und »Striptease der Seele« der offenen Wahrnehmung preisgegeben. In Gedichten wie »Vier Porträts« akzentuiert sie Mythen einer starken Liebe, die häretisch einem »verbotenen Gefühl« gleichen und das Empfinden einer »fortgespülten Flamme« provozieren. Ihr lyrisches Subjekt erscheint dabei, trotz schmerzhafter Verwundungen der Seele, unzähmbar und stolz in seiner Integrität. Für ihren jüngsten Lyrikband *Žemynos vainikai*, 1995 (Kinder des Erdballs) wurde die Lyrikerin mit dem Preis des Baltischen Rates und dem Nationalpreis der Republik Litauen geehrt.

Selected poems of J. V. in Lithuanian and English. Fire Put Out by Fire. Translated by V. Skrupskelis and S. Friebert. Lewiston/Queenston/Lampeter 1996.

Liane Klein

Valenzuela, Luisa

Geb. 26. 11. 1938 in Buenos Aires

Als Tochter der Schriftstellerin Luisa Mercedes Levinson geboren, lebte V. bereits als Kind in einer literarischen Atmosphäre, umgeben von Schriftstellern wie Borges oder Bioy Casares. Nach eigenen Aussagen wäre sie zwar lieber Mathematikerin, Physikerin oder Malerin geworden, doch hat sich das literarische Erbe sozusagen gegen ihren Willen in ihr durchgesetzt (ihr erstes Gedicht diktierte sie im Alter von sechs Jahren ihrer Mutter). Seit ihrem 17. Lebensjahr ist sie als Journalistin in diversen Zeitschriften tätig gewesen. Ab diesem Alter beginnt sie auch, ihre ersten Erzählungen zu veröffentlichen (später gesammelt in *Los heréticos*, 1967/*Die Ketzerischen*, 1996). V. arbeitet einige Zeit als Redakteurin bei Radio Télévision Française in Paris, wohin sie mit ihrem französischen Mann gezogen ist und wo sie auch

Kontakte zu der Gruppe »Tel Quel« pflegt. In dieser Zeit entsteht ihr erster Roman *Hay que sonreír*, 1966 (Bitte lächeln), zu dessen weiblicher Hauptfigur Clara, einer Prostituierten, sie u.a. durch die einschlägige Nachbarschaft im Bois de Boulogne inspiriert wird. Nach Buenos Aires zurückgekehrt, bekleidet sie dort 1961 den Posten einer stellvertretenden Chefredakteurin der Samstagsbeilage der Tageszeitung *La Nación*. Nach ihrer Scheidung fährt sie 1967/68 als Korrespondentin von *La Nación* quer durch Bolivien, Peru und Brasilien. 1969 erhält sie ein Fulbright-Stipendium in den USA, wo sie mit einigen der hervorragenden Literat/innen Lateinamerikas am International Writers Program der University of Iowa teilnimmt. Dort schreibt sie *El gato eficaz*, 1972 (Der effiziente Kater), einen heute noch irritierenden, kaum einzuordnenden Text über die »Katzen des Todes«, der den eigentlichen Durchbruch in ihrem literarischen Schaffen darstellt. Von Iowa geht V. nach Mexiko, das sie aufgrund seiner magischen Wirklichkeit, seiner Doppelbödigkeit von Moderne und indigenem Substrat, besonders fasziniert. Einige ihrer später in *Donde viven las águilas*, 1983 (*Wo die Adler wohnen*, 1996) zusammengefaßten Erzählungen entspringen diesem mythischen Ambiente.

1970 kehrt sie nach Argentinien zurück, wo sie neuerlich journalistisch tätig ist. Dank eines Reisestipendiums des Fondo Nacional de las Artes kann sie im folgenden Jahr Lesereisen durch Venezuela, Kolumbien, Chile, Peru und Mexiko unternehmen. 1972 geht sie für ein Jahr nach Barcelona; in dieser Zeit beschäftigt sie sich mit Lacan und dem tibetanischen Buddhismus, Themen, die sich auch in ihrem Roman *Como en la guerra*, 1977 (Wie im Krieg) widerspiegeln. Konfrontiert mit dem sich zusehends verschärfenden Prozeß politischer Auseinandersetzungen, der im März 1976 im Militärputsch und der darauf folgenden Diktatur in Argentinien gipfelt, bringt V. nun auch eine neue Thematik in ihr Werk ein, die sie auf Jahre hinaus beschäftigen soll, nämlich Folter, ›Verschwindenlassen‹ und politische Gewalt. Sozusagen als ›Methode der Erkenntnis‹ schreibt sie die Erzählungen von *Aquí pasan cosas raras*, 1976 (*Merkwürdige Dinge passieren hier*, 1996), in fieberhafter Schnelle und möglichst unleserlicher Handschrift, um sich keinen Bedrohungen auszusetzen. Sie versucht auch, einigen Bekannten in einer ausländischen Botschaft Asyl zu verschaffen, eine gefährliche Erfahrung, die sich in ihrer Erzählung »Cuarta versión« (»Vierte Version«, in: *Cambio de armas*, 1982/Waffentausch) wiederfindet. Schließlich benutzt sie 1979 eine Einladung als »writer in residence« an die Columbia University als Vorwand, das Land zu verlassen. Erst zehn Jahre später kehrt sie wieder nach Buenos Aires zurück. In den USA schreibt sie *Cola de lagartija*, 1983 (Eidechsenschwanz), einen Roman über einen Magier mit diktatorischen Ambitionen, hinter dessen skurriler Gestalt sich unschwer der Innenminister von Isabel Perón, López Rega, erkennen läßt, in bester Tradition des Magischen Realismus, jedoch mit feministischen Untertönen. Auch *Novela negra con argentinos*, 1990 (Schwarzer Roman mit Argentiniern) entsteht im Exil, ein postmodernistischer Pseudokrimi über einen rätselhaften Mord durch einen lateinamerikanischen Schriftsteller in New York. Produkt ihres Schocks über die veränderten Zustände in ihrem Heimatland bei ihrer Rückkehr ist schließlich *Realidad nacional desde la cama*, 1990 (Die nationale Wirklichkeit, vom Bett aus besehen), ein ursprünglich als Theaterstück konzipierter Text, den sie später in Prosa umschreibt. Sprachwitz, schwarzer Humor, politisches und feministisches Engagement kennzeichnen V.s originelle Schreibweise, die auch nicht vor formalen Experimenten zurückscheut.

Offene Tore. Wien 1996. – Lit.: Sondernr. von *The Review of Contemporary Fiction* 6,3 (1986); Magnarelli, S.: *Reflections/Refractions: Reading L.V.* New York/Bern/Frankfurt/Paris 1988; García-Moreno, L.: »Other Weapons, Other Words: Literary and Political Reconsiderations in L.V.s *Other Weapons*«. In: *Latin American Literary Review* 19,38 (1991), S. 7–22; Hoeppner, E.H.: »The Hand that Mirrors Us: L.V.s Re-Writing of Lacan's Theory of Identity«. In: *Latin American Literary Review* 20,39 (1992), S. 9–17; Sondernr. von *World Literature Today* 69,4 (1995).

Erna Pfeiffer

Varnhagen, Rahel

Geb. 19. 5. 1771 in Berlin; gest. 7. 3. 1833 in Berlin

»Es wird mir nie einkommen, daß ich ein Schlemihl und eine Jüdin bin; da es mir nach langen Jahren und dem vielen Denken drüber nicht bekannt wird, so werd ich's auch nie recht wissen.« Hellsichtig hat V. in dieser Äußerung an ihren ersten Korrespondenten David Veit 1793 ihr Schicksal benannt. Schlemihl und Jüdin – diese Verbindung blieb ihr existentielles Trauma. Als Frau und Jüdin war sie doppelt ausgeschlossen, einem zweifachen Paria-Dasein ausgeliefert: der Ghettoisierung durch die Gesellschaft und der bürgerlichen Entmündigung im Hause. Sie gehörte zu jener Generation romantischer Frauen, die nicht nur eine Emanzipation der Gefühle, sondern menschliche Gleichstellung für sich forderten, aber doch erfahren mußten, daß Sensibilität zwar als freischwebendes erotisches Zahlungsmittel valutiert, gesellschaftliche Anerkennung aber einzig auf dem »bürgerlichen Amboß« einer standesgemäßen Heirat verliehen wurde.

V. wurde als Tochter des zu Wohlstand gekommenen jüdischen Kaufmanns und Bankiers Levin geboren. Ihre Bildung war selbsterworben; der anarchische, rebellische Zug ihres Denkens, Fühlens und Schreibens mag hier seine Wurzeln haben. Seit Anfang der 1790er Jahre traf sich in ihrem Dachstübchen im elterlichen Haus die intellektuelle und literarische »jeunesse dorée« Berlins, ein sozialer Raum des freien und geselligen Miteinander, außerhalb der hierarchisch-ständischen Gesellschaft: »Statt mit wenigen über weniges zu sprechen, spricht Rahel mit allen über alles« (Hannah Arendt). Ihr Talent lag im Gespräch, in der Geselligkeit im umfassend frühromantischen Sinn. Sie wirkte allein durch die Faszination ihrer Person, durch ihr pädagogisch-erotisches Geschick, mit dem sie Männer der unterschiedlichsten Klassen und Begabungen erweckte – eine »moralische Hebamme« nannte sie Prinz Louis Ferdinand von Preußen. Dabei besaß sie ein ausgeprägtes Selbstbewußtsein, einen scharfen, sondernden Intellekt: »Ich bin *so* einzig, als die größte Erscheinung dieser Erde. Der größte Künstler, Philosoph oder Dichter ist nicht über mir. Wir sind vom selben Element. Im selben Rang, und gehören zusammen. Und der den andern ausschließen wollte, schließt nur sich aus. Mir aber war das *Leben* angewiesen.« Zweimal versuchte sie, den Makel ihrer »infamen Geburt« durch Liebesbeziehungen zu Angehörigen des Adels zu nobilitieren; zweimal wurde sie verlassen – »Schicksalsprügel, wovon die Flecke nicht vergehen«. 1808, zwei Jahre nachdem durch Preußens Niederlage gegen Napoleon das Geschäft ihrer Brüder und damit auch das Leben der Geschwister in Bedrängnisse geraten war, lernte sie Karl August Varnhagen (1785–1858) kennen. Der um vieles jüngere Diplomat im Dienste Preußens und Schriftsteller wurde ihr Kind, Schüler und Liebhaber, später der sie vergötternde Prophet, Chronist und Herausgeber. Zugleich mit der 1814 erfolgten Heirat trat sie zum Christentum über und ließ sich auf den Namen Friederike taufen – und blieb doch unter aller Schminke der Assimilation bis an ihr Lebensende Schlemihl und Jüdin. Sie begleitete ihren Mann 1814/15 zum Wiener Kongreß. Von 1816 bis 1819 lebte sie in Karslruhe, wo Varnhagen preußischer Geschäftsträger am badischen Hof war. Nach seiner Abberufung – hinter der man den neu aufflammenden Antisemitismus vermuten darf – lebte sie seit Oktober 1819 wieder in Berlin. Jetzt entfaltete sie, als Gattin eines Mannes von Reputation, in ihrem Salon eine weithin ausstrahlende gesellschaftliche Wirksamkeit. Sie trat in Wort und Tat für Goethe, aber auch für die sozialrevolutionären Utopien der Saint-Simonisten ein, verkehrte freundschaftlich mit dem jungen Heinrich Heine, aber auch weiterhin mit dem ultrakonservativen Metternich-Vertrauten Friedrich von Gentz.

Als sie starb, hinterließ sie kein Werk im Sinne der literarischen Übereinkunft. Ihr Werk besteht – neben (bisher nur in Auszügen gedruckten) Tagebüchern – ausschließlich aus Briefen, deren Zahl über 6000 beträgt, die sie mit fast 300 Korrespondenten wechselte und die bisher nur zum Teil und unzuverlässig veröffentlicht wurden. Anders als im Falle Bettina von ↗ Arnims, die persönliche Zeugnisse zu Briefromanen komponiert und damit literarisch stilisiert hat, sind V.s Briefe ungezähmte private Äußerungen, von deren wahrer Form und Originalität erstmals die textkritische Gesamtausgabe des Briefwechsels mit ihrer wichtigsten Freundin Pauline Wiesel einen ungeschminkten Eindruck vermittelt. V.s Bedeutung liegt in der Exzentrik, mit der sie die Begrenzungen der literarischen Normen überschritt, in der Radikalität, mit der sie den eigenen Blick in Sprache umsetzte. »Mein Leben soll zu Briefen werden«, hat sie selbst einmal bekannt. Was und wie sie es schreibt, ist leidenschaftlich-offen bis zum Schamlosen, ja Ordinären, lebendig und dabei voller Witz und Klatsch, immer aber originell und spontan – abgerissene Gedanken eines unendlichen Gesprächs, Bruchstücke einer großen Konfession und eines grenzenloses Mitteilungsbedürfnisses.

Briefwechsel mit Pauline Wiesel. Hg. B. Hahn. München 1997; *Gesammelte Werke.* Hg. K. Feilchenfeldt/U. Schweikert/R. E. Steiner. 10 Bde. München 1983; *Briefwechsel.* 4 Bde. Hg. F. Kemp. München ²1979. – Lit.: Arendt, H.: *R. V. Lebensgeschichte einer deutschen Jüdin aus der Romantik.* München 1959; Thomann Tewarson, H.: *Rahel Varnhagen.* Reinbek 1988; Hahn, B.: *»Antworten Sie mir!« R. L. V.s Briefwechsel.* Frankfurt/M. 1990; Stern, C.: *Der Text meines Herzens. Das Leben der R. V.* Reinbek 1994.

Uwe Schweikert

Vera, Yvonne

Geb. 19. 8. 1964 in Bulawayo/Zimbabwe

»Hitze marterte die aufwärts gerichteten Gesichter. Der Bus war wütend rot. Haut nahm die Farbe dunkler Malven an. So heiß war es an diesem Tag. Die Gesichter drängten und hasteten mit schimmernden Stimmen um den Bus herum.« So beginnt Veras zweiter Roman *Without a Name* (1994). Nach Tsitsi ↗ Dangarembga ist V. die zweite zimbabwische Autorin, die binnen kurzem bekannt geworden ist. Von 1992 bis 1996 veröffentlichte sie eine Kurzgeschichtensammlung und drei kurze Romane. Für den letzten, *Under the Tongue* (1996), erhielt sie den Commonwealth-Literatur-Preis der Region Afrika. Mit V. äußert sich eine neue Stimme, eine neue Form weiblichen Schreibens in Afrika. Während ↗ Dangarembgas Stil realistisch analysierend ist, schreibt V. vom Körper und den Sinnen her, in einer eigensinnigen, bisweilen gewaltsamen Bildersprache.

Sie wuchs wohlbehütet in einer Geschäftsfamilie in Zimbabwes zweitgrößter Stadt Bulawayo auf, bis in den 70er Jahren der Bürgerkrieg im Lande auch ihr Leben überschattete. Sie hörte geflüsterte Unterhaltungen, die ihr Ängste mitteilten, sah Bilder von Verwandten, die in den Krieg gegangen waren und nicht wieder kamen, erinnert sie sich in ihrem Essay »Chamäleon ungekocht« (1995/96). Anfang der 80er Jahre ging sie zum Literatur-Studium nach Kanada und kehrte erst 1995, mit einer Promotion, zurück. In dem fremden Land, in dem sie sich entwurzelt fühlte, fing sie an zu schreiben. Ihre ersten Geschichten erschienen 1992 unter dem Titel *Why Don't You Carve Other Animals* (*Seelen im Exil*, 1997). Immer aus der Perspektive von Frauen schildert sie in präzise beobachtendem Stil Szenen aus dem am Rande erlebten Krieg. In ihren Romanen entwickelt sich ihre ›Erinnerungsarbeit‹ zu einer zunehmend dichteren lyrischen Prosa. In *Nehanda* (1993) läßt sie die legendäre Führerin des ersten Aufstands ihres Volkes gegen die englischen Siedler unter Cecil Rhodes von 1896/97 wiedererstehen. Ihre Sprache feiert, oft bis ins Mystische hinein, die Verbundenheit mit dieser Frau, ihrer Körperlichkeit, Stärke, aber auch Verletzlichkeit. Die lineare Erzählstruktur wird aufgehoben: in der Erinnerung fließen Gegenwart, Vergangenheit und Zukunft ineinander, ähnlich wie in *Without a Name* von 1994 (*Eine Frau ohne Namen*, 1997): Hier tötet eine Frau ihr neugeborenes Baby, weil sie es in einer Welt ohne Liebe nicht willkommen heißen, ihm keinen Namen geben kann. Mit *Under the Tongue* (1996) greift V. ein heikles Thema auf, das in Zimbabwe in den letzten Jahren immer mehr Beachtung gefunden hat. Ein Mädchen kämpft mit der Erinnerung an den sexuellen Mißbrauch durch ihren Vater, die Worte versteinern ihr unter der Zunge. Auch dieser lyrische Roman spielt wieder am Rande des Kriegs, dessen traumatische Erfahrungen für Frauen erst in jüngster Zeit artikuliert worden sind. So machte Freedom Nyamubaya, eine ehemalige Befreiungskämpferin, in ihrem Gedichtband *On the Road Again* (1986) deutlich, daß sich nach dem Krieg am Rollenverhältnis der Geschlechter nichts geändert habe; mittlerweile geht sie soweit und erklärt öffentlich, daß sie von den eigenen Kampfgenossen vergewaltigt worden sei – ein Thema, das auch der kontroverse Film *Flame* (1996) von Ingrid Sinclair behandelt. Seit 1997 ist V. Direktorin der Zweigstelle der National-Galerie in Bulawayo. Die eigensinnige und willensstarke Künstlerin macht der ihr vorgesetzten Männerwelt zu schaffen.

Lit.: Jones, E.: »Land, War and Literature in Zimbabwe. A Sampling«. In: *African Literature Today* 20 (1996), S. 50–61; Veit-Wild, F.: »Nachwort« zu V.: *Seelen im Exil*. Göttingen 1997, S. 159–69.

Flora Veit-Wild

Vivien, Renée (eigtl. Pauline Tarn)

Geb. 1877 in London; gest. 18. 11. 1909 in Paris

Renée Vivien, neben Anna de Noailles (1876–1933) und Lucie Delarue-Mardrus (1880–1945) die bekannteste Dichterin der »Belle Epoque«, war die erste Frau seit der griechischen ↗Sappho, die die Frauenliebe ins Zentrum ihrer Dichtung stellte. Galt das Interesse bis vor kurzem v. a. ihrem außergewöhnlichen Leben, so wird nun auch zunehmend ihre Bedeutung als Lyrikerin bewußt. – 1877 in England geboren, verbringt Pauline Tarn große Teile ihrer Kindheit und Jugend in Frankreich. 1898 läßt sie sich endgültig in Paris nieder. 1899 lernt sie die zum Kreis der amerikanischen *expatriates* gehörende Literatin und Kunstförderin Natalie Barney (1876–1972) kennen und geht mit ihr ein Liebesverhältnis ein. Ihr widmet sie 1901 ihren ersten Gedichtband *Etudes et Préludes*, den sie aus Furcht vor einem Skandal unter dem akustisch doppeldeutigen Pseudonym René(e) Vivien und mit abgekürztem Vornamen veröffentlicht. Das Werk wird von der zeitgenössischen Literaturkritik äußerst positiv aufgenommen; man vermutet hinter den Liebesgedichten einen männlichen Autor. 1902 erscheinen unter dem Kurz-Pseudonym zwei weitere, erneut positiv besprochene Gedichtbände: *Cendres et poussières* (Asche und Staub) und der Prosagedichtband *Brumes de fjords* (Fjordnebel).

Erst 1903, mit der Publikation von *Sapho*, der von ihr ins Französische übertragenen Gedichtfragmente der Sappho, offenbart sie sich dem Publikum als Frau. So werden ihre Gedichte rückwirkend als lesbische Liebesdichtung lesbar. Außergewöhnlich an ihren Gedichten ist nicht die Thematik an sich – der Lesbianismus als literarisches Sujet war schon seit Baudelaire äußerst beliebt. Doch während die lesbische Frau bei den männlichen Autoren stets als bemitleidenswertes Geschöpf oder Dämon gezeichnet wurde, erfährt sie in V.s Schreiben eine Umwertung: In ihrem Erzählband *La Dame à la louve*, 1904 (*Die Dame mit der Wölfin*, 1981) entwirft sie die Frauenliebe als positives Konzept und äußert sich sarkastisch über Heterosexualität und eheliche Konventionen. Mit ihrem Mut, keine der damals unter schreibenden Frauen üblichen Verteidigungsstrategien anzunehmen, sondern sich offen zum Sapphischen Ideal und zum Feminismus zu bekennen, stößt sie im damals noch ganz männerdominierten Literaturbetrieb auf schärfste Ablehnung. Man beurteilt nur noch ihr Privatleben, lehnt es als unmoralisch ab und verurteilt mit ihm auch das Werk. In ihrem einzigen Roman *Une femme m'apparut*, 1904 (*Mir erschien eine Frau*, 1995) wird die Verbitterung über die Reaktion auf ihr Schreiben deutlich. V. beklagt die »öffentliche Bespitzelung«, die man um das Leben einer Autorin betreibt. 1906 erscheint der Gedichtband *A l'heure des mains jointes* (In der Stunde der gefalteten Hände), der aufgrund seiner Komplexität und rhythmischen Perfektion heute als ihr bester gilt. Da sie darin weiter die sapphische Gemeinschaft verteidigt, macht sie sich erneut zur Zielscheibe der Kritik. Mit dem Gefühl verkannt und als Dichterin gescheitert zu sein, nimmt sie 1907 ihre Werke aus dem Verkauf: »Ich verkaufe meine Seele nicht mehr für 3 Francs 50 das Stück.« Sie schreibt weiter Gedichte, die sie jedoch nur noch im engsten Kreis vorliest. Um V.s letzte Lebensmonate haben sich viele Mythen gebildet. Vielleicht magersüchtig und alkoholabhängig, verliert sie mehr und mehr den Halt, konvertiert kurz vor ihrem Tod zum Katholizismus und stirbt im November 1909.

Œuvre poétique complète. Hg. J.-P. Goujon. Paris 1986. – Lit.: Goujon, R.: *Tes blessures sont plus douces que leurs caresses. Vie de R. V.* Paris 1986; Sanders, V.: *La Poésie de R. V.* Amsterdam. 1991.

Alexandra König

Volkonskaja, Fürstin, Zinaida (geb. Fürstin Belosel'skaja-Belozerskaja)

Geb. 3. 12. 1789 in Dresden; gest. 5. 2. 1862 in Rom

In seinem Poem »Russische Frauen« (1871–72), in dem Nikolaj Nekrasov das Schicksal zweier Fürstinnen, die ihren Gatten freiwillig in die jahrzehntelange Verbannung nach Sibirien folgen, zum Mythos der heldenmütig unbeugsamen Russin schlechthin werden läßt, figuriert V. als die Gastgeberin des Moskauer Abschiedsabends für eine der Fürstinnen, ihre Schwägerin, bei dem sie allen Glanz der kulturellen Elite versammelt. – V. deren Schönheit und Kultiviertheit vielfach (so auch von Puškin, ebenfalls Gast dieses Abends) gepriesen wurde, war eine hochbegabte Musikerin, die es vor allem verstand, Menschen um sich zu scharen. So in ihren Salons im Ausland (sie war als Tochter des russischen Botschafters in Westeuropa aufgewachsen) oder in Moskau bzw. in Odessa, wo sie wegen ihres allzu freien gesellschaftlichen Verhaltens jedoch in gewissen Mißkredit geriet, während sie früher enge freundschaftliche Beziehungen zu Zar Alexander I. unterhalten hatte.

V. versuchte, die Sphäre der Salonkultur zu öffnen und zu erweitern, betätigte sich zunehmend mehr als Dichterin und Schriftstellerin: 1819 veröffentlichte sie ihren französisch geschriebenen Novellenzyklus *Quatre Nouvelles*; sie beschäftigte sich mit ethischen Fragen, interessierte sich für die kulturelle Vergangenheit Rußlands; erster Ausdruck für diese Beschäftigung wird ihre Novelle »Tableau Slave du V-me siècle« (1924, 1826 ins Russische übersetzt). Diese wird Anlaß für ihre Wahl zum Mitglied der Gesellschaft der Russischen Geschichte und Altertümer.

1929 siedelte sie nach Rom um, wo sie zum Katholizismus konvertierte. Ihr *Skazanie ob Ol'ge*, 1936 (Legende von Olga) über die russische Fürstin, die den christlichen Glauben annahm, ist in der Perspektivierung der Glaubensentscheidung deutlich von dieser Religionswahl geprägt. V. führt auch in Rom ihren Salon fort. Viele reisende Russen (u. a. Gogol) wurden als Gäste aufgenommen und durch Stipendien unterstützt. Ihr Haus verstand V. im Sinne der antiken Akademien als Villa; in ihrem Bemühen, westeuropäische und russische Kultur zusammenzuführen, nahm sie das Projekt des ›lebendigen‹ kunstgeschichtlichen Museums vorweg, das erst am Ende des 19. Jh. für die russische Kultur virulent wurde. So gedenkt ihrer der Vater von Marina ↗ Cvetaeva, I. V. Cvetaev, der in Moskau nach jahrelangem Bemühen, von dem die Tochter in ihrer autobiographischen Prosa berichtet, ein Museum der bildenden Künste schaffen konnte.

Lit.: Gorodetzky, N.: »Princesse Z. Volkkonsky«. In: *Oxford Slavonic Papers* 5 (1954), S. 93–196; Ders.: »Z. Volkonsky as a Catholic«. In: *Slavonic and East European Review* 39 (1960), S. 31–43.

Johanna Renate Döring-Smirnov

Walker, Alice

Geb. 9. 2. 1944 in Eatonton, Georgia

Walkers umfangreiches Werk, das sechs Romane, eine große Zahl von Kurzgeschichten (*In Love and Trouble*, 1973; *You Can't Keep a Good Woman Down*, 1981), eine Reihe von Essays (*In Search of Our Mothers Gardens*, 1983; *Living by the Word*, 1988) und Gedichtsammlungen (*Once*, 1968; *Five Poems*, 1972; *Revolutionary Petunias & Other Poems*, 1973; *Good Night, Willie Lee, I'll See You in the Morning*, 1979; *Horses Make a Landscape More Beautiful*, 1984) enthält, ist von ihrem politischen Engagement in der Bürgerrechts- und Frauenbewegung geprägt. In *Meridian*, 1976 (*dt.* 1984) legt sie geschlechtsspezifische Unterdrückungsmuster innerhalb der Bürgerrechtsbewegung offen, in mehreren Aufsätzen klagt sie den Rassismus in der Frauenbewegung an, in der Kurzgeschichte »Roselily« die polarisierten Geschlechterrollen bei den Black Muslims. Die Idealisierung Afrikas im Kontext des Black Nationalism wird in Geschichten wie »Everyday Use« und in ihrem Roman *Possessing the Secret of Joy*, 1992 (*Sie behüten das Geheimnis des Glücks*, 1993) problematisiert. W.s Konzentration auf die doppelte Unterdrückung schwarzer Frauen hat ihr von manchen schwarzen Kritikern den Vorwurf der ›Nestbeschmutzung‹ eingehandelt; und sie hat zu einer kritischen Distanz zum weißen Feminismus geführt. W. war eine der ersten, die darauf hinwies, daß feministische Theorien häufig von der stillschweigenden Setzung ›der Frau‹ als weiß ausgingen und die spezifischen Interessen von ›women of color‹ ausklammerten.

W. wuchs im Süden auf, wo die meisten ihrer Erzählungen spielen; häufig knüpfen sie an traditionelle schwarze Kultur an (Voodoo in »The Revenge of Hannah Kemhuff« und »Strong Horse Tea« oder Quilting in »Everyday Use«).

W.s erster Roman, *The Third Life of Grange Copeland*, 1970 (*Das dritte Leben des*

Grange Copeland, 1988) verfolgt am Leben des Titelhelden die Entwicklung afro-amerikanischer Einwohner in den Südstaaten von den 20er Jahren bis zur Bürgerrechtsbewegung. Obwohl der Titel einen Mann in den Mittelpunkt stellt, konzentriert sich der Roman auf mehrere schwarze Frauen in verschiedenen historischen Epochen und deren Befreiungsmöglichkeiten. Margaret und Mem, Ehefrau und Schwiegertochter von Grange, gehen an der doppelten Unterdrückung durch Rassismus und Sexismus zugrunde; die Männer geben die rassistische Gewalt an die Frauen weiter und versuchen, ihr Verhalten durch die eigene Unterdrückung zu entschuldigen. Erst die Enkelin Ruth hat durch die politischen Erfolge der Bürgerrechtsbewegung größere Aussichten auf ein selbstbestimmtes Leben. *Meridian* widmet sich der historischen Bewegung, die in *Grange Copeland* als hoffnungsvoller Ausblick erscheint. Das Engagement Meridians in der Bürgerrechtsbewegung ist verwoben mit Rückblicken auf ihre Probleme mit der Mutterrolle, ihrem Versuch, aus einem scheinbar vorgezeichneten Leben der Aufopferung für andere auszubrechen. Im Zusammenspiel von kollektiver und persönlicher Geschichte entwickelt Meridian Schuldgefühle, die sie erst lösen, als sie sich auf afro-amerikanische Wurzeln (die Kirche, die ländlichen ›black communities‹ im Süden) zurückbesinnt. Anders als *Grange Copeland,* das – bis auf einige retrospektive Informationen über Granges ›zweites Leben‹ im Norden – chronologisch erzählt ist, ist die Struktur von *Meridian* vom ›crazy quilt‹ inspiriert; es ist in Vignetten und Episoden eingeteilt, deren chronologische und kausale Folge oft nicht eindeutig klar ist.

The Color Purple, 1982 (*Die Farbe Lila,* 1984; Pulitzerpreis 1983; 1985 von Steven Spielberg verfilmt) benutzt die Form des Briefromans und die Erzählstruktur der ›slave narrative‹ – eine lineare Entwicklung von Unfreiheit/Sklaverei zu Freiheit und Selbstbestimmung –, um die Unterdrückung schwarzer Frauen innerhalb der ›black community‹ zu analysieren; ähnlich wie in Zora Neale ↗ Hurstons *Their Eyes Were Watching God* spielt in der Handlung die weiße Gesellschaft kaum eine Rolle. Das Augenmerk liegt auf Sexismus, nicht Rassismus. In Briefen – erst an Gott, dann an ihre Schwester Nettie – erzählt Celie ihre Lebensgeschichte, die in fast aussichtsloser Unterdrückung beginnt und triumphal am symbolträchtigen 4. Juli mit ihrer persönlichen Unabhängigkeit und Freiheit endet. Bereits der Stil der Briefe demonstriert Celies Entwicklung; sind sie anfangs noch durchsetzt von grammatischen Fehlern und ringen um Artikulation, zeigen sie immer mehr das wachsende Selbstbewußtsein der Verfasserin. Schwarze Frauen erscheinen in *The Color Purple* als Opfer sexistischer Gewalt durch schwarze Männer, die anders als in ihrem ersten Roman nicht mehr mit der Weitergabe rassistischer Gewalt erklärt wird.

Die genitale Verstümmelung an schwarzen Frauen als ›kulturelle‹ Praxis in Afrika, in *The Color Purple* nur am Rande erwähnt, rückt in *Possessing the Secret of Joy,* 1992 (*Sie hüten das Geheimnis des Glücks,* 1995) ins Zentrum und führt zu einer ambivalenten Einschätzung der Rückbesinnung auf traditionelles afrikanisches Erbe und der Frage nach weiblicher Komplizenschaft. In *The Temple of My Familiar,* 1989 (*Im Tempel meines Herzens,* 1990) spannt W. einen weiten zeitlichen und geographischen Bogen, der die internationale Orientierung von Romanen wie *Meridian* weiterführt und die binäre Opposition von Schwarz-Weiß durchbricht sowie in Rückgriffen auf mythologische Elemente traditionelle afro-amerikanische Kultur beleuchtet.

Lit.: Koenen, A.: *Zeitgenössische Afro-Amerikanische Frauenliteratur.* Frankfurt/M. 1985; Banks, E. D.: *A. W., An Annotated Bibliography 1968–1986.* New York 1989; Bloom, H. (Hg.): *Alice Walker.* New York 1989; Gates, H. L./Appiah, K. A. (Hgg.): *A. W. Critical Perspectives Past and Present.* New York 1993.

Anne Koenen

Walker, Kath ↗ Oodgeroo

Wang Anyi

Geb. am 6. 3. 1954 in Nanjing/VR China

»Angesichts der äußeren Welt [...] hat der einzelne die Möglichkeit, sich mit anderen zusammenzuschließen [...]. Angesichts der eigenen Innenwelt ist man einsam, kein Außenstehender kann dir zu Hilfe kommen [...]. Diese Kämpfe mußt du ganz allein durchfechten [...]. Ich glaube, es ist die Aufgabe meiner literarischen Arbeit, zwischen all diesen einsamen Kämpfern Verbindungen zu knüpfen [...] .« Mit diesen existentialistisch anmutenden Worten charakterisiert Wang Anyi 1986 ihr eigenes literarisches Werk. – W. gehört zu der Generation städtischer Jugendlicher, die während der Kulturrevolution (1966–76) euphorisiert und für parteiinterne Kämpfe mißbraucht, mit abgebrochener Ausbildung aufs Land verschickt wurden und nach teilweise über zehnjähriger Abwesenheit nur unter Überwindung hoher bürokratischer Hürden in ihre Heimatstädte zurückkehren konnten. Aufgewachsen in Shanghai, erlebt W. die demütigenden Übergriffe der Roten Garden gegen Intellektuelle und bewährte Kader im Haus ihrer Eltern – ihre Mutter ist die erfolgreiche und KP-loyale Schriftstellerin Ru Zhijuan. Nach ihrer (freiwilligen) Landverschickung gelingt W. 1978 die Rückkehr nach Shanghai, wo sie seither lebt. Schlimmer noch als die materielle Benachteiligung der Heimkehrer erweist sich der schmerzhaft erfahrene Glaubensverlust an die von der Partei verkündeten Ziele, der ein inneres Vakuum hinterläßt: »[...] die Jugend hat sich [...] daran gewöhnt, abhängig zu sein, von klein auf wurde ihr beigebracht, daß sogar das Denken überflüssig sei, [...] was wir glaubten, war, was andere uns sagten« (W.). Erfahrungen und Bedürfnisse ihrer ›verlorenen‹ Generation fließen direkt in W.s frühe Prosa ein. Erzählungen wie »Yu shashasha« (»Und leise fällt der Regen«) und »Cong jichi de chechuang qian lüeguo de« (»Am Fenster eines vorbeifahrenden Zuges«), die sie selbst »Museum der Seele« nennt, thematisieren die Suche nach einer eigenen Identität jenseits der Parteidoktrin und verhelfen W. 1980 zum literarischen Durchbruch. W. wird in den chinesischen Schriftstellerverband aufgenommen, 1981 erscheint eine erste Anthologie, im gleichen Jahr erhält sie für »Benci lieche zhongdian« (*»Endstation des Zuges«*, 1985) den nationalen Literaturpreis für Kurzgeschichten. Eine weitere Auszeichnung folgt 1982 für »Liushi« (»Verstreichende Zeit«). Insgesamt läßt sich W.s frühes Werk lose der im kulturell liberalen Klima der späten 70er entstehenden ›Narbenliteratur‹ (*Shanghen wenxue*) zuordnen, die die Erfahrungen der Kulturrevolution aufarbeitet, gesellschaftliche Probleme aufdeckt und erstmals in der Geschichte der volksrepublikanischen Literatur auch die Tabuisierung der Innenwelt durchbricht.

In ihrer Kurzroman-Trilogie von 1986/87 *Sanlian* (*Drei Lieben*, 1988): *Huangshan zhi lian* (*Liebe im Schatten des Berges*), *Xiaocheng zhi lian* (*Liebe in einer kleinen Stadt*), *Jinxiugu zhi lian* (*Liebe im verwunschenen Tal*), wendet sich W. erneut verstärkt der Darstellung innerer Konflikte und den fortan ihr Werk bestimmenden Themen Freundschaft, Liebe und Sexualität zu. Die reiche gedankliche Welt der Charaktere kontrastiert mit ihrem monotonen und leeren Alltag, an dem sie verzweifeln. Sie sind unfähig zu dauerhaften zwischenmenschlichen Beziehungen und emotional durch den sozialen Druck einer restriktiven Gesellschaft und durch die egoistische Selbstgefälligkeit des einzelnen verkrüppelt. Aufgrund der offenen Thematisierung von Sexualität werden die *Sanlian*-Romane von der staatlichen Kritik als unmoralisch und pornografisch beurteilt, was ihre weite Verbreitung allerdings nichts verhindern kann. Im Gegensatz zu W.s frühen Erzählungen gibt es in diesen Kurzromanen keinen konstruktiven Ausblick in die Zukunft mehr. Die Autorin scheint das in ihrer Jugend verlorene Vertrauen in zwischenmenschliche Beziehungen nicht wiedergefunden zu haben.

Lit.: Li Li: »Die mittlere und die jüngere Generation. Aus einem Interview mit Ru Zhijuan und ihrer Tochter Wang Anyi«. In: *die horen* 156 (1989), S. 42–45; Kahn-Ackermann, M.: »Nichts, was es nicht neu zu entdecken gibt. Die chinesische Gegenwartsliteratur«. In: Steckel, H. (Hg.): *China im Widerspruch. Mit Konfuzius ins 21. Jahrhundert?* Hamburg 1988, S. 153–172.

Judith Ammon

Weil, Grete

Geb. 18. 7. 1906 in Rottach-Egern/Oberbayern

»Alles um mich herum ist Spätfolge, weil die Hitler-Zeit so tiefe Spuren hinterlassen hat, daß keiner, der damals lebte, und wahrscheinlich auch nur eine Handvoll der später Geborenen sich ihr entziehen kann.« – Dieses Zitat aus einem der letzten Texte von W. umschreibt zentrale Aspekte von Leben und Werk der Schriftstellerin, die in einer assimilierten jüdischen Rechtsanwaltsfamilie in München aufwächst. Die deutsche Kultur und das aufgeklärt-humanistische Denken prägen die Erziehung und die Atmosphäre in dem großbürgerlich-intellektuellen Elternhaus. W. unternimmt früh Schreibversuche, die allerdings zu keiner Veröffentlichung führen und durch den Nationalsozialismus zunächst beendet werden. 1936 emigriert sie ins Amsterdamer Exil, wohin zuvor ihr Mann Edgar Weil geflüchtet ist, der 1941 in Mauthausen ermordet wird. Durch ihre Mitarbeit im Jüdischen Rat von Amsterdam und ihr späteres Untertauchen entkommt sie der Deportation. Gleichzeitig nimmt sie ihr Schreiben wieder auf: Das Puppenspiel

Weihnachtslegende 1943 entsteht, und von nun an bilden die Ermordung der europäischen Juden, die Frage nach Tätern und Opfern sowie die Existenz der Überlebenden die Hauptthemen der W.schen Texte.

Trotz der traumatischen Erfahrungen mit Deutschland kehrt W. 1947 dorthin zurück, worauf befreundete Exilierte mit Ablehnung reagieren, und denen die Autorin ihr Zuhause-Sein in diesem Land entgegenhält. Diese v.a. kulturelle und sprachliche Verbundenheit schließt die Kritik an Deutschland in den Werken nicht aus. Der erste Nachkriegstext ist die Novelle *Ans Ende der Welt*, die die Verfolgung und Deportation von holländischen Juden darstellt. Die Veröffentlichung erweist sich als schwierig: W. findet keinen westdeutschen Verlag, so daß der Text 1949 in Ost-Berlin und erst 1962 in der BRD publiziert wird. Diese Tatsache sowie die ausbleibende Resonanz spiegeln das Klima des Verschweigens der von W. aufgegriffenen Themen im Nach-Auschwitz-Deutschland wider. – In den 50er Jahren beginnt die Autorin zu übersetzen, Opernlibretti zu schreiben und für den Rundfunk zu arbeiten. 1960 heiratet sie den langjährigen Freund und Regisseur Walter Jokisch. Die unaufhebbare Spannung zwischen dem Schweigegebot des Unsagbaren der Vernichtung, weil diese letztlich nicht in Worte gefaßt werden kann, und der Zeugenpflicht einer Ethik nach Auschwitz steht im Mittelpunkt des 1963 veröffentlichten Romans *Tramhalte Beethovenstraat*. Um die Arbeit an der Erinnerung als Erfahrung in die Gegenwart zu integrieren, werden hier, wie auch in den folgenden Texten, verschiedene Zeit- und Raumebenen miteinander verbunden. In dem Erzählband *Happy, sagte der Onkel* (1968) werden u.a. Korrespondenzen und Kontinuitäten von Gewaltverhältnissen (der Nationalsozialismus und die rassistische US-amerikanische Gesellschaft) aufgezeigt. W. führt hier erstmalig ein weibliches Ich mit autobiographischen Elementen als Protagonistin ein.

Erst 1980 erfolgt der literarische Durchbruch mit der Publikation des Romans *Meine Schwester Antigone*. Die Problematisierung des Weiterlebens mit den eigenen Erinnerungen sowie die Konfrontation mit der mythischen Projektions- und Schreibfigur Antigone und deren Widerstand als Frau bilden das Zentrum des Textes. Dieser Roman ist zugleich ein Alterstext: Die Bearbeitung der Faschismuserfahrung ist verschränkt mit der schonungslosen Darstellung des Verfalls im Alter. Der jahrzehntelangen schriftstellerischen Isolation folgt jetzt das öffentliche Interesse, das sich in den 80er und 90er Jahren in Fernsehsendungen, literarischen Porträts und Werk-Übersetzungen niederschlägt. Literaturwissenschaftliche Auseinandersetzungen bleiben hingegen rar. An das Thema ›Alter‹ knüpft der 1983 erscheinende Roman *Generationen* an, der vom Scheitern des Zusammenlebens dreier Frauen aus verschiedenen Generationen erzählt. Nach einer ersten Israelreise 1986 veröffentlicht W. 1988 den Roman *Der Brautpreis*, für den sie im gleichen Jahr den Geschwister-Scholl-Preis bekommt. Hier stehen Fragen nach der jüdischen Identität, die eine weibliche Überlebende im Spiegel einer biblischen Geschichte aufspüren möchte, im Mittelpunkt. Die Identifikation erfolgt ausschließlich über die Erkenntnis der Zugehörigkeit zum leidenden jüdischen Volk. Kontinuität und Konsequenzen dieser Leidenserfahrung bestimmen die Erzählungen in *Spätfolgen* (1992), in denen zugleich der bis dahin als Antrieb des Schreibens funktionierende Anspruch der Zeugenschaft radikal in Frage gestellt wird.

Lit.: Nussbaum, L./Meyer, U.: »G. W.: unbequem, zum Denken zwingend«. In: *Exilforschung. Ein internationales Jahrbuch* 11 (1993), S. 156–170; Paulsen, W.: *Das Ich im Spiegel der Sprache. Autobiographisches Schreiben in der deutschen Literatur des 20. Jahrhunderts.* Tübingen 1991; Weigel, S.: *Die Stimme der Medusa. Schreibweisen in der Gegenwartsliteratur von Frauen.* Dülmen, Hiddingsel 1987; Wieskerstrauch, L.: *Schreiben zwischen Unbehagen und Aufklärung. Literarische Portraits der Gegenwart.* Weinheim/Berlin 1988.

Katja Schubert

Winterson, Jeanette

Geb. 27. 8. 1959 in Manchester

Winterson kann als eine der profiliertesten feministischen und experimentierfreudigsten zeitgenössischen britischen Autorinnen bezeichnet werden. Alle ihre bislang erschienenen Texte variieren tradierte Erzählformen wie den Bildungsroman (*Oranges are not the Only Fruit*, 1985) oder den historischen Roman (*The Passion*, 1987). Mit großer Selbstverständlichkeit und künstlerischem Geschick verfügt W. über das erzähltechnische Repertoire postmodernen Erzählens – das Spiel mit der konventionellen Funktion des Erzählers, das Aufbrechen traditionell linearer Handlungslinien, die Reflexion über Linearität von Zeit und Geschichte, die meta- und intertextuelle Reflexion des überkommenen literarischen und kulturellen Kanons. Auch das Spiel mit den Grenzen zwischen Faktischem, Fiktivem und Phantastischem, die programmatisch motivierte Um-Schreibung von Geschichte und Geschichten (vgl. etwa den Arche Noah-Mythos in *Boating for Beginners* (1985) und die Wiederentdeckung der Körperlichkeit in *Written on the Body* (1992)) stellen Winterson in die Nähe von Autoren wie Julian Barnes, Jorge Luis Borges oder Angela ↗ Carter. Gleichzeitig schreibt sie erkennbar von einem Standort aus, der vom französischen Feminismus mit seiner Betonung der prinzipiellen Differenz zwischen dem Männlichen und dem Weiblichen geprägt ist. W.s Interesse gilt dabei ganz eindeutig dem Weiblichen, das in ihren Texten vor allem in Gestalt von mental und/oder physisch starken Frauenfiguren und gelegentlich von Figuren männlichen Geschlechts, die weiblich codierte Verhaltensweisen an den Tag legen, repräsentiert wird. Eindrucksvolle Beispiele hierfür sind etwa Dog Woman und ihr Sohn Jordan in *Sexing the Cherry* (1989) oder Villanelle und Henri in *The Passion:* Wie die weiblichen Hauptfiguren mit ihrer Stärke und Durchsetzungsfähigkeit überschreiten in beiden Texten auch die männlichen Figuren mit ihrer Sensibilität, ihrer Friedfertigkeit und ihrer Unrationalität die genderspezifischen Grenzen.

Die Auflösung konventioneller Geschlechteroppositionen (inklusive ihrer Stabilitätsgaranten Heterosexualität und Familienstruktur) geht einher mit der Entgrenzung gängiger Strukturierungsprinzipien der wahrgenommenen Welt. Dies äußert sich in W.s Romanen besonders in einem sehr spezifischen Zeitbegriff, der einerseits zu einem Aufbrechen traditioneller Muster der Geschichtsschreibung führt, andererseits zu einer bei Kristeva entlehnten Vorstellung von einem spezifisch weiblichen Zeiterleben, das an die Stelle der linearen Chronologie zyklische Rhythmik setzt. Die damit verbundene prinzipielle »Gleichzeitigkeit des Ungleichzeitigen« allerdings erschwert mitunter – wie in *Art & Lies* (1994) mit seiner sehr prononcierten Vielstimmigkeit – den Verständigungsprozess zwischen Autorin/Text und Leserschaft und rückt W.s künstlerisches Schaffen zuweilen in die Nähe esoterischer Theorien, die, wie in *Gut Symmetries* (1997), letztlich auf universalistische und totalistische Welterklärungsansätze zurückführen.

Lit.: Nünning, A.: »Grenzüberschreitungen: Neue Tendenzen im historischen Roman«. In: Maack, A./R.Imhof (Hgg.): *Radikalität und Mäßigung. Der englische Roman seit 1960*. Darmstadt 1993, S. 54–73; Onega, S.: »›Self‹ and ›Other‹ in J. W.'s *The Passion*«. *Revista Canaria de Estudios Ingleses* 28 (1994), S. 177–193; Onega, S.: »›I'm telling you stories. Trust me‹: History/Story-Telling in J. W.'s *Oranges are not the Only Fruit*«. In: Onega, S. (Hg.): *Telling Histories. Narrativizing History, Historizing Literature*. Zaragoza 1996, S. 135-147; Quadflieg, H.: »Feminist Stories Told on Waste Waters: J. W.'s Novels«. *a & e* 60 (1997), S. 97-110.

Helga Quadflieg

Wohmann, Gabriele

Geb. 21. 5. 1932 in Darmstadt

Die lange Liste ihrer Veröffentlichungen zeigt, mit welch ungewöhnlicher Stetigkeit W. produziert: in 40 Jahren 80 Bücher, vor allem Erzählungen und Romane. Ungewöhnlich auch die Beharrlichkeit, mit der W. sich einem gleich bleibenden Kreise von Themen und Milieus verschreibt. – In einem Pfarrhaus wächst sie mit vier Geschwistern ohne Leistungsdruck auf. Nach einem Externenabitur studierte sie an der Universität Frankfurt vier Semester Germanistik, Romanistik, Musikwissenschaft und Philosophie, arbeitete aushilfsweise als Lehrerin am Nordseepädagogium in Langeoog, das sie selbst als Schülerin ein Jahr besucht hatte. Einige Jahre gab sie Sprachunterricht in einer privaten Handelsschule und an der Volkshochschule Darmstadt. Seit 1953 ist sie verheiratet. Seit 1957 veröffentlicht sie, häufig in Zeitungen und Zeitschriften, die gerade an kurzer Prosa Bedarf hatten. Die Literaturkritik hatte ihr schnell das Etikett »böser Blick« angeheftet. Dieser Begriff trifft auf viele Erzählungen zu, in denen sie einen bestimmten Typus Wohlstandsbürger mittlerer Einkommenslage zur Zeit der Adenauer-Ära satirisch bloßstellt, z. B. in »Die Bütows« und »Habgier«. Unversöhnlich gerät W.s Kritik besonders dort, wo sich die selbstgerechte Bösartigkeit solcher Zeitgenossen verhängnisvoll auf Kinder auswirkt. Vertraut mit Schulmilieu und Erziehungsproblematik kommt sie wiederholt auf das problematische Verhältnis zu Kindern zurück, z. B. im Roman *Paulinchen war allein zuhaus* (1974), wo Kinder zu Objekten modischer Erziehungskonzepte werden.

Viele ihrer kurzen Texte überzeugen durch die Präzision der Charakteranalyse und den Lakonismus der Darstellung, oft bewirkt durch Selbstentlarvung der

ProtagonistInnen in Dialogen oder aus der Perspektive der Ich-Erzählung. In der Charakteristik, W. sei eine »Meisterin der kurzen Prosa« steckt zugleich prinzipielle Kritik an ihrer Art, Romane zu schreiben. Davon unbeeindruckt verzichtet sie weitgehend auf konventionelle Fabelkonstruktionen und Handlungsverknüpfungen. Sie nimmt sich statt dessen viel Raum, um der Psychologie der Figuren in ihren feinsten Nuancen und verborgenen Regungen nachzuspüren. Gegenstand solcher Sondierung sind u.a. Künstler, in *Spätherbst in Badenweiler* (1978) ein Komponist und Hypochonder, der seine Dauerkrise endlos kultiviert. Immer wieder sind die meist tristen Beziehungen in Familien und Freundeskreisen Gegenstand des Erzählens. Der Teufelskreis von Berührungsbedürfnis und -angst scheint unauflösbar, die öde Leere des Lebens unausweichlich. Letztlich dreht sich trotz besserer Einsicht alles darum, die anderen auf Distanz zu halten. Wirkliche Katastrophen fallen weitgehend aus: es wird weitergewurstelt. Das kann als die eigentliche Katastrophe gelesen werden. Weibliche Charaktere erscheinen nicht selten unleidlicher als männliche, weil sie ihre Defizite aggressiver ausleben, z.B. in der Sammlung Frauengeschichten *Die Schönste im ganzen Land* (1995). Die Grundsituationen universeller Kontaktarmut und Inhaltsleere ändern sich im Schaffen W.s kaum, sie modifizieren sich mit dem Älterwerden der Protagonist/innen. Probleme des Alterns, von Krankheit und Todesfurcht treten verstärkt auf. W.s Erzählwelt wirkt in hohem Maße geschichtslos, als ob Bewegungen wie die der 68er und der Frauen, jüngst auch die Veränderungen der 90er Jahre ohne Belang wären. Die Grundsubstanz von Eigensucht, Borniertheit, Desinteresse ihrer Protagonist/innen ändert sich nicht. Wenn gelegentlich aktuelle Ereignisse wie Tschernobyl in »Der Flötenton« (1987/88) oder der Tod von Kelly/Bastian im Roman *Aber das war noch nicht das Schlimmste* (1995) als Auslöser persönlicher Verwicklungen einbezogen werden, ändert das nichts am Eindruck geschichtlicher Bewegungslosigkeit bzw. der Wiederkehr des Gleichen, in dem spezifischen Ausschnitt, den W.s Erzählwelt bietet. W. erhebt nicht den Anspruch, auf Menschen und Zustände bessernd einzuwirken oder gar Utopien zu entwerfen. Ihrem Wahrnehmungszwang folgend, hält sie das Gegebene sezierend fest.

Gesammelte Erzählungen aus 30 Jahren 1956–1986. Darmstadt/Neuwied 1986; *Ich lese, Ich schreibe, autobiographische Essays*. Darmstadt/Neuwied 1984. – Lit.: *Materialienbuch*. Hg. T. Scheuffelen. Darmstadt/Neuwied 1977; *G. W.: Auskunft für Leser*. Hg. K. Sibliewski. Darmstadt/Neuwied 1982.

Eva Kaufmann

Wolf, Christa

Geb. 18. 3. 1929 in Landsberg a. d. Warthe

Christa Wolf stellt in einem unverwechselbaren literarischen Stil Hoffnungen und Ängste der Menschen des ausgehenden 20. Jh.s dar. Biographie und Zeitgeschichte miteinander verflechtend, ist ihre Prosa und Essayistik durch Nachdenken und Selbsterkundung gekennzeichnet. Mit einer auf Dialog mit dem Leser ausgerichteten Erzählstrategie gibt sie sich als eine von den Ereignissen unmittelbar betroffene Zeitzeugin zu erkennen, die vor dem Hintergrund konkreter sozialer und historischer Zwänge die Grenzen individueller Selbstverwirklichung thematisiert. Ihre Texte enthalten vielfältige Reflexionen über die Sprache als Indikator gesellschaftlichen Bewußtseins. Mit der demonstrierten Fähigkeit des Mitleidens und Anteilnehmens bietet sie Identifikationsmöglichkeiten an.

Nach dem Germanistikstudium in Jena und Leipzig arbeitete sie als Redakteurin und Lektorin. Gleich Anna ↗ Seghers sah sie sich einer Tradition verpflichtet, die Literatur als spezifische Weise sozialen Handelns definiert und die Literaten als Repräsentanten des gesellschaftlichen Lebens in den Dienst stellt. Ihr literarisches Debüt *Moskauer Novelle* (1961) ist getragen von einem moralisch motivierten Aufklärungskonzept, das sich mit der Erzählung *Der geteilte Himmel* (1963) fortsetzt, in der sie die ideologischen und physischen Folgen der Teilung Deutschlands thematisiert. Als Kandidatin des ZK der SED, einer Funktion, die sie von 1963 bis 1967 innehatte, intervenierte sie 1965 öffentlich gegen dogmatische Fehleinschätzungen und Bevormundungen der Politik gegenüber Künstlern. Ein mit nachlassender Identifikationsbereitschaft einhergehender Leidensdruck trieb die erlebten Widersprüche in den Folgejahren in die Prosa. Die Erzählung »Juninachmittag« (1966) und das folgende Buch *Nachdenken über Christa T.* (1968) sind Belege neuer literarischer Kompositionsarbeit, mit der W. einen unverwechselbaren Ton in die Stimmenvielfalt deutscher Gegenwartsliteratur einbrachte.

Büchners *Lenz*-Novelle vor Augen, entwickelte sie in *Lesen und Schreiben* (1972) ihre poetologischen Vorstellungen von den vier Dimensionen des erzählerischen Raumes, bestehend aus drei fiktiven Koordinaten der erfundenen Figuren und dem Erzähler. ›Subjektive Authentizität‹ wird zum Schlüsselwort einer durch Zeitgenossenschaft und Engagement geprägten Prosa, die, als Mittel zur Selbsterkenntnis genutzt, dazu beitragen will, die Entwicklung des Menschen vom Objekt zum Subjekt zu fördern und damit seine Fähigkeit ›Ich‹ zu sagen. Den Zusammenhang von sehend machen und sehend werden, eines der Grundaxiome Ingeborg ↗ Bachmanns, hat W. in ihrem Erinnerungsbuch *Kindheitsmuster* (1976) thematisiert. Die Frage »Wie sind wir so geworden, wie wir heute sind?« bestimmt das Thema des Buches, das Verhaltensmuster wie Autoritätsgläubigkeit, Mißtrauen, Intoleranz, Verdrängungsmechanismen anspricht. Nach ihrem Protest gegen die Biermann-Ausbürgerung 1976 richtete sich das Interesse der Autorin immer weiter in die Geschichte zurück. Mit dem Rückgriff auf die Lebensläufe der literarischen Vorgänger Karoline von ↗ Günderrode und Heinrich von Kleist in *Kein Ort. Nirgends* (1979) suchte sie mit suggestiver Sprachkraft nach den Wurzeln einer zum geschlossenen System erstarrten Utopie, von den Herrschenden längst aufgekündigt, als sie von den mit Sprecherrollen ausgestatteten Beherrschten noch behauptet worden war. In den Text eingeschrieben ist das Aufbegehren gegen Fremdbestimmung, gegen das Objektemachen für fremde Zwecke durch die Besinnung des Individuums auf die eigenen Fähigkeiten, die immanente Ermutigung, den eigenen – auch den geschlechtsspezifischen – Wahrnehmungen zu trauen. ›Todesarten‹ tauchen bei W. seit Ende der 60er Jahre auf, immer verbunden mit der Suche nach lebenserhaltenden Elementen. Angesichts der existentiellen Bedrohung am Beispiel Tschernobyl, wächst mit *Störfall* (1987) die Aufmerksamkeit gegenüber dem kostbaren Alltag und den anthropologisch angelegten Handlungsantrieben der Zivilisationsgesellschaft. Das Motiv der Liebe als Signum einer erfüllten Existenz gewinnt an Wichtigkeit, gesetzt gegen Entfremung scheint es auf als utopische Dimension.

Angesichts der eskalierenden atomaren Aufrüstung durch die Supermächte in den frühen 80er Jahren, gab sie mit den die Erzählung *Kassandra* enthaltenden Frankfurter Poetik-Vorlesungen (1983) Beipiele ästhetisch geformter Widerstandspositionen. In einem schmerzhaften Bewußtwerdungsprozeß analysiert die Seherin zum Kriege führende Mechanismen. Sie zeigt auf, wie handfeste ökonomische Interessen der ideologischen Absicherung männlich dominierter Wertsysteme in der patriarchalischen Gesellschaft bedürfen, wie antinomisches Freund-Feind-Denken einer von Siegern geschriebenen männlichen Geschichtsschreibung ideologische Aufrüstung begünstigt. In *Kassandra* ist die Erkenntnis eingeschrieben, daß die Warnungen der Seherin sinnlos waren, weil das, was sie zu retten suchte, längst verloren war. Das endgültige Bewußtsein, sich an Unmöglichem abgearbeitet zu haben, kam bei W. erst nach der Wende mit dem Zusammenbruch des sozialistischen Systems. Mit *Sommerstück* (1989) unternimmt sie noch einmal den Versuch, Kunst spielerisch mit Lebenskunst zu verbinden, das Leben zu ästhetisieren in einer als bleiern erlebten Zeit der »gestockten Widersprüche«, da Geschichte stillzustehen schien angesichts eines sich mit Macht behauptenden Gesellschaftsfunktionalismus in der DDR, wo ihre Bücher in Ermangelung demokratischer Öffentlichkeit vielfach als Transportmittel individueller und kollektiver Selbstverständigung fungierten. W. repräsentierte ein auf Wahrhaftigkeit ausgerichtetes Sprechen, in dem die Person der Sprechenden für die Authentizität des Gesagten einstand.

Identitätskrisen hat W. seit *Nachdenken über Christa T.* in allen ihren Büchern thematisiert, beispielsweise im Motiv der tödlichen Krankheit, der verlorengegangenen Utopie, des Verlustes familiärer Bindungen oder der Sprachstörungen, die diagnostizierte Sinnbilder gesellschaftlicher Wertkrisen sind. In *Was bleibt* (1990) ist die früher beschworene Utopie nur noch aus der Perspektive des Verlusts beschreibbar. Die Folgen von Fehlentwicklungen sind nicht leichter zu ertragen von denen, die vor ihnen gewarnt haben. Nach dem letalen Ausgang des Sozialismusprojekts in Deutschland sah sich W. geradezu paradigmatisch als »symbolische« Repräsentantin des politischen Systems den unterschiedlichsten Urteilen und Wertungen und Maßstäben ausgesetzt, die sie letztlich in ihrer moralischen Integrität und künstlerischen Produktivität nicht verunsichern konnten. – Seit 1990/91 beschäftigt sich

W. wieder mit einem mythologischen Stoff. Diesmal unter dem Aspekt, daß unsere Kultur, wenn sie in die Krise gerät, immer wieder in die gleichen Verhaltensmuster zurückfällt, indem sie Menschen an den Rand der Gesellschaft stellt und sie zu Sündenböcken macht. *Medea* (1996) wird zum Beispielfall für die Ausgrenzung des Fremden und dessen Synonym, das weibliche angstmachende Element aus der Gesellschaft.

Lit.: Hilzinger, S.: *Christa Wolf*. Stuttgart 1986; Drescher, A. (Hg): *C. W. Ein Arbeitsbuch*. Berlin/Weimar 1989; Hörnigk, T.: *Christa Wolf*. Berlin/Göttingen 1989; Stephan, A.: *Christa Wolf*. München 1991; Deiritz, K./Krauss, H. (Hgg.): *Der deutsch-deutsche Literaturstreit oder »Freunde, es spricht sich schlecht mit gespaltener Zunge«*. Hamburg/Zürich 1991.

Therese Hörnigk

Wolonskaja ↗ Volonskaja, Fürstin Zinaida

Woolf, Virginia (Adeline) (geb. Stephen)

Geb. 25. 1. 1882 in London; gest. 28. 3. 1941 bei Lewes, East Sussex

Im oder um den Dezember 1910 habe sich der menschliche Charakter verändert – so datiert Woolf die Epochenschwelle, festgemacht an der postimpressionistischen Ausstellung in London, und verdeutlicht ihr künstlerisches Selbstbewußtsein als Angehörige einer Generation der Neuerer, die sich gegen die behäbige, konventionenfixierte Vorläufergeneration der Viktorianer und Edwardianer auflehnt. Veränderte Beziehungen zwischen Männern und Frauen, Herrschaften und Dienstboten, Eltern und Kindern, erforderten von der Kunst eine radikal neue Sichtweise der Wirklichkeit, des Lebens. Ihr modernistisches Credo aus dem programmatischen Essay »Modern Fiction« (1919) richtet sich gegen den realistisch-soziologischen Gesellschaftsroman. Ohne nach Lösungen zu streben, erkunden ihre Texte die widersprüchlichen Existenzformen ihrer Figuren im Alltag, umkreisen ihre Subjekte im Prozeß. Weibliche und männliche Subjektivität erweisen sich als kulturell verfaßt; in der Sprache setzt sich das Unbewußte in Szene. Keine Politik der Fallbeispiele, sondern Entwürfe mit eigenen Entwicklungen, Wunschwelten, gescheiterten Konstruktionen beschreiben ein auch von materiellen Dingen bestimmtes Subjekt.

Als Tochter des Gelehrten Sir Leslie Stephen und seiner Frau Julia Duckworth, verwandt und bekannt mit illustren Geistesgrößen des viktorianischen Zeitalters, wuchs W. mit sieben Geschwistern in einem geistig anregenden, aber psychisch belastenden Umfeld auf. Der Verlust der Mutter im Alter von 13 Jahren und die fordernd-fördernde Unterrichtung in Geschichte, Kultur und Literatur durch den für sein Lebenswerk, das *Dictionary of National Biography* geadelten Vater prägten die jüngste Tochter einer patriarchalen Großfamilie emotional und intellektuell. Mit ihrer Schwester, der Malerin Vanessa Bell, gehörte sie zum intellektuellen Bloomsbury-Kreis um Roger Fry, Clive Bell, Lytton Strachey, Maynard Keynes, Desmond McCarthy, E. M. Forster und Leonard Woolf, den sie 1912 heiratete. Mit ihm, selbst auch Schriftsteller und Politiker, gründete sie 1917 den Hogarth Verlag, der neben modernistischer Literatur wie die Kurzprosa der befreundeten Katherine Mansfield auch die Werke Sigmund Freuds auf Englisch herausbrachte. Die Ehe auf freundschaftlicher Basis erlaubte ihr innige Frauenbeziehungen. Ihr Mann umsorgte sie während ihrer mehrmaligen psychischen Zusammenbrüche. 1941, im Krieg, abgeschnitten vom kulturellen Leben Londons im ländlichen Sussex, ertränkte sie sich in der Ouse.

W. hat neun Romane, dutzende Short Stories, hunderte Essays und Rezensionen, tausende Briefe, einige autobiographische Skizzen und fünf Bände Tagebücher geschrieben – faszinierende Texte, die sich dem modernen Leben in seiner wandelbaren Widersprüchlichkeit zuwenden. Sie machen W. zu einer der bedeutendsten Schriftstellerinnen des 20. Jh.s, die das Interesse aller Forschungsrichtungen stimuliert. Ihr Essay »A Room of One's Own«, 1929 (»Ein Zimmer für sich allein«, 1929) skizziert bereits feministische Anliegen: »Thinking back through our mothers« ruft zur Entdeckung der verschütteten Geschichte von Frauen auf. Die Erforschung der materiellen und psychischen Voraussetzungen weiblicher Kreativität bedarf neuer Erzähltechniken und Schreibweisen. Androgynie dient als utopisches Ideal überwundener Geschlechterpolarität. Obgleich ihre ersten beiden Romane, *The Voyage Out*, 1915 (*Die Fahrt hinaus*, 1989) und *Night and Day* (1919) in ihrer Erzählweise oberflächlich noch konventionell erscheinen, deutet sich in den Verfahren bereits die Moderne an, deren charakteristische Verunsicherungen in »The Mark on the Wall« (1917) hervortreten. *Jacob's Room*, 1922 (*Jacobs Raum*, 1981) splittert die kulturellen Privilegien und Rituale von Männlichkeit in Fragmente auf, deren Bedeutung im Leseakt selbst hergestellt wird.

Jeder folgende Roman experimentiert mit neuen Darstellungstechniken. *Mrs Dalloway*, 1925 (dt. 1928) parallelisiert einen Tag im Leben von Clarissa Dalloway, Gastgeberin einer Abendgesellschaft und Septimus Warren Smith, geistesverwirrter Kriegsheimkehrer, der sich das Leben nimmt. Im Strom der Bewußtseinsdarstellung verliert die Zeit ihren linearen zielgerichteten Charakter, der Raum wird vom Äußeren ins Innere verlegt. Auch in *To the Lighthouse*, 1927 (*Die Fahrt zum Leuchtturm*, 1931), ihrem Meisterwerk, tritt die erzählerische Vermittlungsinstanz zurück. Die Gefahren der offenen Form, die sie an Dorothy ↗ Richardsons *Pilgrimage* kritisiert hatte, vermeidet sie durch Leitmotive und eine durchkomponierte Raum- und Zeitstruktur. Der künstlerische Schaffensprozeß der Malerin Lily Briscoe ist eingebettet in die Familiengeschichte der Ramsays, mit der Woolf ihren Eltern elegisch Tribut zollt. *Orlando*, 1928 (dt. 1929), die Parodie einer Biographie, feiert ihre Geliebte Vita Sackville-West im Jahr des Verbots von Radclyffe Halls lesbischem Roman *The Well of Loneliness*. Orlando wird im Laufe seines jahrhundertelangen Lebens vom elisabethanischer Edelmann wundersam zur modernen jungen Frau, die ihr Ich nicht weniger schnell wechselt als sie Auto fährt. Ihr kühnstes Experiment, *The Waves*, 1931 (*Die Wellen*, 1959), besteht nur aus naturbeschreibenden Prosagedichten und den lyrischen Monologen dreier weiblicher und männlicher Figuren, entgrenzt in einer künstlich poetischen Sprache. Die Familiensaga

The Years, 1937 (*Die Jahre*, 1954) verbindet eine traditionelle Form mit modernen Darstellungstechniken. Das vielstimmige Szenario einer zusammengewürfelten dörflichen Gesellschaft entfaltet ihr postum veröffentlichter Roman *Between the Acts*, 1941 (*Zwischen den Akten*, 1963). Ein Theaterspiel führt die vom drohenden Krieg in ihrer kulturellen Identität kollektiv Verunsicherten zusammen.

Neben den Romanen zeugen *Flush*, 1933 (dt. 1934), eine spaßige Biographie von Elizabeth Barrett ↗ Brownings Hund, die ernsthafte Biographie des Malerfreundes *Roger Fry* (1940) sowie die vielen Essays von Woolfs Produktivität. Eine klarsichtig spielerische Ironie charakterisiert die beiden ersten Essay-Bände von 1925 und 1932, *The Common Reader*, ein Bruchteil ihres essayistischen Oeuvre. Mit *Three Guineas*, 1938 (*Drei Guineen*, 1978) begründet sie eine pazifistische Haltung für die Außenseiterinnen, »daughters of educated men« in faschistischen Zeiten. Während die von Leonard Woolf ausgewählten Tagebuchauszüge in *A Writer's Diary* (1953) noch die ätherisch labile Ästhetin in den Vordergrund stellen, weisen die seit den 70er Jahren edierten Tagebücher, Essays, Briefe und Skizzen W. als wache und kritische Kommentatorin ihrer persönlichen, künstlerischen, intellektuellen und politischen Zeitumstände aus, immer komplex, vieldeutig und faszinierend, eine Herausforderung für die Frauen- und Geschlechterforschung.

Gesammelte Werke. Hg. K. Reichert. Frankfurt/M. 1989–97. – Lit.: Abel, E.: *V. W. and the Fictions of Psychoanalysis*. Chicago 1989; Bowlby, R.: *V. W.: Feminist Destinations*. Oxford 1988; Bettinger, E.: *Das umkämpfte Bild. Zur Metapher bei V. W.* Stuttgart 1993; Erzgräber, W.: *V. W. Eine Einführung*. München ²1993; Lavizarri, A. (Hg.): *Virginia Woolf*. Frankfurt/M. 1991; Wysocki, G. v.: *Weiblichkeit und Modernität. Über V. W.* Frankfurt/M. 1986; Woolf, L.: *Mein Leben mit V. W.* Frankfurt/M. 1991; Bell, Q.: *V. W. Eine Biographie*. Frankfurt/M. 1994.

Elfi Bettinger

Wouters, Liliane

Geb. 1930 in Ixelles (Brüssel)/Belgien

Die Lyrikerin und Dramatikerin Liliane Wouters, Mitglied der Académie royale de langue et de littérature française de Belgique (seit 1985) und der Académie européenne de poésie, ist eine der großen Figuren der französischsprachigen Literatur Belgiens der zweiten Hälfte des 20. Jh.s, die auch internationale Bekanntheit erlangt hat. Für ihr Gesamtwerk, das neben den Gedichtbänden etwa zehn Theaterstücke, sowie Anthologien und Übersetzungen aus dem Niederländischen umfaßt, erhält W. 1995 den Montaigne-Preis der Hamburger F. V. S.-Stiftung. Ihre lyrischen und dramatischen Werke sind in mehrere Sprachen übersetzt worden.

In der Erneuerung klassischer Dichtkunst findet die bis 1950 in Belgien kaum vertretene feminine Lyrik in W. eine Meisterin. *La Marche forcée* (Der Gewaltmarsch) als ausgereiftes Frühwerk von 1954 ist von jener »Höflichkeitsform der Verzweiflung«, dem Humor, geprägt. Erstmals werden darin auch die Themen behandelt, die sie in künftigen Gedichtbänden und Theaterstücken wieder aufgreift: Einsamkeit und unglückliche Liebe, die Notwendigkeit, ein Leben im stillschweigenden Einverständnis mit dem Körper führen zu müssen. W.' Lyrik als persönliches Œuvre drückt eine herbe Lebens- und Sterbenslust aus: kurze, doch melodische Verse von inhaltlicher Dichte, freie Verse, die in meisterhafter Form klassischen Regeln entsprechen. Doch bereits 1960 in *Le Bois sec* (Das Trockenholz) strebt die Autorin nach einer größeren Ökonomie. Worte werden lapidar. Die Dichterin zweifelt an den Anderen, an der Masse, die sich ihren Pflichten verweigert. Genannt seien hier die Werke *Le Gel*, 1966 (Der Frost), *L'Aloès*, 1983 (Die Aloe) und *Journal du Scribe* (*Tagebuch des Schreibers*, 1990). In den von ihr herausgegebenen Anthologien – aus denen sie die eigenen Texte fernhält – offenbaren sich ebenso ihre Ansichten über die Dichtung wie über die Werke, die sie darin vorstellt. Im Vorwort zum *Panorama de la poésie française de Belgique* (Panorama der französischen Lyrik Belgiens) beharrt sie auf einer Auswahl, die herkömmliche Vorlieben kaum berücksichtigt. Sie befürwortet ein offenes oder, wie sie sagt, »gespaltenes« Denken als eine der modernen Lyrik eigentümliche Definition.

Die Phantasie bleibt in W.' dramatischen Werken dominant. Für *Oscarine ou les tournesols*, 1965 (Oscarine oder die Sonnenblumen) ebnet ihr Claude Etienne den Weg zum Théadu Rideau in Brüssel, und anläßlich des Festivals du Jeune Théain Lüttich wurde *La Porte*, 1967 (Die Tür) inszeniert. 1979 veröffentlicht W. die satirische Fabel *Vies et morts de Mademoiselle Shakespeare* (Leben und Tode des Fräulein Shakespeare). Wie in dem Stück *Oscarine*, das in Form von lebendigen Dialogen die Themen Tod, das Denken, Gott verulkt, greift *Mademoiselle Shakespeare* gesellschaftliche Konformismen an. Die satirische Sittenkomödie *La Salle des profs* (Das Lehrerzimmer) wird von über 40.000 Zuschauern aus der Wallonie und aus Brüssel besucht. *Charlotte ou la nuit mexicaine* (Charlotte oder die mexikanische Nacht), das u. a. in Paris und Venedig aufgeführt wurde, inszeniert die tragische Geschichte der Prinzessin Charlotte von Belgien, die dem Wahn verfallen ist und damit in den Augen ihrer Zofen zum Gegenstand des Mitleids, aber auch des Grolls wird. Dieses »monarchophage« Schicksal findet sich auch im folgenden Stück, *Le jour du narval*, 1991 (Der Tag des Narwals).

Die Autorin verfolgt mit zunehmender Ernüchterung die Entwicklungen ihres Landes während der letzten dreißig Jahre. Sie erlebt die Zerrissenheit derer, die für die Verschmelzung der flämischen und der französischen Kultur eintreten, je mehr das kulturelle Erbe des Landes, zu dem sie sich bekannt, auseinanderfällt. So gehört sie zu den Autor/innen, die zwischen 1976 und 1980 auf diese Entwicklung reagieren, indem sie außer der »féminitude« das Konzept der »belgitude« erfinden, um der Suche nach einer belgischen Besonderheit Ausdruck zu verleihen, was von einer in Belgien lebendigen postsurrealistischen Tradition zeugt.

Lit.: *Terre d'écarts. Ecrivains français de Belgique. Entretiens avec André Miguel.* Brüssel 1980; Duprez, M.: »L. W.« In: *Dossier L*, 1. Jahrg. Nr. 3, 1984; Edmond, P.: »Un siècle de théâtre». In: *Quaderni di francofonia.* Città di Castello 1986.

Philippe Cantraine (Übers. von Volker Rivinius)

Wuolijoki, Hella (Ps. Juhani Tervapää)

Geb. 22. 7. 1886 in Helme/Estland; gest. 2. 2. 1954 in Helsinki/Finnland

Dem deutschen Publikum ist W. zumeist durch ihre Zusammenarbeit mit Bertolt Brecht bekannt, aus der das Volksstück *Herr Puntila und sein Knecht Matti* entstand. In Finnland werden ihre Stücke auch heute noch gespielt. Als Tochter des Rechtsanwalts Ernst Murrik kam W. früh in Kontakt mit nationalem Denken. 1904 ging sie nach Helsinki, um dort Literatur, Volkskunde und Rechtswissenschaft zu studieren. Während des Generalstreiks 1905 kam sie zum ersten Mal in Berührung mit sozialistischen Ideen. »Ich war eine – von estnischen Bauern abstammende, in diesem Land verwurzelte Nationalistin, ein kleinbürgerliches [...] Gänschen. [...] Ich bin allerdings kein Kleinbürger geblieben – ich wurde ein Großbürger, ein kapitalistischer Arbeitgeber, wenn auch mit marxistischer Weltanschauung und dem Glauben an den Bankrott des Kapitalismus.« Während der Kriegsjahre 1914–17 erarbeitete sie sich als Handelsvertreterin einer finnischen Importfirma ein Vermögen. Nach dem finnischen Bürgerkrieg (1918) zwischen Konservativen und Sozialisten um die nationale Unabhängigkeit unterstützte sie mit ihrem Geld ›die Roten‹ in den Gefangenenlagern. 1920 kaufte sie das Gut Marlebäck bei Lahti.

1933 erschien ihr erstes finnischsprachiges Drama *Laki ja järjestys* (*Gesetz und Ordnung*), ein Revolutionsdrama, das bereits nach der zweiten Aufführung wieder vom Spielplan genommen wurde. 1936 wurde ihr Drama *Niskavuoren naiset* (*Die Frauen von Niskavuori*, 1936) uraufgeführt, das sie unter Pseudonym veröffentlicht hatte. Das Stück wurde ein großer Erfolg, u.a. auch in Deutschland, aber sofort verboten, als bekannt wurde, wer sich hinter dem Pseudonym verbarg. *Niskavuoren naiset* erzählt von einem typischen finnischen Großbauernhof und seinen Bewohnern, besonders den Frauen, die ihr persönliches Glück hinter den Erhalt und den wirtschaftlichen Erfolg des Gutes stellen. In noch vier weiteren Bühnenstücken schildert W. (1939–53) das Leben und die Menschen auf Niskavuori in dem Zeitraum von 1880 bis 1945. 1937 wurde *Juurakon Hilda* uraufgeführt, auch dieses Stück, das den Aufstieg eines Mädchens vom Land bis zur Parlamentsabgeordneten schildert, wurde ein Erfolg und in den USA 1947 unter dem Titel *The Farmer's Daughter* verfilmt. 1940 kam Bertolt Brecht u.a. durch die Vermittlung von W. auf der Flucht vor den deutschen Truppen nach Finnland und wurde im Sommer auf ihr Gut eingeladen. Ruth Berlau erinnerte sich: »Beinahe jeden Abend [...] kamen Brecht, Weigel und Steffin ins Gutshaus. Dann ließ Hella Kaffee auffahren und erzählte Geschichten aus Finnland. Sie war unerschöpflich und plauderte bis in die Nacht hinein [...] Grete Steffin [...] stenografierte [...] alle diese wunderbaren Geschichten mit.« Man nimmt heute an, daß W. Brecht bei diesen Anlässen auch ihre Stücke vortrug; u.a. auch die 1934 geschriebene, aber nie aufgeführte Komödie *Sahanpuruprinsessa* (Die Sägemehlprinzessin) um einen reichen Sägewerks- und Gutsbesitzer, der im betrunkenen Zustand zu einem besseren Menschen wird und um seine Streiche, die er im Rausch vollführt. Dieser Gutsbesitzer mit den zwei Seelen in der Brust begeisterte Brecht, und so kam es zu dem Plan, gemeinsam ein neues bühnenwirksameres Stück daraus zu machen und es beim Wettbewerb des finnischen Dramatikerverbands einzureichen. So entstand *Iso-Heikkilän isäntä ja hänen renkinsä Kalle* (Der Herr von Iso-Heikkilä und sein Knecht Kalle). W. erinnerte sich 1949 in einem Brief: »Brecht hat eine ziemlich brave bourgeoise Komödie ein wenig proletärisiert und mit Erfolg.« Bereits 1915 war in Rival *Söja Laul*, das estnische Kriegslied, erschienen, estnische Lieder und Balladen um das Thema des ausziehenden und heimkehrenden Soldaten. W. hatte diese aus einer großen Sammlung zusammengestellt und bearbeitet. Brecht war von dem unmilitaristischen Inhalt dieser Lieder begeistert, gemeinsam erarbeiteten W. und Brecht eine deutsche Übersetzung. Motive daraus finden sich im *Kaukasischen Kreidekreis*.

Während des sog. ›Fortsetzungskriegs‹ 1943/44 wurde W. wegen ihrer Vermittlungsversuche zwischen Finnland und der Sowjetunion 1943 wegen Hochverrats zum Tode verurteilt und später zu lebenslanger Haft begnadigt. Im Gefängnis entstand u.a. der erste Teil ihrer Memoiren *Enkä ollut vanki* (*Und ich war nicht Gefangene*, 1985). Von 1945–49 war sie Direktorin des finnischen Rundfunks, 1946–49 Parlamentsabgeordnete der finnischen kommunistischen Partei. Bis zu ihrem Tode erschienen noch die letzten Teile des Niskavuori-Zyklus und 1950 *Työmiehen perhe* (*Die Familie des Arbeiters Rantanen*, 1950).

W. gilt als widersprüchlich in ihrem Werk wie in ihrem Leben. Einige Dramen thematisieren konservative Werte, andererseits greift sie emanzipatorische Themen wie das Selbstbestimmungsrecht der Frauen auf, weist auf die Verelendung der Arbeiter hin, fordert Bildung und Ausbildung für Arbeiter und Landarbeiter, um ihnen sozialen Aufstieg zu ermöglichen, und verarbeitet die historischen Ereignisse in Finnland. Der Form nach sind ihre Dramen dem Naturalismus und dem Salonstück stärker verbunden als dem epischen Theater, ihrer Themen wegen wird sie allerdings auch der Arbeiterliteratur zugeordnet.

Lit.: Valle, O.: *Das Herr-Knecht-Verhältnis in Brechts Herr Puntila und sein Knecht Matti als theatrales und soziales Problem. Unter besonderer Berücksichtigung der Stückvorlage von H. W.* Diss. Berlin 1977; Neureuter, H. P.: »Vom Konversationsstück zum Volksstück. Aus der Entstehungsgeschichte des Puntila«. In: *Trajekt* 2 (1982), S. 9–24; Hein, M. P.: »Leben und Werk der H. W.« In: *Trajekt* 3 (1983), S. 162–168.

Barbara Scholz

Yoshimoto, Banana (eigtl. Yoshimoto Mahoko)
Geb. 24. 7. 1964 in Tōkyō

Ende der 80er Jahre betrat eine junge Generation von Schriftstellerinnen die Bühne der japanischen Literatur, die in ihrem Denken und Schreiben von einer aufblühenden Mädchenkultur in Japan geprägt wurde. Im Zentrum dieser Kultur steht dabei der *shōjo manga* (»Comic für Mädchen«), der in den 70er Jahren zuerst mehr oder weniger unbemerkt von der breiten Öffentlichkeit eine erstaunliche Dynamik entfaltete. Eine Reihe von Comic-Schriftstellerinnen wie vor allem Hagio Moto (geb. 1949), die 1997 neben zwei anderen Autoren mit dem ersten Tezuka-Osamu-Kultur-Preis für Comic-Schriftsteller ausgezeichnet wurde, nutzten den Freiraum, den ihnen der *shōjo manga* mit seinen konventionellen, kitschigen Liebesgeschichten bot, und erfanden phantasievolle Geschichten, die mehr und mehr die Grenzen dieses Genres sprengten. Der *shōjo manga* beeinflußte in den 80er Jahren auch Film, Theater, Musik und Literatur und bildete das Zentrum einer eigenständigen Mädchenkultur. Dabei entstanden auch literarische Werke junger Frauen, die über die Grenzen der eigenen Subkultur hinaus Beachtung fanden. Zu ihnen gehören u.a. die Lyrikerin Tawara Machi (geb. 1962), die seit ihrem überraschend populären ersten Gedichtband, *Sarada kinenbi*, 1987 (Der Salat-Gedenktag), die Form des alten japanischen Kurzgedichts (*tanka*) mit den Themen und Gefühlen der Mädchenkultur bereichert, und Yamada Eimi (geb. 1959), die vor allem durch die freizügige Beschreibung sexueller Beziehungen bekannt wurde.

Mehr als jeder anderen aber gelang es Y., Tochter des bekannten Kritikers und Lyrikers Yoshimoto Takaaki (geb. 1924), mit ihrer vom *shōjo manga* geprägten Literatur auch in der literarischen Welt Japans Anerkennung zu finden. Nach ihrem literarischen Debüt mit der Erzählung *Mūnraito shadou*, 1988 (*Moonlight shadow*, 1992), ihrer Abschlußarbeit im Fach Kunst der Japanischen Universität in Tōkyō, veröffentlichte sie noch im selben Jahr die Erzählung *Kitchin*, 1988 (*Kitchen*, 1992), mit der sie auf einen Schlag bekannt wurde. Schon in *Kitchin* finden sich alle Elemente einer Yoshimoto-Geschichte wieder: Die teilweise phantastische Handlung, die Auflösung der Kleinfamilie durch Tod oder Scheidung der Eltern, die Behauptung der eigenen Individualität, verkörpert durch eine außergewöhnliche Persönlichkeit im Verwandten- oder Freundeskreis, der Tod als Ausdruck der Unbeständigkeit des Lebens und die sentimentale, asexuelle und andeutungsweise inzestuöse Liebes- und Freundschaftsbeziehung zwischen einer Ich-Erzählerin und einem jüngeren, liebevollen Jungen. Bei Y. fehlt, wie auch im *shōjo manga*, eine als sozial und historisch begriffene Realität. Neben einer Vielzahl von Essays, Gesprächen und Kurzgeschichten veröffentlichte die Autorin bis jetzt auch sechs längere Erzählungen, von denen bisher *N. P.*, 1990 (*N. P.*, 1993) und *Tsugumi*, 1989 (*Tsugumi*, 1996), in dessen kapriziöser Hauptfigur Tsugumi sich Y. selbst zu beschreiben versucht hat, ins Deutsche übersetzt wurden.

Lit.: »Die jüngste Generation japanischer Schriftsteller – oberflächlich, verspielt und egozentrisch?« In: Haasch, G./Kloepfer, A. (Hgg.): *Japan – Deutschland: Wechselbeziehungen III. Ausgewählte Vorträge der DJG Berlin aus den Jahren 1991–94*. Berlin 1997, S. 175–193.; J. W. Treat: »Y. B. Writes Home: *Shōjo* Culture and the Nostalgic Subject«. In: *The Journal of Japanese Studies*, 19, 2 (1993), S. 353–387.

Reinold Ophüls-Kashima

Yourcenar, Marguerite (eigtl. Marguerite de Crayencour)

Geb. 8. 6. 1903 in Brüssel; gest. 17. 12. 1987 in Bar Harbor/USA

Als erste Frau, die in die Académie Française aufgenommen wurde, ist Y. vorwiegend durch ihr umfangreiches Prosawerk bekannt, dessen wesentliche Inspirationsquellen die griechisch-römische Welt und die orientalische Philosophie sind. – Y.s Mutter starb kurz nach der Geburt, worauf sie teils von Privadozenten, teils von ihrem Vater erzogen wurde, der ihr Latein und Griechisch beibrachte und ihr das Interesse an Reisen und fremden Kulturen vermittelte. Y. lebte in Europa, bis sie 1939 ihrer späteren Lebensgefährtin, Grace Frick, nach Amerika folgte, wo sie bis zu ihrem Tod 1987 lebte und trotz der Entfernung die Bindung zur französischen Kultur und Sprache behielt. In ihrem ersten Roman *Alexis ou le Traité du vain combat*, 1929 (*Alexis oder der vergebliche Kampf*, 1956), der den Einfluß Rilkes verrät, verläßt der Protagonist Alexis seine Frau und wendet sich einer homosexuellen Beziehung zu. In Y.s Werk sind die Liebesbeziehungen meist unkonventionell, ohne sich jedoch an Trends des Zeitgeists anzupassen.

Aus Y.s Werk ragen vor allem zwei Romane heraus, die durch die Verbindung von Historiographie und Fiktion gekennzeichnet sind. Der erste, *Mémoires d'Hadrien*, 1951 (Die *Erinnerungen des Kaisers Hadrian*, 1953), ist beinahe auf einen Zufall zurückzuführen: Ein aus der Schweiz wiederaufgetauchter Koffer erinnerte sie an ein Romanprojekt, das sie im Alter von 20 Jahren anläßlich eines Besuches der Villa Adriana bei Rom begonnen hatte. Der unheilbar erkrankte Kaiser Hadrian (reg. 117–138) schreibt an seinen Adoptivenkel, den späteren Marc Aurel. Der Brief in Form eines Lebensrückblicks offenbart Hadrians Persönlichkeit, seinen Stoizismus und sein kluges politisches Handeln. In dem zweiten Roman, der den Prix Fémina erhielt, *L'œuvre au noir*, 1968 (*Die schwarze Flamme*, 1969) bewegt sich die Hauptperson, Zenon, Arzt, Philosoph und Alchemist im 16. Jh., in einer Zeit des Umbruchs und zugleich der Ignoranz. Diese beeindruckende Romanfigur vereint in sich Aspekte der Persönlichkeit von Paracelsus, Leonardo da Vinci und Erasmus von Rotterdam. Zenon, Metapher für den Menschen auf der Suche, transzendiert das eigene Schicksal. Sein durch Erkenntnisdurst und Mystik geprägtes Handeln ist zutiefst pessimistisch. Angesichts der herrschenden Ignoranz und der dominierenden Dogmen wählt er im Gefängnis den Freitod.

Zwischen 1971 und 1980 widmet sich Y. einem autobiographischen Projet *Le labyrinthe du monde* (*Das Labyrinth der Welt*, 1984–89), dessen ersten beiden Teile

Souvenirs pieux (1974) und Archives du Nord (1977) sich mit ihrer Familienchronik beschäftigen. Der dritte Teil *Quoi? L'Eternité* (1988) ist ihrem eigenen Leben gewidmet. Diese Autobiographie illustriert Y.s Auffassung der Ich-Bildung, wonach die Zufälle, die Zeitumstände und die Menschen das Individuum bilden. Ihr Humanismus, ihre immense Bildung und ihre beträchtliche Kultur sind in ihrem ganzen Werk präsent. Es bildet somit eine quasi philosophische Reflexion über die Zeit.

Lit.: Andersson, K.: *Le Don sombre: le thème de la mort dans quatre romans de M. Y.* Uppsala 1989; Blot, J.: *M. Y.* Paris 1980; Bossuges, M.: *Sagesse et mystique.* Grenoble 1987; Bulletins de la SIEY (Société internationale d'études yourcenariennes). Coord. R. Poignault, Université de Tours; Galey, M.: *Les yeux ouverts. Entretiens avec M.Y.* Paris 1980; *Magazine littéraire* No 283, décembre 1990, Dossier M.Y.; Savigneau, J.: *M.Y. Die Erfindung eines Lebens.* Frankfurt/M. 1996; Sud: *M.Y, une écriture de la mémoire.* Coord. D. Leuwers et J.P. Castellani. Marseille 1990.

Colette Sarrey-Strack

Zapolska, Gabriela (eigtl. Korwin-Piotrowska, Maria Gabriela)

Geb. 30. 3. 1857 in Podhajce; gest. 21. 12. 1921 in Lemberg

Die Tochter des mächtigen Landgutsbesitzers in Wolyhnien war schon als Kind seltsam, verirrte sich gerne in die Stuben der in Armut lebenden Bauern. Die Bäuerinnen, die Dienstmädchen, die armen jüdischen Mädchen und die ›gefallene Mädchen‹, die Opfer der Gesellschaft, wurden später meistens Protagonistinnen ihrer Bühnenstücke, Romane und Novellen. Unter ihnen waren auch solche, die die Gesellschaft mitgeprägt haben, wie das kleinbürgerliche Biest, Frau Dulska, aus dem populärsten ihrer Theaterstücke, *Moralność pani Dulskiej,* 1907/*Die Moral der Frau Dulska,* 1912, die schweigend zuließ, daß ihr Sohn das Dienstmädchen verführte, um es dann auf die Straße zu setzen; ›Dulszczyzna‹ ist in Polen eine allgemeine Bezeichnung der Doppelmoral. Das Stück wurde in 16 Sprachen übersetzt und wird noch heute gespielt.

Vier Jahre, 1868–1871, im Sacré Cœur in Lemberg und in einer renommierten Privatschule für Mädchen aus gutem Haus in Warschau, die Z.s ganze Ausbildung ausmachten, lieferten keine sichere Grundlage für ein selbständiges Leben einer Frau in jenen Zeiten. 1881 verließ sie jedoch endgültig ihren ersten Mann, einen Mitgiftjäger. Sie nahm den Decknamen Zapolska an und entschloß sich für ihren Unterhalt selbst zu sorgen. Für ihre spätere perfekte Beherrschung des dramatischen Handwerks erwiesen sich die Jahre ihrer Theaterpraxis als Schauspielerin in Amateurtheatern, wandernden Theatertruppen und dann in renommierten Theaterhäusern als unerläßlich. Schon 1886 war Z. keine unbekannte Bühnenautorin mehr. Ihr Drama *Małaszka* (1903), aus einer gleichnamigen Novelle entstanden, wurde bereits von mehreren polnischen Theatern gespielt und erregte größeres Aufsehen. Die Themen ihrer Werke waren neu, die ›naturalistische‹ Auffassung schockierend.

Z. wehrte sich gegen die scharfe Kritik der Presse; generell publizierte sie viel in Zeitungen, um ihren Lebensunterhalt zu verdienen. 1888 unternahm sie einen Selbstmordversuch.

Die Erfolgreichen Auftritte als Schauspielerin in den Jahren 1892–1895 in Paris brachten Z. neue Erfahrungen und erlaubten ihr eine selbstbewußte Rückkehr auf die polnischen Bühnen. Den Durchbruch für die Dramatikerin brachte im Jahr 1895 die Uraufführung des Melodrams *Kaśka Kariatyda* (1903) am 4. September 1895 in Warschau. 1897 folgten erfolgreiche Uraufführungen der Dramen *Żabusia,* 1903 (*Die kleine Kröte,* 1955) und *Małka Schwarzenkopf* (1903). Z. spielte in dieser Zeit auf zahlreichen polnischen Bühnen und publizierte seit 1900 als Mitglied der Redaktion der Zeitschrift *Słowo Polskie* in Lemberg und schrieb, vor allem für die Bühne. Bevor sie sich 1904 in Lemberg auf Dauer niederließ, feierte sie am 5. März 1898 einen Triumph auf der Krakauer Bühne, als Schauspielerin und Autorin. Unter dem Decknamen Józef Maskoff schrieb Z. ein Gegenwartsdrama *Tamten* (1899), mit dem sie das Publikum eroberte, sich aber die Tür zum russischen Teil Polens für immer zuschlug. Das Drama knüpfte an den polnischen Befreiungskampf im russischen Teil Polens an. In mehrere Sprachen übersetzt, erzielte es während des Ersten Weltkriegs einen außergewöhnlichen Erfolg auf deutschen und österreichischen Bühnen, wo es unter dem Titel die *Warschauer Zitadelle* (1916) gespielt wurde. 1917 und 1937 folgten deutsche Verfilmungen des Stücks. Zu ihrem Stück *Carewicz* (*Zarewitsch*) hat Franz Lehár die Musik komponiert.

1902 gründete Z. mit ihrem Mann, dem Maler Stanisław Janowski, in Krakau eine dramatische Privatschule, deren Zöglinge 1903 als »unabhängige Bühne« auftraten. Sie entschloß sich aber schließlich, obwohl sie als Schauspielerin ein Publikumsmagnet war, die Bühne zugunsten der Literatur zu verlassen. Die Theater rissen sich um ihre Texte. Z. ›schrieb auf der Bühne‹, zugleich verfaßte sie Romane und Novellen. Diese zermürbende Arbeit brachte vor allem den Theatern und Verlagen große Gewinne, Z. verdiente an ihren Erfolgen nicht viel. Das Wandertheater, das »Gabriela Zapolskas«, das Z. die Gewinne aus der Aufführung ihrer eigenen Stücke bringen sollte, verlangte Betreuung und spielte nur 1907 und 1908. Als 1915 russische Truppen Lemberg besetzten verdiente Z. ihren Lebensunterhalt durch die Führung einer Konditorei. 1918 bekam sie einen Preis für ihr Gesamtschaffen und 1919 den F. S. Lewental-Preis für ihr dramatisches Schaffen.

Wydanie zbiorowe dzieł (Gesamtausgabe). 26 Bde. Lwów/Warszawa/Kraków 1922–1926; *Ausgewählte Romane.* 9 Bde. Berlin [1924]; *Dzieła wybrane* (Ausgewählte Werke). 16 Bde. Hg. J. Skórnicki/T. Weiss. Kraków 1957–1958. – Lit.: Kunert, I.: *Zapolska Gabriela.* In: *Kleine slavische Biographie.* Wiesbaden 1958; Bieniasz, J.: *G. Z. Opowieść biograficzna.* Wrocław 1960; Czachowska, J.: *G. Z. Monografia bio-bibliograficzna.* Kraków 1966.

Anna Milanowski

Zaryāb, Spožmey

Geb. 27. 9. 1949 in Kabul/Afghanistan

Unter den zeitgenössischen Frauen, die sich der Literatur und dem literarischen Schaffen im persischsprachigen Raum zugewandt haben, nimmt Spožmey Zaryāb einen führenden Rang ein. Z. hatte schon als Schülerin angefangen, Kurzgeschichten zu schreiben, die allerdings unter ihrem Mädchennammen Spožmey Ra'uf erschienen. Nachdem sie A'zam Rahnaward Zaryāb (1944) geheiratet hatte, der seinerseits zu den besten und anerkanntesten Schriftstellern Afghanistans zählt, begann sie unter dem jetzigen Namen zu veröffentlichen. Bereits zu Beginn ihrer schriftstellerischen Tätigkeit verstand es Z., emotional ansprechende Themen mit einem fesselnden Prosastil zu verknüpfen. Dabei ist besonders ihre Erzählsprache zu würdigen, die aus einer verborgenen Melancholie schöpft. Die zunehmende Lebenserfahrung der Schriftstellerin ebenso wie ihr stetig wachsendes Verständnis der afghanischen Gesellschaft und des afghanischen Volkes verliehen ihren Werken im Laufe der Zeit eine zunehmende Tiefe. Eine bedeutende Rolle spielen das Verhalten und die innerlichen moralischen Probleme ihrer weiblichen Helden, wobei Z.s literarische Bedeutung jedoch keinesfalls auf die einer ›Frauenschriftstellerin‹ reduziert werden darf. Nicht zuletzt ihre Vertrautheit mit der französischen Literatur dürfte Z.s Schaffen beflügelt haben. Schon während ihrer Schulausbildung in Kabul lernte Z. Französisch. Nach dem Studium der französischen Sprache und Literatur an der Universität von Kabul und in Frankreich arbeitete sie in Afghanistan als Französischlehrerin. Für sie selbst besitzen folgende Autoren die größte Bedeutung: Čechov, Dostoevskij, Kafka, García Márquez, Albert Cohen, Albert Camus und der iranische Schriftsteller Sādeq Hedāyat. Seit 1966 wurden über 50 Erzählungen von ihr in der afghanischen und iranischen Presse veröffentlicht. Z. schreibt in Dari (Persisch), einer der beiden offiziellen Sprachen Afghanistans. Folgende ihrer Werke wurden in Afghanistan veröffentlicht: *Šarang-Šarang-e Zanghā* , 1983 (Das Läuten der Glocken), ein Sammelband von Kurzgeschichten, *Dar Kešwar-e Digar*, 1988 (In einem anderen Land), eine Erzählung und *Dašt-e Qābil* (Die Ebene von Kain), eine Sammlung von Kurzgeschichten. Das letztgenannte Buch wurde ebenfalls im Iran veröffentlicht und ist außerdem das erste afghanische literarische Werk, das ins Französische übersetzt wurde. Darüber hinaus wurden drei der Geschichten dieses Sammelbandes von einem französischen Regisseur zu einem Theaterstück verarbeitet, das 1991 auf dem Festival in Avignon uraufgeführt wurde. Seit 1991 lebt Z. wie unzählige andere afghanische Intellektuelle im Exil. 1997 promovierte sie auf dem Gebiet der französischen Literatur.

Lit.: Nazimi, L.: »Die moderne Prosa in Dari«. In: Geerken, H. (Hg.): *Moderne Erzähler der Welt. Afghanistan.* Tübingen 1977; Hossaini, S. H.: *Zur Genreentwicklung und Stoffgeschichte in der Erzählprosa der Dari-Literatur in Afghanistan (1919–1978).* Diss. Berlin 1992.

Sayed Haschmatullah Hossaini

Žemaitė (eigtl. Julija Beniuševičiūtė-Žymantienė)

Geb. 4. 4. (23. 5.) 1845 in Bukantė, Bezirk Plungė; gest. 7. 12. 1921 in Marijampolė/ Litauen

Žemaitė, Prosaschriftstellerin und Dramaturgin, wird in der litauischen Literaturgeschichte als Klassikerin und Vertreterin des kritischen Realismus der zweiten Hälfte des 19. Jh.s geführt. Ihre Eltern waren verarmte Adlige, die ihre Kinder im polnisch-aristokratischen Sinne erzogen hatten. Fragen der nationalen Identität stellten sich für Ž. erstmals nach dem polnisch-litauischen Aufstand von 1863/64, der sie sich als Litauerin begreifen ließ. Ihre erste Liebe gehörte einem ehemaligen Leibeigenen, dessen muntere und phantasievolle Geschichten über die Kindheit, die Jugend und das Leben unter den Adligen sie in ihren Bann gezogen hatten. Die folgenden Lebensjahre waren geprägt von der mühevollen Bewirtschaftung des gepachteten Bodens, der Versorgung des Haushaltes und der Kinder. Trotz aller Entbehrungen litt sie jedoch am meisten darunter, daß ihr und ihren Kindern Bildungsmöglichkeiten versagt blieben. Zum Schreiben ermunterte sie der junge Intellektuelle, Povilas Višinskis (1875–1906), der sie auch mit illegalen Ausgaben litauischer Zeitungen versorgte. 1894 schrieb sie ihre erste Erzählung. Das Leben in einem niederlitauischen Dorf hatte ihr Gehör für die niederlitauische Mundart geschärft, und der bäuerliche Alltag hatte sie gelehrt, die Dinge des Lebens nüchtern und realistisch zu sehen. In ihrer ersten Erzählung »Piršlybos«, 1894 (Die Brautwerbung) prangert sie an, daß Eltern bei der Verheiratung ihrer Tochter den materiellen Gewinn und nicht deren persönliches Glück gelten lassen. Sie übernimmt für die Zeit typische Motive (Morgenröte, aufgehende Sonne), die insbesondere in der patriotischen Lyrik des Priesters und Dichters der nationalen Wiedergeburt, Maironis (1862–1932), zu finden waren. Als die Erzählung im Bauernkalender für das Jahr 1895 unter dem Titel »Rudens vakaras« (Herbstabend), mit stilistischen Veränderungen versehen, erschien, konstatierte die frischgebackene Schriftstellerin ironisch: »Erfreut sehe ich meine Schrift berichtigt, die Sätze gekürzt, einige Worte hinausgeworfen, die Rechtschreibung verbessert, der [...] kleinen Geschichte wurde ein anderer Titel gegeben [...] und mir der Name Žemaitė.« Besorgt um die Sicherheit der Autorin, die ihre Texte in der Zeit des Druckverbots litauischer Texte in lateinischen Lettern (1864–1904) publizierte, hatte man ihr das Pseudonym Žemaitė (Die Niederlitauerin) gegeben. Litauischsprachige Texte, die zum Indiz für nationale Identität und Kultur avancierten, wurden zu jener Zeit u.a. in Ostpreußen gedruckt und illegal von den sogenannten *knygnešiai* (Bücherträgern) unter den Litauern verbreitet.

In ihrem Zyklus *Laimė nutekėjimo* (Das Glück der Verheiratung) thematisierte Ž. die ungleiche Stellung von Mann und Frau in der Familie. Dazu zählen die Erzählungen »Marti« aus dem Jahre 1896 (»Die Schwiegertochter«, 1973), »Petras Kurmelis« (1896–1899), »Topylis« (1897), »Sučiuptas velnias«, 1898 (Der erwischte Teufel) u.a., die in den Jahren 1899–1901 veröffentlicht wurden. In »Marti«, die als eine der besten Erzählungen von Ž. gilt, gestaltet sie das Los einer jungen Frau und ihre Stellung in der Familie ihres Mannes. Neu für die noch junge litauische Literatur war, daß die Handlung nicht mit einer Milieu- oder Naturbeschreibung eingeleitet wurde, sondern mit einem Dialog. Die Hauptfigur Katrė Driežaitė will ihre eigenen Vorstellungen vom Leben umsetzen. Doch Mißwirtschaft und die patriarchalisch-despotisch geprägten Beziehungen der Familienmitglieder untereinander zehren ihre physischen Kräfte auf. Ž. schafft soziale Typen, deren Charakterisierung aber noch wenig differenziert bis hin zum Plakativen erscheint. Besonders wirken die kraftvollen Szenen aus dem bäuerlichen Alltag, die komischen Situationen sowie die lebendige Sprache der Dialoge. Diese Gabe veranlaßte sie dann auch, mit Gabrielė Petkevičaitė-Bitė (1861–1943) unter dem gemeinsamen Pseudonym *Dvi Moterys* (Zwei Frauen) Dramen zu schreiben wie die Komödien *Trys mylimos,* 1898 (Drei Geliebte) und *Litvomanai,* 1903 (Die Litauerschwärmer).

In der litauischen Literatur der 2. Hälfte des 19. Jh.s wurde Prosa neben Ž. insbesondere von Frauen wie den Schwestern Sofija Pšibiliauskienė (1867–1926) und Marija Lastauskienė (1872–1957), die gemeinsam unter dem Pseudonym Lazdynų Pelėda publizierten, sowie Marija Pečkauskaitė-Šatrijos Ragana (1877–1930) geschrieben. Neue, psychologische Akzente setzte Jonas Biliūnas (1879–1907) u. a. mit der Erzählung »Kliūdžiau«, 1905 (Getroffen). In ihren letzten Lebensjahren engagierte sie sich auf sozialem Gebiet für ihre Landsleute. Von 1916–1921 lebte sie in den USA, wo sie sich in den litauischen Kolonien um Spenden für die Notleidenden des Ersten Weltkrieges kümmerte. Dort begann sie auch ihre Autobiographie, die sie aber nicht mehr vollendete.

Raštai (Schriften). 6 Bde. Vilnius 1948; *Raštai I.* Vilnius 1995. – Lit.: Sauka, D.: *Žemaitės stebuklas* (Das Wunder Zemaite). Vilnius 1988; Sprindis, A.: *Žemaitė.* Vilnius 1986.

Liane Klein

Zinov'eva-Annibal, Lidija Dmitrievna (eigtl. Zinov'eva)

Geb. 6. (18.) 10. 1865 oder 1866 in St. Petersburg; gest. 17. (30.) 10. 1907 in Zagor'e, Gouvernement Mogil'ev/Rußland

Die Sensation des weiblichen Körpers bestimmten ihren Lebens- und Kunsttext. Erst spät präsentierte sie sich als Schriftstellerin, wählte als Pseudonym den Namen ihrer Vorfahren mütterlicherseits, der Adelsfamilie Gannibal, der matrilinear auch Puškin angehörte. 1904 erschien ihr dreiaktiges, der Dreierliebe gewidmetes Drama *Kol'ca* (Die Ringe) mit einem Vorwort ihres zweiten Ehemanns, des symbolistischen Dichtes Vjač. Ivanov. Er nannte dieses Werk ein »zeitgenössisches Mysterium, eine Liturgie, gefeiert am Altar des leidenden Gottes« und sprach damit jenen Dionysos-Kult an, dem seine altphilologischen Studien galten und dem er sich gemeinsam mit seiner Frau verpflichtete. Sie wollten eine neue Form der Liebe entwickeln, die jeden Ausschließlichkeitsanspruch überwinden, Leidenschaft und Leidensbereitschaft verbinden sollte.

Zum ästhetischen Experiment wurde seit 1905 die legendäre Wohnung der Ivanovs im ›Turm‹ an der Taurischen Straße in St. Petersburg mit den »Mittwoch-

Abenden«, zu denen gleichgesinnte Künstler und Philosophen aus dem Kreis der Symbolisten geladen wurden, Als einzige Frau war Z. zugelassen, »Diotima« genannt. Sie war zumeist in griechische, grellfarbene Gewänder gehüllt, barfüßig, mit »schrecklich stark umränderten Augen, provozierend in ihrer Körperlichkeit«. Sie unterhielt aber auch eigene Soiréen, zu denen nur weibliche Besucherinnen zugelassen waren und vertrat überhaupt ihre eigene Position. Im Jahr der Ersten Russischen Revolution arbeitete sie an illegalen Zeitungen mit – sie hatte sich schon in ihrer Jugend für sozialistische Ideen interessiert. Sie schrieb Erzählungen, die die Frage nach der Gerechtigkeit der Weltordnung, nach der Zulässigkeit terroristischer Akte stellte. Einige dieser Texte konnten, ihrer politischen Brisanz wegen, erst 1918, wiederum mit einem Vorwort von Vjač. Ivanov, veröffentlicht werden. Ihr programmatischer Titel: *Net!*.

1907 erschien der erste Akt ihres Versdramas *Pevučij osel* (Der singende Esel), eine Parodie von Shakespeares *Sommernachtstraum* und zugleich in leicht durchschaubarer Namensverfremdung ein Schlüsseltext über die Besucher des ›Turms‹. Das dionysisch-ivanovsche Konzept, Dritte in den Liebesbund aufzunehmen, wird unterlaufen in der wohl bekanntesten Erzählung Z.s »Tricdat'-tri uroda« (Dreiunddreißig Miss-bilder). In Tagebuchform, in knappen prägnanten Sätzen, zeichnet sie die homoerotische Liebe zweier Frauen. Die ältere Partnerin ist zum Opfer bereit und präsentiert ihre Freundin, um deren Schönheit künstlerisch aufgehoben zu sehen, öffentlichem Künstler-Begehren. Doch sie kann die fragmentierenden Darstellungsblicke der dreiunddreißig Maler auf die Freundin nicht ertragen und begeht Selbstmord. Diese Erzählung, zunächst von der Zensur verboten, löste einen ungeheuren Skandal aus: Vorwürfe der Pornographie wurden laut. Auch symbolistische Dichter fühlten sich peinlich berührt. So Zinaida ↗ Gippius, die dem Text Geschmack- und Kunstlosigkeit vorwarf. – Wiederum in der Ich-Form gehalten sind die Erzählungen des Bandes *Tragičeskij zverinec*, 1907 (Tragischer Zwinger): Sie handeln von Erfahrungen eines heranwachsenden Mädchens auf dem Land, das vor Gewaltakten, Verletzungen und Selbstverletzungen nicht zurückschreckt, Göttliches und Weltliches in Frage stellt, sich selbst und seinen Körper leidenschaftlich erfährt. Z. starb an einer Infektion, die sie sich zuzog, als sie während einer Scharlach-Epidemie Kinder pflegte.

Lit.: Göpfert, F.: »L. Z.-A. Ihre Prosa – mehr als nur erotische Provokation«. In: Ders.: *Dichterinnen und Schriftstellerinnen in Russland von der Mitte des 18. bis zum Beginn des 19. Jahrhunderts.* München 1992, S. 171–175; Davidson, P.: »L. Z.-A.'s ›Singing Ass‹: a woman's view of men and Eros«. In: Marsh, R. (Hg.): *Gender and Russian Literatur. New Perspectives.* Cambridge 1996, S. 155–183.

Johanna Renate Döring-Smirnow

Zürn, Unica

Geb. 6. 7. 1916 in Berlin; gest. 17. 10. 1970 in Paris

»Vieles läßt sich nur mit Papier machen. Auf Papier wird letzten Endes alles hinauslaufen.« In *Erdachte Briefe* (1957) bezieht sich diese Formulierung auf die Liebesbegegnungen zwischen »einem Herrn« und »einer Dame«, die nie im Realen, sondern immer nur in der Imagination und auf dem Papier stattfinden und gerade dadurch ihre Realität gewinnen. Die Sätze lassen sich aber auch als poetologische Selbstaussage Z.s lesen, denn in ihrem Werk sind die Grenzziehungen zwischen Imagination und Realität, zwischen fiktiven Texten und wirklichem Leben aufgehoben. Z. praktiziert – und erleidet – in ihrem Leben und Schreiben das Programm der Surrealisten, die Grenzen von Traum und Wachen, von Normalität und Wahnsinn zu unterlaufen. Ohne daß ihre Literatur autobiographisch zu nennen wäre, führt doch ihre selbstreflexive, auf das Wunderbare *und* das Zerstörerische gerichtete Spracharbeit dazu, daß Z. sie mit ihrem Leben und mit ihrem Tod erfüllt. Z. entwickelt und radikalisiert ihre spezifische Schreibweise v. a. im Genre des Anagramms, dem sie sich ab 1953 in der Lebens- und Arbeitsgemeinschaft mit dem surrealistischen Künstler Hans Bellmer in Paris widmet. Zuvor verfaßt sie in Berlin, wo sie ihre (später oft als künstliches Paradies idealisierte) Kindheit verbringt und wo sie nach der Scheidung von ihrem ersten Mann Mitarbeiterin der Ufa ist, ab 1949 zahlreiche Zeitungsgeschichten und einige unveröffentlichte Prosatexte, z. B. *Katrin. Die Geschichte einer kleinen Schriftstellerin* (1953). Außer den ihren Lebensunterhalt sichernden Feuilletons erscheinen zu ihren Lebzeiten nur *Hexentexte* (1954), *Oracles et Spectacles* (1967) und *Dunkler Frühling* (1969), als Zeichnerin hat sie einige wenige Ausstellungen, u. a. mit Bellmer, der ihre Arbeiten unterstützt und vermittelt. In ihren Zeichnungen schreibt sie mit Bildern und malt mit Schrift, die Grenzen zwischen Bild und Schrift sind aufgelöst.

In Z.s Texten ist die offensichtlichste Auflösung die der Ordnung der Sprache. Sie ist – auf der Suche nach der Magie der Sprache, nach ihren Geheimnissen – v. a. in den Anagrammen zu beobachten. Deren Paradox eines festen Rahmens des vorgegebenen Buchstabenmaterials einerseits und der unendlichen entstehenden Signifikantenketten andererseits führt dazu, daß der jeweilige Sinn zufällig erscheint und daß doch zentrale Themen umkreist werden: Tod, Mord, Zuflucht. Der Sinn der Ausgangszeile zerbricht, wird aber nicht abgeschafft, sondern vervielfältigt. Die Gleichzeitigkeit von höchster Konzentration und absichtsloser Leere beim Schreiben verstärkt offenbar Z.s psychische Krisen, so daß sie sich immer wieder in psychiatrischen Kliniken aufzuhalten hat, u. a. in St. Anne bei Paris, wo auch Jacques Lacan praktiziert. Ihr Prosagedicht *MISTAKE* (1970) ist unterzeichnet »für Herrn Professor LACAN, U. Z. verrückt vor Freude«.

Den herrschenden Ordnungen setzt Z. eigene Systeme entgegen, denen sie sich – spielerisch und bedrohlich zugleich – unterwirft, z. B. ihrer bedeutungsvollen

Zahlensymbolik oder ihrer wiederkehrenden Vision vom Weißen Mann, der als ideales Liebesobjekt und zugleich als übergeordnete Instanz imaginiert wird. Er hat keine körperliche Präsenz, wahrt den Abstand und ermöglicht so die ersehnte »Liebe in der Distance, deren Kräfte sich nicht verbrauchen« (*Notizen einer Blutarmen*, 1957), ein der Mystik und der Romantik nahestehendes Liebeskonzept, das sich mit dem »Warten auf das Wunder« verbindet. In der Erwartung zu leben, immer vor dem Anfang zu sein, widerspricht dem Ablauf der sog. Realität, »aber ich SCHWÖRE Euch: in Wirklichkeit, in MEINER Wirklichkeit nämlich, habe ich mich davongemacht. [...] Worauf habe ich so wahnsinnig gehofft? Und dieser Wahnsinn ist meine einzige Stärke.« (*Das Weiße mit dem roten Punkt*, 1958) In *Der Mann im Jasmin. Eindrücke einer Geisteskrankheit* (1967) schildert Z. den alles verändernden Moment, in dem Imaginäres mit Realität, d.h. die Vision mit einem realen Mann zusammenfällt: »Sehr, sehr langsam beginnt sie von diesem Tage an, ihren Verstand zu verlieren.« Es entsteht die faszinierende, bestürzende Geschichte eines Wahnsinns, seiner Kreativität und seiner Gefahren sowie der psychiatrischen Pathologisierungen. Letzteren setzt Z. im aus Text und Bildern bestehenden *Haus der Krankheiten* (1958) ihre Utopie einer Heilung entgegen: »Eines Tages werden die Herzen meiner Augen ganz zu mir zurückgekehrt sein. Das wird der Tag meines Aufbruchs werden.« In heillosem Gegensatz dazu steht das kleine Mädchen in *Dunkler Frühling* mit seiner erschreckten und aufregenden Wahrnehmung der Differenz der Geschlechter, seiner Vorstellung von Liebe und von Weiblichkeit. Seine konsequente Hingabe an Imaginationen und Diskurse führt zum Tod: Es stürzt sich – gefangen im Bild der schönen Liebestoten – aus dem Fenster. Drei Jahre nach dem Schreiben dieses Textes wählt Z. die gleiche Todesart.

Gesamtausgabe. 5 Bde. Hg. G. Bose/E. Brinkmann. Berlin 1988 ff. – Lit.: Weigel, S.: »Wäre ich ein Mann, hätte ich aus diesem Zustand vielleicht ein Werk geschaffen: U. Z.« In: Stephan, I./Venske, R./Weigel, S. (Hgg.): *Frauenliteratur ohne Tradition? Neun Autorinnenporträts*. Frankfurt/M. 1987; Scholl, S.: *Fehler Fallen Kunst. Zur Wahrnehmung und Re/Produktion bei U. Z.* Frankfurt/M. 1990.

Ulrike Vedder

Weiterführende Bibliographie

Allgemeine Literatur

Barnstone, Aliki u. Willis (Hgg.): *A Book of Women Poets from Antiquity to Now.* New York 1980.

Benson, Eugene/Conolly, L. W. (Hgg.): *Encyclopedia of Post-Colonial Literatures in English.* 2 Bde. London/New York 1994.

Buck, Claire (Hg.): *Bloomsbury Guide to Women's Literature. Women's Literature A–Z.* London ²994.

Busch, Alexandra/Linck, Dirck (Hgg.): *Frauenliebe/Männerliebe. Eine lesbisch-schwule Literaturgeschichte in Porträts.* Stuttgart/Weimar 1997.

Caws, Mary Ann/Green, Mary Jean/Hirsch, Marianne/Scharfman, Ronnie (Hgg.): *Écritures de femmes.* New Haven/London 1996.

Dronke, P.: *Women Writers of the Middle Ages.* Cambridge 1984.

Fremdsprachige Schriftsteller. Hg. Gerhard Steiner. Leipzig 1982.

Gnüg, Hiltrud/Möhrmann, Renate (Hgg.): *Frauen Literatur Geschichte.* Stuttgart/Weimar 1999.

Kester-Shelton, Pamela/Shelton, Ashley A. (Hgg.): *Feminist Writers.* Detroit/New York 1996

Kindlers Neues Literatur Lexikon. 20 Bde. Hg. Walter Jens. München 1992

Kritisches Lexikon zur fremdsprachigen Gegenwartsliteratur. Hg. Heinz Ludwig Arnold. München 1984 (1. Lfg.).

Lipking, Lawrence: *Abandoned Women and Poetic Tradition.* Chicago/London 1988.

Der Literatur Brockhaus. Hgg. Werner von Habicht/Dieter Lange. 8 Bde. Leipzig/Mannheim u. a. 1995.

Longman Anthology of World Literature by Women 1875–1975. Hgg. Marian Arkin, Barbara Shollar. New York/London 1989.

The Norton Anthology of Literature by Women. Hgg. Sandra M. Gilbert/Susan Gubar. New York/London ²1996.

The Oxford Guide to Contemporary Writing. Hg. John Sturrock. Oxford 1996.

Resnick, Margery/Courtivron, Isabelle de (Hgg.): *Women Writers in Translation. An Annotated Bibliography, 1845–82.* New York 1984.

Schipper, Mineke (Hg.): *Unheard Words. Women and Literature in Africa, the Arab World, Asia, the Caribbean and Latin America.* London/New York 1985.

Serafin, Steven R.: *Modern Black Writers.* New York 1995.

Snyder, Jane M.: *The Women and the Lyre. Women Writers in Classical Greece and Rome.* Carbondale 1990.

Waxman, Barbara Frey (Hg.): *Multicultural Literatures through Feminist/Poststructuralist Lenses.* Knoxville 1993

Wilpert, Gero von: *Lexikon der Weltliteratur.* 2 Bde. Stuttgart 1968.

Wilson, Katharina M. (Hg.): *An Encyclopedia of Continental Women Writers.* 2 Bde. New York 1991.

– (Hg.): *Medieval Women Writers.* Manchester 1984.

– (Hg.): *Women Writers of the Renaissance and Reformation.* Athens (Georgia) 1987.

– (Hg.): *Women Writers of Great Britain and Europe. An Encyclopedia.* New York 1997.

http://www.cs.cmu.edu/afs/cs.cmu.edu/user/mmbt/www/women/writers.html (A Celebration of Women Writers: Umfassende Sammlung von Links zu Webseiten über Autorinnen der ganzen Welt)

Europa

Deutschsprachige Literatur

Beutin, Wolfgang u. a.: *Deutsche Literaturgeschichte.* Stuttgart/Weimar [5]1994.
Brinker-Gabler, Gisela (Hg.): *Deutsche Dichterinnen vom 16. Jahrhundert bis zur Gegenwart. Gedichte und Lebensläufe.* Frankfurt/M. 1978.
– (Hg.): *Deutsche Literatur von Frauen.* 2 Bde. München 1988.
– (Hg.): *Lexikon deutschsprachiger Schriftstellerinnen 1800–1945.* München 1986.
Demir, Tayfun: *Türkische Literatur in Deutscher Sprache. Eine Bibliographie mit Erläuterungen.* Duisburg 1995.
Fiddler, Allyson (Hg.): *'Other' Austrians. Post-1945 Austrian Women's Writing.* Bern/Berlin u. a. 1998.
Frederiksen, Elke (Hg.): *Women Writers of Germany, Austria, and Switzerland. An Annotated Bio-Bibliographical Guide.* New York/Westport 1989.
French, Lorely: *German Women as Letter Writers. 1750–1850.* Madison 1996.
Friedrichs, Elisabeth: *Die deutschsprachigen Schriftstellerinnen des 18. und 19. Jahrhundert. Ein Lexikon.* Stuttgart 1981.
Gallas, Helga/Runge, Anita: *Romane und Erzählungen deutscher Schriftstellerinnen um 1800. Eine Bibliographie.* Stuttgart/Weimar 1993.
Ives, Margaret C. (Hg.): *Women Writers of the Age of Goethe.* Lancaster 1988.
Kord, Susanne: *Ein Blick hinter die Kulissen. Deutschsprachige Dramatikerinnen im 18. und 19. Jahrhundert.* Stuttgart 1992.
Kritisches Lexikon zur deutschsprachigen Gegenwartsliteratur. Hg. Heinz Ludwig Arnold. München 1982 (1. Lfg.).
Lexikon der deutschsprachigen Gegenwartsliteratur seit 1945. 2 Bde. Begr. von Hermann Kunisch. München 1997.
Literatur Lexikon. Autoren und Werke deutscher Sprache. 15 Bde. Hg. Walter Killy. München 1988.
Metzler Autoren Lexikon. Hg. Bernd Lutz. Stuttgart/Weimar [2]1994.
Puknus, Heinz (Hg.): *Neue Literatur der Frauen. Deutschsprachige Autorinnen der Gegenwart.* München 1980.
Schmid-Bortenschlager, Sigrid/Schnedl-Bubenicek, Hanna: *Österreichische Schriftstellerinnen 1880–1938. Eine Bio-Bibliographie.* Suttgart 1982.
Stump, Doris/Widmer, Maya/Wyss, Regula: *Deutschsprachige Schriftstellerinnen in der Schweiz. 1700–1945. Eine Bibliographie.* Zürich 1994.
Wall, Renate (Hg.): *Lexikon deutschsprachiger Schriftstellerinnen im Exil 1933–1945.* Freiburg 1995.

–: *Verbrannt, verboten, vergessen. Kleines Lexikon deutschsprachiger Schriftstellerinnen 1933–1945*. Köln ²1989.

Woods, Jean M./Fürstenwald, Maria: *Schriftstellerinnen, Künstlerinnen und gelehrte Frauen des Barock*. Stuttgart 1984.

Großbritannien

Alston, Robin C.: *A Checklist of Women Writers, 1801–1900. Fiction, Verse, Drama*. London 1990.

Bell, Maureen/Parfitt, George/Shepherd, Simon: *A Biographical Dictionary of English Women Writers 1580–1720*. New York 1990.

Blain, Virginia/Clements, Patricia/Grundy, Isobel (Hgg.): *The Feminist Companion to Literature in English. Women Writers from the Middle Ages to the Present*. New Haven/London 1990.

Davies, Gwenn/Joyce, Beverly A.: *Drama by Women to 1900. A Bibliography of American and British Writers*. London 1992.

Davies, Gwenn: *Poetry by Women to 1900. A Bibliography of American and British Women Writers*. London 1991.

Kunitz, Stanley J./Haycraft, Howard: *British Authors before 1800. A Biographical Dictionary*. New York 1952.

Ngcobo, Lauretta (Hg.): *Let It Be Told. Black Women Writers in Britain*. London 1987.

Schabert, Ina: *Englische Literaturgeschichte. Eine neue Darstellung aus Sicht der Geschlechterforschung*. Stuttgart 1997.

Scott-Kilvert, Ian (Hg.): *British Writers*. 8 Bde. New York 1997.

Schlueter, Paul/Schlueter, June (Hgg.): *An Encyclopedia of British Women Writers*. New York 1988.

Seeber, Hans Ulrich (Hg.): *Englische Literaturgeschichte*. Stuttgart ²1993.

Shattock, Joanne (Hg.): *The Oxford Guide to British Women Writers*. Oxford/New York 1994.

Showalter, Elaine: *A Literature of Their Own. British Women Novelists from Brontë to Lessing*. Princeton 1977.

Stevenson, Jane: *Women Writers in English Literature*. Harlow 1993.

Stewart, Karen A.: *Scòttish Women Writers to 1987. A Select Guide and Bibliography*. Glasgow 1987.

Todd, Janet (Hg.): *A Dictionary of British and American Women Writers. 1600–1800*. London 1984.

– (Hg.): *British Women Writers. A Critical Reference Guide*. New York 1989.

– (Hg.): *Dictionary of British Women Writers*. London 1991.

Walker, Kim: *Women Writers of the English Renaissance*. New York 1996.

Frankreich

Baader, Renate: *Dames de lettres. Autorinnen der preziösen, hocharistokratischen und »modernen« Salons (1649–98)*. Stuttgart 1986.

– (Hg.): *Das Frauenbild im literarischen Frankreich. Vom Mittelalter bis zu Gegenwart.* Darmstadt 1988.
– /Fricke, D. (Hgg.): *Die französische Autorin vom Mittelalter bis zur Gegenwart.* Wiesbaden 1979.
Coenen-Mennemeier, Brigitta: *Französische Dichterinnen. Studien zur Erweiterung des Lyrikkanons.* Heidelberg 1997.
Engler, Winfried: *Lexikon der französischen Literatur.* Stuttgart ³1994.
Grimm, Jürgen (Hg.): *Französische Literaturgeschichte.* Stuttgart/Weimar ³1994.
Guggenheim, Michel (Hg.): *Die französische Autorin vom Mittelalter bis zur Gegenwart.* Wiesbaden 1979.
Kritisches Lexikon der romanischen Gegenwartsliteraturen. Hg. Wolf-Dieter Lange. Tübingen 1984 (1. Lfg.).
Larnac, Jean: *Histoire de la littérature féminine en France.* Paris ⁹1929.
Leiner, Wolfgang (Hg.): *Onze études sur l'image de la femme dans la litterature française du dixseptième siècle.* Tübingen 1984.
Makward, Christiane P./Cottenet-Hage, Madeleine: *Dictionnaire littéraire des femmes de langue française. De Marie de France à Marie Ndiaye.* Paris 1996.
Naumann, Manfred (Hg.): *Lexikon der französischen Literatur.* Leipzig 1987.
Sankovitch, Tilde (Hg.): *French Women Writers and the Book. Myths of Access and Desire.* Syracuse (New York) 1988.
Sartori, Eva Martin/Zimmermann, Dorothy Wynne (Hgg.): *French women writers. A Bio-Bibliographical Source Book.* Westport/New York 1991.
Volet, Jean-Marie: *La parole aux Africaines.* Amsterdam 1993.

Belgien

Alphabet des lettres belges de langue française. Hg. Association pour la Promotion des Lettres belges de langue française. Bruxelles 1982.
Bonn, C./Joubert, J.-L. (Hgg.): *La Littérature belge de langue française: au-delà du réel.* Paris 1995.
Frickx, Robert/Trousson, Raymond: *Lettres françaises de Belgique. Dictionnaire des Oeuvres.* 2 Bde. Paris 1988.

Niederlande

Gößner, G.: *Frauen und Literatur in den Niederlanden.* Frankfurt/M. 1994.
Hipp, Helga (Hg.): *Niederlandistik und Germanistik.* Frankfurt/M. 1992.

Spanien und Portugal

Bierbach, Christine/Rössler, Andrea (Hgg.): *Nicht Muse, nicht Heldin. Schriftstellerinnen in Spanien seit 1975.* Berlin 1992.
Brown, Joan L. (Hg.): *Women Writers of Contemporary Spain. Exiles in the Homeland.* Newark/London/Toronto 1991.
Davies, Catherine (Hg.): *Women Writers in Twentieth-Century Spain and Spanish America.* Lewiston/Queenston/Lampeter 1993.

Fox-Lockert, Lucía: *Women Novelists in Spain and Spanish America.* Metuchen, N.J. 1979.
Franzbach, Martin: *Geschichte der spanischen Literatur im Überblick.* Stuttgart 1993.
Galerstein, Carolyn L. (Hg.): *Women Writers of Spain. An Annotated Bio-Bibliographical Guide.* New York/Westport 1986.
Gould Levine, Linda/Engelson Marson, Ellen/Feiman Waldman, Gloria (Hgg.): *Spanish Women Writers. A Bio-Bibliographical Source Book.* Westport/London 1993.
Neuschäfer, Hans-Jörg: *Spanische Literaturgeschichte.* Stuttgart/Weimar 1997.
Pérez, Janet: *Contemporary Women Writers of Spain.* Boston 1988.
Serrano y Sanz, Manuel: *Apuntes para una biblioteca de escritoras españolas desde el año 1401 al 1833.* Madrid 1975.
Sort, Míriam/Pelegrí, Iolanda/Institució de les Letres Catalanes (Hgg.): *60 Catalan Language Women Writers Today.* Barcelona 1990.
Thorau, Henry (Hg.): *Portugiesische Literatur.* Frankfurt/M. 1997.

Italien

Aricò, Santo L. (Hg.): *Contemporary Women Writers in Italy. A Modern Renaissance.* Amherst 1990.
Kapp, Volker (Hg.): *Italienische Literaturgeschichte.* Stuttgart/Weimar ^{2}1994.
Marotti, M. O. (Hg.): *Italian Women Writers From the Renaissance to the Present.* Pennsylvania 1996.
Russell, Rinaldina (Hg.): *Italian Women Writers. A Bio-Bibliographical Sourcebook.* Westport 1994.
Wood, S. (Hg.): *Italian Womens Writing 1860–1994.* London 1995.

Griechenland

Politis, Linos: *Geschichte der neugriechischen Literatur.* Köln 1984.
Prinzinger, Michaela: *Mythen, Metaphern und Metamorphosen. Weibliche Parodie in der zeitgenössischen griechischen Literatur.* Stuttgart/Weimar 1997.
Tzermias, Pavlos: *Die neugriechische Literatur.* Tübingen 1987.

Südosteuropa

Barac, Antun: *Geschichte der jugoslawischen Literaturen von den Anfängen bis zur Gegenwart.* Wiesbaden 1977.
Bayer, E./Endler, D.: *Bulgarische Literatur im Überblick.* Leipzig 1983.
Behring, Eva: *Rumänische Literaturgeschichte von den Anfängen bis zur Gegenwart.* Konstanz 1994.
Frangeš, Ivo: *Geschichte der kroatischen Literatur. Von den Anfängen bis zur Gegenwart.* Köln/Weimar/Wien 1995.
Lauer, Reinhard (Hg.): *Serbokroatische Autoren in deutscher Übersetzung. Bibliographische Materialien (1776–1993), I. Chronologischer Katalog, II. Register.* Wiesbaden 1995.
Lauer, R. (Hg.): *Die bulgarische Literatur in alter und neuer Sicht.* Wiesbaden 1997.

Literaturen Ost- und Südosteuropas. Hg. Bibliographisches Institut. Leipzig 1990.
The Oxford History of Hungarian Literature. Hg. Czigány, Lóránt. Oxford. 1984.
Slowenische Literatur in deutscher Übersetzung. Zusgest. v. Vladimir A. Bonač. Hg. von der Deutsch-slowenischen Gesellschaft NRW. Dortmund 1997.
Szabolcsi, M. (Hg.): *Literatur Ungarns 1945 bis 1980. Einzeldarstellungen.* Berlin 1984.
Witschew, Dobri/Neugebauer, Heinz u. Irmgard (Hgg.): *Literatur sozialistischer Länder.* Berlin 1981.

Rußland/UdSSR

Cheauré, Elisabeth (Hg.): *Russische Dichterinnen und Schriftstellerinnen. Bestandsverzeichnis der literaturwissenschaftlichen Spezialsammlung des Slavischen Seminars der Universität Freiburg im Breisgau.* Freiburg i. B. 1996.
Clyman, Toby W. (Hg.): *Women Writers in Russian Literature.* Westport 1994.
Göpfert, Frank: *Dichterinnen und Schriftstellerinnen in Russland von der Mitte des 18. bis zum Beginn des 20. Jahrhunderts. Eine Problemskizze.* München 1992.
Holthusen, Johannes: *Russische Literatur im 20. Jahrhundert.* München 1978.
Kasack, Wolfgang: *Lexikon der russischen Literatur des 20. Jahrhunderts.* München 1992.
Kelly, Catriona: *A History of Russian Women's Writing 1820–1992.* Oxford 1994.
Ledkovsky, Marina, et al. (Hgg.): *Dictionary of Russian Woman Writers.* London 1994.
Multinationale Literatur der Sowjetunion 1954–1980. Einzeldarstellungen. 2 Bde. Hg. von einem Autorenkollektiv. Berlin 1985.
Pachmuss, T. (Hg.): *Women Writers in Russian Modernism.* Urbana 1978.
Parnell, Christina (Hg.): *Frauenbilder und Weiblichkeitsentwürfe in der russischen Frauenprosa. Materialien des wissenschaftlichen Symposiums in Erfurt 1995.* Frankfurt/M. u. a. 1996.
Slonim, Marc: *Soviet Russian Literature. Writers and Problems 1917–1977.* New York 1977

Polen

Bersano-Begey, M.: *Storia della Letteratura Polacca.* Milano 1953.
Brückner, A.: *Geschichte der polnischen Literatur. Leipzig* ²1923.
Czerwinski, E. J.: *Dictionary of Polish Literature.* Westport/London 1994.
Gillon, A./Krzyżanowski, L. (Hgg.): *Introduction to Modern Polish Literature.* New York 1982.
Koschmal, W. (Hg.): *Die Frau in der polnischen Gegenwartskultur.* Köln/Weimar/Wien 1996.
Krejči, K.: *Geschichte der polnischen Literatur. Slavistische Bibliothek*, Nr. 9. Halle 1958.
Miłosz, Czesław (Hg.): *Geschichte der polnischen Literatur.* Köln 1981.
Maciag, Włodzimierz: *Die polnische Gegenwartsliteratur 1939–1976.* Hg. und übers. v. K. Staemmler. München 1979.

Tschechische Republik

Dokoupil, B./Zelinský, M. (Hgg.): *Slovník české prózy 1945–1994*. Ostrava 1994;
Forst, V. et al. (Hgg.): *Lexikon české literatury I (A-G)*. Prag 1985; *II/1 (H-J)*. Prag 1993; *II/2 (K-L)*, Prag 1993.
Havel, R./Opelík, J. (Hgg.): *Slovník českých spisovatelu*. Prag 1964.
Janoušek, P. et al. (Hgg.): *Slovník českých spisovatelu od roku 1945. 1 (A-L)*. Prag 1995.
Kunstmann, H.: *Tschechische Erzählkunst im 20. Jh*. Köln/Wien 1974.
Městan, A.: *Geschichte der tschechischen Literatur im 19. und 20. Jh.*. Köln Wien 1984.
Moldanová, D. et al (Hgg.): *Žena-Jazyk-Literatura*. Ústí nad Labem 1996.
Schamschula, Walter: *Geschichte der tschechischen Literatur*. 2 Bde. Köln Weimar Wien 1996.

Baltikum

Hasselblatt, Cornelius/Pirsich, Volker: *Estnische Literatur in deutscher Sprache 1802–1985: Bibliographie der Primär- und Sekundärliteratur*. Band 10 der Reihe Fenno-Ugrica. Hamburg 1988.
Kubilius, V./Samulionis, A./Zalatorius, A./Vanagas, V.: *Lithuanian literature*. Vilnius 1997.
Scholz, Friedrich: *Die Literaturen des Baltikums. Ihre Entstehung und Entwicklung*. Opladen 1990.
Trajekt - Beiträge zur finn., finnlandschwed., lappischen, estnischen, lettischen u. litauischen Literatur. Hgg. Manfred Peter Hein u. a., Heft 1–6, Helsinki 1981–86.
Vanagas, Vytautas: *Lietuviu rašytoju savadas* (Handbuch litauischer Schriftsteller). Vilnius 1996.

Skandinavien

Bethke, Arthur u. a. (Hgg.): *Nordeuropäische Literatur*. Leipzig 1978.
Brøndsted, M./Hallberg, P. (Hgg.): *Nordische Literaturgeschichte*. 2 Bde. München 1984.
Garton, J.: *Norwegian Women's Writing 1850–1990*. London 1996.
Gustafson, Alrik: *A History of Swedish Literature*. Minneapolis 1961.
Kunze, E.: *Deutsch-finnische Literaturbeziehungen. Beiträge zur Literatur- und Geistesgeschichte*. Helsinki 1986.
Lassila, Pertti: *Geschichte der finnischen Literatur*. Tübingen/Basel 1996.
Lönnroth, L./Göransson, S. (Hgg.): *Den Svenska Litteraturen* Bd. 6 (1950–85) Stockholm. 1990.
Paul, Fritz (Hg.): *Grundzüge der neueren skandinavischen Literaturen*. Darmstadt ^{2}1991.
Ramnefalk, M. L./Westberg, A. (Hgg.): *Kvinnornas Litteratur Historia*. Lund 1981.
Uecker, Heiko: *Die Klassiker der skandinavischen Literatur. Vom 18. Jahrhundert bis zur Gegenwart*. Düsseldorf 1990.

Varpio, Yrjö: *Zur finnischen Literatur.* Tampere 1990.
Zuck, Virpi: *Dictionary of Scandinavian Literature.* Westport 1990.

Amerika

Benson, Eugene/Conolly, L. W. (Hgg.): *Encyclopedia of Post-Colonial Literatures in English.* 2 Bde. London/New York 1994.
The Cambridge History of American Literature. 3 Bde. Hg. Sacvan Bercovitch. Cambridge 1994.
Davidson, Cathy N./Wagner-Martin, Linda (Hgg.): *The Oxford Companion to Women's Writing in the United States.* New York 1995.
Davies, Cynthia/West, Kathryn: *Women Writers in the United States. A Timeline of Literary, Cultural and Social History.* New York 1996.
Davies, Gwenn/Joyce, Beverly A.: *Drama by Women to 1900. A Bibliography of American and British Writers.* London 1992.
Davies, Gwenn: *Poetry by Women to 1900. A Bibliography of American and British Women Writers.* London 1991.
Faust, Langdon L. (Hg.): *American Women Writers. A Critical Reference Guide from Colonial Times to the Present.* New York 1988.
Fisher, Dexter (Hg.): *The Third Woman. Minority Women Writers of the United States.* Boston 1980.
Guida-Laforgia, Patrizia: *Invisible Women Writers in the Exile in the USA.* New York u. a. 1995.
Harris, Sharon (Hg.): *American women writers to 1800.* Oxford 1996.
Jordan, Casper LeRoy: *A Bibliographical Guide to African-American Women Writers.* Westport 1993.
Kanellos, Nicolás (Hg.): *Biographical Dictionary of Hispanic Literatures in the United States.* New York/Westport 1989.
Mainiero, Lina (Hg.): *American Women Writers. A Critical Reference Guide from Colonial Times to the Present.* 4 Bde. New York 1979–82.
Martin, Diane E. (Hg.): *Spanish American Women Writers. A Bio-Bibliographical Sourcebook.* New York/Westport 1990.
Norton Anthology of American Literature. 2 Bde. New York/London [5]1985.
The Oxford Companion to American Literature. Hg. James D. Hart. New York/Oxford 1983.
Pollack, Sandra/Knight, Denise D. (Hgg.): *Contemporary Lesbian Writers of the United States: A Bio-Bibliograpical Critical Sourcebook.* Westport 1993.
Shapiro, Ann R. u. a. (Hgg.): *Jewish American Women Writers. A Bio-Bibliographical and Critical Sourcebook.* Westport 1994.
Shockley, Ann A.: *Afro-American Women Writers. 1746–1933.* Boston 1988.
Todd, Janet (Hg.): *A Dictionary of British and American Women Writers. 1600–1800.* London 1984.
Zapf, Hubert (Hg.): *Amerikanische Literaturgeschichte.* Stuttgart/Weimar 1997.

Kanada

Grandpré, Pierre de: *Histoire de la litterature française de Québec.* 4 Bde. Montréal 1971.

Lemire, Maurice (Hg.): *Dictionnaire des œuvres litteraires du Quebec.* 5 Bde. Montreal 1992

Lewis, Paula Gilbert: *Traditionalism, Nationalism, and Feminism. Women Writers of Québec.* Westport 1985.

Maillet, Marguerite: *Histoire de la littérature acadienne. De rêve en rêve.* Moncton 1983.

The Oxford Conpanion to Canadian Literature. Hg. Willam Toye. Toronto/Oxford/New York 1983

Vevaina, Coomi S./Godard, Barbara (Hgg.): *Intersexions. Issues of Race and Gender in Canadian Women's Writing.* Neu Dehli 1996

Lateinamerika/Mittelamerika

Agosín, Marjorie/Hall, Nancy Abraham (Hgg.): *A Dream of Night and Shadow. Portraits of Latin American Women Writers.* Albuquerque 1995.

Bassnett McGuire, Susan (Hg.): *Knives and Angels. Women Writers in Latin America.* London/New Jersey 1990.

Bettancourt, Adalzira: *Diccionário Bio-bibliográfico de Mulheres Ilustres, Notáveis, e Intelectuais do Brasil.* 3 Bde. Rio de Janeiro 1969–1972.

Briesemeister, Dietrich u. a. (Hg.): *Brasilianische Literatur der Zeit der Militärherrschaft (1964–1984).* Frankfurt/M. 1992.

Coelho, Nelly Novaes: *A literatura feminina no Brasil contemporãneo.* Sao Paulo 1993.

Cortina, Lynn Rice: *Spanish American Women Writers. A Bibliographical Guide to Research.* New York 1983.

Corvalán, Graciela N. V.: *Latin American Women Writers in English Translation. A Bibliography.* Los Angeles 1980.

Cotera, Marha. *Latina Sourcebook.* Austin 1982.

Davies, Catherine (Hg.): *Women Writers in Twentieth-Century Spain and Spanish America.* Lewiston/Queenston/Lampeter 1993.

Erro-Orthmann, Nora/Cruz Mendizabal, Juan (Hgg.): *La escritora hispanica.* Miami 1990.

Fox-Lockert, Lucía: *Women Novelists in Spain and Spanish America.* Metuchen, N.J. 1979.

Franco, Jean: *An Introduction to Spanish American Literature.* Cambridge 1995.

García Pinto, Magdalena: *Women Writers of Latin America. Intimate Histories.* Austin 1991.

Hernández de López, Ana María (Hg.): *Narrativa hispanoamericana contemporánea. Entre la vanguardia y el posboom.* Madrid 1996.

Jehenson, Myriam Yvonne: *Latin American Women Writers. Class, Race, and Gender.* Albany 1995.

Martin, Diane: *Bibliography of Latin American Women Writers.* Greenwood Press 1987.

Meyer, Doris/Fernández Olmos, Margarite (Hgg.): *Contemporary Women Authors of Latin America. Introductory Essays*. Brooklyn 1983.

Oriental, Capítulo: *Historia de la literatura uruguaya*. Montevideo 1968.

Oviedo, José Miguel: *Historia de la literatura hispanoamericana. De los orígenes a la Emancipación*. Madrid 1995.

Reichardt, Dieter: *Autorenlexikon Lateinamerika*. Frankfurt/M. 1992.

Rössner, Michael (Hg.): *Lateinamerikanische Literaturgeschichte*. Stuttgart/Weimar 1995.

Schipper, Mineke (Hg.): *Unheard Words. Women and Literature in Africa, the Arab World, Asia, the Caribbean and Latin America*. London/New York 1984.

Stoner, K. Lynn: *Latinas of the Americas. A Source Book*. New York 1989.

Strausfeld, Mechtild (Hg.): *Brasilianische Literatur*. Frankfurt/M. 1984.

Strosetzki, Christoph: *Kleine Geschichte der lateinamerikanischen Literatur im 20. Jahrhundert*. München 1994.

Zanetti, S. (Hg.): *Encuesta a la literatura argentina contemporánea*. Buenos Aires 1982.

Karibik

Condé, Maryse: *Le roman antillais*. Paris 1977.

–: *La parole des femmes. Essai sur les Romancières des Antilles de langue française*. Paris 1979.

Cudjoe, Selwyn R. (Hg.): *Caribbean Women Writers. Essays from the First International Conference*. Wellesley, MA 1990.

Dance, Daryl Cumber (Hg.): *Fifty Caribbean Writers. A Bio-Bibliographical Sourcebook*. New York 1986.

Davies, Carole Boyce/Fido, Elaine Savory (Hgg.): *Out of the Kumbla. Caribbean Women and Literature*. Trenton, NJ 1990.

Nasta, Susheila (Hg.): *Motherlands. Black Women's Writing from Africa, the Caribbean and South Asia*. London 1991.

Schipper, Mineke (Hg.): *Unheard Words. Women and Literature in Africa, the Arab World, Asia, the Caribbean and Latin America*. London/New York 1984.

Stuart, Bertie Cohen: *Women in the Caribbean. An Annotated Bibliography*. Leiden 1979.

Afrika

Berrian, Brenda F.: *Bibliography of African Women Writers and Journalists*. Washington D.C. 1987.

Blunt, Alison/Gillian, Rose (Hgg.): *Writing Women and Space. Colonial and Post-Colonial Geographies*. New York 1994.

Boyce Davies, Carole: *Black Women, Writing and Identity. Migrations of the Subject*. London/New York 1994.

Boyce Davies, Carole (Hg.): *Black Women's Writing. Crossing the Boundaries*. Frankfurt/M. 1989.

Boyce Davies, Carole/Adams Graves, Ann (Hgg.): *Ngambika. Studies of Women in African Literature.* Trenton (New Jersey) 1986.

Boyce Davies, Carole /Ogundipe-Leslie, Molara (Hgg.): *Moving Beyond Boundaries.* International Dimensions of Black Women's Writing.2 Bde. London 1995.

Brown Lloyd W.: *Women Writers in Black Africa.* Westport 1981.

Busby, Margaret (Hg.): *Daughters of Africa. An International Antohology of Words and Writings by Women of African Descent from the Ancient Egyptian to the Present.* New York 1992.

Cazenave, Odile: *Femmes Rebelles. Naissance d'un nouveau roman africain au féminin.* Paris 1996.

Chabal, Patrick (Hg.): *The Post-Colonial Literature of Lusophone Africa.* Evanstone 1996.

Chukwuma, Helen (Hg.): *Feminism in African Literature.* Enugu 1994.

D'Almeida, Assiba Irène: *Francophone African Women Writers. Destroying the Emptiness of Silence.* Gainesville 1994.

Daymond, M.J.: *South African Feminism. Writing Theory, and Criticism. 1990–1994.* New York/London 1996.

Déjeux, Jean: *Dictionnaire des auteurs maghrebins de langue française.* Karthala 1984.

Egejuru, Phanuel/Katrak, Ketu H. (Hgg.): *Nwanyibu. Womanbeing and African Literature.* Trenton, NJ 1997.

Ehling, Holger/Ripken, Peter (Hgg.): *Die Literatur Schwarzafrikas. Ein Lexikon der Autorinnen und Autoren.* München 1997.

Evans, Mari (Hg.): *Black Women Writers (1950–1980). A Critical Evaluation.* New York 1984.

Hay, Margaret Jean/Stichter, Sharon (Hgg.): *African Women South of the Sahara.* New York 1984.

James, Adeola: *In Their Own Voices: African Women Writers Talk.* London/Nairobi 1990.

Jones, Eldred/Palmer, Eustace/Jones, Marjorie (Hgg.): *Women in African Literature Today.* London/Trenton, NJ 1987.

Lindfors, Bernth: *Black African Literature in English: A Guide to Information Sources.* Detroit 1979.

-: *Black Literature in English. 1977–1981 Supplement.* New York 1986.

-: *Black African Literature in English. 1982–1986.* London 1989.

-: *Black African Literature in English. 1987–1991.* London 1995.

Lindfors, Bernth/Sander, Reinhard (Hgg.): *Dictionary of Literary Biography. Bde. 117, 125, 157: Twentieth-Century Caribbean and Black African Writers.* Detroit 1992, 1993, 1996.

Nasta, Susheila (Hg.): *Motherlands. Black Women's Writing from Africa, the Caribbean and South Asia.* London 1991.

Ogunyemi, Chikwenye Okonjo: *Africa Wo/Man Palava. The Nigerian Novel by Women.* Chicago/London 1996.

Ormerod, B./Volet, J. M.: *Romancières africaines d'expression française.* Paris 1994.

Otokunefor, Henrietta C./Nwobo, Obiageli C. (Hgg.): *Nigerian Female Writers. A Critical Perspective.* Lagos 1989.

Owomoyela, Oyekan (Hg.): *A History of Twentieth-Century African Literatures*. Lincoln, NA 1993.
Pius Ngandu Nkashama: *Dictionnaire des œuvres litteraires africaines de langue francaise*. Paris 1994.
Pryse, Majorie/Spillers, Hortense J. (Hgg.): *Conjuring. Black Women, Fiction, and Literary Tradition*. Bloomington 1985.
Schipper, Mineke (Hg.): *Unheard Words. Women and Literature in Africa, the Arab World, Asia, the Caribbean and Latin America*. London/New York 1984.
Stratton, Florence: *Contemporary African Literature and the Politics of Gender*. London 1994.
Wilentz, Gay: *Binding Culture: Black Women Writers in Africa and Diaspora*. Bloomington, Indianapolis 1992.
Zell, H./Bundy, C./Coulon, V. (Hgg.): *A New Reader's Guide to African Literature*. New York 1983.

Arabische Länder

Huart, Clément: *A History of Arabic Literature*. London 1987.
Rypka, Jan (Hg.): *History of Iranian Literature*. Dordrecht 1968.
Schipper, Mineke (Hg.): *Unheard Words. Women and Literature in Africa, the Arab World, Asia, the Caribbean and Latin America*. London/New York 1984.
Zidan, Joseph: *Arab Women Novelists: The Formative Years and Beyond*. New York 1995.

Australien/Ozeanien

Burns, Connie/McNamara (Hgg.): *Eclipsed. Two Centuries of Australian Women's Fiction*. Sydney 1988.
Davis, Jack/Hodge, Bob (Hgg.): *Aboriginal Writing Today*. Canbarra 1985.
MacDonald, Charlotte/Penfeld, Merimeri/Williams, Bridget (Hgg.): *The Book of New Zealand Women – Ko Kui Ma Te Kaupapa*. Wellington 1991.
The Oxford Companion to Australian Literature. Hgg. Willaim H. Wilde/Joy Hooton et al. Oxford/Auckland ²1994
The Oxford History of New Zealand Literature in English. Hg. Terry Sturm. Auckland/Oxford 1991.
Narogin, Mudrooroo: *Writing From the Fringe. A Study of Modern Aboriginal Literature*. Melbourne 1990.
Shoemaker, Adam: *Black Words, White Page. Aboriginal Literature 1929 to 1988*. St. Lucia 1989.

Asien

Japan

Hijiya-Kirschnereit, Irmela: *Was heißt: Japanische Literatur verstehen?* Frankfurt/M. 1990.

Keene, Donald: Dawn to the West: *Japanese Literature in the Modern Era.* 2 Bde. New York 1984.

-: *Seeds in the Heart. Japanese Literature from Earliest Times to the Late Sixteenth Century.* New York 1993.

Mae, Michiko/Lenz, Ilse (Hgg.): *Bilder, Wirklichkeit, Zukunftsentwürfe. Geschlechterverhältnisse in Japan.* Düsseldorf 1996.

Mamola, Claire Zebrowski: *Japanese Women Writers in English Translation. An Annotated Bibliography.* New York/London 1989.

Mulhern, Chieko I. (Hg.): *Japanese Women Writers. A Bio-Bibliographical and Critical Sourcebook.* Westport 1994.

Schaarschmidt, Siegfried/Mae, Michiko (Hgg.): *Japanische Literatur der Gegenwart.* München/Wien 1990.

Sen'ichi Hisamatsu: *Biographical Dictionary of Japanese Literature.* Tokyo/New York 1976.

Stalph, Jürgen/Ogasa, Gisela/Puls, Dörte: *Moderne japanische Literatur in deutscher Übersetzung. Eine Bibliographie der Jahre 1868–1994.* München 1995.

China

Gerstlacher, Anna (Hg.): *Women and Literature in China.* Bochum 1985.

Hu Wenkai: *Lidai funü zhuzuokao.* Shanghai 1985. (Bibliographie der Sammlungen chinesischer Dichterinnen, von den Anfängen bis in dieses Jahrhundert.)

Kubin, W. (Hg.): *Moderne chinesische Literatur.* Frankfurt/M. 1985.

Nienhauser, W. H. (Hg.): *The Indiana Companion to Traditional Chinese Literature.* Bloomington (Indiana) 1986.

Rexroth, Kenneth/Chung Ling, Ü.: *The Orchid Boat. Women Poets of China.* New York 1972.

Schmidt-Glintzer, Helwig: *Geschichte der chinesischen Literatur.* München/Bern u. a. 1990.

Wagner, Rudolph G.: *Literatur und Politik in der Volksrepublik China.* Frankfurt/M. 1983.

Südasien/Indonesien/Korea

Kinantar, Thelma B. u. a. (Hgg.): *Emergent Voices. Southeast Asian Women Novelists.* Quezon City 1994.

Nasta, Susheila (Hg.): *Motherlands. Black Women's Writing from Africa, the Caribbean and South Asia.* London 1991.

Teeuw, Andries: *Modern Indonesian Literature.* 2 Bde. Den Haag 1979.

Who's Who in Korean Literature. Hg. v. The Korean Culture & Arts Foundation. Seoul 1996.

Indien

Dhawan, R. K. (Hg.): *Women Writing in India*. 6 Bde. New Delhi 1991.
Encyclopaedia of Indian Literature. 4 Bde. New Delhi 1987, 1988, 1989, 1991.
Lal, M.: *The Law of the Threshold. Women Writers in Indian English*. Simla 1995.
Nelson, Emmanuel S.: *Writers of the Indian Diaspora. A Bio-Bibliographical Sourcebook*. Westport 1993.
O'Callaghan, Evelyn: *Woman Version. Theoretical Approaches to West Indian Fiction by Women*. London 1994.
Seshadri, V.: *The New Women in Indian English Women Writers since the 1970s*. New Delhi 1995.
Tharu, S./Lalita, K. (Hgg.): *Women Writing in India. 600 B. C. to the Present*. New York 1991–1993.
Who's Who of Indian Writers. New Delhi 1983.

Verzeichnis der Mitarbeiterinnen und Mitarbeiter

Ammon, Judith (Stuttgart): Ban Zhao, Chen Ruoxi, Ding Ling, Qiu Jin, Wang Anyi.

Arndt, Susan (Berlin): Buchi Emecheta, Flora Nwapa.

Arroyo Košenina, Inka (Jerusalem): Savion Liebrecht.

Baackmann, Susanne (Albuquerque, N.M., USA): Ulla Hahn, Angelika Mechtel, Aysel Özakin, Karin Struck.

Bachmaier, Helmut (Konstanz): Barbara Frischmuth.

Baur, Bettina (München): Liv Køltzow, Cecile Løveid.

Berns, Ute (Berlin): Charlotte Brontë, Elizabeth Barrett Browning, Caryl Churchill, Maria Edgeworth.

Bettinger, Elfi (Berlin): Sarah Fielding, Virginia Woolf.

Beutin, Heide (Köthel/Stormarn): Marie von Ebner-Eschenbach.

Böhm, Roswitha (Berlin): Marceline Desbordes-Valmore, Madeleine de Scudéry.

Bollinger, Richmod (Oxford): Ichiyō Higuchi, Chiyo Uno.

Borchardt, Susanne (Berlin): Marlene Streeruwitz.

Börchers, Sabine (Frankfurt): Silvina Ocampo, Carme Riera i Guilera, Mercè Rodoreda i Gurgui.

Brandenberger, Tobias (Basel): Agustina Bessa-Luís, Natália Correia, Florbela Espanca.

Brandstetter, Heike (York): Margarete Susmann.

Brandt, Marion (Berlin): Hilde Domin, Ingeborg Drewitz, Gertrud Kolmar, Helga M. Novak.

Brillmann-Ede, Heike (Göttingen): Ama Ata Aidoo, Aminata Sow Fall.

Bröck, Sabine (Bremen: Toni Cade Bambara, Adrienne Rich, Harriet Beecher Stowe.

Bulte, Ineke (Mook, Niederlande): Carry van Bruggen, Ida Gerhardt, Hella Haasse, Monika van Paemel.

Busk-Jensen, Lise (Kopenhagen): Tove Irma Margit Ditlevsen.

Cantraine, Philippe (Paris): Liliane Wouters.

Cheauré, Elisabeth (Freiburg): Nina Petrovna Bunina, Nadeža Durova, Elena Andreevna Gan, Katharina die Große, Aleksandra Michajlovna Kollontaj, Ewdokija Petrovna Rostopčina, Nadeshda Jakoleva Tėffi.

Coenen-Mennemeier, Brigitta (Münster): Marguerite Duras, Marie Madeleine La Fayette, Nathalie Sarraute.

Dahlke, Birgit (Berlin): Elke Erb, Katja Lange-Müller.

Damm, Sigrid (Berlin): Caroline Schlegel-Schelling.

Dauber, Dorothee (Berlin): Li Qingzhao.

Dick, Jutta (Halberstadt): Hilde Spiel.

Dittmann-Grönholm, Irja (Berlin): Lydia Koidula, Viivi Luik.

Döring-Smirnov, Johanna Renate (München): Anna Andreevna Achmatova, Ekaterina Romanovna Daškova, Fürstin Zinaida Volkonskaja, Lidjia Dmitrievna Zinov'eva-Annibal.

Feldmann, Bettina (Bonn): Nadine Gordimer, Olive Schreiner.
Fornaro, Sotera (Bari): Sappho.
Gebhardt, Lisette (Tokyo): Shikibu Murasaki.
Gelbin, Cathy (Potsdam): Elisabeth Langgässer.
Georgi-Findlay, Brigitte (Dresden): Louise Erdrich.
Gersdorf, Catrin (Leipzig): Djuna Barnes, Audre Lorde, Leslie Marmon Silko.
Ghose, Indira (Berlin): Harriet Martineau, Lady Mary Wortley Montagu, Christina Georgina Rossetti.
Ghosh-Schellhorn, Martina (Essen): Shasi Deshpande, Bharati Mukherjee.
Glage, Liselotte (Hannover): Bessie Head
Gohrisch, Jana (Berlin): Louise Bennett, George Eliot, Elizabeth Cleghorn Gaskell, Lorna Goodison, Grace Nichols, Jean Rhys, Joan Riley, Olive Senior.
Göpfert, Frank (Wilhelmshorst): Karolina Karlovna Pavlova.
Gössmann, Hilaria (Trier): Ineko Sata.
Harreß, Birgit (Offenbach): Maria Dąbrowska, Maria Konopnicka, Hanna Krall, Eliza Orzeszkowa.
Hartman, Michelle (Oxford): Hanan al-Scheich, Laila Baalabakki, Ghada Samman.
Heitmann, Annegret (München) Victoria Benedictsson, Thomasine Gyllembourg, Agnes von Krusenstjerna, Leonora Christina, Kirsten Thorup, Sigrid Undset.
Hijiya-Kirschnereit, Irmela (Tokyo): Fumiko Enchi.
Hof, Renate (Berlin): Joan Didion, Lillian Hellmann, Joyce Carol Oates, Grace Paley, Dorothy Parker.
Hoff, Karin (Kiel): Karin Boye, Moa Martinson.
Höhn, Stefanie (Zwickau): Efua Sutherland.
Hopfe, Karin (Frankfurt): Rosa Chacel, Carmen Martín Gaite, Anna María Matute, Gabriela Mistral.
Hörnigk, Therese (Berlin): Christa Wolf.
Hossaini, Sayed Haschmatullah (Berlin): Spožmey Zaryāb.
Jedamski, Doris (Hamburg): Nh Dini.
Jonscher, Beate (Jena): Lidja Korneevna Čukovskaija.
Jørgensen, Bo (Kopenhagen): Karen Blixen-Fenicke
Kaufmann, Eva (Berlin): Kerstin Hensel, Helga Königsdorf, Irmtraud Morgner, Anna Seghers, Gabriele Wohmann.
Keil-Sagawe, Regina (Heidelberg) Assia Djebar, Nawal El Sayed El Saadawi.
Keitel, Evelyne (Berlin): Kate Chopin, Agatha Christie, Patricia Highsmith.
Kienitz, Petra (Berlin): Anne Sexton.
Kilian, Eveline (Tübingen): Doris Lessing, Dorothy Richardson.
Klein, Liane (Dersekow): Judita Vaičiūnaitė, Žemaitė.
Kleinert, Susanne (Saarbrücken): Sibilla Aleramo, Dacia Maraini, Elsa Morante, Matilde Serao.
Kleinmichel, Sigrid (Berlin): Ḥalīma Hudājberdieva.
Kneip, Heinz (Regensburg): Kazimiera Iłłakowiczówna, Maria Kuncewiczowa, Zofia Nałkowska.
Koenen, Anne (Leipzig): Zora Neale Hurston, Toni Morrison, Alice Walker.
König, Alexandra (Erfurt): Sidonie-Gabrielle Colette, Renée Vivien.

Kraft, Helga (Chicago): Caroline Friedericke Neuber, Gerlind Reinshagen, Ginka Steinwachs.

Kroll, Renate (Frankfurt): Simone de Beauvoir, Marie de France.

Kublitz-Kramer, Maria (Bielefeld): Gertrud Leutenegger, Monika Maron.

Küppers, Gabriele (Bonn): Gioconda Belli, Clorinda Matto de Turner.

Lange, Katrin (München): Valerija Spartakovna Narbikova.

Leitner, Claudia (Wien): Isabel Allende, Isabel, Francisca Josefa de Castillo y Guevara, Teresa de la Parra.

Lies, Ursula (Potsdam): Duong Thu Huong.

Lötzke, Hannelore (Berlin): Anita Desai, Ruth Prawer Jhabvala.

Luličová, Jitka (Prag): Erica Pedretti

Mai, Annemarie (Odense): Inger Christensen.

Malina, Anneliese (Berlin): Melpo Axioti, Rita Bumi-Papa.

Markmann, Sigrid (Osnabrück): Keri Hulme, Katherine Mansfield, Sally Morgan, Katharine Susannah Prichard, Henry Handel Richardson.

Marti, Madeleine (Zürich): Christa Reinig.

Mathis, Ursula (Innsbruck): Marie-Claire Blais, Nicole Brossard, Anne Hébert, Antonine Maillet, Gabrielle Roy.

Matzke, Christine (Schwalbach): Rebeka Njau, Grace Emily Akinyi Ogot.

Matzke, Monika (Berlin): Parwīn Étesāmī, Forūġ Farroḫzād

Meid, Volker (Nürtingen): Catharina Regina von Greiffenberg.

Mende, Dirk (Stuttgart): Hedwig Courths-Maler.

Mertin, Ray-Güde (Bad Homburg): Clarice Lispector, Lya Luft, Cecília Meireles, Rachel Queiróz, Lygia Fagundes Telles.

Michel, Martina (Hannover): Kamala Markandaya, Nayantara Sahgal.

Milanowski, Anna (Wien): Maria Pawlikowska-Jasnorzewska, Gabriela Zapolska.

Möckel-Rieke, Hannah (Berlin): Emily Dickinson.

Möhrmann, Renate (Köln): Ida Hahn-Hahn.

Moster, Stefan (Petershausen): Minna Canth.

Münzowá, Alma (Bratilsava): Jaroslava Blažková, Margita Figuli, Božena Slančíková.

Neubert-Köpsel (Berlin): Angela Olive Carter, Iris Murdoch.

Neumann, Stephanie (Berlin): Ingrid Jonker, Miriam Tlali.

Nielsen, Brigit (Kopenhagen): Karin Michaelis.

Nischik, Reingard (Konstanz): Margaret Atwood, Alice Munro.

Nix, Angelika (Karlsbad): Selma Lagerlöf.

Ophüls-Kashima, Reinold (Tokyo): Banana Yoshimoto.

Opitz-Wiemers, Carola (Berlin): Rose Ausländer, Ingeborg Bachmann, Gisela Elsner, Else Lasker-Schüler, Brigitte Reimann, Nelly Sachs.

Pagni, Andrea (Eichstätt): Beatriz Guido, Juana de Ibarbourou.

Pailer, Gaby (Karslruhe): Hedwig Dohm, Luise Adelgunde Victoria Gottsched, Fanny Lewald, Louise Otto, Gabriele Reuter, Franziska Reventlow, Johanna Schopenhauer.

Panzacchi, Cornelia (Bayreuth): Calixthe Beyala.

Pape, Marion (Berlin): Zaynab Alkali.

Parnell, Christina (Weimar): Bella Achatova Achmadulina, Nina Nikolaevna Berberova, Zinaida Nikolaevna Gippius, Ljudmila Stefanovna Petruševskaja, Elena Andreevna Švarc, Nina Nikolaevna Sadur, Tat'jana Nikitična Tolstaja, Ljudmila Evgenevna Ulickaja.

Paul, Heike (Leipzig): Maxine Hong Kingston,

Pfeiffer, Erna (Graz): Delmira Agustini, María Luisa Bombal, Rosario Castellanos, Sor Juana Inés de la Cruz, Rosario Ferre, Griselda Gambaro, Elena Garro, Gertrudis Gómez de Avellaneda, Cristina Peri Rossi, Elena Poniatowska, Armonía Somers, Alfonsina Storni, Luisa Valenzuela.

Pieper, Julia (Berlin): Madeleine und Catherine Des Roches, Louise Labé, Marguerite de Navarre.

Quadflieg, Helga (Berlin): Elizabeth von Arnim, Jane Austen, Aphra Behn, Fanny Burney, Jeanette Winterson.

Rakusa, Ima (Zürich): Marina Cvetaeva.

Rauße, Astrid (Münster): Maryse Condé, Simone Schwarz-Bart.

Rehder, Petra (München): Maruša Krese, Desanka Maksimović, Vesna Parun, Isidora Sekulić, Dubravka Ugrešić.

Rehm, Ortrun (München): Kerstin Ekman, Sara Lidman, Maj Sjöwall, Brigitta Trotzig.

Rentner, Reta (Berlin): Kyòng-ni Pak, Wan-sò Pak.

Riedel, Anette (Saarbrücken): Paola Capriolo, Grazia Cosima Deledda, Natalia Ginzburg, Anna Maria Ortese Fabrizia Ramondino, Gaspara Stampa.

Rieger, Angelika (Wiesbaden): Comtessa de Dia.

Rika-Heke, Powhiri (Osnabrück): Janet Frame, Patricia Grace, Oodgeroo (Kath Walker).

Rosenthal, Caroline (Konstanz): Margaret Laurence, Daphne Marlatt.

Rössler, Andrea (Berlin): Fernán Caballero, Carmen Laforet, Rosa Montero, Montserrat Roig.

Rothmeier, Christa (Klosterneuburg): Bohumila Grögerová, Milena Jesenská, Eva Kanturkova, Eliška Krásnohorská, Vera Linhartová, Marie Majerová, Božena Němcová, Karolina Světlá.

Rühling, Lutz (Kiel): Edith Södergran.

Sagaster, Börte (Berlin): Halide Edib Adıvar, Adalet Ağaoğlu, Selçuk Füruzan.

Sarrey-Strack, Colette (Berlin): Annie Ernaux, Marie Nimier, Marie Redonnet, Françoise Sagan, Marguerite Yourcenar.

Saynovits, Ilse (Frankfurt): Ana Blandiana, Hortensia Papadat-Bengescu.

Schlichter, Annette (Berlin): Kathy Acker, Silvia Plath.

Schmid, Susanne (Berlin): Enid Blyton, Emily Jane Brontë, Antonia Susan Byatt, Mary Wollstonecraft Shelley, Stevie Smith.

Schmidt, Alexander (Hamburg): Aspazija.

Schmidt, Heide Lydia (Hamburg): Vizma Belševica.

Schmidt, Siegfried J. (Münster): Friederike Mayröcker.

Schmitz-Köster, Dorothee (Bremen): Sarah Kirsch.

Scholz, Barbara (Stuttgart): Fredrika Bremer, Hella Wuolijoki.

Scholz, Hannelore (Berlin): Bettina von Arnim, Blaga Nikolova Dimitrova, Jutta

Heinrich, Therese Huber, Sophie Mereau, Dorothea von Schlegel, Anne Sophia Tieck.
Schubert, Katja (Paris): Jeanette Lander, Grete Weil.
Schuerkens, Ulrike (Paris): Mariama Bâ.
Schwab, Hans-Rüdiger (München): Luise Rinser.
Schweikert, Uwe (Stuttgart): Marie Luise Kaschnitz, Brigitte Kronauer, Rahel Varnhagen.
Setzkorn, Sylvia (Greifswald): Claire Lejeune.
Sielke, Sabine (Berlin): Anne Bradstreet, Rita Dove, Margaret Fuller, Marianne Moore, Gertrude Stein.
Sitzler, Kathrin (München): Erzsébet Galgóczi, Magda Szabó.
Stamm, Ulrike (Berlin): Joanna Baillie, Margery Kempe.
Steinbrügge, Liselotte (Berlin): Françoise de Grafigny.
Steinfeld, Torill (München): Jacobine Camilla Collett, Bertha Amalie Skram.
Stephan, Inge (Berlin): Lou Andreas-Salomé, Anna Louisa Karsch, Sophie von La Roche, Ilse Langner, Ruth Rehmann.
Strom, Swet-Patrik (Köln): Suzanne Lilar.
Surmatz, Astrid (Göttingen): Astrid Lindgren.
Thiemann, Susanne (Potsdam): Emilia Pardo Bazán, Teresa de Avila.
Thums, Barbara (Tübingen): Ilse Aichinger.
Ulbrich, Renate (Berlin): Ursula LeGuin, Carson McCullers.
Vedder, Ulrike (Hamburg): Elfriede Czurda, Marieluise Fleißer, Marlen Haushofer, Ricarda Huch, Christine Lavant, Libuše Moníková, Inge Müller, Unica Zürn.
Veit-Wild, Flora (Berlin): Tsitsi Dangarembga, Yvonne Vera.
Von der Lühe, Irmela (Göttingen): Vicki Baum, Irmgard Keun, Annette Kolb, Erika Mann.
Von Hoff, Dagmar (Hamburg): Annette von Droste-Hülshoff, Anne Duden, Karoline von Günderrode, Elfriede Jelinek, Herta Müller.
Wehinger, Brunhilde (Berlin): Hélène Cixous, George Sand, Germaine Staël-Holstein.
Wenzel, Edith (Berlin): Hildegard von Bingen, Hrotsvit von Gandersheim, Mechthild von Magdeburg.
Wilsch, Kerstin (Oxford): Nazik al-Mala'ika, Sahar Khalifa.
Woldan, Alois (Salzburg): Manuela Gretkowska, Ewa Lipska, Wisława Szymborska.
Zemke, Monika (Berlin): Ruth Almog, Shulamith Hareven, Rachel.
Zemmrich, Katrin (Berlin): Elisaveta Bagrjana, Vera Mutafčieva.
Zimmermann, Margarete (Berlin): Christine de Pizan, Madame de Sévigné, Rachilde.

Personenregister

Bildquellenverzeichnis

Nicht in allen Fällen war es möglich, die Rechtsinhaber geschützter Bilder zu ermitteln. Selbstverständlich wird der Verlag berechtigte Ansprüche auch nach Erscheinen des Buches erfüllen.

Agence Roger-Viollet, Paris 100 (Foto: Albin-Guillot)
Alexander Turnbull Library, Wellington 327
Archiv für Kunst und Geschichte, Berlin 42, 61, 102, 120, 158, 198, 277, 344, 360, 477, 546
Archivo de Espasa-Calpe y Gela, Madrid 8, 110, 171, 194, 516
Beinecke Rare Book and Manuscript Library/Yale University, New Haven 237, 512
Bettmann Archive, New York 127, 180
Bibliothèque Nationale de France, Paris 279, 554
Bibliothèque Nationale, Québec 463
Bildarchiv Preußischer Kulturbesitz, Berlin 29, 108, 143, 152, 155, 232, 289, 290, 302, 340, 386, 551, 566
Bilderdienst Süddeutscher Verlag, München 73, 90, 159 (Foto: Ekko von Schwichow), 165 (Foto: Alexis Duclos), 189, 200 (Foto: Kai-Uwe Waerner), 241, 247, 260, 440
British Library, London 96
Carl Hanser Verlag, München 400
Claassen Verlag, Hildesheim 216
Hans Günter Contzen, Köln 329
Cotta'sche, J. G., Buchhandlung Nachfolger GmbH, Stuttgart 85 (Foto: Ballarin), 318 (Foto: Lisette Guerra), 405 (Foto: Gerald Dauphin)
Nancy Crampton, New York 492
Jāzeps Danovskis 49
Deutsche Presse Agentur, Stuttgart 32, 375
Deutscher Taschenbuch Verlag, München 34 (Foto: Klaus Bäulke), 47, 282
Deutsches Literaturarchiv, Marbach/N. 150
Diogenes Verlag AG, Zürich 112, 347 (Foto: Cartier-Bresson), 481, 572 (Foto: Eiichiro Sakata/Kadokawa Shoten)
Harry Ertl 205
S. Fischer Verlag, Frankfurt/M. 20, 348 (Foto: Werner W. Wille)
Brigitte Friedrich, Köln 176, 455, 562
Raoul Granquist, Linköping 392
Claus Gretter, Frankfurt/M. 94
Historia-Photo, Hamburg 208, 227, 230, 330, 478
Institute for the Translation of Hebrew Literature, Israel 18, 215, 305, 434
Interfoto Pressebild, München 28, 353
Keyestone Pressedienst, Hamburg 9, 139, 248, 264, 286
Petr Kotyk 246
Paul Leclaire, Köln 98

Elzbieta Lempp, Kraków 529
Jean Léonard, Paris 467
Ursula Lies, Potsdam 146
Renate von Mangoldt, Berlin 11, 224, 443, 464
Roger Melis, Berlin 485
Verlag J.B. Metzler, Stuttgart/Weimar 21, 145, 147, 178, 213, 233, 295, 374, 474, 494, 515
Ulla Montan, Stockholm 153, 541
Museum der tschechischen Literatur (PNP), Prag 270, 322, 384, 526
National Portrait Gallery, London 46, 70, 71
New York Public Library/Berg Collection, New York 449
Niedersächsische Landesbibliothek, Hannover 203
Isolde Ohlbaum, München 26, 115, 142, 156, 179, 191, 197, 212, 253, 257, 273, 301, 307, 320, 346, 358, 367, 372, 409, 439, 441, 507, 521, 528, 539, 564
Opale, Paris 105, 56 (Foto: Jill Glessing)
Peter Peitsch, Hamburg 131, 172, 271, 317, 404, 436, 497
Peter Hammer Verlag, Wuppertal 454
Quintana Roo Dunne, New York 129
Edda Rosemann, Dangendorf 221
Rowohlt Verlag GmbH, Reinbek 164 (Foto: Jerry Bauer), 326
Jean-Jacques Ruchti, Schönenwerd 4
Simone Sassen, Berlin 225
Jacques Sassier, Paris 388
Sabine Sauer, Berlin 423
Anita Schiffer-Fuchs, Köln 80
Ekko von Schwichow, Berlin 269, 426, 532
Sylvia Setzkorn, Greifswald 296
Staatliche Antikensammlungen, München 472
Suhrkamp Verlag, Frankfurt/M. 2, 15 (Foto: Alejandro Toro), 23, 84, 87, 113 (Foto: Marie-Luise Bott), 161, 169, 293, 314, 338, 395 (Foto: Fiora Bemporad), 361, 425, 457, 543 (Foto: Željko Koprolčec), 547
Philip Tremewan, Wellington 236
Ullstein Bilderdienst, Berlin 1 (Foto: Anita Schiffer-Fuchs), 58 (Foto: Anita Schiffer-Fuchs), 62, 138, 162 (Foto: Anita Schiffer-Fuchs), 285, 288, 299 (Foto: Anita Schiffer-Fuchs), 304, 336 (Foto: J. Ritter), 369, 402, 445, 446, 573, 378
UPI/Corbis-Bettmann, New York 393
Wagenbach Verlag, Berlin 41